Beck
TEXTE

Multimedia-Recht

Multimedia-Recht

Gesetze · Rechtsverordnungen · EU-Richtlinien · Empfehlungen

Textausgabe

Herausgegeben von
Stefan Engel-Flechsig, Regierungsdirektor, Bonn, und
Dr. Alexander Roßnagel, Professor an der Universität
Gesamthochschule Kassel

unter Mitarbeit von
Frithjof A. Maennel, Oberregierungsrat, Bonn, und
Dr. Alexander Tettenborn LL.M.,
Oberregierungsrat, Bonn

mit einem Vorwort von
Dr. Jürgen Rüttgers, Bundesminister für Bildung,
Wissenschaft, Forschung und Technologie, Bonn

mit einer Einführung von *Dr. Alexander Roßnagel*
sowie einem Glossar von *Stefan Engel-Flechsig,*
Frithjof A. Maennel und *Dr. Alexander Tettenborn*

Stand: 15. Juni 1998

C.H. BECK'SCHE VERLAGSBUCHHANDLUNG
MÜNCHEN 1998

Die Deutsche Bibliothek – CIP-Einheitsaufnahme

Multimedia-Recht : Informations- und Kommunikationsdienstegesetz, Mediendienste-Staatsvertrag, Rechtsverordnungen; Textausgabe / hrsg. von Stefan Engel-Flechsig und Alexander Roßnagel. Unter Mitarb. von Frithjof A. Maennel und Alexander Tettenborn. Mit einem Vorw. von Jürgen Rüttgers. Mit einer Einf. von Alexander Roßnagel. Mit einem Katalog der wichtigsten Fragen und Antworten sowie einem Glossar zu Multimedia und Recht von Stefan Engel-Flechsig.
– Stand : 15. Juni 1998. – München : Beck, 1998
(Beck-Texte)
ISBN 3 406 42328 0

ISBN 3406423280

Satz und Druck: C. H. Beck'sche Buchdruckerei, Nördlingen
Gedruckt auf säurefreiem, alterungsbeständigem Papier.
Hergestellt aus chlorfrei gebleichtem Zellstoff.

Vorwort

Auf dem Weg in das 21. Jahrhundert verändert sich unser Leben durch Einsatz und Nutzung moderner Informations- und Kommunikationstechnik. Staat und Gesellschaft stehen vor der Aufgabe, die damit verbundenen Chancen für die Menschen und die Wirtschaft zu fördern und den Umbruch zur Wissensgesellschaft aktiv zu gestalten.

Die Anwendungen moderner Informations- und Kommunikationstechnik reichen von der Inanspruchnahme von Dienstleistungen im Netz über die elektronische Abwicklung alltäglicher privater Bankgeschäfte bis hin zur Übermittlung vertraulicher medizinischer Daten zwischen Arzt, Krankenkasse und Patient oder der grenzüberschreitenden Übermittlung von Transaktionsdaten im globalen Bankverkehr. Wesensmerkmal der Anwendungen ist dabei die vom Nutzer selbstbestimmte Online-Inanspruchnahme von Leistungen verschiedenster Art, die vom Diensteanbieter als eigene oder fremde Angebote bereitgehalten werden. Eine Vielzahl herkömmlicher Leistungen und Vertriebswege wird so ersetzt und erscheint in einem neuen Licht.

„Multimedia" umschreibt diese technischen und wirtschaftlichen Veränderungen, die unter rechtlichem Blickwinkel eine Reihe neuer Fragestellungen mit sich bringen. Welches Recht gilt im Internet? Können die für „Offline" entwickelten Rechtssätze ohne weiteres auf „Online" Fragestellungen übertragen werden? Müssen neue „Multimedia-Rechtssätze" entwickelt werden, die die technischen Innovationen begleiten – diesen sogar vorangehen, um Sicherheit für deren Entwicklung und Einsatz zu bieten? Wie kann die freie Entwicklung neuer unternehmerischer Betätigungsmöglichkeiten gesichert werden? Wie können Verbraucherrechte angesichts der veränderten technischen Rahmenbedingungen gesichert werden?

Mit vorhandenem Recht können diese Fragen nur insoweit beantwortet werden, wie dies den Wesensmerkmalen von Multimedia entspricht; es müssen aber auch bereichsspezifische neue Antworten gefunden werden. Dies schließt neue gesetzliche Regelungen ein, die ein Tätigwerden des Bundes- wie der Landesgesetzgeber erforderten. Das Informations- und Kommunikationsdienste-Gesetz (IuKDG) und der Mediendienstestaatsvertrag (MDStV), die zeitgleich am 1. August 1997 in Kraft getreten sind, bilden das Rückgrat der Multimedia-Gesetze.

Leitprinzip des IuKDG des Bundes ist „Deregulierung geht vor Regulierung", um einheitliche wirtschaftliche Rahmenbedingungen für die verschiedenen Nutzungsmöglichkeiten der elektronischen Informations- und Kommunikationsdienste zu schaffen, wie es § 1 des Teledienstegesetzes formuliert. Das IuKDG verbindet in seinen elf Artikeln Neuregelungen mit Ergänzungen und Änderungen bereits bestehender bundesgesetzlicher Vorschriften in einem Mantelgesetz. Das Gesetz beschränkt sich bewußt auf wesentliche Aussagen, die jetzt geregelt werden müssen, um den für die wirtschaftliche Entwicklung notwendigen Handlungsrahmen zu beschreiben und damit bestehende Rechtsunsicherheit zu beseitigen. Das IuKDG legt aber auch die rechtliche Grundlage für Innovationen bei der Nutzung der Informations- und Kommunikationstechnik – zum Beispiel im Datenschutz und bei den digitalen Signaturen.

Auch der MDStV läßt sich von den wirtschaftlichen Rahmenbedingungen für elektronische Informations- und Kommunikationsdienste leiten. Er ist deshalb mit Art. 1 und Art. 2 IuKDG wort- oder doch inhaltsgleich gefaßt.

Die neuen Regelwerke bauen auf wichtigen Vorarbeiten auf. Sie stützen sich insbesondere auf die Feststellungen und Empfehlungen des Rates für Forschung, Technologie und Innovation, der 1995 vom Bundeskanzler eingerichtet wurde, um sich mit dem Thema „Informationsgesellschaft – Chancen, Innovationen und Herausforderungen" zu befassen. Er hat empfohlen, ein national einheitliches Medienordnungsrecht zu schaffen, wobei die Regelungen auf ein notwendiges Maß zu beschränken seien, welche die Entwicklung der neuen Dienste nicht behindern sollten. Er empfahl auch zu prüfen, ob ein bundesgesetzlicher Ordnungsrahmen zu schaffen ist, der eindeutige Kriterien für die Abgrenzung der neuen Dienste zum Rundfunk enthält, für potentielle Investoren einheitliche, klare und verläßliche Rahmenbedingungen schafft und die Akzeptanz der neuen Dienste fördert. Ausdrücklich wurden Anpassungen bzw. Präzisierungen einzelner Regelungen in den Bereichen Datenschutz, dem Schutz des geistigen Eigentums, dem Jugend- und Verbraucherschutz sowie im Strafrecht und in der Datensicherheit angesprochen.

Die Konzeption der IuKDG setzt diese Anforderungen um: Das Eckwertepapier vom 2. Mai 1996 und der Regierungsentwurf für das IuKDG wurden vom Bundesministerium für Bildung, Wissenschaft, Forschung und Technologie federführend vorbereitet; das Bundeskabinett hat dem Entwurf am 11. Dezember 1996 zugestimmt; nach intensiven Beratungen im Bundestag und Bundesrat ist das Gesetz zeitgleich mit dem Mediendienste-Staatsvertrag der Länder in Kraft getreten.

Die vorliegende Textsammlung dokumentiert erstmalig die rechtlichen Rahmenbedingungen für neue Medien in ihrer Gesamtheit.

Sie dokumentiert nicht nur die neuen Regelwerke IuKDG und MDStV; sie dokumentiert unter dem Blickwinkel des jeweiligen Rechtsgebiets die wesentlichen rechtlichen Rahmenbedingungen – dies reicht vom Grundgesetz bis hin zur Zivilprozeßordnung. Nationale wie internationale Regelungen finden dabei gleichermaßen Berücksichtigung. „Frequently asked questions" und ein Glossar runden die Textsammlung ab und machen sie zu einem wichtigen Ratgeber in einem neuen und zukunftsweisenden Rechtsgebiet in Theorie und täglicher Praxis.

Bonn, im Mai 1998 — Dr. Jürgen Rüttgers

Inhaltsverzeichnis

Abkürzungsverzeichnis

a. F.	alte Fassung
ABl.	Amtsblatt
Abs.	Absatz
ADP	Automatic Data Processing
AG	Aktiengesellschaft
AGB	Allgemeine Geschäftsbedingungen
AGBG	Gesetz zur Regelung des Rechts der Allgemeinen Geschäftsbedingungen
AktG	Aktiengesetz
amtl.	amtlich
Amtl. Anm.	Amtliche Anmerkung
ÄndG, -VO	Änderungsgesetz, -Verordnung
angef.	angefügt
Anh.	Anhang
Anl.	Anlage
Anm.	Anmerkung
AO	Abgabenordnung, Anordnung
ARD	Arbeitsgemeinschaft der Rundfunkanstalten Deutschlands
Art.	Artikel
ATM	Asynchronous Transfer Mode
aufgeh.	aufgehoben
AWG	Außenwirtschaftsgesetz
Baden-Württ.	Baden-Württembergisch
BAnz.	Bundesanzeiger
BAPT	Bundesamt für Post und Telekommunikation
Bay.	Bayerisch
Bbg.	Brandenburgisch
BDSG	Bundesdatenschutzgesetz
Beil.	Beilage
Bek.	Bekanntmachung
ber.	berichtigt
Berl.	Berlinerisch
BfD	Bundesbeauftragter für den Datenschutz
BGB	Bürgerliches Gesetzbuch
BGBl. I bzw. II	Bundesgesetzblatt (Teil I, Teil II)
BGH	Bundesgerichtshof
BMBF	Bundesministerium für Bildung, Wissenschaft, Forschung und Technologie
BMI	Bundesministerium des Innern
BMJ	Bundesministerium der Justiz
BMPT	Bundesministerium für Post und Telekommunikation
BMWi	Bundesministerium für Wirtschaft

BPjS .... Bundesprüfstelle für jugendgefährdende Schriften
BR .... Bundesrat
Brem. .... Bremisch
BSI .... Bundesamt für Sicherheit in der Informationstechnik
BStatG .... Bundesstatistikgesetz
BT .... Bundestag
Btx .... Bildschirmtext
BVerfG .... Bundesverfassungsgericht
BVerwG .... Bundesverwaltungsgericht
BZT .... Bundesamt für Zulassungen in der Telekommunikation
C .... Communications
CA .... Certification Authority
CCITT .... Comité Consultatif International Téléphonique et Télégraphique
CD-ROM .... Compact Disk Read Only Memory
CEPT .... Conférence Européenne des Postes et Télecommunications
CN .... Corporate Network
DAB .... Digital Audio Broadcast
DatenSchkonv . Datenschutzkonvention
DECT .... Digital European Cordless Telecommunications
DE-NIC .... Deutsches Network Information Center
DES .... Data Encryption Standard
DEVO .... Datenerfassungsverordnung
DIN .... Deutsche Industrie-Norm
Drs. .... Drucksache
DSchRL .... Datenschutzrichtlinie
DSG .... Datenschutzgesetz
DTAG .... Deutsche Telekom AG
DÜVO .... Datenübermittlungsverordnung
EDI .... Electronic Data Interchange
EG .... Europäische Gemeinschaft
EG-ABl. .... Amtsblatt der Europäischen Gemeinschaften
EGBGB .... Einführungsgesetz zum BGB
EGStGB .... Einführungsgesetz zum StGB
EGV .... Vertrag zur Gründung der Europäischen Gemeinschaft
eingef. .... eingefügt
EMRK .... Europäische Menschenrechtskonvention
EMV .... Elektromagnetische Verträglichkeit
EMVG .... Gesetz über die elektromagnetische Verträglichkeit von Geräten
erg. .... ergänzt
ETSI .... European Telecommunications Standardisation Institute
EU .... Europäische Union

EuFSÜbk	Europäisches Übereinkommen über das grenzüberschreitende Fernsehen
EuGH	Europäischer Gerichtshof
EV	Vertrag über die Europäische Union
EWG	Europäische Wirtschaftsgemeinschaft
FAG	Fernmeldeanlagengesetz
FEAL	Fast Encryption Algorithm
FernUSG	Fernunterrichtsschutzgesetz
FSM	Freiwillige Selbstkontrolle Multimedia-Dienste-Anbieter
ftp	File Transfer Protocol
FÜV	Fernmeldeverkehr-Überwachungs-Verordnung
G 10	Gesetz zur Beschränkung des Brief-, Post- und Fernmeldegeheimnisses (Gesetz zu Art. 10 Grundgesetz)
G, Ges.	Gesetz
Gbl.	Gesetzblatt
geänd.	geändert
gestr.	gestrichen
GG	Grundgesetz
ggfls.	gegebenenfalls
GjS	Gesetz über die Verbreitung jugendgefährdender Schriften und Medien
GmbH	Gesellschaft mit beschränkter Haftung
GO Presserat	Geschäftsordnung des Deutschen Presserats und seines Beschwerdeausschusses
GPS	Global Positioning System (Satelliten-Navigationssystem)
GSM	Global System for Mobile communications
GVBl.	Gesetz- und Verordnungsblatt
GWB	Gesetz gegen Wettbewerbsbeschränkungen
Hbg.	Hamburgisch
HDSG	Hessisches Datenschutzgesetz
Hess.	Hessisch
HGB	Handelsgesetzbuch
i. d. F.	in der Fassung
i. d. R.	in der Regel
i. S.	im Sinne
i. V. m.	in Verbindung mit
IDEA	International Data Encryption Algorithm
IETF	Internet Engineering Task Force
ILPF	Internet Law and Policy Forum
Inter-NIC	Internet Network Information Center
IP	Internet Protocol
ISDN	Integrated Services Digital Network
ISO	International Standards Organisation
ITU	International Telecommunications Union (franz.: UIT)
IuK-	Informations- und Kommunikations-

IuKDG	Informations- und Kommunikationsdienste-Gesetz
JÖSchG	Gesetz zum Schutz der Jugend in der Öffentlichkeit
KDLM	Konferenz der Direktoren der Landesmedienanstalten
KEF	Kommission zur Überprüfung und Ermittlung des Finanzbedarfs der Rundfunkanstalten
KEK	Kommission zur Ermittlung der Konzentration im Medienbereich
KG	Kommanditgesellschaft
KunstUrhG	Kunsturhebergesetz
KWG	Gesetz über das Kreditwesen
L	Legislations
LAN	Local Area Network, lokales Netz
LDSG	Landesdatenschutzgesetz
LGebV	Lizenzgebührenverordnung
LMedienG	Landesmediengesetz
LPresseG	Landespressegesetz
MAN	Metropolitan Area Network
MarkenG	Markengesetz
MDStV	Mediendienste-Staatsvertrag
MOO	Multi-Users Dimension Object Oriented
MUD	Multi-Users Dimension
MV	Mecklenburg-Vorpommerisch
Nds.	Niedersächsisch
NDSG	Niedersächsisches Datenschutzgesetz
n. F.	neue Fassung
neugef.	neugefaßt
NW	Nordrhein-Westfälisch
NZV	Netzzugangsverordnung
OECD	Organization for Economic Cooperation and Development
ONP	Open Network Provision
OSI	Open Systems Interconnection
OVG	Oberverwaltungsgericht
OWIG	Gesetz über Ordnungswidrigkeiten
PAngG	Preisangabengesetz
PAngV	Preisangaben-Verordnung
PC	Personalcomputer
PGP	Pretty Good Privacy (Kryptographieprogramm)
PIN	Persönliche Identifikationsnummer
PreisangG	Preisangabengesetz
PreisangV	Preisangabenverordnung
PRG	Privatrundfunkgesetz
PTRegG	Gesetz über die Regulierung der Telekommunikation und des Postwesens
PTSG	Post- und Telekommunikationssicherstellungsgesetz
PTZSV	Post- und Telekommunikations-Zivilschutzverordnung

Q	Quartal
RhPf	Rheinland-Pfälzisch
RL	Richtlinie der Europäischen Union
Rn.	Randnummer
Rdnr.	Randnummer
RDS	Radio Data System
RGebStV	Rundfunkgebührenstaatsvertrag
RSA	Rivest, Shamir, Adleman (Kryptographiealgorithmus)
RStV	Rundfunk-Staatsvertrag
S	Seite
Saarl.	Saarländisch
Sächs.	Sächsisch
SachsAnh.	Sachsen-Anhaltinisch
SchlH	Schleswig-Holsteinisch
SDSG	Saarländisches Datenschutzgesetz
SET	Secure Electronic Transactions
SigBek	Bekanntmachung zur digitalen Signatur
SigG	Gesetz zur digitalen Signatur
SigV	Verordnung zur digitalen Signatur
Slg	Amtliche Sammlung der Entscheidungen des Europäischen Gerichtshofs
S-MIME	Secure Multipurpose Internet Mail Transaction
SSL	Secure Socket Layers
StGB	Strafgesetzbuch
StPO	Strafprozeßordnung
TCP	Transmission Control Protocol
TDDSG	Gesetz über den Datenschutz bei Telediensten
TDG	Teledienstegesetz
TDSV	Telekommunikationsdienstunternehmen-Datenschutz-Verordnung
Thür.	Thüringisch
telnet	Teletype Network
TK	Telekommunikation
TKG	Telekommunikationsgesetz
TKLGebV	Telekommunikations-Lizenzgebührenverordnung
TKV	Telekommunikations-Kundenschutzverordnung
TKZulV	Telekommunikationszulassungsverordnung
TTP	Trusted Third Party
TUDLV	Telekommunikations-Universaldienstleistungs-Verordnung
TVerleihV	Telekommunikations-Verleihungs-Verordnung
TWG	Telegraphenwegegesetz
UIT	Union Internationale des Télécommunications (engl.: ITU)
UMTS	Universal Mobile Telecommunications System
UNCITRAL	United Nations Commission on International Trade Law
UrhG	Urheberrechtsgesetz

Abkürzungsverzeichnis

UWG	Gesetz gegen den unlauteren Wettbewerb
VerbrKrG	Verbraucherkreditgesetz
Vfg.	Verfügung
VG	Verwaltungsgericht
vgl.	vergleiche
VO	Verordnung
VPN	Virtual Private Network
VwGO	Verwaltungsgerichtsordnung
VwKostG	Verwaltungskostengesetz
VwVfG	Verwaltungsverfahrensgesetz
VwVG	Verwaltungsvollstreckungsgesetz
VwZG	Verwaltungszustellungsgesetz
WAN	Wide Area Network
WTO	World Trade Organization – Welthandelsorganisation
WWW	World Wide Web
W3C	World Wide Web Consortium
ZDF	Zweites Deutsches Fernsehen
Ziff.	Ziffer
ZPO	Zivilprozeßordnung

Einführung

von *Prof. Dr. Alexander Roßnagel,* Universitätsprofessor für Öffentliches Recht mit dem Schwerpunkt Recht der Technik und des Umweltschutzes an der Universität GH Kassel

Multimediarecht ist ein neuer, in seiner Bedeutung rasch zunehmender Rechtsbereich. Er entwickelt sich quer über viele traditionelle Rechtsbereiche und wird bestimmt durch seinen Gegenstand: Multimediadienste.

A. Multimediadienste und ihre Entwicklung

Multimediadienste – oder wie der Gesetzgeber sie nennt: Informations- und Kommunikationsdienste – sind netzvermittelte, zeitbeliebige, vielfach interaktive Informationsangebote, die alle Formen von Informationen – Texte, Fest- und Bewegtbilder, Töne und Daten – kombiniert oder wechselnd präsentieren können. Sie befinden sich derzeit in einer stürmischen Entwicklung. Abschließende, trennscharfe Charakterisierungen sind daher nicht möglich. Multimediadienste werden durch zwei technisch-ökonomische Entwicklungen gekennzeichnet, die sich aufeinander zubewegen.

Die erste Entwicklungslinie ist geprägt vom Zusammenwachsen von Telekommunikations- und Computertechnik. Auf der Basis weltweiter Telekommunikationsdienste und preiswerter leistungsfähiger Multimedia-Computer bieten globale Vermittlungsnetze wie das **Internet** jedem die Möglichkeit, über einfache Anschlüsse und mit intuitiv nutzbaren Oberflächen an einem weltweiten Informationsverbund teilzunehmen. Mit Hilfe eines weltweit gleichen Adressierungschemas und eines sehr einfachen Übertragungs- und Vermittlungsprotokolls (TCP/IP) kann sich im Internet jedes Nachrichten-Paket über unterschiedliche physische Telekommunikationsnetze hinweg selbst seinen Weg von Vermittlungsrechner zu Vermittlungsrechner bis zum Zielrechner suchen. Das Internet wird erweitert, indem sich ein Interessent mit seinem Rechner an einen der bestehenden Millionen Knoten anhängt. Als „Netz der Netze“ stellt das Internet global Verbindungen zwischen unübersehbar vielen lokalen und regionalen Netzen her. Anwendungen wie die elektronische Post, das Arbeiten auf fremden Rechnern, das Fernkopieren von Daten und Software, elektronische schwarze Bretter und das globale Hypermediasystem „World Wide Web“ genießen eine hohe Attraktivität. Diese werden längst nicht mehr nur für wissenschaftlichen oder privaten Informationsaustausch oder als Medium der Unterhaltung genutzt. Mit ihrer Hilfe entwickeln sich elektronische Marktplätze, Zahlungstransaktionen und Verwaltungskontakte. Auch haben viele Unternehmen, Konzerne und Behörden nach Internet-Standard eigene Intranets aufgebaut, die sie für die interne Kommunikation oder Kontakte mit Zulieferern und Kunden nutzen, aus denen heraus sie aber zugleich auch mit der Außenwelt kommunizieren können.

Die zweite Entwicklungslinie geht von den Entwicklungssprüngen der Rundfunktechnik aus. Durch Digitalisierung und Kompression der Übertragungssignale ist es möglich, im **digitalen Fernsehen** über die vorhandenen Netze und Satelliten statt bislang 30 zugleich mehrere hundert Fernsehkanäle zu übertragen. Informationskioske genannte Groß-Server halten die Angebote über ein Verteilnetz zum Abruf bereit. Um diese mit den derzeitigen Fernsehgeräten empfangen zu können, ist lediglich eine Set-Top-Box erforderlich, die die digitalen Signale in analoge umwandelt. Ein Rückkanal erlaubt dem Nutzer, interaktiv auf das jeweilige Angebot zu reagieren. Der Fernseher wird dadurch zum Multimedia-Home-Center, der den individuellen Abruf von Fernsehsendungen, Filmen, Informationssendungen, Lernprogrammen und Spielen ermöglicht. Auch soll er zum multimedialen Teleeinkauf, Telebuchen und Telebezahlen verwendet werden. Genutzt werden diese Möglichkeiten bereits als Business-TV für Kundeninformationen, für die Schulung von Außendienstmitarbeitern und Wartungstechnikern sowie für Telekonferenzen.

Durch die Digitalisierung aller Signale verfügen Funk und Fernsehen, Telekommunikation und Datenverarbeitung über die gleiche technische Basis. Sie können technisch in unterschiedlichen Kombinationen integriert werden. Die beiden Entwicklungslinien laufen immer stärker aufeinander zu. So ist es technisch möglich, auf dem Computer über das Internet Rundfunk- und Fernsehprogramme zu empfangen. Umgekehrt können im digitalen Fernsehen Internetdienste genutzt werden. In der Folge des **Zusammenwachsens** dieser Entwicklungslinien zu einem neuen Technik- und Wirtschaftsbereich Multimediadienste verlieren überkommene Unterscheidungen wie Individual- und Massenkommunikation, Breitband- und Schmalband-, Vermittlungs- und Verteildienste zunehmend an Bedeutung.

Die Entwicklung von Multimediadiensten befindet sich noch im Anfangsstadium. Dennoch verknüpft das Internet als globales Netz über nahezu alle Staaten der Welt hinweg mehr als 60 Mio. Arbeitsplätze und Haushalte. Interaktives Fernsehen wurde bisher weitgehend nur in Pilotversuchen und unternehmensinternen Anwendungen erprobt. Bisher hat sich das Internet mit extrem hohen Wachstumsraten über den gesamten Globus verbreitet. Es hat inzwischen einen weltweiten Defacto-Standard für alle Formen anwendungsübergreifender offener Kommunikation geschaffen. Das Internet ist das am **schnellsten wachsende Infrastruktursystem,** das es je gab. Dementsprechend sind auch die Prognosen sehr euphorisch: für Electronic Commerce werden bereits für das Jahr 2000 ungefähr 150 Mio. Teilnehmer und 250 Mrd. Dollar Umsatz erwartet. Für interaktives Fernsehen sind die prognostizierten Wachstumsraten vergleichbar. Mit Multimediadiensten verbinden sich große Hoffnungen auf neue Märkte, neue Arbeitsplätze, umweltverträgliches Wirtschaftswachstum, unbeschränkte Informationsfreiheiten und Stärkung demokratischer Willensbildung.

B. Multimedia-Recht und seine Entwicklung

Das Multimedia-Recht regelt das Angebot und die Nutzung von multimedialen Informationen in Telekommunikationsnetzen und somit die Sozialbeziehungen im „Cyber-Space".

I. Regelungsbedarf

Mit der zunehmenden Übertragung von Sozialkontakten auf Multimediadienste wächst auch deren Regelungsbedarf. Zwei große Fragenkreise bedürfen der Beantwortung:

- Wer darf unter welchen **Voraussetzungen** Multimediadienste anbieten? Für die Beantwortung dieser Frage bot bislang nur das Rundfunkrecht einen Regelungsrahmen. Dieser paßt allerdings nur für wenige Angebote von Multimediadiensten. Alle anderen stellen qualitativ etwas Neues dar, auf das alte Regeln nicht einfach übertragen werden können. Die Frage, wer mit welchem Angebot in der Cyber-Welt auftreten darf, war mit neuen Regelungen zu beantworten (Gesetzestexte Kap. A.). Diese waren in Bezug zu setzen zum Telekommunikations- und Rundfunkrecht (Gesetzestexte Kap. B. und C.).
- Wie sind die **Rechtsbeziehungen im Netz** zu regeln? Welche Regeln gelten in der Cyber-Welt? Soweit möglich kann versucht werden, Antworten auf diese Frage durch die Anwendung geltender Rechtsregelungen zu finden (Gesetzestexte Kap. C. II., F., G.). Soweit allerdings geltende Vorschriften sich eindeutig auf die körperliche Welt beziehen, sind für die immaterielle Welt der Netze neue Regelungen erforderlich. Dies gilt etwa für Regelungen, die sich auf „Schriften" oder „Unterschriften" beziehen (Gesetzestexte Kap. D. II., F., H.). Ebenfalls Neuregelungen sind notwendig, wo die Welt der Netze für denjenigen, der sich in ihr bewegt, neue Risiken beinhaltet. Diese erfordern Neujustierungen von Schutzregelungen zum Daten-, Urheber,- Verbraucher- und Jugendschutz (Gesetzestexte Kap. D. I., E., F. und H.).

Um Multimedia möglich zu machen, ist also nicht Rechtsabstinenz angesagt. Vielmehr müssen neue rechtliche Regelungen neuen Technikanwendungen den Weg bahnen. Multimedia erfordert eine **Regulierung mit Augenmaß.** Nur zusätzliche oder angepaßte rechtliche Regelungen vermögen die allseits erhobene Forderung nach Rechts- und Planungssicherheit für Multimedia zu erfüllen. Sie schaffen den notwendigen einheitlichen, klaren und verläßlichen Ordnungsrahmen für Investitionen und sichern durch den Ausgleich von Interessen die Grundlage für die Akzeptanz der Multimediadienste.

II. Entwicklung des Multimedia-Rechts

Lange Zeit hat das Rechtssystem auf das Übertragen von Sozialkontakten aus der körperlichen Welt in die immaterielle Welt der Netze so reagiert, daß versucht wurde, die entstehenden Rechtsfragen durch **Anwendung alter Regelungen** zu beantworten. Dabei wurden die alten Rechtstexte mit Blick auf die neuen Sachverhalte konkretisiert. Dies ist dann erfolgreich, wenn die Probleme in beiden Welten gleich oder vergleichbar sind. Als Beispiele hierfür können das Recht der Willenserklärungen, das Vertragsrecht, das Namensrecht, das Wettbewerbsrecht oder das Werberecht gelten. Immer mehr ist diese Form der Rechtsfortbildung jedoch auch an Grenzen gestoßen:

Investitionen in attraktive *Angebote* zur kommerziellen Nutzung von Multimediadiensten scheiterten in Deutschland an bestehenden **Rechtsunsicherheiten.** So war ungeklärt, welche der genannten Dienste und Angebote als Rundfunk zulassungspflichtig oder als schlichte wirtschaftliche Betätigung zulassungsfrei waren. Ein sicherer elektronischer Rechtsverkehr setzt Verschlüsselungsverfahren und digitale Signaturen voraus. Für den Aufbau der für sie notwendigen Sicherungsinfrastruktur fehlte mangels Rechtsrahmens die notwendige Investitionssicherheit. Unklarheiten bestanden auch hinsichtlich der *Nutzung* von Multimediadiensten: Welchen Schutz genießt in Multimediadiensten geistiges Eigentum? Inwieweit sind Provider für strafbare Angebote im Netz – wie Kinderpornographie, Aufforderungen zu Straftaten oder Nazi-Propaganda – verantwortlich? Gilt in globalen Netzen deutsches Strafrecht? Erfaßt dieses auch unverkörperte Informationen? Wie kann Jugend-, Verbraucher- und Datenschutz in Multimediadiensten gewährleistet werden?

Als der Regelungsbedarf erkannt worden war, beanspruchten sowohl der Bund als auch die Länder **Gesetzgebungskompetenzen.** Der Bund war für Fragen der Wirtschaft und der Telekommunikation zuständig, die Länder für den Rundfunk und für alle Materien, die nicht ausdrücklich dem Bund übertragen sind. Obwohl vielfach gefordert worden war, ein „national einheitliches Medienordnungsrecht" (Rat für Forschung, Technologie und Innovation) zu schaffen, war eine Änderung der Kompetenzverteilung durch Grundgesetzänderung politisch aussichtslos.

Dennoch mußte das Recht ebenso zusammenwachsen, wie die Multimediatechnik und ihre Anwendungen dies tun. Nachdem im ersten Halbjahr 1996 beide Seiten die Kompetenz zur Regelung der neuen Kommunikationsdienste für sich reklamiert hatten, fanden sie im Sommer 1996 zu einem politischen **Kompromiß:** Die an die Allgemeinheit gerichteten Dienste sollten die Länder, die Dienste für Individualkommunikation der Bund regeln. Inhaltlich sollten die Regelungen wortgleich oder zumindest aufeinander abgestimmt sein. Bis Dezember 1996 wurden zwischen Bund und Ländern die Details ausgehandelt. Abgestimmte Lösungen wurden so für die Zulassungsfreiheit, für die Verantwortlichkeit der Anbieter sowie für den Verbraucher- und Datenschutz gefunden. Nur durch Bundesrecht geregelt wurden die Änderungen von StGB, OWiG, GjS, UrhG und des Preisauszeichnungsrechts sowie die neuen Vorschriften des SigG. Die Bundesregelungen sind zusammengefaßt im Informations- und Kommunikationsdienste-Gesetz (IuKDG). Sie sollten sich auf die Fragen beschränken, deren Beantwortung unbedingt erforderlich war, um die für die wirtschaftliche Entwicklung bestehende Rechtsunsicherheit zu beseitigen.

Die **Gesetzgebungsverfahren** wurden relativ zügig in der ersten Hälfte des Jahres 1997 durchgeführt. Der Mediendienste-Staatsvertrag der Länder (Gesetzestexte Kap. A. 3.) wurde am 18. 12. 1996 vereinbart, in den folgenden Monaten von den Ministerpräsidenten der Länder unterzeichnet und im ersten Halbjahr 1997 von den Landesparlamenten in Landesgesetze umgewandelt. Das Informations- und Kommunikationsdienste-Gesetz des Bundes (Gesetzestexte Kap. A. 1.) wurde am 13. 6. 1997 vom Bundestag beschlossen und auf der Sitzung am 4. 7. 1997 vom Bundesrat nicht beanstandet. Am 1. 8. 1997 traten beide Gesetzeswerke in Kraft.

C. Rechtsfragen für Multimediadienste

Für Multimediadienste finden somit spezifisch für diese geschaffene Regelungen sowie Regelungen Anwendung, die von Anwendungsbereichen der körperlichen Welt auf Rechtsfragen in der immateriellen Welt der Netze übertragen werden.

I. Verfassungs- und europarechtliche Grundlagen

Das Verfassungsrecht in Europa und in der Bundesrepublik Deutschland (Gesetzestexte Kap. I) hat noch keine Veränderung hinsichtlich Multimedia erfahren. Es bietet Rahmenregelungen, die für die Regulierung von Angebot und Nutzung von Multimediadiensten zu beachten sind. Zum einen geben die Grundrechte des GG, die Menschenrechte der MRKV und die Grundfreiheiten des EGV inhaltliche Grenzen für jede Regulierung vor. Die dort geschützten Freiheiten müssen durch rechtliche Regelungen gewahrt und gefördert werden. Zum anderen ergeben sich aus dem GG die Regelungskompetenzen von Bund und Ländern (Art. 70ff. GG) und aus dem EGV die Regelungskompetenzen und Regelungsformen der Europäischen Union (Art. 100ff., 189 EGV). Das GG enthält außerdem die verfassungsrechtliche Grundlage für den Wettbewerb in der Telekommunikation (Art. 87f GG).

II. Recht der Multimediadienste

Aufgrund der unterschiedlichen Gesetzgebungskompetenzen haben Bund und Länder den weder technisch, noch inhaltlich, noch funktional eindeutig zu trennenden Regelungsbereich der Multimediadienste in „Teledienste“ und „Mediendienste“ unterteilt. Für Teledienste gilt das Teledienstegesetz (TDG) und für Mediendienste der Mediendienste-Staatsvertrag (MDStV) (Gesetzestexte Kap. A).

1. Abgrenzungen

Die Anwendung des MDStV und des TDG schließen sich gegenseitig aus. Ein **Mediendienst** ist nach § 2 Abs. 1 MDStV „das Angebot und die Nutzung von an die Allgemeinheit gerichteten Informations- und Kommunikationsdiensten ... in Text, Ton oder Bild ...“. Als nicht abschließende Beispiele nennt § 2 Abs. 2 MDStV Fernseheinkauf, Verteildienste, Fernsehtext, Video-on-Demand und multimediale Presse. Nach § 2 Abs. 1 TDG sind **Teledienste** „elektronische Informations- und Kommunikationsdienste, die für eine individuelle Nutzung von kombinierbaren Daten wie Zeichen, Bilder oder Töne bestimmt sind ...“. Beispielhaft nennt § 2 Abs. 2 TDG Telebanking, Telespiele, Teleshopping, Datendienste und Angebote zur Nutzung des Internet.

Beide Begriffsdefinitionen sind nicht vollständig kompatibel. Entscheidend für ihre Unterscheidung sind nicht technische Merkmale, sondern allein ihre Zwecksetzung. Diese wird in den abstrakten Definitionen aber aus unterschiedlichen Blickwinkeln entweder als „an die Allgemeinheit gerichtet“ oder als „für eine individuelle Nutzung ... bestimmt“ beschrieben. Mediendienste sind aus dem Blickwinkel des Anbieters, Teledienste aus dem des Nachfragers bestimmt. Daher sind Multimediadienste möglich, in denen – wie etwa im Internetdienst „World Wide Web“ – die Informationsangebote sowohl an eine beliebige Öffentlichkeit gerichtet sind, als auch vom jeweiligen Nutzer individuell abgerufen werden. Die unterschiedliche Blickrichtung kann zu Abgrenzungsschwierigkeiten beitragen. Andererseits wurde in der zweijährigen Vorlaufphase zu beiden Regelungswerken keine bessere Begriffsabgrenzung gefunden, die sowohl praktikabel wäre, als auch die verfassungsrechtlichen Kompetenzaufteilungen und die verfassungspolitisch damit verbundenen Grundpositionen berücksichtigte. Der Regelungsbedarf verbot es, die weitere Entwicklung der Technik abzuwarten, um dann zu späterer Zeit zu passenderen Abgrenzungen zu gelangen. In der Praxis werden sich auch für die definitionsmäßigen Überschneidungen taugliche Abgrenzungskriterien nach dem **Schwerpunkt** des jeweiligen Dienstes ergeben. Hierbei können die in § 2 Abs. 2 TDG/MDStV genannten Beispiele hilfreich sein.

2. Zulassungsfreiheit und Verantwortlichkeit

Tele- und Mediendienste sind im Rahmen der Gesetze **zulassungs- und anmeldefrei.** Anmelde- und Zulassungserfordernisse des allgemeinen Rechts bleiben unberührt – wie etwa Anzeigen oder Zulassungen nach der GewO oder nach §§ 4 und 8 TKG. Mediendienste, die dem Rundfunk zuzuordnen sind, bedürfen einer Zulassung nach § 20 Abs. 1 RStV.

Die **Verantwortlichkeit von Anbietern** wird in § 5 Abs. 1 bis 3 TDG und MDStV wortgleich geregelt. Diese Regelungen, nach denen Anbieter für eigenes Verschulden einstehen müssen, sind Spezialregelungen zum Straf-, Zivil- und Jugendschutzrecht: Anbieter sind für fremde Inhalte, zu denen sie lediglich den Zugang vermitteln, nicht verantwortlich. Soweit Anbieter fremde Inhalte zur Nutzung bereithalten, trifft sie über eine Garantenstellung eine Mitverantwortung, wenn ihnen diese Inhalte bekannt sind und es ihnen technisch möglich und zumutbar ist, deren Nutzung zu verhindern. Vollverantwortlich sind sie für eigene Inhalte. § 5 Abs. 4 TDG stellt klar, daß die objektive Verpflichtung der Anbieter aus anderen Vorschriften, Rechtsgutverletzungen zu unterlassen, unberührt bleibt. § 18 Abs. 3 MDStV enthält zur Durchsetzung dieser Verpflichtung sogar eine eigene Ermächtigungsgrundlage.

Nur für Mediendienste nennt § 8 Abs. 1 MDStV einen Katalog von Inhalten wie Aufstachelung zum Rassenhaß, grausame Gewalttätigkeiten, Pornographie und andere menschenverachtende Darstellungen, die ausnahmslos **unzulässig** sind.

Während das TDG keine **Sanktionsmöglichkeiten** vorsieht, wenn ein Anbieter gegen seine Pflichten verstößt, enthält der MDStV in § 19 hierfür eine lange Liste von Ordnungswidrigkeiten.

III. Telekommunikationsrecht

Tele- und Mediendienste werden auf der Grundlage von Telekommunikation erbracht. Das TKG sowie das TDG und der MDStV kommen daher funktionsbezogen differenziert **nebeneinander** zur Anwendung – das TKG bezogen auf den technischen Vorgang der Telekommunikation, das Recht der Tele- und Mediendienste bezogen auf die Inhalte und Nutzungsformen.

Das **TKG** enthält einen **Ordnungsrahmen** für den Wettbewerb in der Telekommunikation (Gesetzestexte Kap. B). Es verfolgt das Ziel, auf einem bislang von einem Staatsunternehmen monopolisierten Markt einen chancengleichen und funktionsfähigen Wettbewerb zu eröffnen und zugleich eine flächendeckende Grundversorgung mit Telekommunikationsdienstleistungen zu gewährleisten. Um eine einzelfallbezogene Regulierung von Telekommunikationsdienstleistungen durch die Regulierungsbehörde (§ 66 TKG) zu ermöglichen, sieht § 6 TKG eine **Lizenzpflicht** für das Betreiben von grundstücksüberschreitenden Übertragungswegen für Telekommunikationsdienstleistungen, die an die Öffentlichkeit gerichtet sind, sowie für den Sprachtelefondienst auf der Basis selbst betriebener Telekommunikationsnetze vor. Anforderungen und Verfahren der Lizenzerteilung sind in §§ 8ff. TKG und in der Verwaltungsvorschrift zur Beantragung von Lizenzen zum Betreiben von Übertragungswegen geregelt. Alle übrigen Telekommunikationsdienstleistungen sind lizenzfrei, bedürfen aber nach § 4 TKG einer Anzeige an die Regulierungsbehörde.

Durch die Aufhebung des staatlichen Telekommunikationsmonopols sind viele zusätzliche Fragen entstanden, die nur durch eine rechtliche Regelung beantwortet werden können. Was die Deutsche Bundespost als Teil der staatlichen Verwaltung selbstverständlich oder aufgrund verwaltungsinterner Vorgaben tat, muß nun qua Recht zwischen den Wettbewerbern geregelt oder von ihnen eingefordert werden. Damit **Versorgung und Wettbewerb** zugleich möglich sind, regeln §§ 33 und 34 TKG den offenen Netzzugang der Wettbewerber zu bisher im Monopol stehenden Netzen und die §§ 35 bis 39 TKG die Zusammenschaltung der von konkurrierenden Wettbewerbern betriebenen Netze. Die Verteilung der Anschlußnummern und die Verteilung der Frequenzen regeln §§ 43 bis 49 TKG. Das Recht, Verkehrswege und private Grundstücke für öffentlichen Zwecken dienenden Telekommunikationslinien zu benutzen, wird den Betreibern von Übertragungswegen in §§ 50 bis 58 TKG zugestanden. Um Universaldienste, die flächendeckende Bereitstellung von Telekommunikationsdienstleistungen für jedermann zu erschwinglichen Preisen trotz Wettbewerb zu gewährleisten, sehen die §§ 17 bis 22 TKG ein komplexes System von Dienstleistungs- und Geldleistungsverpflichtungen der Lizenznehmer vor. Die Preisgestaltung marktbeherrschender Anbieter unterliegt nach §§ 23 bis 31 TKG der Kontrolle durch die Regulierungsbehörde. Das Verfahren zur Genehmigung von Entgelten ist in der Telekommunikations-Entgeltregulierungsverordnung konkretisiert. Gemeinsame Sicherheits- und Datenschutzstandards und die Gewährleistung der Überwachungsmöglichkeiten von Polizei, Staatsanwaltschaft und Geheimdiensten sind Gegenstand der §§ 85 bis 92 TKG. Die Aufgaben des Bundesministeriums für Post und Telekommunikation werden überwiegend vom Bundeswirtschaftsministerium übernommen. Da aber für die Wettbewerber ein Schiedsrichter vorhanden sein muß, wurde mit der Regulierungsbehörde eine neue Bundesoberbehörde geschaffen, deren Organisation, Aufgaben und Befugnisse in §§ 66 bis 84 TKG geregelt sind.

IV. Rundfunkrecht

Rundfunk wird in § 2 des RStV definiert als „die für die Allgemeinheit bestimmte Veranstaltung und Verbreitung von Darbietungen aller Art in Wort, in Ton und in Bild unter Benutzung elektrischer Schwingungen ohne Verbindungsleiter oder längs oder mittels eines Leiters. Der Begriff schließt Darbietungen ein, die verschlüsselt verbreitet werden oder gegen besonderes Entgelt empfangbar sind." Erfaßt werden vom Rundfunkbegriff Fernsehen, auch Pay-TV, Hörfunk und die sog. „rundfunkähnliche Kommunikation" (s. z. B. § 1 Abs. 3 LMedienG Baden-Württemberg). Nicht Bestandteil des Rundfunkbegriffs ist der gleichzeitige Empfang der Darbietungen durch die Allgemeinheit. Daher unterfallen auch die in § 2 Abs. 2 Nr. 1 bis 3 MDStV genannten Verteildienste dem Rundfunkbegriff. Wegen ihrer engen inhaltlichen Begrenzung auf Angebote, die nur in geringem Maße der öffentlichen Meinungsbildung dienen oder denen die Suggestivkraft der bewegten Bilder fehlt, wurden diese Mediendienste von § 2 Satz 3 RStV jedoch ausdrücklich aus dem Ordnungsrahmen des RStV herausgenommen.

Rundfunk ist das klassische Massenmedium zur öffentlichen Meinungsbildung. Er ist durch Art. 5 Abs. 1 Satz 5 GG grundrechtlich geschützt, erfordert aber eine rechtliche **Ausgestaltung,** um eine freiheitliche und staatsfreie Ordnung, Vielfalt und Ausgewogenheit des Rundfunks zu gewährleisten und Mißbrauch zu verhindern. Diese rechtliche Ausgestaltung ist Aufgabe der Bundesländer. Daher gibt es in der Bundesrepublik Deutschland kein einheitliches Rundfunkgesetz. Wichtige Teilbereiche des Rundfunkwesens haben die Länder in Staatsverträgen bundeseinheitlich, andere in Landesgesetzen länderspezifisch geregelt (Gesetzestexte Kap. C I.).

Der **RStV** enthält grundlegende Regelungen für den öffentlich-rechtlichen und den privaten Rundfunk in einem dualen Rundfunksystem. Er gewährleistet dem öffentlich-rechtlichen Rundfunk Bestand und Entwicklung vor allem durch die Finanzierung über Gebühren und Werbung (§§ 10ff. RStV). Die Gebührenfinanzierung wird näher im Rundfunkgebühren-Staatsvertrag geregelt. Den privaten Veranstaltern ermöglicht der RStV Ausbau und Fortentwicklung eines privaten Rundfunksystems (§§ 19ff. RStV). Zur Sicherung der Meinungsvielfalt enthält der Vertrag Anforderungen an die Gestaltung einzelner Programme sowie Beteiligungsbegrenzungen an privaten Veranstaltern zur Gewährleistung von Meinungswettbewerb zwischen den Programmen. Er regelt außerdem allgemeine Anforderungen des Jugendschutzes, der Werbung, des Sponsorings und des Datenschutzes (§§ 3ff., 28 RStV).

Die **Landesrundfunkgesetze** normieren die Aufgaben der öffentlich-rechtlichen Rundfunkanstalten. Soweit die Länder sich **Mediengesetze** gegeben haben (s. z.B. LMedienG Baden-Württemberg oder Gesetz über den privaten Rundfunk und Neue Medien Sachsen), regeln diese die Anforderungen an den privaten Rundfunk und an die rundfunkähnliche Kommunikation. Sie enthalten unter anderem Regelungen zur Zulassung privater Veranstalter, zur staatlichen Aufsicht über diese, zur Programmgestaltung und zur Frequenzverteilung.

Rundfunk kennt keine Grenzen. Daher ist für den Rundfunk eine zumindest in Grundzügen einheitliche europäische Rundfunkordnung essentiell. Die **EG-Fernsehrichtlinien** von 1989 und von 1997 zielen auf eine Vereinheitlichung der nationalen Rundfunkordnungen der EU-Mitgliedstaaten, ohne die jeweils eigenständige kulturelle Entwicklung und Vielfalt zu beeinträchtigen. Ihr Ziel ist vor allem, einen durch die Dienstleistungsfreiheit des EGV geschützten freien Sendeverkehr zu gewährleisten.

V. Presserecht

Bisher wurde das Massenkommunikationsmedium Presse als „Druckwerk" für einen unbestimmten Personenkreis verbreitet. Entscheidend war, daß das Presseprodukt in Papier oder auch in Ton- oder Bildspeichern verkörpert war. Dadurch unterschied sich Presse deutlich von dem Massenkommunikationsmedium Rundfunk, der Gedankeninhalte unkörperlich mit Hilfe elektromagnetischer Wellen an einen unbestimmten Kreis von Empfängern gesendet hat. Nunmehr werden Presseerzeugnisse in Multimediadiensten auch unkörperlich zum Abruf angeboten.

Damit entsteht die Frage, welche rechtlichen Regeln auf die multimediale Presse anzuwenden sind. Solange nicht „Sendungen" ausgestrahlt, sondern die elektronischen Informationsangebote funktionell und strukturell der gedruckten Presse entsprechen, unterfallen sie nicht dem Rundfunkrecht. Da die Pressegesetze sich auf periodische „Druckwerke" beziehen, können aber auch die Landespressegesetze keine Anwendung für die multimediale Presse finden (Gesetzestexte Kap. C II.). Spezielle Regelungen wurden jedoch im **MDStV** getroffen. Multimediale Presse unterfällt als Abrufdienst, der an die Allgemeinheit gerichtet ist, § 2 Abs. 2 Nr. 4 MDStV. Auf sie überträgt der MDStV Regelungen des Presserechts wie Nennung des Verantwortlichen (§ 6 Abs. 2), journalistische Sorgfaltspflichten und die Trennung von Bericht und Kommentar (§ 7 Abs. 2), Kennzeichnung der Werbung und ihre Trennung vom redaktionellen Teil (§ 9 Abs. 2), das Recht zur Gegendarstellung (§ 10) und Auskunftsrechte der Presse gegenüber Behörden (§ 11).

VI. Datenschutzrecht

Das TDDSG und der MDStV enthalten spezielle Regelungen zum Datenschutz in Multimediadiensten, das TKG und die TDSV eigene Datenschutzanforderungen für Telekommunikationsdienstleistungen. Diese bereichsspezifischen Regelungen gehen für ihren Anwendungsbereich dem allgemeinen Datenschutzrecht in den LDSG und im BDSG vor (Gesetzestexte Kap. D I.).

1. Datenschutz in Multimediadiensten

Das TDDSG und der MDStV enthalten nahezu wortgleiche Regelungen. Wie im allgemeinen Datenschutzrecht stellen sie die Erhebung, Verarbeitung und Nutzung von personenbezogenen Daten für Tele- und Mediendienste unter einen **Erlaubnisvorbehalt.** Nach § 3 Abs. 1 TDDSG und § 12 Abs. 2 MDStV sind sie nur zulässig, wenn der Nutzer eingewilligt hat oder eine Rechtsvorschrift sie ausdrücklich erlaubt. Solche Erlaubnistatbestände enthalten die §§ 5, 6 TDDSG und §§ 14, 15 MDStV für Bestands-, Nutzungs- und Abrechnungsdaten. Die Erbringung von Tele- und Mediendiensten darf nach § 3 Abs. 3 TDDSG und § 12 Abs. 4 MDStV nicht davon abhängig gemacht werden, daß der Nutzer in eine Verarbeitung oder Nutzung seiner Daten für andere Zwecke einwilligt. Die zulässig erhobenen Daten unterliegen einer strengen **Zweckbindung.** Sie dürfen nach § 3 Abs. 2 TDDSG und § 12 Abs. 3 MDStV nur für die Durchführung von Tele- und Mediendiensten verwendet werden. Nutzungsdaten sind nach § 6 Abs. 2 TDDSG und § 15 Abs. 2 MDStV frühestmöglich, spätestens unmittelbar nach Ende der jeweiligen Nutzung, zu löschen, es sei denn, es handelt sich um Abrechnungsdaten. Diese muß der Anbieter löschen, sobald sie für Zwekke der Abrechnung nicht mehr erforderlich sind.

Die Verarbeitung personenbezogener Daten in Tele- und Mediendiensten ist für den Nutzer erheblich schlechter erkenn- und durchschaubar als in der klassischen Datenverarbeitung auf einem einzelnen Rechner. Zur Gewährleistung der erforderlichen **Transparenz** enthalten das TDDSG und der MDStV zusätzliche Unterrichtungspflichten und Auskunftsrechte. Nach § 3 Abs. 5 TDDSG und § 12 Abs. 6 MDStV hat der Anbieter den Nutzer vor jeder Erhebung über Art, Umfang, Ort und Zweck der Erhebung, Verarbeitung und Nutzung personenbezogener Daten zu unterrichten. Über das allgemeine Datenschutzrecht hinaus ist der Nutzer nach § 7 TDDSG und § 16 MDStV berechtigt, jederzeit die zu seiner Person oder zu seinem Pseudonym gespeicherten Daten unentgeltlich beim Anbieter einzusehen. Die Auskunft ist auf Verlangen des Nutzers auch elektronisch zu erteilen.

Das TDDSG und der MDStV realisieren erstmals Konzepte zum **Selbst- und System-Datenschutz.** Damit gehen die Anforderungen zu Tele- und Mediendiensten weiter als die allein am Erforderlichkeitskriterium orientierten Anforderungen der gleichzeitig auf die zugrunde liegende Telekommunikation anwendbaren Vorschriften des Telekommunikationsrechts. Neu ist vor allem der Grundsatz der **Datensparsamkeit** in § 3 Abs. 4 TDDSG und § 12 Abs. 5 MDStV. Danach hat sich die Gestaltung der Systemstrukturen und die Auswahl technischer Einrichtungen an dem Ziel auszurichten, keine oder so wenig personenbezogene Daten wie möglich zu erheben, zu verarbeiten und zu nutzen. Durch welche technischen und organisatorischen Verfahren diese Zielbestimmung erreicht wird, bleibt den Anbietern und damit dem Wettbewerb überlassen. Der beste Datenschutz wird erreicht, wenn gar keine personenbezogenen Daten bei der Inanspruchnahme und Abrechnung von Tele- und Mediendiensten anfallen. Dieses Ziel kann allerdings mit dem Ziel des vertragsgerechten Leistungsaustausches in Konflikt geraten. Für beide Interessen versuchen § 4 Abs. 1 TDDSG und § 13 Abs. 1 MDStV, einen Ausgleich zu finden. Danach hat der Anbieter den Nutzern die Inanspruchnahme und Bezahlung von Diensten **anonym** oder unter **Pseudonym** zu ermöglichen. Nutzungsprofile sind nur bei Verwendung von Pseudonymen zulässig. Die Vorschriften konkretisieren das Ziel der Dateneinsparung. Sie knüpfen die Verpflichtung allerdings an die Voraussetzung, daß die anonyme oder pseudonyme Inanspruchnahme und Bezahlung des Dienstes technisch möglich und dem Anbieter zumutbar ist. Der Nutzer ist über die Möglichkeit zu informieren.

Die Schriftform für die datenschutzrechtliche Einwilligung ist für Teledienste umständlich und ungeeignet. Daher sehen § 3 Abs. 7 TDDSG und § 12 Abs. 8 MDStV vor, daß die **Einwilligung** unter den dort genannten Sicherheitsvoraussetzungen auch **elektronisch** erteilt werden kann. Die erforderlichen technischen Sicherungen zum Nachweis ihrer Integrität und Authentizität können digitale Signaturen gewährleisten. Dabei wird nicht das Konzept des SigG als zwingend vorausgesetzt. Vielmehr sind auch andere ausreichend sichere Verfahren zulässig. Die **Datenschutzkontrolle** obliegt nach § 8 TDDSG und § 18 Abs. 1 MDStV bei Tele- und Mediendiensten gleichermaßen den Aufsichtsbehörden der Länder.

2. Datenschutz in Telekommunikationsdiensten

Die Datenschutzregelungen des TKG und der TDSV gelten für die **Telekommunikation,** also den „technischen Vorgang des Aussendens, Übermittelns und Empfangens von Nachrichten jeglicher Art in der Form von Zeichen, Sprache, Bildern oder Tönen mittels Telekommunikationsanlagen" (§ 3 Nr. 16 TKG). Die personenbezogenen Daten, die bei diesem technischen Vorgang entstehen und verarbeitet werden, sind von den Daten zu unterscheiden, die auf der Grundlage der Telekommunikationsverbindung ausgetauscht werden. Personenbezogene Daten, die hierdurch entstehen, werden durch das TDDSG und den MDStV geschützt.

Die Datenschutzanforderungen richten sich an diejenigen, die geschäftsmäßig Telekommunikationsdienste erbringen oder daran mitwirken. Dies trifft für die Betreiber von Multimediaservern und die Netzbetreiber zu. Diese sind nach § 85 TKG verpflichtet, das **Fernmeldegeheimnis** des Art. 10 Abs. 1 GG zu wahren. Dem Fernmeldegeheimnis unterliegen der Inhalt der Telekommunikation und ihre näheren Umstände, insbesondere die Tatsache, ob jemand an einem Telekommunikationsvorgang beteiligt ist oder war. Dies gilt auch für erfolglose Verbindungsversuche. Der Schutz gilt sowohl für natürliche wie auch für juristische Personen. Der **Datenschutz** in der Telekommunikation orientiert sich nach § 89 Abs. 1 Satz 2 TKG an den klassischen Grundsätzen der Zweckbindung und der Verhältnismäßigkeit, insbesondere der Beschränkung der Erhebung, Verarbeitung und Nutzung personenbezogener Daten auf das Erforderliche. Die Datenschutzanforderungen schützen natürliche wie juristische Personen.

§ 89 Abs. 2 TKG und §§ 3 bis 6 TDSV erlauben die Erhebung, Verarbeitung und Nutzung von Bestands-, Verbindungs- und Abrechnungsdaten, soweit dies **erforderlich** ist, um die Telekommunikationsdienste betrieblich abzuwickeln. Für Abrechnungsdaten kann der Nutzer nach § 6 Abs. 3 TDSV die Form und Dauer der Speicherung wählen, trägt bei kurzen Speicherfristen aber das Beweisrisiko für die Richtigkeit der Entgeltrechnung. Auf schriftlichen Antrag des Nutzers dürfen ihm zu bestimmten Leistungsmerkmalen Einzelentgeltnachweise erteilt werden.

Eine Erhebung, Verarbeitung und Nutzung personenbezogener Daten, die über die Regelungen des TKG und der TDSV hinausgehen, ist nur mit **Einwilligung** des Betroffenen möglich. Dies gilt nach § 89 Abs. 7 TKG auch für die Verarbeitung und Nutzung von Stammdaten für Zwecke der Werbung, der Kundenberatung und der Marktforschung. Die Einspruchslösung des § 4 Abs. 2 TDSV widerspricht der

Regelung des § 89 Abs. 7 TKG und ist damit ungültig. Die Einwilligung setzt voraus, daß der Kunde zuvor in sachgerechter Weise über Inhalt und Reichweite der Einwilligung informiert worden ist. Dabei sind nach § 89 Abs. 10 TKG die vorgesehenen Zwecke und Nutzungszeiten zu nennen. Die Einwilligung muß ausdrücklich und in der Regel schriftlich erfolgen. Eine elektronische Einwilligung ist nicht ausgeschlossen. Für sie ist aber für einen angemessenen Zeitraum eine Rücknahmemöglichkeit vorzusehen. § 89 Abs. 10 TKG und § 3 Abs. 2 TDSV verbieten, das Erbringen der Telekommunikationsdienste und deren Entgeltfestlegung von der Angabe personenbezogener Daten abhängig zu machen, die für die Erbringung oder Entgeltfestlegung dieser Dienste nicht erforderlich sind.

Gegenüber **Sicherheitsbehörden und Geheimdiensten** ist der Datenschutz eingeschränkt. Zu deren Unterstützung haben nach § 89 Abs. 6 TKG die Anbieter von geschäftsmäßigen Telekommunikationsdiensten Stammdaten im Einzelfall auf Ersuchen an diese zu übermitteln. Auskünfte an diese Stellen dürfen den Betroffenen nicht mitgeteilt werden. Weitere Einschränkungen enthält die FÜV.

Die Telekommunikationsdiensteanbieter haben nach § 87 TKG angemessene **technische Maßnahmen** zum Schutz des Fernmeldegeheimnisses und der personenbezogenen Daten zu treffen. Die Vorkehrungen müssen dem Stand der technischen Entwicklung entsprechen und haben sich nach einem Katalog von Sicherheitsanforderungen zu richten, den die Regulierungsbehörde erstellt.

Die **Datenschutzkontrolle** bei Telekommunikations-Anbietern ist nach § 91 Abs. 4 TKG von den Aufsichtsbehörden der Länder (§ 38 BDSG) auf den Bundesbeauftragten für den Datenschutz übergegangen. Er kann hierfür die Kontrollinstrumente nach §§ 21 und 24 bis 26 BDSG nutzen, die ihm zur Kontrolle von Bundesbehörden zustehen. Er hat allerdings keine Vollzugsrechte. Um Datenschutzanforderungen durchzusetzen, muß sich der Bundesdatenschutzbeauftragte an die Regulierungsbehörde wenden, die nach § 91 Abs. 1 bis 3 TKG Maßnahmen ergreifen kann. Im Gegensatz zu dieser Regelung liegt die Datenschutzkontrolle bei Tele- und Mediendiensten bei den Aufsichtsbehörden der Länder. Die nationalen Vorschriften zum Datenschutz im Bereich der Telekommunikation müssen bis zum 24. 10. 1998 den Vorgaben der **EU-Telekommunikationsdatenschutzrichtlinie** angepaßt werden.

3. Allgemeiner Datenschutz

Die allgemeinen datenschutzrechtlichen Vorschriften des **BDSG** und der **LDSG** kommen nur zur Anwendung, wenn die bereichsspezifischen Regelungen des TDDSG, des MDStV, des TKG und der TDSV keine Regelungen enthalten. Die spezifischen Datenschutzrisiken der Telekommunikation und der Multimediadienste dürften durch diese Spezialregelungen weitgehend abgedeckt sein. Nach allgemeinem Datenschutzrecht sind dann aber die dem telekommunikativen oder multimedialen Kontakt folgenden Verarbeitungsschritte zu beurteilen.

Die nationalen Datenschutzregelungen müssen bis zum 24. 10. 1998 der **EU-Datenschutzrichtlinie** angepaßt sein. Ohne Umsetzung durch den Gesetzgeber könnte die EU-Richtlinie nach diesem Zeitpunkt in einzelnen Fällen direkt zur Anwendung gelangen.

VII. Sicherheitsrecht

Multimediadienste können für den elektronischen Rechts-, Geschäfts- und Zahlungsverkehr nur dann genutzt werden, wenn sie hierfür ausreichend sicher sind (Gesetzestexte Kap. D II.).

1. Signaturgesetz und Signaturverordnung

Multimediadienste müssen zuverlässig gewährleisten, daß eine elektronische Willenserklärung nicht gefälscht oder verfälscht und daß ihr Aussteller identifiziert werden kann. Ohne spezifische Sicherung kann sich jedoch jeder als Aussteller oder Sender elektronischer Willenserklärungen ausgeben und diese spurenlos verändern. Die erforderliche Sicherung elektronischer Dokumente bietet die Technik der **digitalen Signatur.** Eine digitale Signatur ist eine mit einem geheimen Schlüssel zu einem bestimmten elektronischen Dokument erzeugte kryptographische Prüfsumme, die mit dem öffentlichen Schlüssel des Urhebers überprüft werden kann. Sie ermöglicht, die Unverfälschtheit eines elektronischen Dokuments zu erkennen und die Identität seines Ausstellers nachzuweisen. Signaturverfahren sind daher die **Basistechnologie** des elektronischen Rechtsverkehrs. Um digitale Signaturen einer bestimmten Person verbindlich zuordnen zu können, bedarf es allerdings der elektronischen Bestätigung durch das Zertifikat einer Zertifizierungsstelle sowie der Gewährleistung einer Reihe organisatorischer und technischer Sicherheitsanforderungen.

Diese werden im SigG und in der SigV geregelt. Mit diesen beiden Vorschriften hat Deutschland weltweit eine Führungsrolle übernommen. Sie enthalten **Anforderungen an die Infrastruktur** und an die technischen Komponenten von Signaturverfahren, regeln aber nicht deren Verwendung. An sie sollen spätere Rechtsvorschriften anknüpfen können, die digitale Signaturen nach dem SigG vorschreiben. Ziel des SigG ist es, gewerbe- und technikrechtliche Rahmenbedingungen für die Sicherungsinfrastruktur zu bieten, unter denen digitale Signaturen eine hohe faktische Sicherheit erlangen. Dieser Rahmen ist nicht verbindlich vorgeschrieben. § 1 Abs. 2 SigG „stellt“ die Anwendung anderer Verfahren „frei“. Allerdings haben nur Verfahren, die den Anforderungen des SigG entsprechen, die Vermutung des § 1 Abs. 1 SigG für sich, als sicher zu gelten.

Eine hohe faktische Sicherheit digitaler Signaturen will das SigG durch fünf ineinandergreifende Sicherheitsbausteine gewährleisten:

- Bevor **Zertifizierungsstellen** ihren Betrieb aufnehmen können, bedürfen sie nach § 4 SigG einer Genehmigung der Regulierungsbehörde nach § 66 TKG. Auf diese besteht ein Rechtsanspruch, wenn der

Antragsteller die erforderliche Zuverlässigkeit besitzt, bei den in der Zertifizierungsstelle tätigen Personen die notwendige Fachkunde vorliegt sowie in einem Sicherheitskonzept und in einer Vorortprüfung nachgewiesen wird, daß die Sicherheitsanforderungen des SigG erfüllt sind.

- Zweitens wird die rechtliche Zuordnung der Signaturschlüssel zu einer Person im Rahmen einer einfachen und klaren **Zertifizierungsstruktur** gesichert. Diese Zuordnung muß nach § 2 SigG von einer genehmigten Zertifizierungsstelle zertifiziert sein. Deren Zuordnung zu ihren Signaturschlüsseln wird nach § 4 Abs. 5 SigG durch die Regulierungsbehörde bestätigt. Dadurch wird eine flache und breite zweistufige Zertifizierungsstruktur aufgebaut: Die Regulierungsbehörde fungiert bundesweit als einzige Wurzel-Zertifizierungsinstanz.
- Um die erforderliche organisatorische Sicherheit zu gewährleisten, müssen alle Zertifizierungsstellen als **Pflichtdienstleistungen** den Antragsteller für ein Zertifikat zuverlässig identifizieren, für ihn auf Wunsch Schlüssel generieren, diese zertifizieren, den Antragsteller über die von ihm zu ergreifenden Sicherungsmaßnahmen unterrichten, ihm die Schlüssel in einem geeigneten Datenträger sicher übergeben, für ihre Zertifikate einen Online-Verzeichnis- und -Sperrdienst unterhalten sowie digitale Daten auf Verlangen mit einem Zeitstempel versehen.
- Um die erforderliche **technische Sicherheit** zu gewährleisten, darf die Zertifizierungsstelle nur geprüfte technische Komponenten einsetzen. Für diese Prüfung enthalten § 14 SigG, §§ 16, 17 SigV spezifische Anforderungen. Die Prüfung erfolgt durch anerkannte private Prüfstellen. Sie bezieht sich auf einen vom Bundesamt für die Sicherheit in der Informationstechnik (BSI) erstellten Katalog geeigneter Sicherheitsmaßnahmen.
- Die **Kontrolle** der Zertifizierungsstellen ist nach § 13 SigG Aufgabe der Regulierungsbehörde. Stellt sie Unregelmäßigkeiten fest, kann sie Aufsichtsmaßnahmen treffen, die Benutzung technischer Komponenten oder den Betrieb der Zertifizierungsstelle zeitweise untersagen sowie die Genehmigung zurücknehmen oder widerrufen. Außerdem hat die Zertifizierungsstelle nach § 15 Abs. 1 SigV alle zwei Jahre eine Prüfung durch eine anerkannte private Prüfstelle zu veranlassen.

Digital signierte Dokumente erfüllen zwar nicht die Schriftform des § 126 BGB und sind keine Urkunden im Sinn des Urkundsbeweises nach §§ 415 ff. ZPO. Sie können aber im formfreien Bereich und damit im weit überwiegenden Anteil des Rechtsverkehrs eingesetzt werden und in Form des Augenscheins- und Sachverständigenbeweises als Beweis für Willenserklärungen dienen.

2. Gesetz zur Errichtung des Bundesamts für Sicherheit in der Informationstechnik (BSI)

Um die Sicherheit in der Informationstechnik zu fördern hat der Bund hierfür ein eigenes Amt errichtet. Zu dessen gesetzlichen Aufgaben zählt die Untersuchung von Sicherheitsrisiken bei der Anwendung der Informationstechnik sowie die Entwicklung von Sicherheitsvorkehrungen. Das BSI soll ferner Maßstäbe für die Prüfung und Bewertung der Sicherheit von informationstechnischen Systemen oder Komponenten entwickeln, derartige Prüfungen und Bewertungen selbst vornehmen sowie auf Antrag der Hersteller oder Vertreiber Sicherheitszertifikate erteilen. Für die Zertifizierung besteht allerdings keine Monopolstellung des BSI. Vielmehr steht es jedem frei, ob er das Zertifikat einer anderen Institution dem des BSI vorzieht. Als weitere Aufgabe soll das BSI Hersteller, Vertreiber und Anwender in Fragen der Sicherheit in der Informationstechnik beraten. Schließlich soll das BSI sowohl den Bundesbeauftragten für den Datenschutz als auch das Bundeskriminalamt und das Bundesamt für Verfassungsschutz technisch unterstützen.

VIII. Urheberrecht

Eine weitere unabdingbare Bedingung für die kommerzielle Nutzung von Multimediadiensten ist der **Schutz des geistigen Eigentums** der in ihnen angebotenen Informationen (Gesetzestexte Kap. E.). Ohne diesen Schutz werden keine interessanten Inhalte in Multimediadiensten angeboten werden. Einen spezifischen rechtlichen Schutz kennt das deutsche Recht nur für Datenbanken und Computerprogramme. Für andere Informationsangebote ist ein Rückgriff auf das allgemeine Urheberrecht erforderlich. Urheberrechtsverstöße können nach § 106 UrhG strafbar sein. Soweit die urheberrechtliche Verantwortlichkeit eines Service-Providers in Frage steht, wird diese durch die Spezialvorschriften des § 5 TDG und des § 5 MDStV geregelt.

1. Schutz von Datenbanken

Viele Informationen werden in Multimediadiensten in der Form von Datenbanken angeboten. Für diese fordert die **EU-Datenbank-Richtlinie** vom 11. 3. 1996 zum einen in Kap. II, den Urheber einer nach „Auswahl und Anordnung" des gesammelten Stoffes schöpferisch gestalteten Datenbank zu schützen. Ihm ist ein Auswertungsrecht in bezug auf diese Gestaltung, nicht aber in bezug auf den gesammelten Inhalt zu verleihen. Zum anderen sieht sie in Kap. III erstmals für das Urheberrecht ein eigenes Schutzrecht für den unternehmerisch verantwortlichen Hersteller einer Datenbank vor. Für die bei der Anlage der Datensammlung getätigte wesentliche Investition soll dieser ein beschränktes Auswertungsmonopol in bezug auf den zusammengetragenen Inhalt erhalten.

Die Anforderungen der EG-Datenbank-Richtlinie wurden durch die Änderung, die das **UrhG** durch Art. 7 des IuKDG erfahren hat, zum 1. 1. 1998 umgesetzt. Der **Schutz des Urhebers eines Datenbankwerkes** ist in die allgemeinen Regelungen der Rechte des Urhebers eingegliedert. In § 4 Abs. 2 UrhG ist das „Datenbankwerk" als Unterbegriff des Sammelwerkes definiert. Ein Datenbankwerk ist „ein Sammelwerk, dessen Elemente systematisch oder methodisch angeordnet und einzeln mit Hilfe elektronischer Mittel oder auf andere Weise zugänglich sind". Als Sammelwerk muß die Auswahl oder Anordnung der Elemente der Datenbank eine „persönliche geistige Schöpfung" sein, um Urheberrechtsschutz zu genießen. Dem Urheber des Datenbankwerks stehen die üblichen Persönlichkeits- und Verwertungsrechte des Urhebers nach §§ 11ff. UrhG zu.

Das weltweit neuartige Sui-generis-**Recht des Herstellers einer Datenbank** wird in §§ 87aff. UrhG in einem eigenen Abschnitt geregelt. Als „Hersteller" gilt nicht die natürliche Person, die die Elemente der Datenbank beschafft oder überprüft hat, sondern derjenige, der die Investition in die Datenbank vorgenommen hat. Um klarzustellen, daß das Leistungsschutzrecht des Herstellers dessen ökonomische Leistung schützt, verwendet das Gesetz den Begriff der „Datenbank" und definiert diese in § 87a UrhG als „Sammlung von Werken, Daten oder anderen unabhängigen Elementen, die systematisch oder methodisch angeordnet und einzeln mit Hilfe elektronischer Mittel oder auf andere Weise zugänglich sind und deren Beschaffung, Überprüfung oder Darstellung eine nach Art und Umfang wesentliche Investition erfordert". Der Investor hat nach § 87b UrhG das ausschließliche Recht, die Datenbank zu vervielfältigen, zu verbreiten und öffentlich wiederzugeben. Diese Rechte erlöschen nach § 87d UrhG nach 15 Jahren. Da allerdings jede wesentlich geänderte Datenbank, deren Änderung eine nach Art oder Umfang wesentliche Investition erfordert, als neue Datenbank gilt, können fortlaufend aktualisierte Datenbanken in den Genuß eines zeitlich unbegrenzten Schutzes gelangen. Denn die Änderung begründet eine eigene Schutzdauer für die neue Datenbank.

Aus technischen Gründen erfordert die Nutzung einer Datenbank, diese ganz oder in Teilen im Arbeitsspeicher oder auf der Festplatte zu speichern und zu bearbeiten. Diese Handlungen berühren eigentlich die Rechte des Urhebers und Herstellers einer Datenbank, sollen aber dennoch dem **berechtigten Nutzer** ohne vorherige Erlaubnis möglich sein, weil sonst weder ein Online- noch ein Offline-Vertrieb der Datenbank wirtschaftlich möglich wäre. Daher ermöglichen §§ 55a und 87e UrhG dem berechtigten Nutzer, die für die übliche Benutzung der Datenbank technisch notwendigen Speicherungen und sonstigen Verarbeitungsschritte erlaubnisfrei durchzuführen, ohne daß dies vertraglich ausgeschlossen werden kann. Eine erlaubnisfreie Vervielfältigung im Allgemeininteresse ist bei Datenbankwerken nur zum eigenen, nicht gewerblichen wissenschaftlichen Gebrauch und bei Datenbanken zusätzlich in Klassenstärke für den eigenen Gebrauch zu nichtgewerblichen Unterrichtszwecken sowie in behördlichen und gerichtlichen Verfahren zulässig.

2. Schutz von Computerprogrammen

Computerprogramme, die Ergebnis einer eigenen geistigen Schöpfung sind, werden in jeder Form nach §§ 69aff. UrhG geschützt. Ihre Vervielfältigung, ihre Verarbeitung und ihre Verbreitung ist das ausschließliche Recht des Urhebers. Lädt sich ein Nutzer ein urheberrechtlich geschütztes Computerprogramm aus dem Netz in seinen Arbeitsspeicher, läßt er sich das Programm anzeigen, es ablaufen, überträgt er es oder speichert er es auf einem Datenträger, ist nach § 69c UrhG in all diesen Handlungen bereits eine Vervielfältigung zu sehen, die nach § 16 UrhG nur mit Zustimmung des Urhebers zulässig ist.

3. Schutz von sonstigen Urheber- und Leistungsschutzrechten

Sonstige **Werke** wie Texte, Musik, Bilder oder Filme, die eine eigene geistige Schöpfung darstellen (§ 2 UrhG), sind nach allgemeinem Urheberschutzrecht (§§ 11ff. UrhG) geschützt. Ebenso genießen die **Leistungen** einiger an der Kulturwirtschaft Beteiligter wie ausübender Künstler, Tonträger- und Filmhersteller oder Sendeunternehmen besonderen Schutz (§§ 70ff. UrhG). Das Urheberrecht sichert den Schöpfern und Produzenten sowohl die Kontrolle über die Werke als auch die Beteiligung an der wirtschaftlichen Verwertung ihrer geschützten Werke und Leistungen. Bilder genießen einen zusätzlichen Schutz nach dem KunstUrhG.

IX. Verbraucherschutzrecht

Auf elektronischen Märkten muß ebenso wie in der körperlichen Welt der Verbraucher gegen wirtschaftliche Übermacht geschützt werden. Dieser Zielsetzung dienen hinsichtlich der Vereinbarungen von **Allgemeinen Geschäftsbedingungen** die Regelungen des AGBG und für Verträge zum **Telelernen** die Regelungen des Fernunterrichtsschutzgesetzes. Beide Verbraucherschutzgesetze sind allerdings nicht spezifisch an die Bedingungen der Netzwelt angepaßt, so daß sie nur dann problemlos angewendet werden können, wenn die Tatbestandsvoraussetzungen und Rechtsfolgen nicht unmittelbar an körperlichen Gegebenheiten ansetzen (Gesetzestexte Kap. F.).

Aufgabe des GWB ist es, den **Marktwettbewerb** aufrechtzuerhalten und vor wettbewerbsgefährdender Marktmacht zu schützen. Es findet auch auf Tele- und Mediendienste sowie auf gewerbliche Leistungen, die im Rahmen von Netzen erbracht werden, Anwendung.

Auch in Tele- und Mediendiensten muß **Preistransparenz** herrschen. Ein auf den Bildschirm übertragenes Angebot muß daher mit einer Preisangabe versehen sein. Werden fortlaufende Leistungen wie etwa Telespiele nicht durch Pauschalen, sondern nach Einheiten abgerechnet, ist nach § 3 Abs. 1 PAngV eine gesonderte Anzeige über den Preis der fortlaufenden Nutzung unentgeltlich anzubieten. Da diese optisch stören kann, hat der Nutzer die Möglichkeit, auf sie zu verzichten.

Schließlich müssen in Tele- und Mediendiensten nach § 6 TDG und § 6 Abs. 1 MDStV für geschäftsmäßige Angebote zur **Identifikation** des Anbieters dessen Name und Anschrift angegeben werden.

X. Namens- und Werberecht

Wer im Internet auftritt, möchte dies unter einer attraktiven, eingängigen und aussagekräftigen Adresse tun. Die **Vergabe von Domain-Namen** und E-Mail-Adressen erfolgt derzeit durch interne Regeln, die sich das Internet Information Network Center (InterNIC) gegeben hat. Für die Vergabe des Top-Level-Domains „de" ist das DE-NIC bei der Universität Karlsruhe zuständig. In diesem Vergabeverfahren wird im wesentlichen nur darauf geachtet, ob der beantragte Name schon einmal vergeben worden ist (Gesetzestexte Kap. F.).

Der rechtliche Streit, ob ein Anbieter im Netz unter einer unzulässigen Bezeichnung auftritt, richtet sich für den geschäftlichen Verkehr nach dem **Markenrecht** für Marken (§§ 4, 14 MarkenG) und geschäftliche Bezeichnungen (§§ 5, 15 MarkenG) und für den nicht geschäftlichen Verkehr nach dem **Namensrecht** (§ 12 BGB). Unter Umständen ist die Verwendung eines Namens sogar ein unlauterer Wettbewerb nach § 1 UWG.

Das Internet wird im kommerziellen Bereich überwiegend zur **Werbung** und zum Angebot von Waren und Dienstleistungen benutzt. Es ist ein Instrument des Wettbewerbs geworden und unterliegt insoweit den Regeln des Wettbewerbsrechts. Dessen Grundsätze lassen sich auch auf Werbung und andere Wettbewerbshandlungen in Multimediadiensten anwenden. Danach kann ein Mitbewerber bei jeder Wettbewerbshandlung im geschäftlichen Verkehr, die gegen die guten Sitten verstößt, nach der „großen Generalklausel" des § 1 UWG auf Unterlassung oder bei Verschulden auf Schadensersatz klagen. Gegen die guten Sitten verstößt beispielsweise eine Werbung, die getarnt und nicht als solche zu erkennen ist. Werbung muß daher auch in Multimediadiensten von wissenschaftlichen, künstlerischen oder redaktionellen Inhalten deutlich getrennt und als solche gekennzeichnet sein (s. auch § 9 Abs. 2 MDStV). Richtet sie sich auch an Kinder oder Jugendliche, darf sie nicht ihren Interessen schaden oder ihre Unerfahrenheit ausnutzen (s. auch § 9 Abs. 1 MDStV). Eine Unterlassung kann ein Wettbewerber nach der „kleinen Generalklausel" des § 3 UWG außerdem durchsetzen, wenn im geschäftlichen Verkehr in Multimediadiensten zu Zwekken des Wettbewerbs irreführende Angaben über geschäftliche Verhältnisse wie Beschaffenheit von Waren und gewerbliche Leistungen, Preise, Bezugsart, Zweck und Anlaß des Verkaufs gemacht werden. Bei der Irreführung kommt es auf die Sittenwidrigkeit der Wettbewerbshandlung nicht an. Beide Generalklauseln können nebeneinander zur Anwendung kommen, wenn die Wettbewerbshandlung sowohl irreführend als auch sittenwidrig ist.

XI. Jugendschutzrecht

Viel publizistische Aufmerksamkeit ist pornographischen Darstellungen in Multimediadiensten gewidmet worden. In der körperlichen Welt können bereits seit langem „Schriften“ mit jugendgefährdendem Inhalt von der Bundesprüfstelle auf einen Index gesetzt werden und dürfen dann nur an Erwachsene, nicht aber an Jugendliche verbreitet, für sie bereitgehalten oder sonst zugänglich gemacht werden (Gesetzestexte Kap. H.). Für schwer jugendgefährdende Schriften – dazu zählen vor allem pornographische und volksverhetzende Angebote – gilt das Verbreitungsverbot auch ohne Indizierung. Nach § 1 Abs. 3 GjS waren bisher den Schriften „Ton- und Bildträger, Abbildungen und andere Darstellungen“ gleichgesetzt. Für alle diese Darstellungsformen wurde immer ein körperliches Gebilde von gewisser Dauer gefordert, das eine Vorstellung oder einen Gedanken ausdrückt, der sinnlich wahrnehmbar ist. Um den Jugendschutz auch in Multimediadiensten gewährleisten zu können, wurde das GJS durch Art. 6 des IuKDG zu einem **„Gesetz gegen die Verbreitung jugendgefährdender Schriften und Medien“** fortentwickelt. Nach § 1 Abs. 3 gelten jetzt auch elektronische Informationsangebote als „Schriften“, wenn sie auf einem Datenspeicher festgehalten sind. Jugendgefährdende Angebote dürfen nach § 3 Abs. 1 Nr. 4 GjS auch nicht „durch elektronische Informations- und Kommunikationsdienste verbreitet, bereitgehalten oder sonst zugänglich gemacht werden“. Ein Verstoß gegen diese Bestimmung stellt nach § 21 GjS ein strafbares Vergehen dar.

Eine Ausnahme vom Verbreitungsverbot läßt § 3 Abs. 2 GjS nur zu, wenn „durch **technische Vorkehrungen** Vorsorge getroffen ist, daß das Angebot oder die Verbreitung im Inland auf volljährige Nutzer beschränkt werden kann“. Damit wird dem Anbieter indizierter Inhalte die Möglichkeit eröffnet, statt auf die Verbreitung zu verzichten, durch Verschlüsselung, geschlossene Benutzergruppen, Identifizierung der Nutzer oder sonstige zuverlässig wirkende Maßnahmen die Kenntnisnahme durch Kinder und Jugendliche auszuschließen. Die Einhaltung von Zeitgrenzen reicht hierfür nicht aus. Dem Gesetzgeber war klar, daß eine Kontrolle weltweiter Angebote im Internet nicht durchführbar ist. Er setzt daher vor allem auf Filterprogramme, die die Sorgeberechtigten verwenden können, um für Kinder und Jugendliche den Zugriff auf unerwünschte Inhalte zu verhindern. Die Aufgabe des Jugendschutzes wird so überwiegend vom Staat auf die Anbieter und Sorgeberechtigten verlagert.

Um die gewerbsmäßigen Diensteanbieter in der Wahrnehmung ihrer Verantwortung durch organisatorische Maßnahmen zu unterstützen, verpflichtet sie § 7a GiS, einen **Jugendschutzbeauftragten** zu bestellen. Dieser soll nach außen Ansprechpartner für die Nutzer sein und diese über technische Schutzmöglichkeiten beraten. Nach innen soll er präventiv für eine jugendfreundliche Gestaltung der Angebote sorgen, indem er an deren Planung und an der Gestaltung der AGBs mit den Inhaltszulieferern zu beteiligen ist. Den Anbietern bleibt es aber überlassen, ob sie einen Jugendschutzbe-auftragten bestellen oder sich alternativ an einer Organisation der Freiwilligen Selbstkontrolle beteiligen und dieser die Aufgaben des Beauftragten übertragen.

Die Neuregelungen des GjS gelten nur für Teledienste. Nicht erfaßt werden nach § 1 Abs. 3 GjS Rundfunksendungen und **Mediendienste,** für die Sonderregelungen bestehen. Der MDStV geht im Jugendschutz einen anderen Weg als das TDG. Er orientiert sich nicht am Schriftenbegriff und dem Indizierungsverfahren nach dem GjS, sondern am Rundfunkmodell. Nach § 8 Abs. 1 Nr. 5 MDStV sind Angebote, die „offensichtlich geeignet" sind, Kinder oder Jugendliche „sittlich schwer zu gefährden", ausnahmslos unzulässig. Angebote für Verteildienste nach § 2 Abs. 2 Nr. 1 bis 3 MDStV, die nur „geeignet" sind, das „Wohl von Kindern und Jugendlichen zu beeinträchtigen", dürfen nach § 8 Abs. 2 MDStV nicht verbreitet werden, solange nicht dafür gesorgt ist, daß sie diese – etwa aufgrund der Sendezeit – „üblicherweise" nicht zu Gesicht bekommen. Für Abrufdienste nach § 2 Abs. 2 Nr. 4 MDStV gilt das gleiche, wenn Vorkehrungen durch die Anbieter bestehen, die dem Nutzer die Sperrung der jugendgefährdenden Angebote ermöglicht. Für **Rundfunksendungen** enthalten § 3 RStV und beispielsweise § 55 LMedienG Baden-Württemberg vergleichbare Regelungen.

XII. Straf-, Strafprozeß- und Ordnungswidrigkeitenrecht

Ebenso wie in der körperlichen Welt werden auch in der körperlosen Welt der Netze Straftaten und Ordnungswidrigkeiten begangen und müssen erkannt, verfolgt und geahndet werden (Gesetzestexte Kap. G.).

1. Straftaten und Ordnungswidrigkeiten in Multimediadiensten

Viele **Straftaten,** die im Netz begangen werden, wie Vermögensdelikte (Beispiel Betrug – § 263 StGB), Kommunikationsdelikte (Beispiel Beleidigung – § 185 StGB) oder Verletzungen des persönlichen Lebens- und Geheimbereichs (Beispiel Verletzung von Privatgeheimnissen – § 203 StGB) oder Geheimnisverrat (§ 17 UWG) können nach allgemeinem Strafrecht bestraft werden, weil es bei ihnen nicht auf irgendwelche Begehungs- oder Erfolgsformen ankommt, die es nur in der körperlichen Welt gibt. Sie setzen keine auf Multimediadienste bezogenen Straftatbestände voraus. Andere spezifische computerorientierte Straftaten hatte das Strafrecht bereits erfaßt wie etwa das Hacking (§ 202a StGB), Computerbetrug (§ 263a StGB), Fälschung von Daten (§§ 268 bis 270 StGB), Computersabotage (§§ 303a, 303b StGB) oder Softwarepiraterie (§§ 69a, 106 UrhG).

Strafbarkeitslücken entstanden jedoch für Straf- und Ordnungswidrigkeitentatbestände, die das Verbreiten oder Zugänglichmachen von **„Schriften"** sanktionierten. Dies ist etwa der Fall, wenn die Schriften Werbung für verfassungsfeindliche Organisationen (§§ 86, 86a StGB), öffentliche Aufforderung zu Straftaten (§ 111 StGB), Volksverhetzung (§ 130 Abs. 2 StGB), Anleiten zu Straftaten (§ 130a Abs. 1 StGB), Gewaltdarstellung (§ 131 StGB), Pornographie (§ 184 StGB) sowie Aufforderung zu strafbaren Handlungen (§ 116 OWiG), Anbieten sexueller Handlungen (§ 119 OWiG) und Werbung für Prostitution (§ 120

OWiG) zum Inhalt haben. Entsprechend der Anpassung des Schriftenbegriffs im GjS wurden durch Art. 4 und 5 des IuKDG das StGB und das OWiG an die Multimediatechnik angepaßt und für diese Delikte klargestellt, daß auch unkörperliche Speicherungen erfaßt werden. Als „Schriften" gelten nun sowohl Datenträger als auch elektronische Arbeitsspeicher, die die Inhalte nur vorübergehend bereit halten. Nicht erfaßt werden dagegen Inhalte, die unmittelbar in Echtzeit (Fernsehübertragung) oder nahezu in Echtzeit (paketweise Datenübertragung) übermittelt werden, sowie die zur Übermittlung technisch notwendigen kurzfristigen Zwischenspeicherungen. Entsprechend der Erweiterung des Schriftenbegriffs im StGB wurden auch die **Ordnungswidrigkeitentatbestände** der §§ 116, 119 und 120 OWiG um den Begriff des „Datenspeichers" erweitert. Dadurch wird im Strafrecht und im Ordnungswidrigkeitenrecht übereinstimmend der gleiche Schriftenbegriff verwendet.

Soweit die Strafbarkeit von **Content-, Service- und Access-Providern** in Frage steht, sind die Regelungen des § 5 TDG und § 5 MDStV zu beachten, die wie ein Filter vor das Strafrecht gesetzt sind und die strafrechtliche Verantwortlichkeit bestimmen.

2. Überwachung von Multimediadiensten

Um Delikte in Multimediadiensten aufklären zu können, müssen die **Strafverfolgungsbehörden** Möglichkeiten haben, auch in dieser Welt Delikte aufzuklären, Täter festzustellen und Beweismittel zu sichern. Hierfür können sie bei den Katalogstraftaten des § 100a StPO auf richterlichen Beschluß hin den Fernmeldeverkehr überwachen und aufzeichnen. Sie können außerdem Netzrechner, auf denen strafbare Inhalte angeboten werden und im Inland stehen, nach §§ 102, 103 StPO durchsuchen sowie diese und Datenträger nach § 94 StPO beschlagnahmen. Für **Verfassungsschutzbehörden** und **Geheimdienste** ermöglicht das G-10-Gesetz ebenfalls, den Fernmeldeverkehr zu überwachen und aufzuzeichnen. Allerdings werden diese Überwachungsbefugnisse nicht von Gerichten, sondern von einer speziellen Kommission (§ 9 G-10-Gesetz) kontrolliert.

Diese Überwachungsmaßnahmen haben die Anbieter von Telekommunikationsanlagen nach § 88 TKG auf eigene Kosten zu ermöglichen. Außerdem haben sie nach § 90 TKG und der FÜV **Kundendateien** mit Rufnummern, Namen und Anschrift ihrer Kunden zu führen. Sie haben der Regulierungsbehörde zu ermöglichen, in automatisierten Verfahren unmittelbar und unbemerkbar Daten aus diesen Dateien abzurufen. Die Regulierungsbehörde führt auf Ersuchen der genannten staatlichen Stellen den Abruf durch und übermittelt ihnen die Daten. Sie protokolliert den Vorgang und löscht die Protokolldaten nach zwölf Monaten.

Die **Verschlüsselung** von Nachrichten durch die Nutzer ist in der Bundesrepublik Deutschland nicht verboten, sondern derzeit noch vom Grundrecht auf Schutz und Entfaltung der Persönlichkeit (Art. 2 Abs. 1 GG) und auf Wahrung des Telekommunikationsgeheimnisses (Art. 10

Abs. 1 GG) (Verschlüsselungsfreiheit) geschützt. Wird die Telekommunikation allerdings von Anbietern von geschäftsmäßigen Telekommunikationsdiensten verschlüsselt (z. B. Mobilfunk), so haben diese nach § 8 Abs. 2 FÜV den Ermittlungsbehörden die für die Entschlüsselung erforderlichen Informationen zeitgerecht zur Verfügung zu stellen.

XIII. Internet-Regeln

Im Internet haben sich – vor seiner Kommerzialisierung – soziale Regeln des verträglichen oder korrekten Verhaltens herausgebildet, an das sich die Nutzer des Netzes bisher weitgehend gebunden fühlen. Diese Regeln wurden mehrfach als sogenannte „Netiqette" zusammengefaßt. Diese Form der **Selbstregulation** führt zwar nicht zu rechtlich verbindlichen Regeln, ist aber dennoch sozial recht wirksam. Verstöße werden nicht durch Gerichte, vielfach aber durch andere Netznutzer sanktioniert, indem sie den Regelverletzer öffentlich „outen" und ihm – mitunter sehr, sehr viele – Schmähnachrichten zusenden.

D. Künftige Entwicklung

Angesichts der rasanten Entwicklung der Multimediatechnik sind alle neu geschaffenen Regelungen des Multimedia-Rechts nur vorläufiger Natur und stehen alle Neukonkretisierungen alter Regelungen unter dem Vorbehalt technischer und wirtschaftlicher Veränderungen. Dies war und ist den Gesetzgebern des IuKDG und des MDStV bewußt. Bund und Länder haben ausdrücklich vereinbart, die für Tele- und Mediendienste geschaffenen Regelungen künftigen Entwicklungen anzupassen. Die Bundesregierung, die Bundestagsfraktionen der CDU/CSU und FDP, der SPD und der Bundesrat haben alle betont, daß das gesamte IuKDG ein Experiment ist, das in seiner Umsetzung beobachtet und je nach Praxiserfahrung korrigiert werden muß. Eine erste Auswertung der Praxiserfahrungen soll zwei Jahre nach Inkrafttreten der Regelungen erfolgen.

Multimediadienste sind grundsätzlich global. Obwohl Multimedia letztlich weltweit gültige Regelungen benötigt, war es dennoch richtig, Rahmenregelungen für Multimediadienste auf nationaler Ebene zu schaffen. Globale Regelungen stehen nicht am Anfang, sondern allenfalls am Ende der Rechtsentwicklung. Mit der Rechtsetzung muß daher auf nationaler Ebene begonnen werden – wohlwissend, daß dies nicht ausreicht. Wer als erster sinnvolle gesetzliche Regelungen erläßt, verschafft seiner Volkswirtschaft Vorteile und setzt Maßstäbe für europäische oder weltweite Regelungen.

Die Grenzen der Interpretation alter Regelungen, die Risiken der neuen Medien und der Regelungsbedarf der Wirtschaft lassen sich nur nach und nach – mit der Entwicklung der Technik und ihrer Anwendungen – erkennen. Da künftige Veränderungen sich nur schwer mit ausreichender Verläßlichkeit prognostizieren lassen, kann sich Multimedia-Recht nur evolutionär durch kleine Schritte der Rechtsetzung und Rechtsfindung entwickeln. Allerdings handelt es sich um eine „heiße", sehr schnell ablaufende Evolution. Entsprechend seinem Gegenstand, den Multimediadiensten, ist Multimedia-Recht ein sich sehr dynamisch entwickelnder und verändernder Rechtsbereich. Wir stehen am Anfang einer stürmischen Entwicklung.

Die wichtigsten Fragen und Antworten zum Multimedia-Recht

Vorbemerkung

Multimedia verändert die Gesellschaft. Neue Regelwerke sind entstanden, bestehende Regeln finden weiterhin Anwendung, zum Teil jedoch in ergänzter oder abgeänderter Form.

Das Zusammenspiel der alten und neuen Regeln wirft eine Vielzahl von Fragen auf, die zum Teil einfache, zum Teil aber auch differenzierte Antworten erfordern. Die Übersicht zu diesen Fragen und den Antworten hierauf soll eine erste Orientierung geben, um sich auf dem neuen Kontinent Multimedia zurechtzufinden.[1]

Fragen und Antworten stehen in folgender Reihenfolge:

A) Fragen und Antworten zum anwendbaren Recht im Internet
B) Fragen und Antworten zu den elektronischen Informations- und Kommunikationsdiensten
C) Fragen und Antworten zur Verantwortlichkeit von Diensteanbietern
D) Fragen und Antworten zum Jugendschutz
E) Fragen und Antworten zum Urheberrecht
F) Fragen und Antworten zum Datenschutz bei neuen Diensten
G) Fragen und Antworten zu digitalen Signaturen

A. Fragen und Antworten zum anwendbaren Recht im Internet

1. Welche Regelungen gelten im Internet?

Das Internet ist kein rechtsfreier Raum, so daß im Grundsatz alle Gesetze gelten. Durch zwei Regelwerke, das Informations- und Kommunikationsdienste-Gesetz (IuKDG, vgl. Nr. 1) und durch den Mediendienste-Staatsvertrag der Länder (MDStV, vgl. Nr. 3) wurde in Deutschland für Angebote neuer Dienste im Netz, also auch für Angebote im Internet, ein Rechtsrahmen geschaffen, der nicht alle, aber wichtige Felder der damit verbundenen Anwendungen erfaßt.

---

[1] In den Antworten wird auf die im Gesetzesteil dieser Sammlung abgedruckten Gesetze, Verordnungen, Richtlinien und Empfehlungen hingewiesen.

2. Wie können Rechte im Internet-Geschäftsprozeß durchgesetzt werden?

Die Durchsetzung von Ansprüchen, die aus einem Netzgeschäft herrühren – z. B. einem Garantieanspruch oder einem Schadensersatzanspruch – folgt grundsätzlich den gleichen Regeln, die auch in der „Offline"-Welt gelten.

Dies bedeutet: Ein Sonderrecht für Netzgeschäfte gibt es nicht, nur einige ergänzende Regelungen, die auf die Besonderheiten der virtuellen Welt eingehen. In diesem Bereich wird das Recht in Zukunft noch stärker fortentwickelt werden. Ein Beispiel für eine solche ergänzende Regelung ist § 6 TDG/MDStV, der helfen soll, die geschäftliche Identität der jeweiligen Person, die hinter einem Tele- oder Mediendienst steht, festzustellen. Diensteanbieter haben danach jedenfalls Name, Anschrift und soweit möglich auch Vertretungsberechtigte anzugeben. Die Pflicht zur Angabe von Identität und Anschrift dient auch als Anknüpfungspunkt für die Rechtsverfolgung im Streitfall und zur Feststellung der Verantwortlichkeiten im Sinn des § 5 TDG/MDStV. Während das TDG die Anbieterkennzeichnung nur für geschäftsmäßige Angebote vorsieht, also für Angebote, die aufgrund einer nachhaltigen Tätigkeit mit oder ohne Gewinnerzielungsabsicht in das Netz gestellt werden, und nicht für private Gelegenheitsanbieter, schreibt § 6 MDStV dies ausnahmslos für alle Anbieter von Mediendiensten vor.

3. Welche Regelungen enthält das IuKDG und der MDStV?

Das IuKDG enthält drei neue Gesetze (das Teledienstegesetz – TDG, vgl. Nr. 2, das Teledienstedatenschutzgesetz – TDDSG, vgl. Nr. 16, und das Signaturgesetz – SigG, vgl. Nr. 22, sowie Anpassungen bestehender Bundesgesetze im Bereich des Straf- und Ordnungswidrigkeitenrechts (vgl. Nr. 42 und Nr. 44), des Jugendschutzrechts (vgl. Nr. 48), des Urheberrechts (vgl. Nr. 28) sowie im Verbraucherschutz (Preisangaben und Anbieterkennzeichnung, Nr. 39 und Nr. 40). Das TDG beschreibt die grundlegenden rechtlichen Rahmenbedingungen für die neuen Dienste (u. a. Sicherstellung der Zugangsfreiheit, Bestimmung der Verantwortlichkeiten). Das TDDSG regelt den Schutz personenbezogener Daten. Das SigG beinhaltet die Rahmenbedingungen für den Einsatz digitaler Signaturen im offenen Rechts- und Geschäftsverkehr.

Der MDStV (vgl. Nr. 3) enthält Regelungen für Mediendienste – neben Regelungen zur Zugangsfreiheit und zu den Verantwortlichkeiten – auch medienspezifische Regelungen wie zur Gegendarstellung sowie Regelungen zum Jugendschutz und Datenschutz.

Die zentralen Regelungen im IuKDG und im MDStV sind als Ergebnis einer Bund-Länder Einigung wort- bzw. inhaltsgleich (Zugangsfreiheit, Grundzüge der Verantwortlichkeiten, Anbietertransparenz, Datenschutz).

4. Gilt das herkömmliche Strafrecht auch im Internet?

Auch internationale Datennetze wie das Internet sind kein „rechtsfreier Raum", sondern unterliegen dem geltenden – nationalen und internationalen – Recht. Dies hat der Gesetzgeber durch das IuKDG bestätigt. Ein Beispiel hierfür ist das Strafrecht, das in einer Reihe von sog. „Kommunikationsdelikten" (oder auch Äußerungsdelikten) festgelegt hat, welche Art von Druckschriften – mit welcher Art von Inhalt – nicht verbreitet werden dürfen. Durch eine Änderung des strafrechtlichen „Schriftenbegriffs" in § 11 Abs. 3 StGB (vgl. Nr. 42) an die mehr und mehr genutzten Möglichkeiten der technischen Datenspeicherung, stehen nunmehr auch elektronische, optische oder sonstige Datenspeicher, die gedankliche Inhalte stofflich fixieren, den bisherigen „Schriften" gleich. Damit werden sowohl Inhalte in Datenträgern wie Festplatten, CD-ROMs usw. als auch in Arbeitsspeichern, die die Inhalte nur zeitweise vorhalten, erfaßt. Durch diese Anpassung des im Strafrecht an zentraler Stelle geregelten Schriftenbegriffs gelten nun alle Straftatbestände des Besonderen Teils des Strafgesetzbuches, die auf eine „Schrift" verweisen, auch dann, wenn strafbare Inhalte (z. B. Gewaltdarstellungen i. S. des § 131 StGB, Pornographie i. S. des § 184 StGB) nur noch in Datenspeichern vorgehalten, aber nicht mehr „ausgedruckt" werden.

Wie bisher werden Inhalte nicht erfaßt, die in „Echtzeit", also ohne eine gewisse Fixierung, übermittelt werden. Da auf diese Voraussetzung einer – wenn auch minimalen – stofflichen Fixierung des Informationsinhalts nicht verzichtet werden sollte, kam auch eine Ausdehnung des Schriftenbegriffs auf „Bildschirmanzeigen" nicht in Betracht.

5. Müssen bei Online-Geschäften die gleichen Informationen wie bei Geschäften im Kaufhaus verfügbar sein?

Die wichtigste Geschäftsinformation ist in der Regel der Preis einer Ware oder Dienstleistung. Um diese Informationen sicherzustellen, wurde das Preisangabenrecht durch das IuKDG ergänzt und angepaßt. Das Preisangabenrecht (vgl. Nr. 39 und Nr. 40) sieht eine Verpflichtung zur Preisangabe vor, wenn Letztverbrauchern Waren oder gewerbliche Leistungen gewerbs- oder geschäftsmäßig oder regelmäßig in sonstiger Form angeboten werden, § 1 Abs. 1 Satz 1 PAngV. Dabei umfaßte der Begriff „Anbieten" auch schon nach bisheriger Rechtslage grundsätzlich die Nutzung von jeder Art von Kommunikation; auch Angebote über Informations- und Kommunikationsdienste waren erfaßt. § 2 PAngV konkretisiert die grundlegende Verpflichtung des § 1 PAngV für sichtbar ausgestellte oder über Katalog angebotene Waren, während § 3 PAngV für Dienstleistungen die Aufstellung eines Preisverzeichnisses vorschreibt. Dieses Preisverzeichnis ist im Geschäftslokal oder am sonstigen Ort des Leistungsangebots anzubringen, § 3 Abs. 1 Satz 2 PAngV. Das zunehmende Angebot von Dienstleistungen über Informations-

und Kommunikationsdienste, z. B. über Internet-Dienste oder proprietäre Online-Dienste, machte eine Ergänzung dieser Vorschrift für das „virtuelle Geschäftslokal" erforderlich. Nach dem neuen § 3 Absatz 1 Satz 3 PAngV ist „Ort des Leistungsangebots auch die Bildschirmanzeige". Ist z. B. die Einsichtnahme in eine Online-Datenbank vergütungspflichtig, ist der Preis dieser Leistung auf dem Bildschirm anzugeben. Eine entsprechende Klarstellung für Warenangebote ist mittlerweile durch Artikel 1 Nr. 2 der Dritten Verordnung zur Änderung der Preisangabenverordnung vom 22. Juli 1997 (BGBl. I S. 1910) erfolgt; danach sind Preise auch bei Waren anzugeben, die auf Bildschirmen angeboten werden, § 2 Abs. 4 PAngV.

Für den Preisstand fortlaufender Leistungen enthielt das Preisangabenrecht keine ausreichende Regelung. Anzugeben waren lediglich Vorabhinweise auf den Preis je Zeit- oder Recheneinheit. Die Preistransparenz war daher z. B. bei der Nutzung von Online-Diensten, die nach Zeiteinheiten abrechnen, nicht garantiert. Der Nutzer mußte sich daher nach einigen Stunden des „Surfens" im Internet auf unliebsame Überraschungen einstellen. Diese Regelungslücke ist durch Art. 9 und 10 IuKDG geschlossen worden. Zunächst ermächtigt die Änderung des Preisangabengesetzes den Verordnungsgeber, bei Leistungen der elektronischen Informations- und Kommunikationsdienste auch Bestimmungen über die Angabe des Preisstandes fortlaufender Leistungen zu treffen. Durch den Begriff „Informations- und Kommunikationsdienste" ist klargestellt, daß sowohl Teledienste als auch Mediendienste unter diese Regelung fallen. Darauf aufbauend verpflichtet § 3 Absatz 1 Satz 4 PAngV dazu, eine gesonderte Anzeige über den Preis der fortlaufenden Nutzung unentgeltlich anzubieten, wenn eine Leistung über Bildschirmanzeige erbracht und nach Einheiten berechnet wird. Praktisch hat der Diensteanbieter einen „Gebührenzähler" zur Verfügung zu stellen, auf den der Nutzer aber selbstverständlich verzichten kann, wenn er den Bildschirm für andere Dinge freihalten will.

B. Fragen und Antworten zu den elektronischen Informations- und Kommunikationsdiensten

1. Was ist ein elektronischer IuK-Dienst?

Elektronische IuK-Dienste zeichnen sich technisch dadurch aus, daß sie die Übermittlung und interaktive Nutzung von Multimedia-Inhalten (d. h. kombinierbare Daten wie Zeichen, Sprache, Bilder, Töne und Texte) ermöglichen. Bei IuK-Diensten erfolgt die Übermittlung der Multimedia-Inhalte „Online", d. h. mittels Telekommunikation. Multimedia-Offline, z. B. in Form von CD-ROMs fällt daher nicht unter die elektronischen IuK-Dienste. Wesensmerkmal der IuK-Dienste ist die vom Nutzer selbstbestimmte Online-Inanspruchnahme von Leistungen verschiedenster Art, die vom Diensteanbieter als eigene oder fremde

Angebote bereitgehalten werden. Eine Vielzahl herkömmlicher Leistungen und Vertriebswege wird so ersetzt oder ergänzt, wie z. B. der Gang zur Bankfiliale oder der Pressevertrieb über Grossisten und den Zeitungskiosk zum Endverbraucher. Die IuK-Dienste sind heute in praktisch allen Lebenszusammenhängen festzustellen; sie reichen vom Angebot verschiedenster Dienstleistungen im Netz über die elektronische Abwicklung alltäglicher privater Bankgeschäfte bis hin zur Übermittlung vertraulicher medizinischer Daten zwischen Arzt, Krankenkasse und Patient, der grenzüberschreitenden Übermittlung von Transaktionsdaten im globalen Bankverkehr bis hin zu verschiedensten Formen der Unterhaltung wie Telespiele oder den Abruf von Video-Filmen (video-on-demand).

2. Was ist ein Teledienst?

Was ein Teledienst ist, wird im Teledienstegesetz (TDG, vgl. Nr. 2) geregelt. Teledienste sind inhaltliche Angebote, die vom Nutzer individuell und interaktiv online abgerufen werden können.

Offline-Angebote im Multimedia-Bereich (z. B. CD-ROM) sind daher keine Teledienste. Teledienste können einzelne Dienstleistungsbereiche umfassen (z. B. Telebanking) oder Nutzungsformen (z. B. Telespiele). Typische Teledienste sind:

- Angebote im Bereich der Individualkommunikation: Telebanking, Newsgroups oder neue Formen der Zusammenarbeit wie Telemedizin oder Telearbeit, e-mail;
- Angebote zur Information und Kommunikation: Verkehrs-, Wetter, Umwelt) und Börsendaten, Einzelwerbeangebote im Waren- und Dienstleistungsbereich oder sonstige Angebote und Anzeigen von Firmen oder von Privatpersonen;
- Navigationshilfen und Suchmaschinen für das Internet;
- Telespiele: nur online-abrufbare Spiele (Computerspiele, Games-on-Demand);
- Angebote von Waren und Dienstleistungen: elektronische Bestell-, Buchungs- oder Maklerdienste, Verkaufskataloge online.

3. Was ist ein Mediendienst?

Was ein Mediendienst ist, wird im Mediendienste-Staatsvertrag der Länder (MDStV, vgl. Nr. 3) geregelt. Mediendienste sind massenkommunikativ ausgestaltete Dienste. Es gibt zwei Erscheinungsformen von Mediendiensten:

1. Sie werden wie Rundfunk verbreitet, es fehlen ihnen dann aber typische Merkmale des Rundfunks wie z. B. das der „Darbietung" in Form von Bewegtbildern (z. B. Fernsehtext), und sie dienen ausschließlich den Zwecken des Verkaufs oder des Anbietens von Dienstleistungen, wie dies beim Fernseheinkauf der Fall ist,

   oder

2. sie sind online abrufbar, z.B. über das Internet, sind aber nach ihrem Charakter vor allem auf Massenkommunikation ausgerichtet, wie z.B. die Angebote der elektronischen Presse („Bild-Online“ oder „Spiegel-Online“).

4. Wie sind Teledienste und Mediendienste voneinander abzugrenzen?

Teledienste und Mediendienste sind beide elektronische Informations- und Kommunikationsdienste; sie haben jedoch unterschiedliche Zielrichtungen.

Teledienste zielen auf die individuelle/interaktive Kommunikation des Nutzers ab, wie sie z.B. im Rahmen von Newsgroups oder durch e-mail erfolgt, oder die Teledienste ersetzen bzw. ergänzen bisher bekannte Formen von Dienstleistungen, des Einkaufs, des Vertriebs oder anderer wirtschaftlicher Betätigungen wie Telebanking, der elektronisch blätterbare Verkaufskatalog oder die elektronische Buchung von Reisen. Auch Telespiele sind Teledienste.

Mediendienste dienen der Massenkommunikation, kurz gesagt: Sie sind die „Meinungsmacher“ in den Netzen. Mediendienste zielen demnach auf die Meinungsbildung für die Allgemeinheit ab (z.B. elektronische Presse). Die Meinungsbildung muß dabei im Vordergrund stehen; eine redaktionelle Bearbeitung, die nur Beiwerk ist, macht das Angebot noch nicht zum Mediendienst. In Ergänzung hierzu kann man für die Einordnung eines Angebotes in den Netzen die Grundsätze des Presserechts heranziehen. Dort ist bestimmt, welche (gedruckten) Angebote der Meinungsbildung dienen und welche nicht. Diese Grundsätze kann man sinngemäß auch für die Zuordnung der Angebote in den Netzen als Teledienst oder als Mediendienst verwenden.

In Zweifelsfällen ist letztlich das Bundesrecht (TDG, vgl. Nr. 2) maßgebend (Art. 31 GG, vgl. Nr. 53 „Bundesrecht bricht Landesrecht“).

5. Unter welche Regelung fällt eine Homepage?

Die Homepage für sich allein ist ein – virtuell – unbeschriebenes Blatt. Es kommt darauf an, was für konkrete Angebote sich auf der Homepage befinden. Es gelten daher auch für Homepages alle Gesetze, d.h., daß z.B. Nazipropaganda oder Kinderpornographie auch auf einer Homepage strafbar sind (vgl. Nr. 48), oder daß sich das gewerbliche oder nicht-gewerbliche Angebot von Waren oder Dienstleistungen auf einer Homepage nach den allgemeinen Gesetzen (z.B. BGB, vgl. Nr. 31, AGBG, vgl. Nr. 36) richtet. In der Regel werden Homepages – neben den allgemeinen Gesetzen – unter das TDG (vgl. Nr. 2) fallen; dies gilt vor allem für private Homepages, aber auch für die meisten Informations-Angebote von Firmen, Behörden oder anderen Organisationen in Homepages.

Eine Homepage kann in selteneren Fällen auch ein Mediendienst sein, wenn auf dieser z. B. elektronische Presse angeboten wird, also die Homepage vor allem auf die Meinungsbildung für die Öffentlichkeit abzielt. Hier kann man das Presserecht heranziehen und folgenden Test vornehmen: Wäre der Inhalt der Homepage, wenn er in gedruckter Form vorläge, ein Presseerzeugnis (z. B. eine Zeitung) nach den Pressegesetzen der Länder (vgl. Nr. 12), dann ist das Angebot ein Mediendienst - oder nicht? - dann ist es ein Teledienst.

6. Wie sind Tele- und Mediendienste von der Telekommunikation abzugrenzen?

Sowohl Teledienste als auch Mediendienste werden in den Netzen mittels Telekommunikation transportiert.

Teledienste und die Mediendienste beinhalten inhaltliche Angebote oder die Vermittlung zu diesen Angeboten (z. B. Suchmaschinen, Navigatoren). Im TDG (vgl. Nr. 2), TDDSG (vgl. Nr. 16) und im MDStV (vgl. Nr. 3) werden folglich die Fragen des Inhalts und der Nutzung der Angebote in den Netzen geregelt, während im Telekommunikationsgesetz (TKG, vgl. Nr. 4) die technischen Vorgänge des Transports geregelt werden. Kurz: Das TDG, TDDSG und der MDStV regeln die inhaltsbezogenen Fragen, das TKG die Fragen, die mit dem technischen Transport der Inhalte zusammenhängen.

7. Kann ein Online-Angebot auch als Rundfunk eingestuft werden?

Hier ist zwischen dem Teledienst und dem Mediendienst zu unterscheiden.

Teledienste und Mediendienste können nicht Rundfunk sein.

Etwas anderes gilt nur bei Mediendiensten, die dem Rundfunk zugeordnet werden können: Im Rundfunkstaatsvertrag (§ 20 Abs. 2, vgl. Nr. 5) ist jetzt eine Bestimmung vorgesehen, wonach ein Mediendienst dem Rundfunk zugeordnet werden kann. Die Entscheidung, daß ein Mediendienst dem Rundfunk zugeordnet wird, kann allerdings nur im Einvernehmen aller Landesmedienanstalten getroffen werden. Auch wenn der Mediendienst als „Rundfunk" eingestuft worden ist, so bekommt der Anbieter eine Frist von sechs Monaten, um seinen Antrag auf Zulassung als Rundfunk einzureichen. Wer als Diensteanbieter Klarheit haben will, kann bei der zuständigen Landesmedienanstalt einen Antrag auf „rundfunkrechtliche Unbedenklichkeit" stellen.

Über die Klassifizierung eines Dienstes als „Rundfunk" kann keine abschließende Antwort gegeben werden, da hier die Entwicklung noch sehr im Fluß ist. Das Bundesverfassungsgericht hat vor dem Hintergrund neuer technischer Entwicklungen bewußt den Rundfunkbegriff offengelassen. Es kommt danach nicht auf die technische Verbreitungsart von Rundfunk an, sondern darauf, ob vom Inhalt und der Funktion Rundfunk verbreitet wird.

8. Sind für den PC mit Internet-Anschluß auch Rundfunkgebühren fällig?

Nein, vorerst nicht.

Die für Fragen der Rundfunkgebühren (Rundfunkgebührenstaatsvertrag, vgl. Nr. 8) zuständigen Länder haben beschlossen, den Nutzern von Internet-PCs eine „Galgenfrist" bis zum 31. 12. 2003 einzuräumen. Danach werden wahrscheinlich Nutzer von Internet-PCs zur Kasse gebeten. Für Privathaushalte wird dies in der Regel nicht zu Buche schlagen, wenn bereits ein Rundfunkempfangsgerät im Haushalt vorhanden ist – dann gilt der PC als gebührenfreies Zweitgerät. Für alle anderen gilt, daß sie zahlen müssen, es sei denn, sie sind von der Pflicht zur Gebührenzahlung ganz oder teilweise befreit (z. B. aus sozialen Gründen).

9. Gelten für Firmennetze, geschlossene Benutzergruppen und Intranets die Regelungen des IuKDG und des MDStV?

Das Internet ist – wie bereits ausgeführt – kein rechtsfreier Raum. Dies gilt auch bei geschlossenen Nutzergruppen.

Sofern die Netze geschlossen sind, d. h. einen klar und eindeutig abgegrenzten Nutzerkreis haben, kann der MDStV (vgl. Nr. 3) nicht gelten, da dieser keine Dienste erfaßt, die nicht an die Allgemeinheit gerichtet sind.

Für das IuKDG (vgl. Nr. 1) – wie für alle anderen Regelungen auch – gilt, daß aus den einzelnen Vorschriften zu entnehmen ist, ob die Norm auf geschlossene Nutzergruppen und Firmennetze angewendet werden kann. Nur wenn dort Teledienste angeboten werden, greift das TDG (vgl. Nr. 2) oder das TDDSG (vgl. Nr. 16) bzw. andere Gesetze. Der Datenaustausch von Arbeitsplatz zu Arbeitsplatz im Rahmen des Arbeitsverhältnisses und der Austausch von Informationen und Dokumenten aus dem internen Bereich innerhalb des Nutzerkreises oder der Firma ist i. d. R. nicht als Teledienst nach dem TDG oder dem TDDSG anzusehen.

Die allgemeinen Gesetze gelten – wie schon immer – auch am Arbeitsplatz. Werden am schwarzen Brett der Firma z. B. Autos von Mitarbeitern angeboten, so gilt auch hier natürlich das BGB (Nr. 31) u. a. Gesetze; nichts anderes gilt, wenn das schwarze Brett im Firmennetz eingerichtet wird. Genauso wie der Besitz von Kinderpornographie am Arbeitsplatz verboten ist, gilt gleiches, wenn dies via Intranet über das Firmennetz angeboten wird.

10. Benötigen Online-Dienste eine Anmeldung oder Zulassung?

Weder Teledienste noch Mediendienste benötigen eine besondere Zulassung oder Anmeldung, um am Markt tätig zu werden.

Allerdings gilt auch für die neuen Dienste, daß die Anmelde- oder Zulassungserfordernisse nach dem allgemeinen Recht zu beachten sind. Zwei wichtige Beispiele: Wenn mit dem Dienst ein Gewerbe betrieben werden soll, so muß natürlich dieses wie jedes andere Gewerbe auch angemeldet werden. Wird eine Telekommunikationsdienstleistung erbracht, so ist diese nach dem TKG (vgl. Nr. 4) anzeigepflichtig (§ 4). Wenn man sich nicht sicher ist, ob der Dienst auch als Rundfunk (vgl. Nr. 5 bis Nr. 11) eingestuft werden kann, so ist es möglich, bei der zuständigen Landesmedienanstalt (Sitz des Dienstes) einen Antrag auf „rundfunkrechtliche Unbedenklichkeit“ zu stellen.

11. Welche Regelungen gelten für Btx-Dienste?

Der Btx-Staatsvertrag gilt seit dem 1. 8. 1997 nicht mehr. An seine Stelle sind die Regelungen des IuKDG (vgl. Nr. 1) und des MDStV (vgl. Nr. 3) getreten. Auch hier gilt für die Zuordnung der einzelnen Btx-Angebote (heute T-Online) , daß sich diese nach den inhaltlichen Angeboten in den einzelnen Btx-Diensten richten. Werden dort Teledienste angeboten, gilt das TDG und das TDDSG, beinhalten die Angebote der Sache nach Mediendienste, so gelten die Regelungen des MDStV.

C. Fragen und Antworten zur Verantwortlichkeit von Diensteanbietern

1. Wer ist für die Inhalte verantwortlich, die über die Datennetze verbreitet werden?

Die Ausgestaltung der Verantwortlichkeit für Informationsinhalte, die über das Internet oder andere IuK-Dienste zur Verfügung gestellt werden, gehört zu den wichtigsten Fragen im Bereich Multimedia. Der Begriff „Verantwortlichkeit“ erfaßt dabei ein breites Spektrum von Rechtsfolgen, die das Recht an bestimmte Sachverhalte knüpft. Wer muß strafrechtlich für die Verbreitung von verbotener Pornographie einstehen, wer haftet für Urheberrechtsverletzungen, wen trifft ein Unterlassungsanspruch wegen einer persönlichkeitsverletzenden Äußerung? In den §§ 5 Abs. 1 bis 4 TDG und 5 Abs. 1 bis 3 MDStV, § 18 Abs. 3 MDStV (vgl. Nr. 2 und Nr. 3) hat der Gesetzgeber nunmehr einige grundlegende Regeln aufgestellt, die die bisherige, teilweise unklare Rechtslage präzisieren und ergänzen.

2. Welche Grundaussagen treffen die Regelungen zur Verantwortlichkeit?

§ 5 Abs. 1 bis 3 TDG sowie der hier gleichlautende MDStV bilden drei Fallgruppen der Verantwortlichkeit, die auf den sog. „Diensteanbieter" zugeschnitten sind. Ausgangspunkt des § 5 Abs. 1 TDG/MDStV ist der Grundsatz der Eigenverantwortlichkeit der Diensteanbieter für die von ihnen zur Nutzung bereitgehaltenen eigenen Inhalte. Die Norm verweist insoweit auf die allgemeine Rechtsordnung. Eine Verantwortlichkeit kann den Diensteanbieter treffen – so § 5 Abs. 2 TDG/MDStV –, wenn er fremde Inhalte zur Nutzung bereithält. Dies setzt aber voraus, daß er von diesen Inhalten Kenntnis hat und es ihm technisch möglich und zumutbar ist, deren Nutzung zu verhindern. Bei dieser Fallgruppe läßt sich somit von einer bedingten Verantwortlichkeit sprechen. Dennoch ist auch bei Sachverhalten dieser bedingten Verantwortlichkeit in erster Linie nach der Verantwortlichkeit desjenigen zu fragen, der die beanstandeten Inhalte hergestellt und/oder veröffentlicht hat. Daher hat der vermittelnde Diensteanbieter auch bei Vorliegen der Voraussetzungen des § 5 Abs. 2 nur eine Mitverantwortung zu tragen. Diensteanbieter sind dann überhaupt nicht für fremde Inhalte verantwortlich, wenn sie zu diesen fremden Inhalten lediglich den Weg eröffnen. Für die Sachverhalte dieser dritten Fallgruppe (§ 5 Abs. 3 TDG/MDStV) spricht der Gesetzestext von der Vermittlung des Zugangs zu fremden Inhalten. Es bleibt hier dabei, daß der Urheber und derjenige, der Inhalte als eigene Inhalte in ein Datennetz einstellt, für diese Inhalte einzustehen hat. Durch diese Vorschrift ist der Verantwortungsbereich der Diensteanbieter klar definiert und auf ein überschaubares und handhabbares Maß festgelegt worden; die bislang anzutreffenden Versuche, die Diensteanbieter „bei jeder Gelegenheit" mit in die Haftung zu nehmen, haben daher keine gesetzliche Grundlage.

3. Wann muß ein Diensteanbieter Angebote sperren?

§ 5 Abs. 4 TDG schränkt die Begrenzung und Freistellung der Diensteanbieter von einer Verantwortlichkeit wieder ein, allerdings nur im Hinblick auf etwaige Verpflichtungen zur Sperrung der Nutzung rechtswidriger Inhalte. Dies bedeutet, daß solche Sperrungsverpflichtungen auch gegenüber ansonsten nicht verantwortlichen Diensteanbietern bestehen bleiben. Hinsichtlich z. B. einer strafrechtlichen Verantwortlichkeit oder einer zivilrechtlichen Haftung für Schadensersatzforderungen bleibt es bei den oben dargestellten Grundsätzen. § 5 Abs. 4 TDG schafft in keinem Fall eine eigenständige Sperrungsverpflichtung, sondern setzt eine anderswo bestehende Sperrungsverpflichtung – rechtsgeschäftlich, gesetzlich oder aufgrund Gesetzes – voraus.

4. Was bedeutet „Kenntnis" im Rahmen der Verantwortlichkeitsregeln?

Die Auslegung des Gesetzesbegriffs „Kenntnis" ist deshalb von besonderer Bedeutung, weil eine Verantwortlichkeit der Diensteanbieter, die fremde Inhalte zur Nutzung bereithalten, nur unter der Voraussetzung der „Kenntnis" des Inhalts in Betracht kommt. Gemeint ist von der Vorschrift die positive Kenntnis des einzelnen, konkreten Inhalts. Ein „Kennenmüssen" genügt hingegen nicht. § 5 TDG/MDStV berücksichtigt die technischen Gegebenheiten bei den Diensteanbietern, die Inhalte zur Nutzung bereithalten oder den Zugang zur Nutzung vermitteln. Durch die zunehmenden Datenmengen, der technisch bedingten Vervielfachung von Inhalten und der Unüberschaubarkeit der in ihnen gebundenen Risiken ist dem Diensteanbieter eine Kontrolle der Inhalte zunehmend unmöglich, oftmals sogar untersagt (§ 85 TKG, Fernmeldegeheimnis). Einem Datenpaket ist nicht anzusehen, ob es eine offene Nachricht trägt, die weithin wahrgenommen werden soll, oder ob es sich um eine Nachricht mit privatem Charakter handelt. Das TDG verzichtet daher auf die Festschreibung einer Überprüfungspflicht der Diensteanbieter hinsichtlich der von ihnen übermittelten Inhalte.

5. Wann ist die Sperrung eines Angebots zumutbar und technisch möglich?

§ 5 Abs. 2 TDG/MDStV und §§ 5 Abs. 4 TDG, 18 Abs. 3 MDStV lassen eine Verantwortlichkeit oder eine Sperrungsverpflichtung der Diensteanbieter nur dann zu, wenn eine „Sperrung" , d.h. eine Verhinderung der Nutzung, technisch möglich ist. Ob die Verhinderung der Nutzung eines speziellen Inhalts technisch möglich ist oder nicht, ist eine Tatsachenfrage. Dieses Tatbestandsmerkmal konkretisiert einen Rechtsgrundsatz, wonach „Unmögliches nicht erwartet werden kann". Es weist darauf hin, daß die technische Möglichkeit zur Sperrung nicht ohne weiteres unterstellt werden kann, sondern jeweils gesondert zu prüfen ist. Bei der „Verhinderung der Nutzung" kommt es auf das Ergebnis an, d.h. der jeweilige Informationsinhalt darf für den Nutzer nicht mehr zugänglich sein. Ob der Diensteanbieter dies durch Löschung oder andere technische Maßnahmen erreicht, bleibt ihm überlassen.

Dic Vorschrift macht eine Verantwortlichkeit weiter davon abhängig, daß eine Sperrung von Inhalten „zumutbar" wäre. Dieser unbestimmte Rechtsbegriff muß im Einzelfall ausgelegt werden. Das IuKDG vermeidet generell die Festlegung auf bestimmte Techniken und Maßstäbe, die ihrerseits in den zur Zeit zur Verfügung stehenden Techniken wurzeln, um Raum zu lassen für Fortentwicklung und Differenzierung von verschiedenen Fallgruppen, die den verschiedenen Dienstearten gerecht werden können. Durch die Zumutbarkeitsklausel wird klargestellt, daß der Diensteanbieter nicht jeden nur denkbaren Aufwand betreiben muß, um die Nutzung rechtswidriger Inhalte zu vermeiden. Die Bedeutung des Einzelfalls und der erforderliche technische und wirtschaftliche Aufwand sowie die Auswirkungen auf andere Teile des Dienstes und andere Nutzer müssen im Verhältnis zueinander gesehen werden. Maßnahmen zur Verhinderung des Zugriffs auf fremde Inhalte sind insbesondere dann unzumutbar, wenn sie einen erheblichen Aufwand erfordern, ihre Wirksamkeit jedoch durch einen Zugriff auf entsprechende Informationsangebote im Ausland oder über andere Netzverbindungen mit einem vergleichsweise geringen Aufwand umgangen werden kann. Im Rahmen dieses Merkmals „zumutbar“ sind auch die öffentlichen und privaten Interessen an einem funktionierenden Nachrichtentransport zu berücksichtigen. Öffentliches oder privates Sperrungsinteresse und Zumutbarkeitsgesichtspunkte – nicht nur aus dem Blickwinkel des Diensteanbieters – müssen gegeneinander abgewogen werden.

6. Wie ist die Verantwortlichkeit für Inhalte auf sog. Proxy/Cache-Servern geregelt?

Einen Sonderfall der Verantwortlichkeit regelt § 5 Abs. 3 Satz 2 TDG/MDStV, der auf die sog. „Proxy“- oder „Cache“-Speicher eingeht. Die automatische und kurzzeitige Vorhaltung fremder Inhalte aufgrund Nutzerabfrage gilt aufgrund der Fiktion des Absatz 3 Satz 2 als Anwendungsfall des Absatz 3 Satz 1. Die Vorschrift berücksichtigt damit technische Gegebenheiten (insbesondere des Internet) bei der Zugangsvermittlung und stellt klar, daß die automatische Übernahme von fremden Inhalten in den eigenen Verfügungsbereich aufgrund einer Nutzeranfrage zum Vermittlungsvorgang gehört. Mit zunehmendem Zeitablauf müssen diese Inhalte aber wieder unter den Tatbestand des Absatz 2 fallen, da die zwischengespeicherten Inhalte ansonsten auf Dauer rechtlich nicht greifbar wären. Voraussetzung der Fiktion ist daher weiter, daß die zwischengelagerten Inhalte auch nach begrenzter Zeit automatisch wieder gelöscht werden. In der Praxis wird dieser Löschvorgang durch das Überschreiben des alten Inhalts mit einem neuen Inhalt vollzogen werden. Ein Nebeneffekt dieser Regelung könnte sein, daß die Diensteanbieter kürzere „Reload“-Phasen programmieren und der Nutzer somit auch aktuellere Inhalte erhält.

7. Haftet der Anbieter für Hyperlinks, die auf seiner Homepage sind?

Auch die Verantwortlichkeit für sog. „Hyperlinks“, die auf inkriminierte Inhalte verweisen, richtet sich in erster Linie nach § 5 TDG/MDStV. Mögliche Schwierigkeiten bei der Einordnung eines solchen Hyperlinks in eine der drei Fallgruppen des § 5 TDG wurzeln aber im Charakter des Hyperlinks, der je nach Fallgestaltung zwischen der „technischen“ Darstellung einer Abkürzung des Zugangswegs zu anderen Informationsinhalten und einem eigenständigen Informationsinhalt wechseln kann. Welchen Charakter der jeweilige Hyperlink hat, muß im Einzelfall und im jeweiligen Kontext geprüft werden. Bietet der Hyperlink nur den „kurzen Weg“, wird eine Verantwortlichkeit für den dahinter liegenden Inhalt nach § 5 Abs. 3 entfallen; ist der Link in einem Kontext angesiedelt, der deutlich macht, daß der Verweisende sich den hinter dem Link liegenden Inhalt zu eigen macht und in sein Angebot einbettet, wird sich seine Haftung nach § 5 Abs. 1 TDG richten – d. h., er ist voll nach dem geltenden Recht hierfür verantwortlich.

D. Fragen und Antworten zum Jugendschutz

1. Wie ist der gesetzliche Jugendschutz in den Datennetzen ausgestaltet?

Angesichts der problematischen Rechtsdurchsetzung in grenzüberschreitenden Datennetzen ist unbestritten, daß ein hohes Jugendschutzniveau nicht mit rechtlichen Maßnahmen allein gewährleistet werden kann, sondern daß andere Maßnahmen, etwa in den Bereichen Bildung oder Technik (z. B. Filterprogramme) hinzukommen müssen. Eine maßgebliche Rolle soll in diesem Zusammenhang auch eine Freiwillige Selbstkontrolle der Diensteanbieter übernehmen, um so flexibler als mit Verboten und behördlichen Maßnahmen auf schnell wechselnde Bedrohungen reagieren zu können.

2. Wo finden sich die gesetzlichen Grundlagen zum Jugendmedienschutz?

Neben den Jugendschutzbestimmungen des Rundfunkstaatsvertrags (insbesondere §§ 3 und 4 RStV, vgl. Nr. 5) ist der Jugendmedienschutz bundesrechtlich teilweise im Gesetz zum Schutze der Jugend in der Öffentlichkeit (JÖSchG, vgl. Nr. 49), vor allem aber im Gesetz über die Verbreitung jugendgefährdender Schriften (GjS, vgl. Nr. 48) geregelt. Neben den strafrechtlichen Anpassungen finden sich die bundesrechtlichen, für Teledienste geltenden Maßnahmen zum Jugendschutz in den neuen Medien in diesem Gesetz, daß auch im Titel angepaßt wurde und es nun „Gesetz über die Verbreitung jugendgefährdender Schriften und Medieninhalte" heißt. Eine teilweise abweichende gesetzliche Regelung für die Mediendienste findet sich in §§ 7, 8 und 9 MDStV (vgl. Nr. 3).

Durch die Wahl dieses Regelungsstandortes hat der Bundesgesetzgeber klargemacht, daß er starke Parallelen zwischen den Jugendschutzregelungen im Bereich der Printmedien und den erforderlichen Jugendschutzmaßnahmen im Bereich der neuen Informations- und Kommunikationsdienste sieht, das rundfunkrechtliche Vorbild im Rundfunkstaatsvertrag hingegen für weniger geeignet ansieht. Wie auch an anderen Stellen, war hier der Charakter der neuen Dienste als interaktiv ausgestaltete Abrufdienste ausschlaggebend, die durch „stückweise" Verbreitung von Informationen gekennzeichnet sind. Wertungswidersprüche zwischen den Zugangsmöglichkeiten zu gedrucktem Material und den Zugangsmöglichkeiten zu Inhalten der IuK-Dienste bzw. den jeweiligen Beschränkungen sollten vermieden werden. Durch die Erweiterung des GjS hat der Gesetzgeber auf den dort bereits bewährten und verläßlichen Ausgleich zwischen dem Grundrecht auf Meinungs- und Informationsfreiheit (Art. 5 Abs. 1 GG) und dem verfassungsrechtlichen Auftrag eines wirksamen Jugendschutzes (Art. 5 Abs. 2 GG) aufgebaut.

3. Wie ist der gesetzliche Jugendschutz bei Multimedia ausgestaltet?

Ähnlich wie das Strafrecht bei den Tatbeständen der Kommunikationsdelikte greift das GjS auf den Begriff der „Schrift" zurück, um jugendgefährdende Medien zu identifizieren. § 1 Abs. 3 GjS stellt – parallel zum Strafrecht – ebenfalls Datenspeicher den Schriften gleich und vollzieht damit gleichfalls den Schritt in den „Cyberspace". Das GjS unterscheidet zwei Arten von jugendgefährdenden Schriften, die „offensichtlich sittlich schwer jugendgefährdenden Schriften" (§ 6 GjS) sowie die (einfach) jugendgefährdenden Schriften („Schriften, die geeignet sind, Kinder oder Jugendliche sittlich zu gefährden", § 1 Abs. 1 GjS). Schriften der unteren Gefährdungsstufe werden nach einem Prüfungsverfahren durch die Bundesprüfstelle für jugendgefährdende Schriften (BPjS) in eine Liste aufgenommen (Indizierung). Offensichtlich schwer jugendgefährdende Schriften sind kraft Gesetzes „indiziert". Als Folge der Indizierung unterliegen diese Schriften den Abgabe-, Verbreitungs- und Werbeverboten der §§ 3 bis 5 GjS, die den Zugang von Kindern und Jugendlichen, nicht aber den von Erwachsenen, zu diesen Schriften verhindern sollen.

Dem Verbreitungsverbot unterliegen nach dem neuen § 3 Abs. 1 Nr. 4 GjS auch indizierte Schriften, die durch elektronische IuK-Dienste verbreitet, bereitgehalten oder sonst zugänglich gemacht werden. Vor dem Hintergrund des Grundrechts auf Meinungs- und Informationsfreiheit (Art. 5 GG) muß der Zugang zu solchen, nicht verbotenen Inhalten für Erwachsene aber auch im Bereich der IuK-Dienste möglich bleiben. Daher sieht das Gesetz zwar grundsätzlich ein Verbreitungsverbot für solche Inhalte über IuK-Dienste vor; dieses Verbot gilt aber dann nicht, wenn durch technische Vorkehrungen Vorsorge getroffen ist, daß das Angebot oder die Verbreitung im Inland auf volljährige Nutzer beschränkt werden kann (§ 3 Abs. 2 Satz 2 GjS).

Das IuKDG bleibt offen für neue technische Entwicklungen: Die Zugangsbeschränkung kann z.B. durch Verschlüsselung oder Schaffung geschlossener Benutzergruppen realisiert werden. Die Diensteanbieter, die mit solchen Angeboten für Erwachsene tätig werden wollen, werden sich also gleichzeitig um die erforderlichen Schutzmaßnahmen für Minderjährige bemühen müssen. Dabei kommt es aber darauf an, daß diese technischen Vorkehrungen, die die Zugangsmöglichkeiten für Erwachsene ermöglichen sollen, in der Praxis zuverlässig umsetzbar sind und keine unzumutbaren Anforderungen an die Diensteanbieter stellen.

Nach den Vorgaben des MDStV für Mediendienste sind eine Reihe von Inhaltsangeboten als unzulässig eingestuft worden (§ 8 Abs. 1 Nr. 1

bis 6 MDStV). Zum Teil werden Straftatbestände nochmals aufgeführt, zum Teil andere Tatbestände genannt, z. B. kriegsverherrlichende Angebote. Generell verboten sind Inhalte, die offensichtlich geeignet sind, Kinder oder Jugendliche sittlich schwer zu gefährden.

Neben einer Sonderregel für sog. Verteildienste (z. B. Fernsehtext) erlaubt § 8 Abs. 3 MDStV Angebote, die geeignet sind, das körperliche, geistige oder seelische Wohl von Kindern oder Jugendlichen zu beeinträchtigen, nur dann, wenn Vorkehrungen durch den Anbieter oder andere Anbieter bestehen, die dem Nutzer die Sperrung dieser Angebote ermöglichen.

4. Welche Aufgaben hat der „Jugendschutzbeauftragte"?

Der neue § 7a GjS/§ 8 Abs. 4 MDStV verpflichtet (gewerbsmäßige) Anbieter von elektronischen, telekommunikativen IuK-Diensten zur Bestellung eines Jugendschutzbeauftragten, wenn die Dienste allgemein angeboten werden und jugendgefährdende Inhalte enthalten können. Damit sind z. B. firmeninterne Informationsnetze oder Gelegenheitsanbieter vom Geltungsbereich der Norm ausgenommen. Die Jugendschutzbeauftragten sollen bei dem Diensteanbieter „vor Ort" flexibel und schnell auf das sich ändernde Informationsangebot reagieren. Sie sollen Ansprechpartner für die Nutzer und interne Berater für die Diensteanbieter sein. Der Jugendschutzbeauftragte ist vom Diensteanbieter an der Angebotsplanung und der Gestaltung der Allgemeinen Nutzungsbedingungen zu beteiligen, er kann dem Diensteanbieter eine Beschränkung von Angeboten vorschlagen. Darüber hinaus trifft § 7a GjS keine weiteren Festlegungen zum Rechtsstatus des Jugendschutzbeauftragten, um die erwünschte Flexibilität dieses Instruments nicht einzuschränken und um die bürokratische und kostenmäßige Belastung der Diensteanbieter möglichst gering zu halten.

Um den Diensteanbietern einen Anreiz zur Schaffung von Strukturen einer freiwilligen Selbstkontrolle zu geben, ohne damit die „freiwillige Selbstkontrolle" in eine „gesetzliche Selbstkontrolle" umzumünzen, gibt § 7a Satz 5 GjS/§ 8 Abs. 4 MDStV den Diensteanbietern die Möglichkeit, auf einen eigenen Jugendschutzbeauftragten zu verzichten, wenn sie eine Organisation der freiwilligen Selbstkontrolle mit der Wahrnehmung der Aufgaben des Jugendschutzbeauftragten betrauen.

5. Wie funktioniert die Freiwillige Selbstkontrolle im Bereich der IuK-Dienste?

Mittlerweile haben mehrere Bundesverbände der Inhalteanbieter, zwei Online-Service-Provider und Unternehmen mit Multimediageschäftsfeldern den eingetragenen Verein „Freiwillige Selbstkontrolle Multimedia-Diensteanbieter (FSM)" gegründet. Der FSM e. V. hat zeitgleich mit Inkrafttreten des IuKDG seine Arbeit aufgenommen. Ziel des FSM e. V. ist, „die Achtung der schutzwürdigen Interessen der Nutzer und der Allgemeinheit insbesondere gegenüber Rassendiskriminierung sowie Gewaltverherrlichung zu leisten und den Jugendschutz auf selbstverantworteter Basis zu stärken." Die Mitglieder haben sich auf einen gemeinsamen Verhaltenskodex verpflichtet, der unzulässige Inhalte sanktioniert und gemeinsame Verhaltensgrundsätze zum Jugendschutz, journalistisch redaktionell gestaltete Inhalte sowie eine Anbieterkennzeichnung festschreibt. Der FSM e.V. hat weiterhin eine Beschwerdeordnung verabschiedet, die das Beschwerdeverfahren der Beschwerdestelle der FSM im einzelnen beschreibt. Informationen sind unter http://www.fsm.de zu erhalten.

E. Fragen und Antworten zum Urheberrecht

1. Gilt das Urheberrecht auch im Internet?

Digitalisierung und Vernetzung haben erhebliche Auswirkungen, insbesondere auch im Bereich des Urheberrechts. Die Möglichkeit zur Erstellung identischer Kopien von Werken in digitalisierter Form erhöht die Verletzlichkeit des Urheberrechts, über das Netz sind urheberrechtlich geschützte Werke überall und praktisch gleichzeitig erhältlich; die Bearbeitungs- und damit auch Manipulierungsmöglichkeiten erreichen eine neue Qualität. Unbestritten ist jedenfalls der Grundsatz, daß das Urheberrecht auch – und gerade – im Internet zu beachten ist. Die Frage ist vielmehr, wie dieser Grundsatz auch durchgesetzt werden kann. Der Meinungsbildungsprozeß über Inhalt und Ausmaß der erforderlichen Anpassungen des Urheberrechts ist daher – auf nationaler, aber auch auf internationaler Ebene – in vollem Gange. Im Rahmen der Erstellung des IuKDG war es nicht möglich, die erforderliche umfassende Diskussion zu einem – auch nur vorläufigen – Abschluß zu bringen. Die Bundesregierung hat sich daher mit dem IuKDG entschieden, zunächst nur einen Teilbereich, den urheberrechtlichen Schutz von Datenbanken, gesetzlich neu zu regeln. Anlaß hierfür war die Richtlinie 96/9/EG vom 11. März 1996 über den rechtlichen Schutz von Datenbanken, die nach ihrem Art. 16 Abs. 1 bis zum 1. Januar 1998 in das innerstaatliche Recht der Mitgliedstaaten umzusetzen ist. Art. 11 IuKDG folgt dieser Zeitvorgabe und setzt die entsprechenden Neuerungen im Urheberrechtsgesetz zu diesem Zeitpunkt in Kraft.

2. Wie ist der Schutz von Datenbanken ausgestaltet?

Die EU-Richtlinie über den rechtlichen Schutz von Datenbanken harmonisiert bzw. begründet erstmals in den Mitgliedstaaten der EU einen zweifachen Rechtsschutz für Datenbanken, nämlich in ihrem Kapitel II einen urheberrechtlichen Schutz für eine nach „Auswahl oder Anordnung" des gesammelten Stoffes schöpferisch gestaltete Datenbank, der gegen die Übernahme dieser Auswahl oder Anordnung schützt; sowie in Kapitel III ein Schutzrecht „sui generis", durch welches dem unternehmerisch verantwortlichen Hersteller einer Datenbank für die bei der Anlage der Datensammlung getätigten wesentlichen Investitionen ein ausschließliches Verwertungsrecht für die Gesamtheit oder einen in qualitativer oder quantitativer Hinsicht wesentlichen Teil des Inhalts der Datenbank zugestanden wird.

F. Fragen und Antworten zum Datenschutz bei neuen Diensten

1. Was regelt das Teledienstedatenschutzgesetz?

Das Teledienstedatenschutzgesetz (TDDSG, vgl. Nr. 16) betrifft den bereichsspezifischen Datenschutz bei Telediensten. Zusammen mit den datenschutzrechtlichen Vorschriften des Mediendienstestaatsvertrages (MDStV, vgl. Nr. 3) werden für alle neuen Informations- und Kommunikationsdienste wort- und inhaltsgleiche Regelungen hinsichtlich der erweiterten Risiken der Erhebung, Verarbeitung und Nutzung personenbezogener Daten getroffen.

2. Warum ist bereichsspezifischer Datenschutz erforderlich?

Personenbezogene Informationen können bei der Nutzung von Informations- und Kommunikationsdiensten in vielfältiger Weise anfallen, beliebig kombiniert, verändert oder ausgewertet werden; die Datenverarbeitung findet nicht mehr nur in einer Datenverarbeitungsanlage statt, sondern im Netz mit einer Vielzahl von Beteiligten; die Kontrollmöglichkeiten des Nutzers sind angesichts der zunehmenden Vernetzung erheblich eingeschränkt. Der Schutz personenbezogener Daten steht angesichts dieser technischen Entwicklungen vor einem tiefgreifenden Wandel. Gesetzliche Rahmenbedingungen für Datenschutz bei neuen Informations- und Kommunikationsdiensten müssen auf die Risiken der neuen Informations- und Kommunikationsdienste eine Antwort finden. Sie müssen aber auch die erforderliche Akzeptanz der neuen Dienste beim Nutzer fördern und neue technische Möglichkeiten miteinbeziehen. Für die Konzeption des Datenschutzes im Bereich der neuen Dienste bieten sich technische Ansatzpunkte, um das Recht auf informationelle Selbstbestimmung wirksam zu gewährleisten. Bereits durch die Gestaltung der Technik, mit der personenbezogene Daten erhoben und verarbeitet werden, kann einer übermäßigen Datenverwendung vorgebeugt werden. Durch dateneinsparende Organisation der Übermittlung, der Abrechnung und Bezahlung sowie der Abschottung von Verarbeitungsbereichen kann dieser „Systemdatenschutz" wirksam unterstützt werden.

Die gesetzlichen Rahmenbedingungen müssen dem veränderten Datenschutzbewußtsein von Unternehmen Rechnung tragen. Zahlreiche

Unternehmen wissen, daß ihre Akzeptanz beim Kunden vom Umgang mit den personenbezogenen Daten des Kunden abhängt. Bei einem Online-Dienst ist der Umgang mit den zum Teil sehr sensiblen personenbezogenen Daten, wie Abrechnungsdaten oder Nutzungsdaten, für seine Akzeptanz beim Nutzer von wesentlicher Bedeutung. Die vorhandenen Kontrollmöglichkeiten durch den Nutzer oder die zuständigen Einrichtungen müssen deshalb um neue Möglichkeiten, die bereits bei der Vorbereitung und Entwicklung von Datenschutzkonzepten greifen können, ergänzt werden.

Unter Berücksichtigung dieser Zielvorgaben sind im TDDSG und im MDStV die wesentlichen bereichsspezifischen Regelungen formuliert.

3. Welche Datenschutzgesetze gelten bei der Nutzung der neuen Dienste?

Das Datenschutzrecht in der Bundesrepublik Deutschland ist durch eine klare Systematik gekennzeichnet: Die generelle Regelung wird im Bundesdatenschutzgesetz (BDSG, vgl. Nr. 15) getroffen, während eigenständige bereichsspezifische Regelungen die besonderen Bedingungen und Eigenarten des jeweiligen Datenverarbeitungsbereichs berücksichtigen – zum Beispiel im Bereich des Sozialdatenschutzes oder im Bereich der Statistik. Damit kann den Besonderheiten des konkreten Verarbeitungskontextes am besten Rechnung getragen werden.

Im Bereich von Information und Kommunikation gibt es mehrere bereichsspezifische Regelungen: Zu nennen sind hier in erster Linie das Telekommunikationsrecht, die Landesdatenschutzgesetze und die staatsvertraglichen Regelwerke der Bundesländer im Rundfunkbereich.

Datenschutz bei Informations- und Kommunikationsdiensten folgt der grundsätzlichen Systematik des Datenschutzrechts: TDDSG und MDStV stellen unter systematischem und inhaltlichem Blickwinkel bereichsspezifische Regelungen dar, die außerhalb des BDSG getroffen sind, jedoch an dessen Regelungen anknüpfen: Das TDDSG befaßt sich mit den besonderen Bedingungen des Umgangs mit personenbezogenen Daten bei Telediensten, der MDStV befaßt sich mit den besonderen Bedingungen des Umgangs mit personenbezogenen Daten bei Mediendiensten. Nur dort, wo TDDSG oder MDStV besondere Bestimmungen enthalten, gehen diese Bestimmungen dem allgemeinen BDSG vor. Enthalten TDDSG oder MDStV keine Aussage, gelten die Bestimmungen des BDSG.

Mit der Frage der Abgrenzung zu vorhandenen datenschutzrechtlichen Bestimmungen ist die allgemeine Frage des Geltungsbereichs von TDDSG und MDStV eng verbunden. Die Abgrenzung des TDDSG stellt sich dabei im Hinblick auf

- Telekommunikationsrecht, insbesondere im Hinblick auf das Telekommunikationsgesetz (vgl. Nr. 4) und im Hinblick auf die Verordnung über den Datenschutz für Unternehmen, die Telekommunikationsleistungen erbringen (vgl. Nr. 17); und im Hinblick auf

- Landesrecht, insbesondere hinsichtlich der rundfunkrechtlichen Datenschutzbestimmungen und hinsichtlich des Mediendienstestaatsvertrages.

Hinsichtlich beider Abgrenzungsfelder ergibt sich die Antwort aus § 1 Abs. 1 TDDSG i.V.m. § 2 Abs. 1 des Teledienstegesetzes. § 2 Abs. 1 Teledienstegesetz lautet:

„Die nachfolgenden Vorschriften gelten für alle Informations- und Kommunikationsdienste, die für eine individuelle Nutzung von kombinierbaren Daten wie Zeichen, Bilder und Töne bestimmt sind und denen eine Übermittlung mittels Telekommunikation zugrunde liegt (Teledienste).“

4. Werden auch geschlossene Nutzergruppen erfaßt?

Ja. TDDSG und MDStV gelten auch für geschlossene Nutzergruppen. Die datenschutzrechtlichen Vorschriften finden auch bei der Verarbeitung personenbezogener Daten im Intranet Anwendung.

Geschlossene Nutzergruppen und Firmennetze sind vom Anwendungsbereich des TDG/MDStV nicht ausgenommen, da sowohl innerhalb als auch außerhalb einer geschlossenen Nutzergruppe, etwa einem unternehmens- oder verwaltungsinternen Intranet, personenbezogene Daten im Netz verarbeitet werden. Hier wie dort ist der gleiche Schutz erforderlich.

Dies stimmt mit der generellen Wertung geschlossener Nutzergruppen im TDG überein. Auch dort werden geschlossenen Nutzergruppen nicht aus dem Anwendungsbereich ausgenommen, vielmehr ergibt sich aus dem jeweiligen Regelungszusammenhang, ob und inwieweit das TDG in geschlossenen Nutzergruppen Anwendung findet.

5. Welche Daten schützen TDDSG und MDStV?

TDDSG und MDStV schützen die personenbezogenen Daten natürlicher Personen. Insoweit gibt es keinen Unterschied zum allgemeinen Schutzbereich des Bundesdatenschutzgesetzes (BDSG). Allerdings unterscheiden sich TDDSG/MDStV vom BDSG dadurch, daß auch personenbezogene Daten natürlicher Personen geschützt werden, wenn sie nicht in Dateien gespeichert sind. Damit wird eine Forderung der EG-Datenschutzrichtlinie von 1995 (vgl. Nr. 18) umgesetzt.

6. Schützen TDDSG und MDStV auch die Daten juristischer Personen?

Nein.

Allerdings ist ein Schutz juristischer Personen gesetzlich vorgesehen, er ist jedoch nicht so ausgestaltet, daß personenbezogene Daten juristischer Personen geschützt werden. Vielmehr haben TDDSG und MDStV an der Bindung personenbezogener Daten an natürliche Personen nichts geändert. Aber TDDSG/MDStV schützen juristische Personen soweit, wie ihre technisch-organisatorischen Bestimmungen reichen. Dieser Schutz trägt der unterschiedlichen Rechtsform eines Nutzers Rechnung. Nutzer eines Teledienstes kann sowohl eine natürliche Person (der private Kunde von z. B. AOL) als auch eine juristische Person (z. B. ein Unternehmen) sein, die einen bestimmten Teledienst seinen Arbeitnehmern (Beispiel: allgemeine Weiterbildungsangebote oder Internet-Anschluß) zur Verfügung stellt oder den Zugang eröffnet.

7. Was sind sog. cookies?

Cookies sind automatisierte Verfahren, die quasi auf Vorrat beim Nutzer, z. B. auf dessen Festplatte, zu einer Ablage personenbezogener Daten bei der Nutzung von Telediensten führen, aber erst zu einem späteren Zeitpunkt vom Diensteanbieter abgerufen werden. In diesen Fällen erfolgt durch das bloße Ablegen der Daten in einem Datenspeicher beim Nutzer noch keine Verarbeitung oder Nutzung durch den Diensteanbieter. Ob damit bereits in jedem Falle schon eine „Erhebung" im Sinne des BDSG vorliegt, ist zweifelhaft und im Ergebnis davon abhängig, ob der Diensteanbieter zum Zeitpunkt der Ablage der Daten beim Nutzer bereits objektiv und subjektiv seine Verfügungsgewalt über die Daten begründet hat. In jedem Falle entsteht so jedoch eine vom Nutzer nicht ohne weiteres erkennbare Datensammlung.

8. Verbieten TDDSG/MDStV cookies?

Nein.
Ob cookies eine zulässige Verarbeitung personenbezogener Daten darstellen, richtet sich nach den allgemeinen Zulässigkeitsvoraussetzungen. TDDSG/MDStV verbieten cookies nicht, aber sie verpflichten die Diensteanbieter zur Unterrichtung des Nutzers über solche Abrufverfahren. In der Browser-Software einiger Hersteller sind bereits entsprechende Möglichkeiten vorgesehen. Der Nutzer hat so die Möglichkeit, sich für einen „freundlichen Geist" und gegen eine „Laus im Pelz" zu entscheiden.

9. Für welche Stellen gilt das TDDSG?

Das TDDSG gilt sowohl für öffentliche Stellen als auch für nichtöffentliche Stellen. Behörden wie Privatpersonen – natürliche wie juristische – werden vom Anwendungsbereich des TDDSG erfaßt.

10. Gilt das TDDSG auch für Teledienste öffentlicher Stellen der Länder?

Soweit die öffentlichen Stellen der Länder Teledienste anbieten, gelten die Vorschriften des TDDSG auch für öffentliche Stellen der Länder. Es kommt also maßgeblich nur darauf an, ob eine öffentliche Stelle des Bundes oder des Landes einen Teledienst anbietet. Dies kann z. B. dann gegeben sein, wenn eine Behörde Informationen über das Internet anbietet, evtl. sogar ihre Verwaltungstätigkeit mit Hilfe einer Online-Verbindung zum Bürger erfüllt. Allerdings werden nicht alle personenbezogenen Daten, die bei einer solchen Verbindung anfallen, vom TDDSG erfaßt; die Daten der Leistungserbringung - etwa die Sozialhilfedaten - werden von dem jeweils einschlägigen Sozialdatenschutz erfaßt. Das TDDSG ist als bereichsspezifische Regelung für den Schutz personenbezogener Daten bei Telediensten lex specialis. Es gilt ohne Einschränkung sowohl für den nicht-öffentlichen wie für den öffentlichen Bereich und unterscheidet nicht zwischen öffentlichen Stellen des Bundes und der Länder.

11. Darf ein Diensteanbieter personenbezogene Daten an die Strafverfolgungsbehörden übermitteln?

Nach dem TDDSG und dem MDStV hat der Diensteanbieter hierfür keine Befugnis. Eine solche Befugnis kann sich nur aus den strafprozessualen Bestimmungen ergeben.

In den ursprünglichen Entwürfen des TDDSG war eine Regelung vorgesehen, die dem Diensteanbieter die Möglichkeit geben sollte, bestimmte Bestandsdaten - z. B. zur Identitätsfeststellung eines anonymen Nutzers - ohne die vertragliche Bindung zu umgehen, an Strafverfolgungs- und andere Behörden weiterzugeben. Die Vorschrift erlaubte dem Diensteanbieter eine zweckändernde Nutzung der Bestandsdaten; die Befugnisse der genannten Behörden wurden davon nicht berührt. Dieser Absatz entsprach der in § 89 Abs. 6 Satz 1 Telekommunikationsgesetz vorgesehenen Regel für die Übermittlung personenbezogener Daten zum Zwecke der Verfolgung von Straftaten und Ordnungswidrigkeiten, zur Abwehr von Gefahren für die öffentliche Sicherheit und Ordnung oder für die Erfüllung der gesetzlichen Aufgaben der Verfassungsschutzbehörden des Bundes und der Länder, des Bundesnachrichtendienstes, des Militärischen Abschirmdienstes und des Zollkriminalamtes. Die im Regierungsentwurf des TDDSG noch vorgesehene Vorschrift ist jedoch im parlamentarischen Gesetzgebungsverfahren gestrichen worden.

12. Fällt Telearbeit in den Anwendungsbereich des TDDSG?

Ja. Auch bei Telearbeit sind grundsätzlich die Bestimmungen des TDDSG, aber auch die Bestimmungen des BDSG zu beachten.

Entsprechend der tatsächlichen Gestaltung des Telearbeitsplatzes ist dabei zwischen Teledienstverhältnis und Arbeitsverhältnis zu trennen. Das Teledienstverhältnis beschränkt sich auf die Vermittlung der Dienstleistung Telearbeit, also z. B. auf die Vermittlung bestimmter Programme oder Netzdienstleistungen. Das Teledienstverhältnis umfaßt aber nicht die Erbringung einer bestimmten geschuldeten Arbeitsleistung, z. B. einer Übersetzung.

Der auf den ersten Blick einheitliche Vorgang „Telearbeit“ zerfällt also in zwei Vorgänge, die rechtlich unterschiedlich zu behandeln sind: Das TDDSG erfaßt die Online-Vermittlung von Telearbeit als technische Dienstleistung; das BDSG erfaßt die Erbringung der Leistung.

13. Welche Grundsätze muß ein Diensteanbieter bei der Erhebung und Verarbeitung von personenbezogenen Daten beachten?

Neu eingeführt im TDDSG und im MDStV sind die Grundsätze des Systemdatenschutzes und der Datenvermeidung. Bereits durch die Gestaltung der Systemstrukturen, in denen personenbezogene Daten erhoben und verarbeitet werden können, soll die Erhebung und Verwendung personenbezogener Daten vermieden und die Selbstbestimmung der Nutzer sichergestellt werden. Dies kann durch dateneinsparende Organisation der Übermittlung, der Abrechnung und Bezahlung sowie der Abschottung von Verarbeitungsbereichen unterstützt werden.

Normadressat ist der einzelne Diensteanbieter. Er soll das Angebot seiner Teledienste an dem Ziel ausrichten, keine oder jedenfalls so wenige personenbezogene Daten wie möglich zu erheben und zu verarbeiten. Dieser Grundsatz des Systemdatenschutzes findet seine Ausprägung mit der Ermöglichung der Inanspruchnahme von Telediensten in anonymer oder pseudonymer Form.

Diensteanbieter haben im Rahmen der technischen Möglichkeiten den Nutzern anonymes oder pseudonymes Handeln zu ermöglichen. Das Gebot der Datenvermeidung gilt für den gesamten Nutzungsvorgang. Welche technischen Möglichkeiten dabei in Betracht kommen, ist von einer generellen, objektiven Sichtweise abhängig. Der Diensteanbieter soll aber nicht zu jedem möglichen technischen Angebot verpflichtet sein. Die Zumutbarkeit des Angebots setzt deshalb eine Grenze, bei der z. B. Größe und Leistungsfähigkeit des Diensteanbieters berücksichtigt werden können. Bestimmte technische Verfahren werden im Hinblick auf die weitere technische Entwicklung nicht vorgeschrieben. Denkbar ist z. B. das Angebot an den Nutzer, Teledienste mit vorbezahlten Wertkarten oder Chipkarten in Anspruch nehmen zu können. In jedem Fall ist der Nutzer entsprechend zu unterrichten. Pseudonymes Handeln ermöglicht nicht anonymes, sondern quasi-anonymes Handeln. Ein Pseudonym kann ein Name oder eine Kurzbezeichnung sein, die aus sich heraus die Identität des Nutzers nicht preisgeben, aber über eine Referenzliste beim Diensteanbieter mit der Identität des Nutzers zusammengeführt werden können.

TDDSG und MDStV konkretisieren die Grundsätze des Systemdatenschutzes und der Datenvermeidung mit einer Liste von technischen und organisatorischen Maßnahmen, um zur praktischen Umsetzung der Grundsätze beizutragen. Hierzu gehören:

(1) Jederzeitige Abbruchmöglichkeit

Durch diese Anforderung wird der Diensteanbieter verpflichtet, die technischen und organisatorischen Maßnahmen zu treffen, damit der Nutzer jederzeit seine Kommunikationsbeziehung abbrechen kann.

(2) Sicherstellung der Löschung personenbezogener Daten

Der Diensteanbieter ist verpflichtet, die technischen und organisatorischen Vorkehrungen zu treffen, damit die personenbezogenen Daten über die Inanspruchnahme von Telediensten unmittelbar gelöscht werden. Die Anforderung flankiert das Löschungsgebot hinsichtlich der Nutzungs- und Abrechnungsdaten.

(3) Sicherung gegenüber der Kenntnisnahme durch Dritte

Der Diensteanbieter hat durch technische und organisatorische Maßnahmen sicherzustellen, daß der Nutzer Teledienste in Anspruch nehmen kann, ohne daß Dritte davon Kenntnis nehmen können. Auf diese Weise wird das Fernmeldegeheimnis im Bereich der Teledienste zusätzlich abgesichert.

(4) Trennungsgebot

Mit dieser Regelung soll verhindert werden, daß der Diensteanbieter personenbezogene Daten über die Inanspruchnahme von verschiedenen Tele- oder Mediendiensten zusammenführt und auf diese Weise personenbezogene Nutzerprofile entstehen. Dem Interesse der Diensteanbieter an einer Zusammenführung der Daten für Abrechnungszwecke wird Rechnung getragen.

(5) Anzeige der Weiterschaltung

Dem Nutzer soll Transparenz über die Weiterschaltung zu einem weiteren Diensteanbieter ermöglicht werden. Ohne einc derartige Vorschrift können weder das Auskunftsrecht des Nutzers noch eine datenschutzrechtliche Kontrolle wirksam wahrgenommen werden.

14. Welche Voraussetzungen müssen für eine Erhebung personenbezogener Daten nach dem TDDSG und dem MDStV erfüllt sein?

Die Zulässigkeit für Bestands-, Nutzungs- und Abrechnungsdaten ergibt sich zunächst aus dem TDDSG, insbesondere aus den §§ 5 und 6 TDDSG, bzw. dem MDStV, insbesondere den §§ 14 und 15 MDStV. Eine darüber hinausgehende Erfassung von Daten ist nur zulässig, wenn der Betroffene eingewilligt hat oder eine andere Rechtsvorschrift dies erlaubt. Das BDSG kommt dabei als andere Rechtsvorschrift grundsätzlich in Betracht. TDDSG und MDStV schaffen jedoch spezialgesetzliche Zulässigkeitsgrundlagen für die Verarbeitung personenbezogener Daten bei neuen Diensten für Bestandsdaten, Nutzungsdaten und Abrechnungsdaten. Nach Sinn und Zweck der Regelungen ist diese Aufzählung abschließend. Die Zulässigkeitsvoraussetzungen des BDSG finden darüber hinaus keine Anwendung, es sei denn, es handelt sich um andere Datenarten.

Konkret heißt dies:

Soweit der Betroffene/Nutzer im Einzelfall seine Einwilligung in eine bestimmte Art oder zu einem bestimmten Umfang der Datenverarbeitung oder -nutzung gegeben hat, folgt die Zulässigkeit der Verarbeitung oder Nutzung alleine der Einwilligung. Diese Einwilligung kann im Rahmen eines Vertrages, aber auch unabhängig davon, gegeben worden sein. Sie kann auch Gegenstand einer Betriebsvereinbarung, z. B. im Rahmen von Telearbeit, sein; Inhalt und Form können in der Vereinbarung vorgegeben sein, die Einwilligung selbst wäre im Einzelfall abzugeben.

Soweit eine Einwilligung nicht vorliegt, ist zu differenzieren:

Grundlage für die Verarbeitung personenbezogener Daten ist in der Regel ein Vertrag (vgl. § 28 Abs. 1 Nr. 1 BDSG); dies gilt im Bereich der Teledienste insbesondere für die sog. Bestandsdaten i. S. v. § 5 TDDSG bzw. § 14 MDStV. Verarbeitung und Nutzung von Bestandsdaten ist **zulässig, soweit** sie für die Begründung, inhaltliche Ausgestaltung oder Änderung eines Vertragsverhältnisses zwischen Nutzer und Diensteanbieter erforderlich sind. Die Zulässigkeit der Verarbeitung von Bestandsdaten setzt ein bestehendes Vertragsverhältnis voraus.

Demgegenüber gehen TDDSG und MDStV hinsichtlich der weiteren Datenarten – Nutzungsdaten und Abrechnungsdaten – davon aus, daß es auf das Bestehen eines Vertrages nicht ankommt und die Zulässigkeit der Verarbeitung und Nutzung dieser Daten nach den gesetzlichen Voraussetzungen richtet (Grundsatz der Datenminimierung). Dies gilt z. B. beim Anklicken einer Seite im Internet, ohne daß damit ein Vertragsschluß verbunden ist.

15. Wie sieht die „elektronische Einwilligung" aus?

Eine Verarbeitung personenbezogener Daten ist auch mit Einwilligung des Nutzers zulässig. Dies gilt als Grundsatz für alle Phasen der Datenverarbeitung und für alle Datenarten. Der Einwilligung des Betroffenen kommt deshalb im Rahmen der alltäglichen Nutzung von Telediensten eine erhebliche praktische Bedeutung zu.

Für eine wirksame Einwilligung ist nach dem Bundesdatenschutzgesetz allerdings prinzipiell Schriftform erforderlich, d. h. eine papiergebundene Urkunde mit einer eigenhändigen Namensunterschrift. Dieses Schutzerfordernis soll für den Bereich der Teledienste grundsätzlich beibehalten werden; schriftlich erklärte Einwilligungen sollen weiterhin möglich sein. Daneben soll aber auch die elektronische Einwilligung ermöglicht werden.

Wegen der besonderen Risiken, denen elektronische Erklärungen mangels Verkörperung (keine Schriftform) und mangels biometrischer Kennzeichen (keine eigenhändige Unterschrift) ausgesetzt sind, bedürfen sie besonderer Verfahren, die ihre Wirksamkeit sicherstellen. Hierzu zählen TDDSG und MDStV fünf Voraussetzungen auf:

(1) Eindeutige und bewußte Handlung des Nutzers

Diese Voraussetzung soll den Schutz der Nutzer vor einer übereilten Einwilligung sicherstellen. Dieser Schutz ist in Anbetracht der besonderen technikspezifischen Gefahren, nämlich der Anwendung eines flüchtigen Mediums (Bildschirm) und des Handelns durch einfachen Knopfdruck oder Mausklick, das nicht zwischen wichtigen und unwichtigen Handlungen unterscheidet, von Bedeutung. In diesem Sinne autorisiert ist eine Einwilligung zum Beispiel durch eine bestätigende Wiederholung des Übermittlungsbefehls, während gleichzeitig die Einwilligungserklärung mindestens auszugsweise auf dem Bildschirm dargestellt wird. Sie verpflichtet den Diensteanbieter zu entsprechenden Maßnahmen nur, soweit seine Einflußnahmemöglichkeit reicht. Für die vom Nutzer eingesetzte Technik ist er nicht verantwortlich.

(2) Keine unerkennbare Veränderung und

(3) Erkennbarkeit des Urhebers

Zum Nachweis von Integrität und Urheberschaft der Einwilligung ist als geeignetes technisches Verfahren die Verwendung von digitalen Signaturen denkbar, die die Voraussetzung von Artikel 3 des Informations- und Kommunikationsdienste-Gesetzes erfüllt. Die Vorschrift ist aber bewußt auch für die Anwendung anderer geeigneter technischer Verfahren offen, soweit die Integrität und Urheberschaft entsprechend sichergestellt sind.

(4) Protokollierung der Einwilligung und

(5) Jederzeitige Abrufbarkeit der Einwilligung durch den Nutzer

Diese beiden Anforderungen dienen der Transparenz der vom Nutzer erlaubten Datenverarbeitung seiner personenbezogenen Daten. Sie schafft Akzeptanz für die Anwendung elektronischer Einwilligungen und sichert zugleich das informationelle Selbstbestimmungsrecht des Nutzers, der nachprüfen kann, wann, wem und in welchem Umfang er eine Einwilligung in die Verarbeitung seiner personenbezogenen Daten erteilt hat.

16. Kann der Nutzer seine Einwilligung widerrufen?

Das Recht auf jederzeitigen Widerruf der Einwilligung besteht grundsätzlich. Der Diensteanbieter ist verpflichtet, den Nutzer auf dieses Recht hinzuweisen.

17. Ist eine Vereinbarung über den Verzicht auf das Widerrufsrecht zulässig?

Ein Verzicht auf das Widerrufsrecht ist nicht möglich. Ein genereller Verzicht auf das Widerrufsrecht würde die Bedeutung der Einwilligung - informationelle Selbstbestimmung - erheblich einschränken. Denkbar ist allenfalls, die Ausübung des Widerrufsrechts vertraglich zu gestalten, z. B. ab wann ein solcher Widerruf wirksam wird oder wie die Abwicklung zu gestalten ist etc.

18. Welche Voraussetzungen hat der Diensteanbieter zu beachten, wenn eine Einwilligung des Nutzers nicht vorliegt?

Der Diensteanbieter darf aufgrund der gesetzlichen Zulässigkeitstatbestände Bestandsdaten, Nutzungsdaten und Abrechnungsdaten erheben, verarbeiten und übermitteln. Der Umfang der Erhebung, Verarbeitung und Nutzung dieser Daten ist vom jeweiligen Vertragszweck eingeschränkt und muß daher im Einzelfall bestimmt werden (welche Dienstleistungen nimmt der Nutzer in Anspruch etc.).

Die gesetzlichen Tatbestände haben abschließenden Charakter. Eine darüber hinausgehende Zulässigkeit für die Verarbeitung von Bestandsdaten kann sich aufgrund des spezialgesetzlichen Charakters von TDDSG und MDStV gegenüber dem BDSG aus den in §§ 28, 29 BDSG genannten Zulässigkeitsvarianten nicht ergeben. Für eine andere Art der Erhebung, Verarbeitung und Nutzung der Bestandsdaten hilft insoweit nur die Einwilligung weiter.

19. Was sind „Bestandsdaten"?

Bestandsdaten sind die Vertragsgrunddaten, die erforderlich sind, um den Vertrag abzuschließen und ihn abzuwickeln, also: Name, Pseudonyme, Adresse, IP-Nummer, Konto-Nummer und ähnliche Angaben. Bestandsdaten dürfen - soweit keine abweichende Einwilligung des Nutzers vorliegt - nur für die gesetzlich vorgesehenen Zwecke verwendet werden.

20. Was sind „Nutzungsdaten"?

Nutzungsdaten sind personenbezogene Daten, die dem Nutzer die Nachfrage nach Telediensten ermöglichen; es handelt sich dabei um Daten, die während der Nutzung eines Teledienstes, z. B. Interaktionen des Nutzers mit dem Diensteanbieter, entstehen.

Vom TDDSG und vom MDStV nicht erfaßt werden Verbindungsdaten im Sinne von § 5 Abs. 1 der Verordnung über den Datenschutz für Unternehmen, die Telekommunikationsleistungen erbringen (Telekommunikationsdienstunternehmen-Datenschutzverordnung - TDSV, vgl.

Nr. 17), d.h. Daten, die zur Bereitstellung von Telekommunikationsdienstleistungen dienen. Nur bestimmte Verbindungsdaten dürfen nach diesen telekommunikationsrechtlichen Vorschriften erhoben und verarbeitet werden. Soweit bei der Inanspruchnahme von Telediensten Verbindungsdaten im Sinne der TDSV anfallen, findet diese Anwendung.

Nutzungsdaten sind nach Ende der jeweiligen Nutzung des Teledienstes zu löschen, soweit sie nicht zu Abrechnungszwecken erforderlich sind. Personenbezogene Daten über Suchschritte, die im Hinblick auf das Nutzerverhalten und Konsumentenwünsche von Bedeutung sind, sind nach Beendigung der Nutzung des Teledienstes unmittelbar zu löschen.

21. Was sind „Abrechnungsdaten"?

Abrechnungsdaten sind Daten, die für die Abrechnung der Inanspruchnahme von Telediensten erforderlich sind.

Abrechnungsdaten, die für die Erstellung von Einzelnachweisen erforderlich sind, müssen spätestens nach 80 Tagen nach Versendung der Einzelabrechnung gelöscht werden; Ausnahmen von dieser Löschungsfrist bestehen nur, wenn der Nutzer die Entgeltforderung innerhalb dieser Frist bestritten hat oder wenn der Nutzer seine Abrechnung nicht beglichen hat. Die vorgesehenen Speicherfristen sind abschließend im TDDSG geregelt.

Hat der Diensteanbieter mit einem Dritten einen Vertrag über die Abrechnung geschlossen, so darf er diesem Dritten Abrechnungsdaten zum Zwecke der Abrechnung übermitteln. Eine Übermittlung zu einer anderen Zweckbestimmung oder eine weitergehende Nutzung durch den Dritten sind unzulässig. Der Diensteanbieter hat den Dritten auf die Einhaltung des Fernmeldegeheimnisses (§ 85 TKG) zu verpflichten.

22. Können Nutzungs- oder Abrechnungsdaten für Zwecke der Marktforschung verwendet werden?

Das TDDSG und der MDStV gehen davon aus, daß Nutzungs- und Abrechnungsdaten aufgrund ihrer hohen Sensitivität beim jeweiligen Diensteanbieter verbleiben. Eine Übermittlung von personenbezogenen Nutzungs- oder Abrechnungsdaten an andere Diensteanbieter oder Dritte ist daher grundsätzlich ausgeschlossen. Ausnahmen gelten nur für den Diensteanbieter, der den Zugang zur Nutzung von Telediensten vermittelt, dieser darf anderen Diensteanbietern oder Dritten Nutzungsdaten zu Zwecken der Marktforschung dieser Diensteanbieter in anonymisierter Form übermitteln, und er darf Abrechnungsdaten, soweit diese für die Einziehung einer Forderung dieses Diensteanbieters erforderlich sind, übermitteln.

23. Welche Anforderungen sind an die „Unterrichtung" des Nutzers zu stellen?

Der Nutzer ist nach TDDSG und MDStV vor der Erhebung über Art, Umfang, Ort und Zweck im Rahmen einer vorgezogenen und erweiterten Benachrichtigungspflicht zu unterrichten. Die Unterrichtung ist zu protokollieren und so abzulegen, das Sie vom Nutzer jederzeit abgerufen werden kann.

24. Unterscheidet sich die Unterrichtung von der „Benachrichtigung" in § 33 BDSG?

Die Unterrichtungspflicht ist – ebenso wie in § 33 BDSG – wesentliche Voraussetzung für die Transparenz der Datenverarbeitung. Sie unterscheidet sich jedoch von der Benachrichtigung des BDSG in mehrfacher Hinsicht: Sie ist wesentliche Grundlage für eine wirksame Einwilligung; die Unterrichtung legt – anders als die Benachrichtigung in § 33 BDSG – den Zeitpunkt eindeutig fest („vor der Erhebung"); die Unterrichtung hat darüber hinaus angesichts der technischen Möglichkeiten der Erhebung, Verarbeitung und Nutzung der Daten im Netz eine besondere Bedeutung für den Nutzer.

25. Wer kontrolliert die Rechtmäßigkeit der Datenverarbeitung?

Es bleibt bei den vorhandenen Aufsichtsstrukturen. Das heißt: Im öffentlichen Bereich des Bundes und der Länder sind dies der Bundesbeauftragte für den Datenschutz und die entsprechenden Länderbeauftragten; im nicht-öffentlichen Bereich sind die Aufsichtsbehörden der Länder für die Kontrolle der Einhaltung datenschutzrechtlicher Vorschriften zuständig; insoweit hat das TDDSG nur eine Änderung eingeführt: Die Aufsicht der Aufsichtsbehörden kann auch ohne einen besonderen Anlaß durchgeführt werden. Damit wird eine von der EG-Datenschutzrichtlinie vorgegebene Umsetzung in nationales Recht für den Bereich der Teledienste vorgenommen; Art. 28 der Richtlinie sieht eine Einschränkung der Kontrolle durch die Aufsichtsbehörden auf anlaßbezogene Kontrollen nicht vor.

Im Unterschied zum TDDSG hat der MDStV den Gedanken eines Datenschutz-Audits aufgenommen (vgl. § 17 MDStV). Damit soll die freiwillige Selbstkontrolle der Diensteanbieter angeregt werden.

26. Wie kann der nationale Datenschutz im Bereich der Teledienste international durchgesetzt werden?

Zwei Wege können beschritten werden:

1.) International gibt es bereits eine Reihe von Abkommen und Empfehlungen zum Schutz personenbezogener Daten (vgl. Nr. 18 bis

Nr. 21). Diese sind auf ihre Anwendbarkeit zu prüfen und erforderlichenfalls zu ergänzen. Dabei geht die EG-Datenschutzrichtlinie in ihrer rechtlichen Verbindlichkeit am weitesten: Sie fordert die EU-Mitgliedstaaten zur Einhaltung der Bestimmungen der Richtlinie auf und trifft darüber hinaus auch Bestimmungen für den Export personenbezogener Daten in Nicht-EU-Staaten, sog. Drittstaaten. Eine Übermittlung personenbezogener Daten ist danach nur zulässig, wenn ein angemessenes Schutzniveau im jeweiligen Drittstaat vorliegt; liegt kein angemessenes Schutzniveau vor, ist die Übermittlung von Daten – von bestimmten Ausnahmetatbeständen abgesehen – unzulässig.

2.) Die Gewährleistung eines hohen Datenschutzniveaus beim Angebot von neuen Informations- und Kommunikationsdiensten ist ein Qualitätsmerkmal, das Unternehmen in diesem Bereich ernst nehmen. Mit der Erfüllung hoher datenschutzrechtlicher Standards können Kunden und Nutzer geworben, Wettbewerbsvorteile gesichert und ausgebaut werden. Kurzum: Datenschutz wird vom lästigen Annex zu einem wichtigen Verkaufsargument. Ein freiwilliges Prüfverfahren oder ein Datenschutz-Audit durch eine unabhängige Prüfung könnte diese Argumentation unterstützten.

G. Fragen und Antworten zu digitalen Signaturen

1. Was ist eine digitale Signatur?

Eine digitale Signatur ist eine mit einem geheimen Schlüssel zu einem bestimmten elektronischen Dokument erzeugte kryptographische Prüfsumme, die mit dem öffentlichen Schlüssel des Urhebers des Dokuments überprüft werden kann. Digitale Signaturen sind damit die Basistechnologie des elektronischen Geschäfts- und Rechtsverkehrs.

Die Entwicklung der Informations- und Kommunikationstechnik eröffnet neue Möglichkeiten des Informationsaustausches und der wirtschaftlichen Betätigung. Warenbestellungen, Zahlungsanweisungen an Banken, Anträge oder Einsprüche bei Behörden, die Übermittlung sensitiver Daten im medizinischen Bereich und viele andere rechtlich relevante Vorgänge, die in der Vergangenheit über Papier abgewickelt wurden, erfolgen bereits heute zu einem großen Teil auf elektronischem Wege. Dies gilt auch für die grenzüberschreitende Übermittlung von Daten, z.B. im Bereich des internationalen Waren- und Dienstleistungsverkehrs.

Elektronisch übertragene oder gespeicherte Daten können jedoch verändert werden, ohne daß dies vom Absender und/oder Empfänger der Daten bemerkt werden kann und ohne daß diese Veränderung Spuren hinterläßt oder nachgewiesen werden kann. Digitale Signaturen helfen hier weiter: Mit ihnen kann erkannt werden, ob elektronisch übermittelte Daten/Dokumente unversehrt sind (Integrität) und von wem sie stammen (Identität). Digitale Signaturen können so die Sicherheit der elektronischen Kommunikation mit einem technischen Verfahren gewährleisten. Darüber hinaus können digitale Signaturen auch weitere für den Geschäfts- und Rechtsverkehr wichtige Informationen sicher bestätigen – etwa die Vertretungsmacht, eine bestimmte Berechtigung zur Nutzung eines urheberrechtlich geschützten Werkes, eine ärztliche oder sonstige berufsrechtliche Zulassung.

Digitale Signaturverfahren werden bereits in großer Zahl und mit unterschiedlicher Sicherheit angeboten. In geschlossenen Nutzerkreisen wie z. B. in der internen Unternehmenskommunikation oder in der internen Verwaltungskommunikation werden sie bereits erfolgreich eingesetzt. Entsprechend den jeweils erforderlichen Bedingungen und Funktionen kann so ein optimaler Einsatz verschiedener digitaler Signaturverfahren erreicht werden. Entsprechend vielfältig gestaltet sich daher auch das Angebot digitaler Signaturverfahren.

2. Sind digitale Signaturen mit der Unterschrift vergleichbar?

Nein.

Digitale Signaturen müssen von der Unterschrift deutlich unterschieden werden. Dies gilt sowohl hinsichtlich ihrer Funktionalität als auch hinsichtlich ihrer rechtlichen Bedeutung.

Digitale Signaturen sind in ihrer Funktion am ehesten mit einem Siegel zu vergleichen: Ein Siegel ermöglicht die Prüfung, von wem das Siegel stammt und ob das Siegel erbrochen wurde; die Prüfung des Siegels gewährleistet eine Aussage darüber, ob das Siegel unversehrt oder versehrt ist; ist das Siegel unversehrt, kann daraus geschlossen werden, daß der Inhalt des gesiegelten Dokuments nicht verändert wurde; ist das Siegel versehrt, kann auf eine mögliche inhaltliche Veränderung geschlossen werden. Die praktische Bedeutung digitaler Signaturen liegt also in der Möglichkeit, Versehrtheit bzw. Veränderung des Inhalts eines digitalen Dokuments zu überprüfen. Die rechtliche Bedeutung gewährleistet also keine Aussage darüber, was bei einer festgestellten Veränderung des Dokuments verändert ist. Das Ergebnis der Überprüfung lautet insoweit schlicht: Veränderung ja/nein.

Die rechtliche Bedeutung der digitalen Signatur ist davon abhängig, ob und wenn ja, welche rechtlichen Folgerungen der Gesetzgeber an digitale Signaturen knüpft. Dies ist nur in eingeschränkter Weise erfolgt, nämlich im Gesetz zur digitalen Signatur, das als Art. 3 des IuKDG am 1. August 1997 in Kraft getreten ist. Sie beschränkt sich auf eine Privilegierung bestimmter sicherer digitaler Signaturen, d. h. bei Vorliegen der gesetzlichen Voraussetzungen des Signaturgesetzes gelten die nach diesen Bestimmungen erzeugten digitalen Signaturen als sicher, vgl. § 1 Abs. 1 SigG (Nr. 22).

3. Was unterscheidet eine gesetzliche digitale Signatur von der Namensunterschrift?

Die Namensunterschrift soll die Person des Ausstellers erkennbar machen. Sie ist wesentlicher Bestandteil der gesetzlichen schriftlichen Form: Eine Urkunde muß danach von dem Aussteller eigenhändig durch Namensunterschrift oder mittels beglaubigten Handzeichens unterzeichnet sein. Diese schriftliche Form spielt dann eine Rolle, wenn von einem Gesetz diese Form zur Wirksamkeit des Rechtsgeschäfts oder zur Wirksamkeit einer bestimmten Erklärung vorgeschrieben ist. Nur ein geringer Bruchteil der heutigen Rechtsgeschäfte bedürfen der Schriftform; in der Regel ist sie nur dann gefordert, wenn besondere Risiken für den Aussteller mit dem Rechtsgeschäft verbunden sind. Der weit überwiegende Teil der Rechtsgeschäfte kommt formfrei zustande. Im Unterschied zur digitalen Signatur ist die gesetzliche Schriftform papiergebunden.

Der relativ hohe Sicherheitswert der eigenhändigen Unterschrift in der Vergangenheit ist infolge der technischen Entwicklung nur noch bedingt gegeben. Unterschriften und handgeschriebene Texte können, ebenso wie gedruckte Texte oder Bilder, über Scanner erfaßt und elektronisch gespeichert werden.

Der enge sachliche Zusammenhang digitaler Signaturen mit den Fragen nach der elektronischen Form und der Anerkennung elektronischer Dokumente als Urkunden im Zivilprozeß läßt erwarten, daß diese Fragen in weiteren gesetzgeberischen Schritten gewürdigt werden. Mit dem SigG ist deshalb auch der erste Schritt zu einer rechtsverbindlichen digitalen Kommunikation unternommen. Soweit durch Rechtsvorschrift die Schriftform vorgegeben ist, wird geprüft werden, ob und in welchen Fällen es zweckmäßig erscheint, neben der Schriftform auch die „digitale Form“ mit digitaler Signatur zuzulassen.

4. Ersetzen digitale Signaturen die Unterschrift in der Online-Welt?

Nein.

Die Frage der rechtlichen Einordnung digitaler Signaturen war zu Beginn der gesetzgeberischen Diskussion wesentlich. So war das Junctim zwischen digitaler Signatur und zivilrechtlicher Anerkennung als Erfüllung der Schriftform im Sinne von § 126 BGB zentrales Anliegen in verschiedenen Entwürfen. Die angestrebte Verknüpfung zivilrechtlicher und technisch-organisatorischer Fragen erwies sich jedoch als nicht erreichbar: Erforderlich waren nicht materiellrechtliche Aussagen über die rechtliche Wirkung einer mit einer digitalen Signatur versehenen Erklärung, sondern es wurden klare Aussagen zu technisch-organisatorischen Rahmenbedingungen für sichere digitale Signaturen erwartet. In erster Linie waren dies Aussagen zu der erforderlichen Infrastruktur und zu deren Organisation sowie zu den technischen Anforderungen an sichere digitale Signaturen. Erst in zweiter Linie war über die materiellrechtlichen Auswirkungen dieser neuen technischen Verfahren nachzudenken.

5. Wie sind digitale Signaturen nach dem Signaturgesetz beweisrechtlich einzuordnen?

Die Nutzer der gesetzlichen digitalen Signaturen können aufgrund der gesetzlich erforderlichen hohen technischen Sicherheit der Verfahren ein großes Maß an Beweissicherheit erwarten. Das SigG honoriert diese hohe technische Sicherheit gesetzlicher digitaler Signaturen nicht mit einer Anerkennung digital signierter Dokumente im Prozeß, sondern durch eine Vermutung für die Sicherheit der digitalen Signaturen. Die Beweisfunktion digitaler Signaturen wird so nicht über eine zusätzliche Beweisregel erreicht, sondern über die faktische Sicherheit der gesetzlichen digitalen Signatur.

Angesichts der rasanten technischen Entwicklung in diesem Bereich wäre eine entsprechende materiellrechtliche Beweisregel nur von geringem Nutzen gewesen. Was heute sicher ist, kann in naher Zukunft schon technisch unsicher sein. Das SigG hat deshalb auf eine allgemeine Beweisregel verzichtet. Im Rahmen der freien Beweiswürdigung des Richters, bei der dieser an wissenschaftliche Erkenntnisse gebunden ist, können digital signierte Dokumente als Beweismittel z. B. im Wege des Augenscheins oder des Sachverständigenbeweises gewürdigt werden. Soweit es sich um digitale Signaturen nach dem SigG handelt, wird sich die Privilegierung des § 1 Abs. 1 SigG im Rahmen der Beweiswürdigung niederschlagen.

6. Welchen Sinn hat eine gesetzliche Regelung für digitale Signaturen?

Das Gesetz zur digitalen Signatur umschreibt die Rahmenbedingungen für einen sicheren Einsatz digitaler Signaturen im offenen Rechts- und Geschäftsverkehr. Es beschreibt insbesondere die Aufgaben der Zertifizierungsstellen, die Voraussetzungen für die Aufnahme der Tätigkeit als Zertifizierungsstelle und die wesentlichen Pflichten im Verhältnis zum Kunden; schließlich trifft das Gesetz grundlegende Aussagen zu den erforderlichen Sicherheitsanforderungen für sichere digitale Signaturen i. S. d. Gesetzes.

Die gesetzliche Regelung soll eine hohe Gesamtsicherheit, von der Erzeugung der Signaturschlüssel, über deren Zuordnung durch zuverlässige Zertifizierungsstellen bis zur Darstellung der zu signierenden Daten gewährleisten. Damit schafft das Gesetz weltweit einmalig einen rechtlichen Rahmen für die Entwicklung einer Multimedia-Dienstleistung, ohne eine bestimmte Technik vorzugeben. Für Unternehmen im Bereich des „electronic commerce“ bietet sich damit eine gesetzliche

Grundlage für den sicheren Online-Datenaustausch im offenen Geschäftsverkehr.

7. Wie läuft das Zertifizierungsverfahren nach dem Signaturgesetz ab?

Die Regulierungsbehörde ist oberste nationale Zertifizierungsstelle („Wurzelinstanz"), die die Signaturschlüssel-Zertifikate für Zertifizierungsstellen ausstellt. Das Zertifikat für ihren eigenen Schlüssel stellt sie selbst aus. Die Telekommunikationsanschlüsse, über die von ihr ausgestellte Zertifikate abgefragt werden können, werden im Bundesanzeiger bekannt gegeben. Die zuständige Behörde hat für ihre Zertifizierung die gleiche Sicherheit zu gewährleisten, wie sie für die Zertifizierungsstellen vorgeschrieben ist. Die von der Regulierungsbehörde zertifizierten Signaturschlüssel sind ausschließlich zum Signieren von Zertifikaten und Zeitstempeln der Zertifizierungsstellen bestimmt. Die Zertifizierungsstellen können ihre Signaturschlüssel selbst erzeugen.

Diese sog. flache Zertifizierungshierarchie, die nur aus der Wurzelinstanz und den Zertifizierungsstellen besteht, schafft Transparenz. Sie genügt praktischen Erfordernissen, da eine beliebige Anzahl von Zertifizierungsstellen mit staatlicher Genehmigung errichtet werden kann und eine beliebige Anzahl von Kundenbetreuungsstellen möglich ist („Z-Punkte"), bei denen die Anträge auf Zertifikate entgegengenommen, die Antragsteller identifiziert und unterrichtet sowie die Zertifikate auch ausgehändigt werden können.

8. Wer prüft die Voraussetzungen für eine Genehmigung?

Zuständige Behörde ist gem. § 3 SigG die Regulierungsbehörde nach § 66 TKG (vgl. Nr. 4). Dort sind die vorbereitenden Maßnahmen eingeleitet, um zeitnah zur Verabschiedung des Gesetzes und der Signaturverordnung Zulassungen von Zertifizierungsstellen vornehmen zu können. Anfragen zum Verfahren und zu den erforderlichen Unterlagen können dort angefordert werden.

Die Adresse lautet (noch): Bundesamt für Post und Telekommunikation (BAPT), Canissiusstraße 21, 55122 Mainz; http://www.regtp.de

9. Welche Voraussetzungen müssen für die Genehmigung einer Tätigkeit als Zertifizierungsstelle erfüllt sein?

Das SigG beschränkt sich auf die Formulierung eines gewerberechtsähnlichen Zulassungs- und Überwachungsverfahrens für die bei Einsatz und Nutzung digitaler Signaturen erforderliche Infrastruktur und die Beschreibung der Anforderungen an die erforderlichen technischen Komponenten. Bestimmte technische Verfahren werden nicht vorgeschrieben; digitale Signaturverfahren außerhalb des Gesetzes sind erlaubt.

Das Gesetz gibt damit einen administrativen Rahmen vor, bei dessen Einhaltung digitale Signaturen möglichst eindeutig einer bestimmten Person zuzuordnen sind und die Signaturen als sicher vor Fälschung sowie signierte Daten als sicher vor Verfälschung gelten können. Er umfaßt eine bundesweite Infrastruktur für die Zuordnung der Signaturschlüssel zu natürlichen Personen, den Einsatz geeigneter technischer Komponenten und die Unterrichtung der Signaturschlüssel-Inhaber über die von ihnen in ihrem eigenen Interesse zu treffenden Maßnahmen. Der Aufbau und Betrieb der Infrastruktur soll privatwirtschaftlich im freien Wettbewerb, jedoch unter behördlicher Kontrolle erfolgen. Das SigG eröffnet damit einen neuen Dienstleistungsbereich im Rahmen der Informations- und Kommunikationstechnologien. Neben Unternehmen der Telekommunikation kann diese Dienstleistung z. B. auch von Verbänden als neuer Service angeboten werden.

Die Einzelheiten für die Zulassung von Zertifizierungsstellen durch die zuständige Behörde sind in der Signaturverordnung (SigV) nach § 16 SigG enthalten, die zum 1. November 1997 in Kraft getreten ist (vgl. Nr. 23).

10. Welche Aufgaben hat eine Zertifizierungsstelle?

Zertifizierungsstellen haben eine zentrale Bedeutung bei der Erzeugung aller digitaler Signaturen: Sie ordnen ein Signaturschlüsselpaar einer bestimmten Person zu, sie sorgen für die jederzeitige Abrufbarkeit der öffentlichen Schlüssel, sie gewährleisten eine bestimmte Sicherheit der algorithmischen Verfahren und sie sorgen schließlich für eine Betreuung während der Nutzung der digitalen Signaturen. Zertifizierungstätigkeiten fallen in der Regel im Rahmen der Aufgaben eines Trust-Centers an, das eine Reihe verschiedener Dienstleitungen erbringt – z. B. Rechendienstleistung oder sichere Telekommunikationsdienstleistungen.

11. Welche Aufgaben hat eine Zertifizierungsstelle, die eine nach dem Signaturgesetz genehmigte Zertifizierungstätigkeit ausübt?

Die Aufgaben der nach dem SigG genehmigten Zertifizierungsstellen unterscheiden sich vom generellen Aufgabenkatalog einer Zertifizierungsstelle nicht. Genehmigte Zertifizierungsstellen haben jedoch beim Angebot ihrer Dienstleistung spezifische Sicherheitsanforderungen hinsichtlich ihrer Tätigkeit und hinsichtlich der von ihnen verwendeten technischen Komponenten zu erfüllen. Diese ergeben sich im einzelnen aus der SigV (vgl. Nr. 23). Eine wichtige Aufgabe der Zertifizierungsstellen ist dabei die Unterrichtung der Signaturschlüssel-Inhaber gemäß § 6 SigG über die von ihnen in ihrem eigenen Interesse zu veranlassenden Maßnahmen sowie über geeignete technische Komponenten. Die einzelnen Anforderungen an die Unterrichtung sind in § 4 SigV aufgenommen.

12. Welche Besonderheiten hat der Inhaber von Signaturschlüsseln nach dem Signaturgesetz zu beachten?

Der Signaturschlüssel-Inhaber spielt – neben Regulierungsbehörde und Zertifizierungsstelle – eine wichtige Rolle beim Zustandekommen des Vertrauens, das digital signierten Daten vom Signaturgesetz entgegengebracht wird. Um diese Besonderheiten zu erkennen, ist er von der Zertifizierungsstelle zu unterrichten. Durch die Unterrichtung soll der Signaturschlüssel-Inhaber in die Lage versetzt werden, die seinerseits erforderlichen Maßnahmen zu treffen, um sichere digitale Signaturen zu erzeugen, digitale Signaturen zuverlässig zu prüfen und einen Mißbrauch seines Signaturschlüssels durch Unbefugte sowie ein Signieren falscher Daten zu verhindern.

Die Befolgung dieser Obliegenheiten, die keine Anspruch eines Dritten auf Einhaltung oder bei Verletzung auf Schadensersatz auslösen, liegt im Interesse des Signaturschlüssel-Inhabers. Es liegt alleine in seiner Verantwortung, die notwendigen Maßnahmen, über die er unterrichtet wurde, zu treffen. Soweit er notwendige Maßnahmen (z. B. Verwendung geeigneter technischer Komponenten) unterläßt, ändert dies nichts an der Gültigkeit der mit seinem privaten Signaturschlüssel erzeugten digitalen Signaturen.

Die Obliegenheiten des Signaturschlüssel-Inhabers umfassen:

1. Der Datenträger mit dem privaten Signaturschlüssel, in der Regel eine Chipkarte, ist in persönlichem Gewahrsam zu halten.
2. Persönliche Identifikationsnummern oder andere Daten zur Identifikation gegenüber dem Datenträger mit dem privaten Signaturschlüssel sind geheim zu halten.
3. Für die Erzeugung und Prüfung digitaler Signaturen sowie die Darstellung von zu signierenden oder zu prüfenden signierten Daten sind technische Komponenten einzusetzen, die den Anforderungen des Signaturgesetzes und dieser Verordnung entsprechen und deren Sicherheit nach dem Signaturgesetz und dieser Verordnung bestätigt wurde. Sie sind vor unbefugtem Zugriff zu schützen.
4. Soweit ein Zertifikat Beschränkungen oder Angaben zur Vertretungsmacht oder einer berufsrechtlichen Zulassung enthält und dies für die Aussage von signierten Daten von Bedeutung ist, ist das Zertifikat den Daten beizufügen und in die digitale Signatur einzuschließen.
5. Soweit für die Verwendung signierter Daten ein Zeitpunkt von erheblicher Bedeutung sein kann, ist ein Zeitstempel anzubringen.
6. Werden Daten über längere Zeit in signierter Form benötigt, ist erneut eine digitale Signatur anzubringen.
7. Bei der Prüfung digitaler Signaturen ist u. a. festzustellen, ob das Signaturschlüssel-Zertifikat und Attribut-Zertifikate zum Zeitpunkt der Signaturerzeugung gültig waren.

13. Welche Voraussetzungen hat eine Zertifizierungsstelle zu erfüllen, um eine Zulassung nach dem Signaturgesetz zu erhalten?

Anspruchsgrundlage für die Erteilung einer Genehmigung ist § 4 SigG. Diese kann nur versagt werden, wenn Tatsachen die Annahme rechtfertigen, daß der Antragsteller nicht die für den Betrieb der Zertifizierungsstelle erforderliche Zuverlässigkeit besitzt, wenn der Antragsteller nicht nachweist, daß die für den Betrieb einer Zertifizierungsstelle erforderliche Fachkunde vorliegt, oder wenn zu erwarten ist, daß andere für den Betrieb erforderliche Voraussetzungen nach dem SigG nicht erfüllt werden.

Der geforderten Zuverlässigkeit der Zertifizierungsstellen kommt bei der Erzeugung sicherer digitaler Signaturen eine hohe Bedeutung zu, um z. B. eine Ausstellung gefälschter Zertifikate auszuschließen. Die geforderte Fachkunde erstreckt sich auf den juristischen sowie den technisch-administrativen Bereich und soll eine vollständige und wirksame Umsetzung der gesetzlichen Vorgaben gewährleisten.

Das Vorliegen der übrigen Voraussetzungen soll durch ein Sicherheitskonzept sowie eine Prüfung durch eine unabhängige Prüfstelle nachgewiesen werden. Die Anerkennung von Prüfstellen setzt den Nachweis der erforderlichen Fachkunde und Erfahrungen voraus und kann mit Auflagen für die Durchführung der Prüfungen verbunden werden. Bei der Anerkennung der Prüfstellen kann die Regulierungsbehörde auf den Sachverstand und die praktischen Erfahrungen des Bundesamtes für Sicherheit in der Informationstechnik (BSI, vgl. Nr. 25) zurückgreifen, das bereits im Rahmen seiner gesetzlichen Aufgaben andere verschiedene Prüfstellen akkreditiert hat.

14. Wie gestaltet sich die Haftung einer Zertifizierungsstelle?

Die Frage der Haftung wurde im Gesetzgebungsverfahren intensiv diskutiert. Sie spielt auch aus internationalem Blickwinkel eine wichtige Rolle, da die Haftungsregeln zur genauen Einschätzung des Risikos einer Zertifizierungsstelle beitragen.

Entsprechend der Systematik des deutschen Haftungsrechts ergibt sich die jeweilige Haftungsregelung im Einzelfall aus den allgemeinen zivil- und öffentlichrechtlichen Haftungsbestimmungen. Einer besonderen Regelung bedurfte es nach Auffassung des Gesetzgebers angesichts der bereits vorhandenen Haftungsgesetzgebung und -rechtsprechung nicht. Er geht davon aus, daß – auch angesichts der zu erwartenden neuen Fallgestaltungen beim Einsatz digitaler Signaturen – situationsangepaßte, differenzierte Lösungen möglich sind. Eine besondere Haftungsregelung hätte schließlich digitale Signaturen als besonders gefährdende Technik eingestuft und so die erstrebte Akzeptanz bei Anwendern und Nutzern erheblich eingeschränkt.

Hinsichtlich einer Haftungsregelung ergibt sich allenfalls in der Beziehung zwischen Zertifizierungsstelle und Drittem ein Diskussionsbedarf, und zwar dann, wenn aus der Zertifizierungsstelle zurechenbaren Fehlern dem Dritten ein Schaden entstanden ist. Da der Dritte in der Regel keine eigene vertragliche Rechtsbeziehung zur Zertifizierungsstelle hat, kann nach geltendem Haftungsrecht ein Schaden gem. § 823 Abs. 2 BGB i.V.m. § 263 StGB, ggfls. nach § 831 BGB ersetzt werden. Eine Lücke kann sich daher nur bei Vermögensschäden des Dritten ergeben, die durch ein fahrlässiges Fehlverhalten der Mitarbeiter der Zertifizierungsstelle verursacht wurden.

Letztendlich hängt die weitere Diskussion der Haftungsfragen von der praktischen Akzeptanz und der rechtlichen Anerkennung digitaler Signaturen ab. Im Rahmen der vom Deutschen Bundestag beschlossenen Evaluierung des IuKDG wird diesen Fragen besondere Beachtung geschenkt werden.

15. Werden digitale Signaturen aus dem Ausland anerkannt?

Mit dem SigG hat die Bundesrepublik Deutschland weltweit einen einmaligen gesetzlichen Rahmen für digitale Signaturen geschaffen. Im Zuge der globalen Kommunikation ist dieser gesetzliche Rahmen international wettbewerbsfähig, da er technikoffen konzipiert ist. In § 15 SigG sind die erforderlichen rechtlichen Schnittstellen zur Anerkennung der Sicherheit europäischer und nicht-europäischer digitaler Signaturen festgelegt worden. Inhaltlich maßgeblich ist in beiden Fällen die „gleichwertige Sicherheit“ digitaler Signaturen. Die Beurteilung der „gleichwertigen Sicherheit“ ergibt sich dabei aus der Prüfung der technischen Komponenten und daraus, daß bei der Vergabe von Signaturen die Identität der Inhaber und die Geheimhaltung der Schlüssel auf geeignete Weise sichergestellt ist, also aus dem Vergleich der Kernelemente des jeweiligen Sicherheitskonzeptes.

Soweit diese Gleichwertigkeit vorliegt, sind ausländische digitale Signaturen kraft Gesetzes gleichgestellt, das heißt, daß ihre rechtliche Bedeutung der beweisrechtlichen Privilegierung in § 1 Abs. 1 SigG entspricht. Das Gesetz erfordert kein besonderes Verfahren zur Anerkennung, etwa durch die Regulierungsbehörde. Praktisch wird jedoch die Regulierungsbehörde aufgrund ihrer Zulassungserfahrung entsprechende Hinweise zur Gleichwertigkeit geben können.

16. Sind Verfahren für digitale Signaturen frei zugänglich?

Ja.

Sie können wie andere Dienstleistungen oder wie Software- oder Hardware-Produkte angeboten werden. Hinsichtlich der Signaturverfahren, die die Anforderungen des SigG erfüllen, gilt dies ebenfalls.

17. Welche technischen Komponenten können bei der Erzeugung und Prüfung digitaler Signaturen eingesetzt werden?

Das SigG enthält allgemeine technische Anforderungen an die Erzeugung und Prüfung digitaler Signaturen und an die für die Darstellung und Anwendung erforderlichen technischen Komponenten. Das Gesetz beschränkt sich dabei auf eine allgemeine Beschreibung der jeweils erforderlichen Sicherheitsfunktionen; bestimmte technische Verfahren werden jedoch nicht beschrieben oder gefordert. Das SigG läßt so Raum für unterschiedliche, innovative technische Lösungen, soweit sie das vorgegebene Sicherheitsniveau erfüllen. Es bleibt dem Markt überlassen, welche technischen Lösungen sich durchsetzen. Die technischen Anforderungen sind in der Signaturverordnung nach § 16 SigG spezifiziert (vgl. Nr. 23).

18. Sind digitale Signaturen, die nicht die Voraussetzungen des Signaturgesetzes erfüllen, unzulässig?

Nein.

Das SigG will die Vielfalt des Einsatzes und des Angebots digitaler Signaturverfahren nicht einschränken. Das Gesetz statuiert deshalb als Kernaussage die Freiheit der Signaturverfahren. Diese besteht unter zwei Gesichtspunkten: Erstens ist die Entscheidung für ein bestimmtes digitales Signaturverfahren frei; dies bedeutet, daß bereits erprobte Signaturverfahren nicht ersetzt werden müssen und daß die Entwicklung neuer Signaturverfahren sich nicht zwingend an den gesetzlichen Sicherheitsanforderungen ausrichten muß. Zweitens: Auch die Entscheidung für den Verwendungszweck der digitalen Signatur ist frei; dies bedeutet, daß – soweit nicht durch Rechtsvorschrift die Verwendung der gesetzlichen digitalen Signatur vorgeschrieben ist – jedes digitale Signaturverfahren ohne Einschränkung verwendet werden darf. Soweit nicht bestimmte Formerfordernisse vorgeschrieben sind, ermöglicht diese Freiheit einen flexiblen und zweckentsprechenden Einsatz der gesetzlichen digitalen Signatur.

19. Gibt es bereits Vorschriften, die eine Verwendung der gesetzlichen digitalen Signatur vorschreiben?

Nein.

Eine Rechtsvorschrift, die die Verwendung einer digitalen Signatur nach dem SigG vorschreibt, gibt es noch nicht. Vor allem im öffentlich-rechtlichen Bereich ist im Zuge der Sicherung verwaltungsvereinfachender Verfahren im Rahmen offener Netzkommunikation an solche Vorschriften zu denken; vielfältige Einsatzformen sind denkbar: z. B. kann die gesetzliche digitale Signatur zur Absicherung der Online-Einkommensteuererklärung genutzt werden ebenso wie zur Absicherung der Online-Beantragung von Fördermitteln durch Unternehmen. Im privatrechtlichen Bereich kann die gesetzliche digitale Signatur als privatrechtliche Form vereinbart werden; dies bietet sich z.B. in der Online-Kommunikation zwischen Unternehmen wie Banken oder Versicherungen an.

20. Welche Informationen beinhaltet ein Zertifikat?

Die für ein Signaturschlüssel-Zertifikat geforderten Mindestangaben ergeben sich aus § 7 Abs. 1 SigG (Nr. 22):

1. den Namen des Signaturschlüssel-Inhabers, der im Falle einer Verwechslungsmöglichkeit mit einem Zusatz zu versehen ist, oder ein dem Signaturschlüssel-Inhaber zugeordnetes unverwechselbares Pseudonym, das als solches kenntlich sein muß,
2. den zugeordneten öffentlichen Signaturschlüssel,
3. die Bezeichnung der Algorithmen, mit denen der öffentliche Schlüssel des Signaturschlüssel-Inhabers sowie der öffentliche Schlüssel der Zertifizierungsstelle benutzt werden kann,
4. die laufende Nummer des Zertifikates,
5. Beginn und Ende der Gültigkeit des Zertifikates,
6. den Namen der Zertifizierungsstelle und
7. Angaben, ob die Nutzung des Signaturschlüssels auf bestimmte Anwendungen nach Art und Umfang beschränkt ist.

Die Angaben nach den Nummern 1 bis 6 werden benötigt, um den Urheber einer digitalen Signatur feststellen und die digitale Signatur prüfen zu können. Sie entsprechen internationalen Normen. Durch die Regelung in Nummer 7 soll erreicht werden, daß im Interesse des Signaturschlüssel-Inhabers im Signaturschlüssel-Zertifikat eine Aussage darüber erfolgt, ob die mit seinem Signaturschlüssel erzeugten digitalen Signaturen unbeschränkt oder z. B. nur für bestimmte Rechtsgeschäfte oder nur bis zu einem bestimmten Wert gelten. Besteht keine Beschränkung, so muß dies ausdrücklich im Zertifikat ausgesagt sein.

Das Zertifikat kann aber auch weitere Informationen enthalten, wie sich aus § 7 Abs. 2 SigG ergibt. Diese können entweder im Signaturschlüssel-Zertifikat oder in einem Attribut-Zertifikat aufgenommen sein. Die Regelung trägt der Bedeutung, die der Darstellung der Vertretungsmacht für juristische Personen sowie von Zulassungen von Behörden oder Standesorganisationen bei Anwendung digitaler Signaturen zukommt, Rechnung. In Attribut-Zertifikaten kann grundsätzlich jede Vertretungsmacht und Zulassung in digitaler Form wiedergegeben werden, so daß die betreffende Person sich über die Kommunikationsnetze weltweit entsprechend ausweisen kann. Attribut-Zertifikate gehören zum Signaturschlüssel-Zertifikat und sind wie dieses zu behandeln. An Stelle eines Attributzertifikates kann auch ein eigenständiges Zertifikat mit entsprechenden Angaben einer dritten Person erteilt werden.

Der Aufnahme weitergehender Angaben in ein Zertifikat (z. B. bei Minderjährigen das Geburtsdatum oder eine bestimmte Berechtigung zur Nutzung eines urheberrechtlich geschützten Werkes) im Rahmen vertraglicher Vereinbarungen steht nichts entgegen. Hier bietet sich eine Schnittstelle für die Aufnahme einer Vielzahl von Informationen, die digitale Signaturen zu multifunktionellen Verfahren in der Online-Welt machen.

A. Recht der Informations- und Kommunikationsdienste

1. Gesetz zur Regelung der Rahmenbedingungen für Informations- und Kommunikationsdienste (Informations- und Kommunikationsdienste-Gesetz – IuKDG)[1]

Vom 22. Juli 1997 (BGBl. I S. 1870)

(Überblick)

Der Bundestag hat das folgende Gesetz beschlossen:

Inhaltsübersicht

(vom weiteren Abdruck wurde abgesehen)[2]

---

[1] **Amtl. Anm.:** Artikel 7 dieses Gesetzes dient der Umsetzung der Richtlinie 96/9/EG des Europäischen Parlaments und des Rates vom 11. März 1996 über den rechtlichen Schutz von Datenbanken (ABl. EG Nr. L 77 S. 20).

[2] Das Informations- und Kommunikationsdienste-Gesetz (IuKDG) ist ein sog. Artikelgesetz. Dessen einzelne Gesetze wurden innerhalb dieser Textausgabe jeweils im Zusammenhang mit dem systematisch relevanten Rechtsbereich abgedruckt. Auf den Abdruck des IuKDG als solches wurde aus diesem Grunde verzichtet.

2. Gesetz über die Nutzung von Telediensten (Teledienstegesetz – TDG)[1]

Vom 22. Juli 1997 (BGBl. I S. 1870)

§ 1 Zweck des Gesetzes. Zweck des Gesetzes ist es, einheitliche wirtschaftliche Rahmenbedingungen für die verschiedenen Nutzungsmöglichkeiten der elektronischen Informations- und Kommunikationsdienste zu schaffen.

§ 2 Geltungsbereich. (1) Die nachfolgenden Vorschriften gelten für alle elektronischen Informations- und Kommunikationsdienste die für eine individuelle Nutzung von kombinierbaren Daten wie Zeichen, Bilder oder Töne bestimmt sind und denen eine Übermittlung mittels Telekommunikation zugrunde liegt (Teledienste).

(2) Teledienste im Sinne des Absatzes 1 sind insbesondere

1. Angebote im Bereich der Individualkommunikation (zum Beispiel Telebanking, Datenaustausch),
2. Angebote zur Information oder Kommunikation, soweit nicht die redaktionelle Gestaltung zur Meinungsbildung für die Allgemeinheit im Vordergrund steht (Datendienste, zum Beispiel Verkehrs-, Wetter-, Umwelt- und Börsendaten, Verbreitung von Informationen über Waren und Dienstleistungsangebote),
3. Angebote zur Nutzung des Internets oder weiterer Netze,
4. Angebote zur Nutzung von Telespielen,
5. Angebote von Waren und Dienstleistungen in elektronisch abrufbaren Datenbanken mit interaktivem Zugriff und unmittelbarer Bestellmöglichkeit.

(3) Absatz 1 gilt unabhängig davon, ob die Nutzung der Teledienste ganz oder teilweise unentgeltlich oder gegen Entgelt möglich ist.

(4) Dieses Gesetz gilt nicht für

1. Telekommunikationsdienstleistungen und das geschäftsmäßige Erbringen von Telekommunikationsdiensten nach § 3 des Telekommunikationsgesetzes vom 25. Juli 1996 (BGBl. I S. 1120),
2. Rundfunk im Sinne des § 2 des Rundfunkstaatsvertrages[2],
3. inhaltliche Angebote bei Verteildiensten und Abrufdiensten, soweit die redaktionelle Gestaltung zur Meinungsbildung für die Allgemein-

---

[1] Artikel 1 des Gesetzes zur Regelung der Rahmenbedingungen für Informations- und Kommunikationsdienste (Informations- und Kommunikationsdienste-Gesetz – IuKDG) v. 22. 7. 1997 (BGBl. I S. 1870).

[2] Nr. **5**. Siehe auch § 20 RStV.

heit im Vordergrund steht, nach § 2 des Mediendienste-Staatsvertrages in der Fassung vom 20. Januar bis 7. Februar 1997.

(5) Presserechtliche Vorschriften bleiben unberührt.

§ 3 Begriffsbestimmungen. Im Sinne dieses Gesetzes sind

1. „Diensteanbieter" natürliche oder juristische Personen oder Personenvereinigungen, die eigene oder fremde Teledienste zur Nutzung bereithalten oder den Zugang zur Nutzung vermitteln,
2. „Nutzer" natürliche oder juristische Personen oder Personenvereinigungen, die Teledienste nachfragen.

§ 4 Zugangsfreiheit. Teledienste sind im Rahmen der Gesetze zulassungs- und anmeldefrei.

§ 5 Verantwortlichkeit. (1) Diensteanbieter sind für eigene Inhalte, die sie zur Nutzung bereithalten, nach den allgemeinen Gesetzen verantwortlich.

(2) Diensteanbieter sind für fremde Inhalte, die sie zur Nutzung bereithalten, nur dann verantwortlich, wenn sie von diesen Inhalten Kenntnis haben und es ihnen technisch möglich und zumutbar ist, deren Nutzung zu verhindern.

(3) Diensteanbieter sind für fremde Inhalte, zu denen sie lediglich den Zugang zur Nutzung vermitteln, nicht verantwortlich. Eine automatische und kurzzeitige Vorhaltung fremder Inhalte auf Grund Nutzerabfrage gilt als Zugangsvermittlung.

(4) Verpflichtungen zur Sperrung der Nutzung rechtswidriger Inhalte nach den allgemeinen Gesetzen bleiben unberührt, wenn der Diensteanbieter unter Wahrung des Fernmeldegeheimnisses gemäß § 85 des Telekommunikationsgesetzes von diesen Inhalten Kenntnis erlangt und eine Sperrung technisch möglich und zumutbar ist.

§ 6 Anbieterkennzeichnung. Diensteanbieter haben für ihre geschäftsmäßigen Angebote anzugeben

1. Namen und Anschrift sowie
2. bei Personenvereinigungen und -gruppen auch Namen und Anschrift des Vertretungsberechtigten.

3. Staatsvertrag über Mediendienste (Mediendienste-Staatsvertrag)

Vom 20. Januar/12. Februar 1997 (Baden-WürttGBl 1997, 181 = BayGVBl., 226 = BerlGVBl 1997, 360 = BbgGVBl 1997, 75 = BremGBl 1997, 205 = HbgGVBl 1997, 253 = HessGVBl 1997, 134 = MVGVBl 1997, 242 = NdsGVBl 1997, 280 = NWGVBl 1997, 158 = RhPfGVBl 1997, 235 = SaarlABl 1997, 641 = SachsGVBl 1997, 500 = Sachs-AnhGVBl 1997, 572 = SchlHGVBl 1997, 318 = ThürGVBl 1997, 258)

Das Land Baden-Württemberg,
der Freistaat Bayern,
das Land Berlin,
das Land Brandenburg,
die Freie Hansestadt Bremen,
die Freie und Hansestadt Hamburg,
das Land Hessen,
das Land Mecklenburg-Vorpommern,
das Land Niedersachsen,
das Land Nordrhein-Westfalen,
das Land Rheinland-Pfalz,
das Saarland,
der Freistaat Sachsen,
das Land Sachsen-Anhalt,
das Land Schleswig-Holstein und
der Freistaat Thüringen
schließen nachstehenden Staatsvertrag:

Inhaltsverzeichnis

III. Abschnitt. Datenschutz §§

IV. Abschnitt. Aufsicht

V. Abschnitt. Schlußbestimmungen

I. Abschnitt. Allgemeines

§ 1 Zweck des Staatsvertrages. Zweck des Staatsvertrages ist, in allen Ländern einheitliche Rahmenbedingungen für die verschiedenen Nutzungsmöglichkeiten der im folgenden geregelten elektronischen Informations- und Kommunikationsdienste zu schaffen.

§ 2 Geltungsbereich. (1) Dieser Staatsvertrag gilt für das Angebot und die Nutzung von an die Allgemeinheit gerichteten Informations- und Kommunikationsdiensten (Mediendienste) in Text, Ton oder Bild, die unter Benutzung elektromagnetischer Schwingungen ohne Verbindungsleitung oder längs oder mittels eines Leiters verbreitet werden. Die Bestimmungen des Rundfunkstaatsvertrages bleiben unberührt. Ferner bleiben die Bestimmungen des Teledienstegesetzes[1] in der in einem Bundesgesetz erstmalig beschlossenen Fassung sowie des Telekommunikationsgesetzes[2] unberührt.

(2) Mediendienste im Sinne von Absatz 1 sind insbesondere

1. Verteildienste in Form von direkten Angeboten an die Öffentlichkeit für den Verkauf, den Kauf oder die Miete oder Pacht von Erzeugnissen oder die Erbringung von Dienstleistungen (Fernseheinkauf),
2. Verteildienste, in denen Meßergebnisse und Datenermittlungen in Text oder Bild mit oder ohne Begleitton verbreitet werden,
3. Verteildienste in Form von Fernsehtext, Radiotext und vergleichbaren Textdiensten,
4. Abrufdienste, bei denen Text-, Ton- oder Bilddarbietungen auf Anforderung aus elektronischen Speichern zur Nutzung übermittelt

[1] Nr. 2.
[2] Nr. 4.

werden, mit Ausnahme von solchen Diensten, bei denen der individuelle Leistungsaustausch oder die reine Übermittlung von Daten im Vordergrund steht, ferner von Telespielen.

§ 3 Begriffsbestimmungen. Im Sinne dieses Staatsvertrages sind

1. „Anbieter" natürliche oder juristische Personen oder Personenvereinigungen, die eigene oder fremde Mediendienste zur Nutzung bereithalten, oder den Zugang zur Nutzung vermitteln,
2. „Nutzer" natürliche oder juristische Personen oder Personenvereinigungen, die Mediendienste nachfragen.

§ 4 Zugangsfreiheit. Mediendienste sind im Rahmen der Gesetze zulassungs- und anmeldefrei.

II. Abschnitt. Besondere Pflichten und Rechte der Anbieter

§ 5 Verantwortlichkeit. (1) Anbieter sind für eigene Inhalte, die sie zur Nutzung bereithalten, nach den allgemeinen Gesetzen verantwortlich.

(2) Anbieter sind für fremde Inhalte, die sie zur Nutzung bereithalten, nur dann verantwortlich, wenn sie von diesen Inhalten Kenntnis haben und es ihnen technisch möglich und zumutbar ist, deren Nutzung zu verhindern.

(3) Anbieter sind für fremde Inhalte, zu denen sie lediglich den Zugang zur Nutzung vermitteln, nicht verantwortlich. Eine automatische und kurzzeitige Vorhaltung fremder Inhalte aufgrund Nutzerabfrage gilt als Zugangsvermittlung. § 18 Abs. 3 bleibt unberührt.

§ 6 Anbieterkennzeichnung. (1) Anbieter haben für ihre Angebote anzugeben

1. Namen und Anschrift sowie
2. bei Personenvereinigungen und -gruppen auch Namen und Anschrift des Vertretungsberechtigten.

(2) Anbieter von journalistisch-redaktionell gestalteten Angeboten, in denen vollständig oder teilweise Inhalte periodischer Druckerzeugnisse in Text oder Bild wiedergegeben oder in periodischer Folge Texte verbreitet werden, müssen zusätzlich einen Verantwortlichen mit Angabe des Namens und der Anschrift benennen. Werden mehrere Verantwortliche benannt, so ist kenntlich zu machen, für welchen Teil des Mediendienstes der jeweils Benannte verantwortlich ist. Als Verantwortlicher kann nur benannt werden, wer

1. seinen ständigen Aufenthalt im Inland hat,
2. nicht infolge Richterspruchs die Fähigkeit zur Bekleidung öffentlicher Ämter verloren hat,
3. voll geschäftsfähig ist und
4. unbeschränkt strafrechtlich verfolgt werden kann.

§ 7 Inhalte, Sorgfaltspflicht, Meinungsumfragen. (1) Für die Angebote gilt die verfassungsmäßige Ordnung. Die Vorschriften der allgemeinen Gesetze und die gesetzlichen Bestimmungen zum Schutz der persönlichen Ehre sind einzuhalten.

(2) Verteildienste nach § 2 Abs. 2 Nrn. 1 bis 3 und Angebote nach § 6 Abs. 2 haben, soweit sie der Berichterstattung dienen und Informationsangebote enthalten, den anerkannten journalistischen Grundsätzen zu entsprechen. Nachrichten über das aktuelle Tagesgeschehen sind vom Anbieter vor ihrer Verbreitung mit der nach den Umständen gebotenen Sorgfalt auf Inhalt, Herkunft und Wahrheit zu prüfen. Kommentare sind von der Berichterstattung deutlich zu trennen und unter Nennung des Verfassers als solche zu kennzeichnen.

(3) Bei der Wiedergabe von Meinungsumfragen in Angeboten, die vom Diensteanbieter durchgeführt werden, ist anzugeben, ob sie repräsentativ sind.

§ 8 Unzulässige Mediendienste, Jugendschutz. (1) Angebote sind unzulässig, wenn sie

1. zum Haß gegen Teile der Bevölkerung oder gegen eine nationale, rassische, religiöse oder durch ihr Volkstum bestimmte Gruppe aufstacheln, zu Gewalt- oder Willkürmaßnahmen gegen sie auffordern oder die Menschenwürde anderer dadurch angreifen, daß Teile der Bevölkerung oder eine vorbezeichnete Gruppe beschimpft, böswillig verächtlich gemacht oder verleumdet werden (§ 130 StGB),
2. grausame oder sonst unmenschliche Gewalttätigkeiten gegen Menschen in einer Art schildern, die eine Verherrlichung oder Verharmlosung solcher Gewalttätigkeiten ausdrückt oder die das Grausame oder Unmenschliche des Vorgangs in einer die Menschenwürde verletzenden Weise darstellt (§ 131 StGB),
3. den Krieg verherrlichen,
4. pornographisch sind (§ 184 StGB),
5. offensichtlich geeignet sind, Kinder oder Jugendliche sittlich schwer zu gefährden,
6. Menschen, die sterben oder schweren körperlichen oder seelischen Leiden ausgesetzt sind oder waren, in einer die Menschenwürde verletzenden Weise darstellen und ein tatsächliches Geschehen wiedergeben, ohne daß ein überwiegendes berechtigtes Interesse gerade an dieser Form der Berichterstattung vorliegt; eine Einwilligung ist unbeachtlich.

(2) Angebote für Verteildienste nach § 2 Abs. 2 Nrn. 1 bis 3, die geeignet sind, das körperliche, geistige oder seelische Wohl von Kindern oder Jugendlichen zu beeinträchtigen, dürfen nicht verbreitet werden, es sei denn, der Anbieter trifft aufgrund der Sendezeit oder auf andere Weise Vorsorge, daß Kinder oder Jugendliche die Sendungen üblicherweise nicht wahrnehmen.

(3) Angebote nach § 2 Abs. 2 Nr. 4, die geeignet sind, das körperliche, geistige oder seelische Wohl von Kindern oder Jugendlichen zu beeinträchtigen, sind nur zulässig, wenn Vorkehrungen durch den Anbieter oder andere Anbieter bestehen, die dem Nutzer die Sperrung dieser Angebote ermöglichen.

(4) Wer gewerbsmäßig Mediendienste zur Nutzung bereithält, hat einen Jugendschutzbeauftragten zu bestellen, wenn diese jugendgefährdende Inhalte enthalten können. Der Jugendschutzbeauftragte ist Ansprechpartner für Nutzer und berät den Anbieter in Fragen des Jugendschutzes. Er ist vom Anbieter bei der Angebotsplanung und der Gestaltung der Allgemeinen Nutzungsbedingungen zu beteiligen. Er kann gegenüber dem Anbieter eine Beschränkung von Angeboten vorschlagen. Die Verpflichtung des Anbieters nach Satz 1 kann auch dadurch erfüllt werden, daß er eine Organisation der freiwilligen Selbstkontrolle zur Wahrnehmung der Aufgaben nach den Sätzen 2 bis 4 verpflichtet.

§ 9 Werbung, Sponsoring. (1) Werbung, die sich auch an Kinder oder Jugendliche richtet oder bei der Kinder oder Jugendliche eingesetzt werden, darf nicht ihren Interessen schaden oder ihre Unerfahrenheit ausnutzen.

(2) Werbung muß als solche klar erkennbar und vom übrigen Inhalt der Angebote eindeutig getrennt sein. In der Werbung dürfen keine unterschwelligen Techniken eingesetzt werden.

(3) Für Sponsoring bei Fernsehtext gilt § 8 des Rundfunkstaatsvertrages entsprechend.

§ 10 Gegendarstellung. (1) Jeder Anbieter von Angeboten nach § 6 Abs. 2 ist verpflichtet, unverzüglich eine Gegendarstellung der Person oder Stelle, die durch eine in seinem Angebot aufgestellte Tatsachenbehauptung betroffen ist, ohne Kosten für den Betroffenen in sein Angebot ohne Abrufentgelt aufzunehmen. Die Gegendarstellung ist ohne Einschaltungen und Weglassungen in gleicher Aufmachung wie die Tatsachenbehauptung anzubieten. Die Gegendarstellung ist so lange wie die Tatsachenbehauptung in unmittelbarer Verknüpfung mit ihr anzubieten. Wird die Tatsachenbehauptung nicht mehr angeboten oder endet das Angebot vor Ablauf eines Monats nach Aufnahme der Gegendarstellung, so ist die Gegendarstellung an vergleichbarer Stelle so lange anzubieten, wie der Betroffene es verlangt, höchstens jedoch einen Monat. Eine Erwiderung auf die Gegendarstellung muß sich auf tatsächliche Angaben beschränken und darf nicht unmittelbar mit der Gegendarstellung verknüpft werden.

(2) Eine Verpflichtung zur Aufnahme der Gegendarstellung gemäß Absatz 1 besteht nicht, wenn

1. der Betroffene kein berechtigtes Interesse an der Gegendarstellung hat,

2. der Umfang der Gegendarstellung unangemessen über den der beanstandeten Tatsachenbehauptung hinausgeht,
3. die Gegendarstellung sich nicht auf tatsächliche Angaben beschränkt oder einen strafbaren Inhalt hat oder
4. die Gegendarstellung nicht unverzüglich, spätestens sechs Wochen nach dem letzten Tage des Angebots des beanstandeten Textes, jedenfalls jedoch drei Monate nach der erstmaligen Einstellung des Angebots, dem in Anspruch genommenen Anbieter schriftlich und von dem Betroffenen oder seinem gesetzlichen Vertreter unterzeichnet, zugeht.

(3) Für die Durchsetzung des vergeblich geltend gemachten Gegendarstellungsanspruchs ist der ordentliche Rechtsweg gegeben. Auf dieses Verfahren sind die Vorschriften der Zivilprozeßordnung über das Verfahren auf Erlaß einer einstweiligen Verfügung entsprechend anzuwenden. Eine Gefährdung des Anspruchs braucht nicht glaubhaft gemacht zu werden. Ein Verfahren zur Hauptsache findet nicht statt.

(4) Eine Verpflichtung zur Gegendarstellung besteht nicht für wahrheitsgetreue Berichte über öffentliche Sitzungen der übernationalen parlamentarischen Organe, der gesetzgebenden Organe des Bundes und der Länder sowie derjenigen Organe und Stellen, bei denen das jeweilige Landespressegesetz eine presserechtliche Gegendarstellung ausschließt.

§ 11 Auskunftsrecht. (1) Anbieter von Mediendiensten nach § 6 Abs. 2 haben gegenüber Behörden ein Recht auf Auskunft.

(2) Auskünfte können verweigert werden, soweit
1. hierdurch die sachgemäße Durchführung eines schwebenden Verfahrens vereitelt, erschwert, verzögert oder gefährdet werden könnte oder
2. Vorschriften über die Geheimhaltung entgegenstehen oder
3. ein überwiegendes öffentliches oder schutzwürdiges privates Interesse verletzt würde oder
4. ihr Umfang das zumutbare Maß überschreitet.

III. Abschnitt. Datenschutz

§ 12 Grundsätze für die Verarbeitung personenbezogener Daten. (1) Soweit in diesem Staatsvertrag nichts anderes bestimmt ist, sind die jeweils geltenden Vorschriften für den Schutz personenbezogener Daten anzuwenden, auch wenn die Daten nicht in Dateien verarbeitet oder genutzt werden.

(2) Personenbezogene Daten dürfen vom Anbieter zur Durchführung von Mediendiensten nur erhoben, verarbeitet und genutzt werden, so-

weit dieser Staatsvertrag oder eine andere Rechtsvorschrift es erlaubt oder soweit der Betroffene eingewilligt hat.

(3) Der Anbieter darf für die Durchführung von Mediendiensten erhobene Daten für andere Zwecke nur verwenden, soweit dieser Staatsvertrag oder eine andere Rechtsvorschrift es erlaubt oder der Betroffene eingewilligt hat.

(4) Der Anbieter darf die Erbringung von Mediendiensten nicht von einer Einwilligung des Nutzers in eine Verarbeitung oder Nutzung seiner Daten für andere Zwecke abhängig machen.

(5) Die Gestaltung und Auswahl technischer Einrichtungen für Mediendienste hat sich an dem Ziel auszurichten, keine oder so wenige personenbezogene Daten wie möglich zu erheben, zu verarbeiten und zu nutzen.

(6) Der Nutzer ist vor der Erhebung über Art, Umfang, Ort und Zwecke der Erhebung, Verarbeitung und Nutzung seiner personenbezogenen Daten zu unterrichten. Bei automatisierten Verfahren, die eine spätere Identifizierung des Nutzers ermöglichen und eine Erhebung, Verarbeitung oder Nutzung personenbezogener Daten vorbereiten, ist der Nutzer vor Beginn dieses Verfahrens zu unterrichten. Der Inhalt der Unterrichtung muß für den Nutzer jederzeit abrufbar sein. Der Nutzer kann auf die Unterrichtung verzichten. Die Unterrichtung und der Verzicht sind zu protokollieren. Der Verzicht gilt nicht als Einwilligung im Sinne von Absatz 3.

(7) Der Nutzer ist vor einer Einwilligung auf sein Recht auf jederzeitigen Widerruf mit Wirkung für die Zukunft hinzuweisen. Absatz 6 Satz 3 gilt entsprechend.

(8) Die Einwilligung kann auch elektronisch erklärt werden, wenn der Anbieter sicherstellt, daß

1. sie nur durch eine eindeutige und bewußte Handlung des Nutzers erfolgen kann,
2. sie nicht unerkennbar verändert werden kann,
3. ihr Urheber eindeutig erkannt werden kann,
4. die Einwilligung (Tag, Uhrzeit, Inhalt) protokolliert wird und
5. der Inhalt der Einwilligung jederzeit vom Nutzer abgerufen werden kann.

§ 13 Datenschutzrechtliche Pflichten des Anbieters. (1) Der Anbieter hat dem Nutzer die Inanspruchnahme von Mediendiensten und ihre Bezahlung anonym oder unter Pseudonym zu ermöglichen, soweit dies technisch möglich und zumutbar ist. Der Nutzer ist über diese Möglichkeit zu informieren.

(2) Der Anbieter von Mediendiensten hat durch technische und organisatorische Vorkehrungen sicherzustellen, daß

1. der Nutzer seine Verbindung mit dem Anbieter jederzeit abbrechen kann,

2. die anfallenden Daten über den Ablauf des Abrufs oder Zugriffs oder der sonstigen Nutzung unmittelbar nach deren Beendigung gelöscht werden, soweit nicht eine längere Speicherungsdauer für Abrechnungszwecke erforderlich ist,
3. der Nutzer Mediendienste gegen Kenntnisnahme Dritter geschützt in Anspruch nehmen kann,
4. die personenbezogenen Daten über die Inanspruchnahme verschiedener Mediendienste durch einen Nutzer getrennt verarbeitet werden; eine Zusammenführung dieser Daten ist unzulässig, soweit dies nicht für Abrechnungszwecke erforderlich ist.

(3) Die Weitervermittlung zu einem anderen Anbieter ist dem Nutzer anzuzeigen.

(4) Nutzungsprofile sind nur bei Verwendung von Pseudonymen zulässig. Unter einem Pseudonym erfaßte Nutzungsprofile dürfen nicht mit Daten über den Träger des Pseudonyms zusammengeführt werden.

§ 14 Bestandsdaten. (1) Der Anbieter von Mediendiensten darf personenbezogene Daten eines Nutzers erheben, verarbeiten und nutzen, soweit sie für die Begründung, inhaltliche Ausgestaltung oder Änderung eines Vertragsverhältnisses mit ihm über die Nutzung von Mediendiensten erforderlich sind (Bestandsdaten).

(2) Eine Verarbeitung und Nutzung der Bestandsdaten für Zwecke der Beratung, der Werbung, der Marktforschung oder zur bedarfsgerechten Gestaltung technischer Einrichtungen des Anbieters ist nur zulässig, soweit der Nutzer in diese ausdrücklich eingewilligt hat.

§ 15 Nutzungs- und Abrechnungsdaten. (1) Der Anbieter darf personenbezogene Daten über die Inanspruchnahme von Mediendiensten nur erheben, verarbeiten und nutzen, soweit dies erforderlich ist,
1. um dem Nutzer die Inanspruchnahme von Mediendiensten zu ermöglichen (Nutzungsdaten) oder
2. um die Nutzung von Mediendiensten abzurechnen (Abrechnungsdaten).

(2) Zu löschen hat der Anbieter
1. Nutzungsdaten frühestmöglich, spätestens unmittelbar nach Ende der jeweiligen Nutzung, soweit es sich nicht um Abrechnungsdaten handelt,
2. Abrechnungsdaten, sobald sie für Zwecke der Abrechnung nicht mehr erforderlich sind; nutzerbezogene Abrechnungsdaten, die für die Erstellung von Einzelnachweisen über die Inanspruchnahme bestimmter Angebote auf Verlangen des Nutzers gemäß Absatz 4 gespeichert werden, sind spätestens 80 Tage nach Versendung des Einzelnachweises zu löschen, es sei denn, die Entgeltforderung wird innerhalb dieser Frist bestritten oder trotz Zahlungsaufforderung nicht beglichen.

(3) Die Übermittlung von Nutzungs- oder Abrechnungsdaten an andere Anbieter oder Dritte ist unzulässig. Der Anbieter, der den Zugang zu Mediendiensten vermittelt, darf anderen Anbietern, deren Dienste der Nutzer in Anspruch genommen hat, lediglich übermitteln

1. anonymisierte Nutzungsdaten zu Zwecken deren Marktforschung,
2. Abrechnungsdaten, soweit diese zum Zwecke der Einziehung einer Forderung erforderlich sind.

(4) Hat der Anbieter mit einem Dritten einen Vertrag über die Abrechnung des Entgelts geschlossen, so darf er diesem Dritten Abrechnungsdaten übermitteln, soweit es für diesen Zweck erforderlich ist. Der Dritte ist zur Wahrung des Fernmeldegeheimnisses zu verpflichten.

(5) Die Abrechnung über die Inanspruchnahme von Mediendiensten darf Anbieter, Zeitpunkt, Dauer, Art, Inhalt und Häufigkeit bestimmter von einem Nutzer in Anspruch genommener Mediendienste nicht erkennen lassen, es sei denn, der Nutzer verlangt einen Einzelnachweis.

§ 16 Auskunftsrecht des Nutzers. (1) Der Nutzer ist berechtigt, jederzeit die zu seiner Person oder zu seinem Pseudonym gespeicherten Daten unentgeltlich beim Anbieter von Mediendiensten einzusehen. Die Auskunft ist auf Verlangen des Nutzers auch elektronisch zu erteilen. Das Auskunftsrecht ist im Falle einer kurzfristigen Speicherung im Sinne von § 33 Abs. 2 Nr. 5 des Bundesdatenschutzgesetzes nicht nach § 34 Abs. 4 des Bundesdatenschutzgesetzes ausgeschlossen.

(2) Führt die journalistisch-redaktionelle Verwendung personenbezogener Daten zur Verbreitung von Gegendarstellungen des Betroffenen oder zu Verpflichtungserklärungen, Verfügungen oder Urteilen über die Unterlassung der Verbreitung oder über den Widerruf des Inhalts der Daten, sind diese Gegendarstellungen, Unterlassungserklärungen oder Widerrufe zu den gespeicherten Daten zu nehmen und dort für dieselbe Zeitdauer aufzubewahren wie die Daten selbst sowie bei einer Übermittlung der Daten gemeinsam mit diesen zu übermitteln.

(3) Werden über Angebote personenbezogene Daten von einem Anbieter ausschließlich zu eigenen journalistisch-redaktionellen Zwecken verarbeitet und wird der Betroffene dadurch in seinen schutzwürdigen Interessen beeinträchtigt, kann er Auskunft über die zugrundeliegenden, zu seiner Person gespeicherten Daten verlangen. Die Auskunft kann nach Abwägung der schutzwürdigen Interessen der Beteiligten verweigert werden, soweit durch die Mitteilung die journalistische Aufgabe des Anbieters durch Ausforschung des Informationsbestandes beeinträchtigt würde oder aus den Daten

1. auf Personen, die bei der Vorbereitung, Herstellung oder Verbreitung mitgewirkt haben, oder
2. auf die Person des Einsenders oder des Gewährsträgers von Beiträgen, Unterlagen und Mitteilungen für den redaktionellen Teil

geschlossen werden kann. Der Betroffene kann die Berichtigung unrichtiger Daten oder die Hinzufügung einer eigenen Darstellung von angemessenem Umfang verlangen. Für die Aufbewahrung und Übermittlung gilt Absatz 2 entsprechend.

§ 17 Datenschutz – Audit. Zur Verbesserung von Datenschutz und Datensicherheit können Anbieter von Mediendiensten ihr Datenschutzkonzept sowie ihre technischen Einrichtungen durch unabhängige und zugelassene Gutachter prüfen und bewerten sowie das Ergebnis der Prüfung veröffentlichen lassen. Die näheren Anforderungen an die Prüfung und Bewertung, das Verfahren sowie die Auswahl und Zulassung der Gutachter werden durch besonderes Gesetz geregelt.

IV. Abschnitt. Aufsicht

§ 18 Aufsicht. (1) Die in den Ländern für den gesetzlichen Jugendschutz zuständige Behörde überwacht die Einhaltung der Bestimmungen nach § 8 und § 9 Abs. 1. Die nach den allgemeinen Datenschutzgesetzen des Bundes und der Länder zuständigen Kontrollbehörden überwachen für ihren Bereich die Einhaltung der Bestimmungen nach §§ 12 bis 16. Die Einhaltung der übrigen Bestimmungen dieses Staatsvertrages wird durch eine nach Landesrecht bestimmte Aufsichtsbehörde überwacht.

(2) Stellt die jeweils zuständige Aufsichtsbehörde nach Absatz 1 einen Verstoß gegen die Bestimmungen dieses Staatsvertrages mit Ausnahme der § 6 Abs. 2, § 7 Abs. 2 und 3, §§ 10, 12 bis 16 fest, trifft sie die zur Beseitigung des Verstoßes erforderlichen Maßnahmen gegenüber dem Anbieter. Sie kann insbesondere Angebote untersagen und deren Sperrung anordnen. Die Untersagung darf nicht erfolgen, wenn die Maßnahme außer Verhältnis zur Bedeutung des Angebots für den Anbieter und die Allgemeinheit steht. Eine Untersagung darf nur erfolgen, wenn ihr Zweck nicht in anderer Weise erreicht werden kann. Die Untersagung ist, soweit ihr Zweck dadurch erreicht werden kann, auf bestimmte Arten und Teile von Angeboten oder zeitlich zu beschränken.

(3) Erweisen sich Maßnahmen gegenüber dem Verantwortlichen nach § 5 Abs. 1 und 2 als nicht durchführbar oder nicht erfolgversprechend, können Maßnahmen zur Sperrung von Angeboten nach Absatz 2 auch gegen den Anbieter von fremden Inhalten nach § 5 Abs. 3 gerichtet werden, sofern der Anbieter unter Wahrung des Fernmeldegeheimnisses gemäß § 85 des Telekommunikationsgesetzes von den Inhalten Kenntnis erlangt und eine Sperrung technisch möglich und zumutbar ist.

(4) Wird durch ein Angebot in Rechte Dritter eingegriffen und ist für den Dritten hiergegen der Rechtsweg eröffnet, sollen Anordnungen der Aufsichtsbehörde im Sinne von Absatz 2 nur erfolgen, wenn dies aus Gründen des Gemeinwohls geboten ist.

(5) Für den Vollzug dieses Abschnitts ist die Aufsichtsbehörde des Landes zuständig, in dem der betroffene Anbieter seinen Sitz, Wohnsitz

oder in Ermangelung dessen seinen ständigen Aufenthalt hat. Ergibt sich danach keine Zuständigkeit, so ist diejenige Aufsichtsbehörde zuständig, in deren Bezirk der Anlaß für die Amtshandlung hervortritt.

(6) Der Abruf von Angeboten im Rahmen der Aufsicht ist unentgeltlich. Anbieter haben dies sicherzustellen. Der Anbieter darf seine Angebote nicht gegen den Abruf durch die zuständige Aufsichtsbehörde sperren.

§ 19 Revision zum Bundesverwaltungsgericht. In einem gerichtlichen Verfahren kann die Revision zum Bundesverwaltungsgericht auch darauf gestützt werden, daß das angefochtene Urteil auf der Verletzung der Bestimmungen dieses Staatsvertrages beruhe.

§ 20 Ordnungswidrigkeiten. (1) Ordnungswidrig handelt, wer vorsätzlich oder fahrlässig

1. Mediendienste ohne die nach § 6 Abs. 1 und 2 erforderliche Kennzeichnung anbietet,
2. Mediendienste entgegen § 8 Abs. 1 Nrn. 1, 2 oder 4 anbietet, die wegen Verstoßes gegen §§ 130, 131 oder 184 StGB unzulässig sind,
3. Mediendienste entgegen § 8 Abs. 1 Nrn. 3 oder 5 anbietet, die wegen Kriegsverherrlichung oder wegen ihrer offensichtlichen Eignung, Kinder oder Jugendliche sittlich schwer zu gefährden, unzulässig sind,
4. Mediendienste entgegen § 8 Abs. 1 Nr. 6 anbietet, die unzulässig sind, weil sie Menschen, die sterben oder schweren körperlichen oder seelischen Leiden ausgesetzt sind oder waren, in einer die Menschenwürde verletzenden Weise darstellen und ein tatsächliches Geschehen wiedergeben, ohne daß ein überwiegendes berechtigtes Interesse gerade an dieser Form der Berichterstattung vorliegt,
5. Mediendienste nach § 2 Abs. 2 Nrn. 1 bis 3, die geeignet sind, das körperliche, geistige oder seelische Wohl von Kindern oder Jugendlichen zu beeinträchtigen, entgegen § 8 Abs. 2 verbreitet, ohne aufgrund der Sendezeit oder auf andere Weise Vorsorge getroffen zu haben, daß Kinder oder Jugendliche die Sendungen üblicherweise nicht wahrnehmen,
6. Mediendienste nach § 2 Abs. 2 Nr. 4, die geeignet sind, das körperliche, geistige oder seelische Wohl von Kindern oder Jugendlichen zu beeinträchtigen, entgegen § 8 Abs. 3 verbreitet, ohne Vorkehrungen getroffen zu haben, die dem Nutzer die Sperrung dieser Angebote ermöglichen,
7. entgegen § 8 Abs. 4 einen Jugendschutzbeauftragten nicht bestellt oder eine Organisation der freiwilligen Selbstkontrolle zur Wahrnehmung dieser Aufgaben nicht verpflichtet,
8. entgegen § 12 Abs. 4 die Erbringung von Mediendiensten von einer Einwilligung des Nutzers in eine Verarbeitung oder Nutzung für andere Zwecke abhängig macht,

9. den Nutzer nicht nach Maßgabe des § 12 Abs. 6 Sätze 1 und 2 unterrichtet,
10. entgegen § 12 Abs. 8 die Voraussetzungen für die Möglichkeit einer elektronisch erklärten Einwilligung nicht beachtet,
11. entgegen § 13 Abs. 1 Satz 1 die Inanspruchnahme von Mediendiensten und ihre Bezahlung nicht anonym oder unter Pseudonym ermöglicht,
12. die in § 13 Abs. 2 Nrn. 1 bis 4 genannten technischen und organisatorischen Vorkehrungen nicht trifft,
13. entgegen § 13 Abs. 4 Satz 2 unter einem Pseudonym erfaßte Nutzungsprofile mit Daten über den Träger des Pseudonyms zusammenführt,
14. personenbezogene Daten entgegen § 14 und § 15 Abs. 1 bis 3 erhebt, verarbeitet, nutzt, nicht löscht oder übermittelt,
15. entgegen einer Anordnung durch die zuständige Aufsichtsbehörde nach § 18 Abs. 2 Satz 2 und Abs. 3 ein Angebot nicht sperrt,
16. entgegen § 18 Abs. 6 Satz 3 Angebote gegen den Abruf durch die zuständige Aufsichtsbehörde sperrt.

(2) Die Ordnungswidrigkeit kann mit einer Geldbuße bis zu fünfhunderttausend Deutsche Mark geahndet werden.

V. Abschnitt. Schlußbestimmungen

§ 21 Geltungsdauer, Kündigung. Dieser Staatsvertrag gilt für unbestimmte Zeit. Er kann von jedem der vertragsschließenden Länder zum Schluß des Kalenderjahres mit einer Frist von einem Jahr gekündigt werden. Die Kündigung kann erstmals zum 31. Dezember 2000 erfolgen. Wird der Staatsvertrag zu diesem Zeitpunkt nicht gekündigt, kann die Kündigung mit gleicher Frist jeweils zu einem zwei Jahre späteren Zeitpunkt erfolgen. Die Kündigung ist gegenüber dem Vorsitzenden der Ministerpräsidentenkonferenz schriftlich zu erklären. Die Kündigung eines Landes läßt das Vertragsverhältnis unter den übrigen Ländern unberührt, jedoch kann jedes der übrigen Länder das Vertragsverhältnis binnen einer Frist von drei Monaten nach Eingang der Kündigungserklärung zum gleichen Zeitpunkt kündigen.

§ 22 Änderung des Rundfunkstaatsvertrages. *(vom Abdruck wurde abgesehen)*

§ 23 Inkrafttreten, Außerkrafttreten. (1) Dieser Staatsvertrag tritt am 1. August 1997 in Kraft. Sind bis zum 31. Juli 1997 nicht alle Ratifikationsurkunden bei der Staatskanzlei des Vorsitzenden der Ministerpräsidentenkonferenz hinterlegt, wird der Staatsvertrag gegenstandslos.

(2) Wird im Teledienstegesetz nicht klargestellt, daß Mediendienste im Sinne dieses Staatsvertrages vom Anwendungsbereich des Teledienstegesetzes ausgenommen sind, wird § 2 Abs. 1 Satz 3 gegenstandslos.

(3) Mit Inkrafttreten dieses Staatsvertrages tritt der Bildschirmtextstaatsvertrag vom 31. August 1991 außer Kraft.

Protokollerklärung aller Länder:

1. Bund und Länder haben sich am 1. Juli 1996 darauf verständigt, im Rahmen der Zuständigkeitsverteilung des Grundgesetzes einen in der Sache einheitlichen Rechtsrahmen in Form eines Bundesgesetzes und eines Länderstaatsvertrages zu schaffen. Es bestand Einigkeit darüber, die notwendigen Regelungen nicht an unterschiedlichen Auffassungen in Kompetenzfragen scheitern zu lassen.
2. Bund und Länder haben in wichtigen Fragenkomplexen einvernehmliche Ergebnisse erzielt. Dies gilt für die zentrale Frage der Zugangsfreiheit, die wortgleich geregelt ist; gleiches gilt für den Datenschutz sowie für die Grundzüge der Verantwortlichkeit der Diensteanbieter.
3. Bund und Länder stimmen darin überein, daß eine abschließende, alle Dienste umfassende Festlegung der jeweiligen Anwendungsbereiche zur Zeit nicht sinnvoll möglich ist. Durch die Zuordnung von einzelnen, heute bekannten Diensten im Teledienstegesetz und im Mediendienste-Staatsvertrag haben Bund und Länder die Aufteilung nach dem gegenwärtigen Erkenntnisstand vorgenommen.
4. Bund und Länder werden die Entwicklung neuer Dienste sowie die Anwendung der beiderseitigen gesetzlichen Regelungen fortlaufend beobachten und hierüber weiterhin im Gespräch bleiben. Sie vereinbaren, die Gespräche mit dem Ziel zu führen, eine Verständigung über notwendige Anpassungen unverzüglich und auf politischer Ebene herbeizuführen.
5. Bund und Länder werden beide Regelungswerke mit dem Ziel des gemeinsamen Inkrafttretens zum 1. August 1997 den jeweiligen Parlamenten zuleiten.

Protokollerklärung des Landes Brandenburg, der Freien Hansestadt Bremen, der Freien und Hansestadt Hamburg, der Länder Hessen, Niedersachsen, Nordrhein-Westfalen, Rheinland-Pfalz, des Saarlandes, der Länder Sachsen-Anhalt und Schleswig-Holstein zu § 4 Mediendienste-Staatsvertrag

Das Land Brandenburg, die Freie Hansestadt Bremen, die Freie und Hansestadt Hamburg, die Länder Hessen, Niedersachsen, Nordrhein-Westfalen, Rheinland-Pfalz, das Saarland, die Länder Sachsen-Anhalt und Schleswig-Holstein sind der Auffassung, daß § 4 um eine Regelung ergänzt werden sollte, die Betreiber von Telekommunikationsnetzen für Mediendienste verpflichtet, Anbietern von Mediendiensten diskriminierungsfreien Zugang zu den Netzen zu gewährleisten. Sie bedauern, daß über die dem Interesse der Nutzer dienende Regelung kein Einvernehmen im Länderkreise erzielbar war.

Protokollerklärung des Landes Brandenburg zu den § 2 Abs. 1 und § 23 Abs. 2 des Mediendienste-Staatsvertrages

Anläßlich der Unterzeichnung des Mediendienste-Staatsvertrages am 12. Februar 1997 gibt das Land Brandenburg folgende Protokollerklärung ab:

„Bei der nächsten Änderung des Staatsvertrages strebt das Land Brandenburg die Streichung der Worte ‚in der in einem Bundesgesetz erstmalig beschlossenen Fassung' in § 2 Abs. 1 Satz 3 (Beschreibung des Geltungsbereiches des Staatsvertrages) an. Das Land Brandenburg geht auch davon aus, daß es sich bei § 23 Abs. 2 des Mediendienste-Staatsvertrages lediglich um eine Übergangsvorschrift im Hinblick auf das Gesetzgebungsverfahren des Bundes zum Teledienstegesetz handelt. Nach Abschluß des Gesetzgebungsverfahrens des Bundes zum Teledienstegesetz sollte deshalb die Bestimmung in § 23 Abs. 2 des Mediendienste-Staatsvertrages im Rahmen der Rechtsbereinigung (z. B. im Rahmen einer Änderung des Rundfunk-Staatsvertrages) wieder gestrichen bzw. geändert werden."

B. Telekommunikation

4. Telekommunikationsgesetz (TKG)

Vom 25. Juli 1996 (BGBl. I S. 1120)

geänd. durch Begleitgesetz zum Telekommunikationsgesetz (BegleitG) v. 17. 12. 1997 (BGBl. I S. 3108)

(Auszug)

Inhaltsübersicht

Erster Teil. Allgemeine Vorschriften

§ 1 Zweck des Gesetzes. Zweck dieses Gesetzes ist es, durch Regulierung im Bereich der Telekommunikation den Wettbewerb zu fördern und flächendeckend angemessene und ausreichende Dienstleistungen zu gewährleisten sowie eine Frequenzordnung festzulegen.

§ 2 Regulierung. (1) Die Regulierung der Telekommunikation und der Frequenzordnung ist eine hoheitliche Aufgabe des Bundes.

(2) Ziele der Regulierung sind:

1. die Wahrung der Interessen der Nutzer auf dem Gebiet der Telekommunikation und des Funkwesens sowie die Wahrung des Fernmeldegeheimnisses,
2. die Sicherstellung eines chancengleichen und funktionsfähigen Wettbewerbs, auch in der Fläche, auf den Märkten der Telekommunikation,
3. die Sicherstellung einer flächendeckenden Grundversorgung mit Telekommunikationsdienstleistungen (Universaldienstleistungen) zu erschwinglichen Preisen,
4. die Förderung von Telekommunikationsdiensten bei öffentlichen Einrichtungen,
5. die Sicherstellung einer effizienten und störungsfreien Nutzung von Frequenzen, auch unter Berücksichtigung der Belange des Rundfunks,
6. die Wahrung der Interessen der öffentlichen Sicherheit.

(3) Die Vorschriften des Gesetzes gegen Wettbewerbsbeschränkungen bleiben unberührt.

(4) Die hoheitlichen Rechte des Bundesministers der Verteidigung bleiben unberührt.

§ 3 Begriffsbestimmungen. Im Sinne dieses Gesetzes

1. ist „Betreiben von Übertragungswegen“ Ausüben der rechtlichen und tatsächlichen Kontrolle (Funktionsherrschaft) über die Gesamtheit der Funktionen, die zur Realisierung der Informationsübertragung auf Übertragungswegen unabdingbar erbracht werden müssen,

2. ist „Betreiben von Telekommunikationsnetzen" Ausüben der rechtlichen und tatsächlichen Kontrolle (Funktionsherrschaft) über die Gesamtheit der Funktionen, die zur Erbringung von Telekommunikationsdienstleistungen oder nichtgewerblichen Telekommunikationszwecken über Telekommunikationsnetze unabdingbar zur Verfügung gestellt werden müssen; dies gilt auch dann, wenn im Rahmen des Telekommunikationsnetzes Übertragungswege zum Einsatz kommen, die im Eigentum Dritter stehen,
3. sind „Endeinrichtungen" Einrichtungen, die unmittelbar an die Abschlußeinrichtung eines Telekommunikationsnetzes angeschlossen werden sollen oder die mit einem Telekommunikationsnetz zusammenarbeiten und dabei unmittelbar oder mittelbar an die Abschlußeinrichtung eines Telekommunikationsnetzes angeschlossen werden sollen,
4. sind „Funkanlagen" elektrische Sende- oder Empfangseinrichtungen, zwischen denen die Informationsübertragung ohne Verbindungsleitungen stattfinden kann,
5. ist „geschäftsmäßiges Erbringen von Telekommunikationsdiensten" das nachhaltige Angebot von Telekommunikation einschließlich des Angebots von Übertragungswegen für Dritte mit oder ohne Gewinnerzielungsabsicht,
6. ist „Grundstück" ein im Grundbuch als selbständiges Grundstück eingetragener Teil der Erdoberfläche oder ein Teil der Erdoberfläche, der durch die Art seiner wirtschaftlichen Verwendung oder nach seiner äußeren Erscheinung eine Einheit bildet, und zwar auch dann, wenn es sich im liegenschaftsrechtlichen Sinn um mehrere Grundstücke handelt. Straßen- und Schienennetze werden nicht als einheitliches Grundstück betrachtet,
7. ist „Lizenz" die Erlaubnis zum Angebot bestimmter Telekommunikationsdienstleistungen für die Öffentlichkeit,
8. sind „Mobilfunkdienstleistungen" Telekommunikationsdienstleistungen, die für die mobile Nutzung bestimmt sind,
9. ist „Netzzugang" die physische und logische Verbindung von Endeinrichtungen oder sonstigen Einrichtungen mit einem Telekommunikationsnetz oder Teilen desselben sowie die physische und logische Verbindung eines Telekommunikationsnetzes mit einem anderen Telekommunikationsnetz oder Teilen desselben zum Zwecke des Zugriffs auf Funktionen dieses Telekommunikationsnetzes oder auf die darüber erbrachten Telekommunikationsdienstleistungen,
10. sind „Nummern" Zeichenfolgen, die in Telekommunikationsnetzen Zwecken der Adressierung dienen,
11. sind „Nutzer" Nachfrager nach Telekommunikationsdienstleistungen,
12. ist „öffentliches Telekommunikationsnetz" die Gesamtheit der technischen Einrichtungen (Übertragungswege, Vermittlungseinrichtungen und sonstige Einrichtungen, die zur Gewährleistung eines ord-

nungsgemäßen Betriebs des Telekommunikationsnetzes unerläßlich sind), an die über Abschlußeinrichtungen Endeinrichtungen angeschlossen werden und die zur Erbringung von Telekommunikationsdienstleistungen für die Öffentlichkeit dient,

13. sind „Regulierung" die Maßnahmen, die zur Erreichung der in § 2 Abs. 2 genannten Ziele ergriffen werden und durch die das Verhalten von Telekommunikationsunternehmen beim Angebot von Telekommunikationsdienstleistungen, von Endeinrichtungen oder von Funkanlagen geregelt werden, sowie die Maßnahmen, die zur Sicherstellung einer effizienten und störungsfreien Nutzung von Frequenzen ergriffen werden,
14. sind „Satellitenfunkdienstleistungen" Telekommunikationsdienstleistungen, die unter Zuhilfenahme von Satellitenfunkanlagen erbracht werden,
15. ist „Sprachtelefondienst" die gewerbliche Bereitstellung für die Öffentlichkeit des direkten Transports und der Vermittlung von Sprache in Echtzeit von und zu den Netzabschlußpunkten des öffentlichen, vermittelnden Netzes, wobei jeder Benutzer das an solch einem Netzabschlußpunkt angeschlossene Endgerät zur Kommunikation mit einem anderen Netzabschlußpunkt verwenden kann,
16. ist „Telekommunikation" der technische Vorgang des Aussendens, Übermittelns und Empfangens von Nachrichten jeglicher Art in der Form von Zeichen, Sprache, Bildern oder Tönen mittels Telekommunikationsanlagen,
17. sind „Telekommunikationsanlagen" technische Einrichtungen oder Systeme, die als Nachrichten identifizierbare elektromagnetische oder optische Signale senden, übertragen, vermitteln, empfangen, steuern oder kontrollieren können,
18. sind „Telekommunikationsdienstleistungen" das gewerbliche Angebot von Telekommunikation einschließlich des Angebots von Übertragungswegen für Dritte,
19. sind „Telekommunikationsdienstleistungen für die Öffentlichkeit" das gewerbliche Angebot von Telekommunikation einschließlich des Angebots von Übertragungswegen für beliebige natürliche oder juristische Personen und nicht lediglich für die Teilnehmer geschlossener Benutzergruppen,
20. sind „Telekommunikationslinien" unter- oder oberirdisch geführte Telekommunikationskabelanlagen einschließlich ihrer zugehörigen Schalt- und Verzweigungseinrichtungen, Masten und Unterstützungen, Kabelschächte und Kabelkanalrohre,
21. ist „Telekommunikationsnetz" die Gesamtheit der technischen Einrichtungen (Übertragungswege, Vermittlungseinrichtungen und sonstige Einrichtungen, die zur Gewährleistung eines ordnungsgemäßen Betriebs des Telekommunikationsnetzes unerläßlich sind), die zur Erbringung von Telekommunikationsdienstleistungen oder zu nichtgewerblichen Telekommunikationszwecken dient,

22. sind „Übertragungswege“ Telekommunikationsanlagen in Form von Kabel- oder Funkverbindungen mit ihren übertragungstechnischen Einrichtungen als Punkt-zu-Punkt- oder Punkt-zu-Mehrpunkt-Verbindungen mit einem bestimmten Informationsdurchsatzvermögen (Bandbreite oder Bitrate) einschließlich ihrer Abschlußeinrichtungen,
23. ist „Verbindungsnetz“ ein Telekommunikationsnetz, das keine Teilnehmeranschlüsse aufweist und Teilnehmernetze miteinander verbindet,
24. ist „Zusammenschaltung“ derjenige Netzzugang, der die physische und logische Verbindung von Telekommunikationsnetzen herstellt, um Nutzern, die an verschiedenen Telekommunikationsnetzen angeschaltet sind, die mittelbare oder unmittelbare Kommunikation zu ermöglichen.

§ 4 Anzeigepflicht. Jeder, der Telekommunikationsdienstleistungen erbringt, muß die Aufnahme, Änderung und Beendigung des Betriebes innerhalb eines Monats bei der Regulierungsbehörde schriftlich anzeigen. Die Regulierungsbehörde veröffentlicht regelmäßig den wesentlichen Inhalt der Anzeigen.

§ 5 Berichtspflichten. Jeder, der Telekommunikationsdienstleistungen erbringt, ist verpflichtet, auf Verlangen der Regulierungsbehörde dieser Berichte zur Verfügung zu stellen, die sie als nationale Regulierungsbehörde zur Erfüllung ihrer Berichtspflichten gegenüber der Europäischen Kommission auf Grund von Richtlinien und Empfehlungen, die nach Artikel 6 der Richtlinie 90/387/EWG des Rates vom 28. Juni 1990 zur Verwirklichung des Binnenmarktes für Telekommunikationsdienste durch Einführung eines offenen Netzzugangs (Open Network Provision – ONP) (ABl. EG Nr. L 192 S. 1) sowie nach Artikel 90 Abs. 3 des Vertrages zur Gründung der Europäischen Gemeinschaft erlassen werden, benötigt.

Zweiter Teil. Regulierung von Telekommunikationsdienstleistungen

Erster Abschnitt. Lizenzen

§ 6 Lizenzpflichtiger Bereich. (1) Einer Lizenz bedarf, wer
1. Übertragungswege betreibt, die die Grenze eines Grundstücks überschreiten und für Telekommunikationsdienstleistungen für die Öffentlichkeit genutzt werden,
2. Sprachtelefondienst auf der Basis selbst betriebener Telekommunikationsnetze anbietet.

(2) Die nach Absatz 1 erforderlichen Lizenzen werden in folgende Lizenzklassen eingeteilt:

1. Lizenzen zum Betreiben von Übertragungswegen
   a) für Mobilfunkdienstleistungen für die Öffentlichkeit durch den Lizenznehmer oder andere (Lizenzklasse 1: Mobilfunklizenz),
   b) für Satellitenfunkdienstleistungen für die Öffentlichkeit durch den Lizenznehmer oder andere (Lizenzklasse 2: Satellitenfunklizenz),
   c) für Telekommunikationsdienstleistungen für die Öffentlichkeit durch den Lizenznehmer oder andere, für deren Angebot nicht die Lizenzklasse 1 oder 2 bestimmt ist (Lizenzklasse 3),
2. Lizenzen für Sprachtelefondienst auf der Basis selbst betriebener Telekommunikationsnetze (Lizenzklasse 4). Diese Lizenzklasse schließt nicht das Recht zum Betreiben von Übertragungswegen ein.

(3) Es wird vermutet, daß das Betreiben von Übertragungswegen, die von Dritten genutzt werden, eine Telekommunikationsdienstleistung für die Öffentlichkeit darstellt.

(4) Die Regulierungsbehörde kann auf Antrag Lizenzen der Lizenzklassen 1 bis 4 auch in einer Lizenz zusammengefaßt erteilen. Dabei ist sie an den vorgegebenen Rahmen des Absatzes 1 gebunden.

§ 7 Internationaler Status. Lizenznehmer, die internationale Telekommunikationsdienstleistungen erbringen oder im Rahmen ihres Angebots Funkanlagen betreiben, die schädliche Störungen bei Funkdiensten anderer Länder verursachen können, sind anerkannte Betriebsunternehmen im Sinne der Konstitution und der Konvention der Internationalen Fernmeldeunion.

§ 8 Lizenzerteilung. (1) Die Lizenz wird auf schriftlichen Antrag von der Regulierungsbehörde schriftlich erteilt. Im Lizenzantrag ist das Gebiet zu bezeichnen, in dem die lizenzpflichtige Tätigkeit ausgeübt werden soll. Die Regulierungsbehörde soll über Lizenzanträge innerhalb von sechs Wochen entscheiden.

(2) Bei der Lizenzerteilung sind die Regulierungsziele nach § 2 Abs. 2 zu beachten. Zur Sicherstellung der Regulierungsziele nach § 2 Abs. 2 können der Lizenz Nebenbestimmungen, auch nach Erteilung der Lizenz, beigefügt werden. Sind die Voraussetzungen für eine Nebenbestimmung entfallen, so hat die Regulierungsbehörde diese auf Antrag des Lizenznehmers aufzuheben.

(3) Eine beantragte Lizenz ist zu versagen, wenn

1. die Regulierungsbehörde über keine nutzbaren Frequenzen verfügt, die dem Antragsteller, der Funkverbindungen betreiben möchte, zugeteilt werden können oder
2. Tatsachen die Annahme rechtfertigen, daß
   a) der Antragsteller nicht die für die Ausübung der beantragten Lizenzrechte erforderliche Zuverlässigkeit, Leistungsfähigkeit und

Fachkunde besitzt und damit zu erwarten ist, daß diese Lizenzrechte nicht dauerhaft ausgeübt werden, oder

b) durch die Lizenzerteilung die öffentliche Sicherheit oder Ordnung gefährdet würde.

Die nach Satz 1 Nr. 2 Buchstabe a erforderliche

1. Zuverlässigkeit besitzt, wer die Gewähr dafür bietet, daß er als Lizenznehmer die Rechtsvorschriften einhalten wird,
2. Leistungsfähigkeit besitzt, wer die Gewähr dafür bietet, daß ihm die für den Aufbau und den Betrieb der zur Ausübung der Lizenzrechte erforderlichen Produktionsmittel zur Verfügung stehen werden,
3. Fachkunde besitzt, wer die Gewähr dafür bietet, daß die bei der Ausübung der Lizenzrechte tätigen Personen über die erforderlichen Kenntnisse, Erfahrungen und Fertigkeiten verfügen werden.

(4) Die Lizenz kann befristet erteilt werden, soweit dieses wegen Knappheit der zur Verfügung stehenden Frequenzen geboten ist.

(5) Zum Betrieb von Übertragungswegen im Rahmen einer Lizenz benötigte Frequenzen werden nach Maßgabe der §§ 44 bis 48 zugeteilt.

§ 9 Wechsel des Lizenznehmers. (1) Die Übertragung der Lizenz bedarf der Schriftform und der vorherigen schriftlichen Genehmigung der Regulierungsbehörde. Für die Versagung der Genehmigung gelten § 8 Abs. 3 Satz 1 Nr. 2 und § 11 Abs. 3 entsprechend.

(2) Ein anderweitiger Übergang der Lizenz auf einen neuen Inhaber oder ein Wechsel der Eigentumsverhältnisse beim Lizenznehmer oder eine Überlassung der Lizenz ist der Regulierungsbehörde unverzüglich anzuzeigen.

§ 10 Beschränkung der Anzahl der Lizenzen. Die Anzahl der Lizenzen auf Märkten der Telekommunikation kann beschränkt werden, wenn für eine Lizenzerteilung nicht in ausreichendem Umfang verfügbare Frequenzen entsprechend dem Frequenznutzungsplan vorhanden sind. Vor der Entscheidung sind die betroffenen Kreise anzuhören. Die Entscheidung ist im Amtsblatt der Regulierungsbehörde zu veröffentlichen.

§ 11 Vergabeverfahren nach der Beschränkung der Anzahl der Lizenzen. (1) Ist die Anzahl der Lizenzen nach § 10 beschränkt, kann die Regulierungsbehörde nach Anhörung der betroffenen Kreise das Versteigerungsverfahren nach Absatz 4 oder das Ausschreibungsverfahren nach Absatz 6 durchführen. Die Entscheidung über die Wahl des Verfahrens sowie die Festlegungen und Regeln für die Durchführung der Verfahren nach Absatz 4 oder 6 sind im Amtsblatt der Regulierungsbehörde zu veröffentlichen.

(2) Die Vergabe der Lizenzen erfolgt nach § 8, nachdem das in Absatz 4 geregelte Verfahren durchgeführt worden ist, es sei denn, dieses Verfahren ist nicht geeignet, die Regulierungsziele nach § 2 Abs. 2 si-

cherzustellen. Dies kann insbesondere der Fall sein, wenn auf dem sachlich und räumlich relevanten Markt der zu lizenzierenden Telekommunikationsdienstleistung für die Öffentlichkeit bereits eine Lizenz ohne Durchführung eines Versteigerungsverfahrens erteilt worden ist oder ein Antragsteller als Lizenznehmer oder ein Nutzer der zu lizenzierenden Dienstleistung für die im Rahmen der Lizenzvergabe zuzuteilenden Frequenzen eine gesetzlich begründete Präferenz geltend machen kann. Die Vergabe von Frequenzen für die Funkanbindung von Teilnehmeranschlüssen erfolgt ausschließlich im Wege der Ausschreibung.

(3) Ist zu erwarten, daß durch ein erfolgreiches Gebot nach Absatz 4 oder durch eine erfolgreiche Bewerbung nach Absatz 6 ein chancengleicher Wettbewerb auf dem sachlich und räumlich relevanten Markt der lizenzpflichtigen Telekommunikationsdienstleistung gefährdet wird, können die jeweiligen Unternehmen von dem Vergabeverfahren ausgeschlossen werden. Die berechtigten Interessen der jeweiligen Unternehmen an der Anwendung neuer Technologien sind angemessen zu berücksichtigen.

(4) Mit dem Versteigerungsverfahren soll festgestellt werden, welcher oder welche der Bieter am besten geeignet sind, die ersteigerten Funkfrequenzen effizient für das Angebot der zu lizenzierenden Telekommunikationsdienstleistung für die Öffentlichkeit zu nutzen. Die Regulierungsbehörde bestimmt vor Durchführung des Versteigerungsverfahrens unter Beachtung von § 47 und der auf Grund dieser Vorschrift erlassenen Rechtsverordnung,

1. die von einem Bieter zu erfüllenden fachlichen und sachlichen Mindestvoraussetzungen für die Zulassung zum Versteigerungsverfahren,
2. den sachlich und räumlich relevanten Markt, für den die ersteigerten Funkfrequenzen unter Beachtung des Frequenznutzungsplans verwendet werden dürfen,
3. die Lizenzbestimmungen einschließlich des räumlichen Versorgungsgrades bei der Frequenznutzung und seiner zeitlichen Umsetzung sowie die zu beachtenden Frequenznutzungsbestimmungen der künftigen Lizenz,
4. die von einem Bieter für die Aufnahme der Telekommunikationsdienstleistung zu ersteigernde Grundausstattung an Funkfrequenzen, sofern eine solche erforderlich ist.

Die Regulierungsbehörde legt ferner die Regeln für die Durchführung des Versteigerungsverfahrens im einzelnen fest; diese müssen objektiv, nachvollziehbar und diskriminierungsfrei sein und die Belange kleiner und mittlerer Unternehmen berücksichtigen. Die Regulierungsbehörde kann ein Mindestgebot für die Teilnahme am Versteigerungsverfahren festsetzen.

(5) Ist das Versteigerungsverfahren nach Absatz 4 zur Lizenzvergabe nicht geeignet, erfolgt die Vergabe der Lizenzen nach dem Ausschreibungsverfahren nach Absatz 6.

(6) Mit dem Ausschreibungsverfahren soll festgestellt werden, welcher oder welche Bewerber ausweislich ihrer Fähigkeiten und Eigenschaften am besten geeignet sind, die Nachfrage der Nutzer nach der zu lizenzierenden Telekommunikationsdienstleistung für die Öffentlichkeit zu befriedigen. Die Regulierungsbehörde bestimmt vor Durchführung des Ausschreibungsverfahrens unter Beachtung von § 47 und der auf Grund dieser Vorschrift erlassenen Rechtsverordnung,

1. die von einem Bewerber zu erfüllenden sachlichen Mindestvoraussetzungen für die Zulassung zum Ausschreibungsverfahren,
2. den sachlich und räumlich relevanten Markt, für den Lizenzen vergeben werden sollen,
3. die Lizenzbestimmungen einschließlich des räumlichen Versorgungsgrades bei der Frequenznutzung und seiner zeitlichen Umsetzung sowie die zu beachtenden Frequenznutzungsbestimmungen der künftigen Lizenz,
4. die Kriterien, nach denen die Eignung der Bewerber bewertet wird.

Kriterien sind die Fachkunde und Leistungsfähigkeit der Bewerber, die Eignung von vorzulegenden Planungen für die Erbringung der ausgeschriebenen Telekommunikationsdienstleistung und die Förderung eines funktionsfähigen Wettbewerbs auf dem relevanten Markt. Bei der Auswahl sind diejenigen Bewerber bevorzugt zu berücksichtigen, die einen höheren räumlichen Versorgungsgrad mit den entsprechenden lizenzpflichtigen Telekommunikationsdienstleistungen gewährleisten. Die Regulierungsbehörde legt ferner die Regeln für die Durchführung des Ausschreibungsverfahrens im einzelnen fest; diese müssen objektiv, nachvollziehbar und diskriminierungsfrei sein. Erweist sich auf Grund des Ausschreibungsverfahrens, daß mehrere Bewerber gleich geeignet sind, entscheidet das Los.

(7) Werden Frequenzen für die Funkanbindung von Teilnehmeranschlüssen nach Absatz 4 oder 6 vergeben, hat die Regulierungsbehörde Lizenzen mit der Auflage zu verbinden, in dem Lizenzgebiet nach § 8 Abs. 1 Satz 2 einen Universaldienst, nämlich den Sprachtelefondienst mit ISDN-Leistungsmerkmalen sowie den Zugang zu Notrufmöglichkeiten, für einen bestimmten Anteil der Wohnbevölkerung innerhalb eines bestimmten Zeitraumes anzubieten.

§ 12 Bereitstellen von Teilnehmerdaten. (1) Ein Lizenznehmer, der Sprachkommunikationsdienstleistungen für die Öffentlichkeit anbietet, ist verpflichtet, auf Anforderung Teilnehmerdaten unter Beachtung der anzuwendenden datenschutzrechtlichen Regelungen anderen Lizenznehmern, die Sprachkommunikationsdienstleistungen für die Öffentlichkeit anbieten, zum Zwecke der Aufnahme eines Auskunftsdienstes oder der Herausgabe eines Verzeichnisses der Rufnummern der Teilnehmer in kundengerechter Form zugänglich zu machen. Hierfür kann ein Entgelt erhoben werden, das sich an den Kosten der effizienten Bereitstellung orientiert.

(2) Ein Lizenznehmer, der Sprachkommunikationsdienstleistungen für die Öffentlichkeit anbietet, ist darüber hinaus verpflichtet, auf Anforderung Teilnehmerdaten unter Beachtung der anzuwendenden datenschutzrechtlichen Regelungen jedem Dritten zum Zwecke der Aufnahme eines Auskunftsdienstes oder der Herausgabe eines Verzeichnisses der Rufnummern der Teilnehmer in kundengerechter Form gegen ein angemessenes Entgelt zugänglich zu machen.

§ 13 Bereitstellen von Notrufmöglichkeiten. (1) Ein Lizenznehmer, der Sprachkommunikationsdienstleistungen für die Öffentlichkeit anbietet, ist verpflichtet, unentgeltlich Notrufmöglichkeiten für jeden Endnutzer bereitzustellen.

(2) Ein Lizenznehmer, der Sprachkommunikationsdienstleistungen für die Öffentlichkeit anbietet, hat auf Antrag des zuständigen Bundeslandes oder eines ermächtigten Notdienstträgers in öffentlichen Telefonstellen zusätzlich Notrufeinrichtungen einzurichten, die es dem Nutzer ermöglichen, durch einfache Handhabung und möglichst unter automatischer Anzeige des Standortes der benutzten Telefonstelle Sprechverbindung mit einer Notrufabfragestelle aufzunehmen. Öffentliche Telefonstellen, in denen sich Einrichtungen nach Satz 1 befinden, sind besonders zu kennzeichnen. Für das Bereitstellen und den Betrieb von Notrufeinrichtungen ist vom Antragsteller ein Entgelt zu erheben, das die vollen Kosten deckt.

§ 14 Strukturelle Separierung und getrennte Rechnungsführung.

(1) Unternehmen, die auf anderen Märkten als der Telekommunikation über eine marktbeherrschende Stellung nach § 22 des Gesetzes gegen Wettbewerbsbeschränkungen verfügen, müssen Telekommunikationsdienstleistungen in einem oder mehreren rechtlich selbständigen Unternehmen führen.

(2) Unternehmen, die auf einem Markt der Telekommunikation über eine marktbeherrschende Stellung nach § 22 des Gesetzes gegen Wettbewerbsbeschränkungen verfügen, müssen die Nachvollziehbarkeit der finanziellen Beziehungen zwischen Telekommunikationsdienstleistungen im lizenzpflichtigen Bereich zueinander und dieser zu Telekommunikationsdienstleistungen im nicht lizenzpflichtigen Bereich durch Schaffung eines eigenen Rechnungslegungskreises gewährleisten. Dabei kann die Regulierungsbehörde die Gestaltung der internen Rechnungslegung für bestimmte lizenzpflichtige Telekommunikationsdienstleistungen vorgeben.

§ 15 Widerruf der Lizenz. Eine Lizenz kann ganz oder teilweise widerrufen werden, wenn

1. der Lizenznehmer den Verpflichtungen aus seiner Lizenz oder seinen Verpflichtungen nach diesem Gesetz nicht nachkommt, insbesondere gegen das Fernmeldegeheimnis, datenschutzrechtliche Regelungen oder Strafvorschriften verstößt,

2. in den Fällen des § 9 Abs. 2 beim Lizenznehmer oder demjenigen, dem die Lizenz überlassen wurde, ein Versagungsgrund nach § 8 Abs. 3 Satz 1 Nr. 2 entsteht.

§ 16 Lizenzgebühr. (1) Lizenzen werden gegen Gebühr erteilt. Das Bundesministerium für Post und Telekommunikation wird ermächtigt, im Einvernehmen mit dem Bundesministerium des Innern, dem Bundesministerium der Finanzen, dem Bundesministerium der Justiz und dem Bundesministerium für Wirtschaft durch Rechtsverordnung, die nicht der Zustimmung des Bundesrates bedarf, nach Maßgabe des Verwaltungskostengesetzes die gebührenpflichtigen Tatbestände, die Höhe der Gebühr und die Erstattung von Auslagen zu regeln.

(2) Im Falle des Versteigerungsverfahrens nach § 11 Abs. 4 wird eine Gebühr nach Absatz 1 nur erhoben, soweit sie den Erlös des Versteigerungsverfahrens übersteigt.

Zweiter Abschnitt. Universaldienst

§ 17 Universaldienstleistungen. (1) Universaldienstleistungen sind ein Mindestangebot an Telekommunikationsdienstleistungen für die Öffentlichkeit, für die eine bestimmte Qualität festgelegt ist und zu denen alle Nutzer unabhängig von ihrem Wohn- oder Geschäftsort zu einem erschwinglichen Preis Zugang haben müssen. Als Universaldienstleistungen sind Telekommunikationsdienstleistungen zu bestimmen, die den Bereichen des Sprachtelefondienstes und des Betreibens von Übertragungswegen nach § 6 Abs. 1 zuzuordnen sind und deren Erbringung für die Öffentlichkeit als Grundversorgung unabdingbar geworden ist. Darüber hinaus können auch solche Telekommunikationsdienstleistungen als Universaldienstleistungen bestimmt werden, die mit Telekommunikationsdienstleistungen nach Satz 2 in unmittelbarem Zusammenhang stehen und deren Erbringung für die Öffentlichkeit als Grundversorgung unabdingbar geworden ist.

(2) Die Bundesregierung wird ermächtigt, durch Rechtsverordnung, die der Zustimmung des Bundestages und des Bundesrates bedarf, Telekommunikationsdienstleistungen nach Absatz 1 Satz 2 und 3 als Universaldienstleistungen zu bestimmen. Die Bestimmung der Universaldienstleistungen ist der technischen und gesellschaftlichen Entwicklung nachfragegerecht anzupassen. In der Rechtsverordnung sind darüber hinaus die Mindestqualität und die Maßstäbe für die Bestimmung des Preises einer Universaldienstleistung festzulegen. Die Regulierungsbehörde ist befugt, über die Einhaltung dieser Maßstäbe zu entscheiden. Die Zustimmung des Bundestages nach Satz 1 gilt als erteilt, wenn der Bundestag nicht innerhalb von drei Sitzungswochen nach Eingang der Vorlage der Bundesregierung die Zustimmung verweigert hat.

§ 18 Verpflichtung zum Erbringen von Universaldienstleistungen.

(1) Wird eine Universaldienstleistung nach § 17 nicht ausreichend und angemessen erbracht oder ist zu besorgen, daß eine solche Versorgung nicht gewährleistet sein wird, ist jeder Lizenznehmer, der auf dem jeweiligen sachlich relevanten Markt der betreffenden lizenzpflichtigen Telekommunikationsdienstleistung tätig ist und einen Anteil von mindestens vier vom Hundert des Gesamtumsatzes dieses Marktes im Geltungsbereich dieses Gesetzes auf sich vereinigt oder auf dem räumlich relevanten Markt über eine marktbeherrschende Stellung nach § 22 des Gesetzes gegen Wettbewerbsbeschränkungen verfügt, verpflichtet, dazu beizutragen, daß die Universaldienstleistung erbracht werden kann. Die Verpflichtung nach Satz 1 ist nach Maßgabe der Bestimmungen dieses Abschnitts zu erfüllen.

(2) Absatz 1 gilt entsprechend für ein Unternehmen, das mit einem Lizenznehmer ein einheitliches Unternehmen bildet. Ein einheitliches Unternehmen wird durch jede Verbindung von Unternehmen im Sinne des § 23 Abs. 1 Satz 2, Abs. 2 und 3 des Gesetzes gegen Wettbewerbsbeschränkungen geschaffen.

§ 19 Auferlegung von Universaldienstleistungen. (1) Die Regulierungsbehörde veröffentlicht in ihrem Amtsblatt die Feststellung, auf welchem sachlich und räumlich relevanten Markt eine Universaldienstleistung nach § 17 nicht angemessen oder ausreichend erbracht wird oder auf welchem sachlich und räumlich relevanten Markt zu besorgen ist, daß eine solche Versorgung nicht gewährleistet sein wird. Sie kündigt an, nach den Vorschriften der §§ 19 bis 22 vorzugehen, sofern sich kein Unternehmen innerhalb von einem Monat nach Bekanntgabe dieser Veröffentlichung bereit erklärt, diese Universaldienstleistung ohne Ausgleich nach § 20 zu erbringen.

(2) Nach Ablauf der in Absatz 1 genannten Frist kann die Regulierungsbehörde einen Lizenznehmer, der auf dem jeweiligen sachlich und räumlich relevanten Markt über eine marktbeherrschende Stellung nach § 22 des Gesetzes gegen Wettbewerbsbeschränkungen verfügt, dazu verpflichten, diese Universaldienstleistung nach Maßgabe der in der Rechtsverordnung und in den Vorschriften dieses Gesetzes festgelegten Bedingungen zu erbringen.

(3) Sofern auf dem jeweiligen Markt der betreffenden lizenzpflichtigen Telekommunikationsdienstleistung mehrere Lizenznehmer gemeinsam über eine marktbeherrschende Stellung nach § 22 des Gesetzes gegen Wettbewerbsbeschränkungen verfügen, kann die Regulierungsbehörde nach Anhörung der in Betracht kommenden Lizenznehmer entscheiden, ob und inwieweit sie einen oder mehrere dieser Lizenznehmer verpflichtet, die Universaldienstleistung zu erbringen. Eine solche Verpflichtung darf die verpflichteten Lizenznehmer im Verhältnis zu anderen Lizenznehmern nicht unbillig benachteiligen.

(4) Die Vorschriften der Absätze 2 und 3 gelten entsprechend für ein Unternehmen, das auf einem in Absatz 2 genannten Markt tätig ist und

das mit einem Lizenznehmer nach Absatz 2 oder 3 ein einheitliches Unternehmen bildet. Ein einheitliches Unternehmen wird durch jede Verbindung von Unternehmen im Sinne des § 23 Abs. 1 Satz 2, Abs. 2 und 3 des Gesetzes gegen Wettbewerbsbeschränkungen geschaffen.

(5) Macht ein Anbieter, der nach den Absätzen 2 bis 4 zur Erbringung einer Universaldienstleistung verpflichtet werden soll, glaubhaft, daß er im Falle einer Verpflichtung einen Ausgleich nach § 20 Abs. 2 Satz 2 verlangen kann, kann die Regulierungsbehörde an Stelle der Entscheidung, einen oder mehrere Unternehmen nach den Absätzen 2 bis 4 zu verpflichten, die Universaldienstleistung ausschreiben und an denjenigen Bewerber vergeben, der sich als fachkundig erweist, die Universaldienstleistung zu erbringen, und der den geringsten finanziellen Ausgleich dafür verlangt.

(6) Ist eine Verpflichtung nach den Absätzen 2 bis 4 nicht möglich, wird die Universaldienstleistung entsprechend Absatz 5 ausgeschrieben.

(7) Vor einer Ausschreibung der Universaldienstleistung nach Absatz 5 oder 6 hat die Regulierungsbehörde im einzelnen festzulegen, welche Universaldienstleistung nach § 17 in welchem räumlichen Gebiet oder an welchem Ort zu erbringen ist und nach welchen Kriterien die erforderliche Fachkunde des Universaldienstleistungserbringers bewertet wird. Sie hat ferner die Regeln für die Durchführung des Ausschreibungsverfahrens im einzelnen festzulegen; diese müssen objektiv, nachvollziehbar und diskriminierungsfrei sein.

§ 20 Ausgleich für Universaldienstleistungen. (1) Wird ein Unternehmen nach § 19 Abs. 2 bis 4 verpflichtet, eine Universaldienstleistung zu erbringen, und hat es nach § 19 Abs. 5 Satz 1 das Verlangen nach einem Ausgleich glaubhaft gemacht, gewährt die Regulierungsbehörde einen Ausgleich für das Erbringen der Universaldienstleistung, wenn es nachweist, daß die langfristigen zusätzlichen Kosten der effizienten Bereitstellung der Universaldienstleistung auf dem jeweiligen räumlich relevanten Markt einschließlich einer angemessenen Verzinsung des eingesetzten Kapitals deren Erträge überschreiten. Die Erträge sind auf der Grundlage der durch Rechtsverordnung nach § 17 Abs. 2 festgelegten oder festzulegenden erschwinglichen Preise zu berechnen.

(2) Der Ausgleich wird nach Ablauf des Kalenderjahres, in dem ein Defizit bei der Erbringung der Universaldienstleistung entsteht, gewährt. Die Höhe des Ausgleichs bestimmt sich nach den tatsächlich für die Erbringung der Universaldienstleistungsverpflichtung entstandenen langfristigen zusätzlichen Kosten der effizienten Bereitstellung der Dienstleistung einschließlich einer angemessenen Verzinsung des eingesetzten Kapitals abzüglich der mit der Universaldienstleistung erzielten Erträge. Für die Berechnung der Erträge gilt Absatz 1 Satz 2 entsprechend.

(3) Im Falle einer Ausschreibung nach § 19 Abs. 5 oder 6 gewährt die Regulierungsbehörde einen Ausgleich entsprechend dem Ausschreibungsergebnis.

§ 21 Universaldienstleistungsabgabe. (1) Gewährt die Regulierungsbehörde einen Ausgleich nach § 20 für die Erbringung einer Universaldienstleistung, trägt jeder Lizenznehmer, der auf dem jeweiligen sachlich relevanten Markt der betreffenden lizenzpflichtigen Telekommunikationsdienstleistung tätig ist und einen Anteil von mindestens vier vom Hundert des Gesamtumsatzes dieses Marktes im Geltungsbereich dieses Gesetzes auf sich vereinigt, zu diesem Ausgleich durch eine Universaldienstleistungsabgabe bei. Der Anteil bemißt sich nach dem Verhältnis seines Umsatzes zu der Summe des Umsatzes der nach Satz 1 Verpflichteten auf dem jeweiligen sachlich relevanten Markt im Geltungsbereich dieses Gesetzes. Kann von einem nach Satz 1 verpflichteten Lizenznehmer die auf ihn entfallende Abgabe nicht erlangt werden, so ist der Ausfall von den übrigen Verpflichteten zu tragen. Der zusätzlich zu zahlende Anteil bestimmt sich nach dem Verhältnis ihrer nach Satz 2 bemessenen Anteile zueinander.

(2) Nach Ablauf des Kalenderjahres, für das ein Ausgleich nach § 20 gewährt wird, setzt die Regulierungsbehörde den zu gewährenden Ausgleich sowie die Anteile der zu diesem Ausgleich beitragenden Lizenznehmer fest und teilt dies den betroffenen Unternehmen mit. Die Höhe des Ausgleichs bemißt sich nach dem durch den zum Angebot der Universaldienstleistung nach § 19 verpflichteten Anbieter nachgewiesenen Defizit nach § 20 Abs. 2 Satz 2 zuzüglich einer marktüblichen Verzinsung. Die Verzinsung beginnt mit dem Tag nach Ablauf des in Satz 1 genannten Kalenderjahres.

(3) Die zum Ausgleich nach § 20 beitragenden Unternehmen sind verpflichtet, die von der Regulierungsbehörde festgesetzten auf sie entfallenden Anteile innerhalb von vier Wochen an die Regulierungsbehörde zu entrichten. Die Frist beginnt mit dem Tag des Zugangs der in Absatz 2 Satz 1 genannten Mitteilung.

(4) Ist ein Lizenznehmer mit der Zahlung der Abgabe mehr als drei Monate im Rückstand, erläßt die Regulierungsbehörde einen Feststellungsbescheid über die rückständigen Beträge der Abgabe und betreibt die Einziehung.

§ 22 Umsatzmeldungen. (1) Ist eine Universaldienstleistung nach § 19 auferlegt, haben die Lizenznehmer, die in dem jeweiligen Markt der betreffenden lizenzpflichtigen Telekommunikationsdienstleistung tätig sind, der Regulierungsbehörde ihre Umsätze auf dem jeweiligen Markt jeweils auf Verlangen jährlich mitzuteilen. Andernfalls kann die Regulierungsbehörde eine Schätzung vornehmen.

(2) Bei der Ermittlung der Umsätze nach Absatz 1 gilt § 23 Abs. 1 Satz 2 und 3 des Gesetzes gegen Wettbewerbsbeschränkungen entsprechend.

Zehnter Teil. Regulierungsbehörde

Erster Abschnitt. Errichtung, Sitz und Organisation

§ 66 Errichtung, Sitz und Rechtsstellung. (1) Zur Wahrnehmung der sich aus diesem Gesetz und anderen Gesetzen ergebenden Aufgaben wird die Regulierungsbehörde für Telekommunikation und Post als Bundesoberbehörde im Geschäftsbereich des Bundesministeriums für Wirtschaft mit Sitz in Bonn errichtet.

(2) Die Regulierungsbehörde wird von einem Präsidenten geleitet. Der Präsident vertritt die Regulierungsbehörde gerichtlich und außergerichtlich und regelt die Verteilung und den Gang ihrer Geschäfte durch eine Geschäftsordnung; diese bedarf der Bestätigung durch das Bundesministerium für Wirtschaft. § 73 Abs. 1 bleibt unberührt.

(3) Der Präsident und die beiden Vizepräsidenten werden jeweils auf Vorschlag des Beirates von der Bundesregierung benannt. Erfolgt trotz Aufforderung der Bundesregierung innerhalb von vier Wochen kein Vorschlag des Beirates, erlischt das Vorschlagsrecht. Findet ein Vorschlag des Beirates nicht die Zustimmung der Bundesregierung, kann der Beirat innerhalb von vier Wochen erneut einen Vorschlag unterbreiten. Das Letztentscheidungsrecht der Bundesregierung bleibt von diesem Verfahren unberührt.

(4) Die Ernennung des Präsidenten und der Vizepräsidenten erfolgt durch den Bundespräsidenten.

(5) Soweit das Bundesministerium für Wirtschaft allgemeine Weisungen für den Erlaß oder die Unterlassung von Entscheidungen nach diesem Gesetz erteilt, sind diese Weisungen im Bundesanzeiger zu veröffentlichen.

Elfter Teil. Fernmeldegeheimnis, Datenschutz, Sicherung

§ 85 Fernmeldegeheimnis. (1) Dem Fernmeldegeheimnis unterliegen der Inhalt der Telekommunikation und ihrer näheren Umstände, insbesondere die Tatsache, ob jemand an einem Telekommunikationsvorgang beteiligt ist oder war. Das Fernmeldegeheimnis erstreckt sich auch auf die näheren Umstände erfolgloser Verbindungsversuche.

(2) Zur Wahrung des Fernmeldegeheimnisses ist verpflichtet, wer geschäftsmäßig Telekommunikationsdienste erbringt oder daran mitwirkt. Die Pflicht zur Geheimhaltung besteht auch nach dem Ende der Tätigkeit fort, durch die sie begründet worden ist.

(3) Den nach Absatz 2 Verpflichteten ist es untersagt, sich oder anderen über das für die geschäftsmäßige Erbringung der Telekommunikationsdienste erforderliche Maß hinaus Kenntnis vom Inhalt oder den näheren Umständen der Telekommunikation zu verschaffen. Sie dürfen

Kenntnisse über Tatsachen, die dem Fernmeldegeheimnis unterliegen, nur für den in Satz 1 genannten Zweck verwenden. Eine Verwendung dieser Kenntnisse für andere Zwecke, insbesondere die Weitergabe an andere, ist nur zulässig, soweit dieses Gesetz oder eine andere gesetzliche Vorschrift dies vorsieht und sich dabei ausdrücklich auf Telekommunikationsvorgänge bezieht. Die Anzeigepflicht nach § 138 des Strafgesetzbuches hat Vorrang.

(4) Befindet sich die Telekommunikationsanlage an Bord eines Fahrzeugs für Seefahrt oder Luftfahrt, so besteht die Pflicht zur Wahrung des Geheimnisses nicht gegenüber dem Führer des Fahrzeugs oder seinem Stellvertreter.

§ 86 Abhörverbot, Geheimhaltungspflicht der Betreiber von Empfangsanlagen. Mit einer Funkanlage dürfen Nachrichten, die für die Funkanlage nicht bestimmt sind, nicht abgehört werden. Der Inhalt solcher Nachrichten sowie die Tatsache ihres Empfangs dürfen, auch wenn der Empfang unbeabsichtigt geschieht, auch von Personen, für die eine Pflicht zur Geheimhaltung nicht schon nach § 85 besteht, anderen nicht mitgeteilt werden. § 85 Abs. 4 gilt entsprechend. Das Recht, Funkaussendungen zu empfangen, die für die Allgemeinheit oder einen unbestimmten Personenkreis bestimmt sind, sowie das Abhören und die Weitergabe von Nachrichten auf Grund besonderer gesetzlicher Ermächtigung bleiben unberührt.

§ 87 Technische Schutzmaßnahmen. (1) Wer Telekommunikationsanlagen betreibt, die dem geschäftsmäßigen Erbringen von Telekommunikationsdiensten dienen, hat bei den zu diesem Zwecke betriebenen Telekommunikations- und Datenverarbeitungssystemen angemessene technische Vorkehrungen oder sonstige Maßnahmen zum Schutze

1. des Fernmeldegeheimnisses und personenbezogener Daten,
2. der programmgesteuerten Telekommunikations- und Datenverarbeitungssysteme gegen unerlaubte Zugriffe,
3. gegen Störungen, die zu erheblichen Beeinträchtigungen von Telekommunikationsnetzen führen, und
4. von Telekommunikations- und Datenverarbeitungssystemen gegen äußere Angriffe und Einwirkungen von Katastrophen

zu treffen. Dabei ist der Stand der technischen Entwicklung zu berücksichtigen. Die Regulierungsbehörde erstellt im Benehmen mit dem Bundesamt für Sicherheit in der Informationstechnik nach Anhörung von Verbraucherverbänden und von Wirtschaftsverbänden der Hersteller und Betreiber von Telekommunikationsanlagen einen Katalog von Sicherheitsanforderungen für das Betreiben von Telekommunikations- und Datenverarbeitungssystemen, um eine nach dem Stand der Technik und internationalen Maßstäben angemessene Standardsicherheit zu erreichen. Dem Bundesbeauftragten für den Datenschutz ist Gelegenheit zur Stellungnahme zu geben. Der Katalog wird von der Regulierungsbehörde im Bundesanzeiger veröffentlicht. Der für die

Schutzmaßnahmen zu erbringende technische und wirtschaftliche Aufwand ist von der Bedeutung der zu schützenden Rechte und der zu sichernden Anlagen für die Allgemeinheit abhängig.

(2) Lizenzpflichtige Betreiber von Telekommunikationsanlagen haben einen Sicherheitsbeauftragten zu benennen und ein Sicherheitskonzept zu erstellen, aus dem hervorgeht,

1. welche Telekommunikationsanlagen eingesetzt und welche Telekommunikationsdienste geschäftsmäßig erbracht werden,
2. von welchen Gefährdungen auszugehen ist und
3. welche technischen Vorkehrungen oder sonstigen Schutzmaßnahmen zur Erfüllung der Verpflichtungen aus Absatz 1 getroffen oder geplant sind.

Das Sicherheitskonzept ist der Regulierungsbehörde vorzulegen, verbunden mit einer Erklärung, daß die darin aufgezeigten technischen Vorkehrungen und sonstigen Schutzmaßnahmen umgesetzt sind oder bis zu einem bestimmten Zeitpunkt umgesetzt werden. Stellt die Regulierungsbehörde im Sicherheitskonzept oder bei dessen Umsetzung Sicherheitsmängel fest, so kann sie vom Betreiber deren Beseitigung verlangen.

(3) Das Bundesministerium für Post und Telekommunikation wird ermächtigt, durch Rechtsverordnung, die nicht der Zustimmung des Bundesrates bedarf, die Erfüllung der Verpflichtungen nach den Absätzen 1 und 2 näher zu regeln. Dabei kann der Kreis der Verpflichteten nach Absatz 1 und das zu fordernde Maß an Schutzvorkehrungen nach den Absätzen 1 und 2 entsprechend der wirtschaftlichen Bedeutung der jeweiligen Telekommunikationsanlage festgelegt werden.

§ 88 Technische Umsetzung von Überwachungsmaßnahmen. (1) Die technischen Einrichtungen zur Umsetzung von gesetzlich vorgesehenen Maßnahmen zur Überwachung der Telekommunikation sind von dem Betreiber der Telekommunikationsanlage auf eigene Kosten zu gestalten und vorzuhalten.

(2) Die technische Gestaltung dieser Einrichtungen bedarf bei Betreibern von Telekommunikationsanlagen, die gesetzlich verpflichtet sind, die Überwachung und Aufzeichnung der Telekommunikation zu ermöglichen, der Genehmigung der Regulierungsbehörde. Die Bundesregierung wird ermächtigt, durch Rechtsverordnung, die nicht der Zustimmung des Bundesrates bedarf,

1. die Anforderungen an die Gestaltung der technischen Einrichtungen sowie an die organisatorische Umsetzung von Überwachungsmaßnahmen mittels dieser Einrichtungen und
2. das Genehmigungsverfahren und das Verfahren der Abnahme zu regeln sowie
3. zu bestimmen, bei welchen Telekommunikationsanlagen aus grundlegenden technischen Erwägungen oder aus Gründen der Verhält-

nismäßigkeit abweichend von Absatz 1 technische Einrichtungen nicht zu gestalten oder vorzuhalten sind.

Die Rechtsverordnung kann vorsehen, daß in technisch begründeten Ausnahmefällen auf Antrag von der Erfüllung einzelner technischer Anforderungen an die Gestaltung der Einrichtungen abgesehen und mit welchen Nebenbestimmungen die Genehmigung in diesen Fällen versehen werden kann. Der Betrieb einer Telekommunikationsanlage darf erst aufgenommen werden, wenn der Betreiber der Telekommunikationsanlage

1. die in Absatz 1 bezeichneten technischen Einrichtungen nach Maßgabe der Rechtsverordnung nach Satz 2 eingerichtet hat,
2. dies der Regulierungsbehörde schriftlich angezeigt hat und
3. der Regulierungsbehörde im Rahmen der Abnahme unentgeltlich nachgewiesen hat, daß die Genehmigungsvoraussetzungen erfüllt sind.

Die Regulierungsbehörde soll über die Genehmigung binnen sechs Wochen nach Eingang des Antrags und über die Abnahme binnen sechs Wochen nach Eingang der schriftlichen Anzeige nach Satz 4 Nr. 2 entscheiden. Stellt sich nachträglich ein Mangel der Funktionsfähigkeit heraus, hat der Betreiber der Telekommunikationsanlage die Einrichtung unverzüglich nachzubessern.

(3) Telekommunikationsanlagen, mittels derer in das Fernmeldegeheimnis eingegriffen werden soll und die von den gesetzlich berechtigten Stellen betrieben werden, sind im Einvernehmen mit der Regulierungsbehörde technisch zu gestalten.

(4) Jeder Betreiber einer Telekommunikationsanlage, der anderen den Netzzugang zu seiner Telekommunikationsanlage geschäftsmäßig überläßt, ist verpflichtet, den gesetzlich zur Überwachung der Telekommunikation berechtigten Stellen auf deren Anforderung einen Netzzugang für die Übertragung der im Rahmen einer Überwachungsmaßnahme anfallenden Informationen unverzüglich und vorrangig bereitzustellen. Die technische Ausgestaltung derartiger Netzzugänge kann in der Rechtsverordnung nach Absatz 2 geregelt werden. Für die Bereitstellung und Nutzung gelten mit Ausnahme besonderer Tarife oder Zuschläge für vorrangige oder vorzeitige Bereitstellung die jeweils für die Allgemeinheit anzuwendenden Tarife. Besondere vertraglich vereinbarte Rabattierungsregelungen bleiben von Satz 3 unberührt.

(5) Die nach den §§ 100a und 100b der Strafprozeßordnung verpflichteten Betreiber von Telekommunikationsanlagen haben eine Jahresstatistik über nach diesen Vorschriften durchgeführte Überwachungsmaßnahmen zu erstellen und der Regulierungsbehörde unentgeltlich zur Verfügung zu stellen. Die Ausgestaltung der Statistik im einzelnen kann in der Rechtsverordnung nach Absatz 2 geregelt werden. Die Betreiber dürfen die Statistik Dritten nicht zur Kenntnis geben. Die Regulierungsbehörde überläßt den Ländern die Statistik unentgeltlich. Sie faßt die einzelnen Statistiken zusammen und nimmt das Ergebnis in ihren Bericht nach § 81 Abs. 1 auf.

§ 89 Datenschutz. (1) Die Bundesregierung erläßt für Unternehmen, die geschäftsmäßig Telekommunikationsdienste erbringen oder an der Erbringung solcher Dienste mitwirken, durch Rechtsverordnung mit Zustimmung des Bundesrates Vorschriften zum Schutze personenbezogener Daten der an der Telekommunikation Beteiligten, welche die Erhebung, Verarbeitung und Nutzung dieser Daten regeln. Die Vorschriften haben dem Grundsatz der Verhältnismäßigkeit, insbesondere der Beschränkung der Erhebung, Verarbeitung und Nutzung auf das Erforderliche, sowie dem Grundsatz der Zweckbindung Rechnung zu tragen. Dabei sind Höchstfristen für die Speicherung festzulegen und insgesamt die berechtigten Interessen des jeweiligen Unternehmens und der Betroffenen zu berücksichtigen. Einzelangaben über juristische Personen, die dem Fernmeldegeheimnis unterliegen, stehen den personenbezogenen Daten gleich.

(2) Nach Maßgabe der Rechtsverordnung dürfen Unternehmen und Personen, die geschäftsmäßig Telekommunikationsdienste erbringen oder an der Erbringung solcher Dienste mitwirken, die Daten natürlicher und juristischer Personen erheben, verarbeiten und nutzen, soweit dies erforderlich ist

1. zur betrieblichen Abwicklung ihrer jeweiligen geschäftsmäßigen Telekommunikationsdienste, nämlich für
   a) das Begründen, inhaltliche Ausgestalten und Ändern eines Vertragsverhältnisses,
   b) das Herstellen und Aufrechterhalten einer Telekommunikationsverbindung,
   c) das ordnungsgemäße Ermitteln und den Nachweis der Entgelte für geschäftsmäßige Telekommunikationsdienste einschließlich der auf andere Netzbetreiber und Anbieter von geschäftsmäßigen Telekommunikationsdiensten entfallenden Leistungsanteile; für den Nachweis ist dem Nutzer eine Wahlmöglichkeit hinsichtlich Speicherdauer und Speicherumfang einzuräumen,
   d) das Erkennen und Beseitigen von Störungen an Telekommunikationsanlagen,
   e) das Aufklären sowie das Unterbinden von Leistungserschleichungen und sonstiger rechtswidriger Inanspruchnahme des Telekommunikationsnetzes und seiner Einrichtungen sowie der geschäftsmäßigen Telekommunikationsdienste, sofern tatsächliche Anhaltspunkte vorliegen; nach näherer Bestimmung in der Rechtsverordnung dürfen aus den Gesamtdatenbeständen die Daten ermittelt werden, die konkrete Indizien für eine mißbräuchliche Inanspruchnahme von geschäftsmäßigen Telekommunikationsdiensten enthalten,
2. für das bedarfsgerechte Gestalten von geschäftsmäßigen Telekommunikationsdiensten; dabei dürfen Daten in bezug auf den Anschluß, von dem der Anruf ausgeht, nur mit Einwilligung des Anschlußinha-

bers verwendet und müssen Daten in bezug auf den angerufenen Anschluß unverzüglich anonymisiert werden,

3. auf schriftlichen Antrag eines Nutzers zum Zwecke
   a) der Darstellung der Leistungsmerkmale; hierzu dürfen insbesondere Datum, Uhrzeit, Dauer und Rufnummern der von seinem Anschluß hergestellten Verbindungen unter Wahrung des in der Rechtsverordnung zu regelnden Schutzes von Mitbenutzern und Anrufen bei Personen, Behörden und Organisationen in sozialen oder kirchlichen Bereichen, die gemäß ihrer von einer Behörde oder Körperschaft, Anstalt oder Stiftung des öffentlichen Rechts anerkannten Aufgabenbestimmung grundsätzlich anonym bleibenden Anrufern ganz oder überwiegend telefonische Beratung in seelischen oder sozialen Notlagen anbieten und die selbst oder deren Mitarbeiter insoweit besonderen Verschwiegenheitsverpflichtungen unterliegen, mitgeteilt werden,
   b) des Identifizierens von Anschlüssen, wenn er in einem zu dokumentierenden Verfahren schlüssig vorgetragen hat, das Ziel bedrohender oder belästigender Anrufe zu sein; dem Nutzer werden die Rufnummern der Anschlüsse sowie die von diesen ausgehenden Verbindungen und Verbindungsversuche einschließlich Name und Anschrift des Anschlußinhabers nur bekanntgegeben, wenn er zuvor die Anrufe nach Datum und Uhrzeit eingrenzt, soweit ein Mißbrauch der Überwachungsmöglichkeit nicht auf andere Weise ausgeschlossen werden kann; grundsätzlich wird der Anschlußinhaber über die Auskunftserteilung nachträglich informiert.

(3) Es dürfen nur die näheren Umstände der Telekommunikation erhoben, verarbeitet und genutzt werden. Soweit es für Maßnahmen nach Absatz 2 Nr. 1 Buchstabe e unerläßlich ist, dürfen im Einzelfall Steuersignale maschinell erhoben, verarbeitet und genutzt werden; die Regulierungsbehörde ist hierüber in Kenntnis zu setzen. Der Betroffene ist zu benachrichtigen, sobald dies ohne Gefährdung des Zwecks der Maßnahmen möglich ist. Die Erhebung, Verarbeitung und Nutzung anderer Nachrichteninhalte ist unzulässig, es sei denn, daß sie nach Absatz 4 notwendig oder im Einzelfall für Maßnahmen nach Absatz 5 unerläßlich ist.

(4) Beim geschäftsmäßigen Erbringen von Telekommunikationsdiensten dürfen Nachrichteninhalte nur aufgezeichnet, Dritten zugänglich gemacht oder sonst verarbeitet werden, soweit dies Gegenstand oder aus verarbeitungstechnischen Gründen Bestandteil des Dienstes ist. § 85 Abs. 3 Satz 3 bleibt unberührt.

(5) Zur Durchführung von Umschaltungen sowie zum Erkennen und Eingrenzen von Störungen im Netz ist dem Betreiber der Telekommunikationsanlage oder seinem Beauftragten das Aufschalten auf bestehende Verbindungen erlaubt, soweit dies betrieblich erforderlich ist. Das Aufschalten muß den betroffenen Gesprächsteilnehmern durch ein akustisches Signal angezeigt und ausdrücklich mitgeteilt werden.

(6) Ferner haben die in Absatz 2 genannten Unternehmen und Personen personenbezogene Daten, die sie für die Begründung, inhaltliche Ausgestaltung oder Änderung eines Vertragsverhältnisses erhoben haben, im Einzelfall auf Ersuchen an die zuständigen Stellen zu übermitteln, soweit dies für die Verfolgung von Straftaten und Ordnungswidrigkeiten, zur Abwehr von Gefahren für die öffentliche Sicherheit oder Ordnung oder für die Erfüllung der gesetzlichen Aufgaben der Verfassungsschutzbehörden des Bundes und der Länder, des Bundesnachrichtendienstes, des Militärischen Abschirmdienstes sowie des Zollkriminalamtes erforderlich ist. Auskünfte an die genannten Stellen dürfen Kunden oder Dritten nicht mitgeteilt werden.

(7) Die in Absatz 2 genannten Unternehmen und Personen dürfen die personenbezogenen Daten, die sie für die Begründung, inhaltliche Ausgestaltung oder Änderung eines Vertragsverhältnisses erhoben haben, verarbeiten und nutzen, soweit dies für Zwecke der Werbung, Kundenberatung oder Marktforschung für die in Absatz 2 genannten Unternehmen und Personen erforderlich ist und der Kunde eingewilligt hat. Personenbezogene Daten von Kunden, die zum Zeitpunkt des Inkrafttretens dieses Gesetzes von den in Absatz 2 genannten Unternehmen und Personen bereits erhoben waren, dürfen für die in Satz 1 genannten Zwecke verarbeitet und genutzt werden, wenn der Kunde nicht widerspricht. Sein Einverständnis gilt als erteilt, wenn er in angemessener Weise über sein Widerspruchsrecht informiert worden ist und von seinem Widerspruchsrecht keinen Gebrauch gemacht hat.

(8) Diensteanbieter können Kunden mit ihrem Namen, ihrer Anschrift und zusätzlichen Angaben, wie Beruf, Branche, Art des Anschlusses und Mitbenutzer, in öffentliche gedruckte oder elektronische Verzeichnisse eintragen, soweit der Kunde dies beantragt hat. Dabei kann der Kunde bestimmen, welche Angaben in den Kundenverzeichnissen veröffentlicht werden sollen, daß die Eintragung nur in gedruckten oder elektronischen Verzeichnissen erfolgt oder daß jegliche Eintragung unterbleibt. Mitbenutzer dürfen eingetragen werden, soweit sie damit einverstanden sind. Sind Kunden beim Inkrafttreten dieses Gesetzes in ein Kundenverzeichnis eingetragen, so muß die Eintragung künftig unterbleiben, wenn der Kunde widerspricht. Absatz 7 Satz 3 gilt entsprechend.

(9) Nach Maßgabe der entsprechenden Rechtsverordnung dürfen Unternehmen und Personen im Sinne des Absatzes 2 im Einzelfall Auskunft über in öffentlichen Verzeichnissen enthaltene Daten der Nutzer von geschäftsmäßigen Telekommunikationsdiensten erteilen oder durch Dritte erteilen lassen. Die Auskunft darf nur über Daten von Kunden erteilt werden, die in angemessener Weise darüber informiert worden sind, daß sie der Weitergabe ihrer Daten widersprechen können, und die von ihrem Widerspruchsrecht keinen Gebrauch gemacht haben. Ein Widerspruch ist in den Verzeichnissen des Diensteanbieters unverzüglich zu vermerken. Er ist auch von anderen Diensteanbietern zu beachten, sobald er in dem öffentlichen Verzeichnis des Diensteanbieters vermerkt ist.

(10) Die geschäftsmäßige Erbringung von Telekommunikationsdiensten und deren Entgeltfestlegung darf nicht von der Angabe personenbezogener Daten abhängig gemacht werden, die für die Erbringung oder Entgeltfestlegung dieser Dienste nicht erforderlich sind. Soweit die in Absatz 2 genannten Unternehmen die Verarbeitung oder Nutzung personenbezogener Daten eines Kunden von seiner Einwilligung abhängig machen, haben sie ihn in sachgerechter Weise über Inhalt und Reichweite der Einwilligung zu informieren. Dabei sind die vorgesehenen Zwecke und Nutzungszeiten zu nennen. Die Einwilligung muß ausdrücklich und in der Regel schriftlich erfolgen. Soll sie im elektronischen Verfahren erfolgen, ist dabei für einen angemessenen Zeitraum eine Rücknahmemöglichkeit vorzusehen.

§ 90 Auskunftsersuchen der Sicherheitsbehörden. (1) Wer geschäftsmäßig Telekommunikationsdienste anbietet, ist verpflichtet, Kundendateien zu führen, in die unverzüglich die Rufnummern und Rufnummernkontingente, die zur weiteren Vermarktung oder sonstigen Nutzung an andere vergeben werden, sowie Name und Anschrift der Inhaber von Rufnummern und Rufnummernkontingenten aufzunehmen sind, auch soweit diese nicht in öffentliche Verzeichnisse eingetragen sind.

(2) Die aktuellen Kundendateien sind von dem Verpflichteten nach Absatz 1 verfügbar zu halten, so daß die Regulierungsbehörde einzelne Daten oder Datensätze in einem von ihr vorgegebenen automatisierten Verfahren abrufen kann. Der Verpflichtete hat durch technische und organisatorische Maßnahmen sicherzustellen, daß ihm Abrufe nicht zur Kenntnis gelangen können.

(3) Auskünfte aus den Kundendateien nach Absatz 1 werden

1. den Gerichten, Staatsanwaltschaften und anderen Justizbehörden sowie sonstigen Strafverfolgungsbehörden,
2. den Polizeien des Bundes und der Länder für Zwecke der Gefahrenabwehr,
3. den Zollfahndungsämtern für Zwecke eines Strafverfahrens sowie dem Zollkriminalamt zur Vorbereitung und Durchführung von Maßnahmen nach § 39 des Außenwirtschaftsgesetzes und
4. den Verfassungsschutzbehörden des Bundes und der Länder, dem Militärischen Abschirmdienst und dem Bundesnachrichtendienst

jederzeit unentgeltlich erteilt, soweit dies zur Erfüllung ihrer gesetzlichen Aufgaben erforderlich ist.

(4) Die Regulierungsbehörde hat die Daten, die in den Kundendateien der Verpflichteten nach Absatz 1 gespeichert sind, auf Ersuchen der in Absatz 3 genannten Stellen im automatisierten Verfahren abzurufen und an die ersuchende Stelle weiter zu übermitteln. Sie prüft die Zulässigkeit der Übermittlung nur, soweit hierzu ein besonderer Anlaß besteht. Die Verantwortung für die Zulässigkeit der Übermittlung tragen die in Absatz 3 genannten Behörden. Die Regulierungsbehörde proto-

kolliert für Zwecke der Datenschutzkontrolle durch die jeweils zuständige Stelle bei jedem Abruf den Zeitpunkt, die bei der Durchführung des Abrufs verwendeten Daten, die abgerufenen Daten, die die Daten abrufende Person sowie die ersuchende Stelle und deren Aktenzeichen. Eine Verwendung der Protokolldaten für andere Zwecke ist unzulässig. Die Protokolldaten sind nach zwölf Monaten zu löschen.

(5) Absatz 1 gilt entsprechend für Dritte, die Rufnummern aus einem Rufnummernkontingent vergeben, ohne Verpflichteter im Sinne des Absatzes 1 zu sein, mit der Maßgabe, daß es dem Dritten überlassen bleibt, in welcher Form er die in Absatz 1 genannten Daten zur Auskunftserteilung vorhält. Er hat die Auskünfte aus den Kundendateien den in Absatz 3 genannten Behörden auf deren Ersuchen zu erteilen. Über die Tatsache einer Abfrage und die erteilten Auskünfte sowie über deren nähere Umstände hat der Auskunftspflichtige Stillschweigen, insbesondere gegenüber dem Betroffenen, zu wahren.

(6) Der Verpflichtete nach Absatz 1 hat alle Vorkehrungen in seinem Verantwortungsbereich auf seine Kosten zu treffen, die für den automatisierten Abruf gemäß Absatz 2 erforderlich sind. Dazu gehören auch, jeweils nach den Vorgaben der Regulierungsbehörde, die Anschaffung der zur Sicherstellung der Vertraulichkeit und des Schutzes vor unberechtigten Zugriffen erforderlichen Geräte, die Einrichtung eines geeigneten Telekommunikationsanschlusses und die Teilnahme an dem geschlossenen Benutzersystem sowie die laufende Bereitstellung dieser Vorkehrungen.

(7) In den Fällen der Auskunftserteilung nach Absatz 5, in denen das Gesetz über die Entschädigung von Zeugen und Sachverständigen nicht gilt, sind die Vorschriften des genannten Gesetzes über die Höhe der Entschädigung entsprechend anzuwenden.

(8) Bei wiederholten Verstößen gegen die Absätze 1 und 2 kann die geschäftliche Tätigkeit des Verpflichteten durch Anordnung der Regulierungsbehörde dahingehend eingeschränkt werden, daß der Kundenstamm bis zur Erfüllung der sich aus diesen Vorschriften ergebenden Verpflichtungen außer durch Vertragsablauf oder Kündigung nicht verändert werden darf.

§ 91 Kontrolle und Durchsetzung von Verpflichtungen. (1) Die Regulierungsbehörde kann Anordnungen und andere geeignete Maßnahmen treffen, um die Einhaltung der Vorschriften des Elften Teils dieses Gesetzes und der auf Grund dieses Teils ergangenen Rechtsverordnungen sicherzustellen. Dazu können von den Verpflichteten erforderliche Auskünfte verlangt werden. Die Regulierungsbehörde ist zur Überprüfung der Einhaltung der Verpflichtungen befugt, die Geschäfts- und Betriebsräume während der üblichen Betriebs- und Geschäftszeiten zu betreten und zu besichtigen.

(2) Zur Durchsetzung der Verpflichtungen, die Betreibern von Telekommunikationsanlagen durch eine Rechtsverordnung nach § 88 Abs. 2 auferlegt sind, kann die Regulierungsbehörde nach Maßgabe des Ver-

waltungsvollstreckungsgesetzes Zwangsgelder bis zu drei Millionen Deutsche Mark und zur Durchsetzung der Verpflichtungen nach § 90 Abs. 1 und 2 Zwangsgelder bis zu zweihunderttausend Deutsche Mark festsetzen.

(3) Bei Nichterfüllung von Verpflichtungen des Elften Teils dieses Gesetzes kann die Regulierungsbehörde den Betrieb der betreffenden Telekommunikationsanlage oder das geschäftsmäßige Erbringen des betreffenden Telekommunikationsdienstes ganz oder teilweise untersagen, wenn mildere Eingriffe zur Durchsetzung rechtmäßigen Verhaltens nicht ausreichen.

(4) Soweit für die geschäftsmäßige Erbringung von Telekommunikationsdiensten Daten von natürlichen oder juristischen Personen erhoben, verarbeitet oder genutzt werden, tritt bei den Unternehmen an die Stelle der Kontrolle nach § 38 des Bundesdatenschutzgesetzes eine Kontrolle durch den Bundesbeauftragten für den Datenschutz entsprechend den §§ 21 und 24 bis 26 Abs. 1 bis 4 des Bundesdatenschutzgesetzes. Der Bundesbeauftragte für den Datenschutz richtet seine Beanstandungen an das Bundesministerium für Post und Telekommunikation und übermittelt diesem nach pflichtgemäßem Ermessen weitere Ergebnisse seiner Kontrolle.

(5) Das Fernmeldegeheimnis des Artikels 10 des Grundgesetzes wird eingeschränkt.

§ 92 Auskunftspflicht. (1) Wer geschäftsmäßig Telekommunikationsdienste erbringt, ist verpflichtet, dem Bundesministerium für Post und Telekommunikation auf Anfrage entgeltfrei Auskünfte über die Strukturen der Telekommunikationsdienste und -netze sowie bevorstehende Änderungen zu erteilen. Einzelne Telekommunikationsvorgänge und Bestandsdaten von Teilnehmern dürfen nicht Gegenstand einer Auskunft nach dieser Vorschrift sein.

(2) Anfragen nach Absatz 1 sind nur zulässig, wenn ein entsprechendes Ersuchen des Bundesnachrichtendienstes vorliegt und soweit die Auskunft zur Erfüllung der Aufgaben nach Artikel 1 § 3 des Gesetzes zu Artikel 10 Grundgesetz erforderlich ist. Die Verwendung einer nach dieser Vorschrift erlangten Auskunft zu anderen Zwecken ist auszuschließen. Das Bundesministerium für Post und Telekommunikation kann die Befugnis zu Anfragen nach Absatz 1 auf die Regulierungsbehörde übertragen.

§ 93 Staatstelekommunikationsverbindungen. Telekommunikationsunternehmen, die einen handvermittelten Telekommunikationsdienst anbieten, sind verpflichtet, gemäß den Regelungen der Konstitution der Internationalen Fernmeldeunion den Staatstelekommunikationsverbindungen im Rahmen des Möglichen Vorrang vor dem übrigen Telekommunikationsverkehr einzuräumen, wenn dies von dem Anmelder der Verbindung ausdrücklich verlangt wird.

C. Rundfunk- und Presserecht

I. Rundfunkrecht

5. Rundfunkstaatsvertrag (RStV)

Vom 31. August 1991[1) 2)]

Inhaltsverzeichnis[3)]

Präambel

I. Abschnitt
Allgemeine Vorschriften

---

1) Art. 1 des Staatsvertrags über den Rundfunk im vereinten Deutschland vom 31.8. 1991 (Baden-WürttGBl. 1991 S. 745 = BayGVBl. 1991 S. 451 = BerlGVBl. 1991 S. 309 = BbgGVBl. 1991 S. 580 = BremGBl. 1991 S. 273 = HbgGVBl. 1991 S. 425 = HessGVBl. 1991 S. 367 = MVGVBl. 1991 S. 494 = NdsGVBl. 1991 S. 311 = NWGV 1991 S. 408 = RhPfGVBl. 1991 S. 369 = SaarlABl. 1991 S. 1290 = SächsGVBl. 1991 S. 425 = SachsAnhGVBl. 1991 S. 478 = SchlHGVBl. 1991 S. 596 = ThürGVBl. 1991 S. 635); geänd. durch Art. 1 Erster Rundfunkänderungsstaatsvertrag v. 4. 2./28. 2. 1994 (Baden-WürttGBl. 1994 S. 345 = BayGVBl. 1994 S. 569 = BerlGVBl. 1994 S. 222 = BbgGVBl. 1994 S. 246 = BremGBl. 1994 S. 127 = HbgGVBl. 1994 S. 217 = HessGVBl. 1994 S. 278 = MVGVBl. 1994 S. 731 = NdsGVBl. 1994 S. 278 = NWGV 1994 S. 433 = RhPflGVBl. 1994 S. 276 = SaarlABl. 1994 S. 774 = SächsGVBl. 1994 S. 1016 = SachsAnhGVBl. 1994 S. 694 = SchlHGVBl. 1994 S. 366 = ThürGVBl. 1994 S. 500); geänd. durch Art. 1 Zweiter Rundfunkänderungsstaatsvertrag v. 22. 6. 1995 (Baden-WürttGBl. 1995 S. 857 = BayGVBl. 1995 S. 836 = BerlGVBl. 1995 S. 679 = BbgGVBl. 1995 S. 258 = BremGBl. 1995 S. 389 = HbgGVBl. 1995 S. 299 = HessGVBl. 1995 S. 499 = MVGVBl. 1995 S. 601 = NdsGVBl. 1995 S. 480 = NWGV 1995 S. 1197 = RhPfGVBl. 1995 S. 417 = SaarlABl. 1995 S. 1226 = SächsGVBl. 1995 S. 384 = SachsAnhGVBl. 1995 S. 336 = SchlHGVBl. 1995 S. 456 = ThürGVBl. 1995 S. 355); geänd. durch Art. 1 Nr. 1 Dritter Rundfunkänderungsstaatsvertrag v. 26. 8./11. 9. 1996 (Baden-WürttGBl. 1996 S. 754 = BayGVBl. 1996 S. 480 = BerlGVBl. 1996 S. 526 = BbgGVBl. 1996 S. 398 = BremGBl. 1996 S. 351 = HbgGVBl. 1996 S. 329 = HessGVBl. 1996 S. 486 = MVGVBl. 1996 S. 673 = NdsGVBl. 1996 S. 447 = NWGV 1996 S. 484 = RhPfGVBl. 1996 S. 443 = SaarlABl. 1996 S. 1378 = SächsGVBl. 1996 S. 506 = SachsAnhGVBl. 1996 S. 381 = SchlHGVBl. 1996 S. 686 = ThürGVBl. 1996 S. 250); zuletzt geändert durch den Staatsvertrag über die Mediendienste vom 20. 1./12. 2. 1997 (Baden-WürttGBl. 1997 S. 181 = BayGVBl. 1997 S. 225 = BerlGVBl. 1997 S. 360 = BbgGVBl. 1997 S. 75 = BremGBl. 1997 S. 205 = HbgGVBl. 1997 S. 253 = HessGVBl. 1997 S. 134 = NWGVBl. 1997 S. 242 = NdsGVBl. 1997 S. 280 = NWGV 1997 S. 158 = RhPfGVBl. 1997 S. 235 = SaarlABl. 1997 S. 641 = SächsGVBl. 1997 S. 500 = SachsAnhGVBl. 1997 S. 572 = SchlHGVBl. 1997 S. 318 =ThürGVBl. 1997 S. 258).

2) Bezeichnung erg. durch Art. 1 Nr. 1 Dritter Rundfunkänderungsstaatsvertrag v. 26. 8. 1996.

3) Inhaltsverzeichnis neugef. durch Art. 1 Nr. 2 Dritter Rundfunkänderungsstaatsvertrag vom 26. 8./11. 9. 1996.

Präambel

Dieser Staatsvertrag enthält grundlegende Regelungen für den öffentlich-rechtlichen und den privaten Rundfunk in einem dualen Rundfunk-System der Länder des vereinten Deutschlands. Er trägt der europäischen Entwicklung des Rundfunks Rechnung.

Öffentlich-rechtlicher Rundfunk und privater Rundfunk sind der freien individuellen und öffentlichen Meinungsbildung sowie der Meinungsvielfalt verpflichtet. Beide Rundfunksysteme müssen in der Lage sein, den Anforderungen des nationalen und des internationalen Wettbewerbs zu entsprechen.

Im Zuge der Vermehrung der Rundfunkprogramme in Europa durch die neuen Techniken sollen Informationsvielfalt und kulturelles Angebot im deutschsprachigen Raum verstärkt werden. Durch diesen Staatsvertrag, vor allem aber durch weitere Regelungen und Förderungsvorhaben in der Bundesrepublik Deutschland, soll die Herstellung neuer europäischer Fernsehproduktionen nachhaltig unterstützt werden.

Für den öffentlich-rechtlichen Rundfunk sind Bestand und Entwicklung zu gewährleisten. Dazu gehört seine Teilhabe an allen neuen technischen Möglichkeiten in der Herstellung und zur Verbreitung sowie die Möglichkeit der Veranstaltung neuer Formen von Rundfunk. Seine finanziellen Grundlagen einschließlich des dazugehörigen Finanzausgleichs sind zu erhalten und zu sichern.

Den privaten Veranstaltern werden Ausbau und Fortentwicklung eines privaten Rundfunksystems, vor allem in technischer und programmlicher Hinsicht, ermöglicht. Dazu sollen ihnen ausreichende Sendekapazitäten zur Verfügung gestellt und angemessene Einnahmequellen erschlossen werden. Sie sollen dabei ihre über Satelliten ausgestrahlten Fernsehprogramme unter Berücksichtigung lokaler und regionaler Beiträge nach Maßgabe des jeweiligen Landesrechts zusätzlich über verfügbare terrestrische Fernsehfrequenzen verbreiten können, die bundesweit, auch im Hinblick auf neue Fernsehveranstalter, möglichst gleichgewichtig aufgeteilt werden sollen.

Die Vereinigung Deutschlands und die fortschreitende Entwicklung des dualen Rundfunksystems machen es erforderlich, die bisherige Frequenzaufteilung und -nutzung umfassend zu überprüfen. Alle Länder erklären ihre Absicht, festgestellte Doppel- oder Mehrfachversorgungen abzubauen, um zusätzliche Übertragungsmöglichkeiten für private Veranstalter, auch für den Westschienenveranstalter, zu gewinnen.

Den Landesmedienanstalten obliegt es, unter dem Gesichtspunkt der Gleichbehandlung privater Veranstalter und der besseren Durchsetzbarkeit von Entscheidungen verstärkt zusammenzuarbeiten.

1. Abschnitt. Allgemeine Vorschriften

§ 1 Anwendungsbereich. (1) Dieser Staatsvertrag gilt für die Veranstaltung und Verbreitung von Rundfunk in Deutschland in einem dualen Rundfunksystem.

(2) Soweit dieser Staatsvertrag keine anderweitigen Regelungen für die Veranstaltung und Verbreitung von Rundfunk enthält oder solche Regelungen zuläßt, sind die für die jeweilige Rundfunkanstalt oder den jeweiligen privaten Veranstalter geltenden landesrechtlichen Vorschriften anzuwenden.

§ 2[1] Begriffsbestimmungen. (1) Rundfunk ist die für die Allgemeinheit bestimmte Veranstaltung und Verbreitung von Darbietungen aller Art in Wort, in Ton und in Bild unter Benutzung elektromagnetischer Schwingungen ohne Verbindungsleitung oder längs oder mittels eines Leiters. Der Begriff schließt Darbietungen ein, die verschlüsselt verbreitet werden oder gegen besonderes Entgelt empfangbar sind. Dieser Staatsvertrag gilt nicht für Mediendienste im Sinne von § 2 des Mediendienste-Staatsvertrages; § 20 Abs. 2 dieses Staatsvertrages bleibt unberührt.

[1] § 2 Abs. 1 Satz 1 geänd., Abs. 2 Nr. 3 neugef., Abs. 2 Nr. 4 angef. durch Art. 1 Dritter Rundfunkänderungsstaatsvertrag; § 2 Abs. 1 Satz 2 geänd., Satz 3 angef. durch § 22 MDStV.

(2) Im Sinne dieses Staatsvertrages ist

1. Vollprogramm ein Rundfunkprogramm mit vielfältigen Inhalten, in welchem Information, Bildung, Beratung und Unterhaltung einen wesentlichen Teil des Gesamtprogramms bilden,
2. Spartenprogramm ein Rundfunkprogramm mit im wesentlichen gleichartigen Inhalten,
3. Satellitenfensterprogramm ein zeitlich begrenztes Rundfunkprogramm mit bundesweiter Verbreitung im Rahmen eines weiterreichenden Programms (Hauptprogramm),
4. Regionalfensterprogramm ein zeitlich und räumlich begrenztes Rundfunkprogramm mit im wesentlichen regionalen Inhalten im Rahmen eines Hauptprogramms.

§ 3[1] Unzulässige Sendungen, Jugendschutz. (1) Sendungen sind unzulässig, wenn sie

1. zum Haß gegen Teile der Bevölkerung oder gegen eine nationale, rassische, religiöse oder durch ihr Volkstum bestimmte Gruppe aufstacheln, zu Gewalt- oder Willkürmaßnahmen gegen sie auffordern oder die Menschenwürde anderer dadurch angreifen, daß Teile der Bevölkerung oder eine vorbezeichnete Gruppe beschimpft, böswillig verächtlich gemacht oder verleumdet werden (§ 130 StGB),
2. grausame oder sonst unmenschliche Gewalttätigkeiten gegen Menschen in einer Art schildern, die eine Verherrlichung oder Verharmlosung solcher Gewalttätigkeiten ausdrückt, oder die das Grausame oder Unmenschliche des Vorgangs in einer die Menschenwürde verletzenden Weise darstellt (§ 131 StGB),
3. den Krieg verherrlichen,
4. pornographisch sind (§ 184 StGB),
5. offensichtlich geeignet sind, Kinder oder Jugendliche sittlich schwer zu gefährden,
6. Menschen, die sterben oder schweren körperlichen oder seelischen Leiden ausgesetzt sind oder waren, in einer die Menschenwürde verletzenden Weise darstellen und ein tatsächliches Geschehen wiedergeben, ohne daß ein überwiegendes berechtigtes Interesse gerade an dieser Form der Berichterstattung vorliegt; eine Einwilligung ist unbeachtlich.

(2) Sendungen, die geeignet sind, das körperliche, geistige oder seelische Wohl von Kindern oder Jugendlichen zu beeinträchtigen, dürfen nicht verbreitet werden, es sei denn, der Veranstalter trifft aufgrund der Sendezeit oder auf andere Weise Vorsorge, daß Kinder oder Jugendliche der betroffenen Altersstufen die Sendungen üblicherweise nicht

[1] § 3 Abs. 1 Nr. 6 als Nr. 5 eingef., Abs. 2 Satz 2 eingef. (bish. Satz 2 wird Satz 3), Abs. 3 Satz 2 angef., Abs. 4 eingef., Abs. 5 Satz 1 neugef., Abs. 6 eingef. durch Art. 1 Erster Rundfunkänderungsstaatsvertrag; § 3 Abs. 1 Nr. 1 eingef. (bish. Nrn. 1–5 werden Nrn. 2–6), Abs. 1 Nr. 2 geänd. durch Art. 1 Dritter Rundfunkänderungsstaatsvertrag.

wahrnehmen; der Veranstalter darf dies bei Sendungen zwischen 23.00 Uhr und 6.00 Uhr annehmen. Bei Filmen, die nach dem Gesetz zu Schutz der Jugend in der Öffentlichkeit unter 12 Jahren nicht freigegeben sind, ist bei der Wahl der Sendezeit dem Wohl jüngerer Kinder Rechnung zu tragen. Filme, die nach dem Gesetz zum Schutz der Jugend in der Öffentlichkeit für Jugendliche unter 16 Jahren nicht freigegeben sind, dürfen nur zwischen 22.00 Uhr und 6.00 Uhr und Filme, die für Jugendliche unter 18 Jahren nicht freigegeben sind, nur zwischen 23.00 Uhr und 6.00 Uhr verbreitet werden.

(3) Sendungen, die ganz oder im wesentlichen mit Schriften inhaltsgleich sind, die in der Liste nach § 1 des Gesetzes über die Verbreitung jugendgefährdender Schriften aufgenommen sind, sind nur in der Zeit zwischen 23.00 Uhr und 6.00 Uhr und nur dann zulässig, wenn die mögliche sittliche Gefährdung von Kindern oder Jugendlichen unter Berücksichtigung aller Umstände nicht als schwer angesehen werden kann. Die Gründe, die zu einer entsprechenden Bewertung geführt haben, sind vor der Ausstrahlung schriftlich niederzulegen und auf Anforderung der nach Landesrecht für private Veranstalter zuständigen Stelle (Landesmedienanstalt), bei den in der Arbeitsgemeinschaft der öffentlich-rechtlichen Rundfunkanstalten der Bundesrepublik Deutschland (ARD) zusammengeschlossenen Landesrundfunkanstalten und beim Zweiten Deutschen Fernsehen (ZDF) dem zuständigen Organ, zu übermitteln.

(4) Für Sendungen, die nach den Absätzen 2 oder 3 Sendezeitbeschränkungen unterliegen, dürfen Programmankündigungen mit Bewegtbildern nur zu diesen Zeiten ausgestrahlt werden.

(5) Die in der ARD zusammengeschlossenen Landesrundfunkanstalten und das ZDF sowie die Landesmedienanstalten können jeweils in Richtlinien oder für den Einzelfall Ausnahmen von den Zeitgrenzen nach Absatz 2 Satz 3 und Absatz 3 Satz 1 gestatten und von der Bewertung nach Absatz 2 Satz 3 und Absatz 3 Satz 1 abweichen; dies gilt im Falle von Absatz 2 Satz 3 vor allem für Filme, deren Bewertung länger als 15 Jahre zurückliegt. Sie können in Richtlinien oder für den Einzelfall auch für Filme, auf die das Gesetz zum Schutze der Jugend in der Öffentlichkeit keine Anwendung findet oder die nach diesem Gesetz für Jugendliche unter 16 Jahren freigegeben sind, zeitliche Beschränkungen vorsehen, um den Besonderheiten der Ausstrahlung von Filmen im Fernsehen, vor allem bei Fernsehserien, gerecht zu werden.

(6) Gutachten freiwilliger Selbstkontrolleinrichtungen zu Programmfragen, insbesondere zu Fragen des Jugendschutzes, sind von den Landesmedienanstalten bei ihren Entscheidungen einzubeziehen.

§ 4[1] Jugendschutzbeauftragte. Die in der ARD zusammengeschlossenen Landesrundfunkanstalten, das ZDF und alle Veranstalter bundes-

[1] § 4 als § 3 a eingef. durch Art. 1. Erster Rundfunkänderungsstaatsvertrag, § 4 geänd. durch Art. 1 Dritter Rundfunkänderungsstaatsvertrag.

weit verbreiteter Fernsehprogramme berufen jeweils einen Beauftragten für den Jugendschutz. Der Beauftragte für den Jugendschutz muß die zur Erfüllung seiner Aufgaben erforderliche Fachkunde besitzen. Er ist bei der Anwendung seiner Fachkunde auf dem Gebiet des Jugendschutzes weisungsfrei. Er hat die Aufgabe, den Intendanten oder die sonstigen Programmverantwortlichen in allen Fragen des Jugendschutzes zu beraten. Er ist insbesondere bei Fragen des Programmeinkaufs, der Programmherstellung, der Programmplanung und Programmgestaltung angemessen zu beteiligen. Die Beauftragten für den Jugendschutz treten in einen regelmäßigen gemeinsamen Erfahrungsaustausch ein.

§ 5[1)] Kurzberichterstattung. (1) Das Recht auf unentgeltliche Kurzberichterstattung über Veranstaltungen und Ereignisse, die öffentlich zugänglich und von allgemeinem Informationsinteresse sind, steht jedem in Europa zugelassenen Fernsehveranstalter zu eigenen Sendezwecken zu. Dieses Recht schließt die Befugnis zum Zugang, zur kurzzeitigen Direktübertragung, zur Aufzeichnung, zu deren Auswertung zu einem einzigen Beitrag und zur Weitergabe unter den Voraussetzungen der Absätze 2 bis 11 ein.

(2) Anderweitige gesetzliche Bestimmungen, insbesondere solche des Urheberrechts und des Persönlichkeitsschutzes bleiben unberührt.

(3) Auf die Kirchen und auf andere Religionsgemeinschaften sowie deren Einrichtungen mit entsprechender Aufgabenstellung findet Absatz 1 keine Anwendung.

(4) Die unentgeltliche Kurzberichterstattung ist auf eine dem Anlaß entsprechende nachrichtenmäßige Kurzberichterstattung beschränkt. Die zulässige Dauer bemißt sich nach der Länge der Zeit, die notwendig ist, um den nachrichtenmäßigen Informationsgehalt der Veranstaltung oder des Ereignisses zu vermitteln. Bei kurzfristig und regelmäßig wiederkehrenden Veranstaltungen vergleichbarer Art beträgt die Obergrenze der Dauer in der Regel eineinhalb Minuten. Werden Kurzberichte über Veranstaltungen vergleichbarer Art zusammengefaßt, muß auch in dieser Zusammenfassung der nachrichtenmäßige Charakter gewahrt bleiben.

(5) Das Recht auf Kurzberichterstattung muß so ausgeübt werden, daß vermeidbare Störungen der Veranstaltung oder des Ereignisses unterbleiben. Der Veranstalter kann die Übertragung oder die Aufzeichnung einschränken oder ausschließen, wenn anzunehmen ist, daß sonst die Durchführung der Veranstaltung infrage gestellt oder das sittliche Empfinden der Veranstaltungsteilnehmer gröblich verletzt würden. Das Recht auf Kurzberichterstattung ist ausgeschlossen, wenn Gründe der öffentlichen Sicherheit und Ordnung entgegenstehen und diese das öffentliche Interesse an der Information überwiegen. Unberührt bleibt im übrigen das Recht des Veranstalters, die Übertragung oder die Aufzeichnung der Veranstaltung insgesamt auszuschließen.

[1)] Bish. § 4 wird § 5 durch Art. 1 Dritter Rundfunkänderungsstaatsvertrag.

(6) Für die Ausübung des Rechts auf Kurzberichterstattung kann der Veranstalter das allgemein vorgesehene Eintrittsgeld verlangen; im übrigen ist ihm Ersatz seiner notwendigen Aufwendungen zu leisten, die durch die Ausübung des Rechts entstehen.

(7) Die Ausübung des Rechts auf Kurzberichterstattung setzt eine Anmeldung des Fernsehveranstalters bis spätestens zehn Tage vor Beginn der Veranstaltung beim Veranstalter voraus. Dieser hat spätestens fünf Tage vor dem Beginn der Veranstaltung den anmeldenden Fernsehveranstaltern mitzuteilen, ob genügend räumliche und technische Möglichkeiten für eine Übertragung oder Aufzeichnung bestehen. Bei kurzfristigen Veranstaltungen und bei Ereignissen haben die Anmeldungen zum frühestmöglichen Zeitpunkt zu erfolgen.

(8) Reichen die räumlichen und technischen Gegebenheiten für eine Berücksichtigung aller Anmeldungen nicht aus, haben zunächst die Fernsehveranstalter Vorrang, die vertragliche Vereinbarungen mit dem Veranstalter oder dem Träger des Ereignisses geschlossen haben. Darüber hinaus steht dem Veranstalter oder dem Träger des Ereignisses ein Auswahlrecht zu. Dabei sind zunächst solche Fernsehveranstalter zu berücksichtigen, die eine umfassende Versorgung des Landes sicherstellen, in dem die Veranstaltung oder das Ereignis stattfindet.

(9) Fernsehveranstalter, die die unentgeltliche Kurzberichterstattung wahrnehmen, sind verpflichtet, das Signal und die Aufzeichnung unmittelbar denjenigen Fernsehveranstaltern gegen Ersatz der angemessenen Aufwendungen zur Verfügung zu stellen, die nicht zugelassen werden konnten.

(10) Trifft der Veranstalter oder der Träger eines Ereignisses eine vertragliche Vereinbarung mit einem Fernsehveranstalter über eine Berichterstattung, hat er dafür Sorge zu tragen, daß mindestens ein anderer Fernsehveranstalter eine Kurzberichterstattung wahrnehmen kann.

(11) Die für die Kurzberichterstattung nicht verwerteten Teile sind spätestens drei Monate nach Beendigung der Veranstaltung oder des Ereignisses zu vernichten; die Vernichtung ist dem betreffenden Veranstalter oder Träger des Ereignisses schriftlich mitzuteilen. Die Frist wird durch die Ausübung berechtigter Interessen Dritter unterbrochen.

§ 6[1] Europäische Produktionen, Eigen-, Auftrags- und Gemeinschaftsproduktionen. (1) Zur Darstellung der Vielfalt im deutschsprachigen und europäischen Raum und zur Förderung von europäischen Film- und Fernsehproduktionen sollen die Fernsehveranstalter den Hauptteil ihrer insgesamt für Spielfilme, Fernsehspiele, Serien, Dokumentarsendungen und vergleichbare Produktionen vorgesehen Sendezeit europäischen Werken entsprechend dem europäischen Recht vorbehalten.

[1] Bish. § 5 wird § 6 durch Art. 1 Dritter Rundfunkänderungsstaatsvertrag.

(2) Fernsehvollprogramme sollen einen wesentlichen Anteil an Eigenproduktionen sowie Auftrags- und Gemeinschaftsproduktionen aus dem deutschsprachigen und europäischen Raum enthalten. Das gleiche gilt für Fernsehspartenprogramme, soweit dies nach ihren inhaltlichen Schwerpunkten möglich ist.

§ 7[1] Werbeinhalte, Kennzeichnung. (1) Werbung darf nicht irreführen, den Interessen der Verbraucher nicht schaden und nicht Verhaltensweisen fördern, die die Gesundheit oder Sicherheit der Verbraucher sowie den Schutz der Umwelt gefährden. Werbung, die sich auch an Kinder oder Jugendliche richtet oder bei der Kinder oder Jugendliche eingesetzt werden, darf nicht ihren Interessen schaden oder ihre Unerfahrenheit ausnutzen.

(2) Werbung oder Werbetreibende dürfen das übrige Programm inhaltlich und redaktionell nicht beeinflussen.

(3) Werbung muß als solche klar erkennbar sein. Sie muß im Fernsehen durch optische und im Hörfunk durch akustische Mittel eindeutig von anderen Programmteilen getrennt sein. In der Werbung dürfen keine unterschwelligen Techniken eingesetzt werden.

(4) Dauerwerbesendungen sind zulässig, wenn der Werbecharakter erkennbar im Vordergrund steht und die Werbung einen wesentlichen Bestandteil der Sendung darstellt. Sie müssen zu Beginn als Dauerwerbesendung angekündigt und während ihres gesamten Verlaufs als solche gekennzeichnet werden. Die Sätze 1 und 2 gelten für Werbeformen im Sinne von § 45 Abs. 3 entsprechend.

(5) Schleichwerbung ist unzulässig. Schleichwerbung ist die Erwähnung oder Darstellung von Waren, Dienstleistungen, Namen, Marken oder Tätigkeiten eines Herstellers von Waren oder eines Erbringers von Dienstleistungen in Programmen, wenn sie zu Werbezwecken vorgesehen ist und die Allgemeinheit hinsichtlich des eigentlichen Zwecks dieser Erwähnung oder Darstellung irreführen kann. Eine Erwähnung oder Darstellung gilt insbesondere dann als zu Werbezwecken vorgesehen, wenn sie gegen Entgelt oder eine sonstige Gegenleistung erfolgt.

(6) In der Fernsehwerbung dürfen keine Personen auftreten, die regelmäßig Nachrichtensendungen oder Sendungen zum politischen Zeitgeschehen vorstellen.

(7) Werbung politischer, weltanschaulicher oder religiöser Art ist unzulässig. § 42 bleibt unberührt.

§ 8[2] Sponsoring. (1) Sponsoring ist der Beitrag einer natürlichen oder juristischen Person oder einer Personenvereinigung, die an Rundfunk-

---

[1] Bish. § 6 wird § 7, Abs. 4 Satz 3 und Abs. 7 Satz 2 geänd. durch Art. 1 Dritter Rundfunkänderungsstaatsvertrag.

[2] § 7 Abs. 2 Satz 1 und Abs. 2 Satz 2 geänd., Abs. 4 Satz 2 aufgeh. durch Art. 1 Erster Rundfunkänderungsstaatsvertrag; bish. § 7 wird § 8 durch Art. 1 Dritter Rundfunkänderungsstaatsvertrag.

tätigkeiten oder an der Produktion audiovisueller Werke nicht beteiligt ist, zur direkten oder indirekten Finanzierung einer Sendung, um den Namen, die Marke, das Erscheinungsbild der Person, ihre Tätigkeit oder ihre Leistungen zu fördern.

(2) Bei Sendungen, die ganz oder teilweise gesponsert werden, muß zu Beginn und am Ende auf die Finanzierung durch den Sponsor in vertretbarer Kürze deutlich hingewiesen werden; der Hinweis ist in diesem Rahmen auch durch Bewegtbild möglich. Neben oder anstelle des Namens des Sponsors kann auch dessen Firmenemblem oder eine Marke eingeblendet werden.

(3) Inhalt und Programmplatz einer gesponserten Sendung dürfen vom Sponsor nicht in der Weise beeinflußt werden, daß die Verantwortung und die redaktionelle Unabhängigkeit des Rundfunkveranstalters beeinträchtigt werden.

(4) Gesponserte Sendungen dürfen nicht zum Verkauf, zum Kauf oder zur Miete oder Pacht von Erzeugnissen oder Dienstleistungen des Sponsors oder eines Dritten, vor allem durch entsprechende besondere Hinweise, anregen.

(5) Wer nach diesem Staatsvertrag oder nach anderen gesetzlichen Bestimmungen nicht werben darf oder wer überwiegend Produkte herstellt oder verkauft oder wer Dienstleistungen erbringt, für die Werbung nach diesem Staatsvertrag oder nach anderen gesetzlichen Bestimmungen verboten ist, darf Sendungen nicht sponsern.

(6) Nachrichtensendungen und Sendungen zum politischen Zeitgeschehen dürfen nicht gesponsert werden.

§ 9[1] Informationspflicht, zuständige Behörden. (1) Die Rundfunkanstalten, des Landesrechts sind verpflichtet, der nach Landesrecht zuständigen Behörde gemäß Artikel 6 Abs. 2 des Europäischen Übereinkommens über das grenzüberschreitende Fernsehen die dort aufgeführten Informationen auf Verlangen zur Verfügung zu stellen. Gleiches gilt für private Fernsehveranstalter, die auf Verlangen die Informationen der Landesmedienanstalt des Landes zur Verfügung zu stellen haben, in dem die Zulassung erteilt wurde. Diese leitet die Informationen an ihre rechtsaufsichtsführende Behörde weiter.

(2) Die Ministerpräsidenten der Länder bestimmen durch Beschluß eine oder mehrere der in Absatz 1 genannten Behörden, welche die Aufgaben nach Artikel 19 Abs. 2 und 3 des Europäischen Übereinkommens über das grenzüberschreitende Fernsehen wahrnehmen. Diesen Behörden sind zur Durchführung ihrer Aufgaben alle erforderlichen Informationen durch die zuständigen Behörden der einzelnen Länder zu übermitteln.

(3) Absätze 1 und 2 gelten entsprechend soweit rechtsverbindliche Berichtspflichten der Länder zum Rundfunk gegenüber zwischen-

[1] Bish. § 8 wird § 9 durch Art. 1 Dritter Rundfunkänderungsstaatsvertrag.

staatlichen Einrichtungen oder internationalen Organisationen bestehen.

§ 10[1] Meinungsumfragen. Bei der Wiedergabe von Meinungsumfragen, die von Rundfunkveranstaltern durchgeführt werden, ist ausdrücklich anzugeben, ob sie repräsentativ sind.

II. Abschnitt. Vorschriften für den öffentlich-rechtlichen Rundfunk

§ 11[2] Funktionsgerechte Finanzausstattung, Grundsatz des Finanzausgleichs. (1) Die Finanzausstattung hat den öffentlich-rechtlichen Rundfunk in die Lage zu versetzen, seine verfassungsmäßigen und gesetzlichen Aufgaben zu erfüllen; sie hat insbesondere den Bestand und die Entwicklung des öffentlich-rechtlichen Rundfunks zu gewährleisten.

(2) Der Finanzausgleich unter den Landesrundfunkanstalten ist Bestandteil des Finanzierungssystems der ARD; er stellt insbesondere eine funktionsgerechte Aufgabenerfüllung der Anstalten Saarländischer Rundfunk, Radio Bremen und Sender Freies Berlin sicher. Der Umfang der Finanzausgleichsmasse und ihre Anpassung an die Rundfunkgebühr bestimmen sich nach dem Rundfunkfinanzierungsstaatsvertrag.

§ 12[3] Finanzierung. (1) Der öffentlich-rechtliche Rundfunk finanziert sich durch Rundfunkgebühren, Einnahmen aus Rundfunkwerbung und sonstigen Einnahmen; vorrangige Finanzierungsquelle ist die Rundfunkgebühr.

(2) Das Bereithalten eines Rundfunkempfangsgeräts begründet auch künftig die Rundfunkgebührenpflicht.

§ 13[4] Finanzbedarf des öffentlich-rechtlichen Rundfunks. (1) Der Finanzbedarf des öffentlich-rechtlichen Rundfunks wird regelmäßig entsprechend den Grundsätzen von Wirtschaftlichkeit und Sparsamkeit, einschließlich der damit verbundenen Rationalisierungspotentiale, auf der Grundlage von Bedarfsanmeldungen der in der ARD zusammengeschlossenen Landesrundfunkanstalten, des ZDF und der Körperschaft des öffentlichen Rechts „Deutschlandradio" durch die unabhängige Kommission zur Überprüfung und Ermittlung des Finanzbedarfs der Rundfunkanstalten (KEF) geprüft und ermittelt.

(2) Bei der Überprüfung und Ermittlung des Finanzbedarfs sind insbesondere zugrunde zu legen

---

[1] Bish. § 9 wird § 10 durch Art. 1 Dritter Rundfunkänderungsstaatsvertrag.
[2] Bish. § 10 wird § 11 durch Art. 1 Dritter Rundfunkänderungsstaatsvertrag.
[3] Bish. § 11 wird § 12 durch Art. 1 Dritter Rundfunkänderungsstaatsvertrag.
[4] Bish. § 12 wird § 13, neugef. durch Art. 1 Dritter Rundfunkänderungsstaatsvertrag.

1. die wettbewerbsfähige Fortführung der bestehenden Rundfunkprogramme sowie die durch Staatsvertrag aller Länder zugelassenen Fernsehprogramme (bestandsbezogener Bedarf),
2. nach Landesrecht zulässige neue Rundfunkprogramme, die Teilhabe an den neuen rundfunktechnischen Möglichkeiten in der Herstellung und zur Verbreitung von Rundfunkprogrammen sowie die Möglichkeit der Veranstaltung neuer Formen von Rundfunk (Entwicklungsbedarf),
3. die allgemeine Kostenentwicklung und die besondere Kostenentwicklung im Medienbereich,
4. die Entwicklung der Gebührenerträge, der Werbeerträge und der sonstigen Erträge.

(3) Bei der Überprüfung und Ermittlung des Finanzbedarfs soll ein hoher Grad der Objektivierbarkeit erreicht werden.

(4) Die Gebührenfestsetzung erfolgt durch Staatsvertrag.

§ 14[1)] Einfügung der Werbung. (1) Übertragungen von Gottesdiensten sowie Sendungen für Kinder dürfen nicht durch Werbung unterbrochen werden.

(2) Fernsehwerbung ist in Blöcken und zwischen einzelnen Sendungen einzufügen; sie kann unter den in den Absätzen 3 und 4 genannten Voraussetzungen auch in Sendungen eingefügt werden, sofern der gesamte Zusammenhang und der Charakter der Sendung nicht beeinträchtigt werden.

(3) Fernsehsendungen von mehr als 45 Minuten Dauer dürfen einmal Werbeeinschaltungen enthalten; dies gilt auch bei Unterteilungen der Sendungen. Bei der Übertragung von Ereignissen und Darbietungen, die Pausen enthalten, darf Werbung nur zwischen den eigenständigen Teilen oder in den Pausen eingefügt werden.

(4) Bei der Übertragung von Sportereignissen, die Pausen enthalten, darf Werbung abweichend von Absatz 3 Satz 1, jedoch nur in den Pausen, ausgestrahlt werden.

(5) Richtet sich die Werbung in einem Fernsehprogramm eigens und häufig an Zuschauer eines anderen Staates, der das Europäische Übereinkommen über das grenzüberschreitende Fernsehen ratifiziert hat und nicht Mitglied der Europäischen Gemeinschaft ist, so dürfen die für die Fernsehwerbung dort geltenden Vorschriften nicht umgangen werden. Satz 1 gilt nicht, wenn die Vorschriften dieses Staatsvertrages über die Werbung strenger sind als jene Vorschriften, die in dem betreffenden Staat gelten, ferner nicht, wenn mit dem betroffenen Staat Übereinkünfte auf diesem Gebiet geschlossen wurden.

§ 15[2)] Dauer der Werbung. (1) Die Gesamtdauer der Werbung beträgt im Ersten Fernsehprogramm der ARD und im Programm „Zweites

---

1) Bish. § 13 wird § 14 durch Art. 1 Dritter Rundfunkänderungsstaatsvertrag.

2) § 15 Abs. 1 Satz 4 und Abs. 2 Satz 2 geänd. durch Art. 1 Dritter Rundfunkänderungsstaatsvertrag.

Deutsches Fernsehen" jeweils höchstens 20 Minuten werktäglich im Jahresdurchschnitt. Nicht vollständig genutzte Werbezeit darf höchstens bis zu 5 Minuten werktäglich nachgeholt werden. Nach 20.00 Uhr sowie an Sonntagen und im ganzen Bundesgebiet anerkannten Feiertagen dürfen Werbesendungen nicht ausgestrahlt werden. § 17 bleibt unberührt.

(2) In weiteren bundesweit verbreiteten Fernsehprogrammen von ARD und ZDF sowie in den Dritten Fernsehprogrammen findet Werbung nicht statt. § 19 Abs. 4 bleibt unberührt.

(3) Im Fernsehen darf die Dauer der Spotwerbung innerhalb eines Zeitraums von einer Stunde 20 vom Hundert nicht überschreiten.

(4) Die Länder sind berechtigt, den Landesrundfunkanstalten bis zu 90 Minuten werktäglich im Jahresdurchschnitt Werbung im Hörfunk einzuräumen; ein am 1. Januar 1987 in den Ländern abweichender zeitlicher Umfang der Werbung und ihre tageszeitliche Begrenzung kann beibehalten werden.

§ 16[1)] Richtlinien. Die in der ARD zusammengeschlossenen Landesrundfunkanstalten und das ZDF erlassen Richtlinien zur Durchführung der §§ 3, 7, 8, 14 und 15. Sie stellen hierzu das Benehmen mit den Landesmedienanstalten her und führen einen gemeinsamen Erfahrungsaustausch in der Anwendung dieser Richtlinien durch.

§ 17[2)] Änderung der Werbung. Die Länder können Änderungen der Gesamtdauer der Werbung, der tageszeitlichen Begrenzung der Werbung und ihrer Beschränkung auf Werktage im öffentlich-rechtlichen Rundfunk vereinbaren.

§ 18[3)] Ausschluß von Fernseheinkauf. Werbesendungen in Form von direkten Angeboten an die Öffentlichkeit für den Verkauf, den Kauf oder die Miete oder Pacht von Erzeugnissen oder die Erbringungen von Dienstleistungen (Fernseheinkauf) finden im öffentlich-rechtlichen Rundfunk nicht statt.

§ 19[4)] Satellitenfernsehprogramme für ARD und ZDF. (1) Die in der ARD zusammengeschlossenen Landesrundfunkanstalten und das ZDF können über Satelliten gemeinsam ein zusätzliches Fernsehprogramm mit kulturellem Schwerpunkt veranstalten; dabei können ausländische Veranstalter, vor allem aus den europäischen Ländern, beteiligt werden.

[1)] Bish. § 14 wird § 16, neugef. durch Art. 1 Dritter Rundfunkänderungsstaatsvertrag.

[2)] Bish. § 16 wird § 17 durch Art. 1 Dritter Rundfunkänderungsstaatsvertrag.

[3)] Bish. § 17 wird § 18 durch Art. 1 Dritter Rundfunkänderungsstaatsvertrag.

[4)] Bish. § 18 wird § 19, Abs. 1 und 2 neugef. durch Art. 1 Dritter Rundfunkänderungsstaatsvertrag.

Die zusätzliche Verbreitung über andere Übertragungswege richtet sich nach Landesrecht.

(2) Darüber hinaus können die in der ARD zusammengeschlossenen Landesrundfunkanstalten und das ZDF über Satelliten gemeinsam zwei Spartenfernsehprogramme als Zusatzangebot veranstalten.

(3) Weitere bundesweit verbreitete gemeinsame Fernsehprogramme der in der ARD zusammengeschlossenen Landesrundfunkanstalten und des ZDF sind nur auf Grundlage besonderer staatsvertraglicher Vereinbarungen aller Länder zulässig.

(4) Die in der ARD zusammengeschlossenen Landesrundfunkanstalten und das ZDF können, auch gemeinsam, im Rahmen ihres Programmauftrags zusammen mit ausländischen Rundfunkveranstaltern oder Unternehmen international verbreitete Programme veranstalten oder sich an einem Veranstalter solcher Programme beteiligen, wenn

1. diese Programme bundesweit empfangbar sind und keine ausschließlich auf die Bundesrepublik Deutschland abzielende Werbung enthalten,
2. die Beteiligung von ARD und ZDF zusammen am Programm oder am Programm und am Kapital des jeweiligen Rundfunkveranstalters 50 vom Hundert nicht übersteigt.

Die in der ARD zusammengeschlossenen Landesrundfunkanstalten und das ZDF beteiligen sich am Europäischen Fernsehkulturkanal. Eine Beteiligung an weiteren Programmen nach Satz 1 ist nur auf der Grundlage einer Vereinbarung der Ministerpräsidenten zulässig.

(5) Soweit dieser Staatsvertrag nichts anderes bestimmt, finden auf die Programme nach den Absätzen 1, 2 und 4 der in der ARD zusammengeschlossenen Landesrundfunkanstalten und des ZDF die für diese Anstalten geltenden Vorschriften entsprechend Anwendung.

III. Abschnitt.[1] Vorschriften für den privaten Rundfunk

1. Unterabschnitt. Zulassung und verfahrensrechtliche Vorschriften

§ 20 Zulassung. (1) Private Veranstalter bedürfen zur Veranstaltung von Rundfunk einer Zulassung nach Landesrecht. In der Zulassung für Veranstalter bundesweit verbreiteter Programme ist die Programmkategorie nach § 2 Abs. 2 festzulegen.

(2) Wenn und soweit Mediendienste dem Rundfunk zuzuordnen sind, bedürfen Anbieter solcher Dienste einer Zulassung nach Landesrecht. Stellt die zuständige Landesmedienanstalt im Einvernehmen mit allen Landesmedienanstalten fest, daß diese Voraussetzung vorliegt, muß der Anbieter nach seiner Wahl innerhalb von sechs Monaten

[1] III. Abschnitt, §§ 20–49 neugef. durch Art. 1 Dritter Rundfunkänderungsstaatsvertrag.

nachdem die Feststellung ihm bekanntgegeben ist, einen Zulassungsantrag stellen oder den Mediendienst so anbieten, daß er nicht dem Rundfunk zuzuordnen ist. Anbieter von Mediendiensten sind berechtigt, bei der zuständigen Landesmedienanstalt einen Antrag auf rundfunkrechtliche Unbedenklichkeit zu stellen.

(3) Das Landesrecht kann ein vereinfachtes Zulassungsverfahren vorsehen, wenn Sendungen

1. im örtlichen Bereich einer öffentlichen Veranstaltung und im zeitlichen Zusammenhang damit veranstaltet und verbreitet werden oder
2. für Einrichtungen angeboten werden, wenn diese für gleiche Zwecke genutzt und die Sendungen nur dort empfangen werden können und im funktionellen Zusammenhang mit den in diesen Einrichtungen zu erfüllenden Aufgaben stehen.

In Sendungen nach Satz 1 Nr. 2 ist Werbung unzulässig. Unberührt bleiben landesrechtliche Bestimmungen, nach denen Sendungen für eine beschränkte Anzahl von Wohneinheiten oder Sendungen in Einrichtungen, die sich auf ein Gebäude oder einen zusammengehörenden Gebäudekomplex beschränken, keiner Zulassung bedürfen.

§ 21 Grundsätze für das Zulassungsverfahren. (1) Der Antragsteller hat alle Angaben zu machen, alle Auskünfte zu erteilen und alle Unterlagen vorzulegen, die zur Prüfung des Zulassungsantrags erforderlich sind.

(2) Die Auskunftspflicht und die Verpflichtung zur Vorlage von Unterlagen erstrecken sich insbesondere auf

1. eine Darstellung der unmittelbaren und mittelbaren Beteiligungen im Sinne des § 28 an dem Antragsteller sowie der Kapital- und Stimmrechtsverhältnisse bei dem Antragsteller und den mit ihm im Sinne des Aktiengesetzes verbundenen Unternehmen,
2. die Angabe über Angehörige im Sinne des § 15 Abgabenordnung unter den Beteiligten nach Nummer 1, gleiches gilt für Vertreter der Person oder Personengesellschaft oder des Mitglieds eines Organs einer juristischen Person,
3. den Gesellschaftsvertrag und die satzungsrechtlichen Bestimmungen des Antragstellers,
4. Vereinbarungen, die zwischen an dem Antragsteller unmittelbar oder mittelbar im Sinn von § 28 Beteiligten bestehen und sich auf die gemeinsame Veranstaltung von Rundfunk sowie auf Treuhandverhältnisse und nach den §§ 26 und 28 erhebliche Beziehungen beziehen,
5. eine schriftliche Erklärung des Antragstellers, daß die nach den Nummern 1 bis 4 vorgelegten Unterlagen und Angaben vollständig sind.

(3) Ist für die Prüfung im Rahmen des Zulassungsverfahrens ein Sachverhalt bedeutsam, der sich auf Vorgänge außerhalb des Geltungsbereichs dieses Staatsvertrages bezieht, so hat der Antragsteller diesen

Sachverhalt aufzuklären und die erforderlichen Beweismittel zu beschaffen. Er hat dabei alle für ihn bestehenden rechtlichen und tatsächlichen Möglichkeiten auszuschöpfen. Der Antragsteller kann sich nicht darauf berufen, daß er Sachverhalte nicht aufklären oder Beweismittel nicht beschaffen kann, wenn er sich nach Lage des Falles bei der Gestaltung seiner Verhältnisse die Möglichkeit dazu hätte beschaffen oder einräumen lassen können.

(4) Die Verpflichtungen nach den Absätzen 1 bis 3 gelten für natürliche und juristische Personen oder Personengesellschaften, die an dem Antragsteller unmittelbar oder mittelbar im Sinne von § 28 beteiligt sind oder zu ihm im Verhältnis eines verbundenen Unternehmens stehen oder sonstige Einflüsse im Sinne der §§ 26 und 28 auf ihn ausüben können, entsprechend.

(5) Kommt ein Auskunfts- oder Vorlagepflichtiger seinen Mitwirkungspflichten nach den Absätzen 1 bis 4 innerhalb einer von der zuständigen Landesmedienanstalt bestimmten Frist nicht nach, kann der Zulassungsantrag abgelehnt werden.

(6) Die im Rahmen des Zulassungsverfahrens Auskunfts- und Vorlagepflichtigen sind verpflichtet, jede Änderung der maßgeblichen Umstände nach Antragstellung oder nach Erteilung der Zulassung unverzüglich der zuständigen Landesmedienanstalt mitzuteilen. Die Absätze 1 bis 5 finden entsprechende Anwendung. § 29 bleibt unberührt.

(7) Unbeschadet anderweitiger Anzeigepflichten sind der Veranstalter und die an ihm unmittelbar oder mittelbar im Sinne von § 28 Beteiligten jeweils nach Ablauf eines Kalenderjahres verpflichtet, unverzüglich der zuständigen Landesmedienanstalt gegenüber eine Erklärung darüber abzugeben, ob und inwieweit innerhalb des abgelaufenen Kalenderjahres bei den nach § 28 maßgeblichen Beteiligungs- und Zurechnungstatbeständen eine Veränderung eingetreten ist.

§ 22 Auskunftsrechte und Ermittlungsbefugnisse. (1) Die zuständige Landesmedienanstalt kann alle Ermittlungen durchführen und alle Beweise erheben, die zur Erfüllung ihrer sich aus den §§ 26 bis 34 ergebenden Aufgaben erforderlich sind. Sie bedient sich der Beweismittel, die sie nach pflichtgemäßem Ermessen zur Ermittlung des Sachverhalts für erforderlich hält. Sie kann insbesondere

1. Auskünfte einholen,
2. Beteiligte im Sinne des § 13 Verwaltungsverfahrensgesetz anhören, Zeugen und Sachverständige vernehmen oder die schriftliche Äußerung von Beteiligten, Sachverständigen und Zeugen einholen,
3. Urkunden und Akten beiziehen,
4. den Augenschein einnehmen.

Andere Personen als die Beteiligten sollen erst dann zur Auskunft herangezogen werden, wenn die Sachverhaltsaufklärung durch diese nicht zum Ziel führt oder keinen Erfolg verspricht.

(2) Für Zeugen und Sachverständige besteht eine Pflicht zur Aussage oder zur Erstattung von Gutachten. Die Vorschriften der Zivilprozeßordnung über die Pflicht, als Zeuge auszusagen oder als Sachverständiger ein Gutachten zu erstatten, über die Ablehnung von Sachverständigen sowie über die Vernehmung von Angehörigen des öffentlichen Dienstes als Zeugen oder Sachverständige gelten entsprechend. Die Entschädigung der Zeugen und Sachverständigen erfolgt in entsprechender Anwendung des Gesetzes über die Entschädigung von Zeugen und Sachverständigen.

(3) Zur Glaubhaftmachung der Vollständigkeit und Richtigkeit der Angaben darf die zuständige Landesmedienanstalt die Vorlage einer eidesstattlichen Versicherung von denjenigen verlangen, die nach § 21 Abs. 1 und 4 auskunfts- und vorlagepflichtig sind. Eine Versicherung an Eides Statt soll nur gefordert werden, wenn andere Mittel zur Erforschung der Wahrheit nicht vorhanden sind, zu keinem Ergebnis geführt haben oder einen unverhältnismäßigen Aufwand erfordern.

(4) Die von der zuständigen Landesmedienanstalt mit der Durchführung der sich aus den §§ 26 bis 34 ergebenden Aufgaben betrauten Personen dürfen während der üblichen Geschäfts- und Arbeitszeiten die Geschäftsräume und -grundstücke der in § 21 Abs. 1, 3 und 4 genannten Personen und Personengesellschaften betreten und die nachfolgend in Absatz 5 genannten Unterlagen einsehen und prüfen. Das Grundrecht des Artikels 13 Grundgesetz wird insoweit eingeschränkt.

(5) Die in § 21 Abs. 1, 3 und 4 genannten Personen oder Personengesellschaften haben auf Verlangen Aufzeichnungen, Bücher, Geschäftspapiere und andere Urkunden, die für die Anwendung der §§ 26 bis 34 erheblich sein können, vorzulegen, Auskünfte zu erteilen und die sonst zur Durchführung der Maßnahmen nach Absatz 4 erforderlichen Hilfsdienste zu leisten. Vorkehrungen, die die Maßnahmen hindern oder erschweren, sind unzulässig.

(6) Der zur Erteilung einer Auskunft Verpflichtete kann die Auskunft auf solche Fragen verweigern, deren Beantwortung ihn selbst oder einen der in § 383 Abs. 1 Nrn. 1 bis 3 Zivilprozeßordnung bezeichneten Angehörigen der Gefahr strafrechtlicher Verfolgung oder eines Verfahrens nach dem Gesetz über Ordnungswidrigkeiten aussetzen würde.

(7) Durchsuchungen dürfen nur aufgrund einer Anordnung des Amtsrichters, in dessen Bezirk die Durchsuchung erfolgen soll, vorgenommen werden. Bei Gefahr im Verzug können die in Absatz 4 bezeichneten Personen während der Geschäftszeit die erforderlichen Durchsuchungen ohne richterliche Anordnung vornehmen. An Ort und Stelle ist eine Niederschrift über Grund, Zeit und Ort der Durchsuchung und ihr wesentliches Ergebnis aufzunehmen, aus der sich, falls keine richterliche Anordnung ergangen ist, auch die Tatsachen ergeben, die zur Annahme einer Gefahr im Verzug geführt haben.

(8) Der Inhaber der tatsächlichen Gewalt über die zu durchsuchenden Räume darf der Durchsuchung beiwohnen. Ist er abwesend, soll

sein Vertreter oder ein anderer Zeuge hinzugezogen werden. Dem Inhaber der tatsächlichen Gewalt über die durchsuchten Räume oder seinem Vertreter ist auf Verlangen eine Durchschrift der in Absatz 7 Satz 3 genannten Niederschrift zu erteilen.

§ 23 Publizitätspflicht und sonstige Vorlagepflichten. (1) Jeder Veranstalter hat unabhängig von seiner Rechtsform jährlich nach Maßgabe der Vorschriften des Handelsgesetzbuches, die für große Kapitalgesellschaften gelten, einen Jahresabschluß samt Anhang und einen Lagebericht spätestens bis zum Ende des neunten auf das Ende des Geschäftsjahres folgenden Monats zu erstellen und bekanntzumachen. Satz 1 findet auf an dem Veranstalter unmittelbar Beteiligte, denen das Programm des Veranstalters nach § 28 Abs. 1 Satz 1, und mittelbar Beteiligte, denen das Programm nach § 28 Abs. 1 Satz 2 zuzurechnen ist, entsprechende Anwendung.

(2) Innerhalb derselben Frist hat der Veranstalter eine Aufstellung der Programmbezugsquellen für den Berichtszeitraum der zuständigen Landesmedienanstalt vorzulegen.

§ 24 Vertraulichkeit. Angaben über persönliche und sachliche Verhältnisse einer natürlichen oder juristischen Person oder einer Personengesellschaft sowie Betriebs- oder Geschäftsgeheimnisse, die den Landesmedienanstalten, ihren Organen, ihren Bediensteten oder von ihnen beauftragten Dritten im Rahmen der Durchführung ihrer Aufgaben anvertraut oder sonst bekannt geworden sind, dürfen nicht unbefugt offenbart werden. § 46 Abs. 9 des Gesetzes gegen Wettbewerbsbeschränkungen findet entsprechende Anwendung. Soweit personenbezogene Daten verarbeitet werden, finden die Datenschutzbestimmungen nach Landesrecht Anwendung.

2. Unterabschnitt. Sicherung der Meinungsvielfalt

§ 25 Meinungsvielfalt, regionale Fenster. (1) Im privaten Rundfunk ist inhaltlich die Vielfalt der Meinungen im wesentlichen zum Ausdruck zu bringen. Die bedeutsamen politischen, weltanschaulichen und gesellschaftlichen Kräfte und Gruppen müssen in den Vollprogrammen angemessen zu Wort kommen; Auffassungen von Minderheiten sind zu berücksichtigen. Die Möglichkeit, Spartenprogramme anzubieten, bleibt hiervon unberührt.

(2) Ein einzelnes Programm darf die Bildung der öffentlichen Meinung nicht in hohem Maße ungleichgewichtig beeinflussen.

(3) Im Rahmen des Zulassungsverfahrens soll die Landesmedienanstalt darauf hinwirken, daß an dem Veranstalter auch Interessenten mit kulturellen Programmbeiträgen beteiligt werden. Ein Rechtsanspruch auf Beteiligung besteht nicht.

(4) In bundesweit verbreiteten Fernsehvollprogrammen sollen bei terrestrischer Verbreitung nach Maßgabe des jeweiligen Landesrechts Fensterprogramme aufgenommen werden. Mit der Organisation der Fensterprogramme ist zugleich deren Finanzierung durch die Veranstalter sicherzustellen. Die Landesmedienanstalten stimmen die Organisation der Fensterprogramme in zeitlicher und technischer Hinsicht unter Berücksichtigung der Interessen der betroffenen Veranstalter ab.

§ 26 Sicherung der Meinungsvielfalt im Fernsehen. (1) Ein Unternehmen (natürliche oder juristische Person oder Personenvereinigung) darf in der Bundesrepublik Deutschland selbst oder durch ihm zurechenbare Unternehmen bundesweit im Fernsehen eine unbegrenzte Anzahl von Programmen veranstalten, es sei denn, es erlangt dadurch vorherrschende Meinungsmacht nach Maßgabe der nachfolgenden Bestimmungen.

(2) Erreichen die einem Unternehmen zurechenbaren Programme im Durchschnitt eines Jahres einen Zuschaueranteil von 30 vom Hundert, so wird vermutet, daß vorherrschende Meinungsmacht gegeben ist. Gleiches gilt bei einer geringfügigen Unterschreitung des Zuschaueranteils, sofern das Unternehmen auf einem medienrelevanten verwandten Markt eine marktbeherrschende Stellung hat oder eine Gesamtbeurteilung seiner Aktivitäten im Fernsehen und auf medienrelevanten verwandten Märkten ergibt, daß der dadurch erzielte Meinungseinfluß dem eines Unternehmens mit einem Zuschaueranteil von 30 vom Hundert im Fernsehen entspricht.

(3) Hat ein Unternehmen mit den ihm zurechenbaren Programmen vorherrschende Meinungsmacht erlangt, so darf für weitere diesem Unternehmen zurechenbare Programme keine Zulassung erteilt oder der Erwerb weiterer zurechenbarer Beteiligungen an Veranstaltern nicht als unbedenklich bestätigt werden.

(4) Hat ein Unternehmen mit den ihm zurechenbaren Programmen vorherrschende Meinungsmacht erlangt, schlägt die zuständige Landesmedienanstalt durch die Kommission zur Ermittlung der Konzentration im Medienbereich (KEK, § 35 Abs. 2 Satz 1 Nr. 1) dem Unternehmen folgende Maßnahmen vor:

1. Das Unternehmen kann ihm zurechenbare Beteiligungen an Veranstaltern aufgeben, bis der zurechenbare Zuschaueranteil des Unternehmens hierdurch unter die Grenze nach Absatz 2 Satz 1 fällt, oder
2. es kann im Falle des Absatzes 2 Satz 2 seine Marktstellung auf medienrelevanten verwandten Märkten vermindern oder ihm zurechenbare Beteiligungen an Veranstaltern aufgeben, bis keine vorherrschende Meinungsmacht nach Absatz 2 Satz 2 mehr gegeben ist, oder
3. es kann bei ihm zurechenbaren Veranstaltern vielfaltssichernde Maßnahmen im Sinne der §§ 30 bis 32 ergreifen.

Die KEK erörtert mit dem Unternehmen die in Betracht kommenden Maßnahmen mit dem Ziel, eine einvernehmliche Regelung herbeizuführen. Kommt keine Einigung zustande oder werden die einvernehmlich zwischen dem Unternehmen und der KEK vereinbarten Maßnahmen nicht in angemessener Frist durchgeführt, so sind von der zuständigen Landesmedienanstalt nach Feststellung durch die KEK die Zulassungen von so vielen dem Unternehmen zurechenbaren Programmen zu widerrufen, bis keine vorherrschende Meinungsmacht durch das Unternehmen mehr gegeben ist. Die Auswahl trifft die KEK unter Berücksichtigung der Besonderheiten des Einzelfalles. Eine Entschädigung für Vermögensnachteile durch den Widerruf der Zulassung wird nicht gewährt.

(5) Erreicht ein Veranstalter mit einem Vollprogramm oder einem Spartenprogramm mit Schwerpunkt Information im Durchschnitt eines Jahres einen Zuschaueranteil von 10 vom Hundert, hat er binnen sechs Monaten nach Feststellung und Mitteilung durch die zuständige Landesmedienanstalt Sendezeit für unabhängige Dritte nach Maßgabe von § 31 einzuräumen. Trifft der Veranstalter die danach erforderlichen Maßnahmen nicht, ist von der zuständigen Landesmedienanstalt nach Feststellung durch die KEK die Zulassung zu widerrufen. Absatz 4 Satz 5 gilt entsprechend.

(6) Die Landesmedienanstalten veröffentlichen gemeinsam alle drei Jahre oder auf Anforderung der Länder einen Bericht der KEK über die Entwicklung der Konzentration und über Maßnahmen zur Sicherung der Meinungsvielfalt im privaten Rundfunk unter Berücksichtigung von

1. Verflechtungen zwischen Fernsehen und medienrelevanten verwandten Märkten,
2. horizontalen Verflechtungen zwischen Rundfunkveranstaltern in verschiedenen Verbreitungsgebieten und
3. internationalen Verflechtungen im Medienbereich.

Der Bericht soll auch zur Anwendung der §§ 26 bis 32 und zu erforderlichen Änderungen dieser Bestimmungen Stellung nehmen.

(7) Die Landesmedienanstalten veröffentlichen jährlich eine von der KEK zu erstellende Programmliste. In die Programmliste sind alle Programme, ihre Veranstalter und deren Beteiligte aufzunehmen.

§ 27 Bestimmung der Zuschaueranteile. (1) Die Landesmedienanstalten ermitteln durch die KEK den Zuschaueranteil der jeweiligen Programme unter Einbeziehung aller deutschsprachigen Programme des öffentlich-rechtlichen Rundfunks und des bundesweit empfangbaren privaten Rundfunks. Für Entscheidungen maßgeblich ist der bei Einleitung des Verfahrens im Durchschnitt der letzten zwölf Monate erreichte Zuschaueranteil der einzubeziehenden Programme.

(2) Die Landesmedienanstalten beauftragen nach Maßgabe einer Entscheidung der KEK ein Unternehmen zur Ermittlung der Zuschaueranteile; die Vergabe des Auftrags erfolgt nach den Grundsätzen von Wirtschaftlichkeit und Sparsamkeit aufgrund einer Ausschreibung. Die Ermittlung muß aufgrund repräsentativer Erhebungen bei Zuschauern

ab Vollendung des dritten Lebensjahres nach allgemein anerkannten wissenschaftlichen Methoden durchgeführt werden. Die Landesmedienanstalten sollen mit dem Unternehmen vereinbaren, daß die anläßlich der Ermittlung der Zuschaueranteile nach Absatz 1 Satz 1 erhobenen Daten vertraglich auch von Dritten genutzt werden können. In diesem Fall sind die auf die Landesmedienanstalten entfallenden Kosten entsprechend zu mindern.

(3) Die Veranstalter sind bei der Ermittlung der Zuschaueranteile zur Mitwirkung verpflichtet. Kommt ein Veranstalter seiner Mitwirkungspflicht nicht nach, kann die Zulassung widerrufen werden.

§ 28 Zurechnung von Programmen. (1) Einem Unternehmen sind sämtliche Programme zuzurechnen, die es selbst veranstaltet oder die von einem anderen Unternehmen veranstaltet werden, an dem es unmittelbar mit 25 vom Hundert oder mehr an dem Kapital oder an den Stimmrechten beteiligt ist. Ihm sind ferner alle Programme von Unternehmen zuzurechnen, an denen es mittelbar beteiligt ist, sofern diese Unternehmen zu ihm im Verhältnis eines verbundenen Unternehmens im Sinne von § 15 Aktiengesetz stehen und diese Unternehmen am Kapital oder an den Stimmrechten eines Veranstalters mit 25 vom Hundert oder mehr beteiligt sind. Die im Sinne der Sätze 1 und 2 verbundenen Unternehmen sind als einheitliche Unternehmen anzusehen, und deren Anteile am Kapital oder an den Stimmrechten sind zusammenzufassen. Wirken mehrere Unternehmen aufgrund einer Vereinbarung oder in sonstiger Weise derart zusammen, daß sie gemeinsam einen beherrschenden Einfluß auf ein beteiligtes Unternehmen ausüben können, so gilt jedes von ihnen als herrschendes Unternehmen.

(2) Einer Beteiligung nach Absatz 1 steht gleich, wenn ein Unternehmen allein oder gemeinsam mit anderen auf einen Veranstalter einen vergleichbaren Einfluß ausüben kann. Als vergleichbarer Einfluß gilt auch, wenn ein Unternehmen oder ein ihm bereits aus anderen Gründen nach Absatz 1 oder Absatz 2 Satz 1 zurechenbares Unternehmen

1. regelmäßig einen wesentlichen Teil der Sendezeit eines Veranstalters mit von ihm zugelieferten Programmteilen gestaltet oder
2. aufgrund vertraglicher Vereinbarungen, satzungsrechtlicher Bestimmungen oder in sonstiger Weise eine Stellung innehat, die wesentliche Entscheidungen eines Veranstalters über die Programmgestaltung, den Programmeinkauf oder die Programmproduktion von seiner Zustimmung abhängig macht.

(3) Bei der Zurechnung nach den Absätzen 1 und 2 sind auch Unternehmen einzubeziehen, die ihren Sitz außerhalb des Geltungsbereichs dieses Staatsvertrages haben.

(4) Bei der Prüfung und Bewertung vergleichbarer Einflüsse auf einen Veranstalter sind auch bestehende Angehörigenverhältnisse einzubeziehen. Hierbei finden die Grundsätze des Wirtschafts- und Steuerrechts Anwendung.

§ 29 Veränderung von Beteiligungsverhältnissen. Jede geplante Veränderung von Beteiligungsverhältnissen oder sonstigen Einflüssen ist bei der zuständigen Landesmedienanstalt vor ihrem Vollzug schriftlich anzumelden. Anmeldepflichtig sind der Veranstalter und die an dem Veranstalter unmittelbar oder mittelbar im Sinne von § 28 Beteiligten. Die Veränderungen dürfen nur dann von der zuständigen Landesmedienanstalt als unbedenklich bestätigt werden, wenn unter den veränderten Voraussetzungen eine Zulassung erteilt werden könnte. Wird eine geplante Veränderung vollzogen, die nicht nach Satz 3 als unbedenklich bestätigt werden kann, ist die Zulassung zu widerrufen; das Nähere des Widerrufs richtet sich nach Landesrecht. Für geringfügige Beteiligungen an Aktiengesellschaften kann die KEK durch Richtlinien Ausnahmen für die Anmeldepflicht vorsehen.

§ 30 Vielfaltssichernde Maßnahmen. Stellen die vorgenannten Vorschriften auf vielfaltssichernde Maßnahmen bei einem Veranstalter oder Unternehmen ab, so gelten als solche Maßnahmen:

1. Die Einräumung von Sendezeit für unabhängige Dritte (§ 31),
2. die Einrichtung eines Programmbeirats (§ 32).

§ 31 Sendezeit für unabhängige Dritte. (1) Ein Fensterprogramm, das aufgrund der Verpflichtung zur Einräumung von Sendezeit nach den vorstehenden Bestimmungen ausgestrahlt wird, muß unter Wahrung der Programmautonomie des Hauptveranstalters einen zusätzlichen Beitrag zur Vielfalt in dessen Programm, insbesondere in den Bereichen Kultur, Bildung und Information, leisten. Die Gestaltung des Fensterprogramms hat in redaktioneller Unabhängigkeit vom Hauptprogramm zu erfolgen.

(2) Die Dauer des Fensterprogramms muß wöchentlich mindestens 260 Minuten, davon mindestens 75 Minuten in der Sendezeit von 19.00 Uhr bis 23.30 Uhr betragen. Auf die wöchentliche Sendezeit werden Regionalfensterprogramme bis höchstens 150 Minuten pro Woche mit höchstens 80 Minuten pro Woche auf die Drittsendezeit außerhalb der in Satz 1 genannten Sendezeit angerechnet; bei einer geringeren wöchentlichen Sendezeit für das Regionalfenster vermindert sich die anrechenbare Sendezeit von 80 Minuten entsprechend. Die Anrechnung ist nur zulässig, wenn die Regionalfensterprogramme in redaktioneller Unabhängigkeit veranstaltet werden und insgesamt bundesweit mindestens 50 vom Hundert der Fernsehhaushalte erreichen.

(3) Der Fensterprogrammanbieter nach Absatz 1 darf nicht in einem rechtlichen Abhängigkeitsverhältnis zum Hauptprogrammveranstalter stehen. Rechtliche Abhängigkeit im Sinne von Satz 1 liegt vor, wenn das Hauptprogramm und das Fensterprogramm nach § 28 demselben Unternehmen zugerechnet werden können.

(4) Ist ein Hauptprogrammveranstalter zur Einräumung von Sendezeit für unabhängige Dritte verpflichtet, so schreibt die zuständige Lan-

desmedienanstalt nach Erörterung mit dem Hauptprogrammveranstalter das Fensterprogramm zur Erteilung einer Zulassung aus. Die zuständige Landesmedienanstalt überprüft die eingehenden Anträge auf ihre Vereinbarkeit mit den Bestimmungen dieses Staatsvertrages sowie der sonstigen landesrechtlichen Bestimmungen und teilt dem Hauptprogrammveranstalter die zulassungsfähigen Anträge mit. Sie erörtert mit dem Hauptprogrammveranstalter die Anträge mit dem Ziel, eine einvernehmliche Auswahl zu treffen. Kommt eine Einigung nicht zustande und liegen der zuständigen Landesmedienanstalt mehr als drei zulassungsfähige Anträge vor, wählt sie aus einem Dreiervorschlag des Hauptprogrammveranstalters denjenigen Bewerber aus, dessen Programm den größtmöglichen Beitrag zur Vielfalt im Programm des Hauptprogrammveranstalters erwarten läßt und erteilt ihm die Zulassung. Bei drei oder weniger Anträgen trifft die zuständige Landesmedienanstalt die Entscheidung unmittelbar.

(5) Ist ein Bewerber für das Fensterprogramm nach Absatz 4 ausgewählt, schließen der Hauptprogrammveranstalter und der Bewerber eine Vereinbarung über die Ausstrahlung des Fensterprogramms im Rahmen des Hauptprogramms. In diese Vereinbarung ist insbesondere die Verpflichtung des Hauptprogrammveranstalters aufzunehmen, dem Fensterprogrammveranstalter eine ausreichende Finanzierung seines Programms zu ermöglichen. Die Vereinbarung muß ferner vorsehen, daß eine Kündigung während der Dauer der Zulassung nach Absatz 6 nur wegen schwerwiegender Vertragsverletzungen oder aus einem wichtigen Grund mit einer Frist von sechs Monaten zulässig ist.

(6) Auf der Grundlage einer Vereinbarung zu angemessenen Bedingungen nach Absatz 5 ist dem Fensterprogrammveranstalter durch die zuständige Landesmedienanstalt die Zulassung zur Veranstaltung des Fensterprogramms zu erteilen. In die Zulassung des Haupt- und des Fensterprogrammveranstalters sind die wesentlichen Verpflichtungen aus der Vereinbarung nach Absatz 5 als Bestandteil der Zulassungen aufzunehmen. Eine Entschädigung für Vermögensnachteile durch den teilweisen Widerruf der Zulassung des Hauptprogrammveranstalters wird nicht gewährt. Die Zulassung für den Fensterprogrammveranstalter soll auf die Dauer von drei Jahren erteilt werden, längstens jedoch bis zum Ablauf der Zulassung des Hauptprogrammveranstalters.

§ 32 Programmbeirat. (1) Der Programmbeirat hat die Programmverantwortlichen, die Geschäftsführung des Programmveranstalters und die Gesellschafter bei der Gestaltung des Programms zu beraten. Der Programmbeirat soll durch Vorschläge und Anregungen zur Sicherung der Meinungsvielfalt und Pluralität des Programms (§ 25) beitragen. Mit der Einrichtung eines Programmbeirats durch den Veranstalter ist dessen wirksamer Einfluß auf das Fernsehprogramm durch Vertrag oder Satzung zu gewährleisten.

(2) Die Mitglieder des Programmbeirats werden vom Veranstalter berufen. Sie müssen aufgrund ihrer Zugehörigkeit zu gesellschaftlichen

Gruppen in ihrer Gesamtheit die Gewähr dafür bieten, daß die wesentlichen Meinungen in der Gesellschaft vertreten sind.

(3) Der Programmbeirat ist über alle Fragen, die das veranstaltete Programm betreffen, durch die Geschäftsführung zu unterrichten. Er ist bei wesentlichen Änderungen der Programmstruktur, der Programminhalte, des Programmschemas sowie bei programmbezogenen Anhörungen durch die zuständige Landesmedienanstalt und bei Programmbeschwerden zu hören.

(4) Der Programmbeirat kann zur Erfüllung seiner Aufgaben Auskünfte von der Geschäftsführung verlangen und hinsichtlich des Programms oder einzelner Beiträge Beanstandungen gegenüber der Geschäftsführung aussprechen. Zu Anfragen und Beanstandungen hat die Geschäftsführung innerhalb angemessener Frist Stellung zu nehmen. Trägt sie den Anfragen und Beanstandungen zum Programm nach Auffassung des Programmbeirats nicht ausreichend Rechnung, kann er in dieser Angelegenheit einen Beschluß des Kontrollorgans über die Geschäftsführung, sofern ein solches nicht vorhanden ist, der Gesellschafterversammlung, verlangen. Eine Ablehnung der Vorlage des Programmbeirats durch die Gesellschafterversammlung oder durch das Kontrollorgan über die Geschäftsführung bedarf einer Mehrheit von 75 vom Hundert der abgegebenen Stimmen.

(5) Bei Änderungen der Programmstruktur, der Programminhalte oder des Programmschemas oder bei der Entscheidung über Programmbeschwerden ist vor der Entscheidung der Geschäftsführung die Zustimmung des Programmbeirats einzuholen. Wird diese verweigert oder kommt eine Stellungnahme binnen angemessener Frist nicht zustande, kann die Geschäftsführung die betreffende Maßnahme nur mit Zustimmung des Kontrollorgans über die Geschäftsführung, sofern ein solches nicht vorhanden ist, der Gesellschafterversammlung, für die eine Mehrheit von 75 vom Hundert der abgegebenen Stimmen erforderlich ist, treffen. Der Veranstalter hat das Ergebnis der Befassung des Programmbeirats oder der Entscheidung nach Satz 2 der zuständigen Landesmedienanstalt mitzuteilen.

(6) Handelt es sich bei dem Veranstalter, bei dem ein Programmbeirat eingerichtet werden soll, um ein einzelkaufmännisch betriebenes Unternehmen, so gelten die Absätze 4 und 5 mit der Maßgabe, daß der Programmbeirat statt der Gesellschafterversammlung oder des Kontrollorgans über die Geschäftsführung die zuständige Landesmedienanstalt anrufen kann, die über die Maßnahme entscheidet.

§ 33 Richtlinien. Die Landesmedienanstalten erlassen gemeinsame Richtlinien zur näheren Ausgestaltung der §§ 31 und 32. In den Richtlinien zu § 32 sind insbesondere Vorgaben über Berufung und Zusammensetzung des Programmbeirats zu machen.

§ 34 Übergangsbestimmung. Bis zur ersten Bestimmung der Zuschaueranteile nach § 27 sind für die Beurteilung von Fragestellungen der Sicherung der Meinungsvielfalt in Zusammenhang mit der bundesweiten Veranstaltung von Fernsehprogrammen die vorhandenen Daten über Zuschaueranteile zugrunde zu legen. Die Veranstalter sind verpflichtet, bei ihnen vorhandene Daten über Zuschaueranteile auf Anforderung der KEK zur Verfügung zu stellen. Die Landesmedienanstalten haben durch Anwendung verwaltungsverfahrensrechtlicher Regelungen unter Beachtung der Interessen der Beteiligten sicherzustellen, daß Maßnahmen nach diesem Staatsvertrag, die aufgrund von Daten nach Satz 1 ergehen, unverzüglich an die sich aufgrund der ersten Bestimmung der Zuschaueranteile nach § 27 ergebende Sach- und Rechtslage angepaßt werden können.

3. Unterabschnitt. Organisation der Medienaufsicht, Finanzierung besonderer Aufgaben

§ 35 Aufsicht im Rahmen der Sicherung der Meinungsvielfalt. (1) Die zuständige Landesmedienanstalt überprüft vor und nach der Zulassung die Einhaltung der für die privaten Veranstalter geltenden Bestimmungen zur Sicherung der Meinungsvielfalt nach diesem Staatsvertrag. Sie trifft entsprechend den Bestimmungen dieses Staatsvertrages die jeweiligen Entscheidungen.

(2) Zur Erfüllung der Aufgaben nach Absatz 1 werden gebildet:

1. die Kommission zur Ermittlung der Konzentration im Medienbereich (KEK) und
2. die Konferenz der Direktoren der Landesmedienanstalten (KDLM).

Diese dienen der jeweils zuständigen Landesmedienanstalt als Organe bei der Erfüllung ihrer Aufgaben nach Absatz 1.

(3) Die KEK besteht aus sechs Sachverständigen des Rundfunk- und des Wirtschaftsrechts, von denen drei die Befähigung zum Richteramt haben müssen. Die Mitglieder der KEK und zwei Ersatzmitglieder für den Fall der nicht nur vorübergehenden Verhinderung eines Mitglieds werden von den Ministerpräsidenten der Länder für die Dauer von fünf Jahren einvernehmlich berufen; Wiederberufung ist zulässig. Von der Mitgliedschaft ausgeschlossen sind Mitglieder und Bedienstete der Institutionen der Europäischen Union, der Verfassungsorgane des Bundes und der Länder, Gremienmitglieder und Bedienstete von Landesrundfunkanstalten der ARD, des ZDF, des Deutschlandradios, des Europäischen Fernsehkulturkanals „ARTE", der Landesmedienanstalten und der privaten Rundfunkveranstalter sowie Bedienstete von an ihnen unmittelbar oder mittelbar im Sinne von § 28 beteiligten Unternehmen.

(4) Die KDLM setzt sich aus den jeweiligen gesetzlichen Vertretern der Landesmedienanstalten zusammen, die ihr kraft ihres Amtes angehören; eine Vertretung im Fall der Verhinderung durch den ständigen Vertreter ist zulässig. Ihre Tätigkeit ist unentgeltlich.

(5) Die Mitglieder der KEK und der KDLM sind bei der Erfüllung ihrer Aufgaben nach diesem Staatsvertrag an Weisungen nicht gebunden.

Die Verschwiegenheitspflicht nach § 24 gilt auch im Verhältnis der Mitglieder der KEK und der KDLM zu anderen Organen der Landesmedienanstalten.

(6) Die Sachverständigen der KEK erhalten für ihre Tätigkeit eine angemessene Vergütung und Ersatz ihrer notwendigen Auslagen. Das Vorsitzland der Rundfunkkommission schließt die Verträge mit den Sachverständigen.

(7) Die Landesmedienanstalten stellen der KEK die notwendigen personellen und sachlichen Mittel zur Verfügung. Die KEK erstellt einen Wirtschaftsplan nach den Grundsätzen der Wirtschaftlichkeit und Sparsamkeit. Der Aufwand für die KEK und die KDLM wird aus dem Anteil der Landesmedienanstalten nach § 10 Rundfunkfinanzierungsstaatsvertrag gedeckt. Von den Verfahrensbeteiligten sind durch die zuständigen Landesmedienanstalten Kosten in angemessenem Umfang zu erheben. Näheres regeln die Landesmedienanstalten durch Verwaltungsvereinbarung. Den Sitz der Geschäftsstelle der KEK bestimmen die Ministerpräsidenten einvernehmlich durch Beschluß.

§ 36 Zuständigkeit. (1) Die KEK und nach Maßgabe des § 37 Abs. 2 die KDLM sind zuständig für die abschließende Beurteilung von Fragestellungen der Sicherung von Meinungsvielfalt im Zusammenhang mit der bundesweiten Veranstaltung von Fernsehprogrammen. Sie sind im Rahmen des Satzes 1 insbesondere zuständig für die Prüfung solcher Fragen bei der Entscheidung über eine Zulassung oder Änderung einer Zulassung, bei der Bestätigung von Veränderungen von Beteiligungsverhältnissen als unbedenklich und bei Maßnahmen nach § 26 Abs. 4. Der KEK und der KDLM stehen durch die zuständige Landesmedienanstalt die Verfahrensrechte nach den §§ 21 und 22 zu. Die KEK ermittelt die den Unternehmen jeweils zurechenbaren Zuschaueranteile.

(2) Die Auswahl und Zulassung von Fensterprogrammveranstaltern sowie die Aufsicht über das Programm obliegen dem für die Zulassung zuständigen Organ der zuständigen Landesmedienanstalt. Bei Auswahl und Zulassung von Fensterprogrammveranstaltern ist zuvor das Benehmen mit der KEK herzustellen.

§ 37 Verfahren bei der Zulassung und Aufsicht. (1) Geht ein Antrag auf Zulassung eines privaten Veranstalters, bei dem nicht schon andere Gründe als solche der Sicherung der Meinungsvielfalt zur Ablehnung führen, bei der zuständigen Landesmedienanstalt ein, legt deren gesetzlicher Vertreter unverzüglich den Antrag sowie die vorhandenen Unterlagen der KEK zur Beurteilung von Fragestellungen der Sicherung der Meinungsvielfalt vor. Die KEK faßt ihre Beschlüsse mit der Mehrheit ihrer gesetzlichen Mitglieder. Die Beschlüsse sind zu begründen. In der Begründung sind die wesentlichen tatsächlichen und rechtlichen Gründe mitzuteilen. Die Beschlüsse der KEK sind gegenüber den anderen Organen der zuständigen Landesmedienanstalt bindend. Sie sind deren Entscheidungen zugrunde zu legen. Absatz 2 bleibt unberührt.

(2) Will das für die Entscheidung über die Zulassung zuständige Organ der zuständigen Landesmedienanstalt von dem Beschluß der KEK abweichen, hat es binnen eines Monats nach der Entscheidung der KEK die KDLM anzurufen. Die Anrufung durch eine andere Landesmedienanstalt ist nicht zulässig. Der KDLM sind alle erforderlichen Unterlagen im Zusammenhang mit dem Antrag vorzulegen. Trifft die KDLM nicht binnen dreier Monate nach Anrufung mit einer Mehrheit von drei Vierteln ihrer gesetzlichen Mitglieder einen abweichenden Beschluß, bleibt der Beschluß der KEK bindend, andernfalls tritt der Beschluß der KDLM an die Stelle des Beschlusses der KEK.

(3) Die Absätze 1 und 2 gelten entsprechend für die Beurteilung von Fragestellungen der Sicherung von Meinungsvielfalt durch die KEK oder KDLM im Rahmen ihrer Zuständigkeit in anderen Fällen als dem der Zulassung eines privaten Veranstalters.

(4) Gegen Entscheidungen der zuständigen Landesmedienanstalt nach den §§ 35 und 36 ist jeder durch die Entscheidung betroffene bundesweit zugelassene Fernsehveranstalter zur Anfechtung berechtigt.

§ 38 Aufsicht in sonstigen Angelegenheiten. (1) Die zuständige Landesmedienanstalt überprüft vor und nach der Zulassung die Einhaltung der sonstigen für den privaten Veranstalter geltenden Bestimmungen dieses Staatsvertrages. Sie trifft entsprechend den landesrechtlichen Regelungen die jeweilige Entscheidung.

(2) Die zuständigen Landesmedienanstalten stimmen sich mit dem Ziel einer ländereinheitlichen Verfahrensweise hinsichtlich der Anwendung des Absatzes 1 untereinander ab. Sie sollen zu diesem Zweck, auch zur Vorbereitung von Einzelfallentscheidungen, gemeinsame Stellen bilden. Die Landesmedienanstalten sollen bei planerischen und technischen Vorarbeiten zusammenarbeiten.

(3) Jede Landesmedienanstalt kann gegenüber der Landesmedienanstalt des Landes, in dem die Zulassung erteilt wurde, nach Absatz 1 beanstanden, daß ein bundesweit verbreitetes Programm gegen die sonstigen Bestimmungen dieses Staatsvertrages verstößt. Die zuständige Landesmedienanstalt ist verpflichtet, sich mit der Beanstandung zu befassen und die beanstandende Landesmedienanstalt von der Überprüfung und von eingeleiteten Schritten zu unterrichten.

§ 39 Anwendungsbereich. Die §§ 21 bis 38 gelten nur für bundesweit verbreitetes Fernsehen. Eine abweichende Regelung durch Landesrecht ist nicht zulässig. Die Entscheidungen der KEK und nach Maßgabe des § 37 Abs. 2 der KDLM sind durch die zuständige Landesmedienanstalt auch bei der Entscheidung über die Zuweisung von Übertragungskapazitäten nach Landesrecht zugrunde zu legen.

§ 40 Finanzierung besonderer Aufgaben. (1) Ein zusätzlicher Anteil an der einheitlichen Rundfunkgebühr in Höhe von zwei vom Hundert kann für die Finanzierung folgender Aufgaben verwendet werden:

1. Zulassungs- und Aufsichtsfunktionen der Landesmedienanstalten einschließlich hierfür notwendiger planerischer, insbesondere technischer Vorarbeiten,
2. die Förderung offener Kanäle.

Mittel aus dem Anteil nach Satz 1 können bis zum 31. Dezember 2000 aufgrund besonderer Ermächtigung durch den Landesgesetzgeber auch für die Förderung von landesrechtlich gebotener technischer Infrastruktur zur terrestrischen Versorgung des gesamten Landes und zur Förderung von Projekten für neuartige Rundfunkübertragungstechniken verwendet werden. Formen der nichtkommerziellen Veranstaltung von lokalem und regionalem Rundfunk können aus dem Anteil nach Satz 1 aufgrund besonderer Ermächtigung durch den Landesgesetzgeber gefördert werden.

(2) Das Recht des Landesgesetzgebers, der Landesmedienanstalt nur einen Teil des Anteils nach Absatz 1 zuzuweisen, bleibt unberührt.

(3) Soweit der Anteil nach Absatz 1 nicht in Anspruch genommen wird, steht er den jeweiligen Landesrundfunkanstalten zu. Eine landesgesetzliche Zweckbestimmung ist zulässig.

4. Unterabschnitt. Programmgrundsätze, Sendezeit für Dritte

§ 41 Programmgrundsätze. (1) Für die Rundfunkprogramme gilt die verfassungsmäßige Ordnung. Die Rundfunkprogramme haben die Würde des Menschen sowie die sittlichen, religiösen und weltanschaulichen Überzeugungen anderer zu achten. Sie sollen die Zusammengehörigkeit im vereinten Deutschland sowie die internationale Verständigung fördern und auf ein diskriminierungsfreies Miteinander hinwirken. Die Vorschriften der allgemeinen Gesetze und die gesetzlichen Bestimmungen zum Schutz der persönlichen Ehre sind einzuhalten.

(2) Die Rundfunkvollprogramme sollen zur Darstellung der Vielfalt im deutschsprachigen und europäischen Raum mit einem angemessenen Anteil an Information, Kultur und Bildung beitragen; die Möglichkeit, Spartenprogramme anzubieten, bleibt hiervon unberührt.

(3) Berichterstattung und Informationssendungen haben den anerkannten journalistischen Grundsätzen zu entsprechen. Sie müssen unabhängig und sachlich sein. Nachrichten sind vor ihrer Verbreitung mit der nach den Umständen gebotenen Sorgfalt auf Wahrheit und Herkunft zu prüfen. Kommentare sind von der Berichterstattung deutlich zu trennen und unter Nennung des Verfassers als solche zu kennzeichnen.

(4) Die Absätze 1 bis 3 gelten nur für bundesweit verbreiteten Rundfunk.

§ 42 Sendezeit für Dritte. (1) Den Evangelischen Kirchen, der Katholischen Kirche und den Jüdischen Gemeinden sind auf Wunsch angemessene Sendezeiten zur Übertragung religiöser Sendungen einzuräumen; die Veranstalter können die Erstattung ihrer Selbstkosten verlangen.

(2) Parteien ist während ihrer Beteiligung an den Wahlen zum Deutschen Bundestag gegen Erstattung der Selbstkosten angemessene Sendezeit einzuräumen, wenn mindestens eine Landesliste für sie zugelassen wurde. Ferner haben Parteien und sonstige politische Vereinigungen während ihrer Beteiligung an den Wahlen der Abgeordneten aus der Bundesrepublik Deutschland für das Europäische Parlament gegen Erstattung der Selbstkosten Anspruch auf angemessene Sendezeit, wenn mindestens ein Wahlvorschlag für sie zugelassen wurde.

(3) Die Absätze 1 und 2 gelten nur für bundesweit verbreiteten privaten Rundfunk.

5. Unterabschnitt. Finanzierung, Werbung

§ 43 Finanzierung. Private Veranstalter können ihre Rundfunkprogramme durch Einnahmen aus Werbung, durch sonstige Einnahmen, insbesondere durch Entgelte der Teilnehmer (Abonnements oder Einzelentgelte), sowie aus eigenen Mitteln finanzieren. Eine Finanzierung privater Veranstalter aus der Rundfunkgebühr ist unzulässig. § 40 bleibt unberührt.

§ 44 Einfügung der Werbung. (1) Übertragungen von Gottesdiensten sowie Sendungen für Kinder dürfen nicht durch Werbung unterbrochen werden.

(2) Fernsehwerbung ist in Blöcken und zwischen einzelnen Sendungen einzufügen; sie kann unter den in den Absätzen 3 bis 5 genannten Voraussetzungen auch in Sendungen eingefügt werden, sofern der gesamte Zusammenhang und der Charakter der Sendung nicht beeinträchtigt werden.

(3) In Fernsehsendungen, die aus eigenständigen Teilen bestehen, oder in Sportsendungen und Übertragungen ähnlich gegliederter Ereignisse und Darbietungen, die Pausen enthalten, darf Werbung nur zwischen den eigenständigen Teilen oder in den Pausen eingefügt werden. Bei anderen Sendungen muß der Abstand zwischen zwei aufeinanderfolgenden Unterbrechungen innerhalb der Sendung mindestens 20 Minuten betragen. Die Absätze 4 und 5 bleiben unberührt.

(4) Abweichend von Absatz 3 Satz 2 dürfen Werke wie Kinospielfilme und Fernsehfilme mit Ausnahme von Serien, Reihen, leichten Unterhaltungssendungen und Dokumentarsendungen, sofern sie länger als 45 Minuten dauern, nur einmal je vollständigem 45-Minutenzeitraum unterbrochen werden. Eine weitere Unterbrechung ist zulässig, wenn diese Sendungen mindestens 20 Minuten länger dauern als zwei oder mehr vollständige 45-Minutenzeiträume.

(5) Im Fernsehen dürfen Nachrichtensendungen, Sendungen zum politischen Zeitgeschehen, Dokumentarsendungen und Sendungen re-

ligiösen Inhalts nicht durch Werbung unterbrochen werden, wenn sie kürzer als 30 Minuten sind. Bei einer Länge von 30 Minuten oder mehr gelten die Bestimmungen der Absätze 2 und 3.

(6) Richtet sich die Werbung in einem Fernsehprogramm eigens und häufig an Zuschauer eines anderen Staates, der das Europäische Übereinkommen über das grenzüberschreitende Fernsehen ratifiziert hat und nicht Mitglied der Europäischen Union ist, so dürfen die für die Fernsehwerbung dort geltenden Vorschriften nicht umgangen werden. Satz 1 gilt nicht, wenn die Vorschriften dieses Staatsvertrages über die Werbung strenger sind als jene Vorschriften, die in dem betreffenden Staat gelten, ferner nicht, wenn mit dem betroffenen Staat Übereinkünfte auf diesem Gebiet geschlossen wurden.

§ 45 Dauer der Werbung. (1) Die Dauer der Werbung darf insgesamt 20 vom Hundert, die der Spotwerbung 15 vom Hundert der täglichen Sendezeit nicht überschreiten.

(2) Innerhalb eines Einstundenzeitraums darf die Dauer der Spotwerbung 20 vom Hundert nicht überschreiten.

(3) Werbeformen wie direkte Angebote an die Öffentlichkeit für den Verkauf, den Kauf oder die Miete oder Pacht von Erzeugnissen oder die Erbringung von Dienstleistungen dürfen eine Stunde am Tag nicht überschreiten. Rundfunkveranstalter dürfen nicht als Vertragspartner oder Vertreter für die Bestellung von Waren und Dienstleistungen tätig sein.

§ 46 Richtlinien. Die Landesmedienanstalten erlassen gemeinsame Richtlinien zur Durchführung der §§ 3, 7, 8, 44 und 45. Sie stellen hierbei das Benehmen mit den in der ARD zusammengeschlossenen Landesrundfunkanstalten und dem ZDF her und führen einen gemeinsamen Erfahrungsaustausch in der Anwendung dieser Richtlinien durch.

6. Unterabschnitt. Datenschutz, Revision, Ordnungswidrigkeiten

§ 47 Datenschutz. (1) Soweit in den Absätzen 2 bis 6 nichts anderes bestimmt ist, sind die jeweils geltenden Vorschriften über den Schutz personenbezogener Daten anzuwenden, auch wenn die Daten nicht in Dateien verarbeitet und genutzt werden.

(2) Personenbezogene Daten über die Inanspruchnahme einzelner Programmangebote dürfen nur erhoben, verarbeitet und genutzt werden, soweit und solange dies erforderlich ist, um

1. den Abruf von Programmangeboten zu vermitteln (Verbindungsdaten),
2. die Abrechnung der Entgelte zu ermöglichen, die der Teilnehmer für die Inanspruchnahme der technischen Einrichtungen und Programmangebote zu entrichten hat (Abrechnungsdaten).

(3) Die Speicherung der Abrechnungsdaten darf Zeitpunkt, Dauer, Art, Inhalt und Häufigkeit bestimmter vom einzelnen Teilnehmer in Anspruch genommener Programmangebote nicht erkennen lassen, es sei denn, der Teilnehmer beantragt schriftlich eine nach einzelnen Programmangeboten aufgeschlüsselte Abrechnung der Entgelte.

(4) Die Übermittlung von Abrechnungs- und Verbindungsdaten an Dritte ist nicht zulässig. Dies gilt nicht für die Übermittlung von Abrechnungsdaten an den Rundfunkveranstalter zum Zwecke der Einziehung einer Forderung, wenn diese Forderung auch nach Mahnung nicht beglichen wird.

(5) Abrechnungsdaten sind zu löschen, sobald sie für Zwecke der Abrechnung nicht mehr erforderlich sind. Verbindungsdaten sind nach Ende der jeweiligen Verbindung zu löschen.

(6) Wer Abrechnungs- und Verbindungsdaten erhebt, verarbeitet oder nutzt, hat die technischen und organisatorischen Maßnahmen zu treffen, die erforderlich sind, um sicherzustellen, daß

1. die Verbindungsdaten unmittelbar nach Ende der Verbindung nach Absatz 5 Satz 2 gelöscht werden,
2. die Abrechnungsdaten nach Absatz 5 Satz 1 gelöscht werden,
3. der Teilnehmer nur durch eine eindeutige und bewußte Handlung Daten übermitteln kann,
4. zu Zwecken der Datensicherung vergebene Codes einen dem Stand der Technik entsprechenden Schutz vor unbefugter Verwendung bieten.

§ 48 Revision zum Bundesverwaltungsgericht. In einem gerichtlichen Verfahren kann die Revision zum Bundesverwaltungsgericht auch darauf gestützt werden, daß das angefochtene Urteil auf der Verletzung der Bestimmungen dieses Staatsvertrages beruhe.

§ 49 Ordnungswidrigkeiten. (1) Ordnungswidrig handelt, wer als Veranstalter von bundesweit verbreitetem privaten Rundfunk vorsätzlich oder fahrlässig

1. Sendungen entgegen § 3 Abs. 1 Nr. 1 verbreitet, die wegen Verstoßes gegen § 130 StGB unzulässig sind,
2. Sendungen entgegen § 3 Abs. 1 Nr. 2 verbreitet, die wegen Verstoßes gegen § 131 StGB unzulässig sind,
3. Sendungen entgegen § 3 Abs. 1 Nr. 3 verbreitet, die wegen Kriegsverherrlichung unzulässig sind,
4. Sendungen entgegen § 3 Abs. 1 Nr. 4 verbreitet, die wegen Verstoßes gegen § 184 StGB unzulässig sind,
5. Sendungen entgegen § 3 Abs. 1 Nr. 5 verbreitet, die wegen ihrer offensichtlichen Eignung, Kinder oder Jugendliche sittlich schwer zu gefährden, unzulässig sind,

6. Sendungen entgegen § 3 Abs. 1 Nr. 6 verbreitet, die unzulässig sind, weil sie Menschen, die sterben oder schweren körperlichen oder seelischen Leiden ausgesetzt sind oder waren, in einer die Menschenwürde verletzenden Weise darstellen und ein tatsächliches Geschehen wiedergeben, ohne daß ein überwiegendes berechtigtes Interesse gerade an dieser Form der Berichterstattung vorliegt,
7. Sendungen, die geeignet sind, das körperliche, geistige oder seelische Wohl von Kindern oder Jugendlichen zu beeinträchtigen, entgegen § 3 Abs. 2 Satz 1 verbreitet, ohne aufgrund der Sendezeit oder auf andere Weise Vorsorge getroffen zu haben, daß Kinder oder Jugendliche der betroffenen Altersstufen die Sendungen üblicherweise nicht wahrnehmen,
8. Sendungen entgegen § 3 Abs. 2 Sätze 2 und 3 oder Abs. 3 Satz 1 verbreitet, in den Fällen des § 3 Abs. 2 Satz 3 oder Abs. 3 Satz 1, ohne daß die nach Landesrecht zuständige Stelle dies nach § 3 Abs. 5 gestattet hat,
9. Sendungen nach § 3 Abs. 3 Satz 1 verbreitet, ohne vor der Ausstrahlung die Gründe, die zu einer von Absatz 3 Satz 1 abweichenden Bewertung geführt haben, schriftlich niedergelegt zu haben, oder
   entgegen § 3 Abs. 3 Satz 2 der zuständigen Landesmedienanstalt auf Anforderung die Gründe nicht mitteilt, die zu einer von § 3 Abs. 3 Satz 1 abweichenden Bewertung geführt haben,
10. Programmankündigungen mit Bewegtbildern zu Sendungen, die nach § 3 Abs. 2 oder 3 Sendezeitbeschränkungen unterliegen, entgegen § 3 Abs. 4 außerhalb dieser Zeiten ausstrahlt,
11. Werbung entgegen § 7 Abs. 3 Satz 2 nicht von anderen Programmteilen trennt,
12. entgegen § 7 Abs. 4 Satz 2 eine Dauerwerbesendung nicht kennzeichnet,
13. entgegen § 8 Abs. 2 Satz 1 nicht zu Beginn und am Ende der Sponsorsendung auf den Sponsor hinweist,
14. unzulässige Sponsorsendungen (§ 8 Abs. 5 oder 6) ausstrahlt,
15. entgegen § 9 Abs. 1 Satz 2 der Informationspflicht nicht nachkommt,
16. entgegen § 20 Abs. 1 Satz 1 oder Abs. 2 ohne Zulassung Rundfunkprogramme veranstaltet,
17. entgegen § 21 Abs. 6 eine Änderung der maßgeblichen Umstände nach Antragstellung oder nach Erteilung der Zulassung nicht unverzüglich der zuständigen Landesmedienanstalt mitteilt; dies gilt auch für sonstige im Rahmen des Zulassungsverfahrens auskunfts- und vorlagepflichtige Personen,
18. entgegen § 21 Abs. 7 nicht unverzüglich nach Ablauf eines Kalenderjahres der zuständigen Landesmedienanstalt gegenüber eine Erklärung darüber abgibt, ob und inwieweit innerhalb des abgelaufe-

nen Kalenderjahres bei den nach § 28 maßgeblichen Beteiligungs- und Zurechnungstatbeständen eine Veränderung eingetreten ist; dies gilt auch für die am Veranstalter unmittelbar oder mittelbar im Sinne des § 28 Beteiligten,

19. entgegen § 23 Abs. 1 seinen Jahresabschluß samt Anhang und Lagebericht nicht fristgerecht erstellt und bekanntmacht; dies gilt auch für die am Veranstalter unmittelbar oder mittelbar im Sinne des § 28 Beteiligten,
20. entgegen § 23 Abs. 2 nicht fristgemäß die Aufstellung der Programmbezugsquellen der zuständigen Landesmedienanstalt vorlegt,
21. entgegen § 29 Satz 1 es unterläßt, geplante Veränderungen anzumelden; dies gilt auch für die am Veranstalter unmittelbar oder mittelbar im Sinne des § 28 Beteiligten,
22. entgegen § 34 Satz 2 die bei ihm vorhandenen Daten über Zuschaueranteile auf Anforderung der KEK nicht zur Verfügung stellt,
23. entgegen § 44 Abs. 1 Gottesdienste und Sendungen für Kinder durch Werbung unterbricht,
    entgegen § 44 Abs. 3 in Fernsehsendungen, die aus eigenständigen Teilen bestehen, oder in Sportsendungen und Übertragungen ähnlich gegliederter Ereignisse und Darbietungen, die Pausen enthalten, Werbung nicht zwischen den eigenständigen Teilen oder in den Pausen einfügt oder
    entgegen den in § 44 Abs. 3 Satz 2, Abs. 4 und 5 genannten Voraussetzungen andere Sendungen durch Werbung unterbricht,
24. entgegen § 45 Abs. 1 die zulässige Dauer der täglichen Werbezeit überschreitet, entgegen § 45 Abs. 2 die zulässige Dauer der Spotwerbung innerhalb eines Einstundenzeitraums überschreitet oder
    entgegen § 45 Abs. 3 Satz 2 als Vertragspartner oder Vertreter für die Bestellung von Waren oder Dienstleistungen tätig wird,
25. über den nach § 47 Abs. 2 zulässigen Rahmen hinaus personenbezogene Daten erhebt, verarbeitet oder nutzt,
    entgegen § 47 Abs. 4 personenbezogene Daten übermittelt oder
    entgegen § 47 Abs. 5 personenbezogene Daten nicht löscht.

Weitere landesrechtliche Bestimmungen über Ordnungswidrigkeiten bleiben unberührt.

(2) Die Ordnungswidrigkeit kann mit einer Geldbuße von bis zu 500 000 Deutsche Mark geahndet werden.

(3) Zuständige Verwaltungsbehörde im Sinne des § 36 Abs. 1 Nr. 1 des Gesetzes über Ordnungswidrigkeiten ist die Landesmedienanstalt des Landes, in dem die Zulassung erteilt oder beantragt wurde. Über die Einleitung eines Verfahrens hat die zuständige Verwaltungsbehörde die übrigen Landesmedienanstalten unverzüglich zu unterrichten. Soweit ein Verfahren nach dieser Vorschrift in mehreren Ländern eingeleitet wurde, stimmen sich die beteiligten Behörden über die Frage ab, welche Behörde das Verfahren fortführt.

(4) Die Landesmedienanstalt des Landes, die einem Veranstalter eines bundesweit verbreiteten Rundfunkprogramms die Zulassung erteilt hat, kann bestimmen, daß Beanstandungen nach einem Rechtsverstoß gegen Regelungen dieses Staatsvertrages sowie rechtskräftige Entscheidungen in einem Ordnungswidrigkeitsverfahren nach Absatz 1 von dem betroffenen Veranstalter in seinem Rundfunkprogramm verbreitet werden. Inhalt und Zeitpunkt der Bekanntgabe sind durch diese Landesmedienanstalt nach pflichtgemäßem Ermessen festzulegen. Absatz 3 Satz 2 und 3 gilt entsprechend.

IV. Abschnitt.[1] Übertragungskapazitäten

§ 50 Grundsatz. Über die Zuordnung und Nutzung der Übertragungskapazitäten, die zur Verbreitung von Rundfunk dienen, entscheiden die Länder nach Maßgabe dieses Staatsvertrages und des jeweiligen Landesrechts.

§ 51 Zuordnung von Satellitenkanälen. (1) Über die Zuordnung von Satellitenkanälen für Rundfunkzwecke entscheiden die Länder nach Maßgabe der Absätze 2 bis 5.

(2) Über die Zuordnung nach Absatz 1 an die in der ARD zusammengeschlossenen Landesrundfunkanstalten für die Verbreitung eines gemeinsamen Programms und das ZDF sowie über die Zuordnung an Länder entscheiden die Ministerpräsidenten durch Beschluß, soweit diese nicht ausdrücklich durch Staatsverträge festgelegt ist.

(3) Für die Zuordnung gelten insbesondere die folgenden Grundsätze:

a) Zur Verfügung stehende freie Satellitenkanäle sind der ARD, dem ZDF und einer hierfür von den Landesmedienanstalten zu bestimmenden Stelle bekanntzumachen.
b) Reichen die Satellitenkanäle für den angemeldeten Bedarf aus, sind diese entsprechend zuzuordnen.
c) Reichen die Satellitenkanäle für den angemeldeten Bedarf nicht aus, wirken die Ministerpräsidenten auf eine Verständigung zwischen den Beteiligten hin; diese sind für den privaten Rundfunk die Landesmedienanstalten.
d) Kommt eine Verständigung zwischen den Beteiligten nicht zustande, entscheiden die Ministerpräsidenten nach folgenden Kriterien:
   - Sicherung der Grundversorgung,
   - gleichgewichtige Berücksichtigung des privaten Rundfunks,
   - Teilhabe des öffentlich-rechtlichen Rundfunks an allen neuen Techniken und Programmformen,

[1] Bish. §§ 33–35 werden §§ 50–52, bish. § 36 aufgeh. durch Dritten Rundfunkänderungsstaatsvertrag.

– Vielfalt des Programmangebots und
– Zahl der Satellitenkanäle, die bereits einem Land zugeordnet worden sind.

(4) Der Vorsitzende der Ministerpräsidentenkonferenz ordnet den Satellitenkanal gemäß dem Einvernehmen aller Ministerpräsidenten nach Absatz 2 zu.

(5) Die Ministerpräsidenten vereinbaren zur Durchführung der Absätze 2 bis 4 Verfahrensregelungen.

§ 52 Weiterverbreitung. (1) Die zeitgleiche und unveränderte Weiterverbreitung von bundesweit empfangbaren Fernsehprogrammen, die in Europa in rechtlich zulässiger Weise und entsprechend den Bestimmungen des Europäischen Übereinkommens über das grenzüberschreitende Fernsehen veranstaltet werden, ist durch Landesrecht im Rahmen der vorhandenen technischen Möglichkeiten zu gestatten. Die Weiterverbreitung von Fernsehprogrammen kann unter Beachtung europäischer rundfunkrechtlicher Regelungen ausgesetzt werden.

(2) Einzelheiten, insbesondere die Rangfolge bei der Belegung der Kabelkanäle, regelt das Landesrecht.

§ 53[1] Zugangsfreiheit. (1) Anbieter von Diensten mit Zugangsberechtigung, die Zugangsdienste zu Fernsehdiensten herstellen oder vermarkten, müssen allen Veranstaltern zu chancengleichen, angemessenen und nichtdiskriminierenden Bedingungen technische Dienste anbieten, die es gestatten, daß deren Fernsehdienste von zugangsberechtigten Zuschauern mit Hilfe von Dekodern, die von den Anbietern von Diensten verwaltet werden, empfangen werden können.

(2) Die Verpflichtung nach Absatz 1 gilt für Anbieter von Systemen entsprechend, die auch die Auswahl von Fernsehprogrammen steuern und die als übergeordnete Benutzeroberfläche für alle über das System angebotene Dienste verwendet werden (Navigatoren).

(3) Anbieter von Diensten nach den Absätzen 1 und 2 haben die Aufnahme des Dienstes der zuständigen Landesmedienanstalt anzuzeigen.

§ 54[2] Kündigung. (1) Dieser Staatsvertrag gilt für unbestimmte Zeit. Der Staatsvertrag kann von jedem der vertragschließenden Länder zum Schluß des Kalenderjahres mit einer Frist von einem Jahr gekündigt werden. Die Kündigung kann erstmals zum 31. Dezember 2000 erfolgen. Wird der Staatsvertrag zu diesem Termin nicht gekündigt, kann die Kündigung mit gleicher Frist jeweils zu einem zwei Jahre späteren Termin erfolgen. Die Kündigung ist gegenüber dem Vorsitzenden der Mini-

[1] § 53 eingef. durch Art. 1 Dritter Rundfunkänderungsstaatsvertrag.

[2] Bish. § 37 wird § 54, Abs. 1 Sätze 3 u. 4, Abs. 2 Satz 2 geänd., neuer Abs. 3 eingef., bish. Abs. 3 wird Abs. 4, neuer Abs. 4 Sätze 1 bis 3 u. 6 geänd. durch Art. 1 Dritter Rundfunkänderungsstaatsvertrag.

sterpräsidentenkonferenz schriftlich zu erklären. Kündigt ein Land diesen Staatsvertrag, kann es zugleich den Rundfunkgebührenstaatsvertrag und den Rundfunkfinanzierungsstaatsvertrag zum gleichen Zeitpunkt kündigen; jedes andere Land kann daraufhin innerhalb von sechs Monaten nach Eingang der Kündigungserklärung dementsprechend ebenfalls zum gleichen Zeitpunkt kündigen. Zwischen den übrigen Ländern bleiben diese Staatsverträge in Kraft.

(2) Im Falle der Kündigung verbleibt es bei der vorgenommenen Zuordnung der Satellitenkanäle, solange für diese Kanäle noch Berechtigungen bestehen. § 19 bleibt im Falle der Kündigung einzelner Länder unberührt.

(3) § 11 Abs. 2 kann von jedem der vertragsschließenden Länder auch gesondert zum Schluß des Kalenderjahres mit einer Frist von einem Jahr gekündigt werden. Die Kündigung kann erstmals zum 31. Dezember 2000 erfolgen. Wird § 11 Abs. 2 zu diesem Zeitpunkt nicht gekündigt, kann die Kündigung mit gleicher Frist jeweils zu einem zwei Jahre späteren Zeitpunkt erfolgen. Die Kündigung ist gegenüber dem Vorsitzenden der Ministerpräsidentenkonferenz schriftlich zu erklären. Kündigt ein Land, kann jedes Land innerhalb von drei Monaten nach Eingang der Kündigungserklärung den Rundfunkstaatsvertrag, den ARD-Staatsvertrag, den ZDF-Staatsvertrag, den Staatsvertrag über die Körperschaft des öffentlichen Rechts „Deutschlandradio", den Rundfunkfinanzierungsstaatsvertrag und den Rundfunkgebührenstaatsvertrag zum gleichen Zeitpunkt kündigen. Die Kündigung eines Landes läßt die gekündigten Bestimmungen dieses Staatsvertrages und die in Satz 5 aufgeführten Staatsverträge im Verhältnis der übrigen Länder zueinander unberührt.

(4) § 15 Abs. 1, 2 und 4 kann von jedem der vertragschließenden Länder auch gesondert zum Schluß des Kalenderjahres, das auf die Ermittlung des Finanzbedarfs des öffentlich-rechtlichen Rundfunks gem. § 13 folgt, mit einer Frist von sechs Monaten gekündigt werden, wenn der Rundfunkfinanzierungsstaatsvertrag nicht nach der Ermittlung des Finanzbedarfs gemäß § 13 aufgrund einer Rundfunkgebührenerhöhung geändert wird. Die Kündigung kann erstmals zum 31. Dezember 2000 erfolgen. Wird § 15 Abs. 1, 2 und 4 zu einem dieser Termine nicht gekündigt, kann die Kündigung mit gleicher Frist jeweils zu einem zwei Jahre späteren Termin erfolgen. Die Kündigung ist gegenüber dem Vorsitzenden der Ministerpräsidentenkonferenz schriftlich zu erklären. Kündigt ein Land, kann jedes Land innerhalb von drei Monaten nach Eingang der Kündigungserklärung den Rundfunkgebührenstaatsvertrag und den Rundfunkfinanzierungsstaatsvertrag zum gleichen Zeitpunkt kündigen. In diesem Fall kann jedes Land außerdem innerhalb weiterer drei Monate nach Eingang der Kündigungserklärung nach Satz 5 § 12 Abs. 2 sowie §§ 13 und 17 hinsichtlich einzelner oder sämtlicher Bestimmungen zum gleichen Zeitpunkt kündigen. Zwischen den übrigen Ländern bleiben die gekündigten Bestimmungen dieses Staatsvertrages und die in Satz 5 angegebenen Staatsverträge in Kraft.

§ 55[1] Regelung für Bayern. Der Freistaat Bayern ist berechtigt, eine Verwendung des Anteils an der Rundfunkgebühr nach § 40 zur Finanzierung der landesgesetzlich bestimmten Aufgaben der Bayerischen Landeszentrale für Neue Medien im Rahmen der öffentlich-rechtlichen Trägerschaft vorzusehen. Im übrigen finden die für private Veranstalter geltenden Bestimmungen dieses Staatsvertrages auf Anbieter nach bayerischem Recht entsprechende Anwendung.

---

[1] Bish. § 38 wird § 55, Satz 1 geänd. durch Art. 1 Dritter Rundfunkänderungsstaatsvertrag.

6. Landesmediengesetz Baden-Württemberg (LMedienG)

In der Fassung vom 17. März 1992 (GBl. S. 189)[1)]

zuletzt geänd. durch G v. 24. November 1997 (GBl. S. 483)

Inhaltsübersicht

---

1) Die Neubek. beruht auf Art. 4 Abs. 2 ÄndG v. 12. 12. 1991 (GBl. S. 817), das im wesentlichen am 1. 1. 1992 in Kraft trat.

Neunter Abschnitt. Landesanstalt für Kommunikation §§

Zehnter Abschnitt. Datenschutz

Elfter Abschnitt. Straf- und Bußgeldvorschriften, verwaltungsgerichtliche Zuständigkeit

Zwölfter Abschnitt. Übergangs- und Schlußbestimmungen

Erster Abschnitt. Anwendungsbereich und Begriffsbestimmungen

§ 1 Anwendungsbereich. (1) Dieses Gesetz gilt für den Rundfunk (Hörfunk und Fernsehen) und die rundfunkähnliche Kommunikation.

(2) Eine Veranstaltung und Verbreitung von Darbietungen aller Art in Wort, in Ton und in Bild unter Benutzung elektromagnetischer Schwingungen ohne Verbindungsleitung oder längs oder mittels eines Leiters ist

1. Rundfunk, wenn sie, auch verschlüsselt oder gegen besonderes Entgelt, in planvoller und zeitlich geordneter Abfolge zum gleichzeitigen Empfang durch die Allgemeinheit bestimmt ist,
2. rundfunkähnliche Kommunikation, wenn sie weder Rundfunk noch Individualkommunikation darstellt.

(3) Zur rundfunkähnlichen Kommunikation gehört insbesondere die Veranstaltung und Verbreitung von Sendungen mit Texten, stehenden Bildern, Bewegtbildern, Musik- und Sprechdarbietungen, die

1. von einem elektronischen Speicher selbsttätig an jeden Beliebigen übermittelt werden, der sie mit nachrichtentechnischen Mitteln angewählt hat, unabhängig davon, ob die Übermittlung alsbald oder zu einem geeigneten späteren Zeitpunkt vorgenommen wird (Sendungen auf Abruf), oder
2. in raschem Wechsel so verbreitet werden, daß jedermann jederzeit oder zu einem beliebigen Zeitpunkt innerhalb eines bestimmten Zeitrahmens jede einzelne Information auswählen und sofort oder mit einer Wartezeit sichtbar oder hörbar machen kann (Sendungen auf Zugriff).

(4) Dieses Gesetz gilt nicht für die

1. Veranstaltung und Verbreitung von Sendungen in einer Einrichtung, insbesondere einem Beherbergungsbetrieb, Krankenhaus, Heim oder einer Anstalt, wenn die Sendungen in einem funktionellen Zusammenhang mit den dort zu erfüllenden Aufgaben stehen und sich deren Verbreitung auf ein Gebäude oder einen zusammengehörigen Gebäudekomplex beschränkt,
2. Weiterverbreitung von Rundfunkprogrammen und rundfunkähnlichen Kommunikationsdiensten auf Zugriff in einer solchen Einrichtung.

(5) Für die Veranstaltung bundesweit verbreiteter Programme privater Veranstalter gilt dieses Gesetz, soweit nicht durch Staatsverträge und Gesetze abweichende Regelungen getroffen sind.

§ 2 Begriffsbestimmungen. Im Sinne dieses Gesetzes ist

1. Rundfunkprogramm eine planvolle und zeitlich geordnete Folge von Rundfunksendungen eines Veranstalters;
2. rundfunkähnlicher Kommunikationsdienst eine Gesamtheit von Sendungen eines Veranstalters, die zum Abruf oder Zugriff angeboten werden; er ist
   a) Textdienst, wenn Textsendungen angeboten werden; Textsendungen bestehen aus Textseiten mit Schriftzeichen, stehenden Bildern oder anderen Informationen, die typischerweise auf dem Bildschirm sichtbar gemacht werden; dazu gehören nicht Bewegtbildsendungen;
   b) Ton- und Bewegtbilddienst, wenn Ton- oder Bewegtbildsendungen angeboten werden;

3. Sendung
   a) ein einzelner, in sich geschlossener, zeitlich begrenzter Teil eines Rundfunkprogramms,
   b) die einzelne Textseite oder die unmittelbar miteinander verknüpften Textseiten eines Veranstalters, die zum Abruf oder Zugriff angeboten werden (Textsendung), oder
   c) die einzelne, in sich geschlossene Ton- und Bewegtbilddarbietung, die zum gesonderten Abruf oder Zugriff angeboten wird (Ton- und Bewegtbildsendung);
4. Vollprogramm ein Rundfunkprogramm, das in wesentlichen Programmteilen der Information, der Bildung und der Unterhaltung dient;
5. Spartenprogramm ein Rundfunkprogramm, das einen im wesentlichen gleichartigen Inhalt hat oder mehrere solcher gleichartiger Inhalte verbindet;
6. Veranstalter, wer ein Rundfunkprogramm, einen rundfunkähnlichen Kommunikationsdienst oder einzelne Sendungen unter eigener inhaltlicher Verantwortung verbreitet;
7. Landesrundfunkanstalt eine öffentlich-rechtliche Rundfunkanstalt, die nach Landesrecht mit der Veranstaltung und Verbreitung von Rundfunkprogrammen für das Landesgebiet oder einen Teil davon betraut ist.

Zweiter Abschnitt. Sicherung von Übertragungskapazitäten für Rundfunk und rundfunkähnliche Kommunikation; Erprobungskapazitäten

§ 3 Kapazitätsziele. (1) Für das Gebiet des Landes sollen die Voraussetzungen dafür geschaffen werden, daß drahtlos und kabelgebunden vielfältige Rundfunkprogramme und rundfunkähnliche Kommunikationsdienste frei empfangen und durch selbständige Veranstalter frei verbreitet werden können.

(2) Die Landesregierung wirkt darauf hin, daß zu diesem Zweck

1. zusätzliche drahtlose Frequenzen für Rundfunk und rundfunkähnliche Kommunikation verfügbar gemacht werden,
2. die im Lande vorhandenen Breitbandkabelnetze mit angemessener Reservekapazität ausgebaut und für Rundfunk sowie rundfunkähnliche Kommunikation verfügbar gemacht werden,
3. die übrigen Gebiete des Landes eine entsprechende Breitband-Übertragungskapazität erhalten, sofern nicht durch technische Umstellung des allgemeinen Fernmeldenetzes eine mindestens gleiche Kapazität geschaffen wird.

§ 4 Planmäßiger Ausbau der Übertragungskapazität. (1) Zur Verwirklichung der Kapazitätsziele (§ 3) wirkt die Landesregierung darauf hin, daß der Bund in Abstimmung mit der Landesregierung die Übertragungskapazität für Rundfunk und rundfunkähnliche Kommunikation im Lande planmäßig ausbaut. Die Ziele der Raumordnung und Landesplanung sind dabei zu beachten.

(2) Die Landesregierung trägt dafür Sorge, daß Gemeinden, für deren Gebiet ein Kabelnetz vorgesehen wird, zuvor Gelegenheit zur Stellungnahme erhalten.

§ 5 Nutzungsplan. (1) Nach den Regeln der §§ 6 bis 8 stellt die Landesanstalt durch Rechtsverordnung[1] einen Nutzungsplan für die drahtlosen Frequenzen und für die Kabelnetze auf. Die Landesrundfunkanstalten teilen hierzu der Landesanstalt ihre Nutzungsinteressen mit und legen die Gründe dar, warum die beabsichtigte Nutzung nicht im Rahmen ihrer bisherigen Übertragungskapazität verwirklicht werden kann. Der Nutzungsplan soll mit dem Bundesminister für Post und Telekommunikation abgestimmt werden. Den Landesrundfunkanstalten und den Verbänden privater Rundfunkveranstalter ist vor Erlaß des Nutzungsplans Gelegenheit zur Stellungnahme zu geben; Einwendungen sollen mit den Beteiligten erörtert werden.

(2) Soweit nicht bereits in einem Gesetz oder Abkommen die Zuteilung an eine Landesrundfunkanstalt oder einen privaten Veranstalter vorgenommen ist, sind in den Nutzungsplan auch die Übertragungskapazitäten von Satelliten einzubeziehen, über deren Nutzung das Land allein oder in Übereinstimmung mit anderen Ländern der Bundesrepublik entscheiden kann.

(3) Der Nutzungsplan ist so zu gestalten, daß vielfältige Meinungen und Informationswünsche zur Geltung kommen können. Die jeweils bestehende Nutzung und die hierfür erforderliche Übertragungskapazität sind zu berücksichtigen.

(4) In den Nutzungsplan werden nicht einbezogen Gemeinschaftsantennenanlagen mit weniger als 250 angeschlossenen Teilnehmern oder mit weniger als sechs Fernsehkanälen.

§ 6 Nutzungsziele. Die Übertragungskapazität für Rundfunk und rundfunkähnliche Kommunikation soll im Rahmen der fernmeldetechnischen und fernmelderechtlichen Möglichkeiten so genutzt werden, daß Rundfunkprogramme und rundfunkähnliche Kommunikationsdienste

1. erstmals verbreitet und
2. zur Verbesserung und Erweiterung der Empfangsmöglichkeiten unverändert und zeitgleich weiterverbreitet werden können.

---

[1] Nutzungsplan-VO vom 21. 9. 1994 (GBl. S. 504); geänd. durch VOen vom 31. 5. 1995 (GBl. S. 500); vom 15. 11. 1995 (GBl. S. 820); vom 15. 11. 1995 (GBl. S. 861); vom 22. 1. 1996 (GBl. S. 200); vom 27. 10. 1997 (GBl. S. 444).

§ 7 Ausweisung für eine bestimmte Nutzungsart. (1) Zu erstmaliger Verbreitung sind drahtlose Frequenzen und Kabelkanäle für öffentlich-rechtlichen oder privaten Rundfunk und für rundfunkähnliche Kommunikation so auszuweisen, daß

1. die Landesrundfunkanstalten ihre gesetzlichen Aufgaben erfüllen und konkurrierende private Rundfunkveranstalter zugelassen werden können sowie
2. der rundfunkähnlichen Kommunikation fortschreitend Raum gegeben werden kann.

(2) Die Ausweisung von drahtlosen Frequenzen und Kabelkanälen für öffentlich-rechtlichen oder privaten Rundfunk nach Absatz 1 Nr. 1 soll so vorgenommen werden, daß

1. die Grundversorgung der Bevölkerung mit Programmen der Landesrundfunkanstalten im Hörfunk und Fernsehen sichergestellt ist,
2. die drahtlose Versorgung von bis zu sechs Verbreitungsgebieten für regionale Hörfunkprogramme und bis zu fünfzehn Verbreitungsgebieten für lokale Hörfunkprogramme privater Rundfunkveranstalter gemäß § 20 Abs. 2 und 3 möglich ist,
3. die Versorgung des Landes mit mindestens zwei privaten Fernsehprogrammen durch erdgebundene Sender oder Kabel möglich ist,
4. die Landesrundfunkanstalten auch außerhalb der Grundversorgung an der weiteren Entwicklung in sendetechnischer und programmlicher Hinsicht teilnehmen können; einer Ausweisung zusätzlicher Übertragungskapazitäten bedarf es nicht, soweit die Landesrundfunkanstalten ihre Nutzungsinteressen im Rahmen ihrer bisherigen Übertragungskapazitäten, auch durch Auseinanderschalten von Sendern, ohne Beeinträchtigung der Grundversorgung nach Nummer 1 erfüllen können,
5. eine gleichmäßige Versorgung des Landes mit privaten, insbesondere lokalen und regionalen Hörfunkprogrammen und mit privaten Fernsehprogrammen durch weitere Rundfunkprogramme möglich ist.

Drahtlose Frequenzen und Kabelkanäle sind vorrangig für Rundfunkprogramme nach Satz 1 Nr. 1, danach für Rundfunkprogramme nach Satz 1 Nr. 2 und 3 vorzusehen; dies gilt auch für eine erforderliche Verbesserung der technischen Versorgung mit den entsprechenden Rundfunkprogrammen. Satz 1 Nr. 1 und Satz 2 gelten auch für Rundfunkprogramme der Landesrundfunkanstalten, die nicht für ihr gesamtes Sendegebiet im Land verbreitet werden sollen, dann, wenn ein Verbreitungsgebiet nicht durch ein oder mehrere auf Grund einer Zulassung nach § 24 veranstaltete private Rundfunkprogramme versorgt wird.

(3) Zur Weiterverbreitung sollen Kabelkanäle in angemessenem Verhältnis für Rundfunkprogramme und rundfunkähnliche Kommunikationsdienste ausgewiesen werden, die

1. kraft Landesrecht drahtlos für das Gebiet des Kabelnetzes verbreitet werden,

2. zum unmittelbaren Empfang durch die Allgemeinheit bestimmt und im Gebiet des Kabelnetzes ortsüblich empfangbar sind oder
3. gemäß §§ 11 oder 12 herangeführt werden.

Die Ausweisung von Kabelkanälen nach Satz 1 Nr. 1 soll so vorgenommen werden, daß alle für das Land oder Teile des Landes gesetzlich bestimmten Rundfunkprogramme und alle Rundfunkprogramme weiterverbreitet werden können, die für das Verbreitungsgebiet, in dem sich die Kabelanlage befindet, zur erstmaligen drahtlosen Verbreitung zugelassen sind. Zu den herangeführten Rundfunkprogrammen und rundfunkähnlichen Kommunikationsdiensten nach Satz 1 Nr. 3 gehören auch die Programme und Kommunikationsdienste, die von Satelliten ausgestrahlt werden.

§ 8 Kapazitäten zur späteren Nutzung und zur Erprobung. (1) Soweit es zur Erreichung bestimmter Nutzungsziele als unerläßlich erscheint, eine Übertragungskapazität für eine spätere Nutzung offen zu halten, können einzelne Kabelkanäle als Kapazitätsreserve ausgewiesen werden.

(2) Übertragungskapazitäten können als Erprobungskapazitäten ausgewiesen werden, wenn dies für die Erprobung neuartiger Rundfunkübertragungstechniken oder neuartiger Nutzungsformen erforderlich erscheint.

§ 8a Nutzung von Erprobungskapazitäten. (1) Stehen Erprobungskapazitäten zur Verfügung oder werden sie innerhalb der nächsten sechs Monate zur Verfügung stehen, schreibt die Landesanstalt diese ganz oder teilweise unter Angabe der zu erprobenden neuartigen Rundfunkübertragungstechnik oder neuartigen Nutzungsform, der Erprobungsziele, des geplanten Ablaufs des Erprobungsprojekts und seiner Dauer mit der Aufforderung aus, Anträge auf Nutzung innerhalb einer von der Landesanstalt festzusetzenden Frist einzureichen, die drei Monate nicht übersteigen soll. Sie berücksichtigt bei der Festlegung der Projektziele die Interessen der Landesrundfunkanstalten, an der weiteren Entwicklung in sendetechnischer und programmlicher Hinsicht teilnehmen zu können, sowie der im Land zugelassenen Veranstalter privaten Rundfunks, auch künftig wirtschaftlich leistungsfähig Rundfunk und rundfunkähnliche Kommunikation veranstalten zu können.

(2) In der Ausschreibung legt die Landesanstalt Form und Inhalt des Antrags fest; § 27 Abs. 3 findet entsprechende Anwendung. Auf den Antragsteller findet § 25 Abs. 1 entsprechende Anwendung.

(3) Die Landesanstalt teilt die Erprobungskapazitäten ganz oder teilweise denjenigen Antragstellern zu, die geeignet erscheinen, zur Verwirklichung der Projektziele beizutragen. Reichen die zur Verfügung stehenden Erprobungskapazitäten nicht aus, kann die Landesanstalt unter den Antragstellern entweder eine Auswahl vornehmen oder die Kapazität unter ihnen oder einzelnen von ihnen aufteilen. Sie berück-

sichtigt hierbei insbesondere, welche der Bewerber am besten zur Erreichung der Projektziele beitragen können.

(4) Die Zuteilung wird befristet ausgesprochen; die Befristung kann aus wichtigen Gründen verlängert werden. Sie kann ganz oder teilweise mit Zustimmung der Landesanstalt übertragen werden. Die Zuteilung erlischt, wenn eine erforderliche Zulassung entfällt.

(5) Die Zuteilung kann mit Nebenbestimmungen versehen werden, insbesondere soweit dies zur Sicherstellung eines ordnungsgemäßen Projektablaufs erforderlich erscheint.

(6) Auf die Zuteilung finden die §§ 48, 49 des Landesverwaltungsverfahrensgesetzes[1] Anwendung; die Zuteilung kann auch widerrufen werden, wenn ein Gesichtspunkt, der für eine vorrangige Berücksichtigung eines Antragstellers nach Absatz 3 maßgebend war, entfallen ist und nicht wieder hergestellt werden kann oder trotz Aufforderung durch die Landesanstalt nicht wieder hergestellt wird.

(7) Freiwerdende Kapazitäten kann die Landesanstalt auch ohne erneute Ausschreibung an einen oder mehrere der bisherigen Antragsteller zuteilen.

(8) Wird im Rahmen eines Erprobungsprojekts Rundfunk im Sinne von § 1 Abs. 2 Nr. 1 veranstaltet, bedarf die Veranstaltung und Verbreitung von Sendungen einer Zulassung. Die Zulassung wird in einem vereinfachten Verfahren erteilt; § 31 Abs. 1 Satz 2 und 3 findet entsprechende Anwendung. Die Zulassung wird für die Dauer der Zuteilung der Erprobungskapazität ausgesprochen und erlischt mit deren Widerruf oder Rücknahme. Satz 1 gilt nicht für die Veranstaltung und Verbreitung von Sendungen von Landesrundfunkanstalten sowie von Veranstaltern, für deren geplantes Programm bereits eine Erlaubnis nach § 20 Abs. 1 erteilt worden ist.

Dritter Abschnitt. Sicherung der Empfangsfreiheit

§ 9 Empfangsfreiheit. (1) Jedermann hat das Recht, im Rahmen der Gesetze und der fernmeldetechnischen Möglichkeiten in- und ausländische Sendungen zu empfangen.

(2) Sendungen dürfen so verbreitet werden, daß sie nur von Berechtigten empfangen werden können.

§ 10 Freier Empfang im Kabelnetz. (1) Der Betreiber eines Kabelnetzes ist verpflichtet, unter angemessenen und für alle Veranstalter gleichen Bedingungen entsprechend dem Nutzungsplan

1. auf den zu erstmaliger Verbreitung ausgewiesenen Kanälen (§ 7 Abs. 1) die dafür vorgesehenen öffentlich-rechtlichen und zugelasse-

[1] Loseblatt-Textsammlung **Gesetze des Landes Baden-Württemberg Nr. 45.**

nen privaten Rundfunkprogramme und die dafür vorgesehenen rundfunkähnlichen Kommunikationsdienste zu verbreiten,

2. auf den Kanälen, die im Nutzungsplan für eine bestimmte Nutzungsart der Weiterverbreitung ausgewiesen sind (§ 7 Abs. 3), mindestens

   a) die Fernsehprogramme und

   b) von den Hörfunkprogrammen und rundfunkähnlichen Kommunikationsdiensten diejenigen weiterzuverbreiten, die über Satelliten oder über erdgebundene Sender auf Fernseh- oder UKW-Frequenzen verbreitet werden.

Urheberrechtliche oder andere rechtliche Bindungen sowie fernmelderechtliche Befugnisse bleiben unberührt.

(2) Stehen nach dem Nutzungsplan nicht genügend Kanäle zur Verfügung, um gemäß Absatz 1 Nr. 2 alle entsprechenden Programme oder rundfunkähnlichen Kommunikationsdienste weiterverbreiten zu können, so sind diejenigen mit Vorrang weiterzuverbreiten, die im Gebiet des Kabelnetzes mit größerer Feldstärke bei ausreichendem Störabstand empfangbar sind; der Betreiber eines Kabelnetzes kann hiervon abweichen, wenn eine Befragung unter den an das Kabelnetz Angeschlossenen eine Mehrheit für eine andere Rangfolge ergibt. In Zweifelsfällen entscheidet auf Antrag eines Beteiligten die Landesanstalt. Für die herangeführten Rundfunkprogramme und rundfunkähnlichen Kommunikationsdienste trifft die Landesanstalt die Entscheidung über deren Rangfolge. Sie soll die mehrheitlichen Wünsche der an das Kabelnetz Angeschlossenen berücksichtigen. Solange der Betreiber des Kabelnetzes eine solche Befragung nicht durchgeführt hat, soll die Landesanstalt den Programmen, die am ehesten die Programmvielfalt fördern, und im übrigen grundsätzlich den deutschsprachigen Rundfunkprogrammen und rundfunkähnlichen Kommunikationsdiensten, die einen wesentlichen Anteil europäischer Werke enthalten, den Vorrang einräumen.

(3) Sobald und soweit es technisch möglich und wirtschaftlich durchführbar ist, den an das Kabelnetz Angeschlossenen Rundfunkprogramme und rundfunkähnliche Kommunikationsdienste nach individueller Auswahl zugänglich zu machen, ist von dieser Möglichkeit Gebrauch zu machen.

§ 11 Grundsätze der Weiterverbreitung. (1) Die zeitgleiche und unveränderte Weiterverbreitung von

1. Rundfunkprogrammen und rundfunkähnlichen Kommunikationsdiensten auf Zugriff, die in anderen Ländern der Bundesrepublik,
2. Fernsehprogrammen und rundfunkähnlichen Kommunikationsdiensten auf Zugriff, die in Staaten, für die das Europäische Übereinkommen über das grenzüberschreitende Fernsehen vom 5. Mai 1989 gilt,

3. ortsüblich empfangbaren Rundfunkprogrammen und rundfunkähnlichen Kommunikationsdiensten auf Zugriff, die nach diesem Gesetz

in rechtlich zulässiger Weise zum unmittelbaren Empfang durch die Allgemeinheit verbreitet werden, ist in Kabelnetzen zulässig.

(2) Die Weiterverbreitung eines Rundfunkprogrammes oder eines Ton- oder Bewegtbilddienstes in Kabelnetzen ist unzulässig, wenn diese dazu führt, daß einzelne Meinungsrichtungen einen vorherrschenden oder sonst in hohem Maße ungleichgewichtigen Einfluß auf den Rundfunk in seiner Gesamtheit im Verbreitungsgebiet erlangen.

(3) Die Weiterverbreitung von deutschsprachigen Rundfunkprogrammen und rundfunkähnlichen Kommunikationsdiensten auf Zugriff, die außerhalb des Landes zu dem Zweck verbreitet werden, einer Vorschrift des § 25 Abs. 1 Nr. 2 bis 4 oder Abs. 2 Nr. 1 bis 3, auch in Verbindung mit § 52 Abs. 2, § 49 Abs. 1 oder § 50 Abs. 2, oder des § 45 auszuweichen, ist unzulässig.

§ 12 Weiterverbreitung anderer Rundfunkprogramme und rundfunkähnlicher Kommunikationsdienste auf Zugriff. (1) Andere als die in § 11 Abs. 1 Nr. 1 und 2 genannten Rundfunkprogramme und rundfunkähnlichen Kommunikationsdienste auf Zugriff, die außerhalb des Geltungsbereiches dieses Gesetzes in rechtlich zulässiger Weise zum unmittelbaren Empfang durch die Allgemeinheit verbreitet und durch fernmeldetechnische Mittel herangeführt werden, und andere als die in § 11 Abs. 1 Nr. 3 genannten ortsüblich empfangbaren Rundfunkprogramme und rundfunkähnlichen Kommunikationsdienste auf Zugriff dürfen in Kabelnetzen unverändert und zeitgleich weiterverbreitet werden, sofern sie nicht mit §§ 54, 55 oder 56 Abs. 1 Satz 2, Abs. 4 Satz 2, Abs. 5 Satz 1, außerdem Rundfunkprogramme nicht mit § 33 Abs. 1 bis 3, 5 bis 8, §§ 34 bis 36, Textdienste auf Zugriff nicht mit § 46 Abs. 2 sowie Ton- und Bewegtbilddienste auf Zugriff nicht mit § 53 unvereinbar sind. Die Rundfunkprogramme und rundfunkähnlichen Kommunikationsdienste müssen den Namen oder die Firma des Veranstalters erkennen lassen oder einen Programmnamen verwenden, der eine Feststellung des Namens oder der Firma des Veranstalters ermöglicht. Den Betroffenen muß eine ausreichende Gegendarstellungsmöglichkeit eingeräumt sein.

(2) Der Betreiber des Kabelnetzes hat die Weiterverbreitung herangeführter Rundfunkprogramme und rundfunkähnlicher Kommunikationsdienste nach Absatz 1 spätestens einen Monat vor deren Beginn der Landesanstalt anzuzeigen und auf Verlangen mitzuteilen, in welcher Weise das Recht der Gegendarstellung gewährleistet ist. Zu den herangeführten Rundfunkprogrammen und rundfunkähnlichen Kommunikationsdiensten gehören auch die Programme und Kommunikationsdienste, die von Satelliten ausgestrahlt werden. Eine Anzeige ist nicht erforderlich, wenn die Weiterverbreitung in Kabelanlagen mit weniger als 100 angeschlossenen Teilnehmern erfolgt.

§ 13 Untersagung. (1) Die Landesanstalt untersagt die Weiterverbreitung eines Rundfunkprogramms oder rundfunkähnlichen Kommunikationsdienstes, wenn

1. das Programm inhaltlich verändert oder zeitversetzt weiterverbreitet wird,
2. der Betreiber des Kabelnetzes trotz wiederholter Beanstandung, für die § 38 Abs. 2 Satz 2 entsprechend gilt, erneut in schwerwiegender Weise gegen Vorschriften des Nutzungsplans oder gegen § 10 Abs. 2 verstoßen hat oder
3. im Fall einer Weiterverbreitung nach § 12 das Rundfunkprogramm oder der rundfunkähnliche Kommunikationsdienst wiederholt in schwerwiegender Weise gegen eine Vorschrift des § 12 Abs. 1 verstoßen hat oder dem Betroffenen keine ausreichende Gegendarstellungsmöglichkeit eingeräumt ist.

(2) Soweit im Gebiet eines Kabelnetzes der Betrieb von Einzelantennenanlagen ausgeschlossen ist, darf die Weiterverbreitung von ortsüblich empfangbaren Rundfunkprogrammen und rundfunkähnlichen Kommunikationsdiensten nach Absatz 1 Nr. 3 nur untersagt werden, wenn ein Rundfunkprogramm oder ein rundfunkähnlicher Kommunikationsdienst wiederholt in schwerwiegender Weise gegen § 54 oder § 55 Abs. 1 verstoßen hat.

(3) Der Betreiber des Kabelnetzes hat der Landesanstalt auf Verlangen die zur Erfüllung ihrer Aufgaben erforderlichen Auskünfte zu erteilen und Unterlagen, insbesondere einen Plan über die Belegung des Kabelnetzes, vorzulegen. Die Weiterverbreitung eines Rundfunkprogramms oder rundfunkähnlichen Kommunikationsdienstes kann untersagt werden, wenn der Betreiber des Kabelnetzes nicht die nach Satz 1 oder nach § 12 Abs. 2 Satz 1 erforderlichen Auskünfte erteilt oder Unterlagen vorlegt.

(4) Die Untersagung ist schriftlich anzudrohen.

Vierter Abschnitt. Öffentlich-rechtlicher Rundfunk

§ 14 Fortgeltung der Rundfunkgesetze. (1) Für Rundfunkprogramme der Landesrundfunkanstalten bleibt es bei den durch Gesetze und Staatsverträge getroffenen Regelungen.

(2) In Rundfunkprogrammen, Programmteilen oder einzelnen Sendungen der Landesrundfunkanstalten, die nicht für deren gesamtes Sendegebiet im Land veranstaltet und verbreitet werden, ist Werbung unzulässig. Dies gilt auch für Werbung zwischen Programmteilen oder Sendungen nach Satz 1.

(3) Rundfunkprogramme, die Abonnenten oder Einzelentgeltzahlern vorbehalten bleiben, dürfen durch die Landesrundfunkanstalten veranstaltet und verbreitet werden, wenn dies durch Gesetz oder Staatsvertrag besonders zugelassen wird.

Fünfter Abschnitt. Privater Rundfunk

Erster Unterabschnitt. Allgemeine Grundsätze für den privaten Rundfunk

§ 15 Grundsätze der Meinungsvielfalt. (1) Privater Rundfunk dient zusätzlich zum öffentlich-rechtlichen Rundfunk der freien Meinungsbildung.

(2) Die Rundfunkprogramme sollen in ihrer Gesamtheit der Meinungsvielfalt und kulturellen Vielfalt Ausdruck geben. Dieses Ziel wird dadurch gewährleistet, daß

1. staatliche Rundfunkprogramme und vorherrschender staatlicher Einfluß auf Rundfunkprogramme ausgeschlossen werden,
2. Personen, Vereinigungen und Einrichtungen, die religiöse, weltanschauliche, politische, wirtschaftliche oder andere gesellschaftliche Auffassungen und Interessen vertreten (gesellschaftliche Kräfte), die Möglichkeit erhalten, ihre Auffassungen und Interessen in eigenen Rundfunkprogrammen oder selbst gestalteten Programmbeiträgen zu vertreten, oder sonst in der Gesamtheit der Rundfunkprogramme angemessen zu Wort kommen,
3. einzelne gesellschaftliche Kräfte keinen vorherrschenden oder sonst in hohem Maße ungleichgewichtigen Einfluß auf den Rundfunk in seiner Gesamtheit erlangen dürfen,
4. die kulturellen Besonderheiten des Landes und seiner Teilräume, der Bundesrepublik Deutschland und anderer europäischer Länder eine angemessene Ausdrucksmöglichkeit erhalten.

(3) Bei der Beurteilung der Meinungsvielfalt und kulturellen Vielfalt sind neben den im Lande zugelassenen privaten Rundfunkprogrammen auch die Rundfunkprogramme der Landesrundfunkanstalten, die ortsüblich empfangbaren sowie die herangeführten und gemäß §§ 11 oder 12 weiterverbreiteten Rundfunkprogramme zu berücksichtigen. Soweit rundfunkähnliche Kommunikationsdienste anstelle von Rundfunkprogrammen oder zusätzlich zu ihnen angeboten und abgenommen werden und so bestimmte Interessen oder Programmwünsche hinreichend zur Geltung bringen, können sie ebenfalls mit berücksichtigt werden.

§ 16 Eigenständigkeit des Programms. Jedes Programm muß von dem Veranstalter zu einem angemessenen Anteil redaktionell selbst gestaltet sein. Bei Hörfunkprogrammen soll der Anteil von Sendungen nach Satz 1 in der Regel 20 vom Hundert des wöchentlichen Programms nicht unterschreiten. Hiervon sollen bei einer Sendezeit von 24 Stunden in einem regionalen Hörfunkprogramm in der Regel mindestens zwei Stunden täglich und in einem lokalen Hörfunkprogramm in der Regel mindestens eine Stunde täglich im Wochendurchschnitt auf Sendungen mit Bezug auf das Verbreitungsgebiet nach § 26 Abs. 1 Nr. 2

Buchst. a entfallen; dieser Anteil verringert sich bei einer geringeren Sendezeit entsprechend.

§ 17 Programmliche Zusammenarbeit. (1) Private Rundfunkveranstalter können im Rahmen der Vorschriften dieses Gesetzes mit anderen Rundfunkveranstaltern und mit Dritten Vereinbarungen über die Lieferung eines Rahmenprogramms und von sonstigen Programmteilen treffen, soweit dadurch die inhaltliche Verantwortung des Veranstalters gemäß Absatz 2 und die Eigenständigkeit des Programms (§ 16) nicht beeinträchtigt werden. Der Veranstalter muß nach dem Inhalt der Vereinbarung berechtigt sein, jederzeit auf die Verbreitung von gelieferten Sendungen oder Beiträgen zu verzichten und diese durch andere zu ersetzen; dies gilt für Werbung nur, soweit diese gegen §§ 33 bis 35 oder andere gesetzliche Vorschriften verstößt.

(2) Der Veranstalter trägt auch für die übernommenen Programmteile die inhaltliche Verantwortung dafür, daß diese die rechtlichen Bindungen einhalten und daß im Fall der Zulassung des Veranstalters nach § 24 das Programm unter Einbeziehung der übernommenen Programmteile insgesamt ein ausgewogenes Meinungsbild vermittelt.

§ 18 Öffentliche Aufgabe. Der private Rundfunk erfüllt eine öffentliche Aufgabe, wenn er in Angelegenheiten von öffentlichem Interesse Nachrichten beschafft und verbreitet, Stellung nimmt, Kritik übt oder auf andere Weise an der Meinungsbildung mitwirkt.

Zweiter Unterabschnitt. Zulassung privater Veranstalter

§ 19 Zulassungserfordernis. (1) Private Veranstalter von Hörfunk- oder Fernsehprogrammen bedürfen einer Zulassung.

(2) Die Zulassung wird erteilt, wenn die Voraussetzungen nach diesem Gesetz erfüllt sind. Die Zulassung darf mit einer Nebenbestimmung nur versehen werden, wenn sie sicherstellen soll, daß die gesetzlichen Voraussetzungen der Zulassung erfüllt werden.

(3) Unberührt bleiben

1. fernmelderechtliche Erfordernisse,
2. das Erfordernis einer Einigung mit dem Betreiber eines Kabelnetzes oder einer Übertragungseinrichtung über deren Nutzung.

§ 20 Arten der Zulassung. (1) Die Zulassung wird ausgesprochen

1. für die drahtlose Verbreitung oder für die Verbreitung durch Kabel (Verbreitungsart),
2. landesweit oder für ein bestimmtes Teilgebiet, für ein Kabelnetz oder einen Teil eines Kabelnetzes (Verbreitungsgebiet),
3. für Hörfunk oder Fernsehen (Programmart),
4. für die Verbreitung eines Vollprogramms oder eines bestimmten Spartenprogramms (Programmkategorie),

5. für die volle oder eine bestimmte teilweise Nutzung einer drahtlosen Frequenz oder eines Kabelkanals (Sendezeit).

(2) Die Verbreitungsgebiete für drahtlosen Hörfunk sind grundsätzlich so zu planen, daß

1. zusammenhängende Kommunikations-, Kultur- und Wirtschaftsräume versorgt werden können,
2. eine wirtschaftlich leistungsfähige Hörfunkveranstaltung ermöglicht wird,
3. im Land bis zu sechs Verbreitungsgebiete für regionale Hörfunkprogramme und bis zu fünfzehn Verbreitungsgebiete für lokale Hörfunkprogramme entstehen,
4. die Verbreitungsgebiete nach Nummer 3 für regionale Hörfunkprogramme und für lokale Hörfunkprogramme das Landesgebiet jeweils möglichst weitgehend erfassen, soweit hierfür die erforderlichen Übertragungskapazitäten zur Verfügungen stehen.

Bei der Planung der Verbreitungsgebiete soll angestrebt werden, daß bei lokaler Hörfunkveranstaltung in der Regel mindestens 300 000 Einwohner und bei regionaler Hörfunkveranstaltung in der Regel mindestens 1,5 Millionen Einwohner das Programm in Stereoqualität empfangen können. Die Landesanstalt soll auch berücksichtigen, welche Versorgungsgebiete sich im privaten Hörfunk im Land bisher herausgebildet haben.

(3) Die Landesanstalt hat darauf hinzuwirken, daß eine weitgehend flächendeckende Versorgung der Verbreitungsgebiete in Stereoqualität durch die Erhöhung der Leistung von Sendeanlagen, durch die Zusammenschaltung von Frequenzen und durch weitere technische Maßnahmen erreicht wird.

§ 21 Vielfaltsicherung bei beschränkter Übertragungskapazität.

(1) Stehen nach dem Nutzungsplan nicht genügend Frequenzen oder Kabelkanäle zur Verfügung, um allen Zulassungsanträgen stattgeben zu können, so wirkt die Landesanstalt auf eine Einigung der Antragsteller, die die persönlichen und sachlichen Zulassungsvoraussetzungen gemäß §§ 25 und 26 erfüllen, über eine gemeinsame Programmveranstaltung oder eine Aufteilung der Sendezeiten hin, die den Grundsätzen des § 15 Rechnung trägt. Kommt eine solche Einigung innerhalb einer angemessenen Frist nicht zustande, nimmt die Landesanstalt unter den Antragstellern eine Auswahl vor, die der Zustimmung des Medienrats bedarf.

(2) Bei der Auswahl unter Antragstellern für ein Hörfunkprogramm hat derjenige den Vorrang, der bereit ist, ein Hörfunkprogramm für das gesamte in der Ausschreibung bezeichnete Verbreitungsgebiet zu veranstalten und zu verbreiten. Dies gilt auch, wenn im Zeitpunkt der Auswahl nur ein Teil der für das Verbreitungsgebiet vorgesehenen Übertragungskapazitäten zur Verfügung steht.

(3) Sind Antragsteller für ein Hörfunkprogramm nach Absatz 2 gleichrangig, hat derjenige den Vorrang, der die größere Meinungsvielfalt im Sinne des § 15 in seinem Programm und die größeren Anteile an redaktionell selbst gestalteten Beiträgen über die Ereignisse des politischen, sozialen und kulturellen Lebens im Verbreitungsgebiet erwarten läßt. Bei dieser Bewertung ist insbesondere zu berücksichtigen, ob und in welchem Umfang ein Antragsteller auf Grund der Veranstaltung eines Hörfunkprogramms in diesem oder einem entsprechenden Verbreitungsgebiet über Erfahrungen in der Berichterstattung über Ereignisse des politischen, sozialen und kulturellen Lebens verfügt. Sind Antragsteller nach den Sätzen 1 und 2 gleichrangig, so ist derjenige bei der Auswahl nicht zu berücksichtigen, der bereits in einem anderen Verbreitungsgebiet im Land als Veranstalter zugelassen oder Inhaber von mehr als zehn vom Hundert der Kapital- oder Stimmrechtsanteile eines zugelassenen Veranstalters ist.

(4) Bei der Auswahl unter Antragstellern für ein Fernsehprogramm hat derjenige den Vorrang, der

1. die größere Meinungsvielfalt im Sinne des § 15 in seinem Programm erwarten läßt und
2. Sendungen, die sich nach ihrem Inhalt auf das Land und bei nur regionaler Verbreitung auch auf Teilgebiete des Landes beziehen (Fensterprogramm), selbst veranstalten wird oder sich mit einem Antragsteller für ein Fensterprogramm über eine Aufteilung der Sendezeit gemäß Absatz 1 oder über entsprechende selbst gestaltete Programmbeiträge geeinigt hat.

Die Landesanstalt kann die Sendezeit zwischen einem Antragsteller für ein Fernsehprogramm, das auch für Gebiete außerhalb des Landes bestimmt ist, und einem Antragsteller für ein Fensterprogramm aufteilen, soweit dies zur Gewährleistung eines Fensterprogramms erforderlich ist und für beide Antragsteller eine wirtschaftlich leistungsfähige Rundfunkveranstaltung zuläßt. Für die Auswahl unter mehreren Antragstellern für ein Fensterprogramm gilt Satz 1 Nr. 1.

(5) Zulassungen sind auf Antrag für erweiterte oder andere Sendezeiten auszusprechen, sobald und soweit der Grund für die Begrenzung weggefallen ist oder sich die Veranstalter auf eine Änderung der Sendezeiten geeinigt haben. Schließen sich Veranstalter, zwischen denen die Sendezeit aufgeteilt ist, zu einem neuen Veranstalter zusammen, kann diesem ohne Ausschreibung eine Zulassung für die restliche Dauer derjenigen bisherigen Zulassung erteilt werden, die am längsten weitergelten würde; die bisherigen Zulassungen erlöschen.

§ 22 Ausschluß vielfaltgefährdender mehrfacher Programmveranstaltung. (1) Ein privater Rundfunkveranstalter kann mit einem Vollprogramm oder Spartenprogramm im Hörfunk oder Fernsehen nicht für ein Verbreitungsgebiet zugelassen werden, in dem bereits ein von ihm veranstaltetes entsprechendes Programm

1. auf Grund landesrechtlicher Zulassung verbreitet,
2. herangeführt und gemäß §§ 11 oder 12 weiterverbreitet wird oder
3. ortsüblich empfangbar ist.

(2) Als Rundfunkveranstalter in diesem Sinne wird auch angesehen, wer zwar nicht Inhaber der Zulassung ist, zum Inhaber der Zulassung aber im Verhältnis eines verbundenen Unternehmens entsprechend § 15 Aktiengesetz[1] steht, auf seine Programmgestaltung in anderer Weise wesentlichen Einfluß ausüben kann oder unter einem entsprechenden Einfluß des Inhabers der Zulassung steht (mittelbarer Rundfunkveranstalter); der Einfluß gilt nicht als wesentlich, wenn er sich auf ein Zehntel des Stimmgewichts oder des Programms beschränkt. Auf die Zulieferung von Rahmenprogrammen und Programmteilen für Hörfunkprogramme findet Satz 1 keine Anwendung.

(3) Ein Hörfunkveranstalter, der ein Rahmenprogramm oder sonstige Programmteile von einem anderen Veranstalter oder von einem Dritten in einem Umfang von mehr als sieben Stunden täglich im Wochendurchschnitt übernehmen will, kann für ein Verbreitungsgebiet, in dem ein entsprechendes Programm des anderen Veranstalters oder mit von dem Dritten übernommenen Programmteilen in dem bezeichneten Umfang empfangbar ist, nur zugelassen werden, wenn der Veranstalter

1. eine Zulassung nach § 24 beantragt und die hierfür erforderlichen Voraussetzungen erfüllt und
2. das Hörfunkprogramm in der Zeit zwischen 6 Uhr und 20 Uhr in einem Umfang von mindestens sieben Stunden redaktionell selbst gestalten wird.

Satz 1 gilt nicht, wenn sich die Übernahme der Programmteile von dem anderen Veranstalter oder von dem Dritten auf die Zeit zwischen 20 Uhr und 6 Uhr beschränkt. Die Landesanstalt setzt auf Antrag in Einzelfällen für Veranstalter von lokalen Hörfunkprogrammen den Umfang des selbst zu gestaltenden Programmteils nach Satz 1 Nr. 2 herab, wenn und soweit der Veranstalter nachweist, daß ein solcher Umfang nach den im Verbreitungsgebiet zu erwartenden Werbeeinnahmen auf Dauer nicht finanziert werden kann; der herabgesetzte Umfang darf den in § 16 Satz 2 bestimmten Anteil nicht unterschreiten.

(4) Die Absätze 1 und 3 finden keine Anwendung, wenn das entsprechende Programm lediglich von einem Drittel der Einwohner des Verbreitungsgebiets empfangen werden kann. Von der Vorschrift des Absatzes 1 ist eine Ausnahme zu bewilligen, wenn gemäß § 24 gewährleistet wird, daß der Veranstalter nicht einen vorherrschenden oder sonst in hohem Maße ungleichgewichtigen Einfluß auf die Bildung der öffentlichen Meinung durch Rundfunk im Verbreitungsgebiet erhält. Eine Ausnahmebewilligung bedarf der Zustimmung des Medienrats.

---

[1] **Schönfelder Nr. 51.**

§ 23 Meinungsvielfalt durch mehrere konkurrierende Programme. (1) Wer ein deutschsprachiges Vollprogramm oder ein meinungsbildendes deutschsprachiges Spartenprogramm, insbesondere ein Programm mit aktuellen Informationen, veranstalten will, wird zugelassen, wenn in dem Verbreitungsgebiet mindestens drei weitere gleichartige private Rundfunkprogramme außer den Programmen der öffentlich-rechtlichen Rundfunkanstalten empfangbar sind. Satz 1 findet keine Anwendung, wenn die Landesanstalt feststellt, daß eine Ausgewogenheit der Programme in ihrer Gesamtheit nicht gegeben ist.

(2) Ergibt sich nachträglich, daß die Anforderungen nach Absatz 1 Satz 1 nicht mehr gegeben sind, oder stellt die Landesanstalt nachträglich fest, daß eine Ausgewogenheit der Programme in ihrer Gesamtheit nicht mehr vorliegt, werden die Zulassungen widerrufen, wenn nicht in angemessener Frist die Voraussetzungen für eine Zulassung nach § 24 geschaffen sind. Die Feststellung, daß die Voraussetzungen für eine Zulassung nach § 24 vorliegen, bedarf der Zustimmung des Medienrats; sie gilt als Zulassung nach § 24.

§ 24 Sicherung der Meinungsvielfalt bei Veranstaltern ohne hinreichende Konkurrenz. (1) Sind die Voraussetzungen für eine Zulassung nach § 23 Abs. 1 nicht gegeben oder wird trotz des Vorliegens dieser Voraussetzungen eine Zulassung nach § 24 beantragt, so wird die Zulassung erteilt, wenn sichergestellt ist, daß nicht in Widerspruch zu § 15 einzelne gesellschaftliche Kräfte vorherrschenden oder sonst in hohem Maße ungleichgewichtigen Einfluß auf die Bildung der öffentlichen Meinung durch Rundfunk im Verbreitungsgebiet erhalten. Die Zulassung bedarf der Zustimmung des Medienrats.

(2) Die Voraussetzungen für die Zulassung nach Absatz 1 sind im Regelfall gegeben, wenn der Veranstalter

1. von Vertretern der im Verbreitungsgebiet wesentlichen Meinungsrichtungen getragen wird oder
2. sowohl nach seiner Organisation, insbesondere durch Bildung eines Programmbeirats aus Vertretern der im Verbreitungsgebiet wesentlichen Meinungsrichtungen, als auch nach seinem Programmschema und seinen Programmgrundsätzen rechtlich die Gewähr dafür bietet, daß seine Sendungen insgesamt ein ausgewogenes Meinungsbild vermitteln.

Die Vertreter in einem Programmbeirat nach Satz 1 Nr. 2 müssen von den entsprechenden gesellschaftlichen Kräften benannt sein. In einem Programmbeirat müssen jedenfalls die römisch-katholische Kirche, die evangelische Landeskirche, Gewerkschaften, Arbeitgeberverbände, Elternbeiräte, die nach § 29 Bundesnaturschutzgesetz[1)] anerkannten Verbände, Jugendorganisationen, Sportorganisationen und kulturelle Organisationen in dem Verbreitungsgebiet je einen Vertreter entsenden können.

[1)] **Sartorius I Nr. 880.**

(3) Der Programmbeirat nach Absatz 2 Satz 1 Nr. 2 soll in der Regel mindestens einmal in jedem Vierteljahr zusammentreten. Er hat die Aufgabe, insbesondere durch Beratung des Veranstalters und Beobachtung des Programms darauf hinzuwirken, daß die Sendungen insgesamt ein ausgewogenes Meinungsbild im Sinne des § 15 vermitteln; im Fall eines Verstoßes gegen die Grundsätze der Meinungsvielfalt hat der Programmbeirat den Veranstalter aufzufordern, einen solchen Verstoß nicht fortzusetzen oder künftig zu unterlassen. Zur Erfüllung seiner Aufgabe kann er von dem Veranstalter die erforderlichen Auskünfte, insbesondere die Einsicht in Aufzeichnungen des Programms, verlangen.

(4) Ist Veranstalter ein Zeitungsverleger, der bei den im Verbreitungsgebiet des Rundfunkprogramms verkauften Tageszeitungen einen Marktanteil von mehr als 50 vom Hundert hat, kann die Zulassung nur unter den Voraussetzungen des Absatzes 2 Satz 1 Nr. 2 erteilt werden. Dasselbe gilt, wenn Veranstalter eine Anbietergemeinschaft ist, an der ein Zeitungsverleger nach Satz 1 zu mehr als 50 vom Hundert der Kapital- und Stimmrechtsanteile beteiligt ist.

(5) In regelmäßigen Abständen und aus besonderem Anlaß wird überprüft, ob den Anforderungen nach den Absätzen 1, 2 und 4 entsprochen ist. Ist dies nicht der Fall und wird der Mangel nach Aufforderung durch die Landesanstalt nicht innerhalb von sechs Monaten behoben, so wird die Zulassung widerrufen.

§ 25 Persönliche Zulassungsvoraussetzungen. (1) Die Zulassung setzt voraus, daß der Antragsteller

1. unbeschränkt geschäftsfähig ist,
2. die Fähigkeit, öffentliche Ämter zu bekleiden, nicht durch Richterspruch verloren hat,
3. das Grundrecht der freien Meinungsäußerung nicht nach Artikel 18 des Grundgesetzes[1] verwirkt hat,
4. als Partei oder Vereinigung nicht verboten ist,
5. seinen Wohnsitz oder Sitz in der Bundesrepublik Deutschland hat und gerichtlich unbeschränkt verfolgt werden kann,
6. die Gewähr dafür bietet, daß er das Programm entsprechend der Zulassung und unter Beachtung der gesetzlichen Vorschriften veranstalten und verbreiten wird.

Die Voraussetzungen nach Nummer 1 bis 3 müssen bei juristischen Personen oder nichtrechtsfähigen Personenvereinigungen von den gesetzlichen oder satzungsmäßigen Vertretern erfüllt sein.

(2) Die Zulassung darf nicht erteilt werden an

1. Gebietskörperschaften, deren allgemeinem Weisungsrecht unterliegende juristische Personen des öffentlichen Rechts sowie Personen,

[1] Loseblatt-Textsammlung **Gesetze des Landes Baden-Württemberg Nr. 2.**

die für sie kraft eines Amts- oder Dienstverhältnisses in leitender Stellung tätig sind,

2. Unternehmen oder Vereinigungen, an denen Gebietskörperschaften beteiligt sind, sowie Personen, die für diese Unternehmen oder Vereinigungen kraft eines Arbeits- oder Dienstverhältnisses in leitender Stellung tätig oder Mitglied eines ihrer Organe sind,
3. Mitglieder gesetzgebender Körperschaften sowie Mitglieder der Bundes- oder einer Landesregierung,
4. öffentlich-rechtliche Rundfunkanstalten sowie Personen, die in einem Arbeits- oder Dienstverhältnis zu einer öffentlich-rechtlichen Rundfunkanstalt stehen oder Mitglied eines ihrer Organe sind,
5. Unternehmen oder Vereinigungen, an denen öffentlich-rechtliche Rundfunkanstalten zu mehr als 33 vom Hundert beteiligt sind oder auf deren Willensbildung sie auf andere rechtliche Weise überwiegend Einfluß nehmen können.

Satz 1 gilt auch, wenn bei juristischen Personen oder nichtrechtsfähigen Personenvereinigungen einer der Ausschlußgründe nach Nummer 1 bis 4 von einem der gesetzlichen oder satzungsmäßigen Vertreter des Antragstellers erfüllt wird.

(3) Der Antragsteller hat seine Eigentumsverhältnisse sowie alle Rechtsbeziehungen zu Gebietskörperschaften, Rundfunkveranstaltern und Unternehmen im Medienbereich offenzulegen, die für Absatz 2 und für § 22 von Bedeutung sein können. Spätere Veränderungen sind jederzeit unverzüglich anzuzeigen.

(4) Auf Verlangen der Landesanstalt hat der Antragsteller durch das Anmeldeverfahren beim Bundeskartellamt nachzuweisen, daß Vorschriften der Zusammenschlußkontrolle dem Vorhaben nicht entgegenstehen.

§ 26 Sachliche Zulassungsvoraussetzungen. (1) Für die Zulassung muß unter Vorlage eines Programmschemas, das auch über Art und Umfang der vorgesehenen Übernahme von Programmteilen öffentlich-rechtlicher Rundfunkanstalten, privater Rundfunkveranstalter und Dritter, sowie über Art und Umfang der vorgesehenen redaktionell selbst gestalteten Beiträge, einschließlich derjenigen zum Geschehen in dem Verbreitungsgebiet, Aufschluß gibt, und unter Vorlage eines Finanzplans glaubhaft gemacht werden, daß

1. finanziell und organisatorisch die Voraussetzungen für eine regelmäßige Veranstaltung und Verbreitung eines Programms der beantragten Programmart, Programmkategorie und Sendezeit erfüllt sind,
2. das Programm, sofern es sich nicht nur um ein Spartenprogramm handelt,
   a) den in § 16 bestimmten Anteil redaktionell selbst gestalteter Sendungen und solcher Sendungen enthalten wird, die sich auf das Verbreitungsgebiet beziehen, soweit dies nach der Art des Programms erwartet werden kann, und

b) zu einem angemessenen Anteil im Geltungsbereich des Grundgesetzes oder in einem Mitgliedstaat der Europäischen Gemeinschaft hergestellt wird; § 15 Abs. 2 und § 16 Abs. 1 und 2 des Gesetzes über Maßnahmen zur Förderung des deutschen Films in der Fassung vom 18. November 1986 (BGBl. I S. 2046) gelten entsprechend.

(2) Jede spätere auf Dauer angelegte Veränderung des Programmschemas ist der Landesanstalt unverzüglich anzuzeigen.

§ 27 Zulassungsverfahren. (1) Stehen für ein Verbreitungsgebiet die Übertragungskapazitäten für die Zulassung privater Rundfunkveranstalter zur Verfügung oder werden sie voraussichtlich innerhalb der nächsten zwölf Monate zur Verfügung stehen, so macht die Landesanstalt dies bekannt und fordert dazu auf, Anträge auf Zulassung innerhalb einer von der Landesanstalt festzusetzenden angemessenen Frist einzureichen (Ausschreibung), die drei Monate nicht unterschreiten soll. Sind diese Voraussetzungen nur für einen Teil der vorgesehenen Übertragungskapazitäten erfüllt, kann die Landesanstalt eine Ausschreibung für das gesamte Verbreitungsgebiet durchführen und für den entsprechenden Teil des Verbreitungsgebiets eine Zulassung aussprechen (Teilzulassung); über die Zulassung auch für den weiteren Teil des Verbreitungsgebiets ist auf Antrag des Veranstalters ohne Ausschreibung zu entscheiden.

(2) Die Landesanstalt kann einzelne Übertragungskapazitäten nach § 7 Abs. 2 Satz 1 Nr. 5 auch vorrangig für Antragsteller ausschreiben, die mit der Programmveranstaltung keinen wirtschaftlichen Geschäftsbetrieb bezwecken und rechtlich die Gewähr dafür bieten, daß sie unterschiedlichen gesellschaftlichen Kräften Einfluß auf die Programmgestaltung, insbesondere durch Einräumung von Sendezeiten für selbst gestaltete Programmbeiträge, gewähren. Bei mehreren Antragstellern kann die Landesanstalt entweder gemäß § 21 Abs. 1 Satz 2, Abs. 2 bis 4 eine Auswahl vornehmen oder die Sendezeit unter ihnen aufteilen. Sie berücksichtigt hierbei die Grundsätze des § 15, bei einer Aufteilung der Sendezeit insbesondere auch das Ausmaß des redaktionell selbst gestalteten Beitrags des beabsichtigten Programms zur Meinungsvielfalt und kulturellen Vielfalt im Verbreitungsgebiet. Vor Erteilung einer Zulassung soll vom Vorstand der Landesanstalt eine repräsentative Anhörung der ausländischen Einwohner im Verbreitungsgebiet durchgeführt werden.

(3) Die Landesanstalt kann einem Antragsteller eine Frist zur Ergänzung der Angaben über klärungsbedürftige Punkte und zur Vorlage von Unterlagen setzen. Sie kann ergänzende Angaben und Unterlagen, die erst nach Ablauf dieser Frist vorgebracht werden, zurückweisen und ohne weitere Ermittlungen entscheiden, wenn

1. ihre Berücksichtigung die Einleitung oder sachgerechte Durchführung des Einigungsverfahrens nach § 21 Abs. 1 verzögern würde,
2. der Antragsteller die Verspätung nicht genügend entschuldigt und

3. der Antragsteller über die Folgen einer Fristversäumnis belehrt worden ist.

Der Entschuldigungsgrund ist auf Verlangen der Landesanstalt glaubhaft zu machen. Satz 2 gilt nicht, wenn es mit geringem Aufwand möglich ist, den Sachverhalt auch ohne Mitwirkung des Antragstellers zu ermitteln.

§ 28 Zeitdauer und Nichtübertragbarkeit der Zulassung. (1) Die Zulassung wird für acht Jahre ausgesprochen, auf Antrag ausnahmsweise auch für eine kürzere Zeitdauer, mindestens aber für ein Jahr. Wenn im Zeitpunkt der Zulassung hinreichende Übertragungskapazitäten für die Verbreitung des Programms nicht zur Verfügung stehen, beginnt der Lauf der Frist mit der Bereitstellung der Übertragungskapazitäten; die Landesanstalt stellt den Zeitpunkt der Bereitstellung gegenüber dem Veranstalter fest. Die Landesanstalt kann die Zeitdauer einer Zulassung um höchstens zwei Jahre verlängern, um zu vermeiden, daß eine Übertragungskapazität nach dem Ablauf der Zeitdauer der bisherigen Zulassung bis zu einer neuen Zulassung nicht genutzt wird.

(2) Im Fall einer Teilzulassung nach § 27 Abs. 1 Satz 2 beginnt der Lauf der Frist mit der Zulassung auch für den weiteren Teil des Verbreitungsgebiets, spätestens aber zwei Jahre nach der Teilzulassung. Mit dem Ablauf der Frist für die Teilzulassung endet auch die Zulassung für den weiteren Teil des Verbreitungsgebiets.

(3) Die Zulassung ist nicht übertragbar. Dies gilt nicht für Übertragungen, die durch Umwandlungen nach dem Umwandlungsgesetz vorgenommen werden.

(4) Die Zulassung ist zu widerrufen, wenn innerhalb eines Zeitraums von drei Jahren mehr als 50 vom Hundert der Kapital- oder Stimmrechtsanteile an andere Gesellschafter oder Dritte übertragen werden und dies nach den gesamten Umständen, insbesondere bei einer wesentlichen Änderung des Programmkonzepts oder einer Änderung des Programmnamens, einem Wechsel des Veranstalters gleichkommt.

(5) Ist die Zulassung einer juristischen Person oder nichtrechtsfähigen Personenvereinigung erteilt worden, so ist jede nachträgliche Änderung der Zusammensetzung der Gesellschafter oder Mitglieder der Landesanstalt unverzüglich anzuzeigen. Bei Veranstaltern mit einer größeren Zahl von Gesellschaftern oder Mitgliedern kann die Landesanstalt bewilligen, daß Änderungen nur ab einem bestimmten Kapital- oder Stimmrechtsanteil oder daß nur Änderungen in der Zusammensetzung der gesetzlichen oder satzungsmäßigen Vertreter anzuzeigen sind.

§ 29 Rücknahme der Zulassung. Die Zulassung wird zurückgenommen, wenn ihre gesetzlichen Voraussetzungen im Zeitpunkt der Entscheidung über die Zulassung nicht gegeben waren und auch nicht innerhalb einer von der Landesanstalt gesetzten Frist erfüllt werden. Ein durch die Rücknahme entstehender Vermögensnachteil ist nicht gemäß § 48 Abs. 3 des Landesverwaltungsverfahrensgesetzes[1] auszugleichen.

§ 30 Widerruf der Zulassung. (1) Die Zulassung ist zu widerrufen, wenn

1. nachträglich eine der Voraussetzungen nach § 25 Abs. 1 entfällt oder ein Versagungsgrund nach § 25 Abs. 2 eintritt,
2. der Veranstalter trotz einer Beanstandung durch die Landesanstalt nach § 38 Abs. 2 Satz 2 erneut in schwerwiegender Weise gegen rechtliche Bindungen verstoßen hat, die ihm nach diesem Gesetz, den auf seiner Grundlage erlassenen Rechtsvorschriften oder Entscheidungen oder allgemeinen Rechtsvorschriften obliegen,
3. der Veranstalter eine Vereinbarung über die Übernahme von Programmteilen abgeschlossen hat, die gegen § 17 Abs. 1 verstößt und dieser Mangel nicht innerhalb von drei Monaten behoben wird.

(2) Die Zulassung kann widerrufen werden, wenn

1. eine Voraussetzung für eine vorrangige Berücksichtigung des Veranstalters bei der Auswahl nach § 21 Abs. 2, 3 oder 4 weggefallen ist und innerhalb von sechs Monaten nicht wieder erfüllt wird,
2. ein Programm mehr als zwei Monate nicht verbreitet wird,
3. gegen § 82 verstoßen wurde oder die nach § 81 erforderlichen Maßnahmen nicht getroffen wurden,
4. eine Voraussetzung nach § 27 Abs. 2 Satz 1 für eine vorrangige Zulassung oder für eine vorrangige Berücksichtigung des Veranstalters bei der Aufteilung der Sendezeit nach § 27 Abs. 2 Satz 2 weggefallen ist und innerhalb von sechs Monaten nicht wieder erfüllt wird.

(3) Sind in einem Verbreitungsgebiet entgegen § 22 Abs. 1 oder 2 mehrere Programme eines Veranstalters empfangbar und wird keine Ausnahme nach § 22 Abs. 4 Satz 2 bewilligt, ist die Zulassung zu widerrufen. Sind die Widerrufsvoraussetzungen auch in einem anderen Verbreitungsgebiet erfüllt, ist in der Regel die Zulassung für das Verbreitungsgebiet zu widerrufen, in dem die Widerrufsvoraussetzungen zu einem späteren Zeitpunkt eingetreten sind.

(4) Übernimmt ein Veranstalter nachträglich unter den Voraussetzungen des § 22 Abs. 3 Satz 1 erster Halbsatz von einem anderen Veranstalter oder einem Dritten Programmteile und liegt kein Fall des § 22 Abs. 3 Satz 2 vor, ist die Zulassung zu widerrufen, wenn der Veranstalter

a) als Inhaber einer Zulassung nach § 24 den Anforderungen nach § 22 Abs. 3 Satz 1 Nr. 2 oder
b) als Inhaber einer Zulassung nach § 23 den Anforderungen nach § 22 Abs. 3 Satz 1 Nr. 1 und 2

[1] Loseblatt-Textsammlung **Gesetze des Landes Baden-Württemberg Nr. 45.**

nicht innerhalb von drei Monaten nach einer entsprechenden Aufforderung der Landesanstalt nachkommt. Ist der Veranstalter Inhaber einer Zulassung nach § 23, gilt dessen Absatz 2 Satz 2 entsprechend.

(5) Wird die Zulassung nach den Vorschriften dieses Gesetzes widerrufen, so ist ein dadurch entstehender Vermögensnachteil nicht gemäß § 49 Abs. 6 des Landesverwaltungsverfahrensgesetzes[1)] zu entschädigen.

§ 31 Vereinfachtes Zulassungsverfahren. (1) Ein vereinfachtes Zulassungsverfahren gilt für die Veranstaltung und Verbreitung von

1. Sendungen, die gleichzeitig oder zeitversetzt in einer Mehrzahl von Einrichtungen nach § 1 Abs. 4, die für gleiche Zwecke genutzt werden, verbreitet werden sollen, wenn die Sendungen nur dort empfangen werden können und im funktionellen Zusammenhang mit den in diesen Einrichtungen zu erfüllenden Aufgaben stehen, und von
2. Sendungen im örtlichen Bereich einer öffentlichen Veranstaltung und im zeitlichen Zusammenhang mit dieser.

§§ 16, 20 Abs. 2, §§ 21 bis 24, 25 Abs. 2 Satz 1 Nr. 2 bis 5, Abs. 3 und 4, §§ 26, 27, 28 Abs. 1, 2, 4 und 5, § 30 Abs. 1 Nr. 3, Abs. 2 Nr. 1, 2 und 4, Abs. 3 und 4 finden keine Anwendung. Abweichend von § 30 Abs. 1 Nr. 2 ist die Zulassung nach Satz 1 Nr. 2 zu widerrufen, wenn die Landesanstalt einen schwerwiegenden Verstoß gegen rechtliche Bindungen festgestellt hat und der Veranstalter einer Aufforderung der Landesanstalt zuwiderhandelt, einen solchen Verstoß nicht fortzusetzen oder künftig zu unterlassen.

(2) Soweit Sendungen über drahtlose Frequenzen verbreitet werden sollen, setzt die Zulassung voraus, daß die Frequenzen nicht für die Verbreitung eines Rundfunkprogramms benötigt werden, für das ein vereinfachtes Zulassungsverfahren nicht gilt.

(3) Die Zulassung wird in den Fällen des Absatzes 1 Satz 1 Nr. 1 für längstens drei Jahre und der Nummer 2 für die Dauer des zeitlichen Zusammenhangs mit der Veranstaltung ausgesprochen.

(4) In Sendungen nach Absatz 1 Satz 1 Nr. 1 ist Werbung nicht zulässig.

Dritter Unterabschnitt. Finanzierung des privaten Rundfunks

§ 32 Formen der Finanzierung. Private Veranstalter können ihre Rundfunkprogramme durch Einnahmen aus Werbung, durch sonstige Einnahmen, insbesondere durch Entgelte der Teilnehmer (Abonnements oder Einzelentgelte), sowie aus eigenen Mitteln finanzieren.

§ 33 Werbeinhalte, Kennzeichnung. (1) Werbung darf nicht irreführen, den Interessen der Verbraucher nicht schaden und nicht Verhal-

[1)] Loseblatt-Textsammlung **Gesetze des Landes Baden-Württemberg Nr. 45.**

tensweisen fördern, die die Gesundheit oder Sicherheit der Verbraucher sowie den Schutz der Umwelt gefährden. Werbung, die sich auch an Kinder oder Jugendliche richtet oder bei der Kinder oder Jugendliche eingesetzt werden, darf nicht ihren Interessen schaden oder ihre Unerfahrenheit ausnutzen.

(2) Werbung oder Werbetreibende dürfen das übrige Programm inhaltlich und redaktionell nicht beeinflussen.

(3) Werbung muß als solche klar erkennbar sein. Sie muß im Fernsehen durch optische und im Hörfunk durch akustische Mittel eindeutig von anderen Programmteilen getrennt sein. In der Werbung dürfen keine unterschwelligen Techniken eingesetzt werden.

(4) Werbung darf nur im gesamten Verbreitungsgebiet eines regionalen Hörfunkprogramms verbreitet werden. Abweichend von Satz 1 ist Werbung in einem durch Auseinanderschalten entstehenden Teilverbreitungsgebiet zulässig, soweit

1. sie täglich zwölf Minuten nicht übersteigt,
2. in diesem Gebiet kein zugelassener Veranstalter ein lokales Hörfunkprogramm verbreitet, dessen Verbreitungsgebiet zu einem Drittel oder mehr innerhalb des Teilverbreitungsgebiets liegt, oder
3. alle Veranstalter im Sinne von Nummer 2 schriftlich ihr Einverständnis gegenüber der Landesanstalt erklärt haben.

(5) Dauerwerbesendungen sind zulässig, wenn der Werbecharakter erkennbar im Vordergrund steht und die Werbung einen wesentlichen Bestandteil der Sendung darstellt. Sie müssen zu Beginn als Dauerwerbesendung angekündigt und während ihres gesamten Verlaufs als solche gekennzeichnet werden. Die Sätze 1 und 2 gelten für Werbeformen im Sinne von § 35 Abs. 3 entsprechend.

(6) Schleichwerbung ist unzulässig. Schleichwerbung ist die Erwähnung oder Darstellung von Waren, Dienstleistungen, Namen, Marken oder Tätigkeiten eines Herstellers von Waren oder eines Erbringers von Dienstleistungen in Programmen, wenn sie zu Werbezwecken vorgesehen ist und die Allgemeinheit hinsichtlich des eigentlichen Zwecks dieser Erwähnung oder Darstellung irreführen kann. Eine Erwähnung oder Darstellung gilt insbesondere dann als zu Werbezwecken vorgesehen, wenn sie gegen Entgelt oder eine sonstige Gegenleistung erfolgt.

(7) In der Fernsehwerbung dürfen keine Personen auftreten, die regelmäßig Nachrichtensendungen oder Sendungen zum politischen Zeitgeschehen vorstellen.

(8) Werbung politischer, weltanschaulicher oder religiöser Art ist unzulässig. § 62 bleibt unberührt.

(9) Sollen Programme, die durch Abonnements oder Einzelentgelte finanziert werden, ein zusätzliches Finanzaufkommen aus Werbung erhalten, so ist dies in den Abonnement- oder Einzelentgeltbedingungen ausdrücklich anzukündigen.

§ 34 Einfügung der Werbung. (1) Übertragungen von Gottesdiensten sowie Sendungen für Kinder dürfen nicht durch Werbung unterbrochen werden.

(2) Fernsehwerbung ist in Blöcken und zwischen einzelnen Sendungen einzufügen; sie kann unter den in den Absätzen 3 bis 5 genannten Voraussetzungen auch in Sendungen eingefügt werden, sofern der gesamte Zusammenhang und der Charakter der Sendung nicht beeinträchtigt werden.

(3) In Fernsehsendungen, die aus eigenständigen Teilen bestehen, oder in Sportsendungen und Übertragungen ähnlich gegliederter Ereignisse und Darbietungen, die Pausen enthalten, darf Werbung nur zwischen den eigenständigen Teilen oder in den Pausen eingefügt werden. Bei anderen Sendungen muß der Abstand zwischen zwei aufeinanderfolgenden Unterbrechungen innerhalb der Sendung mindestens 20 Minuten betragen. Die Absätze 4 und 5 bleiben unberührt.

(4) Abweichend von Absatz 3 Satz 2 dürfen Werke wie Kinospielfilme und Fernsehfilme mit Ausnahme von Serien, Reihen, leichten Unterhaltungssendungen und Dokumentarsendungen, sofern sie länger als 45 Minuten dauern nur einmal je vollständigem 45-Minuten-Zeitraum unterbrochen werden. Eine weitere Unterbrechung ist zulässig, wenn diese Sendungen mindestens 20 Minuten länger dauern als zwei oder mehr vollständige 45-Minuten-Zeiträume.

(5) Im Fernsehen dürfen Nachrichtensendungen, Sendungen zum politischen Zeitgeschehen, Dokumentarsendungen und Sendungen religiösen Inhalts nicht durch Werbung unterbrochen werden, wenn sie kürzer als 30 Minuten sind. Bei einer Länge von 30 Minuten oder mehr gelten die Bestimmungen der Absätze 2 und 3.

(6) Richtet sich die Werbung in einem Fernsehprogramm eigens und häufig an Zuschauer eines anderen Staates, der das Europäische Übereinkommen über das grenzüberschreitende Fernsehen ratifiziert hat und nicht Mitglied der Europäischen Gemeinschaft ist, so dürfen die für die Fernsehwerbung dort geltenden Vorschriften nicht umgangen werden. Satz 1 gilt nicht, wenn die Vorschriften dieses Gesetzes über die Werbung strenger sind als jene Vorschriften, die in dem betreffenden Staat gelten, ferner nicht, wenn mit dem betroffenen Staat Übereinkünfte auf diesem Gebiet geschlossen wurden.

§ 35 Dauer der Werbung. (1) Die Dauer der Werbung darf insgesamt 20 vom Hundert, die der Spotwerbung 15 vom Hundert der täglichen Sendezeit nicht überschreiten.

(2) Innerhalb eines Einstundenzeitraums darf die Dauer der Spotwerbung 20 vom Hundert nicht überschreiten.

(3) Werbeformen, wie direkte Angebote an die Öffentlichkeit für den Verkauf, den Kauf oder die Miete oder Pacht von Erzeugnissen oder die Erbringung von Dienstleistungen dürfen eine Stunde am Tag nicht überschreiten. Rundfunkveranstalter dürfen nicht als Vertragspartner

oder Vertreter für die Bestellung von Waren und Dienstleistungen tätig sein.

§ 36 Sponsoring. (1) Sponsoring ist der Beitrag einer natürlichen oder juristischen Person oder einer Personenvereinigung, die an Rundfunktätigkeiten oder an der Produktion audiovisueller Werke nicht beteiligt ist, zur direkten oder indirekten Finanzierung einer Sendung, um den Namen, die Marke, das Erscheinungsbild der Person, ihre Tätigkeit oder ihre Leistungen zu fördern.

(2) Bei Sendungen, die ganz oder teilweise gesponsert werden, muß zu Beginn und am Ende auf die Finanzierung durch den Sponsor in vertretbarer Kürze deutlich hingewiesen werden; der Hinweis ist in diesem Rahmen auch durch Bewegtbild möglich. Neben und anstelle des Namens des Sponsors kann auch dessen Firmenemblem oder eine Marke eingeblendet werden.

(3) Inhalt und Programmplatz einer gesponserten Sendung dürfen vom Sponsor nicht in der Weise beeinflußt werden, daß die Verantwortung und die redaktionelle Unabhängigkeit des Rundfunkveranstalters beeinträchtigt werden.

(4) Gesponserte Sendungen dürfen nicht zum Verkauf, zum Kauf oder zur Miete oder Pacht von Erzeugnissen oder Dienstleistungen des Sponsors oder eines Dritten, vor allem durch entsprechende besondere Hinweise, anregen.

(5) Wer nach diesem Gesetz oder nach anderen gesetzlichen Bestimmungen nicht werben darf oder wer überwiegend Produkte herstellt oder verkauft oder wer Dienstleistungen erbringt, für die Werbung nach diesem Gesetz oder nach anderen gesetzlichen Bestimmungen verboten ist, darf Sendungen nicht sponsern.

(6) Nachrichtensendungen und Sendungen zum politischen Zeitgeschehen dürfen nicht gesponsert werden.

Vierter Unterabschnitt. Rechtsaufsicht über privaten Rundfunk

§ 37 Rechtsaufsicht. Die Landesanstalt wacht darüber, daß die nach diesem Gesetz zugelassenen Veranstalter die rechtlichen Bindungen beachten, die ihnen nach diesem Gesetz, den auf seiner Grundlage erlassenen Rechtsvorschriften oder Entscheidungen oder nach allgemeinen Rechtsvorschriften obliegen.

§ 38 Aufsichtsmaßnahmen. (1) Soweit es zur Wahrnehmung ihrer Aufgaben erforderlich ist, kann die Landesanstalt von den Veranstaltern Auskunft und die Vorlage von Aufzeichnungen und sonstigen Unterlagen verlangen. Der zur Erteilung einer Auskunft Verpflichtete kann die Auskunft auf solche Fragen verweigern, deren Beantwortung ihn selbst oder einen der in § 383 Abs. 1 Nr. 1 bis 3 der Zivilprozeßordnung[1] bezeichneten Angehörigen der Gefahr strafgerichtlicher Verfolgung oder eines Verfahrens nach dem Gesetz über Ordnungswidrigkeiten[2] aussetzen würde.

(2) Die Landesanstalt weist die Veranstalter schriftlich auf Maßnahmen oder Unterlassungen hin, die gegen rechtliche Bindungen verstoßen, die ihnen nach diesem Gesetz, den auf seiner Grundlage erlassenen Rechtsvorschriften oder Entscheidungen oder nach allgemeinen Rechtsvorschriften obliegen, und fordert die Veranstalter auf, einen solchen Verstoß nicht fortzusetzen oder künftig zu unterlassen. Handelt es sich um einen schwerwiegenden Verstoß, so beanstandet die Landesanstalt dies und weist zugleich auf die Folgen eines weiteren Verstoßes (§ 30 Abs. 1 Nr. 2) hin.

Sechster Abschnitt. Rundfunkähnliche Kommunikationsdienste

Erster Unterabschnitt. Allgemeine Bestimmungen

§ 39 Anwendungsbereich. (1) Für rundfunkähnliche Kommunikationsdienste auf Abruf oder Zugriff (§ 1 Abs. 3) gelten die nachfolgenden Bestimmungen, soweit nicht durch Staatsvertrag eine Regelung getroffen ist.

(2) Andere rundfunkähnliche Kommunikationsdienste können versuchsweise zugelassen werden, wenn gewährleistet erscheint, daß sie zur Meinungsvielfalt beitragen. Die Versuchsdauer ist zunächst auf drei Jahre zu begrenzen; sie kann um höchstens zwei Jahre verlängert werden.

§ 40 Freiheit der rundfunkähnlichen Kommunikation. (1) Rundfunkähnliche Kommunikationsdienste können frei veranstaltet werden, soweit nicht Bestimmungen dieses Gesetzes oder anderer Gesetze entgegenstehen. Fernmelderechtliche Erfordernisse bleiben unberührt.

(2) Staatliche Organe oder Einrichtungen und einzelne gesellschaftliche Kräfte dürfen auf die rundfunkähnliche Kommunikation in ihrer Gesamtheit keinen vorherrschenden oder sonst in hohem Maße ungleichgewichtigen Einfluß ausüben.

§ 41 Verbindung von rundfunkähnlichen Kommunikationsdiensten. (1) Unterschiedliche rundfunkähnliche Kommunikationsdienste können miteinander verbunden werden. Insbesondere können Textsendungen sowie Ton- und Bewegtbildsendungen in beliebiger Verbindung zum Abruf oder Zugriff angeboten werden.

[1] **Schönfelder Nr. 100.**
[2] **Schönfelder Nr. 94,** Nr. **44** dieser Sammlung.

(2) Für einen solchen verbundenen rundfunkähnlichen Kommunikationsdienst gelten die weitestgehenden rechtlichen Anforderungen, die für eine der verbundenen Sendungen gelten.

§ 42 Öffentliche Aufgabe. Der Veranstalter eines rundfunkähnlichen Kommunikationsdienstes erfüllt eine öffentliche Aufgabe, wenn er in Angelegenheiten von öffentlichem Interesse Nachrichten beschafft und verbreitet, Stellung nimmt, Kritik übt oder auf andere Weise an der Meinungsbildung mitwirkt.

§ 43 Sendungen gegen Einzelentgelt. (1) Sendungen, für die ein Einzelentgelt erhoben wird, müssen so gestaltet sein, daß vor oder beim Abruf oder Zugriff die Entgeltlichkeit und die Höhe des Entgelts erkennbar sind.

(2) In der Inhaltsübersicht ist auf die Entgeltlichkeit hinzuweisen.

Zweiter Unterabschnitt. Textdienste

§ 44 Arten von Textdiensten. (1) Von den Textdiensten auf Abruf werden

1. diejenigen als Bildschirmtext bezeichnet, die im Sinne des Bildschirmtext-Staatsvertrages vom 31. August 1991 (GBl. S. 745) das öffentliche Fernmeldenetz benutzen,
2. diejenigen als Kabeltextabruf bezeichnet, die ein anderes Kabelnetz benutzen.

(2) Von den Textdiensten auf Zugriff werden

1. diejenigen als Videotext bezeichnet, die die Leerzeilen eines Fernsehsignals benutzen,
2. diejenigen als Kabeltext oder Vollkanaltext bezeichnet, die einen Kabel-Fernsehkanal oder eine drahtlose Fernsehfrequenz in voller Breite benutzen.

§ 45 Textdienste von Gebietskörperschaften. (1) Gebietskörperschaften und die deren allgemeinen Weisungen unterliegenden juristischen Personen dürfen Textdienste veranstalten, soweit sie damit

1. ihre Aufgaben erfüllen oder
2. im zulässigen Rahmen über ihre Tätigkeit informieren.

(2) Dies gilt auch für die von den Gebietskörperschaften abhängigen Unternehmen.

§ 46 Werbung. (1) Wirtschaftswerbung muß in der Inhaltsübersicht und in der Textsendung durch den Buchstaben »W« gekennzeichnet werden.

(2) Enthält eine Textsendung teilweise Wirtschaftswerbung, ist diese von den übrigen Informationen deutlich zu trennen.

§ 47 Untersagung. (1) Die Landesanstalt trifft im Rahmen der Absätze 2 und 3 die Maßnahmen, die notwendig sind, um die Einhaltung der rechtlichen Bindungen sicherzustellen, die dem Veranstalter eines Textdienstes nach diesem Gesetz, den auf seiner Grundlage erlassenen Rechtsvorschriften oder Entscheidungen oder nach allgemeinen Rechtsvorschriften obliegen. Wird durch eine Textsendung in Rechte Dritter eingegriffen und ist für den Dritten der Rechtsweg hiergegen eröffnet, sollen Maßnahmen der Landesanstalt nur getroffen werden, soweit dies aus Gründen des öffentlichen Interesses geboten ist.

(2) Stellt die Landesanstalt einen Verstoß gegen die rechtlichen Bindungen im Sinne des Absatzes 1 Satz 1 fest, weist sie den Veranstalter eines Textdienstes durch schriftliche Mitteilung darauf hin und fordert ihn auf, einen solchen Verstoß nicht fortzusetzen oder künftig zu unterlassen. Handelt es sich um einen schwerwiegenden Verstoß, beanstandet die Landesanstalt dies und weist zugleich auf die Folgen weiterer Verstöße hin.

(3) Verstößt ein Veranstalter eines Textdienstes nach wiederholter Beanstandung erneut in schwerwiegender Weise gegen die rechtlichen Bindungen im Sinne des Absatzes 1 Satz 1, so hat die Landesanstalt ihm die weitere Veranstaltung zu untersagen, soweit der Zweck einer Untersagung nicht durch weniger beeinträchtigende Maßnahmen erreichbar ist. Die Untersagung ist, soweit ihr Zweck dadurch erreicht werden kann, auf bestimmte Arten oder Teile von Textsendungen oder zeitlich zu beschränken.

(4) Soweit eine Untersagung ausgesprochen ist, sind Textsendungen des Veranstalters im Speicher zu sperren; § 61 Abs. 5 Satz 2 bleibt unberührt.

§ 48 Kabeltextabruf. Für den Kabeltextabruf gelten § 2 Abs. 1, §§ 11 und 12 des Bildschirmtext-Staatsvertrages entsprechend. Im übrigen gelten die Bestimmungen dieses Gesetzes.

§ 49 Kabeltext, Vollkanaltext. (1) Veranstalter von Kabeltext oder Vollkanaltext kann nur sein, wer die Voraussetzungen entsprechend § 25 Abs. 1 Satz 1 Nr. 1 bis 4 erfüllt.

(2) Die Absicht, Kabeltext oder Vollkanaltext zu veranstalten, ist der Landesanstalt drei Monate vor Sendebeginn anzuzeigen; dies gilt nicht für die Veranstaltung von Kabeltext oder Vollkanaltext im Rahmen eines Erprobungsprojekts nach § 8 a. Die Landesanstalt kann die Veranstaltung untersagen, wenn deren gesetzliche Voraussetzungen nicht erfüllt sind; § 47 Abs. 3 gilt entsprechend.

(3) Reicht die Übertragungskapazität nicht aus, um alle angebotenen Textdienste aufnehmen zu können, so legt die Landesanstalt durch Rechtsverordnung in entsprechender Anwendung des § 21 Grundsätze für einen chancengleichen Zugang aller Veranstalter fest. Die Rechtsverordnung bedarf nicht der Zustimmung des Medienrats. Im Falle von

Meinungsverschiedenheiten bei der Anwendung der Grundsätze im Einzelfall entscheidet auf Antrag eines Beteiligten die Landesanstalt.

§ 50 Videotext. (1) Der Veranstalter eines Fernsehprogramms darf die Leerzeilen des Fernsehsignals für die Veranstaltung von Videotext selbst nutzen.

(2) Will der Veranstalter eines Fernsehprogramms die Nutzung der Leerzeilen des Fernsehsignals anderen Veranstaltern überlassen, so ist chancengleicher Zugang in entsprechender Anwendung des § 49 zu gewährleisten.

Dritter Unterabschnitt. Ton- und Bewegtbilddienste

§ 51 Ton- und Bewegtbilddienste auf Abruf. Für Ton- und Bewegtbilddienste auf Abruf gelten von den Vorschriften über Textdienste entsprechend die Regelungen über die Veranstaltung durch Gebietskörperschaften (§ 45 Abs. 1), die Untersagung wegen Gesetzesverstoßes (§ 47), die persönlichen Anforderungen an den Veranstalter, die Regelungen des Zugangs bei nicht ausreichender Übertragungskapazität sowie für die Anzeigepflicht (§ 49).

§ 52 Ton- und Bewegtbilddienste auf Zugriff. (1) Der Veranstalter eines Ton- und Bewegtbilddienstes auf Zugriff bedarf der Zulassung. Die Zulassung wird erteilt, wenn die persönlichen und sachlichen Voraussetzungen erfüllt sind.

(2) Von den Vorschriften über privaten Rundfunk gelten entsprechend die Bestimmungen über die Arten der Zulassung (§ 20 Abs. 1 Nr. 1 bis 3 und 5), über die Vielfaltsicherung durch Auswahl bei beschränkter Übertragungskapazität (§ 21), über die persönlichen Zulassungsvoraussetzungen (§ 25), über die sachlichen Zulassungsvoraussetzungen (§ 26), das Zulassungsverfahren (§ 27), die Zeitdauer und Nichtübertragbarkeit der Zulassung (§ 28), die Rücknahme und den Widerruf der Zulassung (§§ 29, 30), die Rechtsaufsicht (§ 37) und die Aufsichtsmaßnahmen (§ 38). Werden im Rahmen eines Erprobungsprojekts Ton- oder Bewegtbilddienste auf Zugriff veranstaltet, gilt § 31 Abs. 1 Satz 2 und 3 entsprechend; für die Veranstaltung von Ton- und Bewegtbilddiensten auf Zugriff, für die bereits eine Zulassung erteilt worden ist, bedarf es keiner weiteren Zulassung.

§ 53 Werbung und Sponsoring bei Ton- und Bewegtbilddiensten auf Abruf oder Zugriff. (1) Für Werbung und Sponsoring in Ton- und Bewegtbilddiensten auf Abruf oder Zugriff gelten §§ 33 bis 36 entsprechend mit der Maßgabe, daß die Werbung 20 vom Hundert der einzelnen Ton- und Bewegtbildsendung nicht überschreiten darf.

(2) Enthält eine Ton- und Bewegtbildsendung auf Abruf oder Zugriff ausschließlich Werbung, so ist dies in der Inhaltsübersicht und in der

Sendung selbst deutlich zu kennzeichnen. Im übrigen gilt § 33 Abs. 1 Satz 2 entsprechend.

Siebter Abschnitt. Programmgrundsätze

§ 54 Allgemeine Programmgrundsätze. Alle Sendungen haben die Würde des Menschen und die Überzeugungen anderer, insbesondere im religiösen und weltanschaulichen Bereich, sowie Ehe und Familie zu achten. Sie dürfen sich nicht gegen die Völkerverständigung und gegen die freiheitliche demokratische Grundordnung richten.

§ 55 Verbotene Sendungen, Schutz von Kindern und Jugendlichen.

(1) Sendungen sind verboten, wenn sie

1. zum Rassenhaß aufstacheln oder grausame oder sonst unmenschliche Gewalttätigkeiten gegen Menschen in einer Art schildern, die eine Verherrlichung oder Verharmlosung solcher Gewalttätigkeiten ausdrückt oder die das Grausame oder Unmenschliche des Vorgangs in einer die Menschenwürde verletzenden Weise darstellt (§ 131 StGB);[1]
2. den Krieg verherrlichen;
3. pornographisch sind (§ 184 StGB);[1]
4. offensichtlich geeignet sind, Kinder oder Jugendliche sittlich schwer zu gefährden;
5. Menschen, die sterben oder schweren körperlichen oder seelischen Leiden ausgesetzt sind oder waren, in einer die Menschenwürde verletzenden Weise darstellen und ein tatsächliches Geschehen wiedergeben, ohne daß ein überwiegendes berechtigtes Interesse gerade an dieser Form der Berichterstattung vorliegt; eine Einwilligung ist unbeachtlich.

(2) Sendungen, die geeignet sind, das körperliche, geistige oder seelische Wohl von Kindern und Jugendlichen zu beeinträchtigen, dürfen nicht verbreitet werden, es sei denn, der Veranstalter trifft auf Grund der Sendezeit oder auf andere Weise Vorsorge, daß Kinder oder Jugendliche der betroffenen Altersstufe die Sendungen üblicherweise nicht wahrnehmen; der Veranstalter darf dies bei Sendungen zwischen 23 Uhr und 6 Uhr annehmen. Bei Filmen, die nach dem Gesetz zum Schutze der Jugend in der Öffentlichkeit[2] unter 12 Jahren nicht freigegeben sind, ist bei der Wahl der Sendezeit dem Wohl jüngerer Kinder Rechnung zu tragen. Filme, die nach dem Gesetz zum Schutze der Jugend in der Öffentlichkeit[2] für Jugendliche unter 16 Jahren nicht freigegeben sind, dürfen nur zwischen 22 Uhr und 6 Uhr und Filme, die für Jugendliche unter 18 Jahren nicht freigegeben sind, nur zwischen 23 Uhr und 6 Uhr verbreitet werden.

---

[1] **Schönfelder Nr. 85.**
[2] **Nr. 48.**

(3) Sendungen, die ganz oder im wesentlichen mit Schriften inhaltsgleich sind, die in die Liste nach § 1 des Gesetzes über die Verbreitung jugendgefährdender Schriften[1] aufgenommen sind, sind nur in der Zeit zwischen 23 Uhr und 6 Uhr und nur dann zulässig, wenn die mögliche sittliche Gefährdung von Kindern oder Jugendlichen unter Berücksichtigung aller Umstände nicht als schwer angesehen werden kann. Die Gründe, die zu einer entsprechenden Bewertung geführt haben, sind vor der Ausstrahlung schriftlich niederzulegen und auf Anforderung der Landesanstalt zu übermitteln.

(4) Für Sendungen, die nach den Absätzen 2 oder 3 Sendezeitbeschränkungen unterliegen, dürfen Programmankündigungen mit Bewegtbildern nur zu diesen Zeiten ausgestrahlt werden.

(5) Die Landesanstalt kann in Richtlinien oder für den Einzelfall Ausnahmen von den Zeitgrenzen nach Absatz 2 Satz 3 und Absatz 3 Satz 1 gestatten und von der Bewertung nach Absatz 2 Satz 3 und Absatz 3 Satz 1 abweichen; dies gilt im Falle von Absatz 2 Satz 3 vor allem für Filme, deren Bewertung länger als 15 Jahre zurückliegt. Die Landesanstalt kann in Richtlinien oder für den Einzelfall auch für Filme, auf die das Gesetz zum Schutze der Jugend in der Öffentlichkeit[2] keine Anwendung findet oder die nach diesem Gesetz für Jugendliche unter 16 Jahren freigegeben sind, zeitliche Beschränkungen vorsehen, um den Besonderheiten der Ausstrahlung von Filmen im Fernsehen, vor allem bei Fernsehserien, gerecht zu werden. Der Erlaß von Richtlinien und Entscheidungen für den Einzelfall nach Satz 1 und 2 bedarf der Zustimmung des Medienrats.

(6) Gutachten freiwilliger Selbstkontrolleinrichtungen zu Programmfragen, insbesondere zu Fragen des Jugendschutzes, sind von der Landesanstalt bei ihren Entscheidungen einzubeziehen.

§ 55 a Jugendschutzbeauftragte. Die Veranstalter von Fernsehprogrammen berufen jeweils einen Beauftragten für den Jugendschutz. Der Beauftragte für den Jugendschutz muß die zur Erfüllung seiner Aufgaben erforderliche Fachkunde besitzen. Er ist bei Anwendung seiner Fachkunde auf dem Gebiet des Jugendschutzes weisungsfrei. Er hat die Aufgabe, die Programmverantwortlichen in allen Fragen des Jugendschutzes zu beraten. Er ist insbesondere bei Fragen des Programmeinkaufs, der Programmherstellung, der Programmplanung und Programmgestaltung angemessen zu beteiligen. Die Beauftragten für den Jugendschutz treten in einen regelmäßigen gemeinsamen Erfahrungsaustausch ein.

§ 56 Sorgfaltspflicht. (1) Alle Nachrichten und Berichte sind vor ihrer Verbreitung mit der nach den Umständen gebotenen Sorgfalt auf Wahrheit und Herkunft zu prüfen. Entstellungen durch Verkürzung oder Verzerrung der Sachverhalte sind zu unterlassen. Noch nicht ausrei-

[1] Nr. 47.
[2] Nr. 48.

chend verbürgte Nachrichten und Berichte dürfen nur veröffentlicht werden, wenn sie mit einem erkennbaren Vorbehalt versehen sind.

(2) Tatsachenbehauptungen, die sich als falsch erwiesen haben, sind unverzüglich und angemessen richtigzustellen.

(3) Die Personen oder Stellen, die durch eine Nachricht oder einen Bericht wesentlich betroffen werden, sollen vor der Verbreitung nach Möglichkeit gehört werden.

(4) Sendungen, die in den Privatbereich einer Person ohne deren Einwilligung eingreifen, sind nur zulässig, soweit der Eingriff in den Privatbereich im Einzelfall durch das Informationsinteresse der Öffentlichkeit gefordert wird und in angemessenem Verhältnis zur Bedeutung der Sache für die Öffentlichkeit steht. Die Intimsphäre ist auf jeden Fall zu achten.

(5) Berichterstattung und Kommentar sind zu trennen. Kommentare sind als solche zu kennzeichnen.

(6) Bei der Wiedergabe von Meinungsumfragen, die von Rundfunkveranstaltern durchgeführt werden, ist ausdrücklich anzugeben, ob sie repräsentativ sind.

Achter Abschnitt. Informationsrechte und Verfahrenspflichten der Veranstalter

§ 57 Informationsrechte. (1) Die Behörden sind verpflichtet, den Veranstaltern oder deren Vertretern die der Erfüllung ihrer öffentlichen Aufgaben dienenden Auskünfte zu erteilen.

(2) Auskünfte können verweigert werden, soweit

1. hierdurch die sachgemäße Durchführung eines schwebenden Verfahrens vereitelt, erschwert, verzögert oder gefährdet werden könnte,
2. Vorschriften über die Geheimhaltung entgegenstehen,
3. ein überwiegendes öffentliches oder schutzwürdiges privates Interesse verletzt würde oder
4. ihr Umfang das zumutbare Maß überschritte.

§ 58 Verantwortlicher Redakteur. (1) Jeder Veranstalter muß mindestens einen für den Inhalt der Sendung verantwortlichen Redakteur bestellen. Werden mehrere verantwortliche Redakteure bestellt, ist festzulegen, für welchen Teil des Programms oder für welche Sendungen jeder einzelne verantwortlich ist. Satz 1 gilt nicht, wenn der Veranstalter eine natürliche Person ist und seinen Wohnsitz im Geltungsbereich des Grundgesetzes hat.

(2) Als verantwortlicher Redakteur darf nicht bestellt werden, wer

1. seinen ständigen Aufenthalt außerhalb des Geltungsbereichs des Grundgesetzes hat,

2. infolge Richterspruchs die Fähigkeit, öffentliche Ämter zu bekleiden, Rechte aus öffentlichen Wahlen zu erlangen oder in öffentlichen Angelegenheiten zu wählen oder zu stimmen, nicht besitzt,
3. das 21. Lebensjahr nicht vollendet hat,
4. nicht geschäftsfähig ist,
5. nicht unbeschränkt strafgerichtlich verfolgt werden kann.

Von der Voraussetzung des Satzes 1 Nr. 1 kann die Landesanstalt in besonderen Fällen auf Antrag Befreiung erteilen.

(3) Die Verantwortung anderer Personen, insbesondere des Verfassers, Herstellers oder Gestalters eines Beitrags, bleibt unberührt.

§ 59 Auskunftspflicht. (1) Am Ende des täglichen Hörfunkprogramms sind der Name oder die Firma des Veranstalters und die Namen der für die jeweiligen Programmteile verantwortlichen Redakteure anzugeben. Während des Hörfunkprogramms ist in der Regel in zeitlichen Abständen von höchstens zwei Stunden der Programmname mit dem Ort, in dem der Veranstalter seinen Sitz hat, oder mit einer Bezeichnung des Verbreitungsgebiets anzugeben. Die Angaben nach Satz 2 müssen eine Unterscheidung von anderen Programmen ermöglichen.

(2) Jede Fernsehsendung und jede Sendung auf Abruf oder Zugriff muß den Namen oder die Firma des Veranstalters erkennen lassen. Am Ende jeder Fernsehsendung und jeder Ton- und Bewegtbildsendung auf Abruf oder Zugriff ist der Name des verantwortlichen Redakteurs anzugeben. Jeder Veranstalter von Textsendungen hat für die Dauer des Angebots der Sendung seinen Namen oder seine Firma und seine Anschrift sowie den Namen und die Anschrift des verantwortlichen Redakteurs zum jederzeitigen unentgeltlichen Abruf oder Zugriff anzubieten; § 60 gilt entsprechend.

(3) Auf Verlangen sind von der Landesanstalt der Name oder die Firma und die Anschrift des Veranstalters mitzuteilen, wenn die Veranstaltung eine Zulassung durch die Landesanstalt voraussetzt. Über den Namen und die Anschrift des verantwortlichen Redakteurs muß der Veranstalter auf Verlangen Auskunft erteilen.

§ 60 Aufzeichnungs- und Speicherungspflicht. (1) Jede Rundfunksendung, Textsendung auf Zugriff sowie Ton- und Bewegtbildsendung auf Zugriff ist vom Veranstalter in Ton und Bild aufzuzeichnen und aufzubewahren. Bei Sendungen, die unter Verwendung einer Aufzeichnung oder eines Films verbreitet worden sind, ist die Aufzeichnung oder der Film aufzubewahren. Nach Ablauf von sechs Wochen seit dem Tag der Verbreitung der Rundfunksendung oder seit dem Tag, an dem die Textsendung oder die Ton- und Bewegtbildsendung letztmals zum Zugriff angeboten worden ist, kann die Aufzeichnung gelöscht und braucht der Film nicht mehr aufbewahrt zu werden, soweit dem Veranstalter zuvor keine Beanstandung von einem Betroffenen oder der Landesanstalt mitgeteilt worden ist.

(2) Textsendungen und Ton- und Bewegtbildsendungen auf Abruf dürfen nach Ablauf von sechs Wochen seit dem Tag, an dem die Sendung letztmals zum Abruf angeboten worden ist, vom Speicher gelöscht werden, soweit dem Veranstalter zuvor keine Beanstandung von einem Betroffenen oder der Landesanstalt mitgeteilt worden ist. Ist der Veranstalter der Sendung nicht zugleich der Träger des Speichers, hat dieser auf Kosten des Veranstalters die Sendung zu speichern. Die Speicherung gemäß Satz 1 kann durch die Herstellung und Aufbewahrung einer Aufzeichnung ersetzt werden.

(3) Ist die Sendung beanstandet worden, darf die Aufzeichnung oder die gespeicherte Sendung erst gelöscht werden, wenn die Beanstandung durch rechtskräftige gerichtliche Entscheidung, durch gerichtlichen Vergleich oder auf andere Weise erledigt ist. Dies gilt entsprechend für die Aufbewahrung von Filmen nach Absatz 1 Satz 2.

(4) Wer glaubhaft macht, durch eine Sendung in seinen Rechten betroffen zu sein, kann vom Veranstalter oder Träger des Speichers verlangen, daß ihm Einsicht in die aufgezeichnete oder gespeicherte Sendung oder in den Film ermöglicht wird. Auf seine Kosten ist ihm eine Abschrift oder eine Kopie zur Verfügung zu stellen.

§ 61 Gegendarstellungspflicht. (1) Ist in einer Sendung eine Tatsachenbehauptung aufgestellt worden, so kann die betroffene Person oder Stelle die unentgeltliche Verbreitung einer Gegendarstellung zu dieser Behauptung verlangen. Die Gegendarstellung muß unverzüglich, spätestens innerhalb von sechs Wochen nach der beanstandeten Sendung, verlangt werden; eine Gegendarstellung gegen Tatsachenbehauptungen in Sendungen nach § 31 Abs. 1 Satz 1 Nr. 2 muß so rechtzeitig verlangt werden, daß sie von dem Veranstalter noch innerhalb der Zeitdauer der Zulassung verbreitet werden kann. Sie bedarf der Schriftform, muß die beanstandete Sendung bezeichnen, sich auf tatsächliche Angaben beschränken, darf keinen strafbaren Inhalt haben und muß von der betroffenen Person oder Stelle unterzeichnet sein. Bestehen begründete Zweifel an der Echtheit der Unterschrift, so kann deren Beglaubigung verlangt werden. Die Gegendarstellung darf den Umfang des beanstandeten Teils der Sendung nicht wesentlich übersteigen.

(2) Der Anspruch auf Gegendarstellung richtet sich gegen den Veranstalter der beanstandeten Sendung. Die Kosten der Verbreitung der Gegendarstellung trägt der Veranstalter. Bei Sendungen auf Abruf ist auch der Träger des Speichers verpflichtet, die Gegendarstellung an vergleichbarer Stelle aufzunehmen.

(3) Eine Pflicht zur Verbreitung einer Gegendarstellung besteht nicht, wenn und soweit die betroffene Person oder Stelle kein berechtigtes Interesse an der Verbreitung der Gegendarstellung hat, oder bei Wirtschaftswerbung.

(4) Die Verbreitung der Gegendarstellung muß unverzüglich ohne Zusätze oder Weglassungen, für den gleichen Bereich und bei Rund-

funksendungen zu einer gleichwertigen Sendezeit wie die Verbreitung der beanstandeten Sendung erfolgen. Eine Erwiderung auf die verbreitete Gegendarstellung darf nicht in unmittelbarem Zusammenhang mit dieser gesendet werden und muß sich auf tatsächliche Angaben beschränken.

(5) Ist die Tatsachenbehauptung in einer Sendung enthalten, die auf Abruf oder Zugriff angeboten wird, so ist die Gegendarstellung für die Dauer des Angebots dieser Sendung in unmittelbarer Verknüpfung mit ihr zum Abruf oder Zugriff anzubieten und zu verbreiten; beim Angebot der Sendung ist gleichzeitig auf die Gegendarstellung hinzuweisen. Wird die Sendung nicht mehr angeboten oder endet diese Sendung vor Ablauf von zwei Wochen nach Aufnahme der Gegendarstellung, muß die Gegendarstellung an vergleichbarer Stelle in das Informationsangebot aufgenommen und solange zum Abruf oder Zugriff angeboten werden, wie zuvor die Sendung angeboten worden ist, längstens jedoch zwei Wochen.

(6) Für die Durchsetzung des Gegendarstellungsanspruchs ist der ordentliche Rechtsweg gegeben. Auf dieses Verfahren sind die Vorschriften der Zivilprozeßordnung[1] über das Verfahren auf Erlaß einer einstweiligen Verfügung entsprechend anzuwenden. Eine Gefährdung des Anspruchs braucht nicht glaubhaft gemacht zu werden. Ein Hauptverfahren findet nicht statt.

(7) Die Absätze 1 bis 6 gelten nicht für wahrheitsgetreue Berichte über öffentliche Sitzungen der gesetzgebenden oder beschließenden Organe des Bundes, der Länder und der Gemeinden (Gemeindeverbände) sowie der Gerichte.

§ 62 Verlautbarungspflicht, besondere Sendezeiten. (1) Der Veranstalter eines Rundfunkprogramms oder eines rundfunkähnlichen Kommunikationsdienstes auf Zugriff hat der Bundesregierung, der Landesregierung oder den für die Gefahrenabwehr zuständigen Behörden und Stellen in Katastrophenfällen oder bei anderen erheblichen Gefahren für die öffentliche Sicherheit unverzüglich die erforderliche Sendezeit zur Bekanntgabe amtlicher Verlautbarungen einzuräumen.

(2) Der römisch-katholischen Kirche, den evangelischen Landeskirchen und den israelitischen Religionsgemeinschaften sind auf Verlangen in Vollprogrammen angemessene Sendezeiten für die Übertragung gottesdienstlicher Handlungen und Feierlichkeiten sowie sonstiger religiöser Sendungen einzuräumen.

(3) Stellt der Veranstalter eines Rundfunkprogramms oder eines Ton- und Bewegtbilddienstes auf Zugriff politischen Parteien oder Vereinigungen Sendezeiten zur Vorbereitung von Wahlen zur Verfügung, gilt § 5 Abs. 1 bis 3 des Parteiengesetzes[2] entsprechend. Sendezeiten zur

[1] §§ 935 ff. ZPO, **Schönfelder Nr. 100.**

[2] **Sartorius I Nr. 58.**

Vorbereitung der Wahlen sind keine Werbezeiten im Sinne des § 35 Abs. 1 und 2.

(4) Für Inhalt und Gestaltung der Sendungen nach den Absätzen 1 bis 3 ist derjenige verantwortlich, dem die Sendezeit zur Verfügung gestellt worden ist. Der Veranstalter kann in den Fällen der Absätze 1 und 2 nur die Erstattung seiner Selbstkosten verlangen.

Neunter Abschnitt. Landesanstalt für Kommunikation

§ 63 Rechtsform und Organe. (1) Für die Zulassung privater Rundfunkveranstalter und die Wahrnehmung weiterer Aufgaben nach diesem Gesetz wird die Landesanstalt für Kommunikation als rechtsfähige Anstalt des öffentlichen Rechts mit Sitz in Stuttgart errichtet. Sie übt ihre Tätigkeit im Rahmen der Gesetze unter eigener Verantwortung aus.

(2) Organe der Landesanstalt sind

1. der Vorstand,
2. der Medienrat.

(3) Die Landesanstalt hat das Recht, Beamte zu haben.

§ 64 Vorstand. (1) Der Vorstand der Landesanstalt besteht aus einem hauptamtlichen Vorsitzenden, einem stellvertretenden Vorsitzenden und drei weiteren Mitgliedern. Die Mitglieder des Vorstands dürfen nicht dem Medienrat angehören. Der Vorsitzende ist Beamter auf Zeit. Der stellvertretende Vorsitzende und die drei weiteren Mitglieder sind ehrenamtlich tätig.

(2) Der Vorsitzende soll die Befähigung zum Richteramt haben.

(3) Mitglieder des Vorstands dürfen nicht gleichzeitig

1. dem Organ einer öffentlich-rechtlichen Rundfunkanstalt oder einer ihrer Werbegesellschaften angehören oder bei einer öffentlich-rechtlichen Rundfunkanstalt beschäftigt sein;
2. Veranstalter von Rundfunkprogrammen, Ton- und Bewegtbilddiensten auf Abruf oder Zugriff, Kabeltext- oder Videotextdiensten, deren gesetzliche Vertreter oder Arbeitnehmer sein, dem Aufsichtsrat eines Veranstalters angehören oder Anteile an einem Unternehmen besitzen, das derartige Sendungen veranstaltet, oder
3. Produzent von Sendungen, die für ein Rundfunkprogramm oder Ton- und Bewegtbilddienste auf Abruf oder Zugriff bestimmt sind, oder dessen gesetzliche Vertreter oder Arbeitnehmer sein oder dem Aufsichtsrat eines Unternehmens angehören oder Anteile an einem Unternehmen besitzen, das derartige Sendungen produziert.

Tritt ein Ausschlußgrund nach Satz 1, Absatz 1 Satz 2 oder Absatz 4 Satz 2 oder 4 bei einem Mitglied des Vorstands ein, scheidet es aus dem Vorstand aus. Der Vorstand stellt das Vorliegen eines Ausschlußgrundes fest. Der Vorsitzende des Vorstands tritt mit der Feststellung nach Satz 3 für den Rest seiner Amtszeit in den einstweiligen Ruhestand.

(4) Die Mitglieder des Vorstands sind an Aufträge und Weisungen nicht gebunden. Sie dürfen nicht den gesetzgebenden Körperschaften des Bundes oder eines Landes, der Bundesregierung oder einer Landesregierung angehören, das Amt eines politischen Staatssekretärs ausüben oder Mitglied des Europäischen Parlaments oder der Kommission der Europäischen Gemeinschaften sein. Sie sollen nicht Beamte oder Bedienstete der Institutionen der Europäischen Gemeinschaften oder der ihnen angegliederten fachlichen Gremien sein oder bei einer Bundes-, Landes- oder Kommunalbehörde beschäftigt sein; dies gilt nicht für Richter sowie für Professoren, die hauptberuflich an einer Hochschule tätig sind. In keinem Fall dürfen mehr als ein Viertel der Mitglieder des Vorstands den in Satz 3 Halbsatz 1 bezeichneten Personengruppen angehören.

(5) Die Amtszeit der Mitglieder des Vorstands beträgt sechs Jahre. Sie beginnt mit dem Tag der Ernennung des Vorsitzenden. Erfolgt die Bestellung und Verpflichtung anderer Mitglieder erst nach diesem Zeitpunkt, so verkürzt sich deren Amtszeit entsprechend. Nach Ablauf der Amtszeit führt der Vorstand die Geschäfte bis zur Ernennung des Vorsitzenden weiter; das Dienstverhältnis des bisherigen Vorsitzenden besteht so lange weiter.

(6) Die ehrenamtlichen Mitglieder des Vorstands erhalten eine Entschädigung und eine Reisekostenvergütung in entsprechender Anwendung des § 7 Abs. 2, 3 und 5 des Gesetzes über den Staatsgerichtshof.[1]

§ 65 Aufgaben des Vorstands. (1) Der Vorstand nimmt die Aufgaben der Landesanstalt wahr, soweit nicht ausdrücklich eine andere Zuständigkeit bestimmt ist.

(2) Jeder hat das Recht, sich mit einer Beschwerde, die die Nichteinhaltung von Vorschriften dieses Gesetzes durch Veranstalter betrifft, an den Vorstand zu wenden. Soweit die Beschwerde einen Gegenstand des § 73 Abs. 2, 4 oder 5 betrifft, gibt der Vorstand dem Medienrat Gelegenheit zur Stellungnahme.

§ 66 Wahl und Abberufung der Mitglieder des Vorstands. (1) Der Vorsitzende, der stellvertretende Vorsitzende, die weiteren ehrenamtlichen Mitglieder des Vorstands und für jedes ehrenamtliche Mitglied ein Stellvertreter werden vom Landtag mit einer Mehrheit von zwei Dritteln seiner Mitglieder[2] gewählt. Kommt bis spätestens einen Monat nach Ablauf der Amtszeit des bisherigen Vorstands die nach Satz 1 erforderliche Mehrheit für die Wahl aller Mitglieder des Vorstands und ihrer Stellvertreter nicht zustande, werden diese auf Grund von Wahlvorschlägen der Fraktionen im Wege der Verhältniswahl nach dem Höchstzahlverfahren (d'Hondt) gewählt; wird nur ein Wahlvorschlag

[1] Loseblatt-Textsammlung **Gesetze des Landes Baden-Württemberg Nr. 18.**

[2] Art. 92 LVerf., Loseblatt-Textsammlung **Gesetze des Landes Baden-Württemberg Nr. 1.**

eingereicht, bedarf die Wahl durch den Landtag der Zustimmung der Mehrheit seiner Mitglieder.[1] Eine einmalige Wiederwahl der Mitglieder und der stellvertretenden Mitglieder ist zulässig.

(2) Der Ministerpräsident ernennt den Vorsitzenden. Er bestellt und verpflichtet die ehrenamtlichen Mitglieder und stellvertretenden Mitglieder des Vorstands.

(3) Scheidet ein Mitglied oder ein stellvertretendes Mitglied vorzeitig aus, so soll innerhalb von drei Monaten gemäß Absatz 1 Satz 1 ein Nachfolger für den Rest der Amtszeit gewählt werden; die Amtszeit verkürzt sich entsprechend. Wurde das ausgeschiedene Mitglied auf Grund des in Absatz 1 Satz 2 Halbsatz 1 bezeichneten Verfahrens gewählt, steht der Fraktion oder den Fraktionen, auf Grund deren Wahlvorschlag es gewählt wurde, ein Vorschlagsrecht zu; der Vorgeschlagene ist gewählt, wenn der Landtag mit der Mehrheit seiner Mitglieder diesem Vorschlag zustimmt.

(4) Mitglieder oder stellvertretende Mitglieder können vom Landtag mit einer Mehrheit von zwei Dritteln seiner Mitglieder abberufen werden, wenn sie

1. ihre Pflichten gröblich verletzen oder sich als unwürdig erwiesen haben,
2. ihre Tätigkeit nicht mehr ordnungsgemäß ausüben können.

Der Vorsitzende tritt mit seiner Abberufung für den Rest seiner Amtszeit in den einstweiligen Ruhestand.

§ 67. *(aufgehoben)*

§ 68 Ausschluß und Befangenheit im Verwaltungsverfahren. §§ 20 und 21 des Landesverwaltungsverfahrensgesetzes[2] bleiben unberührt. Abweichend von § 20 Abs. 4 und § 21 Abs. 2 des Landesverwaltungsverfahrensgesetzes hat ein Mitglied des Vorstands Umstände, die den Ausschluß im Sinne des § 20 oder die Befangenheit im Sinne des § 21 des Landesverwaltungsverfahrensgesetzes begründen können, dem Vorsitzenden des Medienrats und dessen Stellvertretern mitzuteilen. Kann ein Einvernehmen mit dem Mitglied des Vorstands über das Vorliegen eines Ausschluß- oder Befangenheitsgrundes nicht erzielt werden, ist eine Entscheidung des Medienrats herbeizuführen. Einer Mitteilung an den Vorsitzenden des Medienrats und dessen Stellvertreter bedarf es nicht, wenn das betroffene Mitglied des Vorstands und die übrigen anwesenden Mitglieder des Vorstands übereinstimmend der Auffassung sind, daß ein Ausschluß- oder Befangenheitsgrund gegeben ist.

§ 69 Arbeitsweise des Vorstands. (1) Der Vorstand tritt mindestens einmal in jedem Vierteljahr zu einer ordentlichen Sitzung zusammen.

---

[1] Art. 92 LVerf., Loseblatt-Textsammlung **Gesetze des Landes Baden-Württemberg Nr 1.**

[2] Loseblatt-Textsammlung **Gesetze des Landes Baden-Württemberg Nr. 45**

Auf Verlangen jedes Mitglieds ist eine außerordentliche Sitzung einzuberufen.

(2) Beschlüsse des Vorstands bedürfen der Zustimmung von drei Mitgliedern. Bei einer Beratung und Beschlußfassung darf nicht mehr als ein Viertel der Mitwirkenden den in § 64 Abs. 4 Satz 3 Halbsatz 1 bezeichneten Personengruppen angehören.

(3) Der Vorsitzende wird vom stellvertretenden Vorsitzenden vertreten; dies gilt nicht für die Aufgaben nach § 70 Abs. 1 Satz 1 und 2.

(4) Der Vorstand gibt sich eine Geschäftsordnung.

§ 70 Vorsitzender des Vorstands. (1) Der Vorsitzende vertritt die Landesanstalt gerichtlich und außergerichtlich und leitet deren Verwaltung. Der Vorsitzende erledigt in eigener Zuständigkeit die Geschäfte der laufenden Verwaltung und bereitet die Entscheidungen des Vorstands und des Medienrats vor und führt sie aus. Für die Aufgaben nach den Sätzen 1 und 2 bestellt der Vorsitzende einen Beamten der Landesanstalt mit der Befähigung zum Richteramt zu seinem Vertreter.

(2) Nicht zu den Geschäften der laufenden Verwaltung gehören insbesondere folgende Angelegenheiten, über die der Vorstand entscheidet:

1. Erwerb, Veräußerung oder Belastung von Grundstücken,
2. Verträge mit einem Gesamtaufwand von mehr als 50 000 DM; dies gilt nicht für den Abschluß von Dienst- und Arbeitsverträgen,
3. über- und außerplanmäßige Ausgaben,
4. Aufnahme von Krediten.

§ 71 Bedienstete der Landesanstalt. (1) Für den Vorsitzenden nimmt das Staatsministerium die Aufgaben des Dienstvorgesetzten und der obersten Dienstbehörde wahr.

(2) Über die Ernennung, Einstellung und Entlassung der Bediensteten der Landesanstalt entscheidet der Vorsitzende, bei Beamten des höheren Dienstes und Angestellten in Vergütungsgruppen, die der Laufbahngruppe des höheren Dienstes entsprechen, jedoch im Einvernehmen mit dem Vorstand. Der Vorsitzende ist Vorgesetzter, Dienstvorgesetzter und oberste Dienstbehörde der Bediensteten der Landesanstalt.

(3) Leitende Bedienstete können zu Beamten auf Zeit ernannt werden; die Amtszeit beträgt acht Jahre.

(4) Die Rechtsverhältnisse der Beamten, Angestellten und Arbeiter bestimmen sich nach den Vorschriften, die für Beschäftigte im Landesdienst gelten. Die Eingruppierung und Vergütung der Angestellten und Arbeiter muß derjenigen der vergleichbaren Angestellten und Arbeiter des Landes entsprechen; das Staatsministerium kann im Einvernehmen mit dem Finanzministerium hiervon Ausnahmen zulassen.

(5) Die Stellen sind nach Art und Besoldungs-, Vergütungs- und Lohngruppen gegliedert im Haushaltsplan auszuweisen. Der Stellen-

plan und die Stellenübersicht sind einzuhalten; das Staatsministerium kann hiervon Ausnahmen zulassen.

§ 72 Medienrat. (1) Der Medienrat setzt sich zusammen aus

1. einem Vertreter der evangelischen Landeskirchen,
2. einem Vertreter der römisch-katholischen Kirche,
3. einem Vertreter der israelitischen Religionsgemeinschaften,
4. einem Vertreter der Freikirchen,
5. einem Vertreter des Deutschen Gewerkschaftsbundes, Landesbezirk Baden-Württemberg,
6. einem Vertreter der Deutschen Angestellten-Gewerkschaft, Landesverband Baden-Württemberg,
7. einem Vertreter des Christlichen Gewerkschaftsbundes Deutschlands, Landesverband Baden-Württemberg,
8. einem Vertreter des Beamtenbundes Baden-Württemberg,
9. einem Vertreter der kommunalen Landesverbände,
10. einem Vertreter der Arbeitsgemeinschaft der Industrie- und Handelskammern in Baden-Württemberg,
11. einem Vertreter des baden-württembergischen Handwerkstags,
12. einem Vertreter, der von dem Landesverband der baden-württembergischen Industrie und der Landesvereinigung Baden-Württembergischer Arbeitgeberverbände benannt wird,
13. einem Vertreter, der von dem Landesverband der freien Berufe Baden-Württemberg und dem Bund der Selbständigen, Landesverband Baden-Württemberg, benannt wird,
14. einem Vertreter, der von dem Südwestdeutschen Zeitschriftenverlegerverband e. V. und dem Verband Südwestdeutscher Zeitungsverleger e. V. benannt wird,
15. einem Vertreter der Journalistenverbände,
16. einem Vertreter des Landesmusikrats Baden-Württemberg,
17. einem Vertreter des Landeselternbeirats,
18. einem Vertreter des Landesfamilienrats Baden-Württemberg,
19. einem Vertreter des Landesfrauenrats Baden-Württemberg,
20. einem Vertreter der Aktion Jugendschutz,
21. einem Vertreter der Sportverbände,
22. einem Vertreter der Jugendverbände,
23. einem Vertreter der Bauernverbände,
24. einem Vertreter des Deutschen Bundeswehrverbandes,
25. einem Vertreter des Bundes der Vertriebenen, Landesverband Baden-Württemberg,
26. einem Vertreter, der von den Schriftstellerorganisationen, dem Bühnenverein und der Bühnengenossenschaft benannt wird,

27. einem Vertreter der Informationstechnischen Gesellschaft,
28. einem Vertreter der Aktionsgemeinschaft Natur- und Umweltschutz Baden-Württemberg,
29. einem Vertreter, der von den Landesrektorenkonferenzen der Universitäten, der Kunsthochschulen, der Pädagogischen Hochschulen und der Fachhochschulen benannt wird.

(2) Jede Fraktion im Landtag entsendet einen Vertreter. Vier weitere Vertreter werden auf Grund von Vorschlägen der Fraktionen vom Landtag im Wege der Verhältniswahl nach dem Höchstzahlverfahren (d'Hondt) gewählt.

(3) Die Organisationen nach Absatz 1 und der Landtag benennen dem Vorstand innerhalb einer von diesem zu bestimmenden Frist die jeweiligen Vertreter. Der Vorstand stellt die ordnungsgemäße Entsendung fest. Soweit mehrere Organisationen einen gemeinsamen Vertreter entsenden, benennen sie diesen dem Vorstand durch gemeinsame Erklärung. Kann ein Einvernehmen zwischen den Organisationen nicht erzielt werden, so entscheidet der Medienrat durch Auswahl unter den Kandidaten der vorschlagsberechtigten Organisationen. Im übrigen verringert sich die Zahl der Mitglieder des Medienrats entsprechend, soweit und solange Organisationen oder der Landtag keine Vertreter benennen.

(4) Die Amtszeit der Mitglieder des Medienrats dauert fünf Jahre und beginnt mit dem ersten Zusammentritt des Medienrats. Nach Ablauf der Amtszeit führt der Medienrat die Geschäfte bis zum Zusammentritt des neuen Medienrats weiter.

(5) Scheiden Vertreter vorzeitig aus, sind für den Rest der Amtszeit Nachfolger von den entsendenden Organisationen oder dem Landtag zu benennen. Diese können die von ihnen benannten Vertreter bei deren Ausscheiden aus den entsprechenden Organisationen oder dem Landtag abberufen.

§ 73 Aufgaben des Medienrats. (1) Der Medienrat nimmt insbesondere Aufgaben zur Gewährleistung der Meinungsvielfalt und des Schutzes von Kindern und Jugendlichen im Bereich des Rundfunks und der rundfunkähnlichen Kommunikation wahr.

(2) Der Zustimmung des Medienrats bedürfen folgende Entscheidungen des Vorstands:

1. die Auswahl unter den Antragstellern nach § 21 Abs. 2 bis 4,
2. die Bewilligung einer Ausnahme nach § 22 Abs. 4 Satz 2,
3. die Feststellung nach § 23 Abs. 2 Satz 2,
4. die Zulassung privater Rundfunkveranstalter nach § 24,
5. Aufsichtsmaßnahmen zur Sicherung der Meinungsvielfalt (§ 23 Abs. 2 Satz 1, § 24 Abs. 5 Satz 2, § 30 Abs. 2 Nr. 1, Abs. 3 und 4),
6. der Erlaß von Richtlinien und Entscheidungen für den Einzelfall nach § 55 Abs. 5.

(3) Stimmt der Medienrat einer Entscheidung des Vorstands nach Absatz 2 nicht zu, hat er zugleich einen Vorschlag für die Entscheidung zu unterbreiten. Die Zustimmung des Medienrats gilt als erteilt, wenn der Vorstand entsprechend dem Vorschlag des Medienrats entscheidet.

(4) Der Medienrat hat die Aufgabe, den Vorstand zu unterrichten und Maßnahmen vorzuschlagen, wenn er zu der Auffassung kommt, daß im privaten Rundfunk oder bei der rundfunkähnlichen Kommunikation Vorschriften dieses Gesetzes, insbesondere die Bestimmungen zur Sicherung der Meinungsvielfalt, nicht eingehalten sind. Der Vorstand ist an die Beurteilung des Medienrats gebunden, daß Bestimmungen zur Sicherung der Meinungsvielfalt nicht eingehalten sind.

(5) Der Medienrat soll Empfehlungen zur Medienpädagogik herausgeben, die sich an Veranstalter von Rundfunkprogrammen und rundfunkähnlichen Kommunikationsdiensten richten. Er nimmt dazu Stellung, ob eine verbreitete Sendung geeignet ist, das körperliche, geistige oder seelische Wohl von Kindern und Jugendlichen zu beeinträchtigen (§ 55 Abs. 2), oder ob im Fall des § 55 Abs. 3 die mögliche sittliche Gefährdung von Kindern und Jugendlichen als schwer anzusehen ist. Der Vorstand ist an die Stellungnahme des Medienrats gebunden.

(6) Der Medienrat beschließt den Haushaltsplan. Der Entwurf des Haushaltsplans wird vom Vorstand rechtzeitig vor Beginn des Haushaltsjahres aufgestellt und dem Medienrat zugeleitet. Über- und außerplanmäßige Ausgaben bedürfen der Einwilligung des Medienrats. Der Medienrat beschließt die Jahresrechnung, wählt den Prüfer gemäß § 77 Abs. 2 Satz 7 und bestimmt den Umfang der Prüfung. Er entlastet den Vorstand.

(7) In jeder Sitzung des Medienrats wird dieser vom Vorsitzenden des Vorstands über alle wichtigen Vorkommnisse und geplanten wichtigen Entscheidungen unterrichtet. Der Medienrat kann hierzu Stellung nehmen.

§ 74 Sitzungen des Medienrats. (1) Der Medienrat tritt mindestens einmal in jedem Vierteljahr zu einer ordentlichen Sitzung zusammen. Auf Verlangen von zehn Mitgliedern oder des Vorstands ist eine außerordentliche Sitzung einzuberufen. Zur konstituierenden Sitzung lädt der Vorsitzende des Vorstands ein.

(2) Die Mitglieder des Vorstands haben das Recht, mit beratender Stimme an den Sitzungen des Medienrats teilzunehmen. Auf Antrag des Vorsitzenden des Vorstands ist eine Angelegenheit auf die Tagesordnung zu setzen und vom Medienrat zu behandeln.

§ 75 Rechtsstellung der Mitglieder des Medienrats. (1) Die Mitglieder des Medienrats haben bei Wahrnehmung ihrer Aufgaben die Interessen der Allgemeinheit zu vertreten. Sie sind in ihrer Amtsführung an Aufträge oder Weisungen nicht gebunden.

(2) Die Mitglieder des Medienrats dürfen nicht gleichzeitig dem Bundestag, der Bundesregierung, einer Landesregierung oder einer obersten Bundes- oder Landesbehörde, Vertreter nach § 72 Abs. 1 auch nicht gleichzeitig einem Landtag angehören. § 64 Abs. 3 Satz 1 bis 3 gilt entsprechend mit der Maßgabe, daß der Medienrat das Vorliegen eines Ausschlußgrundes feststellt. §§ 20 und 21 des Landesverwaltungsverfahrensgesetzes[1)] bleiben unberührt.

(3) Die Mitglieder des Medienrats üben ihre Tätigkeit ehrenamtlich aus. Sie erhalten eine Sitzungsvergütung, Tage- und Übernachtungsgeld nach den Sätzen der Reisekostenstufe B des Landesreisekostengesetzes[2)] und Ersatz der notwendigen Fahrkosten, der Vorsitzende und seine Stellvertreter außerdem eine monatliche Aufwandsentschädigung. Die Höhe der Sitzungsvergütung und der Aufwandsentschädigung wird auf Vorschlag des Vorstands vom Medienrat festgelegt; sie bedarf der Zustimmung des Staatsministeriums. Daneben kann eine Entschädigung für nachgewiesenen Verdienstausfall in entsprechender Anwendung des § 2 Abs. 2 des Gesetzes über die Entschädigung ehrenamtlicher Richter[3)] gewährt werden.

§ 76 Vorsitz, Verfahren. (1) Der Medienrat wählt aus seiner Mitte einen Vorsitzenden und zwei Stellvertreter für die Dauer der Amtszeit des Medienrats. § 72 Abs. 4 Satz 2 gilt entsprechend. Der Vorsitzende des Medienrats beruft die Sitzungen des Medienrats ein und leitet sie.

(2) Der Medienrat ist beschlußfähig, wenn alle Mitglieder geladen worden sind und mehr als die Hälfte der Mitglieder anwesend sind. Ist die Beschlußfähigkeit nicht gegeben, sind alle Mitglieder innerhalb einer angemessenen Frist erneut zu laden. In der folgenden Sitzung ist der Medienrat beschlußfähig, wenn mindestens zehn Mitglieder anwesend sind. Ist eine Angelegenheit in der Ladung nach Satz 1 als eilbedürftig bezeichnet worden, kann der Vorsitzende abweichend von Satz 2 bestimmen, daß über diese Angelegenheit im schriftlichen Verfahren Beschluß gefaßt wird.

(3) Der Medienrat faßt seine Beschlüsse mit der Mehrheit der abgegebenen Stimmen, soweit nicht ausdrücklich etwas anderes bestimmt ist. Einem Beschluß müssen mindestens zehn Mitglieder zustimmen.

(4) Der Medienrat kann Sachverständige mit beratender Stimme zu seinen Sitzungen heranziehen, soweit dies zur Erfüllung der Aufgaben nach § 73 erforderlich ist. Die Sachverständigen erhalten Entschädigung, Ersatz von Aufwendungen und Ersatz der notwendigen Fahrtkosten in entsprechender Anwendung der § 3 Abs. 1 und 2, §§ 4, 8 bis 10 des Gesetzes über die Entschädigung von Zeugen und Sachverständigen.[4)]

---

1) Loseblatt-Textsammlung **Gesetze des Landes Baden-Württemberg Nr. 45.**

2) Loseblatt-Textsammlung **Gesetze des Landes Baden-Württemberg Nr. 50 m.**

3) **Schönfelder Nr. 118.**

4) **Schönfelder Nr. 116.**

(5) Der Medienrat gibt sich mit einer Mehrheit von zwei Dritteln seiner Mitglieder eine Geschäftsordnung. Er kann beratende Ausschüsse bilden.

§ 77 Wirtschaftsführung, Finanzierung. (1) Die Landesanstalt deckt ihren Finanzbedarf durch einen Anteil an der Rundfunkgebühr und aus Verwaltungsgebühren.

(2) Die Haushalts- und Wirtschaftsführung der Landesanstalt bestimmt sich nach dem vom Medienrat jährlich zu beschließenden Haushaltsplan. Der Haushaltsplan kann die Bildung von Rücklagen vorsehen, soweit und solange dies zu einer wirtschaftlichen und sparsamen Aufgabenerfüllung für bestimmte Maßnahmen erforderlich ist, die nicht aus den Mitteln eines Haushaltsjahres finanziert werden können. Der Haushaltsplan bedarf der Genehmigung des Staatsministeriums. Die Genehmigung darf nur versagt werden, wenn gegen Bestimmungen des Landeshaushaltsrechts, insbesondere gegen die Grundsätze der Wirtschaftlichkeit und Sparsamkeit, oder gegen § 71 Abs. 4 oder 5 verstoßen wird. Der Vorstand stellt die Jahresrechnung und einen jährlichen Geschäftsbericht auf, der in Kurzfassung zusammen mit einer Zusammenfassung über die geprüfte Jahresrechnung im Staatsanzeiger zu veröffentlichen ist. Der Geschäftsbericht und die geprüfte Jahresrechnung sind dem Staatsministerium vorzulegen. Die Rechnungsprüfung gemäß § 109 Abs. 2 Satz 1 der Landeshaushaltsordnung[1] erfolgt durch einen sachverständigen Prüfer (Abschlußprüfer).

(3) Für Amtshandlungen nach diesem Gesetz erhebt die Landesanstalt Verwaltungsgebühren und Auslagen nach dem Landesgebührengesetz.[2] Die Landesanstalt setzt die Gebührensätze für die Amtshandlungen durch Rechtsverordnung fest. Sie sind nach dem Verwaltungsaufwand und nach dem wirtschaftlichen oder sonstigen Interesse der Gebührenschuldner zu bemessen.

§ 78 Rechtsaufsicht über die Landesanstalt. Die Landesanstalt untersteht der Rechtsaufsicht des Staatsministeriums. §§ 120, 121 Abs. 1 und § 122 der Gemeindeordnung[3] gelten entsprechend.

§ 79 Aufgaben der Landesanstalt. (1) Die Landesanstalt nimmt alle Aufgaben nach diesem Gesetz wahr, soweit nicht ausdrücklich die Zuständigkeit einer anderen Stelle bestimmt ist.

(2) Die Landesanstalt erläßt gemeinsam mit den Landesmedienanstalten der anderen Länder Richtlinien zur Durchführung der §§ 33 bis 36 und 55.

---

[1] Loseblatt-Textsammlung **Gesetze des Landes Baden-Württemberg Nr. 180.**
[2] Loseblatt-Textsammlung **Gesetze des Landes Baden-Württemberg Nr. 41.**
[3] Loseblatt-Textsammlung **Gesetze des Landes Baden-Württemberg Nr. 56.**

(3) Die Bekanntmachungen der Landesanstalt erfolgen im Staatsanzeiger. Die Rechtsverordnungen der Landesanstalt werden im Gesetzblatt verkündet.

Zehnter Abschnitt. Datenschutz

§ 80 Datenverarbeitung zu journalistisch-redaktionellen Zwecken. Soweit private Veranstalter von Rundfunkprogrammen oder rundfunkähnlichen Kommunikationsdiensten personenbezogene Daten ausschließlich zu eigenen journalistisch-redaktionellen Zwecken verarbeiten, gelten §§ 6, 9 und 31 Abs. 2 und 3 des Landesdatenschutzgesetzes[1] vom 27. Mai 1991 (GBl. S. 277) entsprechend.

§ 81 Technische und organisatorische Maßnahmen im Bereich des privaten Rundfunks. Wer im Rahmen dieses Gesetzes zum Zwecke privaten Rundfunks technische Einrichtungen für andere bereitstellt oder privaten Rundfunk veranstaltet, hat die technischen und organisatorischen Maßnahmen zu treffen, die erforderlich sind, um die Ausführung der datenschutzrechtlichen Bestimmungen zu gewährleisten. Insbesondere sind Kabelnetze und andere Kommunikationseinrichtungen nach dem Stand der Technik und Organisation so auszugestalten und zu betreiben, daß personenbezogene Daten nicht verfälscht, gestört und nicht über den in § 82 genannten Umfang hinaus oder durch eine andere als die dort genannte Stelle erhoben, gespeichert oder auf sonstige Weise verarbeitet werden können.

§ 82 Datenschutz im Bereich des privaten Rundfunks. (1) Soweit in den Absätzen 2 bis 6 nichts anderes bestimmt ist, sind die jeweils geltenden Vorschriften über den Schutz personenbezogener Daten anzuwenden, auch wenn die Daten nicht in Dateien verarbeitet werden.

(2) Personenbezogene Daten über die Inanspruchnahme einzelner Programmangebote dürfen nur verarbeitet werden, soweit und solange dies erforderlich ist, um

1. den Abruf von Programmangeboten zu vermitteln (Verbindungsdaten),
2. die Abrechnung der Entgelte zu ermöglichen, die der Teilnehmer für die Inanspruchnahme der technischen Einrichtungen und Programmangebote zu entrichten hat (Abrechnungsdaten).

(3) Die Speicherung der Abrechnungsdaten darf Zeitpunkt, Dauer, Art, Inhalt und Häufigkeit bestimmter vom einzelnen Teilnehmer in Anspruch genommener Programmangebote nicht erkennen lassen, es sei denn, der Teilnehmer beantragt schriftlich eine nach einzelnen Programmangeboten aufgeschlüsselte Abrechnung der Entgelte.

---

[1] Loseblatt-Textsammlung **Gesetze des Landes Baden-Württemberg Nr. 44.**

(4) Die Übermittlung von Abrechnungs- und Verbindungsdaten an Dritte ist nicht zulässig. Dies gilt nicht für die Übermittlung von Abrechnungsdaten an den Rundfunkveranstalter zum Zwecke der Einziehung einer Forderung, wenn diese Forderung auch nach Mahnung nicht beglichen wird.

(5) Abrechnungsdaten sind zu löschen, sobald sie für Zwecke der Abrechnung nicht mehr erforderlich sind. Verbindungsdaten sind nach Ende der jeweiligen Verbindung zu löschen.

(6) Wer Abrechnungs- und Verbindungsdaten verarbeitet, hat die technischen und organisatorischen Maßnahmen zu treffen, die erforderlich sind, um sicherzustellen, daß

1. die Verbindungsdaten unmittelbar nach Ende der Verbindung nach Absatz 5 Satz 2 gelöscht werden,
2. die Abrechnungsdaten nach Absatz 5 Satz 1 gelöscht werden,
3. der Teilnehmer nur durch eine eindeutige und bewußte Handlung Daten übermitteln kann,
4. zu Zwecken der Datensicherung vergebene Codes einen dem Stand der Technik entsprechenden Schutz vor unbefugter Verwendung bieten.

§ 83 Datenschutz im Bereich der Text- sowie der Ton- und Bewegtbilddienste auf Zugriff. Für Textdienste auf Zugriff sowie für Ton- und Bewegtbilddienste auf Zugriff gelten die §§ 81 und 82 entsprechend.

§ 84 Datenschutz für Textdienste auf Abruf. (1) Wer zur Nutzung von Textdiensten auf Abruf technische Einrichtungen für andere bereitstellt (Betreiber), darf personenbezogene Daten über die Inanspruchnahme einzelner Textsendungen nur in entsprechender Anwendung von § 82 verarbeiten.

(2) Für das Anbieten personenbezogener Daten als Inhalt von Textsendungen sind ohne Rücksicht darauf, ob die Daten in einer Datei verarbeitet werden, die für den Veranstalter für Übermittlungsvorgänge geltenden Vorschriften über den Datenschutz anzuwenden und vom Veranstalter zu beachten.

(3) Der Veranstalter darf vom Teilnehmer personenbezogene Daten nur erheben und diese speichern, soweit dies für das Erbringen der Leistung, den Abschluß oder die Abwicklung eines Vertragsverhältnisses erforderlich ist. Diese Daten dürfen nur im Rahmen der Zweckbestimmung des Vertrags oder der Leistung verarbeitet werden, es sei denn, der Betroffene willigt in eine darüber hinausgehende Verarbeitung ein. Er ist in geeigneter Weise auf den Zweck der Speicherung und einer vorgesehenen Übermittlung hinzuweisen. Die Leistung, der Abschluß oder die Abwicklung eines Vertragsverhältnisses dürfen nicht davon abhängig gemacht werden, daß der Betroffene in die Verarbeitung seiner Daten außerhalb der in Satz 2 genannten Zweckbestimmung ein-

willigt. Satz 4 gilt nicht für Zwecke der Kreditgeschäfte. Wird die Einwilligung über die Textsendung abgegeben, so wird sie nur nach Bestätigung durch den Betroffenen wirksam.

(4) Die Auskunfts-, Berichtigungs-, Löschungs- und Sperrungsansprüche der Teilnehmer nach Datenschutzrecht bleiben unberührt. Die Auskunftsansprüche gelten entsprechend für die gemäß Absatz 2 gespeicherten Daten. Die Ansprüche nach Satz 1 und 2 richten sich gegen den Veranstalter, soweit personenbezogene Daten den Inhalt von Textsendungen betreffen oder vom Veranstalter gespeichert werden, im übrigen gegen den Betreiber. Der Teilnehmer hat ferner einen Anspruch auf Löschung der Abrechnungs- oder Verbindungsdaten, soweit der Betreiber zur Löschung gemäß Absatz 1 in Verbindung mit § 82 Abs. 5 verpflichtet ist.

§ 85 Technische und organisatorische Maßnahmen bei Textdiensten auf Abruf. Wer im Rahmen dieses Gesetzes Textdienste auf Abruf anbietet oder hierfür technische Einrichtungen für andere bereitstellt, hat die technischen und organisatorischen Maßnahmen zu treffen, die erforderlich sind, um die Ausführung der datenschutzrechtlichen Bestimmungen, insbesondere die im folgenden genannten Anforderungen, zu gewährleisten:

1. Der Teilnehmer muß seine Verbindung mit dem Veranstalter jederzeit abbrechen können. In diesem Fall sind alle bereits übermittelten Daten beim Veranstalter sofort zu löschen.
2. Die Veranstalter und die Betreiber müssen sicherstellen, daß die anfallenden Daten über den Ablauf der Kommunikation unmittelbar bei deren Beendigung gelöscht werden.
3. Die Veranstalter und die Betreiber müssen sicherstellen, daß der Teilnehmer nur durch eine eindeutige und bewußte Handlung Daten übermitteln kann.
4. Die zu Zwecken der Datensicherung vergebenen Codes müssen einen dem Stand der Technik entsprechenden Schutz vor unbefugter Verwendung bieten.

§ 86 Datenschutz für Ton- und Bewegtbilddienste auf Abruf. Für Ton- und Bewegtbilddienste auf Abruf gelten die §§ 84 und 85 entsprechend.

§ 87 Ergänzende Vorschriften. Soweit in diesem Gesetz nichts anderes bestimmt ist, sind die jeweils geltenden Vorschriften über den Schutz personenbezogener Daten anzuwenden.

§ 88 Datenschutzkontrolle. (1) Die für die Einhaltung der Datenschutzvorschriften des Bildschirmtext-Staatsvertrages zuständige Verwaltungsbehörde überwacht die Einhaltung der Datenschutzbestimmungen im Anwendungsbereich dieses Gesetzes, soweit die Datenverarbeitung nicht ausschließlich zu eigenen journalistisch-redaktionellen Zwecken nach § 80 erfolgt. Artikel 1 § 6 Abs. 1 Satz 3, Abs. 3 und 4 des Gesetzes zu dem Staatsvertrag über den Rundfunk im vereinten Deutschland[1] und zu dem Vertrag zum Europäischen Fernsehkulturkanal gilt entsprechend. Verstöße teilt die Verwaltungsbehörde der Landesanstalt mit, damit diese die nach diesem Gesetz vorgesehenen Maßnahmen treffen kann. Der Veranstalter hat einen Beauftragten für den Datenschutz zu bestellen, der im journalistisch-redaktionellen Bereich die Einhaltung dieser Vorschrift überwacht; §§ 36 und 37 des Bundesdatenschutzgesetzes[2] gelten entsprechend.

(2) Die Zuständigkeit des Landesbeauftragten für den Datenschutz nach § 24 des Landesdatenschutzgesetzes[3] bleibt unberührt. Die nach Absatz 1 Satz 2 zuständige Behörde arbeitet mit dem Landesbeauftragten für den Datenschutz zusammen.

Elfter Abschnitt. Straf- und Bußgeldvorschriften, verwaltungsgerichtliche Zuständigkeit

§ 89 Strafrechtliche Verantwortung. (1) Ist durch eine Sendung eine rechtswidrige Tat, die den Tatbestand eines Strafgesetzes verwirklicht, begangen worden und hat der verantwortliche Redakteur oder, wenn ein verantwortlicher Redakteur nicht bestellt ist, der Veranstalter vorsätzlich oder fahrlässig seine Verpflichtung verletzt, Sendungen von strafbarem Inhalt freizuhalten, wird er mit einer Freiheitsstrafe bis zu einem Jahr oder mit Geldstrafe bestraft, soweit er nicht wegen dieser Tat schon als Täter oder Teilnehmer nach den allgemeinen Strafgesetzen strafbar ist.

(2) Mit Freiheitsstrafe bis zu einem Jahr oder mit Geldstrafe wird ferner bestraft, wer

1. als Antragsteller auf Zulassung eines Rundfunkprogramms oder eines Ton- und Bewegtbilddienstes auf Zugriff über seine Eigentumsverhältnisse oder Rechtsbeziehungen zu Gebietskörperschaften, Rundfunkveranstaltern oder Unternehmen im Medienbereich (§ 25 Abs. 3, auch in Verbindung mit § 52 Abs. 2) gegenüber der Landesanstalt wissentlich falsche Angaben macht;
2. als Veranstalter eine Person entgegen § 58 Abs. 2 zum verantwortlichen Redakteur bestellt.

§ 90 Ordnungswidrigkeiten. (1) Ordnungswidrig handelt, wer vorsätzlich oder fahrlässig

---

[1] Nr. **5**.
[2] Nr. **15**.
[3] Loseblatt-Textsammlung **Gesetze des Landes Baden-Württemberg Nr. 44.**

1. als Antragsteller entgegen § 25 Abs. 3, auch in Verbindung mit § 52 Abs. 2, seine Eigentumsverhältnisse oder Rechtsbeziehungen zu Gebietskörperschaften, Rundfunkveranstaltern oder Unternehmen im Medienbereich der Landesanstalt nicht, nicht richtig oder nicht vollständig offenlegt oder spätere Änderungen nicht, nicht richtig, nicht vollständig oder nicht rechtzeitig anzeigt;
2. als Veranstalter entgegen § 26 Abs. 2 oder § 28 Abs. 5 seine Anzeigepflicht nicht, nicht richtig, nicht vollständig oder nicht rechtzeitig erfüllt;
3. als Veranstalter oder verantwortlicher Redakteur Werbung verbreitet, die, auch in Verbindung mit § 53, entgegen
   a) § 33 Abs. 1 Satz 2 den Interessen von Kindern oder Jugendlichen schadet oder deren Unerfahrenheit ausnutzt;
   b) § 33 Abs. 3 Satz 1 und 2 nicht als Werbung klar erkennbar oder nicht eindeutig von anderen Programmteilen getrennt ist;
   c) § 33 Abs. 4 Satz 1 nicht im gesamten Verbreitungsgebiet eines regionalen Hörfunkprogramms verbreitet wird;
   d) § 33 Abs. 5 Satz 2 nicht als Dauerwerbesendung gekennzeichnet ist;
   e) § 34 Abs. 1 die Übertragung eines Gottesdienstes oder eine Sendung für Kinder unterbricht;
   f) § 34 Abs. 3 oder 5 eine Fernsehsendung unterbricht;
   g) § 35 Abs. 1 oder 2 die zulässige Dauer der täglichen Werbezeit oder der stündlichen Spotwerbung überschreitet;
4. als Veranstalter entgegen § 35 Abs. 3 Satz 2 als Vertragspartner oder Vertreter für die Bestellung von Waren oder Dienstleistungen tätig wird;
5. als Veranstalter oder verantwortlicher Redakteur eine gesponserte Sendung verbreitet, die, auch in Verbindung mit § 53,
   a) entgegen § 36 Abs. 2 zu Beginn oder am Ende auf die Finanzierung durch den Sponsor nicht deutlich hinweist;
   b) gemäß § 36 Abs. 5 oder 6 nicht gesponsert werden darf;
6. als Veranstalter entgegen § 38 Abs. 2 oder § 47 Abs. 2 einer vollziehbaren Aufforderung der Landesanstalt nicht oder nicht vollständig nachkommt;
7. als Veranstalter entgegen § 43 Abs. 1 Sendungen auf Abruf oder Zugriff, für die ein Einzelentgelt erhoben wird, verbreitet, ohne daß vor oder beim Abruf oder Zugriff die Entgeltlichkeit oder die Höhe des Entgelts erkennbar ist, oder entgegen § 43 Abs. 2 in der Inhaltsübersicht nicht auf die Entgeltlichkeit hinweist;
8. als Veranstalter oder verantwortlicher Redakteur entgegen § 46 Abs. 1 in einer Textsendung auf Abruf oder Zugriff Wirtschaftswerbung verbreitet, die in der Inhaltsübersicht oder in der Textsendung nicht durch den Buchstaben »W« gekennzeichnet ist;

9. als Veranstalter oder verantwortlicher Redakteur entgegen
   a) § 55 Abs. 1 Nr. 1 Sendungen verbreitet, die wegen Verstoßes gegen § 131 StGB verboten sind;
   b) § 55 Abs. 1 Nr. 2 Sendungen verbreitet, die wegen Kriegsverherrlichung verboten sind;
   c) § 55 Abs. 1 Nr. 3 Sendungen verbreitet, die wegen Verstoßes gegen § 184 StGB verboten sind;
   d) § 55 Abs. 1 Nr. 4 Sendungen verbreitet, die wegen ihrer offensichtlichen Eignung, Kinder oder Jugendliche sittlich schwer zu gefährden, verboten sind;
   e) § 55 Abs. 1 Nr. 5 Sendungen verbreitet, die verboten sind, weil sie Menschen, die sterben oder schweren körperlichen oder seelischen Leiden ausgesetzt sind oder waren, in einer die Menschenwürde verletzenden Weise darstellen und ein tatsächliches Geschehen wiedergeben, ohne daß ein überwiegendes berechtigtes Interesse gerade an dieser Form der Berichterstattung vorliegt;
   f) § 55 Abs. 2 Satz 1 Sendungen verbreitet, die geeignet sind, das körperliche, geistige oder seelische Wohl von Kindern oder Jugendlichen zu beeinträchtigen, ohne auf Grund der Sendezeit oder auf andere Weise Vorsorge getroffen haben, daß Kinder oder Jugendliche der betroffenen Altersstufen die Sendungen üblicherweise nicht wahrnehmen;
   g) § 55 Abs. 2 Satz 2 oder 3 oder Abs. 3 Satz 1 Sendungen verbreitet, in den Fällen des § 55 Abs. 2 Satz 3 oder Abs. 3 Satz 1, ohne daß die Landesanstalt dies nach § 55 Abs. 5 gestattet hat;
   h) § 55 Abs. 3 Satz 2 Sendungen nach Absatz 3 Satz 1 verbreitet, ohne vor der Ausstrahlung die Gründe, die zu einer von Absatz 3 Satz 1 abweichenden Bewertung geführt haben, schriftlich niedergelegt zu haben, oder
      der Landesanstalt auf Anforderung die Gründe nicht mitteilt, die zu einer von Absatz 3 Satz 1 abweichenden Bewertung geführt haben;
   i) § 55 Abs. 4 Programmankündigungen mit Bewegtbildern zu Sendungen, die nach § 55 Abs. 2 oder 3 Sendezeitbeschränkungen unterliegen, außerhalb dieser Zeiten ausstrahlt;
10. als Veranstalter entgegen § 58 Abs. 1 keinen verantwortlichen Redakteur bestellt oder entgegen § 58 Abs. 1 Satz 2 bei Bestellung mehrerer verantwortlicher Redakteure die jeweilige Verantwortlichkeit nicht festlegt;
11. als Veranstalter oder verantwortlicher Redakteur den Namen oder die Firma des Veranstalters
   a) entgegen § 59 Abs. 1 Satz 1 am Ende des täglichen Hörfunkprogramms nicht angibt oder

b) entgegen § 59 Abs. 2 Satz 1 in einer Fernsehsendung oder einer Sendung auf Abruf oder Zugriff nicht erkennen läßt;

12. als Veranstalter einer Vorschrift des § 60 Abs. 1, 2 oder 3 über die Aufzeichnung von Sendungen, über die Aufbewahrung einer Aufzeichnung oder eines Films oder über die Löschung einer aufgezeichneten oder gespeicherten Sendung zuwiderhandelt;

13. über den nach § 82 Abs. 2 bis 4, auch in Verbindung mit § 83, oder über den nach § 84 Abs. 1, 3 Satz 1 oder 2, auch in Verbindung mit § 86, zulässigen Rahmen hinaus personenbezogene Daten verarbeitet;

14. entgegen § 82 Abs. 5, auch in Verbindung mit §§ 83, 84 Abs. 1 oder § 86, personenbezogene Daten nicht löscht oder

15. als Veranstalter entgegen § 84 Abs. 2, auch in Verbindung mit § 86, personenbezogene Daten anbietet.

(2) Ordnungswidrig handelt auch, wer als Veranstalter fahrlässig eine Person entgegen § 58 Abs. 2 zum verantwortlichen Redakteur bestellt.

(3) Die Ordnungswidrigkeit kann mit einer Geldbuße bis zu 50 000 DM geahndet werden.

(4) Verwaltungsbehörde im Sinne von § 36 Abs. 1 Nr. 1 des Gesetzes über Ordnungswidrigkeiten[1] ist für die Ahndung von Ordnungswidrigkeiten nach Absatz 1 Nr. 13 bis 15 die für die Einhaltung der Datenschutzvorschriften des Bildschirmtext-Staatsvertrages zuständige Verwaltungsbehörde, im übrigen die Landesanstalt.

(5) Die Landesanstalt kann gegenüber einem Veranstalter, dem sie die Zulassung erteilt hat, bestimmen, daß Beanstandungen nach einem Rechtsverstoß gegen Regelungen dieses Gesetzes sowie rechtskräftige Entscheidungen in einem Ordnungswidrigkeitsverfahren nach Absatz 1 von dem betroffenen Veranstalter in seinem Rundfunkprogramm verbreitet werden. Inhalt und Zeitpunkt der Bekanntgabe sind durch die Landesanstalt nach pflichtgemäßem Ermessen festzulegen.

§ 91[2] Verjährung. (1) Bei Straftaten, die

1. durch die Verbreitung von Sendungen strafbaren Inhalts begangen werden oder

2. den Tatbestand des § 89 Abs. 1 oder Abs. 2 Nr. 2 verwirklichen,

tritt die Verfolgungsverjährung (§ 78 Abs. 1 des Strafgesetzbuches) entsprechend den Vorschriften des § 24 Abs. 1 des Landespressegesetzes[3] in der jeweils geltenden Fassung ein.

(2) Die Verfolgung der in § 90 Abs. 1 Nr. 3 bis 5, 7 bis 9, 11 und 15 genannten Ordnungswidrigkeiten verjährt in drei Monaten, der in § 90

---

[1] **Schönfelder Nr. 94,** Nr. **44** dieser Sammlung.
[2] § 91 Abs. 1 geänd. durch G v. 24. 11. 1997 (GBl. S. 483).
[3] Loseblatt-Textsammlung **Gesetze des Landes Baden-Württemberg Nr. 177.**

Abs. 1 Nr. 10 und Abs. 2 genannten Ordnungswidrigkeiten in sechs Monaten.

(3) Soweit der Tatbestand einer Straf- oder Bußgeldvorschrift durch eine Sendung verwirklicht wird, beginnt die Verjährung mit der Verbreitung der Sendung. Bei Sendungen auf Abruf oder Zugriff beginnt die Verjährung an dem Tag, an dem die Sendung erstmals zum Abruf oder Zugriff angeboten worden ist.

§ 92 Örtliche Zuständigkeit in Verwaltungsrechtsstreitigkeiten. Streitigkeiten nach diesem Gesetz werden, soweit der Verwaltungsrechtsweg gegeben ist, dem Verwaltungsgericht Stuttgart[1] zugewiesen.

Zwölfter Abschnitt. Übergangs- und Schlußbestimmungen

§ 93 Landesweites Hörfunkprogramm. (1) Schließen sich alle Veranstalter von regionalen Hörfunkprogrammen, die Inhaber einer Zulassung für den zweiten Zulassungszeitraum sind, zu einem Veranstalter eines landesweiten Hörfunkprogramms zusammen, ist diesem auf Antrag ohne Ausschreibung eine landesweite Zulassung für die restliche Dauer derjenigen bisherigen Zulassung zu erteilen, die am längsten weitergelten würde. Die bisherigen Zulassungen für Teilgebiete erlöschen. Die Sätze 1 und 2 gelten entsprechend, wenn sich nur einzelne Veranstalter von Regionalprogrammen zu einem Veranstalter eines Hörfunkprogrammes zusammenschließen.

(2) Eine Zulassung darf nur erteilt werden, wenn keiner der bisher zugelassenen Veranstalter nach den Kapital- oder Stimmrechtsanteilen oder nach dem Gesellschaftsvertrag einen vorherrschenden Einfluß auf die Programmgestaltung erhält. §§ 23 und 24 bleiben unberührt.

(3) Im Falle einer Zulassung nach Absatz 1 muß Werbung jeweils mindestens in dem gesamten Verbreitungsgebiet der einzelnen bisherigen Regionalprogramme verbreitet werden.

(4) Die Ausweisung von drahtlosen Frequenzen nach § 7 Abs. 2 Satz 1 Nr. 2 soll so vorgenommen werden, daß anstelle der Versorgung von bis zu sechs Verbreitungsgebieten für regionalen Hörfunk

1. im Falle einer Zulassung nach Absatz 1 Satz 1 die drahtlose Versorgung des Landes mit einem privaten landesweiten Hörfunkprogramm und
2. im Falle einer Zulassung nach Absatz 1 Satz 3 die Versorgung der entsprechenden Zahl von Verbreitungsgebieten für regionalen Hörfunk unter Berücksichtigung des Zusammenschlusses möglich ist.

Satz 1 gilt für die Planung von Verbreitungsgebieten nach § 20 Abs. 2 Satz 1 Nr. 3 und 4 entsprechend.

[1] Loseblatt-Textsammlung **Gesetze des Landes Baden-Württemberg Nr. 20.**

(5) Im Falle einer Zulassung nach Absatz 1 soll das Hörfunkprogramm für jedes Verbreitungsgebiet eines vor dem Zusammenschluß bestehenden Regionalsenders einen Anteil an Regionalberichterstattung von mindestens zehn vom Hundert der Sendezeit vorsehen.

§ 94[1] Inkrafttreten. Dieses Gesetz tritt am Tage nach seiner Verkündung in Kraft.

---

[1] **Amtliche Anm.:** Diese Vorschrift betrifft das Inkrafttreten des Gesetzes in der ursprünglichen Fassung vom 16. Dezember 1985 (GBl. S. 539).

7. Gesetz über den privaten Rundfunk und neue Medien in Sachsen (Sächsisches Privatrundfunkgesetz - SächsPRG)

Vom 18. Januar 1996 (SächsGVBl. S. 13, ber. 1997 S. 80)

geänd. durch G v. 10. Juli 1997 (SächsGVBl. S. 500)

Inhaltsübersicht[1]

---

[1] Inhaltsübersicht geänd. durch G v. 10. 7. 1997 (SächsGVBl. S. 500).

1. Abschnitt. Allgemeine Bestimmungen

§ 1[1)] Anwendungsbereich. (1) Dieses Gesetz gilt für die

1. Veranstaltung und Verbreitung von Hörfunk und Fernsehen durch private Anbieter,
2. Zuordnung von technischen Übertragungsmöglichkeiten für den öffentlich-rechtlichen und den privaten Rundfunk,
3. Weiterverbreitung von Rundfunkprogrammen in Kabelanlagen in Sachsen,
4. *(aufgehoben)*
5. Entwicklung und Nutzung neuer Techniken und neuer Nutzungsformen des Rundfunks und von Mediendiensten.

[1)] § 1 Abs. 1 Nr. 4 aufgeh., Nr. 5 geänd. durch G v. 10. 7. 1997 (SächsGVBl. S. 500).

(2) Dieses Gesetz findet keine Anwendung auf die Verbreitung oder Weiterverbreitung von Sendungen ausschließlich in Kabelanlagen in einem Gebäude oder einem zusammengehörenden Gebäudekomplex, wenn diese nicht dauernd zum Wohnen bestimmt sind oder wenn unselbständige oder wenn weniger als 700 selbständige Wohneinheiten mit den Sendungen versorgt werden sollen, oder in einem Wirtschaftsunternehmen.

(3) Für den Freistaat Sachsen geltende Staatsverträge zwischen mehreren oder allen Ländern, welche die Errichtung öffentlich-rechtlicher Rundfunkanstalten oder sonstige Angelegenheiten des Rundfunks länderübergreifend regeln, bleiben unberührt, soweit darin diesem Gesetz widersprechende Regelungen getroffen werden.

§ 1 a[1] Begriffsbestimmungen. (1) Rundfunk ist für die Allgemeinheit bestimmte, zeitlich geordnete und planvolle Veranstaltung und Verbreitung für die öffentliche Meinungsbildung relevanter Darbietungen aller Art in Wort, in Ton und in Bild unter Benutzung elektromagnetischer Schwingungen ohne Verbindungsleiter oder längs oder mittels eines Leiters, auch wenn die Darbietungen verschlüsselt verbreitet werden oder nur gegen ein besonderes Entgelt empfangbar sind.

(2), (3) *(aufgehoben)*

(4) Vollprogramme sind Rundfunkprogramme mit vielfältigen Inhalten, in welchen Unterrichtung, Bildung und Unterhaltung insgesamt einen wesentlichen Teil des Gesamtprogrammes bilden.

(5) Spartenprogramme sind Rundfunkprogramme mit wesentlich gleichartigen Inhalten, insbesondere als Nachrichten-, Bildungs-, Kultur-, Unterhaltungs- oder Sportprogramme.

(6) Fensterprogramme sind zeitlich begrenzte Rundfunkprogramme von wöchentlich mindestens 60 Minuten Länge, die inhaltlich vorrangig auf sächsische Orte und Regionen, auf Sachsen oder auf Sachsen und eines oder mehrere benachbarte Länder bezogen sind oder überwiegend in Sachsen hergestellt werden und im Rahmen eines bundesweiten Programms zusammen mit diesem oder sendetechnisch getrennt verbreitet werden. Dabei kann der Veranstalter des Fensterprogramms auch mit anderen bundesweiten, landesweiten, regionalen oder örtlichen Veranstaltern zusammenarbeiten.

(7) Sendung ist ein inhaltlich zusammenhängender, in sich geschlossener, zeitlich begrenzter Teil eines Rundfunkprogramms.

(8) Veranstalter ist, wer ein Rundfunkprogramm in eigener inhaltlicher Verantwortung verbreitet.

(9) Landesanstalt ist die Sächsische Landesanstalt für privaten Rundfunk und neue Medien.

---

[1] § 1 a Abs. 2 u. 3 aufgeh., Abs. 7 neugef., Abs. 8 geänd. durch G v. 10. 7. 1997 (SächsGVBl. S. 500).

(10) Technische Übertragungskapazitäten sind elektromagnetische Wellen bestimmter Frequenz oder Frequenzbänder (Frequenzen).

§ 2[1)] Grundsätze für die Veranstaltung von privatem Rundfunk.
(1) Im Rahmen dieses Gesetzes erhalten private Anbieter die Zulassung zur eigenverantwortlichen Veranstaltung von Rundfunk. Den privaten Veranstaltern sind juristische Personen des öffentlichen Rechts gleichgestellt, soweit sie als Veranstalter zugelassen werden können. Der private Rundfunk hat teil an der technischen Entwicklung.

(2) Der öffentlich-rechtliche Rundfunk und die Dienstleistungen des privaten Rundfunks ergänzen einander als Voraussetzung für die Verwirklichung der Meinungs- und Informationsfreiheit und haben teil an der Erfüllung der Kulturpflicht des Landes. Die in Sachsen veranstalteten Programme tragen in ihrer Gesamtheit zur Grundversorgung durch Unterrichtung, Bildung und Unterhaltung bei. Sie haben einen objektiven Überblick über das Geschehen in allen für Sachsen relevanten Lebensbereichen zu geben und angemessen die regionale Gliederung, die kulturelle Vielfalt und die Interessen der Bürgerinnen und Bürger in Sachsen zu berücksichtigen sowie zu einer freien individuellen und öffentlichen Meinungsbildung beizutragen. Sie dürfen nicht einseitig eine Partei, eine Interessengruppe oder eine Weltanschauung begünstigen.

(3) Die Landesanstalt fördert, neben ihrer Aufgabe der Zulassung und Aufsicht über Veranstalter nach diesem Gesetz, die Voraussetzungen für die Veranstaltung und Verbreitung sowie Weiterverbreitung von Rundfunk und Mediendiensten, insbesondere durch Maßnahmen zur Förderung der technischen Infrastruktur zur terrestrischen Versorgung des gesamten Landes und zur Förderung von Projekten für neuartige Rundfunkübertragungstechniken. Sie trägt zur Förderung und Entwicklung des Medienstandortes Sachsen bei und wirkt insbesondere darauf hin, daß die Meinungsvielfalt, vor allem kulturelle, kirchliche und soziale Anliegen, gefördert und die Beteiligung neuer mittelständischer Veranstalter sowie die programmliche, technische und wirtschaftliche Entwicklung der in Sachsen zugelassenen und produzierenden Veranstalter unterstützt werden. Die Landesanstalt kann mit den für private Veranstalter zuständigen Stellen vor allem auch benachbarter Länder zusammenarbeiten mit dem Ziel, die Bedingungen für die Veranstaltung und Verbreitung von privatem Rundfunk aufeinander abzustimmen, und mit ihnen gemeinsame Zulassungsverfahren durchführen.

§ 3 Programme im privaten Rundfunk. (1) Die Landesanstalt kann Zulassungen für landesweite und lokale sowie regionale Rundfunkvollprogramme erteilen. Dabei werden Sendegebiete von der Landesanstalt unter Berücksichtigung der verfügbaren technischen Übertragungskapazitäten und der zuvor festgestellten wirtschaftlichen Tragfähigkeit für die Veranstaltung von Vollprogrammen nach programmlichen Ge-

[1)] § 2 Abs. 3 Satz 1 geänd. durch G v. 10. 7. 1997 (SächsGVBl. S. 500).

sichtspunkten festgelegt. Ebenso kann die Landesanstalt weitere Programme, insbesondere über Satelliten oder in Kabelanlagen verbreitete Programme, Spartenprogramme und Fensterprogramme, zulassen. Die Landesanstalt kann Offene Kanäle und lokale Programme ermöglichen, indem Sendezeiten für die eigenverantwortete Gestaltung von einzelnen lokalen Sendungen durch Dritte im Rahmen des Programms des Veranstalters zur Verfügung gestellt werden.

(2) Fensterprogramme sind zulässig. Dabei können die Veranstalter auch mit anderen Veranstaltern privaten Rundfunks zusammenarbeiten, die außerhalb Sachsens rechtmäßig Rundfunk veranstalten. Die Veranstaltung von Spartenprogrammen bleibt von Satz 1 und 2 unberührt.

(3) Für die Veranstaltung von landesweiten Hörfunkvollprogrammen, die über terrestrische UKW-Hörfunkfrequenzen verbreitet werden, sind geeignete technische Übertragungskapazitäten für bis zu drei Programme vorrangig zu verwenden. Für die Veranstaltung von Fernsehvollprogrammen, auch in der Form des Absatzes 2, die über terrestrische Fernsehfrequenzen verbreitet werden, sind geeignete landesweite technische Übertragungskapazitäten für mindestens zwei Programme vorrangig zu verwenden. § 4 Abs. 2 Satz 5 bleibt unberührt.

§ 4[1)] Zuordnung technischer Übertragungskapazitäten. (1) Für die Veranstaltung von Rundfunk im Rahmen dieses Gesetzes sind den Veranstaltern technische Übertragungskapazitäten zur Verfügung zu stellen. An dem Aufbau und der Fortentwicklung eines dualen Rundfunksystems in Sachsen sowie an der Erschließung der Nutzung von neuen Techniken, neuen Nutzungsformen und Nutzungskapazitäten sind sie im Verhältnis zu anderen Rundfunkanstalten gleichgewichtig zu beteiligen.

(2) Die Zuordnung der zur Verfügung stehenden technischen Übertragungskapazitäten an die Landesanstalt, den Mitteldeutschen Rundfunk, das Deutschlandradio und das Zweite Deutsche Fernsehen erfolgt nach Maßgabe der nachfolgenden Kriterien durch die Sächsische Staatskanzlei.

Durch die Zuordnung sind

1. die flächendeckende Grundversorgung durch öffentlich-rechtlichen Rundfunk zu gewährleisten,
2. ein vielfältiges, dem öffentlich-rechtlichen Rundfunk gleichgewichtiges Programmangebot privater Veranstalter zu schaffen,
3. der Förderung des publizistischen Wettbewerbs und des Medienstandortes Sachsen Rechnung zu tragen,
4. Versorgungslücken bestehender Programme zu schließen.

Bei der Zuordnung ist auf eine möglichst wirtschaftliche Nutzung und Verteilung der technischen Übertragungskapazitäten zwischen den Be-

[1)] § 4 Abs. 1 Satz 1 geänd. u. Abs. 2 Satz 2 Nr. 5 gestr. durch G v. 10. 7. 1997 (SächsGVBl. S. 500).

teiligten hinzuwirken. Für die Programme nach § 3 Abs. 3 und die Programme des öffentlich-rechtlichen Rundfunks sind Übertragungskapazitäten vorrangig zur Verfügung zu stellen. Dabei ist sicherzustellen, daß der öffentlich-rechtliche Rundfunk ebenso wie die privaten Rundfunkveranstalter an der weiteren Entwicklung in sendetechnischer und programmlicher Hinsicht teilnehmen können. Reichen die vorhandenen Übertragungskapazitäten hierfür nicht aus, ist zunächst der gleichgewichtigen Entwicklung des privaten Rundfunks gegenüber dem öffentlich-rechtlichen Rundfunk Rechnung zu tragen.

(3) Die zur Verfügung stehenden freien technischen Übertragungskapazitäten sind den nach Absatz 2 Satz 1 Beteiligten bekanntzugeben. Wird eine Verständigung zwischen den Beteiligten erreicht, ordnet die Sächsische Staatskanzlei Übertragungskapazitäten entsprechend der Einigung zu. Die Sächsische Staatskanzlei wirkt auf eine Verständigung hin. Kommt diese nicht zustande, entscheidet die Sächsische Staatskanzlei über die Zuordnung anhand der für die Beteiligten geltenden Rechtsgrundlagen und der Kriterien des Absatzes 1 Satz 2 und des Absatzes 2.

(4) Die Zuordnung kann widerrufen werden, wenn nach Absatz 2 Satz 1 Beteiligte auf ihnen zugeordnete oder zustehende Übertragungskapazitäten verzichten oder diese nicht in angemessener Zeit effektiv nutzen. Dies gilt auch, wenn nach Absatz 2 Satz 1 Beteiligte die Nutzung ihnen zugeordneter Frequenzen im Sinne der Zuordnungsentscheidung ganz oder teilweise aufgeben.

(5) Die Zulassung von Programmen, die in Sachsen über Satelliten oder in Kabelanlagen verbreitet werden, bleibt von den Absätzen 2, 3 und 4 unberührt.

2. Abschnitt. Zulassung der Veranstalter

§ 5[1] Zulassung von Rundfunkprogrammen, Verbreitung von Mediendiensten. (1) Veranstalter von Rundfunk bedürfen einer Zulassung durch die Landesanstalt. Die Zulassungen werden nach Maßgabe der Bestimmungen dieses Gesetzes und auf der Grundlage einer Gesamtbewertung durch die Landesanstalt erteilt.

(2) Die Landesanstalt schreibt verfügbare technische Übertragungskapazitäten für bestimmte Sendegebiete und zur Veranstaltung bestimmter Programmarten im Sächsischen Amtsblatt aus. Anträge auf Zulassung können auch aufgrund verfügbarer technischer Übertragungskapazitäten von Satelliten und in Kabelanlagen gestellt werden; Anträge auf vorrangige Weiterverbreitung in Kabelanlagen können auch für Mediendienste (§ 2 des Staatsvertrages über Mediendienste[2]) ge-

[1] § 5 Überschrift geänd., Abs. 2 Satz 2 2. Halbsatz neugef. durch G v. 10. 7. 1997 (SächsGVBl. S. 500).
[2] Nr. 3.

stellt werden, wobei § 10 entsprechend gilt. Die Landesanstalt kann ohne Ausschreibung technische Übertragungskapazitäten an einen zugelassenen Veranstalter vergeben oder für einen zugelassenen Veranstalter austauschen, wenn dadurch eine bessere Versorgung im Sinne der Zulassung erreicht wird.

§ 6 Zulassungsvoraussetzungen. (1) Die Zulassung kann nur erteilt werden

1. juristischen Personen des Privatrechts,
2. nichtrechtsfähigen Personenvereinigungen des Privatrechts, die auf Dauer angelegt sind,
3. natürlichen Personen,

3a. Kirchen und anderen öffentlich-rechtlichen Religionsgemeinschaften im Sinne von Artikel 140 des Grundgesetzes für die Bundesrepublik Deutschland,

3b. Hochschulen im Freistaat Sachsen, jedoch begrenzt auf den Status eines Zulieferers.

(2) Die Zulassung setzt voraus, daß der Antragsteller

1. unbeschränkt geschäftsfähig ist, die Fähigkeit zur Bekleidung öffentlicher Ämter nicht durch Richterspruch verloren hat und das Grundrecht der freien Meinungsäußerung nicht nach Artikel 18 des Grundgesetzes für die Bundesrepublik Deutschland verwirkt hat,
2. seinen Wohnsitz oder Sitz in der Bundesrepublik Deutschland hat und gerichtlich unbeschränkt verfolgt werden kann,
3. die Gewähr dafür bietet, daß er das Programm entsprechend der Zulassung und unter Beachtung der gesetzlichen Vorschriften veranstalten und verbreiten wird,
4. wirtschaftlich allein in der Lage ist, die Veranstaltung und Verbreitung von Rundfunk entsprechend der Zulassung durchzuführen.

(3) Die Zulassung darf nicht erteilt werden

1. unbeschadet des Absatzes 1 Nr. 3a und 3b staatlichen Stellen und sonstigen juristischen Personen des öffentlichen Rechts und gesetzlichen Vertretern der hiernach ausgeschlossenen Personen des öffentlichen Rechts sowie Personen, die in leitender Stellung in einem Arbeits- oder Dienstverhältnis zu diesen juristischen Personen stehen,
2. politischen Parteien oder Wählergruppen und von ihnen abhängigen Unternehmen, Personen und Vereinigungen, unbeschadet der besonderen Bestimmungen über Wahlwerbung,
3. Unternehmen oder Vereinigungen, an denen öffentlich-rechtliche Rundfunkanstalten beteiligt sind oder auf deren Willensbildung sie auf andere Weise wesentlichen Einfluß nehmen können, sowie Personen, die zu einer öffentlich-rechtlichen Rundfunkanstalt in einem Arbeits- oder Dienstverhältnis stehen oder Mitglieder eines Organs dieser Anstalt sind,

4. Betreibern von Kabelanlagen, in denen das zugelassene Programm verbreitet werden soll, soweit die Ausschlußkriterien des § 8 Abs. 2 entsprechend zutreffen, ausgenommen die Verbreitung eines Programms nur innerhalb von Wirtschaftsunternehmen.

§ 7 Sicherung der Meinungsvielfalt. Die Zulassung soll versagt werden, wenn auf den Antragsteller die im § 21 des Rundfunkstaatsvertrages zur Sicherung der Meinungsvielfalt festgelegten Ausschlußkriterien zutreffen.

§ 8 Vermeidung vorherrschender Meinungsmacht. (1) Ein Antragsteller, der im Fall einer Erteilung der Erlaubnis an ihn jeweils der einzige Veranstalter privaten Rechts von Hörfunk oder Fernsehen in Sachsen sein würde, muß nach seinem Programmschema, nach seinen Programmgrundsätzen und nach der Organisation der Programmgestaltung, insbesondere durch Bildung eines Programmbeirats aus Vertretern der in Sachsen vorhandenen wesentlichen Meinungsrichtungen, die Gewähr dafür bieten, daß in seinem Programm die bedeutsamen politischen, weltanschaulichen und gesellschaftlichen Kräfte und Gruppen angemessen zu Wort kommen. Satz 1 ist nicht anzuwenden, wenn es sich bei dem Veranstalter um eine Gesellschaft oder um eine nicht rechtsfähige Vereinigung des Privatrechts handelt, wenn dieser Gesellschaft oder Vereinigung mehrere Personen angehören und wenn durch Vertrag oder Satzung ein vorherrschender Einfluß einer dieser Personen auf den Inhalt des Programms ausgeschlossen ist.

(2) Lokale oder regionale Programme oder Fensterprogramme sollen grundsätzlich nicht zu mehr als ein Drittel von einem Unternehmen gestaltet oder zugeliefert werden, das für das Sendegebiet bestimmte periodisch erscheinende Druckwerke mit einem Anteil von mehr als 20 vom Hundert der Gesamtauflage aller für diesen Bereich bestimmten periodisch erscheinenden Druckwerke verlegt. Dieselbe Beschränkung gilt auch für ein Unternehmen, das zu einem Unternehmen nach Satz 1 im Verhältnis eines abhängigen oder herrschenden Unternehmens oder eines Konzernunternehmens im Sinn des Aktienrechts steht; wirken mehrere Unternehmen aufgrund einer Vereinbarung oder in sonstiger Weise derart zusammen, daß sie gemeinsam einen beherrschenden Einfluß auf ein Unternehmen nach Satz 1 ausüben können, so gilt jedes von ihnen als herrschendes Unternehmen. Die Landesanstalt kann in begründeten Ausnahmefällen einen anderen Anteil vorsehen.

(3) Der Antragsteller hat der Landesanstalt nachzuweisen, daß neben den Zulassungsvoraussetzungen Vorschriften der wettbewerbsrechtlichen Zusammenschlußkontrolle seiner beantragten Rundfunktätigkeit nicht entgegenstehen.

§ 9 Mitwirkungspflichten. (1) Der Antragsteller hat der Landesanstalt die in der Ausschreibung geforderten und darüber hinaus alle weiteren Angaben zu machen, die zur Prüfung des Antrags erforderlich sind. Ist der Antragsteller eine juristische Person des Privatrechts oder eine Personenvereinigung, hat er seine Inhaber- und Beteiligungsverhältnisse und seine Rechtsbeziehungen zu mit ihm verbundenen Unternehmen (§ 15 Aktiengesetz) offenzulegen. Entsprechendes gilt, soweit juristische Personen oder Personenvereinigungen zu den Inhabern oder Beteiligten oder verbundenen Unternehmen nach Satz 2 gehören. Auf Verlangen der Landesanstalt sind der Gesellschaftsvertrag, Vereinbarungen der an dem Antragsteller Beteiligten über die Gestaltung des Rundfunkprogramms sowie Unterlagen zu etwaigen Treuhandverhältnissen und zur wirtschaftlichen Leistungsfähigkeit (§ 6 Abs. 2 Nr. 4) vorzulegen. Die Landesanstalt gewährleistet deren Geheimhaltung (§ 30 VwVfG). Die Landesanstalt kann zur Glaubhaftmachung der Angaben die Abgabe einer eidesstattlichen Versicherung des Veranstalters, seiner gesetzlichen oder satzungsmäßigen Vertreter oder der an ihm Beteiligten verlangen.

(2) Kommt der Antragsteller seiner Mitwirkungspflicht innerhalb der von der Landesanstalt gesetzten Frist nicht nach, kann sein Antrag abgelehnt werden.

(3) Der Antragsteller hat Änderungen in bezug auf seine Angaben unverzüglich mitzuteilen und die eingereichten Unterlagen erforderlichenfalls zu berichtigen oder zu ergänzen.

(4) Für Änderungen der mitteilungspflichtigen Umstände, die nach Erteilung der Zulassung eintreten, gilt Absatz 1 Sätze 1 bis 3 entsprechend.

§ 10 Auswahlgrundsätze. (1) Reichen die zur Verfügung stehenden technischen Übertragungskapazitäten nicht aus, um allen Antragstellern, welche die Zulassungsvoraussetzungen erfüllen, eine Zulassung zu erteilen, entscheidet die Landesanstalt entsprechend § 5 Abs. 1 Satz 2 über die Auswahl nach den Grundsätzen der Absätze 2 und 3. Die Landesanstalt kann auf eine Einigung der Antragsteller hinwirken, die den Auswahlgrundsätzen der Absätze 2 und 3 Rechnung trägt.

(2) Vorrang haben Antragsteller, die gegenüber anderen Antragstellern einen größeren Beitrag zur Meinungsvielfalt im Sendegebiet und zur Gesamtheit der Programme nach § 2 Abs. 2 erwarten lassen. Hierbei sind auch folgende Auswahlkriterien heranzuziehen:

1. bereits bestehender Bezug des Antragstellers zu dem Sendegebiet,
2. Anteil der auf die Eigen- und Auftragsproduktionen entfallenden Programmaufwendungen,
3. Gewähr einer auf das Sendegebiet bezogenen Programmgestaltung im Sinne des § 2 Abs. 2, insbesondere mittels geeigneter Produktionskapazitäten in Sachsen,
4. im Fall der Zulassung von Veranstaltern bundesweiter Rundfunkprogramme die Einbeziehung eines Fensterprogrammes für Sendegebiete in Sachsen, oder ein regelmäßig auf Sachsen bezogener Programmteil von wöchentlich mindestens 60 Sendeminuten; dies gilt ebenso,

wenn sich diese Sendungen auch an Adressaten in einem oder mehreren benachbarten Ländern wenden.

(3) Sind Antragsteller nach Absatz 2 im wesentlichen gleich zu bewerten, entscheidet die Landesanstalt nach pflichtgemäßem Ermessen.

§ 11 Zulassung. (1) Die Zulassung bestimmt mindestens

1. das Sendegebiet,
2. die Programmart,
3. die Programmcharakteristik,
4. den zeitlichen Sendeumfang,
5. die zu nutzenden technischen Übertragungskapazitäten,
6. die Inhaber- und Beteiligungsverhältnisse zum Zeitpunkt der Zulassung.

Wird in einem lokalen Rundfunkprogramm ein Offener Kanal (§ 3 Abs. 1 Satz 4) vorgesehen, bestimmt die Zulassung die Sendezeiten und die Grundsätze der Zusammenarbeit mit dem Veranstalter; im übrigen gelten für die Dritten die für Veranstalter bestehenden Verpflichtungen entsprechend.

(2) Die Zulassung eines Veranstalters ist entsprechend dem Antrag, in der Regel auf mindestens acht Jahre und höchstens jedoch auf zehn Jahre zu befristen. Die Zulassung ist zu verlängern, wenn sich die Zulassungsvoraussetzungen nicht wesentlich geändert haben. Auf Antrag des Veranstalters kann die Landesanstalt die Zulassung ändern.

(3) Die Zulassung ist nicht übertragbar. Bei wesentlichen Änderungen der Inhaber- und Beteiligungsverhältnisse des Veranstalters oder der sonstigen Rechtsbeziehungen nach § 9 Abs. 1 Sätze 2 und 3 genehmigt die Landesanstalt die Fortsetzung der Veranstaltertätigkeit, wenn dies den Erfordernissen der Meinungsvielfalt und der Ausgewogenheit im Rahmen der Zulassung nicht widerspricht und die Kontinuität des Gesamtprogramms und des Sendebetriebs gesichert ist.

3. Abschnitt. Anforderungen an die Programmgestaltung

§ 12 Programmgrundsätze. (1) Die nach diesem Gesetz an der Veranstaltung von Rundfunk Beteiligten sind an die verfassungsmäßige Ordnung gebunden. Sie haben zur Verwirklichung dieser Ordnung beizutragen.

(2) Die Programme haben die Würde des Menschen sowie die sittlichen, religiösen und weltanschaulichen Überzeugungen anderer zu achten und Toleranz zu fördern.

(3) Die Programme dürfen sich nicht gegen die Völkerverständigung und gegen die Wahrung des inneren und äußeren Friedens und der Freiheit richten. Sie sollen die Zusammengehörigkeit im vereinigten

Deutschland und den Gedanken der europäischen Verständigung fördern.

(4) Die Vorschriften der allgemeinen Gesetze und die gesetzlichen Bestimmungen zum Schutz der persönlichen Ehre sind einzuhalten.

§ 13 Programmgestaltung. (1) Die Berichterstattung hat den anerkannten journalistischen Grundsätzen zu entsprechen. Sie muß unabhängig und sachlich sein und die Auffassung der wesentlich betroffenen Personen, Gruppen oder Stellen angemessen und fair berücksichtigen. Nachrichten sind vor ihrer Verbreitung mit der gebotenen Sorgfalt auf Wahrheit und Herkunft zu prüfen. Entstellungen durch Verzerrung der Sachverhalte sind zu unterlassen.

(2) Kommentare und Stellungnahmen sind von Nachrichten deutlich zu trennen und unter Nennung des Verfassers als solche zu kennzeichnen. Sie haben dem Gebot journalistischer Fairneß zu entsprechen. In Nachrichtensendungen sind Werturteile von Tatsachenbehauptungen zu trennen und als solche unter Angabe ihrer Herkunft zu kennzeichnen.

(3) Bei der Wiedergabe von Meinungsumfragen, die von Veranstaltern durchgeführt werden, ist ausdrücklich anzugeben, ob sie repräsentativ sind.

§ 14 Unzulässige Sendungen, Jugendschutz. (1) Sendungen sind unzulässig, wenn sie

1. zum Haß gegen Personen oder Personengruppen, insbesondere wegen ihres Geschlechtes, ihrer Abstammung, Rasse, Sprache, Heimat und Herkunft, ihres Glaubens oder ihrer religiösen oder politischen Anschauungen, aufstacheln,
2. grausame oder sonst unmenschliche Gewalttätigkeiten gegen Menschen in einer Art schildern, die eine Verherrlichung oder Verharmlosung solcher Gewalttätigkeiten ausdrückt, die das Grausame oder Unmenschliche des Vorgangs in einer die Menschenwürde verletzenden Weise darstellt,
3. den Krieg verherrlichen,
4. zur Mißachtung des staatlichen Gewaltmonopols auffordern,
5. pornographisch sind, Gewalt zur Durchsetzung sexueller Handlungen befürworten oder Vergewaltigung als lustvoll für das Opfer erscheinen lassen,
6. Menschen, die sterben oder schweren körperlichen oder seelischen Leiden ausgesetzt sind oder waren, in einer die Menschenwürde verletzenden Weise darstellen, auch wenn sie ein tatsächliches Geschehen wiedergeben, ohne daß ein überwiegendes berechtigtes Informationsinteresse an gerade dieser Form der Darstellung vorliegt; eine Einwilligung ist unbeachtlich,
7. offensichtlich geeignet sind, Kinder oder Jugendliche sittlich schwer zu gefährden.

(2) Sendungen, die geeignet sind, das körperliche, geistige oder seelische Wohl von Kindern oder Jugendlichen zu beeinträchtigen, dürfen nicht verbreitet werden, es sei denn, der Veranstalter trifft aufgrund der Sendezeit oder auf andere Weise Vorsorge, daß Kinder oder Jugendliche der betroffenen Altersstufen die Sendungen üblicherweise nicht wahrnehmen; der Veranstalter darf dies bei Sendungen zwischen 23.00 und 6.00 Uhr annehmen. Filme, die nach dem Gesetz zum Schutze der Jugend in der Öffentlichkeit für Jugendliche unter 16 Jahren nicht freigegeben sind, dürfen nur zwischen 22.00 und 6.00 Uhr und Filme, die für Jugendliche unter 18 Jahren nicht freigegeben sind, nur zwischen 23.00 und 6.00 Uhr verbreitet werden. Bei Filmen, die nach dem Gesetz zum Schutz der Jugend in der Öffentlichkeit für Kinder unter zwölf Jahren nicht freigegeben sind, ist bei der Wahl der Sendezeit dem Wohl jüngerer Kinder Rechnung zu tragen. Besteht darüber hinaus bei Sendungen die Besorgnis, daß sie das körperliche, geistige oder seelische Wohl von Kindern beeinträchtigen, soll der Veranstalter dem insbesondere durch die Sendezeit und die Häufigkeit dieser Sendungen Rechnung tragen; die Sendezeit soll in diesen Fällen ermöglichen, daß die Kinder die Sendungen üblicherweise in der Familie wahrnehmen.

(3) Sendungen, die ganz oder im wesentlichen mit Schriften inhaltsgleich sind, die in die Liste nach § 1 des Gesetzes über die Verbreitung jugendgefährdeter Schriften aufgenommen sind, sind nur in der Zeit zwischen 23.00 bis 6.00 Uhr und nur dann zulässig, wenn die mögliche sittliche Gefährdung von Kindern oder Jugendlichen unter Berücksichtigung aller Umstände nicht als schwer angesehen werden kann. Für Sendungen, die nach Absatz 2 Satz 2 und Absatz 3 Sendezeitbeschränkungen unterliegen, dürfen Programmankündigungen mit Bewegtbildern zu anderen Zeiten nur ausgestrahlt werden, wenn diese keine Darstellungen enthalten, die eine Sendezeitbeschränkung begründen.

(4) Die Landesanstalt kann in Richtlinien oder für den Einzelfall Ausnahmen von den Zeitgrenzen nach Absatz 2 Satz 2 und Absatz 3 gestatten und von der Bewertung nach Absatz 2 Satz 2 und Absatz 3 abweichen. Dies gilt im Fall des Absatzes 2 Satz 2 vor allem für Filme, deren Bewertung länger als fünfzehn Jahre zurückliegt.

(5) Sendungen dürfen nicht zur Gewalt gegen Frauen anregen, Frauen in unwürdiger Weise diskriminieren oder dem Gedanken der Gleichstellung von Frau und Mann zuwiderlaufen.

(6) Die Veranstalter der von der Landesanstalt bundesweit zugelassenen Fernsehprogramme berufen jeweils einen Beauftragten für den Jugendschutz. Er muß die zur Erfüllung seiner Aufgabe erforderliche Fachkunde besitzen und ist bei der Anwendung seiner Fachkunde auf dem Gebiet des Jugendschutzes, insbesondere bei der Zusammenarbeit mit Einrichtungen der Freiwilligen Selbstkontrolle, weisungsfrei. Er hat die Aufgabe, den Programmverantwortlichen in allen Fragen des Jugendschutzes zu beraten, und ist insbesondere bei Fragen des Programmeinkaufs, der Programmherstellung, der Programmplanung und der Programmgestaltung angemessen zu beteiligen.

(7) Die Landesanstalt arbeitet mit Einrichtungen der Freiwilligen Selbstkontrolle zusammen und fördert die Zusammenarbeit der Jugendschutzbeauftragten untereinander, mit Einrichtungen der Freiwilligen Selbstkontrolle und mit der Landesanstalt.

§ 15 Ausgewogenheit des Programmangebotes. (1) Im Hörfunk und im Fernsehen müssen jeweils die Programme von Veranstaltern nach § 2 Abs. 1 sowie die nach § 37 anzeigepflichtigen Programme von Veranstaltern privaten Rechts, die innerhalb der Bundesrepublik Deutschland zugelassen sind, in ihrer Gesamtheit die bedeutsamen politischen, weltanschaulichen und gesellschaftlichen Kräfte und Gruppen angemessen zu Wort kommen lassen; Auffassungen von Minderheiten sind zu berücksichtigen. Die Möglichkeit, Spartenprogramme anzubieten, bleibt hiervon unberührt.

(2) Die Ausgewogenheit der Gesamtheit der Programme im Sinn des Absatz 1 gilt als erreicht, wenn in allen Landesteilen neben den entsprechenden Programmen öffentlich-rechtlicher Rundfunkanstalten mindestens drei tägliche, in der Bundesrepublik Deutschland veranstaltete Hörfunk- oder Fernsehvollprogramme empfangbar sind, die in derselben Technik verbreitet werden. Die Verbreitung der Vollprogramme in derselben Technik ist nicht erforderlich, wenn bei einer annähernd gleichmäßigen regionalen Verteilung mindestens die Hälfte der Rundfunkteilnehmer in Sachsen an eine Kabelanlage angeschlossen ist.

(3) Die Landesanstalt wirkt darauf hin, daß unabhängig von Absatz 2 die Ausgewogenheit der Gesamtheit der Programme im Sinn des Absatz 1 erreicht und gesichert wird; sie kann hierfür die erforderlichen Maßnahmen treffen. Wird die Ausgewogenheit der Gesamtheit der Programme nicht erreicht oder ist sie wieder entfallen, so muß jedes Programm für sich im Sinn des Absatz 1 ausgewogen sein.

4. Abschnitt. Besondere Pflichten der Veranstalter

§ 16 Verantwortlichkeit für das Programm. (1) Ein Veranstalter muß mindestens einen für den Inhalt des Programms Verantwortlichen bestellen, der zur alleinigen Entscheidung berechtigt ist. Werden mehrere Verantwortliche bestellt, nehmen sie ihre Aufgaben gemeinsam wahr.

(2) Zur verantwortlichen Person darf nur bestellt werden, wer die Voraussetzungen entsprechend § 6 Abs. 2 Nr. 1 bis 3 erfüllt und seine Wohnung oder seinen Geschäftssitz im Sendegebiet des Programms hat.

§ 17 Aufzeichnungspflicht. (1) Der Veranstalter hat alle Sendungen in Ton und Bild vollständig aufzuzeichnen und verfügbar zu halten. Bei Sendungen, die unter Verwendung einer Aufzeichnung oder eines Films verbreitet werden, ist die Aufzeichnung oder der Film verfügbar zu halten.

(2) Nach Ablauf von sechs Wochen seit dem Tag der Verbreitung kann der Veranstalter Aufzeichnungen löschen oder frei über sie verfügen, soweit bei ihm keine Beanstandung eines Betroffenen vorliegt; wird eine Sendung zum beliebigen zeitlichen Empfang bereitgestellt, so beginnt die Frist mit dem letzten Tag der Bereitstellung. Bei einer Beanstandung darf der Veranstalter die Aufzeichnungen erst löschen oder frei über sie verfügen, wenn die Beanstandung durch rechtskräftige gerichtliche Entscheidung, durch gerichtlichen Vergleich oder auf andere Weise erledigt ist. Die Sätze 1 und 2 gelten für Filme entsprechend.

(3) Wer schriftlich glaubhaft macht, in seinen Rechten berührt zu sein, kann Einsicht in die Aufzeichnungen und Filme verlangen. Auf Verlangen sind ihm auf seine Kosten Ausfertigungen, Auszüge oder Abschriften von der Aufzeichnung oder dem Film zu übersenden.

(4) Die Landesanstalt kann Ausnahmen von den Pflichten nach Absatz 1 und 2 zulassen. Sie kann ferner anordnen, daß einzelne Aufzeichnungen oder Filme länger als sechs Wochen verfügbar zu halten sind.

§ 18 Beschwerderecht. Beschwerden, in denen jemand einen Verstoß gegen Programmanforderungen oder eine Verletzung von Rechten darlegt, sind an die Landesanstalt zu richten. Sie kann den Veranstalter zur Stellungnahme auffordern. Die Landesanstalt hat auf die Beschwerde mitzuteilen, ob und gegebenenfalls in welcher Weise sie tätig geworden ist.

§ 19 Gegendarstellung. (1) Jeder Veranstalter ist verpflichtet, zu Tatsachen, die in seinen Sendungen verbreitet wurden, die Gegendarstellung einer unmittelbar betroffenen Person oder Stelle zu verbreiten.

(2) Die Pflicht zur Verbreitung der Gegendarstellung besteht nicht, wenn

1. die betroffene Person oder Stelle kein berechtigtes Interesse an der Verbreitung hat oder
2. die Gegendarstellung ihrem Umfang nach nicht angemessen ist; überschreitet die Gegendarstellung nicht den Umfang des beanstandeten Teils der Sendung, so gilt sie als angemessen;
3. die Gegendarstellung einen strafbaren Inhalt hat.

(3) Die Gegendarstellung muß die beanstandeten Stellen der Sendung bezeichnen, sich auf tatsächliche Angaben beschränken und vom Betroffenen oder seinem gesetzlichen Vertreter unterzeichnet sein. Der Betroffene muß die Gegendarstellung unverzüglich nach Kenntnis von der Sendung, spätestens innerhalb von zwei Monaten seit der Verbreitung von dem Veranstalter verlangen.

(4) Die Verbreitung muß unverzüglich innerhalb der gleichen Programmsparte und zu einer gleichwertigen Sendezeit wie die Verbreitung der beanstandeten Sendung ohne Einschaltungen oder Weglassungen erfolgen. Die Verbreitung der Gegendarstellung erfolgt unentgeltlich.

Eine Erwiderung auf die verbreitete Gegendarstellung darf nicht am selben Tag gesendet werden.

(5) Der Anspruch auf Verbreitung kann gegen den Veranstalter im Zivilrechtsweg im Verfahren der Einstweiligen Verfügung verfolgt werden. Eine Gefährdung des Anspruchs braucht nicht glaubhaft gemacht zu werden.

(6) Die vorstehenden Bestimmungen gelten nicht für wahrheitsgetreue Berichte über öffentliche Sitzungen der gesetzgebenden oder beschließenden Organe der Europäischen Gemeinschaften, des Bundes, der Länder, der Gemeinden und Gemeindeverbände und der Gerichte.

§ 20 Auskunftspflicht. (1) Zu Beginn oder am Ende des Programms ist der Name des Veranstalters, am Ende jeder Sendung der Name des für den Inhalt verantwortlichen Redakteurs anzugeben.

(2) Die Landesanstalt teilt auf schriftliches Verlangen Namen oder Firma und Geschäftsanschrift des Veranstalters sowie der für den Inhalt des Programms Verantwortlichen mit.

(3) Der Veranstalter hat auf schriftliches Verlangen Namen und Anschrift der für den Inhalt des Programms Verantwortlichen sowie des für den Inhalt einer Sendung verantwortlichen Redakteurs mitzuteilen.

§ 21 Verlautbarungsrecht. Der Veranstalter hat der Bundesregierung und der Sächsischen Staatsregierung in Katastrophenfällen und bei anderen vergleichbaren erheblichen Gefahren für die öffentliche Sicherheit und Ordnung unverzüglich angemessene Sendezeit für amtliche Verlautbarungen einzuräumen. Für Inhalt und Gestaltung der Sendezeit ist derjenige verantwortlich, dem die Sendezeit eingeräumt worden ist. Der Veranstalter kann die Erstattung seiner Selbstkosten verlangen.

§ 22 Besondere Sendezeiten. (1) Politische Parteien und Wählergruppen erhalten während ihrer Beteiligung an Wahlen angemessene Sendezeit entsprechend § 5 Abs. 1 bis 3 des Parteiengesetzes für Wahlwerbung. Sie sind bei einer Kostenerstattung gemäß dem Umfang der jeweiligen Sendungen gleichzubehandeln.

(2) Für Sendungen von Kirchen und anderen im Sendegebiet vertretenen öffentlich-rechtlichen Religionsgemeinschaften im Sinn von Artikel 140 des Grundgesetzes für die Bundesrepublik Deutschland sind auf Wunsch angemessene Sendezeiten zur Übertragung gottesdienstlicher Handlungen und Feierlichkeiten einzuräumen; auch für sonstige religiöse Sendungen können Sendezeiten gewährt werden. Die Veranstalter können die Erstattung ihrer Selbstkosten verlangen.

(3) Für den Inhalt und Gestaltung zulässiger Sendungen nach den Absätzen 1 und 2 ist derjenige verantwortlich, dem die Sendezeit eingeräumt worden ist.

(4) Die Landesanstalt kann Einzelheiten der Beanspruchung besonderer Sendezeiten für Wahlwerbung durch Satzung regeln.

5. Abschnitt. Finanzierung der Programme

§ 23 Formen der Finanzierung. Die Programme können finanziert werden

1. aus eigenen Mitteln der Veranstalter,
2. durch Werbung,
3. durch Entgelte der Rundfunkteilnehmer (Abonnement, Einzelentgelt),
4. durch Spender und Sponsoren.

§ 24 Werbung, Sponsorsendungen. (1) Die Werbung darf 20 vom Hundert der täglichen Sendezeit nicht überschreiten.

(2) Werbung ist vom übrigen Rundfunkprogramm deutlich zu trennen und als solche zu kennzeichnen. Sie darf das übrige Rundfunkprogramm inhaltlich nicht beeinflussen.

(3) Werbung, die sich auch an Kinder oder Jugendliche richtet, darf nicht deren Unerfahrenheit ausnutzen.

(4) Fernsehwerbung darf nur in Blöcken verbreitet werden. Fernsehsendungen von mehr als 45 Minuten Dauer dürfen nur zu einer im voraus angegebenen Zeit einmal Werbeeinschaltungen enthalten; dies gilt auch bei Unterteilungen der Sendungen. Für Sportsendungen kann die Landesanstalt Ausnahmen von Satz 2 gestatten.

(5) Sendungen, die ein Dritter finanziell fördert (Sponsor) und deren Inhalt nicht zum Verkauf, zum Kauf oder zur Miete oder Pacht von Erzeugnissen oder Dienstleistungen des Sponsors oder eines Dritten, vor allem durch entsprechende Hinweise, anregen, sind zulässig; hiervon ausgenommen sind Nachrichtensendungen und Sendungen zum politischen Zeitgeschehen. Der Name des Sponsors ist am Anfang und am Ende der Sendung deutlich anzugeben; neben oder anstelle des Namens des Sponsors kann auch in Hörfunksendungen ein kurzes akustisches Signal wiedergegeben und in Fernsehsendungen das Firmenemblem oder eine Marke eingeblendet werden.

(6) Werbung und Sponsorsendungen dürfen nur im gesamten Sendegebiet des zugelassenen Programms verbreitet werden.

(7) Ist Werbung in Programmen oder Sendungen enthalten, für die beim Teilnehmer Entgelte erhoben werden, so ist dies dem Teilnehmer vor dem Empfang des Programms oder dem Beginn der Sendung anzukündigen.

(8) Die Landesanstalt kann mit den anderen für private Veranstalter zuständigen Stellen der Länder gemeinsame Richtlinien zur Durchführung der Absätze 1 bis 5 erlassen. Unberührt bleiben Bestimmungen, die Werbung für bestimmte Erzeugnisse beschränken oder ausschließen.

(9) Die Absätze 1, 4, 5 und 6 gelten insoweit, als sie nicht den Regelungen des Rundfunkstaatsvertrages in der jeweils gültigen Fassung widersprechen.

6. Abschnitt.[1] Weitere Rundfunknutzungen, Rundfunkerprobung

§ 25[2] Weitere Rundfunknutzungen.

(1), (2) *(aufgehoben)*

(3) Dem Veranstalter eines Rundfunkprogramms steht auch die Nutzung der vertikalen Austastlücke des Fernsehsignals oder des Radiotext-Datenblocks im RDS-Unterträger zur Veranstaltung von Textdiensten zu.

§ 26[3] Rundfunkerprobung. (1) Will die Landesanstalt die Verbreitung von Rundfunk durch Erprobung neuer Techniken oder neuer Nutzungsformen ermöglichen, macht sie dies im Sächsischen Amtsblatt bekannt. In der Bekanntmachung sind auch die Nutzungsmerkmale und das beabsichtigte Verbreitungsgebiet anzugeben.

(2) Die Landesanstalt kann die Nutzung befristet zu Zwecken der Erprobung oder für Dauer nach § 11 Abs. 2 zulassen. Für die Zulassung von Veranstaltern in diesen Fällen gelten die übrigen Bestimmungen dieses Gesetzes entsprechend.

(2a) Von der Landesanstalt ist ein jährlicher Erfahrungsbericht über die laufenden Projekte und nach Abschluß der einzelnen Projekte eine Auswertung zu veröffentlichen.

(3) *(aufgehoben)*

7. Abschnitt. Sächsische Landesanstalt für privaten Rundfunk und neue Medien

§ 27 Rechtsform und Organe. (1) Die Aufgaben nach diesem Gesetz werden von der Landesanstalt wahrgenommen. Sie ist eine rechtsfähige Anstalt des öffentlichen Rechts mit Sitz in Dresden.

(2) Die Landesanstalt ist unabhängig und hat das Recht der Selbstverwaltung. Eine Konkursfähigkeit der Landesanstalt besteht nicht.

[1] Überschrift geänd. durch G v. 10. 7. 1997 (SächsGVBl. S. 500).

[2] § 25 Überschrift geänd., Abs. 1 u. 2 aufgeh. durch G v. 10. 7. 1997 (SächsGVBl. S. 500).

[3] § 26 Abs. 1 S. 1 geänd., Abs. 2 Satz 3 gestr., Abs. 3 aufgeh. durch G v. 10. 7. 1997 (SächsGVBl. S. 500).

(3) Organe der Landesanstalt sind
1. die Versammlung,
2. der Medienrat,
3. der Direktor.

§ 28[1] Aufgaben der Landesanstalt. (1) Die Landesanstalt sorgt für die Durchführung der Bestimmungen dieses Gesetzes und wacht über deren Einhaltung. Sie hat insbesondere folgende Aufgaben:

1. Förderung und Ausbau der Rundfunkversorgung,

1a. Förderung der technischen Infrastruktur zur terrestrischen Versorgung und für neuartige Rundfunkübertragungstechniken,

1b. Förderung und Entwicklung von Mediendiensten,

2. Erteilung, Rücknahme und Widerruf der Zulassung zur Veranstaltung von Rundfunk und neuen Rundfunknutzungen,
3. Aufsicht über die privaten Veranstalter, Kontrolle der Einhaltung der konzentrationsrechtlichen Vorschriften der §§ 7 und 8 dieses Gesetzes und der entsprechenden Regelung des Rundfunkstaatsvertrages und Anordnung von Maßnahmen zur Sicherung der Meinungsvielfalt im Programmbereich,
4. Regelung der Weiterverbreitung von Rundfunkprogrammen in Kabelanlagen,
5. Erlaß von Satzungen, Richtlinien und Plätzen,
6. Beratung der privaten Veranstalter,
7. Versorgungsplanung und technische Versorgungskontrolle,
8. Entscheidung über Nutzungszuweisung von technischen Übertragungskapazitäten an Veranstalter,
9. Zusammenwirken mit Netzbetreiber zur Bereitstellung der technischen Übertragungskapazitäten und zur Betriebsabwicklung,
10. Förderung der Vielfalt und Qualität bei der Produktion und Verbreitung von Programmen,
11. Förderung von Ausbildungs- und Fortbildungsmaßnahmen,
12. Vergabe von Gutachten und Unterstützung von Forschungsvorhaben auf dem Gebiet des Rundfunks,
13. Zusammenwirken mit den zuständigen Stellen der Länder, des Bundes und der europäischen und internationalen Organisationen in Rundfunksangelegenheiten.

(2) Einzelheiten über die Zulassung von Veranstaltern (2. Abschnitt), über die vorrangige Verbreitung von Mediendiensten (§ 5 Abs. 2), über die Anforderungen an die Programmgestaltung (3. Abschnitt), über die besonderen Pflichten der Veranstalter (4. Abschnitt) und über die Ge-

---

[1] § 28 Abs. 1 Ziff. 1b eingef., Abs. 2 neugef. durch G v. 10. 7. 1997 (SächsGVBl. S. 500).

bühren und Auslagen (§ 35 Abs. 2) sowie das zu beobachtende Verfahren kann die Landesanstalt durch Satzung regeln.

§ 29 Versammlung der Landesanstalt. (1) Der Versammlung gehören mindestens 31 Mitglieder an. Von ihnen entsenden

1. ein Mitglied die Staatsregierung,
2. je ein Mitglied jede zu Beginn der Amtszeit der Versammlung bestehende Fraktion im Landtag,
3. ein Mitglied die evangelischen Kirchen,
4. ein Mitglied die römisch-katholische Kirche,
5. ein Mitglied die israelitischen Kultusgemeinden,
6. zwei Mitglieder die Verbände aus den Bereichen Kunst und Kultur,
7. zwei Mitglieder die kommunalen Spitzenverbände,
8. ein Mitglied der Deutsche Gewerkschaftsbund,
9. ein Mitglied die Deutsche Angestellten-Gewerkschaft,
10. ein Mitglied der Deutsche Beamtenbund,
11. ein Mitglied die Vertretungen der Arbeitgeber,
12. ein Mitglied die Industrie- und Handelskammern,
13. ein Mitglied die Handwerksverbände,
14. ein Mitglied die Bauernverbände,
15. ein Mitglied die Verbände der Selbständigen,
16. ein Mitglied der Reservistenverband,
17. ein Mitglied die Vereinigungen der Opfer des Nationalsozialismus und des Stalinismus,
18. ein Mitglied die Verbände der Sorben,
19. ein Mitglied die Verbände der Vertriebenen,
20. ein Mitglied die Europäische Bewegung,
21. ein Mitglied die Verbände der Volkskultur und Heimatpflege,
22. ein Mitglied die Umwelt- und Naturschutzverbände,
23. ein Mitglied die Verbände der freien Wohlfahrtspflege,
24. ein Mitglied die Familienverbände,
25. ein Mitglied die Verbände der Behinderten,
26. ein Mitglied der Landessportbund,
27. ein Mitglied die Frauenverbände,
28. ein Mitglied der Landesjugendring,
29. ein Mitglied die Lehrer- und Hochschullehrerverbände.

Die Entsender sollen Frauen und Männer in angemessener Weise berücksichtigen.

(2) Die zu entsendenden Mitglieder in die Versammlung sind durch das höchste beschlußfassende Gremium einer Landesvereinigung oder

einer Organisation/Gruppe zwölf Monate vor Ablauf der Amtszeit der Versammlung zu wählen.

(3) Für die in Absatz 1 Satz 2 Nr. 3 bis 29 genannten Organisationen und Gruppen haben die jeweiligen Landesvereinigungen das Entsendungsrecht. Besteht keine Landesvereinigung, legen die jeweiligen Organisationen oder Gruppen innerhalb der einzelnen Bereiche einvernehmlich fest, wer von ihnen ein Mitglied entsendet. Kommt eine Einigung zwischen den Organisationen oder Gruppen nicht zustande, können sich diese spätestens elf Monate vor Ablauf der Amtszeit der Versammlung beim Landtag um die Einräumung eines Entsendungsrechts bewerben. Der Landtag wählt eine Organisation oder Gruppe für den entsprechenden Bereich aus. Das Entsendungsrecht der so bestimmten Einrichtung besteht für die gesamte Amtszeit der Versammlung der Landesanstalt. Die Wahl eines Mitglieds ist spätestens einen Monat vor Ablauf der Amtszeit der Versammlung von der ausgewählten Organisation oder Gruppe durchzuführen.

(4) Die Organisationen und Gruppen nach Absatz 1 entsenden die Mitglieder in eigener Verantwortung und teilen der Landesanstalt schriftlich mit, wen sie in die Versammlung entsenden. Der Vorsitzende der amtierenden Versammlung stellt die formale Ordnungsmäßigkeit der Entsendung fest. Erweist sich eine solche Feststellung nachträglich als unrichtig, so stellt die Versammlung den Verlust der Mitgliedschaft fest.

(5) Solange und soweit Mitglieder in die Versammlung nicht entsandt werden, verringert sich deren gesetzliche Mitgliederzahl entsprechend. Scheidet ein Mitglied aus der Versammlung aus, ist für den Rest der Amtszeit ein Nachfolger nach den für die Entsendung des ausscheidenden Mitglieds geltenden Vorschriften zu bestimmen. Die entsendende Organisation oder Gruppe kann das von ihr entsandte Mitglied bei seinem Ausscheiden aus dieser Organisation oder Gruppe abberufen.

(6) Mitglied der Versammlung kann nicht sein, wer nach den Grundsätzen des Artikels 119 der Verfassung des Freistaates Sachsen nicht die Eignung für den öffentlichen Dienst besitzt. In die Versammlung darf nicht entsandt werden, wer privater Rundfunkveranstalter oder gewerblicher Betreiber einer Kabelanlage ist, zu solchen in einem Dienst- oder Arbeitsverhältnis steht, von ihnen in sonstiger Weise abhängig, an ihnen wesentlich beteiligt oder in einem Organ eines privaten Rundfunkveranstalters oder gewerblichen Kabelanlagenbetreibers tätig ist; dies gilt nicht im Fall von öffentlich-rechtlichen Religionsgemeinschaften im Sinn von Artikel 140 des Grundgesetzes für die Bundesrepublik Deutschland. Gleiches gilt für Angehörige von Organen öffentlich-rechtlicher Rundfunkanstalten oder von ihnen beeinflußter privatrechtlicher Gesellschaften oder bei sonstigen Mitarbeitern öffentlich-rechtlicher Rundfunkanstalten oder von diesen beeinflußter privatrechtlicher Gesellschaften. Die in Absatz 1 Nr. 2 bis 17 aufgeführten Mitglieder dürfen nicht der Bundesregierung oder einer Landesregierung, die in

Abs. 1 Nr. 4 bis 17 aufgeführten Mitglieder nicht dem Landtag angehören.

(7) Die Mitglieder der Versammlung sind an Aufträge und Weisungen nicht gebunden.

(8) Die Mitglieder der Versammlung werden jeweils für sechs Jahre entsandt; die Amtszeit beginnt mit der ersten Sitzung der Versammlung. Nach Ablauf der Amtszeit führt die Versammlung die Geschäfte bis zum Zusammentritt der neuen Versammlung weiter.

(9) Die Mitglieder der Versammlung sind ehrenamtlich tätig. Sie erhalten eine Aufwandsentschädigung, welche die Landesanstalt durch Satzung festlegt; die Satzung bedarf der Genehmigung durch die Rechtsaufsichtsbehörde.

§ 30 Arbeitsweise und Aufgaben der Versammlung. (1) Die Versammlung wählt aus ihrer Mitte einen Vorsitzenden und bis zu zwei Stellvertreter. Sie gibt sich eine Geschäftsordnung, die insbesondere Bestimmungen über Form und Frist der Einladungen zu den Sitzungen und über den Geschäftsgang enthält.

(2) Die Versammlung tritt nach Bedarf, mindestens aber viermal im Jahr zu einer Sitzung zusammen. Der Vorsitzende der Versammlung beruft die Sitzungen ein und leitet sie. Auf Antrag wenigstens eines Drittels der Mitglieder muß die Versammlung zu einer Sitzung einberufen werden.

(3) Die Sitzungen der Versammlung sind nichtöffentlich. Für bestimmte Angelegenheiten kann die Versammlung öffentliche Sitzung beschließen. Veranstalter oder deren Vertreter können auf Beschluß der Versammlung zu Sitzungen herangezogen werden, soweit die von ihnen veranstalteten Programme betroffen sind. Die Bestimmungen des Verwaltungsverfahrensrechts über den Ausschluß von Personen und die Befangenheit in Verwaltungsverfahren bleiben unberührt.

(4) Die Versammlung ist beschlußfähig, wenn alle Mitglieder geladen wurden und die Mehrheit ihrer Mitglieder anwesend ist. Ohne Rücksicht auf die Zahl der Erschienenen ist die Versammlung beschlußfähig, wenn eine nach Satz 1 beschlußunfähige Versammlung binnen angemessener Frist erneut einberufen wird.

(5) Die Abstimmungen erfolgen offen. Bei Wahl- und Personalentscheidungen muß auf Verlangen geheim abgestimmt werden. Beschlüsse werden mit Mehrheit der abgegebenen Stimmen gefaßt, sofern keine andere Regelung getroffen ist. Dasselbe gilt für Wahlen.

(6) Die Versammlung kann für bestimmte Aufgabengebiete zur Vorbereitung ihrer Entscheidungen Ausschüsse bilden.

(7) Aufgabe der Versammlung ist die Aufsicht über die veranstalteten Programme und ihre Bewertung insbesondere hinsichtlich der Einhaltung der Programmgrundsätze und des Schutzes von Kindern und Jugendlichen. Die Versammlung unterrichtet den Medienrat über ihre Feststellungen und veranlaßt ihn zu Entscheidungen (§ 32 Abs. 7 Nr. 6).

(8) Jeder hat das Recht, sich mit einer Beschwerde, die die Nichteinhaltung von Vorschriften des 3. Abschnitts dieses Gesetzes durch Veranstalter betrifft, an die Versammlung zu wenden. Die Versammlung leitet die Beschwerde mit einer wertenden Stellungnahme an den Medienrat weiter.

(9) Die Versammlung stellt auf Antrag des Medienrates fest,

1. ob eine verbreitete Sendung geeignet ist, das körperliche, geistige oder seelische Wohl von Kindern oder Jugendlichen zu beeinträchtigen (§ 14 Abs. 2),
2. ob im Fall des § 14 Abs. 3 die mögliche sittliche Gefährdung von Kindern oder Jugendlichen als schwer anzusehen ist,
3. ob die Voraussetzungen für Genehmigungen gemäß § 14 Abs. 4 vorliegen.

(10) Bei der Besetzung der Stellen des Direktors und anderer leitender Mitarbeiter ist die Versammlung zu hören.

(11) Die Versammlung soll Empfehlungen zur Medienpädagogik herausgeben, die sich an die Veranstalter wenden.

§ 31 Medienrat. (1) Der Medienrat besteht aus fünf Sachverständigen, die aufgrund ihrer Erfahrungen und Sachkunde in besonderer Weise befähigt sind, die Aufgaben nach diesem Gesetz wahrzunehmen; Frauen und Männer sollen in angemessener Weise berücksichtigt werden. Die Sachverständigen müssen besondere Eignung auf dem Gebiet der Medienwirtschaft, Medienwissenschaft, der Rechtswissenschaft, der Medienpädagogik, der Rundfunktechnik, des Journalismus oder sonstiger Kommunikationsbereiche nachweisen.

(2) Vier Sachverständige des Medienrates werden vom Landtag mit einer Mehrheit von zwei Dritteln seiner Mitglieder gewählt.

(3) Einen Sachverständigen des Medienrates wählt die Versammlung mit einer Mehrheit von zwei Dritteln ihrer gesetzlichen Mitglieder.

(4) Sachverständiger des Medienrates darf nicht sein, wer

1. Mitglied des Deutschen Bundestages, des Sächsischen Landtages, der Bundesregierung oder der Sächsischen Staatsregierung ist,
2. Mitglied der Versammlung der Landesanstalt ist,
3. Mitglied eines Organs einer öffentlich-rechtlichen Rundfunkanstalt ist oder bei einer öffentlich-rechtlichen Rundfunkanstalt oder einer ihrer Tochtergesellschaften beschäftigt oder ständiger freier Mitarbeiter ist oder diesen in sonstiger Weise angehört,
4. in Sachsen oder bundesweit zugelassener Rundfunkveranstalter ist oder in einem Beschäftigungsverhältnis zu einem solchen Veranstalter steht, dem Aufsichtsrat eines solchen Veranstalters angehört, Anteile an einem solchen Veranstalter besitzt oder in sonstiger Weise einem solchen Veranstalter wirtschaftlich verbunden oder von ihm abhängig ist,

5. gewerbliche Betreiber einer Kabelanlage ist oder in einem Beschäftigungsverhältnis zu einem solchen Betreiber steht oder in sonstiger Weise einem solchen Betreiber wirtschaftlich verbunden oder von ihm abhängig ist,
6. nach den Grundsätzen des Artikels 119 der Verfassung des Freistaates Sachsen nicht die Eignung für den öffentlichen Dienst besitzt.

Tritt ein Ausschlußgrund nach Satz 1 nachträglich ein, scheidet der Sachverständige aus dem Medienrat aus; der Medienrat stellt das Vorliegen eines Ausschlußgrundes fest.

(5) Scheidet ein Sachverständiger des Medienrates vorzeitig aus, so ist innerhalb von drei Monaten ein Nachfolger für die verbleibende Amtszeit zu wählen.

(6) Die Mitgliedschaft im Medienrat endet unter den Voraussetzungen, unter denen ein Richterverhältnis nach § 24 des Deutschen Richtergesetzes endet. § 86 des Verwaltungsverfahrensgesetzes bleibt unberührt.

(7) Die Sachverständigen des Medienrates sind an Aufträge und Weisungen nicht gebunden. Sie dürfen keine Sonderinteressen vertreten, die geeignet sind, die Erfüllung ihrer Aufgaben zu gefährden.

(8) Die Sachverständigen des Medienrates sind ehrenamtlich tätig. Sie erhalten eine Aufwandsentschädigung, welche die Landesanstalt durch Satzung festlegt; die Satzung bedarf der Genehmigung durch die Rechtsaufsichtsbehörde.

(9) Die Amtszeit des Medienrates beträgt sechs Jahre. Sie beginnt mit dem Tage der konstituierenden Sitzung des Medienrates. Nach Ablauf der Amtszeit führt der Medienrat die Geschäfte bis zur Neuwahl des Medienrates weiter. Die Wiederwahl von Sachverständigen des Medienrates ist nicht zulässig.

§ 32[1)] Arbeitsweise und Aufgaben des Medienrates. (1) Der Medienrat wählt aus seiner Mitte den Präsidenten und den Vizepräsidenten. Der Präsident oder der Vizepräsident sollen die Befähigung zum Richteramt haben. Der Präsident vertritt die Landesanstalt gerichtlich und außergerichtlich; er kann den Direktor damit beauftragen.

(2) Der Medienrat tritt mindestens einmal im Vierteljahr zu einer ordentlichen Sitzung zusammen. Auf Verlangen jedes Sachverständigen ist eine außerordentliche Sitzung einzuberufen.

(3) Der Medienrat tagt in nichtöffentlicher Sitzung. Der Direktor nimmt an den Sitzungen teil.

(4) Beschlüsse des Medienrates werden in offener Abstimmung mit Mehrheit der abgegebenen Stimmen gefaßt. Der Medienrat ist beschlußfähig, wenn mindestens drei Sachverständige anwesend sind. Bei Wahl- und Personalentscheidungen muß auf Verlangen geheim abge-

[1)] § 32 Abs. 4 Satz 4 Nr. 2 u. Abs. 7 Nr. 2 gestr. durch G v. 10. 7. 1997 (SächsGVBl. S. 500).

stimmt werden. Die Zustimmung von vier Sachverständigen des Medienrates ist erforderlich:

1. für Beschlüsse über die Rücknahme (§ 40) oder den Widerruf (§ 41) der Zulassung,
2. *(gestrichen)*
3. für die Feststellung, daß für einen Sachverständigen des Medienrates ein Ausschlußgrund (§ 31 Abs. 4) vorliegt,
4. für die Wahl und die Abberufung des Direktors.

(5) Der Medienrat gibt sich eine Geschäftsordnung, die insbesondere Bestimmungen über die Beschlußfassung im Umlaufverfahren enthält.

(6) Der Medienrat nimmt die Aufgaben der Landesanstalt wahr, soweit nicht durch dieses Gesetz eine andere Zuständigkeit bestimmt ist.

(7) Der Medienrat hat insbesondere folgende Aufgaben:

1. Entscheidungen über die Erteilung, die Rücknahme und den Widerruf einer Zulassung,
2. *(gestrichen)*
3. Wahl und Abberufung des Direktors,
4. Entscheidungen über Fragen von grundsätzlicher medienrechtlicher und medien- sowie standortpolitischer Bedeutung,
5. Prüfung der Unterlagen nach § 9,
6. Entscheidungen über Aufsichtsmaßnahmen und über Programmbeschwerden, insbesondere alsbald nach entsprechenden Feststellungen der Versammlung (§ 30 Abs. 7),
7. Entscheidungen zur Sicherung der Meinungsvielfalt,
8. Feststellung des Haushaltsplans und des Finanzplans sowie des Jahresabschlusses der Landesanstalt,
9. Beschlußfassung über Satzungen und Richtlinien,
10. Entscheidungen über Personalfragen,
11. Entscheidungen über Förderungsmaßnahmen.

§ 33 Direktor der Landesanstalt. (1) Der Direktor der Landesanstalt wird vom Medienrat gewählt. Der Präsident des Medienrates schließt den Dienstvertrag mit dem Direktor ab. Der Dienstvertrag orientiert sich an den Grundsätzen, die für Beamte auf Zeit gelten.

(2) Der Direktor muß Erfahrungen und Sachkunde in besonderer Weise im Medienbereich haben. Er darf nicht Sachverständiger des Medienrates sein und nicht aus seiner Mitte gewählt werden.

(3) Die Amtszeit des Direktors beträgt sechs Jahre. Nach Ablauf der Amtszeit führt er die Geschäfte bis zur Berufung eines Nachfolgers weiter.

(4) Während der Amtszeit kann der Direktor nur durch Beschluß des Medienrates aus wichtigem Grunde abberufen werden. Bis zur Beru-

fung eines Nachfolgers führt der stellvertretende Direktor die Geschäfte weiter.

§ 34 Arbeitsweise und Aufgaben des Direktors. (1) Der Direktor führt die laufenden Geschäfte der Landesanstalt, soweit sie nicht in den Geschäftsbereich eines anderen Organs der Landesanstalt fallen; er unterrichtet darüber fortlaufend den Medienrat, bereitet die Beratungen der Versammlung und des Medienrates vor und vollzieht deren Beschlüsse. Im Einvernehmen mit dem Medienrat besorgt er die Zusammenarbeit mit den für private Veranstalter zuständigen Stellen anderer Länder.

(2) Die Einstellung und Entlassung der Bediensteten der Landesanstalt vollzieht der Direktor.

(3) Der Direktor bestellt mit Zustimmung des Medienrates einen Mitarbeiter der Anstalt zum stellvertretenden Direktor. Dieser muß die Befähigung zum Richteramt haben, falls sie der Direktor nicht selbst besitzt.

(4) Der Direktor trifft im Rahmen der Vorgaben des Medienrates und unter Berücksichtigung der jeweiligen Stellungnahme der Versammlung Entscheidungen über Ausnahmen gemäß § 14 Abs. 4.

(5) In Eilfällen kam der Direktor im Einvernehmen mit dem Präsidenten des Medienrates oder bei dessen Verhinderung mit dem Vizepräsidenten dringende Anordnungen treffen und unaufschiebbare Geschäfte anstelle des Medienrates besorgen. Der Medienrat ist hierüber vom Direktor unverzüglich zu unterrichten.

§ 35 Finanzierung der Landesanstalt. (1) Die Landesanstalt finanziert ihre Aufgaben aus

1. dem staatsvertraglich festgelegten Anteil an der Rundfunkgebühr,
2. Verwaltungsgebühren,
3. sonstigen Einnahmen.

(2) Die Landesanstalt erhebt aufgrund einer von ihr zu erlassenden Gebührensatzung für Amtshandlungen nach diesem Gesetz Gebühren und Auslagen.

(3) Die Haushaltsführung richtet sich nach den Grundsätzen einer geordneten, wirtschaftlichen und sparsamen Haushaltsführung. Der Jahresabschluß ist nach den Vorschriften der Vorläufigen Sächsischen Haushaltsordnung vom 19. Dezember 1990 (SächsGVBl. S. 21) aufzustellen und unter Einbeziehung der Buchführung durch einen unabhängigen Abschlußprüfer zu prüfen. § 108 der Vorläufigen Sächsischen Haushaltsordnung findet keine Anwendung.

(4) Der zuständige Rechnungshof für Sachsen prüft gemäß Absatz 3 Satz 1 und den einschlägigen Bestimmungen der Haushaltsordnung, soweit sie auf die Rechtsstellung einer Rundfunkanstalt anwendbar sind, die Haushalts- und Wirtschaftsführung der Landesanstalt. Er un-

terrichtet die Rechtsaufsichtsbehörde und den Sächsischen Landtag über die wesentlichen Ergebnisse seiner Prüfung und die finanzielle Entwicklung der Landesanstalt.

§ 36 Aufsicht über die Landesanstalt. (1) Die Landesanstalt unterliegt der Rechtsaufsicht der Sächsischen Staatskanzlei, die sich nicht auf Programmangelegenheiten erstreckt.

(2) Die Landesanstalt hat der Rechtsaufsichtsbehörde die zur Wahrnehmung der Rechtsaufsicht erforderlichen Auskünfte zu erteilen und entsprechende Unterlagen vorzulegen. Die Rechtsaufsichtsbehörde kann die Landesanstalt schriftlich auf Maßnahmen oder Unterlassungen hinweisen, die dieses Gesetz oder die allgemeinen Rechtsvorschriften verletzen, und sie auffordern, die Rechtsverletzung innerhalb einer bestimmten Frist zu beseitigen und künftig zu unterlassen. Wird die Rechtsverletzung nicht innerhalb der bestimmten Frist behoben, so weist die Rechtsaufsichtsbehörde die Landesanstalt an, auf deren Kosten die im einzelnen festzulegenden Maßnahmen durchzuführen.

8. Abschnitt. Weiterverbreitung von Rundfunkprogrammen in Kabelanlagen

§ 37[1] Zulässigkeit der Weiterverbreitung. (1) Die inhaltlich unveränderte, vollständige und zeitgleiche Weiterverbreitung ortsüblich empfangbarer oder herangeführter Rundfunkprogramme, die am Ursprungsort in rechtlich zulässiger Weise veranstaltet werden, in Kabelanlagen ist zulässig. Die Programme müssen die Grundsätze der §§ 12 bis 14 beachten und dürfen nicht der Umgebung der sonstigen Grundsätze dieses Gesetzes dienen.

(2) Der Veranstalter eines Rundfunkprogramms hat der Landesanstalt die beabsichtigte Weiterverbreitung eines bestimmten Programms spätestens einen Monat vor Beginn anzuzeigen. Bei ausländischen Programmen kann die Landesanstalt den Nachweis verlangen, in welcher Weise das Recht der Gegendarstellung nach § 19 oder ein ähnliches Recht gewährleistet ist oder garantiert wird. Die vorstehenden Pflichten sind auch durch den Betreiber einer Kabelanlage zu erfüllen.

(3) Der Veranstalter eines Programms und der Betreiber einer Kabelanlage sind verpflichtet, der Landesanstalt unverzüglich die zur Erfüllung ihrer Aufgaben nach diesem Abschnitt erforderlichen Auskünfte zu erteilen und entsprechende Unterlagen vorzulegen, auch wenn die Weiterverbreitung bereits vorgenommen wird.

(4) Eine von Absatz 1 Satz 1 abweichende Weiterverbreitung von Rundfunkprogrammen gilt als Veranstaltung von Rundfunk; dies gilt nicht, wenn als Mediendienst der Abruf von gespeicherten Rundfunkprogrammen oder Teilen von Rundfunkprogrammen ermöglicht wird

[1] § 37 Abs. 4 Satz 1 2. Halbsatz neugef. durch G v. 10. 7. 1997 (SächsGVBl. S. 500).

(§ 2 Abs. 2 Nr. 4 des Staatsvertrages über Mediendienste[1]). Urheberrechtliche oder andere rechtliche Verpflichtungen sowie fernmelderechtliche Bestimmungen bleiben unberührt.

§ 38[2] Kanalbelegung. In Kabelanlagen sind die nach § 11 zugelassenen Programme, Mediendienste (§ 2 des Staatsvertrages über Mediendienste), soweit sie nach § 5 Abs. 2 zur vorrangigen Verbreitung zugelassen sind, sowie aufgrund eines sonstigen Gesetzes für Sachsen veranstalteten Programme einzuspeisen.

Mindestens ein Kanal ist für Mediendienste zu nutzen. Die Anlage ist so einzurichten, daß jeder Inhaber eines Anschlusses zumindest die in den Sätzen 1 und 2 genannten Programme empfangen kann. Kommt der Betreiber der Kabelanlage diesen Pflichten nicht nach, kann die Weiterverbreitung von der Landesanstalt untersagt werden; das Verfahren nach §§ 39 und 41 ist einzuhalten.

9. Abschnitt. Maßnahmen der Aufsicht

§ 39 Allgemeine Aufsicht über Veranstalter. (1) Der Veranstalter hat der Landesanstalt die zur Wahrnehmung ihrer Aufsicht erforderlichen Auskünfte zu erteilen und Programmaufzeichnungen und Unterlagen kostenlos vorzulegen.

(2) Die Landesanstalt kann durch Verwaltungsakt feststellen, daß durch ein Rundfunkprogramm, eine einzelne Sendung oder einen Beitrag gegen dieses Gesetz, die auf dessen Grundlage erlassenen Rechtsvorschriften oder Entscheidungen, gegen andere Rechtsvorschriften oder gegen Bestimmungen des Zulassungsbescheids verstoßen wird. Der Veranstalter hat auf Aufforderung der Landesanstalt ein Gutachten einer Einrichtung der Freiwilligen Selbstkontrolle vorzulegen, ob die Sendung eines der in § 14 Abs. 1 genannten Kriterien erfüllt. Widerspricht dieses Gutachten der Auffassung der Landesanstalt, ist über die Unzulässigkeit der Sendung von der Versammlung der Landesanstalt durch Beschluß zu entscheiden. Wird ein Verstoß festgestellt, fordert die Landesanstalt den Veranstalter, den für das Rundfunkprogramm, die Sendung oder den Beitrag Verantwortlichen unter Hinweis auf die möglichen Folgen einer Nichtbeachtung der Anordnung auf, den Verstoß zu beheben oder künftig zu unterlassen. Der Veranstalter ist auf Verlangen der Landesanstalt verpflichtet, eine Beanstandung nach Satz 2 in seinem Rundfunkprogramm zu verbreiten. Inhalt und Sendezeit der zu verbreitenden Mitteilung bestimmt die Landesanstalt. Die Mitteilung soll zu einem Zeitpunkt ausgestrahlt werden, zu dem die beanstandete Sendung ausgestrahlt worden ist. Sie darf die Dauer des beanstandeten Teiles der Sendung nicht wesentlich überschreiten. Die

[1] Nr. 3.
[2] § 38 neugef. durch G v. 10. 7. 1997 (SächsGVBl. S. 500).

Mitteilung muß sich auf den Tatbestand der Beanstandung und die Beschreibung des beanstandeten Programminhaltes beschränken. Wertungen darf die Landesanstalt nicht anbringen.

(3) Wird Rundfunk ohne Zulassung nach § 11 veranstaltet, so ordnet die Landesanstalt die Einstellung der Veranstaltung an und untersagt dem Träger der technischen Übertragungseinrichtungen die Verbreitung.

§ 40 Rücknahme der Zulassung. Die Zulassung ist zurückzunehmen, wenn
1. der Veranstalter sie durch Täuschung, Drohung oder sonstige rechtswidrige Mittel erlangt hat,
2. die Voraussetzungen für die Zulassung im Zeitpunkt der Zulassungsentscheidung nicht vorgelegen haben und auch nach Aufforderung nicht erfüllt werden.

§ 41 Widerruf der Zulassung. (1) Die Zulassung ist zu widerrufen,
1. wenn eine der Zulassungsvoraussetzungen nachträglich entfällt oder ein Versagungsgrund eingetreten ist und auch nach einer Anordnung der Landesanstalt rechtmäßige Verhältnisse nicht hergestellt werden,
2. wenn die Veranstaltung des Rundfunkprogramms nicht innerhalb der hierfür gesetzten Frist in dem zugewiesenen Umfang aufgenommen oder fortgesetzt wird oder die Veranstaltung des Programms aus Gründen, die der Veranstalter zu vertreten hat, länger als sechs Monate ruht,
3. wenn der Veranstalter bei einem schwerwiegenden Rechtsverstoß einer vollziehbaren Anordnung nach § 39 Abs. 2 nicht Folge leistet, obwohl in der Anordnung der Widerruf angedroht war.

(2) Die Zulassung kann widerrufen werden, wenn
1. der Veranstalter Maßnahmen nicht ergreift, die die Landesanstalt ihm zur Sicherung der Meinungsvielfalt auferlegt hat,
2. der Veranstalter erheblich von der der Zulassung zugrunde liegenden Programmcharakteristik abweicht und dadurch die Anforderungen nach § 15 nicht mehr erfüllt sind,
3. wenn der Veranstalter seine Tätigkeit mit von der Zulassung abweichenden Inhaber- und Beteiligungsverhältnissen ohne Genehmigung der Landesanstalt fortsetzt.

(2a) Vor Ausspruch des Widerrufs nach den Absätzen 1 und 2 fordert die Landesanstalt den Veranstalter unter Hinweis auf die möglichen Folgen einer Nichtbeachtung auf, den Anforderungen an das Rundfunkprogramm zu genügen.

(3) Für einen Vermögensnachteil, der durch Maßnahmen nach dieser Bestimmung eintritt, besteht kein Entschädigungsanspruch gegen die Landesanstalt.

§ 42 Untersagung der Weiterverbreitung. (1) Die Landesanstalt untersagt die Weiterverbreitung eines Rundfunkprogramms zeitweise oder endgültig, wenn dieses wiederholt gegen § 37 Abs. 1 Satz 2 oder gegen sonstige für das weiterverbreitete Programm geltende Vorschriften verstößt oder die in § 37 Abs. 2 Satz 2 geforderte Gewährleistung oder Garantie nicht besteht. Der Verstoß muß von der Landesanstalt durch Verwaltungsakt festgestellt worden sein. Vor Ausspruch der Untersagung fordert die Landesanstalt den Veranstalter und den Betreiber der Kabelanlage unter Hinweis auf die möglichen Folgen einer Nichtbeachtung schriftlich auf, den gesetzlichen Vorschriften zu genügen. Die Untersagung muß vorher schriftlich angedroht werden. Die Weiterverbreitung des Programms wird vor ihrem Beginn untersagt, wenn Tatsachen die Annahme rechtfertigen, daß Verstöße im Sinn von Satz 1 zu erwarten sind.

(2) Die Untersagung der Weiterverbreitung ist gegenüber dem Veranstalter und gegenüber dem Betreiber der Kabelanlage zulässig.

§ 43 Ordnungswidrigkeiten. Ordnungswidrig handelt, wer vorsätzlich oder fahrlässig

1. entgegen § 5 Abs. 1 Satz 1 Rundfunk ohne Zulassung nach § 11 veranstaltet und verbreitet,
2. Sendungen entgegen § 14 Abs. 1 Nr. 1 verbreitet, die unzulässig sind, weil sie zum Haß gegen Personen oder Personengruppen, insbesondere wegen ihres Geschlechtes, ihrer Abstammung, Rasse, Sprache, Heimat und Herkunft, ihres Glaubens oder ihrer religiösen oder politischen Anschauungen, aufstacheln,
3. Sendungen entgegen § 14 Abs. 1 Nr. 2 verbreitet, die unzulässig sind, weil sie grausame oder sonst unmenschliche Gewalttätigkeiten gegen Menschen in einer Art schildern, die eine Verherrlichung oder Verharmlosung solcher Gewalttätigkeiten ausdrückt, die das Grausame oder Unmenschliche des Vorgangs in einer die Menschenwürde verletzenden Weise darstellt oder die extreme Gewalt in ihren körperlichen, seelischen oder sozialen Erscheinungsformen als allgemeingültige oder bewährte Handlungsweise darstellt,
4. Sendungen entgegen § 14 Abs. 1 Nr. 3 verbreitet, die wegen Kriegsverherrlichung unzulässig sind,
5. Sendungen entgegen § 14 Abs. 1 Nr. 4 verbreitet, die unzulässig sind, weil sie zur Mißachtung des staatlichen Gewaltmonopols auffordern,
6. Sendungen entgegen § 14 Abs. 1 Nr. 5 verbreitet, die unzulässig sind, weil sie pornographisch sind, Gewalt zur Durchsetzung sexueller Handlungen befürworten oder Vergewaltigung als lustvoll für das Opfer erscheinen lassen,
7. Sendungen entgegen § 14 Abs. 1 Nr. 6 verbreitet, die unzulässig sind, weil sie Menschen, die sterben oder schweren körperlichen oder seelischen Leiden ausgesetzt sind oder waren, in einer die

Menschenwürde verletzenden Weise darstellen, auch wenn sie ein tatsächliches Geschehen wiedergeben, ohne daß ein überwiegendes berechtigtes Informationsinteresse gerade in dieser Form der Darstellung vorliegt,

8. Sendungen entgegen § 14 Abs. 1 Nr. 7 verbreitet, die wegen ihrer offensichtlichen Eignung, Kinder und Jugendliche sittlich schwer zu gefährden, unzulässig sind,
9. Sendungen, die geeignet sind, das körperliche, geistige oder seelische Wohl von Kindern und Jugendlichen zu beeinträchtigen, entgegen § 14 Abs. 2 Satz 1 verbreitet, ohne aufgrund der Sendezeit oder auf andere Weise Vorsorge getroffen zu haben, daß Kinder oder Jugendliche der betroffenen Altersstufen die Sendungen üblicherweise nicht wahrnehmen,
10. Sendungen entgegen § 14 Abs. 2 Satz 2 oder Absatz 3 verbreitet, ohne daß die Landesanstalt dies nach § 14 Abs. 4 gestattet hat,
11. entgegen § 37 Abs. 1 Satz 1 und Absatz 4 Satz 1 zweiter Halbsatz Rundfunkprogramme in Kabelanlagen nicht unverändert, nicht vollständig oder nicht zeitgleich oder Rundfunkprogramme, die am Ursprungsort nicht in rechtlich zulässiger Weise veranstaltet werden, weiterverbreitet,
12. entgegen § 38 die nach § 11 zugelassenen Rundfunkprogramme sowie aufgrund eines sonstigen Gesetzes für Sachsen veranstalteten Rundfunkprogramme nicht oder nicht vollständig in Kabelanlagen einspeist.

(2) Die Ordnungswidrigkeit kann mit einer Geldbuße bis zu fünfzigtausend Deutsche Mark geahndet werden.

(3) Die Landesanstalt ist zuständige Verwaltungsbehörde im Sinne des § 36 Abs. 1 Nr. 1 des Gesetzes über Ordnungswidrigkeiten.

10. Abschnitt. Datenschutz und Geheimschutz

§ 44 Datenverarbeitung zu eigenen publizistischen Zwecken. Der Veranstalter und seine Hilfsunternehmen haben, soweit sie personenbezogene Daten zu journalistisch-redaktionellen Zwecken verarbeiten, alle technischen und organisatorischen Maßnahmen zu treffen, die erforderlich sind, um die Ausführung der Vorschriften des allgemeinen Datenschutzrechts in seiner jeweils gültigen Fassung im Freistaat Sachsen zu gewährleisten. Erforderlich sind Maßnahmen nur, soweit sie in einem angemessenen Verhältnis zum angestrebten Schutzzweck stehen.

§ 45 Daten über den Empfang von Programmen und Sendungen.
(1) Personenbezogene Daten über die Möglichkeit des Empfangs von Programmen und Sendungen dürfen von einem Träger einer technischen Übertragungseinrichtung nur insoweit abgefragt, gespeichert oder übermittelt werden, wie dies erforderlich ist, um den Empfang und die

Abrechnung des geschuldeten Entgelts zu ermöglichen. Die Speicherung der Daten muß darauf angelegt sein, daß nicht erkennbar ist, welche einzelnen Sendungen der Teilnehmer empfangen hat, es sei denn, der Teilnehmer beantragt eine andere Art und Weise der Speicherung oder erklärt seine Einwilligung.

(2) Personenbezogene Daten sind zu löschen, wenn sie für die in Absatz 1 genannten Zwecke nicht mehr erforderlich sind.

(3) Bei der Erhebung und Verarbeitung von Daten im Sinn dieser Bestimmungen sind die Vorschriften des allgemeinen Datenschutzrechts zu beachten.

(4) Die Landesanstalt bestellt einen Beauftragten für den Datenschutz, der die Einhaltung der Datenschutzvorschriften dieses Gesetzes und der anderen Datenschutzvorschriften bei der Tätigkeit der Landesanstalt und der zugelassenen Veranstalter und Kabelanlagenbetreiber in Sachsen überwacht. Der Beauftragte der Landesanstalt arbeitet mit dem Landesbeauftragten für den Datenschutz im Freistaat Sachsen zusammen.

§ 45a Schutz der Geheimhaltung. Wer die Geheimhaltung gemäß § 9 Abs. 1 Satz 5 verletzt, wird mit Freiheitsstrafe bis zu einem Jahr oder mit Geldstrafe bestraft. Handelt der Täter gegen Entgelt oder in der Absicht, sich oder einen anderen zu bereichern oder einen anderen zu schädigen, so ist die Strafe Freiheitsstrafe bis zu zwei Jahre oder Geldstrafe.

11. Abschnitt. Übergangs- und Schlußbestimmungen

§ 46[1] Übergangsbestimmungen. (1) Die erste Wahl der Sachverständigen des Medienrates ist innerhalb von drei Monaten nach Inkrafttreten des Zweiten Gesetzes zur Änderung des Gesetzes über den privaten Rundfunk und neue Medien in Sachsen durchzuführen.

(2) Kommt innerhalb der Frist nach Absatz 1 die nach § 31 Abs. 2 Satz 1 erforderliche Mehrheit für die Wahl aller Sachverständigen des Medienrates nicht zustande, werden diese aufgrund von Wahlvorschlägen der Fraktionen im Wege der Verhältniswahl nach dem Höchstzahlverfahren d'Hondt gewählt. Wird nur ein Wahlvorschlag eingereicht, wählt der Landtag die Sachverständigen mit der Mehrheit seiner Mitglieder.

(3) Die konstituierende Sitzung des ersten Medienrates findet spätestens einen Monat nach der Wahl der Sachverständigen nach § 31 Abs. 2 oder § 46 Abs. 2 statt. Sie wird vom Ministerpräsidenten einberufen und vom ältesten Sachverständigen bis zur Wahl des Präsidenten geleitet.

[1] § 46 Abs. 5 Sätze 3 u. 4 angef. durch G v. 10. 7. 1997 (SächsGVBl. S. 500).

(4) Mit der konstituierenden Sitzung des ersten Medienrates enden die Aufgaben der Versammlung der Landesanstalt nach dem Gesetz über den privaten Rundfunk und neue Medien in Sachsen vom 27. Juni 1991 (SächsGVBl. S. 178), soweit sie ihr nicht durch § 30 Abs. 7 bis 10 dieses Gesetzes übertragen sind.

(5) Bis zum Ablauf der Amtszeit der gegenwärtigen Versammlung der Landesanstalt kann deren Zusammensetzung von der Zusammensetzung nach § 29 Abs. 1 Satz 2 abweichen. Scheidet ein Mitglied aus der Versammlung aus, das nicht von einer Organisation oder Gruppe nach § 29 Abs. 1 Satz 2 entsandt worden ist, wird für den Rest der Amtszeit kein Nachfolger bestimmt. Abweichend von den Fristen des § 29 Abs. 2 und 3 gilt für die Wahl der zweiten Versammlung der Landesanstalt folgendes:

Organisation oder Gruppen, zwischen denen eine Einigung nach § 29 Abs. 3 Satz 3 nicht zustande kam, haben sich bis spätestens 31. Oktober 1997 beim Landtag um ein Entsendungsrecht zu bewerben. Die in die Versammlung zu entsendenden Mitglieder sind nach § 29 Abs. 2, Abs. 3 Satz 6 bis spätestens 31. Januar 1998 zu wählen.

(6) Mit der konstituierenden Sitzung des ersten Medienrates enden die Aufgaben des Direktors der Landesanstalt nach dem Gesetz über den privaten Rundfunk und neue Medien in Sachsen, soweit sie ihm nicht durch § 34 dieses Gesetzes übertragen oder durch den Medienrat zugewiesen worden sind.

(7) Mit der konstituierenden Sitzung des ersten Medienrates endet die Tätigkeit des Verwaltungsrates.

§ 47 Inkrafttreten. Dieses Gesetz tritt am Tage nach seiner Verkündung in Kraft.

8. Rundfunkgebührenstaatsvertrag (RGebStV)

Vom 31. August 1991[1), 2)]

zuletzt geänd. durch Art. 4 Dritter Rundfunkänderungsstaatsvertrag v. 26. 8./11. 9. 1996

Inhaltsverzeichnis[2)]

§ 1 Rundfunkempfangsgeräte, Rundfunkteilnehmer. (1) Rundfunkempfangsgeräte im Sinne dieses Staatsvertrages sind technische Einrichtungen, die zur drahtlosen oder drahtgebundenen, nicht zeitversetzten Hör- oder Sichtbarmachung oder Aufzeichnung von Rundfunkdarbietungen (Hörfunk und Fernsehen) geeignet sind. Rundfunkempfangsgeräte sind auch Lautsprecher, Bildwiedergabegeräte und ähnliche technische Einrichtungen als gesonderte Hör- oder Sehstellen. Mehrere Geräte gelten dann als ein einziges Rundfunkempfangsgerät, wenn sie zur Verbesserung oder Verstärkung des Empfangs einander zugeordnet sind und damit eine einheitliche Hör- oder Sehstelle bilden.

(2) Rundfunkteilnehmer ist, wer ein Rundfunkempfangsgerät zum Empfang bereithält. Ein Rundfunkempfangsgerät wird zum Empfang bereitgehalten, wenn damit ohne besonderen zusätzlichen technischen Aufwand Rundfunkdarbietungen, unabhängig von Art, Umfang und

---

[1)] Art. 4 des Staatsvertrags über den Rundfunk im vereinten Deutschland vom 31. 8. 1991 (Baden-WürttGBl. 1991 S. 745 = BayGVBl. 1991 S. 451 = BerlGVBl. 1991 S. 309 = BbgGVBl. 1991 S. 580 = BremGBl. 1991 S. 273 = HbgGVBl. 1991 S. 425 = HessGVBl. 1991 S. 367 = MVGVBl. 1991 S. 494 = NdsGVBl. 1991 S. 311 = NWGV 1991 S. 408 = RhPfGVBl. 1991 S. 369 = SaarlABl. 1991 S. 1290 = SächsGVBl. 1991 S. 425 = SachsAnhGVBl. 1991 S. 478 = SchlHGVBl. 1991 S. 596 = ThürGVBl. 1991, S. 635); geänd. durch Art. 4 Dritter Rundfunkänderungsstaatsvertrag v. 26. 8./11. 9. 1996 (Baden-WürttGBl. 1996 S. 769 = BayGVBl. S. 494 = BerlGVBl. 1996 S. 537 = BbgGVBl. 1996 S. 413 = BremGBl. 1996 S. 364 = HbgGVBl. 1996 S. 342 = HessGVBl. 1996 S. 502 = MVGVBl. 1996 S. 686 = NdsGVBl. 1996 S. 458 = NWGV 1996 S. 495 = RhPfGVBl. 1996 S. 458 = SaarlABl. 1996 S. 1392 = SächsGVBl. 1996 S. 517 = SachsAnhGVBl. 1996 S. 395 = SchlHGVBl. 1996 S. 702 = ThürGVBl. 1996 S. 263).

[2)] Bezeichnung u. Inhaltsverzeichnis neugef. durch Art. 4 Dritter Rundfunkänderungsstaatsvertrag v. 26. 8./11. 9. 1996; vgl. FN 1.

Anzahl der empfangbaren Programme, unverschlüsselt oder verschlüsselt, empfangen werden können.

(3) Für das in ein Kraftfahrzeug eingebaute Rundfunkempfangsgerät gilt derjenige als Rundfunkteilnehmer, für den das Kraftfahrzeug zugelassen ist. Ist das Kraftfahrzeug nicht zugelassen, gilt der Halter des Kraftfahrzeugs als Rundfunkteilnehmer.

§ 2 Rundfunkgebühr. (1) Die Rundfunkgebühr besteht aus der Grundgebühr und der Fernsehgebühr. Ihre Höhe wird durch den Rundfunkfinanzierungsstaatsvertrag festgesetzt.

(2) Jeder Rundfunkteilnehmer hat vorbehaltlich der Regelung des § 5 für jedes von ihm zum Empfang bereitgehaltene Rundfunkempfangsgerät eine Grundgebühr und für das Bereithalten jedes Fernsehgerätes jeweils zusätzlich eine Fernsehgebühr zu entrichten. Wenn hiernach Grundgebühren für Hörfunkgeräte zu entrichten sind, sind weitere Grundgebühren für Fernsehgeräte nur zu entrichten, soweit die Zahl der von einem Rundfunkteilnehmer bereitgehaltenen Fernsehgeräte die Zahl der Hörfunkgeräte übersteigt.

(3) Im Falle der gewerblichen Vermietung eines Rundfunkempfangsgerätes sind die Rundfunkgebühren bei einer Vermietung für einen Zeitraum bis zu drei Monaten nicht vom Mieter, sondern vom Vermieter zu zahlen; wird das Gerät mehrmals vermietet, so sind für den Zeitraum von drei Monaten die Rundfunkgebühren nur einmal zu zahlen.

§ 3 Anzeigepflicht. (1) Beginn und Ende des Bereithaltens eines Rundfunkempfangsgerätes zum Empfang sind unverzüglich der Landesrundfunkanstalt anzuzeigen, in deren Anstaltsbereich der Rundfunkteilnehmer wohnt, sich ständig aufhält oder ständig ein Rundfunkempfangsgerät zum Empfang bereithält; entsprechendes gilt für einen Wohnungswechsel. In den Fällen des § 5 Abs. 1 und 3 bis 6 besteht keine Anzeigepflicht.

(2) Bei der Anzeige hat der Rundfunkteilnehmer der Landesrundfunkanstalt folgende Daten mitzuteilen und auf Verlangen nachzuweisen:

1. Vor- und Familienname, sowie früherer Name, unter dem ein Rundfunkempfangsgerät angemeldet wurde,
2. Geburtsdatum,
3. Name und Anschrift des gesetzlichen Vertreters,
4. gegenwärtige Anschrift sowie letzte Anschrift, unter der ein Rundfunkempfangsgerät angemeldet wurde,
5. Zugehörigkeit zu einer der in § 5 genannten Branchen,
6. Beginn und Ende des Bereithaltens von Rundfunkempfangsgeräten,
7. Art, Zahl, Nutzungsart und Standort der Rundfunkempfangsgeräte,
8. Rundfunkteilnehmernummer und
9. Grund der Abmeldung (Haushaltsauflösung oder sonstige Ereignisse).

(3) Die Landesrundfunkanstalt darf die in Absatz 2 genannten Daten nur für die ihr im Rahmen des Rundfunkgebühreneinzugs obliegenden Aufgaben verarbeiten und nutzen. Werden erstmals die Daten in einer automatisierten Datei gespeichert, ist der Rundfunkteilnehmer nach Maßgabe des jeweiligen Landesrechts darauf hinzuweisen.

(4) Jede Landesrundfunkanstalt kann für ihren Anstaltsbereich eine andere Stelle mit der Entgegennahme der Anzeige beauftragen; diese Stelle ist in den amtlichen Verkündungsblättern der Länder öffentlich bekanntzumachen.

§ 4 Beginn und Ende der Gebührenpflicht, Zahlungsweise, Auskunftsrecht. (1) Die Rundfunkgebührenpflicht beginnt mit dem ersten Tag des Monats, in dem ein Rundfunkempfangsgerät zum Empfang bereitgehalten wird.

(2) Die Rundfunkgebührenpflicht endet mit Ablauf des Monats, in dem das Bereithalten eines Rundfunkempfangsgerätes endet, jedoch nicht vor Ablauf des Monats, in dem dies der Landesrundfunkanstalt angezeigt worden ist.

(3) Die Rundfunkgebühren sind in der Mitte eines Dreimonatszeitraums für jeweils drei Monate zu leisten.

(4) Der Anspruch auf Rundfunkgebühren verjährt in vier Jahren.

(5) Die zuständige Landesrundfunkanstalt kann vom Rundfunkteilnehmer oder von Personen, bei denen tatsächliche Anhaltspunkte vorliegen, daß sie ein Rundfunkempfangsgerät zum Empfang bereithalten und dies nicht oder nicht umfassend nach § 3 Abs. 1 und 2 angezeigt haben, Auskunft über diejenigen Tatsachen verlangen, die Grund, Höhe und Zeitraum ihrer Gebührenpflicht betreffen. Die Auskunft kann auch von Personen verlangt werden, die mit den in Satz 1 genannten Personen in häuslicher Gemeinschaft leben. Die Landesrundfunkanstalt kann dabei neben den in § 3 Abs. 2 genannten Daten im Einzelfall weitere Daten erheben, soweit dies nach Satz 1 erforderlich ist; § 3 Abs. 3 Satz 1 gilt entsprechend. Der Anspruch auf Auskunft kann im Verwaltungszwangsverfahren durchgesetzt werden.

(6) Über Personen, bei denen tatsächliche Anhaltspunkte vorliegen, daß sie ein Rundfunkempfangsgerät zum Empfang bereithalten und dies nicht oder nicht umfassend nach § 3 angezeigt haben, dürfen die Landesrundfunkanstalten auch Auskünfte bei den Meldebehörden einholen, soweit dies zur Überwachung der Rundfunkgebührenpflicht erforderlich ist und die Erhebung der Daten beim Betroffenen nicht möglich ist oder einen unverhältnismäßigen Aufwand erfordern würde. Besondere melderechtliche Regelungen des Landesrechts, die eine Übermittlung von Daten an Landesrundfunkanstalten oder die aufgrund des § 8 Abs. 2 Satz 1 von ihnen beauftrage Stelle zulassen, bleiben unberührt.

(7) Die Landesrundfunkanstalten werden ermächtigt, Einzelheiten des Anzeigeverfahrens und des Verfahrens zur Leistung der Rundfunkgebühren einschließlich von Nachlässen bei längerfristiger Vorauszah-

lung und von Säumniszuschlägen durch Satzung zu regeln. Die Satzungen sollen übereinstimmen; sie bedürfen der Genehmigung der Landesregierung und sind in den amtlichen Verkündungsblättern der Länder zu veröffentlichen.

§ 5[1)] Zweitgeräte, gebührenbefreite Geräte. (1) Eine Rundfunkgebühr ist nicht zu leisten für weitere Rundfunkempfangsgeräte (Zweitgeräte), die von einer natürlichen Person oder ihrem Ehegatten

1. in ihrer Wohnung oder ihrem Kraftfahrzeug zum Empfang bereitgehalten werden, wobei für Rundfunkempfangsgeräte in mehreren Wohnungen für jede Wohnung eine Rundfunkgebühr zu entrichten ist;
2. als der allgemeinen Zweckbestimmung nach tragbare Rundfunkempfangsgeräte vorübergehend außerhalb ihrer Wohnung oder vorübergehend außerhalb ihres Kraftfahrzeuges zum Empfang bereitgehalten werden.

Eine Rundfunkgebührenpflicht im Rahmen des Satzes 1 besteht auch nicht für weitere Rundfunkempfangsgeräte, die von Personen zum Empfang bereitgehalten werden, welche mit dem Rundfunkteilnehmer in häuslicher Gemeinschaft leben und deren Einkommen den einfachen Sozialhilferegelsatz nicht übersteigt.

(2) Die Gebührenfreiheit nach Absatz 1 Satz 1 gilt nicht für Zweitgeräte in solchen Räumen oder Kraftfahrzeugen, die zu gewerblichen Zwecken oder zu einer anderen selbständigen Erwerbstätigkeit des Rundfunkteilnehmers oder eines Dritten genutzt werden. Auf den Umfang der Nutzung der Rundfunkempfangsgeräte, der Räume oder der Kraftfahrzeuge zu den in Satz 1 genannten Zwecken kommt es nicht an. Für Zweitgeräte in Gästezimmern des Beherbergungsgewerbes ist die Rundfunkgebühr in Höhe von jeweils 50 vom Hundert zu zahlen.

(3) Unternehmen, die sich gewerbsmäßig mit der Herstellung, dem Verkauf, dem Einbau oder der Reparatur von Rundfunkempfangsgeräten befassen, sind berechtigt, bei Zahlung der Rundfunkgebühren für ein Rundfunkempfangsgerät weitere entsprechende Geräte für Prüf- und Vorführzwecke auf ein und demselben Grundstück oder zusammenhängenden Grundstücken gebührenfrei zum Empfang bereitzuhalten. Außerhalb der Geschäftsräume können Rundfunkempfangsgeräte von diesen Unternehmen gebührenfrei nur bis zur Dauer einer Woche zu Vorführzwecken bei Dritten zum Empfang bereitgehalten werden.

(4) Die öffentlich-rechtlichen Rundfunkanstalten und die Landesmedienanstalten sind von der Rundfunkgebührenpflicht befreit.

(5) Der Bundesminister für Post und Telekommunikation ist von der Rundfunkgebührenpflicht für seine Dienstgeräte befreit, soweit er diese im Zusammenhang mit seinen hoheitlichen Aufgaben bei der Verbreitung von Rundfunk zum Empfang bereithält.

---

1) § 5 Abs. 2 Satz 3 angef., Abs. 5 neugef. durch Art. 4 Dritter Rundfunkänderungsstaatsvertrag v. 26. 8./11. 9. 1996.

(6) Rundfunkteilnehmer, die aufgrund Artikel 2 des Gesetzes vom 6. August 1964 zu dem Wiener Übereinkommen vom 18. April 1961 über diplomatische Beziehungen (BGBl. 1964 II S. 957) oder entsprechender Rechtsvorschriften Vorrechte genießen, sind von der Rundfunkgebührenpflicht befreit.

(7) Private Rundfunkveranstalter oder -anbieter werden auf Antrag von der Rundfunkgebührenpflicht für Rundfunkempfangsgeräte befreit, die sie für betriebliche, insbesondere studio- und überwachungstechnische Zwecke zum Empfang bereithalten. Für das Verfahren gelten die Rechtsverordnungen über die Befreiung von der Rundfunkgebührenpflicht nach § 6 Abs. 1 entsprechend.

§ 6 Gebührenbefreiung. (1) Die Landesregierungen können durch Rechtsverordnung die Voraussetzungen für die Befreiung von der Rundfunkgebührenpflicht oder für eine Ermäßigung der Rundfunkgebühr in folgenden Fällen bestimmen:

1. Aus sozialen Gründen oder aus Billigkeitsgründen für Rundfunkempfangsgeräte von natürlichen Personen im ausschließlich privaten Bereich;
2. für das Bereithalten von Rundfunkempfangsgeräten in Unternehmen, Betrieben oder Anstalten, insbesondere Krankenhäusern und Heimen. Voraussetzung für die Befreiung ist, daß die Rundfunkempfangsgeräte von dem jeweiligen Rechtsträger des Betriebs oder der Einrichtung bereitgehalten werden, und der Rechtsträger gemeinnützigen oder mildtätigen Zwecken im Sinne der §§ 51 bis 68 der Abgabenordnung dient. Das gleiche gilt wenn bei dem Betrieb oder der Einrichtung eines Rechtsträgers diese Voraussetzungen vorliegen. Bei Krankenhäusern, Altenwohnheimen, Altenheimen und Altenpflegeheimen genügt es, wenn diese Einrichtungen nach § 3 Nr. 20 des Gewerbesteuergesetzes von der Gewerbesteuer befreit sind;
3. für allgemein- und berufsbildende Schulen.

(2) Die Rechtsverordnungen sollen übereinstimmen.

(3) Eine Befreiung von der Rundfunkgebührenpflicht wird nur auf Antrag und befristet gewährt.

(4) Entscheidet nicht die Landesrundfunkanstalt über den Antrag auf Gebührenbefreiung, ist durch Rechtsverordnung auch zu bestimmen, welche personenbezogenen Daten die für die Entscheidung zuständige Stelle an die Landesrundfunkanstalt zu übermitteln hat.

§ 7[1] Gebührengläubiger, Schickschuld, Erstattung, Vollstreckung. (1) Das Aufkommen aus der Grundgebühr steht der Landesrundfunkanstalt und in dem im Rundfunkfinanzierungsstaatsvertrag bestimmten Umfang dem Zweiten Deutschen Fernsehen (ZDF) sowie der

[1] § 7 Abs. 1, Abs. 2 Sätze 1 u. 2, Abs. 3 Sätze 3 u. 4 geänd. durch Art. 4 Dritter Rundfunkänderungsstaatsvertrag v. 26. 8./11. 9. 1996.

Landesmedienanstalt zu, in deren Bereich das Rundfunkempfangsgerät zum Empfang bereitgehalten wird.

(2) Das Aufkommen aus der Fernsehgebühr steht der Landesrundfunkanstalt und in dem im Rundfunkfinanzierungsstaatsvertrag bestimmten Umfang der Landesmedienanstalt, in deren Bereich das Fernsehempfangsgerät zum Empfang bereitgehalten wird, sowie dem ZDF zu. Der Anteil des ZDF nach § 9 Abs. 2 Rundfunkfinanzierungsstaatsvertrag errechnet sich aus dem Aufkommen aus der Fernsehgebühr nach Abzug der Anteile der Landesmedienanstalten.

(3) Die Rundfunkgebühren sind an die zuständige Landesrundfunkanstalt als Schickschuld zu entrichten. Die Landesrundfunkanstalten können andere Stellen mit der Einziehung beauftragen; diese Stellen sind in den amtlichen Verkündungsblättern der Länder öffentlich bekanntzumachen. Die Landesrundfunkanstalten oder die von ihnen beauftragten Stellen führen die Anteile, die dem ZDF, dem Deutschlandradio und den Landesmedienanstalten zustehen, an diese ab. Die Kosten des Gebühreneinzugs tragen die Landesrundfunkanstalten, das ZDF, das Deutschlandradio und die Landesmedienanstalten entsprechend ihren Anteilen.

(4) Soweit Rundfunkgebühren ohne rechtlichen Grund entrichtet wurden, kann derjenige, auf dessen Rechnung die Zahlung bewirkt worden ist, von der zuständigen Landesrundfunkanstalt die Erstattung des entrichteten Betrages fordern. Der Erstattungsanspruch verjährt mit dem Ende des vierten Jahres, das auf das Jahr folgt, in dem der Anspruch entstanden ist. Das ZDF und die Landesmedienanstalten haben die auf sie entfaltenden Anteile des Erstattungsbetrages an die zuständigen Landesrundfunkanstalten abzuführen.

(5) Die Rundfunkgebührenschuld wird durch die nach Absatz 1 zuständige Landesrundfunkanstalt festgesetzt. Bescheide über rückständige Rundfunkgebühren können anstelle der nach Absatz 1 zuständigen Landesrundfunkanstalt auch von der Landesrundfunkanstalt im eigenen Namen erlassen werden, in deren Anstaltsbereich der Rundfunkteilnehmer zur Zeit des Erlasses des Bescheides wohnt, sich ständig aufhält oder ständig ein Rundfunkempfangsgerät zum Empfang bereithält.

(6) Bescheide über rückständige Rundfunkgebühren werden im Verwaltungszwangsverfahren vollstreckt. Ersuchen um Vollstreckungshilfe gegen Gebührenschuldner, die in anderen Ländern ihren Wohnsitz oder ständigen Aufenthalt haben, können von der Landesrundfunkanstalt, an die die Gebühr zu entrichten ist, unmittelbar an die für den Wohnsitz oder ständigen Aufenthalt zuständige Vollstreckungsbehörde gerichtet werden.

§ 8 Verarbeitung personenbezogener Daten im Auftrag, Datenübermittlung. (1) Beauftragen die Landesrundfunkanstalten Dritte mit der Ermittlung von Personen, die der Anzeigepflicht nach § 3 nicht nachgekommen sind, und mit der Erhebung der dafür erforderlichen Daten, gelten die für die Datenverarbeitung im Auftrag anwendbaren Bestimmungen.

(2) Beauftragen die Landesrundfunkanstalten eine andere Stelle mit der Einziehung der Rundfunkgebühren, verarbeitet diese für die Landesrundfunkanstalten als Auftragnehmer die beim Gebühreneinzug anfallenden personenbezogenen Daten. Bei dieser Stelle ist unbeschadet der Zuständigkeit des nach Landesrecht für die Landesrundfunkanstalt zuständigen Datenschutzbeauftragten ein betrieblicher Datenschutzbeauftragter zu bestellen. Er arbeitet zur Gewährleistung des Datenschutzes mit dem nach dem Landesrecht für die Rundfunkanstalt zuständigen Datenschutzbeauftragten zusammen und unterrichtet diesen über Verstöße gegen Datenschutzvorschriften sowie die dagegen getroffenen Maßnahmen. Im übrigen gelten die für den betrieblichen Datenschutzbeauftragten anwendbaren Bestimmungen des Bundesdatenschutzgesetzes entsprechend.

(3) Die zuständige Landesrundfunkanstalt darf im Einzelfall die von ihr gespeicherten personenbezogenen Daten der Rundfunkteilnehmer an andere Landesrundfunkanstalten auch im Rahmen eines automatisierten Abrufverfahrens übermitteln, soweit dies zur rechtmäßigen Erfüllung der Aufgaben der übermittelnden oder der empfangenden Landesrundfunkanstalt beim Gebühreneinzug erforderlich ist. Die übermittelnde Landesrundfunkanstalt hat aufzuzeichnen, an welche Stellen, wann und aus welchem Grund welche personenbezogenen Daten übermittelt worden sind.

§ 9 Ordnungswidrigkeiten. (1) Ordnungswidrig handelt, wer vorsätzlich oder fahrlässig

1. das Bereithalten eines Rundfunkempfangsgerätes zum Empfang entgegen § 3 nicht innerhalb eines Monats anzeigt;
2. ein Rundfunkempfangsgerät zum Empfang bereithält und die fällige Rundfunkgebühr länger als sechs Monate ganz oder teilweise nicht leistet.

(2) Die Ordnungswidrigkeit kann mit einer Geldbuße geahndet werden.

(3) Die Ordnungswidrigkeit wird nur auf Antrag der Landesrundfunkanstalt verfolgt. Die Rundfunkanstalt ist vom Ausgang des Verfahrens zu benachrichtigen.

(4) Daten über Ordnungswidrigkeiten sind ein Jahr nach Abschluß des jeweiligen Verfahrens zu löschen.

§ 10[1] Vertragsdauer, Kündigung. Dieser Staatsvertrag gilt für unbestimmte Zeit. Er kann von jedem der vertragsschließenden Länder zum

[1] § 10 gestr., bish. § 11 wird § 10 und neugef. durch Art. 4 Dritter Rundfunkänderungsstaatsvertrag v. 26. 8./11. 9. 1996.

Schluß des Kalenderjahres mit einer Frist von einem Jahr gekündigt werden. Die Kündigung kann erstmals zum 31. Dezember 2000 erfolgen. Wird der Staatsvertrag zu diesem Zeitpunkt nicht gekündigt, kann die Kündigung mit gleicher Frist jeweils zu einem zwei Jahre späteren Zeitpunkt erfolgen. Die Kündigung ist gegenüber dem Vorsitzenden der Ministerpräsidentenkonferenz schriftlich zu erklären. Die Kündigung eines Landes läßt das Vertragsverhältnis der übrigen Länder zueinander unberührt, jedoch kann jedes der übrigen Länder den Vertrag binnen einer Frist von drei Monaten nach Eingang der Kündigungserklärung zum gleichen Zeitpunkt kündigen.

9. Richtlinie 89/552/EWG des Rates zur Koordinierung bestimmter Rechts- und Verwaltungsvorschriften der Mitgliedstaaten über die Ausübung der Fernsehtätigkeit

Vom 3. Oktober 1989 (ABl. EG Nr. L 298/23 v. 17. 10. 1989, ber. ABl. EG Nr. L 331/51 v. 16. 11. 1989, geänd. durch die Richtlinie 97/36/EG v. 30. Juni 1997, ABl. EG Nr. L 202/60 v. 30. Juli 1997[1])

DER RAT DER EUROPÄISCHEN GEMEINSCHAFTEN –

gestützt auf den Vertrag zur Gründung der Europäischen Wirtschaftsgemeinschaft, insbesondere auf Artikel 57 Absatz 2 und Artikel 66,
auf Vorschlag der Kommission[2],
in Zusammenarbeit mit dem Europäischen Parlament[3],
nach Stellungnahme des Wirtschafts- und Sozialausschusses[4],
in Erwägung nachstehender Gründe:

Die im Vertrag niedergelegten Ziele der Gemeinschaft umfassen einen immer engeren Zusammenschluß der europäischen Völker und engere Beziehungen zwischen den Staaten der Gemeinschaft, die Sicherung des wirtschaftlichen und sozialen Fortschritts der Länder durch gemeinsames Handeln, das auf die Beseitigung der Europa trennenden Schranken gerichtet ist, die stetige Besserung der Lebensbedingungen ihrer Völker sowie die Wahrung und Festigung von Frieden und Freiheit.

Der Vertrag schreibt die Errichtung eines Gemeinsamen Marktes vor; dazu gehören die Beseitigung der Hindernisse für den freien Dienstleistungsverkehr zwischen den Mitgliedstaaten und die Schaffung eines Systems, das den Wettbewerb vor Verzerrungen schützt.

Grenzüberschreitende Sendungen, die mit Hilfe unterschiedlicher Technologien realisiert werden, sind eines der Mittel zur Verfolgung der Ziele der Gemeinschaft. Es sind Maßnahmen zu treffen, die den Übergang von den nationalen Märkten zu einem gemeinsamen Markt für die Herstellung und Verbreitung von Programmen sichern und die unbeschadet der Funktion des Fernsehens, das Allgemeininteresse zu wahren, faire Wettbewerbsbedingungen gewährleisten.

Der Europarat hat das Europäische Übereinkommen über grenzüberschreitendes Fernsehen angenommen.

---

[1] **Nr. 10.**

[2] **Amtl. Anm.:** ABl. Nr. C 179 vom 17. 7. 1986, S. 4.

[3] **Amtl. Anm.:** ABl. Nr. C 49 vom 22. 2. 1988, S. 53, und ABl. Nr. C 158 vom 26. 6. 1989.

[4] **Amtl. Anm.:** ABl. Nr. C 232 vom 31. 8. 1987, S. 29.

Der Vertrag sieht den Erlaß von Richtlinien zur Koordinierung der Rechtsvorschriften vor, die zu einer Erleichterung der Aufnahme und Ausübung selbstständiger Tätigkeiten führen.

Die Fernsehtätigkeit stellt unter normalen Umständen eine Dienstleistung im Sinne des Vertrages dar.

Der Vertrag sieht den freien Verkehr aller in der Regel gegen Entgelt erbrachten Dienstleistungen vor, und zwar unbeschadet ihres kulturellen oder sonstigen Inhalts und ohne Beschränkungen für Angehörige der Mitgliedstaaten, die in einem anderen Staat der Gemeinschaft als demjenigen des Leistungsempfängers ansässig sind.

Dieses Recht ist in seiner Anwendung auf die Ausstrahlung und Verbreitung von Fernsehsendungen auch eine spezifische gemeinschaftsrechtliche Ausprägung eines allgemeineren Prinzips, nämlich der Freiheit der Meinungsäußerung, wie sie in Artikel 10 Absatz 1 der von allen Mitgliedstaaten ratifizierten Konvention zum Schutz der Menschenrechte und Grundfreiheiten verankert ist. Daher muß durch den Erlaß von Richtlinien betreffend die Ausstrahlung und Verbreitung von Fernsehprogrammen sichergestellt werden, daß diese Tätigkeit im Lichte dieses Artikels und nur mit den in Absatz 2 desselben Artikels und in Artikel 56 Absatz 1 des Vertrages vorgesehenen Beschränkungen ungehindert ausgeübt werden können.

Die Rechts- und Verwaltungsvorschriften der Mitgliedstaaten über die Ausübung der Tätigkeiten des Fernsehveranstalters und des Kabelbetreibers weisen Unterschiede auf, von denen einige den freien Verkehr von Sendungen innerhalb der Gemeinschaft behindern und den Wettbewerb innerhalb des Gemeinsamen Marktes verzerren könnten.

Alle diese Beschränkungen der Freiheit, innerhalb der Gemeinschaft Sendungen auszustrahlen, sind gemäß dem Vertrag aufzuheben.

Eine derartige Aufhebung muß mit einer Koordinierung der geltenden Rechtsvorschriften einhergehen. Zweck dieser Koordinierung muß es sein, die Ausübung der betreffenden Berufstätigkeiten und allgemein den freien Verkehr von Informationen und Ideen innerhalb der Gemeinschaft zu erleichtern.

Daher ist es notwendig und ausreichend, daß alle Fernsehsendungen dem Recht des Mitgliedstaats entsprechen, in dem sie ihren Ursprung haben.

Diese Richtlinie regelt das notwendige Mindestmaß, um den freien Sendeverkehr zu verwirklichen. Sie berührt daher nicht die Zuständigkeit der Mitgliedstaaten und ihrer Untergliederung für die Organisation – einschließlich der gesetzlichen oder behördlichen Zulassungen oder der Besteuerung – und die Finanzierung der Sendungen sowie die Programminhalte. Eigenständige kulturelle Entwicklungen in den Mitgliedstaaten und die Bewahrung der kulturellen Vielfalt in der Gemeinschaft bleiben deshalb wie bisher möglich.

Im Gemeinsamen Markt müssen alle Fernsehsendungen, die ihren Ursprung in der Gemeinschaft haben und für den Empfang in der Gemeinschaft bestimmt sind, speziell diejenigen, welche für den Empfang in einem anderen Mitgliedstaat bestimmt sind, dem auf die zum Empfang durch die Allgemeinheit im Ursprungsmitgliedstaat bestimmten Fernsehsendungen anwendbaren Recht dieses Mitgliedstaats ebenso wie dieser Richtlinie entsprechen.

Die Verpflichtung des Sendestaats, die Einhaltung des durch diese Richtlinie koordinierten nationalen Rechts sicherzustellen, reicht nach dem Gemeinschaftsrecht aus, um den freien Verkehr von Fernsehsendungen zu gewährleisten, ohne daß eine zweite Kontrolle aus den gleichen Gründen in jedem der Empfangsstaaten stattfinden muß. Der Empfangstaat kann jedoch ausnahmsweise und unter besonderen Bedingungen die Weiterverbreitung von Fernsehsendungen vorübergehend aussetzen.

Es ist unerläßlich, daß die Mitgliedstaaten dafür Sorge tragen, daß Handlungen unterbleiben, die den freien Fluß von Fernsehsendungen beeinträchtigen bzw. die Entstehung beherrschender Stellungen begünstigen könnten, welche zu Beschränkungen des Pluralismus und der Freiheit der Fernsehinformation sowie der Information in ihrer Gesamtheit führen würden.

Diese Richtlinie, die sich auf spezifisch für das Fernsehen geltende Regelungen beschränkt, läßt bestehende oder künftige Rechtsangleichungsmaßnahmen der Gemeinschaft unberührt, mit denen insbesondere zwingenden Erfordernissen zum Schutz der Verbraucher, der Lauterkeit des Handelsverkehrs und des Wettbewerbs entsprochen werden soll.

Eine Koordinierung ist hingegen erforderlich, um Personen und Industrien, die kulturelle Fernsehprogramme herstellen, die Aufnahme und Ausübung der Tätigkeit zu erleichtern.

Mindestanforderungen für alle öffentlichen oder privaten Fernsehprogramme in der Gemeinschaft im Hinblick auf europäische audiovisuelle Produktionen sind ein Mittel zur Förderung der Herstellung, der unabhängigen Hersteller und der Verbreitung in den vorgenannten Industrien und ergänzen andere Instrumente, die bereits vorgeschlagen wurden oder noch vorgeschlagen werden, um dasselbe Ziel zu fördern.

Es ist daher notwendig, die Bildung von Märkten für Fernsehproduktionen in den Mitgliedstaaten zu begünstigen, die groß genug sind, um die erforderlichen Investitionen zu amortisieren, indem nicht nur gemeinsame Regeln zur Öffnung der nationalen Märkte eingeführt werden, sondern auch im Rahmen des praktisch Durchführbaren und mit angemessenen Mitteln darauf geachtet wird, daß europäische Produktionen einen Hauptanteil der Sendezeit in den Fernsehprogrammen der Mitgliedstaaten haben. Um die Einhaltung dieser Regeln bzw. die Verfolgung dieser Ziele aufmerksam verfolgen zu können, unterbreiten die Mitgliedstaaten der Kommission einen Bericht über die Durchführung der in dieser Richtlinie enthaltenen Bestimmungen über die Anteile an der Sendezeit, die europäischen Werken und unabhängigen Produktionen vorbehalten sind. Bei der Berechnung dieses Anteils ist die besondere Lage der Griechischen Republik und der Portugiesischen Republik zu berücksichtigen. Die Kommission bringt diese Berichte den übrigen Mitgliedstaaten zur Kenntnis, gegebenenfalls zusammen mit einer Stellungnahme, in der insbesondere den gegenüber den Vorjahren erzielten Fortschritten, dem Anteil von Erstausstrahlungen bei der Programmgestaltung, den besonderen Gegebenheiten bei den Fernsehunternehmen sowie der besonderen Lage der Länder mit niedriger Produktionskapazität oder begrenztem Sprachraum Rechnung getragen wird.

Für die genannten Zwecke ist der Begriff „europäische Werke" zu definieren, unbeschadet der Möglichkeit der Mitgliedstaaten, diese Definition unter Einhaltung des Gemeinschaftsrechts und unter Berücksichtigung der Ziele dieser Richtlinie für Fernsehveranstalter, die nach Artikel 3 Absatz 1 ihrer Rechtshoheit unterworfen sind, zu präzisieren.

Es ist wichtig, zur Verwirklichung dieser Ziele nach angemessenen und in Einklang mit dem Gemeinschaftsrecht stehenden Instrumenten und Verfahren zu suchen, um geeignete Maßnahmen zur Förderung der Tätigkeit und der Entwicklung der Produktion europäischer audiovisueller Werke und insbesondere in den Mitgliedstaaten mit niedriger Produktionskapazität oder begrenztem Sprachraum zu ergreifen.

Einzelstaatliche Bestimmungen über die Unterstützung der Entwicklung der europäischen Produktion können angewandt werden, sofern sie dem Gemeinschaftsrecht entsprechen.

Durch die Zusage, im Rahmen des praktisch Durchführbaren einen bestimmten Anteil der Sendezeit für unabhängige, außerhalb der Fernsehveranstalter hergestellte Produktionen vorzusehen, wird die Entsendung neuer Quellen für Fernsehproduktionen gefördert, insbesondere von Klein- und Mittelbetrieben. Damit werden neue Gelegenheiten und Möglichkeiten für die Nutzung schöpferischer Begabungen sowie Beschäftigungsmöglichkeiten für die kulturschaffenden Berufe und die im Kulturbereich tätigen Arbeitnehmer eröffnet. In der von den Mitgliedstaaten festgelegten Begriffsbestimmung des unabhängigen Produzenten muß diesem Ziel dadurch Rechnung getragen werden, daß kleine und mittlere Produzenten gebührend berücksichtigt werden und die finanzielle Beteiligung von Koproduktionsfilialen von Fernsehveranstaltern zugelassen wird.

Es sind Maßnahmen erforderlich, damit die Mitgliedstaaten dafür sorgen, daß zwischen der ersten Kinovorführung eines Werks und der Erstausstrahlung im Fernsehen ein gewisser zeitlicher Abstand liegt.

Um eine aktive Politik zugunsten einer bestimmten Sprache zu ermöglichen, muß es den Mitgliedstaaten freistehen, ausführlichere oder strengere Bestimmungen festzulegen, die insbesondere an Sprachkriterien ausgerichtet sind, sofern diese Bestimmungen mit den Gemeinschaftsbestimmungen vereinbar sind und insbesondere nicht für die Weiterverbreitung von Sendungen aus anderen Mitgliedstaaten gelten.

Um sicherzustellen, daß die Interessen der Verbraucher als Zuschauer umfassend und angemessen geschützt werden, muß die Fernsehwerbung einer Reihe von Mindestnormen und Kriterien unterworfen werden; die Mitgliedstaaten müssen das Recht behalten, ausführlichere oder strengere Bestimmungen und in bestimmten Fällen unterschiedliche Bedingungen für die ihrer Rechtshoheit unterworfenen Fernsehveranstalter einzuführen.

Die Mitgliedstaaten können unter Einhaltung des Gemeinschaftsrechts in bezug auf Sendungen, die ausschließlich für ihr eigenes Hoheitsgebiet bestimmt sind und weder unmittelbar noch mittelbar in einem oder mehreren anderen Mitgliedstaaten empfangen werden können, andere Bedingungen für die Plazierung der Werbung und andere Grenzen für den Umfang der Werbung vorsehen, um diese Art von Sendungen zu erleichtern.

Fernsehwerbung für Zigaretten und Tabakwaren muß ganz verboten werden, einschließlich indirekter Formen der Werbung, die zwar nicht direkt das Tabakerzeugnis erwähnen, aber das Werbeverbot durch Benutzung von Markennamen, Symbolen oder anderen Kennzeichen von Tabakerzeugnissen oder von Unternehmen, die bekanntermaßen oder hauptsächlich solche Erzeugnisse herstellen bzw. verkaufen, zu umgehen suchen.

Ferner ist es erforderlich, jede Fernsehwerbung für Arzneimittel und ärztliche Behandlungen zu untersagen, die in dem Mitgliedstaat, dessen Rechtshoheit der Fernsehveranstalter unterworfen ist, nur auf ärztliche Verordnung erhältlich sind; die Fernsehwerbung für alkoholische Erzeugnisse muß strengen Kriterien unterworfen werden.

Angesichts der wachsenden Bedeutung des Sponsoring für die Finanzierung der Programme sollten geeignete diesbezügliche Regeln festgelegt werden.

Es ist ferner notwendig, Regeln zum Schutz der körperlichen, geistigen und sittlichen Entwicklung Minderjähriger für die Programme und die Fernsehwerbung vorzusehen.

Wenngleich die Fernsehveranstalter normalerweise darauf achten müssen, daß Tatsachen und Ereignisse in den Sendungen korrekt dargestellt werden, müssen ihnen dennoch klare Verpflichtungen in bezug auf das Recht auf Gegendarstellung oder gleichwertige Maßnahmen auferlegt werden, damit gewährleistet ist, daß jeder, der durch eine Tatsachenbehauptung im Rahmen einer Fernsehsendung in seinen berechtigten Interessen verletzt wurde, seine Rechte wirksam geltend machen kann –

HAT FOLGENDE RICHTLINIE ERLASSEN:

Kapitel I. Begriffsbestimmungen

Art. 1.[1] Für die Zwecke dieser Richtlinie bedeutet:

a) „Fernsehsendung“: die drahtlose oder drahtgebundene, erdgebundene oder durch Satelliten vermittelte, unverschlüsselte oder verschlüsselte Erstsendung von Fernsehprogrammen, die zum Empfang durch die Allgemeinheit bestimmt ist. Der Begriff schließt die Übermittlung

[1] Art. 1 geänd. durch Art. 1 RL 97/36/EG v. 30. Juni 1997 (ABl. EG Nr. L 202/60 v. 30. Juli 1997): Art. 1 b) eingef., ehem. Art. 1 b, wird Art. 1 c) u. neugef., ehem. Art. 1 c) u. d) werden Art. 1 d) u. e), Art. 1 f) angef.

an andere Veranstalter zur Weiterverbreitung an die Allgemeinheit ein. Nicht eingeschlossen sind Kommunikationsdienste, die auf individuellen Abruf Informationen oder andere Inhalte übermitteln, wie Fernkopierdienste, elektronische Datenbanken und andere ähnliche Dienste.

b) „Fernsehveranstalter“: die natürliche oder juristische Person, die die redaktionelle Verantwortung für die Zusammensetzung von Fernsehprogrammen im Sinne von Buchstabe a) trägt und die diese Fernsehprogramme sendet oder von Dritten senden läßt.

c) „Fernsehwerbung“: jede Äußerung bei der Ausübung eines Handels, Gewerbes, Handwerks oder freien Berufs, die im Fernsehen von einem öffentlich-rechtlichen oder privaten Veranstalter entweder gegen Entgelt oder eine ähnliche Gegenleistung oder als Eigenwerbung gesendet wird mit dem Ziel, den Absatz von Waren oder die Erbringung von Dienstleistungen, einschließlich unbeweglicher Sachen, Rechte und Verpflichtungen, gegen Entgelt zu fördern.

d) „Schleichwerbung“: die Erwähnung oder Darstellung von Waren, Dienstleistungen, Namen, Marke oder Tätigkeiten eines Herstellers von Waren oder eines Erbringers von Dienstleistungen in Programmen, wenn sie vom Fernsehveranstalter absichtlich zu Werbezwecken vorgesehen ist und die Allgemeinheit hinsichtlich des eigentlichen Zwecks dieser Erwähnung oder Darstellung irreführen kann. Eine Erwähnung oder Darstellung gilt insbesondere dann als beabsichtigt, wenn sie gegen Entgelt oder eine ähnliche Gegenleistung erfolgt.

e) „Sponsoring“: jeder Beitrag eines nicht im Bereich der Produktion von audiovisuellen Werken tätigen öffentlichen oder privaten Unternehmens zur Finanzierung von Fernsehprogrammen mit dem Ziel, seinen Namen, seine Marke, sein Erscheinungsbild, seine Tätigkeit oder seine Leistungen zu fördern.

f) „Teleshopping“: Sendungen direkter Angebote an die Öffentlichkeit für den Absatz von Waren oder die Erbringung von Dienstleistungen, einschließlich unbeweglicher Sachen, Rechte und Verpflichtungen, gegen Entgelt.

Kapitel II. Allgemeine Bestimmungen

Art. 2.[1] (1) Jeder Mitgliedstaat sorgt dafür, daß alle Fernsehsendungen, die von seiner Rechtshoheit unterworfenen Fernsehveranstaltern gesendet werden, den Vorschriften des Rechtssystems entsprechen, die auf für die Allgemeinheit bestimmte Sendungen in diesem Mitgliedstaat anwendbar sind.

[1] Art. 2 neugef. durch Art. 1 RL 97/36/EG v. 30. Juni 1997 (ABl. EG Nr. L 202/60 v. 30. Juli 1997).

(2) Im Sinne dieser Richtlinie unterliegen diejenigen Fernsehveranstalter der Rechtshoheit eines Mitgliedstaats,

- die gemäß Absatz 3 in diesem Mitgliedstaat niedergelassen sind;
- auf die Absatz 4 anwendbar ist.

(3) Im Sinne dieser Richtlinie gilt ein Fernsehveranstalter in folgenden Fällen als in einem Mitgliedstaat niedergelassen:

a) Der Fernsehveranstalter hat seine Hauptverwaltung in diesem Mitgliedstaat, und die redaktionellen Entscheidungen über das Programmangebot werden in diesem Mitgliedstaat getroffen;

b) wenn ein Fernsehveranstalter seine Hauptverwaltung in einem Mitgliedstaat hat, die Entscheidungen über das Programmangebot jedoch in einem anderen Mitgliedstaat getroffen werden, so gilt er als in dem Mitgliedstaat niedergelassen, in dem ein wesentlicher Teil des Sendepersonals tätig ist; ist ein wesentlicher Teil des Sendepersonals in jedem dieser Mitgliedstaaten tätig, so gilt der Fernsehveranstalter als in dem Mitgliedstaat niedergelassen, in dem er seine Hauptverwaltung hat; ist ein wesentlicher Teil des erforderlichen Sendepersonals in keinem dieser Mitgliedstaaten tätig, so gilt der Fernsehveranstalter als in dem Mitgliedstaat niedergelassen, in dem er zuerst mit der Sendetätigkeit gemäß dem Rechtssystem dieses Mitgliedstaats begonnen hat, sofern eine dauerhafte und tatsächliche Verbindung mit der Wirtschaft dieses Mitgliedstaats weiterbesteht;

c) wenn ein Fernsehveranstalter seine Hauptverwaltung in einem Mitgliedstaat hat, die Entscheidungen über das Programmangebot jedoch in einem Drittland getroffen werden, oder wenn der umgekehrte Fall vorliegt, gilt er als in dem betreffenden Mitgliedstaat niedergelassen, sofern ein wesentlicher Teil des Sendepersonals in diesem Mitgliedstaat tätig ist.

(4) Fernsehveranstalter, auf die Absatz 3 nicht anwendbar ist, gelten in folgenden Fällen als Veranstalter, die der Rechtshoheit eines Mitgliedstaats unterliegen:

a) Sie nutzen eine von diesem Mitgliedstaat zugeteilte Frequenz;

b) sie nutzen, sofern keine von einem Mitgliedstaat der Gemeinschaft zugeteilte Frequenz genutzt wird, eine diesem Mitgliedstaat gehörende Übertragungskapazität eines Satelliten;

c) sie nutzen, sofern weder eine von einem Mitgliedstaat der Gemeinschaft zugeteilte Frequenz noch die einem Mitgliedstaat gehörende Übertragungskapazität eines Satelliten genutzt wird, eine Erd-Satelliten-Sendestation in diesem Mitgliedstaat.

(5) Kann die Frage, welcher Mitgliedstaat die Rechtshoheit ausübt, nicht nach den Absätzen 3 und 4 entschieden werden, so liegt die Zuständigkeit bei dem Mitgliedstaat, in dem der Fernsehveranstalter gemäß Artikel 52ff. des Vertrags zur Gründung der Europäischen Gemeinschaft niedergelassen ist.

(6) Diese Richtlinie gilt nicht für Fernsehsendungen, die ausschließlich zum Empfang in Drittländern bestimmt sind und die nicht unmittelbar oder mittelbar von der Allgemeinheit in einem oder mehreren Mitgliedstaaten empfangen werden.

Art. 2a.[1] (1) Die Mitgliedstaaten gewährleisten den freien Empfang und behindern nicht die Weiterverbreitung von Fernsehsendungen aus anderen Mitgliedstaaten in ihrem Hoheitsgebiet aus Gründen, die Bereiche betreffen, die durch diese Richtlinie koordiniert sind.

(2) Die Mitgliedstaaten können vorübergehend von Absatz 1 abweichen, wenn die folgenden Bedingungen erfüllt sind:

a) Mit einer Fernsehsendung aus einem anderen Mitgliedstaat wird in offensichtlicher, ernster und schwerwiegender Weise gegen Artikel 22 Absatz 1 oder 2 und/oder Artikel 22a verstoßen;

b) der Fernsehveranstalter hat während der vorangegangen zwölf Monate bereits mindestens zweimal gegen die Vorschriften des Buchstabens a) verstoßen;

c) der betreffende Mitgliedstaat hat dem Fernsehveranstalter und der Kommission schriftlich die behaupteten Verstöße sowie die für den Fall erneuter Verstöße beabsichtigten Maßnahmen mitgeteilt;

d) die Konsultationen mit dem Mitgliedstaat, der die Sendung verbreitet, und der Kommission haben innerhalb von 15 Tagen ab der unter Buchstabe c) genannten Mitteilung zu keiner gütlichen Regelung geführt, und es kommt zu einem erneuten Verstoß.

Die Kommission trifft innerhalb einer Frist von zwei Monaten ab dem Zeitpunkt der Mitteilung der Maßnahmen durch den Mitgliedstaat eine Entscheidung über die Vereinbarkeit der Maßnahmen mit dem Gemeinschaftsrecht. Im Fall einer negativen Entscheidung muß der betreffende Mitgliedstaat die beanstandeten Maßnahmen unverzüglich beenden.

(3) Absatz 2 läßt die Anwendung entsprechender Verfahren, Rechtsmittel oder Sanktionen bezüglich der betreffenden Verstöße in dem Mitgliedstaat, dessen Rechtshoheit der Fernsehveranstalter unterworfen ist, unberührt.

Art. 3.[1] (1) Die Mitgliedstaaten können Fernsehveranstalter, die ihrer Rechtshoheit unterworfen sind, verpflichten, strengeren oder ausführlicheren Bestimmungen in den von dieser Richtlinie erfaßten Bereichen nachzukommen.

(2) Die Mitgliedstaaten sorgen mit geeigneten Mitteln im Rahmen ihrer Rechtsvorschriften dafür, daß die jeweils ihrer Rechtshoheit unterworfenen Fernsehveranstalter die Bestimmungen dieser Richtlinie tatsächlich einhalten.

[1] Art. 2a eingef., Art. 3 neugef. durch Art. 1 RL 97/36/EG v. 30. Juni 1997 (ABl. EG Nr. L 202/60 v. 30. Juli 1997).

(3) Die Maßnahmen schließen geeignete Verfahren ein, damit sich direkt betroffene Dritte, einschließlich Staatsangehörige anderer Mitgliedstaaten, an die zuständigen Justizbehörden oder sonstigen Stellen wenden können, um die tatsächliche Einhaltung der Bestimmungen gemäß den einzelstaatlichen Vorschriften zu erwirken.

Art. 3 a.[1] (1) Jeder Mitgliedstaat kann im Einklang mit dem Gemeinschaftsrecht Maßnahmen ergreifen, mit denen sichergestellt werden soll, daß Fernsehveranstalter, die seiner Rechtshoheit unterliegen, nicht Ereignisse, denen der betreffende Mitgliedstaat eine erhebliche gesellschaftliche Bedeutung beimißt, auf Ausschließlichkeitsbasis in der Weise übertragen, daß einem bedeutenden Teil der Öffentlichkeit in dem Mitgliedstaat die Möglichkeit vorenthalten wird, das Ereignis im Wege direkter oder zeitversetzter Berichterstattung in einer frei zugänglichen Fernsehsendung zu verfolgen. Falls ein Mitgliedstaat entsprechende Maßnahmen ergreift, so erstellt er dabei eine Liste der nationalen und nichtnationalen Ereignisse, denen er eine erhebliche gesellschaftliche Bedeutung beimißt. Er trägt dafür auf eindeutige und transparente Weise rechtzeitig und wirksam Sorge. Dabei legt der betreffende Mitgliedstaat auch fest, ob diese Ereignisse im Wege direkter Gesamt- oder Teilberichterstattung oder, sofern im öffentlichen Interesse aus objektiven Gründen erforderlich oder angemessen, im Wege zeitversetzter Gesamt- oder Teilberichterstattung verfügbar sein sollen.

(2) Die Mitgliedstaaten teilen der Kommission unverzüglich alle Maßnahmen mit, die sie gemäß Absatz 1 getroffen haben oder in Zukunft treffen werden. Die Kommission prüft binnen drei Monaten nach der Mitteilung, ob die Maßnahmen mit dem Gemeinschaftsrecht vereinbar sind, und teilt sie den anderen Mitgliedstaaten mit. Sie holt die Stellungnahme des gemäß Artikel 23 a eingesetzten Ausschusses ein. Sie veröffentlicht die getroffenen Maßnahmen unverzüglich im *Amtsblatt der Europäischen Gemeinschaften;* mindestens einmal jährlich veröffentlicht sie eine konsolidierte Liste der von den Mitgliedstaaten getroffenen Maßnahmen.

(3) Die Mitgliedstaaten stellen im Rahmen des innerstaatlichen Rechts durch geeignete Maßnahmen sicher, daß die ihrer Rechtshoheit unterliegenden Fernsehveranstalter die von ihnen nach der Veröffentlichung dieser Richtlinie erworbenen ausschließlichen Rechte nicht in der Weise ausüben, daß einem bedeutenden Teil der Öffentlichkeit in einem anderen Mitgliedstaat die Möglichkeit vorenthalten wird, die von diesem anderen Mitgliedstaat gemäß den Absätzen 1 und 2 bezeichneten Ereignisse als direkte Gesamt- oder Teilberichterstattung oder, sofern im öffentlichen Interesse aus objektiven Gründen erforderlich oder angemessen, als zeitversetzte Gesamt- oder Teilberichterstattung in einer frei zugänglichen Fernsehsendung zu verfolgen, wie dies von dem anderen Mitgliedstaat gemäß Absatz 1 festgelegt worden ist.

---

[1] Art. 3 a eingef. durch Art. 1 RL 97/36/EG v. 30. Juni 1997 (ABl. EG Nr. L 202/60 v. 30. Juli 1997).

Kapitel III. Förderung der Verbreitung und Herstellung von Fernsehprogrammen

Art. 4.[1] (1) Die Mitgliedstaaten tragen im Rahmen des praktisch Durchführbaren und mit angemessenen Mitteln dafür Sorge, daß die Fernsehveranstalter den Hauptanteil ihrer Sendezeit, die nicht aus Nachrichten, Sportberichten, Spielshows oder Werbe-, Videotextleistungen und Teleshopping besteht, der Sendung von europäischen Werken im Sinne des Artikels 6 vorbehalten. Dieser Anteil soll unter Berücksichtigung der Verantwortung der Rundfunkveranstalter gegenüber ihrem Publikum in den Bereichen Information, Bildung, Kultur und Unterhaltung schrittweise anhand geeigneter Kriterien erreicht werden.

(2) Kann der Anteil gemäß Absatz 1 nicht erreicht werden, so darf dieser nicht niedriger als der Anteil sein, der 1988 in dem betreffenden Mitgliedstaat im Durchschnitt festgestellt wurde.

Im Falle der Griechischen Republik und der Portugiesischen Republik wird das Jahr 1988 jedoch durch das Jahr 1990 ersetzt.

(3) Ab dem 3. Oktober 1991 übermitteln die Mitgliedstaaten der Kommission alle zwei Jahre einen Bericht über die Durchführung des vorliegenden Artikels und des Artikels 5.

Dieser Bericht enthält insbesondere eine statistische Übersicht, aus der hervorgeht, inwieweit jedes der Rechtshoheit des betreffenden Mitgliedstaats unterworfene Fernsehprogramm den im vorliegenden Artikel und in Artikel 5 genannten Anteil erreicht hat, aus welchen Gründen dieser Anteil in jedem einzelnen Fall nicht erzielt werden konnte und welche Maßnahmen zur Erreichung dieses Anteils getroffen oder vorgesehen sind.

Die Kommission bringt diese Berichte – gegebenenfalls zusammen mit einer Stellungnahme – den übrigen Mitgliedstaaten und dem Europäischen Parlament zur Kenntnis. Sie trägt dafür Sorge, daß der vorliegende Artikel und Artikel 5 gemäß den Bestimmungen des Vertrages durchgeführt werden. In ihrer Stellungnahme kann die Kommission insbesondere den gegenüber den Vorjahren erzielten Fortschritten, dem Anteil von Erstausstrahlungen bei der Programmgestaltung, den besonderen Gegebenheiten bei den neuen Fernsehveranstaltern sowie der besonderen Lage der Länder mit niedriger audiovisueller Produktionskapazität oder begrenztem Sprachraum Rechnung tragen.

(4) Der Rat überprüft spätestens am Ende des fünften Jahres nach Erlaß dieser Richtlinie anhand eines Berichts der Kommission, der gegebenenfalls angemessene Änderungsvorschläge enthält, die Durchführung des vorliegenden Artikels.

---

[1] Art. 4 Abs. 1 geänd. durch Art. 1 RL 97/36/EG v. 30. Juni 1997 (ABl. EG Nr. L 202/60 v. 30. Juli 1997).

Zu diesem Zweck berücksichtigt die Kommission in ihrem Bericht unter Zugrundelegung der von den Mitgliedstaaten gemäß Absatz 3 übermittelten Informationen insbesondere die Entwicklung auf dem Gemeinschaftsmarkt sowie die internationale Situation.

Art. 5.[1] Die Mitgliedstaaten tragen im Rahmen des praktisch Durchführbaren und mit angemessenen Mitteln dafür Sorge, daß Fernsehveranstalter mindestens 10 v. H. ihrer Sendezeit, die nicht aus Nachrichten, Sportberichten, Spielshows oder Werbe-, Videotextleistungen und Teleshopping besteht, oder alternativ nach Wahl des Mitgliedstaats mindestens 10 v. H. ihrer Haushaltsmittel für die Programmgestaltung der Sendung europäischer Werke von Herstellern vorbehalten, die von den Fernsehveranstaltern unabhängig sind. Dieser Anteil soll unter Berücksichtigung der Verantwortung der Fernsehveranstalter gegenüber ihrem Publikum in den Bereichen Information, Bildung, Kultur und Unterhaltung schrittweise anhand geeigneter Kriterien erreicht werden; dazu muß ein angemessener Anteil neueren Werken vorbehalten bleiben, d. h. Werken, die innerhalb eines Zeitraums von fünf Jahren nach ihrer Herstellung ausgestrahlt werden.

Art. 6.[2] (1) Unter „europäischen Werken" im Sinne dieses Kapitels sind zu verstehen:

a) Werke aus den Mitgliedstaaten;

b) Werke aus europäischen Drittländern, die Vertragsparteien des Europäischen Übereinkommens über grenzüberschreitendes Fernsehen des Europarates sind, sofern diese Werke den Voraussetzungen von Absatz 2 genügen;

c) Werke aus anderen europäischen Drittländern, sofern diese Werke den Voraussetzungen von Absatz 3 genügen.

Die Anwendung der Buchstaben b) und c) setzt voraus, daß in den betreffenden Drittstaaten keine diskriminierenden Maßnahmen gegen Werke aus den Mitgliedstaaten bestehen.

(2) Werke im Sinne des Absatzes 1 Buchstaben a) und b) sind Werke, die im wesentlichen in Zusammenarbeit mit in einem oder mehreren der in Absatz 1 Buchstaben a) und b) genannten Staaten ansässigen Autoren und Arbeitnehmern geschaffen wurden und eine der drei folgenden Voraussetzungen erfüllen:

a) Sie sind von einem oder mehreren in einem bzw. mehreren dieser Staaten ansässigen Hersteller(n) geschaffen worden;

---

[1] Art. 5 geänd. durch Art. 1 RL 97/36/EG v. 30. Juni 1997 (ABl. EG Nr. L 202/60 v. 30. Juli 1997).

[2] Art. 6 Abs. 1 Buchst. a) neugef., Abs. 1 erg., Abs. 3 neugef., Abs. 4 eingef., bish. Abs. 4 wird Abs. 5 u. geänd. durch Art. 1 RL 97/36/EG v. 30. Juni 1997 (ABl. EG Nr. L 202/60 v. 30. Juli 1997).

b) ihre Herstellung wird von einem oder mehreren in einem bzw. mehreren dieser Staaten ansässigen Hersteller(n) überwacht und tatsächlich kontrolliert;

c) der Beitrag von Koproduzenten aus diesen Staaten zu den Gesamtproduktionskosten beträgt mehr als die Hälfte, und die Koproduktion wird nicht von einem bzw. mehreren außerhalb dieser Staaten ansässigen Hersteller(n) kontrolliert.

(3) Werke im Sinne des Absatzes 1 Buchstabe c) sind Werke, die entweder ausschließlich oder in Koproduktion mit in einem oder mehreren Mitgliedstaaten ansässigen Herstellern von Herstellern geschaffen wurden, welche in einem oder mehreren europäischen Drittländern ansässig sind, mit denen die Gemeinschaft Abkommen im audiovisuellen Bereich geschlossen hat, sofern diese Werke im wesentlichen unter Mitwirkung von in einem oder mehreren europäischen Staaten ansässigen Autoren und Arbeitnehmern geschaffen wurden.

(4) Werke, die keine europäischen Werke im Sinne von Absatz 1 sind, jedoch im Rahmen von bilateralen Koproduktionsverträgen zwischen Mitgliedstaaten und Drittländern hergestellt werden, werden als europäische Werke betrachtet, sofern die Koproduzenten aus der Gemeinschaft einen mehrheitlichen Anteil der Gesamtproduktionskosten tragen und die Herstellung nicht von einem oder mehreren außerhalb des Hoheitsgebiets der Mitgliedstaaten ansässigen Herstellern kontrolliert wird.

(5) Werke, die keine europäischen Werke im Sinne von Absätze 1 und 4 sind, jedoch im wesentlichen in Zusammenarbeit mit in einem bzw. mehreren Mitgliedstaaten ansässigen Autoren und Arbeitnehmern geschaffen wurden, gelten proportional zu dem Beitrag von Koproduzenten aus der Gemeinschaft zu den Gesamtproduktionskosten als europäische Werke.

Art. 7.[1] Die Mitgliedstaaten sorgen dafür, daß die ihrer Rechtshoheit unterliegenden Fernsehveranstalter Kinospielfilme nicht zu anderen als den mit den Rechtsinhabern vereinbarten Zeiten ausstrahlen.

Art. 8.[1] *gestrichen*

Art. 9.[1] Dieses Kapitel gilt nicht für Fernsehsendungen, die sich an ein lokales Publikum richten und die nicht an ein nationales Fernsehnetz angeschlossen sind.

---

[1] Art. 7 und Art. 9 neugef., Art. 8 gestr. durch Art. 1 RL 97/36/EG v. 30. Juni 1997 (ABl. EG Nr. L 202/60 v. 30. Juli 1997).

Kapitel IV.[1] Fernsehwerbung, Sponsoring und Teleshopping

Art. 10.[1] (1) Fernsehwerbung und Teleshopping müssen als solche klar erkennbar und durch optische und/oder akustische Mittel eindeutig von anderen Programmteilen getrennt sein.

(2) Einzeln gesendete Werbespots und Teleshopping-Spots müssen die Ausnahme bilden.

(3) In der Werbung und im Teleshopping dürfen keine subliminalen Techniken eingesetzt werden.

(4) Schleichwerbung und entsprechende Praktiken im Teleshopping sind verboten.

Art. 11.[1] (1) Fernsehwerbung und Teleshopping-Spots müssen zwischen den Sendungen eingefügt werden. Unter den in den Absätzen 2 bis 5 genannten Voraussetzungen können die Werbung und die Teleshopping-Spots auch in die laufenden Sendungen eingefügt werden, sofern sie den Zusammenhang und den Wert der Sendungen nicht beeinträchtigen – wobei die natürlichen Programmunterbrechungen und die Länge und Art des Programms zu berücksichtigen sind – und sofern nicht gegen die Rechte von Rechtsinhabern verstoßen wird.

(2) Bei Sendungen, die aus eigenständigen Teilen bestehen, oder bei Sportsendungen und Sendungen über ähnlich strukturierte Ereignisse und Darbietungen mit Pausen können Werbung und Teleshopping-Spots nur zwischen die eigenständigen Teile oder in die Pausen eingefügt werden.

(3) Die Übertragung audiovisueller Werke wie Kinospielfilme und Fernsehfilme (mit Ausnahme von Serien, Reihen, leichten Unterhaltungssendungen und Dokumentarfilmen) kann für jeden vollen Zeitraum von 45 Minuten einmal unterbrochen werden, sofern ihre programmierte Sendezeit mehr als 45 Minuten beträgt. Eine weitere Unterbrechung ist zulässig, wenn die programmierte Sendedauer um mindestens 20 Minuten über zwei oder mehrere volle 45-Minuten Zeiträume hinausgeht.

(4) Werden andere als die unter Absatz 2 fallenden Sendungen durch Werbung oder Teleshopping-Spots unterbrochen, so sollte zwischen zwei aufeinanderfolgenden Unterbrechungen innerhalb der Sendung ein Abstand von mindestens 20 Minuten liegen.

(5) Die Übertragung von Gottesdiensten darf nicht durch Werbung oder Teleshopping unterbrochen werden. Des weiteren dürfen Nachrichten, Magazine über das aktuelle Zeitgeschehen, Dokumentarfilme, Sendungen religiösen Inhalts und Kindersendungen, die eine programmierte Sendezeit von weniger als 30 Minuten haben, nicht durch Werbung oder Teleshopping unterbrochen werden. Beträgt ihre program-

[1] Überschrift zu Kap. IV neugef., Art. 10 und Art. 11 neugef. durch Art. 1 RL 97/36/EG v. 30. Juni 1997 (ABl. EG Nr. L 202/60 v. 30. Juli 1997).

mierte Sendezeit mindestens 30 Minuten, so gelten die Bestimmungen der vorangegangenen Absätze.

Art. 12.[1] Die Fernsehwerbung und Teleshopping dürfen nicht:

a) die Menschenwürde verletzten;

b) Diskriminierungen nach Rasse, Geschlecht oder Nationalität enthalten;

c) religiöse oder politische Überzeugungen verletzen;

d) Verhaltensweisen fördern, die die Gesundheit oder Sicherheit gefährden;

e) Verhaltensweisen fördern, die den Schutz der Umwelt gefährden.

Art. 13.[1] Jede Form der Fernsehwerbung und des Teleshoppings für Zigaretten und andere Tabakerzeugnisse ist untersagt.

Art. 14.[2] (1) Fernsehwerbung ist untersagt für Arzneimittel und medizinische Behandlungen, die in dem Mitgliedstaat, dessen Rechtshoheit der Fernsehveranstalter unterworfen ist, nur auf ärztliche Verordnung erhältlich sind.

(2) Teleshopping für Arzneimittel, die einer Genehmigung für das Inverkehrbringen im Sinne der Richtlinie 65/65/EWG des Rates vom 26. Januar 1965 zur Angleichung der Rechts- und Verwaltungsvorschriften über Arzneimittel[3] unterliegen, sowie Teleshopping für ärztliche Behandlungen ist untersagt.

Art. 15.[1] Fernsehwerbung und Teleshopping für alkoholische Getränke müssen folgenden Kriterien entsprechen:

a) Sie darf nicht speziell an Minderjährige gerichtet sein und insbesondere nicht Minderjährige beim Alkoholgenuß darstellen.

b) Es darf keinerlei Verbindung zwischen einer Verbesserung der physischen Leistung und Alkoholgenuß oder dem Führen von Kraftfahrzeugen und Alkoholgenuß hergestellt werden.

c) Es darf nicht der Eindruck erweckt werden, Alkoholgenuß fördere sozialen oder sexuellen Erfolg.

d) Sie darf nicht eine therapeutische, stimulierende, beruhigende oder konfliktlösende Wirkung von Alkohol suggerieren.

e) Unmäßigkeit im Genuß alkoholischer Getränke darf nicht gefördert oder Enthaltsamkeit oder Mäßigung nicht negativ dargestellt werden.

f) Die Höhe des Alkoholgehalts von Getränken darf nicht als positive Eigenschaft hervorgehoben werden.

---

[1] Art. 12 geänd., Art. 13 und Art. 15 Einleitungssatz neugef. durch Art. 1 RL 97/36/EG v. 30. Juni 1997 (ABl. EG Nr. L 202/60 v. 30. Juli 1997).

[2] Art. 14 Abs. 2 angef., bish. Text wird Abs. 1 durch Art. 1 RL 97/36/EG v. 30. Juni 1997 (ABl. EG Nr. L 202/60 v. 30. Juli 1997).

[3] **Amtl. Anm.:** ABl. Nr. 22 vom 9. 2. 1965, S. 369. Richtlinie zuletzt geändert durch die Richtlinie 93/39/EWG (ABl. Nr. L 214 vom 24. 8. 1993, S. 22).

Art. 16.[1] (1) Die Fernsehwerbung darf Minderjährigen weder körperlichen noch seelischen Schaden zufügen und unterliegt daher folgenden Kriterien zum Schutz Minderjähriger:

a) Sie soll keine direkten Kaufappelle an Minderjährige richten, die deren Unerfahrenheit und Leichtgläubigkeit ausnutzen.

b) Sie soll Minderjährige nicht unmittelbar dazu auffordern, ihre Eltern oder Dritte zum Kauf der beworbenen Ware oder Dienstleistung zu bewegen.

c) Sie soll nicht das besondere Vertrauen ausnutzen, das Minderjährige zu Eltern, Lehrern und anderen Vertrauenspersonen haben.

d) Sie soll Minderjährige nicht ohne berechtigten Grund in gefährlichen Situationen zeigen.

(2) Teleshopping muß die in Absatz 1 genannten Anforderungen erfüllen und darf darüber hinaus Minderjährige nicht dazu anhalten, Kauf- oder Miet- bzw. Pachtverträge für Waren oder Dienstleistungen zu schließen.

Art. 17.[2] (1) Gesponserte Fernsehprogramme müssen folgenden Anforderungen genügen:

a) Inhalt und Programmplatz einer gesponserten Sendung dürfen vom Sponsor auf keinen Fall in der Weise beeinflußt werden, daß die Verantwortung und die redaktionelle Unabhängigkeit des Fernsehveranstalters in bezug auf die Sendungen angetastet werden.

b) Sie sind als Sponsorprogramme durch den Namen und/oder das Firmenemblem des Sponsors am Programmanfang und/oder Programmende eindeutig zu kennzeichnen.

c) Sie dürfen nicht zum Kauf oder zur Miete bzw. Pacht von Erzeugnissen oder zu Inanspruchnahme von Dienstleistungen des Sponsors oder eines Dritten, insbesondere durch spezifische verkaufsfördernde Hinweise auf diese Erzeugnisse oder Dienstleistungen, anregen.

(2) Die Fernsehprogramme dürfen nicht von Unternehmen gesponsert werden, deren Haupttätigkeit die Herstellung von Zigaretten und anderen Tabakerzeugnissen ist.

(3) Beim Sponsoring von Fernsehprogrammen durch Unternehmen, deren Tätigkeit die Herstellung oder den Verkauf von Arzneimitteln und medizinischen Behandlungen umfaßt, darf für den Namen oder das Image des Unternehmens gesponsert werden, nicht jedoch für bestimmte Arzneimittel oder medizinische Behandlungen, die in dem Mitgliedstaat, dessen Rechtshoheit der Fernsehveranstalter unterworfen ist, nur auf ärztliche Verordnung erhältlich sind.

---

[1] Art. 16 Abs. 2 angef., bish. Text wird Abs. 1 durch Art. 1 RL 97/36/EG v. 30. Juni 1997 (ABl. EG Nr. L 202/60 v. 30. Juli 1997).

[2] Art. 17 Abs. 2 neugef., Abs. 3 eingef., bish. Abs. 3 wird Abs. 4 durch Art. 1 RL 97/36/EG v. 30. Juni 1997 (ABl. EG Nr. L 202/60 v. 30. Juli 1997).

(4) Nachrichtensendungen und Sendungen zur politischen Information dürfen nicht gesponsert werden.

Art. 18.[1)] (1) Der Anteil an Sendezeit für Teleshopping-Spots, Werbespots und andere Formen der Werbung darf mit Ausnahme von Teleshopping-Fenstern im Sinne des Artikels 18a 20 v. H. der täglichen Sendezeit nicht überschreiten. Die Sendezeit für Werbespots darf 15 v. H. der täglichen Sendezeit nicht überschreiten.

(2) Der Anteil an Sendezeit für Werbespots und Teleshopping-Spots innerhalb einer Stunde, gerechnet ab einer vollen Stunde, darf 20 v. H. nicht überschreiten.

(3) Im Sinne dieses Artikels gilt folgendes nicht als Werbung:
- Hinweise des Fernsehveranstalters auf eigene Programme und auf Begleitmaterialien, die direkt von diesen Programmen abgeleitet sind;
- Beiträge im Dienst der Öffentlichkeit und kostenlose Spendenaufrufe zu Wohlfahrtszwecken.

Art. 18a.[1)] (1) Teleshopping-Fenster, die von einem Programm gesendet werden, das nicht ausschließlich für Teleshopping bestimmt ist, müssen eine Mindestdauer von 15 Minuten ohne Unterbrechung haben.

(2) Es sind höchstens acht solcher Fenster täglich zulässig. Ihre Gesamtsendedauer darf drei Stunden pro Tag nicht überschreiten. Die Fenster müssen optisch und akustisch klar als Teleshopping-Fenster gekennzeichnet sein.

Art. 19.[1)] Die Kapitel I, II, IV, V, VI, VIa und VII gelten entsprechend für reine Teleshoppingsender. Bei diesen Sendern ist Werbung im Rahmen der täglichen Beschränkungen gemäß Artikel 18 Absatz 1 zulässig. Artikel 18 Absatz 2 findet keine Anwendung.

Art. 19a.[1)] Die Kapitel I, II, IV, V, VI, VIa und VII gelten entsprechend für reine Eigenwerbekanäle. Bei diesen Kanälen sind andere Formen der Werbung im Rahmen der Beschränkungen gemäß Artikel 18 Absätze 1 und 2 zulässig. Insbesondere diese Bestimmung wird nach Artikel 26 überprüft.

Art. 20.[1)] Unbeschadet des Artikels 3 können die Mitgliedstaaten für Sendungen, die ausschließlich für ihr eigenes Hoheitsgebiet bestimmt sind und weder unmittelbar noch mittelbar in einem oder mehreren anderen Mitgliedstaaten öffentlich empfangen werden können, unter Einhaltung des Gemeinschaftsrechts andere als die in Artikel 11 Absätze 2 bis 5 und in den Artikeln 18 und 18a festgelegten Bedingungen vorsehen.

---

1) Art. 18, Art. 19 und Art. 20 neugef., Art. 18a und Art. 19a eingef. durch Art. 1 RL 97/36/EG v. 30. Juni 1997 (ABl. EG Nr. L 202/60 v. 30. Juli 1997).

Art. 21.[1] *gestrichen*

Kapitel V.[2] Schutz Minderjähriger und öffentliche Ordnung

Art. 22.[3] (1) Die Mitgliedstaaten ergreifen angemessene Maßnahmen, um zu gewährleisten, daß Sendungen von Fernsehveranstaltern, die ihrer Rechtshoheit unterworfen sind, keinerlei Programme enthalten, die die körperliche, geistige und sittliche Entwicklung von Minderjährigen ernsthaft beeinträchtigen können, insbesondere solche, die Pornographie oder grundlose Gewalttätigkeiten zeigen.

(2) Die Maßnahmen gemäß Absatz 1 gelten auch für andere Programme, die die körperliche, geistige und sittliche Entwicklung von Minderjährigen beeinträchtigen können, es sei denn, es wird durch die Wahl der Sendezeit oder durch sonstige technische Maßnahmen dafür gesorgt, daß diese Sendungen von Minderjährigen im Sendebereich üblicherweise nicht gesehen oder gehört werden.

(3) Werden derartige Programme in unverschlüsselter Form gesendet, so sorgen die Mitgliedstaaten dafür, daß ihre Ausstrahlung durch akustische Zeichen angekündigt oder durch optische Mittel während der gesamten Sendung kenntlich gemacht wird.

Art. 22 a.[3] Die Mitgliedstaaten tragen dafür Sorge, daß die Sendungen nicht zu Haß aufgrund von Rasse, Geschlecht, Religion oder Nationalität aufstacheln.

Art. 22 b.[3] (1) Die Kommission mißt der Anwendung der Bestimmungen dieses Kapitels in dem in Artikel 26 vorgesehenen Bericht besondere Bedeutung bei.

(2) Die Kommission führt binnen eines Jahres nach Veröffentlichung dieser Richtlinie zusammen mit den zuständigen Behörden der Mitgliedstaaten eine Untersuchung der möglichen Vor- und Nachteile weiterer Maßnahmen durch, die den Eltern oder Aufsichtspersonen die Kontrolle der Programme, die von Minderjährigen gesehen werden können, erleichtern sollen. In dieser Untersuchung wird unter anderem die Zweckmäßigkeit folgender Punkte geprüft:

- die Vorschrift, daß neue Fernsehgeräte mit einer technischen Vorrichtung versehen sein müssen, damit Eltern oder Aufsichtspersonen bestimmte Programme herausfiltern können;
- Festlegung geeigneter Bewertungssysteme;

---

[1] Art. 21 gestr. durch Art. 1 RL 97/36/EG v. 30. Juni 1997 (ABl. EG Nr. L 202/60 v. 30. Juli 1997).

[2] Kapitelüberschrift geänd. durch Art. 1 RL 97/36/EG v. 30. Juni 1997 (ABl. EG Nr. L 202/60 v. 30. Juli 1997).

[3] Art. 22 neugef., Art. 22 a und Art. 22 b eingef. durch Art. 1 RL 97/36/EG v. 30. Juni 1997 (ABl. EG Nr. L 202/60 v. 30. Juli 1997).

- Förderung einer Politik zugunsten des familienfreundlichen Fernsehens sowie weitere pädagogische und Aufklärungsmaßnahmen;
- Berücksichtigung der innerhalb und außerhalb Europas gewonnenen Erfahrungen auf diesem Gebiet sowie Einholung der Standpunkte von betroffenen Kreisen wie Fernsehveranstaltern, Produzenten, Pädagogen, Mediensachverständigen und einschlägigen Verbänden.

Art. 23.[1] (1) Unbeschadet der übrigen von den Mitgliedstaaten erlassenen zivil-, verwaltungs- oder strafrechtlichen Bestimmungen muß jede natürliche oder juristische Person, deren berechtigte Interessen – insbesondere Ehre und Ansehen – aufgrund der Behauptung falscher Tatsachen in einem Fernsehprogramm beeinträchtigt worden sind, unabhängig von ihrer Nationalität ein Recht auf Gegendarstellung oder gleichwertige Maßnahmen beanspruchen können. Die Mitgliedstaaten sorgen dafür, daß die tatsächliche Ausübung des Rechts auf Gegendarstellung oder gleichwertige Maßnahmen nicht durch Auferlegung unbilliger Bestimmungen oder Bedingungen behindert wird. Die Gegendarstellung muß innerhalb einer angemessenen Frist nach Eingang des begründeten Antrags zu einer Zeit und in einer Weise gesendet werden, die der Sendung, auf die sich der Antrag bezieht, angemessen sind.

(2) Das Recht auf Gegendarstellung oder gleichwertige Maßnahmen gelten in bezug auf alle Fernsehveranstalter, die der Rechtshoheit eines Mitgliedstaats unterworfen sind.

(3) Die Mitgliedstaaten treffen die erforderlichen Maßnahmen zur Ausgestaltung dieses Rechts oder dieser Maßnahmen und legen das Verfahren zu deren Wahrnehmung fest. Sie sorgen insbesondere dafür, daß die Frist für die Wahrnehmung des Rechts auf Gegendarstellung oder gleichwertiger Maßnahmen ausreicht und daß die Vorschriften so festgelegt werden, daß dieses Recht oder diese Maßnahmen von den natürlichen oder juristischen Personen, deren Wohnsitz oder Niederlassung sich in einem anderen Mitgliedstaat befindet, in angemessener Weise wahrgenommen werden können.

(4) Der Antrag auf Gegendarstellung oder gleichwertige Maßnahmen kann abgelehnt werden, wenn die in Absatz 1 genannten Voraussetzungen für eine solche Gegendarstellung nicht vorliegen, die Gegendarstellung eine strafbare Handlung beinhaltet, ihre Sendung den Fernsehveranstalter zivilrechtlich haftbar machen würde oder wenn sie gegen die guten Sitten verstößt.

(5) Bei Streitigkeiten über die Wahrnehmung des Rechts auf Gegendarstellung oder gleichwertiger Maßnahmen ist eine gerichtliche Nachprüfung zu ermöglichen.

---

[1] Art. 23 Abs. 1 neugef. durch Art. 1 RL 97/36/EG v. 30. Juni 1997 (ABl. EG Nr. L 202/60 v. 30. Juli 1997).

Kapitel VI a.[1] Kontaktausschuß

Art. 23 a. (1) Es wird ein Kontaktausschuß bei der Kommission eingesetzt. Dieser Ausschuß setzt sich aus Vertretern der zuständigen Behörden der Mitgliedstaaten zusammen. Den Vorsitz führt ein Vertreter der Kommission; der Ausschuß tagt auf Initiative des Vorsitzenden oder auf Antrag der Delegation eines Mitgliedstaats.

(2) Der Ausschuß hat folgende Aufgaben:

a) er erleichtert die tatsächliche Umsetzung dieser Richtlinie durch regelmäßige Konsultationen über praktische Probleme im Zusammenhang mit der Anwendung der Richtlinie, insbesondere von deren Artikel 2, sowie über alle anderen Fragen, die einen Gedankenaustausch zweckdienlich erscheinen lassen;

b) er gibt von sich aus oder auf Antrag der Kommission Stellungnahmen zur Anwendung dieser Richtlinie durch die Mitgliedstaaten ab;

c) er ist das Forum für einen Gedankenaustausch über die Themen, die in den von den Mitgliedstaaten gemäß Artikel 4 Absatz 3 vorzulegenden Berichten behandelt werden sollen, über die Methodologie dieser Berichte, über die Ziele der unabhängigen Studie gemäß Artikel 25 a, über die Evaluierung der Angebote für diese Studie und über die Studie selbst;

d) er erörtert das Ergebnis der regelmäßigen Konsultationen, die zwischen der Kommission und Vertretern der Fernsehveranstalter, der Produzenten, der Verbraucher, der Hersteller, der Dienstanbieter, der Gewerkschaften und der Kunstschaffenden stattfinden;

e) er erleichtert den Informationsaustausch zwischen den Mitgliedstaaten und der Kommission über die Lage und die Entwicklung bei den Ordnungstätigkeiten in bezug auf die Fernsehdienste, wobei die Politik der Gemeinschaft im audiovisuellen Bereich sowie relevante Entwicklungen im technischen Bereich berücksichtigt werden;

f) er prüft die Entwicklungen auf dem betreffenden Sektor, die einen Gedankenaustausch zweckdienlich erscheinen lassen.

Kapitel VII. Schlußbestimmungen

Art. 24. In Bereichen, die nicht durch diese Richtlinie koordiniert werden, bleiben die Rechte und Verpflichtungen der Mitgliedstaaten, die sich aus den in den Bereichen Telekommunikation und Fernsehen bestehenden Übereinkommen ergeben, von dieser Richtlinie unberührt.

[1] Kap. VI a mit Art. 23 a eingef. durch Art. 1 RL 97/36/EG v. 30. Juni 1997 (ABl. EG Nr. L 202/60 v. 30. Juli 1997).

Art. 25. (1) Die Mitgliedstaaten erlassen die erforderlichen Rechts- und Verwaltungsvorschriften, um dieser Richtlinie spätestens am 3. Oktober 1991 nachzukommen. Sie setzen die Kommission unverzüglich davon in Kenntnis.

(2) Die Mitgliedstaaten teilen der Kommission den Wortlaut der wichtigsten einzelstaatlichen Rechtsvorschriften mit, die sie auf dem unter diese Richtlinie fallenden Gebiet erlassen.

Art. 25 a.[1] Eine weitere Überprüfung findet gemäß Artikel 4 Absatz 4 vor dem 30. Juni 2002 statt. Dabei wird eine unabhängige Studie über die Auswirkungen der betreffenden Maßnahmen auf Gemeinschaftsebene und auf einzelstaatlicher Ebene berücksichtigt.

Art. 26.[1] Spätestens am 31. Dezember 2000 und anschließend alle zwei Jahre übermittelt die Kommission dem Europäischen Parlament, dem Rat und dem Wirtschafts- und Sozialausschuß einen Bericht über die Anwendung dieser Richtlinie in ihrer geänderten Fassung und macht erforderlichenfalls Vorschläge zu ihrer Anpassung an die Entwicklungen im Fernsehbereich, und zwar insbesondere im Lichte neuerer technologischer Entwicklungen.

Art. 27. Diese Richtlinie ist an die Mitgliedstaaten gerichtet.

---

[1] Art. 25 a eingef. und Art. 26 neugef. durch Art. 1 RL 97/36/EG v. 30. Juni 1997 (ABl. EG Nr. L 202/60 v. 30. Juli 1997).

10. Richtlinie 97/36/EG des Europäischen Parlaments und des Rates zur Änderung der Richtlinie 89/552/EWG des Rates zur Koordinierung bestimmter Rechts- und Verwaltungsvorschriften der Mitgliedstaaten über die Ausübung der Fernsehtätigkeit

Vom 30. Juni 1997 (ABl. EG Nr. L 202/60 v. 30. 7. 1997)

DAS EUROPÄISCHE PARLAMENT UND DER RAT DER EUROPÄISCHEN UNION –

gestützt auf den Vertrag zur Gründung der Europäischen Gemeinschaft, insbesondere auf Artikel 57 Absatz 2 und Artikel 66,
auf Vorschlag der Kommission[1],
nach Stellungnahme des Wirtschafts- und Sozialausschusses[2],
gemäß dem Verfahren des Artikels 189b des Vertrags[3], in Kenntnis des vom Vermittlungsausschuß am 16. April 1997 gebilligten gemeinsamen Entwurfs,
in Erwägung nachstehender Gründe:

(1) Die Richtlinie 89/552/EWG[4] schafft die rechtlichen Rahmenbedingungen für die Ausübung der Fernsehtätigkeit im Binnenmarkt.

(2) Gemäß Artikel 26 der genannten Richtlinie übermittelt die Kommission dem Europäischen Parlament, dem Rat und dem Wirtschafts- und Sozialausschuß spätestens am Ende des fünften Jahres nach Erlaß der Richtlinie einen Bericht über die Anwendung der Richtlinie und macht erforderlichenfalls Vorschläge zu ihrer Anpassung an die Entwicklungen im Fernsehbereich.

(3) Die Anwendung der Richtlinie 89/552/EWG und der Bericht über ihre Anwendung haben deutlich gemacht, daß bestimmte Begriffsbestimmungen oder Verpflichtungen der Mitgliedstaaten aufgrund der Richtlinie klarer gefaßt werden müssen.

(4) Die Kommission hat in ihrer Mitteilung vom 19. Juli 1994 „Europas Weg in die Informationsgesellschaft – Ein Aktionsplan" die Bedeutung eines ordnungspolitischen Rahmens für die audiovisuellen

---

[1] **Amtl. Anm.:** ABl. Nr. C 185 vom 19. 7. 1995, S. 4 und ABl. Nr. C 221 vom 30. 7. 1996, S. 10.

[2] **Amtl. Anm.:** ABl. Nr. C 301 vom 13. 11. 1995, S. 35.

[3] **Amtl. Anm.:** Stellungnahme des Europäischen Parlaments vom 14. Februar 1996 (ABl. Nr. C 65 vom 4. 3. 1996, S. 113), gemeinsamer Standpunkt des Rates vom 18. 7. 1996 (ABl. Nr. C 264 vom 11. 9. 1996, S. 50) und Beschluß des Rates vom 12. November 1996 (ABl. Nr. C 362 vom 2. 12. 1996, S. S6). Beschluß des Europäischen Parlaments vom 10. Juni 1997 und Beschluß des Rates vom 19. Juni 1997.

[4] **Amtl. Anm.:** ABl. Nr. L 298 vom 17. 10. 1989, S. 23. Richtlinie geändert durch die Beitrittsakte von 1994.

Dienste unterstrichen, der dazu beitragen würde, den freien Verkehr dieser Dienste in der Gemeinschaft sicherzustellen und den durch neue Technologien in diesem Bereich eröffneten Wachstumsmöglichkeiten unter Berücksichtigung der besonderen Natur audiovisueller Programme, insbesondere ihrer kulturellen und soziologischen Auswirkungen, unabhängig von deren Übertragungsart Rechnung zu tragen.

(5) Der Rat hat auf seiner Tagung vom 28. September 1994 den Aktionsplan begrüßt und die Notwendigkeit unterstrichen, die Wettbewerbsfähigkeit der europäischen audiovisuellen Industrie zu verbessern.

(6) Die Kommission hat ein Grünbuch über den Jugendschutz und den Schutz der Menschenwürde in den audiovisuellen und den Informationsdiensten vorgelegt und sich verpflichtet, ein Grünbuch über die Entwicklung der kulturellen Aspekte dieser neuen Dienste zu unterbreiten.

(7) Jeder legislative Rahmen für neue audiovisuelle Dienste muß mit dem vorrangigen Ziel dieser Richtlinie, nämlich der Schaffung eines rechtlichen Rahmens für den freien Dienstleistungsverkehr, in Einklang stehen.

(8) Es ist von entscheidender Bedeutung, daß die Mitgliedstaaten auf die mit der Fernsehtätigkeit vergleichbaren Dienste einwirken, um jeder Verletzung der Grundprinzipien, die der Information zugrunde liegen müssen, und der Entstehung tiefgreifender Ungleichgewichte hinsichtlich Freizügigkeit und Wettbewerb vorzubeugen.

(9) Die Staats- und Regierungschefs haben auf der Tagung des Europäischen Rates in Essen vom 9./10. Dezember 1994 die Kommission aufgefordert, vor ihrer nächsten Tagung einen Vorschlag zur Änderung der Richtlinie 89/552/EWG vorzulegen.

(10) Bei der Anwendung der Richtlinie 89/552/EWG wurde deutlich, daß klargestellt werden muß, welches Konzept der Rechtshoheit speziell für den audiovisuellen Bereich gelten soll. In Anbetracht der Rechtsprechung des Gerichtshofs der Europäischen Gemeinschaften sollte das Niederlassungskriterium als Hauptkriterium zur Bestimmung der Rechtshoheit eines bestimmten Mitgliedstaats herangezogen werden.

(11) Der Niederlassungsbegriff umfaßt nach den Kriterien, wie sie vom Gerichtshof in seinem Urteil von 25. Juli 1991 in der Rechtssache „Factortame"[1] festgelegt wurden, die tatsächliche Ausübung einer wirtschaftlichen Tätigkeit mittels einer festen Einrichtung auf unbestimmte Zeit

(12) Die Niederlassung eines Fernsehveranstalters kann anhand einer Reihe praxisbezogener Kriterien festgelegt werden: Ort der Haupt-

[1] **Amtl. Anm.:** Rechtssache C-221/89, The Queen gegen Secretary of State for Transport, ex parte Factortame, Slg. 1991, S. 1–3905, Randnr. 20.

verwaltung des Dienstleistungserbringers, Ort, an dem gewöhnlich die Entscheidungen über die Programmgestaltung getroffen werden, Ort der Endregie (d.h. der Ort, an dem das zu sendende Programm abschließend zusammengestellt wird) und Ort, an dem ein wesentlicher Teil der für die Fernsehtätigkeit erforderlichen Mitarbeiter beschäftigt wird.

(13) Mit der Festlegung einer Reihe praxisbezogener Kriterien soll erschöpfend geregelt werden, daß ein bestimmter Mitgliedstaat allein für einen Fernsehveranstalter im Zusammenhang mit der Erbringung der unter diese Richtlinie fallenden Dienstleistungen zuständig ist. Unter Berücksichtigung der Rechtsprechung des Gerichtshofs und zur Vermeidung eines Rechtshoheitsvakuums in bestimmten Fällen ist es allerdings angebracht, das Niederlassungskriterium im Sinne der Artikel 52ff. des Vertrags zur Gründung der Europäischen Gemeinschaft als entscheidendes Kriterium zur Bestimmung der Rechtshoheit eines Mitgliedstaats heranzuziehen.

(14) Nach der ständigen Rechtsprechung des Gerichtshofs[1] behält ein Mitgliedstaat das Recht, gegen einen Fernsehveranstalter, der sich in einem anderen Mitgliedstaat niederläßt, dessen Tätigkeit aber ganz oder vorwiegend auf das Hoheitsgebiet des ersten Mitgliedstaats ausgerichtet ist, Maßnahmen zu ergreifen, wenn der Fernsehveranstalter sich in der Absicht niedergelassen hat, sich den Regelungen zu entziehen, die auf ihn anwendbar wären, wenn er im Gebiet des ersten Mitgliedstaats niedergelassen wäre.

(15) Nach Artikel F Absatz 2 des Vertrags über die Europäische Union achtet die Union die Grundrechte, wie sie in der Europäischen Konvention zum Schutze der Menschenrechte und Grundfreiheiten gewährleistet sind, als allgemeine Grundsätze des Gemeinschaftsrechts. Jede Maßnahme zur Beschränkung des Empfangs und/oder zur Aussetzung der Weiterverbreitung von Fernsehsendungen nach Artikel 2a der Richtlinie 89/552/EWG in der durch diese Richtlinie geänderten Fassung muß mit diesen Grundsätzen vereinbar sein.

(16) Um einen freien und unverzerrten Wettbewerb zwischen den Unternehmen desselben Wirtschaftssektors zu gewährleisten, ist es erforderlich, die wirksame Anwendung der Richtlinie 89/552/EWG in der durch diese Richtlinie geänderten Fassung in der gesamten Gemeinschaft sicherzustellen.

(17) Unmittelbar betroffene Dritte, einschließlich der Staatsangehörigen anderer Mitgliedstaaten, müssen gemäß dem innerstaatlichen Recht ihre Rechte vor den zuständigen Justizbehörden oder sonstigen Stellen desjenigen Mitgliedstaats geltend machen können, dessen

[1] **Amtl. Anm.**: Siehe insbesondere die Urteile in den Rechtssachen 33/74, Van Binsbergen gegen Bestuur van de Bedrijfsvereniging, Slg. 1974, S. 1299, und C-23/93, TV 10 SA gegen Commissariaat voor de Media, Slg. 1994, S. 1–4795.

Rechtshoheit der Fernsehveranstalter unterliegt, der möglicherweise gegen die aufgrund der Richtlinie 89/552/EWG in der durch diese Richtlinie geänderten Fassung erlassenen innerstaatlichen Rechtsvorschriften verstößt.

(18) Es ist von entscheidender Bedeutung, daß die Mitgliedstaaten in der Lage sind, Maßnahmen zu ergreifen, um das Recht auf Informationen zu schützen und der Öffentlichkeit breiten Zugang zur Fernsehberichterstattung über nationale oder nichtnationale Ereignisse von erheblicher gesellschaftlicher Bedeutung zu verschaffen, wie die Olympischen Spiele, die Fußballweltmeisterschaft und die Fußballeuropameisterschaft. Zu diesem Zweck steht es den Mitgliedstaaten weiterhin frei, mit dem Gemeinschaftsrecht zu vereinbarende Maßnahmen zu ergreifen, mit denen die Ausübung ausschließlicher Senderechte für solche Ereignisse durch die ihrer Rechtshoheit unterliegenden Fernsehveranstalter geregelt werden soll.

(19) Es müssen innerhalb eines Gemeinschaftsrahmens Vorkehrungen getroffen werden, damit etwaige rechtliche Unsicherheit und Marktstörungen vermieden werden und der freie Verkehr für Fernsehdienste mit der Notwendigkeit, einer möglichen Umgehung der zum Schutz eines rechtmäßigen allgemeinen Interesses erlassenen Maßnahmen zu begegnen, in Einklang gebracht wird.

(20) Es ist insbesondere angezeigt, in dieser Richtlinie Bestimmungen für die Ausübung der ausschließlichen Senderechte festzulegen, die Fernsehveranstalter möglicherweise für Ereignisse erworben haben, die für die Gesellschaft in einem anderen Mitgliedstaat als demjenigen, dessen Rechtshoheit die Veranstalter unterliegen, von erheblicher Bedeutung sind. Um dem spekulativen Erwerb von Rechten zur Umgehung einzelstaatlicher Maßnahmen zu begegnen, sind diese Bestimmungen auf Verträge anzuwenden, die nach der Veröffentlichung dieser Richtlinie geschlossen werden und die Ereignisse betreffen, die nach dem Zeitpunkt der Umsetzung dieser Richtlinie stattfinden. Werden Verträge, die der Veröffentlichung dieser Richtlinie vorausgehen, erneuert, so gelten sie als neue Verträge.

(21) Ereignisse von „erheblicher gesellschaftlicher Bedeutung" im Sinne dieser Richtlinie sollten bestimmten Kriterien genügen, d.h., es sollten herausragende Ereignisse sein, die von Interesse für die breite Öffentlichkeit in der Europäischen Union, in einem bestimmten Mitgliedstaat oder in einem bedeutenden Teil eines bestimmten Mitgliedstaats sind und die im voraus von einem Veranstalter organisiert werden, der kraft Gesetzes befugt ist, die Rechte an diesem Ereignis zu veräußern.

(22) Im Sinne dieser Richtlinie bezeichnet der Begriff „frei zugängliche Fernsehsendung" die Ausstrahlung eines der Öffentlichkeit zugänglichen Programms auf einem öffentlichen oder privaten Kanal, ohne daß neben den in dem betreffenden Mitgliedstaat überwie-

gend anzutreffenden Arten der Gebührenentrichtung für das Fernsehen (beispielsweise Fernsehgebühren und/oder Grundgebühren für einen Kabelanschluß) eine weitere Zahlung zu leisten ist.

(23) Den Mitgliedstaaten steht es frei, gegenüber Sendungen aus Drittstaaten, die die Bedingungen des Artikels 2 der Richtlinie 89/552/EWG in der durch diese Richtlinie geänderten Fassung nicht erfüllen, alle Maßnahmen zu ergreifen, die sie für angemessen erachten, sofern sie mit dem Gemeinschaftsrecht und den völkerrechtlichen Verpflichtungen der Gemeinschaft in Einklang stehen.

(24) Um die Hindernisse zu beseitigen, die sich aus Diskrepanzen zwischen den einzelstaatlichen Rechtsvorschriften zur Förderung europäischer Werke ergeben, enthält die Richtlinie 89/552/EWG in der durch diese Richtlinie geänderten Fassung Bestimmungen zur Harmonisierung dieser Rechtsvorschriften. Diese im allgemeinen mit dem Ziel der Liberalisierung des Handels erlassenen Vorschriften müssen Bestimmungen zur Harmonisierung der Wettbewerbsbedingungen enthalten.

(25) Gemäß Artikel 128 Absatz 4 des Vertrags zur Gründung der Europäischen Gemeinschaft ist die Gemeinschaft verpflichtet, den kulturellen Aspekten bei ihrer Tätigkeit aufgrund anderer Bestimmungen des Vertrags Rechnung zu tragen.

(26) In dem von der Kommission am 7. April 1994 verabschiedeten Grünbuch „Strategische Optionen für die Stärkung der Programmindustrie im Rahmen der audiovisuellen Politik der Europäischen Union“ werden unter anderem Maßnahmen zur Förderung europäischer Werke unterbreitet, mit denen die Entwicklung in diesem Bereich gefördert werden soll. Auch das MEDIA-II-Programm zur Unterstützung der Ausbildung, der Projektentwicklung und des Vertriebs im audiovisuellen Bereich ist im Hinblick auf die Förderung der Entwicklung der Produktion europäischer Werke konzipiert worden. Nach einem Vorschlag der Kommission soll die Produktion europäischer Werke darüber hinaus durch einen Gemeinschaftsmechanismus, wie beispielsweise einen Garantiefonds, gefördert werden können.

(27) Fernsehveranstalter, Programmgestalter, Produzenten, Autoren und andere Fachleute sollten dazu ermutigt werden, detailliertere Konzepte und Strategien mit dem Ziel zu entwickeln, europäische audiovisuelle Spielfilme für ein internationales Publikum zu konzipieren.

(28) Über die genannten Erwägungen hinaus müssen die Voraussetzungen für eine verbesserte Wettbewerbsfähigkeit der Programmindustrie geschaffen werden. Die Mitteilungen über die Anwendung der Artikel 4 und 5 der Richtlinie 89/552/EWG, die die Kommission am 3. März 1994 und 15. Juli 1996 gemäß Artikel 4 Absatz 3 der genannten Richtlinie verabschiedet hat, gelangen zu der Schlußfolgerung, daß Maßnahmen zur Förderung europäischer Werke zu ei-

ner derartigen Verbesserung beitragen können, daß sie aber die Entwicklungen im Fernsehbereich berücksichtigen müssen.

(29) Sender, die sämtliche Programme in einer anderen als einer Sprache der Mitgliedstaaten ausstrahlen, sollten nicht unter die Artikel 4 und 5 fallen. Macht eine solche Sprache oder machen solche Sprachen jedoch einen wesentlichen, aber nicht ausschließlichen Anteil an der Sendezeit eines Senders aus, sollten die Artikel 4 und 5 nicht für diesen Anteil der Sendezeit gelten.

(30) Die Anteile an europäischen Werken müssen unter Berücksichtigung der wirtschaftlichen Gegebenheiten erreicht werden. Zur Erreichung dieses Zieles ist daher ein Stufenplan erforderlich.

(31) Im Hinblick auf die Förderung der Produktion europäischer Werke ist es von entscheidender Bedeutung, daß die Gemeinschaft unter Berücksichtigung der audiovisuellen Kapazität jedes Mitgliedstaats und des Erfordernisses, weniger verwendete Sprachen der Europäischen Union zu schützen, unabhängige Produzenten unterstützt. Die Mitgliedstaaten sollten bei der Definition des Begriffs „unabhängiger Produzent" Kriterien wie das Eigentum an der Produktionsgesellschaft, den Umfang der ein und demselben Fernsehveranstalter belieferten Programme und das Eigentum an sekundären Rechten angemessen berücksichtigen.

(32) Die Frage der Sperrfristen für die Fernsehausstrahlung von Kinospielfilmen ist in erster Linie im Rahmen von Vereinbarungen zwischen den beteiligten Parteien oder Branchenvertretern zu regeln.

(33) Die Werbung für Humanarzneimittel unterliegt den Bestimmungen der Richtlinie 92/28/EWG[1)].

(34) Die tägliche Sendezeit für Hinweise eines Fernsehveranstalters im Zusammenhang mit seinen eigenen Programmen und Begleitmaterialien, die unmittelbar auf diese Programme zurückgehen, oder für Beiträge im Dienst der Öffentlichkeit und für kostenlose Spendenaufrufe zu Wohlfahrtszwecken ist nicht in die maximale tägliche oder stündliche Sendezeit für Werbung und Teleshopping einzubeziehen.

(35) Zur Vermeidung von Wettbewerbsverzerrungen ist diese Ausnahmeregelung auf Ankündigungen zu Produkten unter der doppelten Bedingung beschränkt, daß es sich um Begleitmaterialien handelt und daß diese unmittelbar auf die betreffenden Programme zurückgehen. Der Begriff Begleitmaterialien bezieht sich auf Produkte, die speziell dazu bestimmt sind, den Zuschauern die volle oder interaktive Nutzung der betreffenden Programme zu ermöglichen.

(36) Im Hinblick auf die Entwicklung des Teleshopping, das von wirtschaftlicher Bedeutung für die Marktteilnehmer insgesamt und ein originärer Absatzmarkt für Güter und Dienstleistungen in der Ge-

---

[1)] **Amtl. Anm.:** ABl. Nr. L 113 vom 30. 4. 1992, S. 13.

meinschaft ist, ist es wichtig, die Vorschriften für die Sendezeit zu ändern und durch den Erlaß geeigneter Vorschriften hinsichtlich Form und Inhalt der Sendungen ein hohes Maß an Verbraucherschutz zu gewährleisten.

(37) Die einzelstaatlichen Behörden müssen bei der Überwachung der Anwendung der einschlägigen Vorschriften in der Lage sein, bei Sendern, die nicht ausschließlich für Teleshopping bestimmt sind, zwischen der Sendezeit für Teleshopping-Spots, Werbespots und anderen Formen der Werbung einerseits und der Sendezeit für Teleshopping-Fenster andererseits zu unterscheiden. Es ist daher notwendig und ausreichend, daß jedes Fenster eindeutig durch optische und akustische Mittel zumindest zu Beginn und am Ende des Fensters gekennzeichnet wird.

(38) Die Richtlinie 89/552/EWG in der durch diese Richtlinie geänderten Fassung gilt für Sender, die ohne herkömmliche Programmelemente wie Nachrichten, Sportsendungen, Spielfilme, Dokumentarfilme und Bühnenwerke ausschließlich für Teleshopping und Eigenwerbung bestimmt sind, allein für die Zwecke dieser Richtlinien und unbeschadet der Einbeziehung solcher Sender in den Geltungsbereich anderer gemeinschaftlicher Rechtsakte.

(39) Es muß darauf hingewiesen werden, daß es sich bei Eigenwerbung um eine besondere Form der Werbung handelt, bei der der Veranstalter seine eigenen Produkte, Dienstleistungen, Programme oder Sender vertreibt. Insbesondere Trailer, die aus Programmauszügen bestehen, gelten jedoch als Programm. Die Eigenwerbung ist eine neuartige und noch relativ unbekannte Erscheinung, und die sie betreffenden Vorschriften sind daher möglicherweise bei künftigen Prüfungen dieser Richtlinie besonders überprüfungsbedürftig.

(40) Die Vorschriften zum Schutz der körperlichen, geistigen und sittlichen Entwicklung Minderjähriger müssen präzisiert werden. Die eindeutige Unterscheidung zwischen den Programmen, die einem absoluten Verbot unterliegen, und den Programmen, die vorbehaltlich angemessener technischer Maßnahmen gesendet werden dürfen, soll dem Allgemeininteresse der Mitgliedstaaten und der Gemeinschaft gerecht werden.

(41) Die Bestimmungen dieser Richtlinie in bezug auf den Schutz von Minderjährigen und der öffentlichen Ordnung schreiben nicht vor, daß zur Durchführung der betreffenden Maßnahmen eine vorherige Kontrolle von Fernsehsendungen unbedingt erforderlich ist.

(42) Eine von der Kommission zusammen mit den zuständigen Behörden der Mitgliedstaaten durchzuführende Untersuchung der möglichen Vor- und Nachteile weiterer Maßnahmen im Hinblick auf eine bessere Kontrolle der Programme, die von Minderjährigen gesehen werden können, durch Eltern oder Aufsichtspersonen muß unter anderem die Zweckmäßigkeit folgender Punkte prüfen:

- die Vorschrift, daß neue Fernsehgeräte mit einer technischen Vorrichtung versehen sein müssen, damit Eltern oder Aufsichtspersonen bestimmte Programme herausfiltern können;
- Festlegung geeigneter Bewertungssysteme;
- Förderung einer Politik zugunsten des familienfreundlichen Fernsehens sowie weitere pädagogische und Aufklärungsmaßnahmen;
- Berücksichtigung der innerhalb und außerhalb Europas gewonnenen Erfahrungen auf diesem Gebiet sowie Einholung der Standpunkte von betroffenen Kreisen wie Fernsehveranstaltern, Produzenten, Pädagogen, Mediensachverständigen und einschlägigen Verbänden;

damit wird bezweckt, daß erforderlichenfalls noch vor dem in Artikel 26 festgelegten Stichtag geeignete Vorschläge für gesetzgeberische oder sonstige Maßnahmen unterbreitet werden können.

(43) Die Richtlinie 89/552/EWG sollte dahingehend geändert werden, daß natürlichen oder juristischen Personen, zu deren Tätigkeiten die Herstellung oder der Vertrieb von Arzneimitteln oder medizinischen Behandlungen gehören, die nur auf ärztliche Verschreibung abgegeben werden dürfen, das Sponsoring von Fernsehprogrammen gestattet wird, sofern durch dieses Sponsoring das Verbot der Fernsehwerbung für Arzneimittel oder medizinische Behandlungen, die nur auf ärztliche Verschreibung abgegeben werden dürfen, nicht unterlaufen wird.

(44) Das in der Richtlinie 89/552/EWG und in der vorliegenden Richtlinie gewählte Konzept dient einer grundlegenden Harmonisierung, die notwendig und hinreichend ist, um den freien Empfang von Fernsehsendungen in der Gemeinschaft sicherzustellen. Die Mitgliedstaaten können für Fernsehveranstalter, die ihrer Rechtshoheit unterworfen sind, strengere oder ausführlichere Bestimmungen in den durch diese Richtlinie koordinierten Bereichen vorsehen, unter anderem Bestimmungen zur Realisierung sprachenpolitischer Ziele, zum Schutz der Interessen der Allgemeinheit in bezug auf den Informations-, Bildungs-, Kultur- und Unterhaltungsauftrag des Fernsehens, zur Wahrung der Informations- und Medienvielfalt und zum Schutz des Wettbewerbs im Hinblick auf die Verhinderung des Mißbrauchs beherrschender Stellungen und/oder der Schaffung oder des Ausbaus beherrschender Stellungen durch Zusammenschlüsse, Absprachen, Übernahmen oder ähnliche Maßnahmen. Derartige Bestimmungen müssen mit dem Gemeinschaftsrecht vereinbar sein.

(45) Das Ziel der Unterstützung der audiovisuellen Produktion in Europa kann innerhalb der Mitgliedstaaten im Rahmen der Organisation ihrer Fernsehdienste auch dadurch angestrebt werden, daß für bestimmte Fernsehveranstalter ein öffentlich-rechtlicher Auftrag festgeschrieben wird, einschließlich der Verpflichtung, einen wesentlichen Beitrag zu den Investitionen in europäische Produktionen zu leisten.

(46) Gemäß Artikel B des Vertrags über die Europäische Union setzt sich die Union unter anderem das Ziel der vollen Wahrung des gemeinschaftlichen Besitzstands –

HABEN FOLGENDE RICHTLINIE ERLASSEN:

Art. 1. *(vom Abdruck wurde abgesehen)*

Art. 2. (1) Die Mitgliedstaaten setzen die Rechts- und Verwaltungsvorschriften in Kraft, die erforderlich sind, um dieser Richtlinie spätestens zum 30. Dezember 1998 nachzukommen. Sie setzen die Kommission unverzüglich davon in Kenntnis.

Wenn die Mitgliedstaaten diese Vorschriften erlassen, nehmen sie in den Vorschriften selbst oder durch einen Hinweis bei der amtlichen Veröffentlichung auf diese Richtlinie Bezug. Die Mitgliedstaaten regeln die Einzelheiten der Bezugnahme.

(2) Die Mitgliedstaaten teilen der Kommission den Wortlaut der wichtigsten innerstaatlichen Rechtsvorschriften mit, die sie auf dem unter diese Richtlinie fallenden Gebiet erlassen.

Art. 3. Diese Richtlinie tritt am Tag ihrer Veröffentlichung im *Amtsblatt der Europäischen Gemeinschaften* in Kraft.

Art. 4. Diese Richtlinie ist an die Mitgliedstaaten gerichtet.

11. Europäisches Übereinkommen über das grenzüberschreitende Fernsehen

Vom 5. Mai 1989 (BGBl. II 1994 S. 640)

Präambel

Die Mitgliedstaaten des Europarats und die anderen Vertragsstaaten des Europäischen Kulturabkommens, die dieses Übereinkommen unterzeichnen –

in der Erwägung, daß es das Ziel des Europarats ist, eine engere Verbindung zwischen seinen Mitgliedern herbeizuführen, um die Ideale und Grundsätze, die ihr gemeinsames Erbe sind, zu wahren und zu fördern;

in der Erwägung, daß die Würde und der gleiche Wert jedes Menschen Grundbestandteile dieser Grundsätze darstellen;

in der Erwägung, daß die Freiheit der Meinungsäußerung und Information, wie sie in Artikel 10 der Konvention zum Schutze der Menschenrechte und Grundfreiheiten verankert ist, einer der wesentlichen Grundsätze einer demokratischen Gesellschaft und eine der Grundvoraussetzungen für ihren Fortschritt und für die Entwicklung jedes Menschen ist;

in Bekräftigung ihres Bekenntnisses zu den Grundsätzen des freien Flusses von Informationen und Ideen und der Unabhängigkeit der Rundfunkveranstalter, die eine unerläßliche Grundlage für ihre Rundfunkpolitik darstellen;

in Bestätigung der Bedeutung des Rundfunks für die kulturelle Entwicklung und die freie Meinungsbildung unter Bedingungen, die Pluralismus und Chancengleichheit für alle demokratischen Gruppen und politischen Parteien gewährleisten;

überzeugt, daß die ständige Entwicklung der Informations- und Kommunikationstechnologie dazu beitragen sollte, das Recht zu fördern, ohne Rücksicht auf Staatsgrenzen Informationen und Ideen, aus welcher Quelle sie auch stammen mögen, zu äußern, zu beschaffen, zu empfangen und zu übermitteln;

in dem Wunsch, der Öffentlichkeit eine immer größere Auswahl an Programmen zur Verfügung zu stellen und dabei das europäische Erbe zu mehren und das audiovisuelle Schaffen in Europa zu entwickeln, sowie in dem Entschluß, dieses kulturelle Ziel durch das Bemühen um die Steigerung der Produktion und der Verbreitung qualitativ hochwertiger Sendungen zu erreichen und dadurch den Erwartungen der Öffentlichkeit auf dem Gebiet der Politik, der Bildung und der Kultur Rechnung zu tragen;

in der Erkenntnis, daß es notwendig ist, die gemeinsame allgemeine Rahmenregelung zu festigen;

eingedenk der Entschließung Nr. 2 und der Erklärung der Ersten Europäischen Ministerkonferenz über Massenmedienpolitik;

in dem Wunsch, die in den bestehenden Europaratsempfehlungen über die Grundsätze der Fernsehwerbung, über die Gleichstellung von Frau und Mann in den Medien, über die Nutzung von Satellitenkapazität für Fernsehen und Hörfunk sowie über die Förderung der audiovisuellen Produktion in Europa verankerten Grundsätze weiter zu entwickeln –

sind wie folgt übereingekommen:

Kapitel I. Allgemeine Bestimmungen

Art. 1 Ziel und Zweck. Dieses Übereinkommen befaßt sich mit den Programmen, die verbreitet werden. Es verfolgt den Zweck, zwischen den Vertragsparteien die grenzüberschreitende Verbreitung und Weiterverbreitung von Fernsehprogrammen zu erleichtern.

Art. 2 Begriffsbestimmungen. Im Sinne dieses Übereinkommens bedeutet

a) „Verbreitung" die Erstausstrahlung von Fernsehprogrammen, die zum Empfang durch die Allgemeinheit bestimmt sind, über terrestrische Sender, über Kabel oder über Satelliten jeder Art in verschlüsselter oder unverschlüsselter Form. Der Ausdruck schließt Fernmeldedienste, die auf individuellen Abruf geleistet werden, nicht ein;

b) „Weiterverbreitung" den Empfang und – ungeachtet der eingesetzten technischen Mittel – die gleichzeitige, vollständige und unveränderte Weiterverbreitung von Fernsehprogrammen oder wichtigen Teilen solcher Programme, die von Rundfunkveranstaltern für den Empfang durch die Allgemeinheit verbreitet werden;

c) „Rundfunkveranstalter" die natürliche und juristische Person, die Fernsehprogramme für den Empfang durch die Allgemeinheit zusammenstellt und sie verbreitet oder vollständig und unverändert durch einen Dritten verbreiten läßt;

d) „Programm" die Gesamtheit der Sendungen eines bestimmten Programms, das durch einen Rundfunkveranstalter im Sinne des Buchstabens c bereitgestellt wird;

e) „europäische audiovisuelle Werke" kreative Arbeiten, deren Produktion oder Koproduktion von europäischen natürlichen oder juristischen Personen kontrolliert wird;

f) „Werbung" jede öffentliche Äußerung zur Förderung des Verkaufs, des Kaufs oder der Miete oder Pacht eines Erzeugnisses oder einer Dienstleistung, zur Unterstützung einer Sache oder Idee oder zur Erzielung einer anderen vom Werbetreibenden gewünschten Wirkung, wofür dem Werbetreibenden gegen Bezahlung oder eine ähnliche Gegenleistung Sendezeit zur Verfügung gestellt wird;

g) „Sponsern“ die Beteiligung einer natürlichen oder juristischen Person, die an Rundfunktätigkeiten oder an der Produktion audiovisueller Werke nicht beteiligt ist, an der direkten oder indirekten Finanzierung einer Sendung, um den Namen, die Marke oder das Erscheinungsbild der Person zu fordern.

Art. 3 Geltungsbereich. Dieses Übereinkommen gilt für jedes Programm, das durch Rechtsträger oder mittels technischer Einrichtungen im Hoheitsbereich einer Vertragspartei über Kabel, über terrestrische Sender oder über Satelliten verbreitet oder weiterverbreitet wird und das direkt oder indirekt in einer oder mehreren anderen Vertragsparteien empfangen werden kann.

Art. 4 Freiheit des Empfangs und der Weiterverbreitung. Die Vertragsparteien sichern die freie Meinungsäußerung und die Informationsfreiheit in Übereinstimmung mit Artikel 10 der Konvention zum Schutze der Menschenrechte und Grundfreiheiten; sie gewährleisten die Freiheit des Empfangs und schränken die Weiterverbreitung von Programmen, die den Bestimmungen dieses Übereinkommens entsprechen, in ihrem Hoheitsgebiet nicht ein.

Art. 5 Pflichten der sendenden Vertragsparteien. (1) Jede sendende Vertragspartei sorgt durch geeignete Mittel und durch ihre zuständigen Stellen dafür, daß alle Programme, die durch Rechtsträger oder mittels technischer Einrichtungen in ihrem Hoheitsbereich im Sinne des Artikels 3 verbreitet werden, den Bestimmungen dieses Übereinkommens entsprechen.

(2) Für die Zwecke dieses Übereinkommens ist die sendende Vertragspartei

a) im Fall einer terrestrischen Verbreitung die Vertragspartei, in der die Erstausstrahlung durchgeführt wird;

b) im Fall der Verbreitung über Satelliten

  i) die Vertragspartei, in der sich die Aufwärtsverbindung zum Satelliten befindet;

  ii) die Vertragspartei, die das Recht auf Nutzung einer Frequenz oder einer Satellitenkapazität gewährt, wenn sich die Aufwärtsverbindung in einem Staat befindet, der nicht Vertragspartei dieses Übereinkommens ist;

  iii) die Vertragspartei, in welcher der Rundfunkveranstalter seinen Sitz hat, wenn die Zuständigkeit nach den Ziffern i und ii nicht festgelegt ist.

(3) Wenn Programme, die aus Staaten verbreitet werden, die nicht Vertragsparteien dieses Übereinkommens sind, durch Rechtsträger oder mittels technischer Einrichtungen im Hoheitsbereich einer Vertragspartei im Sinne des Artikels 3 weiterverbreitet werden, stellt diese Vertragspartei, indem sie als sendende Vertragspartei handelt, durch geeig-

nete Mittel und durch ihre zuständigen Stellen sicher, daß den Bestimmungen dieses Übereinkommens entsprochen wird.

Art. 6 Bereitstellung von Informationen. (1) Die Verantwortlichen des Rundfunkveranstalters werden in der von der zuständigen Behörde jeder Vertragspartei ausgestellten Genehmigung oder in dem mit dieser Behörde geschlossenen Vertrag oder durch eine andere rechtliche Maßnahme eindeutig und hinreichend festgelegt.

(2) Die zuständige Behörde der sendenden Vertragspartei stellt auf Ersuchen Informationen über den Rundfunkveranstalter zur Verfügung. Diese Informationen umfassen zumindest den Namen oder die Bezeichnung, den Sitz und die Rechtsstellung des Rundfunkveranstalters, den Namen des gesetzlichen Vertreters, die Zusammensetzung des Kapitals sowie Art, Zweck und Modalität der Finanzierung des Programms, das der Rundfunkveranstalter bereitstellt oder bereitzustellen beabsichtigt.

Kapitel II. Bestimmungen zur Programmgestaltung

Art. 7 Verantwortlichkeiten des Rundfunkveranstalters. (1) Alle Sendungen eines Programms müssen im Hinblick auf ihre Aufmachung und ihren Inhalt die Menschenwürde und die Grundrechte anderer achten.

Insbesondere dürfen sie

a) nicht unsittlich sein und namentlich keine Pornographie enthalten;

b) Gewalt nicht unangemessen herausstellen und nicht geeignet sein, zum Rassenhaß aufzustacheln.

(2) Alle Sendungen eines Programms, die geeignet erscheinen, die körperliche, geistig-seelische oder sittliche Entwicklung von Kindern oder Jugendlichen zu beeinträchtigen, dürfen nicht verbreitet werden, wenn anzunehmen ist, daß sie aufgrund der Sende- und Empfangszeit von Kindern oder Jugendlichen gesehen werden.

(3) Der Rundfunkveranstalter sorgt dafür, daß Nachrichtensendungen die Tatsachen und Ereignisse sachgerecht darstellen und die freie Meinungsbildung fördern.

Art. 8 Recht auf Gegendarstellung. (1) Jede sendende Vertragspartei stellt sicher, daß jede natürliche oder juristische Person ungeachtet ihrer Staatsangehörigkeit oder ihres Wohnorts beziehungsweise Sitzes die Möglichkeit hat, im Hinblick auf Sendungen, die durch Rechtsträger oder mittels technischer Einrichtungen in ihrem Hoheitsbereich im Sinne des Artikels 3 verbreitet oder weiterverbreitet werden, ein Recht auf Gegendarstellung auszuüben oder andere vergleichbare gerichtliche oder verwaltungsrechtliche Mittel in Anspruch zu nehmen. Sie sorgt insbesondere dafür, daß die für die Ausübung des Rechts auf Gegendarstellung vorgesehenen Fristen und anderen Modalitäten so gestaltet sind, daß dieses Recht wirksam ausgeübt werden kann. Die wirksame

Inanspruchnahme dieses Rechts oder anderer vergleichbarer gerichtlicher oder verwaltungsrechtlicher Mittel wird sowohl hinsichtlich der Fristen als auch hinsichtlich der Anwendungsmodalitäten gewährleistet.

(2) Zu diesem Zweck wird der Name des Rundfunkveranstalters, der für das Programm verantwortlich ist, darin in regelmäßigen Abständen in geeigneter Weise angegeben.

Art. 9 Zugang der Öffentlichkeit zu bedeutenden Ereignissen. Jede Vertragspartei prüft die rechtlichen Maßnahmen, mit denen vermieden werden soll, das Recht der Öffentlichkeit auf Information dadurch in Frage zu stellen, daß ein Rundfunkveranstalter Exklusivrechte zur Verbreitung oder Weiterverbreitung im Sinne des Artikels 3 bei Ereignissen von großem Interesse für die Öffentlichkeit so ausübt, daß einem wesentlichen Teil der Öffentlichkeit in einer oder mehreren anderen Vertragsparteien die Möglichkeit genommen wird, dieses Ereignis im Fernsehen zu verfolgen.

Art. 10 Kulturelle Ziele. (1) Jede sendende Vertragspartei sorgt im Rahmen des praktisch Durchführbaren und mit angemessenen Mitteln dafür, daß die Rundfunkveranstalter den Hauptanteil ihrer Sendezeit europäischen Werken vorbehalten; ausgenommen ist die für Nachrichten, Sportereignisse, Spielshows, Werbung und Videotextdienste vorgesehene Sendezeit. Dieser Anteil soll unter Berücksichtigung der Verantwortung des Rundfunkveranstalters gegenüber seinem Publikum in den Bereichen Information, Bildung, Kultur und Unterhaltung schrittweise auf der Grundlage geeigneter Kriterien erreicht werden.

(2) Können sich eine empfangende und eine sendende Vertragspartei über die Anwendung des Absatzes 1 nicht einigen, so kann auf Verlangen einer der beiden Parteien der Ständige Ausschuß ersucht werden, ein Gutachten zu der Angelegenheit abzugeben. Eine solche Meinungsverschiedenheit kann nicht dem in Artikel 26 vorgesehenen Schiedsverfahren unterworfen werden.

(3) Die Vertragsparteien verpflichten sich, gemeinsam nach den geeignetsten Mitteln und Verfahren zu suchen, um ohne Benachteiligung einzelner Rundfunkveranstalter die Tätigkeit und die Entwicklung der europäischen Produktion zu unterstützen, insbesondere in Vertragsparteien mit geringer Produktionskapazität für audiovisuelle Werke oder begrenztem Sprachraum.

(4) Die Vertragsparteien bemühen sich im Geist der Zusammenarbeit und der gegenseitigen Unterstützung, der diesem Übereinkommen zugrunde liegt, zu vermeiden, daß Programme, die durch Rechtsträger oder mittels technischer Einrichtungen in ihrem Hoheitsbereich im Sinne des Artikels 3 verbreitet oder weiterverbreitet werden, die Vielfalt der Presse und die Entwicklung der Filmindustrie gefährden. Daher darf kein Kinofilm vor Ablauf von zwei Jahren nach seiner Erstaufführung im Kino durch diese Programme verbreitet werden, sofern nicht die Rechteinhaber und der Rundfunkveranstalter etwas anderes vereinba-

ren; bei Kinofilmen, die in Zusammenarbeit mit dem Rundfunkveranstalter hergestellt wurden, beträgt diese Frist ein Jahr.

Kapitel III. Werbung

Art. 11 Allgemeine Normen. (1) Jede Werbung muß lauter und ehrlich sein.

(2) Werbung darf nicht irreführen und den Interessen der Verbraucher nicht schaden.

(3) Werbung, die sich an Kinder richtet oder Kinder einsetzt, muß alles vermeiden, was deren Interessen schaden könnte, und muß deren besondere Beeindruckbarkeit berücksichtigen.

(4) Ein Werbetreibender darf keinen redaktionellen Einfluß auf den Programminhalt ausüben.

Art. 12 Dauer. (1) Die Werbedauer darf 15 Prozent der täglichen Sendezeit nicht überschreiten. Dieser Prozentsatz darf jedoch auf 20 Prozent angehoben werden, wenn Werbeformen wie direkte Angebote an die Öffentlichkeit für den Verkauf, den Kauf oder die Miete oder Pacht von Erzeugnissen oder die Erbringung von Dienstleistungen eingeschlossen werden; die Dauer der Spotwerbung darf aber 15 Prozent nicht überschreiten.

(2) Die Dauer der Spotwerbung innerhalb eines gegebenen Einstundenzeitraums darf 20 Prozent nicht überschreiten.

(3) Werbeformen wie direkte Angebote an die Öffentlichkeit für den Verkauf, den Kauf oder die Miete oder Pacht von Erzeugnissen oder die Erbringung von Dienstleistungen dürfen eine Stunde am Tag nicht überschreiten.

Art. 13 Form und Aufmachung. (1) Werbung muß klar als solche erkennbar und durch optische oder akustische Mittel eindeutig von anderen Programmteilen getrennt sein. Grundsätzlich wird sie in Blöcken gesendet.

(2) Unterschwellige Werbung ist verboten.

(3) Schleichwerbung, insbesondere die Darstellung von Erzeugnissen oder Dienstleistungen in Sendungen zu Werbezwecken, ist verboten.

(4) In der Werbung dürfen weder im Bild noch im Ton Personen auftreten, die regelmäßig Nachrichtensendungen und Sendungen zum politischen Zeitgeschehen vorstellen.

Art. 14 Einfügung der Werbung. (1) Werbung wird zwischen Sendungen eingefügt. Unter den in den Absätzen 2 bis 5 genannten Voraussetzungen kann Werbung auch in Sendungen eingefügt werden, sofern der Gesamtzusammenhang und der Wert der Sendung sowie die Rechte der Rechteinhaber nicht beeinträchtigt werden.

(2) In Sendungen, die aus eigenständigen Teilen bestehen, oder in Sportsendungen und Übertragungen ähnlich gegliederter Ereignisse und Darbietungen, die Pausen enthalten, darf Werbung nur zwischen den eigenständigen Teilen oder in die Pausen eingefügt werden.

(3) Die Verbreitung audiovisueller Werke wie Kinospielfilme und Fernsehfilme (mit Ausnahme von Serien, Reihen, leichten Unterhaltungssendungen und Dokumentarsendungen) darf unter der Voraussetzung, daß diese länger dauern als 45 Minuten, einmal je vollständigem 45-Minuten-Zeitraum unterbrochen werden. Eine weitere Unterbrechung ist zulässig, wenn diese Werke mindestens 20 Minuten länger dauern als zwei oder mehr vollständige 45-Minuten-Zeiträume.

(4) Werden andere als die von Absatz 2 erfaßten Sendungen durch Werbung unterbrochen, so soll der Abstand zwischen zwei aufeinanderfolgenden Unterbrechungen innerhalb der Sendung mindestens 20 Minuten betragen.

(5) Die Übertragung von Gottesdiensten darf nicht durch Werbung unterbrochen werden. Nachrichtensendungen und Sendungen zum politischen Zeitgeschehen, Dokumentarsendungen, Sendungen religiösen Inhalts und Kindersendungen dürfen nicht durch Werbung unterbrochen werden wenn sie kürzer als 30 Minuten sind. Dauern sie 30 Minuten oder länger, so gelten die Bestimmungen der Absätze 1 bis 4.

Art. 15 Werbung für bestimmte Erzeugnisse. (1) Werbung für Tabakerzeugnisse ist verboten.

(2) Werbung für alle Arten von alkoholischen Getränken muß folgenden Regeln entsprechen:

a) Sie darf sich nicht eigens an Minderjährige richten; niemand, der wie ein Minderjähriger aussieht, darf in der Werbung mit dem Konsum alkoholischer Getränke in Zusammenhang gebracht werden;

b) sie darf den Konsum von Alkohol nicht mit körperlicher Leistung oder mit dem Autofahren in Verbindung bringen;

c) sie darf nicht vorgeben, daß Alkohol therapeutische Eigenschaften besitzt oder ein Anregungs- oder Beruhigungsmittel oder ein Mittel zur Lösung persönlicher Probleme ist;

d) sie darf nicht zum unmäßigen Konsum von Alkohol ermutigen oder Abstinenz oder Mäßigung in einem negativen Licht erscheinen lassen;

e) sie darf den Alkoholgehalt von Getränken nicht ungebührlich betonen.

(3) Werbung für Medikamente und medizinische Behandlungen, die in der sendenden Vertragspartei nur auf ärztliche Verordnung erhältlich sind, ist verboten.

(4) Werbung für alle anderen Medikamente und medizinischen Behandlungen muß klar als solche erkennbar, ehrlich, wahrheitsgemäß

und nachprüfbar sein und der Forderung entsprechen, daß sie für den Menschen nicht schädlich sind.

Art. 16 Werbung, die sich eigens an eine einzelne Vertragspartei richtet. (1) Um Wettbewerbsverzerrungen und die Gefährdung des Fernsehsystems einer Vertragspartei zu vermeiden, darf Werbung, die sich eigens und häufig an Zuschauer in einer einzelnen Vertragspartei außerhalb der sendenden Vertragspartei richtet, die für die Fernsehwerbung geltenden Vorschriften nicht umgehen.

(2) Absatz 1 gilt nicht,

a) wenn die betreffenden Vorschriften die Werbung, die durch Rechtsträger oder mittels technischer Einrichtungen im Hoheitsbereich der sendenden Vertragsparteien verbreitet wird, schlechter stellen als die Werbung, die durch Rechtsträger oder mittels technischer Einrichtungen im Hoheitsbereich dieser empfangenden Vertragspartei verbreitet wird, oder

b) wenn die betreffenden Vertragsparteien zwei- oder mehrseitige Übereinkünfte auf diesem Gebiet geschlossen haben.

Kapitel IV. Sponsern

Art. 17 Allgemeine Normen. (1) Eine Sendung oder eine Folge von Sendungen, die insgesamt oder teilweise gesponsert werden, müssen durch entsprechende Kennzeichnungen zu Beginn und/oder am Ende der Sendung eindeutig als solche bezeichnet werden.

(2) Inhalt und Zeitplanung gesponserter Sendungen dürfen unter keinen Umständen durch den Sponsor so beeinflußt werden, daß die Verantwortung und die redaktionelle Unabhängigkeit des Rundfunkveranstalters im Hinblick auf die Sendungen beeinträchtigt werden.

(3) Gesponserte Sendungen dürfen nicht zum Verkauf, zum Kauf oder zur Miete oder Pacht von Erzeugnissen oder Dienstleistungen des Sponsors oder eines Dritten ermutigen, namentlich nicht durch besondere verkaufsfördernde Hinweise auf derartige Erzeugnisse oder Dienstleistungen in diesen Sendungen.

Art. 18 Verbotenes Sponsern. (1) Sendungen dürfen nicht durch natürliche oder juristische Personen gesponsert werden, deren Haupttätigkeit in der Herstellung oder dem Verkauf von Erzeugnissen oder der Erbringung von Dienstleistungen besteht, für die Werbung aufgrund des Artikels 15 verboten ist.

(2) Das Sponsern von Nachrichtensendungen und Sendungen zum politischen Zeitgeschehen ist verboten.

Kapitel V. Gegenseitige Hilfeleistung

Art. 19 Zusammenarbeit zwischen den Vertragsparteien. (1) Die Vertragsparteien kommen überein, sich gegenseitig bei der Durchführung dieses Übereinkommens zu unterstützen.

(2) Zu diesem Zweck

a) benennt jeder Vertragsstaat eine oder mehrere Behörden, deren Namen und Anschrift er dem Generalsekretär des Europarats bei der Hinterlegung seiner Ratifikations-, Annahme-, Genehmigungs- oder Beitrittsurkunde mitteilt;

b) gibt jeder Vertragsstaat, der mehr als eine Behörde benannt hat, in seiner Mitteilung nach Buchstabe a die Zuständigkeit jeder Behörde an.

(3) Eine von einer Vertragspartei benannte Behörde

a) liefert die in Artikel 6 Absatz 2 vorgesehenen Informationen;

b) liefert auf Ersuchen einer von einer anderen Vertragspartei benannten Behörde Informationen über das innerstaatliche Recht und die innerstaatlichen Gepflogenheiten in den von diesem Übereinkommen erfaßten Bereichen;

c) arbeitet mit den von den anderen Vertragsparteien benannten Behörden zusammen, soweit dies nützlich ist und namentlich, wenn dies die Wirksamkeit der zur Durchführung dieses Übereinkommens getroffenen Maßnahmen fördern kann;

d) prüft jede Schwierigkeit, die sich aus der Anwendung dieses Übereinkommens ergibt und auf die sie durch eine von einer anderen Vertragspartei benannte Behörde hingewiesen wird.

Kapitel VI. Ständiger Ausschuß

Art. 20 Ständiger Ausschuß. (1) Für die Zwecke dieses Übereinkommens wird ein Ständiger Ausschuß eingesetzt.

(2) Jede Vertragspartei kann im Ständigen Ausschuß durch einen oder mehrere Delegierte vertreten sein. Jede Delegation hat eine Stimme. Innerhalb ihres Zuständigkeitsbereichs übt die Europäische Wirtschaftsgemeinschaft ihr Stimmrecht mit einer Anzahl von Stimmen aus, die der Anzahl ihrer Mitgliedstaaten entspricht, die Vertragsparteien dieses Übereinkommens sind; die Europäische Wirtschaftsgemeinschaft übt ihr Stimmrecht in den Fällen nicht aus, in denen die betreffenden Mitgliedstaaten ihr Stimmrecht ausüben und umgekehrt.

(3) Jeder in Artikel 29 Absatz 1 bezeichnete Staat, der nicht Vertragspartei dieses Übereinkommens ist, kann im Ständigen Ausschuß als Beobachter vertreten sein.

(4) Der Ständige Ausschuß kann den Rat von Sachverständigen einholen, um seine Aufgaben zu erfüllen. Er kann aus eigenem Antrieb oder auf Ersuchen des betreffenden Gremiums jedes internationale oder nationale staatliche oder nichtstaatliche Gremium, das in den von diesem Übereinkommen erfaßten Bereichen fachlich qualifiziert ist, einladen, sich durch einen Beobachter auf einer oder einem Teil einer seiner Sitzungen vertreten zu lassen. Der Beschluß, solche Sachverständigen oder solche Gremien einzuladen, wird mit Dreiviertelmehrheit der Mitglieder des Ständigen Ausschusses gefaßt.

(5) Der Ständige Ausschuß wird vom Generalsekretär des Europarats einberufen. Seine erste Sitzung findet innerhalb von sechs Monaten nach Inkrafttreten dieses Übereinkommens statt. Danach tritt er zusammen, sobald ein Drittel der Vertragsparteien oder das Ministerkomitee des Europarates dies verlangt, oder auf Veranlassung des Generalsekretärs des Europarats nach Artikel 23 Absatz 2 oder auf Ersuchen einer oder mehrerer Vertragsparteien nach Artikel 21 Buchstabe c und Artikel 25 Absatz 2.

(6) Der Ständige Ausschuß ist verhandlungs- und beschlußfähig, wenn auf einer Sitzung die Mehrheit der Vertragsparteien vertreten ist.

(7) Vorbehaltlich des Absatzes 4 dieses Artikels und des Artikels 23 Absatz 3 werden die Beschlüsse des Ständigen Ausschusses mit Dreiviertelmehrheit der anwesenden Mitglieder gefaßt.

(8) Vorbehaltlich der Bestimmungen dieses Übereinkommens gibt sich der Ständige Ausschuß eine Geschäftsordnung.

Art. 21 Aufgaben den Ständigen Ausschusses. Der Ständige Ausschuß hat die Aufgabe, die Anwendung dieses Übereinkommens zu überwachen. Er kann

a) gegenüber den Vertragsparteien Empfehlungen in bezug auf die Anwendung des Übereinkommens abgeben;
b) etwa notwendige Änderungen des Übereinkommens anregen und nach Artikel 23 vorgeschlagene Änderungen prüfen;
c) auf Ersuchen einer oder mehrerer Vertragsparteien Fragen zur Auslegung des Übereinkommens prüfen;
d) alle Anstrengungen unternehmen, um eine gütliche Beilegung jeder Schwierigkeit zu gewährleisten, die nach Artikel 25 an ihn verwiesen wird;
e) gegenüber dem Ministerkomitee Empfehlungen abgeben, damit andere als die in Artikel 29 Absatz 1 bezeichneten Staaten zum Beitritt zu dem Übereinkommen eingeladen werden.

Artikel 22 Berichte des Ständigen Ausschusses. Nach jeder Sitzung übermittelt der Ständige Ausschuß den Vertragsparteien und dem Ministerkomitee des Europarats einen Bericht über seine Beratungen und etwa gefaßte Beschlüsse.

Kapitel VII. Änderungen

Art. 23 Änderungen. (1) Jede Vertragspartei kann Änderungen dieses Übereinkommens vorschlagen.

(2) Jeder Änderungsvorschlag wird dem Generalsekretär des Europarats notifiziert, der ihn den Mitgliedstaaten des Europarates, den anderen Vertragsstaaten des Europäischen Kulturabkommens, der Europäischen Wirtschaftsgemeinschaft und allen Nichtmitgliedstaaten, die nach Artikel 30 diesem Übereinkommen beigetreten sind oder zum Beitritt eingeladen wurden, übermittelt. Der Generalsekretär des Europarats beruft frühestens zwei Monate nach Übermittlung des Vorschlags eine Sitzung des Ständigen Ausschusses ein.

(3) Der Ständige Ausschuß prüft jede vorgeschlagene Änderung und legt den mit Dreiviertelmehrheit seiner Mitglieder beschlossenen Wortlaut dem Ministerkomitee zur Genehmigung vor. Nach der Genehmigung wird der Wortlaut den Vertragsparteien zur Annahme zugeleitet.

(4) Jede Änderung tritt am dreißigsten Tag nach dem Zeitpunkt in Kraft, zu dem alle Vertragsparteien dem Generalsekretär die Annahme der Änderung angezeigt haben.

Kapitel VIII. Behauptete Verletzungen dieses Übereinkommens

Art. 24 Behauptete Verletzungen dieses Übereinkommens. (1) Stellt eine Vertragspartei eine Verletzung dieses Übereinkommens fest, so unterrichtet sie die sendende Vertragspartei von der behaupteten Verletzung; die beiden Vertragsparteien bemühen sich, die Schwierigkeit auf der Grundlage der Artikel 19, 25 und 26 auszuräumen.

(2) Ist die behauptete Verlegung offensichtlich, ernsthaft und schwerwiegend, so daß wichtige Fragen von öffentlichem Interesse berührt und Artikel 7 Absatz 1 oder 2, Artikel 12, Artikel 13 Absatz 1 Satz 1, Artikel 14 oder Artikel 15 Absatz 1 oder 3 betroffen sind, und dauert sie zwei Wochen nach der Unterrichtung noch an, so kann die empfangende Vertragspartei die Weiterverbreitung des beanstandeten Programms vorläufig aussetzen.

(3) In allen anderen Fällen behaupteter Verletzung mit Ausnahme der in Absatz 4 vorgesehenen kann die empfangende Vertragspartei die Weiterverbreitung des beanstandeten Programms acht Monate nach der Unterrichtung vorläufig aussetzen, wenn die behauptete Verletzung weiterhin andauert.

(4) Die vorläufige Aussetzung der Weiterverbreitung ist im Fall behaupteter Verletzung des Artikels 7 Absatz 3 oder des Artikels 8, 9 oder 10 nicht erlaubt.

Kapitel IX. Beilegung von Streitigkeiten

Art. 25 Vergleich. (1) Bei einer Schwierigkeit, die sich aus der Anwendung dieses Übereinkommens ergibt, bemühen sich die betroffenen Parteien um eine gütliche Beilegung.

(2) Sofern nicht eine der betroffenen Parteien Einspruch erhebt, kann der Ständige Ausschuß sich den betroffenen Parteien zur Verfügung stellen und die Frage prüfen, um so bald wie möglich eine zufriedenstellende Lösung zu erzielen und gegebenenfalls ein Gutachten zu der Angelegenheit abzugeben.

(3) Jede betroffene Partei verpflichtet sich, dem Ständigen Ausschuß unverzüglich alle zur Wahrnehmung seiner Aufgaben nach Absatz 2 erforderlichen Informationen und Mittel zur Verfügung zu stellen.

Art. 26 Schiedsverfahren. (1) Können die betroffenen Parteien die Streitigkeiten nicht nach Artikel 25 beilegen, so können sie diese einvernehmlich einem Schiedsverfahren unterwerfen, dessen Verfahrensbestimmungen im Anhang zu diesem Übereinkommen enthalten sind. Falls ein solches Einvernehmen nicht innerhalb von sechs Monaten nach dem ersten Antrag auf Eröffnung des Vergleichsverfahrens zustandekommt, kann die Streitigkeit auf Ersuchen einer der Parteien einem Schiedsverfahren unterworfen werden.

(2) Jede Vertragspartei kann jederzeit erklären, daß sie die Anwendung des im Anhang zu diesem Übereinkommen vorgesehenen Schiedsverfahren von Rechts wegen ohne besondere Übereinkunft gegenüber jeder anderen Vertragspartei, welche dieselbe Verpflichtung übernimmt, als obligatorisch anerkennt.

Kapitel X. Andere internationale Übereinkünfte und das innerstaatliche Recht der Vertragsparteien

Art. 27 Andere internationale Übereinkünfte oder Absprachen.
(1) In ihren gegenseitigen Beziehungen wenden die Vertragsparteien, die Mitglieder der Europäischen Wirtschaftsgemeinschaft sind, Gemeinschaftsvorschriften an und wenden daher die sich aus diesem Übereinkommen ergebenden Bestimmungen nur insoweit an, als es zu einem bestimmten Regelungsgegenstand keine Gemeinschaftsvorschrift gibt.

(2) Dieses Übereinkommen hindert die Vertragsparteien nicht, internationale Übereinkünfte zu schließen, die seine Bestimmungen vervollständigen oder weiter entwickeln oder ihren Anwendungsbereich ausdehnen.

(3) Im Fall zweiseitiger Übereinkünfte ändert dieses Übereinkommen nicht die Rechte und Pflichten der Vertragsparteien, die sich aus solchen Übereinkünften ergeben und die den Genuß der Rechte oder die

Wahrnehmung der Pflichten nach diesem Übereinkommen durch andere Vertragsparteien nicht beeinträchtigen.

Art. 28 Verhältnis zwischen dem Übereinkommen und dem innerstaatlichen Recht der Vertragsparteien. Dieses Übereinkommen hindert die Vertragsparteien nicht, strengere oder ausführlichere Bestimmungen als die in diesem Übereinkommen enthaltenen auf Programme anzuwenden, die durch Rechtsträger oder mittels technischer Einrichtungen in ihrem Hoheitsbereich im Sinne des Artikels 3 verbreitet werden.

Kapitel XI. Schlußbestimmungen

Art. 29 Unterzeichnung und Inkrafttreten. (1) Dieses Übereinkommen liegt für die Mitgliedstaaten des Europarates und die anderen Vertragsstaaten des Europäischen Kulturabkommens sowie die Europäische Wirtschaftsgemeinschaft zur Unterzeichnung auf. Es bedarf der Ratifikation, Annahme oder Genehmigung. Die Ratifikations-, Annahme- oder Genehmigungsurkunden werden beim Generalsekretär des Europarats hinterlegt.

(2) Dieses Übereinkommen tritt am ersten Tag des Monats in Kraft, der auf einen Zeitabschnitt von drei Monaten nach dem Tag folgt, an dem sieben Staaten, davon mindestens fünf Mitgliedstaaten des Europarats, nach Absatz 1 ihre Zustimmung ausgedrückt haben, durch das Übereinkommen gebunden zu sein.

(3) Ein Staat kann zum Zeitpunkt der Unterzeichnung oder zu jedem späteren Zeitpunkt vor Inkrafttreten dieses Übereinkommens für diesen Staat erklären, daß er das Übereinkommen vorläufig anwendet.

(4) Für jeden in Absatz 1 bezeichneten Staat oder die Europäische Wirtschaftsgemeinschaft, die später ihre Zustimmung ausdrücken, durch das Übereinkommen gebunden zu sein, tritt es am ersten Tag des Monats in Kraft, der auf einen Zeitabschnitt von drei Monaten nach Hinterlegung der Ratifikations-, Annahme- oder Genehmigungsurkunde folgt.

Art. 30 Beitritt von Nichtmitgliedstaaten. (1) Nach Inkrafttreten dieses Übereinkommens kann das Ministerkomitee des Europarats nach Konsultation der Vertragsstaaten durch einen mit der in Artikel 20 Buchstabe d der Satzung des Europarats vorgesehenen Mehrheit und mit einhelliger Zustimmung der Vertreter der Vertragsstaaten, die Anspruch auf einen Sitz im Komitee haben, gefaßten Beschluß jeden anderen Staat einladen, dem Übereinkommen beizutreten.

(2) Für jeden beitretenden Staat tritt dieses Übereinkommen am ersten Tag des Monats in Kraft, der auf einen Zeitabschnitt von drei Monaten nach Hinterlegung der Beitrittsurkunde beim Generalsekretär des Europarats folgt.

Art. 31 Geltungsbereichsklausel. (1) Jeder Staat kann bei der Unterzeichnung oder bei der Hinterlegung seiner Ratifikations-, Annahme-, Genehmigungs- oder Beitrittsurkunde einzelne oder mehrere Hoheitsgebiete bezeichnen, auf die dieses Übereinkommen Anwendung findet.

(2) Jeder Staat kann jederzeit danach durch eine an den Generalsekretär des Europarats gerichtete Erklärung die Anwendung dieses Übereinkommens auf jedes weitere in der Erklärung bezeichnete Hoheitsgebiet erstrecken. Das Übereinkommen tritt für dieses Hoheitsgebiet am ersten Tag des Monats in Kraft, der auf einen Zeitabschnitt von drei Monaten nach Eingang der Erklärung beim Generalsekretär folgt.

(3) Jede nach den Absätzen 1 und 2 abgegebene Erklärung kann in bezug auf jedes darin bezeichnete Hoheitsgebiet durch eine an den Generalsekretär gerichtete Notifikation zurückgenommen werden. Die Rücknahme wird am ersten Tag des Monats wirksam, der auf einen Zeitabschnitt von sechs Monaten nach Eingang der Notifikation beim Generalsekretär folgt.

Art. 32 Vorbehalte. (1) Bei der Unterzeichnung oder der Hinterlegung seiner Ratifikations-, Annahme-, Genehmigungs- oder Beitrittsurkunde

a) kann jeder Staat erklären, daß er sich das Recht vorbehält, die Weiterverbreitung von Programmen, die Werbung für alkoholische Getränke nach Maßgabe des Artikels 15 Absatz 2 enthalten, in seinem Hoheitsgebiet zu beschränken, soweit diese Weiterverbreitung seinen innerstaatlichen Rechtsvorschriften nicht entspricht;
b) kann das Vereinigte Königreich erklären, daß es sich das Recht vorbehält, die in Artikel 15 Absatz 1 vorgesehene Verpflichtung, Werbung für Tabakerzeugnisse zu verbieten, hinsichtlich der Werbung für Zigarren und Pfeifentabak, die von der Independent Broadcasting Authority über terrestrische Mittel in seinem Hoheitsgebiet gesendet wird, nicht zu erfüllen.

Weitere Vorbehalte sind nicht zulässig.

(2) Gegen einen nach Absatz 1 angebrachten Vorbehalt sind Einsprüche nicht zulässig.

(3) Jeder Vertragsstaat, der einen Vorbehalt nach Absatz 1 angebracht hat, kann ihn durch eine an den Generalsekretär das Europarats gerichtete Notifikation ganz oder teilweise zurücknehmen. Die Rücknahme wird mit dem Eingang der Notifikation beim Generalsekretär wirksam.

(4) Eine Vertragspartei, die einen Vorbehalt zu einer Bestimmung dieses Übereinkommens angebracht hat, kann nicht verlangen, daß eine andere Vertragspartei diese Bestimmung anwendet; sie kann jedoch, wenn es sich um einen Teilvorbehalt oder einen bedingten Vorbehalt handelt, die Anwendung der betreffenden Bestimmung insoweit verlangen, als sie selbst sie angenommen hat.

Art. 33 Kündigung. (1) Jede Vertragspartei kann dieses Übereinkommen jederzeit durch eine an den Generalsekretär des Europarats gerichtete Notifikation kündigen.

(2) Die Kündigung wird am ersten Tag des Monats wirksam, der auf einen Zeitabschnitt von sechs Monaten nach Eingang der Notifikation beim Generalsekretär folgt.

Art. 34 Notifikationen. Der Generalsekretär des Europarats notifiziert den Mitgliedstaaten des Rates, den anderen Vertragsstaaten des Europäischen Kulturabkommens, der Europäischen Wirtschaftsgemeinschaft und jedem Staat, der diesem Übereinkommen beigetreten ist oder zum Beitritt eingeladen wurde,

a) jede Unterzeichnung;

b) jede Hinterlegung einer Ratifikations-, Annahme-, Genehmigungs- oder Beitrittsurkunde;

c) jeden Zeitpunkt des Inkrafttretens dieses Übereinkommens nach den Artikeln 29, 30 und 31;

d) jeden nach Artikel 22 verfaßten Bericht;

e) jede andere Handlung, Erklärung, Notifikation oder Mitteilung im Zusammenhang mit diesem Übereinkommen.

Zu Urkund dessen haben die hierzu gehörig befugten Unterzeichneten dieses Übereinkommen unterschrieben.

Geschehen zu Straßburg am 5. Mai 1989 in englischer und französischer Sprache, wobei jeder Wortlaut gleichermaßen verbindlich ist, in einer Urschrift, die im Archiv des Europarats hinterlegt wird. Der Generalsekretär des Europarats übermittelt allen Mitgliedstaaten des Europarats, den anderen Vertragsstaaten des Europäischen Kulturabkommens, der Europäischen Wirtschaftsgemeinschaft und allen zum Beitritt zu diesem Übereinkommen eingeladenen Staaten beglaubigte Abschriften.

II. Presserecht

12. Pressegesetz für das Land Nordrhein-Westfalen (Landespressegesetz NW)

Vom 24. Mai 1966 (GV NW S. 340)

zuletzt geänd. durch G v. 7. Februar 1995 (GV NW S. 88)

Inhaltsübersicht

§ 1 Freiheit der Presse. (1) Die Presse ist frei. Sie ist der freiheitlichen demokratischen Grundordnung verpflichtet.

(2) Die Freiheit der Presse unterliegt nur den Beschränkungen, die durch das Grundgesetz unmittelbar und in seinem Rahmen durch dieses Gesetz zugelassen sind.

(3) Sondermaßnahmen jeder Art, die die Pressefreiheit beeinträchtigen, sind verboten.

(4) Berufsorganisationen der Presse mit Zwangsmitgliedschaft und eine mit hoheitlicher Gewalt ausgestattete Standesgerichtsbarkeit der Presse sind unzulässig.

§ 2 Zulassungsfreiheit. Die Pressetätigkeit einschließlich der Errichtung eines Verlagsunternehmens oder eines sonstigen Betriebes des Pressegewerbes darf von irgendeiner Zulassung nicht abhängig gemacht werden.

§ 3 Öffentliche Aufgabe der Presse. Die Presse erfüllt eine öffentliche Aufgabe insbesondere dadurch, daß sie Nachrichten beschafft und verbreitet, Stellung nimmt, Kritik übt oder auf andere Weise an der Meinungsbildung mitwirkt.

§ 4 Informationsrecht der Presse. (1) Die Behörden sind verpflichtet, den Vertretern der Presse die der Erfüllung ihrer öffentlichen Aufgabe dienenden Auskünfte zu erteilen.

(2) Ein Anspruch auf Auskunft besteht nicht, soweit

1. durch sie die sachgemäße Durchführung eines schwebenden Verfahrens vereitelt, erschwert, verzögert oder gefährdet werden könnte oder
2. Vorschriften über die Geheimhaltung entgegenstehen oder
3. ein überwiegendes öffentliches oder ein schutzwürdiges privates Interesse verletzt würde oder
4. deren Umfang das zumutbare Maß überschreitet.

(3) Allgemeine Anordnungen, die einer Behörde Auskünfte an die Presse überhaupt, an diejenige einer bestimmten Richtung oder an ein bestimmtes periodisches Druckwerk verbieten, sind unzulässig.

(4) Der Verleger einer Zeitung oder Zeitschrift kann von den Behörden verlangen, daß ihm deren amtliche Bekanntmachungen nicht später als seinen Mitbewerbern zur Verwendung zugeleitet werden.

§ 5 *(aufgehoben)*

§ 6 Sorgfaltspflicht der Presse. Die Presse hat alle Nachrichten vor ihrer Verbreitung mit der nach den Umständen gebotenen Sorgfalt auf Inhalt, Herkunft und Wahrheit zu prüfen. Die Verpflichtung, Druckwerke von strafbarem Inhalt freizuhalten (§ 21 Abs. 2), bleibt unberührt.

§ 7 Begriffsbestimmungen. (1) Druckwerke im Sinne dieses Gesetzes sind alle mittels der Buchdruckerpresse oder eines sonstigen zur Massenherstellung geeigneten Vervielfältigungsverfahrens hergestellten und zur Verbreitung bestimmten Schriften, besprochenen Tonträger, bildlichen Darstellungen mit und ohne Schrift, Bildträger und Musikalien mit Text oder Erläuterungen.

(2) Zu den Druckwerken gehören auch die vervielfältigten Mitteilungen, mit denen Nachrichtenagenturen, Pressekorrespondenzen, Materndienste und ähnliche Unternehmungen die Presse mit Beiträgen in Wort, Bild oder ähnlicher Weise versorgen. Als Druckwerke gelten ferner die von einem presseredaktionellen Hilfsunternehmen gelieferten Mitteilungen ohne Rücksicht auf die technische Form, in der sie geliefert werden.

(3) Den Bestimmungen dieses Gesetzes über Druckwerke unterliegen nicht

1. amtliche Druckwerke, soweit sie ausschließlich amtliche Mitteilungen enthalten,

2. die nur Zwecken des Gewerbes und Verkehrs, des häuslichen und geselligen Lebens dienenden Druckwerke, wie Formulare, Preislisten, Werbedrucksachen, Familienanzeigen, Geschäfts-, Jahres- und Verwaltungsberichte und dergleichen, sowie Stimmzettel für Wahlen.

(4) Periodische Druckwerke sind Zeitungen, Zeitschriften und andere in ständiger, wenn auch unregelmäßiger Folge und im Abstand von nicht mehr als sechs Monaten erscheinende Druckwerke.

§ 8 Impressum. (1) Auf jedem im Geltungsbereich dieses Gesetzes erscheinenden Druckwerk müssen Name oder Firma und Anschrift des Druckers und des Verlegers, beim Selbstverlag des Verfassers oder des Herausgebers genannt sein.

(2) Auf den periodischen Druckwerken sind ferner der Name und die Anschrift des verantwortlichen Redakteurs anzugeben. Sind mehrere Redakteure verantwortlich, so muß das Impressum die in Satz 1 geforderten Angaben für jeden von ihnen enthalten. Hierbei ist kenntlich zu machen, für welchen Teil oder sachlichen Bereich des Druckwerks jeder einzelne verantwortlich ist. Für den Anzeigenteil ist ein Verantwortlicher zu benennen; für diesen gelten die Vorschriften über den verantwortlichen Redakteur entsprechend.

(3) Zeitungen und Anschlußzeitungen, die regelmäßig ganze Seiten des redaktionellen Teils fertig übernehmen, haben im Impressum auch den für den übernommenen Teil verantwortlichen Redakteur und den Verleger zu benennen. Neben- oder Unterausgaben einer Hauptzeitung insbesondere Kopfzeitungen, Bezirks- oder Lokalausgaben, müssen im Impressum auch den Verleger der Hauptzeitung angeben.

§ 9 Persönliche Anforderungen an den verantwortlichen Redakteur. (1) Als verantwortlicher Redakteur kann nicht tätig sein und beschäftigt werden, wer

1. seinen ständigen Aufenthalt außerhalb des Geltungsbereichs des Grundgesetzes hat,
2. infolge Richterspruchs die Fähigkeit zur Bekleidung öffentlicher Ämter nicht besitzt,
3. das 21. Lebensjahr nicht vollendet hat,
4. nicht geschäftsfähig ist oder aufgrund einer psychischen Krankheit oder einer geistigen oder seelischen Behinderung unter Betreuung steht,
5. nicht unbeschränkt strafrechtlich verfolgt werden kann.

(2) Die Vorschriften des Absatzes 1 Nr. 3 und 4 gelten nicht für Druckwerke, die von Jugendlichen für Jugendliche herausgegeben werden.

(3) Von der Voraussetzung des Absatzes 1 Nr. 1 kann der Innenminister in besonderen Fällen auf Antrag Befreiung erteilen. Die Befreiung kann widerrufen werden.

§ 10 Kennzeichnung entgeltlicher Veröffentlichungen. Hat der Verleger oder der Verantwortliche (§ 8 Abs. 2 Satz 4) eines periodischen Druckwerks für eine Veröffentlichung ein Entgelt erhalten, gefordert oder sich versprechen lassen, so muß diese Veröffentlichung, soweit sie nicht schon durch Anordnung und Gestaltung allgemein als Anzeige zu erkennen ist, deutlich mit dem Wort „Anzeige" bezeichnet werden.

§ 11 Gegendarstellungsanspruch. (1) Der verantwortliche Redakteur und der Verleger eines periodischen Druckwerkes sind verpflichtet, eine Gegendarstellung der Person oder Stelle zum Abdruck zu bringen, die durch eine in dem Druckwerk aufgestellte Tatsachenbehauptung betroffen ist. Die Verpflichtung erstreckt sich auf alle Neben- oder Unterausgaben des Druckwerkes, in denen die Tatsachenbehauptung erschienen ist.

(2) Die Pflicht zum Abdruck einer Gegendarstellung besteht nicht, wenn

a) die betroffene Person oder Stelle kein berechtigtes Interesse an der Veröffentlichung hat oder

b) die Gegendarstellung ihrem Umfange nach nicht angemessen ist oder

c) es sich um eine Anzeige handelt, die ausschließlich dem geschäftlichen Verkehr dient.

Überschreitet die Gegendarstellung nicht den Umfang des beanstandeten Textes, so gilt sie als angemessen. Die Gegendarstellung muß sich auf tatsächliche Angaben beschränken und darf keinen strafbaren Inhalt haben. Sie bedarf der Schriftform und muß von dem Betroffenen oder seinem gesetzlichen Vertreter unterzeichnet sein. Der Betroffene oder sein Vertreter kann den Abdruck nur verlangen, wenn die Gegendarstellung unverzüglich, spätestens innerhalb von drei Monaten nach der Veröffentlichung, dem verantwortlichen Redakteur oder Verleger zugeht.

(3) Die Gegendarstellung muß in der nach Empfang der Einsendung nächstfolgenden, für den Druck nicht abgeschlossenen Nummer in dem gleichen Teil des Druckwerks und mit gleicher Schrift wie der beanstandete Text ohne Einschaltungen und Weglassungen abgedruckt werden; sie darf nicht in der Form eines Leserbriefs erscheinen. Der Abdruck ist kostenfrei. Wer sich zu der Gegendarstellung in derselben Nummer äußert, muß sich auf tatsächliche Angaben beschränken.

(4) Für die Durchsetzung des vergeblich geltend gemachten Gegendarstellungsanspruchs ist der ordentliche Rechtsweg gegeben. Auf Antrag des Betroffenen kann das Gericht anordnen, daß der verantwortliche Redakteur und der Verleger in der Form des Absatzes 3 eine Gegendarstellung veröffentlichen. Auf diese Verfahren sind die Vorschriften der Zivilprozeßordnung[1] über das Verfahren auf Erlaß einer einstweiligen Verfügung entsprechend anzuwenden. Eine Gefährdung

[1] **Schönfelder Nr. 100.**

des Anspruchs braucht nicht glaubhaft gemacht zu werden. Ein Verfahren zur Hauptsache findet nicht statt.

(5) Die Absätze 1 bis 4 gelten nicht für wahrheitsgetreue Berichte über öffentliche Sitzungen der gesetzgebenden Organe des Bundes und der Länder und der Vertretungen der Gemeinden (Gemeindeverbände) sowie der Gerichte.

§§ 12–20 *(aufgehoben)*

§ 21 Strafrechtliche Verantwortung. (1) Die Verantwortlichkeit für Straftaten, die mittels eines Druckwerks begangen werden, bestimmt sich nach den allgemeinen Strafgesetzen.

(2) Ist durch ein Druckwerk der Tatbestand eines Strafgesetzes verwirklicht worden und hat

1. bei periodischen Druckwerken der verantwortliche Redakteur oder
2. bei sonstigen Druckwerken der Verleger

vorsätzlich oder leichtfertig seine Verpflichtung verletzt, Druckwerke von strafbarem Inhalt freizuhalten, so wird er mit Freiheitsstrafe bis zu einem Jahr oder mit Geldstrafe bestraft, soweit er nicht wegen dieser Handlung schon nach Absatz 1 als Täter oder Teilnehmer strafbar ist. Kann die durch das Druckwerk begangene rechtswidrige Tat, die den Tatbestand eines Strafgesetzes verwirklicht, nur auf Antrag oder mit Ermächtigung verfolgt werden, so setzt die Verfolgung des Vergehens nach Satz 1 voraus, daß der Antrag gestellt oder die Ermächtigung erteilt ist.

§ 22 Strafbare Verletzung der Presseordnung. Mit Gefängnis bis zu einem Jahr oder mit Geldstrafe wird bestraft, wer

1. als Verleger eine Person zum verantwortlichen Redakteur bestellt, die nicht den Anforderungen des § 9 entspricht,
2. als verantwortlicher Redakteur zeichnet, obwohl er die Voraussetzungen des § 9 nicht erfüllt.
3. als verantwortlicher Redakteur oder Verleger – beim Selbstverlag als Verfasser oder Herausgeber – bei einem Druckwerk strafbaren Inhalts den Vorschriften über das Impressum (§ 8) zuwiderhandelt,
4. *(gestrichen)*

§ 23 Bußgeldvorschriften. (1) Ordnungswidrig handelt, wer vorsätzlich oder fahrlässig

1. als verantwortlicher Redakteur oder Verleger – beim Selbstverlag als Verfasser oder Herausgeber – einer Vorschrift des § 8 über das Impressum zuwiderhandelt oder als Unternehmer Druckwerke verbreitet, in denen die nach § 8 vorgeschriebenen Angaben (Impressum) ganz oder teilweise fehlen,

2. als Verleger oder Verantwortlicher (§ 8 Abs. 2 Satz 4) entgegen § 10 eine Veröffentlichung gegen Entgelt nicht als Anzeige kenntlich macht oder kenntlich machen läßt,
3. gegen die Verpflichtung aus § 11 Abs. 3 Satz 3 verstößt.

(2) Die Ordnungswidrigkeit kann mit einer Geldbuße bis zu zehntausend Deutsche Mark geahndet werden.

(3) Verwaltungsbehörde im Sinne des § 36 Abs. 1 Nr. 1 des Gesetzes über Ordnungswidrigkeiten[1] ist die Kreisordnungsbehörde.

§ 24 *(aufgehoben)*

§ 25 Verjährung. (1) Die Verfolgung von Straftaten
1. die durch die Veröffentlichung oder Verbreitung von Druckwerken strafbaren Inhalts begangen werden, oder
2. die sonst den Tatbestand einer Strafbestimmung dieses Gesetzes verwirklichen,

verjährt bei Verbrechen in einem Jahr, bei Vergehen in sechs Monaten.[2] Bei Vergehen nach § 130 Abs. 2 und 4, § 131 sowie § 184 Abs. 2 bis 4 des Strafgesetzbuches[3] gelten insoweit die Vorschriften des Strafgesetzbuches über die Verfolgungsverjährung.

(2) Die Verfolgung der in § 23 genannten Ordnungswidrigkeiten verjährt in drei Monaten.

(3) Die Verjährung beginnt mit der Veröffentlichung oder Verbreitung des Druckwerks. Wird das Druckwerk in Teilen veröffentlicht oder verbreitet oder wird es neu aufgelegt, so beginnt die Verjährung erneut mit der Veröffentlichung oder Verbreitung der weiteren Teile oder Auflagen.

§ 26 Geltung für Rundfunk. (1) Für den Rundfunk gelten §§ 4, 9 und 25 entsprechend.

(2) Der ZDF-Staatsvertrag (Art. 3 des Staatsvertrages über den Rundfunk im vereinten Deutschland vom 31. August 1991 – GV NW S. 408 –)[4] bleibt unberührt.

§ 27 Schlußbestimmungen. (1) Dieses Gesetz tritt am 1. Juli 1966 in Kraft.

(2) *(vom Abdruck wurde abgesehen)*

---

[1] Abgedruckt **Schönfelder** Nr. **94**.
[2] Eine Ausnahme bildet § 88 Abs. 2 Börsengesetz.
[3] Abgedruckt **Schönfelder Nr. 85**.
[4] Loseblatt-Textsammlung **Gesetze des Landes Nordrhein-Westfalen Nr. 74 e**.

13. Satzung für den Trägerverein des Deutschen Presserats e. V.

(beschlossen am 25. Februar 1985, in der Fassung vom 6. Mai 1997)

§ 1 Name und Zweck des Vereins. (1) Der „Trägerverein des Deutschen Presserats" ist ein Zusammenschluß der in § 2 genannten Organisationen und Personen mit dem Zweck, für die Pressefreiheit in der Bundesrepublik Deutschland einzutreten und das Ansehen der deutschen Presse[1] zu wahren. Zur Wahrnehmung dieser Aufgabe bildet der Verein das Gremium „Deutscher Presserat" gemäß § 7 dieser Satzung.

(2) Sitz des Vereins ist Bonn.

(3) Der Verein soll in das Vereinsregister eingetragen werden.

(4) Geschäftsjahr ist das Kalenderjahr.

(5) Der Verein verfolgt ausschließlich gemeinnützige Zwecke.

§ 2 Mitgliedschaft. (1) Mitglieder des Vereins sind nur

1. der Bundesverband Deutscher Zeitungsverleger e. V. (BDZV),
2. der Verband Deutscher Zeitschriftenverleger e. V. (VDZ),
3. der Deutsche Journalisten-Verband e. V. (DJV),
4. die Industriegewerkschaft Medien, Druck und Papier, Publizistik und Kunst/Fachgruppe Journalismus (dju/SWJV), als Trägerorganisationen

   sowie
5. je eine von den unter Ziffern 1 bis 4 aufgeführten Organisationen benannte natürliche Person.

(2) Die Mitglieder treten dem Verein durch schriftliche Erklärung bei. Die Mitgliedschaft endet durch

1. schriftliche Kündigung der unter Abs. 1 Ziff. 1 bis 4 aufgeführten Organisationen mit einer Frist von zwölf Monaten zum Ende eines Kalenderjahres,
2. bei den gemäß Abs. 1 Ziff. 5 benannten natürlichen Personen durch
   - Ablauf des in der Regel zweijährigen Benennungszeitraumes, der zum Schluß eines Kalenderjahres enden soll;
   - schriftliche Kündigung durch die natürlichen Personen zum Ablauf des auf die Aufgabe der Kündigungserklärung folgenden Kalendermonats;
   - Abberufung dieser natürlichen Personen durch die Trägerorganisationen.

(3) Der Verein erhebt nur von den Mitgliedern gem. Abs. 1 Ziff. 1 bis 4 Beiträge.

---

[1] Presse im Sinne dieser Satzung ist auch die elektronische Presse.

§ 3 Organe, Ausschüsse. (1) Organe des Vereins sind

1. die Mitgliederversammlung,
2. der Vorstand.

(2) Zur Erledigung bestimmter Aufgaben kann die Mitgliederversammlung die Bildung von Ausschüssen und deren Verfahren beschließen.

§ 4 Mitgliederversammlung. (1) Die Mitgliederversammlung besteht aus je einem Vertreter jeder Trägerorganisation und den gemäß § 2 Abs. 1 Ziff. 5 benannten natürlichen Personen oder einem von diesen Mitgliedern bevollmächtigten Vertreter. Stimmübertragung ist zulässig.

(2) Die Mitgliederversammlung wird vom Vorsitzenden mit dreiwöchiger Ladungsfrist unter Angabe der Tagesordnung einberufen.

(3) Mitgliederversammlungen finden mindestens einmal im Kalenderjahr statt. Auf Verlangen einer Trägerorganisation tritt eine außerordentliche Mitgliederversammlung binnen sechs Wochen zusammen. Der von der Trägerorganisation beantragte Beratungsgegenstand ist auf die Tagesordnung zu setzen. In außergewöhnlichen Fällen kann eine Mitgliederversammlung im Einvernehmen aller Trägerorganisationen ohne Ladungsfrist stattfinden.

(4) Die Mitgliederversammlung ist beschlußfähig, sofern die Trägerorganisationen gemäß § 2 Abs. 1 Ziff. 1 bis 4 vertreten sind. Beschlüsse können nicht gegen den ausdrücklichen Widerspruch eines Vertreters einer Trägerorganisation gemäß § 2 Abs. 1 Ziff. 1 bis 4 gefaßt werden.

(5) Die Mitgliederversammlung tagt nicht öffentlich.

§ 5 Aufgaben der Mitgliederversammlung. Die Mitgliederversammlung hat insbesondere folgende Aufgaben:

1. Wahl des Vorstandes gemäß § 6,
2. Anstellung und Abberufung des Geschäftsführers gemäß § 12,
3. Bestellung der Rechnungsprüfer,
4. Feststellung des Haushaltsplans des Vereins,
5. Entgegennahme des Jahresberichtes des Vorstandes und des Rechnungsprüfungsberichtes sowie Entlastung des Vorstandes und des Geschäftsführers,
6. Vorschlag von Mitgliedern des Deutschen Presserats (§ 8) für die Wahl zum Sprecher und dessen Stellvertreter,
7. Einsetzung und Aufhebung von Ausschüssen zur Erfüllung bestimmter Aufgaben und Wahl ihrer Mitglieder,
8. Erlaß von Verfahrensordnungen für den Deutschen Presserat und dessen Ausschüsse,
9. Beschluß über die Auflösung des Vereins gemäß § 14.

§ 6 Vorstand. (1) Der Vorstand des Vereins besteht aus dem Vorsitzenden und dessen Stellvertreter. Er wird jeweils für die Dauer eines Kalenderjahres gewählt. Der Vorsitz soll zwischen einem Vertreter der Verleger-Trägerorganisationen und einem Vertreter der Journalisten-Trägerorganisationen wechseln. Der Stellvertreter soll ein Vertreter der jeweils anderen Gruppe (Verleger oder Journalisten) sein.

(2) Der Vorsitzende, im Falle seiner Verhinderung der stellvertretende Vorsitzende, leitet die Mitgliederversammlung.

(3) Der Vorsitzende oder sein Stellvertreter vertreten jeder allein den Verein. Verpflichtungen können nur in der Weise begründet werden, daß die Haftung der Mitglieder auf das Vereinsvermögen beschränkt ist.

(4) Die Mitgliederversammlung kann den Vorsitzenden oder dessen Stellvertreter ermächtigen, in einzelnen Fällen bestimmte Obliegenheiten selbständig zu erledigen.

§ 7 Deutscher Presserat. (1) Der Deutsche Presserat ist ein Gremium des „Trägervereins des Deutschen Presserats“. Er hat 20 Mitglieder. Die in § 2 Abs. 1 Ziff. 1 und 2 sowie die in Ziff. 3 und 4 aufgeführten Trägerorganisationen entsenden jeweils eine Hälfte der Mitglieder, welche in der deutschen Presse verlegerisch oder journalistisch tätig sind.[1)]

(2) Die Mitglieder des Deutschen Presserats sind unabhängig und an Weisungen der sie entsendenden Organisationen nicht gebunden. Sie sind zu finanziellen Beiträgen und Zuschüssen nicht verpflichtet. Ihre Tätigkeit ist ehrenamtlich.

(3) Die Dauer der Mitgliedschaft beträgt zwei Jahre. Die Amtszeit endet jeweils mit dem Ablauf des auf die Entsendung folgenden Kalenderjahres. Mehrmalige Entsendung ist zulässig. Scheidet ein Mitglied vorzeitig aus, benennt die entsendende Organisation alsbald einen Nachfolger für den Rest der Amtszeit.

§ 8 Sprecher des Deutschen Presserats. (1) In der ersten Sitzung eines Kalenderjahres wählt der Deutsche Presserat aus seiner Mitte auf Vorschlag der Mitgliederversammlung (§ 5 Abs. 1 Ziff. 6) seinen Sprecher und dessen Stellvertreter für das laufende Jahr. Das Amt des Sprechers soll jährlich zwischen Vertretern der Verleger-Trägerorganisatio-

---

[1)] 1. Die Trägerorganisationen benennen nicht
- ihre Vorsitzenden und Vorsitzende der ihnen angeschlossenen Berufsorganisationen
- hauptamtliche Verbandsmitarbeiter.

2. Die Journalistenorganisationen benennen keine Rundfunkjournalisten.

3. Die Verlegerverbände entsenden Personen,
- die als Eigentümer, Miteigentümer oder Herausgeber die grundsätzliche publizistische Haltung (bzw. publizistische Konzeption) einer Zeitung oder einer Zeitschrift bestimmen oder mitbestimmen können oder
- die als Geschäftsführer, Verlagsleiter oder in vergleichbarer Funktion in einer Zeitung oder Zeitschrift für die Einhaltung der publizistischen Haltung (bzw. publizistischen Konzeption) Verantwortung tragen.

nen und der Journalisten-Trägerorganisationen wechseln. Der Stellvertreter soll der jeweils anderen Gruppe (Verleger oder Journalisten) angehören.

(2) Der Sprecher – im Falle seiner Verhinderung sein Stellvertreter – beruft die Sitzungen des Deutschen Presserats ein und leitet sie. Er repräsentiert den Deutschen Presserat gegenüber der Öffentlichkeit.

§ 9 Aufgaben des Presserats. Der Deutsche Presserat hat die folgenden Aufgaben:

1. Mißstände im Pressewesen festzustellen und auf deren Beseitigung hinzuwirken,
2. Beschwerden über einzelne Zeitungen, Zeitschriften oder Pressedienste zu prüfen und in begründeten Fällen Mißbilligungen und Rügen gemäß § 10 Abs. 2 der Beschwerdeordnung auszusprechen. Diese Regelung gilt auch für solche journalistischen Beiträge, die von Zeitungs-, Zeitschriftenverlagen oder Pressediensten in digitaler Form verbreitet wurden und zeitungs- oder zeitschriftenidentisch sind. Digitale Beiträge sind insbesondere dann zeitungs- oder zeitschriftenidentisch, wenn sie vollständig oder teilweise Inhalte von Zeitungen oder Zeitschriften wiedergeben bzw. Inhalte von Zeitungen oder Zeitschriften als Vorab-Meldungen verbreitet haben,
3. Empfehlungen und Richtlinien für die publizistische Arbeit zu geben,
4. für den unbehinderten Zugang zu den Nachrichtenquellen einzutreten,
5. im Einvernehmen mit den Trägerorganisationen Entwicklungen entgegenzutreten, die die freie Information und Meinungsbildung des Bürgers gefährden könnten.[1)]

§ 10 Veröffentlichung von Rügen. Die Mitglieder gemäß § 2 Abs. 1 Ziff. 1 bis 4 werden Rügen des Deutschen Presserats in ihren Verbandsorganen veröffentlichen.

§ 11 Beschwerdeausschuß. Der Deutsche Presserat bildet einen Beschwerdeausschuß, der aus zehn seiner Mitglieder besteht. Fünf müssen verlegerisch, fünf journalistisch tätig sein. Für beide Gruppen stehen je zwei weitere Mitglieder als Stellvertreter zur Verfügung. Die Stellvertreter nehmen bei Verhinderung der ordentlichen Mitglieder vollberechtigt an den Sitzungen des Beschwerdeausschusses teil.

§ 12 Geschäftsführer. Zur Erledigung der laufenden Geschäfte des Trägervereins des Deutschen Presserats, des Deutschen Presserats (als dessen Gremium) und dessen Beschwerdeausschusses beruft die Mitgliederversammlung des Trägervereins einen Geschäftsführer (§ 5

[1)] Der Deutsche Presserat wird nicht mit der Verhandlung und Entscheidung von Tarifkonflikten belastet.

Ziff. 2). Der Geschäftsführer leitet die Geschäftsstelle des Trägervereins und des Deutschen Presserats, die ihren Sitz in Bonn hat.

§ 13 Niederschriften. Über die Mitgliederversammlung sowie die Sitzungen des Deutschen Presserats und des Beschwerdeausschusses sind Niederschriften anzufertigen, die mindestens den Inhalt von Beschlüssen und deren Begründung sowie die Abstimmungsverhältnisse enthalten müssen. Die Niederschriften unterzeichnen der Sitzungsleiter und der Geschäftsführer.

§ 14 Ausritt, Auflösung. (1) Über die Auflösung des Vereins entscheidet die Mitgliederversammlung. Der Verein gilt als aufgelöst, wenn eine der in § 2 Abs. 1 Ziff. 1 bis 4 genannten Trägerorganisationen ihren Austritt erklärt.

(2) Falls die Mitgliederversammlung keinen anderen Beschluß faßt, fällt das Vereinsvermögen an den als mildtätig anerkannten Hilfsverein der Deutschen Presse e. V., Stuttgart.

(Eingetragen in das Vereinsregister des Amtsgerichts Bonn unter Nr. 5205 am 21. 8. 1985.)

14. Geschäftsordnung des Deutschen Presserats und seines Beschwerdeausschusses

(Verfahrensordnung gem. § 5 Ziff. 8 der Satzung für den Trägerverein des Deutschen Presserats; beschlossen am 25. Februar 1985, in der Fassung vom 22. Februar 1995)

§ 1 Erfüllung der Aufgaben, Arbeitsweise des Deutschen Presserats.
(1) Zur Erfüllung seiner Aufgaben soll der Deutsche Presserat regelmäßig alle drei Monate zusammentreten. Der Geschäftsführer lädt namens und im Auftrag des Sprechers ein.

(2) Der Deutsche Presserat ist zur Sitzung unter Wahrung einer Frist von mindestens vier Wochen einzuladen. Die Tagesordnung ist zwei Wochen vor der Sitzung schriftlich bekanntzugeben. Für die Frist ist das Datum der Absendung maßgebend. In dringenden Fällen kann die Einladung mit kürzerer Frist auch fernschriftlich, telegrafisch oder telefonisch ohne Angabe der Tagesordnung erfolgen. Ein Viertel der Mitglieder des Deutschen Presserats können eine sofortige Einberufung verlangen.

(3) In Beschwerdefällen (§ 1 Abs. 1 und 2 der Beschwerdeordnung) sind auf jeden Fall die Fristen der Beschwerdeordnung zu wahren.

(4) Der Deutsche Presserat wird bei der Erfüllung seiner Aufgaben von dem Geschäftsführer (§ 12 der Satzung) unterstützt.

§ 2 Beschlußfähigkeit des Deutschen Presserats. (1) Der Deutsche Presserat ist beschlußfähig, wenn er ordnungsgemäß einberufen wurde und mindestens 12 seiner Mitglieder anwesend sind. Dies ist zu Beginn der Sitzung festzustellen.

(2) Beschlüsse des Deutschen Presserats werden mit zwei Drittel Mehrheit der Anwesenden, mindestens aber mit 10 Stimmen gefaßt.

§ 3 Sitzungsniederschrift. (1) Neben den Erfordernissen des § 13 der Satzung muß eine Sitzungsniederschrift folgendes enthalten:

1. Ort, Tag und Dauer der Sitzung;
2. die Namen der Anwesenden aufgrund einer Anwesenheitsliste;
3. die Tagesordnung;
4. die Feststellung der Beschlußfähigkeit;
5. die Anträge und die Beschlüsse;
6. das Abstimmungsergebnis.

(2) Persönliche Erklärungen zur Niederschrift sind zulässig.

(3) § 7 Abs. 3 bis 5 der Beschwerdeordnung bleiben unberührt.

(4) Die Niederschrift ist allen Mitgliedern des Deutschen Presserats zuzustellen.

(5) Die Niederschrift ist in der nächsten Sitzung des Deutschen Presserats zur Genehmigung vorzulegen.

§ 4 Pflichten der Mitglieder des Deutschen Presserats. Die Mitglieder des Deutschen Presserats sollen dessen Entscheidungen durch öffentliche Äußerungen nicht vorwegnehmen. Für Beschwerdefälle wird zusätzlich auf § 9 Abs. 1 der Beschwerdeordnung verwiesen.

§ 5 Vertraulichkeit der Beratungen. Alle Mitglieder des Deutschen Presserats verpflichten sich zur Wahrung der Vertraulichkeit von Beratungen. Das gleiche gilt für sämtliche Unterlagen, die persönliche Verhältnisse von Verfahrensbeteiligten betreffen oder aus anderen Gründen geheimhaltungsbedürftig sind oder deren vertrauliche Behandlung zugesichert wurde. Für Beschwerdefälle wird zusätzlich auf § 9 Abs. 2 der Beschwerdeordnung verwiesen.

§ 6 Teilnahme von Nichtmitgliedern an den Sitzungen, Öffentlichkeit. (1) An den Sitzungen des Deutschen Presserats können die Hauptgeschäftsführer bzw. Geschäftsführer und Justitiare der Trägerorganisationen ohne Stimmrecht teilnehmen.

(2) Das Plenum des Deutschen Presserats kann beschließen, daß bei seinen Beratungen ausnahmsweise die Öffentlichkeit zugelassen wird. Dies gilt nicht, wenn Beschwerdefälle behandelt werden (§ 9 Abs. 2 der Beschwerdeordnung).

§ 7 Wahl der Mitglieder des Beschwerdeausschusses. Der Deutsche Presserat wählt aus seiner Mitte Mitglieder des Beschwerdeausschusses und deren Stellvertreter (§ 11 der Satzung). Für die fünf verlegerisch tätigen Mitglieder können als stellvertretende Mitglieder ebenfalls nur zwei verlegerisch tätige Mitglieder gewählt werden; entsprechendes gilt für die journalistisch tätigen Mitglieder. Die Dauer der Mitgliedschaft beträgt zwei Jahre. Die Amtszeit endet regelmäßig mit dem Ablauf des auf die Wahl folgenden Kalenderjahres. Wiederwahl ist zulässig. Scheidet ein Mitglied aus dem Deutschen Presserat aus, endet zugleich die Mitgliedschaft im Beschwerdeausschuß. In diesem Fall ist eine Nachwahl für den Rest der Amtszeit erforderlich. Dies gilt auch, wenn die Mitgliedschaft im Beschwerdeausschuß endet, aber im Deutschen Presserat andauert.

§ 8 Vorsitzender des Beschwerdeausschusses. In der ersten Sitzung eines Kalenderjahres wählt der Beschwerdeausschuß aus seiner Mitte seinen Vorsitzenden und dessen Stellvertreter für das laufende Jahr. Das Amt des Vorsitzenden soll jährlich zwischen Vertretern der Verleger-Trägerorganisationen und der Journalisten-Trägerorganisationen wechseln. Der Stellvertreter soll der jeweils anderen Gruppe (Verleger oder Journalisten) angehören.

§ 9 Beschlußfähigkeit des Beschwerdeausschusses. (1) Der Beschwerdeausschuß ist beschlußfähig, wenn er ordnungsgemäß einberufen ist und mindestens sieben seiner Mitglieder anwesend sind.

(2) Beschlüsse des Beschwerdeausschusses werden mit einfacher Mehrheit der Anwesenden gefaßt.

D. Datenschutz und Datensicherheit

I. Datenschutz

15. Bundesdatenschutzgesetz (BDSG)[1] [2] [3]

Vom 20. Dezember 1990 (BGBl. I S. 2954)

zuletzt geänd. durch Art. 2 Abs. 5 BegleitG zum TelekommunikationsG v. 17. 12. 1997 (BGBl. I S. 3108)

BGBl. III/FNA 204-3

---

[1] Verkündet als Art. 1 d. G zur Fortentwicklung der Datenverarbeitung und des Datenschutzes v. 20. 12. 1990 (BGBl. I S. 2954).

Bezügl. Inkrafttreten beachte **Art. 6 Abs. 2** d. Gesetzes:

(2) Artikel 1 § 10 Abs. 4 Satz 3 und 4 tritt am ersten Tage des vierundzwanzigsten auf die Verkündung folgenden Kalendermonats in Kraft. Im übrigen tritt Artikel 1 am ersten Tage des sechsten auf die Verkündung folgenden Kalendermonats in Kraft; gleichzeitig treten das Gesetz zum Schutze vor Mißbrauch personenbezogener Daten bei der Datenverarbeitung vom 27. Januar 1977 (BGBl. I S. 201), die Datenschutzveröffentlichungsordnung vom 3. August 1977 (BGBl. I S. 1477), die Datenschutzgebührenordnung vom 22. Dezember 1977 (BGBl. I S. 3153) und die Datenschutzregisterordnung vom 9. Februar 1978 (BGBl. I S. 250) außer Kraft.

(Das G ist am 29. 12. 1990 verkündet worden).

[2] Siehe hierzu die Zweite DatenerfassungsVO (2. DEVO) v. 29. 5. 1980 (BGBl. I S. 593, zuletzt geänd. durch G v. 24. 3. 1997, BGBl. I S. 594) und die Zweite DatenübermittlungsVO (2. DÜVO) v. 29. 5. 1980 (BGBl. I S. 616, zuletzt geänd. durch VO v. 2. 11. 1995, BGBl. I S. 1499).

[3] Siehe hierzu folgende landesrechtliche Vorschriften:

Baden-Württemberg: LandesdatenschutzG (LDSG) v. 27. 5. 1991 (GBl. S. 277, geänd. durch G v. 21. 7. 1997, GBl. S. 297).

Bayern: Bayer. DatenschutzG (BayDSG) v. 23. 7. 1993 (BayRS 204–1–I, GVBl. S. 498), DatenschutzVO v. 1. 3. 1994 (BayRS 204-1-1-I, GVBl. S. 153, geänd. durch VO v. 16. 12. 1997, GVBl. S. 864).

Berlin: Berliner DatenschutzG (BlnDSG) idF der Bek. v. 17. 12. 1990 (GVBl. 1991 S. 16, ber. S. 54, zuletzt geänd. durch G v. 3. 7. 1995, GVBl. S. 404).

Brandenburg: Brandenburgisches DatenschutzG (BbgDSG) idF der Bek. v. 23. 5. 1996 (GVBl. I S. 185).

Bremen: Bremisches DatenschutzG (BrDSG) idF der Bek. v. 6. 6. 1995 (GBl. S. 343, ber. S. 378).

Hamburg: Hamb. DatenschutzG (HambDSG) v. 5. 7. 1990 (GVBl. S. 133, ber. S. 165, 226, zuletzt geänd. durch G v. 10. 3. 1992, GVBl. S. 39).

Hessen: Hessisches DatenschutzG (HDSG) v. 11. 11. 1986 (GVBl. S. 309, geänd. durch G v. 21. 12. 1988, GVBl. S. 424).

Mecklenburg-Vorpommern: LandesdatenschutzG (DSG MV) v. 24. 7. 1992 (GVBl. S. 487, geänd. durch G v. 7. 7. 1997, GVBl. S. 282).

Niedersachsen: Niedersächs. DatenschutzG (NDSG) v. 17. 6. 1993 (GVBl. S. 141, zuletzt geänd. durch G v. 17. 12. 1997, GVBl. S. 528).

Nordrhein-Westfalen: DatenschutzG Nordrhein-Westfalen (DSG NW) v. 15. 3. 1988 (GVBl. S. 160, geänd. durch G v. 22. 11. 1994, GVBl. S. 1064).

Fortsetzung der Fußnote auf S. 297

Inhaltsübersicht[1)]

Fortsetzung von S. 296

Rheinland-Pfalz: DatenschutzG idF der Bek. v. 5. 7. 1994 (GVBl. S. 293).

Saarland: Saarländ. DatenschutzG (SDSG) v. 24. 3. 1993 (ABl. S. 286).

Sachsen: Sächsisches DatenschutzG (SächsDSG) v. 11. 12. 1991 (GVBl. S. 401, geänd. durch G v. 7. 4. 1997, GVBl. S. 350).

Sachsen-Anhalt: G zum Schutz personenbezogener Daten der Bürger (DSG-LSA) v. 12. 3. 1992 (GVBl. S. 152, zuletzt geänd. durch G v. 21. 11. 1997, GVBl. S. 1018).

Schleswig-Holstein: LandesdatenschutzG (LDSG) v. 30. 10. 1991 (GVBl. S. 555, zuletzt geänd. durch G v. 12. 3. 1996, GVBl. S. 291).

Thüringen: DatenschutzG v. 29. 10. 1991 (GVBl. S. 516).

[1)] Inhaltsübersicht geänd. durch G v. 16. 12. 1997 (BGBl. I S. 3094).

Der Bundestag hat mit Zustimmung des Bundesrates das folgende Gesetz beschlossen:

Erster Abschnitt. Allgemeine Bestimmungen

§ 1 Zweck und Anwendungsbereich des Gesetzes. (1) Zweck dieses Gesetzes ist es, den einzelnen davor zu schützen, daß er durch den Umgang mit seinen personenbezogenen Daten in seinem Persönlichkeitsrecht beeinträchtigt wird.

(2) Dieses Gesetz gilt für die Erhebung, Verarbeitung und Nutzung personenbezogener Daten durch

1. öffentliche Stellen des Bundes,
2. öffentliche Stellen der Länder, soweit der Datenschutz nicht durch Landesgesetz geregelt ist und soweit sie
   a) Bundesrecht ausführen oder
   b) als Organe der Rechtspflege tätig werden und es sich nicht um Verwaltungsangelegenheiten handelt,
3. nicht-öffentliche Stellen, soweit sie die Daten in oder aus Dateien geschäftsmäßig oder für berufliche oder gewerbliche Zwecke verarbeiten oder nutzen.

(3) Bei der Anwendung dieses Gesetzes gelten folgende Einschränkungen:

1. Für automatisierte Dateien, die ausschließlich aus verarbeitungstechnischen Gründen vorübergehend erstellt und nach ihrer verarbeitungstechnischen Nutzung automatisch gelöscht werden, gelten nur die §§ 5 und 9.
2. Für nicht-automatisierte Dateien, deren personenbezogene Daten nicht zur Übermittlung an Dritte bestimmt sind, gelten nur die §§ 5, 9, 39 und 40. Außerdem gelten für Dateien öffentlicher Stellen die Regelungen über die Verarbeitung und Nutzung personenbezogener Daten in Akten. Werden im Einzelfall personenbezogene Daten übermittelt, gelten für diesen Einzelfall die Vorschriften dieses Gesetzes uneingeschränkt.

(4) Soweit andere Rechtsvorschriften des Bundes auf personenbezogene Daten einschließlich deren Veröffentlichung anzuwenden sind, gehen sie den Vorschriften dieses Gesetzes vor. Die Verpflichtung zur Wahrung gesetzlicher Geheimhaltungspflichten oder von Berufs- oder besonderen Amtsgeheimnissen, die nicht auf gesetzlichen Vorschriften beruhen, bleibt unberührt.

(5) Die Vorschriften dieses Gesetzes gehen denen des Verwaltungsverfahrensgesetzes vor, soweit bei der Ermittlung des Sachverhalts personenbezogene Daten verarbeitet werden.

§ 2[1] Öffentliche und nicht-öffentliche Stellen. (1) Öffentliche Stellen des Bundes sind die Behörden, die Organe der Rechtspflege und andere öffentlich-rechtlich organisierte Einrichtungen des Bundes, der bundesunmittelbaren Körperschaften, Anstalten und Stiftungen des öffentlichen Rechts sowie deren Vereinigungen ungeachtet ihrer Rechtsform. Als öffentliche Stellen gelten die aus dem Sondervermögen Deutsche Bundespost durch Gesetz hervorgegangenen Unternehmen, solange ihnen ein ausschließliches Recht nach dem Postgesetz zusteht.

(2) Öffentliche Stellen der Länder sind die Behörden, die Organe der Rechtspflege und andere öffentlich-rechtlich organisierte Einrichtungen eines Landes, einer Gemeinde, eines Gemeindeverbandes und sonstiger der Aufsicht des Landes unterstehender juristischer Personen des öffentlichen Rechts sowie derer Vereinigungen ungeachtet ihrer Rechtsform.

(3) Vereinigungen des privaten Rechts von öffentlichen Stellen des Bundes und der Länder, die Aufgaben der öffentlichen Verwaltung wahrnehmen, gelten ungeachtet der Beteiligung nicht-öffentlicher Stellen als öffentliche Stellen des Bundes, wenn

1. sie über den Bereich eines Landes hinaus tätig werden oder

[1] § 2 Abs. 1 Satz 2 angef. durch G v. 14. 9. 1994 (BGBl. I S. 2325) und geänd. durch G v. 17. 12. 1997 (BGBl. I S. 3108).

2. dem Bund die absolute Mehrheit der Anteile gehört oder die absolute Mehrheit der Stimmen zusteht.

Andernfalls gelten sie als öffentliche Stellen der Länder.

(4) Nicht-öffentliche Stellen sind natürliche und juristische Personen, Gesellschaften und andere Personenvereinigungen des privaten Rechts, soweit sie nicht unter die Absätze 1 bis 3 fallen. Nimmt eine nicht-öffentliche Stelle hoheitliche Aufgaben der öffentlichen Verwaltung wahr, ist sie insoweit öffentliche Stelle im Sinne dieses Gesetzes.

§ 3 Weitere Begriffsbestimmungen. (1) Personenbezogene Daten sind Einzelangaben über persönliche oder sachliche Verhältnisse einer bestimmten oder bestimmbaren natürlichen Person (Betroffener).

(2) Eine Datei ist

1. eine Sammlung personenbezogener Daten, die durch automatisierte Verfahren nach bestimmten Merkmalen ausgewertet werden kann (automatisierte Datei), oder
2. jede sonstige Sammlung personenbezogener Daten, die gleichartig aufgebaut ist und nach bestimmten Merkmalen geordnet, umgeordnet und ausgewertet werden kann (nicht-automatisierte Datei).

Nicht hierzu gehören Akten und Aktensammlungen, es sei denn, daß sie durch automatisierte Verfahren umgeordnet und ausgewertet werden können.

(3) Eine Akte ist jede sonstige amtlichen oder dienstlichen Zwecken dienende Unterlage; dazu zählen auch Bild- und Tonträger. Nicht hierunter fallen Vorentwürfe und Notizen, die nicht Bestandteil eines Vorgangs werden sollen.

(4) Erheben ist das Beschaffen von Daten über den Betroffenen.

(5) Verarbeiten ist das Speichern, Verändern, Übermitteln, Sperren und Löschen personenbezogener Daten. Im einzelnen ist, ungeachtet der dabei angewendeten Verfahren:

1. Speichern das Erfassen, Aufnehmen oder Aufbewahren personenbezogener Daten auf einem Datenträger zum Zwecke ihrer weiteren Verarbeitung oder Nutzung,
2. Verändern das inhaltliche Umgestalten gespeicherter personenbezogener Daten,
3. Übermitteln das Bekanntgeben gespeicherter oder durch Datenverarbeitung gewonnener personenbezogener Daten an einen Dritten (Empfänger) in der Weise, daß
   a) die Daten durch die speichernde Stelle an den Empfänger weitergegeben werden oder
   b) der Empfänger von der speichernden Stelle zur Einsicht oder zum Abruf bereitgehaltene Daten einsieht oder abruft,
4. Sperren das Kennzeichnen gespeicherter personenbezogener Daten, um ihre weitere Verarbeitung oder Nutzung einzuschränken,

5. Löschen das Unkenntlichmachen gespeicherter personenbezogener Daten.

(6) Nutzen ist jede Verwendung personenbezogener Daten, soweit es sich nicht um Verarbeitung handelt.

(7) Anonymisieren ist das Verändern personenbezogener Daten derart, daß die Einzelangaben über persönliche oder sachliche Verhältnisse nicht mehr oder nur mit einem unverhältnismäßig großen Aufwand an Zeit, Kosten und Arbeitskraft einer bestimmten oder bestimmbaren natürlichen Person zugeordnet werden können.

(8) Speichernde Stelle ist jede Person oder Stelle, die personenbezogene Daten für sich selbst speichert oder durch andere im Auftrag speichern läßt.

(9) Dritter ist jede Person oder Stelle außerhalb der speichernden Stelle. Dritte sind nicht der Betroffene sowie diejenigen Personen und Stellen, die im Geltungsbereich dieses Gesetzes personenbezogene Daten im Auftrag verarbeiten oder nutzen.

§ 4 Zulässigkeit der Datenverarbeitung und -nutzung. (1) Die Verarbeitung personenbezogener Daten und deren Nutzung sind nur zulässig, wenn dieses Gesetz oder eine andere Rechtsvorschrift sie erlaubt oder anordnet oder soweit der Betroffene eingewilligt hat.

(2) Wird die Einwilligung bei dem Betroffenen eingeholt, ist er auf den Zweck der Speicherung und einer vorgesehenen Übermittlung sowie auf Verlangen auf die Folgen der Verweigerung der Einwilligung hinzuweisen. Die Einwilligung bedarf der Schriftform, soweit nicht wegen besonderer Umstände eine andere Form angemessen ist. Soll die Einwilligung zusammen mit anderen Erklärungen schriftlich erteilt werden, ist die Einwilligungserklärung im äußeren Erscheinungsbild der Erklärung hervorzuheben.

(3) Im Bereich der wissenschaftlichen Forschung liegt ein besonderer Umstand im Sinne von Absatz 2 Satz 2 auch dann vor, wenn durch die Schriftform der bestimmte Forschungszweck erheblich beeinträchtigt würde. In diesem Fall sind der Hinweis nach Absatz 2 Satz 1 und die Gründe, aus denen sich die erhebliche Beeinträchtigung des bestimmten Forschungszweckes ergibt, schriftlich festzuhalten.

§ 5 Datengeheimnis. Den bei der Datenverarbeitung beschäftigten Personen ist untersagt, personenbezogene Daten unbefugt zu verarbeiten oder zu nutzen (Datengeheimnis). Diese Personen sind, soweit sie bei nichtöffentlichen Stellen beschäftigt werden, bei der Aufnahme ihrer Tätigkeit auf das Datengeheimnis zu verpflichten. Das Datengeheimnis besteht auch nach Beendigung ihrer Tätigkeit fort.

§ 6 Unabdingbare Rechte des Betroffenen. (1) Die Rechte des Betroffenen auf Auskunft (§§ 19, 34) und auf Berichtigung, Löschung oder Sperrung (§§ 20, 35) können nicht durch Rechtsgeschäft ausgeschlossen oder beschränkt werden.

(2) Sind die Daten des Betroffenen in einer Datei gespeichert, bei der mehrere Stellen speicherungsberechtigt sind, und ist der Betroffene nicht in der Lage, die speichernde Stelle festzustellen, so kann er sich an jede dieser Stellen wenden. Diese ist verpflichtet, das Vorbringen des Betroffenen an die speichernde Stelle weiterzuleiten. Der Betroffene ist über die Weiterleitung und die speichernde Stelle zu unterrichten. Die in § 19 Abs. 3 genannten Stellen, die Behörden der Staatsanwaltschaft und der Polizei sowie öffentliche Stellen der Finanzverwaltung, soweit sie personenbezogene Daten in Erfüllung ihrer gesetzlichen Aufgaben im Anwendungsbereich der Abgabenordnung zur Überwachung und Prüfung speichern, können statt des Betroffenen den Bundesbeauftragten für den Datenschutz unterrichten. In diesem Fall richtet sich das weitere Verfahren nach § 19 Abs. 6.

§ 7 Schadensersatz durch öffentliche Stellen. (1) Fügt eine öffentliche Stelle dem Betroffenen durch eine nach den Vorschriften dieses Gesetzes oder nach anderen Vorschriften über den Datenschutz unzulässige oder unrichtige automatisierte Verarbeitung seiner personenbezogenen Daten einen Schaden zu, ist sie dem Betroffenen unabhängig von einem Verschulden zum Ersatz des daraus entstehenden Schadens verpflichtet.

(2) Bei einer schweren Verletzung des Persönlichkeitsrechts ist dem Betroffenen der Schaden, der nicht Vermögensschaden ist, angemessen in Geld zu ersetzen.

(3) Die Ansprüche nach den Absätzen 1 und 2 sind insgesamt bis zu einem Betrag in Höhe von zweihundertfünfzigtausend Deutsche Mark begrenzt. Ist aufgrund desselben Ereignisses an mehrere Personen Schadensersatz zu leisten, der insgesamt den Höchstbetrag von zweihundertfünfzigtausend Deutsche Mark übersteigt, so verringern sich die einzelnen Schadensersatzleistungen in dem Verhältnis, in dem ihr Gesamtbetrag zu dem Höchstbetrag steht.

(4) Sind bei einer Datei mehrere Stellen speicherungsberechtigt und ist der Geschädigte nicht in der Lage, die speichernde Stelle festzustellen, so haftet jede dieser Stellen.

(5) Mehrere Ersatzpflichtige haften als Gesamtschuldner.

(6) Auf das Mitverschulden des Betroffenen und die Verjährung sind die §§ 254 und 852 des Bürgerlichen Gesetzbuches[1)] entsprechend anzuwenden.

(7) Vorschriften, nach denen ein Ersatzpflichtiger in weiterem Umfang als nach dieser Vorschrift haftet oder nach denen ein anderer für den Schaden verantwortlich ist, bleiben unberührt.

(8) Der Rechtsweg vor den ordentlichen Gerichten steht offen.

[1)] **Schönfelder Nr. 20.**

§ 8 Schadensersatz durch nicht-öffentliche Stellen. Macht ein Betroffener gegenüber einer nicht-öffentlichen Stelle einen Anspruch auf Schadensersatz wegen einer nach diesem Gesetz oder anderen Vorschriften über den Datenschutz unzulässigen oder unrichtigen automatisierten Datenverarbeitung geltend und ist streitig, ob der Schaden die Folge eines von der speichernden Stelle zu vertretenden Umstandes ist, so trifft die Beweislast die speichernde Stelle.

§ 9 Technische und organisatorische Maßnahmen. Öffentliche und nicht-öffentliche Stellen, die selbst oder im Auftrag personenbezogene Daten verarbeiten, haben die technischen und organisatorischen Maßnahmen zu treffen, die erforderlich sind, um die Ausführung der Vorschriften dieses Gesetzes, insbesondere die in der Anlage zu diesem Gesetz genannten Anforderungen, zu gewährleisten. Erforderlich sind Maßnahmen nur, wenn ihr Aufwand in einem angemessenen Verhältnis zu dem angestrebten Schutzzweck steht.

§ 10 Einrichtung automatisierter Abrufverfahren. (1) Die Einrichtung eines automatisierten Verfahrens, das die Übermittlung personenbezogener Daten durch Abruf ermöglicht, ist zulässig, soweit dieses Verfahren unter Berücksichtigung der schutzwürdigen Interessen der Betroffenen und der Aufgaben oder Geschäftszwecke der beteiligten Stellen angemessen ist. Die Vorschriften über die Zulässigkeit des einzelnen Abrufs bleiben unberührt.

(2) Die beteiligten Stellen haben zu gewährleisten, daß die Zulässigkeit des Abrufverfahrens kontrolliert werden kann. Hierzu haben sie schriftlich festzulegen:

1. Anlaß und Zweck des Abrufverfahrens,
2. Datenempfänger,
3. Art der zu übermittelnden Daten,
4. nach § 9 erforderliche technische und organisatorische Maßnahmen.

Im öffentlichen Bereich können die erforderlichen Festlegungen auch durch die Fachaufsichtsbehörden getroffen werden.

(3) Über die Einrichtung von Abrufverfahren ist in Fällen, in denen die in § 12 Abs. 1 genannten Stellen beteiligt sind, der Bundesbeauftragte für den Datenschutz unter Mitteilung der Festlegungen nach Absatz 2 zu unterrichten. Die Einrichtung von Abrufverfahren, bei denen die in § 6 Abs. 2 und in § 19 Abs. 3 genannten Stellen beteiligt sind, ist nur zulässig, wenn der für die speichernde und die abrufende Stelle jeweils zuständige Bundes- oder Landesminister oder deren Vertreter zugestimmt haben.

(4) Die Verantwortung für die Zulässigkeit des einzelnen Abrufs trägt der Empfänger. Die speichernde Stelle prüft die Zulässigkeit der Abrufe nur, wenn dazu Anlaß besteht. Die speichernde Stelle hat zu gewährleisten, daß die Übermittlung personenbezogener Daten zumindest durch

geeignete Stichprobenverfahren festgestellt und überprüft werden kann.[1] Wird ein Gesamtbestand personenbezogener Daten abgerufen oder übermittelt (Stapelverarbeitung), so bezieht sich die Gewährleistung der Feststellung und Überprüfung nur auf die Zulässigkeit des Abrufes oder der Übermittlung des Gesamtbestandes.[1]

(5) Die Absätze 1 bis 4 gelten nicht für den Abruf aus Datenbeständen, die jedermann, sei es ohne oder nach besonderer Zulassung, zur Benutzung offenstehen.

§ 11 Verarbeitung oder Nutzung personenbezogener Daten im Auftrag. (1) Werden personenbezogene Daten im Auftrag durch andere Stellen verarbeitet oder genutzt, ist der Auftraggeber für die Einhaltung der Vorschriften dieses Gesetzes und anderer Vorschriften über den Datenschutz verantwortlich. Die in den §§ 6 bis 8 genannten Rechte sind ihm gegenüber geltend zu machen.

(2) Der Auftragnehmer ist unter besonderer Berücksichtigung der Eignung der von ihm getroffenen technischen und organisatorischen Maßnahmen sorgfältig auszuwählen. Der Auftrag ist schriftlich zu erteilen, wobei die Datenverarbeitung oder -nutzung, die technischen und organisatorischen Maßnahmen und etwaige Unterauftragsverhältnisse festzulegen sind. Er kann bei öffentlichen Stellen auch durch die Fachaufsichtsbehörde erteilt werden.

(3) Der Auftragnehmer darf die Daten nur im Rahmen der Weisungen des Auftraggebers verarbeiten oder nutzen. Ist er der Ansicht, daß eine Weisung des Auftraggebers gegen dieses Gesetz oder andere Vorschriften über den Datenschutz verstößt, hat er den Auftraggeber unverzüglich darauf hinzuweisen.

(4) Für den Auftragnehmer gelten neben den §§ 5, 9, 43 Abs. 1, Abs. 3 und 4 sowie § 44 Abs. 1 Nr. 2, 5, 6 und 7 und Abs. 2 nur die Vorschriften über die Datenschutzkontrolle oder die Aufsicht, und zwar für

1. a) öffentliche Stellen,

   b) nicht-öffentliche Stellen, bei denen der öffentlichen Hand die Mehrheit der Anteile gehört oder die Mehrheit der Stimmen zusteht und der Auftraggeber eine öffentliche Stelle ist,

   die §§ 18, 24 bis 26 oder die entsprechenden Vorschriften der Datenschutzgesetze[2] der Länder,

2. die übrigen nicht-öffentlichen Stellen, soweit sie personenbezogene Daten im Auftrag als Dienstleistungsunternehmen geschäftsmäßig verarbeiten oder nutzen, die §§ 32, 36 bis 38.

---

[1] Gem. Art. 6 Abs. 2 d. G v. 20. 12. 1990 (BGBl. I S. 2954) traten § 10 Abs. 4 Satz 3 u. Satz 4 am 1. 1. 1993 in Kraft.

[2] Siehe Tit. Anm.

Zweiter Abschnitt. Datenverarbeitung der öffentlichen Stellen

Erster Unterabschnitt. Rechtsgrundlagen der Datenverarbeitung

§ 12 Anwendungsbereich. (1) Die Vorschriften dieses Abschnittes gelten für öffentliche Stellen des Bundes, soweit sie nicht als öffentlich-rechtliche Unternehmen am Wettbewerb teilnehmen.

(2) Soweit der Datenschutz nicht durch Landesgesetz geregelt ist, gelten die §§ 12 bis 17, 19 und 20 auch für die öffentlichen Stellen der Länder, soweit sie

1. Bundesrecht ausführen und nicht als öffentlich-rechtliche Unternehmen am Wettbewerb teilnehmen oder
2. als Organe der Rechtspflege tätig werden und es sich nicht um Verwaltungsangelegenheiten handelt.

(3) Für Landesbeauftragte für den Datenschutz gilt § 23 Abs. 4 entsprechend.

(4) Werden personenbezogene Daten für frühere, bestehende oder zukünftige dienst- oder arbeitsrechtliche Rechtsverhältnisse verarbeitet oder genutzt, gelten anstelle der §§ 14 bis 17, 19 und 20 der § 28 Abs. 1 und 2 Nr. 1 sowie die §§ 33 bis 35.

§ 13 Datenerhebung. (1) Das Erheben personenbezogener Daten ist zulässig, wenn ihre Kenntnis zur Erfüllung der Aufgaben der erhebenden Stellen erforderlich ist.

(2) Personenbezogene Daten sind beim Betroffenen zu erheben. Ohne seine Mitwirkung dürfen sie nur erhoben werden, wenn

1. eine Rechtsvorschrift dies vorsieht oder zwingend voraussetzt oder
2. a) die zu erfüllende Verwaltungsaufgabe ihrer Art nach eine Erhebung bei anderen Personen oder Stellen erforderlich macht oder
   b) die Erhebung beim Betroffenen einen unverhältnismäßigen Aufwand erfordern würde

   und keine Anhaltspunkte dafür bestehen, daß überwiegende schutzwürdige Interessen des Betroffenen beeinträchtigt werden.

(3) Werden personenbezogene Daten beim Betroffenen mit seiner Kenntnis erhoben, so ist der Erhebungszweck ihm gegenüber anzugeben. Werden sie beim Betroffenen aufgrund einer Rechtsvorschrift erhoben, die zur Auskunft verpflichtet, oder ist die Erteilung der Auskunft Voraussetzung für die Gewährung von Rechtsvorteilen, so ist der Betroffene hierauf, sonst auf die Freiwilligkeit seiner Angaben hinzuweisen. Auf Verlangen ist er über die Rechtsvorschrift und über die Folgen der Verweigerung von Angaben aufzuklären.

(4) Werden personenbezogene Daten statt beim Betroffenen bei einer nicht-öffentlichen Stelle erhoben, so ist die Stelle auf die Rechtsvor-

schrift, die zur Auskunft verpflichtet, sonst auf die Freiwilligkeit ihrer Angaben hinzuweisen.

§ 14 Datenspeicherung, -veränderung und -nutzung. (1) Das Speichern, Verändern oder Nutzen personenbezogener Daten ist zulässig, wenn es zur Erfüllung der in der Zuständigkeit der speichernden Stelle liegenden Aufgaben erforderlich ist und es für die Zwecke erfolgt, für die die Daten erhoben worden sind. Ist keine Erhebung vorausgegangen, dürfen die Daten nur für die Zwecke geändert oder genutzt werden, für die sie gespeichert worden sind.

(2) Das Speichern, Verändern oder Nutzen für andere Zwecke ist nur zulässig, wenn

1. eine Rechtsvorschrift dies vorsieht oder zwingend voraussetzt,
2. der Betroffene eingewilligt hat,
3. offensichtlich ist, daß es im Interesse des Betroffenen liegt, und kein Grund zu der Annahme besteht, daß er in Kenntnis des anderen Zwecks seine Einwilligung verweigern würde,
4. Angaben des Betroffenen überprüft werden müssen, weil tatsächliche Anhaltspunkte für deren Unrichtigkeit bestehen,
5. die Daten aus allgemein zugänglichen Quellen entnommen werden können oder die speichernde Stelle sie veröffentlichen dürfte, es sei denn, daß das schutzwürdige Interesse des Betroffenen an dem Ausschluß der Zweckänderung offensichtlich überwiegt,
6. es zur Abwehr erheblicher Nachteile für das Gemeinwohl oder einer sonst unmittelbar drohenden Gefahr für die öffentliche Sicherheit erforderlich ist,
7. es zur Verfolgung von Straftaten oder Ordnungswidrigkeiten, zur Vollstreckung oder zum Vollzug von Strafen oder Maßnahmen im Sinne des § 11 Abs. 1 Nr. 8 des Strafgesetzbuches oder von Erziehungsmaßregeln oder Zuchtmitteln im Sinne des Jugendgerichtsgesetzes oder zur Vollstreckung von Bußgeldentscheidungen erforderlich ist,
8. es zur Abwehr einer schwerwiegenden Beeinträchtigung der Rechte einer anderen Person erforderlich ist oder
9. es zur Durchführung wissenschaftlicher Forschung erforderlich ist, das wissenschaftliche Interesse an der Durchführung des Forschungsvorhabens das Interesse des Betroffenen an dem Ausschluß der Zweckänderung erheblich überwiegt und der Zweck der Forschung auf andere Weise nicht oder nur mit unverhältnismäßigem Aufwand erreicht werden kann.

(3) Eine Verarbeitung oder Nutzung für andere Zwecke liegt nicht vor, wenn sie der Wahrnehmung von Aufsichts- und Kontrollbefugnissen, der Rechnungsprüfung oder der Durchführung von Organisationsuntersuchungen für die speichernde Stelle dient. Das gilt auch für die Verarbeitung oder Nutzung zu Ausbildungs- und Prüfungszwecken

durch die speichernde Stelle, soweit nicht überwiegende schutzwürdige Interessen des Betroffenen entgegenstehen.

(4) Personenbezogene Daten, die ausschließlich zu Zwecken der Datenschutzkontrolle, der Datensicherung oder zur Sicherstellung eines ordnungsgemäßen Betriebes einer Datenverarbeitungsanlage gespeichert werden, dürfen nur für diese Zwecke verwendet werden.

§ 15 Datenübermittlung an öffentliche Stellen. (1) Die Übermittlung personenbezogener Daten an öffentliche Stellen ist zulässig, wenn

1. sie zur Erfüllung der in der Zuständigkeit der übermittelnden Stelle oder des Empfängers liegenden Aufgaben erforderlich ist und
2. die Voraussetzungen vorliegen, die eine Nutzung nach § 14 zulassen würden.

(2) Die Verantwortung für die Zulässigkeit der Übermittlung trägt die übermittelnde Stelle. Erfolgt die Übermittlung auf Ersuchen des Empfängers, trägt dieser die Verantwortung. In diesem Falle prüft die übermittelnde Stelle nur, ob das Übermittlungsersuchen im Rahmen der Aufgaben des Empfängers liegt, es sei denn, daß besonderer Anlaß zur Prüfung der Zulässigkeit der Übermittlung besteht. § 10 Abs. 4 bleibt unberührt.

(3) Der Empfänger darf die übermittelten Daten für den Zweck verarbeiten oder nutzen, zu dessen Erfüllung sie ihm übermittelt werden. Eine Verarbeitung oder Nutzung für andere Zwecke ist nur unter den Voraussetzungen des § 14 Abs. 2 zulässig.

(4) Für die Übermittlung personenbezogener Daten an Stellen der öffentlich-rechtlichen Religionsgesellschaften gelten die Absätze 1 bis 3 entsprechend, sofern sichergestellt ist, daß bei dem Empfänger ausreichende Datenschutzmaßnahmen getroffen werden.

(5) Sind mit personenbezogenen Daten, die nach Absatz 1 übermittelt werden dürfen, weitere personenbezogene Daten des Betroffenen oder eines Dritten in Akten so verbunden, daß eine Trennung nicht oder nur mit unvertretbarem Aufwand möglich ist, so ist die Übermittlung auch dieser Daten zulässig, soweit nicht berechtigte Interessen des Betroffenen oder eines Dritten an deren Geheimhaltung offensichtlich überwiegen; eine Nutzung dieser Daten ist unzulässig.

(6) Absatz 5 gilt entsprechend, wenn personenbezogene Daten innerhalb einer öffentlichen Stelle weitergegeben werden.

§ 16 Datenübermittlung an nicht-öffentliche Stellen. (1) Die Übermittlung personenbezogener Daten an nicht-öffentliche Stellen ist zulässig, wenn

1. sie zur Erfüllung der in der Zuständigkeit der übermittelnden Stelle liegenden Aufgaben erforderlich ist und die Voraussetzungen vorliegen, die eine Nutzung nach § 14 zulassen würden, oder

2. der Empfänger ein berechtigtes Interesse an der Kenntnis der zu übermittelnden Daten glaubhaft darlegt und der Betroffene kein schutzwürdiges Interesse an dem Ausschluß der Übermittlung hat.

(2) Die Verantwortung für die Zulässigkeit der Übermittlung trägt die übermittelnde Stelle.

(3) In den Fällen der Übermittlung nach Absatz 1 Nr. 2 unterrichtet die übermittelnde Stelle den Betroffenen von der Übermittlung seiner Daten. Dies gilt nicht, wenn damit zu rechnen ist, daß er davon auf andere Weise Kenntnis erlangt oder wenn die Unterrichtung die öffentliche Sicherheit gefährden oder sonst dem Wohle des Bundes oder eines Landes Nachteile bereiten würde.

(4) Der Empfänger darf die übermittelten Daten nur für den Zweck verarbeiten oder nutzen, zu dessen Erfüllung sie ihm übermittelt werden. Die übermittelnde Stelle hat den Empfänger darauf hinzuweisen. Eine Verarbeitung oder Nutzung für andere Zwecke ist zulässig, wenn eine Übermittlung nach Absatz 1 zulässig wäre und die übermittelnde Stelle zugestimmt hat.

§ 17 Datenübermittlung an Stellen außerhalb des Geltungsbereiches dieses Gesetzes. (1) Für die Übermittlung personenbezogener Daten an Stellen außerhalb des Geltungsbereichs dieses Gesetzes sowie an über- und zwischenstaatliche Stellen gilt § 16 Abs. 1 nach Maßgabe der für diese Übermittlung geltenden Gesetze und Vereinbarungen, sowie § 16 Abs. 3.

(2) Eine Übermittlung unterbleibt, soweit Grund zu der Annahme besteht, daß durch sie gegen den Zweck eines deutschen Gesetzes verstoßen würde.

(3) Die Verantwortung für die Zulässigkeit der Übermittlung trägt die übermittelnde Stelle.

(4) Der Empfänger ist darauf hinzuweisen, daß die übermittelten Daten nur zu dem Zweck verarbeitet oder genutzt werden dürfen, zu dessen Erfüllung sie ihm übermittelt werden.

§ 18[1] Durchführung des Datenschutzes in der Bundesverwaltung. (1) Die obersten Bundesbehörden, der Präsident des Bundeseisenbahnvermögens sowie die bundesunmittelbaren Körperschaften, Anstalten und Stiftungen des öffentlichen Rechts, über die von der Bundesregierung oder einer obersten Bundesbehörde lediglich die Rechtsaufsicht ausgeübt wird, haben für ihren Geschäftsbereich die Ausführung dieses Gesetzes sowie anderer Rechtsvorschriften über den Datenschutz sicherzustellen. Das gleiche gilt für die Vorstände der aus dem Sondervermögen Deutsche Bundespost durch Gesetz hervorgegangenen Unternehmen, solange diesen ein ausschließliches Recht nach dem Postgesetz zusteht.

[1] § 18 Abs. 1 neugef. durch G v. 14. 9. 1994 (BGBl. I S. 2325); Abs. 1 Satz 2 geänd. durch G v. 17. 12. 1997 (BGBl. I S. 3108).

(2) Die öffentlichen Stellen führen ein Verzeichnis der eingesetzten Datenverarbeitungsanlagen. Für ihre Dateien haben sie schriftlich festzulegen:

1. Bezeichnung und Art der Dateien,
2. Zweckbestimmung,
3. Art der gespeicherten Daten,
4. betroffenen Personenkreis,
5. Art der regelmäßig zu übermittelnden Daten und deren Empfänger,
6. Regelfristen für die Löschung der Daten,
7. zugriffsberechtigte Personengruppen oder Personen, die allein zugriffsberechtigt sind.

Sie haben ferner dafür zu sorgen, daß die ordnungsgemäße Anwendung der Datenverarbeitungsprogramme, mit deren Hilfe personenbezogene Daten verarbeitet werden sollen, überwacht wird.

(3) Absatz 2 Satz 2 gilt nicht für Dateien, die nur vorübergehend vorgehalten und innerhalb von drei Monaten nach ihrer Erstellung gelöscht werden.

Zweiter Unterabschnitt. Rechte des Betroffenen

§ 19 Auskunft an den Betroffenen. (1) Dem Betroffenen ist auf Antrag Auskunft zu erteilen über

1. die zu seiner Person gespeicherten Daten, auch soweit sie sich auf Herkunft oder Empfänger dieser Daten beziehen, und
2. den Zweck der Speicherung.

In dem Antrag soll die Art der personenbezogenen Daten, über die Auskunft erteilt werden soll, näher bezeichnet werden. Sind die personenbezogenen Daten in Akten gespeichert, wird die Auskunft nur erteilt, soweit der Betroffene Angaben macht, die das Auffinden der Daten ermöglichen, und der für die Erteilung der Auskunft erforderliche Aufwand nicht außer Verhältnis zu dem vom Betroffenen geltend gemachten Informationsinteresse steht. Die speichernde Stelle bestimmt das Verfahren, insbesondere die Form der Auskunftserteilung, nach pflichtgemäßem Ermessen.

(2) Absatz 1 gilt nicht für personenbezogene Daten, die nur deshalb gespeichert sind, weil sie aufgrund gesetzlicher, satzungsmäßiger oder vertraglicher Aufbewahrungsvorschriften nicht gelöscht werden dürfen, oder ausschließlich Zwecken der Datensicherung oder der Datenschutzkontrolle dienen.

(3) Bezieht sich die Auskunftserteilung auf die Übermittlung personenbezogener Daten an Verfassungsschutzbehörden, den Bundesnachrichtendienst, den Militärischen Abschirmdienst und, soweit die Sicherheit des Bundes berührt wird, andere Behörden des Bundesministers der Verteidigung, ist sie nur mit Zustimmung dieser Stellen zulässig.

(4) Die Auskunftserteilung unterbleibt, soweit

1. die Auskunft die ordnungsgemäße Erfüllung der in der Zuständigkeit der speichernden Stelle liegenden Aufgaben gefährden würde,
2. die Auskunft die öffentliche Sicherheit oder Ordnung gefährden oder sonst dem Wohle des Bundes oder eines Landes Nachteile bereiten würde oder
3. die Daten oder die Tatsache ihrer Speicherung nach einer Rechtsvorschrift oder ihrem Wesen nach, insbesondere wegen der überwiegenden berechtigten Interessen eines Dritten, geheimgehalten werden müssen

und deswegen das Interesse des Betroffenen an der Auskunftserteilung zurücktreten muß.

(5) Die Ablehnung der Auskunftserteilung bedarf einer Begründung nicht, soweit durch die Mitteilung der tatsächlichen und rechtlichen Gründe, auf die die Entscheidung gestützt wird, der mit der Auskunftsverweigerung verfolgte Zweck gefährdet würde. In diesem Falle ist der Betroffene darauf hinzuweisen, daß er sich an den Bundesbeauftragten für den Datenschutz wenden kann.

(6) Wird dem Betroffenen keine Auskunft erteilt, so ist sie auf sein Verlangen dem Bundesbeauftragten für den Datenschutz zu erteilen, soweit nicht die jeweils zuständige oberste Bundesbehörde im Einzelfall feststellt, daß dadurch die Sicherheit des Bundes oder eines Landes gefährdet würde. Die Mitteilung des Bundesbeauftragten an den Betroffenen darf keine Rückschlüsse auf den Erkenntnisstand der speichernden Stelle zulassen, sofern diese nicht einer weitergehenden Auskunft zustimmt.

(7) Die Auskunft ist unentgeltlich.

§ 20 Berichtigung, Löschung und Sperrung von Daten. (1) Personenbezogene Daten sind zu berichtigen, wenn sie unrichtig sind. Wird festgestellt, daß personenbezogene Daten in Akten unrichtig sind, oder wird ihre Richtigkeit von dem Betroffenen bestritten, so ist dies in der Akte zu vermerken oder auf sonstige Weise festzuhalten.

(2) Personenbezogene Daten in Dateien sind zu löschen, wenn

1. ihre Speicherung unzulässig ist oder
2. ihre Kenntnis für die speichernde Stelle zur Erfüllung der in ihrer Zuständigkeit liegenden Aufgaben nicht mehr erforderlich ist.

(3) An die Stelle einer Löschung tritt eine Sperrung, soweit

1. einer Löschung gesetzliche, satzungsmäßige oder vertragliche Aufbewahrungsfristen entgegenstehen,
2. Grund zu der Annahme besteht, daß durch eine Löschung schutzwürdige Interessen des Betroffenen beeinträchtigt würden, oder
3. eine Löschung wegen der besonderen Art der Speicherung nicht oder nur mit unverhältnismäßig hohem Aufwand möglich ist.

(4) Personenbezogene Daten in Dateien sind ferner zu sperren, soweit ihre Richtigkeit vom Betroffenen bestritten wird und sich weder die Richtigkeit noch die Unrichtigkeit feststellen läßt.

(5) Personenbezogene Daten in Akten sind zu sperren, wenn die Behörde im Einzelfall feststellt, daß ohne die Sperrung schutzwürdige Interessen des Betroffenen beeinträchtigt würden und die Daten für die Aufgabenerfüllung der Behörde nicht mehr erforderlich sind.

(6) Gesperrte Daten dürfen ohne Einwilligung des Betroffenen nur übermittelt oder genutzt werden, wenn

1. es zu wissenschaftlichen Zwecken, zur Behebung einer bestehenden Beweisnot oder aus sonstigen im überwiegenden Interesse der speichernden Stelle oder eines Dritten liegenden Gründen unerläßlich ist und
2. die Daten hierfür übermittelt oder genutzt werden dürften, wenn sie nicht gesperrt wären.

(7) Von der Berichtigung unrichtiger Daten, der Sperrung bestrittener Daten sowie der Löschung oder Sperrung wegen Unzulässigkeit der Speicherung sind die Stellen zu verständigen, denen im Rahmen einer regelmäßigen Datenübermittlung diese Daten zur Speicherung weitergegeben werden, wenn dies zur Wahrung schutzwürdiger Interessen des Betroffenen erforderlich ist.

(8) § 2 Abs. 1 bis 6, 8 und 9 des Bundesarchivgesetzes ist anzuwenden.

§ 21 Anrufung des Bundesbeauftragten für den Datenschutz. Jedermann kann sich an den Bundesbeauftragten für den Datenschutz wenden, wenn er der Ansicht ist, bei der Erhebung, Verarbeitung oder Nutzung seiner personenbezogenen Daten durch öffentliche Stellen des Bundes in seinen Rechten verletzt worden zu sein. Für die Erhebung, Verarbeitung oder Nutzung von personenbezogenen Daten durch Gerichte des Bundes gilt dies nur, soweit diese in Verwaltungsangelegenheiten tätig werden.

Dritter Unterabschnitt. Bundesbeauftragter für den Datenschutz

§ 22 Wahl des Bundesbeauftragten für den Datenschutz. (1) Der Deutsche Bundestag wählt auf Vorschlag der Bundesregierung den Bundesbeauftragten für den Datenschutz mit mehr als der Hälfte der gesetzlichen Zahl seiner Mitglieder. Der Bundesbeauftragte muß bei seiner Wahl das 35. Lebensjahr vollendet haben. Der Gewählte ist vom Bundespräsidenten zu ernennen.

(2) Der Beauftragte leistet vor dem Bundesminister des Innern folgenden Eid:

„Ich schwöre, daß ich meine Kraft dem Wohle des deutschen Volkes widmen, seinen Nutzen mehren, Schaden von ihm wenden, das Grundgesetz und die Gesetze des Bundes wahren und verteidigen, meine Pflichten gewissenhaft erfüllen und Gerechtigkeit gegen jedermann üben werde. So wahr mir Gott helfe."

Der Eid kann auch ohne religiöse Beteuerung geleistet werden.

(3) Die Amtszeit des Bundesbeauftragten beträgt fünf Jahre. Einmalige Wiederwahl ist zulässig.

(4) Der Bundesbeauftragte steht nach Maßgabe dieses Gesetzes zum Bund in einem öffentlich-rechtlichen Amtsverhältnis. Er ist in Ausübung seines Amtes unabhängig und nur dem Gesetz unterworfen. Er untersteht der Rechtsaufsicht der Bundesregierung.

(5) Der Bundesbeauftragte wird beim Bundesminister des Innern eingerichtet. Er untersteht der Dienstaufsicht des Bundesministers des Innern. Dem Bundesbeauftragten ist die für die Erfüllung seiner Aufgaben notwendige Personal- und Sachausstattung zur Verfügung zu stellen; sie ist im Einzelplan des Bundesministers des Innern in einem eigenen Kapitel auszuweisen. Die Stellen sind im Einvernehmen mit dem Bundesbeauftragten zu besetzen. Die Mitarbeiter können, falls sie mit der beabsichtigten Maßnahme nicht einverstanden sind, nur im Einvernehmen mit ihm versetzt, abgeordnet oder umgesetzt werden.

(6) Ist der Bundesbeauftragte vorübergehend an der Ausübung seines Amtes verhindert, kann der Bundesministers des Innern einen Vertreter mit der Wahrnehmung der Geschäfte beauftragen. Der Bundesbeauftragte soll dazu gehört werden.

§ 23 Rechtsstellung des Bundesbeauftragten für den Datenschutz.

(1) Das Amtsverhältnis des Bundesbeauftragten für den Datenschutz beginnt mit der Aushändigung der Ernennungsurkunde. Es endet

1. mit Ablauf der Amtszeit,
2. mit der Entlassung.

Der Bundespräsident entläßt den Bundesbeauftragten, wenn dieser es verlangt oder auf Vorschlag der Bundesregierung, wenn Gründe vorliegen, die bei einem Richter auf Lebenszeit die Entlassung aus dem Dienst rechtfertigen. Im Falle der Beendigung des Amtsverhältnisses erhält der Bundesbeauftragte eine vom Bundespräsidenten vollzogene Urkunde. Eine Entlassung wird mit der Aushändigung der Urkunde wirksam. Auf Ersuchen des Bundesministers des Innern ist der Bundesbeauftragte verpflichtet, die Geschäfte bis zur Ernennung seines Nachfolgers weiterzuführen.

(2) Der Bundesbeauftragte darf neben seinem Amt kein anderes besoldetes Amt, kein Gewerbe und keinen Beruf ausüben und weder der Leitung oder dem Aufsichtsrat oder Verwaltungsrat eines auf Erwerb gerichteten Unternehmens noch einer Regierung oder einer gesetzgebenden Körperschaft des Bundes oder eines Landes angehören. Er darf nicht gegen Entgelt außergerichtliche Gutachten abgeben.

(3) Der Bundesbeauftragte hat dem Bundesminister des Innern Mitteilung über Geschenke zu machen, die er in bezug auf sein Amt erhält.

Der Bundesminister des Innern entscheidet über die Verwendung der Geschenke.

(4) Der Bundesbeauftragte ist berechtigt, über Personen, die ihm in seiner Eigenschaft als Bundesbeauftragter Tatsachen anvertraut haben, sowie über diese Tatsachen selbst das Zeugnis zu verweigern. Dies gilt auch für die Mitarbeiter des Bundesbeauftragten mit der Maßgabe, daß über die Ausübung dieses Rechts der Bundesbeauftragte entscheidet. Soweit das Zeugnisverweigerungsrecht des Bundesbeauftragten reicht, darf die Vorlegung oder Auslieferung von Akten oder anderen Schriftstücken von ihm nicht gefordert werden.

(5) Der Bundesbeauftragte ist, auch nach Beendigung seines Amtsverhältnisses, verpflichtet, über die ihm amtlich bekanntgewordenen Angelegenheiten Verschwiegenheit zu bewahren. Dies gilt nicht für Mitteilungen im dienstlichen Verkehr oder über Tatsachen, die offenkundig sind oder ihrer Bedeutung nach keiner Geheimhaltung bedürfen. Der Bundesbeauftragte darf, auch wenn er nicht mehr im Amt ist, über solche Angelegenheiten ohne Genehmigung des Bundesministers des Innern weder vor Gericht noch außergerichtlich aussagen oder Erklärungen abgeben. Unberührt bleibt die gesetzlich begründete Pflicht, Straftaten anzuzeigen und bei Gefährdung der freiheitlichen demokratischen Grundordnung für deren Erhaltung einzutreten.

(6) Die Genehmigung, als Zeuge auszusagen, soll nur versagt werden, wenn die Aussage dem Wohle des Bundes oder eines deutschen Landes Nachteile bereiten oder die Erfüllung öffentlicher Aufgaben ernstlich gefährden oder erheblich erschweren würde. Die Genehmigung, ein Gutachten zu erstatten, kann versagt werden, wenn die Erstattung den dienstlichen Interessen Nachteile bereiten würde. § 28 des Gesetzes über das Bundesverfassungsgericht[1] in der Fassung der Bekanntmachung vom 12. Dezember 1985 (BGBl. I S. 2229) bleibt unberührt.

(7) Der Bundesbeauftragte erhält vom Beginn des Kalendermonats an, in dem das Amtsverhältnis beginnt, bis zum Schluß des Kalendermonats, in dem das Amtsverhältnis endet, im Falle des Absatzes 1 Satz 6 bis zum Ende des Monats, in dem die Geschäftsführung endet, Amtsbezüge in Höhe der einem Bundesbeamten der Besoldungsgruppe B 9 zustehenden Besoldung.[2] Das Bundesreisekostengesetz und das Bundesumzugskostengesetz sind entsprechend anzuwenden. Im übrigen sind die §§ 13 bis 20 des Bundesministergesetzes[3] in der Fassung der Bekanntmachung vom 27. Juli 1971 (BGBl. I S. 1166), zuletzt geändert durch das Gesetz zur Kürzung des Amtsgehalts der Mitglieder der Bundesregierung und der Parlamentarischen Staatssekretäre vom 22. Dezember 1982 (BGBl. I S. 2007), mit der Maßgabe anzuwenden, daß an die Stelle der zweijährigen Amtszeit in § 15 Abs. 1 des Bundesministergesetzes eine Amtszeit von fünf Jahren tritt. Abweichend von

[1] **Sartorius I Nr. 40**.
[2] **Sartorius I Nr. 230** (BBesG Anl. I).
[3] **Sartorius I Nr. 45**.

Satz 3 in Verbindung mit den §§ 15 bis 17 des Bundesministergesetzes berechnet sich das Ruhegehalt des Bundesbeauftragten unter Hinzurechnung der Amtszeit als ruhegehaltsfähige Dienstzeit in entsprechender Anwendung des Beamtenversorgungsgesetzes, wenn dies günstiger ist und der Bundesbeauftragte sich unmittelbar vor seiner Wahl zum Bundesbeauftragten als Beamter oder Richter mindestens in dem letzten gewöhnlich vor Erreichen der Besoldungsgruppe B 9 zu durchlaufenden Amt befunden hat.

§ 24[1] Kontrolle durch den Bundesbeauftragten für den Datenschutz.

(1) Der Bundesbeauftragte für den Datenschutz kontrolliert bei den öffentlichen Stellen des Bundes die Einhaltung der Vorschriften dieses Gesetzes und anderer Vorschriften über den Datenschutz. Werden personenbezogene Daten in Akten verarbeitet oder genutzt, kontrolliert der Bundesbeauftragte die Erhebung, Verarbeitung oder Nutzung, wenn der Betroffene ihm hinreichende Anhaltspunkte dafür darlegt, daß er dabei in seinen Rechten verletzt worden ist, oder dem Bundesbeauftragten hinreichende Anhaltspunkte für eine derartige Verletzung vorliegen.

(2) Die Kontrolle des Bundesbeauftragten erstreckt sich auch auf personenbezogene Daten, die einem Berufs- oder besonderen Amtsgeheimnis, insbesondere dem Steuergeheimnis nach § 30 der Abgabenordnung, unterliegen. Bei den Stellen des Bundes im Sinne des § 2 Abs. 1 Satz 2 wird das Postgeheimnis (Artikel 10 des Grundgesetzes) eingeschränkt, soweit dies zur Ausübung der Kontrolle bei den speichernden Stellen erforderlich ist. Das Kontrollrecht erstreckt sich mit Ausnahme von Nummer 1 nicht auf den Inhalt des Post- und Fernmeldeverkehrs. Der Kontrolle durch den Bundesbeauftragten unterliegen nicht:

1. personenbezogene Daten, die der Kontrolle durch die Kommission nach § 9 des Gesetzes zu Artikel 10 Grundgesetz unterliegen, es sei denn, die Kommission ersucht den Bundesbeauftragten, die Einhaltung der Vorschriften über den Datenschutz bei bestimmten Vorgängen oder in bestimmten Bereichen zu kontrollieren und ausschließlich ihr darüber zu berichten, und
2. a) personenbezogene Daten, die dem Post- und Fernmeldegeheimnis nach Artikel 10 des Grundgesetzes unterliegen,
   b) personenbezogene Daten, die dem Arztgeheimnis unterliegen und
   c) personenbezogene Daten in Personalakten oder in den Akten über die Sicherheitsüberprüfung,

wenn der Betroffene der Kontrolle der auf ihn bezogenen Daten im Einzelfall gegenüber dem Bundesbeauftragten für den Datenschutz widerspricht. Unbeschadet des Kontrollrechts des Bundesbeauftragten

[1] § 24 Abs. 2 Satz 2 neugef. durch G v. 14. 9. 1994 (BGBl. I S. 2325) und neugef. durch G v. 17. 12. 1997 (BGBl. I S. 3108).

unterrichtet die öffentliche Stelle die Betroffenen in allgemeiner Form über das ihnen zustehende Widerspruchsrecht.

(3) Die Bundesgerichte unterliegen der Kontrolle des Bundesbeauftragten nur, soweit sie in Verwaltungsangelegenheiten tätig werden.

(4) Die öffentlichen Stellen des Bundes sind verpflichtet, den Bundesbeauftragten und seine Beauftragten bei der Erfüllung ihrer Aufgaben zu unterstützen. Ihnen ist dabei insbesondere

1. Auskunft zu ihren Fragen sowie Einsicht in alle Unterlagen und Akten, insbesondere in die gespeicherten Daten und in die Datenverarbeitungsprogramme, zu gewähren, die im Zusammenhang mit der Kontrolle nach Absatz 1 stehen,
2. jederzeit Zutritt in alle Diensträume zu gewähren.

Die in § 6 Abs. 2 und § 19 Abs. 3 genannten Behörden gewähren die Unterstützung nur dem Bundesbeauftragten selbst und den von ihm schriftlich besonders Beauftragten. Satz 2 gilt für diese Behörden nicht, soweit die oberste Bundesbehörde im Einzelfall feststellt, daß die Auskunft oder Einsicht die Sicherheit des Bundes oder eines Landes gefährden würde.

(5) Der Bundesbeauftragte teilt das Ergebnis seiner Kontrolle der öffentlichen Stelle mit. Damit kann er Vorschläge zur Verbesserung des Datenschutzes, insbesondere zur Beseitigung von festgestellten Mängeln bei der Verarbeitung oder Nutzung personenbezogener Daten, verbinden. § 25 bleibt unberührt.

(6) Absatz 2 gilt entsprechend für die öffentlichen Stellen, die für die Kontrolle der Einhaltung der Vorschriften über den Datenschutz in den Ländern zuständig sind.

§ 25[1] Beanstandungen durch den Bundesbeauftragten für den Datenschutz. (1) Stellt der Bundesbeauftragte für den Datenschutz Verstöße gegen die Vorschriften dieses Gesetzes oder gegen andere Vorschriften über den Datenschutz oder sonstige Mängel bei der Verarbeitung oder Nutzung personenbezogener Daten fest, so beanstandet er dies

1. bei der Bundesverwaltung gegenüber der zuständigen obersten Bundesbehörde,
2. beim Bundeseisenbahnvermögen gegenüber dem Präsidenten,
3. bei den aus dem Sondervermögen Deutsche Bundespost durch Gesetz hervorgegangenen Unternehmen, solange ihnen ein ausschließliches Recht nach dem Postgesetz zusteht, gegenüber deren Vorständen,
4. bei den bundesunmittelbaren Körperschaften, Anstalten und Stiftungen des öffentlichen Rechts sowie bei Vereinigungen solcher Körper-

[1] § 25 Abs. 1 Satz 1 Nr. 2 geänd. durch G v. 27. 12. 1993 (BGBl. I S. 2378); Nr. 3 neugef. durch G v. 14. 9. 1994 (BGBl. I S. 2325) u. geänd. durch G v. 17. 12. 1997 (BGBl. I S. 3108).

schaften, Anstalten und Stiftungen gegenüber dem Vorstand oder dem sonst vertretungsberechtigten Organ

und fordert zur Stellungnahme innerhalb einer von ihm zu bestimmenden Frist auf. In den Fällen von Satz 1 Nr. 4 unterrichtet der Bundesbeauftragte gleichzeitig die zuständige Aufsichtsbehörde.

(2) Der Bundesbeauftragte kann von einer Beanstandung absehen oder auf eine Stellungnahme der betroffenen Stelle verzichten, insbesondere wenn es sich um unerhebliche oder inzwischen beseitigte Mängel handelt.

(3) Die Stellungnahme soll auch eine Darstellung der Maßnahmen enthalten, die auf Grund der Beanstandung des Bundesbeauftragten getroffen worden sind. Die in Absatz 1 Satz 1 Nr. 4 genannten Stellen leiten der zuständigen Aufsichtsbehörde gleichzeitig eine Abschrift ihrer Stellungnahme an den Bundesbeauftragten zu.

§ 26 Weitere Aufgaben des Bundesbeauftragten für den Datenschutz; Dateienregister. (1) Der Bundesbeauftragte für den Datenschutz erstattet dem Deutschen Bundestag alle zwei Jahre einen Tätigkeitsbericht. Der Tätigkeitsbericht soll auch eine Darstellung der wesentlichen Entwicklung des Datenschutzes im nicht-öffentlichen Bereich enthalten.

(2) Auf Anforderung des Deutschen Bundestages oder der Bundesregierung hat der Bundesbeauftragte Gutachten zu erstellen und Berichte zu erstatten. Auf Ersuchen des Deutschen Bundestages, des Petitionsausschusses, des Innenausschusses oder der Bundesregierung geht der Bundesbeauftragte ferner Hinweisen auf Angelegenheiten und Vorgänge des Datenschutzes bei den öffentlichen Stellen des Bundes nach. Der Bundesbeauftragte kann sich jederzeit an den Deutschen Bundestag wenden.

(3) Der Bundesbeauftragte kann der Bundesregierung und den in § 12 Abs. 1 genannten Stellen des Bundes Empfehlungen zur Verbesserung des Datenschutzes geben und sie in Fragen des Datenschutzes beraten. Die in § 25 Abs. 1 Nr. 1 bis 4 genannten Stellen sind durch den Bundesbeauftragten zu unterrichten, wenn die Empfehlung oder Beratung sie nicht unmittelbar betrifft.

(4) Der Bundesbeauftragte wirkt auf die Zusammenarbeit mit den öffentlichen Stellen, die für die Kontrolle der Einhaltung der Vorschriften über den Datenschutz in den Ländern zuständig sind, sowie mit den Aufsichtsbehörden nach § 38 hin.

(5) Der Bundesbeauftragte führt ein Register der automatisiert geführten Dateien, in denen personenbezogene Daten gespeichert werden. Das gilt nicht für die Dateien der in § 19 Abs. 3 genannten Behörden sowie für Dateien nach § 18 Abs. 3. Die öffentlichen Stellen, deren Dateien in das Register aufgenommen werden, sind verpflichtet, dem Bundesbeauftragten eine Übersicht gemäß § 18 Abs. 2 Satz 2 Nr. 1 bis 6 zuzuleiten. Das Register kann von jedermann eingesehen werden. Die

Angaben nach § 18 Abs. 2 Satz 2 Nr. 3 und 5 über Dateien der in § 6 Abs. 2 genannten Behörden unterliegen nicht der Einsichtnahme. Der Bundesbeauftragte kann im Einzelfall für andere öffentliche Stellen mit deren Einverständnis festlegen, daß einzelne Angaben nicht der Einsichtnahme unterliegen.

Dritter Abschnitt. Datenverarbeitung nicht-öffentlicher Stellen und öffentlich-rechtlicher Wettbewerbsunternehmen

Erster Unterabschnitt. Rechtsgrundlagen der Datenverarbeitung

§ 27 Anwendungsbereich. (1) Die Vorschriften dieses Abschnittes finden Anwendung, soweit personenbezogene Daten in oder aus Dateien geschäftsmäßig oder für berufliche oder gewerbliche Zwecke verarbeitet oder genutzt werden durch

1. nicht-öffentliche Stellen,
2. a) öffentliche Stellen des Bundes, soweit sie als öffentlich-rechtliche Unternehmen am Wettbewerb teilnehmen,
   b) öffentliche Stellen der Länder, soweit sie als öffentlich-rechtliche Unternehmen am Wettbewerb teilnehmen, Bundesrecht ausführen und der Datenschutz nicht durch Landesgesetz geregelt ist.

In den Fällen der Nummer 2 Buchstabe a gelten anstelle des § 38 die §§ 18, 21 und 24 bis 26.

(2) Die Vorschriften dieses Abschnittes gelten nicht für die Verarbeitung und Nutzung personenbezogener Daten in Akten, soweit es sich nicht um personenbezogene Daten handelt, die offensichtlich aus einer Datei entnommen worden sind.

§ 28 Datenspeicherung, -übermittlung und -nutzung für eigene Zwecke. (1) Das Speichern, Verändern oder Übermitteln personenbezogener Daten oder ihre Nutzung als Mittel für die Erfüllung eigener Geschäftszwecke ist zulässig

1. im Rahmen der Zweckbestimmung eines Vertragsverhältnisses oder vertragsähnlichen Vertrauensverhältnisses mit dem Betroffenen,
2. soweit es zur Wahrung berechtigter Interessen der speichernden Stelle erforderlich ist und kein Grund zu der Annahme besteht, daß das schutzwürdige Interesse der Betroffenen an dem Ausschluß der Verarbeitung oder Nutzung überwiegt,
3. wenn die Daten aus allgemein zugänglichen Quellen entnommen werden können oder die speichernde Stelle sie veröffentlichen dürfte, es sei denn, daß das schutzwürdige Interesse des Betroffenen an dem Ausschluß der Verarbeitung oder Nutzung offensichtlich überwiegt,
4. wenn es im Interesse der speichernden Stelle zur Durchführung wissenschaftlicher Forschung erforderlich ist, das wissenschaftliche

Interesse an der Durchführung des Forschungsvorhabens das Interesse des Betroffenen an dem Ausschluß der Zweckänderung erheblich überwiegt und der Zweck der Forschung auf andere Weise nicht oder nur mit unverhältnismäßigem Aufwand erreicht werden kann.

Die Daten müssen nach Treu und Glauben und auf rechtmäßige Weise erhoben werden.

(2) Die Übermittlung oder Nutzung ist auch zulässig

1. a) soweit es zur Wahrung berechtigter Interessen eines Dritten oder öffentlicher Interessen erforderlich ist oder

   b) wenn es sich um listenmäßig oder sonst zusammengefaßte Daten über Angehörige einer Personengruppe handelt, die sich auf
   - eine Angabe über die Zugehörigkeit des Betroffenen zu dieser Personengruppe,
   - Berufs-, Branchen- oder Geschäftsbezeichnung,
   - Namen,
   - Titel,
   - akademische Grade,
   - Anschrift,
   - Geburtsjahr

   beschränken und

   kein Grund zu der Annahme besteht, daß der Betroffene ein schutzwürdiges Interesse an dem Ausschluß der Übermittlung hat. In den Fällen des Buchstabens b kann im allgemeinen davon ausgegangen werden, daß dieses Interesse besteht, wenn im Rahmen der Zweckbestimmung eines Vertragsverhältnisses oder vertragsähnlichen Vertrauensverhältnisses gespeicherte Daten übermittelt werden sollen, die sich
   - auf gesundheitliche Verhältnisse,
   - auf strafbare Handlungen,
   - auf Ordnungswidrigkeiten,
   - auf religiöse oder politische Anschauungen sowie
   - bei Übermittlung durch den Arbeitgeber auf arbeitsrechtliche Rechtsverhältnisse

   beziehen, oder

2. wenn es im Interesse einer Forschungseinrichtung zur Durchführung wissenschaftlicher Forschung erforderlich ist, das wissenschaftliche Interesse an der Durchführung des Forschungsvorhabens das Interesse des Betroffenen an dem Ausschluß der Zweckänderung erheblich überwiegt und der Zweck der Forschung auf andere Weise nicht oder nur mit unverhältnismäßigem Aufwand erreicht werden kann.

(3) Widerspricht der Betroffene bei der speichernden Stelle der Nutzung ober Übermittlung seiner Daten für Zwecke der Werbung oder der Markt- oder Meinungsforschung, ist eine Nutzung oder Übermittlung für diese Zwecke unzulässig. Widerspricht der Betroffene beim Empfänger der nach Absatz 2 übermittelten Daten der Verarbeitung oder

Nutzung für Zwecke der Werbung oder der Markt- oder Meinungsforschung, hat dieser die Daten für diese Zwecke zu sperren.

(4) Der Empfänger darf die übermittelten Daten für den Zweck verarbeiten oder nutzen, zu dessen Erfüllung sie ihm übermittelt werden. Eine Verarbeitung oder Nutzung für andere Zwecke ist nur unter den Voraussetzungen der Absätze 1 und 2 zulässig. Die übermittelnde Stelle hat den Empfänger darauf hinzuweisen.

§ 29 Geschäftsmäßige Datenspeicherung zum Zwecke der Übermittlung. (1) Das geschäftsmäßige Speichern oder Verändern personenbezogener Daten zum Zwecke der Übermittlung ist zulässig, wenn

1. kein Grund zu der Annahme besteht, daß der Betroffene ein schutzwürdiges Interesse an dem Ausschluß der Speicherung oder Veränderung hat, oder
2. die Daten aus allgemein zugänglichen Quellen entnommen werden können oder die speichernde Stelle sie veröffentlichen dürfte, es sei denn, daß das schutzwürdige Interesse des Betroffenen an dem Ausschluß der Speicherung oder Veränderung offensichtlich überwiegt.

§ 28 Abs. 1 Satz 2 ist anzuwenden.

(2) Die Übermittlung ist zulässig, wenn

1. a) der Empfänger ein berechtigtes Interesse an ihrer Kenntnis glaubhaft dargelegt hat oder
   b) es sich um listenmäßig oder sonst zusammengefaßte Daten nach § 28 Abs. 2 Nr. 1 Buchstabe b handelt, die für Zwecke der Werbung oder der Markt- oder Meinungsforschung übermittelt werden sollen, und
2. kein Grund zu der Annahme besteht, daß der Betroffene ein schutzwürdiges Interesse an dem Ausschluß der Übermittlung hat.

§ 28 Abs. 2 Nr. 1 Satz 2 gilt entsprechend. Bei der Übermittlung nach Nummer 1 Buchstabe a sind die Gründe für das Vorliegen eines berechtigten Interesses und die Art und Weise ihrer glaubhaften Darlegung von der übermittelnden Stelle aufzuzeichnen. Bei der Übermittlung im automatisierten Abrufverfahren obliegt die Aufzeichnungspflicht dem Empfänger.

(3) Für die Verarbeitung oder Nutzung der übermittelten Daten gilt § 28 Abs. 3 und 4.

§ 30 Geschäftsmäßige Datenspeicherung zum Zwecke der Übermittlung in anonymisierter Form. (1) Werden personenbezogene Daten geschäftsmäßig gespeichert, um sie in anonymisierter Form zu übermitteln, sind die Merkmale gesondert zu speichern, mit denen Einzelangaben über persönliche oder sachliche Verhältnisse einer bestimmten oder bestimmbaren natürlichen Personen zugeordnet werden können. Diese Merkmale dürfen mit den Einzelangaben nur zusammengeführt werden, soweit dies für die Erfüllung des Zweckes der Speicherung oder zu wissenschaftlichen Zwecken erforderlich ist.

(2) Die Veränderung personenbezogener Daten ist zulässig, wenn
1. kein Grund zu der Annahme besteht, daß der Betroffene ein schutzwürdiges Interesse an dem Ausschluß der Veränderung hat, oder
2. die Daten aus allgemein zugänglichen Quellen entnommen werden können oder die speichernde Stelle sie veröffentlichen dürfte, es sei denn, daß das schutzwürdige Interesse des Betroffenen an dem Ausschluß der Veränderung offensichtlich überwiegt.

(3) Die personenbezogenen Daten sind zu löschen, wenn ihre Speicherung unzulässig ist.

(4) Die §§ 29, 33 bis 35 gelten nicht.

§ 31 Besondere Zweckbindung. Personenbezogene Daten, die ausschließlich zu Zwecken der Datenschutzkontrolle, der Datensicherung oder zur Sicherung eines ordnungsgemäßen Betriebes einer Datenverarbeitungsanlage gespeichert werden, dürfen nur für diese Zwecke verwendet werden.

§ 32 Meldepflichten. (1) Die Stellen, die personenbezogene Daten geschäftsmäßig
1. zum Zwecke der Übermittlung speichern,
2. zum Zwecke der anonymisierten Übermittlung speichern oder
3. im Auftrag als Dienstleistungsunternehmen verarbeiten oder nutzen,

sowie ihre Zweigniederlassungen und unselbständigen Zweigstellen haben die Aufnahme und Beendigung ihrer Tätigkeit der zuständigen Aufsichtsbehörde innerhalb eines Monats mitzuteilen.

(2) Bei der Anmeldung sind folgende Angaben für das bei der Aufsichtsbehörde geführte Register mitzuteilen:
1. Name oder Firma der Stelle,
2. Inhaber, Vorstände, Geschäftsführer oder sonstige gesetzlich oder nach der Verfassung des Unternehmens berufene Leiter und die mit der Leitung der Datenverarbeitung beauftragten Personen,
3. Anschrift,
4. Geschäftszwecke der Stelle und der Datenverarbeitung,
5. Name des Beauftragten für den Datenschutz,
6. allgemeine Beschreibung der Art der gespeicherten personenbezogenen Daten. Im Falle des Absatzes 1 Nr. 3 ist diese Angabe nicht erforderlich.

(3) Bei der Anmeldung sind außerdem folgende Angaben mitzuteilen, die nicht in das Register aufgenommen werden:
1. Art der eingesetzten Datenverarbeitungsanlagen,
2. bei regelmäßiger Übermittlung personenbezogener Daten Empfänger und Art der übermittelten Daten.

(4) Absatz 1 gilt für die Änderung der nach Absätzen 2 und 3 mitgeteilten Angaben entsprechend.

(5) Die Aufsichtsbehörde kann im Einzelfall festlegen, welche Angaben nach Absatz 2 Nr. 4 und 6, Absatz 3 und Absatz 4 mitgeteilt werden müssen. Der mit den Mitteilungen verbundene Aufwand muß in einem angemessenen Verhältnis zu ihrer Bedeutung für die Überwachung durch die Aufsichtsbehörde stehen.

Zweiter Unterabschnitt. Rechte des Betroffenen

§ 33 Benachrichtigung des Betroffenen. (1) Werden erstmals personenbezogene Daten für eigene Zwecke gespeichert, ist der Betroffene von der Speicherung und der Art der Daten zu benachrichtigen. Werden personenbezogene Daten geschäftsmäßig zum Zwecke der Übermittlung gespeichert, ist der Betroffene von der erstmaligen Übermittlung und der Art der übermittelten Daten zu benachrichtigen.

(2) Eine Pflicht zur Benachrichtigung besteht nicht, wenn

1. der Betroffene auf andere Weise Kenntnis von der Speicherung oder der Übermittlung erlangt hat,
2. die Daten nur deshalb gespeichert sind, weil sie aufgrund gesetzlicher, satzungsmäßiger oder vertraglicher Aufbewahrungsvorschriften nicht gelöscht werden dürfen oder ausschließlich der Datensicherung oder der Datenschutzkontrolle dienen,
3. die Daten nach einer Rechtsvorschrift oder ihrem Wesen nach, namentlich wegen des überwiegenden rechtlichen Interesses eines Dritten, geheimgehalten werden müssen,
4. die zuständige öffentliche Stelle gegenüber der speichernden Stelle festgestellt hat, daß das Bekanntwerden der Daten die öffentliche Sicherheit oder Ordnung gefährden oder sonst dem Wohle des Bundes oder eines Landes Nachteile bereiten würde,
5. die Daten in einer Datei gespeichert werden, die nur vorübergehend vorgehalten und innerhalb von drei Monaten nach ihrer Erstellung gelöscht wird,
6. die Daten für eigene Zwecke gespeichert sind und
   a) aus allgemein zugänglichen Quellen entnommen sind oder
   b) die Benachrichtigung die Geschäftszwecke der speichernden Stelle erheblich gefährden würde, es sei denn, daß das Interesse an der Benachrichtigung die Gefährdung überwiegt, oder
7. die Daten geschäftsmäßig zum Zwecke der Übermittlung gespeichert sind und
   a) aus allgemein zugänglichen Quellen entnommen sind, soweit sie sich auf diejenigen Personen beziehen, die diese Daten veröffentlicht haben, oder
   b) es sich um listenmäßig oder sonst zusammengefaßte Daten handelt (§ 29 Abs. 2 Nr. 1 Buchstabe b).

§ 34 Auskunft an den Betroffenen. (1) Der Betroffene kann Auskunft verlangen über

1. die zu seiner Person gespeicherten Daten, auch soweit sie sich auf Herkunft und Empfänger beziehen,
2. den Zweck der Speicherung und
3. Personen und Stellen, an die seine Daten regelmäßig übermittelt werden, wenn seine Daten automatisiert verarbeitet werden.

Er soll die Art der personenbezogenen Daten, über die Auskunft erteilt werden soll, näher bezeichnen. Werden die personenbezogenen Daten geschäftsmäßig zum Zwecke der Übermittlung gespeichert, kann der Betroffene über Herkunft und Empfänger nur Auskunft verlangen, wenn er begründete Zweifel an der Richtigkeit der Daten geltend macht. In diesem Falle ist Auskunft über Herkunft und Empfänger auch dann zu erteilen, wenn diese Angaben nicht gespeichert sind.

(2) Der Betroffene kann von Stellen, die geschäftsmäßig personenbezogene Daten zum Zwecke der Auskunftserteilung speichern, Auskunft über seine personenbezogenen Daten verlangen, auch wenn sie nicht in einer Datei gespeichert sind. Auskunft über Herkunft und Empfänger kann der Betroffene nur verlangen, wenn er begründete Zweifel an der Richtigkeit der Daten geltend macht. § 38 Abs. 1 ist mit der Maßgabe anzuwenden, daß die Aufsichtsbehörde im Einzelfall die Einhaltung von Satz 1 überprüft, wenn der Betroffene begründet darlegt, daß die Auskunft nicht oder nicht richtig erteilt worden ist.

(3) Die Auskunft wird schriftlich erteilt, soweit nicht wegen der besonderen Umstände eine andere Form der Auskunftserteilung angemessen ist.

(4) Eine Pflicht zur Auskunftserteilung besteht nicht, wenn der Betroffene nach § 33 Abs. 2 Nr. 2 bis 6 nicht zu benachrichtigen ist.

(5) Die Auskunft ist unentgeltlich. Werden die personenbezogenen Daten geschäftsmäßig zum Zwecke der Übermittlung gespeichert, kann jedoch ein Entgelt verlangt werden, wenn der Betroffene die Auskunft gegenüber Dritten zu wirtschaftlichen Zwecken nutzen kann. Das Entgelt darf über die durch die Auskunftserteilung entstandenen direkt zurechenbaren Kosten nicht hinausgehen. Ein Entgelt kann in den Fällen nicht verlangt werden, in denen besondere Umstände die Annahme rechtfertigen, daß Daten unrichtig oder unzulässig gespeichert werden, oder in denen die Auskunft ergibt, daß die Daten zu berichtigen oder unter der Voraussetzung des § 35 Abs. 2 Satz 2 Nr. 1 zu löschen sind.

(6) Ist die Auskunftserteilung nicht unentgeltlich, ist dem Betroffenen die Möglichkeit zu geben, sich im Rahmen seines Auskunftsanspruchs persönlich Kenntnis über die ihn betreffenden Daten und Angaben zu verschaffen. Er ist hierauf in geeigneter Weise hinzuweisen.

§ 35 Berichtigung, Löschung und Sperrung von Daten. (1) Personenbezogene Daten sind zu berichtigen, wenn sie unrichtig sind.

(2) Personenbezogene Daten können außer in den Fällen des Absatzes 3 Nr. 1 und 2 jederzeit gelöscht werden. Personenbezogene Daten sind zu löschen, wenn

1. ihre Speicherung unzulässig ist,
2. es sich um Daten über gesundheitliche Verhältnisse, strafbare Handlungen, Ordnungswidrigkeiten sowie religiöse oder politische Anschauungen handelt und ihre Richtigkeit von der speichernden Stelle nicht bewiesen werden kann,
3. sie für eigene Zwecke verarbeitet werden, sobald ihre Kenntnis für die Erfüllung des Zweckes der Speicherung nicht mehr erforderlich ist, oder
4. sie geschäftsmäßig zum Zwecke der Übermittlung verarbeitet werden und eine Prüfung am Ende des fünften Kalenderjahres nach ihrer erstmaligen Speicherung ergibt, daß eine längerwährende Speicherung nicht erforderlich ist.

(3) An die Stelle einer Löschung tritt eine Sperrung, soweit

1. im Falle des Absatzes 2 Nr. 3 oder 4 einer Löschung gesetzliche, satzungsmäßige oder vertragliche Aufbewahrungsfristen entgegenstehen,
2. Grund zu der Annahme besteht, daß durch eine Löschung schutzwürdige Interessen des Betroffenen beeinträchtigt würden, oder
3. eine Löschung wegen der besonderen Art der Speicherung nicht oder nur mit unverhältnismäßig hohem Aufwand möglich ist.

(4) Personenbezogene Daten sind ferner zu sperren, soweit ihre Richtigkeit vom Betroffenen bestritten wird und sich weder die Richtigkeit noch die Unrichtigkeit feststellen läßt.

(5) Personenbezogene Daten, die unrichtig sind oder deren Richtigkeit bestritten wird, müssen bei der geschäftsmäßigen Datenspeicherung zum Zwecke der Übermittlung außer in den Fällen des Absatzes 2 Nr. 2 nicht berichtigt, gesperrt oder gelöscht werden, wenn sie aus allgemein zugänglichen Quellen entnommen und zu Dokumentationszwecken gespeichert sind. Auf Verlangen des Betroffenen ist diesen Daten für die Dauer der Speicherung seine Gegendarstellung beizufügen. Die Daten dürfen nicht ohne diese Gegendarstellung übermittelt werden.

(6) Von der Berichtigung unrichtiger Daten, der Sperrung bestrittener Daten sowie der Löschung oder Sperrung wegen Unzulässigkeit der Speicherung sind die Stellen zu verständigen, denen im Rahmen einer regelmäßigen Datenübermittlung diese Daten zur Speicherung weitergegeben werden, wenn dies zur Wahrung der schutzwürdigen Interessen des Betroffenen erforderlich ist.

(7) Gesperrte Daten dürfen ohne Einwilligung des Betroffenen nur übermittelt oder genutzt werden, wenn

1. es zu wissenschaftlichen Zwecken, zur Behebung einer bestehenden Beweisnot oder aus sonstigen im überwiegenden Interesse der spei-

chernden Stelle oder eines Dritten liegenden Gründen unerläßlich ist und

2. die Daten hierfür übermittelt oder genutzt werden dürften, wenn sie nicht gesperrt wären.

Dritter Unterabschnitt. Beauftragter für den Datenschutz, Aufsichtsbehörde

§ 36 Bestellung eines Beauftragten für den Datenschutz. (1) Die nicht-öffentlichen Stellen, die personenbezogene Daten automatisiert verarbeiten und damit in der Regel mindestens fünf Arbeitnehmer ständig beschäftigen, haben spätestens innerhalb eines Monats nach Aufnahme ihrer Tätigkeit einen Beauftragten für den Datenschutz schriftlich zu bestellen. Das gleiche gilt, wenn personenbezogene Daten auf andere Weise verarbeitet werden und damit in der Regel mindestens zwanzig Arbeitnehmer ständig beschäftigt sind.

(2) Zum Beauftragten für den Datenschutz darf nur bestellt werden, wer die zur Erfüllung seiner Aufgaben erforderliche Fachkunde und Zuverlässigkeit besitzt.

(3) Der Beauftragte für den Datenschutz ist dem Inhaber, dem Vorstand, dem Geschäftsführer oder dem sonstigen gesetzlich oder nach der Verfassung des Unternehmens berufenen Leiter unmittelbar zu unterstellen. Er ist bei Anwendung seiner Fachkunde auf dem Gebiet des Datenschutzes weisungsfrei. Er darf wegen der Erfüllung seiner Aufgaben nicht benachteiligt werden. Die Bestellung zum Beauftragten für den Datenschutz kann nur auf Verlangen der Aufsichtsbehörde oder in entsprechender Anwendung von § 626 des Bürgerlichen Gesetzbuchs[1] widerrufen werden.

(4) Der Beauftragte für den Datenschutz ist zur Verschwiegenheit über die Identität des Betroffenen sowie über Umstände, die Rückschlüsse auf den Betroffenen zulassen, verpflichtet, soweit er nicht davon durch den Betroffenen befreit wird.

(5) Die nicht-öffentliche Stelle hat den Beauftragten für den Datenschutz bei der Erfüllung seiner Aufgaben zu unterstützen und ihm insbesondere, soweit dies zur Erfüllung seiner Aufgaben erforderlich ist, Hilfspersonal sowie Räume, Einrichtungen, Geräte und Mittel zur Verfügung zu stellen.

§ 37 Aufgaben des Beauftragten für den Datenschutz. (1) Der Beauftragte für den Datenschutz hat die Ausführung dieses Gesetzes sowie anderer Vorschriften über den Datenschutz sicherzustellen. Zu diesem Zweck kann er sich in Zweifelsfällen an die Aufsichtsbehörde wenden. Er hat insbesondere

[1] **Schönfelder Nr. 20.**

1. die ordnungsgemäße Anwendung der Datenverarbeitungsprogramme, mit deren Hilfe personenbezogene Daten verarbeitet werden sollen, zu überwachen; zu diesem Zweck ist er über Vorhaben der automatisierten Verarbeitung personenbezogener Daten rechtzeitig zu unterrichten,
2. die bei der Verarbeitung personenbezogener Daten tätigen Personen durch geeignete Maßnahmen mit den Vorschriften dieses Gesetzes sowie anderen Vorschriften über den Datenschutz, bezogen auf die besonderen Verhältnisse in diesem Geschäftsbereich und die sich daraus ergebenden besonderen Erfordernisse für den Datenschutz, vertraut zu machen,
3. bei der Auswahl der bei der Verarbeitung personenbezogener Daten tätigen Personen beratend mitzuwirken.

(2) Dem Beauftragten ist von der nicht-öffentlichen Stelle eine Übersicht zur Verfügung zu stellen über
1. eingesetzte Datenverarbeitungsanlagen,
2. Bezeichnung und Art der Dateien,
3. Art der gespeicherten Daten,
4. Geschäftszwecke, zu deren Erfüllung die Kenntnis dieser Daten erforderlich ist,
5. deren regelmäßige Empfänger,
6. zugriffsberechtigte Personengruppen oder Personen, die allein zugriffsberechtigt sind.

(3) Absatz 2 Nr. 2 bis 6 gilt nicht für Dateien, die nur vorübergehend vorgehalten und innerhalb von drei Monaten nach ihrer Erstellung gelöscht werden.

§ 38 Aufsichtsbehörde. (1) Die Aufsichtsbehörde überprüft im Einzelfall die Ausführung dieses Gesetzes sowie anderer Vorschriften über den Datenschutz, soweit diese die Verarbeitung oder Nutzung personenbezogener Daten in oder aus Dateien regeln, wenn ihr hinreichende Anhaltspunkte dafür vorliegen, daß eine dieser Vorschriften durch nicht-öffentliche Stellen verletzt ist, insbesondere wenn es der Betroffene selbst begründet darlegt.

(2) Werden personenbezogene Daten geschäftsmäßig
1. zum Zwecke der Übermittlung gespeichert,
2. zum Zwecke der anonymisierten Übermittlung gespeichert oder
3. im Auftrag durch Dienstleistungsunternehmen verarbeitet,

überwacht die Aufsichtsbehörde die Ausführung dieses Gesetzes oder anderer Vorschriften über den Datenschutz, soweit diese die Verarbeitung oder Nutzung personenbezogener Daten in oder aus Dateien regeln. Die Aufsichtsbehörde führt das Register nach § 32 Abs. 2. Das Register kann von jedem eingesehen werden.

(3) Die der Prüfung unterliegenden Stellen sowie die mit deren Leitung beauftragten Personen haben der Aufsichtsbehörde auf Verlangen

die für die Erfüllung ihrer Aufgaben erforderlichen Auskünfte unverzüglich zu erteilen. Der Auskunftspflichtige kann die Auskunft auf solche Fragen verweigern, deren Beantwortung ihn selbst oder einen der in § 383 Abs. 1 Nr. 1 bis 3 der Zivilprozeßordnung[1)] bezeichneten Angehörigen der Gefahr strafgerichtlicher Verfolgung oder eines Verfahrens nach dem Gesetz über Ordnungswidrigkeiten aussetzen würde. Der Auskunftspflichtige ist darauf hinzuweisen.

(4) Die von der Aufsichtsbehörde mit der Überprüfung oder Überwachung beauftragten Personen sind befugt, soweit es zur Erfüllung der der Aufsichtsbehörde übertragenen Aufgaben erforderlich ist, während der Betriebs- und Geschäftszeiten Grundstücke und Geschäftsräume der Stelle zu betreten und dort Prüfungen und Besichtigungen vorzunehmen. Sie können geschäftliche Unterlagen, insbesondere die Übersicht nach § 37 Abs. 2 sowie die gespeicherten personenbezogenen Daten und die Datenverarbeitungsprogramme, einsehen. § 24 Abs. 6 gilt entsprechend. Der Auskunftspflichtige hat diese Maßnahmen zu dulden.

(5) Zur Gewährleistung des Datenschutzes nach diesem Gesetz und anderen Vorschriften über den Datenschutz, soweit diese die Verarbeitung oder Nutzung personenbezogener Daten in oder aus Dateien regeln, kann die Aufsichtsbehörde anordnen, daß im Rahmen der Anforderungen nach § 9 Maßnahmen zur Beseitigung festgestellter technischer oder organisatorischer Mängel getroffen werden. Bei schwerwiegenden Mängeln dieser Art, insbesondere, wenn sie mit besonderer Gefährdung des Persönlichkeitsrechts verbunden sind, kann sie den Einsatz einzelner Verfahren untersagen, wenn die Mängel entgegen der Anordnung nach Satz 1 und trotz der Verhängung eines Zwangsgeldes nicht in angemessener Zeit beseitigt werden. Sie kann die Abberufung des Beauftragten für den Datenschutz verlangen, wenn er die zur Erfüllung seiner Aufgaben erforderliche Fachkunde und Zuverlässigkeit nicht besitzt.

(6) Die Landesregierungen oder die von ihnen ermächtigten Stellen bestimmen die für die Überwachung der Durchführung des Datenschutzes im Anwendungsbereich dieses Abschnittes zuständigen Aufsichtsbehörden.

(7) Die Anwendung der Gewerbeordnung auf die den Vorschriften dieses Abschnitts unterliegenden Gewerbebetriebe bleibt unberührt.

Vierter Abschnitt. Sondervorschriften

§ 39 Zweckbindung bei personenbezogenen Daten, die einem Berufs- oder besonderen Amtsgeheimnis unterliegen. (1) Personenbezogene Daten, die einem Berufs- oder besonderen Amtsgeheimnis unterliegen und die von der zur Verschwiegenheit verpflichteten Stelle in Ausübung ihrer Berufs- oder Amtspflicht zur Verfügung gestellt worden

---

[1)] **Schönfelder Nr. 100.**

sind, dürfen von der speichernden Stelle nur für den Zweck verarbeitet oder genutzt werden, für den sie sie erhalten hat. In die Übermittlung an eine nicht-öffentliche Stelle muß die zur Verschwiegenheit verpflichtete Stelle einwilligen.

(2) Für einen anderen Zweck dürfen die Daten nur verarbeitet oder genutzt werden, wenn die Änderung des Zwecks durch besonderes Gesetz zugelassen ist.

§ 40 Verarbeitung und Nutzung personenbezogener Daten durch Forschungseinrichtungen. (1) Für Zwecke der wissenschaftlichen Forschung erhobene oder gespeicherte personenbezogene Daten dürfen nur für Zwecke der wissenschaftlichen Forschung verarbeitet oder genutzt werden.

(2) Die Übermittlung personenbezogener Daten an andere als öffentliche Stellen für Zwecke der wissenschaftlichen Forschung ist nur zulässig, wenn diese sich verpflichten, die übermittelten Daten nicht für andere Zwecke zu verarbeiten oder zu nutzen und die Vorschrift des Absatzes 3 einzuhalten.

(3) Die personenbezogenen Daten sind zu anonymisieren, sobald dies nach dem Forschungszweck möglich ist. Bis dahin sind die Merkmale gesondert zu speichern, mit denen Einzelangaben über persönliche oder sachliche Verhältnisse einer bestimmten oder bestimmbaren Person zugeordnet werden können. Sie dürfen mit den Einzelangaben nur zusammengeführt werden, soweit der Forschungszweck dies erfordert.

(4) Die wissenschaftliche Forschung betreibenden Stellen dürfen personenbezogene Daten nur veröffentlichen, wenn

1. der Betroffene eingewilligt hat oder
2. dies für die Darstellung von Forschungsergebnissen über Ereignisse der Zeitgeschichte unerläßlich ist.

§ 41[1] Verarbeitung und Nutzung personenbezogener Daten durch die Medien. (1) Soweit personenbezogene Daten von Unternehmen oder Hilfsunternehmen der Presse oder des Films oder von Hilfsunternehmen des Rundfunks ausschließlich zu eigenen journalistisch-redaktionellen Zwecken verarbeitet oder genutzt werden, gelten von den Vorschriften dieses Gesetzes nur die §§ 5 und 9. Soweit Verlage personenbezogene Daten zur Herausgabe von Adressen-, Telefon-, Branchen- oder vergleichbaren Verzeichnissen verarbeiten oder nutzen, gilt Satz 1 nur, wenn mit der Herausgabe zugleich eine journalistisch-redaktionelle Tätigkeit verbunden ist.

(2) Führt die journalistisch-redaktionelle Verarbeitung oder Nutzung personenbezogener Daten durch die Deutsche Welle zur Veröffentlichung von Gegendarstellungen des Betroffenen, so sind diese Gegen-

[1] § 41 Abs. 2, Abs. 3 Satz 1 u. Abs. 4 Satz 1 geänd. durch G v. 16. 12. 1997 (BGBl. I S. 3094).

darstellungen zu den gespeicherten Daten zu nehmen und für dieselbe Zeitdauer aufzubewahren wie die Daten selbst.

(3) Wird jemand durch eine Berichterstattung der Deutschen Welle in seinem Persönlichkeitsrecht beeinträchtigt, so kann er Auskunft über die der Berichterstattung zugrundeliegenden, zu seiner Person gespeicherten Daten verlangen. Die Auskunft kann verweigert werden, soweit aus den Daten auf die Person des Verfassers, Einsenders oder Gewährsmannes von Beiträgen, Unterlagen und Mitteilungen für den redaktionellen Teil geschlossen werden kann. Der Betroffene kann die Berichtigung unrichtiger Daten verlangen.

(4) Im übrigen gelten für die Deutsche Welle von den Vorschriften dieses Gesetzes die §§ 5 und 9. Anstelle der §§ 24 bis 26 gilt § 42, auch soweit es sich um Verwaltungsangelegenheiten handelt.

§ 42[1)] Datenschutzbeauftragter der Deutschen Welle. (1) Die Deutsche Welle bestellt einen Beauftragten für den Datenschutz, der an die Stelle des Bundesbeauftragten für den Datenschutz tritt. Die Bestellung erfolgt auf Vorschlag des Intendanten durch den Verwaltungsrat für die Dauer von vier Jahren, wobei Wiederbestellungen zulässig sind. Das Amt eines Beauftragten für den Datenschutz kann neben anderen Aufgaben innerhalb der Rundfunkanstalt wahrgenommen werden.

(2) Der Beauftragte für den Datenschutz kontrolliert die Einhaltung der Vorschriften dieses Gesetzes sowie anderer Vorschriften über den Datenschutz. Er ist in Ausübung dieses Amtes unabhängig und nur dem Gesetz unterworfen. Im übrigen untersteht er der Dienst- und Rechtsaufsicht des Verwaltungsrates.

(3) Jedermann kann sich entsprechend § 21 Satz 1 an den Beauftragten für den Datenschutz wenden.

(4) Der Beauftragte für den Datenschutz erstattet den Organen der Deutschen Welle alle zwei Jahre, erstmals zum 1. Januar 1994 einen Tätigkeitsbericht. Er erstattet darüber hinaus besondere Berichte auf Beschluß eines Organes der Deutschen Welle. Die Tätigkeitsberichte übermittelt der Beauftragte auch an den Bundesbeauftragten für den Datenschutz.

(5) Weitere Regelungen entsprechend den §§ 23 bis 26 trifft die Deutsche Welle für ihren Bereich. § 18 bleibt unberührt.

Fünfter Abschnitt. Schlußvorschriften

§ 43 Strafvorschriften. (1) Wer unbefugt von diesem Gesetz geschützte personenbezogene Daten, die nicht offenkundig sind,

1. speichert, verändert oder übermittelt,

[1)] § 42 Überschrift und Abs. 1 Satz 1 neugef., Abs. 4 Satz 1 u. 2 geänd. sowie Abs. 5 Satz 1 neugef. durch G v. 16. 12. 1997 (BGBl. I S. 3094).

2. zum Abruf mittels automatisierten Verfahrens bereithält oder
3. abruft oder sich oder einem anderen aus Dateien verschafft,

wird mit Freiheitsstrafe bis zu einem Jahr oder mit Geldstrafe bestraft.

(2) Ebenso wird bestraft, wer

1. die Übermittlung von durch dieses Gesetz geschützten personenbezogenen Daten, die nicht offenkundig sind, durch unrichtige Angaben erschleicht,
2. entgegen § 16 Abs. 4 Satz 1, § 28 Abs. 4 Satz 1, auch in Verbindung mit § 29 Abs. 3, § 39 Abs. 1 Satz 1 oder § 40 Abs. 1 die übermittelten Daten für andere Zwecke nutzt, indem er sie an Dritte weitergibt, oder
3. entgegen § 30 Abs. 1 Satz 2 die in § 30 Abs. 1 Satz 1 bezeichneten Merkmale oder entgegen § 40 Abs. 3 Satz 3 die in § 40 Abs. 3 Satz 2 bezeichneten Merkmale mit den Einzelangaben zusammenführt.

(3) Handelt der Täter gegen Entgelt oder in der Absicht, sich oder einen anderen zu bereichern oder einen anderen zu schädigen, so ist die Strafe Freiheitsstrafe bis zu zwei Jahren oder Geldstrafe.

(4) Die Tat wird nur auf Antrag verfolgt.

§ 44 Bußgeldvorschriften. (1) Ordnungswidrig handelt, wer vorsätzlich oder fahrlässig

1. entgegen § 29 Abs. 2 Satz 3 oder 4 die dort bezeichneten Gründe oder die Art und Weise ihrer glaubhaften Darlegung nicht aufzeichnet,
2. entgegen § 32 Abs. 1, auch in Verbindung mit Absatz 4, eine Meldung nicht oder nicht rechtzeitig erstattet oder entgegen § 32 Abs. 2, auch in Verbindung mit Absatz 4, bei einer solchen Meldung die erforderlichen Angaben nicht, nicht richtig oder nicht vollständig mitteilt,
3. entgegen § 33 Abs. 1 den Betroffenen nicht, nicht richtig oder nicht vollständig benachrichtigt,
4. entgegen § 35 Abs. 5 Satz 3 Daten ohne Gegendarstellung übermittelt,
5. entgegen § 36 Abs. 1 einen Beauftragten für den Datenschutz nicht oder nicht rechtzeitig bestellt,
6. entgegen § 38 Abs. 3 Satz 1 eine Auskunft nicht, nicht richtig, nicht vollständig oder nicht rechtzeitig erteilt oder entgegen § 38 Abs. 4 Satz 4 den Zutritt zu den Grundstücken oder Geschäftsräumen oder die Vornahme von Prüfungen oder Besichtigungen oder die Einsicht in geschäftliche Unterlagen nicht duldet, oder
7. einer vollziehbaren Anordnung nach § 38 Abs. 5 Satz 1 zuwiderhandelt.

(2) Die Ordnungswidrigkeit kann mit einer Geldbuße bis zu fünfzigtausend Deutsche Mark geahndet werden.

Anlage
(zu § 9 Satz 1)

Werden personenbezogene Daten automatisiert verarbeitet, sind Maßnahmen zu treffen, die je nach der Art der zu schützenden personenbezogenen Daten geeignet sind,

1. Unbefugten den Zugang zu Datenverarbeitungsanlagen, mit denen personenbezogene Daten verarbeitet werden, zu verwehren (Zugangskontrolle),
2. zu verhindern, daß Datenträger unbefugt gelesen, kopiert, verändert oder entfernt werden können (Datenträgerkontrolle),
3. die unbefugte Eingabe in den Speicher sowie die unbefugte Kenntnisnahme, Veränderung oder Löschung gespeicherter personenbezogener Daten zu verhindern (Speicherkontrolle),
4. zu verhindern, daß Datenverarbeitungssysteme mit Hilfe von Einrichtungen zur Datenübertragung von Unbefugten genutzt werden können (Benutzerkontrolle),
5. zu gewährleisten, daß die zur Benutzung eines Datenverarbeitungssystems Berechtigten ausschließlich auf die ihrer Zugriffsberechtigung unterliegenden Daten zugreifen können (Zugriffskontrolle),
6. zu gewährleisten, daß überprüft und festgestellt werden kann, an welche Stellen personenbezogene Daten durch Einrichtungen zur Datenübertragung übermittelt werden können (Übermittlungskontrolle),
7. zu gewährleisten, daß nachträglich überprüft und festgestellt werden kann, welche personenbezogenen Daten zu welcher Zeit von wem in Datenverarbeitungssysteme eingegeben worden sind (Eingabekontrolle),
8. zu gewährleisten, daß personenbezogene Daten, die im Auftrag verarbeitet werden, nur entsprechend den Weisungen des Auftraggebers verarbeitet werden können (Auftragskontrolle),
9. zu verhindern, daß bei der Übertragung personenbezogener Daten sowie beim Transport von Datenträgern die Daten unbefugt gelesen, kopiert, verändert oder gelöscht werden können (Transportkontrolle),
10. die innerbehördliche oder innerbetriebliche Organisation so zu gestalten, daß sie den besonderen Anforderungen des Datenschutzes gerecht wird (Organisationskontrolle).

16. Gesetz über den Datenschutz bei Telediensten (Teledienstedatenschutzgesetz – TDDSG)[1]

Vom 22. Juli 1997 (BGBl. I S. 1870)

§ 1 Geltungsbereich. (1) Die nachfolgenden Vorschriften gelten für den Schutz personenbezogener Daten bei Telediensten im Sinne des Teledienstegesetzes.[2]

(2) Soweit in diesem Gesetz nichts anderes bestimmt ist, sind die jeweils geltenden Vorschriften für den Schutz personenbezogener Daten anzuwenden, auch wenn die Daten nicht in Dateien verarbeitet oder genutzt werden.

§ 2 Begriffsbestimmungen. Im Sinne dieses Gesetzes sind

1. „Diensteanbieter" natürliche oder juristische Personen oder Personenvereinigungen, die Teledienste zur Nutzung bereithalten oder den Zugang zur Nutzung vermitteln,
2. „Nutzer" natürliche oder juristische Personen oder Personenvereinigungen, die Teledienste nachfragen.

§ 3 Grundsätze für die Verarbeitung personenbezogener Daten.

(1) Personenbezogene Daten dürfen vom Diensteanbieter zur Durchführung von Telediensten nur erhoben, verarbeitet und genutzt werden, soweit dieses Gesetz oder eine andere Rechtsvorschrift es erlaubt oder der Nutzer eingewilligt hat.

(2) Der Diensteanbieter darf für die Durchführung von Telediensten erhobene Daten für andere Zwecke nur verwenden, soweit dieses Gesetz oder eine andere Rechtsvorschrift es erlaubt oder der Nutzer eingewilligt hat.

(3) Der Diensteanbieter darf die Erbringung von Telediensten nicht von einer Einwilligung des Nutzers in eine Verarbeitung oder Nutzung seiner Daten für andere Zwecke abhängig machen, wenn dem Nutzer ein anderer Zugang zu diesen Telediensten nicht oder in nicht zumutbarer Weise möglich ist.

(4) Die Gestaltung und Auswahl technischer Einrichtungen für Teledienste hat sich an dem Ziel auszurichten, keine oder so wenige personenbezogene Daten wie möglich zu erheben, zu verarbeiten und zu nutzen.

---

[1] Artikel 2 des Gesetzes zur Regelung der Rahmenbedingungen für Informations- und Kommunikationsdienste (Informations- und Kommunikationsdienste-Gesetz – IuKDG) v. 22. 7. 1997 (BGBl. I S. 1870).

[2] Nr. 2.

(5) Der Nutzer ist vor der Erhebung über Art, Umfang, Ort und Zwecke der Erhebung, Verarbeitung und Nutzung personenbezogener Daten zu unterrichten. Bei automatisierten Verfahren, die eine spätere Identifizierung des Nutzers ermöglichen und eine Erhebung, Verarbeitung oder Nutzung personenbezogener Daten vorbereiten, ist der Nutzer vor Beginn dieses Verfahrens zu unterrichten. Der Inhalt der Unterrichtung muß für den Nutzer jederzeit abrufbar sein. Der Nutzer kann auf die Unterrichtung verzichten. Die Unterrichtung und der Verzicht sind zu protokollieren. Der Verzicht gilt nicht als Einwilligung im Sinne der Absätze 1 und 2.

(6) Der Nutzer ist vor Erklärung seiner Einwilligung auf sein Recht auf jederzeitigen Widerruf mit Wirkung für die Zukunft hinzuweisen. Absatz 5 Satz 3 gilt entsprechend.

(7) Die Einwilligung kann auch elektronisch erklärt werden, wenn der Diensteanbieter sicherstellt, daß

1. sie nur durch eine eindeutige und bewußte Handlung des Nutzers erfolgen kann,
2. sie nicht unerkennbar verändert werden kann,
3. ihr Urheber erkannt werden kann,
4. die Einwilligung protokolliert wird und
5. der Inhalt der Einwilligung jederzeit vom Nutzer abgerufen werden kann.

§ 4 Datenschutzrechtliche Pflichten des Diensteanbieters. (1) Der Diensteanbieter hat dem Nutzer die Inanspruchnahme von Telediensten und ihre Bezahlung anonym oder unter Pseudonym zu ermöglichen, soweit dies technisch möglich und zumutbar ist. Der Nutzer ist über diese Möglichkeiten zu informieren.

(2) Der Diensteanbieter hat durch technische und organisatorische Vorkehrungen sicherzustellen, daß

1. der Nutzer seine Verbindung mit dem Diensteanbieter jederzeit abbrechen kann,
2. die anfallenden personenbezogenen Daten über den Ablauf des Abrufs oder Zugriffs oder der sonstigen Nutzung unmittelbar nach deren Beendigung gelöscht werden, soweit nicht eine längere Speicherung für Abrechnungszwecke erforderlich ist,
3. der Nutzer Teledienste gegen Kenntnisnahme Dritter geschützt in Anspruch nehmen kann,
4. die personenbezogenen Daten über die Inanspruchnahme verschiedener Teledienste durch einen Nutzer getrennt verarbeitet werden; eine Zusammenführung dieser Daten ist unzulässig, soweit dies nicht für Abrechnungszwecke erforderlich ist.

(3) Die Weitervermittlung zu einem anderen Diensteanbieter ist dem Nutzer anzuzeigen.

(4) Nutzungsprofile sind nur bei Verwendung von Pseudonymen zulässig. Unter einem Pseudonym erfaßte Nutzungsprofile dürfen nicht mit Daten über den Träger des Pseudonyms zusammengeführt werden.

§ 5 Bestandsdaten. (1) Der Diensteanbieter darf personenbezogene Daten eines Nutzers erheben, verarbeiten und nutzen, soweit sie für die Begründung, inhaltliche Ausgestaltung oder Änderung eines Vertragsverhältnisses mit ihm über die Nutzung von Telediensten erforderlich sind (Bestandsdaten).

(2) Eine Verarbeitung und Nutzung der Bestandsdaten für Zwecke der Beratung, der Werbung, der Marktforschung oder zur bedarfsgerechten Gestaltung der Teledienste ist nur zulässig, soweit der Nutzer in diese ausdrücklich eingewilligt hat.

§ 6 Nutzungs- und Abrechnungsdaten. (1) Der Diensteanbieter darf personenbezogene Daten über die Inanspruchnahme von Telediensten nur erheben, verarbeiten und nutzen, soweit dies erforderlich ist,

1. um dem Nutzer die Inanspruchnahme von Telediensten zu ermöglichen (Nutzungsdaten) oder
2. um die Nutzung von Telediensten abzurechnen (Abrechnungsdaten).

(2) Zu löschen hat der Diensteanbieter

1. Nutzungsdaten frühestmöglich, spätestens unmittelbar nach Ende der jeweiligen Nutzung, soweit es sich nicht um Abrechnungsdaten handelt,
2. Abrechnungsdaten, sobald sie für Zwecke der Abrechnung nicht mehr erforderlich sind; nutzerbezogene Abrechnungsdaten, die für die Erstellung von Einzelnachweisen über die Inanspruchnahme bestimmter Angebote auf Verlangen des Nutzers gemäß Absatz 4 gespeichert werden, sind spätestens 80 Tage nach Versendung des Einzelnachweises zu löschen, es sei denn, die Entgeltforderung wird innerhalb dieser Frist bestritten oder trotz Zahlungsaufforderung nicht beglichen.

(3) Die Übermittlung von Nutzungs- oder Abrechnungsdaten an andere Diensteanbieter oder Dritte ist unzulässig. Die Befugnisse der Strafverfolgungsbehörden bleiben unberührt. Der Diensteanbieter, der den Zugang zur Nutzung von Telediensten vermittelt, darf anderen Diensteanbietern, deren Teledienste der Nutzer in Anspruch genommen hat, lediglich übermitteln

1. anonymisierte Nutzungsdaten zu Zwecken deren Marktforschung,
2. Abrechnungsdaten, soweit diese zum Zwecke der Einziehung einer Forderung erforderlich sind.

(4) Hat der Diensteanbieter mit einem Dritten einen Vertrag über die Abrechnung des Entgelts geschlossen, so darf er diesem Dritten Abrechnungsdaten übermitteln, soweit es für diesen Zweck erforderlich ist. Der Dritte ist zur Wahrung des Fernmeldegeheimnisses zu verpflichten.

(5) Die Abrechnung über die Inanspruchnahme von Telediensten darf Anbieter, Zeitpunkt, Dauer, Art, Inhalt und Häufigkeit bestimmter von einem Nutzer in Anspruch genommener Teledienste nicht erkennen lassen, es sei denn, der Nutzer verlangt einen Einzelnachweis.

§ 7 Auskunftsrecht des Nutzers. Der Nutzer ist berechtigt, jederzeit die zu seiner Person oder zu seinem Pseudonym gespeicherten Daten unentgeltlich beim Diensteanbieter einzusehen. Die Auskunft ist auf Verlangen des Nutzers auch elektronisch zu erteilen. Das Auskunftsrecht ist im Falle einer kurzfristigen Speicherung im Sinne des § 33 Abs. 2 Nr. 5 des Bundesdatenschutzgesetzes nicht nach § 34 Abs. 4 des Bundesdatenschutzgesetzes[1] ausgeschlossen.

§ 8 Datenschutzkontrolle. (1) § 38 des Bundesdatenschutzgesetzes findet mit der Maßgabe Anwendung, daß die Überprüfung auch vorgenommen werden darf, wenn Anhaltspunkte für eine Verletzung von Datenschutzvorschriften nicht vorliegen.

(2) Der Bundesbeauftragte für den Datenschutz beobachtet die Entwicklung des Datenschutzes bei Telediensten und nimmt dazu im Rahmen seines Tätigkeitsberichtes nach § 26 Abs. 1 des Bundesdatenschutzgesetzes Stellung.

---

[1] Nr. **15**.

17. Verordnung über den Datenschutz für Unternehmen, die Telekommunikationsdienstleistungen erbringen (Telekommunikationsdienstunternehmen-Datenschutzverordnung – TDSV)

Vom 12. Juli 1996 (BGBl. I S. 982)

Auf Grund des § 10 Abs. 1 des Gesetzes über die Regulierung der Telekommunikation und des Postwesens vom 14. September 1994 (BGBl. I S. 2325, 2371) verordnet die Bundesregierung:

§ 1 Zweck und Anwendungsbereich der Verordnung. (1) Diese Verordnung regelt den Schutz personenbezogener Daten der am Fernmeldeverkehr Beteiligten. Die nachfolgenden Bestimmungen gelten für Unternehmen und Diensteanbieter, die der Öffentlichkeit angebotene Telekommunikationsdienstleistungen erbringen oder daran mitwirken. Dem Fernmeldegeheimnis unterliegende Einzelangaben über Verhältnisse einer bestimmten oder bestimmbaren juristischen Person oder Personengesellschaft, sofern sie mit der Fähigkeit ausgestattet ist, Rechte zu erwerben oder Verbindlichkeiten einzugehen, stehen den personenbezogenen Daten gleich.

(2) Soweit diese Verordnung oder andere besondere Rechtsvorschriften keine Regelungen enthalten, gelten die Vorschriften des Bundesdatenschutzgesetzes[1)].

§ 2 Begriffsbestimmungen. Im Sinne dieser Verordnung sind

1. Beteiligte am Fernmeldeverkehr:
   a) die Vertragspartner (Kunden) bei Verträgen über Telekommunikationsdienstleistungen (Nummer 6) mit einem Unternehmen oder Diensteanbieter (Nummer 2),
   b) die bestimmten oder bestimmbaren natürlichen und juristischen Personen oder Personengesellschaften, sofern sie mit der Fähigkeit ausgestattet sind, Rechte zu erwerben oder Verbindlichkeiten einzugehen, die Telekommunikationsdienstleistungen nutzen, die ein Unternehmen oder ein Diensteanbieter anbietet;
2. Diensteanbieter:
   alle, die ganz oder teilweise geschäftsmäßig Telekommunikationsdienstleistungen erbringen;
3. Informationsanbieter:
   jeder, der geschäftsmäßig Informationsdienstleistungen anbietet;

[1)] Nr. 15.

4. Kundenkarten:
   Karten, mit deren Hilfe Telekommunikationsverbindungen hergestellt und personenbezogene Daten erhoben werden können;
5. Telekommunikationsnetze:
   die Gesamtheit der technischen Einrichtungen (Übertragungswege, Vermittlungseinrichtungen und sonstige Einrichtungen, die zur Gewährleistung eines ordnungsgemäßen Betriebs des Telekommunikationsnetzes unerläßlich sind), die zur Erbringung von Telekommunikationsdienstleistungen oder nichtgewerblichen Telekommunikationszwecken dient;
6. Telekommunikationsdienstleistungen:
   das gewerbliche Angebot von Telekommunikation einschließlich des Angebots von Übertragungswegen für beliebige natürliche oder juristische Personen oder Personengesellschaften, sofern sie mit der Fähigkeit ausgestattet sind, Rechte zu erwerben oder Verbindlichkeiten einzugehen, und nicht lediglich für die Teilnehmer geschlossener Benutzergruppen;
7. Unternehmen:
   alle, die nach den Vorschriften des Gesetzes über Fernmeldeanlagen eine Fernmeldeanlage betreiben oder daran mitwirken.

§ 3 Zulässigkeit der Datenerhebung, -verarbeitung und -nutzung.

(1) Das Unternehmen und die Diensteanbieter dürfen für Telekommunikationszwecke personenbezogene Daten der am Fernmeldeverkehr Beteiligten erheben. Eine Verarbeitung oder Nutzung ist nur zulässig, soweit diese Verordnung oder andere Rechtsvorschriften es erlauben oder der Beteiligte nach dem Bundesdatenschutzgesetz eingewilligt hat.

(2) Die Erbringung von Telekommunikationsdienstleistungen darf nicht von der Angabe personenbezogener Daten abhängig gemacht werden, die nicht erforderlich sind, um diese Dienstleistung zu erbringen; Entsprechendes gilt für die Einwilligung des Beteiligten in die Verarbeitung oder Nutzung der Daten für andere Zwecke. Erforderlich sind auch Angaben, die mit einer Telekommunikationsdienstleistung in sachlichem Zusammenhang stehen und deren Erhebung der im Fernmeldeverkehr gebotenen Sorgfalt entspricht.

(3) Darüber hinaus darf das Unternehmen oder der Diensteanbieter im Zusammenhang mit der Erbringung von Telekommunikationsdienstleistungen erhobene Daten für andere Zwecke nur verarbeiten oder nutzen, wenn eine andere Rechtsvorschrift eine solche Verwendung für diese Daten ausdrücklich vorsieht.

(4) Der Diensteanbieter hat die Beteiligten in angemessener Weise über die Erhebung, Verarbeitung und Nutzung personenbezogener Daten zu unterrichten. Das Auskunftsrecht nach dem Bundesdatenschutzgesetz[1] bleibt davon unberührt.

---

[1] Nr. **15**.

(5) Bestehen bei einzelnen Telekommunikationsdienstleistungen besondere Gefährdungen der Netzsicherheit durch unbefugte Eingriffe Dritter, hat der Diensteanbieter seine Kunden hierüber zu unterrichten.

(6) Die Übermittlung personenbezogener Daten an ausländische Stellen ist zulässig, soweit es für die Erbringung von Telekommunikationsdienstleistungen erforderlich ist. § 17 Abs. 4 des Bundesdatenschutzgesetzes findet Anwendung.

§ 4 Vertragsverhältnisse. (1) Der Diensteanbieter darf personenbezogene Daten eines am Fernmeldeverkehr Beteiligten erheben, verarbeiten und nutzen, soweit die Daten erforderlich sind, um ein Vertragsverhältnis über Telekommunikationsdienstleistungen einschließlich dessen inhaltlicher Ausgestaltung mit ihm zu begründen oder zu ändern (Bestandsdaten). Im Rahmen eines Vertragsverhältnisses zwischen einem Unternehmen und einem Diensteanbieter (§ 2 Nr. 2) darf das Unternehmen Bestandsdaten des Kunden des Diensteanbieters erheben, verarbeiten und nutzen, soweit dies zur Erfüllung des Vertrages zwischen dem Unternehmen und dem Diensteanbieter erforderlich ist. Eine Übermittlung der Bestandsdaten an Dritte erfolgt, soweit diese Verordnung es nicht zuläßt, nur mit Einwilligung des am Fernmeldeverkehr Beteiligten.

(2) Der Diensteanbieter darf die Bestandsdaten seiner Kunden (§ 2 Nr. 1 Buchstabe a) und der Kunden seiner Diensteanbieter verarbeiten und nutzen, soweit dies zur Beratung der Kunden, zur Werbung und zur Marktforschung für eigene Zwecke und zur bedarfsgerechten Gestaltung seiner Telekommunikationsdienstleistungen erforderlich ist und der Kunde nicht widersprochen hat. Der Diensteanbieter hat seine Kunden auf das Widerspruchsrecht im Zusammenhang mit der Unterrichtung nach § 3 Abs. 4 Satz 1 hinzuweisen.

(3) Endet das Vertragsverhältnis, sind die Bestandsdaten mit Ablauf des auf die Beendigung folgenden Kalenderjahres zu löschen. Die Löschung darf längstens bis zu einem Zeitraum von zwei Jahren unterbleiben, soweit und solange eine Beschwerdebearbeitung oder sonstige Gründe einer ordnungsgemäßen Abwicklung des Vertragsverhältnisses dies erfordern. Die Löschung darf ferner unterbleiben, wenn gesetzliche Vorschriften oder die Verfolgung von Ansprüchen eine längere Speicherung erfordern.

(4) Der Diensteanbieter kann im Zusammenhang mit dem Begründen und dem Ändern des Vertragsverhältnisses sowie dem Erbringen von Dienstleistungen die Vorlage eines amtlichen Ausweises verlangen, wenn dies zur Überprüfung der Angaben des Kunden erforderlich ist. Dabei dürfen andere als die nach Absatz 1 zulässigen Daten nicht erhoben werden.

§ 5 Telekommunikationsverbindungen. (1) Das Unternehmen darf folgende personenbezogene Daten zur Bereitstellung von Telekommunikationsdienstleistungen (Verbindungsdaten) erheben und verarbeiten, soweit dies erforderlich ist:

1. die Rufnummer oder Kennung des anrufenden und angerufenen Anschlusses oder der Endeinrichtung, personenbezogene Berechtigungskennungen, bei Verwendung von Kundenkarten auch die Kartennummer, bei mobilen Anschlüssen auch die Standortkennung;
2. Beginn und Ende der jeweiligen Verbindung nach Datum und Uhrzeit und, soweit die Entgelte davon abhängen, die übermittelten Datenmengen;
3. die vom Kunden in Anspruch genommene Telekommunikationsdienstleistung;
4. die Endpunkte von festgeschalteten Verbindungen sowie ihren Beginn und ihr Ende nach Datum und Uhrzeit;
5. sonstige zum Aufbau und zur Aufrechterhaltung sowie zur Entgeltberechnung notwendige Verbindungsdaten.

(2) Die gespeicherten Verbindungsdaten dürfen über das Ende der Verbindung hinaus verarbeitet oder genutzt werden, soweit sie zum Aufbau weiterer Verbindungen oder für andere durch diese Verordnung erlaubte Zwecke erforderlich sind. Im übrigen sind Verbindungsdaten mit Ende der Verbindung zu löschen.

(3) Verbindungsdaten dürfen von Unternehmen und Diensteanbietern im Einzelfall mit Einwilligung des Anrufenden auch zur bedarfsgerechten Gestaltung von Telekommunikationsdienstleistungen genutzt werden, wobei die Daten des Angerufenen unverzüglich anonymisiert werden müssen.

§ 6 Entgeltermittlung und Entgeltabrechnung. (1) Das Unternehmen darf einem Diensteanbieter Verbindungsdaten (§ 5 Abs. 1) übermitteln, soweit dieser die Daten zur Ermittlung des Entgelts und zur Abrechnung mit seinem Kunden benötigt. Hat der Diensteanbieter mit einem Dritten einen Vertrag über den Einzug des Entgelts geschlossen, so darf es diesem Dritten die in Absatz 2 Nr. 2 und 3 genannten Daten übermitteln, soweit es zum Einzug des Entgelts erforderlich ist. Der Dritte ist vertraglich zur Wahrung des Fernmeldegeheimnisses zu verpflichten.

(2) Der Diensteanbieter darf zur ordnungsgemäßen Ermittlung und Abrechnung der Entgelte für Telekommunikationsdienstleistungen und zum Nachweis der Richtigkeit derselben folgende personenbezogene Daten nach Maßgabe der Absätze 2 bis 9 erheben und verarbeiten:

1. die Verbindungsdaten (§ 5 Abs. 1);
2. die Anschrift des Kunden oder Rechnungsempfängers, die Art des Anschlusses, die Zahl der im Abrechnungszeitraum einer planmäßigen Entgeltrechnung insgesamt aufgekommenen Entgelteinheiten, die übermittelten Datenmengen, das insgesamt zu entrichtende Entgelt;
3. sonstige für die Entgeltabrechnung erhebliche Umstände wie Vorschußzahlungen, Zahlungen mit Buchungsdatum, Zahlungsrück-

stände, Mahnungen, durchgeführte und aufgehobene Anschlußsperren, eingereichte und bearbeitete Reklamationen, beantragte und genehmigte Stundungen, Ratenzahlungen und Sicherheitsleistungen durch das Unternehmen.

(3) Der Diensteanbieter hat nach Beendigung der Verbindung aus den Verbindungsdaten nach § 5 Abs. 1 Nr. 1 bis 3 und 5 unverzüglich die für die Berechnung des Entgelts erforderlichen Daten zu ermitteln; nicht erforderliche Daten sind unverzüglich zu löschen. Die Verbindungsdaten dürfen unter Kürzung der Zielrufnummer um die letzten drei Ziffern zu Beweiszwecken für die Richtigkeit der berechneten Entgelte – vorbehaltlich des Absatzes 4 – bis zu achtzig Tage nach Versendung der Rechnung gespeichert werden. Bei festgeschalteten Verbindungen ist für die Berechnung der Speicherfrist der Versendungszeitpunkt der Schlußrechnung maßgebend. Soweit Kunden gegen die Höhe der in Rechnung gestellten Verbindungsentgelte vor Ablauf der Frist nach Satz 2 Einwendungen erhoben haben, dürfen die Verbindungsdaten gespeichert werden, bis die Einwendungen abschließend geklärt sind. Die Einwendungen müssen innerhalb von 80 Tagen nach Rechnungsversand geltend gemacht werden.

(4) Auf Verlangen des Kunden sind die Verbindungsdaten

1. vollständig zu speichern oder
2. spätestens mit Versendung der Rechnung vollständig zu löschen.

Sind die Verbindungsdaten nach Absatz 3 Satz 2 gekürzt oder gelöscht oder nach Nummer 2 gelöscht worden, ist der Diensteanbieter insoweit von der Pflicht zur Vorlage dieser Daten zum Beweis der Richtigkeit der Entgeltrechnung frei.

(5) Mit Ausnahme von Anschlüssen, bei denen der Kunde zur Übernahme der Entgelte für eine bei seinem Anschluß ankommende Telekommunikationsverbindung verpflichtet ist, dürfen die Verbindungsdaten nicht ohne Einwilligung des entgeltpflichtigen Kunden nach Rufnummern angerufener Anschlüsse ausgewertet werden; Absatz 7 Satz 2 bis 4 gilt entsprechend. Die §§ 7 und 8 bleiben unberührt. Die Auswertung der Verbindungsdaten nach Rufnummern angerufener Anschlüsse ist nur zulässig, soweit sie zur Begründung, inhaltlichen Ausgestaltung und Änderung eines Vertragsverhältnisses erforderlich sind; dabei dürfen Daten des Anrufenden nur mit dessen Einwilligung verwendet und müssen Daten des Angerufenen unverzüglich anonymisiert werden.

(6) Soweit es für die Abrechnung des Unternehmens mit anderen Unternehmen oder mit ihren Diensteanbietern sowie anderer Unternehmen mit deren Kunden erforderlich ist, darf das Unternehmen Verbindungsdaten speichern und übermitteln.

(7) Auf schriftlichen Antrag dürfen dem Kunden die nach Absatz 3 Satz 2 und Absatz 4 bis zur Versendung der Rechnung gespeicherten Daten derjenigen Verbindungen mitgeteilt werden, für die er entgeltpflichtig ist (Einzelverbindungsnachweis). Bei Anschlüssen im Haushalt

ist die Mitteilung nur zulässig, wenn der Kunde schriftlich erklärt hat, daß er alle zum Haushalt gehörenden Mitbenutzer des Anschlusses darüber informiert hat und künftige Mitbenutzer unverzüglich darüber informieren werde, daß ihm die Verbindungsdaten zur Erteilung des Nachweises bekanntgegeben werden. Bei Anschlüssen in Betrieben und Behörden ist die Mitteilung nur zulässig, wenn der Kunde schriftlich erklärt hat, daß die Mitarbeiter informiert worden sind und künftige Mitarbeiter unverzüglich informiert werden und daß der Betriebsrat oder die Personalvertretung entsprechend den gesetzlichen Vorschriften beteiligt worden oder eine solche Beteiligung nicht erforderlich ist. Soweit die öffentlich-rechtlichen Religionsgesellschaften für ihren Bereich eigene Mitarbeitervertreterregelungen erlassen haben, findet Satz 3 mit der Maßgabe Anwendung, daß an die Stelle des Betriebsrates oder der Personalvertretung die jeweilige Mitarbeitervertretung tritt. Dem Kunden dürfen darüber hinaus die nach Absatz 3 Satz 2 und Absatz 4 nach dem Versand der Rechnung gespeicherten Daten mitgeteilt werden, wenn er Einwendungen gegen die Höhe der Verbindungsentgelte erhoben hat.

(8) Der Einzelverbindungsnachweis nach Absatz 7 darf nicht Verbindungen von Anschlüssen zu Anschlüssen von Personen, Behörden oder Organisationen, die selbst oder deren Mitarbeiter besonderen Verschwiegenheitsverpflichtungen unterliegen, erkennen lassen, soweit die betreffenden Telefonanschlüsse überwiegend einer anonymen Beratung in sozialen oder kirchlichen Bereichen dienen und der Inhaber des angerufenen Anschlusses einen begründeten Antrag gestellt hat. Hierzu gehören neben den in § 203 Abs. 1 Nr. 4 und Nr. 4a des Strafgesetzbuchs[1] genannten Personengruppen insbesondere die Telefonseelsorge und die Gesundheitsberatung.

(9) Bei Verwendung einer Kundenkarte (§ 2 Nr. 4) muß auch aus der Karte ein deutlicher Hinweis auf die mögliche Mitteilung der gespeicherten Verbindungsdaten ersichtlich sein. Sofern ein solcher Hinweis auf der Karte aus technischen Gründen nicht möglich oder für den Kartenemittenten unzumutbar ist, muß der Kunde eine Erklärung nach Absatz 7 Satz 2 oder 3 abgegeben haben.

§ 7 Störungen und Mißbrauch von Telekommunikationseinrichtungen und Telekommunikationsdienstleistungen. (1) Soweit es im Einzelfall erforderlich ist,

1. darf das Unternehmen zum Erkennen, Eingrenzen und Beseitigen von Störungen und Fehlern an Fernmeldeanlagen die Bestandsdaten (§ 4) und Verbindungsdaten (§ 5) der Kunden und Beteiligten erheben, verarbeiten und nutzen;
2. dürfen das Unternehmen und der Diensteanbieter bei Vorliegen schriftlich zu dokumentierender tatsächlicher Anhaltspunkte die Bestands- (§ 4) und Verbindungsdaten (§ 5) erheben, verarbeiten und

[1] **Schönfelder Nr. 85.**

nutzen, die zum Aufdecken sowie Unterbinden von Leistungserschleichungen und sonstigen rechtswidrigen Inanspruchnahmen der öffentlichen Telekommunikationsnetze und ihrer Einrichtungen sowie der Telekommunikationsdienstleistungen nötig sind.

(2) Soweit es zur Verhütung und Aufdeckung mißbräuchlicher Inanspruchnahme von öffentlichen Telekommunikationsnetzen erforderlich ist, dürfen das Unternehmen und der Diensteanbieter die dort erhobenen Verbindungsdaten in der Weise verarbeiten und nutzen, daß aus dem Gesamtbestand aller Abrechnungszeiträume eines Monats die Daten derjenigen Verbindungen des Netzes ermittelt werden, für die tatsächliche Anhaltspunkte den Verdacht strafbaren Mißbrauchs von Fernmeldeanlagen oder der mißbräuchlichen Inanspruchnahme von Telekommunikationsdienstleistungen begründen. Die Daten der anderen Verbindungen sind unverzüglich zu löschen.

(3) Das Bundesministerium für Post und Telekommunikation und die zuständige Datenschutzkontrollbehörde sind über die Durchführung einer Maßnahme nach Absatz 2 Satz 1 unter Mitteilung des zugrundeliegenden Sachverhalts unverzüglich in Kenntnis zu setzen. Der Betroffene ist zu unterrichten, sobald dies ohne Gefährdung des mit der Maßnahme verfolgten Zwecks möglich ist.

(4) In den Fällen des Absatzes 1 Nr. 2 dürfen im Einzelfall durch das Unternehmen Nachrichteninhalte erhoben, verarbeitet und genutzt werden, soweit dies zum Aufklären und Unterbinden der dort genannten Handlungen unerläßlich ist und es kein anderes zumutbares oder verhältnismäßiges Mittel gibt, um die genannten Ziele zu erreichen. Absatz 3 gilt entsprechend.

§ 8 Mitteilen ankommender Verbindungen. (1) Einem Kunden, der in einem zu dokumentierenden Verfahren schlüssig vorträgt, daß bei seinem Anschluß bedrohende oder belästigende Anrufe ankommen, hat das Unternehmen auf schriftlichen Antrag – auch netzübergreifend – Auskunft über die Anschlüsse zu erteilen, von denen die Anrufe ausgegangen sind. Dabei dürfen die Rufnummern, Namen und Anschriften der Inhaber dieser Anschlüsse sowie Datum und Uhrzeit des Beginns der Verbindungen und der Verbindungsversuche erhoben, gespeichert und dem Antragsteller mitgeteilt werden. Die Bekanntgabe darf nur erfolgen, wenn der Antragsteller zuvor die Anrufe nach Datum und Uhrzeit eingrenzt, soweit ein Mißbrauch der Überwachungsmöglichkeit nicht auf andere Weise ausgeschlossen werden kann.

(2) Der Kunde des Anschlusses, von dem die festgestellten Verbindungen ausgegangen sind, ist zu unterrichten, daß über diese Auskunft gegeben wurde. Davon kann abgesehen werden, wenn der Antragsteller in schriftlicher Form schlüssig vorgetragen hat, daß ihm aus dieser Mitteilung wesentliche Nachteile entstehen können und diese Nachteile bei Abwägung mit den schutzwürdigen Interessen des Anrufers als wesentlich schwerwiegender erscheinen. Erhält der Kunde, von dessen Anschluß die als bedrohend oder belästigend bezeichneten Anrufe ausge-

gangen sind, auf andere Weise Kenntnis von der Auskunftserteilung, so ist er auf Antrag über die Auskunftserteilung zu unterrichten.

(3) Das Bundesministerium für Post und Telekommunikation sowie die zuständige Datenschutzkontrollbehörde sind über die getroffenen Maßnahmen zur Sicherstellung der Absätze 1 und 2 unverzüglich in Kenntnis zu setzen.

§ 9 Anzeige der Rufnummer des Anrufers; Anrufweiterschaltung.

(1) Hat der Diensteanbieter Anschlüsse angeboten, die die Rufnummer des anrufenden an den angerufenen Anschluß übermitteln, hat er dem anrufenden Kunden kostenfrei die Wahl zwischen

1. dauerndem Ausschluß der Anzeige seiner Rufnummer oder
2. fallweisem Ausschluß der Anzeige seiner Rufnummer für jeden Anruf, soweit die technischen Voraussetzungen hierfür gegeben sind, oder
3. Anzeige der Rufnummer bei jedem von seinem Anschluß getätigten Anruf

einzuräumen. Auf Antrag sind Anschlüsse bereitzustellen, bei denen eine Übermittlung der Rufnummer des anrufenden Anschlusses an den angerufenen Anschluß kostenfrei ausgeschlossen ist. Die Anschlüsse nach Satz 2 sind auf Antrag des Kunden in dem öffentlichen Kundenverzeichnis nach § 10 Abs. 1 entsprechend zu kennzeichnen. Ist in den Fällen des Satzes 2 eine Kennzeichnung nach Satz 3 erfolgt, so darf an den so gekennzeichneten Anschluß eine Übermittlung der Rufnummer des anrufenden Anschlusses erst dann erfolgen, wenn zuvor die Kennzeichnung in einer Neuauflage des öffentlichen Kundenverzeichnisses nicht mehr enthalten ist.

(2) Hat der Kunde der Eintragung in das öffentliche Kundenverzeichnis nach § 10 Abs. 3 widersprochen, unterbleibt die Anzeige der Rufnummer bei dem angerufenen Anschluß, es sei denn, daß der Kunde die Übermittlung seiner Rufnummer ausdrücklich wünscht.

(3) Werden Anschlüsse mit der Funktion angeboten, die für diesen Anschluß bestimmten Verbindungen zu einem im Einzelfall bestimmten anderen Anschluß weiterzuleiten, so muß der Diensteanbieter dem Inhaber dieses anderen Anschlusses die Möglichkeit gewährleisten, die Weiterschaltung des Anrufes zu unterdrücken.

(4) Wird ein Anruf weitergeschaltet (Absatz 3), so muß sichergestellt werden, daß diese Tatsache dem Anrufer mitgeteilt wird, soweit dies technisch möglich ist.

(5) Bei Einrichtungen, die Notrufe unter den Nummern 110, 112 und 124124 beantworten oder bearbeiten, haben die Unternehmen sicherzustellen, daß nicht fallweise oder dauernd die Anzeige von Rufnummern der Anrufenden ausgeschlossen wird.

§ 10 Öffentliche Kundenverzeichnisse. (1) Der Diensteanbieter darf öffentliche Verzeichnisse seiner Kunden in Form von Druckwerken oder elektronischen Verzeichnissen erstellen und herausgeben.

(2) Die Kunden können in die Verzeichnisse mit ihrem Namen und mit ihrer Anschrift eingetragen werden. Auf Verlangen des Kunden dürfen Mitbenutzer eingetragen werden, soweit diese damit einverstanden sind.

(3) Auf Verlangen des Kunden muß die Eintragung in elektronischen oder allgemein in gedruckten öffentlichen Kundenverzeichnissen ganz oder teilweise kostenfrei unterbleiben. Die Eintragungen sind gesondert zu kennzeichnen. Der Kunde ist von dem Diensteanbieter mit einer der nächsten Fernmelderechnungen auf sein Widerspruchsrecht hinzuweisen.

§ 11 Auskunftserteilung. (1) Der Diensteanbieter darf im Einzelfall durch Auskunftsstellen Auskunft über Rufnummern im Sinne des § 10 erteilen oder durch Dritte erteilen lassen (Rufnummernauskunft). Die Übertragung der Auskunftserteilung an Dritte ist nur zulässig, wenn der Diensteanbieter den Dritten verpflichtet, die Daten nur zur Auskunft zu verarbeiten und zu nutzen und die Beschränkungen des § 10 und der Absätze 2 und 3 einzuhalten.

(2) Die Rufnummernauskunft muß in den Fällen unterbleiben, in denen der Betroffene der Eintragung in das Kundenverzeichnis widersprochen hat, sofern er nichts Gegenteiliges erklärt hat.

(3) Über die Rufnummern hinausgehende Auskünfte über nach § 10 veröffentlichte Daten dürfen erteilt werden, wenn der Kunde mit einer weitergehenden Auskunftserteilung einverstanden ist. Der Kunde ist über sein Wahlrecht mit einer der nächsten Fernmelderechnung beigefügten Antwortkarte zu unterrichten. Sein Einverständnis gilt als erteilt, wenn er nicht innerhalb von vier Wochen eine entgegenstehende Erklärung abgibt.

(4) Diese Erklärung ist in den Verzeichnissen des Diensteanbieters unverzüglich zu vermerken. Sie ist auch von anderen Diensteanbietern und von allen Informationsanbietern zu beachten, sobald sie in dem öffentlichen Kundenverzeichnis des Diensteanbieters vermerkt ist.

(5) Die Auskunftserteilung über Namen und andere Daten von Kunden, von denen nur die Rufnummer bekannt ist, ist unzulässig.

§ 12 Telegrammdienst. (1) Daten und Belege über die betriebliche Bearbeitung und Zustellung von Telegrammen dürfen gespeichert werden, soweit es zum Nachweis einer ordnungsgemäßen Erbringung der Telegrammdienstleistung nach Maßgabe des mit dem Kunden geschlossenen Vertrags erforderlich ist. Die Daten und Belege sind spätestens nach sechs Monaten zu löschen.

(2) Daten und Belege über den Inhalt von Telegrammen dürfen über den Zeitpunkt der Zustellung hinaus nur gespeichert werden, soweit das Unternehmen nach Maßgabe des mit dem Kunden geschlossenen Vertrags für Übermittlungsfehler einzustehen hat. Bei Inlandstelegram-

men sind die Daten und Belege spätestens nach drei Monaten, bei Auslandstelegrammen spätestens nach sechs Monaten zu löschen.

(3) Die Löschungsfristen beginnen mit dem ersten Tag des Monats, der auf den Monat der Telegrammaufgabe folgt. Die Löschung darf unterbleiben, solange die Verfolgung von Ansprüchen oder internationale Vereinbarungen eine längere Speicherung erfordern.

§ 13 Fernwirk- und Fernmeßdienste. (1) Der Diensteanbieter darf Fernwirk- und Fernmeßinformationen, die personenbezogene Daten sind, nur solange und in dem Umfang verarbeiten, wie dies erforderlich ist, um die zwischen dem Nutzer und dem Fernwirk- oder Fernmeßanbieter vereinbarten Daten zu übermitteln. Die Verantwortung für die Zulässigkeit des einzelnen Abrufs trägt der Fernwirk- oder Fernmeßanbieter nach den für ihn geltenden Rechtsvorschriften. Der Diensteanbieter prüft die Zulässigkeit der Abrufe nur, wenn dazu Anlaß besteht.

(2) Fernwirk- oder Fernmeßinformationen zur Verbrauchsermittlung dürfen nur zur Übermittlung an Versorgungsunternehmen gespeichert werden, soweit sie zur Abrechnung des verbrauchten Gutes erforderlich sind; sie sind spätestens nach vier Werktagen dem Versorgungsunternehmen zu übermitteln und danach bei dem Unternehmen zu löschen.

§ 14 Nachrichtenübermittlungssysteme mit Zwischenspeicherung.

(1) Das Unternehmen darf bei Dienstleistungen, für deren Durchführung eine Zwischenspeicherung erforderlich ist, Nachrichteninhalte, insbesondere Sprach-, Ton-, Text- und Grafikmitteilungen von Kunden, im Rahmen eines hierauf gerichteten Diensteangebotes unter folgenden Voraussetzungen verarbeiten:

1. Die Verarbeitung erfolgt ausschließlich in Fernmeldeanlagen des Unternehmens, es sei denn, die Nachrichteninhalte werden im Auftrag des Kunden oder durch Eingabe des Kunden in Fernmeldeanlagen anderer Unternehmen weitergeleitet.
2. Ausschließlich der Kunde bestimmt durch seine Eingabe Inhalt, Umfang und Art der Verarbeitung.
3. Ausschließlich der Kunde bestimmt, wer Nachrichteninhalte eingeben und darauf zugreifen darf (Zugriffsberechtigter).
4. Das Unternehmen darf dem Kunden mitteilen, daß der Empfänger auf die Nachricht zugegriffen hat.
5. Das Unternehmen darf Nachrichteninhalte nur entsprechend dem mit dem Kunden geschlossenen Vertrag löschen.

(2) Das Unternehmen hat die erforderlichen technischen und organisatorischen Maßnahmen zu treffen, um Fehlübermittlungen und das unbefugte Offenbaren von Nachrichteninhalten innerhalb des Unternehmens oder an Dritte auszuschließen. Erforderlich sind Maßnahmen nur, wenn ihr Aufwand in einem angemessenen Verhältnis zu dem angestrebten Schutzzweck steht. Soweit es im Hinblick auf den ange-

strebten Schutzzweck erforderlich ist, sind die Maßnahmen dem jeweiligen Stand der Technik anzupassen.

§ 15 Inkrafttreten. Diese Verordnung tritt am Tage nach der Verkündung in Kraft. Gleichzeitig treten die TELEKOM-Datenschutzverordnung vom 24. Juni 1991 (BGBl. I S. 1390) und die Teledienstunternehmen-Datenschutzverordnung vom 18. Dezember 1991 (BGBl. I S. 2337) außer Kraft.

18. Richtlinie 95/46/EG des Europäischen Parlaments und des Rates zum Schutz natürlicher Personen bei der Verarbeitung personenbezogener Daten und zum freien Datenverkehr

Vom 24. Oktober 1995 (ABl. EG Nr. L 281/31 v. 23. 11. 1995)

DAS EUROPÄISCHE PARLAMENT UND DER RAT DER EUROPÄISCHEN UNION –

gestützt auf den Vertrag zur Gründung der Europäischen Gemeinschaft, insbesondere auf Artikel 100 a,
auf Vorschlag der Kommission[1],
nach Stellungnahme des Wirtschafts- und Sozialausschusses[2],
gemäß dem Verfahren des Artikels 189 b des Vertrags[3],
in Erwägung nachstehender Gründe:

(1) Die Ziele der Gemeinschaft, wie sie in dem durch den Vertrag über die Europäische Union geänderten Vertrag festgelegt sind, bestehen darin, einen immer engeren Zusammenschluß der europäischen Völker zu schaffen, engere Beziehungen zwischen den in der Gemeinschaft zusammengeschlossenen Staaten herzustellen, durch gemeinsames Handeln den wirtschaftlichen und sozialen Fortschritt zu sichern, indem die Europa trennenden Schranken beseitigt werden, die ständige Besserung der Lebensbedingungen ihrer Völker zu fördern, Frieden und Freiheit zu wahren und zu festigen und für die Demokratie einzutreten und sich dabei auf die in den Verfassungen und Gesetzen der Mitgliedstaaten sowie in der Europäischen Konvention zum Schutze der Menschenrechte und Grundfreiheiten anerkannten Grundrechte zu stützen.

(2) Die Datenverarbeitungssysteme stehen im Dienste des Menschen; sie haben, ungeachtet der Staatsangehörigkeit oder des Wohnorts der natürlichen Personen, deren Grundrechte und -freiheiten und insbesondere deren Privatsphäre zu achten und zum wirtschaftlichen und sozialen Fortschritt, zur Entwicklung des Handels sowie zum Wohlergehen der Menschen beizutragen.

(3) Für die Errichtung und das Funktionieren des Binnenmarktes, der gemäß Artikel 7 a des Vertrags den freien Verkehr von Waren, Per-

---

[1] **Amtl. Anm.:** ABl. Nr. C 277 vom 5. 11. 1990, S. 3, und ABl. Nr. C 311 vom 27. 11. 1992, S. 30.

[2] **Amtl. Anm.:** ABl. Nr. C 159 vom 17. 6. 1991, S. 38.

[3] **Amtl. Anm.:** Stellungnahme des Europäischen Parlaments vom 11. März 1992 (ABl. Nr. C 94 vom 13. 4. 1992, S. 198), bestätigt am 2. Dezember 1993 (ABl. Nr. C 342 vom 20. 12. 1993, S. 30). Gemeinsamer Standpunkt des Rates vom 20. Februar 1995 (ABl. Nr. C 93 vom 13. 4. 1995, S. 1) und Beschluß des Europäischen Parlaments vom 15. Juni 1995 (ABl. Nr. C 166 vom 3. 7. 1995).

sonen, Dienstleistungen und Kapital gewährleisten soll, ist es nicht nur erforderlich, daß personenbezogene Daten von einem Mitgliedstaat in einen anderen Mitgliedstaat übermittelt werden können, sondern auch, daß die Grundrechte der Personen gewahrt werden.

(4) Immer häufiger werden personenbezogene Daten in der Gemeinschaft in den verschiedenen Bereichen wirtschaftlicher und sozialer Tätigkeiten verarbeitet. Die Fortschritte der Informationstechnik erleichtern die Verarbeitung und den Austausch dieser Daten beträchtlich.

(5) Die wirtschaftliche und soziale Integration, die sich aus der Errichtung und dem Funktionieren des Binnenmarktes im Sinne von Artikel 7a des Vertrags ergibt, wird notwendigerweise zu einer spürbaren Zunahme der grenzüberschreitenden Ströme personenbezogener Daten zwischen allen am wirtschaftlichen und sozialen Leben der Mitgliedstaaten Beteiligten im öffentlichen wie im privaten Bereich führen. Der Austausch personenbezogener Daten zwischen in verschiedenen Mitgliedstaaten niedergelassenen Unternehmen wird zunehmen. Die Verwaltungen der Mitgliedstaaten sind aufgrund des Gemeinschaftsrechts gehalten, zusammenzuarbeiten und untereinander personenbezogene Daten auszutauschen, um im Rahmen des Raums ohne Grenzen, wie er durch den Binnenmarkt hergestellt wird, ihren Auftrag erfüllen oder Aufgaben anstelle der Behörden eines anderen Mitgliedstaats durchführen zu können.

(6) Die verstärkte wissenschaftliche und technische Zusammenarbeit sowie die koordinierte Einführung neuer Telekommunikationsnetze in der Gemeinschaft erfordern und erleichtern den grenzüberschreitenden Verkehr personenbezogener Daten.

(7) Das unterschiedliche Niveau des Schutzes der Rechte und Freiheiten von Personen, insbesondere der Privatsphäre, bei der Verarbeitung personenbezogener Daten in den Mitgliedstaaten kann die Übermittlung dieser Daten aus dem Gebiet eines Mitgliedstaats in das Gebiet eines anderen Mitgliedstaats verhindern. Dieses unterschiedliche Schutzniveau kann somit ein Hemmnis für die Ausübung einer Reihe von Wirtschaftstätigkeiten auf Gemeinschaftsebene darstellen, den Wettbewerb verfälschen und die Erfüllung des Auftrags der im Anwendungsbereich des Gemeinschaftsrechts tätigen Behörden verhindern. Dieses unterschiedliche Schutzniveau ergibt sich aus der Verschiedenartigkeit der einzelstaatlichen Rechts- und Verwaltungsvorschriften.

(8) Zur Beseitigung der Hemmnisse für den Verkehr personenbezogener Daten ist ein gleichwertiges Schutzniveau hinsichtlich der Rechte und Freiheiten von Personen bei der Verarbeitung dieser Daten in allen Mitgliedstaaten unerläßlich. Insbesondere unter Berücksichtigung der großen Unterschiede, die gegenwärtig zwischen den einschlägigen einzelstaatlichen Rechtsvorschriften bestehen, und der Notwendigkeit, die Rechtsvorschriften der Mitgliedstaaten

zu koordinieren, damit der grenzüberschreitende Fluß personenbezogener Daten kohärent und in Übereinstimmung mit dem Ziel des Binnenmarktes im Sinne des Artikels 7a des Vertrags geregelt wird, läßt sich dieses für den Binnenmarkt grundlegende Ziel nicht allein durch das Vorgehen der Mitgliedstaaten verwirklichen. Deshalb ist eine Maßnahme der Gemeinschaft zur Angleichung der Rechtsvorschriften erforderlich.

(9) Die Mitgliedstaaten dürfen aufgrund des gleichwertigen Schutzes, der sich aus der Angleichung der einzelstaatlichen Rechtsvorschriften ergibt, den freien Verkehr personenbezogener Daten zwischen ihnen nicht mehr aus Gründen behindern, die den Schutz der Rechte und Freiheiten natürlicher Personen und insbesondere das Recht auf die Privatsphäre betreffen. Die Mitgliedstaaten besitzen einen Spielraum, der im Rahmen der Durchführung der Richtlinie von den Wirtschafts- und Sozialpartnern genutzt werden kann. Sie können somit in ihrem einzelstaatlichen Recht allgemeine Bedingungen für die Rechtmäßigkeit der Verarbeitung festlegen. Hierbei streben sie eine Verbesserung des gegenwärtig durch ihre Rechtsvorschriften gewährten Schutzes an. Innerhalb dieses Spielraums können unter Beachtung des Gemeinschaftsrechts Unterschiede bei der Durchführung der Richtlinie auftreten, was Auswirkungen für den Datenverkehr sowohl innerhalb eines Mitgliedstaats als auch in der Gemeinschaft haben kann.

(10) Gegenstand der einzelstaatlichen Rechtsvorschriften über die Verarbeitung personenbezogener Daten ist die Gewährleistung der Achtung der Grundrechte und -freiheiten, insbesondere des auch in Artikel 8 der Europäischen Konvention zum Schutze der Menschenrechte und Grundfreiheiten und in den allgemeinen Grundsätzen des Gemeinschaftsrechts anerkannten Rechts auf die Privatsphäre. Die Angleichung dieser Rechtsvorschriften darf deshalb nicht zu einer Verringerung des durch diese Rechtsvorschriften garantierten Schutzes führen, sondern muß im Gegenteil darauf abzielen, in der Gemeinschaft ein hohes Schutzniveau sicherzustellen.

(11) Die in dieser Richtlinie enthaltenen Grundsätze zum Schutz der Rechte und Freiheiten der Personen, insbesondere der Achtung der Privatsphäre, konkretisieren und erweitern die in dem Übereinkommen des Europarats vom 28. Januar 1981 zum Schutze der Personen bei der automatischen Verarbeitung personenbezogener Daten enthaltenen Grundsätze.

(12) Die Schutzprinzipien müssen für alle Verarbeitungen personenbezogener Daten gelten, sobald die Tätigkeiten des für die Verarbeitung Verantwortlichen in den Anwendungsbereich des Gemeinschaftsrechts fallen. Auszunehmen ist die Datenverarbeitung, die von einer natürlichen Person in Ausübung ausschließlich persönlicher oder familiärer Tätigkeiten – wie zum Beispiel Schriftverkehr oder Führung von Anschriftenverzeichnissen – vorgenommen wird.

(13) Die in den Titeln V und VI des Vertrags über die Europäische Union genannten Tätigkeiten, die die öffentliche Sicherheit, die Landesverteidigung, die Sicherheit des Staates oder die Tätigkeiten des Staates im Bereich des Strafrechts betreffen, fallen unbeschadet der Verpflichtungen der Mitgliedstaaten gemäß Artikel 56 Absatz 2 sowie gemäß den Artikeln 57 und 100a des Vertrags zur Gründung der Europäischen Gemeinschaft nicht in den Anwendungsbereich des Gemeinschaftsrechts. Die Verarbeitung personenbezogener Daten, die zum Schutz des wirtschaftlichen Wohls des Staates erforderlich ist, fällt nicht unter diese Richtlinie, wenn sie mit Fragen der Sicherheit des Staates zusammenhängt.

(14) In Anbetracht der Bedeutung der gegenwärtigen Entwicklung im Zusammenhang mit der Informationsgesellschaft bezüglich Techniken der Erfassung, Übermittlung, Veränderung, Speicherung, Aufbewahrung oder Weitergabe von personenbezogenen Ton- und Bilddaten muß diese Richtlinie auch auf die Verarbeitung dieser Daten Anwendung finden.

(15) Die Verarbeitung solcher Daten wird von dieser Richtlinie nur erfaßt, wenn sie automatisiert erfolgt oder wenn die Daten, auf die sich die Verarbeitung bezieht, in Dateien enthalten oder für solche bestimmt sind, die nach bestimmten personenbezogenen Kriterien strukturiert sind, um einen leichten Zugriff auf die Daten zu ermöglichen.

(16) Die Verarbeitung von Ton- und Bilddaten, wie bei der Videoüberwachung, fällt nicht unter diese Richtlinie, wenn sie für Zwecke der öffentlichen Sicherheit, der Landesverteidigung, der Sicherheit des Staates oder der Tätigkeiten des Staates im Bereich des Strafrechts oder anderen Tätigkeiten erfolgt, die nicht unter das Gemeinschaftsrecht fallen.

(17) Bezüglich der Verarbeitung von Ton- und Bilddaten für journalistische, literarische oder künstlerische Zwecke, insbesondere im audiovisuellen Bereich, finden die Grundsätze dieser Richtlinie gemäß Artikel 9 eingeschränkt Anwendung.

(18) Um zu vermeiden, daß einer Person der gemäß dieser Richtlinie gewährleistete Schutz vorenthalten wird, müssen auf jede in der Gemeinschaft erfolgte Verarbeitung personenbezogener Daten die Rechtsvorschriften eines Mitgliedstaats angewandt werden. Es ist angebracht, auf die Verarbeitung, die von einer Person, die dem in dem Mitgliedstaat niedergelassenen für die Verarbeitung Verantwortlichen unterstellt ist, vorgenommen werden, die Rechtsvorschriften dieses Staates anzuwenden.

(19) Eine Niederlassung im Hoheitsgebiet eines Mitgliedstaats setzt die effektive und tatsächliche Ausübung einer Tätigkeit mittels einer festen Einrichtung voraus. Die Rechtsform einer solchen Niederlassung, die eine Agentur oder eine Zweigstelle sein kann, ist in dieser Hinsicht nicht maßgeblich. Wenn der Verantwortliche

im Hoheitsgebiet mehrerer Mitgliedstaaten niedergelassen ist, insbesondere mit einer Filiale, muß er vor allem zu Vermeidung von Umgehungen sicherstellen, daß jede dieser Niederlassungen die Verpflichtungen einhält, die im jeweiligen einzelstaatlichen Recht vorgesehen sind, das auf ihre jeweiligen Tätigkeiten anwendbar ist.

(20) Die Niederlassung des für die Verarbeitung Verantwortlichen in einem Drittland darf dem Schutz der Personen gemäß dieser Richtlinie nicht entgegenstehen. In diesem Fall sind die Verarbeitungen dem Recht des Mitgliedstaats zu unterwerfen, in dem sich die für die betreffenden Verarbeitungen verwendeten Mittel befinden, und Vorkehrungen zu treffen, um sicherzustellen, daß die in dieser Richtlinie vorgesehenen Rechte und Pflichten tatsächlich eingehalten werden.

(21) Diese Richtlinie berührt nicht die im Strafrecht geltenden Territorialitätsregeln.

(22) Die Mitgliedstaaten können in ihren Rechtsvorschriften oder bei der Durchführung der Vorschriften zur Umsetzung dieser Richtlinie die allgemeinen Bedingungen präzisieren, unter denen die Verarbeitungen rechtmäßig sind. Insbesondere nach Artikel 5 in Verbindung mit den Artikeln 7 und 8 können die Mitgliedstaaten neben den allgemeinen Regeln besondere Bedingungen für die Datenverarbeitung in spezifischen Bereichen und für die verschiedenen Datenkategorien gemäß Artikel 8 vorsehen.

(23) Die Mitgliedstaaten können den Schutz von Personen sowohl durch ein allgemeines Gesetz zum Schutz von Personen bei der Verarbeitung personenbezogener Daten als auch durch gesetzliche Regelungen für bestimmte Bereiche, wie zum Beispiel die statistischen Ämter, sicherstellen.

(24) Diese Richtlinie berührt nicht die Rechtsvorschriften zum Schutz juristischer Personen bei der Verarbeitung von Daten, die sich auf sie beziehen.

(25) Die Schutzprinzipien finden zum einen ihren Niederschlag in den Pflichten, die den Personen, Behörden, Unternehmen, Geschäftsstellen oder anderen für die Verarbeitung verantwortlichen Stellen obliegen; diese Pflichten betreffen insbesondere die Datenqualität, die technische Sicherheit, die Meldung bei der Kontrollstelle und die Voraussetzungen, unter denen eine Verarbeitung vorgenommen werden kann. Zum anderen kommen sie zum Ausdruck in den Rechten der Personen, deren Daten Gegenstand von Verarbeitungen sind, über diese informiert zu werden, Zugang zu den Daten zu erhalten, ihre Berichtigung verlangen bzw. unter gewissen Voraussetzungen Widerspruch gegen die Verarbeitung einlegen zu können.

(26) Die Schutzprinzipien müssen für alle Informationen über eine bestimmte oder bestimmbare Person gelten. Bei der Entscheidung, ob

eine Person bestimmbar ist, sollten alle Mittel berücksichtigt werden, die vernünftigerweise entweder von dem Verantwortlichen für die Verarbeitung oder von einem Dritten eingesetzt werden könnten, um die betreffende Person zu bestimmen. Die Schutzprinzipien finden keine Anwendung auf Daten, die derart anonymisiert sind, daß die betroffene Person nicht mehr identifizierbar ist. Die Verhaltensregeln im Sinne des Artikels 27 können ein nützliches Instrument sein, mit dem angegeben wird, wie sich die Daten in einer Form anonymisieren und aufbewahren lassen, die die Identifizierung der betroffenen Person unmöglich macht.

(27) Datenschutz muß sowohl für automatisierte als auch für nicht automatisierte Verarbeitungen gelten. In der Tat darf der Schutz nicht von den verwendeten Techniken abhängen, da andernfalls ernsthafte Risiken der Umgehung entstehen würden. Bei manuellen Verarbeitungen erfaßt diese Richtlinie lediglich Dateien, nicht jedoch unstrukturierte Akten. Insbesondere muß der Inhalt einer Datei nach bestimmten personenbezogenen Kriterien strukturiert sein, die einen leichten Zugriff auf die Daten ermöglichen. Nach der Definition in Artikel 2 Buchstabe c) können die Mitgliedstaaten die Kriterien zur Bestimmung der Elemente einer strukturierten Sammlung personenbezogener Daten sowie die verschiedenen Kriterien zur Regelung des Zugriffs zu einer solchen Sammlung festlegen. Akten und Aktensammlungen sowie ihre Deckblätter, die nicht nach bestimmten Kriterien strukturiert sind, fallen unter keinen Umständen in den Anwendungsbereich dieser Richtlinie.

(28) Die Verarbeitung personenbezogener Daten muß gegenüber den betroffenen Personen nach Treu und Glauben erfolgen. Sie hat dem angestrebten Zweck zu entsprechen, dafür erheblich zu sein und nicht darüber hinauszugehen. Die Zwecke eindeutig und rechtmäßig sein und bei der Datenerhebung festgelegt werden. Die Zweckbestimmungen der Weiterverarbeitung nach der Erhebung dürfen nicht mit den ursprünglich festgelegten Zwecken unvereinbar sein.

(29) Die Weiterverarbeitung personenbezogener Daten für historische, statistische oder wissenschaftliche Zwecke ist im allgemeinen nicht als unvereinbar mit den Zwecken der vorausgegangenen Datenerhebung anzusehen, wenn der Mitgliedstaat geeignete Garantien vorsieht. Diese Garantien müssen insbesondere ausschließen, daß die Daten für Maßnahmen oder Entscheidungen gegenüber einzelnen Betroffenen verwendet werden.

(30) Die Verarbeitung personenbezogener Daten ist nur dann rechtmäßig, wenn sie auf der Einwilligung der betroffenen Person beruht oder notwendig ist im Hinblick auf den Abschluß oder die Erfüllung eines für die betroffene Person bindenden Vertrags, zur Erfüllung einer gesetzlichen Verpflichtung, zur Wahrnehmung einer Aufgabe im öffentlichen Interesse, in Ausübung hoheitlicher Gewalt oder wenn sie im Interesse einer anderen Person erforderlich

ist, vorausgesetzt, daß die Interessen oder die Rechte und Freiheiten der betroffenen Person nicht überwiegen. Um den Ausgleich der in Frage stehenden Interessen unter Gewährleistung eines effektiven Wettbewerbs sicherzustellen, können die Mitgliedstaaten insbesondere die Bedingungen näher bestimmen, unter denen personenbezogene Daten bei rechtmäßigen Tätigkeiten im Rahmen laufender Geschäfte von Unternehmen und anderen Einrichtungen an Dritte weitergegeben werden können. Ebenso können sie die Bedingungen festlegen, unter denen personenbezogene Daten an Dritte zum Zweck der kommerziellen Werbung oder der Werbung von Wohltätigkeitsverbänden oder anderen Vereinigungen oder Stiftungen, z. B. mit politischer Ausrichtung, weitergegeben werden können, und zwar unter Berücksichtigung der Bestimmungen dieser Richtlinie, nach denen betroffene Personen ohne Angabe von Gründen und ohne Kosten Widerspruch gegen die Verarbeitung von Daten, die sie betreffen, erheben können.

(31) Die Verarbeitung personenbezogener Daten ist ebenfalls als rechtmäßig anzusehen, wenn sie erfolgt, um ein für das Leben der betroffenen Person wesentliches Interesse zu schützen.

(32) Es ist nach einzelstaatlichem Recht festzulegen, ob es sich bei dem für die Verarbeitung Verantwortlichen, der mit der Wahrnehmung einer Aufgabe betraut wurde, die im öffentlichen Interesse liegt oder in Ausübung hoheitlicher Gewalt erfolgt, um eine Behörde oder um eine andere unter das öffentliche Recht oder das Privatrecht fallende Person, wie beispielsweise eine Berufsvereinigung, handeln soll.

(33) Daten, die aufgrund ihrer Art geeignet sind, die Grundfreiheiten oder die Privatsphäre zu beeinträchtigen, dürfen nicht ohne ausdrückliche Einwilligung der betroffenen Person verarbeitet werden. Ausnahmen von diesem Verbot müssen ausdrücklich vorgesehen werden bei spezifischen Notwendigkeiten, insbesondere wenn die Verarbeitung dieser Daten für gewisse auf das Gesundheitswesen bezogene Zwecke von Personen vorgenommen wird, die nach dem einzelstaatlichen Recht dem Berufsgeheimnis unterliegen, oder wenn die Verarbeitung für berechtigte Tätigkeiten bestimmter Vereinigungen oder Stiftungen vorgenommen wird, deren Ziel es ist, die Ausübung von Grundfreiheiten zu ermöglichen.

(34) Die Mitgliedstaaten können, wenn dies durch ein wichtiges öffentliches Interesse gerechtfertigt ist, Ausnahmen vom Verbot der Verarbeitung sensibler Datenkategorien vorsehen in Bereichen wie dem öffentlichen Gesundheitswesen und der sozialen Sicherheit – insbesondere hinsichtlich der Sicherung von Qualität und Wirtschaftlichkeit der Verfahren zur Abrechnung von Leistungen in den sozialen Krankenversicherungssystemen –, der wissenschaftlichen Forschung und der öffentlichen Statistik. Die Mitgliedstaaten müssen jedoch geeignete besondere Garantien zum Schutz der Grundrechte und der Privatsphäre von Personen vorsehen.

(35) Die Verarbeitung personenbezogener Daten durch staatliche Stellen für verfassungsrechtlich oder im Völkerrecht niedergelegte Zwecke von staatlich anerkannten Religionsgesellschaften erfolgt ebenfalls im Hinblick auf ein wichtiges öffentliches Interesse.

(36) Wenn es in bestimmten Mitgliedstaaten zum Funktionieren des demokratischen Systems gehört, daß die politischen Parteien im Zusammenhang mit Wahlen Daten über die politische Einstellung von Personen sammeln, kann die Verarbeitung derartiger Daten aus Gründen eines wichtigen öffentlichen Interesses zugelassen werden, sofern angemessene Garantien vorgesehen werden.

(37) Für die Verarbeitung personenbezogener Daten zu journalistischen, literarischen oder künstlerischen Zwecken, insbesondere im audiovisuellen Bereich, sind Ausnahmen von bestimmten Vorschriften dieser Richtlinie vorzusehen, soweit sie erforderlich sind, um die Grundrechte der Person mit der Freiheit der Meinungsäußerung und insbesondere der Freiheit, Informationen zu erhalten oder weiterzugeben, die insbesondere in Artikel 10 der Europäischen Konvention zum Schutze der Menschenrechte und der Grundfreiheiten garantiert ist, in Einklang zu bringen. Es obliegt deshalb den Mitgliedstaaten, unter Abwägung der Grundrechte Ausnahmen und Einschränkungen festzulegen, die bei den allgemeinen Maßnahmen zur Rechtmäßigkeit der Verarbeitung von Daten, bei den Maßnahmen zur Übermittlung der Daten in Drittländer sowie hinsichtlich der Zuständigkeiten der Kontrollstellen erforderlich sind, ohne daß jedoch Ausnahmen bei den Maßnahmen zur Gewährleistung der Sicherheit der Verarbeitung vorzusehen sind. Ferner sollte mindestens die in diesem Bereich zuständige Kontrollstelle bestimmte nachträgliche Zuständigkeiten erhalten, beispielsweise zur regelmäßigen Veröffentlichung eines Berichts oder zur Befassung der Justizbehörden.

(38) Datenverarbeitung nach Treu und Glauben setzt voraus, daß die betroffenen Personen in der Lage sind, das Vorhandensein einer Verarbeitung zu erfahren und ordnungsgemäß und umfassend über die Bedingungen der Erhebung informiert zu werden, wenn Daten bei ihnen erhoben werden.

(39) Bestimmte Verarbeitungen betreffen Daten, die der Verantwortliche nicht unmittelbar bei der betroffenen Person erhoben hat. Des weiteren können Daten rechtmäßig an Dritte weitergegeben werden, auch wenn die Weitergabe bei der Erhebung der Daten bei der betroffenen Person nicht vorgesehen war. In diesen Fällen muß die betroffene Person zum Zeitpunkt der Speicherung der Daten oder spätestens bei der erstmaligen Weitergabe der Daten an Dritte unterrichtet werden.

(40) Diese Verpflichtung erübrigt sich jedoch, wenn die betroffene Person bereits unterrichtet ist. Sie besteht auch nicht, wenn die Speicherung oder Weitergabe durch Gesetz ausdrücklich vorgesehen ist oder wenn die Unterrichtung der betroffenen Person unmöglich ist

oder unverhältnismäßigen Aufwand erfordert, was bei Verarbeitungen für historische, statistische oder wissenschaftliche Zwecke der Fall sein kann. Diesbezüglich können die Zahl der betroffenen Personen, das Alter der Daten und etwaige Ausgleichsmaßnahmen in Betracht gezogen werden.

(41) Jede Person muß ein Auskunftsrecht hinsichtlich der sie betreffenden Daten, die Gegenstand einer Verarbeitung sind, haben, damit sie sich insbesondere von der Richtigkeit dieser Daten und der Zulässigkeit ihrer Verarbeitung überzeugen kann. Aus denselben Gründen muß jede Person außerdem das Recht auf Auskunft über den logischen Aufbau der automatisierten Verarbeitung der sie betreffenden Daten, zumindest im Fall automatisierter Entscheidungen im Sinne des Artikels 15 Absatz 1, besitzen. Dieses Recht darf weder das Geschäftsgeheimnis noch das Recht an geistigem Eigentum, insbesondere das Urheberrecht zum Schutz von Software, berühren. Dies darf allerdings nicht dazu führen, daß der betroffenen Person jegliche Auskunft verweigert wird.

(42) Die Mitgliedstaaten können die Auskunfts- und Informationsrechte im Interesse der betroffenen Person oder zum Schutz der Rechte und Freiheiten Dritter einschränken. Zum Beispiel können sie vorsehen, daß Auskunft über medizinische Daten nur über ärztliches Personal erhalten werden kann.

(43) Die Mitgliedstaaten können Beschränkungen des Auskunfts- und Informationsrechts sowie bestimmter Pflichten des für die Verarbeitung Verantwortlichen vorsehen, soweit dies beispielsweise für die Sicherheit des Staates, die Landesverteidigung, die öffentliche Sicherheit, für zwingende wirtschaftliche oder finanzielle Interessen eines Mitgliedstaats oder der Union oder für die Ermittlung und Verfolgung von Straftaten oder von Verstößen gegen Standesregeln bei reglementierten Berufen erforderlich ist. Als Ausnahmen und Beschränkungen sind Kontroll-, Überwachungs- und Ordnungsfunktionen zu nennen, die in den drei letztgenannten Bereichen in bezug auf öffentliche Sicherheit, wirtschaftliches oder finanzielles Interesse und Strafverfolgung erforderlich sind. Die Erwähnung der Aufgaben in diesen drei Bereichen läßt die Zulässigkeit von Ausnahmen und Einschränkungen aus Gründen der Sicherheit des Staates und der Landesverteidigung unberührt.

(44) Die Mitgliedstaaten können aufgrund gemeinschaftlicher Vorschriften gehalten sein, von den das Auskunftsrecht, die Information der Personen und die Qualität der Daten betreffenden Bestimmungen dieser Richtlinie abzuweichen, um bestimmte der obengenannten Zweckbestimmungen zu schützen.

(45) Auch wenn die Daten Gegenstand einer rechtmäßigen Verarbeitung aufgrund eines öffentlichen Interesses, der Ausübung hoheitlicher Gewalt oder der Interessen eines einzelnen sein können, sollte doch jede betroffene Person das Recht besitzen, aus überwiegenden, schutzwürdigen, sich aus ihrer besonderen Situation ergeben-

den Gründen Widerspruch dagegen einzulegen, daß die sie betreffenden Daten verarbeitet werden. Die Mitgliedstaaten können allerdings innerstaatliche Bestimmungen vorsehen, die dem entgegenstehen.

(46) Für den Schutz der Rechte und Freiheiten der betroffenen Personen bei der Verarbeitung personenbezogener Daten müssen geeignete technische und organisatorische Maßnahmen getroffen werden, und zwar sowohl zum Zeitpunkt der Planung des Verarbeitungssystems als auch zum Zeitpunkt der eigentlichen Verarbeitung, um insbesondere deren Sicherheit zu gewährleisten und somit jede unrechtmäßige Verarbeitung zu verhindern. Die Mitgliedstaaten haben dafür Sorge zu tragen, daß der für die Verarbeitung Verantwortliche diese Maßnahmen einhält. Diese Maßnahmen müssen unter Berücksichtigung des Standes der Technik und der bei ihrer Durchführung entstehenden Kosten ein Schutzniveau gewährleisten, das den von der Verarbeitung ausgehenden Risiken und der Art der zu schützenden Daten angemessen ist.

(47) Wird eine Nachricht, die personenbezogene Daten enthält, über Telekommunikationsdienste oder durch elektronische Post übermittelt, deren einziger Zweck darin besteht, Nachrichten dieser Art zu übermitteln, so gilt in der Regel die Person, von der die Nachricht stammt, und nicht die Person, die den Übermittlungsdienst anbietet, als Verantwortlicher für die Verarbeitung der in der Nachricht enthaltenen personenbezogenen Daten. Jedoch gelten die Personen, die diese Dienste anbieten, in der Regel als Verantwortliche für die Verarbeitung der personenbezogenen Daten, die zusätzlich für den Betrieb des Dienstes erforderlich sind.

(48) Die Meldeverfahren dienen der Offenlegung der Zweckbestimmungen der Verarbeitungen sowie ihrer wichtigsten Merkmale mit dem Zweck der Überprüfung ihrer Vereinbarkeit mit den einzelstaatlichen Vorschriften zur Umsetzung dieser Richtlinie.

(49) Um unangemessene Verwaltungsformalitäten zu vermeiden, können die Mitgliedstaaten bei Verarbeitungen, bei denen eine Beeinträchtigung der Rechte und Freiheiten der Betroffenen nicht zu erwarten ist, von der Meldepflicht absehen oder sie vereinfachen, vorausgesetzt, daß diese Verarbeitungen den Bestimmungen entsprechen, mit denen der Mitgliedstaat die Grenzen solcher Verarbeitungen festgelegt hat. Eine Befreiung oder eine Vereinfachung kann ebenso vorgesehen werden, wenn ein vom für die Verarbeitung Verantwortlichen benannter Datenschutzbeauftragter sicherstellt, daß eine Beeinträchtigung der Rechte und Freiheiten der Betroffenen durch die Verarbeitung nicht zu erwarten ist. Ein solcher Beauftragter, ob Angestellter des für die Verarbeitung Verantwortlichen oder externer Beauftragter, muß seine Aufgaben in vollständiger Unabhängigkeit ausüben können.

(50) Die Befreiung oder Vereinfachung kann vorgesehen werden für Verarbeitungen, deren einziger Zweck das Führen eines Registers

ist, das gemäß einzelstaatlichem Recht zur Information der Öffentlichkeit bestimmt ist und entweder der gesamten Öffentlichkeit oder allen Personen, die ein berechtigtes Interesse nachweisen können, zur Einsichtnahme offensteht.

(51) Die Vereinfachung oder Befreiung von der Meldepflicht entbindet jedoch den für die Verarbeitung Verantwortlichen von keiner der anderen sich aus dieser Richtlinie ergebenden Verpflichtungen.

(52) In diesem Zusammenhang ist die nachträgliche Kontrolle durch die zuständigen Stellen im allgemeinen als ausreichende Maßnahme anzusehen.

(53) Bestimmte Verarbeitungen können jedoch aufgrund ihrer Art, ihrer Tragweite oder ihrer Zweckbestimmung – wie beispielsweise derjenigen, betroffene Personen von der Inanspruchnahme eines Rechts, einer Leistung oder eines Vertrags auszuschließen – oder aufgrund der besonderen Verwendung einer neuen Technologie besondere Risiken im Hinblick auf die Rechte und Freiheiten der betroffenen Personen aufweisen. Es obliegt den Mitgliedstaaten, derartige Risiken in ihren Rechtsvorschriften aufzuführen, wenn sie dies wünschen.

(54) Bei allen in der Gesellschaft durchgeführten Verarbeitungen sollte die Zahl der Verarbeitungen mit solchen besonderen Risiken sehr beschränkt sein. Die Mitgliedstaaten müssen für diese Verarbeitungen vorsehen, daß vor ihrer Durchführung eine Vorabprüfung durch die Kontrollstelle oder in Zusammenarbeit mit ihr durch den Datenschutzbeauftragten vorgenommen wird. Als Ergebnis dieser Vorabprüfung kann die Kontrollstelle gemäß einzelstaatlichem Recht eine Stellungnahme abgeben oder die Verarbeitung genehmigen. Diese Prüfung kann auch bei der Ausarbeitung einer gesetzgeberischen Maßnahme des nationalen Parlaments oder einer auf eine solche gesetzgeberische Maßnahme gestützten Maßnahme erfolgen, die die Art der Verarbeitung und geeignete Garantien festlegt.

(55) Für den Fall der Mißachtung der Rechte der betroffenen Personen durch den für die Verarbeitung Verantwortlichen ist im nationalen Recht eine gerichtliche Überprüfungsmöglichkeit vorzusehen. Mögliche Schäden, die den Personen aufgrund einer unzulässigen Verarbeitung entstehen, sind von dem für die Verarbeitung Verantwortlichen zu ersetzen, der von seiner Haftung befreit werden kann, wenn er nachweist, daß der Schaden ihm nicht angelastet werden kann, insbesondere weil ein Fehlverhalten der betroffenen Person oder ein Fall höherer Gewalt vorliegt. Unabhängig davon, ob es sich um eine Person des Privatrechts oder des öffentlichen Rechts handelt, müssen Sanktionen jede Person treffen, die die einzelstaatlichen Vorschriften zur Umsetzung dieser Richtlinie nicht einhält.

(56) Grenzüberschreitender Verkehr von personenbezogenen Daten ist für die Entwicklung des internationalen Handels notwendig. Der in

der Gemeinschaft durch diese Richtlinie gewährte Schutz von Personen steht der Übermittlung personenbezogener Daten in Drittländer, die ein angemessenes Schutzniveau aufweisen, nicht entgegen. Die Angemessenheit des Schutzniveaus, das ein Drittland bietet, ist unter Berücksichtigung aller Umstände im Hinblick auf eine Übermittlung oder eine Kategorie vor Übermittlungen zu beurteilen.

(57) Bietet hingegen ein Drittland kein angemessenes Schutzniveau, so ist die Übermittlung personenbezogener Daten in dieses Land zu untersagen.

(58) Ausnahmen von diesem Verbot sind unter bestimmten Voraussetzungen vorzusehen, wenn die betroffene Person ihre Einwilligung erteilt hat oder die Übermittlung im Rahmen eines Vertrags oder Gerichtsverfahrens oder zur Wahrung eines wichtigen öffentlichen Interesses erforderlich ist, wie zum Beispiel bei internationalem Datenaustausch zwischen Steuer- oder Zollverwaltungen oder zwischen Diensten, die für Angelegenheiten der sozialen Sicherheit zuständig sind. Ebenso kann eine Übermittlung aus einem gesetzlich vorgesehenen Register erfolgen, das der öffentlichen Einsichtnahme oder der Einsichtnahme durch Personen mit berechtigtem Interesse dient. In diesem Fall sollte eine solche Übermittlung nicht die Gesamtheit oder ganze Kategorien der im Register enthaltenen Daten umfassen. Ist ein Register zur Einsichtnahme durch Personen mit berechtigtem Interesse bestimmt, so sollte die Übermittlung nur auf Antrag dieser Person oder nur dann erfolgen, wenn diese Person die Adressaten der Übermittlung sind.

(59) Besondere Maßnahmen können getroffen werden, um das unzureichende Schutzniveau in einem Drittland auszugleichen, wenn der für die Verarbeitung Verantwortliche geeignete Sicherheiten nachweist. Außerdem sind Verfahren für die Verhandlungen zwischen der Gemeinschaft und den betreffenden Drittländern vorzusehen.

(60) Übermittlungen in Drittstaaten dürfen auf jeden Fall nur unter voller Einhaltung der Rechtsvorschriften erfolgen, die die Mitgliedstaaten gemäß dieser Richtlinie, insbesondere gemäß Artikel 8, erlassen haben.

(61) Die Mitgliedstaaten und die Kommission müssen in ihren jeweiligen Zuständigkeitsbereichen die betroffenen Wirtschaftskreise ermutigen, Verhaltensregeln auszuarbeiten, um unter Berücksichtigung der Besonderheiten der Verarbeitung in bestimmten Bereichen die Durchführung dieser Richtlinie im Einklang mit den hierfür vorgesehenen einzelstaatlichen Bestimmungen zu fördern.

(62) Die Einrichtung unabhängiger Kontrollstellen in den Mitgliedstaaten ist ein wesentliches Element des Schutzes der Personen bei der Verarbeitung personenbezogener Daten.

(63) Diese Stellen sind mit den notwendigen Mitteln für die Erfüllung dieser Aufgabe auszustatten, d.h. Untersuchungs- und Einwir-

kungsbefugnissen, insbesondere bei Beschwerden, sowie Klagerecht. Die Kontrollstellen haben zur Transparenz der Verarbeitungen in dem Mitgliedstaat beizutragen, dem sie unterstehen.

(64) Die Behörden der verschiedenen Mitgliedstaaten werden einander bei der Wahrnehmung ihrer Aufgaben unterstützen müssen, um sicherzustellen, daß die Schutzregeln in der ganzen Europäischen Union beachtet werden.

(65) Auf Gemeinschaftsebene ist eine Arbeitsgruppe für den Schutz der Rechte von Personen bei der Verarbeitung personenbezogener Daten einzusetzen, die ihre Aufgaben in völliger Unabhängigkeit wahrzunehmen hat. Unter Berücksichtigung dieses besonderen Charakters hat sie die Kommission zu beraten und insbesondere zur einheitlichen Anwendung der zur Umsetzung dieser Richtlinie erlassenen einzelstaatlichen Vorschriften beizutragen.

(66) Für die Übermittlung von Daten in Drittländern ist es zur Anwendung dieser Richtlinie erforderlich, der Kommission Durchführungsbefugnisse zu übertragen und ein Verfahren gemäß den Bestimmungen des Beschlusses 87/373/EWG des Rates[1] festzulegen.

(67) Am 20. Dezember 1994 wurde zwischen dem Europäischen Parlament, dem Rat und der Kommission ein Modus vivendi betreffend die Maßnahmen zur Durchführung der nach dem Verfahren des Artikels 189 b des EG-Vertrag erlassenen Rechtsakte vereinbart.

(68) Die in dieser Leichtlinie enthaltenen Grundsätze des Schutzes der Rechte und Freiheiten der Personen und insbesondere der Achtung der Privatsphäre bei der Verarbeitung personenbezogener Daten können – besonders für bestimmte Bereiche – durch spezifische Regeln ergänzt oder präzisiert werden, die mit diesen Grundsätzen in Einklang stehen.

(69) Den Mitgliedstaaten sollte eine Frist von längstens drei Jahren ab Inkrafttreten ihrer Vorschriften zur Umsetzung dieser Richtlinie eingeräumt werden, damit sie die neuen einzelstaatlichen Vorschriften fortschreitend auf alle bereits laufenden Verarbeitungen anwenden können. Um eine kosteneffiziente Durchführung dieser Vorschriften zu erleichtern, wird den Mitgliedstaaten eine weitere Frist von zwölf Jahren nach Annahme dieser Richtlinie eingeräumt, um die Anpassung bestehender manueller Dateien an bestimmte Vorschriften dieser Richtlinie sicherzustellen. Werden in solchen Dateien enthaltene Daten während dieser erweiterten Umsetzungsfrist manuell verarbeitet, so sollten die Dateien zum Zeitpunkt der Verarbeitung mit diesen Vorschriften in Einklang gebracht werden.

(70) Die betroffene Person braucht nicht erneut ihre Einwilligung zu geben, damit der Verantwortliche nach Inkrafttreten der einzelstaatlichen Vorschriften zur Umsetzung dieser Richtlinie eine Verarbeitung sensibler Daten fortführen kann, die für die Erfüllung eines in

[1] **Amtl. Anm.:** ABl. Nr. L 197 vom 18. 7. 1987, S. 33.

freier Willenserklärung geschlossenen Vertrags erforderlich ist und vor Inkrafttreten der genannten Vorschriften mitgeteilt wurde.

(71) Diese Richtlinie steht den gesetzlichen Regelungen eines Mitgliedstaats im Bereich der geschäftsmäßigen Werbung gegenüber in seinem Hoheitsgebiet ansässigen Verbrauchern nicht entgegen, sofern sich diese gesetzlichen Regelungen nicht auf den Schutz der Person bei der Verarbeitung personenbezogener Daten beziehen.

(72) Diese Richtlinie erlaubt bei der Umsetzung der mit ihr festgelegten Grundsätze die Berücksichtigung des Grundsatzes des öffentlichen Zugangs zu amtlichen Dokumenten –

HABEN FOLGENDE RICHTLINIE ERLASSEN:

Kapitel I. Allgemeine Bestimmungen

Art. 1 Gegenstand der Richtlinie. (1) Die Mitgliedstaaten gewährleisten nach den Bestimmungen dieser Richtlinie den Schutz der Grundrechte und Grundfreiheiten und insbesondere den Schutz der Privatsphäre natürlicher Personen bei der Verarbeitung personenbezogener Daten.

(2) Die Mitgliedstaaten beschränken oder untersagen nicht den freien Verkehr personenbezogener Daten zwischen Mitgliedstaaten aus Gründen des gemäß Absatz 1 gewährleisteten Schutzes.

Art. 2 Begriffsbestimmungen. Im Sinne dieser Richtlinie bezeichnet der Ausdruck

a) „personenbezogene Daten" alle Informationen über eine bestimmte oder bestimmbare natürliche Person („betroffene Person"); als bestimmbar wird eine Person angesehen, die direkt oder indirekt identifiziert werden kann, insbesondere durch Zuordnung zu einer Kennnummer oder zu einem oder mehreren spezifischen Elementen, die Ausdruck ihrer physischen, physiologischen, psychischen, wirtschaftlichen, kulturellen oder sozialen Identität sind;

b) „Verarbeitung personenbezogener Daten" („Verarbeitung") jeden mit oder ohne Hilfe automatisierter Verfahren ausgeführten Vorgang oder jede Vorgangsreihe im Zusammenhang mit personenbezogenen Daten wie das Erheben, das Speichern, die Organisation, die Aufbewahrung, die Anpassung oder Veränderung, das Auslesen, das Abfragen, die Benutzung, die Weitergabe durch Übermittlung, Verbreitung oder jede andere Form der Bereitstellung, die Kombination oder die Verknüpfung sowie das Sperren, Löschen oder Vernichten;

c) „Datei mit personenbezogenen Daten" („Datei") jede strukturierte Sammlung personenbezogener Daten, die nach bestimmten Kriterien zugänglich sind, gleichgültig ob diese Sammlung zentral, dezentralisiert oder nach funktionalen oder geographischen Gesichtspunkten aufgeteilt geführt wird;

d) „für die Verarbeitung Verantwortlicher" die natürliche oder juristische Person, Behörde, Einrichtung oder jede andere Stelle, die allein oder gemeinsam mit anderen über die Zwecke und Mittel der Verarbeitung von personenbezogenen Daten entscheidet. Sind die Zwecke und Mittel der Verarbeitung von personenbezogenen Daten in einzelstaatlichen oder gemeinschaftlichen Rechts- und Verwaltungsvorschriften festgelegt, so können der für die Verarbeitung Verantwortliche bzw. die spezifischen Kriterien für seine Benennung durch einzelstaatliche oder gemeinschaftliche Rechtsvorschriften bestimmt werden;

e) „Auftragsverarbeiter" die natürliche oder juristische Person, Behörde, Einrichtung oder jede andere Stelle, die personenbezogene Daten im Auftrag des für die Verarbeitung Verantwortlichen verarbeitet;

f) „Dritter" die natürliche oder juristische Person, Behörde, Einrichtung oder jede andere Stelle, außer der betroffenen Person, dem für die Verarbeitung Verantwortlichen, dem Auftragsverarbeiter und den Personen, die unter der unmittelbaren Verantwortung des für die Verarbeitung Verantwortlichen oder des Auftragsverarbeiters befugt sind, die Daten zu verarbeiten;

g) „Empfänger" die natürliche oder juristische Person, Behörde, Einrichtung oder jede andere Stelle, die Daten erhält, gleichgültig, ob es sich bei ihr um einen Dritten handelt oder nicht. Behörden, die im Rahmen eines einzelnen Untersuchungsauftrags möglicherweise Daten erhalten, gelten jedoch nicht als Empfänger;

h) „Einwilligung der betroffenen Person" jede Willensbekundung, die ohne Zwang, für den konkreten Fall und in Kenntnis der Sachlage erfolgt und mit der die betroffene Person akzeptiert, daß personenbezogene Daten, die sie betreffen, verarbeitet werden.

Art. 3 Anwendungsbereich. (1) Diese Richtlinie gilt für die ganz oder teilweise automatisierte Verarbeitung personenbezogener Daten sowie für die nicht automatisierte Verarbeitung personenbezogener Daten, die in einer Datei gespeichert sind oder gespeichert werden sollen.

(2) Diese Richtlinie findet keine Anwendung auf die Verarbeitung personenbezogener Daten,

- die für die Ausübung von Tätigkeiten erfolgt, die nicht in den Anwendungsbereich des Gemeinschaftsrechts fallen, beispielsweise Tätigkeiten gemäß den Titeln V und VI des Vertrags über die Europäische Union, und auf keinen Fall auf Verarbeitungen betreffend die öffentliche Sicherheit, die Landesverteidigung, die Sicherheit des Staates (einschließlich seines wirtschaftlichen Wohls, wenn die Verarbeitung die Sicherheit des Staates berührt) und die Tätigkeiten des Staates im strafrechtlichen Bereich;
- die von einer natürlichen Person zur Ausübung ausschließlich persönlicher oder familiärer Tätigkeiten vorgenommen wird.

Art. 4 Anwendbares einzelstaatliches Recht. (1) Jeder Mitgliedstaat wendet die Vorschriften, die er zur Umsetzung dieser Richtlinie erläßt, auf alle Verarbeitungen personenbezogener Daten an,

a) die im Rahmen der Tätigkeiten einer Niederlassung ausgeführt werden, die der für die Verarbeitung Verantwortliche im Hoheitsgebiet dieses Mitgliedstaats besitzt. Wenn der Verantwortliche eine Niederlassung im Hoheitsgebiet mehrerer Mitgliedstaaten besitzt, ergreift er die notwendigen Maßnahmen, damit jede dieser Niederlassungen die im jeweils anwendbaren einzelstaatlichen Recht festgelegten Verpflichtungen einhält;

b) die von einem für die Verarbeitung Verantwortlichen ausgeführt werden, der nicht in seinem Hoheitsgebiet, aber an einem Ort niedergelassen ist, an dem das einzelstaatliche Recht dieses Mitgliedstaats gemäß dem internationalen öffentlichen Recht Anwendung findet;

c) die von einem für die Verarbeitung Verantwortlichen ausgeführt werden, der nicht im Gebiet der Gemeinschaft niedergelassen ist und zum Zwecke der Verarbeitung personenbezogener Daten auf automatisierte oder nicht automatisierte Mittel zurückgreift, die im Hoheitsgebiet des betreffenden Mitgliedstaats belegen sind, es sei denn, daß diese Mittel nur zum Zweck der Durchfuhr durch das Gebiet der Europäischen Gemeinschaft verwendet werden.

(2) In dem in Absatz 1 Buchstabe c) genannten Fall hat der für die Verarbeitung Verantwortliche einen im Hoheitsgebiet des genannten Mitgliedstaats ansässigen Vertreter zu benennen, unbeschadet der Möglichkeit eines Vorgehens gegen den für die Verarbeitung Verantwortlichen selbst.

Kapitel II. Allgemeine Bedingungen für die Rechtmäßigkeit der Verarbeitung personenbezogener Daten

Art. 5 Die Mitgliedstaaten bestimmen nach Maßgabe dieses Kapitels die Voraussetzungen näher, unter denen die Verarbeitung personenbezogener Daten rechtmäßig ist.

Abschnitt I. Grundsätze in bezug auf die Qualität der Daten

Art. 6 (1) Die Mitgliedstaaten sehen vor, daß personenbezogene Daten

a) nach Treu und Glauben und auf rechtmäßige Weise verarbeitet werden;

b) für festgelegte eindeutige und rechtmäßige Zwecke erhoben und nicht in einer mit diesen Zweckbestimmungen nicht zu vereinbarenden Weise weiterverarbeitet werden. Die Weiterverarbeitung von Daten zu historischen, statistischen oder wissenschaftlichen Zwekken ist im allgemeinen nicht als unvereinbar mit den Zwecken der vorausgegangenen Datenerhebung anzusehen, sofern die Mitgliedstaaten geeignete Garantien vorsehen;

c) den Zwecken entsprechen, für die sie erhoben und/oder weiterverarbeitet werden, dafür erheblich sind und nicht darüber hinausgehen;

d) sachlich richtig und, wenn nötig, auf den neuesten Stand gebracht sind; es sind alle angemessenen Maßnahmen zu treffen, damit im Hinblick auf die Zwecke, für die sie erhoben oder weiterverarbeitet werden, nichtzutreffende oder unvollständige Daten gelöscht oder berichtigt werden;

e) nicht länger, als es für die Realisierung der Zwecke, für die sie erhoben oder weiterverarbeitet werden, erforderlich ist, in einer Form aufbewahrt werden, die die Identifizierung der betroffenen Personen ermöglicht. Die Mitgliedstaaten sehen geeignete Garantien für personenbezogene Daten vor, die über die vorgenannte Dauer hinaus für historische, statistische oder wissenschaftliche Zwecke aufbewahrt werden.

(2) Der für die Verarbeitung Verantwortliche hat für die Einhaltung des Absatzes 1 zu sorgen.

Abschnitt II. Grundsätze in bezug auf die Zulässigkeit der Verarbeitung von Daten

Art. 7 Die Mitgliedstaaten sehen vor, daß die Verarbeitung personenbezogener Daten lediglich erfolgen darf, wenn eine der folgenden Voraussetzungen erfüllt ist:

a) Die betroffene Person hat ohne jeden Zweifel ihre Einwilligung gegeben;

b) die Verarbeitung ist erforderlich für die Erfüllung eines Vertrags, dessen Vertragspartei die betroffene Person ist, oder für die Durchführung vorvertraglicher Maßnahmen, die auf Antrag der betroffenen Person erfolgen;

c) die Verarbeitung ist für die Erfüllung einer rechtlichen Verpflichtung erforderlich, der der für die Verarbeitung Verantwortliche unterliegt;

d) die Verarbeitung ist erforderlich für die Wahrung lebenswichtiger Interessen der betroffenen Person;

e) die Verarbeitung ist erforderlich für die Wahrnehmung einer Aufgabe, die im öffentlichen Interesse liegt oder in Ausübung öffentlicher Gewalt erfolgt und dem für die Verarbeitung Verantwortlichen oder dem Dritten, dem die Daten übermittelt werden, übertragen wurde;

f) die Verarbeitung ist erforderlich zur Verwirklichung des berechtigten Interesses, das von dem für die Verarbeitung Verantwortlichen oder von dem bzw. den Dritten wahrgenommen wird, denen die Daten übermittelt werden, sofern nicht das Interesse oder die Grundrechte und Grundfreiheiten der betroffenen Person, die gemäß Artikel 1 Absatz 1 geschützt sind, überwiesen.

Abschnitt III. Besondere Kategorien der Verarbeitung

Art. 8 Verarbeitung besonderer Kategorien personenbezogener Daten. (1) Die Mitgliedstaaten untersagen die Verarbeitung personenbezogener Daten, aus denen die rassische und ethnische Herkunft, politische Meinungen, religiöse oder philosophische Überzeugungen oder die Gewerkschaftszugehörigkeit hervorgehen, sowie von Daten über Gesundheit oder Sexualleben.

(2) Absatz 1 findet in folgenden Fällen keine Anwendung:

a) Die betroffene Person hat ausdrücklich in die Verarbeitung der genannten Daten eingewilligt, es sei denn, nach den Rechtsvorschriften des Mitgliedstaats kann das Verbot nach Absatz 1 durch die Einwilligung der betroffenen Person nicht aufgehoben werden;

oder

b) die Verarbeitung ist erforderlich, um den Rechten und Pflichten des für die Verarbeitung Verantwortlichen auf dem Gebiet des Arbeitsrechts Rechnung zu tragen, sofern dies aufgrund von einzelstaatlichem Recht, das angemessene Garantien vorsieht, zulässig ist;

oder

c) die Verarbeitung ist zum Schutz lebenswichtiger Interessen der betroffenen Person oder eines Dritten erforderlich, sofern die Person aus physischen oder rechtlichen Gründen außerstande ist, ihre Einwilligung zu geben;

oder

d) die Verarbeitung erfolgt auf der Grundlage angemessener Garantien durch eine politisch, philosophisch, religiös oder gewerkschaftlich ausgerichtete Stiftung, Vereinigung oder sonstige Organisation, die keinen Erwerbszweck verfolgt, im Rahmen ihrer rechtmäßigen Tätigkeiten und unter der Voraussetzung, daß sich die Verarbeitung nur auf die Mitglieder der Organisation oder auf Personen, die im Zusammenhang mit deren Tätigkeitszweck regelmäßige Kontakte mit ihr unterhalten, bezieht und die Daten nicht ohne Einwilligung der betroffenen Personen an Dritte weitergegeben werden;

oder

e) die Verarbeitung bezieht sich auf Daten, die die betroffene Person offenkundig öffentlich gemacht hat, oder ist zur Geltendmachung, Ausübung oder Verteidigung rechtlicher Ansprüche vor Gericht erforderlich.

(3) Absatz 1 gilt nicht, wenn die Verarbeitung der Daten zum Zweck der Gesundheitsvorsorge, der medizinischen Diagnostik, der Gesundheitsversorgung oder Behandlung oder für die Verwaltung von Gesundheitsdiensten erforderlich ist und die Verarbeitung dieser Daten durch ärztliches Personal erfolgt, das nach dem einzelstaatlichen Recht, einschließlich der von den zuständigen einzelstaatlichen Stellen er-

lassenen Regelungen, dem Berufsgeheimnis unterliegt, oder durch sonstige Personen, die einer entsprechenden Geheimhaltungspflicht unterliegen.

(4) Die Mitgliedstaaten können vorbehaltlich angemessener Garantien aus Gründen eines wichtigen öffentlichen Interesses entweder im Wege einer nationalen Rechtsvorschrift oder im Wege einer Entscheidung der Kontrollstelle andere als die in Absatz 2 genannten Ausnahmen vorsehen.

(5) Die Verarbeitung von Daten, die Straftaten, strafrechtliche Verurteilungen oder Sicherungsmaßregeln betreffen, darf nur unter behördlicher Aufsicht oder aufgrund von einzelstaatlichem Recht, das angemessene Garantien vorsieht, erfolgen, wobei ein Mitgliedstaat jedoch Ausnahmen aufgrund innerstaatlicher Rechtsvorschriften, die geeignete besondere Garantien vorsehen, festlegen kann. Ein vollständiges Register der strafrechtlichen Verurteilungen darf allerdings nur unter behördlicher Aufsicht geführt werden.

Die Mitgliedstaaten können vorsehen, daß Daten, die administrative Strafen oder zivilrechtliche Urteile betreffen, ebenfalls unter behördlicher Aufsicht verarbeitet werden müssen.

(6) Die in den Absätzen 4 und 5 vorgesehenen Abweichungen von Absatz 1 sind der Kommission mitzuteilen.

(7) Die Mitgliedstaaten bestimmen, unter welchen Bedingungen eine nationale Kennziffer oder andere Kennzeichen allgemeiner Bedeutung Gegenstand einer Verarbeitung sein dürfen.

Art. 9 Verarbeitung personenbezogener Daten und Meinungsfreiheit. Die Mitgliedstaaten sehen für die Verarbeitung personenbezogener Daten, die allein zu journalistischen, künstlerischen oder literarischen Zwecken erfolgt, Abweichungen und Ausnahmen von diesem Kapitel sowie von den Kapiteln IV und VI nur insofern vor, als sich dies als notwendig erweist, um das Recht auf Privatsphäre mit den für die Freiheit der Meinungsäußerung geltenden Vorschriften in Einklang zu bringen.

Abschnitt IV. Information der betroffenen Person

Art. 10 Information bei der Erhebung personenbezogener Daten bei der betroffenen Person. Die Mitgliedstaaten sehen vor, daß die Person, bei der die sie betreffenden Daten erhoben werden, vom für die Verarbeitung Verantwortlichen oder seinem Vertreter zumindest die nachstehenden Informationen erhält, sofern diese ihr noch nicht vorliegen:

a) Identität des für die Verarbeitung Verantwortlichen und gegebenenfalls seines Vertreters,

b) Zweckbestimmungen der Verarbeitung, für die die Daten bestimmt sind,

c) weitere Informationen, beispielsweise betreffend
   - die Empfänger oder Kategorien der Empfänger der Daten,
   - die Frage, ob die Beantwortung der Fragen obligatorisch oder freiwillig ist, sowie mögliche Folgen einer unterlassenen Beantwortung,
   - das Bestehen von Auskunfts- und Berichtigungsrechten bezüglich sie betreffender Daten,

   sofern sie unter Berücksichtigung der spezifischen Umstände, unter denen die Daten erhoben werden, notwendig sind, um gegenüber der betroffenen Person eine Verarbeitung nach Treu und Glauben zu gewährleisten.

Art. 11 Informationen für den Fall, daß die Daten nicht bei der betroffenen Person erhoben wurden. (1) Für den Fall, daß die Daten nicht bei der betroffenen Person erhoben wurden, sehen die Mitgliedstaaten vor, daß die betroffene Person bei Beginn der Speicherung der Daten bzw. im Fall einer beabsichtigten Weitergabe der Daten an Dritte spätestens bei der ersten Übermittlung vom für die Verarbeitung Verantwortlichen oder seinem Vertreter zumindest die nachstehenden Informationen erhält, sofern diese ihr noch nicht vorliegen:

a) Identität des für die Verarbeitung Verantwortlichen und gegebenenfalls seines Vertreters,

b) Zweckbestimmungen der Verarbeitung,

c) weitere Informationen, beispielsweise betreffend
   - die Datenkategorien, die verarbeitet werden,
   - die Empfänger oder Kategorien der Empfänger der Daten,
   - das Bestehen von Auskunfts- und Berichtigungsrechten bezüglich sie betreffender Daten,

   sofern sie unter Berücksichtigung der spezifischen Umstände, unter denen die Daten erhoben werden, notwendig sind, um gegenüber der betroffenen Person eine Verarbeitung nach Treu und Glauben zu gewährleisten.

(2) Absatz 1 findet – insbesondere bei Verarbeitungen für Zwecke der Statistik oder der historischen oder wissenschaftlichen Forschung – keine Anwendung, wenn die Information der betroffenen Person unmöglich ist, unverhältnismäßigen Aufwand erfordert oder die Speicherung oder Weitergabe durch Gesetz ausdrücklich vorgesehen ist. In diesen Fällen sehen die Mitgliedstaaten geeignete Garantien vor.

Abschnitt V. Auskunftsrecht der betroffenen Person

Art. 12 Auskunftsrecht. Die Mitgliedstaaten garantieren jeder betroffenen Person das Recht, vom für die Verarbeitung Verantwortlichen folgendes zu erhalten:

a) frei und ungehindert in angemessenen Abständen ohne unzumutbare Verzögerung oder übermäßige Kosten
   - die Bestätigung, daß es Verarbeitungen sie betreffender Daten gibt oder nicht gibt, sowie zumindest Informationen über die Zweckbestimmungen dieser Verarbeitungen, die Kategorien der Daten, die Gegenstand der Verarbeitung sind, und die Empfänger oder Kategorien der Empfänger, an die die Daten übermittelt werden;
   - eine Mitteilung in verständlicher Form über die Daten, die Gegenstand der Verarbeitung sind, sowie die verfügbaren Informationen über die Herkunft der Daten;
   - Auskunft über den logischen Aufbau der automatisierten Verarbeitung der sie betreffenden Daten, zumindest im Fall automatisierter Entscheidungen im Sinne von Artikel 15 Absatz 1;

b) je nach Fall die Berichtigung, Löschung oder Sperrung von Daten, deren Verarbeitung nicht den Bestimmungen dieser Richtlinie entspricht, insbesondere wenn diese Daten unvollständig oder unrichtig sind;

c) die Gewähr, daß jede Berichtigung, Löschung oder Sperrung, die entsprechend Buchstabe b) durchgeführt wurde, den Dritten, denen die Daten übermittelt wurden, mitgeteilt wird, sofern sich dies nicht als unmöglich erweist oder kein unverhältnismäßiger Aufwand damit verbunden ist.

Abschnitt VI. Ausnahmen und Einschränkungen

Art. 13 Ausnahmen und Einschränkungen. (1) Die Mitgliedstaaten können Rechtsvorschriften erlassen, die die Pflichten und Rechte gemäß Artikel 6 Absatz 1, Artikel 10, Artikel 11 Absatz 1, Artikel 12 und Artikel 21 beschränken, sofern eine solche Beschränkung notwendig ist für

a) die Sicherheit des Staates;

b) die Landesverteidigung;

c) die öffentliche Sicherheit;

d) die Verhütung, Ermittlung, Feststellung und Verfolgung von Straftaten oder Verstößen gegen die berufsständischen Regeln bei reglementierten Berufen;

e) ein wichtiges wirtschaftliches oder finanzielles Interesse eines Mitgliedstaats oder der Europäischen Union einschließlich Währungs-, Haushalts- und Steuerangelegenheiten;

f) Kontroll-, Überwachungs- und Ordnungsfunktionen, die dauernd oder zeitweise mit der Ausübung öffentlicher Gewalt für die unter den Buchstaben c), d) und e) genannten Zwecke verbunden sind;

g) den Schutz der betroffenen Person und der Rechte und Freiheiten anderer Personen.

(2) Vorbehaltlich angemessener rechtlicher Garantien, mit denen insbesondere ausgeschlossen wird, daß die Daten für Maßnahmen oder Entscheidungen gegenüber bestimmten Personen verwendet werden, können die Mitgliedstaaten in Fällen, in denen offensichtlich keine Gefahr eines Eingriffs in die Privatsphäre der betroffenen Person besteht, die in Artikel 12 vorgesehenen Rechte gesetzlich einschränken, wenn die Daten ausschließlich für Zwecke der wissenschaftlichen Forschung verarbeitet werden oder personenbezogen nicht länger als erforderlich lediglich zur Erstellung von Statistiken aufbewahrt werden.

Abschnitt VII. Widerspruchsrecht der betroffenen Person

Art. 14 Widerspruchsrecht der betroffenen Person. Die Mitgliedstaaten erkennen das Recht der betroffenen Person an,

a) zumindest in den Fällen von Artikel 7 Buchstaben e) und f) jederzeit aus überwiegenden, schutzwürdigen, sich aus ihrer besonderen Situation ergebenden Gründen dagegen Widerspruch einlegen zu können, daß sie betreffende Daten verarbeitet werden; dies gilt nicht bei einer im einzelstaatlichen Recht vorgesehenen entgegenstehenden Bestimmung. Im Fall eines berechtigten Widerspruchs kann sich die vom für die Verarbeitung Verantwortlichen vorgenommene Verarbeitung nicht mehr auf diese Daten beziehen;

b) auf Antrag kostenfrei gegen eine vom für die Verarbeitung Verantwortlichen beabsichtigte Verarbeitung sie betreffender Daten für Zwecke der Direktwerbung Widerspruch einzulegen oder vor der ersten Weitergabe personenbezogener Daten an Dritte oder vor deren erstmaliger Nutzung im Auftrag Dritter zu Zwecken der Direktwerbung informiert zu werden und ausdrücklich auf das Recht hingewiesen zu werden, kostenfrei gegen eine solche Weitergabe oder Nutzung Widerspruch einlegen zu können.

Die Mitgliedstaaten ergreifen die erforderlichen Maßnahmen, um sicherzustellen, daß die betroffenen Personen vom Bestehen des unter Buchstabe b) Unterabsatz 1 vorgesehenen Rechts Kenntnis haben.

Art. 15 Automatisierte Einzelentscheidungen. (1) Die Mitgliedstaaten räumen jeder Person das Recht ein, keiner für sie rechtliche Folgen nach sich ziehenden und keiner sie erheblich beeinträchtigenden Entscheidung unterworfen zu werden, die ausschließlich aufgrund einer automatisierten Verarbeitung von Daten zum Zwecke der Bewertung einzelner Aspekte ihrer Person ergeht, wie beispielsweise ihrer beruflichen Leistungsfähigkeit, ihrer Kreditwürdigkeit, ihrer Zuverlässigkeit oder ihres Verhaltens.

(2) Die Mitgliedstaaten sehen unbeschadet der sonstigen Bestimmungen dieser Richtlinie vor, daß eine Person einer Entscheidung nach Absatz 1 unterworfen werden kann, sofern diese

a) im Rahmen des Abschlusses oder der Erfüllung eines Vertrags ergeht und dem Ersuchen der betroffenen Person auf Abschluß oder Erfüllung des Vertrags stattgegeben wurde oder die Wahrung ihrer berechtigten Interessen durch geeignete Maßnahmen – beispielsweise die Möglichkeit, ihren Standpunkt geltend zu machen – garantiert wird oder

b) durch ein Gesetz zugelassen ist, das Garantien zur Wahrung der berechtigten Interessen der betroffenen Person festlegt.

Abschnitt VIII. Vertraulichkeit und Sicherheit der Verarbeitung

Art. 16 Vertraulichkeit der Verarbeitung. Personen, die dem für die Verarbeitung Verantwortlichen oder dem Auftragsverarbeiter unterstellt sind und Zugang zu personenbezogenen Daten haben, sowie der Auftragsverarbeiter selbst dürfen personenbezogene Daten nur auf Weisung des für die Verarbeitung Verantwortlichen verarbeiten, es sei denn, es bestehen gesetzliche Verpflichtungen.

Art. 17 Sicherheit der Verarbeitung. (1) Die Mitgliedstaaten sehen vor, daß der für die Verarbeitung Verantwortliche die geeigneten technischen und organisatorischen Maßnahmen durchführen muß, die für den Schutz gegen die zufällige oder unrechtmäßige Zerstörung, den zufälligen Verlust, die unberechtigte Änderung, die unberechtigte Weitergabe oder den unberechtigten Zugang – insbesondere wenn im Rahmen der Verarbeitung Daten in einem Netz übertragen werden – und gegen jede andere Form der unrechtmäßigen Verarbeitung personenbezogener Daten erforderlich sind.

Diese Maßnahmen müssen unter Berücksichtigung des Standes der Technik und der bei ihrer Durchführung entstehenden Kosten ein Schutzniveau gewährleisten, das den von der Verarbeitung ausgehenden Risiken und der Art der zu schützenden Daten angemessen ist.

(2) Die Mitgliedstaaten sehen vor, daß der für die Verarbeitung Verantwortliche im Fall einer Verarbeitung in seinem Auftrag einen Auftragsverarbeiter auszuwählen hat, der hinsichtlich der für die Verarbeitung zu treffenden technischen Sicherheitsmaßnahmen und organisatorischen Vorkehrungen ausreichende Gewähr bietet; der für die Verarbeitung Verantwortliche überzeugt sich von der Einhaltung dieser Maßnahmen.

(3) Die Durchführung einer Verarbeitung im Auftrag erfolgt auf der Grundlage eines Vertrags oder Rechtsakts, durch den der Auftragsverarbeiter an den für die Verarbeitung Verantwortlichen gebunden ist und in dem insbesondere folgendes vorgesehen ist:

- Der Auftragsverarbeiter handelt nur auf Weisung des für die Verarbeitung Verantwortlichen;
- die in Absatz 1 genannten Verpflichtungen gelten auch für den Auftragsverarbeiter, und zwar nach Maßgabe der Rechtsvorschriften des Mitgliedstaats, in dem er seinen Sitz hat.

(4) Zum Zwecke der Beweissicherung sind die datenschutzrelevanten Elemente des Vertrags oder Rechtsakts und die Anforderungen in bezug auf Maßnahmen nach Absatz 1 schriftlich oder in einer anderen Form zu dokumentieren.

Abschnitt IX. Meldung

Art. 18 Pflicht zur Meldung bei der Kontrollstelle. (1) Die Mitgliedstaaten sehen eine Meldung durch den für die Verarbeitung Verantwortlichen oder gegebenenfalls seinen Vertreter bei der in Artikel 28 genannten Kontrollstelle vor, bevor eine vollständig oder teilweise automatisierte Verarbeitung oder eine Mehrzahl von Verarbeitungen zur Realisierung einer oder mehrerer verbundener Zweckbestimmungen durchgeführt wird.

(2) Die Mitgliedstaaten können eine Vereinfachung der Meldung oder eine Ausnahme von der Meldepflicht nur in den folgenden Fällen und unter folgenden Bedingungen vorsehen:

- Sie legen für Verarbeitungskategorien, bei denen unter Berücksichtigung der zu verarbeitenden Daten eine Beeinträchtigung der Rechte und Freiheiten der betroffenen Personen unwahrscheinlich ist, die Zweckbestimmungen der Verarbeitung, die Daten oder Kategorien der verarbeiteten Daten, die Kategorie(n) der betroffenen Personen, die Empfänger oder Kategorien der Empfänger, denen die Daten weitergegeben werden, und die Dauer der Aufbewahrung fest, und/oder
- der für die Verarbeitung Verantwortliche bestellt entsprechend dem einzelstaatlichen Recht, dem er unterliegt, einen Datenschutzbeauftragten, dem insbesondere folgendes obliegt:
  - die unabhängige Überwachung der Anwendung der zur Umsetzung dieser Richtlinie erlassenen einzelstaatlichen Bestimmungen,
  - die Führung eines Verzeichnisses mit den in Artikel 21 Absatz 2 vorgesehenen Informationen über die durch den für die Verarbeitung Verantwortlichen vorgenommene Verarbeitung,

  um auf diese Weise sicherzustellen, daß die Rechte und Freiheiten der betroffenen Personen durch die Verarbeitung nicht beeinträchtigt werden.

(3) Die Mitgliedstaaten können vorsehen, daß Absatz 1 keine Anwendung auf Verarbeitungen findet, deren einziger Zweck das Führen eines Register ist, das gemäß den Rechts- oder Verwaltungsvorschriften zur Information der Öffentlichkeit bestimmt ist und entweder der gesamten Öffentlichkeit oder allen Personen, die ein berechtigtes Interesse nachweisen können, zur Einsichtnahme offensteht.

(4) Die Mitgliedstaaten können die in Artikel 8 Absatz 2 Buchstabe d) genannten Verarbeitungen von der Meldepflicht ausnehmen oder die Meldung vereinfachen.

(5) Die Mitgliedstaaten können die Meldepflicht für nicht automatisierte Verarbeitungen von personenbezogenen Daten generell oder in

Einzelfällen vorsehen oder sie einer vereinfachten Meldung unterwerfen.

Art. 19 Inhalt der Meldung. (1) Die Mitgliedstaaten legen fest, welche Angaben die Meldung zu enthalten hat. Hierzu gehört zumindest folgendes:

a) Name und Anschrift des für die Verarbeitung Verantwortlichen und gegebenenfalls seines Vertreters;

b) die Zweckbestimmung(en) der Verarbeitung;

c) eine Beschreibung der Kategorie(n) der betroffenen Personen und der diesbezüglichen Daten oder Datenkategorien;

d) die Empfänger oder Kategorien von Empfängern, denen die Daten mitgeteilt werden können;

e) eine geplante Datenübermittlung in Drittländer;

f) eine allgemeine Beschreibung, die es ermöglicht, vorläufig zu beurteilen, ob die Maßnahmen nach Artikel 17 zur Gewährleistung der Sicherheit der Verarbeitung angemessen sind.

(2) Die Mitgliedstaaten legen die Verfahren fest, nach denen Änderungen der in Absatz 1 genannten Angaben der Kontrollstelle zu melden sind.

Art. 20 Vorabkontrolle. (1) Die Mitgliedstaaten legen fest, welche Verarbeitungen spezifische Risiken für die Rechte und Freiheiten der Personen beinhalten können, und tragen dafür Sorge, daß diese Verarbeitungen vor ihrem Beginn geprüft werden.

(2) Solche Vorabprüfungen nimmt die Kontrollstelle nach Empfang der Meldung des für die Verarbeitung Verantwortlichen vor, oder sie erfolgen durch den Datenschutzbeauftragten, der im Zweifelsfall die Kontrollstelle konsultieren muß.

(3) Die Mitgliedstaaten können eine solche Prüfung auch im Zuge der Ausarbeitung einer Maßnahme ihres Parlaments oder einer auf eine solche gesetzgeberische Maßnahme gestützten Maßnahme durchführen, die die Art der Verarbeitung festlegt und geeignete Garantien vorsieht.

Art. 21 Öffentlichkeit der Verarbeitungen. (1) Die Mitgliedstaaten erlassen Maßnahmen, mit denen die Öffentlichkeit der Verarbeitungen sichergestellt wird.

(2) Die Mitgliedstaaten sehen vor, daß die Kontrollstelle ein Register der gemäß Artikel 18 gemeldeten Verarbeitungen führt.

Das Register enthält mindestens die Angaben nach Artikel 19 Absatz 1 Buchstaben a) bis e).

Das Register kann von jedermann eingesehen werden.

(3) Die Mitgliedstaaten sehen vor, daß für Verarbeitungen, die von der Meldung ausgenommen sind, der für die Verarbeitung Verantwort-

liche oder eine andere von den Mitgliedstaaten benannte Stelle zumindest die in Artikel 19 Absatz 1, Buchstaben a) bis e) vorgesehenen Angaben auf Antrag jedermann in geeigneter Weise verfügbar macht.

Die Mitgliedstaaten können vorsehen, daß diese Bestimmungen keine Anwendung auf Verarbeitungen findet, deren einziger Zweck das Führen von Registern ist, die gemäß den Rechts- und Verwaltungsvorschriften zur Information der Öffentlichkeit bestimmt sind und die entweder der gesamten Öffentlichkeit oder allen Personen, die ein berechtigtes Interesse nachweisen können, zur Einsichtnahme offenstehen.

Kapitel III. Rechtsbehelfe, Haftung und Sanktionen

Art. 22 Rechtsbehelfe. Unbeschadet des verwaltungsrechtlichen Beschwerdeverfahrens, das vor Beschreiten des Rechtsweges insbesondere bei der in Artikel 28 genannten Kontrollstelle eingeleitet werden kann, sehen die Mitgliedstaaten vor, daß jede Person bei der Verletzung der Rechte, die ihr durch die für die betreffende Verarbeitung geltenden einzelstaatlichen Rechtsvorschriften garantiert sind, bei Gericht einen Rechtsbehelf einlegen kann.

Art. 23 Haftung. (1) Die Mitgliedstaaten sehen vor, daß jede Person, der wegen einer rechtswidrigen Verarbeitung oder jeder anderen mit den einzelstaatlichen Vorschriften zur Umsetzung dieser Richtlinie nicht zu vereinbarenden Handlung ein Schaden entsteht, das Recht hat, von dem für die Verarbeitung Verantwortlichen Schadenersatz zu verlangen.

(2) Der für die Verarbeitung Verantwortliche kann teilweise oder vollständig von seiner Haftung befreit werden, wenn er nachweist, daß der Umstand, durch den der Schaden eingetreten ist, ihm nicht zur Last gelegt werden kann.

Art. 24 Sanktionen. Die Mitgliedstaaten ergreifen geeignete Maßnahmen, um die volle Anwendung der Bestimmungen dieser Richtlinie sicherzustellen, und legen insbesondere die Sanktionen fest, die bei Verstößen gegen die zur Umsetzung dieser Richtlinie erlassenen Vorschriften anzuwenden sind.

Kapitel IV. Übermittlung personenbezogener Daten in Drittländer

Art. 25 Grundsätze. (1) Die Mitgliedstaaten sehen vor, daß die Übermittlung personenbezogener Daten, die Gegenstand einer Verarbeitung sind oder nach der Übermittlung verarbeitet werden sollen, in ein Drittland vorbehaltlich der Beachtung der aufgrund der anderen Bestimmungen dieser Richtlinie erlassenen einzelstaatlichen Vorschriften zulässig ist, wenn dieses Drittland ein angemessenes Schutzniveau gewährleistet.

(2) Die Angemessenheit des Schutzniveaus, das ein Drittland bietet, wird unter Berücksichtigung aller Umstände beurteilt, die bei einer Datenübermittlung oder einer Kategorie von Datenübermittlungen eine Rolle spielen; insbesondere werden die Art der Daten, die Zweckbestimmung sowie die Dauer der geplanten Verarbeitung, das Herkunfts- und das Endbestimmungsland, die in dem betreffenden Drittland geltenden allgemeinen oder sektoriellen Rechtsnormen sowie die dort geltenden Standesregeln und Sicherheitsmaßnahmen berücksichtigt.

(3) Die Mitgliedstaaten und die Kommission unterrichten einander über die Fälle, in denen ihres Erachtens ein Drittland kein angemessenes Schutzniveau im Sinne des Absatzes 2 gewährleistet.

(4) Stellt die Kommission nach dem Verfahren des Artikels 31 Absatz 2 fest, daß ein Drittland kein angemessenes Schutzniveau im Sinne des Absatzes 2 des vorliegenden Artikels aufweist, so treffen die Mitgliedstaaten die erforderlichen Maßnahmen, damit keine gleichartige Datenübermittlung in das Drittland erfolgt.

(5) Zum geeigneten Zeitpunkt leitet die Kommission Verhandlungen ein, um Abhilfe für die gemäß Absatz 4 festgestellte Lage zu schaffen.

(6) Die Kommission kann nach dem Verfahren des Artikels 31 Absatz 2 feststellen, daß ein Drittland aufgrund seiner innerstaatlichen Rechtsvorschriften oder internationaler Verpflichtungen, die es insbesondere infolge der Verhandlungen gemäß Absatz 5 eingegangen ist, hinsichtlich des Schutzes der Privatsphäre sowie der Freiheiten und Grundrechte von Personen ein angemessenes Schutzniveau im Sinne des Absatzes 2 gewährleistet.

Die Mitgliedstaaten treffen die aufgrund der Feststellung der Kommission gebotenen Maßnahmen.

Art. 26 Ausnahmen. (1) Abweichend von Artikel 25 sehen die Mitgliedstaaten vorbehaltlich entgegenstehender Regelungen für bestimmte Fälle im innerstaatlichen Recht vor, daß eine Übermittlung oder eine Kategorie von Übermittlungen personenbezogener Daten in ein Drittland, das kein angemessenes Schutzniveau im Sinne des Artikels 25 Absatz 2 gewährleistet, vorgenommen werden kann, sofern

a) die betroffene Person ohne jeden Zweifel ihre Einwilligung gegeben hat oder

b) die Übermittlung für die Erfüllung eines Vertrags zwischen der betroffenen Person und dem für die Verarbeitung Verantwortlichen oder zur Durchführung von vorvertraglichen Maßnahmen auf Antrag der betroffenen Person erforderlich ist oder

c) die Übermittlung zum Abschluß oder zur Erfüllung eines Vertrags erforderlich ist, der im Interesse der betroffenen Person vom für die Verarbeitung Verantwortlichen mit einem Dritten geschlossen wurde oder geschlossen werden soll, oder

d) die Übermittlung entweder für die Wahrung eines wichtigen öffentlichen Interesses oder zur Geltendmachung, Ausübung oder Verteidigung von Rechtsansprüchen vor Gericht erforderlich oder gesetzlich vorgeschrieben ist oder

e) die Übermittlung für die Wahrung lebenswichtiger Interessen der betroffenen Person erforderlich ist oder

f) die Übermittlung aus einem Register erfolgt, das gemäß den Rechts- oder Verwaltungsvorschriften zur Information der Öffentlichkeit bestimmt ist und entweder der gesamten Öffentlichkeit oder allen Personen, die ein berechtigtes Interesse nachweisen können, zur Einsichtnahme offensteht, soweit die gesetzlichen Voraussetzungen für die Einsichtnahme im Einzelfall gegeben sind.

(2) Unbeschadet des Absatzes 1 kann ein Mitgliedstaat eine Übermittlung oder eine Kategorie von Übermittlungen personenbezogener Daten in ein Drittland genehmigen, das kein angemessenes Schutzniveau im Sinne des Artikels 25 Absatz 2 gewährleistet, wenn der für die Verarbeitung Verantwortliche ausreichende Garantien hinsichtlich des Schutzes der Privatsphäre, der Grundrechte und der Grundfreiheiten der Personen sowie hinsichtlich der Ausübung der damit verbundenen Rechte bietet; diese Garantien können sich insbesondere aus entsprechenden Vertragsklauseln ergeben.

(3) Der Mitgliedstaat unterrichtet die Kommission und die anderen Mitgliedstaaten über die von ihm nach Absatz 2 erteilten Genehmigungen.

Legt ein anderer Mitgliedstaat oder die Kommission einen in bezug auf den Schutz der Privatsphäre, der Grundrechte und der Personen hinreichend begründeten Widerspruch ein, so erläßt die Kommission die geeigneten Maßnahmen nach dem Verfahren des Artikels 31 Absatz 2.

Die Mitgliedstaaten treffen die aufgrund des Beschlusses der Kommission gebotenen Maßnahmen.

(4) Befindet die Kommission nach dem Verfahren des Artikels 31 Absatz 2, daß bestimmte Standardvertragsklauseln ausreichende Garantien gemäß Absatz 2 bieten, so treffen die Mitgliedstaaten die aufgrund der Feststellung der Kommission gebotenen Maßnahmen.

Kapitel V. Verhaltensregeln

Art. 27 (1) Die Mitgliedstaaten und die Kommission fördern die Ausarbeitung von Verhaltensregeln, die nach Maßgabe der Besonderheiten der einzelnen Bereiche zur ordnungsgemäßen Durchführung der einzelstaatlichen Vorschriften beitragen sollen, die die Mitgliedstaaten zur Umsetzung dieser Richtlinie erlassen.

(2) Die Mitgliedstaaten sehen vor, daß die Berufsverbände und andere Vereinigungen, die andere Kategorien von für die Verarbeitung

Verantwortlichen vertreten, ihre Entwürfe für einzelstaatliche Verhaltensregeln oder ihre Vorschläge zur Änderung oder Verlängerung bestehender einzelstaatlicher Verhaltensregeln der zuständigen einzelstaatlichen Stelle unterbreiten können.

Die Mitgliedstaaten sehen vor, daß sich diese Stelle insbesondere davon überzeugt, daß die ihr unterbreiteten Entwürfe mit den zur Umsetzung dieser Richtlinie erlassenen einzelstaatlichen Vorschriften in Einklang stehen. Die Stelle holt die Stellungnahmen der betroffenen Personen oder ihrer Vertreter ein, falls ihr dies angebracht erscheint.

(3) Die Entwürfe für gemeinschaftliche Verhaltensregeln sowie Änderungen oder Verlängerungen bestehender gemeinschaftlicher Verhaltensregeln können der in Artikel 29 genannten Gruppe unterbreitet werden. Die Gruppe nimmt insbesondere dazu Stellung, ob die ihr unterbreiteten Entwürfe mit den zur Umsetzung dieser Richtlinie erlassenen einzelstaatlichen Vorschriften in Einklang stehen. Sie holt die Stellungnahmen der betroffenen Personen oder ihrer Vertreter ein, falls ihr dies angebracht erscheint. Die Kommission kann dafür Sorge tragen, daß die Verhaltensregeln, zu denen die Gruppe eine positive Stellungnahme abgegeben hat, in geeigneter Weise veröffentlicht werden.

Kapitel VI. Kontrollstelle und Gruppe für den Schutz von Personen bei der Verarbeitung personenbezogener Daten

Art. 28 Kontrollstelle. (1) Die Mitgliedstaaten sehen vor, daß eine oder mehrere öffentliche Stellen beauftragt werden, die Anwendung der von den Mitgliedstaaten zur Umsetzung dieser Richtlinie erlassenen einzelstaatlichen Vorschriften in ihrem Hoheitsgebiet zu überwachen.

Diese Stellen nehmen die ihnen zugewiesenen Aufgaben in völliger Unabhängigkeit wahr.

(2) Die Mitgliedstaaten sehen vor, daß die Kontrollstellen bei der Ausarbeitung von Rechtsverordnungen oder Verwaltungsvorschriften bezüglich des Schutzes der Rechte und Freiheiten von Personen bei der Verarbeitung personenbezogener Daten angehört werden.

(3) Jede Kontrollstelle verfügt insbesondere über:

- Untersuchungsbefugnisse, wie das Recht auf Zugang zu Daten, die Gegenstand von Verarbeitungen sind, und das Recht auf Einholung aller für die Erfüllung ihres Kontrollauftrags erforderlichen Informationen;
- wirksame Einwirkungsbefugnisse, wie beispielsweise die Möglichkeit, im Einklang mit Artikel 20 vor der Durchführung der Verarbeitungen Stellungnahmen abzugeben und für eine geeignete Veröffentlichung der Stellungnahmen zu sorgen, oder die Befugnis, die Sperrung, Löschung oder Vernichtung von Daten oder das vorläufige oder endgültige Verbot einer Verarbeitung anzuordnen, oder die Befugnis, ei-

ne Verwarnung oder eine Ermahnung an den für die Verarbeitung Verantwortlichen zu richten oder die Parlamente oder andere politische Institutionen zu befassen;
- das Klagerecht oder eine Anzeigebefugnis bei Verstößen gegen die einzelstaatlichen Vorschriften zur Umsetzung dieser Richtlinie.

Gegen beschwerende Entscheidungen der Kontrollstelle steht der Rechtsweg offen.

(4) Jede Person oder ein sie vertretender Verband kann sich zum Schutz der die Person betreffenden Rechte und Freiheiten bei der Verarbeitung personenbezogener Daten an jede Kontrollstelle mit einer Eingabe wenden. Die betroffene Person ist darüber zu informieren, wie mit der Eingabe verfahren wurde.

Jede Kontrollstelle kann insbesondere von jeder Person mit dem Antrag befaßt werden, die Rechtmäßigkeit einer Verarbeitung zu überprüfen, wenn einzelstaatliche Vorschriften gemäß Artikel 13 Anwendung finden. Die Person ist unter allen Umständen darüber zu unterrichten, daß eine Überprüfung stattgefunden hat.

(5) Jede Kontrollstelle legt regelmäßig einen Bericht über ihre Tätigkeit vor. Dieser Bericht wird veröffentlicht.

(6) Jede Kontrollstelle ist im Hoheitsgebiet ihres Mitgliedstaats für die Ausübung der ihr gemäß Absatz 3 übertragenen Befugnisse zuständig, unabhängig vom einzelstaatlichen Recht, das auf die jeweilige Verarbeitung anwendbar ist. Jede Kontrollstelle kann von einer Kontrollstelle eines anderen Mitgliedstaats um die Ausübung ihrer Befugnisse ersucht werden.

Die Kontrollstellen sorgen für die zur Erfüllung ihrer Kontrollaufgaben notwendige gegenseitige Zusammenarbeit, insbesondere durch den Austausch sachdienlicher Informationen.

(7) Die Mitgliedstaaten sehen vor, daß die Mitglieder und Bediensteten der Kontrollstellen hinsichtlich der vertraulichen Informationen, zu denen sie Zugang haben, dem Berufsgeheimnis, auch nach Ausscheiden aus dem Dienst, unterliegen.

Art. 29 Datenschutzgruppe. (1) Es wird eine Gruppe für den Schutz von Personen bei der Verarbeitung personenbezogener Daten eingesetzt (nachstehend „Gruppe" genannt).

Die Gruppe ist unabhängig und hat beratende Funktion.

(2) Die Gruppe besteht aus je einem Vertreter der von den einzelnen Mitgliedstaaten bestimmten Kontrollstellen und einem Vertreter der Stelle bzw. der Stellen, die für die Institutionen und Organe der Gemeinschaft eingerichtet sind, sowie einem Vertreter der Kommission.

Jedes Mitglied der Gruppe wird von der Institution, der Stelle oder den Stellen, die es vertritt, benannt. Hat ein Mitgliedstaat mehrere Kontrollstellen bestimmt, so ernennen diese einen gemeinsamen Vertreter. Gleiches gilt für die Stellen, die für die Institutionen und die Organe der Gemeinschaft eingerichtet sind.

(3) Die Gruppe beschließt mit der einfachen Mehrheit der Vertreter der Kontrollstellen.

(4) Die Gruppe wählt ihren Vorsitzenden. Die Dauer der Amtszeit des Vorsitzenden beträgt zwei Jahre. Wiederwahl ist möglich.

(5) Die Sekretariatsgeschäfte der Gruppe werden von der Kommission wahrgenommen.

(6) Die Gruppe gibt sich eine Geschäftsordnung.

(7) Die Gruppe prüft die Fragen, die der Vorsitzende von sich aus oder auf Antrag eines Vertreters der Kontrollstellen oder auf Antrag der Kommission auf die Tagesordnung gesetzt hat.

Art. 30 (1) Die Gruppe hat die Aufgabe,

a) alle Fragen im Zusammenhang mit den zur Umsetzung dieser Richtlinie erlassenen einzelstaatlichen Vorschriften zu prüfen, um zu einer einheitlichen Anwendung beizutragen;

b) zum Schutzniveau in der Gemeinschaft und in Drittländern gegenüber der Kommission Stellung zu nehmen;

c) die Kommission bei jeder Vorlage zur Änderung dieser Richtlinie, zu allen Entwürfen zusätzlicher oder spezifischer Maßnahmen zur Wahrung der Rechte und Freiheiten natürlicher Personen bei der Verarbeitung personenbezogener Daten sowie zu allen anderen Entwürfen von Gemeinschaftsmaßnahmen zu beraten, die sich auf diese Rechte und Freiheiten auswirken;

d) Stellungnahmen zu den auf Gemeinschaftsebene erarbeiteten Verhaltensregeln abzugeben.

(2) Stellt die Gruppe fest, daß sich im Bereich des Schutzes von Personen bei der Verarbeitung personenbezogener Daten zwischen den Rechtsvorschriften oder der Praxis der Mitgliedstaaten Unterschiede ergeben, die die Gleichwertigkeit des Schutzes in der Gemeinschaft beeinträchtigen könnten, so teilt sie dies der Kommission mit.

(3) Die Gruppe kann von sich aus Empfehlungen zu allen Fragen abgeben, die den Schutz von Personen bei der Verarbeitung personenbezogener Daten in der Gemeinschaft betreffen.

(4) Die Stellungnahmen und Empfehlungen der Gruppe werden der Kommission und dem in Artikel 31 genannten Ausschuß übermittelt.

(5) Die Kommission teilt der Gruppe mit, welche Konsequenzen sie aus den Stellungnahmen und Empfehlungen gezogen hat. Sie erstellt hierzu einen Bericht, der auch dem Europäischen Parlament und dem Rat übermittelt wird. Dieser Bericht wird veröffentlicht.

(6) Die Gruppe erstellt jährlich einen Bericht über den Stand des Schutzes natürlicher Personen bei der Verarbeitung personenbezogener Daten in der Gemeinschaft und in Drittländern, den sie der Kommission, dem Europäischen Parlament und dem Rat übermittelt. Dieser Bericht wird veröffentlicht.

Kapitel VII. Gemeinschaftliche Durchführungsmaßnahmen

Art. 31 Ausschußverfahren. (1) Die Kommission wird von einem Ausschuß unterstützt, der sich aus Vertretern der Mitgliedstaaten zusammensetzt und in dem der Vertreter der Kommission den Vorsitz führt.

(2) Der Vertreter der Kommission unterbreitet dem Ausschuß einen Entwurf der zu treffenden Maßnahmen. Der Ausschuß gibt seine Stellungnahme zu diesem Entwurf innerhalb einer Frist ab, die der Vorsitzende unter Berücksichtigung der Dringlichkeit der betreffenden Frage festsetzen kann.

Die Stellungnahme wird mit der Mehrheit abgegeben, die in Artikel 148 Absatz 2 des Vertrags vorgesehen ist. Bei der Abstimmung im Ausschuß werden die Stimmen der Vertreter der Mitgliedstaaten gemäß dem vorgenannten Artikel gewogen. Der Vorsitzende nimmt an der Abstimmung nicht teil.

Die Kommission erläßt Maßnahmen, die unmittelbar gelten. Stimmen sie jedoch mit der Stellungnahme des Ausschusses nicht überein, werden sie von der Kommission unverzüglich dem Rat mitgeteilt. In diesem Fall gilt folgendes:
- Die Kommission verschiebt die Durchführung der von ihr beschlossenen Maßnahmen um drei Monate vom Zeitpunkt der Mitteilung an;
- der Rat kann innerhalb des im ersten Gedankenstrich genannten Zeitraums mit qualifizierter Mehrheit einen anderslautenden Beschluß fassen.

Schlußbestimmungen

Art. 32 (1) Die Mitgliedstaaten erlassen die erforderlichen Rechts- und Verwaltungsvorschriften, um dieser Richtlinie binnen drei Jahren nach ihrer Annahme nachzukommen.

Wenn die Mitgliedstaaten derartige Vorschriften erlassen, nehmen sie in den Vorschriften selbst oder durch einen Hinweis bei der amtlichen Veröffentlichung auf diese Richtlinie Bezug. Die Mitgliedstaaten regeln die Einzelheiten der Bezugnahme.

(2) Die Mitgliedstaaten tragen dafür Sorge, daß Verarbeitungen, die zum Zeitpunkt des Inkrafttretens der einzelstaatlichen Vorschriften zur Umsetzung dieser Richtlinie bereits begonnen wurden, binnen drei Jahren nach diesem Zeitpunkt mit diesen Bestimmungen in Einklang gebracht werden.

Abweichend von Unterabsatz 1 können die Mitgliedstaaten vorsehen, daß die Verarbeitungen von Daten, die zum Zeitpunkt des Inkrafttretens der einzelstaatlichen Vorschriften zur Umsetzung dieser Richtlinie bereits in manuellen Dateien enthalten sind, binnen zwölf Jahren nach Annahme dieser Richtlinie mit den Artikeln 6, 7 und 8 in Einklang zu bringen sind. Die Mitgliedstaaten gestatten jedoch, daß die betroffene

Person auf Antrag und insbesondere bei Ausübung des Zugangsrechts die Berichtigung, Löschung oder Sperrung von Daten erreichen kann, die unvollständig, unzutreffend oder auf eine Art und Weise aufbewahrt sind, die mit den vom für die Verarbeitung Verantwortlichen verfolgten rechtmäßigen Zwecken unvereinbar ist.

(3) Abweichend von Absatz 2 können die Mitgliedstaaten vorbehaltlich geeigneter Garantien vorsehen, daß Daten, die ausschließlich zum Zwecke der historischen Forschung aufbewahrt werden, nicht mit den Artikeln 6, 7 und 8 in Einklang gebracht werden müssen.

(4) Die Mitgliedstaaten teilen der Kommission den Wortlaut der innerstaatlichen Vorschriften mit, die sie auf dem unter diese Richtlinie fallenden Gebiet erlassen.

Art. 33 Die Kommission legt dem Europäischen Parlament und dem Rat regelmäßig, und zwar erstmals drei Jahre nach dem in Artikel 32 Absatz 1 genannten Zeitpunkt, einen Bericht über die Durchführung dieser Richtlinie vor und fügt ihm gegebenenfalls geeignete Änderungsvorschläge bei. Dieser Bericht wird veröffentlicht.

Die Kommission prüft insbesondere die Anwendung dieser Richtlinie auf die Verarbeitung personenbezogener Bild- und Tondaten und unterbreitet geeignete Vorschläge, die sich unter Berücksichtigung der Entwicklung der Informationstechnologie und der Arbeiten über die Informationsgesellschaft als notwendig erweisen könnten.

Art. 34 Diese Richtlinie ist an die Mitgliedstaaten gerichtet.

19. Richtlinie 97/66/EG des Europäischen Parlaments und des Rates über die Verarbeitung personenbezogener Daten und den Schutz der Privatsphäre im Bereich der Telekommunikation

Vom 15. Dezember 1997 (ABl. EG Nr. L 24/1 v. 30. 1. 1998)

DAS EUROPÄISCHE PARLAMENT UND DER RAT DER EUROPÄISCHEN UNION –

gestützt auf den Vertrag zur Gründung der Europäischen Gemeinschaft, insbesondere auf Artikel 100 a,
auf Vorschlag der Kommission[1],
nach Stellungnahme des Wirtschafts- und Sozialausschusses[2],
gemäß dem Verfahren des Artikels 189 b des Vertrags[3], in Kenntnis des vom Vermittlungsausschuß am 6. November 1997 gebilligten gemeinsamen Entwurfs,
in Erwägung nachstehender Gründe:

(1) Die Richtlinie 95/46/EG des Europäischen Parlaments und des Rates vom 24. Oktober 1995 zum Schutz natürlicher Personen bei der Verarbeitung personenbezogener Daten und zum freien Datenverkehr[4] schreibt vor, daß die Mitgliedstaaten die Rechte und die Freiheit natürlicher Personen bei der Verarbeitung personenbezogener Daten und insbesondere ihr Recht auf Privatsphäre sicherstellen, um in der Gemeinschaft den freien Verkehr personenbezogener Daten zu gewährleisten.

(2) Die Vertraulichkeit der Kommunikation wird im Einklang mit den internationalen Menschenrechtsbestimmungen (insbesondere der Europäischen Konvention zum Schutz der Menschenrechte und Grundfreiheiten) und den Verfassungen der Mitgliedstaaten garantiert.

(3) Gegenwärtig werden öffentliche Telekommunikationsnetze in der Europäischen Gemeinschaft mit fortschrittlichen neuen Digitaltechnologien ausgestattet, die besondere Anforderungen an den Schutz personenbezogener Daten und der Privatsphäre des Benut-

---

[1] **Amtl. Anm.:** ABl. C 200 vom 22. 7. 1994, S. 4.

[2] **Amtl. Anm.:** ABl. C 159 vom17. 6. 1991, S. 38.

[3] **Amtl. Anm.:** Stellungnahme des Europäischen Parlaments vom 11. März 1992 (ABl. C 94 vom 13. 4. 1992, S. 198), gemeinsamer Standpunkt des Rates vom 12. September 1996 (ABl. C 315 vom 24. 10. 1996, S. 30) und Beschluß des Europäischen Parlaments vom 16. Januar 1997 (ABl. C 33 vom 3. 2. 1997, S. 78). Beschluß des Europäischen Parlaments vom 20. November 1997 (ABl. C 371 vom 8. 12. 1997). Beschluß des Rates vom 1. Dezember 1997.

[4] **Amtl. Anm.:** ABl. L 281 vom 23. 11. 1995, S. 31.

zers mit sich bringen. Die Entwicklung der Informationsgesellschaft ist durch die Einführung neuer Telekommunikationsdienste gekennzeichnet. Die erfolgreiche grenzüberschreitende Entwicklung dieser Dienste, beispielsweise Video auf Abruf und interaktives Fernsehen, hängt zum Teil davon ab, inwieweit die Benutzer darauf vertrauen, daß ihre Privatsphäre unangetastet bleibt.

(4) Dies gilt insbesondere für die Einführung des diensteintegrierenden digitalen Telekommunikationsnetzes (ISDN) und digitaler Mobilfunknetze.

(5) In seiner Entschließung vom 30. Juni 1988 über die Entwicklung des gemeinsamen Marktes für Telekommunikationsdienste und -geräte bis 1992[1)] hat der Rat Maßnahmen zum Schutz personenbezogener Daten gefordert, um ein geeignetes Umfeld für die künftige Entwicklung der Telekommunikationsdienste in der Gemeinschaft zu schaffen. In seiner Entschließung vom 18. Juli 1989 über eine verstärkte Koordinierung bei der Einführung des diensteintegrierenden digitalen Fernmeldenetzes (ISDN) in der Europäischen Gemeinschaft bis 1992[2)] betonte der Rat erneut die Bedeutung des Schutzes personenbezogener Daten und der Privatsphäre.

(6) Das Europäische Parlament hat auf die Bedeutung des Schutzes personenbezogener Daten und der Privatsphäre in Telekommunikationsnetzen, insbesondere bei der Einführung des diensteintegrierenden digitalen Telekommunikationsnetzes (ISDN), hingewiesen.

(7) Öffentliche Telekommunikationsnetze erfordern besondere rechtliche, ordnungspolitische und technische Vorschriften zum Schutz der Grundrechte und Grundfreiheiten natürlicher Personen und der berechtigten Interessen juristischer Personen, insbesondere hinsichtlich der zunehmenden Risiken im Zusammenhang mit der automatischen Speicherung und der Verarbeitung personenbezogener Daten über Teilnehmer und Benutzer.

(8) Die von den Mitgliedstaaten erlassenen rechtlichen, ordnungspolitischen und technischen Vorschriften zum Schutz personenbezogener Daten, der Privatsphäre und der berechtigten Interessen juristischer Personen im Bereich der Telekommunikation müssen harmonisiert werden, um Behinderungen des Telekommunikations-Binnenmarktes gemäß dem in Artikel 7a des Vertrags festgelegten Ziel zu beseitigen. Die Harmonisierung beschränkt sich auf die Anforderungen, die notwendig sind, um zu gewährleisten, daß die Entstehung und die Weiterentwicklung neuer Telekommunikationsdienste und -netze zwischen Mitgliedstaaten nicht behindert werden.

(9) Die Mitgliedstaaten, die Anbieter und die Nutzer sowie die zuständigen Stellen der Gemeinschaft sollten bei der Einführung und

---

1) **Amtl. Anm.:** ABl. C 257 vom 4. 10. 1988, S. 1.
2) **Amtl. Anm.:** ABl. C 196 vom 1. 8. 1989, S. 4.

Weiterentwicklung der Telekommunikationstechnologien zusammenarbeiten, soweit dies zur Anwendung der in den Bestimmungen dieser Richtlinie vorgesehenen Garantien erforderlich ist.

(10) Zu diesen neuen Diensten zählen das interaktive Fernsehen und Video auf Abruf.

(11) Im Bereich der Telekommunikation gilt vor allem für alle Fragen des Schutzes der Grundrechte und Grundfreiheiten, die von dieser Richtlinie nicht spezifisch erfaßt werden, einschließlich der Pflichten des für die Verarbeitung Verantwortlichen und der Rechte des einzelnen die Richtlinie 95/46/EG. Die Richtlinie 95/46/EG gilt für nicht öffentlich zugängliche Telekommunikationsdienste.

(12) Diese Richtlinie bezieht sich – ähnlich wie in Artikel 3 der Richtlinie 95/46/EG vorgesehen – nicht auf Fragen des Schutzes der Grundrechte und -freiheiten in Bereichen, die nicht unter das Gemeinschaftsrecht fallen. Es ist Sache der Mitgliedstaaten, Maßnahmen zu ergreifen, die sie für den Schutz der öffentlichen Sicherheit, für die Landesverteidigung, für die Sicherheit des Staates (einschließlich des wirtschaftlichen Wohls des Staates, soweit die Tätigkeiten die Sicherheit des Staates berühren) und für die Anwendung strafrechtlicher Bestimmungen für erforderlich halten. Diese Richtlinie betrifft nicht die Möglichkeit der Mitgliedstaaten zur rechtmäßigen Überwachung des Telekommunikationsverkehrs für die genannten Zwecke.

(13) Bei den Teilnehmern eines öffentlich zugänglichen Telekommunikationsdienstes kann es sich um natürliche oder juristische Personen handeln. Diese Richtlinie zielt durch Ergänzung der Richtlinie 95/46/EG darauf ab, die Grundrechte natürlicher Personen, insbesondere ihr Recht auf Privatsphäre, sowie die berechtigten Interessen juristischer Personen zu schützen. Aus diesen Vorschriften ergibt sich unter keinen Umständen eine Verpflichtung der Mitgliedstaaten, die Richtlinie 95/46/EG auch im Hinblick auf den Schutz der berechtigten Interessen juristischer Personen anzuwenden. Dieser Schutz wird im Rahmen der geltenden gemeinschaftlichen und einzelstaatlichen Rechtsvorschriften sichergestellt.

(14) Die Anwendung bestimmter Anforderungen für die Anzeige des rufenden und angerufenen Anschlusses sowie für die Einschränkung dieser Anzeige und für die automatische Weiterschaltung zu Teilnehmeranschlüssen, die an analoge Vermittlungen angeschlossen sind, darf in besonderen Fällen nicht zwingend vorgeschrieben werden, wenn sich die Anwendung als technisch nicht machbar erweist oder einen unangemessen hohen wirtschaftlichen Aufwand erfordert. Für die Beteiligten ist es wichtig, in solchen Fällen in Kenntnis gesetzt zu werden, und die Mitgliedstaaten müssen sie deshalb der Kommission anzeigen.

(15) Diensteanbieter müssen geeignete Maßnahmen ergreifen, um die Sicherheit ihrer Dienste, erforderlichenfalls zusammen mit dem

Netzbetreiber, zu gewährleisten, und sie müssen die Teilnehmer über alle besonderen Risiken der Verletzung der Netzsicherheit unterrichten. Die Bewertung der Sicherheit erfolgt unter Berücksichtigung des Artikels 17 der Richtlinie 95/46/EG.

(16) Es müssen Maßnahmen getroffen werden, um den unerlaubten Zugang zur Kommunikation zu verhindern und so die Vertraulichkeit der mit öffentlichen Telekommunikationsnetzen und öffentlich zugänglichen Telekommunikationsdiensten erfolgenden Kommunikation zu schützen. Im innerstaatlichen Recht einiger Mitgliedstaaten ist nur der absichtliche unberechtigte Zugriff auf die Kommunikation untersagt.

(17) Daten über Teilnehmer, die zum Verbindungsaufbau verarbeitet werden, enthalten Informationen über das Privatleben natürlicher Personen und betreffen ihr Recht auf Achtung ihrer Kommunikationsfreiheit, oder sie betreffen berechtigte Interessen juristischer Personen. Diese Daten dürfen nur für einen begrenzten Zeitraum und nur insoweit gespeichert werden, wie dies für die Erbringung des Dienstes, für die Gebührenabrechnung und für Zusammenschaltungszahlungen erforderlich ist. Jede weitere Verarbeitung, die der Betreiber des öffentlich zugänglichen Telekommunikationsdienstes zum Zwecke der Vermarktung seiner eigenen Telekommunikationsdienste vornehmen möchte, darf nur unter der Bedingung gestattet werden, daß der Teilnehmer dieser Verarbeitung auf der Grundlage genauer, vollständiger Angaben des Betreibers des öffentlich zugänglichen Telekommunikationsdienstes über die Formen der von ihm beabsichtigten weiteren Verarbeitung zugestimmt hat.

(18) Die Einführung von Einzelgebührennachweisen hat die Möglichkeiten des Teilnehmers verbessert, die Richtigkeit der vom Diensteanbieter erstellten Gebührenabrechnung zu überprüfen; gleichzeitig können dadurch Gefahren für die Privatsphäre der Benutzer von öffentlich zugänglichen Telekommunikationsdiensten entstehen. Um die Privatsphäre des Benutzers zu schützen, müssen die Mitgliedstaaten daher darauf hinwirken, daß bei den Telekommunikationsdiensten beispielsweise alternative Funktionen entwickelt werden, die den anonymen oder rein privaten Zugang zu öffentlich zugänglichen Telekommunikationsdiensten ermöglichen, beispielsweise Telefonkarten mit Geheimzahl (calling cards) und Möglichkeiten der Zahlung per Kreditkarte. Alternativ hierzu können die Mitgliedstaaten zum selben Zweck auch vorschreiben, daß einige Ziffern der in den Einzelgebührennachweisen aufgeführten Rufnummern unkenntlich gemacht werden.

(19) Im Hinblick auf die Rufnummernanzeige ist es erforderlich, das Recht des Anrufers zu wahren, die Anzeige der Rufnummer des Anschlusses, von dem aus der Anruf erfolgt, zu unterdrücken, ebenso wie das Recht des Angerufenen, Anrufe von nicht identifizierten Anschlüssen abzuweisen. Es ist gerechtfertigt, in Sonder-

fällen die Unterdrückung der Rufnummernanzeige aufzuheben. Bestimmte Teilnehmer, insbesondere telefonische Beratungsdienste und ähnliche Einrichtungen, haben ein Interesse daran, die Anonymität ihrer Anrufer zu gewährleisten. Im Hinblick auf die Anzeige der Rufnummer des Angerufenen ist es erforderlich, das Recht und das berechtigte Interesse des Angerufenen zu wahren, die Anzeige der Rufnummer des Anschlusses, mit dem der Anrufer tatsächlich verbunden ist, zu unterdrücken; dies gilt besonders für den Fall weitergeschalteter Anrufe. Die Betreiber öffentlich zugänglicher Telekommunikationsdienste müssen ihre Teilnehmer über die Möglichkeit der Anzeige der Rufnummer des Anrufenden und des Angerufenen, über alle Dienste, die auf der Grundlage der Anzeige der Rufnummer des Anrufenden und des Angerufenen angeboten werden, und über die verfügbaren Funktionen zur Wahrung der Vertraulichkeit unterrichten. Die Teilnehmer können dann sachkundig die Funktionen auswählen, die sie zur Wahrung der Vertraulichkeit nutzen möchten. Die permanenten Funktionen zur Wahrung der Vertraulichkeit müssen nicht unbedingt als automatischer Netzdienst zur Verfügung stehen, sondern können von dem Betreiber des öffentlich zugänglichen Telekommunikationsdienstes auf einfachen Antrag bereitgestellt werden.

(20) Es sind Vorkehrungen zu treffen, um die Teilnehmer vor Schaden durch die automatische Weiterschaltung von Anrufen durch andere zu schützen. In derartigen Fällen muß der Teilnehmer durch einfachen Antrag beim Betreiber des öffentlich zugänglichen Telekommunikationsdienstes die Weiterschaltung von Anrufen auf sein Endgerät unterbinden können.

(21) Teilnehmerverzeichnisse werden weit verbreitet und sind öffentlich verfügbar. Das Recht auf Privatsphäre natürlicher Personen und das berechtigte Interesse juristischer Personen erfordern daher, daß die Teilnehmer bestimmen können, welche ihrer persönlichen Daten in einem Teilnehmerverzeichnis veröffentlicht werden. Die Mitgliedstaaten können diese Möglichkeit auf Teilnehmer beschränken, die natürliche Personen sind.

(22) Es sind Vorkehrungen zu treffen, um die Teilnehmer gegen das Eindringen in ihre Privatsphäre durch unerbetene Anrufe oder unerbetene Fernkopieübermittlungen zu schützen. Die Mitgliedstaaten können diese Vorkehrungen auf Teilnehmer beschränken, die natürliche Personen sind.

(23) Es muß gewährleistet sein, daß die aus Gründen des Datenschutzes erforderliche Einführung von technischen Merkmalen der Telekommunikationsgeräte harmonisiert wird, damit sie der Verwirklichung des Binnenmarktes nicht entgegensteht.

(24) Insbesondere können die Mitgliedstaaten – ähnlich wie in Artikel 13 der Richtlinie 95/46/EG vorgesehen – den Geltungsbereich der Pflichten und Rechte der Teilnehmer unter bestimmten Umständen einschränken, indem sie beispielsweise sicherstellen, daß

der Betreiber eines öffentlich zugänglichen Telekommunikationsdienstes die Unterdrückung der Anzeige der Rufnummer des Anrufers im Einklang mit dem innerstaatlichen Recht für die Verhinderung oder Ermittlung von Straftaten oder die Sicherheit des Staates aufheben kann.

(25) Das innerstaatliche Recht muß gerichtliche Rechtsbehelfe für den Fall vorsehen, daß die Rechte der Benutzer und Teilnehmer nicht respektiert werden. Gegen jede Person, ob für sie nun privates oder öffentliches Recht gilt, die den nach dieser Richtlinie getroffenen Maßnahmen zuwiderhandelt, müssen Sanktionen verhängt werden.

(26) Bei der Anwendung dieser Richtlinie ist es sinnvoll, auf die Erfahrung der gemäß Artikel 29 der Richtlinie 95/46/EG eingesetzten Datenschutzgruppe aus Vertretern der für den Schutz personenbezogener Daten zuständigen Kontrollstellen der Mitgliedstaaten zurückzugreifen.

(27) Aufgrund der technischen Entwicklungen und der zu erwartenden Weiterentwicklungen der angebotenen Dienstleistungen ist es erforderlich, die im Anhang dieser Richtlinie genannten Kategorien von Daten für die Anwendung des Artikels 6 dieser Richtlinie unter Mitwirkung des gemäß Artikel 31 der Richtlinie 95/46/EG eingesetzten Ausschusses aus Vertretern der Mitgliedstaaten technisch zu spezifizieren, damit ungeachtet technologischer Wandlungen eine kohärente Anwendung der Vorschriften dieser Richtlinie gewährleistet ist; dieses Verfahren kann nur auf Spezifikationen angewendet werden, die erforderlich sind, um den Anhang an neue technologische Entwicklungen anzupassen, wobei Änderungen der Markt- oder Verbrauchernachfrage zu berücksichtigen sind. Die Kommission muß ihre Absicht, dieses Verfahren anzuwenden, dem Europäischen Parlament in angemessener Form mitteilen; ansonsten wird nach Artikel 100a des Vertrags verfahren.

(28) Zur leichteren Anpassung an die Vorschriften dieser Richtlinie bedarf es einer Sonderregelung für die Datenverarbeitungen, die zum Zeitpunkt des Inkrafttretens der nach dieser Richtlinie erlassenen innerstaatlichen Vorschriften bereits durchgeführt werden –

HABEN FOLGENDE RICHTLINIE ERLASSEN:

Art. 1 Zielsetzung und Geltungsbereich. (1) Diese Richtlinie dient der Harmonisierung der Vorschriften der Mitgliedstaaten, die erforderlich sind, um einen gleichwertigen Schutz der Grundrechte und Grundfreiheiten, insbesondere des Rechts auf Privatsphäre, in bezug auf die Verarbeitung personenbezogener Daten im Bereich der Telekommunikation sowie den freien Verkehr dieser Daten und von Telekommunikationsgeräten und -diensten in der Gemeinschaft zu gewährleisten.

(2) Die Bestimmungen dieser Richtlinie stellen eine Detaillierung und Ergänzung der Richtlinie 95/46/EG im Hinblick auf die in Absatz 1 ge-

nannten Zwecke dar. Darüber hinaus regeln sie den Schutz der berechtigten Interessen von Teilnehmern, bei denen es sich um juristische Personen handelt.

(3) Diese Richtlinie gilt nicht für Tätigkeiten, die nicht in den Anwendungsbereich des Gemeinschaftsrechts fallen, beispielsweise Tätigkeiten gemäß den Titeln V und VI des Vertrags über die Europäische Union, und auf keinen Fall für Tätigkeiten betreffend die öffentliche Sicherheit, die Landesverteidigung, die Sicherheit des Staates (einschließlich seines wirtschaftlichen Wohls, wenn die Tätigkeit die Sicherheit des Staates berührt) und die Tätigkeiten des Staates im strafrechtlichen Bereich.

Art. 2 Begriffsbestimmungen. Zusätzlich zu den Begriffsbestimmungen der Richtlinie 95/46/EG bezeichnet im Sinne dieser Richtlinie der Ausdruck

a) „Teilnehmer" eine natürliche oder juristische Person, die mit einem Anbieter öffentlich zugänglicher Telekommunikationsdienste einen Vertrag über die Inanspruchnahme dieser Dienste geschlossen hat;
b) „Benutzer" eine natürliche Person, die einen öffentlich zugänglichen Telekommunikationsdienst für private oder geschäftliche Zwecke nutzt, ohne diesen Dienst zwangsläufig abonniert zu haben;
c) „öffentliches Telekommunikationsnetz" Übertragungs- und gegebenenfalls Vermittlungssysteme sowie sonstige Betriebsmittel, mit denen Signale zwischen definierten Abschlußpunkten über Draht, über Funk, auf optischem oder anderem elektromagnetischem Wege übertragen werden und die ganz oder teilweise der Erbringung öffentlich zugänglicher Telekommunikationsdienste dienen;
d) „Telekommunikationsdienst" Dienste, die ganz oder teilweise in der Übertragung und Weiterleitung von Signalen über das Telekommunikationsnetz bestehen, mit Ausnahme von Hör- und Fernsehfunk.

Art. 3 Betroffene Dienste. (1) Diese Richtlinie gilt für die Verarbeitung personenbezogener Daten im Zusammenhang mit der Erbringung öffentlich zugänglicher Telekommunikationsdienste in öffentlichen Telekommunikationsnetzen in der Gemeinschaft, insbesondere über das diensteintegrierende digitale Telekommunikationsnetz (ISDN) und öffentliche digitale Mobilfunknetze.

(2) Die Artikel 8, 9 und 10 gelten für Teilnehmeranschlüsse, die an digitale Vermittlungsstellen angeschlossen sind, und – soweit dies technisch machbar ist und keinen unverhältnismäßigen wirtschaftlichen Aufwand erfordert – für Teilnehmeranschlüsse, die an analoge Vermittlungsstellen angeschlossen sind.

(3) Die Mitgliedstaaten teilen der Kommission die Fälle mit, in denen eine Einhaltung der Anforderungen der Artikel 8, 9 und 10 technisch nicht machbar wäre oder eine unverhältnismäßige Investition erfordern würde.

Art. 4 Sicherheit. (1) Der Betreiber eines öffentlich zugänglichen Telekommunikationsdienstes muß geeignete technische und organisatorische Maßnahmen ergreifen, um die Sicherheit seiner Dienste zu gewährleisten; die Netzsicherheit ist hierbei erforderlichenfalls zusammen mit dem Betreiber des öffentlichen Telekommunikationsnetzes zu gewährleisten. Diese Maßnahmen müssen unter Berücksichtigung des Standes der Technik und der Kosten ihrer Durchführung ein Sicherheitsniveau gewährleisten, das angesichts des bestehenden Risikos angemessen ist.

(2) Besteht ein besonderes Risiko der Verletzung der Netzsicherheit, muß der Betreiber eines öffentlich zugänglichen Telekommunikationsdienstes die Teilnehmer über dieses Risiko und über mögliche Abhilfen einschließlich deren Kosten unterrichten.

Art. 5 Vertraulichkeit der Kommunikation. (1) Die Mitgliedstaaten stellen durch innerstaatliche Vorschriften die Vertraulichkeit der mit öffentlichen Telekommunikationsnetzen und öffentlich zugänglichen Telekommunikationsdiensten erfolgenden Kommunikation sicher. Insbesondere untersagen sie das Mithören, Abhören und Speichern sowie andere Arten des Abfangens oder Überwachens von Kommunikationen durch andere Personen als die Benutzer, wenn keine Einwilligung der betroffenen Benutzer vorliegt, es sei denn, diese Personen seien gemäß Artikel 14 Absatz 1 gesetzlich dazu ermächtigt.

(2) Absatz 1 betrifft nicht das rechtlich zulässige Aufzeichnen von Kommunikationen im Rahmen einer rechtmäßigen Geschäftspraxis zum Nachweis einer kommerziellen Transaktion oder einer sonstigen geschäftlichen Kommunikation.

Art. 6 Verkehrsdaten und Daten für die Gebührenabrechnung.

(1) Verkehrsdaten, die sich auf Teilnehmer und Benutzer beziehen und die für den Verbindungsaufbau verarbeitet und vom Betreiber eines öffentlichen Telekommunikationsnetzes und/oder eines öffentlich zugänglichen Telekommunikationsdienstes gespeichert werden, sind nach Beendigung der Verbindung unbeschadet der Absätze 2, 3 und 4 zu löschen oder zu anonymisieren.

(2) Zum Zwecke der Gebührenabrechnung und der Bezahlung von Zusammenschaltungen ist es zulässig, die im Anhang genannten Daten zu verarbeiten. Diese Verarbeitung ist nur bis zum Ablauf der Frist zulässig, innerhalb deren die Rechnung rechtlich angefochten oder der Anspruch auf Zahlung geltend gemacht werden kann.

(3) Der Betreiber eines öffentlich zugänglichen Telekommunikationsdienstes kann die in Absatz 2 genannten Daten zum Zwecke der Vermarktung seiner eigenen Telekommunikationsdienste verarbeiten, wenn der Teilnehmer seine Einwilligung gegeben hat.

(4) Die Verarbeitung von Verkehrs- und Gebührenabrechnungsdaten darf nur durch auf Weisung der Betreiber öffentlicher Telekommunikationsnetze und/oder öffentlich zugänglicher Telekommunikationsdien-

ste handelnde Personen erfolgen, die für Gebührenabrechnungen oder Verkehrsabwicklung, Kundenanfragen, Betrugsermittlung sowie für die Vermarktung der eigenen Telekommunikationsdienste des Betreibers zuständig sind; ferner ist sie auf das für diese Tätigkeiten erforderliche Maß zu beschränken.

(5) Die Absätze 1, 2, 3 und 4 gelten unbeschadet der Möglichkeit der zuständigen Behörden, in Einklang mit den geltenden Rechtsvorschriften für die Beilegung von Streitigkeiten, insbesondere Zusammenschaltungs- oder Abrechnungsstreitigkeiten, von Verkehrs- und Gebührenabrechnungsdaten Kenntnis zu erhalten.

Art. 7 Einzelgebührennachweis. (1) Die Teilnehmer haben das Recht, Rechnungen ohne Einzelgebührennachweis zu erhalten.

(2) Die Mitgliedstaaten wenden innerstaatliche Vorschriften an, um das Recht der Teilnehmer, Einzelgebührennachweise zu erhalten, und das Recht anrufender Benutzer und angerufener Teilnehmer auf Vertraulichkeit miteinander in Einklang zu bringen, indem sie beispielsweise sicherstellen, daß diesen Benutzern und Teilnehmern ausreichende Alternativen für die Kommunikation oder die Zahlung zur Verfügung stehen.

Art. 8 Anzeige der Rufnummer des Anrufers und des Angerufenen und deren Unterdrückung. (1) Wird die Anzeige der Rufnummer des Anrufers angeboten, so muß der anrufende Benutzer die Möglichkeit haben, die Rufnummernanzeige für jeden Anruf einzeln auf einfache Weise und gebührenfrei zu unterdrücken. Dem anrufenden Teilnehmer muß diese Möglichkeit als Dauerfunktion für jeden Anschluß zur Verfügung stehen.

(2) Wird die Anzeige der Rufnummer des Anrufers angeboten, so muß der angerufene Teilnehmer die Möglichkeit haben, die Anzeige der Rufnummer eingehender Anrufe auf einfache Weise und für jede angemessene Nutzung dieser Funktion gebührenfrei zu unterdrücken.

(3) Wird die Anzeige der Rufnummer des Anrufers angeboten und wird die Rufnummer vor der Herstellung der Verbindung angezeigt, so muß der angerufene Teilnehmer die Möglichkeit haben, eingehende Anrufe, bei denen die Rufnummernanzeige durch den anrufenden Benutzer oder Teilnehmer unterdrückt wurde, auf einfache Weise und gebührenfrei abzuweisen.

(4) Wird die Anzeige der Rufnummer des Angerufenen angeboten, so muß der angerufene Teilnehmer die Möglichkeit haben, die Anzeige seiner Rufnummer beim anrufenden Benutzer auf einfache Weise und gebührenfrei zu unterdrücken.

(5) Absatz 1 gilt auch für aus der Gemeinschaft kommende Anrufe in Drittländern; die Absätze 2, 3 und 4 gelten auch für aus Drittländern kommende Anrufe.

(6) Wird die Anzeige der Rufnummer des Anrufers und/oder des Angerufenen angeboten, so stellen die Mitgliedstaaten sicher, daß die Betreiber öffentlich zugänglicher Telekommunikationsdienste die Öffentlichkeit hierüber und über die in den Absätzen 1, 2, 3 und 4 beschriebenen Möglichkeiten unterrichten.

Art. 9 Ausnahmen. Die Mitgliedstaaten stellen sicher, daß es transparente Verfahren gibt, nach denen der Betreiber eines öffentlichen Telekommunikationsnetzes und/oder eines öffentlich zugänglichen Telekommunikationsdienstes die Unterdrückung der Rufnummernanzeige aufheben kann, und zwar

a) vorübergehend, wenn ein Teilnehmer beantragt hat, daß böswillige oder belästigende Anrufe zurückverfolgt werden; in diesem Fall werden im Einklang mit dem innerstaatlichen Recht die Daten mit der Rufnummer des anrufenden Teilnehmers vom Betreiber des öffentlichen Telekommunikationsnetzes und/oder des öffentlich zugänglichen Telekommunikationsdienstes gespeichert und zur Verfügung gestellt;
b) permanent für Einrichtungen, die Notrufe bearbeiten und dafür von einem Mitgliedstaat anerkannt sind, einschließlich Strafverfolgungsbehörden, Ambulanzdiensten und Feuerwehren, zum Zwecke der Beantwortung dieser Anrufe.

Art. 10 Automatische Anrufweiterschaltung. Die Mitgliedstaaten stellen sicher, daß jeder Teilnehmer die Möglichkeit hat, auf einfache Weise und gebührenfrei die von einer dritten Partei veranlaßte automatische Weiterschaltung zum Endgerät des Teilnehmers abzustellen.

Art. 11 Teilnehmerverzeichnisse. (1) Die personenbezogenen Daten in gedruckten oder elektronischen Teilnehmerverzeichnissen, die öffentlich zugänglich oder durch Auskunftsdienste erhältlich sind, sollten auf das für die Ermittlung eines bestimmten Teilnehmers erforderliche Maß beschränkt werden, es sei denn, der Teilnehmer hat der Veröffentlichung zusätzlicher personenbezogener Daten zweifelsfrei zugestimmt. Der Teilnehmer ist gebührenfrei berechtigt, zu beantragen, daß er nicht in ein Verzeichnis aufgenommen wird, zu erklären, daß seine/ihre personenbezogenen Daten nicht zum Zwecke des Direktmarketings verwendet werden dürfen, und zu verlangen, daß seine/ihre Adresse teilweise weggelassen und keine Angabe zu seinem/ihrem Geschlecht gemacht wird, soweit dies sprachlich anwendbar ist.

(2) Ungeachtet des Absatzes 1 können die Mitgliedstaaten den Betreibern gestatten, von Teilnehmern, die sicherstellen möchten, daß ihre Angaben nicht in ein Verzeichnis aufgenommen werden, die Zahlung einer Gebühr zu verlangen, sofern es sich dabei um einen Betrag handelt, der nicht von der Ausübung dieses Rechts abhält, und sofern er unter Berücksichtigung der Qualitätsanforderungen an das öffentliche Verzeichnis im Hinblick auf den allgemeinen Dienst auf die dem Be-

treiber tatsächlich entstandenen Kosten für die Anpassung und die Aktualisierung der Liste, der nicht in das öffentliche Verzeichnis aufzunehmenden Teilnehmer begrenzt ist.

(3) Die gemäß Absatz 1 übertragenen Rechte gelten für Teilnehmer, die natürliche Personen sind. Die Mitgliedstaaten tragen im Rahmen des Gemeinschaftsrechts und der geltenden einzelstaatlichen Rechtsvorschriften außerdem dafür Sorge, daß die legitimen Interessen anderer Teilnehmer als natürlicher Personen in bezug auf ihre Aufnahme in öffentliche Verzeichnisse ausreichend geschützt werden.

Art. 12 Unerbetene Anrufe. (1) Die Verwendung von Kommunikation mit Automaten als Gesprächspartner (Voice-Mail-System) oder Fernkopien (Telefax) für die Zwecke des Direktmarketings darf nur bei vorheriger Einwilligung der Teilnehmer gestattet werden.

(2) Die Mitgliedstaaten ergreifen geeignete Maßnahmen, um gebührenfrei sicherzustellen, daß mit Ausnahme der in Absatz 1 genannten Anrufe unerbetene Anrufe zum Zweck des Direktmarketings, die entweder ohne die Einwilligung der betreffenden Teilnehmer erfolgen oder an Teilnehmer gerichtet sind, die keine solchen Anrufe erhalten möchten, nicht gestattet sind; welche dieser Optionen gewählt wird, ist im innerstaatlichen Recht zu regeln.

(3) Die gemäß den Absätzen 1 und 2 übertragenen Rechte gelten für Teilnehmer, die natürliche Personen sind. Die Mitgliedstaaten tragen im Rahmen des Gemeinschaftsrechts und der geltenden einzelstaatlichen Rechtsvorschriften außerdem dafür Sorge, daß die legitimen Interessen anderer Teilnehmer als natürlicher Personen in bezug auf unerbetene Anrufe ausreichend geschützt werden.

Art. 13 Technische Merkmale und Normung. (1) Bei der Durchführung der Bestimmungen dieser Richtlinie stellen die Mitgliedstaaten vorbehaltlich der Absätze 2 und 3 sicher, daß keine zwingenden Anforderungen in bezug auf spezifische technische Merkmale für Endgeräte oder sonstige Telekommunikationsgeräte gestellt werden, die deren Vermarktung und freien Vertrieb in und zwischen den Mitgliedstaaten behindern.

(2) Soweit die Bestimmungen dieser Richtlinie nur mit Hilfe spezifischer technischer Merkmale durchgeführt werden können, unterrichten die Mitgliedstaaten die Kommission darüber gemäß der Richtlinie 83/189/EWG des Rates vom 28. März 1983 über ein Informationsverfahren auf dem Gebiet der Normen und technischen Vorschriften[1].

(3) Soweit erforderlich, sorgt die Kommission für die Erarbeitung gemeinsamer europäischer Normen zur Einführung spezifischer technischer Merkmale im Sinne der Gemeinschaftsvorschriften zur Angleichung der Rechtsvorschriften der Mitgliedstaaten über Telekommuni-

[1] **Amtl. Anm.:** ABl. L 109 vom 26. 4. 1983, S. 8. Richtlinie zuletzt geändert durch die Richtlinie 94/10/EG (ABl. L 100 vom 19. 4. 1994, S. 30).

kationsendgeräte einschließlich der gegenseitigen Anerkennung ihrer Konformität und des Beschlusses 87/95/EWG des Rates vom 22. Dezember 1986 über die Normung auf dem Gebiet der Informationstechnik und der Telekommunikation[1].

Art. 14 Ausweitung des Geltungsbereichs bestimmter Vorschriften der Richtlinie 95/46/EG. (1) Die Mitgliedstaaten können Rechtsvorschriften erlassen, die die Pflichten und Rechte gemäß den Artikeln 5 und 6 sowie gemäß Artikel 8 Absätze 1, 2, 3 und 4 beschränken, sofern eine solche Beschränkung gemäß Artikel 13 Absatz 1 der Richtlinie 95/46/EG für die Sicherheit des Staates, die Landesverteidigung, die öffentliche Sicherheit oder die Verhütung, Ermittlung, Feststellung und Verfolgung von Strafraten oder des unzulässigen Gebrauchs von Telekommunikationssystemen notwendig ist.

(2) Die Bestimmungen des Kapitels III der Richtlinie 95/46/EG über Rechtsbehelfe, Haftung und Sanktionen gelten im Hinblick auf innerstaatliche Vorschriften, die nach der vorliegenden Richtlinie erlassen werden, und im Hinblick auf die aus dieser Richtlinie resultierenden individuellen Rechte.

(3) Die gemäß Artikel 29 der Richtlinie 95/46/EG eingesetzte Datenschutzgruppe nimmt die in Artikel 30 der genannten Richtlinie festgelegten Aufgaben auch im Hinblick auf den Schutz der Grundrechte und der Grundfreiheiten und der berechtigten Interessen im Bereich der Telekommunikation, der Gegenstand der vorliegenden Richtlinie ist, wahr.

(4) Die Kommission, die von dem nach Artikel 31 der Richtlinie 95/46/EG eingesetzten Ausschuß unterstützt wird, legt die technischen Einzelheiten des Anhangs nach dem in diesem Artikel genannten Verfahren fest. Der betreffende Ausschuß wird speziell für die von der vorliegenden Richtlinie erfaßten Fragen einberufen.

Art. 15 Umsetzung dieser Richtlinie. (1) Die Mitgliedstaaten erlassen die erforderlichen Rechts- und Verwaltungsvorschriften, um dieser Richtlinie bis zum 24. Oktober 1998 nachzukommen.

Abweichend von Unterabsatz 1 setzen die Mitgliedstaaten die zur Anpassung an Artikel 5 erforderlichen Rechts- und Verwaltungsvorschriften bis spätestens 24. Oktober 2000 in Kraft.

Wenn die Mitgliedstaaten Vorschriften nach Unterabsatz 1 erlassen, nehmen sie in den Vorschriften selbst oder durch einen Hinweis bei der amtlichen Veröffentlichung auf diese Richtlinie Bezug. Die Mitgliedstaaten regeln die Einzelheiten der Bezugnahme.

(2) Abweichend von Artikel 6 Absatz 3 ist eine Einwilligung nicht für Verarbeitungen erforderlich, die zum Zeitpunkt des Inkrafttretens der nach dieser Richtlinie erlassenen innerstaatlichen Vorschriften bereits

[1] **Amtl. Anm.:** ABl. L 36 vom 7. 2. 1987, S. 31. Beschluß zuletzt geändert durch die Beitrittsakte von 1994.

durchgeführt werden. Die Teilnehmer werden in diesen Fällen über die Verarbeitung unterrichtet; wenn sie innerhalb einer vom Mitgliedstaat festgelegten Frist keinen Einspruch einlegen, wird dies als Einwilligung ihrerseits gewertet.

(3) Artikel 11 gilt nicht für Ausgaben von Teilnehmerverzeichnissen, die vor dem Inkrafttreten der nach dieser Richtlinie erlassenen innerstaatlichen Vorschriften veröffentlicht wurden.

(4) Die Mitgliedstaaten teilen der Kommission den Wortlaut der innerstaatlichen Rechtsvorschriften mit, die sie auf dem unter diese Richtlinie fallenden Gebiet erlassen.

Art. 16 Adressaten. Diese Richtlinie ist an die Mitgliedstaaten gerichtet.

Anhang

Liste der Daten

Für die in Artikel 6 Absatz 2 genannten Zwecke können folgende Daten verarbeitet werden:

Daten, die folgendes enthalten:
- die Nummer oder die Identifikation des Teilnehmerendgerätes;
- die Anschrift des Teilnehmers und die Art des Endgerätes;
- die Gesamtzahl der für den Abrechnungszeitraum zu berechnenden Einheiten;
- die Nummer des angerufenen Teilnehmers;
- Art, Beginn und Dauer der Anrufe und/oder die übermittelte Datenmenge;
- Datum des Anrufs/der Dienstleistung;
- andere Zahlungsinformationen, beispielsweise Vorauszahlung, Ratenzahlung, Sperren des Anschlusses und Mahnungen.

20. Übereinkommen zum Schutz des Menschen bei der automatischen Verarbeitung personenbezogener Daten

Vom 28. Januar 1981 (BGBl. II 1985 S. 539)

Präambel

Die Mitgliedstaaten des Europarats, die dieses Übereinkommen unterzeichnen –

in der Erwägung, daß es das Ziel des Europarats ist, eine engere Verbindung zwischen seinen Mitgliedern herbeizuführen, die vor allem auf der Achtung des Vorranges des Rechts sowie der Menschenrechte und Grundfreiheiten beruht,

in der Erwägung, daß es angesichts des zunehmenden grenzüberschreitenden Verkehrs automatisch verarbeiteter personenbezogener Daten wünschenswert ist, den Schutz der Rechte und Grundfreiheiten jedes Menschen, vor allem das Recht auf Achtung des Persönlichkeitsbereichs, zu erweitern,

unter gleichzeitiger Bekräftigung, für eine Informationsfreiheit ohne Rücksicht auf Staatsgrenzen einzutreten,

in Anerkennung der Notwendigkeit, die grundlegenden Werte der Achtung des Persönlichkeitsbereichs und des freien Informationsaustausches zwischen den Völkern in Einklang zu bringen –

sind wie folgt übereingekommen:

Kapitel I. Allgemeine Bestimmungen

Art. 1 Gegenstand und Zweck. Zweck dieses Übereinkommens ist es, im Hoheitsgebiet jeder Vertragspartei für jedermann ungeachtet seiner Staatsangehörigkeit oder seines Wohnorts sicherzustellen, daß seine Rechte und Grundfreiheiten, insbesondere sein Recht auf einen Persönlichkeitsbereich, bei der automatischen Verarbeitung personenbezogener Daten geschützt werden („Datenschutz").

Art. 2 Begriffsbestimmungen. In diesem Übereinkommen

a) bedeutet „personenbezogene Daten" jede Information über eine bestimmte oder bestimmbare natürliche Person („Betroffener");

b) bedeutet „automatisierte Datei/Datensammlung" jede zur automatischen Verarbeitung erfaßte Gesamtheit von Informationen;

c) umfaßt „automatische Verarbeitung" die folgenden Tätigkeiten, wenn sie ganz oder teilweise mit Hilfe automatisierter Verfahren durchgeführt werden: das Speichern von Daten, das Durchführen logischer und/oder rechnerischer Operationen mit diesen Daten, das Verändern, Löschen, Wiedergewinnen oder Bekanntgeben von Daten;

d) bedeutet „Verantwortlicher für die Datei/Datensammlung“[1] die natürliche oder juristische Person, die Behörde, die Einrichtung oder jede andere Stelle, die nach dem innerstaatlichen Recht zuständig ist, darüber zu entscheiden, welchen Zweck die automatisierte Datei/Datensammlung haben soll, welche Arten personenbezogener Daten gespeichert und welche Verarbeitungsverfahren auf sie angewendet werden sollen.

Art. 3 Geltungsbereich. (1) Die Vertragsparteien verpflichten sich, dieses Übereinkommen auf automatisierte Dateien/Datensammlungen und automatische Verarbeitungen von personenbezogenen Daten im öffentlichen und privaten Bereich anzuwenden.

(2) Jeder Staat kann bei der Unterzeichnung oder bei der Hinterlegung seiner Ratifikations-, Annahme-, Genehmigungs- oder Beitrittsurkunde oder jederzeit danach durch Erklärung an den Generalsekretär des Europarats bekanntgeben,

a) daß er dieses Übereinkommen auf bestimmte Arten von automatisierten Dateien/Datensammlungen mit personenbezogenen Daten nicht anwendet, und hinterlegt ein Verzeichnis dieser Arten. In das Verzeichnis darf er jedoch Arten automatisierter Dateien/Datensammlungen nicht aufnehmen, die nach seinem innerstaatlichen Recht Datenschutzvorschriften unterliegen. Er ändert dieses Verzeichnis durch eine neue Erklärung, wenn weitere Arten von automatisierten Dateien/Datensammlungen mit personenbezogenen Daten seinen innerstaatlichen Datenschutzvorschriften unterstellt werden;

b) daß er dieses Übereinkommen auch auf Informationen über Personengruppen, Vereinigungen, Stiftungen, Gesellschaften, Körperschaften oder andere Stellen anwendet, die unmittelbar oder mittelbar aus natürlichen Personen bestehen, unabhängig davon, ob diese Stellen Rechtspersönlichkeit besitzen oder nicht;

c) daß er dieses Übereinkommen auch auf Dateien/Datensammlungen mit personenbezogenen Daten anwendet, die nicht automatisch verarbeitet werden.

(3) Jeder Staat, der den Geltungsbereich dieses Übereinkommens durch eine Erklärung nach Absatz 2 Buchstabe b oder c erweitert hat, kann in dieser Erklärung bekanntgeben, daß die Erweiterung nur für bestimmte Arten von Dateien/Datensammlungen mit personenbezogenen Daten gilt; er hinterlegt ein Verzeichnis dieser Arten.

(4) Hat eine Vertragspartei bestimmte Arten von automatisierten Dateien/Datensammlungen mit personenbezogenen Daten durch eine Erklärung nach Absatz 2 Buchstabe a ausgeschlossen, so kann sie nicht

[1] **Amtl. Anm.:** Diesem Ausdruck entspricht in der Bundesrepublik Deutschland der Begriff „speichernde Stelle“.

verlangen, daß eine Vertragspartei, die diese Arten nicht ausgeschlossen hat, das Übereinkommen auf diese Arten anwendet.

(5) Ebenso kann eine Vertragspartei, die keine Erweiterung nach Absatz 2 Buchstabe b oder c vorgenommen hat, in diesen Punkten die Anwendung dieses Übereinkommens nicht verlangen von einer Vertragspartei, die eine solche Erweiterung vorgenommen hat.

(6) Die Erklärungen nach Absatz 2 werden mit Inkrafttreten des Übereinkommens für den Staat wirksam, der sie abgegeben hat, wenn sie im Zeitpunkt der Unterzeichnung oder der Hinterlegung seiner Ratifikations-, Annahme-, Genehmigungs- oder Beitrittsurkunde abgegeben worden sind, oder drei Monate nach ihrem Eingang beim Generalsekretär des Europarats, wenn sie später abgegeben worden sind. Diese Erklärungen können ganz oder teilweise durch Notifikation an den Generalsekretär des Europarats zurückgenommen werden. Die Zurücknahme wird drei Monate nach Eingang der Notifikation wirksam.

Kapitel II. Grundsätze für den Datenschutz

Art. 4 Pflichten der Vertragsparteien. (1) Jede Vertragspartei trifft in ihrem innerstaatlichen Recht die erforderlichen Maßnahmen, um die in diesem Kapitel aufgestellten Grundsätze für den Datenschutz zu verwirklichen.

(2) Jede Vertragspartei trifft diese Maßnahmen spätestens zu dem Zeitpunkt, zu dem dieses Übereinkommen für sie in Kraft tritt.

Art. 5 Qualität der Daten. Personenbezogene Daten, die automatisch verarbeitet werden,

a) müssen nach Treu und Glauben und auf rechtmäßige Weise beschafft sein und verarbeitet werden;
b) müssen für festgelegte und rechtmäßige Zwecke gespeichert sein und dürfen nicht so verwendet werden, daß es mit diesen Zwecken unvereinbar ist;
c) müssen den Zwecken, für die sie gespeichert sind, entsprechen, dafür erheblich sein und dürfen nicht darüber hinausgehen;
d) müssen sachlich richtig und wenn nötig auf den neuesten Stand gebracht sein;
e) müssen so aufbewahrt werden, daß der Betroffene nicht länger identifiziert werden kann, als es die Zwecke, für die sie gespeichert sind, erfordern.

Art. 6 Besondere Arten von Daten. Personenbezogene Daten, welche die rassische Herkunft, politische Anschauungen oder religiöse oder andere Überzeugungen erkennen lassen, sowie personenbezogene Daten, welche die Gesundheit oder das Sexualleben betreffen, dürfen nur automatisch verarbeitet werden, wenn das innerstaatliche Recht einen geeigneten Schutz gewährleistet. Dasselbe gilt für personenbezogene Daten über Strafurteile.

Art. 7 Datensicherung. Für den Schutz personenbezogener Daten, die in automatisierten Dateien/Datensammlungen gespeichert sind, werden geeignete Sicherungsmaßnahmen getroffen gegen die zufällige oder unbefugte Zerstörung, gegen zufälligen Verlust sowie unbefugten Zugang, unbefugte Veränderung oder unbefugtes Bekanntgeben.

Art. 8 Zusätzlicher Schutz für den Betroffenen. Jedermann muß die Möglichkeit haben,

a) das Vorhandensein einer automatisierten Datei/Datensammlung mit personenbezogenen Daten, ihre Hauptzwecke sowie die Bezeichnung, den gewöhnlichen Aufenthaltsort oder den Sitz des Verantwortlichen für die Datei/Datensammlung[1] festzustellen;

b) in angemessenen Zeitabständen und ohne unzumutbare Verzögerung oder übermäßige Kosten die Bestätigung zu erhalten, ob Daten über ihn in einer automatisierten Datei/Datensammlung mit personenbezogenen Daten gespeichert sind, sowie zu erwirken, daß ihm diese Daten in verständlicher Form mitgeteilt werden;

c) gegebenenfalls diese Daten berichtigen oder löschen zu lassen, wenn sie entgegen den Vorschriften des innerstaatlichen Rechts verarbeitet worden sind, welche die Grundsätze der Artikel 5 und 6 verwirklichen;

d) über ein Rechtsmittel zu verfügen, wenn seiner Forderung nach Bestätigung oder gegebenenfalls nach Mitteilung, Berichtigung oder Löschung im Sinne der Buchstaben b und c nicht entsprochen wird.

Art. 9 Ausnahmen und Einschränkungen. (1) Ausnahmen von den Artikeln 5, 6 und 8 sind nicht zulässig, abgesehen von den in diesem Artikel vorgesehenen.

(2) Eine Abweichung von den Artikeln 5, 6 und 8 ist zulässig, wenn sie durch das Recht der Vertragspartei vorgesehen und in einer demokratischen Gesellschaft eine notwendige Maßnahme ist

a) zum Schutz der Sicherheit des Staates, der öffentlichen Sicherheit sowie der Währungsinteressen des Staates oder zur Bekämpfung von Straftaten;

b) zum Schutz des Betroffenen oder der Rechte und Freiheiten Dritter.

(3) Die Ausübung der Rechte nach Artikel 8 Buchstaben b, c und d kann durch Gesetz für automatisierte Dateien/Datensammlungen mit personenbezogenen Daten eingeschränkt werden, die Zwecken der Statistik oder der wissenschaftlichen Forschung dienen, wenn offensichtlich keine Gefahr besteht, daß der Persönlichkeitsbereich der Betroffenen beeinträchtigt wird.

---

[1] S. Fußnote zu Artikel 2.

Art. 10 Sanktionen und Rechtsmittel. Jede Vertragspartei verpflichtet sich, geeignete Sanktionen und Rechtsmittel für Verletzungen der Vorschriften des innerstaatlichen Rechts, welche die in diesem Kapitel aufgestellten Grundsätze für den Datenschutz verwirklichen, festzulegen.

Art. 11 Weitergehender Schutz. Dieses Kapitel ist nicht so auszulegen, als ob es die Möglichkeit begrenze oder auf andere Weise beeinträchtige, daß eine Vertragspartei den Betroffenen ein größeres Maß an Schutz als das in diesem Übereinkommen vorgeschriebene gewährt.

Kapitel III. Grenzüberschreitender Datenverkehr

Art. 12 Grenzüberschreitender Verkehr personenbezogener Daten und innerstaatliches Recht. (1) Werden personenbezogene Daten, die automatisch verarbeitet werden oder für eine solche Verarbeitung beschafft worden sind, – mittels welcher Datenträger auch immer – über die Staatsgrenzen hinweg weitergegeben, so finden die folgenden Bestimmungen Anwendung.

(2) Eine Vertragspartei darf allein zum Zweck des Schutzes des Persönlichkeitsbereichs den grenzüberschreitenden Verkehr personenbezogener Daten in das Hoheitsgebiet einer anderen Vertragspartei nicht verbieten oder von einer besonderen Genehmigung abhängig machen.

(3) Jede Vertragspartei ist jedoch berechtigt, von Absatz 2 abzuweichen,

a) soweit ihr Recht für bestimmte Arten von personenbezogenen Daten oder automatisierten Dateien/Datensammlungen mit personenbezogenen Daten wegen der Beschaffenheit dieser Arten besondere Vorschriften enthält, es sei denn, die Vorschriften der anderen Vertragspartei sehen einen gleichwertigen Schutz vor;

b) um zu verhindern, daß ihr Recht dadurch umgangen wird, daß eine Weitergabe aus ihrem Hoheitsgebiet in das Hoheitsgebiet einer Nichtvertragspartei auf dem Weg über das Hoheitsgebiet einer anderen Vertragspartei erfolgt.

Kapitel IV. Gegenseitige Hilfeleistung

Art. 13 Zusammenarbeit zwischen den Vertragsparteien. (1) Die Vertragsparteien verpflichten sich, einander bei der Durchführung dieses Übereinkommens Hilfe zu leisten.

(2) Zu diesem Zweck

a) bezeichnet jede Vertragspartei eine oder mehrere Behörden und teilt deren amtliche Bezeichnung und Anschrift dem Generalsekretär des Europarats mit;

b) legt jede Vertragspartei, die mehrere Behörden bezeichnet hat, die Zuständigkeit jeder Behörde fest und gibt sie in ihrer Mitteilung nach Buchstabe a an.

(3) Eine bezeichnete Behörde einer Vertragspartei wird auf Ersuchen einer bezeichneten Behörde einer anderen Vertragspartei

a) Auskünfte über Recht und Verwaltungspraxis im Bereich des Datenschutzes erteilen;

b) in Übereinstimmung mit dem innerstaatlichen Recht und allein zum Zweck des Schutzes des Persönlichkeitsbereichs alle geeigneten Maßnahmen treffen, um Sachauskünfte über eine bestimmte automatische Verarbeitung, die in ihrem Hoheitsgebiet durchgeführt wird, zu erteilen, jedoch mit Ausnahme der dabei verarbeiteten personenbezogenen Daten.

Art. 14 Unterstützung von Betroffenen, die im Ausland wohnen. (1) Jede Vertragspartei unterstützt Personen, die im Ausland wohnen, bei der Ausübung der Rechte, die ihnen nach dem innerstaatlichen Recht zustehen, das die in Artikel 8 aufgestellten Grundsätze verwirklicht.

(2) Eine im Hoheitsgebiet einer anderen Vertragspartei wohnende Person kann ihren Antrag über die bezeichnete Behörde dieser Vertragspartei stellen.

(3) Der Antrag auf Unterstützung muß alle erforderlichen Angaben enthalten, insbesondere über

a) den Namen, die Anschrift und alle anderen für die Identifizierung des Antragstellers erheblichen Einzelheiten;

b) die automatisierte Datei/Datensammlung mit personenbezogenen Daten oder den dafür Verantwortlichen[1], auf die sich der Antrag bezieht;

c) den Zweck des Antrags.

Art. 15 Sicherheiten bei Hilfeleistung durch bezeichnete Behörden. (1) Hat eine bezeichnete Behörde einer Vertragspartei von einer bezeichneten Behörde einer anderen Vertragspartei Auskünfte erhalten, die einem Antrag auf Unterstützung dienen oder Antwort auf ein eigenes Ersuchen geben, so darf sie diese Auskünfte nur zu den Zwecken verwenden, die dem Antrag oder Ersuchen zugrunde liegen.

(2) Jede Vertragspartei sorgt dafür, daß die Personen, die der bezeichneten Behörde angehören oder in ihrem Namen handeln, durch entsprechende Verpflichtungen zur Geheimhaltung oder zur vertraulichen Behandlung dieser Auskünfte gebunden werden.

(3) Es ist einer bezeichneten Behörde in keinem Fall erlaubt, nach Artikel 14 Absatz 2 im Namen eines im Ausland wohnenden Betroffe-

---

[1] S. Fußnote zu Artikel 2.

nen von sich aus und ohne dessen ausdrückliche Zustimmung einen Antrag auf Unterstützung zu stellen.

Art. 16 Ablehnung von Ersuchen und Anträgen. Eine bezeichnete Behörde, an die nach Artikel 13 ein Ersuchen oder nach Artikel 14 ein Antrag gerichtet wird, kann nur ablehnen, ihnen stattzugeben, wenn

a) sie mit den Befugnissen der für die Beantwortung zuständigen Behörden auf dem Gebiet des Datenschutzes nicht vereinbar sind;

b) sie den Bestimmungen dieses Übereinkommens nicht entsprechen;

c) ihre Erfüllung mit der Souveränität, der Sicherheit oder der öffentlichen Ordnung der Vertragspartei, die sie bezeichnet hat, oder mit den Rechten und Grundfreiheiten der Personen, die der Gerichtsbarkeit dieser Vertragspartei unterstehen, nicht vereinbar wäre.

Art. 17 Kosten und Verfahren. (1) Für Hilfe, welche die Vertragsparteien einander nach Artikel 13 leisten, oder für Unterstützung, die sie Betroffenen im Ausland nach Artikel 14 leisten, werden keine Auslagen oder Gebühren außer für Sachverständige und Dolmetscher erhoben. Diese Auslagen oder Gebühren werden von der Vertragspartei getragen, welche die ersuchende Behörde bezeichnet hat.

(2) Der Betroffene kann nicht verpflichtet werden, für Schritte, die im Hoheitsgebiet einer anderen Vertragspartei für ihn unternommen werden, höhere Auslagen oder Gebühren zu zahlen, als von Personen erhoben werden können, die im Hoheitsgebiet der betreffenden Vertragspartei wohnen.

(3) Die sonstigen Einzelheiten im Zusammenhang mit der Hilfeleistung oder Unterstützung, insbesondere hinsichtlich der Form und der Verfahren sowie der zu verwendenden Sprachen, werden unmittelbar zwischen den beteiligten Vertragsparteien festgelegt.

Kapitel V. Beratender Ausschuß

Art. 18 Zusammensetzung des Ausschusses. (1) Nach dem Inkrafttreten dieses Übereinkommens wird ein Beratender Ausschuß eingesetzt.

(2) Jede Vertragspartei ernennt einen Vertreter und einen Stellvertreter für diesen Ausschuß. Jeder Mitgliedstaat des Europarats, der nicht Vertragspartei des Übereinkommens ist, hat das Recht, sich im Ausschuß durch einen Beobachter vertreten zu lassen.

(3) Der Beratende Ausschuß kann durch einstimmigen Beschluß jeden Nichtmitgliedstaat des Europarats, der nicht Vertragspartei des Übereinkommens ist, einladen, sich durch einen Beobachter in einer seiner Sitzungen vertreten zu lassen.

Art. 19 Aufgaben des Ausschusses. Der Beratende Ausschuß

a) kann Vorschläge zur Erleichterung oder Verbesserung der Anwendung des Übereinkommens machen;

b) kann in Übereinstimmung mit Artikel 21 Änderungen dieses Übereinkommens vorschlagen;

c) nimmt zu jeder vorgeschlagenen Änderung dieses Übereinkommens Stellung, die ihm nach Artikel 21 Absatz 3 unterbreitet wird;

d) kann auf Ersuchen einer Vertragspartei zu allen Fragen im Zusammenhang mit der Anwendung dieses Übereinkommens Stellung nehmen.

Art. 20 Verfahren. (1) Der Beratende Ausschuß wird vom Generalsekretär des Europarats einberufen. Seine erste Sitzung findet innerhalb von zwölf Monaten nach Inkrafttreten dieses Übereinkommens statt. Danach tritt er mindestens alle zwei Jahre sowie immer dann zusammen, wenn ein Drittel der Vertreter der Vertragsparteien dies verlangt.

(2) Der Beratende Ausschuß ist in einer Sitzung beschlußfähig, wenn die Mehrheit der Vertreter der Vertragsparteien anwesend ist.

(3) Im Anschluß an jede Sitzung unterbreitet der Beratende Ausschuß dem Ministerkomitee des Europarats einen Bericht über seine Arbeit und die Wirksamkeit des Übereinkommens.

(4) In Übereinstimmung mit diesem Übereinkommen gibt sich der Beratende Ausschuß eine Geschäftsordnung.

Kapitel VI. Änderungen

Art. 21 Änderungen. (1) Änderungen dieses Übereinkommens können von einer Vertragspartei, vom Ministerkomitee des Europarats oder vom Beratenden Ausschuß vorgeschlagen werden.

(2) Der Generalsekretär des Europarats teilt jeden Änderungsvorschlag den Mitgliedstaaten des Europarats sowie jedem Nichtmitgliedstaat mit, der diesem Übereinkommen beigetreten ist oder der nach Artikel 23 eingeladen worden ist, ihm beizutreten.

(3) Darüber hinaus wird jede von einer Vertragspartei oder vom Ministerkomitee vorgeschlagene Änderung dem Beratenden Ausschuß übermittelt; dieser teilt dem Ministerkomitee seine Stellungnahme zu der vorgeschlagenen Änderung mit.

(4) Das Ministerkomitee prüft die vorgeschlagene Änderung und die Stellungnahme des Beratenden Ausschusses und kann die Änderung genehmigen.

(5) Der Wortlaut einer Änderung, die das Ministerkomitee nach Absatz 4 genehmigt hat, wird den Vertragsparteien zur Annahme zugeleitet.

(6) Eine nach Absatz 4 genehmigte Änderung tritt am dreißigsten Tag nach dem Zeitpunkt in Kraft, zu dem alle Vertragsparteien dem Generalsekretär ihre Annahme mitgeteilt haben.

Kapitel VII. Schlußklauseln

Art. 22 Inkrafttreten. (1) Dieses Übereinkommen liegt für die Mitgliedstaaten des Europarats zur Unterzeichnung auf. Es bedarf der Ratifikation, Annahme oder Genehmigung. Die Ratifikations-, Annahme- oder Genehmigungsurkunden werden beim Generalsekretär des Europarats hinterlegt.

(2) Das Übereinkommen tritt am ersten Tag des Monats in Kraft, der auf einen Zeitabschnitt von drei Monaten nach dem Tag folgt, an dem fünf Mitgliedstaaten des Europarats nach Absatz 1 ihre Zustimmung ausgedrückt haben, durch das Übereinkommen gebunden zu sein.

(3) Für jeden Mitgliedstaat, der später seine Zustimmung ausdrückt, durch das Übereinkommen gebunden zu sein, tritt es am ersten Tag des Monats in Kraft, der auf einen Zeitabschnitt von drei Monaten nach Hinterlegung der Ratifikations-, Annahme- oder Genehmigungsurkunde folgt.

Art. 23 Beitritt von Nichtmitgliedstaaten. (1) Nach Inkrafttreten dieses Übereinkommens kann das Ministerkomitee des Europarats durch einen mit der in Artikel 20 Buchstabe d der Satzung vorgesehenen Mehrheit und mit einhelliger Zustimmung der Vertreter der Vertragsstaaten, die Anspruch auf einen Sitz im Komitee haben, gefaßten Beschluß jeden Nichtmitgliedstaat des Rates einladen, dem Übereinkommen beizutreten.

(2) Für jeden beitretenden Staat tritt das Übereinkommen am ersten Tag des Monats in Kraft, der auf einen Zeitabschnitt von drei Monaten nach Hinterlegung der Beitrittsurkunde beim Generalsekretär des Europarats folgt.

Art. 24 Räumlicher Geltungsbereich. (1) Jeder Staat kann bei der Unterzeichnung oder bei der Hinterlegung seiner Ratifikations-, Annahme-, Genehmigungs- oder Beitrittsurkunde einzelne oder mehrere Hoheitsgebiete bezeichnen, auf die dieses Übereinkommen Anwendung findet.

(2) Jeder Staat kann jederzeit danach durch eine an den Generalsekretär des Europarats gerichtete Erklärung die Anwendung dieses Übereinkommens auf jedes weitere in der Erklärung bezeichnete Hoheitsgebiet erstrecken. Das Übereinkommen tritt für dieses Hoheitsgebiet am ersten Tag des Monats in Kraft, der auf einen Zeitabschnitt von drei Monaten nach Eingang der Erklärung beim Generalsekretär folgt.

(3) Jede nach den Absätzen 1 und 2 abgegebene Erklärung kann in bezug auf jedes darin bezeichnete Hoheitsgebiet durch eine an den Ge-

neralsekretär des Europarats gerichtete Notifikation zurückgenommen werden. Die Zurücknahme wird am ersten Tag des Monats wirksam, der auf einen Zeitabschnitt von sechs Monaten nach Eingang der Notifikation beim Generalsekretär folgt.

Art. 25 Vorbehalte. Vorbehalte zu diesem Übereinkommen sind nicht zulässig.

Art. 26 Kündigung. (1) Jede Vertragspartei kann dieses Übereinkommen jederzeit durch eine an den Generalsekretär des Europarats gerichtete Notifikation kündigen.

(2) Die Kündigung wird am ersten Tag des Monats wirksam, der auf einen Zeitabschnitt von sechs Monaten nach Eingang der Notifikation beim Generalsekretär folgt.

Art. 27 Notifikationen. Der Generalsekretär des Europarats notifiziert den Mitgliedstaaten des Rates und jedem Staat, der diesem Übereinkommen beigetreten ist,

a) jede Unterzeichnung;

b) jede Hinterlegung einer Ratifikations-, Annahme-, Genehmigungs- oder Beitrittsurkunde;

c) jeden Zeitpunkt des Inkrafttretens dieses Übereinkommens nach den Artikeln 22, 23 und 24;

d) jede andere Handlung, Notifikation oder Mitteilung im Zusammenhang mit diesem Übereinkommen.

Zu Urkund dessen haben die hierzu gehörig befugten Unterzeichneten dieses Übereinkommen unterschrieben.

Geschehen zu Straßburg am 28. Januar 1981 in englischer und französischer Sprache, wobei jeder Wortlaut gleichermaßen verbindlich ist, in einer Urschrift, die im Archiv des Europarats hinterlegt wird. Der Generalsekretär des Europarats übermittelt allen Mitgliedstaaten des Europarats und allen zum Beitritt zu diesem Übereinkommen eingeladenen Staaten beglaubigte Abschriften.

21. Guidelines on the Protection of Privacy and Transborder Flows of Personal Data (OECD-Datenschutzrichtlinie 1981)

Preface

The development of automatic data processing, which enables vast quantities of data to be transmitted within seconds across national frontiers, and indeed across continents, has made it necessary to consider privacy protection in relation to personal data. Privacy protection laws have been introduced, or will be introduced shortly, in approximately one half of OECD Member countries[1)] to prevent what are considered to be violations of fundamental human rights, such as the unlawful storage of personal data, the storage of inaccurate personal data, or the abuse or unauthorised disclosure of such data.

On the other hand, there is a danger that disparities in national legislations could hamper the free flow of personal data across frontiers; these flows have greatly increased in recent years and are bound to grow further with the widespread introduction of new computer and communications technology. Restrictions on these flows could cause serious disruption in important sectors of the economy, such as banking and insurance.

For this reason OECD Member countries considered it necessary to develop Guidelines which would help to harmonise national privacy legislation and, while upholding such human rights, would at the same time prevent interruptions in international flows of data. They represent a consensus on basic principles which can be built into existing national legislation, or serve as a basis for legislation in those countries which do not yet have it.

The Guidelines, in the form of a Recommendation by the Council of the OECD, were developed by a group of government experts under the chairmanship of the Hon. Mr. Justice M. D. Kirby, Chairman of the Australian Law Reform Commission. The Recommendation was adopted and became applicable on 23rd September, 1980.[2)]

The Guidelines are accompanied by an Explanatory Memorandum intended to provide information on the discussion and reasoning underlying their formulation.

[1)] Austria, Canada, Denmark, France, Germany, Luxembourg, Norway, Sweden and the United States have passed legislation. Belgium, Iceland, the Netherlands, Spain and Switzerland have prepared draft bills.

[2)] Australia, Canada, Ireland, Turkey and the United Kingdom have abstained at present. Any subsequent changes will be announced.

Recommendation of the Council Concerning Guidelines governing the Protection of Privacy and Transborder Flows of Personal Data

(23rd September, 1980)

The Council,

Having regard to articles 1 *(c)*, 3 *(a)* and 5 *(b)* of the Convention on the Organisation for Economic Co-operation and Development of 14th December, 1960;

RECOGNISING:

that, although national laws and policies may differ, Member countries have a common interest in protecting privacy and individual liberties, and in reconciling fundamental but competing values such as privacy and the free flow of information;

that automatic processing and transborder flows of personal data create new forms of relationships among countries and require the development of compatible rules and practices;

that transborder flows of personal data contribute to economic and social development;

that domestic legislation concerning privacy protection and transborder flows of personal data may hinder such transborder flows;

Determined to advance the free flow of information between Member countries and to avoid the creation of unjustified obstacles to the development of economic and social relations among Member countries;

RECOMMENDS

1. That Member countries take into account in their domestic legislation the principles concerning the protection of privacy and individual liberties set forth in the Guidelines contained in the Annex to this Recommendation which is an integral part thereof;

2. That Member countries endeavor to remove or avoid creating, in the name of privacy protection, unjustified obstacles to transborder flows of personal data;

3. That Member countries co-operate in the implementation of the Guidelines set forth in the Annex;

4. That Member countries agree as soon as possible on specific procedures of consultation and co-operation for the application of these Guidelines.

Annex to the Recommendation of the Council of 23rd September 1980

Guidelines governing the Protection of Privacy and Transborder Flows of Personal Data

Part One. General

Definitions

1. For the purpose of these Guidelines:
   a) "data controller" means a party who, according to domestic law, is competent to decide about the contents and use of personal data regardless of whether or not such data are collected, stored, processed or disseminated by that party or by an agent on its behalf;
   b) "personal data" means any information relating to an identified or identifiable individual (data subject);
   c) "transborder flows of personal data" means movements of personal data across national borders.

Scope of Guidelines

2. These Guidelines apply to personal data, whether in the public or private sectors, which, because of the manner in which they are processed, or because of their nature or the context in which they are used, pose a danger to privacy and individual liberties.
3. These Guidelines should not be interpreted as preventing:
   a) the application, to different categories of personal data, of different protective measures depending upon their nature and the context in which they are collected, stored, processed or disseminated;
   b) the exclusion from the application of the Guidelines of personal data which obviously do not contain any risk to privacy and individual liberties; or
   c) the application of the Guidelines only to automatic processing of personal data.
4. Exceptions to the Principles contained in Parts Two and Three of these Guidelines, including those relating to national sovereignty, national security and public policy ("ordre public"), should be:
   a) as few as possible, and
   b) made known to the public.
5. In the particular case of Federal countries the observance of these Guidelines may be affected by the division of powers in the Federation.
6. These Guidelines should be regarded as minimum standards which are capable of being supplemented by additional measures for the protection of privacy and individual liberties.

Part Two. Basic Principles of National Application

Collection Limitation Principle

7. There should be limits to the collection of personal data and any such data should be obtained by lawful and fair means and, where appropriate, with the knowledge or consent of the data subject.

Data Quality Principle

8. Personal data should be relevant to the purposes for which they are to be used, and, to the extent necessary for those purposes, should be accurate, complete and kept up-to-date.

Purpose Specification Principle

9. The purposes for which personal data are collected should be specified not later than at the time of data collection and the subsequent use limited to the fulfilment of those purposes or such others as are not incompatible with those purposes and as are specified on each occasion of change of purpose.

Use Limitation Principle

10. Personal data should not be disclosed, made available or otherwise used for purposes other than those specified in accordance with Paragraph 9 except:

a) with the consent of the data subject; or

b) by the authority of law.

Security Safeguards Principle

11. Personal data should be protected by reasonable security safeguards against such risks as loss or unauthorised access, destruction, use, modification or disclosure of data.

Openness Principle

12. There should be a general policy of openness about developments, practices and policies with respect to personal data. Means should be readily available of establishing the existence and nature of personal data, and the main purposes of their use, as well as the identify and usual residence of the data controller.

Individual Participation Principle

13. An individual should have the right:

a) to obtain from a data controller, or otherwise, confirmation of whether or not the data controller has data relating to him;

b) to have communicated to him, data relating to him

i) within a reasonable time;

ii) at a charge, if any, that is not excessive;

iii) in a reasonable manner; and

iv) in a form that is readily intelligible to him;

c) to be given reasons if a request made under subparagraphs *(a)* and *(b)* is denied, and to be able to challenge such denial; and

d) to challenge data relating to him and, if the challenge is successful, to have the data erased, rectified, completed or amended.

Accountability Principle

14. A data controller should be accountable for complying with measures which give effect to the principles stated above.

Part Three. Basic Principles of International Application: Free Flow and Legitimate Restrictions

15. Member countries should take into consideration the implications for other Member countries of domestic processing and re-export of personal data.
16. Member countries should take all reasonable and appropriate steps to ensure that transborder flows of personal data, including transit through a Member country, are uninterrupted and secure.
17. A Member country should refrain from restricting transborder flows of personal data between itself and another Member country except where the latter does not yet substantially observe these Guidelines or where the re-export of such data would circumvent its domestic privacy legislation. A Member country may also impose restrictions in respect of certain categories of personal data for which its domestic privacy legislation includes specific regulations in view of the nature of those data and for which the other Member country provides no equivalent protection.
18. Member countries should avoid developing laws, policies and practices in the name of the protection of privacy and individual liberties, which would create obstacles to transborder flows of personal data that would exceed requirements for such protection.

Part Four. National Implementation

19. In implementing domestically the principles set forth in Parts Two and Three, Member countries should establish legal, administrative or other procedures or institutions for the protection of privacy and individual liberties in respect of personal data. Member countries should in particular endeavor to:

a) adopt appropriate domestic legislation;

b) encourage and support self-regulation, whether in the form of codes of conduct or otherwise;

c) provide for reasonable means for individuals to exercise their rights;

d) provide for adequate sanctions and remedies in case of failures to comply with measures which implement the principles set forth in Parts Two and Three; and

e) ensure that there is no unfair discrimination against data subjects.

Part Five. International Co-operation

20. Member countries should, where requested, make known to other Member countries details of the observance of the principles set forth in these Guidelines. Member countries should also ensure that procedures for transborder flows of personal data and for the protection of privacy and individual liberties are simple and compatible with those of other Member countries which comply with these Guidelines.
21. Member countries should establish procedures to facilitate:
    i) information exchange related to these Guidelines, and
    ii) mutual assistance in the procedural and investigative matters involved.
22. Member countries should work towards the development of principles, domestic and international, to govern the applicable law in the case of transborder flows of personal data.

Explanatory Memorandum

Introduction

A feature of OECD Member countries over the past decade has been the development of laws for the protection of privacy. These laws have tended to assume different forms in different countries, and in many countries are still in the process of being developed. The disparities in legislation may create obstacles to the free flow of information between countries. Such flows have greatly increased in recent years and are bound to continue to grow as a result of the introduction of new computer and communication technology.

The OECD, which had been active in this field for some years past, decided to address the problems of diverging national legislation and in 1978 instructed a Group of Experts to develop Guidelines on basic rules governing the transborder flow and the protection of personal data and privacy, in order to facilitate the harmonization of national legislation. The Group has now completed its work.

The Guidelines are broad in nature and reflect the debate and legislative work which has been going on for several years in Member countries. The Expert Group which prepared the Guidelines has considered it essential to issue an accompanying Explanatory Memorandum. Its purpose is to explain and elaborate the Guidelines and the basic problems of protection of privacy and individual liberties. It draws attention to key issues that have emerged in the discussion of the Guidelines and spells out the reasons for the choice of particular solutions.

The first part of the Memorandum provides general background information on the area of concern as perceived in Member countries. It explains the need for international action and summarises the work carried out so far by the OECD and certain other international organisations. It concludes with a list of the main problems encountered by the Expert Group in its work.

Part Two has two subsections. The first contains comments on certain general features of the Guidelines, the second detailed comments on individual paragraphs.

This Memorandum is an information document, prepared to explain and describe generally the work of the Expert Group. It is subordinate to the Guidelines themselves. It cannot vary the meaning of the Guidelines but is supplied to help in their interpretation and application.

I. General Background

The Problems

1. The 1970s may be described as a period of intensified investigative and legislative activities concerning the protection of privacy with respect to the collection and use of personal data. Numerous official reports show that the problems are taken seriously at the political level and at the same time that the task of balancing opposing interests is delicate and unlikely to be accomplished once and for all. Public interest has tended to focus on the risks and implications associated with the computerised processing of personal data and some countries have chosen to enact statutes which deal exclusively with computers and computer-supported activities. Other countries have preferred a more general approach to privacy protection issues irrespective of the particular data processing technology involved.

2. The remedies under discussion are principally safeguards for the individual which will prevent an invasion of privacy in the classical sense. i. e. abuse or disclosure of intimate personal data; but other, more or less closely related needs for protection have become apparent. Obligations of record-keepers to inform the general public about activities concerned with the processing of data, and rights of data subjects to have data relating to them supplemented or amended, are two random examples. Generally speaking, there has been a tendency to broaden the traditional concept of privacy ("the right to be left alone") and to identify a more complex synthesis of interests which can perhaps more correctly he termed privacy and individual liberties.

3. As far as the legal problems of automatic data processing (ADP) are concerned, the protection of privacy and individual liberties constitutes perhaps the most widely debated aspect. Among the reasons for such

widespread concern are the ubiquitous use of computers for the processing of personal data, vastly expanded possibilities of storing, comparing, linking, selecting and accessing personal data, and the combination of computers and telecommunications technology which may place personal data simultaneously at the disposal of thousands of users at geographically dispersed locations and enables the pooling of data and the creation of complex national and international data networks. Certain problems require particularly urgent attention, e.g. those relating to emerging international data networks, and to the need of balancing competing interests of privacy on the one hand and freedom of information on the other, in order to allow a full exploitation of the potentialities of modern data processing technologies in so far as this is desirable.

Activities at national level

4. Of the OECD Member countries more than one-third have so far enacted one or several laws which, among other things, are intended to protect individuals against abuse of data relating to them and to give them the right of access to data with a view to checking their accuracy and appropriateness. In federal states, laws of this kind may be found both at the national and at the state or provincial level. Such laws are referred to differently in different countries. Thus, it is common practice in continental Europe to talk about "data laws" or "data protection laws" (lois sur la protection des données), whereas in English speaking countries they are usually known as "privacy protection laws". Most of the statutes were enacted after 1973 and the present period may be described as one of continued or even widened legislative activity. Countries which already have statutes in force are turning to new areas of protection or are engaged in revising or complementing existing statutes. Several other countries are entering the area and have bills pending or are studying the problems with a view to preparing legislation. These national efforts, and not least the extensive reports and research papers prepared by public committees or similar bodies, help to clarify the problems and the advantages and implications of various solutions. At the present stage, they provide a solid basis for international action.

5. The approaches to protection of privacy and individual liberties adopted by the various countries have many common features. Thus, it is possible to identify certain basic interests or values which are commonly considered to be elementary components of the area of protection. Some core principles of this type are: setting limits to the collection of personal data in accordance with the objectives of the data collector and similar criteria; restricting the usage of data to conform with openly specified purposes; creating facilities for individuals to learn of the existence and contents of data and have data corrected; and the identification of parties who are responsible for compliance with the relevant privacy protection rules and decisions. Generally speaking, statutes to protect privacy and individual liberties in relation to personal data attempt to cover the successive stages of the cycle, beginning with

the initial collection of data and ending with erasure or similar measures, and to ensure to the greatest possible extent individual, awareness, participation and control.

6. Differences between national approaches as apparent at present in laws, bills or proposals for legislation refer to aspects such as the scope of legislation, the emphasis placed on different elements of protection, the detailed implementation of the broad principles indicated above, and the machinery of enforcement. Thus, opinions vary with respect to licensing requirements and control mechanisms in the form of special supervisory bodies ("data inspection authorities"). Categories of sensitive data are defined differently, the means of ensuring openness and individual participation vary, to give just a few instances. Of course, existing traditional differences between legal systems are a cause of disparity, both with respect to legislative approaches and the detailed formulation of the regulatory framework for personal data protection.

International aspects of privacy and data banks

7. For a number of reasons the problems of developing safeguards for the individual in respect of the handling of personal data cannot be solved exclusively at the national level. The tremendous increase in data flows across national borders and the creation of international data banks (collections of data intended for retrieval and other purposes) have highlighted the need for concerted national action and at the same time support arguments in favour of free flows of information which must often be balanced against requirements for data protection and for restrictions on their collection, processing and dissemination.

8. One basic concern at the international level is for consensus on the fundamental principles on which protection of the individual must be based. Such a consensus would obviate or diminish reasons for regulating the export of data and facilitate resolving problems of conflict of laws. Moreover, it could constitute a first step towards the development of more detailed, binding international agreements.

9. There are other reasons why the regulation of the processing of personal data should be considered in an international context: the principles involved concern values which many nations are anxious to uphold and see generally accepted; they may help to save costs in international data traffic; countries have a common interest in preventing the creation of locations where national regulations on data processing can easily be circumvented; indeed, in view of the international mobility of people, goods and commercial and scientific activities, commonly accepted practices with regard to the processing of data may be advantageous even where no transborder data traffic is directly involved.

Relevant international activities

10. There are several international agreements on various aspects of telecommunications which, while facilitating relations and co-operation between countries, recognise the sovereign right of each country to regulate its own telecommunications (The International Telecommuni-

cations Convention of 1973). The protection of computer data and programmes has been investigated by, among others, the World Intellectual Property Organisation which has developed draft model provisions for national laws on the protection of computer software. Specialised agreements aiming at informational co-operation may be found in a number of areas, such as law enforcement, health services, statistics and judicial services (e.g. with regard to the taking of evidence).

11. A number of international agreements deal in a more general way with the issues which are at present under discussion, viz. the protection of privacy and the free dissemination of information. They include the European Convention of Human Rights of 4th November, 1950 and the International Covenant on Civil and Political Rights (United Nations, 19th December, 1966).

12. However, in view of the inadequacy of existing international instruments relating to the processing of data and individual rights, a number of international organisations have carried out detailed studies of the problems involved in order to find more satisfactory solutions.

13. In 1973 and 1974 the Committee of Ministers of the Council of Europe adopted two resolutions concerning the protection of the privacy of individuals vis-à-vis electronic data banks in the private and public sectors respectively. Both resolutions recommend that the governments of the Member states of the Council of Europe take steps to give effect to a number of basic principles of protection relating to the obtaining of data, the quality of data, and the rights of individuals to be informed about data and data processing activities.

14. Subsequently the Council of Europe, on the instructions of its Committee of Ministers, began to prepare an international Convention on privacy protection in relation to data processing abroad and transfrontier data processing. It also initiated work on model regulations for medical data banks and rules of conduct for data processing professionals. The Convention was adopted by the Committee of Ministers on 17th September 1980. It seeks to establish basic principles of data protection to be enforced by Member countries, to reduce restrictions on transborder data flows between the Contracting Parties on the basis of reciprocity, to bring about co-operation between national data protection authorities, and to set up a Consultative Committee for the application and continuing development of the convention.

15. The European Community has carried out studies concerning the problems of harmonization of national legalisations within the Community in relation to transborder data flows and possible distortions of competition, the problems of data security and confidentiality, and the nature of transborder data flows. A sub-committee of the European Parliament held a public hearing on data processing and the rights of the individual in early 1978. Its work has resulted in a report to the European Parliament in spring 1979. The report, which was adopted by the European Parliament in May 1979, contains a resolution on the protection of the rights of the individual in the face of technical developments in data processing.

Activities of the OECD

16. The OECD programme on transborder data flows derives from computer utilisation studies in the public sector which were initiated in 1969. A Group of Experts, the Data Bank Panel, analysed and studied different aspects of the privacy issue, e.g. in relation to digital information, public administration, transborder data flows, and policy implications in general. In order to obtain evidence on the nature of the problems, the Data Bank Panel organised a Symposium in Vienna in 1977 which provided opinions and experience from a diversity of interests, including government, industry, users of international data communication networks, processing services, and interested intergovernmental organisations.

17. A number of guiding principles were elaborated in a general framework for possible international action. These principles recognised *(a)* the need for generally continuous and uninterrupted flows of information between countries, *(b)* the legitimate interests of countries in preventing transfers of data which are dangerous to their security or contrary to their laws on public order and decency or which violate the rights of their citizens, *(c)* the economic value of information and the importance of protecting "data trade" by accepted rules of fair competition, *(d)* the needs for security safeguards to minimise violations of proprietary data and misuse of personal information, and *(e)* the significance of a commitment of countries to a set of core principles for the protection of personal information.

18. Early in 1978 a new ad hoc Group of Experts on Transborder Data Barriers and Privacy Protection was set up within the OECD which was instructed to develop guidelines on basic rules governing the transborder flow and the protection of personal data and privacy, in order to facilitate a harmonization of national legislations, without this precluding at a later date the establishment of an international Convention. This work was to be carried out in close co-operation with the Council of Europe and the European Community and to be completed by 1st July, 1979.

19. The Expert Group, under the chairmanship of the Honourable Mr. Justice Kirby, Australia, and with the assistance of Dr. Peter Seipel (Consultant), produced several drafts and discussed various reports containing, for instance, comparative analyses of different approaches to legislation in this field. It was particularly concerned with a number of key issues set out below.

a) **The specific, sensitive facts issue**

The question arose as to whether the Guidelines should be of a general nature or whether they should be structured to deal with different types of data or activities (e.g. credit reporting). Indeed, it is probably not possible to identify a set of data which are universally regarded as being sensitive.

b) **The ADP issue**

The argument that ADP is the main cause for concern is doubtful and, indeed, contested.

c) **The legal persons issue**
Some, but by no means all, national laws protect data relating to legal persons in a similar manner to data related to physical persons.

d) **The remedies and sanctions issue**
The approaches to control mechanisms vary considerably: for instance, schemes involving supervision and licensing by specially constituted authorities might be compared to schemes involving voluntary compliance by record-keepers and reliance on traditional judicial remedies in the Courts.

e) **The basic machinery or implementation issue**
The choice of core principles and their appropriate level of detail presents difficulties. For instance, the extent to which data security questions (protection of data against unauthorised interference, fire, and similar occurrences) should be regarded as part of the privacy protection complex is debatable; opinions may differ with regard to time limits for the retention, or requirements for the erasure, of data and the same applies to requirements that data be relevant to specific purposes. In particular, it is difficult to draw a clear dividing line between the level of basic principles or objectives and lower level „machinery" questions which should be left to domestic implementation.

f) **The choice of law issue**
The problems of choice of jurisdiction, choice of applicable law and recognition of foreign judgements have proved to be complex in the context of transborder data flows. The question arose, however, whether and to what extent is should be attempted at this stage to put forward solutions in Guidelines of a non-binding nature.

g) **The exceptions issue**
Similarly, opinions may vary on the question of exceptions. Are they required at all? If so, should particular categories of exceptions be provided for or should general limits to exceptions be formulated?

h) **The bias issue**
Finally, there is an inherent conflict between the protection and the free transborder flow of personal data. Emphasis may be placed on one or the other, and interests in privacy protection may be difficult to distinguish from other interests relating to trade, culture, national sovereignty, and so forth.

20. During its work the Expert Group maintained close contacts with corresponding organs of the Council of Europe. Every effort was made to avoid unnecessary differences between the texts produced by the two organisations; thus, the set of basic principles of protection are in many respects similar. On the other hand, a number of differences do occur. To begin with, the OECD Guidelines are not legally binding, whereas the Council of Europe has produced a convention which will be legally binding among those countries which ratify it. This in turn means that the question of exceptions has been dealt with in greater detail by the Council of Europe. As for the area of application, the Council of Europe Convention deals primarily with the automatic processing of

personal data whereas the OECD Guidelines apply to personal data which involve dangers to privacy an individual liberties, irrespective of the methods and machinery used in their handling. At the level of details, the basic principles of protection proposed by the two organisations are not identical and the terminology employed differs in some respects. The institutional framework for continued co-operation is treated in greater detail in the Council of Europe Convention than in the OECD Guidelines.

21. The Expert Group also maintained co-operation with the Commission of the European Communities as required by its mandate.

II. The Guidelines

A. Purpose and Scope

General

22. The Preamble of the Recommendation expresses the basic concerns calling for action. The Recommendation affirms the commitment of Member countries to protect privacy and individual liberties and to respect the transborder flows of personal data.

23. The Guidelines set out in the Annex to the Recommendation consist of five parts. Part One contains a number of definitions and specifies the scope of the Guidelines, indicating that they represent minimum standards. Part Two contains eight basic principles (Paragraphs 7–14) relating to the protection of privacy and individual liberties at the national level. Part Three deals with principles of international application, i. e. principles which are chiefly concerned with relationships between Member countries.

24. Part Four deals, in general terms, with means of implementing the basic principles set out in the preceding parts and specifies that these principles should be applied in a non-discriminatory manner. Part Five concerns matters of mutual assistance between Member countries, chiefly through the exchange of information and by avoiding incompatible national procedures for the protection of personal data. It concludes with a reference to issues of applicable law which may arise when flows of personal data involve several Member countries.

Objectives

25. The core of the Guidelines consists of the principles set out in Part Two of the Annex. It is recommended to Member countries that they adhere to these principles with a view to:

a) achieving acceptance by Member countries of certain minimum standards of protection of privacy and individual liberties with regard to personal data;

b) reducing differences between relevant domestic rules and practices of Member countries to a minimum;

c) ensuring that in protecting personal data they take into consideration the interests of other Member countries and the need to avoid undue interference with flows of personal data between Member countries; and

d) eliminating, as far as possible, reasons which might induce Member countries to restrict transborder flows of personal data because of the possible risks associated with such flows.

As stated in the Preamble, two essential basic values are involved: the protection of privacy and individual liberties and the advancement of free flows of personal data. The Guidelines attempt to balance the two values against one another; while accepting certain restrictions to free transborder flows of personal data, they seek to reduce the need for such restrictions and thereby strengthen the notion of free information flows between countries.

26. Finally, Parts Four and Five of the Guidelines contain principles seeking to ensure:

a) effective national measures for the protection of privacy and individual liberties;

b) avoidance of practices involving unfair discrimination between individuals; and

c) bases for continued international co-operation and compatible procedures in any regulation of transborder flows of personal data.

Level of detail

27. The level of detail of the Guidelines varies depending upon two main factors, viz. *(a)* the extent of consensus reached concerning the solutions put forward, and *(b)* available knowledge and experience pointing to solutions to be adopted at this stage. For instance, the Individual Participation Principle (Paragraph 13) deals specifically with various aspects of protecting an individual's interest, whereas the provision on problems of choice of law and related matters (Paragraph 22) merely states a starting-point for a gradual development of detailed common approaches and international agreements. On the whole, the Guidelines constitute a general framework for concerted actions by Member countries; objectives put forward by the Guidelines may be pursued in different ways, depending on the legal instruments and strategies preferred by Member countries for their implementation. To conclude, there is a need for a continuing review of the Guidelines, both by Member countries and the OECD. As and when experience is gained, it may prove desirable to develop and adjust the Guidelines accordingly.

Non-Member countries

28. The Recommendation is addressed to Member countries and this is reflected in several provisions which are expressly restricted to relationships between Member countries (see Paragraphs 15, 17 and 20 of the Guidelines). Widespread recognition of the Guidelines is, however, desirable and nothing in them should be interpreted as preventing the application of relevant provisions by Member countries to non-Member countries. In view of the increase in transborder data flows and the

need to ensure concerted solutions, efforts will be made to bring the Guidelines to the attention of non-Member countries and appropriate international organisations.

The broader regulatory perspective

29. It has been pointed out earlier that the protection of privacy and individual liberties constitutes one of many overlapping legal aspects involved in the processing of data. The Guidelines constitute a new instrument, in addition to other, related international instruments governing such issues as human rights, telecommunications, international trade, copyright, and various information services. If the need arises, the principles set out in the Guidelines could be further developed within the framework of activities undertaken by the OECD in the area of information, computer and communications policies.

30. Some Member countries have emphasized the advantages of a binding international Convention with a broad coverage. The Mandate of the Expert Group required it to develop guidelines on basic rules governing the transborder flow and the protection of personal data and privacy, without this precluding at a later stage the establishment of an international Convention of a binding nature. The Guidelines could serve as a starting-point for the development of an international Convention when the need arises.

Legal persons, groups and similar entities

31. Some countries consider that the protection required for data relating to individuals may be similar in nature to the protection required for data relating to business enterprises, associations and groups which may or may not possess legal personality. The experience of a number of countries also shows that it is difficult to define clearly the dividing line between personal and non-personal data. For example, data relating to a small company may also concern its owner or owners and provide personal information of a more or less sensitive nature. In such instances it may be advisable to extend to corporate entities the protection offered by rules relating primarily to personal data.

32. Similarly, it is debatable to what extent people belonging to a particular group (e.g. mentally disabled persons, immigrants, ethnic minorities) need additional protection against the dissemination of information relating to that group.

33. On the other hand, the Guidelines reflect the view that the notions of individual integrity and privacy are in many respects particular and should not be treated in the same way as the integrity of a group of persons, or corporate security and confidentiality. The needs for protection are different and so are the policy frameworks within which solutions have to be formulated and interests balanced against one another. Some members of the Expert Group suggested that the possibility of extending the Guidelines to legal persons (corporations, associations) should be provided for. This suggestion has not secured a sufficient consensus. The scope of the Guidelines is therefore confined to data

relating to individuals and it is left to Member countries to draw dividing lines and decide policies with regard to corporations, groups and similar bodies (cf. paragraph 49 below).

Automated and non-automated data

34. In the past, OECD activities in privacy protection and related fields have focused on automatic data processing and computer networks. The Expert Groups has devoted special attention to the issue of whether or not these Guidelines should be restricted to the automatic and computer-assisted processing of personal data. Such an approach may be defended on a number of grounds, such as the particular dangers to individual privacy raised by automation and computerised data banks, and increasing dominance of automatic data processing methods, especially in transborder data flows, and the particular framework of information, computer and communications policies within which the Expert Group has set out to fulfil its Mandate.

35. On the other hand, it is the conclusion of the Expert Group that limiting the Guidelines to the automatic processing of personal data would have considerable drawbacks. To begin with, it is difficult, at the level of definitions, to make a clear distinction between the automatic and non-automatic handling of data. There are, for instance, "mixed" data processing systems, and there are stages in the processing of data which may or may not lead to automatic treatment. These difficulties tend to be further complicated by ongoing technological developments, such as the introduction of advanced semi-automated methods based on the use of microfilm, or microcomputers which may increasingly be used for private purposes that are both harmless and impossible to control. Moreover, by concentrating exclusively on computers the Guidelines might lead to inconsistency and lacunae, and opportunities for record-keepers to circumvent rules which implement the Guidelines by using non-automatic means for purposes which may be offensive.

36. Because of the difficulties mentioned, the Guidelines do not put forward a definition of "automatic data processing" although the concept is referred to in the preamble and in paragraph 3 of the Annex. It may be assumed that guidance for the interpretation of the concept can be obtained from sources such as standard technical vocabularies.

37. Above all, the principles for the protection of privacy and individual liberties expressed in the Guidelines are valid for the processing of data in general, irrespective of the particular technology employed. The Guidelines therefore apply to personal data in general or, more precisely, to personal data which, because of the manner in which they are processed, or because of their nature or context, pose a danger to privacy and individual liberties.

38. It should be noted, however, that the Guidelines do not constitute a set of general privacy protection principles; invasions of privacy by, for instance, candid photography, physical maltreatment, or defamation are outside their scope unless such acts are in one way or another associated with the handling of personal data. Thus, the Guidelines deal

with the building-up and use of aggregates of data which are organised for retrieval, decision-making, research, surveys and similar purposes. It should be emphasized that the Guidelines are neutral with regard to the particular technology used; automatic methods are only one of the problems raised in the Guidelines although, particularly in the context of transborder data flows, this is clearly an important one.

B. Detailed Comments

General

39. The comments which follow relate to the actual Guidelines set out in the Annex to the Recommendation. They seek to clarify the debate in the Expert Group.

Paragraph 1: Definitions

40. The list of definitions has been kept short. The term "data controller" is of vital importance. It attempts to define a subject who, under domestic law, should carry ultimate responsibility for activities concerned with the processing of personal data. As defined, the data controller is a party who is legally competent to decide about the contents and use of data, regardless of whether or not such data are collected, stored, processed or disseminated by that party or by an agent on its behalf. The data controller may be a legal or natural person, public authority, agency or any other body. The definition excludes at least four categories which may be involved in the processing of data, viz. *(a)* licensing authorities and similar bodies which exist in some Member countries and which authorise the processing of data but are not entitled to decide (in the proper sense of the word) what activities should be carried out and for what purposes; *(b)* data processing service bureaux which carry out data processing on behalf of others; *(c)* telecommunications authorities and similar bodies which act as mere conduits; and *(d)* "dependent users" who may have access to data but who are not authorised to decide what data should be stored, who should be able to use them, etc. In implementing the Guidelines, countries may develop more complex schemes of levels and types of responsibilities. Paragraphs 14 and 19 of the Guidelines provide a basis for efforts in this direction.

41. The terms **"personal data"** and **"data subject"** serve to underscore that the Guidelines are concerned with physical persons. The precise dividing line between personal data in the sense of information relating to identified or identifiable individuals and anonymous data may be difficult to draw and must be left to the regulation of each Member country. In principle, personal data convey information which by direct (e.g. a civil registration number) or indirect linkages (e.g. an address) may be connected to a particular physical person.

42. The term **"transborder flows of personal data"** restricts the application of certain provisions of the Guidelines to international data flows and consequently omits the data flow problems particular to fed-

eral states. The movements of data will often take place through electronic transmission but other means of data communication may also be involved. Transborder flows as understood in the Guidelines includes the transmission of data by satellite.

Paragraph 2: Area of application

43. The Section of the Memorandum dealing with the scope and purpose of the Guidelines introduces the issue of their application to the automatic as against non-automatic processing of personal data. Paragraph 2 of the Guidelines, which deals with this problem, is based on two limiting criteria. The first is associated with the concept of personal data: the Guidelines apply to data which can be related to identified or identifiable individuals. Collections of data which do not offer such possibilities (collections of statistical data in anonymous form) are not included. The second criterion is more complex and relates to a specific risk element of a factual nature, viz. that data pose a danger to privacy and individual liberties. Such dangers can arise because of the use of automated data processing methods (the manner in which data are processed), but a broad variety of other possible risk sources is implied. Thus, data which are in themselves simple and factual may be used in a context where they become offensive to a data subject. On the other hand, the risks as expressed in Paragraph 2 of the Guidelines are intended to exclude data collections of an obviously innocent nature (e.g. personal notebooks). The dangers referred to in Paragraph 2 of the Guidelines should relate to privacy and individual liberties. However, the protected interests are broad (cf. paragraph 2 above) and may be viewed differently by different Member countries and at different times. A delimitation as far as the Guidelines are concerned and a common basic approach are provided by the principles set out in Paragraphs 7 to 13.

44. As explained in Paragraph 2 of the Guidelines, they are intended to cover both the private and the public sector. These notions may be defined differently by different Member countries.

Paragraph 3: Different degrees of sensitivity

45. The Guidelines should not be applied in a mechanistic way irrespective of the kind of data and processing activities involved. The framework provided by the basic principles in Part Two of the Guidelines permits Member countries to exercise their discretion with respect to the degree of stringency with which the Guidelines are to be implemented, and with respect to the scope of the measures to be taken. In particular, Paragraph 3 *(b)* provides for many "trivial" cases of collection and use of personal data (cf. above) to be completely excluded from the application of the Guidelines. Obviously this does not mean that Paragraph 3 should be regarded as a vehicle for demolishing the standards set up by the Guidelines. But, generally speaking, the Guidelines do not presuppose their uniform implementation by Member

countries with respect to details. For instance, different traditions and different attitudes by the general public have to be taken into account. Thus, in one country universal personal identifiers may be considered both harmless and useful whereas in another country they may be regarded as highly sensitive and their use restricted or even forbidden. In one country, protection may be afforded to data relating to groups and similar entities whereas such protection is completely non-existent in another country, and so forth. To conclude, some Member countries may find it appropriate to restrict the application of the Guidelines to the automatic processing of personal data. Paragraph 3 *(c)* provides for such a limitation.

Paragraph 4: Exceptions to the Guidelines

46. To provide formally for exceptions in Guidelines which are part of a non-binding Recommendation may seem superfluous. However, the Expert Group has found it appropriate to include a provision dealing with this subject and stating that two general criteria ought to guide national policies in limiting the application of the Guidelines: exceptions should be as few as possible, and they should be made known to the public (e.g. through publication in an official government gazette). General knowledge of the existence of certain data or files would be sufficient to meet the second criterion, although details concerning particular data etc. may have to be kept secret. The formula provided in Paragraph 4 is intended to cover many different kinds of concerns and limiting factors, as it was obviously not possible to provide an exhaustive list of exceptions – hence the wording that they include national sovereignty, national security and public policy ("ordre-public"). Another overriding national concerns would be, for instance, the financial interests of the State ("crédit public"). Moreover, Paragraph 4 allows for different ways of implementing the Guidelines: it should be borne in mind that Member countries are at present at different stages of development with respect to privacy protection rules and institutions and will probably proceed at different paces, applying different strategies, e.g. the regulation of certain types of data or activities as compared to regulation of a general nature ("omnibus approach").

47. The Expert Group recognised that Member countries might apply the Guidelines differentially to different kinds of personal data. There may be differences in the permissible frequency of inspection, in ways of balancing competing interests such as the confidentiality of medical records versus the individual's right to inspect data relating to him, and so forth. Some examples of areas which may be treated differently are credit reporting, criminal investigation and banking. Member countries may also choose different solutions with respect to exceptions associated with, for example, research and statistics. An exhaustive enumeration of all such situations and concerns is neither required nor possible. Some of the subsequent paragraphs of the Guidelines and the comments referring to them provide further clarification of the area of application of the Guidelines and of the closely related issues of balancing

opposing interests (compare with Paragraphs 7, 8, 17 and 18 of the Guidelines). To summarise, the Expert Group has assumed that exceptions will be limited to those which are necessary in a democratic society.

Paragraph 5: Federal countries

48. In Federal countries, the application of the Guidelines is subject to various constitutional limitations. Paragraph 5, accordingly, serves to underscore that no commitments exist to apply the Guidelines beyond the limits of constitutional competence.

Paragraph 6: Minimum standards

49. First, Paragraph 6 describes the Guidelines as minimum standards for adoption in domestic legislation. Secondly, and in consequence, it has been agreed that the Guidelines are capable of being supplemented by additional measures for the protection of privacy and individual liberties at the national as well as the international level.

Paragraph 7: Collection Limitation Principle

50. As an introductory comment on the principles set out in Paragraphs 7 to 14 of the Guidelines it should be pointed out that these principles are interrelated and partly overlapping. Thus, the distinctions between different activities and stages involved in the processing of data which are assumed in the principles, are somewhat artificial and it is essential that the principles are treated together and studied as a whole. Paragraph 7 deals with two issues, viz. *(a)* limits to the collection of data which, because of the manner in which they are to be processed, their nature, the context in which they are to be used or other circumstances, are regarded as specially sensitive; and *(b)* requirements concerning data collection methods. Different views are frequently put forward with respect to the first issue. It could be argued that it is both possible and desirable to enumerate types or categories of data which are per se sensitive and the collection of which should be restricted or even prohibited. There are precedents in European legislation to this effect (race, religious beliefs, criminal records, for instance). On the other hand, it may be held that no data are intrinsically "private" or "sensitive" but may become so in view of their context and use. This view is reflected, for example, in the privacy legislation of the United States.

51. The Expert Group discussed a number of sensitivity criteria, such as the risk of discrimination, but has not found it possible to define any set of data which are universally regarded as sensitive. Consequently, Paragraph 7 merely contains a general statement that there should be limits to the collection of personal data. For one thing, this represents an affirmative recommendation to lawmakers to decide on limits which would put an end to the indiscriminate collection of personal data. The nature of the limits is not spelt out but it is understood that the limits may relate to:

- data quality aspects (i.e. that it should be possible to derive information of sufficiently high quality from the data collected, that data should be collected in a proper information framework, etc.);
- limits associated with the purpose of the processing of data (i.e. that only certain categories of data ought to be collected and, possibly, that data collection should be restricted to the minimum necessary to fulfil the specified purpose);
- "earmarking" of specially sensitive data according to traditions and attitudes in each Member country;
- limits to data collection activities of certain data controllers;
- civil rights concerns.

52. The second part of Paragraph 7 (data collection methods) is directed against practices which involve, for instance, the use of hidden data registration devices such as tape recorders, or deceiving data subjects to make them supply information. The knowledge or consent of the data subject is as a rule essential, knowledge being the minimum requirement. On the other hand, consent cannot always be imposed, for practical reasons. In addition, Paragraph 7 contains a reminder ("where appropriate") that there are situations where for practical or policy reasons the data subject's knowledge or consent cannot be considered necessary. Criminal investigation activities and the routine up-dating of mailing lists may be mentioned as examples. Finally, Paragraph 7 does not exclude the possibility of a data subject being represented by another party, for instance in the case of minors, mentally disabled person, etc.

Paragraph 8: Data Quality Principle

53. Requirements that data be relevant can be viewed in different ways. In fact, some members of the Expert Group hesitated as to whether such requirements actually fitted into the framework of privacy protection. The conclusion of the Group was to the effect, however, that data should be related to the purpose for which they are to be used. For instance, data concerning opinions may easily be misleading if they are used for purposes to which they bear no relation, and the same is true of evaluative data. Paragraph 8 also deals with accuracy, completeness and up-to-dateness which are all important elements of the data quality concept. The requirements in this respect are linked to the purposes of data, i.e. they are not intended to be more far-reaching than is necessary for the purposes for which the data are used. Thus, historical data may often have to be collected or retained; cases in point are social research, involving so-called longitudinal studies of developments in society, historical research, and the activities of archives. The "purpose test" will often involve the problem of whether or not harm can be caused to data subjects because of lack of accuracy, completeness and up-dating.

Paragraph 9: Purpose Specification Principle

54. The Purpose Specification Principle is closely associated with the two surrounding principles, i.e. the Data Quality Principle and the Use

Limitation Principle. Basically, Paragraph 9 implies that before, and in any case not later than at the time of data collection it should be possible to identify the purposes for which these data are to be used, and that later changes of purposes should likewise be specified. Such specification of purposes can be made in a number of alternative or complementary ways, e.g. by public declarations, information to data subjects, legislation, administrative decrees and licences provided by supervisory bodies. According to Paragraphs 9 and 10, new purposes should not be introduced arbitrarily; freedom to make changes should imply compatibility with the original purposes. Finally, when data no longer serve a purpose, and if it is practicable, it may be necessary to have them destroyed (erased) or given an anonymous form. The reason is that control over data may be lost when data are no longer of interest; this may lead to risks of theft, unauthorised copying or the like.

Paragraph 10: Use Limitation Principle

55. This paragraph deals with uses of different kinds, including disclosure, which involve deviations from specified purposes. For instance, data may be transmitted from one computer to another where they can be used for unauthorised purposes without being inspected and thus disclosed in the proper sense of the word. As a rule the initially or subsequently specified purposes should be decisive for the uses to which data can be put. Paragraph 10 foresees two general exceptions to this principle: the consent of the data subject (or his representative – see Paragraph 52 above) and the authority of law (including, for example, licences granted by supervisory bodies). For instance, it may be provided that data which have been collected for purposes of administrative decision-making may be made available for research, statistics and social planning.

Paragraph 11: Security Safeguards Principle

56. Security and privacy issues are not identical. However, limitations on data use and disclosure should be reinforced by security safeguards. Such safeguards include **physical measures** (locked doors and identification cards, for instance) **organisational measures** (such as authority levels with regard to access to data) and, particularly in computer systems, **informational measures** (such as enciphering and threat monitoring of unusual activities and responses to them). It should be emphasized that the category of organisational measures includes obligations for data processing personnel to maintain confidentiality. Paragraph 11 has a broad coverage. The cases mentioned in the provision are to some extent overlapping (e.g. access/disclosure). "Loss" of data encompasses such cases as accidental erasure of data, destruction of data storage media (and thus destruction of data) and theft of data storage media. "Modified" should be construed to cover unauthorised input of data, and "use" to cover unauthorised copying.

Paragraph 12: Openness Principle

57. The Openness Principle may be viewed as a prerequisite for the Individual Participation Principle (Paragraph 13); for the latter principle to be effective, it must be possible in practice to acquire information about the collection, storage or use of personal data. Regular information from data controllers on a voluntary basis, publication in official registers of descriptions of activities concerned with the processing of personal data, and registration with public bodies are some, though not all, of the ways by which this may be brought about. The reference to means which are "readily available" implies that individuals should be able to obtain information without unreasonable effort as to time, advance knowledge, travelling, and so forth, and without unreasonable cost.

Paragraph 13: Individual Participation Principle

58. The right of individuals to access and challenge personal data is generally regarded as perhaps the most important privacy protection safeguard. This view is shared by the Expert Group which, although aware that the right to access and challenge cannot be absolute, has chosen to express it in clear and fairly specific language. With respect to the individual subparagraphs, the following explanations are called for:

59. The right to access should as a rule be simple to exercise. This may mean, among other things, that it should be part of the day-to-day activities of the data controller or his representative and should not involve any legal process or similar measures. In some cases it may be appropriate to provide for intermediate access to data; for example, in the medical area a medical practitioner can serve as a go-between. In some countries supervisory organs, such as data inspection authorities, may provide similar services. The requirement that data be communicated within reasonable time may be satisfied in different ways. For instance, a data controller who provides information to data subjects at regular intervals may be exempted from obligations to respond at once to individual requests. Normally, the time is to be counted from the receipt of a request. Its length may vary to some extent from one situation to another depending on circumstances such as the nature of the data processing activity. Communication of such data "in a reasonable manner" means, among other things, that problems of geographical distance should be given due attention. Moreover, if intervals are prescribed between the times when requests for access must be met, such intervals should be reasonable. The extent to which data subjects should be able to obtain copies of data relating to them is a matter of implementation which must be left to the decision of each Member country.

60. The right to reasons in Paragraph 13 *(c)* is narrow in the sense that it is limited to situations where requests for information have been refused. A broadening of this right to include reasons for adverse decisions in general, based on the use of personal data, met with sympathy in the Expert Group. However, on final consideration a right of this

kind was thought to be too broad for insertion in the privacy framework constituted by the Guidelines. This is not to say that a right to reasons for adverse decisions may not be appropriate, e.g. in order to inform and alert a subject to his rights so that he can exercise them effectively.

61. The right to challenge in 13 *(c)* and *(d)* is broad in scope and includes first instance challenges to data controllers as well as subsequent challenges in courts, administrative bodies, professional organs or other institutions according to domestic rules of procedure (compare with Paragraph 19 of the Guidelines). The right to challenge does not imply that the data subject can decide what remedy or relief is available (rectification. annotation that data are in dispute, etc.); such matters will be decided by domestic law and legal procedures. Generally speaking, the criteria which decide the outcome of a challenge are those which are stated elsewhere in the Guidelines.

Paragraph 14: Accountability Principle

62. The data controller decides about data and data processing activities. It is for his benefit that the processing of data is carried out. Accordingly, it is essential that under domestic law accountability for complying with privacy protection rules and decisions should be placed on the data controller who should not be relieved of this obligation merely because the processing of data is carried out on his behalf by another party, such as a service bureau. On the other hand, nothing in the Guidelines prevents service bureaux personnel, "dependent users" (see paragraph 40) and others from also being held accountable. For instance, sanctions against breaches of confidentiality obligations may be directed against all parties entrusted with the handling of personal information (cf. Paragraph 19 of the Guidelines). Accountability under Paragraph 14 refers to accountability supported by legal sanctions, aswell as to accountability established by codes of conduct, for instance.

Paragraphs 15–18: Basic Principles of International Application

63. The principles of international application are closely interrelated. Generally speaking, Paragraph 15 concerns respect by Member countries for each other's interest in protecting personal data, and the privacy and individual liberties of their nationals and residents. Paragraph 16 deals with security issues in a broad sense and may be said to correspond, at the international level, to Paragraph 11 of the Guidelines. Paragraphs 17 and 18 deal with restrictions on free flows of personal data between Member countries; basically, as far as protection of privacy and individual liberties is concerned, such flows should be admitted as soon as requirements of the Guidelines for the protection of these interests have been substantially, i.e. effectively, fulfilled. The question of other possible bases of restricting transborder flows of personal data is not dealt with in the Guidelines.

64. For domestic processing **Paragraph 15** has two implications. First, it is directed against liberal policies which are contrary to the

spirit of the Guidelines and which facilitate attempts to circumvent or violate protective legislation of other Member countries. However, such circumvention or violation, although condemned by all Member countries, is not specifically mentioned in this Paragraph as a number of countries felt it to be unacceptable that one Member country should be required to directly or indirectly enforce, extraterritorially, the laws of other Member countries. – It should be noted that the provision explicitly mentions the re-export of personal data. In this respect, Member countries should bear in mind the need to support each other's efforts to ensure that personal data are not deprived of protection as a result of their transfer to territories and facilities for the processing of data where control is slack or non-existent.

65. Secondly, Member countries are implicitly encouraged to consider the need to adapt rules and practices for the processing of data to the particular circumstances which may arise when foreign data and data on non-nationals are involved. By way of illustration, a situation may arise where data on foreign nationals are made available for purposes which serve the particular interests of their country of nationality (e.g. access to the addresses of nationals living abroad).

66. As far as the Guidelines are concerned, the encouragement of international flows of personal data is not an undisputed goal in itself. To the extent that such flows take place they should, however, according to **Paragraph 16,** be uninterrupted and secure, i.e. protected against unauthorised access, loss of data and similar events. Such protection should also be given to data in transit, i.e. data which pass through a Member country without being used or stored with a view to usage in that country. The general commitment under Paragraph 16 should, as far as computer networks are concerned, be viewed against the background of the International Telecommunications Convention of Malaga-Torremolinos (25th October, 1973). According to that convention, the members of the International Telecommunications Union, including the OECD Member countries, have agreed, inter alia, to ensure the establishment, under the best technical conditions, of the channels and installations necessary to carry on the rapid and uninterrupted exchange of international telecommunications. Moreover, the members of ITU have agreed to take all possible measures compatible with the telecommunications system used to ensure the secrecy of international correspondence. As regards exceptions, the right to suspend international telecommunications services has been reserved and so has the right to communicate international correspondence to the competent authorities in order to ensure the application of internal laws or the execution of international conventions to which members of the ITU are parties. These provisions apply as long as data move through telecommunications lines. In their context, the Guidelines constitute a complementary safeguard that international flows of personal data should be uninterrupted and secure.

67. **Paragraph 17** reinforces Paragraph 16 as far as relationships between Member countries are concerned. It deals with interests which

are opposed to free transborder flows of personal data but which may nevertheless constitute legitimate grounds for restricting such flows between Member countries. A typical example would be attempts to circumvent national legislation by processing data in a Member country which does not yet substantially observe the Guidelines. Paragraph 17 establishes a standard of equivalent protection, by which is meant protection which is substantially similar in effect to that of the exporting country, but which need not be identical in form or in all respects. As in Paragraph 15, the re-export of personal data is specifically mentioned – in this case with a view to preventing attempts to circumvent the domestic privacy legislation of Member countries. – The third category of grounds for legitimate restrictions mentioned in Paragraph 17, concerning personal data of a special nature, covers situations where important interests of Member countries could be affected. Generally speaking, however, Paragraph 17 is subject to Paragraph 4 of the Guidelines which implies that restrictions on flows of personal data should be kept to a minimum.

68. **Paragraph 18** attempts to ensure that privacy protection interests are balanced against interests of free transborder flows of personal data. It is directed in the first place against the creation of barriers to flows of personal data which are artificial from the point of view of protection of privacy and individual liberties and fulfil restrictive purposes of other kinds which are thus not openly announced. However, Paragraph 18 is not intended to limit the rights of Member countries to regulate transborder flows of personal data in areas relating to free trade, tariffs, employment, and related economic conditions for international data traffic. These are matters which were not addressed by the Expert Group, being outside its Mandate.

Paragraph 19: National Implementation

69. The detailed implementation of Parts Two and Three of the Guidelines is left in the first place to Member countries. It is bound to vary according to different legal systems and traditions, and Paragraph 19 therefore attempts merely to establish a general framework indicating in broad terms what kind of national machinery is envisaged for putting the Guidelines into effect. The opening sentence shows the different approaches which might be taken by countries, both generally and with respect to control mechanisms (e. g. specially set up supervisory bodies, existing control facilities such as courts, public authorities, etc.).

70. In Paragraph 19 *(a)* countries are invited to adopt appropriate domestic legislation, the word "appropriate" foreshadowing the judgement by individual countries of the appropriateness or otherwise of legislative solutions. Paragraph 19 *(b)* concerning self-regulation is addressed primarily to common law countries where non-legislative implementation of the Guidelines would complement legislative action. Paragraph 19 *(c)* should be given a broad interpretation; it includes such means as advice from data controllers and the provision of assis-

tance, including legal aid. Paragraph 19 *(d)* permits different approaches to the issue of control mechanisms: briefly, either the setting-up of special supervisory bodies, or reliance on already existing control facilities, whether in the form of courts, existing public authorities or otherwise. Paragraph 19 *(e)* dealing with discrimination is directed against unfair practices but leaves open the possibility of "benign discrimination" to support disadvantaged groups, for instance. The provision is directed against unfair discrimination on such bases as nationality and domicile, sex, race, creed, or trade union affiliation.

Paragraph 20: Information Exchange and Compatible Procedures

71. Two major problems are dealt with here, viz. *(a)* the need to ensure that information can be obtained about rules, regulations, decisions, etc. which implement the Guidelines, and *(b)* the need to avoid transborder flows of personal data being hampered by an unnecessarily complex and disparate framework of procedures and compliance requirements. The first problem arises because of the complexity of privacy protection regulation and data policies in general. There are often several levels of regulation (in a broad sense) and many important rules cannot be laid down permanently in detailed statutory provisions; they have to be kept fairly open and left to the discretion of lower-level decision-making bodies.

72. The importance of the second problem is, generally speaking, proportional to the number of domestic laws which affect transborder flows of personal data. Even at the present stage, there are obvious needs for co-ordinating special provisions on transborder data flows in domestic laws, including special arrangements relating to compliance control and, where required, licences to operate data processing systems.

Paragraph 21: Machinery for Co-operation

73. The provision on national procedures assumes that the Guidelines will form a basis for continued co-operation. Data protection authorities and specialised bodies dealing with policy issues in information and data communications are obvious partners in such a co-operation. In particular, the second purpose of such measures, contained in Paragraph 21 *(ii)*, i.e. mutual aid in procedural matters and requests for information, is future-oriented: its practical significance is likely to grow as international data networks and the complications associated with them become more numerous.

Paragraph 22: Conflicts of Laws

74. The Expert Group has devoted considerable attention to issues of conflicts of laws, and in the first place to the questions as to which courts should have jurisdiction over specific issues (choice of jurisdiction) and which system of law should govern specific issues (choice of law). The discussion of different strategies and proposed principles has

confirmed the view that at the present stage, with the advent of such rapid changes in technology, and given the non-binding nature of the Guidelines, no attempt should be made to put forward specific, detailed solutions. Difficulties are bound to arise with respect to both the choice of a theoretically sound regulatory model and the need for additional experience about the implications of solutions which in themselves are possible.

75. As regards the question of choice of law, one way of approaching these problems is to identify one or more connecting factors which, at best, indicate one applicable law. This is particularly difficult in the case of international computer networks where, because of dispersed location and rapid movement of data, and geographically dispersed data processing activities, several connecting factors could occur in a complex manner involving elements of legal novelty. Moreover, it is not evident what value should presently be attributed to rules which by mechanistic application establish the specific national law to be applied. For one thing, the appropriateness of such a solution seems to depend upon the existence of both similar legal concepts and rule structures, and binding commitments of nations to observe certain standards of personal data protection. In the absence of these conditions, an attempt could be made to formulate more flexible principles which involve a search for a "proper law" and are linked to the purpose of ensuring effective protection of privacy and individual liberties. Thus, in a situation where several laws may be applicable, it has been suggested that one solution could be to give preference to the domestic law offering the best protection of personal data. On the other hand, it may be argued that solutions of this kind leave too much uncertainty, not least from the point of view of the data controllers who may wish to know, where necessary in advance, by which national systems of rules an international data processing system will he governed.

76. In view of these difficulties, and considering that problems of conflicts of laws might best be handled within the total framework of personal and non-personal data, the Expert Group has decided to content itself with a statement which merely signals the issues and recommends that Member countries should work towards their solution.

Follow-up

77. The Expert Group called attention to the terms of Recommendation 4 on the Guidelines which suggests that Members countries agree as soon as possible on specific procedures of consultation and co-operation for the application of the Guidelines.

II. Datensicherheit

22. Gesetz zur digitalen Signatur (Signaturgesetz - SigG)[1] [2]

Vom 22. Juli 1997 (BGBl. I S. 1870)

§ 1 Zweck und Anwendungsbereich. (1) Zweck des Gesetzes ist es, Rahmenbedingungen für digitale Signaturen zu schaffen, unter denen diese als sicher gelten und Fälschungen digitaler Signaturen oder Verfälschungen von signierten Daten zuverlässig festgestellt werden können.

(2) Die Anwendung anderer Verfahren für digitale Signaturen ist freigestellt, soweit nicht digitale Signaturen nach diesem Gesetz durch Rechtsvorschrift vorgeschrieben sind.

§ 2 Begriffsbestimmungen. (1) Eine digitale Signatur im Sinne dieses Gesetzes ist ein mit einem privaten Signaturschlüssel erzeugtes Siegel zu digitalen Daten, das mit Hilfe eines zugehörigen öffentlichen Schlüssels, der mit einem Signaturschlüssel-Zertifikat einer Zertifizierungsstelle oder der Behörde nach § 3 versehen ist, den Inhaber des Signaturschlüssels und die Unverfälschtheit der Daten erkennen läßt.

(2) Eine Zertifizierungsstelle im Sinne dieses Gesetzes ist eine natürliche oder juristische Person, die die Zuordnung von öffentlichen Signaturschlüsseln zu natürlichen Personen bescheinigt und dafür eine Genehmigung gemäß § 4 besitzt.

(3) Ein Zertifikat im Sinne diese Gesetzes ist eine mit einer digitalen Signatur versehene digitale Bescheinigung über die Zuordnung eines öffentlichen Signaturschlüssels zu einer natürlichen Person (Signaturschlüssel-Zertifikat) oder eine gesonderte digitale Bescheinigung, die unter eindeutiger Bezugnahme auf ein Signaturschlüssel-Zertifikat weitere Angaben enthält (Attribut-Zertifikat).

(4) Ein Zeitstempel im Sinne dieses Gesetzes ist eine mit einer digitalen Signatur versehene digitale Bescheinigung einer Zertifizierungsstelle, daß ihr bestimmte digitale Daten zu einem bestimmten Zeitpunkt vorgelegen haben.

---

[1] Artikel 3 des Gesetzes zur Regelung der Rahmenbedingungen für Informations- und Kommunikationsdienste (Informations- und Kommunikationsdienste-Gesetz – IuKDG) v. 22. 7. 1997 (BGBl. I S. 1870).

[2] **Amtl. Anm.:** Die Mitteilungspflichten der Richtlinie 83/189/EWG des Rates vom 28. März 1983 über ein Informationsverfahren auf dem Gebiet der Normen und technischen Vorschriften (ABl. EG Nr. L 109 S. 8), zuletzt geändert durch die Richtlinie 94/10/EG des Europäischen Parlaments und des Rates vom 23. März 1994 (ABl. EG Nr. L 100 S. 30), sind beachtet worden.

§ 3 Zuständige Behörde. Die Erteilung von Genehmigungen und die Ausstellung von Zertifikaten, die zum Signieren von Zertifikaten eingesetzt werden, sowie die Überwachung der Einhaltung dieses Gesetzes und der Rechtsverordnung nach § 16[1] obliegen der Behörde nach § 66 des Telekommunikationsgesetzes[2].

§ 4 Genehmigung von Zertifizierungsstellen. (1) Der Betrieb einer Zertifizierungsstelle bedarf einer Genehmigung der zuständigen Behörde. Diese ist auf Antrag zu erteilen.

(2) Die Genehmigung ist zu versagen, wenn Tatsachen die Annahme rechtfertigen, daß der Antragsteller nicht die für den Betrieb einer Zertifizierungsstelle erforderliche Zuverlässigkeit besitzt, wenn der Antragsteller nicht nachweist, daß die für den Betrieb einer Zertifizierungsstelle erforderliche Fachkunde vorliegt, oder wenn zu erwarten ist, daß bei Aufnahme des Betriebes die übrigen Voraussetzungen für den Betrieb der Zertifizierungsstelle nach diesem Gesetz und der Rechtsverordnung nach § 16[1] nicht vorliegen werden.

(3) Die erforderliche Zuverlässigkeit besitzt, wer die Gewähr dafür bietet, als Inhaber der Zertifizierungsstelle die für deren Betrieb maßgeblichen Rechtsvorschriften einzuhalten. Die erforderliche Fachkunde liegt vor, wenn die im Betrieb der Zertifizierungsstelle tätigen Personen über die dafür erforderlichen Kenntnisse, Erfahrungen und Fertigkeiten verfügen. Die übrigen Voraussetzungen für den Betrieb der Zertifizierungsstelle liegen vor, wenn die Maßnahmen zur Erfüllung der Sicherheitsanforderungen dieses Gesetzes und der Rechtsverordnung nach § 16 der zuständigen Behörde rechtzeitig in einem Sicherheitskonzept aufgezeigt und die Umsetzung durch eine von der zuständigen Behörde anerkannten Stelle geprüft und bestätigt worden ist.

(4) Die Genehmigung kann mit Nebenbestimmungen versehen werden, soweit dies erforderlich ist, um sicherzustellen, daß die Zertifizierungsstelle bei Aufnahme des Betriebes und im Betrieb die Voraussetzungen dieses Gesetzes und der Rechtsverordnung nach § 16 erfüllt.

(5) Die zuständige Behörde stellt für Signaturschlüssel, die zum Signieren von Zertifikaten eingesetzt werden, die Zertifikate aus. Die Vorschriften für die Vergabe von Zertifikaten durch Zertifizierungsstellen gelten für die zuständige Behörde entsprechend. Diese hat die von ihr ausgestellten Zertifikate jederzeit für jeden über öffentlich erreichbare Telekommunikationsverbindungen nachprüfbar und abrufbar zu halten. Dies gilt auch für Informationen über Anschriften und Rufnummern der Zertifizierungsstellen, die Sperrung von ihr ausgestellter Zertifikate, die Einstellung und die Untersagung des Betriebes einer Zertifizierungsstelle sowie die Rücknahme oder den Widerruf von Genehmigungen.

[1] Nr. **23**.
[2] Nr. **4**.

(6) Für öffentliche Leistungen nach diesem Gesetz und der Rechtsverordnung nach § 16 werden Kosten (Gebühren und Auslagen) erhoben.

§ 5 Vergabe von Zertifikaten. (1) Die Zertifizierungsstelle hat Personen, die ein Zertifikat beantragen, zuverlässig zu identifizieren. Sie hat die Zuordnung eines öffentlichen Signaturschlüssels zu einer identifizierten Person durch ein Signaturschlüssel-Zertifikat zu bestätigen und dieses sowie Attribut-Zertifikate jederzeit für jeden über öffentlich erreichbare Telekommunikationsverbindungen nachprüfbar und mit Zustimmung des Signaturschlüssel-Inhabers abrufbar zu halten.

(2) Die Zertifizierungsstelle hat auf Verlangen eines Antragstellers Angaben über seine Vertretungsmacht für eine dritte Person sowie zur berufsrechtlichen oder sonstigen Zulassung in das Signaturschlüssel-Zertifikat oder ein Attribut-Zertifikat aufzunehmen, soweit ihr die Einwilligung des Dritten zur Aufnahme dieser Vertretungsmacht oder die Zulassung zuverlässig nachgewiesen wird.

(3) Die Zertifizierungsstelle hat auf Verlangen eines Antragstellers im Zertifikat anstelle seines Namens ein Pseudonym aufzuführen.

(4) Die Zertifizierungsstelle hat Vorkehrungen zu treffen, damit Daten für Zertifikate nicht unbemerkt gefälscht oder verfälscht werden können. Sie hat weiter Vorkehrungen zu treffen, um die Geheimhaltung der privaten Signaturschlüssel zu gewährleisten. Eine Speicherung privater Signaturschlüssel bei der Zertifizierungsstelle ist unzulässig.

(5) Die Zertifizierungsstelle hat für die Ausübung der Zertifizierungstätigkeit zuverlässiges Personal einzusetzen. Für das Bereitstellen von Signaturschlüsseln sowie das Erstellen von Zertifikaten hat sie technische Komponenten gemäß § 14 einzusetzen. Dies gilt auch für technische Komponenten, die ein Nachprüfen von Zertifikaten nach Absatz 1 Satz 2 ermöglichen.

§ 6 Unterrichtungspflicht. Die Zertifizierungsstelle hat die Antragsteller nach § 5 Abs. 1 über die Maßnahmen zu unterrichten, die erforderlich sind, um zu sicheren digitalen Signaturen und deren zuverlässiger Prüfung beizutragen. Sie hat die Antragsteller darüber zu unterrichten, welche technischen Komponenten die Anforderungen nach § 14 Abs. 1 und 2 erfüllen, sowie über die Zuordnung der mit einem privaten Signaturschlüssel erzeugten digitalen Signaturen. Sie hat die Antragsteller darauf hinzuweisen, daß Daten mit digitaler Signatur bei Bedarf neu zu signieren sind, bevor der Sicherheitswert der vorhandenen Signatur durch Zeitablauf geringer wird.

§ 7 Inhalt von Zertifikaten. (1) Das Signaturschlüssel-Zertifikat muß folgende Angaben enthalten:

1. den Namen des Signaturschlüssel-Inhabers, der im Falle einer Verwechslungsmöglichkeit mit einem Zusatz zu versehen ist, oder ein

dem Signaturschlüssel-Inhaber zugeordnetes unverwechselbares Pseudonym, das als solches kenntlich sein muß,
2. den zugeordneten öffentlichen Signaturschlüssel,
3. die Bezeichnung der Algorithmen, mit denen der öffentliche Schlüssel des Signaturschlüssel-Inhabers sowie der öffentliche Schlüssel der Zertifizierungsstelle benutzt werden kann,
4. die laufende Nummer des Zertifikates,
5. Beginn und Ende der Gültigkeit des Zertifikates,
6. den Namen der Zertifizierungsstelle und
7. Angaben, ob die Nutzung des Signaturschlüssels auf bestimmte Anwendungen nach Art und Umfang beschränkt ist.

(2) Angaben zur Vertretungsmacht für eine dritte Person sowie zur berufsrechtlichen oder sonstigen Zulassung können sowohl in das Signaturschlüssel-Zertifikat als auch in ein Attribut-Zertifikat aufgenommen werden.

(3) Weitere Angaben darf das Signaturschlüssel-Zertifikat nur mit Einwilligung der Betroffenen enthalten.

§ 8 Sperrung von Zertifikaten. (1) Die Zertifizierungsstelle hat ein Zertifikat zu sperren, wenn ein Signaturschlüssel-Inhaber oder sein Vertreter es verlangen, das Zertifikat auf Grund falscher Angaben zu § 7 erwirkt wurde, sie ihre Tätigkeit beendet hat und diese nicht von einer anderen Zertifizierungsstelle fortgeführt wird oder die zuständige Behörde gemäß § 13 Abs. 5 Satz 2 eine Sperrung anordnet. Die Sperrung muß den Zeitpunkt enthalten, von dem an sie gilt. Eine rückwirkende Sperrung ist unzulässig.

(2) Enthält ein Zertifikat Angaben einer dritten Person, so kann auch diese eine Sperrung dieses Zertifikates verlangen.

(3) Die zuständige Behörde sperrt von ihr nach § 4 Abs. 5 ausgestellte Zertifikate, wenn eine Zertifizierungsstelle ihre Tätigkeit einstellt oder wenn die Genehmigung zurückgenommen oder widerrufen wird.

§ 9 Zeitstempel. Die Zertifizierungsstelle hat digitale Daten auf Verlangen mit einem Zeitstempel zu versehen. § 5 Abs. 5 Satz 1 und 2 gilt entsprechend.

§ 10 Dokumentation. Die Zertifizierungsstelle hat die Sicherheitsmaßnahmen zur Einhaltung dieses Gesetzes und der Rechtsverordnung nach § 16 sowie die ausgestellten Zertifikate so zu dokumentieren, daß die Daten und ihre Unverfälschtheit jederzeit nachprüfbar sind.

§ 11 Einstellung der Tätigkeit. (1) Die Zertifizierungsstelle hat, wenn sie ihre Tätigkeit einstellt, dies zum frühestmöglichen Zeitpunkt der zuständigen Behörde anzuzeigen und dafür zu sorgen, daß die bei Einstellung der Tätigkeit gültigen Zertifikate von einer anderen Zertifizierungsstelle übernommen werden, oder diese zu sperren.

(2) Sie hat die Dokumentation nach § 10 an die Zertifizierungsstelle, welche die Zertifikate übernimmt, oder andernfalls an die zuständige Behörde zu übergeben.

(3) Sie hat einen Antrag auf Eröffnung eines Konkurs- oder Vergleichsverfahrens der zuständigen Behörde unverzüglich anzuzeigen.

§ 12 Datenschutz. (1) Die Zertifizierungsstelle darf personenbezogene Daten nur unmittelbar beim Betroffenen selbst und nur insoweit erheben, als dies für Zwecke eines Zertifikates erforderlich ist. Eine Datenerhebung bei Dritten ist nur mit Einwilligung des Betroffenen zulässig. Für andere als die in Satz 1 genannten Zwecke dürfen die Daten nur verwendet werden, wenn dieses Gesetz oder eine andere Rechtsvorschrift es erlaubt oder der Betroffene eingewilligt hat.

(2) Bei einem Signaturschlüssel-Inhaber mit Pseudonym hat die Zertifizierungsstelle die Daten über dessen Identität auf Ersuchen an die zuständigen Stellen zu übermitteln, soweit dies für die Verfolgung von Straftaten oder Ordnungswidrigkeiten, zur Abwehr von Gefahren für die öffentliche Sicherheit oder Ordnung oder für die Erfüllung der gesetzlichen Aufgaben der Verfassungsschutzbehörden des Bundes und der Länder, des Bundesnachrichtendienstes, des Militärischen Abschirmdienstes oder des Zollkriminalamtes erforderlich ist. Die Auskünfte sind zu dokumentieren. Die ersuchende Behörde hat den Signaturschlüssel-Inhaber über die Aufdeckung des Pseudonyms zu unterrichten, sobald dadurch die Wahrnehmung der gesetzlichen Aufgaben nicht mehr beeinträchtigt wird oder wenn das Interesse des Signaturschlüssel-Inhabers an der Unterrichtung überwiegt.

(3) § 38 des Bundesdatenschutzgesetzes findet mit der Maßgabe Anwendung, daß die Überprüfung auch vorgenommen werden darf, wenn Anhaltspunkte für eine Verletzung von Datenschutzvorschriften nicht vorliegen.

§ 13 Kontrolle und Durchsetzung von Verpflichtungen. (1) Die zuständige Behörde kann gegenüber Zertifizierungsstellen Maßnahmen zur Sicherstellung der Einhaltung dieses Gesetzes und der Rechtsverordnung treffen. Dazu kann sie insbesondere die Benutzung ungeeigneter technischer Komponenten untersagen und den Betrieb der Zertifizierungsstelle vorübergehend ganz oder teilweise untersagen. Personen, die den Anschein erwecken, über eine Genehmigung nach § 4 zu verfügen, ohne daß dies der Fall ist, kann die Tätigkeit der Zertifizierung untersagt werden.

(2) Zum Zwecke der Überwachung nach Absatz 1 Satz 1 haben Zertifizierungsstellen der zuständigen Behörde das Betreten der Geschäfts- und Betriebsräume während der üblichen Betriebszeiten zu gestatten, auf Verlangen die in Betracht kommenden Bücher, Aufzeichnungen, Belege, Schriftstücke und sonstigen Unterlagen zur Einsicht vorzulegen, Auskunft zu erteilen und die erforderliche Unterstützung zu gewähren. Der zur Erteilung einer Auskunft Verpflichtete kann die Auskunft auf

solche Fragen verweigern, deren Beantwortung ihn selbst oder einen der in § 383 Abs. 1 Nr. 1 bis 3 der Zivilprozeßordnung bezeichneten Angehörigen der Gefahr der Verfolgung wegen einer Straftat oder eines Verfahrens nach dem Gesetz über Ordnungswidrigkeiten aussetzen würde. Der zur Auskunft Verpflichtete ist auf dieses Recht hinzuweisen.

(3) Bei Nichterfüllung der Pflichten aus diesem Gesetz oder der Rechtsverordnung oder bei Entstehen eines Versagungsgrundes für eine Genehmigung hat die zuständige Behörde die erteilte Genehmigung zu widerrufen, wenn Maßnahmen nach Absatz 1 Satz 2 keinen Erfolg versprechen.

(4) Im Falle der Rücknahme oder des Widerrufs einer Genehmigung oder der Einstellung der Tätigkeit einer Zertifizierungsstelle hat die zuständige Behörde eine Übernahme der Tätigkeit durch eine andere Zertifizierungsstelle oder die Abwicklung der Verträge mit den Signaturschlüssel-Inhabern sicherzustellen. Dies gilt auch bei Antrag auf Eröffnung eines Konkurs- oder Vergleichsverfahrens, wenn die genehmigte Tätigkeit nicht fortgesetzt wird.

(5) Die Gültigkeit der von einer Zertifizierungsstelle ausgestellten Zertifikate bleibt von der Rücknahme oder vom Widerruf einer Genehmigung unberührt. Die zuständige Behörde kann eine Sperrung von Zertifikaten anordnen, wenn Tatsachen die Annahme rechtfertigen, daß Zertifikate gefälscht oder nicht hinreichend fälschungssicher sind oder daß zur Anwendung der Signaturschlüssel eingesetzte technische Komponenten Sicherheitsmängel aufweisen, die eine unbemerkte Fälschung digitaler Signaturen oder eine unbemerkte Verfälschung signierter Daten zulassen.

§ 14 Technische Komponenten. (1) Für die Erzeugung und Speicherung von Signaturschlüsseln sowie die Erzeugung und Prüfung digitaler Signaturen sind technische Komponenten mit Sicherheitsvorkehrungen erforderlich, die Fälschungen digitaler Signaturen und Verfälschungen signierter Daten zuverlässig erkennbar machen und gegen unberechtigte Nutzung privater Signaturschlüssel schützen.

(2) Für die Darstellung zu signierender Daten sind technische Komponenten mit Sicherheitsvorkehrungen erforderlich, die die Erzeugung einer digitalen Signatur vorher eindeutig anzeigen und feststellen lassen, auf welche Daten sich die digitale Signatur bezieht. Für die Überprüfung signierter Daten sind technische Komponenten mit Sicherheitsvorkehrungen erforderlich, die feststellen lassen, ob die signierten Daten unverändert sind, auf welche Daten sich die digitale Signatur bezieht und welchem Signaturschlüssel-Inhaber die digitale Signatur zuzuordnen ist.

(3) Bei technischen Komponenten, mit denen Signaturschlüssel-Zertifikate gemäß § 5 Abs. 1 Satz 2 nachprüfbar oder abrufbar gehalten werden, sind Vorkehrungen erforderlich, um die Zertifikatverzeichnisse vor unbefugter Veränderung und unbefugtem Abruf zu schützen.

(4) Bei technischen Komponenten nach den Absätzen 1 bis 3 ist es erforderlich, daß sie nach dem Stand der Technik hinreichend geprüft sind und die Erfüllung der Anforderungen durch eine von der zuständigen Behörde anerkannten Stelle bestätigt ist.

(5) Bei technischen Komponenten, die nach den in einem anderen Mitgliedstaat der Europäischen Union oder in einem anderen Vertragsstaat des Abkommens über den Europäischen Wirtschaftsraum geltenden Regelungen oder Anforderungen rechtmäßig hergestellt oder in den Verkehr gebracht werden und die gleiche Sicherheit gewährleisten, ist davon auszugehen, daß die die sicherheitstechnische Beschaffenheit betreffenden Anforderungen nach den Absätzen 1 bis 3 erfüllt sind. In begründeten Einzelfällen ist auf Verlangen der zuständigen Behörde nachzuweisen, daß die Anforderungen nach Satz 1 erfüllt sind. Soweit zum Nachweis der die sicherheitstechnische Beschaffenheit betreffenden Anforderungen im Sinne der Absätze 1 bis 3 die Vorlage einer Bestätigung einer von der zuständigen Behörde anerkannten Stelle vorgesehen ist, werden auch Bestätigungen von in anderen Mitgliedstaaten der Europäischen Union oder in anderen Vertragsstaaten des Abkommens über den Europäischen Wirtschaftsraum zugelassenen Stellen berücksichtigt, wenn die den Prüfberichten dieser Stellen zugrundeliegenden technischen Anforderungen, Prüfungen und Prüfverfahren denen der durch die zuständige Behörde anerkannten Stellen gleichwertig sind.

§ 15 Ausländische Zertifikate. (1) Digitale Signaturen, die mit einem öffentlichen Signaturschlüssel überprüft werden können, für den ein ausländisches Zertifikat aus einem anderen Mitgliedstaat der Europäischen Union oder aus einem anderen Vertragsstaat des Abkommens über den Europäischen Wirtschaftsraum vorliegt, sind, soweit sie gleichwertige Sicherheit aufweisen, digitalen Signaturen nach diesem Gesetz gleichgestellt.

(2) Absatz 1 gilt auch für andere Staaten, soweit entsprechende überstaatliche oder zwischenstaatliche Vereinbarungen getroffen sind.

§ 16 Rechtsverordnung[1]. Die Bundesregierung wird ermächtigt, durch Rechtsverordnung die zur Durchführung der §§ 3 bis 15 erforderlichen Rechtsvorschriften zu erlassen über

1. die näheren Einzelheiten des Verfahrens der Erteilung, Rücknahme und des Widerrufs einer Genehmigung sowie des Verfahrens bei Einstellung des Betriebes einer Zertifizierungsstelle,
2. die gebührenpflichtigen Tatbestände nach § 4 Abs. 6 und die Höhe der Gebühr,
3. die nähere Ausgestaltung der Pflichten der Zertifizierungsstellen,
4. die Gültigkeitsdauer von Signaturschlüssel-Zertifikaten,

[1] Nr. **23**.

5. die nähere Ausgestaltung der Kontrolle der Zertifizierungsstellen,
6. die näheren Anforderungen an die technischen Komponenten sowie die Prüfung technischer Komponenten und die Bestätigung, daß die Anforderungen erfüllt sind,
7. den Zeitraum sowie das Verfahren, nach dem eine neue digitale Signatur angebracht werden sollte.

23. Verordnung zur digitalen Signatur (Signaturverordnung – SigV)

Vom 22. Oktober 1997 (BGBl. I S. 2498)

Auf Grund des § 16 des Signaturgesetzes vom 22. Juli 1997 (BGBl. I S. 1870, 1872)[1] verordnet die Bundesregierung:

Inhaltsübersicht

§ 1 Verfahren bei Erteilung, Rücknahme und Widerruf von Genehmigungen. (1) Eine Genehmigung für den Betrieb einer Zertifizierungsstelle nach § 4 Abs. 1 des Signaturgesetzes ist schriftlich bei der zuständigen Behörde zu beantragen.

(2) Zur Prüfung der Voraussetzungen für die Erteilung der Genehmigung trifft die zuständige Behörde die erforderlichen Feststellungen. Sie kann vom Antragsteller verlangen, daß dieser erforderliche Unterlagen, insbesondere einen aktuellen Handelsregisterauszug und aktuelle Führungszeugnisse nach § 30 Abs. 5 des Bundeszentralregistergesetzes[2] für die gesetzlichen Vertreter der Zertifizierungsstelle, beibringt. Zur Feststellung der erforderlichen Fachkunde hat der Antragsteller darzulegen, daß das am Zertifizierungsverfahren oder an der Ausstellung von Zeitstempeln beteiligte Personal über die erforderlichen beruflichen Qualifikationen verfügt.

---

[1] Nr. **22**.

[2] **Schönfelder Nr. 92**.

(3) Vor Ablehnung, Rücknahme oder Widerruf einer Genehmigung hat die zuständige Behörde den Antragsteller anzuhören und ihm Gelegenheit zu geben, die Gründe für die Ablehnung, die Rücknahme oder den Widerruf zu beseitigen.

§ 2 Kosten. (1) Für folgende öffentliche Leistungen werden Kosten (Gebühren und Auslagen) erhoben:

1. die Erteilung einer Genehmigung für den Betrieb einer Zertifizierungsstelle,
2. die Ablehnung eines Antrags auf Erteilung einer Genehmigung,
3. die Rücknahme oder den Widerruf einer Genehmigung,
4. die vollständige oder teilweise Zurückweisung eines Widerspruchs,
5. die Ausstellung von Zertifikaten,
6. die Überprüfung von Prüfberichten und Bestätigungen nach § 15 Abs. 1,
7. die Kontrollen nach § 15 Abs. 2, wenn im Rahmen der Kontrolle ein nicht nur unerheblicher Verstoß gegen das Signaturgesetz oder gegen diese Verordnung festgestellt wird,
8. die Übernahme einer Dokumentation nach § 11 Abs. 2 des Signaturgesetzes.

Kosten werden auch dann erhoben, wenn ein Antrag auf Erteilung einer Genehmigung oder ein Widerspruch nach Beginn der sachlichen Bearbeitung, aber vor deren Beendigung zurückgenommen wird.

(2) Bei der Berechnung der Gebühren für öffentliche Leistungen nach Absatz 1 Nr. 1, 5, 6, 7 und 8 sind folgende Stundensätze zugrunde zu legen:

1. Beamte des mittleren Dienstes oder vergleichbare Angestellte:	85 Deutsche Mark,
2. Beamte des gehobenen Dienstes oder vergleichbare Angestellte:	105 Deutsche Mark,
3. Beamte des höheren Dienstes oder vergleichbare Angestellte:	135 Deutsche Mark.

Für jede angefangene Viertelstunde ist ein Viertel dieser Stundensätze zu berechnen. Werden öffentliche Leistungen durch Angehörige der zuständigen Behörde außerhalb der Behörde erbracht, so sind Gebühren ferner zu berechnen für Reisezeiten, die innerhalb der üblichen Arbeitszeit liegen oder von der zuständigen Behörde besonders abgegolten werden, sowie für Wartezeiten, die der Kostenschuldner verursacht hat.

(3) Für die Fälle der Ablehnung oder Zurücknahme eines Antrages auf Erteilung einer Genehmigung sowie der Rücknahme oder des Widerrufs einer Genehmigung gilt § 15 des Verwaltungskostengesetzes[1]. Für die vollständige oder teilweise Zurückweisung eines Widerspruchs

[1] **Sartorius I Nr. 120.**

kann eine Gebühr bis zur Höhe der für den angefochtenen Verwaltungsakt erhobenen Gebühr erhoben werden. Für die Zurückweisung und in den Fällen der Zurücknahme eines ausschließlich gegen eine Kostenentscheidung gerichteten Widerspruchs kann eine Gebühr bis zur Höhe von 10 vom Hundert des streitigen Betrages erhoben werden.

§ 3 Antragsverfahren bei Vergabe von Zertifikaten. (1) Die Zertifizierungsstelle hat die Identifikation des Antragstellers gemäß § 5 Abs. 1 Satz 1 des Signaturgesetzes anhand des Bundespersonalausweises oder Reisepasses oder auf andere geeignete Weise vorzunehmen. Der Antrag auf ein Zertifikat muß eigenhändig unterschrieben sein. Soweit ein Antrag auf ein Zertifikat mit einer digitalen Signatur des Antragstellers versehen ist, kann die Zertifizierungsstelle von einer erneuten Identifikation und eigenhändigen Unterschrift absehen.

(2) Sollen nach § 5 Abs. 2 des Signaturgesetzes in ein Zertifikat Angaben über die Vertretungsmacht für eine dritte Person aufgenommen werden, muß die Vertretungsmacht zuverlässig nachgewiesen sein und eine schriftliche oder mit einer digitalen Signatur versehene Einwilligung der dritten Person vorliegen. Die dritte Person ist schriftlich oder in digitaler Form mit digitaler Signatur über den Inhalt des Zertifikates zu unterrichten und auf die Möglichkeit der Sperrung nach § 9 Abs. 1 hinzuweisen. Eine berufsrechtliche oder sonstige Zulassung ist insbesondere durch Vorlage der Zulassungsurkunde nachzuweisen.

§ 4 Unterrichtung des Antragstellers. (1) Die Zertifizierungsstelle hat einen Antragsteller im Rahmen des § 6 Satz 1 und 3 des Signaturgesetzes insbesondere über folgende erforderliche Maßnahmen zur Gewährleistung der Sicherheit der digitalen Signatur zu unterrichten:

1. Der Datenträger mit dem privaten Signaturschlüssel ist in persönlichem Gewahrsam zu halten. Bei dessen Verlust ist unverzüglich die Sperrung des Signaturschlüssel-Zertifikates zu veranlassen. Wird der Datenträger mit dem privaten Signaturschlüssel nicht mehr benötigt, ist er unbrauchbar zu machen und die Sperrung des Signaturschlüssel-Zertifikates zu veranlassen, falls es nicht abgelaufen ist.
2. Persönliche Identifikationsnummern oder andere Daten zur Identifikation gegenüber dem Datenträger mit dem privaten Signaturschlüssel sind geheim zu halten. Bei Preisgabe oder Verdacht der Preisgabe dieser Identifikationsdaten ist unverzüglich deren Änderung vorzunehmen.
3. Für die Erzeugung und Prüfung digitaler Signaturen sowie die Darstellung von zu signierenden oder zu prüfenden signierten Daten sind technische Komponenten einzusetzen, die den Anforderungen des Signaturgesetzes und dieser Verordnung entsprechen und deren Sicherheit nach dem Signaturgesetz und dieser Verordnung bestätigt wurde. Sie sind vor unbefugtem Zugriff zu schützen.
4. Soweit ein Zertifikat Beschränkungen nach § 7 Abs. 1 Nr. 7 des Signaturgesetzes oder Angaben nach § 7 Abs. 2 des Signaturgesetzes

enthält und dies für die Aussage von signierten Daten von Bedeutung ist, ist das Zertifikat den Daten beizufügen und in die digitale Signatur einzuschließen.

5. Soweit für die Verwendung signierter Daten ein Zeitpunkt von erheblicher Bedeutung sein kann, ist ein Zeitstempel anzubringen.
6. Werden Daten über längere Zeit in signierter Form benötigt, ist gemäß § 18 erneut eine digitale Signatur anzubringen.
7. Bei der Prüfung digitaler Signaturen ist festzustellen, ob das Signaturschlüssel-Zertifikat und Attribut-Zertifikate zum Zeitpunkt der Signaturerzeugung gültig waren, das Signaturschlüssel-Zertifikat gemäß § 7 Abs. 1 Nr. 7 des Signaturgesetzes Beschränkungen enthält und gegebenenfalls die Nummern 4 und 5 beachtet wurden.

(2) Soweit ein Antragsteller bereits über ein Zertifikat verfügt, kann eine erneute Unterrichtung unterbleiben.

§ 5 Erzeugung und Speicherung von Signaturschlüsseln und Identifikationsdaten. (1) Werden Signaturschlüssel durch den Signaturschlüssel-Inhaber erzeugt, so hat sich die Zertifizierungsstelle zu überzeugen, daß er hierfür sowie für die Speicherung und Anwendung des privaten Signaturschlüssels geeignete technische Komponenten nach dem Signaturgesetz und dieser Verordnung einsetzt.

(2) Werden Signaturschlüssel durch die Zertifizierungsstelle bereitgestellt, so hat diese Vorkehrungen zu treffen, um eine Preisgabe von privaten Schlüsseln und eine Speicherung bei der Zertifizierungsstelle auszuschließen. Dies gilt auch für persönliche Identifikationsnummern oder andere Daten zur Identifikation des Signaturschlüssel-Inhabers gegenüber dem Datenträger mit dem privaten Signaturschlüssel.

§ 6 Übergabe von Signaturschlüsseln und Identifikationsdaten. Soweit die Zertifizierungsstelle Signaturschlüssel oder Identifikationsdaten nach § 5 Abs. 2 bereitstellt, hat sie den privaten Signaturschlüssel sowie die Identifikationsdaten dem Signaturschlüssel-Inhaber persönlich zu übergeben und die Übergabe von diesem schriftlich bestätigen zu lassen, es sei denn, dieser verlangt schriftlich eine andere Übergabe. Mit Übergabe des privaten Signaturschlüssels oder Signaturschlüssel-Zertifikates hat sie auch den öffentlichen Signaturschlüssel der zuständigen Behörde zu übergeben.

§ 7 Gültigkeitsdauer von Zertifikaten. Die Gültigkeitsdauer eines Zertifikates darf höchstens fünf Jahre betragen und den Zeitraum der Eignung der eingesetzten Algorithmen und zugehörigen Parameter nach § 17 Abs. 2 nicht überschreiten. Die Gültigkeit eines Attribut-Zertifikates endet spätestens mit der Gültigkeit des Signaturschlüssel-Zertifikates, auf das es Bezug nimmt.

§ 8 Öffentliche Verzeichnisse von Zertifikaten. (1) Die Zertifizierungsstelle hat die von ihr ausgestellten Zertifikate mindestens solange in einem Verzeichnis gemäß den Vorgaben nach § 5 Abs. 1 Satz 2 des Signaturgesetzes zu führen, wie der im Zertifikat aufgeführte Algorithmus mit den dazugehörigen Parametern nach § 17 Abs. 2 als geeignet beurteilt wird.

(2) Die zuständige Behörde hat die von ihr ausgestellten Zertifikate für die in Absatz 1 genannte Dauer in einem Verzeichnis gemäß den Vorgaben nach § 4 Abs. 5 Satz 3 des Signaturgesetzes zu führen. Dies gilt auch für Zertifikate für öffentliche Signaturschlüssel oberster ausländischer Zertifizierungsstellen, soweit ausländische Zertifikate anerkannt werden. Bei den im Verzeichnis enthaltenen ausländischen Zertifikaten hat die zuständige Behörde die Anerkennung durch eine digitale Signatur zu bestätigen. Die zuständige Behörde hat die Telekommunikationsanschlüsse, unter denen die Zertifikate abrufbar sind, sowie ihre öffentlichen Schlüssel im Bundesanzeiger zu veröffentlichen und den Zertifizierungsstellen unmittelbar bekanntzugeben.

(3) Nach Ablauf der in Absatz 1 genannten Frist haben die Zertifizierungsstelle und die zuständige Behörde eine Nachprüfung der Zertifikate bis zum Ablauf der in § 13 Abs. 2 genannten Frist auf Antrag im Einzelfall zu ermöglichen.

§ 9 Verfahren zur Sperrung von Zertifikaten. (1) Die Zertifizierungsstelle hat den Signaturschlüssel-Inhabern und dritten Personen, von denen Angaben zur Vertretungsmacht in ein Zertifikat aufgenommen wurden, sowie der zuständigen Behörde eine Rufnummer bekanntzugeben, unter der diese jederzeit eine unverzügliche Sperrung der Zertifikate veranlassen können und dafür ein Authentisierungsverfahren anzubieten.

(2) Die Zertifizierungsstelle hat ein Zertifikat unter den Voraussetzungen des § 8 des Signaturgesetzes zu sperren, wenn ein mit einer digitalen Signatur versehener oder schriftlicher Antrag des Signaturschlüssel-Inhabers oder seines Vertreters oder einer berechtigten dritten Person nach Absatz 1 vorliegt oder wenn ein vereinbartes Authentisierungsverfahren angewandt wurde.

(3) Die Sperrung von Zertifikaten ist mit Angabe des Datums und der Uhrzeit im Verzeichnis nach § 8 des Signaturgesetzes eindeutig kenntlich zu machen und darf nicht rückgängig gemacht werden.

§ 10 Zuverlässigkeit des Personals. Die Zertifizierungsstelle hat sich von der Zuverlässigkeit von Personen, die am Zertifizierungsverfahren oder an der Ausstellung von Zeitstempeln mitwirken, zu überzeugen. Sie kann hierzu insbesondere die Vorlage eines Führungszeugnisses nach § 30 Abs. 1 des Bundeszentralregistergesetzes verlangen. Unzuverlässige Personen sind vom Zertifizierungsverfahren und der Ausstellung von Zeitstempeln auszuschließen.

§ 11 Schutz der technischen Komponenten. Die Zertifizierungsstelle hat Vorkehrungen zu treffen, um private Signaturschlüssel und die zum

Erstellen der Zertifikate und Zeitstempel sowie zum Nachprüfbarhalten der Zertifikate eingesetzten technischen Komponenten vor unbefugtem Zugriff zu schützen.

§ 12 Sicherheitskonzept. (1) Das Sicherheitskonzept nach § 4 Abs. 3 Satz 3 des Signaturgesetzes hat alle Sicherheitsmaßnahmen sowie insbesondere eine Übersicht über die eingesetzten technischen Komponenten und eine Darstellung der Ablauforganisation der Zertifizierungstätigkeit zu enthalten. Im Falle sicherheitserheblicher Veränderungen ist das Konzept unverzüglich anzupassen.

(2) Die zuständige Behörde führt einen Katalog von geeigneten Sicherheitsmaßnahmen, den sie im Bundesanzeiger veröffentlicht. Die Maßnahmen sollen bei der Erstellung des Sicherheitskonzeptes berücksichtigt werden. Der Katalog wird nach Angaben des Bundesamtes für Sicherheit in der Informationstechnik erstellt. Experten aus Wirtschaft und Wissenschaft sind zu beteiligen.

§ 13 Dokumentation. (1) Die Dokumentation nach § 10 des Signaturgesetzes hat sich auf das Sicherheitskonzept einschließlich der Änderungen, die Prüfberichte und Bestätigungen nach § 15 Abs. 1, die vertraglichen Vereinbarungen mit den Antragstellern und die von der zuständigen Behörde erhaltenen Zertifikate zu erstrecken. Zu den eingegangenen Anträgen auf Zertifikate und Vereinbarungen mit den Antragstellern sind eine Ablichtung des vorgelegten Ausweises oder eines anderen Identitätsnachweises, die für die Aufnahme von Angaben dritter Personen erforderlichen Unterlagen, die Vergabe eines Pseudonyms, der Nachweis über die vorgeschriebene Unterrichtung des Antragstellers und dritter Personen, die erteilten Zertifikate mit dem jeweiligen Zeitpunkt der Ausstellung und der Übergabe, die Sperrung von Zertifikaten und Auskünfte nach § 12 Abs. 2 des Signaturgesetzes zu dokumentieren. Soweit die Zertifizierungsstelle Signaturschlüssel oder Identifikationsdaten nach § 5 Abs. 2 bereitstellt, sind der Zeitpunkt der Übergabe und die Übergabebestätigung zu dokumentieren. In digitaler Form geführte Aufzeichnungen müssen digital signiert sein.

(2) Die Dokumentation nach Absatz 1 ist mindestens 35 Jahre ab dem Zeitpunkt der Ausstellung des Signaturschlüssel-Zertifikates aufzubewahren und so zu sichern, daß sie innerhalb dieses Zeitraumes verfügbar bleibt. Die Dokumentation von Auskünften nach § 12 Abs. 2 Satz 2 des Signaturgesetzes ist zwölf Monate aufzubewahren.

§ 14 Einstellung der Tätigkeit. (1) Die Zertifizierungsstelle hat, wenn sie ihre Tätigkeit nach § 11 Abs. 1 des Signaturgesetzes einstellen will, dies spätestens vier Monate vorher der zuständigen Behörde mitzuteilen.

(2) Vor Beendigung ihrer Tätigkeit hat die Zertifizierungsstelle für jedes nicht gesperrte und zum Zeitpunkt der Beendigung der Tätigkeit

nicht abgelaufene Zertifikat dem Signaturschlüssel-Inhaber mit einer Frist von mindestens drei Monaten mitzuteilen, daß sie ihre Tätigkeit als Zertifizierungsstelle einstellen will und ihn zu unterrichten, ob eine andere Zertifizierungsstelle das Zertifikat übernimmt und diese zu benennen. Soweit nicht eine andere Zertifizierungsstelle die Zertifikate übernimmt, sind nach Ablauf der in Absatz 1 genannten Frist alle Zertifikate zu sperren, die zu diesem Zeitpunkt nicht bereits gesperrt oder abgelaufen sind. Die Signaturschlüssel-Inhaber der zu sperrenden Zertifikate sind darüber zu unterrichten.

(3) Die Mitteilung an die zuständige Behörde und die Unterrichtung der Signaturschlüssel-Inhaber haben in digitaler Form mit digitaler Signatur oder schriftlich zu erfolgen.

(4) Die Zertifizierungsstelle, die nach § 11 Abs. 2 des Signaturgesetzes die Dokumentation übernimmt, oder andernfalls die zuständige Behörde hat die Zertifikate in einem Verzeichnis nach § 8 Abs. 1 und 3 zu führen.

§ 15 Kontrolle der Zertifizierungsstellen. (1) Die Zertifizierungsstelle hat vor Betriebsaufnahme, nach sicherheitserheblichen Veränderungen sowie regelmäßig im Abstand von zwei Jahren eine Prüfung nach § 4 Abs. 3 Satz 3 des Signaturgesetzes zu veranlassen und der zuständigen Behörde einen Prüfbericht und eine Bestätigung darüber vorzulegen, daß sie die Vorgaben aus dem Signaturgesetz und dieser Verordnung erfüllt.

(2) Die zuständige Behörde kann in angemessenen Zeitabständen sowie bei Anhaltspunkten für eine Verletzung von Vorschriften des Signaturgesetzes oder dieser Verordnung Kontrollen durchführen.

§ 16 Anforderungen an die technischen Komponenten. (1) Die zur Erzeugung von Signaturschlüsseln erforderlichen technischen Komponenten müssen so beschaffen sein, daß ein Schlüssel mit an Sicherheit grenzender Wahrscheinlichkeit nur einmal vorkommt und aus dem öffentlichen Schlüssel nicht der private Schlüssel errechnet werden kann. Die Geheimhaltung des privaten Schlüssels muß gewährleistet sein und er darf nicht dupliziert werden können. Sicherheitstechnische Veränderungen an den technischen Komponenten müssen für den Nutzer erkennbar werden.

(2) Die zur Erzeugung oder Prüfung digitaler Signaturen erforderlichen technischen Komponenten müssen so beschaffen sein, daß aus der Signatur nicht der private Signaturschlüssel errechnet oder die Signatur auf andere Weise gefälscht werden kann. Der private Signaturschlüssel darf erst nach Identifikation des Inhabers durch Besitz und Wissen angewendet werden können und bei der Anwendung nicht preisgegeben werden. Zur Identifikation des Signaturschlüssel-Inhabers können zusätzlich biometrische Merkmale genutzt werden. Die zum Erfassen von Identifikationsdaten erforderlichen technischen Komponenten müssen so beschaffen sein, daß sie die Identifikationsdaten

nicht preisgeben und diese nur auf dem Datenträger mit dem privaten Signaturschlüssel gespeichert werden. Sicherheitstechnische Veränderungen an den technischen Komponenten müssen für den Nutzer erkennbar werden.

(3) Die zum Darstellen zu signierender Daten erforderlichen technischen Komponenten müssen so beschaffen sein, daß die signierende Person die Daten, auf die sich die Signatur erstrecken soll, eindeutig bestimmen kann, eine digitale Signatur nur auf ihre Veranlassung erfolgt und diese vorher eindeutig angezeigt wird. Die zum Prüfen signierter Daten erforderlichen technischen Komponenten müssen so beschaffen sein, daß die prüfende Person die Daten, auf die sich die digitale Signatur erstreckt, sowie den Signaturschlüssel-Inhaber eindeutig feststellen kann und die Korrektheit der digitalen Signatur zuverlässig geprüft und zutreffend angezeigt wird. Die technischen Komponenten zum Nachprüfen von Zertifikaten müssen eindeutig erkennen lassen, ob die nachgeprüften Zertifikate im Verzeichnis der Zertifikate zu einem angegebenen Zeitpunkt vorhanden und nicht gesperrt waren. Die technischen Komponenten müssen nach Bedarf den Inhalt der zu signierenden oder signierten Daten hinreichend erkennen lassen. Werden technische Komponenten nach den Sätzen 1 bis 4 geschäftsmäßig Dritten zur Nutzung angeboten, muß die eindeutige Interpretation der Daten sichergestellt sein und müssen die technischen Komponenten bei Benutzung automatisch auf ihre Echtheit überprüft werden. Sicherheitstechnische Veränderungen an den technischen Komponenten müssen für den Nutzer erkennbar werden.

(4) Die technischen Komponenten, mit denen Zertifikate nach § 4 Abs. 5 Satz 3 oder § 5 Abs. 1 Satz 2 des Signaturgesetzes nachprüfbar gehalten werden, müssen so beschaffen sein, daß nur befugte Personen Eintragungen und Veränderungen vornehmen können, die Sperrung eines Zertifikates nicht unbemerkt rückgängig gemacht werden kann und die Auskünfte auf ihre Echtheit überprüft werden können. Die Auskünfte müssen beinhalten, ob die nachgeprüften Zertifikate im Verzeichnis der Zertifikate zum angegebenen Zeitpunkt vorhanden und nicht gesperrt waren. Nur nachprüfbar gehaltene Zertifikate dürfen nicht öffentlich abrufbar sein. Sicherheitstechnische Veränderungen an den technischen Komponenten müssen für den Betreiber erkennbar werden.

(5) Die technischen Komponenten, mit denen Zeitstempel nach § 9 des Signaturgesetzes erzeugt werden, müssen so beschaffen sein, daß die zum Zeitpunkt der Erzeugung des Zeitstempels gültige gesetzliche Zeit unverfälscht in diesen aufgenommen wird. Sicherheitstechnische Veränderungen an den technischen Komponenten müssen für den Betreiber erkennbar werden.

(6) Die zuständige Behörde führt einen Katalog von geeigneten Sicherheitsmaßnahmen, den sie im Bundesanzeiger veröffentlicht. Die Maßnahmen sollen bei den technischen Komponenten berücksichtigt werden. Der Katalog wird nach Angaben des Bundesamtes für Sicher-

heit in der Informationstechnik erstellt. Experten aus Wirtschaft und Wissenschaft sind zu beteiligen.

§ 17 Prüfung der technischen Komponenten. (1) Die Prüfung der technischen Komponenten nach § 14 Abs. 4 des Signaturgesetzes hat nach den „Kriterien für die Bewertung der Sicherheit von Systemen der Informationstechnik" (GMBl. 1992, S. 545) zu erfolgen. Die Prüfung muß bei technischen Komponenten zum Erzeugen von Signaturschlüsseln oder zum Speichern oder Anwenden privater Signaturschlüssel und bei technischen Komponenten, die geschäftsmäßig Dritten zur Nutzung angeboten werden, mindestens die Prüfstufe „E 4" und im übrigen mindestens die Prüfstufe „E 2" umfassen. Die Stärke der Sicherheitsmechanismen muß mit „hoch" und die Algorithmen und zugehörigen Parameter müssen nach Absatz 2 als geeignet bewertet sein.

(2) Die zuständige Behörde veröffentlicht im Bundesanzeiger eine Übersicht über die Algorithmen und zugehörigen Parameter, die zur Erzeugung von Signaturschlüsseln, zum Hashen zu signierender Daten oder zur Erzeugung und Prüfung digitaler Signaturen als geeignet anzusehen sind, sowie den Zeitpunkt, bis zu dem die Eignung jeweils gilt. Der Zeitpunkt soll mindestens sechs Jahre nach dem Zeitpunkt der Bewertung und Veröffentlichung liegen. Die Eignung ist jährlich sowie bei Bedarf neu zu bestimmen. Die Eignung ist gegeben, wenn innerhalb des bestimmten Zeitraumes nach dem Stand von Wissenschaft und Technik eine nicht feststellbare Fälschung von digitalen Signaturen oder Verfälschung von signierten Daten mit an Sicherheit grenzender Wahrscheinlichkeit ausgeschlossen werden kann. Die Eignung wird nach Angaben des Bundesamtes für Sicherheit in der Informationstechnik unter Berücksichtigung internationaler Standards festgestellt. Experten aus Wirtschaft und Wissenschaft sind zu beteiligen.

(3) In der Bestätigung der Erfüllung der Anforderungen für technische Komponenten nach § 14 Abs. 4 des Signaturgesetzes ist anzugeben, für welche Anforderungen nach § 16 die Bestätigung gilt und unter welchen Einsatzbedingungen, welche Algorithmen und zugehörigen Parameter nach Absatz 2 eingesetzt und bis zu welchem Zeitpunkt diese mindestens geeignet sind sowie nach welcher Stufe die technischen Komponenten nach Absatz 1 geprüft wurden. Eine Ausfertigung des Prüfberichtes und der Bestätigung ist bei der zuständigen Behörde zu hinterlegen. Diese kann bei Anhaltspunkten für Mängel bei Prüfungen oder bei bestätigten technischen Komponenten sowie stichprobenweise Gutachten eines unabhängigen Dritten darüber einholen, ob die technischen Komponenten gemäß Absatz 1 geprüft wurden und ob diese die Anforderungen des Signaturgesetzes und dieser Verordnung erfüllen. Betroffene Hersteller, Vertreiber und Prüfstellen haben die dafür erforderliche Unterstützung zu gewähren. Wird diese nicht gewährt oder stellt sich heraus, daß bestätigte technische Komponenten nicht ausreichend geprüft wurden oder Anforderungen nicht erfüllen, so kann die zuständige Behörde erteilte Bestätigungen für ungültig erklären.

(4) Die zuständige Behörde hat die nach § 14 Abs. 4 des Signaturgesetzes anerkannten Stellen sowie die technischen Komponenten, die von diesen eine Bestätigung nach Absatz 3 erhalten haben, im Bundesanzeiger zu veröffentlichen und den Zertifizierungsstellen unmittelbar bekanntzugeben. Zu den technischen Komponenten ist anzugeben, bis zu welchem Zeitpunkt die Bestätigung gilt. Wird eine Anerkennung entzogen oder eine Bestätigung für ungültig erklärt, so ist dies ebenfalls im Bundesanzeiger zu veröffentlichen und den Zertifizierungsstellen unmittelbar bekanntzugeben.

§ 18 Erneute digitale Signatur. Werden Daten über längere Zeit in signierter Form benötigt, als die für ihre Erzeugung und Prüfung eingesetzten Algorithmen und zugehörigen Parameter nach § 17 Abs. 2 als geeignet beurteilt sind, so sind die Daten vor Ablauf des Zeitpunktes der Eignung der Algorithmen und zugehörigen Parameter mit einer neuen digitalen Signatur zu versehen. Diese muß mit neuen Algorithmen oder zugehörigen Parametern erfolgen, frühere digitale Signaturen einschließen und einen Zeitstempel tragen.

§ 19 Inkrafttreten. Diese Verordnung tritt am 1. November 1997 in Kraft.

24. Bekanntmachung zur digitalen Signatur nach Signaturgesetz und Signaturverordnung

Vom 9. Februar 1998 (BAnz. v. 14. 2. 1998 S. 1787)

Die Regulierungsbehörde für Telekommunikation und Post (RegTP) als zuständige Behörde gemäß § 3 des Signaturgesetzes (SigG) vom 22. Juli 1997 (BGBl. I S. 1870, 1872) veröffentlicht zur praktischen Umsetzung des Signaturgesetzes und der Signaturverordnung (SigV) vom 22. Oktober 1997 (BGBl. I S. 2498):

1 Veröffentlichung gemäß § 17 Abs. 4 SigV von anerkannten Stellen für die Bestätigung von technischen Komponenten gemäß § 14 Abs. 4 SigG:

1.1 Es wird anerkannt:
Bundesamt für Sicherheit in der Informationstechnik
Postfach 20 03 63
53133 Bonn

1.2 Es werden vorläufig anerkannt:

1.2.1 Debis Systemhaus Information Security Services GmbH
IT-Sicherheit
Rabinstraße 2
53111 Bonn

1.2.2 TÜV Informationstechnik GmbH
Prüfstelle für IT-Sicherheit
Im Teelbruch 122
45129 Essen

1.2.3 TÜV PRODUCT SERVICE GmbH
IQSE-Prüfstelle für IT-Systeme
Ridlerstraße 31
80339 München

Die vorläufige Anerkennung der unter Nummer 1.2 genannten Stellen wird in eine dauerhafte Anerkennung umgewandelt, wenn der Regulierungsbehörde für Telekommunikation und Post eine Bestätigung des Bundesamtes für Sicherheit in der Informationstechnik (BSI) vorgelegt worden ist, daß die von dieser Stelle ausgestellten Sicherheitszertifikate gemäß § 4 Abs. 4 des BSI-Errichtungsgesetzes eine mit den Sicherheitszertifikaten des BSI vergleichbare Sicherheit ausweisen.

2 Veröffentlichung von anerkannten Stellen für die Prüfung und Bestätigung der Umsetzung von Sicherheitskonzepten gemäß § 4 Abs. 3 Satz 3 SigG:

2.1 Es wird anerkannt:

Bundesamt für Sicherheit in der Informationstechnik
Postfach 20 03 63
53133 Bonn

2.2 Es werden vorläufig anerkannt:

2.2.1 Debis Systemhaus Information Security Services GmbH
IT-Sicherheit
Rabinstraße 2
53111 Bonn

2.2.2 TÜV Informationstechnik GmbH
Prüfstelle für IT-Sicherheit
Im Teelbruch 122
45129 Essen

2.2.3 TÜV PRODUCT SERVICE GmbH
IQSE-Prüfstelle für IT-Systeme
Ridlerstraße 31
80339 München

Die vorläufige Anerkennung der unter Nummer 2.2 genannten Stellen wird in eine dauerhafte Anerkennung umgewandelt, wenn anhand praktischer Erfahrungen auf dem Gebiet der administrativen und technischen Sicherheitskonzeption (Vorlage von Referenzen) die allgemeine Fachkunde nachgewiesen worden ist und die spezifische Fachkunde in Bezug auf die digitale Signatur gemäß Signaturgesetz und Signaturverordnung mittels Durchführung einer erfolgreichen Prüfung eines Sicherheitskonzeptes gem. § 4 Abs. 3 Satz 3 SigG unter Aufsicht der Regulierungsbehörde für Telekommunikation und Post (in Begleitung des Bundesamtes für Sicherheit in der Informationstechnik) nachgewiesen worden ist.

3 Die Anerkennung weiterer Stellen im Sinne von Nummer 1 und Nummer 2 durch die Regulierungsbehörde für Telekommunikation und Post ist möglich, wenn die entsprechenden Voraussetzungen erfüllt werden.

4 Zur Zeit sind nach Kenntnis der Regulierungsbehörde für Telekommunikation und Post folgende Stellen in der Lage, die Prüfung der Sicherheit von technischen Komponenten nach § 14 Abs. 4 SigG in Verbindung mit § 17 Abs. 1 SigV durchzuführen:

IABG
Abteilung ITE
Einsteinstraße 20
85521 Ottobrunn

Tele-Consulting GmbH
Prüflabor für IT-Sicherheit
Siedlerstraße 22–24
71126 Gäufelden

Debis Systembaus Information Security Services GmbH
IT-Sicherheit
Rabinstraße 2
53111 Bonn

TÜV PRODUCT SERVICE GmbH
IQSE-Prüfstelle für IT-Systeme
Ridlerstraße 31
80339 München

TÜV Informationstechnik GmbH
Prüfstelle für IT-Sicherheit
Im Teelbruch 122
45129 Essen

Competence Center Informatik GmbH
Prüfstelle IT-Sicherheit
Lohberg 10
49716 Meppen

VST Vossloh System-Technik GmbH
Prüfstelle für IT-Sicherheit
Edisonstraße 3
24145 Kiel

TÜV Nord e. V.
Software & Elektronik Labor
Große Bahnstraße 31
22525 Hamburg

Bundesamt für Sicherheit in der Informationstechnik
Postfach 20 03 63
53133 Bonn

5 Gemäß § 17 Abs. 2 Satz 1 SigV veröffentlicht die Regulierungsbehörde für Telekommunikation und Post im Anhang eine Übersicht über die Algorithmen und dazugehörige Parameter, die zur Erzeugung von Signaturschlüsseln, zum Hashen zu signierender Daten oder zur Erzeugung und Prüfung digitaler Signaturen als geeignet anzusehen sind, sowie den Zeitpunkt, bis zu dem die Eignung jeweils gilt.

6 Zur Sicherstellung einer einheitlichen Prüf-/Bestätigungspraxis, zum Informationsaustausch und zu eventuellen Sachstandsklärungen soll eine Arbeitsgruppe gebildet werden.

Als Mitglieder sind die anerkannten Bestätigungsstellen im Sinne von Nummer 1 und Nummer 2 vorgesehen; den Vorsitz führt die Regulierungsbehörde für Telekommunikation und Post.

Es ist vorgesehen, daß die Arbeitsgruppe zweimal jährlich an feststehenden Terminen tagen soll, darüber hinaus bei erkennbarem Bedarf.

7 Daß die Erstellung der Maßnahmenkataloge gemäß § 12 Abs. 2 und § 16 Abs. 6 SigV noch nicht abgeschlossen ist, ist für die ge-

nannten Stellen kein Hinderungsgrund zur Aufnahme ihrer Tätigkeit.

Anhang

Geeignete Kryptoalgorithmen gemäß § 17 Abs. 2 SigV

1.1 Kryptoalgorithmen

Die Sicherheit einer digitalen Signatur hängt primär von der Stärke der zugrundeliegenden Kryptoalgorithmen ab. Im folgenden werden Kryptoalgorithmen genannt, die für digitale Signaturen (mindestens) für die kommenden sechs Jahre als geeignet anzusehen sind. (Die bitgenauen Spezifikationen findet man in den entsprechenden Standards verschiedener Organisationen [ISO/IEC, NIST, IEEE usw.], sie sind nicht Gegenstand dieses Dokuments). Es wird sich hierbei auf die wichtigsten praxisrelevanten Algorithmen beschränkt, deren kryptographische Eigenschaften aufgrund der heute vorliegenden Ergebnisse langjähriger Diskussionen und Analysen am besten eingeschätzt werden können.

Die Zertifizierungsstellen können abweichend von den hier vorgeschlagenen Algorithmen auch andere Verfahren einsetzen, wenn nach Angaben des Bundesamtes für Sicherheit in der Informationstechnik (BSI) deren Eignung von der zuständigen Behörde festgestellt wird.

Die Liste der hier genannten Algorithmen ist als offen und vorläufig anzusehen. Sie wird gemäß der weiteren Entwicklung der kryptologischen Forschung und den Erfahrungen mit praktischen Realisierungen von Signaturverfahren aktualisiert und gegebenenfalls ergänzt werden.

1.2 Kryptographische Anforderungen

Ein Schema zur digitalen Signatur im Sinne des Gesetzes umfaßt die folgenden Kryptoalgorithmen:

- einen schnellen Algorithmus zum Hashen von Daten (einer Hashfunktion), der die zu signierenden Daten auf einen Hashwert, d. h. eine Bitfolge fester kurzer Länge reduziert. Signiert werden dann nicht die Daten selbst, sondern stattdessen jeweils ihr Hashwert,
- einen Signaturalgorithmus, der aus einem Signier- und einem Verifizieralgorithmus besteht. Der Signaturalgorithmus hängt ab von einem Schlüsselpaar, bestehend aus einem privaten (d. h. geheimen) Schlüssel zum Signieren (Erzeugen einer Signatur) und dem dazugehörigen öffentlichen Schlüssel zum Verifizieren (Prüfen) der Signatur, und
- ein Verfahren zur Erzeugung von Schlüsselpaaren für die einzelnen Teilnehmer.

Ein solches Schema ist sicher, wenn nur der Inhaber des privaten Schlüssels in der Lage ist, eine Signatur zu erzeugen, die vom Verifizieralgorithmus als gültig erkannt wird (dies bezieht sich hier nur auf die abstrakt-mathematischen Eigenschaften des Schemas. Sicherheitsprobleme, die bei der konkreten technischen Implementierung auftreten, werden hier ausgeklammert). Welche Anforderungen sich hieraus an die obengenannten kryptographischen Algorithmen ergeben, soll im folgenden kurz beschrieben werden:

1.2.1 Hashfunktionen

Beim Signieren wird der Hashwert der zu signierenden Daten gewissermaßen wie ein „digitaler Fingerabdruck" benutzt. Damit hierbei keine Sicherheitslücke entsteht, muß die Hashfunktion H folgenden Kriterien genügen:

- H muß eine Einwegfunktion sein; d.h., es ist praktisch unmöglich, zu einem gegebenen Bitstring aus dem Wertebereich ein Urbild bzgl. H zu finden, und
- H muß kollisionsresistent sein; d.h., es ist praktisch unmöglich, Kollisionen zu finden (zwei verschiedene digitale Dokumente, die auf denselben Hashwert abgebildet werden, bilden eine Kollision).

Die Existenz von Kollisionen und – wenn man ein pseudo-zufälliges Verhalten der Hashfunktion unterstellt und damit die Subjektivität – die Existenz von Urbildern ist unvermeidbar. Dies ist aber nur eine theoretische Aussage. Bei der praktischen Anwendung kommt es nur darauf an, daß es, wie oben verlangt, unmöglich ist, Kollisionen bzw. Urbilder zu finden.

1.2.2 Signaturalgorithmen

Niemand anderes als der Besitzer des Signierschlüssels darf in der Lage sein, Signaturen zu erzeugen. Insbesondere bedeutet dies, daß es praktisch unmöglich ist, den Signierschlüssel aus dem (öffentlichen) Verifizierschlüssel zu berechnen.

1.2.3 Schlüsselerzeugung

Die verschiedenen Signaturalgorithmen benötigen Schlüssel, die bestimmte Bedingungen erfüllen. In einigen Fällen kommen weitere Bedingungen hinzu, deren Nichtbeachtung zu Schwächen des jeweiligen Verfahrens führen könnte. Im Rahmen dieser Anforderungen müssen die Schlüssel zufällig erzeugt werden (siehe Abschnitt 1.5).

1.3 Vorschläge für geeignete Hashfunktionen

Die Hashfunktion MD4 wurde 1990 von Ron Rivest eingeführt ([9], [6]). Das Design ist sehr stark auf eine gute Performance ausgerichtet und speziell zugeschnitten auf die heute sehr verbreiteten 32-Bit-Prozessoren. MD4 hat drei interne Runden. Auf der Basis der Designprinzipien von MD4 sind später eine Reihe weiterer komplexerer Hashfunktionen (mit größerer Rundenzahl) vorgeschlagen worden. Die Hashfunktionen dieser MD4-Familie sind in den letzten Jahren sehr intensiv untersucht worden. Während sich MD4, im wesentlichen wegen der noch zu geringen Rundenzahl, als nicht kollisionsresistent erwies, kann man nach heutigem Kenntnisstand der Analyse von der langfristigen Sicherheit folgender beider Hashfunktionen der MD4-Familie ausgehen:

- RIPEMD-160 ([7], [3]),
- SHA-1 ([2], [3]).

Diese beiden Hashfunktionen sind (mindestens) in den kommenden sechs Jahren, d.h. bis Ende 2003, für die Anwendung bei digitalen Signaturen geeignet.

1.4 Vorschläge für geeignete Signaturalgorithmen

Im Jahr 1977 haben Rivest, Shamir und Adleman als erste ein Verfahren zum Erzeugen digitaler Signaturen explizit beschrieben. Es handelt sich um das nach seinen Erfindern benannte RSA-Verfahren [10]. Im Jahr 1984 hat El'gamal [8] einen anderen Signaturalgorithmus vorgeschlagen. Eine Variante dieses El'gamal-Verfahrens ist der 1991 vom National Institute of Standards and Technology (NIST) publizierte Digital Signature Standard (DSS) [1], der den Digital Signature Algorithm (DSA) spezifiziert. Relativ neu sind Varianten des DSA, die auf Punktegruppen E(K) elliptischer Kurven über endlichen Körpern K basieren, wobei $K = F_p$ ein endlicher Primkörper bzw. $K = F_{2m}$ ein endlicher Körper der Charakteristik 2 ist.

Folgende Signaturalgorithmen sind geeignet:

1. RSA [10],
2. DSA [1],
3. DSA-Varianten, basierend auf elliptischen Kurven, und zwar im einzelnen:
   - ISO/IEC 14883-3 [4], Annex A.2.2 („Agnew-Mullin-Vanstone analogue"),
   - IEEE-Standard P1363 [5], Abschnitt 5.3.3 („Nyberg-Rueppel version"),
   - IEEE-Standard P1363 [5], Abschnitt 5.3.4 („DSA version").

Dies trifft auch für weitere in ISO/IEC 14883-3 beschriebene Verfahren zu. Einige davon werden voraussichtlich in zukünftigen Versionen dieses Dokuments berücksichtigt werden.

Die Sicherheit der obengenannten Verfahren hängt jeweils zusammen mit

1. dem Faktorisierungsproblem für ganze Zahlen,
2. dem Diskreten-Logarithmus-Problem (DLP) in der multiplikativen Gruppe von Primkörpern F_p,
3. dem DLP in Gruppen der Form $E(F_p)$ bzw. $E(F_{2m})$.

Um festzulegen, wie groß die Systemparameter bei diesen Verfahren gewählt werden müssen, um deren Sicherheit zu gewährleisten, muß man zum einen die besten heute bekannten Algorithmen zum Faktorisieren ganzer Zahlen bzw. zum Berechnen diskreter Logarithmen (in den obengenannten Gruppen) betrachten, und zum anderen die Leistungsfähigkeit der heutigen Rechnertechnik berücksichtigen. Um eine Aussage über die Sicherheit für einen bestimmten zukünftigen Zeitraum zu machen, muß man außerdem eine Prognose für die beiden genannten Aspekte zugrunde legen. Solche Prognosen sind nur für relativ kurze Zeiträume möglich (und können sich natürlich jederzeit aufgrund unvorhersehbarer dramatischer Entwicklungen als falsch erweisen).

Die Sicherheit der einzelnen Verfahren ist (mindestens) für die kommenden sechs Jahre, d. h. bis Ende 2003, bei folgender Wahl der Parameter gewährleistet:

1. RSA

Der zugrunde liegende Modulus $n = pq$ (p und q Primzahlen) soll eine Bitlänge von mindestens 1024 haben:

$$\log_2 (n) = \log_2 (p) + \log_2 (q) \geq 1024.$$

Für den Zeitraum der kommenden drei Jahre reicht eine Minimallänge des Modulus von 768 Bit aus:

$$\log_2 (n) \geq 768.$$

Die Primfaktoren p und q von n sollten ungefähr gleich groß sein, aber nicht zu dicht beieinander liegen, d. h. konkret etwa

$$0.5 < | \log_2 (p) - \log_2 (q) | < 30.$$

Die Primfaktoren p und q werden unter Beachtung der genannten Nebenbedingungen unabhängig voneinander zufällig erzeugt.
Der öffentliche Exponent e wird mit $ggT (e, (p - 1)(q - 1)) = 1$ gewählt. Der zugehörige geheime Exponent d wird dann berechnet, so daß $ed \equiv 1 \bmod (p - 1)(q - 1)$ gilt.

Bemerkung:

1. Die Forderung, daß p und q starke Primzahlen sein müssen (d. h. $p - 1$ und $q - 1$ haben große Primfaktoren etc.), erscheint im Hinblick auf die heute bekannten besten Faktorisierungsalgorithmen nicht mehr ausreichend begründet.
2. Der öffentliche Exponent sollte im Prinzip zufällig gewählt werden. Auf der anderen Seite haben kleine öffentliche Exponenten den Vorteil, daß die Verifikation der Signatur sehr schnell durchgeführt werden kann. Bei entsprechender Formatierung des Hashwertes, d. h. der Expansion des Hashwertes auf die Blockbreite des asymmetrischen Verfahrens, ist hierbei (im Gegensatz zum Verschlüsseln mit kleinen Exponenten) kein Risiko bekannt.

2. DSA

Laut FIPS-186 wird für den Parameter p (p Primzahl) eine Bitlänge von mindestens 512 und höchstens 1024 verlangt. Diese Bedingung wird hier verschärft, 1024 Bit ist die untere Grenze:

$$\log_2 (p) \geq 1024.$$

Zur Erzeugung von p und der weiteren Parameter siehe [1]. Der DSA verlangt für den Parameter q die Bitlänge 160. Dies erlaubt die Konstruktion von „Kollisionen" im Sinne von Serge Vaudenay ("Hidden collisions in DSS", Proceedings of Crypto '96, Lecture Notes in Computer Science, Band 1109, Springer Verlag, 1996, S. 83–88) bei der Parametergenerierung. Diese Kollisionen haben jedoch in der Praxis keine Bedeutung. Wenn man die Möglichkeit, diese Kollisionen konstruieren zu können, ausschließen möchte, muß man $\log_2 (q) > 160$ wählen.

a) DSA-Varianten basierend auf $E(F_p)$

Um die Systemparameter festzulegen, werden eine elliptische Kurve E und ein Punkt P auf $E(F_p)$ erzeugt, so daß folgende Bedingungen gelten:

- $\# E(F_p) = a \cdot q$ mit einer von p verschiedenen Primzahl q und $\log_2 (q) \geq 160$.
- $ord(P) = q$.
- $r_0 := \min (r : q$ teilt $p^r - 1)$ ist groß, konkret etwa $r_0 > 10^4$.
- Die Klassenzahl des Endomorphismenringes von E ist mindestens 100.

Bemerkung:

Die untere Abschätzung für r_0 hat den Sinn, Attacken auszuschließen, die auf einer Einbettung der von P erzeugten Untergruppe in die multiplikative Gruppe eines Körpers F_{p^r} beruhen. In der Regel (bei zufälliger Wahl der elliptischen Kurve) ist diese Abschätzung erfüllt, denn r_0 ist die Ordnung von $p (\text{mod } q)$ in F_q^* und hat deshalb im allgemeinen sogar dieselbe Größenordnung wie q. Im Idealfall sollte r_0 explizit bestimmt werden, was allerdings die etwas aufwendige Faktorisierung von $q - 1$ voraussetzt. Demgegenüber ist $r_0 > 10^4$ wesentlich schneller zu verifizieren und wird in diesem Zusammenhang als ausreichend angesehen.

b) DSA-Varianten basierend auf $E(F_{2^m})$

Um die Systemparameter festzulegen, werden eine elliptische Kurve E und ein Punkt P auf $E(F_{2^m})$ erzeugt, so daß folgende Bedingungen gelten:

- $E(F_{2^m})$ ist in keinem echten Teilkörper von F_{2^m} definierbar (d. h. die j-Invariante der Kurve liegt in keinem echten Teilkörper von F_{2^m}).
- $\#E(F_{2^m}) = a \cdot q$ mit q prim und $\log_2 (q) \geq 160$.
- $ord(P) = q$.
- $r_0 := \min (r : q$ teilt $2^{mr} - 1)$ ist groß, konkret etwa $r_0 > 10^4$.
- Die Klassenzahl des Endomorphismenringes von E ist mindestens 100.

Bemerkung:

In Bezug auf die oben erwähnten „Kollisionen" im Sinne von Vaudenay gilt für die auf elliptische Kurven basierenden Verfahren dasselbe wie für DSA.

1.5 Erzeugung von Zufallszahlen

Bei der Erzeugung von Systemparametern für Signaturalgorithmen und die Schlüsselgenerierung werden Zufallszahlen benötigt. Bei DSA-ähnlichen Signaturalgorithmen benötigt man bei jeder Generierung einer Signatur eine neue Zufallszahl.

Für diese Zwecke bieten sich als Zufallszahlengeneratoren Systeme an, die

- eine physikalische Rauschquelle und
- eine kryptographische (bzw. mathematische) Nachbehandlung des Primärrauschens

besitzen. Die Entnahme der Bits aus der physikalischen Rauschquelle sollte sich hinreichend gut durch ein stochastisches Modell beschreiben lassen. Das Primärrauschen sollte, soweit dies technisch möglich ist, permanent einem angepaßten statistischen Test unterzogen werden. Die mathematische Nachbehandlung sollte modellbedingte Abhängigkeiten auflösen.

Zur Schlüsselerzeugung sollte stets ein physikalischer Zufallszahlengenerator verwendet werden.

Wenn für andere Anwendungen (z. B. beim Signieren mit einer DSA-Variante) kein physikalischer Zufallszahlengenerator zur Verfügung steht, kommt als Alternative ein Pseudozufallsgenerator in Frage. Dieser muß durch eine echte Zufallszahl (seed) initialisiert werden. Entscheidend ist, daß eine dem Pseudozufallsgenerator entnommene Bitfolge – wie eine durch physikalischen Zufall erzeugte Bitfolge – die folgende Anforderung erfüllt:

- Es ist a priori keinerlei Aussage über die Bits möglich, die generiert werden. Auch die Kenntnis einer Teilfolge erlaubt keinerlei Rückschlüsse über die restlichen Bits.

Jedes Verfahren zur digitalen Signatur wird unsicher, wenn der benutzte Zufallszahlengenerator die genannten Forderungen nicht erfüllt.

Deshalb ist jeder Zufallszahlengenerator auf seine Eignung sorgfältig zu überprüfen. Eine aussagekräftige Bewertung eines Zufallszahlengenerators setzt umfassende Erfahrungen voraus. Das Bundesamt für Sicherheit in der Informationstechnik (BSI) verfügt über solche Erfahrungen, und es wird empfohlen, in diesem Zusammenhang auf das Knowhow des BSI zurückzugreifen.

Eine sehr nützliche Zusammenstellung von praktischen Kriterien und Hinweisen für Zufalls- und Pseudozufallsgeneratoren findet man in [5], Abschnitt G.

Literatur

[1] NIST: FIPS Publication 186: Digital Signature Standard (DSS), Mai 1994.

[2] NIST: FIPS Publication 180-1: Secure Hash Standard (SHS-1), Mai 1995.

[3] ISO/IEC 10118-3: Information technology – Security techniques – Hash functions – Part 3: Dedicated hash functions, 1997.

[4] ISO/IEC 14888-3: Information technology – Security techniques – Digital signatures with appendix – Part 3: Certificate-based mechanisms, draft, 1997.

[5] IEEE: P1363 Standard (Draft), 6. Februar 1997.

[6] Request for Comments (RFC) 1320: The MD4 messagedigest algorithm, R. Rivest, Internet Activities Board, Internet Privacy Task Force, April 1992.

[7] H. Dobbertin, A. Bosselaers; B. Preneel: RIPEMD-160: A strengthened version of RIPEMD, Fast Software Encryption - Cambridge Workshop 1996, LNCS, Band 1039, S. 71–82, Springer-Verlag, 1996. (Weitere Informationen findet man per ftp unter: ftp.esat. kuleuven.ac.be/pub/COSIC/bosselae/ripemd/).

[8] T. El'gamal: A public key cryptosystem and a signature scheme based on discrete logarithms, Crypto '84, LNCS, Band 196, S. 10–18, Springer-Verlag, 1985.

[9] R. Rivest: The MD4 message digest algorithm, Crypto '90, LNCS, Band 537, S. 303–311, Springer-Verlag, 1991.

[10] R. Rivest, A. Shamir, L. Adleman: A method for obtaining digital signatures and public key cryptosystems, Communications of the ACM, vol. 21 no. 2, 1978.

25. Gesetz über die Errichtung des Bundesamtes für Sicherheit in der Informationstechnik (BSI-Errichtungsgesetz – BSIG)

Vom 17. Dezember 1990 (BGBl. I S. 2834)

Der Bundestag hat das folgende Gesetz beschlossen:

§ 1 Bundesamt für Sicherheit in der Informationstechnik. Der Bund errichtet das Bundesamt für Sicherheit in der Informationstechnik als Bundesoberbehörde. Es untersteht dem Bundesminister des Innern.

§ 2 Begriffsbestimmungen. (1) Die Informationstechnik im Sinne dieses Gesetzes umfaßt alle technischen Mittel zur Verarbeitung oder Übertragung von Informationen.

(2) Sicherheit in der Informationstechnik im Sinne dieses Gesetzes bedeutet die Einhaltung bestimmter Sicherheitsstandards, die die Verfügbarkeit, Unversehrtheit oder Vertraulichkeit von Informationen betreffen, durch Sicherheitsvorkehrungen

1. in informationstechnischen Systemen oder Komponenten oder
2. bei der Anwendung von informationstechnischen Systemen oder Komponenten.

§ 3 Aufgaben des Bundesamtes. (1) Das Bundesamt hat zur Förderung der Sicherheit in der Informationstechnik folgende Aufgaben:

1. Untersuchung von Sicherheitsrisiken bei Anwendung der Informationstechnik sowie Entwicklung von Sicherheitsvorkehrungen, insbesondere von informationstechnischen Verfahren und Geräten für die Sicherheit in der Informationstechnik, soweit dies zur Erfüllung von Aufgaben des Bundes erforderlich ist,
2. Entwicklung von Kriterien, Verfahren und Werkzeugen für die Prüfung und Bewertung der Sicherheit von informationstechnischen Systemen oder Komponenten,
3. Prüfung und Bewertung der Sicherheit von informationstechnischen Systemen oder Komponenten und Erteilung von Sicherheitszertifikaten,
4. Zulassung von informationstechnischen Systemen oder Komponenten, die für die Verarbeitung oder Übertragung amtlich geheimgehaltener Informationen (Verschlußsachen) im Bereich des Bundes oder bei Unternehmen im Rahmen von Aufträgen des Bundes eingesetzt werden sollen, sowie die Herstellung von Schlüsseldaten, die für den Betrieb zugelassener Verschlüsselungsgeräte benötigt werden,

5. Unterstützung der für Sicherheit in der Informationstechnik zuständigen Stellen des Bundes, insbesondere soweit sie Beratungs- oder Kontrollaufgaben wahrnehmen; dies gilt vorrangig für den Bundesbeauftragten für den Datenschutz, dessen Unterstützung im Rahmen der Unabhängigkeit erfolgt, die ihm bei der Erfüllung seiner Aufgaben nach dem Bundesdatenschutzgesetz zusteht,
6. Unterstützung
   a) der Polizeien und Strafverfolgungsbehörden bei der Wahrnehmung ihrer gesetzlichen Aufgaben,
   b) der Verfassungsschutzbehörden bei der Auswertung und Bewertung von Informationen, die bei der Beobachtung terroristischer Bestrebungen oder nachrichtendienstlicher Tätigkeiten im Rahmen der gesetzlichen Befugnisse nach den Verfassungsschutzgesetzen des Bundes und der Länder anfallen.

   Die Unterstützung darf nur gewährt werden, soweit sie erforderlich ist, um Tätigkeiten zu verhindern oder zu erforschen, die gegen die Sicherheit in der Informationstechnik gerichtet sind oder unter Nutzung der Informationstechnik erfolgen. Die Unterstützungsersuchen sind durch das Bundesamt aktenkundig zu machen,
7. Beratung der Hersteller, Vertreiber und Anwender in Fragen der Sicherheit in der Informationstechnik unter Berücksichtigung der möglichen Folgen fehlender oder unzureichender Sicherheitsvorkehrungen.

(2) Im Falle des Absatzes 1 Nr. 2 werden Entscheidungen über Kriterien und Verfahren, die als Grundlage für die Erteilung von Sicherheitszertifikaten nach § 4 dienen, im Einvernehmen mit dem Bundesminister für Wirtschaft getroffen.

§ 4 Sicherheitszertifikat. (1) Hersteller und Vertreiber können für informationstechnische Systeme oder Komponenten bei dem Bundesamt ein Sicherheitszertifikat beantragen. Die Anträge werden in der zeitlichen Reihenfolge ihres Eingangs bearbeitet; hiervon kann abgewichen werden, wenn das Bundesamt wegen der Zahl und des Umfangs anhängiger Prüfungsverfahren eine Prüfung in angemessener Zeit nicht durchführen kann und an der Erteilung eines Sicherheitszertifikats ein öffentliches Interesse besteht. Der Antragsteller legt dem Bundesamt die Unterlagen vor und erteilt die Auskünfte, deren Kenntnis für die Prüfung und Bewertung des Systems oder der Komponente sowie für die Erteilung des Sicherheitszertifikats erforderlich ist.

(2) Das Bundesamt kann im Einvernehmen mit dem Antragsteller sachverständige Stellen mit der Prüfung und Bewertung beauftragen.

(3) Das Sicherheitszertifikat wird erteilt, wenn

1. ein informationstechnisches System oder eine informationstechnische Komponente den vom Bundesamt festgelegten oder allgemein anerkannten Sicherheitskriterien entspricht und

2. der Bundesminister des Innern festgestellt hat, daß überwiegende öffentliche Interessen, insbesondere sicherheitspolitische Belange der Bundesrepublik Deutschland, der Erteilung nicht entgegenstehen.

(4) Sicherheitszertifikate anderer anerkannter Prüfstellen aus dem Bereich der Europäischen Gemeinschaft werden vom Bundesamt anerkannt, soweit sie eine den Sicherheitszertifikaten des Bundesamtes gleichwertige Sicherheit ausweisen.

§ 5 Ermächtigung. (1) Der Bundesminister des Innern bestimmt nach Anhörung der betroffenen Wirtschaftsverbände und im Einvernehmen mit dem Bundesminister für Wirtschaft durch Rechtsverordnung das Nähere über das Verfahren der Erteilung von Sicherheitszertifikaten nach § 4 und deren Inhalt.

(2) Für Amtshandlungen nach diesem Gesetz und nach den zur Durchführung dieses Gesetzes erlassenen Rechtsverordnungen werden Gebühren und Auslagen erhoben. Die Höhe der Gebühren richtet sich nach dem mit den Amtshandlungen verbundenen Verwaltungsaufwand. Der Bundesminister des Innern bestimmt im Einvernehmen mit dem Bundesminister der Finanzen durch Rechtsverordnung die gebührenpflichtigen Tatbestände und die Gebührensätze.

§§ 6–9 *(vom Abdruck wurde abgesehen)*

§ 10 Inkrafttreten. Dieses Gesetz tritt am 1. Januar 1991 in Kraft.

26. Mitteilung der EU-Kommission zur digitalen Signatur

Mitteilung der Kommission an den Rat, das Europäische Parlament, den Wirtschafts- und Sozialausschuß und den Ausschuß der Regionen

Vom 8. Oktober 1997 [Kom(97)503]

Sicherheit und Vertrauen in elektronische Kommunikation

Ein europäischer Rahmen für digitale Signaturen und Verschlüsselung

Kurzfassung

Einleitung

Zur Kommunikation in unserer Gesellschaft werden in zunehmendem Maße offene elektronische Netze wie das Internet genutzt. Sie ermöglichen das Schaffen neuer Geschäftszweige, neuer Verteilungskanäle und neuer Methoden, um Kunden zu erreichen. Sie eröffnen auch Möglichkeiten für Unternehmen, die Abwicklung ihrer Geschäfte neu zu strukturieren. Es wird auf breiter Ebene davon ausgegangen, daß der elektronische Handel zu einer der treibenden Kräfte für die Entwicklung zur globalen Informationsgesellschaft werden wird. Der elektronische Handel bietet der Europäischen Union eine hervorragende Möglichkeit ihrer wirtschaftlichen Integration mit Hilfe eines „virtuellen" Wirtschaftsraumes.

Die Verwirklichung dieser Entwicklungen wird jedoch durch die Unsicherheiten gebremst, die die offenen Netze kennzeichnen: Nachrichten können abgefangen und manipuliert werden, die Gültigkeit von Dokumenten kann angefochten und persönliche Daten können unerlaubt gesammelt werden. Attraktivität und Vorteile der elektronischen Kommunikation, insbesondere des elektronischen Handels, können deshalb nicht vollständig ausgeschöpft werden.

Um die kommerziellen Möglichkeiten, die die elektronische Kommunikation über offene Netze bietet, ausschöpfen zu können, muß diese sicherer gemacht werden. Kryptographische Verfahren sind heute auf breiter Ebene als wesentliche Instrumente zur Sicherheit bei der elektronischen Kommunikation anerkannt. Zwei wichtige Anwendungen der Kryptographie sind digitale Signaturen und Verschlüsselung.

Verschiedene Mitgliedstaaten haben angekündigt, spezifische Regelungen für Kryptographie einzuführen oder haben dies bereits getan. Deutschland und Italien haben beispielsweise bereits Gesetze für digitale Signaturen auf den Weg gebracht. In anderen Mitgliedstaaten finden innenpolitische Diskussionen statt. Wieder andere tendieren dazu, sich – zumindest im Moment – mit speziellen Regelungen zurückzuhalten.

Voneinander abweichende und restriktive Maßnahmen im Bereich der Kryptographie können den freien Waren- und Dienstleistungsverkehr auf dem *Binnenmarkt* beeinträchtigen und die Entwicklung des elektronischen Handels aufhalten. Die Europäische Union kann es sich einfach nicht leisten, eine Zersplitterung der ordnungspolitischen Landschaft in einem für die Wirtschaft und Gesellschaft so wichtigen Bereich zuzulassen.

Das Hauptziel dieser Mitteilung ist die Entwicklung einer europäischen Politik, insbesondere zur Schaffung eines gemeinsamen Rahmens für digitale Signaturen, zur Sicherstellung des Funktionierens des Binnenmarktes für kryptographische Dienste und Produkte, zur Förderung einer europäischen Industrie für kryptographische Dienste und Produkte, und um Nutzer anzuregen und in die Lage zu versetzen, von den Möglichkeiten, die die globale Informationsgesellschaft bietet, zu profitieren. Hinsichtlich des Zeitrahmens geht die Kommission davon aus, daß geeignete Maßnahmen innerhalb der Union spätestens bis zum Jahr 2000 greifen müssen. Aus diesem Grunde beabsichtigt die Kommission nach 1998, nach der Auswertung der Reaktionen auf diese Mitteilung, detaillierte Vorschläge für die weitere Vorgehensweise zu machen.

Dies stimmt mit der Mitteilung über den elektronischen Geschäftsverkehr vom April 1997 überein, in welcher die Kommission die Absicht angekündigt hat, eine besondere Initiative im Bereich digitaler Signaturen vorzulegen sowie eine Politik zu entwerfen, die den freien Verkehr von Verschlüsselungstechnologien und -produkten garantiert.

Digitale Signaturen

Einige Mitgliedstaaten führen derzeit freiwillige Verfahren, andere verbindliche Genehmigungsverfahren ein, um Vertrauen in Zertifizierungsstellen (Certification Authorities – CAs) zu schaffen und die rechtliche Anerkennung der digitalen Signaturen zu fördern. Die Schaffung klarer Ordnungsrahmen wird befürwortet, doch könnten aufgrund der den digitalen Signaturen eigenen grenzüberschreitenden Natur unterschiedliche ordnungspolitische Ansätze in den Mitgliedstaaten und die gegenseitige Nichtanerkennung der Bestimmungen leicht zu einer Fragmentierung des Binnenmarkts für den elektronischen Handel und On-Line-Dienste in der Union führen.

Um den elektronischen Handel und die Wettbewerbsfähigkeit der europäischen Industrie zu fördern und die Nutzung der digitalen Signaturen über die nationalen Grenzen hinaus zu erleichtern, ist ein gemeinsamer rechtlicher Rahmen auf der Ebene der Gemeinschaft dringend notwendig. Jede Regelung im Bereich der digitalen Signaturen muß zwei wichtige Voraussetzungen erfüllen: Sie muß einen klaren Rahmen schaffen, um Vertrauen in digitale Signaturen herzustellen, und flexibel genug sein, um auf neue technische Entwicklungen reagieren zu können.

Verschlüsselung

Stimuliert durch die rasche Ausdehnung des Internet wird die Verschlüsselung integraler Bestandteil privater und gewerblicher Computersysteme werden. Der elektronische Handel, wie auch andere Anwendungen der Informationsgesellschaft, werden nur akzeptiert werden und ihren wirtschaftlichen und gesellschaftlichen Nutzen entfalten können, wenn die Vertraulichkeit auf nutzerfreundliche Weise und zu vernünftigen Preisen sichergestellt werden kann. In offenen Netzen ist Verschlüsselung von Daten sehr häufig der einzig wirksame und kostengünstige Weg, um die Vertraulichkeit von Daten und Kommunikation zu schützen.

Nationale Strafverfolgungs- und Sicherheitsbehörden befürchten, daß eine weit verbreitete Nutzung verschlüsselter Kommunikation sie bei der Verbrechensbekämpfung und -verhütung und im Kampf gegen terroristische Aktivitäten behindern wird. Aus diesem Grund wird in einigen Mitgliedstaaten über die Einführung von Regelungen im Bereich der Kryptographie nachgedacht, zusätzlich zu den bestehenden Kontrollen für Export und innergemeinschaftlichen Warenverkehr. Das hat zu einer Diskussion über die Notwendigkeit, die technischen Möglichkeiten, die Wirksamkeit und die Verhältnismäßigkeit einer solchen Regelung sowie die Auswirkungen auf den Schutz der Privatsphäre geführt.

Niemand kann jedoch wirksam daran gehindert werden, Daten zu verschlüsseln (auch Straftäter und Terroristen können die Verschlüsselung für ihre Zwecke nutzen), z.B. indem sie starke Verschlüsselungssoftware einfach vom Internet runterladen. Deshalb könnte die Beschränkung des Gebrauchs der Verschlüsselung es gesetzestreuen Unternehmen und Bürgern unmöglich machen, sich vor kriminellen Angriffen zu schützen, würde jedoch Straftäter nicht völlig davon abhalten, diese Verfahren zu nutzen.

Vorschläge für eine Regelung der Verschlüsselung haben zu erheblichen Kontroversen geführt. Die Industrie hat ernsthafte Bedenken gegen die Reglementierung der Verschlüsselung geäußert, insbesondere gegen die „Schlüsselhinterlegung“ (key escrow) und die „Erzeugung von Nachschlüsseln“ (key recovery). Es mangelt an Erfahrung, da die Anwendungen der elektronischen Kommunikation und der elektronische Handel gerade erst begonnen haben, Wirtschaft und Gesellschaft zu durchdringen. Diese Mitteilung enthält dennoch Bewertungen, um zu einem gemeinsamen europäischen Ansatz in diesem Bereich zu gelangen.

Strategische Maßnahmen im Bereich der digitalen Signaturen

Der auf europäischer Ebene dringend notwendige Rahmen sollte gemeinsame rechtliche Anforderungen für CAs umfassen (insbesondere einheitliche Anforderungen für die Einrichtung und die Tätigkeit von CAs), um sicherzustellen, daß Zertifikate in sämtlichen Mitgliedstaaten anerkannt werden. Darüber hinaus wird die Kommission die rechtlichen Entwicklungen im Zusammenhang mit der Einführung neuer Regelungen in den Mitgliedstaaten - unter dem Gesichtspunkt der Respektierung von Binnenmarktprinzipien - beobachten. Ferner wird die Kommission die Mitgliedstaaten ermutigen, möglichst umgehend geeignete Maßnahmen zur Schaffung von Vertrauen in digitale Signaturen zu ergreifen.

Im Hinblick auf eine möglichst breite Akzeptanz der digitalen Signaturen sollten die Mitgliedstaaten ihre Maßnahmen koordinieren und sicherstellen, daß digitale Signaturen spätestens bis zum Jahr 2000 rechtlich anerkannt werden. Die Kommission wird prüfen, ob Maßnahmen notwendig sein werden, um zur rechtlichen Anerkennung digitaler Signaturen auf Gemeinschaftsebene beizutragen, indem sie unterschiedliche nationale Regelungen (z.B. Formerfordernisse, Beweisregelungen) harmonisiert.

Die Gemeinschaft und die Mitgliedstaaten sollten sich an Dialogen in internationalen Organisationen wie der OECD, den Vereinten Nationen und der WTO beteiligen bzw. Dialoge anregen, vor allem um gemeinsame technische Standards einzuführen und die gegenseitige Anerkennung von Vorschriften sicherzustellen.

Strategische Maßnahmen im Bereich der Verschlüsselung

Im EG-Vertrag und im Vertrag über die Europäische Union wird die Zuständigkeit der Mitgliedstaaten für die nationale Sicherheit und Strafverfolgung ausdrücklich anerkannt.

Um sicherzustellen, daß die Entwicklung des elektronischen Handels auf dem Binnenmarkt nicht behindert wird, und um die freie Verbreitung und den freien Gebrauch von Verschlüsselungsprodukten und -diensten zu erleichtern, fordert die Kommission die Mitgliedstaaten auf, unverhältnismäßige Beschränkungen zu vermeiden. Darüber hinaus wird die Kommission prüfen, ob Eingriffe völlig oder teilweise gerechtfertigt sind, insbesondere hinsichtlich

- der Bestimmungen des Vertrages über den freien Verkehr insbesondere Artikel 30, 36, 52, 56 und 59,
- des Grundsatzes der Verhältnismäßigkeit,
- der Richtlinie 83/189/EWG des Rates vom 28. 3. 1983 über ein Informationsverfahren auf dem Gebiet der Normen und technischen Vorschriften,
- der EU-Richtlinie 95/46/EG des Europäischen Parlaments und des Rates vom 24. 10. 1995 über den Schutz personenbezogener Daten.

Die Kommission ist ferner der Meinung, daß die Mitgliedstaaten zwischen den Diensten für digitale Signaturen und für Verschlüsselung unterscheiden sollten, da diese beiden Bereiche durch unterschiedliche Regeln und Ziele getrennt sind.

Weitere Maßnahmen:

- Änderung der Verordnung (EG) Nr. 3381/94 des Rates vom 19. 12. 1994 über eine Gemeinschaftsregelung der Ausfuhrkontrolle von Gütern mit doppeltem Verwendungszweck (Dual Use) im Hinblick auf die Anforderungen des Marktes für kryptographische Produkte;
- Verbesserung der Kooperation von Ordnungskräften auf europäischer und internationaler Ebene;
- Anstreben internationaler Übereinkommen zwischen der Gemeinschaft und anderen Ländern angesichts der weltweiten Dimension der elektronischen Kommunikation und des elektronischen Handels.

Begleitmaßnahmen

- Unterstützen der Industrie und internationaler Standardisierungsorganisationen bei der Entwicklung interoperabler technischer und infrastruktureller Standards für digitale Signaturen und Verschlüsselung, um den sicheren und vertrauensvollen Gebrauch von Netzen sicherzustellen;
- Vorschlag für einen Beschluß des Rates und des Parlaments für ein Programm INFOSEC II, welches auf dem 1992 bis 1994 laufenden INFOSEC Programm aufbaut. Ein solches Programm würde auf die Entwicklung umfassender Strategien für die Sicherheit elektronischer Kommunikation abzielen, insbesondere auf die Versorgung von Nutzern mit angemessenen Schutzmechanismen.
- Fortführung der laufenden Projekte im Bereich digitaler Signaturen und Verschlüsselung im 4. Rahmenprogramm für Gemeinschaftsaktivitäten auf dem Gebiet der Forschung und der technologischen Entwicklung (1994–1998) und Durchführung neuer Projekte im 5. Rahmenprogramm (1998–2002);
- Förderung der Anwendung digitaler Signaturen und von Verschlüsselung innerhalb der EU Institutionen und staatlicher Behörden;
- Einrichten eines „Europäischen Internet Forums" zum Austausch von Informationen über Aspekte der Ordnungspolitik und des Gebrauchs digitaler Signaturen und der Verschlüsselung noch in Jahr 1997;
- Veranstaltung eines internationalen Hearings „digitale Signaturen und Verschlüsselung" Anfang 1998.

Zeitrahmen

4. Q./1997:	Europäisches Internet-Forum
4. Q./1997:	Vorschlag der Kommission zur Änderung der Dual-Use Verordnung
1. Q./1998:	Internationales Hearing
1. Q./1998:	Auswertung der Kommentare zur Mitteilung, den Ergebnissen des Internet-Forums und des internationalen Hearings
2. Q./1998:	Vorschlag für die weitere Vorgehensweise (z. B. Richtlinie im Bereich digitale Signaturen)
2. Q./1998:	Vorschlag für ein Infosec II Programm

1998–2002: Projekte innerhalb des 5. Rahmenprogrammes
bis 2000: Gemeinsamer Rahmen im Bereich Kryptographie innerhalb der Union ist in Kraft

Inhaltsverzeichnis

I. Einleitung: Die Notwendigkeit sicherer elektronischer Kommunikation

Offene Netze, wie das Internet, werden in zunehmendem Maße zur Kommunikation in unserer Gesellschaft genutzt. Aufgrund ihrer Offenheit und freien Zugänglichkeit ermöglichen sie weltweite Kontakte ohne großen zeitlichen Aufwand und zu niedrigen Kosten. Das wird zu neuen Formen der Handelsbeziehungen (z. B. „virtuelle“ Unternehmen, weltweite Zusammenarbeit), der privaten Kommunikation (z. B. e-mail) und der Abwicklung behördlicher Dienstleistungen führen (z. B. elektronische Steuererklärung).

Offene Netze ermöglichen auch weltweiten elektronischen Handel mit Waren und Dienstleistungen, die elektronisch bestellt, geliefert und bezahlt werden können. Bereits heute sind Software, Informationen, Musik und Videos über das Internet erhältlich. Es wird allgemein erwartet, daß der elektronische Handel einer der Schlüsselfaktoren für die Entwicklung der globalen Informationsgesellschaft sein wird[1].

Der zunehmende Gebrauch von Netzen ermöglicht das Schaffen neuer Geschäftszweige und Verteilungskanäle sowie neuer Methoden, um Kunden zu erreichen. Er eröffnet auch Möglichkeiten für Unternehmen, die Abwicklung ihrer Geschäfte neu zu strukturieren.

Solche Entwicklungen werden allerdings durch Unsicherheitsfaktoren behindert, die mit offenen Netzen verbunden sind: Nachrichten können abgefangen und manipuliert, die Echtheit von Dokumenten kann bestritten und persönliche Daten können unerlaubt gesammelt werden. Zunehmend kommt es auch zu Betrugsfällen in verschiedenen Formen. Deshalb werden heute wichtige elektronische Dokumente in der Regel nur in sogenannten *„geschlossenen Netzen“* ausgetauscht, z. B. zwischen Nutzern, die bereits Vertragsbeziehungen zueinander unterhalten und sich gegenseitig vertrauen. Dieses Modell ist jedoch auf offene Netze – wie das Internet – nicht ohne weiteres übertragbar, denn dort bestehen häufig gerade noch keine Beziehungen zwischen den Nutzern. Elektronischer Handel und Kommunikation können daher ihre Attraktivität und Vorteile noch nicht voll ausspielen.

Um die wirtschaftlichen Chancen zu nutzen, die elektronische Kommunikation über offene Netze bietet, muß diese deshalb sicher und vertrauenswürdig sein. Kryptographische Verfahren sind inzwischen als wesentliches Instrument für Sicherheit und Vertrauen in elektronischer Kommunikation allgemein anerkannt. Zwei wichtige Anwendungen der Kryptographie sind digitale Signaturen und Verschlüsselung.

Mit Hilfe digitaler Signaturen kann die Herkunft von Daten nachgewiesen werden *(Authentizität)* und geprüft werden, ob Daten verändert wurden *(Integrität)*. Durch Verschlüsselung bleiben Daten und Kommunikation *vertraulich*.

Verschiedene Mitgliedstaaten haben angekündigt, spezifische Regelungen im Bereich der Kryptographie einzuführen oder haben dies bereits getan. Deutschland und Italien haben beispielsweise bereits Gesetze für digitale Signaturen auf den Weg gebracht. In anderen Mitgliedstaaten finden Diskussionen statt und wieder andere tendieren – zumindest im Moment – dazu, sich mit speziellen Regelungen zurückzuhalten.

Divergierende rechtliche und technische Ansätze würden ein ernstes Hindernis für den Binnenmarkt und die Entwicklung neuer Wirtschaftstätigkeiten im Bereich des elektronischen Handels darstellen. Ein ge-

[1] Mitteilung der Kommission „Europäische Initiative für den elektronischen Geschäftsverkehr“, KOM(97)157 endg., 16. 4. 1997 ;http://www.ispo.cec.be/Ecommerce.

meinsamer politischer Rahmen auf EU-Ebene zur Schaffung von Sicherheit und Vertrauen in elektronische Kommunikation sowie zur Aufrechterhaltung des Funktionierens des Binnenmarktes ist deshalb dringend erforderlich. Die Europäische Union kann es sich einfach nicht leisten, eine Zersplitterung der ordnungspolitischen Landschaft in einem für die Wirtschaft und Gesellschaft so wichtigen Bereich zuzulassen.

Mit der steigenden Nachfrage nach kryptographischen Diensten und Produkten werden jedoch auch Befürchtungen darüber laut, daß die Kryptographie durch Straftäter oder Terroristen mißbraucht werden und damit die Verbrechensbekämpfung erschweren könnte. Solche Bedenken betreffen nur Dienste auf dem Gebiet der Vertraulichkeit. Digitale Signaturen sind für die Strafverfolgung kein Problem, da sie das Lesen von Daten nicht verhindern. Digitale Signaturen könnten für die Strafverfolgung sogar von Vorteil sein, da sie zum Beispiel die Zuordnung von Nachrichten zu einem bestimmten Leser und/oder Sender ermöglichen. Da digitale Signaturen außerdem einen spezifischen rechtlichen Rahmen benötigen, der die rechtlichen Konsequenzen berücksichtigt, unterscheidet die vorliegende Mitteilung zwischen Diensten für Authentizität/Integrität - digitale Signaturen (Teil II) - und Diensten für Vertraulichkeit - Verschlüsselung (Teil III)[1].

Im September 1996 hat das *Europäische Parlament* die Kommission aufgefordert, EU-Rechtsvorschriften zur Informationssicherheit und Vertraulichkeit und für digitale Identifizierung[2] sowie zum Schutz der Privatsphäre auszuarbeiten. Im November 1996 ersuchte der *Ministerrat* die Mitgliedstaaten und die Kommission, konsistente Maßnahmen zur Gewährleistung der Integrität und Authentizität elektronisch übermittelter Dokumente vorzubereiten[3]. Im März 1997 verabschiedete die OECD Leitlinien zur Kryptopolitik, in der Grundsätze niedergelegt sind, nach welchen die Staaten sich bei der Formulierung ihrer Politik über die Nutzung der Kryptographie richten sollen. Diese Leitlinien stellen - obwohl nicht bindend - den ersten Versuch auf internationaler Ebene dar, Empfehlungen zu verschiedenen Aspekten der Kryptographie, einschließlich Verschlüsselung und digitaler Signaturen, abzugeben. In der Bonner Ministererklärung vom Juli 1997 wurde ebenfalls die Notwendigkeit eines rechtlichen und technischen Rahmens für digitale Signaturen auf europäischer Ebene sowie die Bedeutung einer fortschrittlichen Verschlüsselungstechnik für den elektronischen Handel hervorgehoben[4].

---

[1] Diese Unterscheidung wird auch in den OECD-Leitlinien zur Kryptopolitik („Guidelines on Cryptography Policy"), 27. 3. 1997 gemacht; http://www.oecd.org/dsti/iccp/crypto_e.html.

[2] Entschließung des Europäischen Parlaments A4-244/96, 19. 9. 1996, ABl. Nr. C 320, 28. 10. 1996, S. 164.

[3] Entschließung des Rates Nr. 96/C 376/01 vom 21. 11. 1996 über die neuen politischen Prioritäten im Hinblick auf die Informationsgesellschaft, ABl. Nr. C 376 vom 12. 12. 1996.

[4] Europäische Ministerkonferenz, Bonn 6.–8. 7. 1997, http://www.echo.lu/bonn/conference.html.

In der Mitteilung über den elektronischen Geschäftsverkehr vom April 1997 kündigte die Kommission die Absicht an, eine besondere Initiative im Bereich digitaler Signaturen vorzulegen sowie eine Politik zu entwerfen, die den freien Verkehr von Verschlüsselungstechnologien und -produkten garantiert.

Wie angekündigt, soll mit der vorliegenden Mitteilung der Rahmen für eine Politik geschaffen werden zur:

- Schaffung eines europäischen Rahmens für digitale Signaturen;
- Sicherstellung des Funktionierens des Binnenmarktes für kryptographische Produkte und Dienste sowie für Anwendungen und Dienste, die kryptographische Techniken verwenden. Dabei sollen Belange der öffentlichen Sicherheit berücksichtigt und die Schaffung eines homogenen Raums der Sicherheit in der EU unterstützt werden, wie vom Europäischen Rat in Amsterdam gefordert[1];
- Förderung einer europäischen Industrie für kryptographische Dienste und Produkte;
- Inangriffnahme der internationalen Fragen, die aufgrund des weltweiten Charakters des Internet und anderer elektronischer Netze aufgeworfen werden, insbesondere durch Beseitigung von Handelshemmnissen für kryptographische Produkte und Dienste und durch weitestgehende Sicherstellung der lückenlosen Kommunikation weltweit;
- Schaffung der Grundlage für das Einbeziehen der Kryptographie in den Rahmen anderer europäischer Politikbereiche, wie den Schutz der Privatsphäre, Verbraucherinteressen und Urheberrechte;
- Unterstützung von Nutzern, damit diese in allen Wirtschaftsbereichen von den Möglichkeiten, die die globale Informationsgesellschaft bietet, profitieren können. Das Potential der Informationsgesellschaft kann nur dann voll ausgenutzt werden, wenn sie auf einem Rahmen des Vertrauens und der Sicherheit basiert.

Diskussionen über den möglichen Konflikt zwischen unterschiedlichen Sicherheitsinteressen brachten erhebliche Meinungsverschiedenheiten und Gegensätze zwischen Institutionen und Interessengruppen zum Vorschein. Diese Mitteilung soll deshalb auch zu einem besseren Verständnis der zugrundeliegenden Streitfragen und der zunehmenden Bedeutung der Kryptographie für die Informationsgesellschaft beitragen.

II. Authentizität und Integrität: Digitale Signaturen

Die elektronische Form der Datenübermittlung bietet gegenüber dem traditionellen Verfahren viele Vorteile. Dokumente sind praktisch sofort und in beliebiger Anzahl verfügbar und der Empfänger kann sie di-

[1] Schlußfolgerungen über Freiheit, Sicherheit und Gerechtigkeit, Europäischer Rat von Amsterdam, 16./17. 6. 1997, http://ue.eu.int/amsterdam/en/conclusi/conclusi.htm.

rekt bearbeiten. Der Transport ist erheblich kostengünstiger und schneller – Daten können ohne großen Zeitverlust rund um den Globus geschickt werden. Authentizitäts- und Integritätsdienste sind jedoch für die sichere und vertrauenswürdige Datenübertragung und Kommunikation über offene Netze notwendig. Aufgrund des rasanten technischen Fortschritts sind viele der Anwendungsmöglichkeiten für digitale Signaturen noch nicht vollständig vorhersehbar. Ständig ergeben sich neue Anwendungsbereiche (z. B. Schutz geistigen Eigentums, gespeicherte Daten, Netzsicherheit oder elektronisches Geld). Insbesondere für die elektronische Kommunikation kommt digitalen Signaturen eine besondere Bedeutung zu.

1. Digitale Signatur: Was man darunter versteht und wie sie funktioniert

(i) Es gibt verschiedene Methoden zur elektronischen Unterzeichnung von Dokumenten, angefangen von einfachen Methoden (z. B. durch Einfügung einer mit Scanner eingelesenen handschriftlichen Unterschrift in ein Textverarbeitungsdokument) bis hin zu sehr fortschrittlichen Methoden (z. B. Verwendung der Kryptographie). Elektronische Signaturen, die auf öffentlichen Kryptographieschlüsseln beruhen, werden als *digitale Signaturen* bezeichnet und sind für eine Reihe von *Anwendungen* von wesentlicher Bedeutung [für eine genauere Beschreibung siehe **Anhang I**]:

- digitale Signaturen für den *offiziellen Geschäftsverkehr* mit Behörden (z. B. Ausschreibungen, Austausch von Antragsformularen, Ausweisdokumente, Steuererklärungen, Übermittlung rechtlicher Dokumente);
- digitale Signaturen für *vertragliche Beziehungen* in offenen Netzen (z. B. elektronische Bestellung und Verkauf, finanzielle Transaktionen);
- digitale Signaturen für die *Identifizierung* oder *Genehmigung* (zur sicheren Überprüfung der Identität eines Partners oder seiner spezifischen Befugnisse, z. B. Befugnis zum Zugriff auf Computersystem, Identifizierung von Web Servern);
- digitale Signaturen für *geschlossene Systeme* (z. B. ein unternehmensinternes Netz);
- digitale Signaturen für *persönliche Zwecke.*

(ii) In der elektronischen Kommunikation ist das Konzept der digitalen Signaturen mit dem Begriff der Datenübertragung unter Verwendung einer Art elektronischen Siegels verbunden, das an die Daten angehängt wird und dem Empfänger die Möglichkeit gibt:

- die Herkunft der Daten zu überprüfen, d. h. den Gebrauch eines Schlüssels, der einem bestimmten Absender zugewiesen ist *(Authentizität des Ursprungs der Daten),*
- zu überprüfen, ob die Daten vollständig und unverändert sind und dadurch ihre Integrität festzustellen *(Integrität der Daten).*

Technisch werden digitale Signaturen in der Regel durch asymmetrische Kryptographieverfahren erstellt und überprüft, die den Verfahren ähneln, die für die Verschlüsselung verwendet werden. Zwei komplementäre Schlüssel werden erstellt und einem Nutzer zugeordnet. Einer von ihnen - ein Signaturschlüssel - bleibt privat *(privater Schlüssel)*, während der andere - ein Siguaturprüfschlüssel - veröffentlicht wird *(öffentlicher Schlüssel)*. Es muß unbedingt sichergestellt werden, daß der private Schlüssel nicht aus dem öffentlichen Schlüssel berechnet werden kann.

(iii) Im Gegensatz zu Kryptographieverfahren, für Vertraulichkeitszwecke, werden digitale Signaturen lediglich den Daten beigefügt und lassen den Inhalt z. B. eines unterzeichneten elektronischen Dokuments oder einer elektronischen Transaktion unverändert. Natürlich können die Daten zusätzlich auch verschlüsselt werden (wie unter III. beschrieben). Das Kryptographieverfahren dient zum Schutz vor einer unrechtmäßigen Verwendung von Unterschriften in einer elektronischen Umgebung. Es gibt technische Lösungen, die aufdecken, wenn Schlüssel für andere Zwecke eingesetzt werden, als die, für die sie erzeugt wurden (z. B. ein für Authentizitätszwecke erzeugter Schlüssel wird zur Verschlüsselung verwendet).

(iv) Mit dem öffentlichen Schlüssel des Senders kann der Empfänger herausfinden, ob die signierten Daten verändert wurden und ob der öffentliche und private Schlüssel des Senders ein komplementäres Schlüsselpaar bilden. Selbst die geringste Veränderung der Daten würde sofort festgestellt werden. Was sich hier wie ein komplizierter mathematischer Prozeß anhört, geschieht in der Praxis in Sekundenschnelle im Computer. Der Benutzer würde daher die Rechenprozesse gar nicht bemerken.

(v) Die Überprüfung der Authentizität und Integrität der Daten beweisen nicht notwendigerweise die Identität des Inhabers des öffentlichen Schlüssels. Wie kann z. B. der Empfänger einer Nachricht feststellen, ob der Sender wirklich derjenige ist, für den er sich ausgibt? Der öffentliche Schlüssel kann der Nachricht beigefügt oder in einem Verzeichnis veröffentlicht worden sein, aber wie sicher kann sich der Empfänger sein? Jemand könnte einen öffentlichen Schlüssel unter einem anderen Namen veröffentlichen. Der Empfänger möchte deshalb zuverlässigere Informationen über die Identität des Schlüsselinhabers haben. Solche Informationen kann zunächst der Schlüsselinhaber selbst liefern, indem er dem Empfänger mit ausreichenden Beweisen versorgt. Eine andere Möglichkeit ist die Bestätigung durch eine dritte Stelle (z. B. eine Person oder Einrichtung, der beide Seiten vertrauen).

Im Zusammenhang mit digitalen Signaturen werden solche dritten Stellen in der Regel als *Zertifizierungsstellen* bezeichnet.

2. Zertifizierungsstellen (Certification Authorities – CAs)

Öffentliche Zertifizierungsdienste sind ein ganz neuer Dienstleistungsbereich. Obwohl der Bereich noch im Anfangsstadium seiner

Entwicklung steht, zieht er in zunehmendem Maße das Interesse auf sich. Der Bereich wird derzeit von gewerblichen Unternehmen dominiert, die ihren Sitz außerhalb Europas haben. Doch sind auch europäische Unternehmen aktiv. Die Zahl der Neueinsteiger auf diesem Markt wird sehr schnell ansteigen. Diese konzentrieren sich offensichtlich auf ihre nationalen Märkte und versuchen sich nicht – zumindest anfangs – auf den Märkten anderer EU-Mitgliedstaaten. Die Zurückhaltung ist auch auf rechtliche Unsicherheiten zurückzuführen.

CAs können vielfältige Aufgaben im Zusammenhang mit digitalen Signaturen wahrnehmen. In manchen Veröffentlichungen werden sie als vertrauenswürdige Instanzen (Trusted Third Parties – TTPs) bezeichnet. TTPs, die im allgemeinen eine breite Palette an Diensten anbieten können, werden jedoch häufig mit dem rechtmäßigen Zugriff auf Schlüssel in Verbindung gebracht [siehe **Anhang III**].

Es ist nicht ausgeschlossen, daß TTPs auch als CA, wie in dieser Mitteilung beschrieben, fungieren können. Die Aufgaben beider Einrichtungen werden jedoch als verschieden angesehen. CAs spielen vor allem eine wichtige Rolle, wenn es darum geht, digitale Signaturen zu einem uneingeschränkt anerkannten Werkzeug im innerstaatlichen Rechtssystem zu machen, beispielsweise zur Sicherstellung der rechtlichen Anerkennung und Durchsetzbarkeit einer Unterschrift im elektronischen Handel. Daher unterscheiden sich Aufgabe und Rechtsgrundlage von CAs und TTPs in ordnungspolitischer Hinsicht.

2.1. Zertifizierung

Eine zentrale Aufgabe einer CA besteht darin, das Eigentum und die Eigenschaften öffentlicher Schlüssel zu authentifizieren, damit diesen vertraut werden kann. Kommt die CA zu dem Ergebnis, daß Eigentum und Eigenschaften eines öffentlichen Schlüssels korrekt sind, wird ein Zertifikat ausgegeben, welches den Schlüssel und andere Informationen enthält. Das Zertifikat wird selbst digital unterzeichnet; und zwar signiert die CA das Zertifikat mit ihrem privaten Schlüssel, wodurch die Verbindung zum Schlüsselinhaber hergestellt wird. Wird der öffentliche Schlüssel der CA angefügt, ermöglicht dies eine einfache automatisierte Verifizierung. Allerdings muß der Empfänger dem Zertifikat der CA trauen, d. h., die CA muß das Vertrauen beider Parteien genießen.

Technisch sind folglich mehrere Stufen von Zertifikaten denkbar, z. B. kann der öffentliche Schlüssel der CA von einer anderen CA zertifiziert sein usw., was zu einer Zertifizierungshierarchie führt. Es ist auch möglich, den öffentlichen Schlüssel bei mehreren CAs zertifizieren zu lassen.

2.2. Möglicher Inhalt eines Zertifikates

Ein Zertifikat kann eine ganze Reihe von Informationen enthalten, die über die bloße Schlüsselzuordnung hinausgehen und exakt seinen Gebrauch festlegen. Einige zusätzliche Informationen werden immer notwendig sein, z. B. der zu benutzende Algorithmus oder das Ablaufdatum des Zertifikates. Die Angabe dieser Informationen kann auf freiwilliger Basis erfolgen und wird vom Zweck abhängen, für den der Schlüssel gebraucht werden soll und vom Ausmaß an Vertrauen und Sicherheit, das dem Zertifikat entgegengebracht werden soll.

Beispiele für den Inhalt eines Zertifikates:

- Name oder Pseudonym des Unterzeichnenden
- Name der CA
- öffentlicher Schlüssel des Unterzeichnenden
- Algorithmus
- Schlüsseltyp
- Beruf
- Funktion innerhalb einer Institution (z. B. Komplementär einer KG, Vorstandsvorsitzender einer AG)
- Zulassungen, Lizenzen (z. B. Rechtsanwalt, Arzt, Fuhrunternehmer)
- Behördliche Genehmigungen (z. B. Gaststättenerlaubnis, Transportgenehmigungen)
- Haftungsbeschränkungen (*gesetzliche* Beschränkungen, z. B. Kommanditist einer KG, GmbH-Gesellschafter oder *vertragliche* Beschränkungen)
- Deckungshöchstgrenzen (z. B. Versicherungen, Hinterlegung)
- Bestätigung, daß bei Streitigkeiten Pseudonyme preisgegeben werden
- Ablaufdatum eines Zertifikates

Das könnte zu verschiedenen Zertifikatklassen führen. Zum Beispiel wird ein Schlüssel, der zur Autorisierung einer Überweisung zwischen zwei Banken benutzt wird, ein hohes Maß an Vertrauen erfordern, während der Bestätigung des Privatkaufes einer geringwertigen Sache nicht das gleiche Vertrauen entgegengebracht werden muß.

2.3. Schlüsselverwaltung

Unter Schlüsselverwaltung ist ein umfangreiches Aufgabenpaket zu verstehen, welches beispielsweise die Herstellung und Zuteilung von Schlüsselpaaren, die Identifikation des Schlüsselinhabers, das Erstellen eines Verzeichnisses für öffentliche Schlüssel und Zeitstempel umfassen kann.

(i) Schlüsselerzeugung und Identifikation des Eigentümers

Die Schlüssel – die auch vom Nutzer selbst erzeugt werden können – müssen tatsächlich und fälschungssicher sein (was praktisch durch die Wahl einer angemessenen Schlüssellänge und durch das Herstellungsverfahren gegeben ist). Andernfalls kann die digitale Signatur im Rechtsverkehr nicht zuverlässig bestimmten Daten, für die sie hergestellt wurde – und über den verwendeten Schlüssel einer einzelnen Person oder Stelle – zugeordnet werden. Damit wird sichergestellt, daß ein Schlüsselinhaber sich im Streitfall nicht darauf berufen kann, daß die digitale Signatur nicht mit seinem Schlüssel, sondern mit einem anderen Schlüssel erzeugt wurde.

Schlüssel können Privatpersonen, juristischen Personen (z.B. GmbH) oder nicht rechtsfähigen Personengruppen (z.B. Abteilung eines Unternehmens, Arbeitsgruppe) zugeordnet werden. Sogar funktionalen Einheiten wie Servern oder PC können Schlüssel zugewiesen werden. Da die CA für die einzigartige Verbindung zwischen einem Schlüssel und seinem Nutzer einstehen muß, muß sie den Nutzer zuverlässig identifizieren und den Schlüssel der richtigen Person aushändigen.

(ii) Schlüsselverzeichnis

Über die öffentlichen Schlüssel kann ein Verzeichnis angelegt werden, aus welchem Informationen über die Schlüsselinhaber, die Gültigkeitsdauer und andere Zusätze, wie z.B. Sperrung, entnommen werden können. Das Schlüsselverzeichnis muß immer auf dem neuesten Stand sein. Anhand eines Sperrverzeichnisses kann festgestellt werden, ob ein Zertifikat auf Dauer oder zeitweilig entzogen oder wieder reaktiviert wurde. Dies setzt unter anderem voraus, daß der Sperrdienst schnell und zuverlässig funktioniert, z.B. bei Ungültigkeit des Zertifikates oder bei Verlust oder Entwendung des privaten Schlüssels.

(iii) Zeitstempel

Im Rechtsverkehr gibt es viele Situationen, in denen es darauf ankommt, daß der genaue Zeitpunkt einer Handlung nachgewiesen werden kann (Übertragung, Erstellung oder Empfang eines Dokumentes oder der Zeitpunkt der Abgabe einer Willenserklärung). Es ist wichtig, den genauen Zeitpunkt nachweisen zu können, zu dem ein privater Schlüssel gesperrt wurde, um nicht für Verträge haften zu müssen, die mit einem gesperrten Schlüssel signiert wurden. Daher sind digitale Zeitstempeldienste, die den genauen Zeitpunkt einer bestimmten Handlung zuverlässig bestätigen können, notwendig. Diese Dienste sind auch für Anwendungen im Bereich des Schutzes des geistigen Eigentums entscheidend. Diese Dienste könnten von einer CA ausgeführt werden, aber natürlich auch von anderen Einrichtungen.

2.4. Gegenseitige Anerkennung

Im einem internationalen Rahmen für elektronischen Handel müssen Zertifikate, die von ausländischen CAs ausgestellt wurden, in den verschiedenen Ländern gegenseitig anerkannt werden. Dadurch kann die Überprüfung internationaler Zertifikate, egal welchen Ursprungs, schnell und effizient durchgeführt werden. Nationale Strukturen könnten durch einen Koordinierungsmechanismus auf europäischer Ebene ergänzt werden. Ein solches Konzept entspricht den Verhandlungsstrategien der Gemeinschaft auf dem Gebiet der gegenseitigen Anerkennung und würde zur Entstehung von Zertifizierungsdiensten in Europa beitragen. Vereinbarungen mit Drittstaaten werden sowohl einfacher zu treffen als auch wirtschaftlich vorteilhafter sein, wenn sie auf der Grundlage gemeinsamer gemeinschaftsweiter Regelungen getroffen werden.

Einzelstaatliche Bestimmungen zur Anerkennung von Zertifikaten könnten im Prinzip das Vertrauen grenzüberschreitend stärken. Sie würden gleichzeitig mögliche EU-interne Markthindernisse abbauen und den grenzüberschreitenden Waren- und Dienstleistungsverkehr erleichtern. Die direkte Anwendung des EG-Vertrags (Artikel 30, 52, 59, gegenseitige Anerkennung der einzelstaatlichen Rechtsvorschriften) könnte bereits das Funktionieren des Binnenmarkts in zufriedenstellendem Maß gewährleisten. Andere Möglichkeiten zur Sicherstellung der grenzüberschreitenden Anerkennung von Zertifikaten wären ein einheitliches europäisches Zertifizierungsverfahren (einschließlich der Verfahren zur Ausstellung eines solchen Zertifikats) sowie gemeinsame Beurteilungskriterien und -verfahren.

2.5. Schutz der Privatsphäre

Manchmal haben Geschäftspartner kein Interesse an der exakten Identität einer bestimmten Person oder Einheit, sondern nur an der Bestätigung vorausgegangener Kontakte, an der Zugehörigkeit zu einer bestimmten Personengruppe oder an bestimmten individuellen Eigenschaften, wie z. B. Zahlungsfähigkeit und Kreditwürdigkeit oder einfach an ungefälschten Daten.

Beispiel: Kreditkartengesellschaften bestätigen nicht die Identität des Kartenbenutzers, sondern nur seinen Kreditrahmen.

Deshalb werden Personen häufig mehrere Schlüsselpaare entsprechend ihrer verschiedenen Rollen haben. Diejenigen Personen, die entweder nicht unter ihrem Namen kommunizieren wollen oder gesetzlich nicht dazu verpflichtet sind, können ein Pseudonym verwenden, welches ihre Anonymität bei Transaktionen und in der Kommunikation (obwohl der Unterzeichner der CA bekannt ist) wahrt und sich dabei der Integritäts- und Authentizitätsfunktionen digitaler Signaturen bedienen. Diese Möglichkeit wird auch in der EU-Datenschutzrichtlinie[1)] gefordert und von den OECD Crypto Policy Guidelines unterstützt. Ohne einen solchen Schutz der Privatsphäre könnten digitale Signaturen als wirksames Instrument mißbraucht werden, um On-Line Benutzungsgewohnheiten und -Kommunikation zu verfolgen oder um Dokumente und Nachrichten abzufangen, zu speichern oder zu mißbrauchen.

Zur Wahrung der öffentlichen Sicherheit oder zur Verbrechensvorbeugung kann in bestimmten Fällen die Aufdeckung von Pseudonymen

[1)] Richtlinie 95/46/EG, 24. 10. 1995 zum Schutz natürlicher Personen bei der Verarbeitung personenbezogener Daten und zum freien Datenverkehr, ABl. Nr. L 281, 23. 11. 1995, S. 31. Siehe auch Gemeinsamer Standpunkt (EG) 57/96, 12. 9. 1996 im Hinblick auf den Erlaß einer Richtlinie des Europäischen Parlaments und des Rates über die Verarbeitung personenbezogener Daten und den Schutz der Privatsphäre im Bereich der Telekommunikation, insbesondere im diensteintegrierenden digitalen Telekommunikationsnetz (ISDN) und in digitalen Mobilfunknetzen, ABl. Nr. C 315, 24. 10. 1996, in dem spezifische Bestimmungen für den Datenschutz und über das Recht auf Privatsphäre in Telekommunikationsnetzen vorgesehen sind.

notwendig sein. Die EU-Datenschutzrichtlinie legt die Bedingungen fest, unter denen Mitgliedstaaten Maßnahmen einführen können, die das Recht auf Anonymität einschränken.

Ein weiterer Belang, der den Schutz der Privatsphäre und Datensicherheit betrifft, rührt von der Notwendigkeit her, daß Schlüsselpaare einzigartig und vertraulich sein müssen, um das Risiko des „Identitätsdiebstahls“ und der Fälschung von Daten zu minimieren. CAs muß es deshalb verboten sein, private Schlüssel aufzubewahren. Das wiederum unterscheidet CAs von TTPs, welche gerade das Aufbewahren von Informationen über private Schlüssel zu ihren Aufgaben zählen.

Da CAs in der Lage sein müssen, Schlüsselinhaber zu identifizieren und deshalb Informationen über diese sammeln müssen, sind sie den in der EU-Datenschutzrichtlinie festgelegten Bestimmungen der Gemeinschaft über Weiterverarbeitung und Sicherheit von Daten sowie Übertragung von Daten in Drittstaaten unterworfen. Zum Beispiel dürfen CAs Daten nur dann sammeln und weiterverarbeiten, wenn die einzelne Person zugestimmt hat oder eine gesetzliche Ermächtigung hierfür besteht.

3. Rechtliche Probleme

Während kommerzielle Produkte für digitale Signaturen bereits auf dem Markt erhältlich sind, haben in Europa bislang nur sehr wenige Unternehmen den Schritt gewagt, Dienstleistungen in diesem Bereich anzubieten. Einer der Hauptgründe ist die schwache Nachfrage, die zum Teil auf die fehlende rechtliche Anerkennung digitaler Signaturen zurückzuführen ist. Die verstärkte Nutzung digitaler Signaturen erfordert Anpassungen und Änderungen in vielen ordnungspolitischen Bereichen. Die aus heutiger Sicht wichtigsten Rechtsprobleme sind auf unterschiedliche nationale Regelungen (oder Fehlen solcher Regelungen) zurückzuführen, insbesondere das Fehlen von gemeinsamen Anforderungen für CAs, von technischen und operationellen Anforderungen, die von bestimmten Kategorien von Produkten für digitale Signaturen erfüllt werden müssen, von Haftungsbestimmungen und der rechtliche Anerkennung digitaler Signaturen. Die Kommission wird prüfen, welche Möglichkeiten bestehen, die Harmonisierung der verschiedenen nationalen Bestimmungen sicherzustellen, um die grenzüberschreitende Anerkennung digitaler Signaturen zu unterstützen.

3.1. Erarbeiten gemeinschaftlicher Anforderungen

Derzeit besteht für die Ausübung der Tätigkeit von CAs in der EU noch kein einheitlicher rechtlicher Rahmen. Das hindert CAs nicht daran, auf dem Markt aktiv zu sein (es gibt bereits wirtschaftliche Aktivitäten in den USA und auch in Europa). Das Fehlen gemeinsamer Vorschriften würde das grenzüberschreitende Vertrauen ernsthaft beeinträchtigen.

Beispiel: Zertifikate, die von einer CA in einem Mitgliedstaat ausgestellt wurden, würden durch eine CA in einem anderen Mitgliedstaat nicht anerkannt, vor allem, wenn es in einem Mitgliedstaat ein Lizenzierungssystem für CAs gibt und das Zertifikat von einer ausländischen CA ohne Lizenz stammt.

Die Festlegung einheitlicher Kriterien für die Tätigkeiten von CAs würde zur Anerkennung von Zertifikaten, die von einer CA in einem Mitgliedstaat ausgestellt wurde, in allen anderen Mitgliedstaaten führen (gegenseitige Anerkennung). Da eine Nichtanerkennung und das Risiko unterschiedlicher einzelstaatlicher Bestimmungen, bzw. das Fehlen einer Regelung, das Funktionieren des Binnenmarktes und die Entwicklung des elektronischen Handels in der Gemeinschaft behindern würde, spricht alles für einen gemeinsamen rechtlichen Rahmen. Ein Rahmen auf Gemeinschaftsebene würde das Vertrauen der Öffentlichkeit in digitale Signaturen stärken und gleichzeitig die rechtliche Anerkennung fördern. Ein solcher Rahmen könnte z. B. Grundsätze für die Arbeit der CAs aufstellen.

Beispiele für Bereiche, für die *gemeinsame Anforderungen an CAs* festgelegt werden könnten:

- Sicherheit der CA und Beachtung der Datenschutzbestimmungen;
- zuverlässige Identifizierung einer Person (Schlüsselinhaber);
- Mindestversicherungsschutz (CAs müssen zahlen können, wenn sie haftbar sind);
- technische Komponenten;
- Qualifikation und Sicherheitsüberprüfung des Personals;
- keine „Selbstzertifizierung" der CA.

Um einen möglichst hohen Sicherheitsgrad zu gewährleisten, könnte zwischen verschiedenen Aufgaben – wie z. B. Zertifizierung oder Schlüsselverwaltung – und zwischen verschiedenen Zertifikaten unterschieden werden. Der Katalog der Anforderungen kann deshalb – abhängig vom tatsächlichen Diensteangebot – verschieden sein.

Es würde auch wichtig sein, gemeinsame technische Anforderungen für digitale Signatur*produkte* festzulegen, wenn nationale Vorkehrungen (z. B. für die Schlüsselherstellung oder -speicherung) nicht grenzüberschreitend anerkannt werden und den Binnenmarkt beeinträchtigen. Harmonisierungsmaßnahmen der Gemeinschaft sollten auf die Festlegung der notwendigen Anforderungen beschränkt bleiben und die technischen Details Standardisierungsgremien (z. B. über ein Mandat) überlassen.

3.2. Haftung

Klare Haftungsverhältnisse würden zur Akzeptanz von Dienstleistungen der CAs beitragen. Jedoch könnte ein unterschiedliches Schutzniveau auf nationaler Ebene möglicherweise ein Hindernis für den grenzüberschreitenden Waren- und Dienstleistungsverkehr bzw. für die

Nutzung von On-Line-Diensten durch Behörden in grenzüberschreitenden Angelegenheiten darstellen. Haftungsfragen können vor allem im Verhältnis zwischen Nutzern und CAs oder zwischen zwei CAs oder im Verhältnis zu Lizenzierungsbehörden (die Lizenzen für CAs erteilen) eine Rolle spielen.

In sämtlichen Mitgliedstaaten bestehen vertragliche Regelungen für das Verhältnis zwischen dem *Nutzer und der CA* mit entsprechenden Haftungsvorschriften Die Haftung hängt im wesentlichen vom konkreten Einzelfall ab. Haftungsfragen sind beispielsweise in der Regel einfacher gelagert, wenn digitale Signaturen innerhalb geschlossener Nutzergruppen verwendet werden.

Die Haftung hängt maßgeblich vom vertraglich festgelegten konkreten Dienst der CA ab. Ein gesetzlich vorgegebener Pflichtenkatalog könnte die Grundlage für die vertraglichen Pflichten bilden. Dieser könnte auch eine Mindest- oder Höchsthaftung der CA oder eine Garantie, z. B. für die Fehlerfreiheit des Zertifikates oder die Richtigkeit des Schlüsselverzeichnisses, vorsehen. Für Haftungsfragen könnten auch Zertifizierungserklärungen, ausführliche Beschreibungen der Durchführung der Zertifizierung durch eine bestimmte CA, ein wichtiger Orientierungsmaßstab sein.

In der Regel bestehen *zwischen einer CA und Dritten,* z. B. dem Empfänger einer digital unterzeichneten Nachricht oder einer anderen CA, die auf die Gültigkeit von Zertifikaten vertrauen, keine vertraglichen Beziehungen. Die Mitgliedstaaten sollten deshalb prüfen, ob spezielle Haftungsregelungen notwendig sind.

Unterlaufen einer *Lizenzierungsbehörde* Fehler bei der Erteilung der Lizenz, kann das dem Nutzer, der CA oder Dritten Schaden zufügen. Da zur Lizenzierungsbehörde kein Vertragsverhältnis besteht und die außervertragliche Haftung von Behörden in der Regel sehr beschränkt ist, sollten die Mitgliedstaaten die Notwendigkeit spezieller Haftungsregelungen prüfen.

3.3. Rechtliche Anerkennung digitaler Signaturen

Die rechtlichen Konzepte, auf denen Signaturen beruhen, sowie die Form- und Verfahrensvorschriften unterscheiden sich in den Rechtssystemen der einzelnen Mitgliedstaaten. Die – insbesondere zivil- und verfahrensrechtlichen – Unterschiede müssen analysiert werden. Die Mitgliedstaaten sollten aufgefordert werden, die einschlägigen innerstaatlichen Gesetze und Vorschriften daraufhin zu prüfen, ob sie Bestimmungen enthalten, die der Ausnutzung der Möglichkeiten, die digital unterzeichnete Dokumente (Formular, Beweis) bieten, entgegenstehen.

Wer Verträge mit einer digitalen Signatur signiert, sieht sich mit verschiedenen Fragen konfrontiert: Hat er seine Willenserklärung überhaupt rechtswirksam abgegeben? Genügt die Signatur gesetzlichen Formvorschriften? Wird ein mit einer digitalen Signatur versehenes Dokument vor Gericht als Beweis anerkannt?

(i) Abgabe von Willenserklärungen

Im Zusammenhang mit der Abgabe von Willenserklärungen haben sich in den Mitgliedstaaten bestimmte Rechtspraktiken entwickelt. Diese sind nicht ohne weiteres auf die elektronische Kommunikation übertragbar, da sich die Art und Weise, wie Willenserklärungen abgegeben werden, in einigen wesentlichen Punkten von der herkömmlichen Praxis unterscheidet.

Beispiel: Das Versenden eines Dokuments in Papierform ist zeitaufwendiger als die elektronische Versendung. Das Dokument wird in einen Umschlag gesteckt, frankiert und aufgegeben. Während dieser Vorgänge besteht noch Zeit, die Handlung zu überdenken. Elektronische Dokumente lassen sich hingegen mit einem einfachen Tastendruck oder Mausklick versenden.

Die Mitgliedstaaten sollten prüfen, ob besondere Anforderungen an die Verbindlichkeit von Willenserklärungen notwendig sind, insbesondere, um einen angemessenen Schutz vor Übereilung sicherzustellen.
Darüber hinaus müssen technische Möglichkeiten geschaffen werden, die so weit wie möglich sicherstellen, daß Nutzer Dokumente tatsächlich in der Fassung unterzeichnen, in der sie auf dem Bildschirm sichtbar sind.

Beispiel: Technisch kann zwischen dem auf einem Bildschirm sichtbaren Dokument und dem Dokument, das tatsächlich signiert oder ausgedruckt wird, eine erhebliche Diskrepanz bestehen, z. B. wenn das Programm mit sogenannten „hidden files" arbeitet, die auf dem Bildschirm nicht visualisiert werden.

(ii) Bindung an digitale Signaturen (Nonrepudiation)

Auch wenn ein Schlüsselpaar zweifelsfrei einer bestimmten Person zugeordnet wurde, ist dies noch kein Beweis dafür, daß die digitale Signatur auch tatsächlich von dieser Person geleistet wurde. Im Normalfall unterzeichnet zwar der Schlüsselinhaber, die digitale Signatur läßt sich aber lediglich einem bestimmten privaten Schlüssel eindeutig zuordnen. Die eben genannte Vermutung ist nur gültig, wenn gewährleistet ist, daß nur der Inhaber des geheimen privaten Schlüssels alleinige Kontrolle über den Schlüssel hat. Die Hinterlegung privater Schlüssel könnte diese Vermutung in Frage stellen.

Beispiel: Anders als bei der traditionellen Unterschrift, bei der der Erklärende eigenhändig unterschreibt, kann bei der digitalen Signatur auch ein Dritter – berechtigt oder unberechtigt – eine Originalunterschrift leisten, wenn er in Besitz des privaten Schlüssels ist, sogenannte „verdeckte" Stellvertretung.

Eine Zuordnung ist aber möglich, wenn gesetzlich vermutet wird, daß die Unterschrift vom Schlüsselinhaber selbst geleistet wurde. In diesem Fall könnte dem Inhaber daran gelegen sein, nur beschränkt zu haften

(z. B. innerhalb eines Limits wie bei Kreditkarten). Die Mitgliedstaaten sollten daher prüfen, ob entsprechende rechtliche Regelungen notwendig sind.

(iii) Rechtliche Behandlung von Verweisen

Zur schnelleren Abwicklung von Geschäften und auch aus Kostengründen kann auf Dokumente verwiesen werden, die nicht in den elektronisch übermittelten Daten selbst enthalten sind, sondern an anderer Stelle. Es kann sich dabei z. B. um allgemeine Geschäftsbedingungen, technische Beschreibungen oder Pläne handeln, auf welche Bezug genommen wird.

Probleme könnten sich jedoch daraus ergeben, daß die technischen Möglichkeiten des Verweisens nicht den gesetzlichen Anforderungen des traditionellen Rechtsverkehrs entsprechen.

Beispiel: Ein Computerhändler verweist im Kaufvertrag auf die Lieferbedingungen auf seiner Internet-Homepage. Unter welchen Voraussetzungen werden die Lieferbedingungen Vertragsbestandteil? Müssen sie ebenfalls signiert sein?

Im Zivilrecht der Mitgliedstaaten werden folglich spezielle Regelungen für die rechtliche Behandlung von Verweisen im elektronischen Rechtsverkehr notwendig werden. Oberste Maxime muß dabei sein, daß Dateien, auf die verwiesen wird, keine andere Rechtswirkung haben als bei vollständiger Integration in das Dokument.

(iv) Rechtswirkungen

Die pauschale rechtliche Gleichstellung von traditioneller und digitaler Unterschrift ist aufgrund der unterschiedlichen Merkmale und der Art und Weise des Zustandekommens nicht ohne weiteres möglich.

Beispiele:

- Bei digital unterzeichneten Dokumenten ist – im Gegensatz zu traditionell unterzeichneten Dokumenten – eine Unterscheidung zwischen Original und Kopie nicht möglich.
- Jede natürliche Person hat nur eine handschriftliche Unterschrift. Eine Person kann aber über mehrere Schlüssel verfügen. Die digitale Signatur ist auch jedes Mal anders.

Diese Unterschiede schließen aber keineswegs aus, daß digitale Signaturen in bestimmter materiell-rechtlicher bzw. prozessualer Hinsicht traditionellen Unterschriften gleichgesetzt werden können. Die Rechtswirksamkeit von mit digitalen Signaturen versehenen Dokumenten ist untrennbar mit der Vertrauenswürdigkeit der CAs verbunden. Sie ist eine unabdingbare Voraussetzung für den elektronischen Rechtsverkehr. Mögliche Ansatzpunkte sind:

- die Anerkennung als Beweismittel in gerichtlichen Verfahren:

In manchen Rechtssystemen (z. B. Belgien, Frankreich, Griechenland) könnten elektronische Dokumente in gerichtlichen Verfahren als

Beweise nicht verwendet werden, selbst wenn sie mit einer digitalen Signatur versehen sind. Das ist darauf zurückzuführen, daß bei Kaufverträgen ab einem bestimmten Streitwert der Urkundenbeweis vorgeschrieben ist. Solche Einschränkungen stellen für die Verwendung digitaler Signaturen natürlich ein eindeutiges Hindernis dar.

- die Anerkennung als Äquivalent zur Schriftform:

Die Verwendung der schriftlichen Form kann mehrere Funktionen erfüllen, z.B. Warn-, Beweis- oder Authentizitätsfunktion. Dokumente, die mit einer digitalen Unterschrift versehen sind, können diese Funktionen ebenfalls erfüllen, wenn die digitale Signatur entsprechend sicher und zuverlässig ist. Genügen mit digitalen Signaturen versehene Dokumente den Erfordernissen der schriftlichen Form, wird sich das positiv auf ihre Aufnahme in die Rechtsordnung auswirken.

Mitgliedstaaten könnten darüber hinaus spezifische zivilrechtliche Bestimmungen über die elektronische Form einführen. Dadurch wären die Mitgliedstaaten nicht gezwungen, sämtliche Bestimmungen über die schriftliche Form zu ändern, sondern können nur dort digitale Signaturen einführen, wo sie es für sinnvoll halten.

Auch in den rechtsrelevanten Bereichen, in denen gesetzlich keine bestimmte Form vorgeschrieben ist, jedoch die Verwendung etwa der schriftlichen Form auf freiwilliger Geschäftspraxis beruht, würde – wegen des Vertrauensgewinns – die rechtliche Anerkennung der digitalen Signatur für mehr Rechtssicherheit sorgen.

4. Regelungsansätze

(i) Digitale Signaturen bieten derzeit eine anerkannte Lösung von Problemen der Authentizität und Integrität von Daten. Der Markt könnte aber andere Lösungen entwickeln. Eine Regelung muß deshalb zweierlei Aufgaben erfüllen: Sie muß einerseits einen klaren Rahmen zur Bildung von Vertrauen in digitale Signaturen schaffen und andererseits flexibel genug sein, um auf neue technologische Entwicklungen reagieren zu können.

(ii) Regelungen sollten die Vertragsfreiheit der Parteien weder *de jure* noch *de facto* einschränken. Daher muß jede Regelung auf die verschiedenen Anwendungsformen der digitalen Signaturen zugeschnitten sein (vgl. II.1.). Bei privater Verwendung digitaler Signaturen oder bei Verwendung in geschlossenen Nutzergruppen könnte beispielsweise eine spezifische Reglementierung gänzlich unterbleiben. Genau definierte Fälle könnten ordnungspolitisch geregelt werden, beispielsweise der behördliche Geschäftsverkehr. In jedem Fall müssen ordnungspolitisch geregelte und ungeregelte digitale Signatursysteme nebeneinander bestehen können und interoperabel sein.

(iii) Einige Mitgliedstaaten sind derzeit dabei freiwillige, andere verpflichtende, Lizenzierungsverfahren einzuführen, um Vertrauen in die CAs aufzubauen und die rechtliche Anerkennung digitaler Signaturen zu erreichen. Die Lizenzierung ist jedoch nur *eine* mögliche Methode zur Vertrauensbildung. Die Mitgliedstaaten können sich für die Verwendung von rechtsgültigen digitalen Signaturen einsetzen. Nicht lizensierte private oder öffentliche Einrichtungen, die ein hohes Ansehen genießen, könnten auch als vertrauensvolle CA in Frage kommen.

(iv) Im Zusammenhang mit der Lizenzierung muß deutlich zwischen den Verfahren und Bedingungen für die Schaffung einer CA einerseits und den Bedingungen für die verschiedenen Dienste einer CA andererseits unterschieden werden. Die Artikel 52 und 59 des EG-Vertrags gelten für diese beiden Bereiche. Unterschiedliche Regelungsansätze in den verschiedenen Mitgliedstaaten und eine Nichtanerkennung der Vorschriften der anderen Staaten könnten aufgrund der grenzüberschreitenden Natur der digitalen Signaturen leicht zu einer Aufspaltung des Binnenmarkts für den elektronischen Handel und On-Line-Dienste in der gesamten Union führen.

(v) Restriktive Regelungen für die Schaffung von CAs, für deren Diensteangebot, für die kryptographischen Werkzeuge, die sie einsetzen usw. würden den freien Waren- und Dienstleistungsverkehr auf dem Binnenmarkt behindern. Sie dürfen die Niederlassungsfreiheit nicht untergraben, beispielsweise durch eine ungerechtfertigte Ungleichbehandlung einheimischer und ausländischer Unternehmen oder durch die unbegründete Beschränkung der Zahl der Diensteanbieter. Inwieweit und in welchem Zeitrahmen die Gemeinschaft tätig wird, hängt von der notwendigen Harmonisierung der einzelstaatlichen Vorschriften ab. Da die Lizenzierungspflicht für CAs nicht der einzige Weg ist zu einer Übereinstimmung zwischen den Aktivitäten der CA einerseits und den Vorstellungen der Öffentlichkeit, wie Vertrauen in digitale Signaturen gefördert werden kann andererseits, müßte ein Regulierungsrahmen auf EU-Ebene die Koexistenz sowohl lizensierter als auch unlizensierter CAs vorsehen. Ein solcher Rahmen sollte spätestens bis zum Jahr 2000 in Kraft sein.

III. Vertrauliche elektronische Kommunikation: Verschlüsselung

1. Wirtschaftliche und gesellschaftliche Bedeutung der Verschlüsselung

(i) Ein Verschlüsselungsalgorithmus verwandelt mit Hilfe eines besonderen Schlüssels einen Klartext in einen unlesbaren chiffrierten Text (Verschlüsselung), was auf gleiche Art und Weise rückgängig gemacht werden kann (Entschlüsselung). Was die Verschlüsselung ökonomisch macht, ist, daß man das Problem der Geheimhaltung tausender Botschaften auf das Problem der Geheimhaltung eines einzigen Schlüssels überträgt. Eine sinnvolle Unterscheidung ist die zwischen *symmetrischen und asymmetrischen Verschlüsselungsalgorithmen.* (Siehe auch **Anhang II** für genauere Erläuterungen).

Bei *symmetrischen Algorithmen* dient der gleiche Schlüssel zur Ver- und Entschlüsselung. Das bedeutet, daß sich miteinander in Verbindung stehende Parteien vor der Kommunikation auf einen geheimen Schlüssel einigen müssen. Der Nachteil ist, daß sie einen geheimen Weg zum Austausch dieses Schlüssels finden müssen. Dies ist in einem offenen System besonders schwierig, wo viele Teilnehmer, die sich vorher nicht kennen, Daten austauschen. Dieser Nachteil wird bei *asymmetrischen Verschlüsselungsverfahren* umgangen.

Bisher ist eine gute Verschlüsselung das wichtigste Instrument zur Wahrung der Vertraulichkeit elektronischer Kommunikationen und elektronisch gespeicherter Dokumente. Es werden jedoch früher oder später neue Technologien zur Verfügung stehen. Man kann aber davon ausgehen, daß Verschlüsselung in absehbarer Zeit die Grundlage der meisten Vertraulichkeitsdienste in offenen Netzen bleiben werden.

Die Verschlüsselung hat eine lange Tradition im militärischen Bereich. Verschlüsselungsverfahren werden jedoch zunehmend auch in kommerzielle Systeme und Anwendungen integriert.

Beispiele:

- Digitale Mobiltelefone haben dank Verschlüsselung eine höhere Abhörsicherheit.
- Banken benutzen für Finanznachrichten (z. B. im Swift-System) leistungsfähige Verschlüsselungstechniken.
- Pay-TV rentiert sich nur, wenn verschlüsselt ausgestrahlt wird und die Entschlüsselung nur gegen Gebühren möglich ist.[1)]
- Bei den neu auf den Markt kommenden Digital Video Disks (DVD), die die bisherigen Videokassetten ablösen sollen, werden kryptographische Verfahren für den Kopierschutz verwendet um geistiges Eigentum zu schützen.

Diese Beispiele zeigen bereits, daß der exklusive Charakter der Verschlüsselung bereits der Vergangenheit angehört. Sie zeigen auch, daß die Integration in vorhandene Produkte zum Schutz von z. B. Eigentumsrechten und zur Verhinderung von Betrug eine immer größere Rolle spielt. Ferner wird die rasche Verbreitung des Internets zu einer grundlegenden Änderung der Verwendung der Verschlüsselung führen: sie wird integraler Bestandteil von privaten und gewerblichen Computersystemen werden.

Computergeschäfte bieten Produkte zur Verschlüsselung an, und immer mehr Menschen laden direkt aus dem Internet Software, die sich leicht auf einen normalen PC installieren läßt. Die Integration von vollständigen Chiffriergeräten auf Smartcards ist inzwischen ohne weiteres möglich. PCs werden möglicherweise mit Standard-Smartcard-Lesegeräten und leistungsfähigen Kryptochips ausgestattet sein. Verschiedene

[1)] Der Schutz solcher Verschlüsselungssysteme vor Piraterie wird in den Mitgliedstaaten unterschiedlich geregelt. Daher hat die Kommission den Vorschlag für eine Richtlinie vorgelegt, die ein einheitliches Schutzniveau in der gesamten Gemeinschaft vorsieht (KOM(97) 356 vom 9. 7. 1997).

Universitäten in der Welt bieten bereits Kryptologiekurse an, und Hunderte von Unternehmen in Europa, und noch mehr weltweit, produzieren und verkaufen Verschlüsselungsprodukte und -systeme.

In einer Untersuchung wurden weltweit nicht weniger als 1400 Verschlüsselungsprodukte für Computer ermittelt.[1] Über 400 amerikanische Unternehmen und rund 440 Unternehmen aus anderen – zumeist europäischen – Ländern bieten inzwischen Verschlüsselungsprodukte an.[2] An dieser Entwicklung sind etablierte Unternehmen, wie Computer-, Software- und Telekommunikationsfirmen, wie auch Neulinge im High-Tech-Geschäft beteiligt. Die meisten jungen Unternehmen expandieren schnell: in zahlreichen Fällen wachsen Umsatz oder Personalbestand jährlich um 100% oder mehr.

(iii) Der elektronische Handel und viele andere Anwendungen der Informationsgesellschaft werden sich nur dann entwickeln und wirtschaftlichen wie auch gesellschaftlichen Nutzen bringen können, wenn auf benutzerfreundliche und preiswerte Weise Vertraulichkeit sichergestellt werden kann.

Beispiele:

- Bei der Nutzung von Diensten wie Teleshopping oder Telebanking muß der Verbraucher sicher sein, daß seine persönlichen Daten, wie Kreditkartennummern, geheim bleiben.
- Datenschutzgesetze schreiben Sicherungsmaßnahmen, wie die Verschlüsselung, zum Schutz der Privatsphäre vor.
- Bei der Speicherung geheimer Daten und Durchführung von vertraulichen Geschäftstätigkeiten (Einzelheiten über Vorhaben, Ausschreibungen, Forschungsergebnisse, usw.) über offene Netze möchten sich Unternehmen vor Wirtschaftsspionage schützen.
- Telematikanwendungen von Krankenkassen dürfen Unbefugten keinen Zugriff auf die Krankheitsgeschichte von Patienten ermöglichen.

Kryptographische Verfahren sind flexibel, bieten zahlreiche Anwendungen und verringern die Transaktionskosten in offenen Netzen. Steter Fortschritt bei digitalen Technologien wird die Verwendung von Rechenalgorithmen für die Verschlüsselung noch kostengünstiger machen. Europäische Unternehmen haben sich als durchaus dazu in der Lage erwiesen, hochwertige Kryptographieverfahren in ihre Produkte und Dienste einzubinden. Mit weltweit rasant wachsender Nachfrage nach Verschlüsselungsverfahren entstehen substantielle Möglichkeiten für die Industrie und für Arbeitsplätze in Europa.

Weiterhin wird der Einsatz von Kryptographieprodukten und die Inanspruchnahme von Kryptographiedienstleistungen einen stimulierenden Effekt auf alle Wirtschafts- und Sozialbereiche haben. Ohne eine

---

[1] Untersuchung von Trusted Information Systems, http://www.tis.com/docs/research/crypto/survey/index.html

[2] Siehe auch Computer Systems Policy Project CSPP: „*Perspectives on security in the information age*", Januar 1996 – CSPP ist ein Projekt leitender Angestellter führender amerikanischer Computerunternehmen – http://www.podesta.com/cspp

weitgehende, freie Verwendung dieser Produkte würden die Entstehung neuer Wirtschaftszweige und die neuen Möglichkeiten für soziale Kontakte massiv behindert werden.

(iv) Internationale Verträge, Verfassungen und Gesetze garantieren die Grundrechte auf den Schutz der Privatsphäre einschließlich der absoluten Vertraulichkeit der Kommunikation.[1] Daraus abgeleitet ergibt sich für den augenblicklichen Trend der Verlagerung der Kommunikation von herkömmlichen auf digitale Verfahren die zwingende Notwendigkeit eines freien Zugangs zu wirksamen Verfahren zum Schutze der Vertraulichkeit der Kommunikation sowie dem Schutz vor dem unbefugten Eindringen Dritter. Die Verschlüsselung bietet hier in vielen Fällen den effektivsten und kostengünstigsten Weg. Deshalb betrifft auch die Diskussion über die Kontrolle oder das Verbot der Verschlüsselung direkt die oben genannten Grundrechte, die tatsächliche Durchführung und die Harmonisierung der Datenschutzgesetze sowie den Binnenmarkt.

2. Reglementierung der Verschlüsselung: Mögliche Auswirkungen auf den Binnenmarkt

2.1. Ausfuhrkontrollen

Befürchtungen hinsichtlich der nationalen Sicherheit waren der Hauptgrund für Ausfuhrkontrollen. Einerseits wollen die Länder ihre eigenen militärischen und diplomatischen Kommunikationen durch Verschlüsselung schützen, mit der Ausfuhrkontrolle bezwecken sie aber andererseits, ausländischen Gegenspielern eben diese Möglichkeiten der Kryptographie zu entziehen, insbesondere, wenn diese nicht über entsprechende technische Möglichkeiten verfügen. Daher sind die Ausfuhrkontrollen im allgemeinen darauf angelegt, die internationale Verbreitung bestimmter Verschlüsselungsverfahren zu verhindern.

Im Wassenaar-Übereinkommen über *die Kontrolle der Weitergabe von konventionellen Waffen und Gütern und Technologien mit doppeltem Verwendungszweck* (19. 12. 1995)[2], die an die Stelle der COCOM-Liste[3] getreten ist, hat eine Gruppe von 28 Staaten Ausfuhrkontrollen für Verschlüsselungsprodukte vereinbart.

In der EU besteht aufgrund der *Dual-Use-Verordnung vom Dezember 1994* eine gemeinsame Regelung für die Ausfuhr von Gütern mit

---

[1] Artikel 12 Universal Menschenrechtsdeklaration, Artikel 17 Internationales Abkommen über zivile und politische Rechte, Artikel 8 Europäische Menschenrechtskonvention, Artikel F(2) EU-Vertrag, EU-Datenschutzrichtlinie.

[2] Siehe http://www2/nttca.com:8010/infomofa/press/c_s/wassenaar.html
http://ideath.parrhesia.com/wassenaar/wassenaar.html

[3] *Der Koordinationsausschuß für mehrseitige strategische Ausfuhrkontrollen* war eine internationale Organisation zur Kontrolle des Exports militärisch verwertbarer Waren und Technologien, der in manche Länder ganz verboten war. Mitglieder waren vor allem die NATO-Staaten, aber auch Länder wie Japan und Australien.

doppeltem Verwendungszweck.[1] Bestimmte Verschlüsselungsprodukte können nur mit Genehmigung exportiert werden. Um einen Binnenmarkt für Güter mit doppeltem Verwendungszweck zu schaffen, sind solche Ausfuhrgenehmigungen für die gesamte Gemeinschaft gültig.

Darüber hinaus wenden die Mitgliedstaaten nach Artikel 19 der Dual-Use-Verordnung für eine Übergangszeit auch für den gemeinschaftsinternen Handel mit bestimmten besonders sensiblen Gütern ein Genehmigungsverfahren an. Bislang fallen auch Verschlüsselungsprodukte darunter. Das bedeutet, daß Mitgliedstaaten nach der Verordnung verpflichtet sind, nicht nur Ausfuhrkontrollen (also Kontrollen für Güter, die das Gebiet der Gemeinschaft verlassen) bei Gütern mit doppeltem Verwendungszweck, sondern auch innergemeinschaftliche Kontrollen bei kryptographischen Produkten vorzunehmen, die von einem Mitgliedstaat in einen anderen gebracht werden.

In der Dual-Use-Verordnung sind allerdings Reichweite, Inhalt und Durchführungspraxis der nationalen Kontrollen nicht genau festgelegt. Daher existieren sehr viele unterschiedliche innerstaatliche Genehmigungssysteme und -praktiken nebeneinander, die zu Wettbewerbsverzerrung führen können.

2.2. Innerstaatliche Kontrollen

Die nationalen Strafverfolgungs- und Sicherheitsbehörden befürchten, daß sie durch eine weit verbreitete Nutzung verschlüsselter Kommunikation bei der Verbrechensbekämpfung und Verhütung von Straftaten und terroristischen Aktivitäten behindert werden könnten. Aus diesem Grund werden in einigen Mitgliedstaaten Überlegungen darüber angestellt, wie sich ihre Politik im Bereich Verschlüsselung in der Zukunft entwickeln könnte. Das hat zu nationalen und internationalen Diskussionen über Notwendigkeit, technische Möglichkeiten, Einfluß auf Privatsphäre, Wirksamkeit und Proportionalität einer solchen Reglementierung geführt.

(i) Geltende Vorschriften in der Europäischen Union und der OECD

Ausfuhrkontrollen sind in den internationalen Beziehungen weit verbreitet. Bisher ist aber die innerstaatliche Kontrolle der Verschlüsselung die Ausnahme. Nur ein Mitgliedstaat der EU (Frankreich) hat die Kryptographie umfassend reglementiert.[2] In anderen Mitgliedstaaten finden

---

[1] Verordnung (EG) Nr. 3381/94 des Rates vom 19. 12. 1994 über eine Gemeinschaftsregelung der Ausfuhrkontrolle von Gütern mit doppeltem Verwendungszweck, ABl. Nr. L 367 vom 31. 12. 1994, S. 1; im Beschluß 94/942/GASP des Rates vom 19. 12. 1994 ist das Verzeichnis von Gütern mit doppeltem Verwendungszweck für die Verordnung (EG) Nr. 3381/94 enthalten.

[2] Loi N° 90-1170 vom 29. 12. 1990, JORF 30. 12. 1990; Decret N° 92-1358, 28. 12. 1992, JORF 30. 12. 1992. Für die Versendung, die Ausfuhr und die Verwendung von Kryptographie ist eine vorherige Deklarierung vorgeschrieben, wenn die Kryptographie nur zur Authentisierung von Kommunikationen oder zur Gewährleistung der Integrität der Nachricht dient. In allen anderen Fällen ist die vorherige Genehmigung durch den Premierminister erforderlich. Die Bestimmungen werden derzeit überarbeitet gemäß Loi

zwar Diskussionen statt, aber nur das Vereinigte Königreich hat bisher einen Konsultationsprozeß zur Regulierung von TTPs bezüglich des Angebots von Verschlüsselungsdienstleistungen (aber nicht dessen Gebrauch) initiiert.[1)]

Auf internationaler Ebene ist die Situation ähnlich. In den OECD-Ländern gibt es, abgesehen von Ausfuhrkontrollen, praktisch keine Reglementierung. In den USA – wo es bislang keine nationale Regelung gibt – findet eine intensive Diskussion über verschiedene legislative Maßnahmen statt. Die OECD hat als Reaktion auf die in einigen Mitgliedstaaten aufkommende Diskussion Leitlinien zur Kryptopolitik verabschiedet, um Handelshemmnisse durch unterschiedliche Politikansätze zu vermeiden.

(ii) Reglementierung des Gebrauchs von Verschlüsselung

Eine Reglementierung des Gebrauchs würde bedeuten, die Verschlüsselung ohne vorherige Genehmigung illegal zu machen. Als Alternative dazu oder zusätzlich könnte der Verkauf oder die Einfuhr von Verschlüsselungsprodukten und -diensten genehmigungspflichtig gemacht werden. Die Genehmigungen würden entweder verweigert oder unter bestimmten Umständen erteilt werden, beispielsweise für den Gebrauch von nur einfacher Verschlüsselung oder zum ausschließlichen Verkauf von zugelassener Software. Diese Bedingungen könnten an die jeweiligen Bedürfnisse der Strafverfolgungs- und nationalen Sicherheitsbehörden angepaßt werden.

Eine solche Reglementierung würde aber den Gebrauch von Verschlüsselung beeinträchtigen. Außerdem könnten unterschiedliche Regelungsansätze zu einer Behinderung des Binnenmarkts führen, insbesondere des freien Verkehrs.

Beispiel: Muß ein Softwarehaus, das seine Produkte zu Hause frei entwickeln kann, spezifische technische oder rechtliche Kriterien in anderen Mitgliedstaaten erfüllen, muß es mindestens zwei, wenn nicht mehr, verschiedene Versionen seiner Verschlüsselungssoftware erstellen. Das gleiche Problem entsteht bei grenzüberschreitenden Verschlüsselungsdiensten.

Niemand kann heute völlig daran gehindert werden Daten zu verschlüsseln (Straftäter oder Terroristen können sich für ihre Zwecke ebenfalls der Verschlüsselung bedienen[2)]). Erstens ist Verschlüsselungs-

---

N° 96-659, 26. 7. 1996 de réglementation de télécommunications, Art. 17; http://www.telecom.gouv.fr/francais/activ/telecom/nloi17.htm

[1)] DTI Public Consultation Paper, Licensing of trusted third parties for the provision of encryption services, März 1997 – http://www.dti.gov.uk/pubs

[2)] Die meisten der (wenigen) Straftaten, bei denen Verschlüsselung verwendet wurde und die als Beispiele zur Begründung der Notwendigkeit einer Reglementierung angeführt werden, betreffen die „professionelle“ Verwendung der Verschlüsselung. Es ist unwahrscheinlich, daß in solchen Fällen die Verwendung der Verschlüsselung durch eine Reglementierung wirksam kontrolliert werden könnte; siehe auch „Encryption and evolving technologies as tools of organised crime and terrorism“, D. E. Denning, W. E. Baugh, Jr.; http://guru.cosc.georgetown.edu/-denning/crypto/oc-abs.html

software relativ leicht erhältlich, beispielsweise einfach durch Laden vom Internet. Es ist zweitens schwierig, zu beweisen, daß eine bestimmte Person eine unbefugt verschlüsselte Nachricht versendet hat. Die elektronische Kommunikation in offenen Netzen läuft nicht wie bei einem Telefongespräch ab, bei dem beispielsweise anhand der Stimme die Identität der Personen festgestellt werden kann. Drittens ist die Verschlüsselung auch mit steganographischen Methoden[1] möglich. Dabei werden Daten in anderen Daten verborgen (z. B. in Bildern), so daß die Tatsache, daß die Datei eine geheime Botschaft enthält, und damit der Einsatz von Verschlüsselung, gar nicht erst erkennbar ist.

Ein Eingriff in die Verschlüsselung könnte es daher gesetzestreuen Unternehmen und Bürgern durchaus unmöglich machen, sich vor kriminellen Angriffen zu schützen, würde aber Kriminelle nicht völlig davon abhalten, diese Verfahren zu nutzen.

2.3. Zugriffsmöglichkeit des Staates auf Schlüssel (Lawful access)

Dieser Ansatz beruht auf dem Grundsatz, daß bei Produkten und Diensten, die sich der Verschlüsselung bedienen, der Zugriff auf die jeweiligen Schlüssel möglich sein muß. Dadurch könnten die staatlichen Behörden verschlüsselten Text, der ansonsten kaum oder gar nicht geknackt werden kann, entschlüsseln. Verschiedene technische und institutionelle Methoden dazu werden derzeit erörtert. Die beiden bekanntesten Konzepte sind die *Schlüsselhinterlegung (key escrow)* und die *Erzeugung eines Nachschlüssels (recovery)*. Allgemein formuliert sehen diese Konzepte vor, daß Kopien (Hinterlegung) bzw. Informationen (Nachschlüsselerzeugung) über die jeweiligen Schlüssel entweder direkt staatlichen Stellen oder an TTPs übergeben werden (siehe **Anhang III**).

(i) Schlüsselzugriffssysteme werden von Strafverfolgungsbehörden als mögliche Lösung angesehen, um Probleme wie verschlüsselte Nachrichten zu bewältigen. Diese Systeme und die mit ihnen zusammenhängenden TTPs werfen eine Reihe kritischer Fragen auf, die vor der Einführung einer Regelung sorgfältig zu prüfen sind. Die andauernde Diskussion verschiedener Gesetzesinitiativen in den USA ist ein anschauliches Beispiel der bestehenden Meinungsgegensätze. Die kritischsten Punkte sind mögliche Schwachstellen, Schutz der Privatsphäre, Kosten und Wirksamkeit.

- Jedes Schlüsselzugriffssystem eröffnet zusätzliche Möglichkeiten, in ein Kryptographiesystem einzudringen.[2] Mehr Personen werden die „Geheimschlüssel" und die „Systemeigenschaften" kennen, was zu einem erhöhten Risiko des Mißbrauchs durch Insider führt. Die TTPs können selbst Zielscheibe von Angriffen werden. Diese neuen Risi-

[1] Siehe Anhang II.

[2] Eine ausführliche Analyse ist in der vor kurzem veröffentlichten Studie „The risks of key recovery, key escrow, and trusted third party encryption" enthalten, http://www.crypto.com/key-study

ken und Schwachstellen sind komplex und müssen verstanden werden, da es u.a. um wesentliche Haftungsfragen geht.

- Die Kosten der Schlüsselzugriffssysteme können sehr hoch sein. Bisher wurden Fragen der Kosten und der Kostenübernahme von den politischen Entscheidungsträgern vernachlässigt. Die spezifischen Anforderungen, die an TTPs gestellt werden, z.B. Reaktionszeiten für die Schlüssellieferung, Aufbewahrungsdauer von Nachschlüsseln, Authentisierung verlangende Regierungsbehörden, sicherer Transfer von Nachschlüsseln, interne Sicherheitsüberwachung usw. wären erhebliche Kostenfaktoren.
  Ferner würden aufgrund der nötigen Flexibilität hinsichtlich des Umfangs von Schlüsselzugriffssystemen - sie müssen an ein Umfeld mit mehreren Millionen Nutzern angepaßt werden können - erhebliche Kosten in unbekannter Höhe entstehen. Bisher wurden solche Systeme allenfalls für die Benutzung in kleinem Rahmen entwickelt. Die Kosten für die Auslegung dieser Systeme auf eine europäische oder gar weltweite Dimension müssen sorgfältig untersucht werden.
- Schlüsselsysteme können leicht umgangen werden - selbst, wenn theoretisch jeder ein solches System nutzen müßte.

  Beispiele:

- Nutzer könnten erst die Daten mit einem Schlüssel verschlüsseln, der nicht nachgemacht werden kann, und später ein zugelassenes Verschlüsselungssystem verwenden, wofür die Schlüssel hinterlegt werden. Wenn die Verschlüsselung als solche nicht verboten ist, wäre dies sogar rechtmäßig. In jedem Fall könnte dieses Vorgehen nur festgestellt werden, wenn eine Behörde tatsächlich versucht, die Daten zu entschlüsseln. Das Netz kann unmöglich nach Schlüsseln durchforscht werden, die nicht hinterlegt wurden. Daher wäre die Verwendung von nicht hinterlegten Schlüsseln nicht einmal ein Anhaltspunkt für mögliche illegale Tätigkeiten.
- Benutzer könnten eine relativ große Anzahl von sogenannten „session keys" (temporären Nachschlüsseln) so verwenden, daß ein Schlüssel den nächsten verschlüsselt, wobei jeweils ein oder mehrere zulässige Hinterlegungs-/Nachschlüsselsysteme genutzt werden. Erst der letzte Schlüssel würde zur Verschlüsselung der Information verwendet. Eine Behörde müßte das Verfahren von der anderen Seite aufrollen und sich sämtliche Schlüssel nacheinander besorgen, um die Nachricht lesen zu können. Dies wäre zwar technisch möglich, aber äußerst aufwendig. Dabei ist darauf hinzuweisen, daß der Benutzer ein „session key"-System völlig rechtmäßig angewandt hat.

(ii) Jede Einschaltung eines Dritten in eine vertrauliche Kommunikation erhöht seine Verwundbarkeit. Der Hauptgrund, einen Dritten in die Verwaltung von Vertraulichkeitsschlüsseln einzubeziehen, besteht darin, die Schlüssel anderen als den beiden kommunizierenden Teilnehmern zugänglich zu machen, z.B. Strafverfolgungsbehörden.

Nutzer könnten daher keinen Vorteil darin sehen, sich für vertrauliche Kommunikationen und geschweige denn für gespeicherte Informationen an eine TTP zu wenden. Der Gesetzgeber müßte deshalb Anreize schaffen, damit die Nutzer bei vertraulichen Transaktionen mit zugelassenen TTPs zusammenarbeiten, beispielsweise durch ein „offizielles Sicherheitsprüfsiegel" oder gar durch die Einführung einer „Pflichtregelung". Letztere würde jedes öffentliche Angebot eines Verschlüsselungsdienstes einer Genehmigung unterwerfen und würde u.a. Schlüsselhinterlegungs/Nachschlüsselsysteme vorschreiben.

Es ist abzuwarten, ob ein solches System akzeptiert würde. Aufgrund der dabei anfallenden Mehrkosten kann es nicht als Anreiz für den elektronischen Handel gesehen werden. In jedem Fall könnten Restriktionen durch innerstaatliche Genehmigungssysteme, insbesondere verbindliche Bestimmungen, zu Hindernissen für den Binnenmarkt führen und die Wettbewerbsfähigkeit der europäischen Industrie in diesem Marktsegment herabsetzen.

2.4. Schutz der Privatsphäre

Aus Gründen des Schutzes der Privatsphäre soll der Gebrauch der Kryptographie zur Sicherstellung des Datenschutzes und der Vertraulichkeit nicht beschränkt werden. Das grundlegende Recht auf den Schutz der Privatsphäre muß sichergestellt sein, kann aber aus anderen gerechtfertigten Gründen eingeschränkt werden, wie z.B. Wahrung der nationalen Sicherheit oder Verbrechensbekämpfung, wenn diese Einschränkungen angemessen, wirksam, notwendig und verhältnismäßig sind, um die anderen Ziele zu erreichen. Die EU-Datenschutzrichtlinie harmonisiert die Bedingungen, unter denen der Zugang zu personenbezogenen Daten und ihre Weitergabe an Drittstaaten erlaubt ist.

In puncto Datensicherheit verpflichtet die Richtlinie Mitgliedstaaten dazu, dafür zu sorgen, daß eine Daten kontrollierende Stelle, angemessene technische und organisatorische Maßnahmen ergreift. Es muß gewährleistet sein, daß personenbezogene Daten gegen zufälligen oder ungesetzlichen Verlust, Fälschung, unerlaubte Bekanntgabe oder Zugang geschützt werden, vor allem wenn Daten über ein Netz übertragen werden, sowie gegen alle anderen ungesetzlichen Formen des Umgangs.

Die Kryptographie ist ein wichtiges technisches Mittel zur Sicherstellung der Integrität und Vertraulichkeit von Daten. Um auch die sichere Übertragung personenbezogener Daten im Binnenmarkt zu gewährleisten, müssen diese technischen Mittel mit der persönlichen Information, die sie schützen sollen, „mitreisen" können. Regelungen, die den Gebrauch von Verschlüsselungsprodukten und -diensten innerhalb des Binnenmarktes behindern, behindern dadurch den sicheren und freien Fluß persönlicher Informationen und die Versorgung mit verwandten Waren und Dienstleistungen.

3. Bewertung

Vorschläge für eine Reglementierung der Verschlüsselung werden sehr kontrovers diskutiert. Seitens der Industrie bestehen erhebliche

Bedenken gegen eine Reglementierung, Schlüsselhinterlegungs- und Nachschlüsselsysteme inbegriffen.[1] Zwar mangelt es noch an Erfahrungen, da die elektronische Kommunikation und der elektronische Handel gerade erst in den Anfängen sind, doch es kann bereits eine erste Bewertung vorgenommen werden, um einen gemeinsamen europäischen Standpunkt zu dem Problem bilden zu können, besonders, weil die Meinungen der Mitgliedstaaten zu den damit verbundenen Sicherheitsfragen auseinandergehen. Ein solcher Standpunkt könnte auf folgenden Erwägungen beruhen:

(i) Probleme bei der Untersuchung von Straftaten und der Beweisfindung, die auf die Verschlüsselung zurückzuführen sind, fallen derzeit wenig ins Gewicht, könnten aber in Zukunft mehr zum Tragen kommen. Wie bei jeder neuen Technologie wird es zu einem Mißbrauch der Verschlüsselung kommen, und die polizeilichen Untersuchungen werden durch die Verschlüsselung von Daten erschwert. Die breite Verfügbarkeit der Verschlüsselung kann jedoch auch zur Verhinderung von Straftaten beitragen. Bereits heute wird der Schaden durch Straftaten in Computernetzen auf Milliarden von ECU geschätzt (Wirtschaftsspionage, Kreditkartenbetrug, Telefongebührenbetrug in Telefonzellen, Piraterie von Schüsseln von gebührenpflichtigen Fernsehsendern). Dadurch sind mit der Verschlüsselung erhebliche wirtschaftliche und rechtliche Vorteile verbunden.

(ii) Es kann nicht effektiv verhindert werden, daß sich Straftäter leistungsfähiger Verschlüsselungsverfahren bedienen oder die Schlüsselhinterlegung umgehen. Der Nutzen einer Reglementierung im Interesse der Verbrechensbekämpfung läßt sich daher nicht ohne weiteres bewerten und wird oft sehr pauschal dargestellt. Überwachungsmaßnahmen können jedoch dazu führen, daß die Verwendung von Verschlüsselung bei kriminellen Handlungen schwieriger und aufwendiger wird.

(iii) In der Informationsgesellschaft werden die Bürger und Unternehmen für immer mehr Aspekte ihres Lebens und ihrer Geschäftstätigkeit On-Line-Dienste benutzen. Durch Telekonferenzen, Teleshopping, Telearbeit, elektronische Überweisungen, e-mail, usw. werden Information in einem solchen Umfang elektronisch abrufbar wie nie zuvor. Aus diesem Grund könnten Bürger und Unternehmen es vorziehen, in der anonymen Off-Line-Welt zu bleiben, wenn sie befürchten müssen, daß ihre Kommunikation und Transaktionen mit Hilfe von Schlüsselzugangs- oder ähnlichen Systemen, die das Überwachungspotential der Behörden stärken, übermäßig kontrolliert werden.[2] Dann würde sich der elektronische Handel nicht entwickeln.

(iv) Schlüsselhinterlegungs- oder Nachschlüsselsysteme werfen eine Reihe praktischer und komplexer Fragen auf, die politische Entschei-

[1] Siehe z. B. Erklärung der Industrie, Bonn Konferenz Juli 1997; http://www2.echo.lu/bonn/industry.html

[2] Eurobarometer Meinungsumfrage 46.1 über die Privatsphäre in der Informationsgesellschaft, 1/1997.

dungsträger lösen müßten, vor allem Fragen der Privatsphäre, Schwachstellen, Wirksamkeit und Kosten. Wenn überhaupt notwendig, dann sollte eine Regulierung auf das absolut Notwendige beschränkt bleiben. Sie würde auch zwischen vielen verschiedenen Schlüsseltypen differenzieren müssen (storage keys, session keys, Authentisierungsschlüssel, usw.), die sich in ihren Funktionen erheblich unterscheiden.

(v) Elektronischer Handel in offenen und globalen Netzen benötigt internationale Verfügbarkeit, Interoperabilität, freie Auswahl von Produkten und Dienstleistungen für Verschlüsselung. Jede Regulierung der freien Benutzung von kryptographischen Produkten und Dienstleistungen innerhalb des Binnenmarktes behindert den sicheren und freien Transfer von personenbezogenen Daten, den freien Verkehr der entsprechenden Produkte. Jede Regulierung ist unter Berücksichtigung des EG-Vertrags und der EU-Datenschutzrichtlinie zu prüfen.

(vi) Das eigentliche Ziel staatlicher Behörden ist, einen Text lesen zu können, und nicht unbedingt, Zugriff auf Schlüssel zu haben. Weiterhin ist die Analyse des Datenflusses (z. B. wer kommuniziert mit wem?) ebenfalls von Bedeutung und wird von der Zunahme der elektronischen Kommunikation profitieren. Informationen liegen, auch wenn sie bei der Kommunikation verschlüsselt sind, genau wie bei traditionellen Kommunikationsformen häufig unverschlüsselt an der Quelle vor, beispielsweise in Banken, Geschäften, Reisebüros, die mit einem Verdächtigen über elektronische Kommunikation in Verbindung stehen, oder können unverschlüsselt an bestimmten Punkten in einer Kommunikationsverbindung abgefangen werden. Daher könnten bestehende Vorschriften über hergebrachte Formen gesetzlichen Datenzugangs untersucht werden unter dem Blickwinkel, sie auf Zugang zu verschlüsselten Daten und Kommunikationen anzuwenden. D. h., Zugang zu verschlüsselter Information müßte auf rechtlich autorisierten Beschluß hin ermöglicht werden.

(vii) Ein grundlegendes Problem stellt sich hinsichtlich der internationalen Beziehungen, d. h. hinsichtlich der Frage, wie eine weltweite Kommunikation gewährleistet werden kann, wenn in manchen Ländern Rechtsvorschriften über ein Schlüsselhinterlegungs-/Nachschlüsselsystem eingeführt werden. Die Länder würden wahrscheinlich darauf bestehen, daß die Schlüssel ihrer Staatsbürger nur von der nationalen TTP verwaltet werden können. Bei Nachschlüsselsystemen, die mit einer e-mail-Kommunikation verbunden sind, würde das bedeuten, daß nur das Land des Versenders die Botschaft entziffern könnte, es sei denn, es gibt ein spezielles Abkommen zwischen den beiden Ländern.

(viii) Ungeachtet der Frage der Vereinbarkeit von Beschränkungen mit den Bestimmungen des Vertrags über den freien Waren- und Dienstleistungsverkehr könnten spezifische nationale Einschränkungen auch eine Nebenwirkung auf die Freizügigkeit haben, ähnlich den von der Veil-Gruppe festgestellten Auswirkungen[1)].

[1)] Bericht der „Hochrangigen Arbeitsgruppe über die Freizügigkeit" unter dem Vorsitz von Simone Veil, der Kommission am 18. 3. 1997 vorgelegt.

IV. Maßnahmen auf Ebene der Gemeinschaft

Die elektronische Kommunikation in offenen Netzen ist das Kernstück der Informationsgesellschaft. Der schnelle und sichere Austausch von Daten bietet gerade für den elektronischen Handel viele Vorteile und kann dadurch entscheidend zur Steigerung der Wettbewerbsfähigkeit und zur Schaffung von Arbeitsplätzen beitragen. Die EU hat die große Chance, rechtzeitig für die Bedingungen sorgen zu können, nicht nur um eine zukunftsweisende Infrastruktur, sondern auch die Voraussetzungen für Wachstum in der Industrie zu schaffen.

Die Kommission wird versuchen, Vertrauen in die elektronische Kommunikation in offenen Netzen aufzubauen, um das reibungslose Funktionieren des Binnenmarktes sicherzustellen, um dem elektronischen Handel Auftrieb zu geben und um die europäische Industrie zu stärken.

1. Ein Gemeinschaftsrahmen für digitale Signaturen

1.1. Notwendigkeit des Tätigwerdens der Europäischen Union

In einigen Mitgliedstaaten sind bereits detaillierte Rechtsvorschriften für digitale Signaturen in Vorbereitung. Frankreich hat bereits ein neues Telekommunikationsgesetz, Deutschland ein Gesetz zur digitalen Signatur[1] verabschiedet und Italien ein Gesetz über den Gebrauch elektronischer Dokumente und Verträge auf den Weg gebracht[2]. Die Regierung des Vereinigten Königreichs hat eine öffentliche Anhörung über die gesetzlichen Bestimmungen für TTPs eingeleitet. Die niederländische Regierung hat eine interministerielle Arbeitsgruppe eingerichtet[3]. Belgien[4] und Dänemark arbeiten ebenfalls an Gesetzesentwürfen über digitale Signaturen. Die schwedische Regierung führte im Juni 1997 eine öffentliche Anhörung durch.

Die Entwicklung einer klaren rechtlichen Ordnung wird begrüßt, doch könnten die bereits jetzt stark unterschiedlichen rechtlichen und technischen Ansätze in den verschiedenen Mitgliedstaaten und das rechtliche Vakuum in anderen Mitgliedstaaten – gegebenenfalls auch gerechtfertigt – ein ernstzunehmendes Hindernis für den europaweiten elektronischen Handel und die Kommunikation darstellen. Dadurch würden der freie Verkehr mit Produkten und Diensten für digitale Signaturen im Binnenmarkt und die Entwicklung neuer Wirtschaftstätigkeiten im Zusammenhang mit dem elektronischen Handel gehemmt. Zur Förderung des elektronischen Handels und der Wettbewerbsfähig-

[1] Gesetz zur digitalen Signatur (SigG), 1. 8. 1997.

[2] Schema die Reglamento „Atti, documenti e contratti in forma elettronica“, approved by the Italian Council of ministers, 5. 8. 1997.

[3] Staatscourant Nr. 54, 18. 3. 1997.

[4] See http://www.agoraproject.org/

keit der europäischen Industrie, zur Beseitigung von Handelshemmnissen sowie zur Unterstützung der Nutzung digitaler Signaturen über die Staatsgrenzen hinaus ist ein gemeinsamer Rahmen auf der Ebene der Gemeinschaft dringend nötig und sollte bis spätestens zum Jahr 2000 in Kraft sein.

1.2. Reichweite eines europäischen Rahmens

Ziel jeder Initiative der Gemeinschaft muß sein, die Mitgliedstaaten dazu zu bringen, möglichst schnell Maßnahmen zu ergreifen, die geeignet sind, Vertrauen in digitale Signaturen zu schaffen. Daher erwägt die Kommission – im Lichte des Vertrags von Amsterdam – eine auf dieser Mitteilung basierende Regelung im Rahmen des ersten Pfeilers vorzulegen. Folgende Schritte sind aus Sicht der Kommission notwendig:

(i) Einheitliche rechtliche Vorgaben für CAs

Einheitliche europäische Anforderungen für die Zertifizierung sind unabdingbar. Durch die Vorgabe bestimmter gemeinsamer rechtlicher Anforderungen für die Tätigkeit der CAs könnte die Gemeinschaft einen Rahmen schaffen, der sicherstellt, daß Zertifikate, die von CAs in einem Mitgliedstaat ausgestellt wurden, auch in allen anderen Mitgliedstaaten anerkannt werden. Ein Rahmen der Gemeinschaft müßte vor allem die *Festlegung gemeinsamer Anforderungen an die Einrichtung und Tätigkeit von CAs* erfassen, welche das Nebeneinander von lizensierten und nichtlizensierten CAs erlaubt. Gemeinsame Einstufungen von Zertifikaten könnten ebenfalls notwendig sein, um ein einheitliches Sicherheits- und Vertrauensniveau für Zertifikate in allen Mitgliedstaaten zu schaffen. Über die Einzelheiten der Durchführung (Genehmigung, Selbstzertifizierung) würden die Mitgliedstaaten entscheiden.

Um die internationale gegenseitige Anerkennung digitaler Signaturen zu unterstützen, wird die Kommission ferner die Notwendigkeit gemeinsamer technischer und operationeller Anforderungen sowie gemeinsamer Bewertungskriterien und -verfahren, einschließlich Standards, für *Produkte* im Bereich digitaler Signaturen prüfen.

(ii) Rechtliche Anerkennung

Um eine möglichst breite Akzeptanz von digitalen Signaturen zu gewährleisten, müßten die einzelstaatlichen Rechtssysteme gegebenenfalls dahingehend angepaßt werden, daß digitale Signaturen als gleichwertig anerkannt und genauso behandelt werden wie traditionelle Unterschriften.

Die Kommission wird ihre gegenwärtigen Untersuchungen auf dem Gebiet der rechtlichen Anerkennung digitaler Signaturen auf Gemeinschaftsebene fortführen und auch auf ihrer Basis Vorschläge für die weitere Vorgehensweise machen. Unterschiedliche nationale Regelungen, die der vollständigen Anwendbarkeit digital signierter elektronischer

Dokumente zuwiderlaufen (z. B. Formerfordernisse, Beweisregelungen), werden ebenfalls untersucht werden. Die Fragen der gesetzlichen Formvorschriften und der Zulässigkeit als Beweismittel in gerichtlichen Verfahren sollten umgehend den Justizministern zur Prüfung vorgelegt werden.

(iii) Internationale Kooperation

Elektronische Kommunikation ist nicht auf die Europäische Union beschränkt. Deshalb muß – wo es angebracht ist – auf internationaler Ebene ein Rahmen geschaffen werden, sobald sich die Gemeinschaft auf einen gemeinsamen Ansatz geeinigt hat. Das setzt die Teilnahme Europas (sowohl auf Ebene der Gemeinschaft als auch der Mitgliedstaaten) in internationalen Initiativen und Foren voraus.

Viele solcher internationalen Initiativen wurden auf verschiedenen Ebenen initiiert. Bilaterale (*EU/US, EU/Japan*) und multilaterale (z. B. *UNCITRAL*[1)]) Diskussionen haben begonnen. *UNCITRAL* hat die Arbeit an einem Modellgesetz für elektronischen Handel[2)] abgeschlossen und kürzlich eine Folgearbeit initiiert, die auf die Vorbereitung einheitlicher Regelungen für digitale Signaturen und verwandte (grenzüberschreitende) Dienste (CAs) abzielt. In der *OECD* wird die auf den Leitlinien für die Kryptographiepolitik basierende Arbeit fortgeführt. Andere internationale Organisationen, wie die WTO, könnten miteinbezogen werden, um Handelshindernisse zu vermeiden oder auch wegen anderer Bereiche, in denen sie spezifische Kompetenzen oder Erfahrungen hat.

In den *Vereinigten Staaten*[3)] haben fast alle Staaten mit Arbeiten an Gesetzen für digitale Signaturen begonnen oder bereits Gesetze erlassen. Behörden, wie die ‚Food and Drugs Administration' veröffentlichen spezifische Regelungen in ihren Bereichen[4)]. Auf nationaler Ebene denkt der Kongreß über verschiedene Gesetzesmaßnahmen nach. In *Japan* wurden dieses Jahr einige technische und rechtliche Aktivitäten im Bereich der Authentizierung und elektronischer Transaktionen eingeleitet.

Auf Ebene der *Wirtschaft* erarbeitete die ‚American Bar Association' Leitlinien für digitale Signaturen[5)] und das ‚Internet Law and Policy Forum' (ILPF) arbeitet an der Rolle von CAs bei Verbrauchertransaktionen[6)].

Angesichts dieser weltweiten Aktivitäten empfiehlt die Kommission, daß sich die Gemeinschaft die Dialoge auf internationaler Ebene fortführt und neue initiiert. Ziel muß sein, vorhandene Hindernisse zu be-

---

1) United Nations Commission on International Trade Law.

2) http://www.un.or.at/uncitral/index.html

3) Für einen Überblick über die US Gesetzgebung vgl. http://www.mbc.com/ds_sum.html

4) http://www.fda.gov/cder/esig/part11.htm

5) http://www.albanet.org/scitech/ec/isc/dsg_tutorial.html

6) http://www.ilpf.org/work/ca/draft/htm

seitigen, um einen international kompatiblen Rahmen für elektronischen Handel zu schaffen, insbesondere um gemeinsame technische Standards zu schaffen und für die gegenseitige Anerkennung von Zertifikaten zu sorgen.

2. Strategische Maßnahmen im Bereich der Verschlüsselung

(i) Im EG-Vertrag und im Vertrag über die Europäische Union wird die Zuständigkeit der Mitgliedstaaten für die nationale Sicherheit und Strafverfolgung ausdrücklich anerkannt. Werden einzelstaatliche restriktive Bestimmungen eingeführt, müssen sie mit dem Gemeinschaftsrecht vereinbar sein. Daher wird die Kommission prüfen, ob einzelstaatliche Beschränkungen völlig oder teilweise gerechtfertigt sind, insbesondere hinsichtlich der Bestimmungen des EG-Vertrags über freien Verkehr, der relevanten Entscheidungen des Europäischen Gerichtshofes und der Kriterien der EU-Datenschutzrichtlinie.

- Einzelstaatliche Beschränkungen müssen dem Grundsatz der Verhältnismäßigkeit entsprechen (angemessen und wirksam sein und nicht über das Maß des im Hinblick auf den Zweck Erforderlichen hinausgehen).
- Die Mitgliedstaaten müssen bereits jetzt der Kommission – und durch die Kommission den anderen Mitgliedstaaten – die von ihnen geplanten technischen Vorschriften mitteilen, die *de iure oder de facto* verpflichtend sind. Dies gilt für das Marketing, die Verwendung, Herstellung oder Einfuhr von Produkten, einschließlich kryptographischer Produkte[1]. Dieses Verfahren ermöglicht es der Kommission und den Mitgliedstaten, die Vorschriften zu ermitteln, die nach ihrer Verabschiedung den Binnenmarkt behindern würden, und geeignete Maßnahmen zu treffen, d. h. eine Stellungnahme bzw. eine mit Gründen versehene Stellungnahme abzugeben oder Maßnahmen der Gemeinschaft vorzuschlagen.
- Es wird wichtig sein, „Authentifizierungs- und Integritätsdienste“ von „Vertraulichkeitsdiensten“ zu unterscheiden, da, wie oben erwähnt, diese Aspekte unterschiedliche Bestimmungen und Ziele trennen.

Potentielle Auswirkungen auf Handel und Wettbewerbsfähigkeit werden ebenfalls wichtige Argumente darstellen.

(ii) Die Verordnung über Güter mit doppeltem Verwendungszweck könnte im Hinblick auf den Markt für kryptographische Produkte geändert werden. Artikel 19 bezüglich einzelstaatlicher Kontrollen sieht auch die Überprüfung der Notwendigkeit dieser Kontrollen innerhalb von drei Jahren nach Inkrafttreten der Verordnung vor (Ende 1997). Daher könnte diese Verordnung anläßlich der Überprüfung verbessert werden durch

[1] Richtlinie 83/189/EWG vom 28. 3. 1983 über ein Informationsverfahren auf dem Gebiet der Normen und technischen Vorschriften, ABl. Nr. L 109 vom 26. 4. 1983.

- die schrittweise Abschaffung innergemeinschaftlicher Kontrollen für kommerzielle Verschlüsselungsprodukte (d. h. nicht unbedingt auch für sehr starke Verschlüsselungsverfahren);
- das Einleiten einer Diskussion über Geltungsbereich und Auslegung bestimmter Regeln, darunter der sogenannten „General Software Note“ (wonach die Software für die breite Öffentlichkeit keinen Kontrollen unterliegt);
- Behandlung von Problemen wie die immaterieller Übertragungsinstrumente (z. B. Technologieübermittlung per Fax oder e-mail).

(iii) Um eine geeignete und ausgewogene rechtliche Ordnung in der Gemeinschaft zu schaffen, ersucht und unterstützt die Kommission Mitgliedstaaten dabei, die Zusammenarbeit zwischen Polizeikräften auf europäischer und internationaler Ebene zu verbessern.

(iv) Aufgrund der globalen Dimension der elektronischen Kommunikation und des elektronischen Handels könnten internationale Übereinkommen zwischen der Gemeinschaft und anderen Ländern notwendig werden, sobald eine harmonisierte Regelung existiert. Das Ziel muß sein, bestehende Hemmnisse zu entfernen, damit ein international kompatibler Rahmen für elektronischen Handel entsteht, insbesondere um gemeinsame technische Standards zu schaffen und die gegenseitige Anerkennung von Zertifikaten zu sichern.

(v) Der Rat wird ebenfalls ersucht, eine Diskussion über Kryptographiefragen zu eröffnen.

3. Begleitmaßnahmen

(i) Interoperabilität

Interoperabilität der verschiedenen Verschlüsselungs- und digitalen Signaturanwendungen und -systeme ist im Hinblick auf ihre Anwendbarkeit in Europa und anderswo dringend erforderlich. Dienste beruhen weitgehend auf vereinbarten Standards, einschließlich Prüfkriterien und -verfahren für Protokolle, Datenformate und Programmschnittstellen.

Durch die Verwendung vereinbarter Protokolle und Datenformate kann die Entwicklung von Gateway-Diensten oder Formatkonvertierungsprogrammen hinfällig werden. Die Interoperabilität im weiteren Sinne bedeutet auch, daß Anwendungsmöglichkeiten von einer Software- und Hardwareumgebung in eine andersartige übertragen werden können (Übertragbarkeit), und daß Benutzer ortsunabhängig mit der gleichen TTP arbeiten können (Mobilität).

Beispiele für Arbeit an Standards:

- Das bekannteste Zertifikatformat ist X.509 v3[1].

[1] Die v3 Version hat eingebaute Nebenfelder, die zusätzliche Angaben zur Subjektidentifikation, zu Schlüsseleigenschaften oder allgemeine Informationen enthalten können. Es ist aber dennoch erforderlich, ein auf das Internet zugeschnittenes Profil für die Verwendung der Nebenfelder festzulegen.

- Der „Sichere Elektronische Transaktionen“ (SET)-Standard ist ein von der Industrie benutztes Protokoll, um heikle persönliche und finanzielle Informationen über öffentliche Netze zu übermitteln.
- Auf internationaler Ebene arbeiten die Internet Engineering Task Force (IETF)[1], ISO/ITU[2] und World Wide Web Consortium (W^3C)[3] an Standards für die Infrastruktur für öffentliche Schlüssel, Zertifikate und digitale Signaturen.

Um den Bedürfnissen des Markts nachzukommen, sind im Hinblick auf die Interoperabilität technische und Management Standards notwendig, die in offenen und marktorientierten Verfahren ausgearbeitet werden. Management Standards können für die Tätigkeiten von CAs nützlich sein. Technische Standards werden beispielsweise für die Formate digitaler Signaturen und von Zertifikaten, wie auch für die Zeitstempel und Smartcards benötigt. Standards müssen den neuesten bewährten Verfahren entsprechen.

Die Kommission ermutigt die Industrie und die internationalen Standardisierungsorganisationen, technische und Infrastrukturstandards für digitale Signaturen und Verschlüsselung zu entwickeln, um sicheres und vertrauenswürdiges Nutzen der Netze möglich zu machen und die Erfordernisse des Schutzes der Privatsphäre und des Datenschutzes zu respektieren[4]. Die Kommission wird spezifische Mandate für Standardisierung erwägen und in enger Zusammenarbeit mit den Mitgliedstaaten, mit der Industrie sowie mit den Benutzern (Unternehmen, Verbrauchern, Bürgern) Mechanismen vorschlagen, die Anreize für weiteres Arbeiten in diesem Bereich geben.

(ii) Unterstützungsprogramm

Die Kommission ist zur Unterstützung der Entwicklung kryptographischer Dienste bereit und erwägt insbesondere, einen Beschluß des Rates und des Parlaments für das Programm INFOSEC II vorzuschlagen, der auf dem INFOSEC-Programm von 1992–1994 aufbauen würde[5]. Das Programm könnte dazu dienen, Strategien für die Sicherheit elektronischer Kommunikation zu entwickeln, insbesondere im Hinblick auf die Versorgung von Nutzern elektronischer Kommunikation mit angemessenen Schutzsystemen.

(iii) Forschungsvorhaben

Die Kommission wird die laufenden Projekte im Bereich der digitalen Signaturen und Verschlüsselung innerhalb des vierten Rahmenpro-

---

[1] Public-Key Infrastructure (X.509) ftp://ds.internic.net/internet-drafts/draft-ietf-pkix-ipki3cmp-04.txt

[2] Reihen X500 und ISO9594; ftp://ftp.bull.com/pub/OSIdirectory/ITU

[3] W^3C Digital Signature Initiative, http://www.w3.org/Security/DSig/Overview.html

[4] Vgl. Bonn Ministererklärung, Fußnote 5.

[5] http://www.cordis.lu/infosec/src/itsede2.htm

gramms für Gemeinschaftsaktionen in der Forschung und der technischen Entwicklung (1994–1998) fortsetzen [siehe **Anhang IV** mit einem Verzeichnis der laufenden Projekte] und wird im fünften Rahmenprogramm (1998–2002) neue Projekte starten. Insbesondere sieht der Vorschlag für das 5. Rahmenprogramm eine Schwerpunktaktion für elektronischen Handel vor. Besondere Aufmerksamkeit richtet sich dabei auf Verfahren, die die Interoperabilität gewährleisten und die Privatsphäre schützen, die die beste Nutzung stimulieren und für weite Verbreitung sorgen sollen.

(iv) Die Verwendung digitaler Signaturen und der Verschlüsselung durch öffentliche Behörden

In naher Zukunft werden sich öffentliche Behörden für interne Angelegenheiten und für ihre Kontakte mit Unternehmen und Bürgern digitaler Signaturen und der Verschlüsselung bedienen. Dazu ist eventuell eine Änderung einzelstaatlicher wie auch gemeinschaftlicher Rechts- und Verwaltungsvorschriften erforderlich. Eine erste Verordnung der Gemeinschaft[1)] wurde geändert, um die Verwendung digital unterzeichneter elektronischer Dokumente zu ermöglichen. Die Auswirkungen einzelstaatlicher Maßnahmen müssen untersucht werden, um Problembereiche zu ermitteln, die einen Eingriff der Gemeinschaft notwendig machen könnten. Auch die Einrichtungen der Union werden digitale Signaturen[2)] und die Verschlüsselung verwenden.

(v) Europäisches Internet-Forum

Die Kommission wird Ende 1997 ein europäisches Internet-Forum zur Information und zum Austausch von Informationen über ordnungspolitische Aspekte und die Verwendung von digitalen Signaturen und von Verschlüsselung einrichten.

(vi) Internationales Hearing

Die Kommission beabsichtigt Anfang 1998, ein Hearing zum Thema „Digitale Signatur und Verschlüsselung“ mit Experten aus aller Welt zu veranstalten. Ziel ist, Regierungen, Industrie und Verbraucher zu befragen, welche Maßnahmen die Gemeinschaft ihrer Meinung nach in Erwägung ziehen sollte, um

---

[1)] Verordnung des Rates (EWG) N° 1290/97, 27. 6. 1997, zur Änderung der Verordnung (EWG) Nr. 1408/71 zur Anwendung der Systeme der sozialen Sicherheit auf Arbeitnehmer und deren Familien, die innerhalb der Gemeinschaft zu- und abwandern, und zur Änderung der Durchführungsverordnung (EWG) N° 574/72 zur Verordnung (EWG) N° 1408/71, ABl. L 176, 4. 7. 1997, S. 1; Einfügung eines neuen Absatzes in Artikel 85 im Hinblick auf die Gewährleistung der gleichen Rechtskraft eines elektronisch übermittelten Dokuments wie eines Papierdokuments.

[2)] SINCOM, das computergestützte Rechnungsführungssystem für den Haushaltsplan, führt Smartcards zum Zweck der digitalen Signaturen ein.

- das Vertrauen in rechtsgültige und benutzerfreundliche digitale Signaturen und in die Sicherheit der Kommunikation zu stärken;
- erkannte Hemmnisse des Binnenmarktes für Erbringung und freien Verkehr von kryptographischen Gütern und Dienstleistungen abzuschaffen;
- angemessenen Schutz der Privatsphäre des Einzelnen und seiner personenbezogenen Daten zu gewährleisten.

4. Zeitrahmen für Aktionen der Gemeinschaft

4. Q./1997:	Europäisches Internet-Forum
4. Q./1997:	Vorschlag der Kommission zur Änderung der Dual-Use Verordnung
1. Q./1998:	Internationales Hearing
1. Q./1998:	Auswertung der Kommentare zur Mitteilung, den Ergebnissen des Internet-Forums und des internationalen Hearings
2. Q./1998:	Vorschlag für die weitere Vorgehensweise (z. B. Richtlinie im Bereich digitale Signaturen)
2. Q./1998:	Vorschlag für ein Infosec II Programm
1998–2002:	Projekte innerhalb des 5. Rahmenprogrammes
bis 2000:	Gemeinsamer Rahmen im Bereich Kryptographie innerhalb der Union ist in Kraft

Anhänge

Inhaltsverzeichnis

Anhang I. Digitale Signatur

- **Anwendungen**

Digitale Signaturen können die **Authentizität von Personen** und die **Integrität** von Daten gewährleisten. Ein sicheres System für digitale Signaturen umfaßt zwei Schritte: ein Verfahren zum fälschungssicheren Signieren eines Dokuments und ein Verfahren, um zu überprüfen, ob die Signatur von der angegebenen Person erstellt wurde. Die Authentisierungsprotokolle können auf Verschlüsselungsverfahren mit öffentlichen oder privaten Schlüsseln beruhen, bei denen asymmetrische Verschlüsselungsalgorithmen verwendet werden. (**Anhang II** enthält eine eingehende Beschreibung symmetrischer und asymmetrischer Verschlüsselungsverfahren.)

Eine digitale Signatur ist ein Datensatz, der mit Hilfe eines privaten Schlüssels erzeugt wurde. Zur Prüfung, ob die Signatur tatsächlich mit Hilfe des privaten Schlüssels erzeugt wurde, kann der entsprechende öffentliche Schlüssel verwendet werden. Die Erstellung einer gültigen Signatur darf nur mit Kenntnis des privaten Schlüssels möglich sein. Die Authentisierung von Datensätzen ist ein Verfahren, das dem Empfänger (z.B. einer digitalen Nachricht) ermöglicht, Sicherheit über die Herkunft einer Nachricht zu bekommen.

Der Datensatz kann zusätzlich einen Zeitstempel tragen, der bestätigt, daß eine Nachricht (oder das Dokument) zum angegebenen Zeitpunkt tatsächlich existierte. Digitale Signaturen können ferner dazu verwendet werden, nachzuweisen, daß ein bestimmter öffentlicher Schlüssel zu einer bestimmten Person gehört.

• Erstellung

Eine digitale Signatur wird in zwei Schritten erzeugt. Zunächst berechnet der Sender mit Hilfe eines Programms eine komprimierte Version der Daten, die deren wesentliche Merkmale enthält (sog. „Hash-Funktion“, eine Art Kurzfassung der Daten). Im Unterschied zur Verschlüsselung vertraulicher Daten **verschlüsselt der Sender die komprimierte Version** zusammen mit weiteren Angaben wie Ort und Zeit der Unterschrift **mit seinem privaten Schlüssel** (nicht mit dem öffentlichen Schlüssel des Empfängers). Der Schlüssel dient somit nicht der Verschlüsselung des Textes selbst, sondern ausschließlich der Verschlüsselung der digitalen Signatur, die dem normal lesbaren Text als Zusatz beigefügt ist (**Anhang II** enthält eine eingehende Beschreibung).

Mit Hilfe des öffentlichen Schlüssels des Senders kann der Empfänger prüfen, ob die Daten verändert wurden. Technisch geschieht dies wie folgt in drei Schritten: Mit dem öffentlichen Schlüssel wird die digitale Signatur und damit die Prüfsumme entschlüsselt. Mittels eines Programms wird die Prüfsumme erneut berechnet. Die beiden Prüfsummen werden sodann miteinander verglichen. Selbst die geringste Veränderung würde zwei voneinander abweichende Prüfsummen ergeben und daher sofort bemerkt werden (siehe Abb. 1).

Somit kann der Empfänger der Daten nun sicher sein, daß diese nicht verändert wurden und daß öffentlicher und privater Schlüssel des Senders ein komplementäres Schlüsselpaar bilden.

• Hash-Funktionen

Hash-Funktionen werden dazu verwendet, um Prüfsummen für die Erstellung digitaler Signaturen zu berechnen.

Diese Funktionen komprimieren die Daten auf Hash-Werte einer festgelegten Größe; dies geschieht in einer Weise, daß es äußerst schwierig wäre, eine Prüfsumme zu finden, die den jeweiligen Hash-Werten ent-

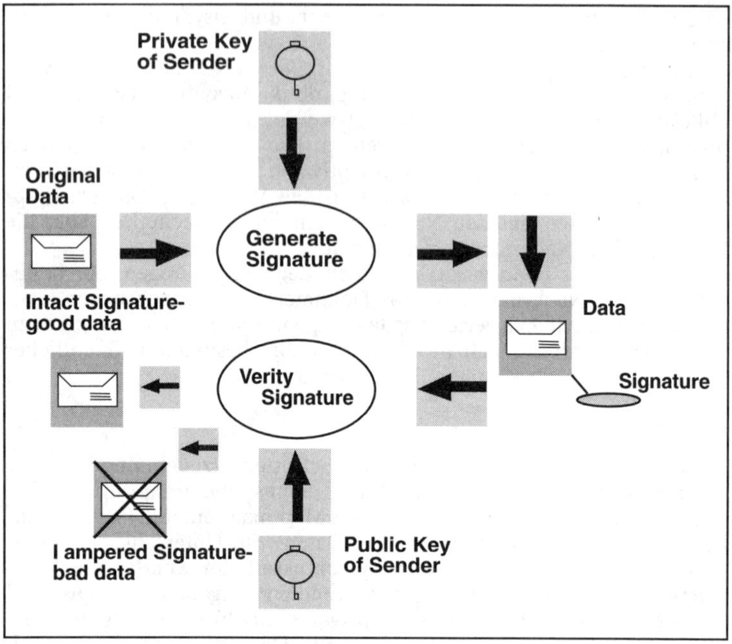

Abb. 1 Digitale Signatur

spräche. Hier wird das Prinzip zugrunde gelegt, daß die „Prüfsumme" die originären Daten, aus denen sie berechnet wurde, ähnlich einem Fingerabdruck in Kurzform genau wiedergibt. Da die Hash-Funktionen wesentlich schneller arbeiten als alle Daten umfassende Funktionen, ist es wesentlich effizienter, eine digitale Signatur mit Hilfe einer Prüfsumme zu erstellen als auf der Grundlage der gesamten Daten.

Damit die Hash-Funktionen für die digitale Authentisierung einsetzbar sind, müssen sie über Eigenschaften verfügen, die sie sicher genug für die Verschlüsselung machen. Es muß ausgeschlossen sein, daß anhand eines bestimmten Hash-Wertes der entsprechende Datensatz gefunden werden kann und daß zwei unterschiedliche Datensätze den gleichen Hash-Wert ergeben. Die kryptographischen Hash-Algorithmen ergeben Werte von mindestens 128 Bits.

Um digitale Signaturen zu „knacken", wird man versuchen, den Algorithmus zu finden, den das System zur Erzeugung der digitalen Signatur oder der Hash-Funktion einsetzt, um die „Prüfsumme" zu berechnen. Will man eine ausreichende Sicherheit, sollte man Systeme für digitale Signaturen und Hash-Funktionen wählen, die einen vergleichbaren Sicherheitsstandard aufweisen. Ziel von Angriffen wird stets das schwächere der beiden Systeme sein. Daher sollten lange Module und Hash-Funktionen verwendet werden, die möglichst lange „Prüfsummen" erzeugen.

Beispiele: Message Digest-Algorithmen MD2, MD4, MD5 (128-Bit-Werte), Secure Hash Standards/Algorithms (SHS/SHA) und RIPEM 160.

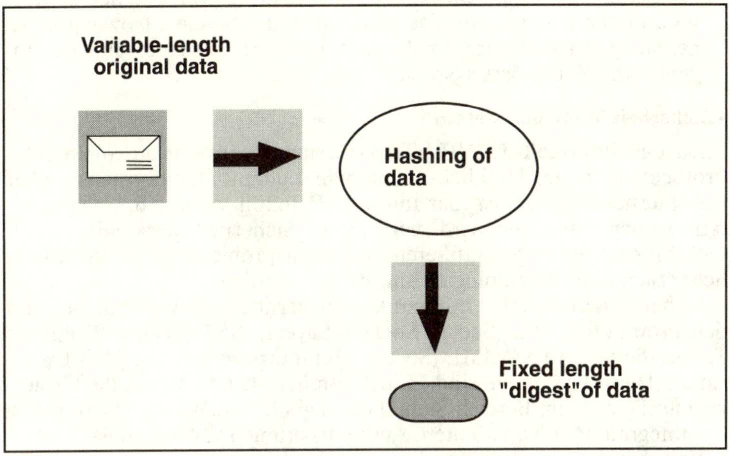

Abb. 2 Hash-Funktion

• **Überblick über die Schritte bei der Erzeugung einer digitalen Signatur**

- Ein einzigartiges kryptographisches Schlüsselpaar ist vorgegeben oder wird vom Nutzer erzeugt.
- Der Sender erstellt auf einem Rechner einen Datensatz.
- Der Sender erstellt mit Hilfe eines sicheren Hash-Algorithmus eine Prüfsumme. Für die Erzeugung der digitalen Signatur wird ein Hash-Ergebnis verwendet, das aus den unterzeichneten Daten und einem privaten Schlüssel abgeleitet ist und ausschließlich diesen entspricht.
- Der Sender verschlüsselt die Prüfsumme mit Hilfe des privaten Schlüssels, nach einem mathematischen Algorithmus. Die digitale Signatur besteht aus der verschlüsselten Prüfsumme.
- Der Sender fügt die digitale Signatur seinem Dokument bei oder versendet es getrennt.
- Der Sender übermittelt elektronisch die verschlüsselten oder nicht verschlüsselten Daten mit der digitalen Signatur an den Empfänger.
- Der Empfänger überprüft mit Hilfe des öffentlichen Schlüssels des Senders dessen digitale Signatur. Dadurch wird nachgewiesen, daß die Daten vom Sender stammen.
- Der Empfänger erstellt eine Prüfsumme der Daten mit Hilfe des gleichen sicheren Hash-Algorithmus.

- Der Empfänger vergleicht beide Prüfsummen. Entsprechen sie sich vollständig (ohne den geringsten Unterschied), kann der Empfänger davon ausgehen, daß die Daten nach der Unterzeichnung nicht verändert wurden.
- Der Empfänger beantragt bei einer Zertifizierungsstelle (oder beim Sender der Daten) ein Zertifikat, das die digitale Signatur der Daten des Senders bestätigt. Das Zertifikat enthält den öffentlichen Schlüssel und den Namen oder das Pseudonym des Senders (sowie gegebenenfalls zusätzliche Informationen), versehen mit einer digitalen Signatur der Zertifizierungsstelle.

• Sicherheit in offenen Netzen

Da das Protokoll TCP/IP (Transmission Control Protocol/Internet Protocol) nicht im Hinblick auf sichere Kommunikationsdienste über das Internet ausgelegt ist (das Internet Protokoll Version 6, welches gerade weiter entwickelt wird, wird einige Sicherheitsmerkmale enthalten), müssen die immer größeren Sicherheitsprobleme mit Hilfe zusätzlicher Sicherheitstechnologien angegangen werden.

Sichere elektronische Infrastrukturen beruhen im wesentlichen auf den Protokollen SSL (Secure Sockets Layers), SET (Secure Electronic Transactions) und S/MIME (Secure Multipurpose Internet Mail Extensions). Diese Protokolle sind Industriestandards und bieten die Grundlage für Dienste im Bereich Sicherheit (digitale Signaturen, Überprüfung der Integrität von Nachrichten, Authentisierung und Verschlüsselung).

Von den meisteingesetzten Browser (Netscape Navigator und Microsoft Internet Explorer) werden diese Möglichkeiten zusammen mit SSL unterstützten Servern der führenden Hersteller genutzt. Zusätzliche Sicherheitsmerkmale für bestimmte Computeranwendungen können über andere API (Application Programme Interfaces) Java-scripts, Java-applets, Visual Basic, C/C++ oder andere Programmiersprachen eingebaut werden.

Anhang II. Symmetrische und asymmetrische Verschlüsselungsverfahren

• Was ist Verschlüsselung?

Bei der Verschlüsselung werden mit Hilfe kryptographischer Algorithmen Daten in eine Form gebracht, die nur für denjenigen lesbar ist, der über den Schlüssel verfügt, der ihm die Entschlüsselung ermöglicht. Diese Art der Geheimhaltung von Informationen wird **Verschlüsselung** genannt. Die Rückumwandlung verschlüsselter Daten in normalen Text wird **Entschlüsselung** genannt. Durch die Verschlüsselung soll die Vertraulichkeit der Informationen sichergestellt werden, indem der Inhalt geheim gehalten wird, selbst wenn die verschlüsselten Daten sichtbar sind. Es geht hier um Vertraulichkeit und Integrität von Daten sowie um Datenschutz und den Schutz der Privatsphäre. Verschlüsselung ermöglicht auch eine sichere Kommunikation über unsichere Kommunikationswege.

Es gibt zwei Arten von Verschlüsselung: die **symmetrische** und die **asymmetrische** Verschlüsselung.

• **Symmetrische (oder secret key) Verschlüsselungsverfahren**

Bei **symmetrischen** Verschlüsselungsverfahren wird derselbe Schlüssel zur Verschlüsselung und zur Entschlüsselung verwendet. Um für die Sicherheit der Informationen zu sorgen, muß der Schlüssel von den beteiligten Parteien geheimgehalten werden. Die symmetrische Verschlüsselung eignet sich für die Umwandlung großer Datenmengen, da die Berechnungen schnell durchgeführt werden können. Die Organisation der Verteilung und des Gebrauchs des geheimen Schlüssels ist heikel, da bei der Übergabe an die andere Partei die Geheimhaltung des Schlüssels gefährdet ist.

Beispiele für symmetrische Algorithmen: Data Encryption Standard (DES)-Algorithmus, Fast Encryption Algorithm (FEAL), International Data Encryption Algorithm (IDEA), RC4 und RC5, Secure and Fast Encryption Routine (SAFER).

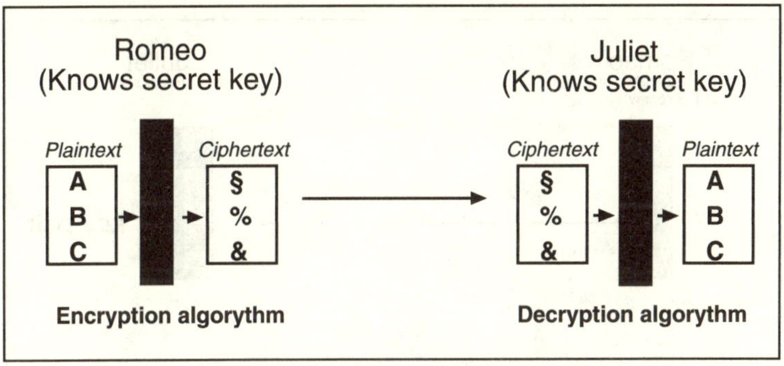

Abb. 3 Symmetrische Verschlüsselung

• **Asymmetrische (oder public key) Verschlüsselungsverfahren**

Asymmetrische Verschlüsselungsverfahren beruhen auf der Verwendung von zwei Schlüsseln bei einem einzigen kryptographischen Vorgang. Ein Schlüssel dient der Verschlüsselung, der andere der Entschlüsselung. Bei dem ersteren handelt es sich um den **öffentlichen Schlüssel,** bei dem zweiten um den **privaten Schlüssel.** Beide sind auf komplexe Weise miteinander verbunden. Eine mit Hilfe eines bestimmten öffentlichen Schlüssels verschlüsselte Nachricht kann nur mit dem entsprechenden privaten Schlüssel entschlüsselt werden; ebenso können Daten, die mit einem privaten Schlüssel verschlüsselt wurden, nur mit dem entsprechenden öffentlichen Schlüssel entschlüsselt werden.

Beispiele: RSA-Public-Key-Algorithmus, Diffie-Hellmann.

Der private Schlüssel sollte sicher auf einem nutzerfreundlichen Medium gespeichert werden, z.B. auf einer Chipkarte, einem tragbaren Computer oder einer „Smartdisk". In den meisten Fällen wird es sich bei der Hardware um eine Chipkarte handeln, da der private Schlüssel nicht von der Karte getrennt und nur schwer kopiert werden kann. Ferner kann die Verwendung der Chipkarte geschützt werden, z.B. durch eine PIN-Nummer oder ein Verfahren, das auf der Übereinstimmung der Fingerabdrücke beruht. Der öffentliche Schlüssel ist – wie sein Name bereits sagt – veröffentlicht und jedem zugänglich. Daher werden asymmetrische Algorithmen häufig Public Key Algorithmen genannt.

Beispiel: Romeo möchte mit Hilfe eines Public-Key-Verfahrens Julia eine vertrauliche Nachricht senden. Dazu muß er den Text mit ihrem öffentlichen Schlüssel verschlüsseln. Er kann dann die verschlüsselte Nachricht in sicherer Weise auch über ein „unsicheres" Netz verschikken, da nur Julia mit ihrem privaten Schlüssel den chiffrierten Text entschlüsseln kann. So wird die Verschlüsselung über kryptographische Systeme mit öffentlichen Schlüsseln für große Nutzergruppen möglich.

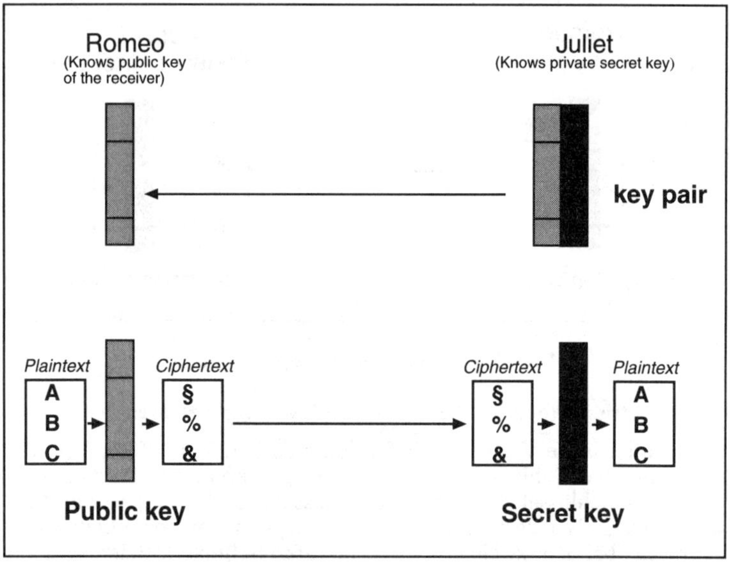

Abb. 4 Asymmetrische Verschlüsselung

• **Digitaler Umschlag**

Ein großer Nachteil asymmetrischer Algorithmen besteht darin, daß sie wesentlich langsamer sind als symmetrische. Dies kann durch Verwendung einer **Kombination beider Algorithmus-Arten** vermieden werden, indem ein sogenannter **„digitaler Umschlag"** hergestellt wird.

Der Text wird mit einem „schnellen" symmetrischen Algorithmus verschlüsselt, wobei ein kurzer, aber trotzdem sicherer Schlüssel verwendet wird. Zusätzliche Sicherheit ist dann gewährleistet, wenn der Schlüssel nur einmal benutzt wird (message oder session key) und sofort nach der Kommunikation endgültig zerstört wird. Dieser Schlüssel muß jedoch mit dem öffentlichen Schlüssel des Empfängers verschlüsselt werden. So kann Romeo den verschlüsselten Text und den verschlüsselten session key an Julia senden, die mit Hilfe ihres privaten Schlüssels den session key und somit den vollen Text entschlüsseln kann.

Beispiel: Pretty Good Privacy (PGP) benutzt IDEA und RSA

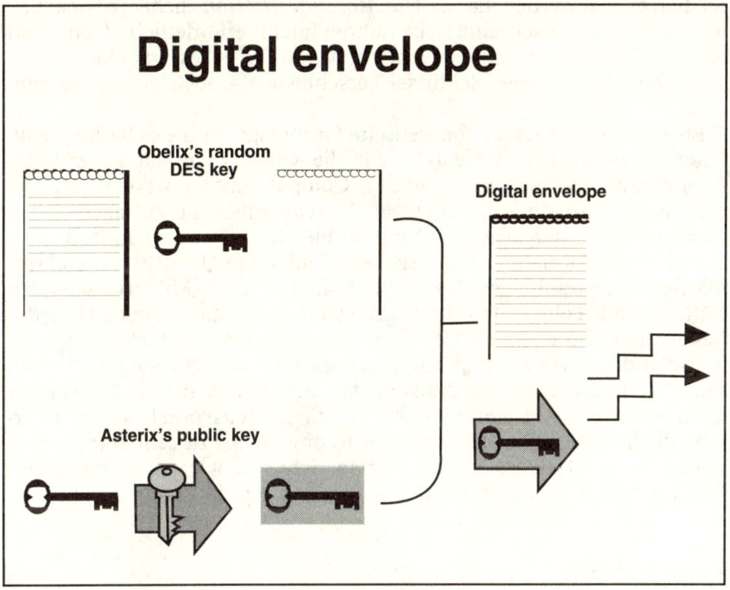

Abb. 5 Digitaler Umschlag

• **Sichere Systeme**

Theoretisch könnten einige Schlüssel zwar durch systematisches Durchprobieren (brute-force-Methoden) ermittelt werden. Die Länge des Schlüssels kann jedoch so gewählt werden, daß der Code innerhalb eines realistischen Zeitraums nicht aufgebrochen werden kann.

Bei asymmetrischen (oder Public-Key-)Verschlüsselungsverfahren hält man derzeit Schlüssel von 1024 Bits Länge für absolut sicher. Dies entspricht einem Datensatz von über 300 Ziffern. Beim derzeitigen Stand der Computertechnologie würde die Ermittlung eines solchen Schlüssels Jahrhunderte dauern. In einem symmetrischen System wie DES oder IDEA bieten Schlüssel von 56 bis 128 Bits Länge den gleichen Schutz wie ein öffentlicher Schlüssel von 1024 Bits Länge.

Verschlüsselung ist auch nützlich zum Schutz elektronisch gespeicherter Informationen, da nicht ausgeschlossen werden kann, daß Unbefugte (wie Computerhacker) Zugang zu sensiblen Informationen erhalten. Da einige Daten über lange Zeiträume hinweg sicher gespeichert werden müssen, sind wirksame Verschlüsselungssysteme mit angemessenen Schlüssellängen notwendig.

Solche Speicherschlüssel **(storage keys)** sind genauso wichtig wie die gespeicherten Daten selbst. Daher kann es sinnvoll sein, daß im Verlustfall (Tod des Schlüsselinhabers, Mitnahme des Schlüssels durch einen Angestellten beim Verlassen des Unternehmens) ein Nachschlüssel hergestellt werden kann. Um *Kommunikation* sicher zu machen ist ein solches Nachschlüsselverfahren nicht erforderlich. Geht dort bei der Übertragung eine Nachricht verloren, ist es am einfachsten, sie – mit einem neuen Schlüssel verschlüsselt – noch einmal zu senden.

Es gibt keine generelle theoretische Grundlage für die Schaffung vollkommen sicherer Systeme oder für die wissenschaftlich zuverlässige Beurteilung ihres Sicherheitsgrades. Computerhacker werden sich bemühen, andere Schwachstellen der Systeme ausfindig zu machen, um kostspieliges systematisches Durchprobieren zu vermeiden (z. B. Personen, die Informationen preisgeben, Fehler im Algorithmus, elektromagnetische Strahlungen des Computerbildschirms). Mit ausreichenden Mitteln und Fähigkeiten und genügend Zeit kann praktisch jedes System aufgebrochen werden. Bei der Sicherheit legt man folgende wirtschaftliche Überlegung zugrunde: es muß so schwierig und teuer sein, in ein System einzudringen, daß der Aufwand sich für Hacker nicht mehr lohnt. Es gibt daher bei den Sicherheitsvorkehrungen unterschiedliche Niveaus, vom einfachen Kennwort bis zu sehr starker Verschlüsselung. Da jedes System nur so sicher ist wie sein schwächstes Glied, muß die Systemsicherheit fortlaufend geprüft und angepaßt werden.

• **Steganographie**

Mit steganographischen Methoden können Daten verborgen werden, wodurch das Risiko der „Entdeckung" bestimmter Daten verringert wird. Werden diese Daten außerdem verschlüsselt, bringt dies zusätzliche Sicherheit. Das Wort Steganographie bedeutet „verdeckte Schrift". Hierunter fällt eine ganze Reihe geheimer Übermittlungsverfahren, die die Existenz der übermittelten Daten verbergen, u. a. unsichtbare Tinte, Mikropunkte, Zeichenanordnung (jedoch andere als die kryptographischen Verfahren der Permutation und Substitution), versteckte Kanäle und über mehrere Kanäle verteilte Kommunikation.

Im Gegensatz zur Kryptographie, bei der der „Feind" Nachrichten entdecken, abfangen und ändern kann, jedoch nicht in der Lage ist, bestimmte durch das Verschlüsselungssystem gesetzte Sicherheitsgrenzen zu überschreiten, werden bei der Steganographie die geheimen Daten in anderen Daten derart verborgen, daß niemand ihr Vorhandensein bemerkt. Dieses Verfahren soll die Verschlüsselung nicht ersetzen, bietet jedoch ein zusätzliches Hindernis beim Versuch auf Daten zuzugreifen. Steganographische Methoden beschränken sich nicht mehr nur auf das Verbergen von Text in Bildern, sondern können für andere Medien wie Sprache und Video eingesetzt werden.

Anhang III. Schlüsselhinterlegung/Nachschlüssel (key escrow/key recovery)

• Definition

Schlüsselhinterlegungs- oder **Nachschlüsselverfahren** bieten unter bestimmten Voraussetzungen zuständigen Behörden die Möglichkeit der Entschlüsselung von Daten mit Hilfe von Informationen, die von einem oder mehreren vertrauenswürdigen Dritten (TTPs – Trusted Third Parties) geliefert werden. Dabei bedeutet „vertrauenswürdig", daß sowohl die Nutzer als auch die Behörden diesem „Dritten" das Vertrauen aussprechen.

• Schlüsselhinterlegung

Bei dem Verfahren der **Schlüsselhinterlegung** wird von jedem geheimen Schlüssel eine Kopie bei einer befugten TTP hinterlegt, oder aber der Schlüssel wird in zwei oder mehr Teile aufgeteilt und bei unterschiedlichen TTPs hinterlegt. Diese sind im Einklang mit den nationalen Rechtsvorschriften, verpflichtet, den zuständigen Behörden den Schlüssel zu übergeben.

Wurde eine Kopie eines privaten Schlüssels an einen Dritten weitergegeben, kann dieser Schlüssel nicht mehr als absolut geheim angesehen werden. Übermittelte und gespeicherte Daten, die mit diesem Schlüssel verschlüsselt wurden, könnten gegebenenfalls entschlüsselt werden.

• Nachschlüssel

Bei einem Verfahren mit **Nachschlüssel** wird der Schlüssel nicht von Anfang an bei einer Stelle hinterlegt. Befugte Stellen, wie lizenzierte TTPs, können hier auf Antrag den Schlüssel reproduzieren.

Würde im Rahmen dieses Verfahrens ein Nachschlüssel erzeugt, ist das Ergebnis das gleiche wie bei der Schlüsselhinterlegung. Ein Nachschlüsselverfahren wäre im Ergebnis nur dann unterschiedlich, wenn ausschließlich session keys (die nur einmal verwendet und normalerweise nach der Kommunikation endgültig zerstört werden) nachgemacht werden könnten. Aber selbst dann könnten die TTPs theoretisch **alle** session keys nachmachen.

Technisch gesehen erlauben beide Verfahren den Zugang zu allen verschlüsselten Informationen. Daher ergibt sich ein Unterschied im wesentlichen aus den institutionellen Vorgaben der nationalen Rechtsvorschriften.

Anhang IV. Maßnahmen der Kommission

- **Projekte im Rahmen des IT-Programms**

20563 E2S(SW): Im Rahmen dieses Projekts soll der elektronische Geschäftsverkehr über das Internet gefördert werden, in dem End-to-end-Sicherheitsverfahren für geschäftliche Transaktionen über das Internet entwickelt, geprüft und installiert werden. Es soll eine Infrastruktur für den gewerblichen Gebrauch geschaffen werden, die für Unternehmen und Verbraucher attraktiv ist und das von der Informationsgesellschaft erwartete Wirtschaftswachstum ermöglicht.

22005 WIRE(SW): Im Rahmen des Projekts WIRE soll den Unternehmen die Anwendung von sicheren Unternehmensnetzen (Secure Enterprise Webs) ermöglicht werden. In vielen Unternehmen gibt es heute bereits Web-Server für IT-Anwendungen ohne strategische Bedeutung, über die öffentliche Informationen im Vergleich zur Werbung in anderen Medien kostengünstig an den Markt weitergegeben werden. Diese Web-Technologie ist sinnvoll, wenn es sich um öffentliche Daten (ohne Zugangskontrolle) von geringem Umfang (weniger als zehntausend Seiten) in einfacher Form (Text, Zahlen, eingebettete Bilder im .gif-Format) handelt. Diese Bedingungen bedeuten jedoch für die gewerbliche Nutzung eine zu starke Einschränkung. Geschäftliche Transaktionen erfordern leistungsstarke Elemente für die Authentisierung der Nutzer und die Zugangskontrolle.

24103 FACTMERCHANT(TBP): Im Rahmen dieses Pilotprojekts soll die Integration von sicherer Rechnungserstellung, elektronischer Post und elektronischer Datenübermittlung in einer Plattform demonstriert werden, die umfassenden Zugang zu Geschäftsinformationen bietet. Dazu gehören Nachrichten und Kurse, Untersuchungen zu Weltmarkt und Börse sowie Finanz- und Kreditanalysen. Das Pilotprojekt wird auf dem Internet durchgeführt und damit sowohl KMU als auch größeren Unternehmen zugänglich sein. Wissensgestützte Systemtechnologie wird für die Suche, Verschlüsselung mit öffentlichen Schlüsseln und digitale Signaturen eingesetzt, die der Vertraulichkeit, Authentisierung, Integration und dem Ursprungsnachweis von Dokumenten dienen.

22803 ICX(TBP): Unter der Bezeichnung International Commerce eXchange (ICX) soll eine unternehmensorientierte europäische Nutzergruppe ins Leben gerufen werden. Sie ist als Forum für die Ermittlung, Erörterung und Lösung von Sicherheitsfragen beim elektronischen Geschäftsverkehr gedacht.

9801 WEBCORE(SW): Das W3C ist ein internationales Konsortium, das Normen im Hinblick auf die Weiterentwicklung des Web und die Interoperabilität von WWW-Produkten fördert, indem es Spezifikationen und Referenz-Software erstellt. Das W3C wird zwar von Mitgliedern aus der Industrie finanziert, ist jedoch herstellerunabhängig, und seine Produkte sind für jeden zugänglich. Anfang 1996 erkannte das W3C die Bedeutung der digitalen Signatur als Marktantriebskraft für Web-Sicherheit und leitete die sogenannte Digital Signature Initiative ein.

- **Projekte im Rahmen des Programms „Normung und die Informationsgesellschaft"**

C-SET (Interoperable, durch Chips gesicherte elektronische Transaktionen)

Mit dem Entstehen des elektronischen Geschäftsverkehrs entwickelten Visa und MasterCard das Protokoll SET (Sichere elektronische Transaktionen), um Zahlungen über offene Netze durch Programme abzusichern. Internationale Kartensysteme werden in den meisten Fällen die SET-Zahlungsvorschriften anwenden, wonach der Händler nicht bezahlt wird, wenn der Karteninhaber die Transaktion annulliert. Einige regionale Kartensysteme (z.B. CB und Banksys) verfügen über ein hohes Sicherheitsniveau im privaten persönlichen Zahlungsverkehr, da sie Mikro-Chip-Karten einsetzen. SET soll dahingehend verbessert werden, daß hier ebenfalls Mikro-Chip-Karten eingesetzt werden, wodurch die zusätzliche Sicherheit geschaffen werden soll, durch die Zahlungen über offene Netze vollständig garantiert sind.

- **Projekte im Rahmen des Programms ACTS**

AC026 SEMPER

Sogenannte „Background Networked" Informationssysteme verzeichnen im Hinblick auf Nutzerzahlen, Nutzung und Bekanntheitsgrad ein enormes Wachstum. Die wichtigste Anwendung ist das Internet-gestützte World Wide Web (WWW) mit seinem Potential von 3 Millionen angeschlossenen Computern und einer Nutzerzahl, die noch um eine Größenordnung darüber liegt. Im WWW herrschen zur Zeit noch kostenlose Informationssysteme vor, dies wird sich demnächst sicherlich grundlegend ändern. Das WWW wird für jede Art des elektronischen Geschäftsverkehrs verwendet werden, z.B. für On-line-Angebote, -Bestellungen, -Zahlungen, die Bereitstellung von Diensten und Informationen und den Austausch geschäftlicher Unterlagen. Die gleiche Entwicklung ist bei den IBC-Netzen und den Datenautobahnen zu erwarten.

• Projekte im Bereich der Sicherheit von Telekommunikations- und Informationssystemen

Europäische Infrastruktur zur Zertifizierung öffentlicher Schlüssel (ICE-TEL)

Durch ICE-TEL soll die Vertrauenswürdigkeit des Internet für die industrielle und universitäre Forschung erhöht werden. Anwendungen mit erhöhter Sicherheit sollen unterstützt werden, indem Nutzern in mehreren europäischen Ländern Zertifizierungsdienste für öffentliche Schlüssel zur Verfügung gestellt werden sollen. Ferner umfaßt es eine Sicherheits-Infrastruktur und eine Nutzerplattform, um die Werkzeuge und „Werkzeug-Kits" anpassen und integrieren zu können, mit Hilfe derer Sicherheitsverfahren auf der Grundlage öffentlicher Schlüssel in Anwendungen wie WWW, e-mail, elektronische Verzeichnisse und Multimedia-Konferenzen eingebaut werden können. Bei den drei Projektanwendungen, die für die Validierung der Werkzeuge ausgewählt wurden, geht es um sichere Kommunikation zwischen den für Notfälle zuständigen Teams verschiedener Länder und anderen für Netze zuständigen Gremien, öffentliche Verwaltungen und den geschützten Zugang zu elektronischen Verzeichnissen.

Europäische Multimedia-Forschungskonferenzen (MERCI)

Im Rahmen von MERCI soll die gemeinsame Forschung und technologische Entwicklung durch bessere Werkzeuge für die Multimedia-Zusammenarbeit in Europa unterstützt werden. Personen ohne spezielle Ausbildung sollen bestehende Werkzeugpakete leichter nutzen können, die Ton- und Bildqualität, gemeinsame Arbeitsplätze sowie Multimedia-Anwendungen für Konferenzen sollen verbessert werden. Verteilte Messungen, Überwachung und Kontrolle sind ein weiterer wichtiger Punkt. Der Schutz der Kommunikation im Rahmen von Konferenzen soll verbessert werden. Die Überprüfung im Rahmen von MERCI und bei anderen Telematikprojekten findet in regelmäßig stattfindenden Forschungsseminaren durch industrielle Erprobungen in Unternehmen statt.

Auf Verzeichnisse gestützter Zugang zu und Verwaltung von Zertifikaten im elektronischen Geschäftsverkehr (DEDICA)

Im Rahmen von DEDICA sollen EDI-Betreibern in der EU in Bereichen wie dem Bankwesen Datensicherungsverfahren angeboten werden, die ihnen den Anschluß an Dienste des offenen Systems und verteilte Dienste (z.B. elektronische Post) ermöglichen; diese legen derzeit unterschiedliche Sicherheitsnormen zugrunde. Zu dem Vorschlag soll u.a. gehören, daß die Zertifizierungsstruktur, die derzeit zur Authentisierung elektronischer Mitteilungen in offenen Systemen verwendet wird, mit der EDI-Zertifizierung vereinbar wird. Eine gemeinsame Infrastruktur wird zu effizienterem Wirtschaften für die Diensteanbieter führen, dem Interesse der EDI-Betreiber an weltweiten Diensten entsprechen und den Nutzern der elektronischen Post sicheren Zugang zum elektronischen Datenaustausch bieten.

Telematik im Gesundheitswesen, die auf Vertrauenswürdigkeit beruht (TRUSTHEALTH)

TRUSTHEALTH, ein Netz vertrauenswürdiger nationaler Einrichtungen, die im Bereich der Informatisierung des Gesundheitswesens arbeiten, soll demonstrieren, wie in offen verbundenen Telematiksystemen in Europa moderne Datenschutzmaßnahmen angewendet werden können. Das Projekt stützt sich auf eine Nutzerumfrage in der EU aus dem Jahre 1994 und wird Verfahren mit verschlüsselten digitalen Signaturen einsetzen, um rechtlichen Anforderungen zu genügen und das Vertrauen der Öffentlichkeit in die Informationssicherheit zu gewährleisten. Es gibt zahlreiche Bereiche, in denen dies dringend erforderlich ist, z. B. Rezepte für Arzneimittel, elektronischer Austausch von Labordaten und Rechnungserstellung in Praxen und Krankenhäusern. Die Netzteilnehmer arbeiten bei der Entwicklung von Sicherungsverfahren zusammen, die dann bei regelmäßig stattfindenden Vorgängen im Gesundheitswesen angewendet werden sollen.

Sichere Telematikanwendungen im europäischen Gesundheitswesen (ISHTAR)

Schwerpunkt des Projekts ISHTAR sind strenge Vorkehrungen zum Schutz der Daten in einem telematikgestützten europäischen Gesundheitswesen. Im Rahmen des Projekts wird eine Sachverständigengruppe eingesetzt, die die Kommission und andere an sicherheitsempfindlichen Telematikprojekten im Gesundheitswesen Beteiligte beraten und unterstützen soll. Bestehende Leitlinien für den Datenschutz sollen erweitert werden, Produkte und Dienste werden geprüft. Der Nutzen der Telematik für die technische Seite des Datenschutzes soll demonstriert werden. Im Rahmen des Projekts soll über den Datenschutz aufgeklärt werden; rechtliche und gesellschaftliche Auswirkungen werden ebenfalls behandelt.

Datenschutz in der Europäischen Union (DAPRO)

Im Rahmen des Projekts DAPRO soll der Inhalt der EU-Datenschutzrichtlinie vom Juli 1995 geordnet dargestellt und erläutert werden; dies soll als Grundlage für Rechtsvorschriften im Bereich der immer zahlreicher werdenden Telematikanwendungen dienen und die Stellung der Richtlinie im Zusammenhang mit den einzelstaatlichen Rechtsvorschriften in diesem Bereich klären. Sowohl der private als auch der öffentliche Sektor benötigen diese Informationen (u. a. auch Fallrecht, Erläuterungen, Anschriften von Datenschutzorganisationen, Glossar und Benutzerhandbücher), die in einem elektronischen System mit einer Hypermedien-Schnittstelle veröffentlicht werden. Ein Publikationsunternehmen wird für die Implementierung und den Vertrieb des Systems zuständig sein, das die Anwendung der Datenschutzvorschriften in den Mitgliedstaaten erleichtern wird.

- **ETS-Programm (European Trusted Services)**

Operate

Im Rahmen des Projekts sollen operationelle und architekturbezogene Fragen der Dienstleistungen durch TTP behandelt werden. Es geht hier um die Organisation und den Betrieb von TTP im Hinblick auf effiziente Dienste, darum, wie unterschiedliche TTP-Systeme kombiniert werden oder zusammenarbeiten können (insbesondere, wie ein ES/TTP-Netz so erweitert werden kann, daß es Vertraulichkeit und „Nachschlüsseldienste" bieten kann) und auf welche Weise heterogene TTP-Netze zusammenarbeiten können.

Eurotrust

Im Rahmen dieses Projekts soll ein CA/TTP-Pilotdienst (Zertifizierungsstelle/vertrauenswürdige Dritte) eingerichtet werden.

Oscar

Der Schwerpunkt dieses Pilotprojekts liegt auf der Zertifizierung zur Unterstützung des Binnenmarktes. Es geht darum, wie geschäftliche Transaktionen von Nutzern zertifiziert sowie eine sichere Nachrichtenübermittlung und andere Kommunikationsdienste innerhalb eines Landes und europaweit sichergestellt werden können.

Krisis

Aufgabe dieses Projekts ist die Festlegung eines Verfahrens zur Erstellung von „Nachschlüsseln", das von den Unternehmen akzeptiert wird und auch angemessene Möglichkeiten für Strafverfolgungsbehörden liefert.

Mandate II

Hier soll eine TTP dazu eingesetzt werden, das für ein neues Finanzinstrument im Bereich des elektronischen Handels erforderliche Vertrauen zu schaffen. MANDATE ist als bereichsübergreifende Lösung für elektronischen Handel konzipiert und wird manipulierungssichere Hardware einsetzen (DOC-Träger); zur Gewährleistung der notwendigen Sicherheit soll ein Verschlüsselungsverfahren mit öffentlichem Schlüssel verwendet werden.

Aequitas

Im Rahmen der Studie soll ein vertrauenswürdiger Dritter (TTP) im Versuch einer Gruppe von Rechtsanwälten, Richtern und Staatsanwälten bei ihrer Arbeit als Zertifizierungsstelle dienen.

Euromed-ETS

Hauptziel dieses Projekts ist es, wissenschaftliche Kenntnisse zur Ermittlung, Festlegung und Überprüfung der operationellen, technischen und rechtlichen Aspekte von TTP im Rahmen telemedizinischer Anwendungen über das WWW einzusetzen. Ferner sollen die Ergebnisse im Hinblick auf größere Effizienz, Wirtschaftlichkeit und Akzeptanz in die Konfiguration von EUROMED, einer telemedizinischen Anwendung über das WWW, eingehen.

Eagle

Im Rahmen von EAGLE werden kommerzielle, technische und rechtliche Aspekte von TTP untersucht.

Anhang V. World Wide Web Adressen

Zusätzliche Informationen über Sicherheit und Vertrauen in elektronische Kommunikation und verwandte Bereiche ist auf folgenden WWW-Servern der Kommission zu finden:

http://www.echo.lu

http://www.cordis.lu

http://www.ispo.cec.be

http://europa.eu.int/en/comm/dg13/13home.htm

http://europa.eu.int/comm/dg15/index.htm

27. Recommendation of the Council concerning Guidelines for Cryptography Policy

[C(97)62/Final]
(OECD-Kryptographie-Empfehlungen)
(adopted by the Council at ist 895th session on 27 March 1997 [C/M(97)6/Prov])

THE COUNCIL,

HAVING REGARD TO:

- the Convention on the Organisation for Economic Co-operation and Development of 14. December 1960, in particular, articles 1 b), 1 c), 3 a) and 5 b) thereof;
- the Recommendation of the Council concerning Guidelines Governing the Protection of Privacy and Transborder Flows of Personal Data of 23 September 1980 [C(80)58(Final)];
- the Declaration on Transborder Data Flows adopted by the Governments of OECD Member countries on 11 April 1985 [Annex to C(85) 139];
- the Recommendation of the Council concerning Guidelines for the Security of Information Systems of 26–27 November 1992 [C(92) 188/FINAL];
- the Directive [95/46/EC] of the European Parliament and of the Council of the European Union of 24 October 1995 on the protection of individuals with regard to the processing of personal data and on the free movement of such data;
- the Wassenaar Arrangement on Export Controls for Conventional Arms and dual-use goods and Technologies agreed on 13 July 1996;
- the Regulation [(EC) 3381/94] and the Decision [94/942/PESC] of the Council of the European Union of 19 December 1994 concerning the control of the export of dual-use goods;
- and the Recommendation [R(95)13] of the Council of Europe of 11 September 1995 concerning problems of criminal procedural law connected with information technology;

CONSIDERING:

- that national and global information infrastructures are developing rapidly to provide a seamless network for world-wide communications and access to data;
- that this emerging information and communications network is likely to have an important impact on economic development and world trade;
- that the users of information technology must have trust in the security of information and communications infrastructures, networks and

systems; in the confidentiality, integrity, and availability of data on them; and in the ability to prove the origin and receipt of data;
- that data is increasingly vulnerable to sophisticated threats to its security, and ensuring the security of data through legal, procedural and technical means is fundamentally important in order for national and international information infrastructures to reach their full potential;

RECOGNISING:
- that, as cryptography can be an effective tool for the secure use of information technology by ensuring confidentiality, integrity and availability of data and by providing authentication and non-repudiation mechanisms for that data, it is an important component of secure information and communications networks and systems;
- that cryptography has a variety of applications related to the protection of privacy, intellectual property, business and financial information, public safety and national security, and the operation of electronic commerce, including secure anonymous payments and transactions;
- that the failure to utilise cryptographic methods can adversely affect the protection of privacy, intellectual property, business and financial information, public safety and national security and the operation of electronic commerce because data and communications may be inadequately protected from unauthorised access, alteration, and improper use, and, therefore, users may not trust information and communications systems, networks and infrastructures;
- that the use of cryptography to ensure integrity of data, including authentication and non-repudiation mechanisms, is distinct from its use to ensure confidentiality of data, and that each of these uses presents different issues;
- that the quality of information protection afforded by cryptography depends not only on the selected technical means, but also on good managerial, organisational and operational procedures;

AND FURTHER RECOGNISING:
- that governments have wide-ranging responsibilities, several of which are specifically implicated in the use of cryptography, including protection of privacy and facilitating information and communications systems security; encouraging economic well-being by, in part, promoting commerce; maintaining public safety; and enabling the enforcement of laws and the protection of national security;
- that although there are legitimate governmental, commercial and individual needs and uses for cryptography, it may also be used by individuals or entities for illegal activities, which can affect public safety, national security, the enforcement of laws, business interests, consumer interests or privacy; therefore governments, together with industry and the general public, are challenged to develop balanced policies;

- that due to the inherently global nature of information and communications networks, implementation of incompatible national policies will not meet the needs of individuals, business and governments and may create obstacles to economic co-operation and development; and, therefore, national policies may require international co-ordination;
- that this Recommendation of the Council does not affect the sovereign rights of national governments and that the Guidelines contained in the Annex to this Recommendation are always subject to the requirements of national law;

On the proposal of the Committee for Information, Computer and Communications Policy;

RECOMMENDS THAT MEMBER COUNTRIES:

1. establish new, or amend existing, policies, methods, measures, practices and procedures to reflect and take into account the Principles concerning cryptography policy set forth in the Guidelines contained in the Annex to this Recommendation (hereinafter "the Guidelines"), which is an integral part hereof; in so doing, also take into account the Recommendation of the Council concerning Guidelines Governing the Protection of Privacy and Transborder Flows of Personal Data of 23 September 1980 [C(80)58(Final)] and the Recommendation of the Council concerning Guidelines for the Security of Information Systems of 26–27 November 1992 [C(92)188/FINAL];
2. consult, co-ordinate and co-operate at the national and international level in the implementation of the Guidelines;
3. act on the need for practical and operational solutions in the area of international cryptography policy by using the Guidelines as a basis for agreements on specific issues related to international cryptography policy;
4. disseminate the Guidelines throughout the public and private sectors to promote awareness of the issues and policies related to cryptography;
5. remove, or avoid creating in the name of cryptography policy, unjustified obstacles to international trade and the development of information and communications networks;
6. state clearly and make publicly available, any national controls imposed by governments relating to the use of cryptography;
7. review the Guidelines at least every five years, with a view to improving international co-operation on issues relating to cryptography policy.

ANNEX
GUIDELINES FOR CRYPTOGRAPHY POLICY

I. AIMS

The Guidelines are intended:
- to promote the use of cryptography:
  - to foster confidence in information and communications infrastructures, networks and systems and the manner in which they are used;
  - to help ensure the security of data, and to protect privacy, in national and global information and communications infrastructures, networks and systems;
- to promote this use of cryptography without unduly jeopardising public safety, law enforcement, and national security;
- to raise awareness of the need for compatible cryptography policies and laws, as well as the need for interoperable, portable and mobile cryptographic methods in national and global information and communications networks;
- to assist decision-makers in the public and private sectors in developing and implementing coherent national and international policies, methods, measures, practices and procedures for the effective use of cryptography;
- to promote co-operation between the public and private sectors in the development and implementation of national and international cryptography policies, methods, measures, practices and procedures;
- to facilitate international trade by promoting cost-effective, interoperable, portable and mobile cryptographic systems;
- to promote international co-operation among governments, business and research communities, and standards-making bodies in achieving co-ordinated use of cryptographic methods.

II. SCOPE

The Guidelines are primarily aimed at governments, in terms of the policy recommendations herein, but with anticipation that they will be widely read and followed by both the private and public sectors.

It is recognised that governments have separable and distinct responsibilities for the protection of information which requires security in the national interest; the Guidelines are not intended for application in these matters.

III. DEFINITIONS

For the purposes of the Guidelines:

"Authentication" means a function for establishing the validity of a claimed identity of a user, device or another entity in an information or communications system.

"Availability" of data, information, and information and communications systems means that they are accessible and usable on a timely basis in the required manner.

"Confidentiality" of data or information means that it is not made available or disclosed to unauthorised individuals, entities, or processes.

"Cryptography" means the discipline which embodies principles, means, and methods for the transformation of data in order to hide its information content, establish its authenticity, prevent its undetected modification, prevent its repudiation, and/or prevent its unauthorised use.

"Cryptographic key" means a parameter used with a cryptographic algorithm to transform, validate, authenticate, encrypt or decrypt data.

"Cryptographic methods" means cryptographic techniques, services, systems, products and key management systems.

"Data" means the representation of information in a manner suitable for communication, interpretation, storage, or processing.

"Decryption" means the inverse function of encryption.

"Encryption" means the transformation of data by the use of cryptography to produce unintelligible data (encrypted data) to ensure its confidentiality.

"Integrity" of data or information means that it has not been modified or altered in an unauthorised manner.

"Interoperability" of cryptographic methods means the technical ability of multiple cryptographic methods to function together.

"Key management system" means a system for generation, storage, distribution, revocation, deletion, archiving, certification or application of cryptographic keys.

"Keyholder" means an individual or entity in possession or control of cryptographic keys. A keyholder is not necessarily a user of the key.

"Law enforcement" or "enforcement of laws" refers to the enforcement of all laws, without regard to subject matter.

"Lawful access" means access by third party individuals or entities, including governments, to plaintext, or cryptographic keys, of encrypted data, in accordance with law.

"Mobility" of cryptographic methods only means the technical ability to function in multiple countries or information and communications infrastructures.

"Non-repudiation" means a property achieved through cryptographic methods, which prevents an individual or entity from denying having performed a particular action related to data (such as mechanisms for non-rejection of authority (origin); for proof of obligation, intent, or committment; or for proof of ownership).

"Personal data" means any information relating to an identified or identifiable individual.

"Plaintext" means intelligible data.

"Portability" of cryptographic methods means the technical ability to be adapted and function in multiple systems.

IV. INTEGRATION

The principles in Section V of this Annex, each of which addresses an important policy concern, are interdependent and should be implemented as a whole so as to balance the various interests at stake. No principle should be implemented in isolation from the rest.

V. PRINCIPLES

1. TRUST IN CRYPTOGRAPHIC METHODS

CRYPTOGRAPHIC METHODS SHOULD BE TRUSTWORTHY IN ORDER TO GENERATE CONFIDENCE IN THE USE OF INFORMATION AND COMMUNICATIONS SYSTEMS.

Market forces should serve to build trust in reliable systems, and government regulation, licensing, and use of cryptographic methods may also encourage user trust. Evaluation of cryptographic methods, especially against market-accepted criteria, could also generate user trust.

In the interests of user trust, a contract dealing with the use of a key management system should indicate the jurisdiction whose laws apply to that system.

2. CHOICE OF CRYPTOGRAPHIC METHODS

USERS SHOULD HAVE A RIGHT TO CHOOSE ANY CRYPTOGRAPHIC METHOD, SUBJECT TO APPLICABLE LAW.

Users should have access to cryptography that meets their needs, so that they can trust in the security of information and communications systems, and the confidentiality and integrity of data on those systems. Individuals or entities who own, control, access, use or store data may have a responsibility to protect the confidentiality and integrity of such data, and may therefore be responsible for using appropriate cryptographic methods. It is expected that a variety of cryptographic methods may be needed to fulfil different data security requirements. Users of cryptography should be free, subject to applicable law, to determine the type and level of data security needed, and to select and implement appropriate cryptographic methods, including a key management system that suits their needs.

In order to protect an identified public interest, such as the protection of personal data or electronic commerce, governments may implement policies requiring cryptographic methods to achieve a sufficient level of protection.

Government controls on cryptographic methods should be no more than are essential to the discharge of government responsibilities and should respect user choice to the greatest extent possible. This principle should not be interpreted as implying that governments should initiate legislation which limitsuser choice.

3. MARKET DRIVEN DEVELOPMENT OF CRYPTOGRAPHIC METHODS

CRYPTOGRAPHIC METHODS SHOULD BE DEVELOPED IN RESPONSE TO THE NEEDS, DEMANDS AND RESPONSIBILITIES OF INDIVIDUELS, BISINESSES AND GOVERNMENTS.

The development and provision of cryptographic methods should be determined by the market in an open and competitive environment. Such an approach would best ensure that solutions keep pace with changing technology, the demands of users and evolving threats to information and communications systems security. The development of international technical standards, criteria and protocols related to cryptographic methods should also be market driven. Governments should encourage and co-operate with business and the research community in the development of cryptographic methods.

4. STANDARDS FOR CRYPTOGRAPHIC METHODS

TECHNICAL STANDARDS, CRITERIA AND PROTOCOLS FOR CRYPTOGRAPHIC METHODS SHOULD BE DEVELOPED AND PROMULGATED AT THE NATIONAL AND INTERNATIONAL LEVEL.

In response to the needs of the market, internationally-recognised standards-making bodies, governments, business and other relevant experts should share information and collaborate to develop and promulgate interoperable technical standards, criteria and protocols for cryptographic methods. National standards for cryptographic methods, if any, should be consistent with international standards to facilitate global interoperability, portability and mobility. Mechanisms to evaluate conformity to such technical standards, criteria and protocols for interoperability, portability and mobility of cryptographic methods should be developed. To the extent that testing of conformity to, or evaluation of, standards may occure, the broad acceptance of such results should be encouraged.

5. PROTECTION OF PRIVACY AND PERSONAL DATA

THE FUNDAMENTAL RIGHTS OF INDIVIDUALS TO PRIVACY, INCLUDING SECRECY OF COMMUNICATIONS AND PROTECTION OF PERSONAL DATA, SHOULD BE RESPECTED IN NATIONAL CRYPTOGRAPHY POLICIES AND IN THE IMPLEMENTATION AND USE OF CRYPTOGRAPHIC METHODS.

Cryptographic methods can be a valuable tool for the protection of privacy, including both the confidentiality of data and communications and the protection of the identity of individuals. Cryptographic methods also offer new opportunities to minimise the collection of personal data, by enabling secure but anonymous payments, transactions and interactions. At the same time, cryptographic methods to ensure the integrity of data in electronic transactions raise privacy implications. These implications, which include the collection of personal data and the creation of systems for personal identification, should be considered and explained, and, where appropriate, privacy safeguards should be established.

The OECD Guidelines for the Protection of Privacy and Transborder Flows of Personal Data provide general guidance concerning the collection and management of personal information, and should be applied in concert with relevant national law when implementing cryptographic methods.

6. LAWFUL ACCESS

NATIONAL CRYPTOGRAPHY POLICIES MAY ALLOW LAWFUL ACCESS TO PLAINTEXT, OR CRYPTOGRAPHIC KEYS, OF ENCRYPTED DATA. THESE POLICIES MUST RESPECT THE OTHER PRINCIPLES CONTAINED IN THE GUIDELINES TO THE GREATEST EXTENT POSSIBLE.

If considering policies on cryptographic methods that provide for lawful access, governments should carefully weight the benefits, including the benefits for public safety, law enforcement and national security, as well as the risks of misuse, the additional expense of any supporting infrastructure, the prospects of technical failure, and other costs. This principle should not be interpreted as implying that governments should, or should not, initiate legislation that would allow lawful access.

Where access to the plaintext, or cryptographic keys, of encrypted data is requested under lawful process, the individual or entity requesting access must have a legal right to possession of the plaintext, and once obtained the data must only be used for lawful purposes. The process through which lawful access is obtained should be recorded, so that the disclosure of the cryptographic keys or the data can be audited or reviewed in accordance with national law. Where lawful access is requested and obtained, such access should be granted within designated time limits appropriate to the circumstances. The conditions of lawful access should be stated clearly and published in a way that they are easily available to users, keyholders and providers of cryptographic methods.

Key management systems could provide a basis for a possible solution which could balance the interest of users and law enforcement authorities; these techniques could also be used to recover data, when keys are lost. Processes for lawful access to cryptographic keys must recognise the distinction between keys which are used to protect confidentiality and keys which are used for other purposes only. A cryptographic key that provides for identity or integrity only (as distinct from a cryptographic key that verifies identity or integrity only) should not be made available without the consent of the individual or entity in lawful possession of that key.

7. LIABILITY

WHETHER ESTABLISHED BY CONTRACT OF LEGISLATION, THE LIABILITY OF INDIVIDUALS AND ENTITIES THAT OFFER CRYPTOGRAPHIC SERVICES OR HOLD OR ACCESS CRYPTOGRAPHIC KEYS SHOULD BE CLEARLY STATED.

The liability of any individual or entity, including a government entity, that offers cryptographic services or holds or has access to cryptographic keys, should be made clear by contract or where appropriate by national legislation or international agreement. The liability of users for misuse of their own keys should also be made clear. A keyholder should not be held liable for providing cryptographic keys or plaintext of encrypted data in accordance with lawful access. The party that obtains lawful access should be liable for misuse of cryptographic keys or plaintext that it has obtained.

8. INTERNATIONAL CO-OPERATION

GOVERNMENTS SHOULD CO-OPERATE TO CO-ORDINATE CRYPTOGRAPHY POLICIES, AS PART OF THIS EFFORT, GOVERNMENTS SHOULD REMOVE, OR AVOID CREATING IN THE NAME OF CRYPTOGRAPHY POLICY, UNJUSTIFIED OBSTACLES TO TRADE.

In order to promote the broad international acceptance of cryptography and enable the full potential of the national and global information and communications networks, cryptography policies adopted by a country should be co-ordinated as much as possible with similar policies of other countries. To that end, the Guidelines should be used for national policy formulation.

If developed, national key management systems must, where appropriate, allow for international use of cryptography.

Lawful access across national borders may be achieved through bilateral and multilateral co-operation and agreement.

No government should impede the free flow of encrypted data passing through its jurisdiction merely on the basis of cryptography policy.

In order to promote international trade, governments should avoid developing cryptography policies and practices which create unjustified obstacles to global electronic commerce. Governments should avoid creating unjustified obstacles to international availability of cryptographic methods.

E. Urheberrecht

28. Gesetz über Urheberrecht und verwandte Schutzrechte (Urheberrechtsgesetz)[1]

Vom 9. September 1965 (BGBl. I S. 1273)

zuletzt geänd. durch Viertes Gesetz zur Änderung des Urheberrechtsgesetzes v. 8. 5. 1998 (BGBl. I S. 902)

(BGBl. III/FNA 440-1)

Inhaltsübersicht

---

[1] Für das Gebiet der ehem. DDR beachte zum UrheberrechtsG aufgrund des EVertr. v. 31. 8. 1990 (BGBl. II S. 889, 963) geltende Maßgaben; **Schönfelder II Nr. 151.**

Erster Teil. Urheberrecht

Erster Abschnitt. Allgemeines

§ 1. Die Urheber von Werken der Literatur, Wissenschaft und Kunst genießen für ihre Werke Schutz nach Maßgabe dieses Gesetzes.

Zweiter Abschnitt. Das Werk

§ 2[1)] Geschützte Werke. (1) Zu den geschützten Werken der Literatur, Wissenschaft und Kunst gehören insbesondere:

1. Sprachwerke, wie Schriftwerke, Reden und Computerprogramme;
2. Werke der Musik;
3. pantomimische Werke einschließlich der Werke der Tanzkunst;
4. Werke der bildenden Künste einschließlich der Werke der Baukunst und der angewandten Kunst und Entwürfe solcher Werke;
5. Lichtbildwerke einschließlich der Werke, die ähnlich wie Lichtbildwerke geschaffen werden;
6. Filmwerke einschließlich der Werke, die ähnlich wie Filmwerke geschaffen werden;

[1)] § 2 Abs. 1 Nr. 1 neugef. durch G v. 9. 6. 1993 (BGBl. I S. 910).

7. Darstellungen wissenschaftlicher oder technischer Art, wie Zeichnungen, Pläne, Karten, Skizzen, Tabellen und plastische Darstellungen.

(2) Werke im Sinne dieses Gesetzes sind nur persönliche geistige Schöpfungen.

§ 3[1] Bearbeitungen. Übersetzungen und andere Bearbeitungen eines Werkes, die persönliche geistige Schöpfungen des Bearbeiters sind, werden unbeschadet des Urheberrechts am bearbeiteten Werk wie selbständige Werke geschützt. Die nur unwesentliche Bearbeitung eines nicht geschützten Werkes der Musik wird nicht als selbständiges Werk geschützt.

§ 4[2] Sammelwerke und Datenbankwerke. (1) Sammlungen von Werken, Daten oder anderen unabhängigen Elementen, die aufgrund der Auswahl oder Anordnung der Elemente eine persönliche geistige Schöpfung sind (Sammelwerke), werden, unbeschadet eines an den einzelnen Elementen gegebenenfalls bestehenden Urheberrechts oder verwandten Schutzrechts, wie selbständige Werke geschützt.

(2) Datenbankwerk im Sinne dieses Gesetzes ist ein Sammelwerk, dessen Elemente systematisch oder methodisch angeordnet und einzeln mit Hilfe elektronischer Mittel oder auf andere Weise zugänglich sind. Ein zur Schaffung des Datenbankwerkes oder zur Ermöglichung des Zugangs zu dessen Elementen verwendetes Computerprogramm (§ 69a) ist nicht Bestandteil des Datenbankwerkes.

§ 5 Amtliche Werke. (1) Gesetze, Verordnungen, amtliche Erlasse und Bekanntmachungen sowie Entscheidungen und amtlich verfaßte Leitsätze zu Entscheidungen genießen keinen urheberrechtlichen Schutz.

(2) Das gleiche gilt für andere amtliche Werke, die im amtlichen Interesse zur allgemeinen Kenntnisnahme veröffentlicht worden sind, mit der Einschränkung, daß die Bestimmungen über Änderungsverbot und Quellenangabe in § 62 Abs. 1 bis 3 und § 63 Abs. 1 und 2 entsprechend anzuwenden sind.

§ 6 Veröffentlichte und erschienene Werke. (1) Ein Werk ist veröffentlicht, wenn es mit Zustimmung des Berechtigten der Öffentlichkeit zugänglich gemacht worden ist.

(2) Ein Werk ist erschienen, wenn mit Zustimmung des Berechtigten Vervielfältigungsstücke des Werkes nach ihrer Herstellung in genügender Anzahl der Öffentlichkeit angeboten oder in Verkehr gebracht worden sind. Ein Werk der bildenden Künste gilt auch dann als erschienen, wenn das Original oder ein Vervielfältigungsstück des Werkes mit Zustimmung des Berechtigten bleibend der Öffentlichkeit zugänglich ist.

---

[1] § 3 neugef. durch G v. 24. 6. 1985 (BGBl. I S. 1137).

[2] § 4 neugef. durch G v. 22. 7. 1997 (BGBl. I S. 1870).

Dritter Abschnitt. Der Urheber

§ 7 Urheber. Urheber ist der Schöpfer des Werkes.

§ 8 Miturheber. (1) Haben mehrere ein Werk gemeinsam geschaffen, ohne daß sich ihre Anteile gesondert verwerten lassen, so sind sie Miturheber des Werkes.

(2) Das Recht zur Veröffentlichung und zur Verwertung des Werkes steht den Miturhebern zur gesamten Hand zu; Änderungen des Werkes sind nur mit Einwilligung der Miturheber zulässig. Ein Miturheber darf jedoch seine Einwilligung zur Veröffentlichung, Verwertung oder Änderung nicht wider Treu und Glauben verweigern. Jeder Miturheber ist berechtigt, Ansprüche aus Verletzungen des gemeinsamen Urheberrechts geltend zu machen; er kann jedoch nur Leistung an alle Miturheber verlangen.

(3) Die Erträgnisse aus der Nutzung des Werkes gebühren den Miturhebern nach dem Umfang ihrer Mitwirkung an der Schöpfung des Werkes, wenn nichts anderes zwischen den Miturhebern vereinbart ist.

(4) Ein Miturheber kann auf seinen Anteil an den Verwertungsrechten (§ 15) verzichten. Der Verzicht ist den anderen Miturhebern gegenüber zu erklären. Mit der Erklärung wächst der Anteil den anderen Miturhebern zu.

§ 9 Urheber verbundener Werke. Haben mehrere Urheber ihre Werke zu gemeinsamer Verwertung miteinander verbunden, so kann jeder vom anderen die Einwilligung zur Veröffentlichung, Verwertung und Änderung der verbundenen Werke verlangen, wenn die Einwilligung dem anderen nach Treu und Glauben zuzumuten ist.

§ 10 Vermutung der Urheberschaft. (1) Wer auf den Vervielfältigungsstücken eines erschienenen Werkes oder auf dem Original eines Werkes der bildenden Künste in der üblichen Weise als Urheber bezeichnet ist, wird bis zum Beweis des Gegenteils als Urheber des Werkes angesehen; dies gilt auch für eine Bezeichnung, die als Deckname oder Künstlerzeichen des Urhebers bekannt ist.

(2) Ist der Urheber nicht nach Absatz 1 bezeichnet, so wird vermutet, daß derjenige ermächtigt ist, die Rechte des Urhebers geltend zu machen, der auf den Vervielfältigungsstücken des Werkes als Herausgeber bezeichnet ist. Ist kein Herausgeber angegeben, so wird vermutet, daß der Verleger ermächtigt ist.

Vierter Abschnitt. Inhalt des Urheberrechts

1. Allgemeines

§ 11. Das Urheberrecht schützt den Urheber in seinen geistigen und persönlichen Beziehungen zum Werk und in der Nutzung des Werkes.

2. Urheberpersönlichkeitsrecht

§ 12 Veröffentlichungsrecht. (1) Der Urheber hat das Recht, zu bestimmen, ob und wie sein Werk zu veröffentlichen ist.

(2) Dem Urheber ist es vorbehalten, den Inhalt seines Werkes öffentlich mitzuteilen oder zu beschreiben, solange weder das Werk noch der wesentliche Inhalt oder eine Beschreibung des Werkes mit seiner Zustimmung veröffentlicht ist.

§ 13 Anerkennung der Urheberschaft. Der Urheber hat das Recht auf Anerkennung seiner Urheberschaft am Werk. Er kann bestimmen, ob das Werk mit einer Urheberbezeichnung zu versehen und welche Bezeichnung zu verwenden ist.

§ 14 Entstellung des Werkes. Der Urheber hat das Recht, eine Entstellung oder eine andere Beeinträchtigung seines Werkes zu verbieten, die geeignet ist, seine berechtigten geistigen oder persönlichen Interessen am Werk zu gefährden.

3. Verwertungsrechte

§ 15 Allgemeines. (1) Der Urheber hat das ausschließliche Recht, sein Werk in körperlicher Form zu verwerten;[1] das Recht umfaßt insbesondere

1. das Vervielfältigungsrecht (§ 16),
2. das Verbreitungsrecht (§ 17),
3. das Ausstellungsrecht (§ 18).

(2) Der Urheber hat ferner das ausschließliche Recht, sein Werk in unkörperlicher Form öffentlich wiederzugeben (Recht der öffentlichen Wiedergabe); das Recht umfaßt insbesondere

1. das Vortrags-, Aufführungs- und Vorführungsrecht (§ 19),
2. das Senderecht (§ 20),
3. das Recht der Wiedergabe durch Bild- oder Tonträger (§ 21),
4. das Recht der Wiedergabe von Funksendungen (§ 22).

(3) Die Wiedergabe eines Werkes ist öffentlich, wenn sie für eine Mehrzahl von Personen bestimmt ist, es sei denn, daß der Kreis dieser Personen bestimmt abgegrenzt ist und sie durch gegenseitige Beziehungen oder durch Beziehung zum Veranstalter persönlich untereinander verbunden sind.

---

[1] Beachte hierzu G über die Wahrnehmung von Urheberrechten und verwandten Schutzrechten (UrheberrechtswahrnehmungsG) v. 9. 9. 1965 (BGBl. I S. 1294), geänd. durch G v. 23. 6. 1970 (BGBl. I S. 805), v. 2. 3. 1974 (BGBl. I S. 469), v. 24. 6. 1985 (BGBl. I S. 1137), v. 19. 12. 1985 (BGBl. I S. 2355), Art. 3 G v. 25. 7. 1994 (BGBl. I S. 1739) und v. 23. 6. 1995 (BGBl. I S. 842). VO über die Schiedsstelle für Urheberrechtsstreitfälle (UrheberrechtsschiedsstellenVO – UrhSchiedsV) v. 20. 12. 1985 (BGBl. I S. 2543), geänd. durch Art. 8 Abs. 14 G v. 24. 6. 1994 (BGBl. I S. 1325).

§ 16 Vervielfältigungsrecht. (1) Das Vervielfältigungsrecht ist das Recht, Vervielfältigungsstücke des Werkes herzustellen, gleichviel in welchem Verfahren und in welcher Zahl.

(2) Eine Vervielfältigung ist auch die Übertragung des Werkes auf Vorrichtungen zur wiederholbaren Wiedergabe von Bild- oder Tonfolgen (Bild- oder Tonträger), gleichviel, ob es sich um die Aufnahme einer Wiedergabe des Werkes auf einen Bild- oder Tonträger oder um die Übertragung des Werkes von einem Bild- oder Tonträger auf einen anderen handelt.

§ 17[1] Verbreitungsrecht. (1) Das Verbreitungsrecht ist das Recht, das Original oder Vervielfältigungsstücke des Werkes der Öffentlichkeit anzubieten oder in Verkehr zu bringen.

(2) Sind das Original oder Vervielfältigungsstücke des Werkes mit Zustimmung des zur Verbreitung Berechtigten im Gebiet der Europäischen Union oder eines anderen Vertragsstaates des Abkommens über den Europäischen Wirtschaftsraum im Wege der Veräußerung in Verkehr gebracht worden, so ist ihre Weiterverbreitung mit Ausnahme der Vermietung zulässig.

(3) Vermietung im Sinne der Vorschriften dieses Gesetzes ist die zeitlich begrenzte, unmittelbar oder mittelbar Erwerbszwecken dienende Gebrauchsüberlassung. Als Vermietung gilt jedoch nicht die Überlassung von Originalen oder Vervielfältigungsstücken

1. von Bauwerken und Werken der angewandten Kunst oder
2. im Rahmen eines Arbeits- oder Dienstverhältnisses zu dem ausschließlichen Zweck, bei der Erfüllung von Verpflichtungen aus dem Arbeits- oder Dienstverhältnis benutzt zu werden.

§ 18 Ausstellungsrecht. Das Ausstellungsrecht ist das Recht, das Original oder Vervielfältigungsstücke eines unveröffentlichten Werkes der bildenden Künste oder eines unveröffentlichten Lichtbildwerkes öffentlich zur Schau zu stellen.

§ 19 Vortrags-, Aufführungs- und Vorführungsrecht. (1) Das Vortragsrecht ist das Recht, ein Sprachwerk durch persönliche Darbietung öffentlich zu Gehör zu bringen.

(2) Das Aufführungsrecht ist das Recht, ein Werk der Musik durch persönliche Darbietung öffentlich zu Gehör zu bringen oder ein Werk öffentlich bühnenmäßig darzustellen.

(3) Das Vortrags- und das Aufführungsrecht umfassen das Recht, Vorträge und Aufführungen außerhalb des Raumes, in dem die persönliche Darbietung stattfindet, durch Bildschirm, Lautsprecher oder ähnliche technische Einrichtungen öffentlich wahrnehmbar zu machen.

---

[1] § 17 neugef. durch G v. 23. 6. 1995 (BGBl. I S. 842).

(4) Das Vorführungsrecht ist das Recht, ein Werk der bildenden Künste, ein Lichtbildwerk, ein Filmwerk oder Darstellungen wissenschaftlicher oder technischer Art durch technische Einrichtungen öffentlich wahrnehmbar zu machen. Das Vorführungsrecht umfaßt nicht das Recht, die Funksendung solcher Werke öffentlich wahrnehmbar zu machen (§ 22).

§ 20[1] **Senderecht.** Das Senderecht ist das Recht, das Werk durch Funk, wie Ton- und Fernsehrundfunk, Satellitenrundfunk, Kabelfunk oder ähnliche technische Mittel, der Öffentlichkeit zugänglich zu machen.

§ 20 a[2] **Europäische Satellitensendung.** (1) Wird eine Satellitensendung innerhalb des Gebietes eines Mitgliedstaates der Europäischen Union oder Vertragsstaates des Abkommens über den Europäischen Wirtschaftsraum ausgeführt, so gilt sie ausschließlich als in diesem Mitgliedstaat oder Vertragsstaat erfolgt.

(2) Wird eine Satellitensendung im Gebiet eines Staates ausgeführt, der weder Mitgliedstaat der Europäischen Union noch Vertragsstaat des Abkommens über den Europäischen Wirtschaftsraum ist und in dem für das Recht der Satellitensendung das in Kapitel II der Richtlinie 93/83/EWG des Rates vom 27. September 1993 zur Koordinierung bestimmter urheber- und leistungsschutzrechtlicher Vorschriften betreffend Satellitenrundfunk und Kabelweiterverbreitung (ABl. EG Nr. L 248 S. 15) vorgesehene Schutzniveau nicht gewährleistet ist, so gilt sie als in dem Mitgliedstaat oder Vertragsstaat erfolgt,

1. in dem die Erdfunkstation liegt, von der aus die programmtragenden Signale zum Satelliten geleitet werden, oder
2. in dem das Sendeunternehmen seine Niederlassung hat, wenn die Voraussetzung nach Nummer 1 nicht gegeben ist.

Das Senderecht ist im Fall der Nummer 1 gegenüber dem Betreiber der Erdfunkstation, im Fall der Nummer 2 gegenüber dem Sendeunternehmen geltend zu machen.

(3) Satellitensendung im Sinne von Absatz 1 und 2 ist die unter der Kontrolle und Verantwortung des Sendeunternehmens stattfindende Eingabe der für den öffentlichen Empfang bestimmten programmtragenden Signale in eine ununterbrochene Übertragungskette, die zum Satelliten und zurück zur Erde führt.

§ 20 b[2] **Kabelweitersendung.** (1) Das Recht, ein gesendetes Werk im Rahmen eines zeitgleich, unverändert und vollständig weiterübertragenen Programms durch Kabelsysteme oder Mikrowellensysteme weiter-

---

[1] § 20 neugef. durch d. Vierte Gesetz zur Änderung des Urheberrechtsgesetzes v. 8. 5. 1998 (BGBl. I S. 902).

[2] §§ 20 a und 20 b eingef. durch d. Vierte Gesetz zur Änderung des Urheberrechtsgesetzes v. 8. 5. 1998 (BGBl. I S. 902).

zusenden (Kabelweitersendung), kann nur durch eine Verwertungsgesellschaft geltend gemacht werden. Dies gilt nicht für Rechte, die ein Sendeunternehmen in bezug auf seine Sendungen geltend macht.

(2) Hat der Urheber das Recht der Kabelweitersendung einem Sendeunternehmen oder einem Tonträger- oder Filmhersteller eingeräumt, so hat das Kabelunternehmen gleichwohl dem Urheber eine angemessene Vergütung für die Kabelweitersendung zu zahlen. Auf den Vergütungsanspruch kann nicht verzichtet werden. Er kann im voraus nur an eine Verwertungsgesellschaft abgetreten und nur durch eine solche geltend gemacht werden. Diese Regelung steht Tarifverträgen und Betriebsvereinbarungen von Sendeunternehmen nicht entgegen, soweit dadurch dem Urheber eine angemessene Vergütung für jede Kabelweitersendung eingeräumt wird.

§ 21 Recht der Wiedergabe durch Bild- oder Tonträger. Das Recht der Wiedergabe durch Bild- oder Tonträger ist das Recht, Vorträge oder Aufführungen des Werkes mittels Bild- oder Tonträger öffentlich wahrnehmbar zu machen. § 19 Abs. 3 gilt entsprechend.

§ 22 Recht der Wiedergabe von Funksendungen. Das Recht der Wiedergabe von Funksendungen ist das Recht, Funksendungen des Werkes durch Bildschirm, Lautsprecher oder ähnliche technische Einrichtungen öffentlich wahrnehmbar zu machen. § 19 Abs. 3 gilt entsprechend.

§ 23[1] Bearbeitungen und Umgestaltungen. Bearbeitungen oder andere Umgestaltungen des Werkes dürfen nur mit Einwilligung des Urhebers des bearbeiteten oder umgestalteten Werkes veröffentlicht oder verwertet werden. Handelt es sich um eine Verfilmung des Werkes, um die Ausführung von Plänen und Entwürfen eines Werkes der bildenden Künste, um den Nachbau eines Werkes der Baukunst oder um die Bearbeitung oder Umgestaltung eines Datenbankwerkes, so bedarf bereits das Herstellen der Bearbeitung oder Umgestaltung der Einwilligung des Urhebers.

§ 24 Freie Benutzung. (1) Ein selbständiges Werk, das in freier Benutzung des Werkes eines anderen geschaffen worden ist, darf ohne Zustimmung des Urhebers des benutzten Werkes veröffentlicht und verwertet werden.

(2) Absatz 1 gilt nicht für die Benutzung eines Werkes der Musik, durch welche eine Melodie erkennbar dem Werk entnommen und einem neuen Werk zugrunde gelegt wird.

4. Sonstige Rechte des Urhebers

§ 25 Zugang zu Werkstücken. (1) Der Urheber kann vom Besitzer des Originals oder eines Vervielfältigungsstückes seines Werkes verlangen,

---

[1] § 23 Satz 2 geänd. durch G v. 22. 7. 1997 (BGBl. I S. 1870).

daß er ihm das Original oder das Vervielfältigungsstück zugänglich macht, soweit dies zur Herstellung von Vervielfältigungsstücken oder Bearbeitungen des Werkes erforderlich ist und nicht berechtigte Interessen des Besitzers entgegenstehen.

(2) Der Besitzer ist nicht verpflichtet, das Original oder das Vervielfältigungsstück dem Urheber herauszugeben.

§ 26[1] Folgerecht. (1) Wird das Original eines Werkes der bildenden Künste weiterveräußert und ist hieran ein Kunsthändler oder Versteigerer als Erwerber, Veräußerer oder Vermittler beteiligt, so hat der Veräußerer dem Urheber einen Anteil in Höhe von fünf vom Hundert des Veräußerungserlöses zu entrichten. Die Verpflichtung entfällt, wenn der Veräußerungserlös weniger als einhundert Deutsche Mark beträgt.

(2) Der Urheber kann auf seinen Anteil im voraus nicht verzichten. Die Anwartschaft darauf unterliegt nicht der Zwangsvollstreckung; eine Verfügung über die Anwartschaft ist unwirksam.

(3) Der Urheber kann von einem Kunsthändler oder Versteigerer Auskunft darüber verlangen, welche Originale von Werken des Urhebers innerhalb des letzten vor dem Auskunftsersuchen abgelaufenen Kalenderjahres unter Beteiligung des Kunsthändlers oder Versteigerers weiterveräußert wurden.

(4) Der Urheber kann, soweit dies zur Durchsetzung seines Anspruchs gegen den Veräußerer erforderlich ist, von dem Kunsthändler oder Versteigerer Auskunft über den Namen und die Anschrift des Veräußerers sowie über die Höhe des Veräußerungserlöses verlangen. Der Kunsthändler oder Versteigerer darf die Auskunft über Namen und Anschrift des Veräußerers verweigern, wenn er dem Urheber den Anteil entrichtet.

(5) Die Ansprüche nach den Absätzen 3 und 4 können nur durch eine Verwertungsgesellschaft geltend gemacht werden.

(6) Bestehen begründete Zweifel an der Richtigkeit oder Vollständigkeit einer Auskunft nach Absatz 3 oder 4, so kann die Verwertungsgesellschaft verlangen, daß nach Wahl des Auskunftspflichtigen ihr oder einem von ihm zu bestimmenden Wirtschaftsprüfer oder vereidigten Buchprüfer Einsicht in die Geschäftsbücher oder sonstige Urkunden soweit gewährt wird, wie dies zur Feststellung der Richtigkeit oder Vollständigkeit der Auskunft erforderlich ist. Erweist sich die Auskunft als unrichtig oder unvollständig, so hat der Auskunftspflichtige die Kosten der Prüfung zu erstatten.

(7) Die Ansprüche des Urhebers verjähren in zehn Jahren.

(8) Die vorstehenden Bestimmungen sind auf Werke der Baukunst und der angewandten Kunst nicht anzuwenden.

---

[1] § 26 neugef. durch G v. 10. 11. 1972 (BGBl. I S. 2081).

§ 27[1] Vergütung für Vermietung und Verleihen. (1) Hat der Urheber das Vermietrecht (§ 17) an einem Bild- oder Tonträger dem Tonträger- oder Filmhersteller eingeräumt, so hat der Vermieter gleichwohl dem Urheber eine angemessene Vergütung für die Vermietung zu zahlen. Auf den Vergütungsanspruch kann nicht verzichtet werden. Er kann im voraus nur an eine Verwertungsgesellschaft abgetreten werden.

(2) Für das Verleihen von Originalen oder Vervielfältigungsstücken eines Werkes, deren Weiterverbreitung nach § 17 Abs. 2 zulässig ist, ist dem Urheber eine angemessene Vergütung zu zahlen, wenn die Originale oder Vervielfältigungsstücke durch eine der Öffentlichkeit zugängliche Einrichtung (Bücherei, Sammlung von Bild- oder Tonträgern oder anderer Originale oder Vervielfältigungsstücke) verliehen werden. Verleihen im Sinne von Satz 1 ist die zeitlich begrenzte, weder unmittelbar noch mittelbar Erwerbszwecken dienende Gebrauchsüberlassung; § 17 Abs. 3 Satz 2 findet entsprechende Anwendung.

(3) Die Vergütungsansprüche nach den Absätzen 1 und 2 können nur durch eine Verwertungsgesellschaft geltend gemacht werden.

Fünfter Abschnitt. Rechtsverkehr im Urheberrecht

1. Rechtsnachfolge in das Urheberrecht

§ 28 Vererbung des Urheberrechts. (1) Das Urheberrecht ist vererblich.

(2) Der Urheber kann durch letztwillige Verfügung die Ausübung des Urheberrechts einem Testamentsvollstrecker übertragen. § 2210 des Bürgerlichen Gesetzbuchs ist nicht anzuwenden.

§ 29 Übertragung des Urheberrechts. Das Urheberrecht kann in Erfüllung einer Verfügung von Todes wegen oder an Miterben im Wege der Erbauseinandersetzung übertragen werden. Im übrigen ist es nicht übertragbar.

§ 30 Rechtsnachfolger des Urhebers. Der Rechtsnachfolger des Urhebers hat die dem Urheber nach diesem Gesetz zustehenden Rechte, soweit nichts anderes bestimmt ist.

2. Nutzungsrechte

§ 31 Einräumung von Nutzungsrechten. (1) Der Urheber kann einem anderen das Recht einräumen, das Werk auf einzelne oder alle Nutzungsarten zu nutzen (Nutzungsrecht). Das Nutzungsrecht kann als einfaches oder ausschließliches Recht eingeräumt werden.

---

[1] § 27 neugef. durch G v. 23. 6. 1995 (BGBl. I S. 842).

(2) Das einfache Nutzungsrecht berechtigt den Inhaber, das Werk neben dem Urheber oder anderen Berechtigten auf die ihm erlaubte Art zu nutzen.

(3) Das ausschließliche Nutzungsrecht berechtigt den Inhaber, das Werk unter Ausschluß aller anderen Personen einschließlich des Urhebers auf die ihm erlaubte Art zu nutzen und einfache Nutzungsrechte einzuräumen. § 35 bleibt unberührt.

(4) Die Einräumung von Nutzungsrechten für noch nicht bekannte Nutzungsarten sowie Verpflichtungen hierzu sind unwirksam.

(5) Sind bei der Einräumung des Nutzungsrechts die Nutzungsarten, auf die sich das Recht erstrecken soll, nicht einzeln bezeichnet, so bestimmt sich der Umfang des Nutzungsrechts nach dem mit seiner Einräumung verfolgten Zweck.

§ 32 Beschränkung von Nutzungsrechten. Das Nutzungsrecht kann räumlich, zeitlich oder inhaltlich beschränkt eingeräumt werden.

§ 33 Weiterwirkung einfacher Nutzungsrechte. Ein einfaches Nutzungsrecht, das der Urheber vor Einräumung eines ausschließlichen Nutzungsrechts eingeräumt hat, bleibt gegenüber dem Inhaber des ausschließlichen Nutzungsrechts wirksam, wenn nichts anderes zwischen dem Urheber und dem Inhaber des einfachen Nutzungsrechts vereinbart ist.

§ 34 Übertragung von Nutzungsrechten. (1) Ein Nutzungsrecht kann nur mit Zustimmung des Urhebers übertragen werden. Der Urheber darf die Zustimmung nicht wider Treu und Glauben verweigern.

(2) Werden mit dem Nutzungsrecht an einem Sammelwerk (§ 4) Nutzungsrechte an den in das Sammelwerk aufgenommenen einzelnen Werken übertragen, so genügt die Zustimmung des Urhebers des Sammelwerkes.

(3) Ein Nutzungsrecht kann ohne Zustimmung des Urhebers übertragen werden, wenn die Übertragung im Rahmen der Gesamtveräußerung eines Unternehmens oder der Veräußerung von Teilen eines Unternehmens geschieht.

(4) Abweichende Vereinbarungen zwischen dem Inhaber des Nutzungsrechts und dem Urheber sind zulässig.

(5) Ist die Übertragung des Nutzungsrechts nach Vertrag oder kraft Gesetzes ohne Zustimmung des Urhebers zulässig, so haftet der Erwerber gesamtschuldnerisch für die Erfüllung der sich aus dem Vertrag mit dem Urheber ergebenden Verpflichtungen des Veräußerers.

§ 35 Einräumung einfacher Nutzungsrechte. (1) Der Inhaber eines ausschließlichen Nutzungsrechts kann einfache Nutzungsrechte nur mit Zustimmung des Urhebers einräumen. Der Zustimmung bedarf es nicht, wenn das ausschließliche Nutzungsrecht nur zur Wahrnehmung der Belange des Urhebers eingeräumt ist.

(2) Die Bestimmungen in § 34 Abs. 1 Satz 2, Abs. 2 und Abs. 4 sind entsprechend anzuwenden.

§ 36 Beteiligung des Urhebers. (1) Hat der Urheber einem anderen ein Nutzungsrecht zu Bedingungen eingeräumt, die dazu führen, daß die vereinbarte Gegenleistung unter Berücksichtigung der gesamten Beziehungen des Urhebers zu dem anderen in einem groben Mißverhältnis zu den Erträgnissen aus der Nutzung des Werkes steht, so ist der andere auf Verlangen des Urhebers verpflichtet, in eine Änderung des Vertrages einzuwilligen, durch die dem Urheber eine den Umständen nach angemessene Beteiligung an den Erträgnissen gewährt wird.

(2) Der Anspruch verjährt in zwei Jahren von dem Zeitpunkt an, in dem der Urheber von den Umständen, aus denen sich der Anspruch ergibt, Kenntnis erlangt, ohne Rücksicht auf diese Kenntnis in zehn Jahren.

(3) Auf den Anspruch kann im voraus nicht verzichtet werden. Die Anwartschaft darauf unterliegt nicht der Zwangsvollstreckung; eine Verfügung über die Anwartschaft ist unwirksam.

§ 37 Verträge über die Einräumung von Nutzungsrechten. (1) Räumt der Urheber einem anderen ein Nutzungsrecht am Werk ein, so verbleibt ihm im Zweifel das Recht der Einwilligung zur Veröffentlichung oder Verwertung einer Bearbeitung des Werkes.

(2) Räumt der Urheber einem anderen ein Nutzungsrecht zur Vervielfältigung des Werkes ein, so verbleibt ihm im Zweifel das Recht, das Werk auf Bild- oder Tonträger zu übertragen.

(3) Räumt der Urheber einem anderen ein Nutzungsrecht zu einer öffentlichen Wiedergabe des Werkes ein, so ist dieser im Zweifel nicht berechtigt, die Wiedergabe außerhalb der Veranstaltung, für die sie bestimmt ist, durch Bildschirm, Lautsprecher oder ähnliche technische Einrichtungen öffentlich wahrnehmbar zu machen.

§ 38 Beiträge zu Sammlungen. (1) Gestattet der Urheber die Aufnahme des Werkes in eine periodisch erscheinende Sammlung, so erwirbt der Verleger oder Herausgeber im Zweifel ein ausschließliches Nutzungsrecht zur Vervielfältigung und Verbreitung. Jedoch darf der Urheber das Werk nach Ablauf eines Jahres seit Erscheinen anderweit vervielfältigen und verbreiten, wenn nichts anderes vereinbart ist.

(2) Absatz 1 Satz 2 gilt auch für einen Beitrag zu einer nicht periodisch erscheinenden Sammlung, für dessen Überlassung dem Urheber kein Anspruch auf Vergütung zusteht.

(3) Wird der Beitrag einer Zeitung überlassen, so erwirbt der Verleger oder Herausgeber ein einfaches Nutzungsrecht, wenn nichts anderes vereinbart ist. Räumt der Urheber ein ausschließliches Nutzungsrecht

ein, so ist er sogleich nach Erscheinen des Beitrags berechtigt, ihn anderweit zu vervielfältigen und zu verbreiten, wenn nichts anderes vereinbart ist.

§ 39 Änderungen des Werkes. (1) Der Inhaber eines Nutzungsrechts darf das Werk, dessen Titel oder Urheberbezeichnung (§ 10 Abs. 1) nicht ändern, wenn nichts anderes vereinbart ist.

(2) Änderungen des Werkes und seines Titels, zu denen der Urheber seine Einwilligung nach Treu und Glauben nicht versagen kann, sind zulässig.

§ 40 Verträge über künftige Werke. (1) Ein Vertrag, durch den sich der Urheber zur Einräumung von Nutzungsrechten an künftigen Werken verpflichtet, die überhaupt nicht näher oder nur der Gattung nach bestimmt sind, bedarf der schriftlichen Form. Er kann von beiden Vertragsteilen nach Ablauf von fünf Jahren seit dem Abschluß des Vertrages gekündigt werden. Die Kündigungsfrist beträgt sechs Monate, wenn keine kürzere Frist vereinbart ist.

(2) Auf das Kündigungsrecht kann im voraus nicht verzichtet werden. Andere vertragliche oder gesetzliche Kündigungsrechte bleiben unberührt.

(3) Wenn in Erfüllung des Vertrages Nutzungsrechte an künftigen Werken eingeräumt worden sind, wird mit Beendigung des Vertrages die Verfügung hinsichtlich der Werke unwirksam, die zu diesem Zeitpunkt noch nicht abgeliefert sind.

§ 41 Rückrufsrecht wegen Nichtausübung. (1) Übt der Inhaber eines ausschließlichen Nutzungsrechts das Recht nicht oder nur unzureichend aus und werden dadurch berechtigte Interessen des Urhebers erheblich verletzt, so kann dieser das Nutzungsrecht zurückrufen. Dies gilt nicht, wenn die Nichtausübung oder die unzureichende Ausübung des Nutzungsrechts überwiegend auf Umständen beruht, deren Behebung dem Urheber zuzumuten ist.

(2) Das Rückrufsrecht kann nicht vor Ablauf von zwei Jahren seit Einräumung oder Übertragung des Nutzungsrechts oder, wenn das Werk später abgeliefert wird, seit der Ablieferung geltend gemacht werden. Bei einem Beitrag zu einer Zeitung beträgt die Frist drei Monate, bei einem Beitrag zu einer Zeitschrift, die monatlich oder in kürzeren Abständen erscheint, sechs Monate und bei einem Beitrag zu anderen Zeitschriften ein Jahr.

(3) Der Rückruf kann erst erklärt werden, nachdem der Urheber dem Inhaber des Nutzungsrechts unter Ankündigung des Rückrufs eine angemessene Nachfrist zur zureichenden Ausübung des Nutzungsrechts bestimmt hat. Der Bestimmung der Nachfrist bedarf es nicht, wenn die Ausübung des Nutzungsrechts seinem Inhaber unmöglich ist oder von ihm verweigert wird oder wenn durch die Gewährung einer Nachfrist überwiegende Interessen des Urhebers gefährdet würden.

(4) Auf das Rückrufsrecht kann im voraus nicht verzichtet werden. Seine Ausübung kann im voraus für mehr als fünf Jahre nicht ausgeschlossen werden.

(5) Mit Wirksamwerden des Rückrufs erlischt das Nutzungsrecht.

(6) Der Urheber hat den Betroffenen zu entschädigen, wenn und soweit es der Billigkeit entspricht.

(7) Rechte und Ansprüche der Beteiligten nach anderen gesetzlichen Vorschriften bleiben unberührt.

§ 42 Rückrufsrecht wegen gewandelter Überzeugung. (1) Der Urheber kann ein Nutzungsrecht gegenüber dem Inhaber zurückrufen, wenn das Werk seiner Überzeugung nicht mehr entspricht und ihm deshalb die Verwertung des Werkes nicht mehr zugemutet werden kann. Der Rechtsnachfolger des Urhebers (§ 30) kann den Rückruf nur erklären, wenn er nachweist, daß der Urheber vor seinem Tode zum Rückruf berechtigt gewesen wäre und an der Erklärung des Rückrufs gehindert war oder diese letztwillig verfügt hat.

(2) Auf das Rückrufsrecht kann im voraus nicht verzichtet werden. Seine Ausübung kann nicht ausgeschlossen werden.

(3) Der Urheber hat den Inhaber des Nutzungsrechts angemessen zu entschädigen. Die Entschädigung muß mindestens die Aufwendungen decken, die der Inhaber des Nutzungsrechts bis zur Erklärung des Rückrufs gemacht hat; jedoch bleiben hierbei Aufwendungen, die auf bereits gezogene Nutzungen entfallen, außer Betracht. Der Rückruf wird erst wirksam, wenn der Urheber die Aufwendungen ersetzt oder Sicherheit dafür geleistet hat. Der Inhaber des Nutzungsrechts hat dem Urheber binnen einer Frist von drei Monaten nach Erklärung des Rückrufs die Aufwendungen mitzuteilen; kommt er dieser Pflicht nicht nach, so wird der Rückruf bereits mit Ablauf dieser Frist wirksam.

(4) Will der Urheber nach Rückruf das Werk wieder verwerten, so ist er verpflichtet, dem früheren Inhaber des Nutzungsrechts ein entsprechendes Nutzungsrecht zu angemessenen Bedingungen anzubieten.

(5) Die Bestimmungen in § 41 Abs. 5 und 7 sind entsprechend anzuwenden.

§ 43 Urheber in Arbeits- oder Dienstverhältnissen. Die Vorschriften dieses Unterabschnitts sind auch anzuwenden, wenn der Urheber das Werk in Erfüllung seiner Verpflichtungen aus einem Arbeits- oder Dienstverhältnis geschaffen hat, soweit sich aus dem Inhalt oder dem Wesen des Arbeits- oder Dienstverhältnisses nichts anderes ergibt.

§ 44 Veräußerung des Originals des Werkes. (1) Veräußert der Urheber das Original des Werkes, so räumt er damit im Zweifel dem Erwerber ein Nutzungsrecht nicht ein.

(2) Der Eigentümer des Originals eines Werkes der bildenden Künste oder eines Lichtbildwerkes ist berechtigt, das Werk öffentlich auszu-

stellen, auch wenn es noch nicht veröffentlicht ist, es sei denn, daß der Urheber dies bei der Veräußerung des Originals ausdrücklich ausgeschlossen hat.

Sechster Abschnitt. Schranken des Urheberrechts

§ 45 Rechtspflege und öffentliche Sicherheit. (1) Zulässig ist, einzelne Vervielfältigungsstücke von Werken zur Verwendung in Verfahren vor einem Gericht, einem Schiedsgericht oder einer Behörde herzustellen oder herstellen zu lassen.

(2) Gerichte und Behörden dürfen für Zwecke der Rechtspflege und der öffentlichen Sicherheit Bildnisse vervielfältigen oder vervielfältigen lassen.

(3) Unter den gleichen Voraussetzungen wie die Vervielfältigung ist auch die Verbreitung, öffentliche Ausstellung und öffentliche Wiedergabe der Werke zulässig.

§ 46[1] Sammlungen für Kirchen-, Schul- oder Unterrichtsgebrauch. (1) Zulässig ist die Vervielfältigung und Verbreitung, wenn Teile von Werken, Sprachwerke oder Werke der Musik von geringem Umfang, einzelne Werke der bildenden Künste oder einzelne Lichtbildwerke nach dem Erscheinen in eine Sammlung aufgenommen werden, die Werke einer größeren Anzahl von Urhebern vereinigt und nach ihrer Beschaffenheit nur für den Kirchen-, Schul- oder Unterrichtsgebrauch bestimmt ist. Auf der Titelseite oder an einer entsprechenden Stelle der Sammlung ist deutlich anzugeben, wozu sie bestimmt ist.

(2) Absatz 1 gilt für Werke der Musik, die in eine für den Musikunterricht bestimmte Sammlung aufgenommen werden, nur, wenn es sich um eine Sammlung für den Musikunterricht in Schulen mit Ausnahme der Musikschulen handelt.

(3) Mit der Vervielfältigung darf erst begonnen werden, wenn die Absicht, von der Berechtigung nach Absatz 1 Gebrauch zu machen, dem Urheber oder, wenn sein Wohnort oder Aufenthaltsort unbekannt ist, dem Inhaber des ausschließlichen Nutzungsrechts durch eingeschriebenen Brief mitgeteilt worden ist und seit Absendung des Briefes zwei Wochen verstrichen sind. Ist auch der Wohnort oder Aufenthaltsort des Inhabers des ausschließlichen Nutzungsrechts unbekannt, so kann die Mitteilung durch Veröffentlichung im Bundesanzeiger bewirkt werden.

(4) Für die Vervielfältigung und Verbreitung ist dem Urheber eine angemessene Vergütung zu zahlen.

(5) Der Urheber kann die Vervielfältigung und Verbreitung verbieten, wenn das Werk seiner Überzeugung nicht mehr entspricht, ihm deshalb die Verwertung des Werkes nicht mehr zugemutet werden kann und er

[1] § 46 Abs. 4 eingef., bish. Abs. 4 wurde Abs. 5 durch G v. 10. 11. 1972 (BGBl. I S. 2081).

ein etwa bestehendes Nutzungsrecht aus diesem Grunde zurückgerufen hat (§ 42). Die Bestimmungen in § 136 Abs. 1 und 2 sind entsprechend anzuwenden.

§ 47[1] Schulfunksendungen. (1) Schulen sowie Einrichtungen der Lehrerbildung und der Lehrerfortbildung dürfen einzelne Vervielfältigungsstücke von Werken, die innerhalb einer Schulfunksendung gesendet werden, durch Übertragung der Werke auf Bild- oder Tonträger herstellen. Das gleiche gilt für Heime der Jugendhilfe und die staatlichen Landesbildstellen oder vergleichbare Einrichtungen in öffentlicher Trägerschaft.

(2) Die Bild- oder Tonträger dürfen nur für den Unterricht verwendet werden. Sie sind spätestens am Ende des auf die Übertragung der Schulfunksendung folgenden Schuljahres zu löschen, es sei denn, daß dem Urheber eine angemessene Vergütung gezahlt wird.

§ 48 Öffentliche Reden. (1) Zulässig ist

1. die Vervielfältigung und Verbreitung von Reden über Tagesfragen in Zeitungen sowie in Zeitschriften oder anderen Informationsblättern, die im wesentlichen den Tagesinteressen Rechnung tragen, wenn die Reden bei öffentlichen Versammlungen oder im Rundfunk gehalten worden sind, sowie die öffentliche Wiedergabe solcher Reden,
2. die Vervielfältigung, Verbreitung und öffentliche Wiedergabe von Reden, die bei öffentlichen Verhandlungen vor staatlichen, kommunalen oder kirchlichen Organen gehalten worden sind.

(2) Unzulässig ist jedoch die Vervielfältigung und Verbreitung der in Absatz 1 Nr. 2 bezeichneten Reden in Form einer Sammlung, die überwiegend Reden desselben Urhebers enthält.

§ 49[2] Zeitungsartikel und Rundfunkkommentare. (1) Zulässig ist die Vervielfältigung und Verbreitung einzelner Rundfunkkommentare und einzelner Artikel aus Zeitungen und anderen lediglich Tagesinteressen dienenden Informationsblättern in anderen Zeitungen und Informationsblättern dieser Art sowie die öffentliche Wiedergabe solcher Kommentare und Artikel, wenn sie politische, wirtschaftliche oder religiöse Tagesfragen betreffen und nicht mit einem Vorbehalt der Rechte versehen sind. Für die Vervielfältigung, Verbreitung und öffentliche Wiedergabe ist dem Urheber eine angemessene Vergütung zu zahlen, es sei denn, daß es sich um eine Vervielfältigung, Verbreitung oder öffentliche Wiedergabe kurzer Auszüge aus mehreren Kommentaren oder Artikeln in Form einer Übersicht handelt. Der Anspruch kann nur durch eine Verwertungsgesellschaft geltend gemacht werden.

---

[1] § 47 Abs. 1 Satz 2 und Abs. 2 Satz 2 neugef. durch G v. 24. 6. 1985 (BGBl. I S. 1137).

[2] § 49 Abs. 1 Satz 3 angef. durch G v. 24. 6. 1985 (BGBl. I S. 1137).

(2) Unbeschränkt zulässig ist die Vervielfältigung, Verbreitung und öffentliche Wiedergabe von vermischten Nachrichten tatsächlichen Inhalts und von Tagesneuigkeiten, die durch Presse oder Funk veröffentlicht worden sind; ein durch andere gesetzliche Vorschriften gewährter Schutz bleibt unberührt.

§ 50 Bild- und Tonberichterstattung. Zur Bild- und Tonberichterstattung über Tagesereignisse durch Funk und Film sowie in Zeitungen oder Zeitschriften, die im wesentlichen den Tagesinteressen Rechnung tragen, dürfen Werke, die im Verlauf der Vorgänge, über die berichtet wird, wahrnehmbar werden, in einem durch den Zweck gebotenen Umfang vervielfältigt, verbreitet und öffentlich wiedergegeben werden.

§ 51 Zitate. Zulässig ist die Vervielfältigung, Verbreitung und öffentliche Wiedergabe, wenn in einem durch den Zweck gebotenen Umfang

1. einzelne Werke nach dem Erscheinen in ein selbständiges wissenschaftliches Werk zur Erläuterung des Inhalts aufgenommen werden,
2. Stellen eines Werkes nach der Veröffentlichung in einem selbständigen Sprachwerk angeführt werden,
3. einzelne Stellen eines erschienenen Werkes der Musik in einem selbständigen Werk der Musik angeführt werden.

§ 52[1] Öffentliche Wiedergabe. (1) Zulässig ist die öffentliche Wiedergabe eines erschienenen Werkes, wenn die Wiedergabe keinem Erwerbszweck des Veranstalters dient, die Teilnehmer ohne Entgelt zugelassen werden und im Falle des Vortrages oder der Aufführung des Werkes keiner der ausübenden Künstler (§ 73) eine besondere Vergütung erhält. Für die Wiedergabe ist eine angemessene Vergütung zu zahlen. Die Vergütungspflicht entfällt für Veranstaltungen der Jugendhilfe, der Sozialhilfe, der Alten- und Wohlfahrtspflege, der Gefangenenbetreuung sowie für Schulveranstaltungen, sofern sie nach ihrer sozialen oder erzieherischen Zweckbestimmung nur einem bestimmt abgegrenzten Kreis von Personen zugänglich sind. Dies gilt nicht, wenn die Veranstaltung dem Erwerbszweck eines Dritten dient; in diesem Fall hat der Dritte die Vergütung zu zahlen.

(2) Zulässig ist die öffentliche Wiedergabe eines erschienenen Werkes auch bei einem Gottesdienst oder einer kirchlichen Feier der Kirchen oder Religionsgemeinschaften. Jedoch hat der Veranstalter dem Urheber eine angemessene Vergütung zu zahlen.

(3) Öffentliche bühnenmäßige Aufführungen und Funksendungen eines Werkes sowie öffentliche Vorführungen eines Filmwerkes sind stets nur mit Einwilligung des Berechtigten zulässig.

[1] § 52 neugef. durch G v. 24. 6. 1985 (BGBl. I S. 1137).

§ 53[1)] Vervielfältigungen zum privaten und sonstigen eigenen Gebrauch. (1) Zulässig ist, einzelne Vervielfältigungsstücke eines Werkes zum privaten Gebrauch herzustellen. Der zur Vervielfältigung Befugte darf die Vervielfältigungsstücke auch durch einen anderen herstellen lassen; doch gilt dies für die Übertragung von Werken auf Bild- oder Tonträger und die Vervielfältigung von Werken der bildenden Künste nur, wenn es unentgeltlich geschieht.

(2) Zulässig ist, einzelne Vervielfältigungsstücke eines Werkes herzustellen oder herstellen zu lassen

1. zum eigenen wissenschaftlichen Gebrauch, wenn und soweit die Vervielfältigung zu diesem Zweck geboten ist,
2. zur Aufnahme in ein eigenes Archiv, wenn und soweit die Vervielfältigung zu diesem Zweck geboten ist und als Vorlage für die Vervielfältigung ein eigenes Werkstück benutzt wird,
3. zur eigenen Unterrichtung über Tagesfragen, wenn es sich um ein durch Funk gesendetes Werk handelt,
4. zum sonstigen eigenen Gebrauch,
   a) wenn es sich um kleine Teile eines erschienenen Werkes oder um einzelne Beiträge handelt, die in Zeitungen oder Zeitschriften erschienen sind,
   b) wenn es sich um ein seit mindestens zwei Jahren vergriffenes Werk handelt.

(3) Zulässig ist, Vervielfältigungsstücke von kleinen Teilen eines Druckwerkes oder von einzelnen Beiträgen, die in Zeitungen oder Zeitschriften erschienen sind, zum eigenen Gebrauch

1. im Schulunterricht, in nichtgewerblichen Einrichtungen der Aus- und Weiterbildung sowie in Einrichtungen der Berufsbildung in der für eine Schulklasse erforderlichen Anzahl oder
2. für staatliche Prüfungen und Prüfungen in Schulen, Hochschulen, in nichtgewerblichen Einrichtungen der Aus- und Weiterbildung sowie in der Berufsbildung in der erforderlichen Anzahl

herzustellen oder herstellen zu lassen, wenn und soweit die Vervielfältigung zu diesem Zweck geboten ist.

(4) Die Vervielfältigung

a) graphischer Aufzeichnungen von Werken der Musik,
b) eines Buches oder einer Zeitschrift, wenn es sich um eine im wesentlichen vollständige Vervielfältigung handelt,

ist, soweit sie nicht durch Abschreiben vorgenommen wird, stets nur mit Einwilligung des Berechtigten zulässig oder unter den Voraussetzungen des Absatzes 2 Nr. 2 oder zum eigenen Gebrauch, wenn es sich um ein seit mindestens zwei Jahren vergriffenes Werk handelt.

[1)] § 53 neugef. durch G v. 24. 6. 1985 (BGBl. I S. 1137), Abs. 4 Satz 2 aufgeh. durch G v. 9. 6. 1993 (BGBl. I S. 910), Abs. 5 eingef. durch G v. 22. 7. 1997 (BGBl. I S. 1870), bish. Abs. 5 u. 6 werden Abs. 6 u. 7.

(5) Absatz 1 sowie Absatz 2 Nr. 2 bis 4 finden keine Anwendung auf Datenbankwerke, deren Elemente einzeln mit Hilfe elektronischer Mittel zugänglich sind. Absatz 2 Nr. 1 findet auf solche Datenbankwerke mit der Maßgabe Anwendung, daß der wissenschaftliche Gebrauch nicht zu gewerblichen Zwecken erfolgt.

(6) Die Vervielfältigungsstücke dürfen weder verbreitet noch zu öffentlichen Wiedergaben benutzt werden. Zulässig ist jedoch, rechtmäßig hergestellte Vervielfältigungsstücke von Zeitungen und vergriffenen Werken sowie solche Werkstücke zu verleihen, bei denen kleine beschädigte oder abhanden gekommene Teile durch Vervielfältigungsstücke ersetzt worden sind.

(7) Die Aufnahme öffentlicher Vorträge, Aufführungen oder Vorführungen eines Werkes auf Bild- oder Tonträger, die Ausführung von Plänen und Entwürfen zu Werken der bildenden Künste und der Nachbau eines Werkes der Baukunst sind stets nur mit Einwilligung des Berechtigten zulässig.

§ 54[1] Vergütungspflicht für Vervielfältigung im Wege der Bild- und Tonaufzeichnung. (1) Ist nach der Art eines Werkes zu erwarten, daß es durch Aufnahme von Funksendungen auf Bild- oder Tonträger oder durch Übertragungen von einem Bild- oder Tonträger auf einen anderen nach § 53 Abs. 1 oder 2 vervielfältigt wird, so hat der Urheber des Werkes gegen den Hersteller

1. von Geräten und
2. von Bild- oder Tonträgern,

die erkennbar zur Vornahme solcher Vervielfältigungen bestimmt sind, Anspruch auf Zahlung einer angemessenen Vergütung für die durch die Veräußerung der Geräte sowie der Bild- oder Tonträger geschaffene Möglichkeit, solche Vervielfältigungen vorzunehmen. Neben dem Hersteller haftet als Gesamtschuldner, wer die Geräte oder die Bild- oder Tonträger in den Geltungsbereich dieses Gesetzes gewerblich einführt oder wiedereinführt oder wer mit ihnen handelt. Der Händler haftet nicht, wenn er im Kalenderhalbjahr Bild- oder Tonträger von weniger als 6000 Stunden Spieldauer und weniger als 100 Geräte bezieht.

(2) Einführer ist, wer die Geräte oder Bild- oder Tonträger in den Geltungsbereich dieses Gesetzes verbringt oder verbringen läßt. Liegt der Einfuhr ein Vertrag mit einem Gebietsfremden zugrunde, so ist Einführer nur der im Geltungsbereich dieses Gesetzes ansässige Vertragspartner, soweit er gewerblich tätig wird. Wer lediglich als Spediteur oder Frachtführer oder in einer ähnlichen Stellung bei dem Verbringen der Waren tätig wird, ist nicht Einführer. Wer die Gegenstände aus Drittländern in eine Freizone oder in ein Freilager nach Artikel 166 der Verordnung (EWG) Nr. 2913/92 des Rates

[1] § 54 neugef. durch Art. 2 G v. 25. 7. 1994 (BGBl. I S. 1739).

vom 12. Oktober 1992 zur Festlegung des Zollkodex der Gemeinschaften (ABl. EG Nr. L 302 S. 1) verbringt oder verbringen läßt, ist als Einführer nur anzusehen, wenn die Gegenstände in diesem Bereich gebraucht oder wenn sie in den zollrechtlich freien Verkehr übergeführt werden.

§ 54a[1] Vergütungspflicht für Vervielfältigung im Wege der Ablichtung. (1) Ist nach der Art eines Werkes zu erwarten, daß es nach § 53 Abs. 1 bis 3 durch Ablichtung eines Werkstücks oder in einem Verfahren vergleichbarer Wirkung vervielfältigt wird, so hat der Urheber des Werkes gegen den Hersteller von Geräten, die zur Vornahme solcher Vervielfältigungen bestimmt sind, Anspruch auf Zahlung einer angemessenen Vergütung für die durch die Veräußerung oder sonstiges Inverkehrbringen der Geräte geschaffene Möglichkeit, solche Vervielfältigungen vorzunehmen. Neben dem Hersteller haftet als Gesamtschuldner, wer die Geräte in den Geltungsbereich dieses Gesetzes gewerblich einführt oder wiedereinführt oder wer mit ihnen handelt. Der Händler haftet nicht, wenn er im Kalenderhalbjahr weniger als 20 Geräte bezieht.

(2) Werden Geräte dieser Art in Schulen, Hochschulen sowie Einrichtungen der Berufsbildung oder der sonstigen Aus- und Weiterbildung (Bildungseinrichtungen), Forschungseinrichtungen, öffentlichen Bibliotheken oder in Einrichtungen betrieben, die Geräte für die Herstellung von Ablichtungen entgeltlich bereithalten, so hat der Urheber auch gegen den Betreiber des Gerätes einen Anspruch auf Zahlung einer angemessenen Vergütung.

(3) § 54 Abs. 2 gilt entsprechend.

§ 54b[1] Wegfall der Vergütungspflicht des Händlers. Die Vergütungspflicht des Händlers (§ 54 Abs. 1 und § 54a Abs. 1) entfällt,

1. soweit ein zur Zahlung der Vergütung Verpflichteter, von dem der Händler die Geräte oder die Bild- oder Tonträger bezieht, an einen Gesamtvertrag über die Vergütung gebunden ist oder
2. wenn der Händler Art und Stückzahl der bezogenen Geräte und Bild- oder Tonträger und seine Bezugsquelle der nach § 54h Abs. 3 bezeichneten Empfangsstelle jeweils zum 10. Januar und 10. Juli für das vorangegangene Kalenderhalbjahr schriftlich mitteilt.

§ 54c[1] Wegfall der Vergütungspflicht bei Ausfuhr. Der Anspruch nach § 54 Abs. 1 und § 54a Abs. 1 entfällt, soweit nach den Umständen mit Wahrscheinlichkeit erwartet werden kann, daß die Geräte oder die Bild- oder Tonträger nicht zu Vervielfältigungen im Geltungsbereich dieses Gesetzes benutzt werden.

---

[1] §§ 54a bis 54c eingef. durch Art. 2 G v. 25. 7. 1994 (BGBl. I S. 1739).

§ 54d[1] Vergütungshöhe. (1) Als angemessene Vergütung nach § 54 Abs. 1 und § 54a Abs. 1 und 2 gelten die in der Anlage[2] bestimmten Sätze, soweit nicht etwas anderes vereinbart wird.

(2) Die Höhe der von dem Betreiber nach § 54a Abs. 2 insgesamt geschuldeten Vergütung bemißt sich nach der Art und dem Umfang der Nutzung des Gerätes, die nach den Umständen, insbesondere nach dem Standort und der üblichen Verwendung, wahrscheinlich ist.

§ 54e[1] Hinweispflicht in Rechnungen auf urheberrechtliche Vergütungen. (1) In Rechnungen für die Veräußerung oder ein sonstiges Inverkehrbringen der Geräte nach § 54a Abs. 1 ist auf die auf das Gerät entfallende Urhebervergütung hinzuweisen.

(2) In Rechnungen für die Veräußerung oder ein sonstiges Inverkehrbringen der in § 54 Abs. 1 genannten Geräte oder Bild- oder Tonträger, in denen die Umsatzsteuer nach § 14 Abs. 1 Satz 1 des Umsatzsteuergesetzes gesondert auszuweisen ist, ist zu vermerken, ob die auf das Gerät oder die Bild- oder Tonträger entfallende Urhebervergütung entrichtet wurde.

§ 54f[1] Meldepflicht. (1) Wer Geräte oder Bild- oder Tonträger, die erkennbar zur Vornahme von Vervielfältigungen im Wege der Bild- und Tonaufzeichnung bestimmt sind, in den Geltungsbereich dieses Gesetzes gewerblich einführt oder wiedereinführt, ist dem Urheber gegenüber verpflichtet, Art und Stückzahl der eingeführten Gegenstände der nach § 54h Abs. 3 bezeichneten Empfangsstelle monatlich bis zum 10. Tag nach Ablauf jedes Kalendermonats schriftlich mitzuteilen.

(2) Absatz 1 gilt entsprechend für Geräte, die zur Vornahme von Vervielfältigungen durch Ablichtung eines Werkstücks oder in einem Verfahren vergleichbarer Wirkung bestimmt sind.

(3) Kommt der Meldepflichtige seiner Meldepflicht nicht, nur unvollständig oder sonst unrichtig nach, so kann der doppelte Vergütungssatz verlangt werden.

§ 54g[1] Auskunftspflicht. (1)[3] Der Urheber kann von dem nach § 54 Abs. 1 oder § 54a Abs. 1 zur Zahlung der Vergütung Verpflichteten Auskunft über Art und Stückzahl der im Geltungsbereich dieses Gesetzes veräußerten oder in Verkehr gebrachten Geräte und Bild- oder Tonträger verlangen. Die Auskunftspflicht des Händlers erstreckt sich auch auf die Benennung der Bezugsquellen; sie besteht auch in den Fällen des § 54 Abs. 1 Satz 3, des § 54a Abs. 1 Satz 3 und des § 54b Nr. 1. § 26 Abs. 6 gilt entsprechend.

---

[1] §§ 54d bis 54g eingef. durch Art. 2 G v. 25. 7. 1994 (BGBl. I S. 1739).

[2] Abgedruckt auf S. 40.

[3] Nach Art. 4 des G v. 25. 7. 1994 (BGBl. I S. 1739) erstreckt sich die eingeführte Auskunftspflicht des Händlers auf die seit dem 1. 1. 1993 bezogenen Waren.

(2) Der Urheber kann von dem Betreiber eines Gerätes in einer Einrichtung im Sinne des § 54a Abs. 2 Satz 1 die für die Bemessung der Vergütung erforderliche Auskunft verlangen.

(3) Kommt der zur Zahlung der Vergütung Verpflichtete seiner Auskunftspflicht nicht, nur unvollständig oder sonst unrichtig nach, so kann der doppelte Vergütungssatz verlangt werden.

§ 54h[1] Verwertungsgesellschaften; Handhabung der Mitteilungen. (1) Die Ansprüche nach den §§ 54, 54a, 54f Abs. 3 und § 54g können nur durch eine Verwertungsgesellschaft geltend gemacht werden.

(2) Jedem Berechtigten steht ein angemessener Anteil an den nach § 54 und § 54a gezahlten Vergütungen zu.

(3) Für Mitteilungen nach den §§ 54b und 54f haben die Verwertungsgesellschaften dem Patentamt, je gesondert für die Vergütungsansprüche nach § 54 Abs. 1 und § 54a Abs. 1, eine gemeinsame Empfangsstelle zu bezeichnen. Das Patentamt gibt diese im Bundesanzeiger bekannt.

(4) Das Patentamt kann Muster für die Mitteilungen nach § 54b Nr. 2 und § 54f im Bundesanzeiger bekanntmachen. Diese Muster sind zu verwenden.

(5) Die Verwertungsgesellschaften und die Empfangsstelle dürfen die gemäß § 54b Nr. 2, §§ 54f und 54g erhaltenen Angaben nur zur Geltendmachung der Ansprüche nach Absatz 1 verwenden.

§ 55 Vervielfältigung durch Sendeunternehmen. (1) Ein Sendeunternehmen, das zur Funksendung eines Werkes berechtigt ist, darf das Werk mit eigenen Mitteln auf Bild- oder Tonträger übertragen, um diese zur Funksendung über jeden seiner Sender oder Richtstrahler je einmal zu benutzen. Die Bild- oder Tonträger sind spätestens einen Monat nach der ersten Funksendung des Werkes zu löschen.

(2) Bild- oder Tonträger, die außergewöhnlichen dokumentarischen Wert haben, brauchen nicht gelöscht zu werden, wenn sie in ein amtliches Archiv aufgenommen werden. Von der Aufnahme in das Archiv ist der Urheber unverzüglich zu benachrichtigen.

§ 55a[2] Benutzung eines Datenbankwerkes. Zulässig ist die Bearbeitung sowie die Vervielfältigung eines Datenbankwerkes durch den Eigentümer eines mit Zustimmung des Urhebers durch Veräußerung in Verkehr gebrachten Vervielfältigungsstücks des Datenbankwerkes, den in sonstiger Weise zu dessen Gebrauch Berechtigten oder denjenigen, dem ein Datenbankwerk aufgrund eines mit dem Urheber oder eines mit dessen Zustimmung mit einem Dritten geschlossenen Vertrags zugänglich gemacht wird, wenn und soweit die Bearbeitung oder Verviel-

---

[1] § 54h eingef. durch Art. 2 G v. 25. 7. 1994 (BGBl. I S. 1739).

[2] § 55a eingef. durch G v. 22. 7. 1997 (BGBl. I S. 1870).

fältigung für den Zugang zu den Elementen des Datenbankwerkes und für dessen übliche Benutzung erforderlich ist. Wird aufgrund eines Vertrags nach Satz 1 nur ein Teil des Datenbankwerkes zugänglich gemacht, so ist nur die Bearbeitung sowie die Vervielfältigung dieses Teils zulässig. Entgegenstehende vertragliche Vereinbarungen sind nichtig.

§ 56 Vervielfältigung und öffentliche Wiedergabe durch Geschäftsbetriebe. (1) In Geschäftsbetrieben, die Bild- oder Tonträger, Geräte zu deren Herstellung oder Wiedergabe oder zum Empfang von Funksendungen vertreiben oder instandsetzen, dürfen Werke auf Bild- oder Tonträger übertragen und mittels Bild- oder Tonträger öffentlich wiedergegeben sowie Funksendungen von Werken öffentlich wahrnehmbar gemacht werden, soweit dies notwendig ist, um Kunden diese Geräte und Vorrichtungen vorzuführen oder um die Geräte instandzusetzen.

(2) Nach Absatz 1 hergestellte Bild- oder Tonträger sind unverzüglich zu löschen.

§ 57 Unwesentliches Beiwerk. Zulässig ist die Vervielfältigung, Verbreitung und öffentliche Wiedergabe von Werken, wenn sie als unwesentliches Beiwerk neben dem eigentlichen Gegenstand der Vervielfältigung, Verbreitung oder öffentlichen Wiedergabe anzusehen sind.

§ 58 Katalogbilder. Zulässig ist, öffentlich ausgestellte sowie zur öffentlichen Ausstellung oder zur Versteigerung bestimmte Werke der bildenden Künste in Verzeichnissen, die zur Durchführung der Ausstellung oder Versteigerung vom Veranstalter herausgegeben werden, zu vervielfältigen und zu verbreiten.

§ 59 Werke an öffentlichen Plätzen. (1) Zulässig ist, Werke, die sich bleibend an öffentlichen Wegen, Straßen oder Plätzen befinden, mit Mitteln der Malerei oder Graphik, durch Lichtbild oder durch Film zu vervielfältigen, zu verbreiten und öffentlich wiederzugeben. Bei Bauwerken erstrecken sich diese Befugnisse nur auf die äußere Ansicht.

(2) Die Vervielfältigungen dürfen nicht an einem Bauwerk vorgenommen werden.

§ 60 Bildnisse. (1) Der Besteller eines Bildnisses oder sein Rechtsnachfolger darf es durch Lichtbild vervielfältigen oder vervielfältigen lassen. Handelt es sich bei dem Bildnis um ein Lichtbildwerk, so ist die Vervielfältigung auch auf andere Weise als durch Lichtbild zulässig. Die Vervielfältigungsstücke dürfen unentgeltlich verbreitet werden.

(2) Die gleichen Rechte stehen bei einem auf Bestellung geschaffenen Bildnis dem Abgebildeten, nach seinem Tode seinen Angehörigen zu.

(3) Angehörige im Sinne des Absatzes 2 sind der Ehegatte und die Kinder oder, wenn weder ein Ehegatte noch Kinder vorhanden sind, die Eltern.

§ 61 Zwangslizenz zur Herstellung von Tonträgern. (1) Ist einem Hersteller von Tonträgern ein Nutzungsrecht an einem Werk der Musik eingeräumt worden mit dem Inhalt, das Werk zu gewerblichen Zwekken auf Tonträger zu übertragen und diese zu vervielfältigen und zu verbreiten, so ist der Urheber verpflichtet, jedem anderen Hersteller von Tonträgern, der im Geltungsbereich dieses Gesetzes seine Hauptniederlassung oder seinen Wohnsitz hat, nach Erscheinen des Werkes gleichfalls ein Nutzungsrecht mit diesem Inhalt zu angemessenen Bedingungen einzuräumen; dies gilt nicht, wenn das bezeichnete Nutzungsrecht erlaubterweise von einer Verwertungsgesellschaft wahrgenommen wird oder wenn das Werk der Überzeugung des Urhebers nicht mehr entspricht, ihm deshalb die Verwertung des Werkes nicht mehr zugemutet werden kann und er ein etwa bestehendes Nutzungsrecht aus diesem Grunde zurückgerufen hat. Der Urheber ist nicht verpflichtet, die Benutzung des Werkes zur Herstellung eines Filmes zu gestatten.

(2) Gegenüber einem Hersteller von Tonträgern, der weder seine Hauptniederlassung noch seinen Wohnsitz im Geltungsbereich dieses Gesetzes hat, besteht die Verpflichtung nach Absatz 1, soweit in dem Staat, in dem er seine Hauptniederlassung oder seinen Wohnsitz hat, den Herstellern von Tonträgern, die ihre Hauptniederlassung oder ihren Wohnsitz im Geltungsbereich dieses Gesetzes haben, nach einer Bekanntmachung des Bundesministers der Justiz im Bundesgesetzblatt ein entsprechendes Recht gewährt wird.

(3) Das nach den vorstehenden Bestimmungen einzuräumende Nutzungsrecht wirkt nur im Geltungsbereich dieses Gesetzes und für die Ausfuhr nach Staaten, in denen das Werk keinen Schutz gegen die Übertragung auf Tonträger genießt.

(4) Hat der Urheber einem anderen das ausschließliche Nutzungsrecht eingeräumt mit dem Inhalt, das Werk zu gewerblichen Zwecken auf Tonträger zu übertragen und diese zu vervielfältigen und zu verbreiten, so gelten die vorstehenden Bestimmungen mit der Maßgabe, daß der Inhaber des ausschließlichen Nutzungsrechts zur Einräumung des in Absatz 1 bezeichneten Nutzungsrechts verpflichtet ist.

(5) Auf ein Sprachwerk, das als Text mit einem Werk der Musik verbunden ist, sind die vorstehenden Bestimmungen entsprechend anzuwenden, wenn einem Hersteller von Tonträgern ein Nutzungsrecht eingeräumt worden ist mit dem Inhalt, das Sprachwerk in Verbindung mit dem Werk der Musik auf Tonträger zu übertragen und diese zu vervielfältigen und zu verbreiten.

(6) Für Klagen, durch die ein Anspruch auf Einräumung des Nutzungsrechts geltend gemacht wird, sind, sofern der Urheber oder im Falle des Absatzes 4 der Inhaber des ausschließlichen Nutzungsrechts im Geltungsbereich dieses Gesetzes keinen allgemeinen Gerichtsstand hat, die Gerichte zuständig, in deren Bezirk das Patentamt seinen Sitz hat. Einstweilige Verfügungen können erlassen werden, auch wenn die in den §§ 935 und 940 der Zivilprozeßordnung bezeichneten Voraussetzungen nicht zutreffen.

(7) Die vorstehenden Bestimmungen sind nicht anzuwenden, wenn das in Absatz 1 bezeichnete Nutzungsrecht lediglich zur Herstellung eines Filmes eingeräumt worden ist.

§ 62[1] **Änderungsverbot.** (1) Soweit nach den Bestimmungen dieses Abschnitts die Benutzung eines Werkes zulässig ist, dürfen Änderungen an dem Werk nicht vorgenommen werden. § 39 gilt entsprechend.

(2) Soweit der Benutzungszweck es erfordert, sind Übersetzungen und solche Änderungen des Werkes zulässig, die nur Auszüge oder Übertragungen in eine andere Tonart oder Stimmlage darstellen.

(3) Bei Werken der bildenden Künste und Lichtbildwerken sind Übertragungen des Werkes in eine andere Größe und solche Änderungen zulässig, die das für die Vervielfältigung angewendete Verfahren mit sich bringt.

(4) Bei Sammlungen für Kirchen-, Schul- oder Unterrichtsgebrauch (§ 46) sind außer den nach den Absätzen 1 bis 3 erlaubten Änderungen solche Änderungen von Sprachwerken zulässig, die für den Kirchen-, Schul- oder Unterrichtsgebrauch erforderlich sind. Diese Änderungen bedürfen jedoch der Einwilligung des Urhebers, nach seinem Tode der Einwilligung seines Rechtsnachfolgers (§ 30), wenn dieser Angehöriger (§ 60 Abs. 3) des Urhebers ist oder das Urheberrecht auf Grund letztwilliger Verfügung des Urhebers erworben hat. Die Einwilligung gilt als erteilt, wenn der Urheber oder der Rechtsnachfolger nicht innerhalb eines Monats, nachdem ihm die beabsichtigte Änderung mitgeteilt worden ist, widerspricht und er bei der Mitteilung der Änderung auf diese Rechtsfolge hingewiesen worden ist.

§ 63[2] **Quellenangabe.** (1) Wenn ein Werk oder ein Teil eines Werkes in den Fällen des § 45 Abs. 1, der §§ 46 bis 48, 50, 51, 58, 59 und 61 vervielfältigt wird, ist stets die Quelle deutlich anzugeben. Das gleiche gilt in den Fällen des § 53 Abs. 2 Nr. 1 und Abs. 3 Nr. 1 für die Vervielfältigung eines Datenbankwerkes. Bei der Vervielfältigung ganzer Sprachwerke oder ganzer Werke der Musik ist neben dem Urheber auch der Verlag anzugeben, in dem das Werk erschienen ist, und außerdem kenntlich zu machen, ob an dem Werk Kürzungen oder andere Änderungen vorgenommen worden sind. Die Verpflichtung zur Quellenangabe entfällt, wenn die Quelle weder auf dem benutzten Werkstück oder bei der benutzten Werkwiedergabe genannt noch dem zur Vervielfältigung Befugten anderweit bekannt ist.

(2) Soweit nach den Bestimmungen dieses Abschnitts die öffentliche Wiedergabe eines Werkes zulässig ist, ist die Quelle deutlich anzugeben, wenn und soweit die Verkehrssitte es erfordert.

(3) Wird ein Artikel aus einer Zeitung oder einem anderen Informationsblatt nach § 49 Abs. 1 in einer anderen Zeitung oder in einem ande-

[1] § 62 Abs. 4 Satz 3 geänd. durch G v. 10. 11. 1972 (BGBl. I S. 2081).
[2] § 63 Abs. 1 Satz 2 eingef. durch G v. 22. 7. 1997 (BGBl. I S. 1870).

ren Informationsblatt abgedruckt oder durch Funk gesendet, so ist stets außer dem Urheber, der in der benutzten Quelle bezeichnet ist, auch die Zeitung oder das Informationsblatt anzugeben, woraus der Artikel entnommen ist; ist dort eine andere Zeitung oder ein anderes Informationsblatt als Quelle angeführt, so ist diese Zeitung oder dieses Informationsblatt anzugeben. Wird ein Rundfunkkommentar nach § 49 Abs. 1 in einer Zeitung oder einem anderen Informationsblatt abgedruckt oder durch Funk gesendet, so ist stets außer dem Urheber auch das Sendeunternehmen anzugeben, das den Kommentar gesendet hat.

Siebenter Abschnitt. Dauer des Urheberrechts

§ 64[1] Allgemeines. Das Urheberrecht erlischt siebzig Jahre nach dem Tode des Urhebers.[2]

§ 65[3] Miturheber, Filmwerke. (1) Steht das Urheberrecht mehreren Miturhebern (§ 8) zu, so erlischt es siebzig Jahre nach dem Tode des längstlebenden Miturhebers.

(2) Bei Filmwerken und Werken, die ähnlich wie Filmwerke hergestellt werden, erlischt das Urheberrecht siebzig Jahre nach dem Tod des Längstlebenden der folgenden Personen: Hauptregisseur, Urheber des Drehbuchs, Urheber der Dialoge, Komponist der für das betreffende Filmwerk komponierten Musik.

§ 66[3] Anonyme und pseudonyme Werke. (1) Bei anonymen und pseudonymen Werken erlischt das Urheberrecht siebzig Jahre nach der Veröffentlichung. Es erlischt jedoch bereits siebzig Jahre nach der Schaffung des Werkes, wenn das Werk innerhalb dieser Frist nicht veröffentlicht worden ist.

(2) Offenbart der Urheber seine Identität innerhalb der in Absatz 1 Satz 1 bezeichneten Frist oder läßt das vom Urheber angenommene Pseudonym keinen Zweifel an seiner Identität zu, so berechnet sich die Dauer des Urheberrechts nach den §§ 64 und 65. Dasselbe gilt, wenn innerhalb der in Absatz 1 Satz 1 bezeichneten Frist der wahre Name des Urhebers zur Eintragung in die Urheberrolle (§ 138) angemeldet wird.

(3) Zu den Handlungen nach Absatz 2 sind der Urheber, nach seinem Tode sein Rechtsnachfolger (§ 30) oder der Testamentsvollstrecker (§ 28 Abs. 2) berechtigt.

---

[1] § 64 Abs. 2 aufgeh. durch G v. 23. 6. 1995 (BGBl. I S. 842).

[2] Bek. des Notenwechsels zwischen der Regierung der Bundesrepublik Deutschland und der Regierung der Republik Österreich über die Dauer des Urheberrechtsschutzes nach Art. 7 Abs. 2 und 3 der Brüsseler Fassung der Berner Übereinkunft zum Schutz von Werken der Literatur und Kunst v. 22. 4. 1975 (BGBl. II S. 834). Bek. des Notenwechsels mit der Regierung der Französischen Republik v. 21. 1. 1975 (BGBl. II S. 189).

[3] § 65 Überschrift neugef., bish. Textteil wird Abs. 1, Abs. 2 angef., § 66 neugef. durch G v. 23. 6. 1995 (BGBl. I S. 842).

§ 67[1] Lieferungswerke. Bei Werken, die in inhaltlich nicht abgeschlossenen Teilen (Lieferungen) veröffentlicht werden, berechnet sich im Falle des § 66 Abs. 1 Satz 1 die Schutzfrist einer jeden Lieferung gesondert ab dem Zeitpunkt ihrer Veröffentlichung.

§ 68.[2] *(aufgehoben)*

§ 69 Berechnung der Fristen. Die Fristen dieses Abschnitts beginnen mit dem Ablauf des Kalenderjahres, in dem das für den Beginn der Frist maßgebende Ereignis eingetreten ist.

Achter Abschnitt.[3] Besondere Bestimmungen für Computerprogramme

§ 69a[3] Gegenstand des Schutzes. (1) Computerprogramme im Sinne dieses Gesetzes sind Programme in jeder Gestalt, einschließlich des Entwurfsmaterials.

(2) Der gewährte Schutz gilt für alle Ausdrucksformen eines Computerprogramms. Ideen und Grundsätze, die einem Element eines Computerprogramms zugrunde liegen, einschließlich der den Schnittstellen zugrundeliegenden Ideen und Grundsätze, sind nicht geschützt.

(3) Computerprogramme werden geschützt, wenn sie individuelle Werke in dem Sinne darstellen, daß sie das Ergebnis der eigenen geistigen Schöpfung ihres Urhebers sind. Zur Bestimmung ihrer Schutzfähigkeit sind keine anderen Kriterien, insbesondere nicht qualitative oder ästhetische, anzuwenden.

(4) Auf Computerprogramme finden die für Sprachwerke geltenden Bestimmungen Anwendung, soweit in diesem Abschnitt nichts anderes bestimmt ist.

§ 69b[3] Urheber in Arbeits- und Dienstverhältnissen. (1) Wird ein Computerprogramm von einem Arbeitnehmer in Wahrnehmung seiner Aufgaben oder nach den Anweisungen seines Arbeitgebers geschaffen, so ist ausschließlich der Arbeitgeber zur Ausübung aller vermögensrechtlichen Befugnisse an dem Computerprogramm berechtigt, sofern nichts anderes vereinbart ist.

(2) Absatz 1 ist auf Dienstverhältnisse entsprechend anzuwenden.

§ 69c[3], [4] Zustimmungsbedürftige Handlungen. Der Rechtsinhaber hat das ausschließliche Recht, folgende Handlungen vorzunehmen oder zu gestatten:

---

[1] § 67 neugef. durch G v. 23. 6. 1995 (BGBl. I S. 842).
[2] § 68 aufgeh. durch G v. 24. 6. 1985 (BGBl. I S. 1137).
[3] Achter Abschn. (§§ 69a bis 69g) eingef. durch G v. 9. 6. 1993 (BGBl. I S. 910).
[4] § 69c Nr. 3 geänd. durch Art. 3 G v. 27. 9. 1993 (BGBl. I S. 1666).

1. die dauerhafte oder vorübergehende Vervielfältigung, ganz oder teilweise, eines Computerprogramms mit jedem Mittel und in jeder Form. Soweit das Laden, Anzeigen, Ablaufen, Übertragen oder Speichern des Computerprogramms eine Vervielfältigung erfordert, bedürfen diese Handlungen der Zustimmung des Rechtsinhabers;
2. die Übersetzung, die Bearbeitung, das Arrangement und andere Umarbeitungen eines Computerprogramms sowie die Vervielfältigung der erzielten Ergebnisse. Die Rechte derjenigen, die das Programm bearbeiten, bleiben unberührt;
3. jede Form der Verbreitung des Originals eines Computerprogramms oder von Vervielfältigungsstücken, einschließlich der Vermietung. Wird ein Vervielfältigungsstück eines Computerprogramms mit Zustimmung des Rechtsinhabers im Gebiet der Europäischen Gemeinschaften oder eines anderen Vertragsstaates des Abkommens über den Europäischen Wirtschaftsraum im Wege der Veräußerung in Verkehr gebracht, so erschöpft sich das Verbreitungsrecht in bezug auf dieses Vervielfältigungsstück mit Ausnahme des Vermietrechts.

§ 69d[1] Ausnahmen von den zustimmungsbedürftigen Handlungen. (1) Soweit keine besonderen vertraglichen Bestimmungen vorliegen, bedürfen die in § 69c Nr. 1 und 2 genannten Handlungen nicht der Zustimmung des Rechtsinhabers, wenn sie für eine bestimmungsgemäße Benutzung des Computerprogramms einschließlich der Fehlerberichtigung durch jeden zur Verwendung eines Vervielfältigungsstücks des Programms Berechtigten notwendig sind.

(2) Die Erstellung einer Sicherungskopie durch eine Person, die zur Benutzung des Programms berechtigt ist, darf nicht vertraglich untersagt werden, wenn sie für die Sicherung künftiger Benutzung erforderlich ist.

(3) Der zur Verwendung eines Vervielfältigungsstücks eines Programms Berechtigte kann ohne Zustimmung des Rechtsinhabers das Funktionieren dieses Programms beobachten, untersuchen oder testen, um die einem Programmelement zugrundeliegenden Ideen und Grundsätze zu ermitteln, wenn dies durch Handlungen zum Laden, Anzeigen, Ablaufen, Übertragen oder Speichern des Programms geschieht, zu denen er berechtigt ist.

§ 69e[1] Dekompilierung. (1) Die Zustimmung des Rechtsinhabers ist nicht erforderlich, wenn die Vervielfältigung des Codes oder die Übersetzung der Codeform im Sinne des § 69c Nr. 1 und 2 unerläßlich ist, um die erforderlichen Informationen zur Herstellung der Interoperabilität eines unabhängig geschaffenen Computerprogramms mit anderen Programmen zu erhalten, sofern folgende Bedingungen erfüllt sind:

1. Die Handlungen werden von dem Lizenznehmer oder von einer anderen zur Verwendung eines Vervielfältigungsstücks des Programms

[1] Achter Abschn. (§§ 69a bis 69g) eingef. durch G v. 9. 6. 1993 (BGBl. I S. 910).

berechtigten Person oder in deren Namen von einer hierzu ermächtigten Person vorgenommen;

2. die für die Herstellung der Interoperabilität notwendigen Informationen sind für die in Nummer 1 genannten Personen noch nicht ohne weiteres zugänglich gemacht;
3. die Handlungen beschränken sich auf die Teile des ursprünglichen Programms, die zur Herstellung der Interoperabilität notwendig sind.

(2) Bei Handlungen nach Absatz 1 gewonnene Informationen dürfen nicht

1. zu anderen Zwecken als zur Herstellung der Interoperabilität des unabhängig geschaffenen Programms verwendet werden,
2. an Dritte weitergegeben werden, es sei denn, daß dies für die Interoperabilität des unabhängig geschaffenen Programms notwendig ist,
3. für die Entwicklung, Herstellung oder Vermarktung eines Programms mit im wesentlichen ähnlicher Ausdrucksform oder für irgendwelche anderen das Urheberrecht verletzenden Handlungen verwendet werden.

(3) Die Absätze 1 und 2 sind so auszulegen, daß ihre Anwendung weder die normale Auswertung des Werkes beeinträchtigt noch die berechtigten Interessen des Rechtsinhabers unzumutbar verletzt.

§ 69 f[1]) Rechtsverletzungen. (1) Der Rechtsinhaber kann von dem Eigentümer oder Besitzer verlangen, daß alle rechtswidrig hergestellten, verbreiteten oder zur rechtswidrigen Verbreitung bestimmten Vervielfältigungsstücke vernichtet werden. § 98 Abs. 2 und 3 ist entsprechend anzuwenden.

(2) Absatz 1 ist entsprechend auf Mittel anzuwenden, die allein dazu bestimmt sind, die unerlaubte Beseitigung oder Umgehung technischer Programmschutzmechanismen zu erleichtern.

§ 69 g[1]) · [2]) Anwendung sonstiger Rechtsvorschriften; Vertragsrecht. (1) Die Bestimmungen dieses Abschnitts lassen die Anwendung sonstiger Rechtsvorschriften auf Computerprogramme, insbesondere über den Schutz von Erfindungen, Topographien von Halbleitererzeugnissen, Marken und den Schutz gegen unlauteren Wettbewerb einschließlich des Schutzes von Geschäfts- und Betriebsgeheimnissen, sowie schuldrechtliche Vereinbarungen unberührt.

(2) Vertragliche Bestimmungen, die in Widerspruch zu § 69d Abs. 2 und 3 und § 69e stehen, sind nichtig.

[1]) Achter Abschnitt (§§ 69a bis 69g) eingef. durch G v. 9. 6. 1993 (BGBl. I S. 910).

[2]) § 69g Abs. 1 geänd. durch Art. 27 G v. 25. 10. 1994 (BGBl. I S. 3081).

Zweiter Teil. Verwandte Schutzrechte

Erster Abschnitt. Schutz bestimmter Ausgaben

§ 70[1)] Wissenschaftliche Ausgaben. (1) Ausgaben urheberrechtlich nicht geschützter Werke oder Texte werden in entsprechender Anwendung der Vorschriften des Ersten Teils geschützt, wenn sie das Ergebnis wissenschaftlich sichtender Tätigkeit darstellen und sich wesentlich von den bisher bekannten Ausgaben der Werke oder Texte unterscheiden.

(2) Das Recht steht dem Verfasser der Ausgabe zu.

(3) Das Recht erlischt fünfundzwanzig Jahre nach dem Erscheinen der Ausgabe, jedoch bereits fünfundzwanzig Jahre nach der Herstellung, wenn die Ausgabe innerhalb dieser Frist nicht erschienen ist. Die Frist ist nach § 69 zu berechnen.

§ 71[2)] Nachgelassene Werke. (1) Wer ein nicht erschienenes Werk nach Erlöschen des Urheberrechts erlaubterweise erstmals erscheinen läßt oder erstmals öffentlich wiedergibt, hat das ausschließliche Recht, das Werk zu verwerten. Das gleiche gilt für nicht erschienene Werke, die im Geltungsbereich dieses Gesetzes niemals geschützt waren, deren Urheber aber schon länger als siebzig Jahre tot ist. Die §§ 5, 15 bis 24, 26, 27 und 45 bis 63 sind sinngemäß anzuwenden.

(2) Das Recht ist übertragbar.

(3) Das Recht erlischt fünfundzwanzig Jahre nach dem Erscheinen des Werkes oder, wenn seine erste öffentliche Wiedergabe früher erfolgt ist, nach dieser.

Zweiter Abschnitt. Schutz der Lichtbilder

§ 72[3)] (1) Lichtbilder und Erzeugnisse, die ähnlich wie Lichtbilder hergestellt werden, werden in entsprechender Anwendung der für Lichtbildwerke geltenden Vorschriften des Ersten Teils geschützt.

(2) Das Recht nach Absatz 1 steht dem Lichtbildner zu.

(3) Das Recht nach Absatz 1 erlischt fünfzig Jahre nach dem Erscheinen des Lichtbildes oder, wenn seine erste erlaubte öffentliche Wiedergabe früher erfolgt ist, nach dieser, jedoch bereits fünfzig Jahre nach der Herstellung, wenn das Lichtbild innerhalb dieser Frist nicht erschienen oder erlaubterweise öffentlich wiedergegeben worden ist. Die Frist ist nach § 69 zu berechnen.

[1)] § 70 Abs. 3 Satz 1 geänd. durch Art. 2 G v. 7. 3. 1990 (BGBl. I S. 422).

[2)] § 71 neugef. durch G v. 23. 6. 1995 (BGBl. I S. 842).

[3)] § 72 neugef. durch G v. 24. 6. 1985 (BGBl. I S. 1137), Abs. 3 Satz 1 neugef. durch G v. 23. 6. 1995 (BGBl. I S. 842).

Dritter Abschnitt. Schutz des ausübenden Künstlers[1]

§ 73 Ausübender Künstler. Ausübender Künstler im Sinne dieses Gesetzes ist, wer ein Werk vorträgt oder aufführt oder bei dem Vortrag oder der Aufführung eines Werkes künstlerisch mitwirkt.

§ 74 Bildschirm- und Lautsprecherübertragung. Die Darbietung des ausübenden Künstlers darf nur mit seiner Einwilligung außerhalb des Raumes, in dem sie stattfindet, durch Bildschirm, Lautsprecher oder ähnliche technische Einrichtungen öffentlich wahrnehmbar gemacht werden.

§ 75[2] Aufnahme, Vervielfältigung und Verbreitung. (1) Die Darbietung des ausübenden Künstlers darf nur mit seiner Einwilligung auf Bild- oder Tonträger aufgenommen werden.

(2) Der ausübende Künstler hat das ausschließliche Recht, den Bild- oder Tonträger zu vervielfältigen und zu verbreiten.

(3) Auf die Vergütungsansprüche des ausübenden Künstlers für die Vermietung und das Verleihen der Bild- oder Tonträger findet § 27 entsprechende Anwendung.

§ 76[3] Funksendung. (1) Die Darbietung des ausübenden Künstlers darf nur mit seiner Einwilligung durch Funk gesendet werden.

(2) Die Darbietung des ausübenden Künstlers, die erlaubterweise auf Bild- oder Tonträger aufgenommen worden ist, darf ohne seine Einwilligung durch Funk gesendet werden, wenn die Bild- und Tonträger erschienen sind; jedoch ist ihm hierfür eine angemessene Vergütung zu zahlen.

(3) § 20b gilt entsprechend.

§ 77 Öffentliche Wiedergabe. Wird die Darbietung des ausübenden Künstlers mittels Bild- oder Tonträger oder die Funksendung seiner Darbietung öffentlich wahrnehmbar gemacht, so ist ihm hierfür eine angemessene Vergütung zu zahlen.

§ 78[2] Abtretung. Der ausübende Künstler kann die nach den §§ 74 bis 77 gewährten Rechte und Ansprüche an Dritte abtreten. § 75 Abs. 3 in Verbindung mit § 27 Abs. 1 Satz 2 und 3 bleibt unberührt.

---

[1] Beachte auch Internationales Abkommen über den Schutz der ausübenden Künstler, der Hersteller von Tonträgern und der Sendeunternehmen v. 26. 10. 1961 (BGBl. 1965 II S. 1245), G zu dem Internationalen Abkommen v. 15. 9. 1965 (BGBl. II S. 1243) und Bek. über das Inkrafttreten v. 21. 10. 1966 (BGBl. II S. 1473, ber. 1967 II S. 2004).

[2] §§ 75 und 78 neugef. durch G v. 23. 6. 1995 (BGBl. I S. 842).

[3] § 76 Abs. 3 angef. durch G v. 8. 5. 1998 (BGBl. I S. 902).

§ 79 Ausübende Künstler in Arbeits- oder Dienstverhältnissen. Hat ein ausübender Künstler eine Darbietung in Erfüllung seiner Verpflichtungen aus einem Arbeits- oder Dienstverhältnis erbracht, so bestimmt sich, wenn keine besonderen Vereinbarungen getroffen sind, nach dem Wesen des Arbeits- oder Dienstverhältnisses, in welchem Umfang und unter welchen Bedingungen der Arbeitgeber oder Dienstherr die Darbietung benutzen und anderen ihre Benutzung gestatten darf.

§ 80[1] Chor-, Orchester- und Bühnenaufführungen. (1) Bei Chor-, Orchester- und Bühnenaufführungen genügt in den Fällen der §§ 74, 75 Abs. 1 und 2 und § 76 Abs. 1 neben der Einwilligung der Solisten, des Dirigenten und des Regisseurs die Einwilligung der gewählten Vertreter (Vorstände) der mitwirkenden Künstlergruppen, wie Chor, Orchester, Ballett und Bühnenensemble. Hat eine Gruppe keinen Vorstand, so wird die Einwilligung der ihr angehörenden ausübenden Künstler durch die Einwilligung des Leiters der Gruppe ersetzt.

(2) Zur Geltendmachung der sich aus den §§ 74 bis 77 ergebenden Rechte mit Ausnahme der Einwilligungsrechte sind bei Chor-, Orchester- und Bühnenaufführungen für die mitwirkenden Künstlergruppen jeweils deren Vorstände und, soweit für eine Gruppe ein Vorstand nicht besteht, der Leiter dieser Gruppe allein ermächtigt. Die Ermächtigung kann auf eine Verwertungsgesellschaft übertragen werden.

§ 81[1] Schutz des Veranstalters. Wird die Darbietung des ausübenden Künstlers von einem Unternehmen veranstaltet, so bedarf es in den Fällen der §§ 74, 75 Abs. 1 und 2 und § 76 Abs. 1 neben der Einwilligung des ausübenden Künstlers auch der Einwilligung des Inhabers des Unternehmens.

§ 82[2] Dauer der Rechte. Ist die Darbietung des ausübenden Künstlers auf einen Bild- oder Tonträger aufgenommen worden, so erlöschen die Rechte des ausübenden Künstlers fünfzig Jahre, diejenigen des Veranstalters fünfundzwanzig Jahre nach dem Erscheinen des Bild- oder Tonträgers oder, wenn seine erste erlaubte Benutzung zur öffentlichen Wiedergabe früher erfolgt ist, nach dieser; die Rechte des ausübenden Künstlers erlöschen jedoch bereits fünfzig Jahre nach der Darbietung, diejenigen des Veranstalters fünfundzwanzig Jahre nach der Darbietung, wenn der Bild- oder Tonträger innerhalb dieser Frist nicht erschienen oder erlaubterweise zur öffentlichen Wiedergabe benutzt worden ist. Die Frist ist nach § 69 zu berechnen.

§ 83[1] Schutz gegen Entstellung. (1) Der ausübende Künstler hat das Recht, eine Entstellung oder eine andere Beeinträchtigung seiner Dar-

---

[1] § 80 Abs. 1 Satz 1, § 81, § 83 Abs. 3 geänd. durch G v. 23. 6. 1995 (BGBl. I S. 842).

[2] § 82 neugef. durch Art. 2 G v. 7. 3. 1990 (BGBl. I S. 422), Satz 1 neugef. durch G v. 23. 6. 1995 (BGBl. I S. 842).

bietung zu verbieten, die geeignet ist, sein Ansehen oder seinen Ruf als ausübender Künstler zu gefährden.

(2) Haben mehrere ausübende Künstler gemeinsam eine Darbietung erbracht, so haben sie bei der Ausübung des Rechts aufeinander angemessene Rücksicht zu nehmen.

(3) Das Recht erlischt mit dem Tode des ausübenden Künstlers, jedoch erst fünfzig Jahre nach der Darbietung, wenn der ausübende Künstler vor Ablauf dieser Frist verstorben ist; die Frist ist nach § 69 zu berechnen. Nach dem Tode des ausübenden Künstlers steht das Recht seinen Angehörigen (§ 60 Abs. 3) zu.

§ 84 Beschränkung der Rechte. Auf die dem ausübenden Künstler und dem Veranstalter nach diesem Abschnitt zustehenden Rechte sind die Vorschriften des Sechsten Abschnitts des Ersten Teils mit Ausnahme des § 61 sinngemäß anzuwenden.

Vierter Abschnitt. Schutz des Herstellers von Tonträgern[1)]

§ 85[2)] Vervielfältigungs- und Verbreitungsrecht. (1) Der Hersteller eines Tonträgers hat das ausschließliche Recht, den Tonträger zu vervielfältigen und zu verbreiten. Ist der Tonträger in einem Unternehmen hergestellt worden, so gilt der Inhaber des Unternehmens als Hersteller. Das Recht entsteht nicht durch Vervielfältigung eines Tonträgers.

(2) Das Recht erlischt fünfzig Jahre nach dem Erscheinen des Tonträgers oder, wenn seine erste erlaubte Benutzung zur öffentlichen Wiedergabe früher erfolgt ist, nach dieser, jedoch bereits fünfzig Jahre nach der Herstellung, wenn der Tonträger innerhalb dieser Frist nicht erschienen oder erlaubterweise zur öffentlichen Wiedergabe benutzt worden ist. Die Frist ist nach § 69 zu berechnen.

(3) § 27 Abs. 2 und 3 sowie die Vorschriften des Sechsten Abschnitts des Ersten Teils mit Ausnahme des § 61 sind entsprechend anzuwenden.

§ 86 Anspruch auf Beteiligung. Wird ein erschienener Tonträger, auf den die Darbietung eines ausübenden Künstlers aufgenommen ist, zur öffentlichen Wiedergabe der Darbietung benutzt, so hat der Hersteller des Tonträgers gegen den ausübenden Künstler einen Anspruch auf angemessene Beteiligung an der Vergütung, die dieser nach § 76 Abs. 2 und § 77 erhält.

[1)] Übereinkommen zum Schutz der Hersteller von Tonträgern gegen die unerlaubte Vervielfältigung ihrer Tonträger v. 29. 10. 1971 (BGBl. 1973 II S. 1670), G zu dem Übereinkommen v. 10. 12. 1973 (BGBl. II S. 1669) sowie Bek. über das Inkrafttreten v. 29. 3. 1974 (BGBl. II S. 336).

[2)] § 85 Abs. 2 Satz 1, Abs. 3 neugef. durch G v. 23. 6. 1995 (BGBl. I S. 842).

Fünfter Abschnitt. Schutz des Sendeunternehmens[1)]

§ 87[2)] (1) Das Sendeunternehmen hat das ausschließliche Recht,
1. seine Funksendung weiterzusenden,
2. seine Funksendung auf Bild- oder Tonträger aufzunehmen, Lichtbilder von seiner Funksendung herzustellen sowie die Bild- oder Tonträger oder Lichtbilder zu vervielfältigen und zu verbreiten, ausgenommen das Vermietrecht,
3. an Stellen, die der Öffentlichkeit nur gegen Zahlung eines Eintrittsgeldes zugänglich sind, seine Funksendung öffentlich wahrnehmbar zu machen.

(2) Das Recht erlischt fünfzig Jahre nach der ersten Funksendung. Die Frist ist nach § 69 zu berechnen.

(3) Die Vorschriften des Sechsten Abschnitts des Ersten Teils mit Ausnahme des § 47 Abs. 2 Satz 2, des § 54 Abs. 1 und des § 61 sind sinngemäß anzuwenden.

(4) Sendeunternehmen und Kabelunternehmen sind gegenseitig verpflichtet, einen Vertrag über die Kabelweitersendung im Sinne des § 20b Abs. 1 Satz 1 zu angemessenen Bedingungen abzuschließen, sofern nicht ein die Ablehnung des Vertragsabschlusses sachlich rechtfertigender Grund besteht; die Verpflichtung des Sendeunternehmens gilt auch für die ihm in bezug auf die eigene Sendung eingeräumten oder übertragenen Senderechte.

Sechster Abschnitt.[3)] Schutz des Datenbankherstellers

§ 87a[3)] **Begriffsbestimmungen.** (1) Datenbank im Sinne dieses Gesetzes ist eine Sammlung von Werken, Daten oder anderen unabhängigen Elementen, die systematisch oder methodisch angeordnet und einzeln mit Hilfe elektronischer Mittel oder auf andere Weise zugänglich sind und deren Beschaffung, Überprüfung oder Darstellung eine nach Art oder Umfang wesentliche Investition erfordert. Eine in ihrem Inhalt

---

[1)] Vgl. Anm. vor § 73. – Europäisches Abkommen zum Schutz von Fernsehsendungen v. 22. 6. 1960 (BGBl. 1965 II S. 1235), geänd. durch Protokoll v. 22. 1. 1965 (BGBl. 1967 II S. 1786) und durch Erstes Zusatzprotokoll v. 14. 1. 1974 (BGBl. II S. 1314), Zweites Zusatzprotokoll v. 21. 3. 1983 (BGBl. 1985 II S. 1015) und Drittes Zusatzprotokoll v. 20. 4. 1989 (BGBl. II S. 987), G über das Europäische Abkommen v. 15. 9. 1965 (BGBl. II S. 1234), geänd. durch G v. 6. 6. 1967 (BGBl. II S. 1785), G zu dem Zusatzprotokoll v. 29. 10. 1974 (BGBl. II S. 1313) und G v. 11. 12. 1984 (BGBl. II S. 1014) sowie Bek. über das Inkrafttreten v. 14. 2. 1968 (BGBl. II S. 134, 135) und Bek. über das Inkrafttreten des Zusatzprotokolls v. 7. 1. 1975 (BGBl. II S. 62).

[2)] § 87 Abs. 3 geänd. durch G v. 24. 6. 1985 (BGBl. I S. 1137), Abs. 1 Nrn. 2 und 3 geänd., Abs. 2 Satz 1 neugef. durch G v. 23. 6. 1995 (BGBl. I S. 842), Abs. 4 angef. durch G v. 8. 5. 1998 (BGBl. I S. 902).

[3)] Sechster Abschnitt (§§ 87a–87e) eingef. durch Art. 7 InKDG v. 22. 7. 1997 (BGBl. I S. 1870).

nach Art oder Umfang wesentlich geänderte Datenbank gilt als neue Datenbank, sofern die Änderung eine nach Art oder Umfang wesentliche Investition erfordert.

(2) Datenbankhersteller im Sinne dieses Gesetzes ist derjenige, der die Investition im Sinne des Absatzes 1 vorgenommen hat.

§ 87 b[1] Rechte des Datenbankherstellers. (1) Der Datenbankhersteller hat das ausschließliche Recht, die Datenbank insgesamt oder einen nach Art oder Umfang wesentlichen Teil der Datenbank zu vervielfältigen, zu verbreiten und öffentlich wiederzugeben. Der Vervielfältigung, Verbreitung oder öffentlichen Wiedergabe eines nach Art oder Umfang wesentlichen Teils der Datenbank steht die wiederholte und systematische Vervielfältigung, Verbreitung oder öffentliche Wiedergabe von nach Art und Umfang unwesentlichen Teilen der Datenbank gleich, sofern diese Handlungen einer normalen Auswertung der Datenbank zuwiderlaufen oder die berechtigten Interessen des Datenbankherstellers unzumutbar beeinträchtigen.

(2) § 17 Abs. 2 und § 27 Abs. 2 und 3 sind entsprechend anzuwenden.

§ 87 c[1, 2] Schranken des Rechts des Datenbankherstellers. (1) Die Vervielfältigung eines nach Art oder Umfang wesentlichen Teils einer Datenbank ist zulässig

1. zum privaten Gebrauch; dies gilt nicht für eine Datenbank, deren Elemente einzeln mit Hilfe elektronischer Mittel zugänglich sind,
2. zum eigenen wissenschaftlichen Gebrauch, wenn und soweit die Vervielfältigung zu diesem Zweck geboten ist und der wissenschaftliche Gebrauch nicht zu gewerblichen Zwecken erfolgt,
3. für die Benutzung zur Veranschaulichung des Unterrichts, sofern sie nicht zu gewerblichen Zwecken erfolgt.

In den Fällen der Nummern 2 und 3 ist die Quelle deutlich anzugeben.

(2) Die Vervielfältigung, Verbreitung und öffentliche Wiedergabe eines nach Art oder Umfang wesentlichen Teils einer Datenbank ist zulässig zur Verwendung in Verfahren vor einem Gericht, einem Schiedsgericht oder einer Behörde sowie für Zwecke der öffentlichen Sicherheit.

§ 87 d[1] Dauer der Rechte. Die Rechte des Datenbankherstellers erlöschen fünfzehn Jahre nach der Veröffentlichung der Datenbank, jedoch bereits fünfzehn Jahre nach der Herstellung, wenn die Datenbank innerhalb dieser Frist nicht veröffentlicht worden ist. Die Frist ist nach § 69 zu berechnen.

---

[1] Sechster Abschnitt (§§ 87 a–87 e) eingef. durch Art. 7 InKDG v. 22. 7. 1997 (BGBl. I S. 1870).

[2] § 87 c Abs. 1 Satz 1 Nr. 3 neugef. durch G v. 8. 5. 1998 (BGBl. I S. 902).

§ 87e[1] Verträge über die Benutzung einer Datenbank. Eine vertragliche Vereinbarung, durch die sich der Eigentümer eines mit Zustimmung des Datenbankherstellers durch Veräußerung in Verkehr gebrachten Vervielfältigungsstücks der Datenbank, der in sonstiger Weise zu dessen Gebrauch Berechtigte oder derjenige, dem eine Datenbank aufgrund eines mit dem Datenbankhersteller oder eines mit dessen Zustimmung mit einem Dritten geschlossenen Vertrags zugänglich gemacht wird, gegenüber dem Datenbankhersteller verpflichtet, die Vervielfältigung, Verbreitung oder öffentliche Wiedergabe von nach Art und Umfang unwesentlichen Teilen der Datenbank zu unterlassen, ist insoweit unwirksam, als diese Handlungen weder einer normalen Auswertung der Datenbank zuwiderlaufen noch die berechtigten Interessen des Datenbankherstellers unzumutbar beeinträchtigen.

Dritter Teil. Besondere Bestimmungen für Filme

Erster Abschnitt. Filmwerke

§ 88 Recht zur Verfilmung. (1) Gestattet der Urheber einem anderen, sein Werk zu verfilmen, so liegt darin im Zweifel die Einräumung folgender ausschließlicher Nutzungsrechte:

1. das Werk unverändert oder unter Bearbeitung oder Umgestaltung zur Herstellung eines Filmwerkes zu benutzen;
2. das Filmwerk zu vervielfältigen und zu verbreiten;
3. das Filmwerk öffentlich vorzuführen, wenn es sich um ein zur Vorführung bestimmtes Filmwerk handelt;
4. das Filmwerk durch Funk zu senden, wenn es sich um ein zur Funksendung bestimmtes Filmwerk handelt;
5. Übersetzungen und andere filmische Bearbeitungen oder Umgestaltungen des Filmwerkes in gleichem Umfang wie dieses zu verwerten.

(2) Die in Absatz 1 bezeichneten Befugnisse berechtigen im Zweifel nicht zu einer Wiederverfilmung des Werkes. Der Urheber ist im Zweifel berechtigt, sein Werk nach Ablauf von zehn Jahren nach Vertragsabschluß anderweit filmisch zu verwerten.

(3) Die vorstehenden Bestimmungen sind auf die in den §§ 70 und 71 bezeichneten Schutzrechte entsprechend anzuwenden.

§ 89 Rechte am Filmwerk. (1) Wer sich zur Mitwirkung bei der Herstellung eines Filmes verpflichtet, räumt damit für den Fall, daß er ein Urheberrecht am Filmwerk erwirbt, dem Filmhersteller im Zweifel das

[1] Sechster Abschnitt (§§ 87a–87e) eingef. durch Art. 7 InKD G v. 22. 7. 1997 (BGBl. I S. 1870).

ausschließliche Recht ein, das Filmwerk sowie Übersetzungen und andere filmische Bearbeitungen oder Umgestaltungen des Filmwerkes auf alle bekannten Nutzungsarten zu nutzen.

(2) Hat der Urheber des Filmwerkes das in Absatz 1 bezeichnete Nutzungsrecht im voraus einem Dritten eingeräumt, so behält er gleichwohl stets die Befugnis, dieses Recht beschränkt oder unbeschränkt dem Filmhersteller einzuräumen.

(3) Die Urheberrechte an den zur Herstellung des Filmwerkes benutzten Werken, wie Roman, Drehbuch und Filmmusik, bleiben unberührt.

§ 90 Einschränkung der Rechte. Die Bestimmungen über das Erfordernis der Zustimmung des Urhebers zur Übertragung von Nutzungsrechten (§ 34) und zur Einräumung einfacher Nutzungsrechte (§ 35) sowie über das Rückrufsrecht wegen Nichtausübung (§ 41) und wegen gewandelter Überzeugung (§ 42) gelten nicht für die in § 88 Abs. 1 Nr. 2 bis 5 und § 89 Abs. 1 bezeichneten Rechte. Dem Urheber des Filmwerkes (§ 89) stehen Ansprüche aus § 36 nicht zu.

§ 91 Rechte an Lichtbildern. Die Rechte zur filmischen Verwertung der bei der Herstellung eines Filmwerkes entstehenden Lichtbilder erwirbt der Filmhersteller. Dem Lichtbildner stehen insoweit keine Rechte zu.

§ 92[1] Ausübende Künstler. (1) Schließt ein ausübender Künstler mit dem Filmhersteller einen Vertrag über seine Mitwirkung bei der Herstellung eines Filmwerks, so liegt darin im Zweifel hinsichtlich der Verwertung des Filmwerks die Abtretung der Rechte nach § 75 Abs. 1 und 2 und § 76 Abs. 1.

(2) Hat der ausübende Künstler ein in Absatz 1 erwähntes Recht im voraus an einen Dritten abgetreten, so behält er gleichwohl die Befugnis, dieses Recht hinsichtlich der Verwertung des Filmwerks an den Filmhersteller abzutreten.

§ 93 Schutz gegen Entstellung. Die Urheber des Filmwerkes und der zu seiner Herstellung benutzten Werke sowie die Inhaber verwandter Schutzrechte, die bei der Herstellung des Filmwerkes mitwirken oder deren Leistungen zur Herstellung des Filmwerkes benutzt werden, können nach den §§ 14 und 83 hinsichtlich der Herstellung und Verwertung des Filmwerkes nur gröbliche Entstellungen oder andere gröbliche Beeinträchtigungen ihrer Werke oder Leistungen verbieten. Sie haben hierbei aufeinander und auf den Filmhersteller angemessene Rücksicht zu nehmen.

[1] § 92 neugef. durch G v. 23. 6. 1995 (BGBl. I S. 842).

§ 94[1] **Schutz des Filmherstellers.** (1) Der Filmhersteller hat das ausschließliche Recht, den Bildträger oder Bild- und Tonträger, auf den das Filmwerk aufgenommen ist, zu vervielfältigen, zu verbreiten und zur öffentlichen Vorführung oder Funksendung zu benutzen. Der Filmhersteller hat ferner das Recht, jede Entstellung oder Kürzung des Bildträgers oder Bild- und Tonträgers zu verbieten, die geeignet ist, seine berechtigten Interessen an diesem zu gefährden.

(2) Das Recht ist übertragbar.

(3) Das Recht erlischt fünfzig Jahre nach dem Erscheinen des Bildträgers oder Bild- und Tonträgers oder, wenn seine erste erlaubte Benutzung zur öffentlichen Wiedergabe früher erfolgt ist, nach dieser, jedoch bereits fünfzig Jahre nach der Herstellung, wenn der Bildträger oder Bild- und Tonträger innerhalb dieser Frist nicht erschienen oder erlaubterweise zur öffentlichen Wiedergabe benutzt worden ist.

(4) §§ 20b, 27 Abs. 2 und 3 sowie die Vorschriften des Sechsten Abschnitts des Ersten Teils mit Ausnahme des § 61 sind entsprechend anzuwenden.

Zweiter Abschnitt. Laufbilder

§ 95 Die §§ 88, 90, 91, 93 und 94 sind auf Bildfolgen und Bild- und Tonfolgen, die nicht als Filmwerke geschützt sind, entsprechend anzuwenden.

Vierter Teil. Gemeinsame Bestimmungen für Urheberrecht und verwandte Schutzrechte

Erster Abschnitt. Verwertungsverbot

§ 96 (1) Rechtswidrig hergestellte Vervielfältigungsstücke dürfen weder verbreitet noch zu öffentlichen Wiedergaben benutzt werden.

(2) Rechtswidrig veranstaltete Funksendungen dürfen nicht auf Bild- oder Tonträger aufgenommen oder öffentlich wiedergegeben werden.

Zweiter Abschnitt. Rechtsverletzungen

1. Bürgerlich-rechtliche Vorschriften; Rechtsweg

§ 97[2] **Anspruch auf Unterlassung und Schadenersatz.** (1) Wer das Urheberrecht oder ein anderes nach diesem Gesetz geschütztes Recht widerrechtlich verletzt, kann vom Verletzten auf Beseitigung der Be-

[1] § 94 Abs. 3 und 4 neugef. durch G v. 23. 6. 1995 (BGBl. I S. 842), Abs. 4 geänd. durch G v. 8. 5. 1998 (BGBl. I S. 902).

[2] § 97 Abs. 2 Satz 2 aufgeh. durch G v. 23. 6. 1995 (BGBl. I S. 842).

einträchtigung, bei Wiederholungsgefahr auf Unterlassung und, wenn dem Verletzer Vorsatz oder Fahrlässigkeit zur Last fällt, auch auf Schadenersatz in Anspruch genommen werden. An Stelle des Schadenersatzes kann der Verletzte die Herausgabe des Gewinns, den der Verletzer durch die Verletzung des Rechts erzielt hat, und Rechnungslegung über diesen Gewinn verlangen.

(2) Urheber, Verfasser wissenschaftlicher Ausgaben (§ 70), Lichtbildner (§ 72) und ausübende Künstler (§ 73) können, wenn dem Verletzer Vorsatz oder Fahrlässigkeit zur Last fällt, auch wegen des Schadens, der nicht Vermögensschaden ist, eine Entschädigung in Geld verlangen, wenn und soweit es der Billigkeit entspricht.

(3) Ansprüche aus anderen gesetzlichen Vorschriften bleiben unberührt.

§ 98[1] Anspruch auf Vernichtung oder Überlassung der Vervielfältigungsstücke. (1) Der Verletzte kann verlangen, daß alle rechtswidrig hergestellten, verbreiteten oder zur rechtswidrigen Verbreitung bestimmten Vervielfältigungsstücke, die im Besitz oder Eigentum des Verletzers stehen, vernichtet werden.

(2) Statt der in Absatz 1 vorgesehenen Maßnahmen kann der Verletzte verlangen, daß ihm die Vervielfältigungsstücke, die im Eigentum des Verletzers stehen, gegen eine angemessene Vergütung überlassen werden, welche die Herstellungskosten nicht übersteigen darf.

(3) Sind die Maßnahmen nach den Absätzen 1 und 2 gegenüber dem Verletzer oder Eigentümer im Einzelfall unverhältnismäßig und kann der durch die Rechtsverletzung verursachte Zustand der Vervielfältigungsstücke auf andere Weise beseitigt werden, so hat der Verletzte nur Anspruch auf die hierfür erforderlichen Maßnahmen.

§ 99[1] Anspruch auf Vernichtung oder Überlassung der Vorrichtungen. Die Bestimmungen des § 98 sind entsprechend auf die im Eigentum des Verletzers stehenden, ausschließlich oder nahezu ausschließlich zur rechtswidrigen Herstellung von Vervielfältigungsstücken benutzten oder bestimmten Vorrichtungen anzuwenden.

§ 100 Haftung des Inhabers eines Unternehmens. Ist in einem Unternehmen von einem Arbeitnehmer oder Beauftragten ein nach diesem Gesetz geschütztes Recht widerrechtlich verletzt worden, so hat der Verletzte die Ansprüche aus den §§ 97 bis 99 mit Ausnahme des Anspruchs auf Schadenersatz auch gegen den Inhaber des Unternehmens. Weitergehende Ansprüche nach anderen gesetzlichen Vorschriften bleiben unberührt.

§ 101[2] Ausnahmen. (1) Richten sich im Falle der Verletzung eines nach diesem Gesetz geschützten Rechts die Ansprüche des Verletzten

[1] §§ 98 und 99 neugef. durch Art. 2 G v. 7. 3. 1990 (BGBl. I S. 422).
[2] § 101 Abs. 1 Satz 1 geänd. durch Art. 2 G v. 7. 3. 1990 (BGBl. I S. 422).

auf Beseitigung oder Unterlassung (§ 97), auf Vernichtung oder Überlassung der Vervielfältigungsstücke (§ 98) oder der Vorrichtungen (§ 99) gegen eine Person, der weder Vorsatz noch Fahrlässigkeit zur Last fällt, so kann diese zur Abwendung der Ansprüche den Verletzten in Geld entschädigen, wenn ihr durch die Erfüllung der Ansprüche ein unverhältnismäßig großer Schaden entstehen würde und dem Verletzten die Abfindung in Geld zuzumuten ist. Als Entschädigung ist der Betrag zu zahlen, der im Falle einer vertraglichen Einräumung des Rechts als Vergütung angemessen gewesen wäre. Mit der Zahlung der Entschädigung gilt die Einwilligung des Verletzten zur Verwertung im üblichen Umfange als erteilt.

(2) Den in den §§ 98 und 99 vorgesehenen Maßnahmen unterliegen nicht:

1. Bauwerke;
2. ausscheidbare Teile von Vervielfältigungsstücken und Vorrichtungen, deren Herstellung oder Verbreitung nicht rechtswidrig ist.

§ 101 a[1] Anspruch auf Auskunft hinsichtlich Dritter. (1) Wer im geschäftlichen Verkehr durch die Herstellung oder Verbreitung von Vervielfältigungsstücken das Urheberrecht oder ein anderes nach diesem Gesetz geschütztes Recht verletzt, kann vom Verletzten auf unverzügliche Auskunft über die Herkunft und den Vertriebsweg dieser Vervielfältigungsstücke in Anspruch genommen werden, es sei denn, daß dies im Einzelfall unverhältnismäßig ist.

(2) Der nach Absatz 1 zur Auskunft Verpflichtete hat Angaben zu machen über Namen und Anschrift des Herstellers, des Lieferanten und anderer Vorbesitzer der Vervielfältigungsstücke, des gewerblichen Abnehmers oder Auftraggebers sowie über die Menge der hergestellten, ausgelieferten, erhaltenen oder bestellten Vervielfältigungsstücke.

(3) In Fällen offensichtlicher Rechtsverletzung kann die Verpflichtung zur Erteilung der Auskunft im Wege der einstweiligen Verfügung nach den Vorschriften der Zivilprozeßordnung angeordnet werden.

(4) Die Auskunft darf in einem Strafverfahren oder in einem Verfahren nach dem Gesetz über Ordnungswidrigkeiten wegen einer vor der Erteilung der Auskunft begangenen Tat gegen den zur Auskunft Verpflichteten oder gegen einen in § 52 Abs. 1 der Strafprozeßordnung bezeichneten Angehörigen nur mit Zustimmung des zur Auskunft Verpflichteten verwertet werden.

(5) Weitergehende Ansprüche auf Auskunft bleiben unberührt.

§ 102[2] Verjährung. Die Ansprüche wegen Verletzung des Urheberrechts oder eines anderen nach diesem Gesetz geschützten Rechts ver-

[1] § 101 a eingef. durch Art. 2 G v. 7. 3. 1990 (BGBl. I S. 422).
[2] § 102 neugef. durch Art. 2 G v. 7. 3. 1990 (BGBl. I S. 422).

jähren in drei Jahren von dem Zeitpunkt an, in dem der Berechtigte von der Verletzung und der Person des Verpflichteten Kenntnis erlangt, ohne Rücksicht auf diese Kenntnis in dreißig Jahren von der Verletzung an. § 852 Abs. 2 des Bürgerlichen Gesetzbuchs ist entsprechend anzuwenden. Hat der Verpflichtete durch die Verletzung auf Kosten des Berechtigten etwas verlangt, so ist er auch nach Vollendung der Verjährung zur Herausgabe nach den Vorschriften über die Herausgabe einer ungerechtfertigten Bereicherung verpflichtet.

§ 103 Bekanntmachung des Urteils. (1) Ist eine Klage auf Grund dieses Gesetzes erhoben worden, so kann im Urteil der obsiegenden Partei die Befugnis zugesprochen werden, das Urteil auf Kosten der unterliegenden Partei öffentlich bekanntzumachen, wenn sie ein berechtigtes Interesse dartut. Das Urteil darf erst nach Rechtskraft bekanntgemacht werden, wenn nicht das Gericht etwas anderes bestimmt.

(2) Art und Umfang der Bekanntmachung werden im Urteil bestimmt. Die Befugnis zur Bekanntmachung erlischt, wenn das Urteil nicht innerhalb von sechs Monaten nach Eintritt der Rechtskraft bekanntgemacht wird.

(3) Die Partei, der die Befugnis zur Bekanntmachung zusteht, kann beantragen, die unterliegende Partei zur Vorauszahlung der Bekanntmachungskosten zu verurteilen. Über den Antrag entscheidet das Prozeßgericht erster Instanz durch Beschluß ohne mündliche Verhandlung. Vor der Entscheidung ist die unterliegende Partei zu hören.

§ 104 Rechtsweg. Für alle Rechtsstreitigkeiten, durch die ein Anspruch aus einem der in diesem Gesetz geregelten Rechtsverhältnisse geltend gemacht wird, (Urheberrechtsstreitsachen) ist der ordentliche Rechtsweg gegeben. Für Urheberrechtsstreitsachen aus Arbeits- oder Dienstverhältnissen, die ausschließlich Ansprüche auf Leistung einer vereinbarten Vergütung zum Gegenstand haben, bleiben der Rechtsweg zu den Gerichten für Arbeitssachen und der Verwaltungsrechtsweg unberührt.

§ 105[1] Gerichte für Urheberrechtsstreitsachen. (1) Die Landesregierungen werden ermächtigt, durch Rechtsverordnung Urheberrechtsstreitsachen, für die das Landgericht in erster Instanz oder in der Berufungsinstanz zuständig ist, für die Bezirke mehrerer Landgerichte einem von ihnen zuzuweisen, wenn dies der Rechtspflege dienlich ist.

(2) Die Landesregierungen werden ferner ermächtigt, durch Rechtsverordnung die zur Zuständigkeit der Amtsgerichte gehörenden Urhe-

[1] § 105 Abs. 4 neugef. mWv 1. 1. 2000 bzw. 2005 durch Art. 16 G v. 2. 9. 1994 (BGBl. I S. 2278).

berrechtsstreitsachen für die Bezirke mehrerer Amtsgerichte einem von ihnen zuzuweisen, wenn dies der Rechtspflege dienlich ist.[1)]

(3) Die Landesregierungen können die Ermächtigungen nach den Absätzen 1 und 2 auf die Landesjustizverwaltungen übertragen.

Fassung des Abs. 4 bis 31. 12. 1999 bzw. 31. 12. 2004:

(4) Vor einem Landgericht, dem nach Absatz 1 die Urheberrechtsstreitsachen aus den Bezirken mehrerer Landgerichte zugewiesen sind, können sich die Parteien auch durch Rechtsanwälte vertreten lassen, die bei dem sonst zuständigen Landgericht zugelassen sind. Das Entsprechende gilt für die Vertretung vor dem Oberlandesgericht als Berufungsgericht.

Fassung des Abs. 4 ab 1. 1. 2000 bzw. 1. 1. 2005:

(4) [2)]Die Parteien können sich vor dem Berufungsgericht für Urheberrechtsstreitsachen auch durch Rechtsanwälte vertreten lassen, die bei dem Oberlandesgericht zugelassen sind, das ohne eine Zuweisung nach Absatz 1 zuständig wäre.

(5) Die Mehrkosten, die einer Partei dadurch erwachsen, daß sie sich nach Absatz 4 durch einen nicht beim Prozeßgericht zugelassenen Rechtsanwalt vertreten läßt, sind nicht zu erstatten.

[1)] **Baden-Württemberg:** VO v. 26. 9. 1967 (GBl. S. 215) und VO v. 19. 12. 1967 (GBl. S. 308). **Bayern:** § 24 VO v. 2. 2. 1988 (GVBl. S. 6). **Berlin:** VO v. 15. 11. 1965 (GVBl. S. 1711) und VO v. 4. 12. 1972 (GVBl. S. 2301), geänd. durch VO v. 30. 7. 1975 (GVBl. S. 1838), v. 23. 11. 1976 (GVBl. S. 2609) und v. 22. 12. 1980 (GVBl. S. 2654). **Brandenburg:** GerichtszuständigkeitsVO – GerZustV v. 3. 11. 1993 (GVBl. II S. 689), geänd. durch VO v. 14. 1. 1994 (GVBl. II S. 40) und v. 5. 4. 1995 (GVBl. II S. 370). **Hamburg:** VO v. 1. 9. 1987 (GVBl. S. 172), geänd. durch VO v. 7. 1. 1992 (GVBl. S. 1), v. 12. 7. 1994 (GVBl. S. 196) und v. 4. 7. 1995 (GVBl. S. 154). **Hessen:** VO v. 17. 10. 1996 (GVBl. I S. 466), geänd. durch VO v. 17. 10. 1997 (GVBl. I S. 368) und VO v. 30. 9. 1974 (GVBl. I S. 467). **Mecklenburg-Vorpommern:** VO v. 28. 3. 1994 (GVOBl. S. 514), geänd. durch VO v. 8. 9. 1994 (GVOBl. S. 856), v. 7. 4. 1995 (GVOBl. S. 226) und v. 14. 11. 1997 (GVOBl. S. 758). **Niedersachsen:** VO v. 29. 8. 1997 (GVBl. S. 400) und § 13 VO v. 22. 1. 1998 (GVBl. S. 66). **Nordrhein-Westfalen:** VO v. 11. 1. 1966 (GV NW S. 6), geänd. durch VO v. 23. 11. 1971 (GV NW S. 358) sowie VO v. 12. 8. 1996 (GV NW S. 348). **Rheinland-Pfalz:** LandesVO v. 15. 12. 1982 (GVBl. S. 460), geänd. durch VO v. 24. 2. 1983 (GVBl. S. 75), v. 9. 9. 1983 (GVBl. S. 222), v. 19. 3. 1987 (GVBl. S. 53), v. 29. 4. 1987 (GVBl. S. 136), v. 14. 12. 1987 (GVBl. S. 379), v. 5. 9. 1988 (GVBl. S. 212), v. 14. 10. 1990 (GVBl. S. 312), v. 20. 9. 1994 (GVBl. S. 375), v. 13. 12. 1994 (GVBl. S. 459), v. 7. 3. 1995 (GVBl. S. 62), v. 20. 6. 1995 (GVBl. S. 185), v. 23. 1. 1996 (GVBl. S. 69) und v. 10. 10. 1996 (GVBl. S. 374) sowie LandesVO v. 22. 11. 1985 (GVBl. S. 267), geänd. durch LandesVO v. 13. 4. 1987 (GVBl. S. 134), v. 19. 5. 1987 (GVBl. S. 153), v. 21. 1. 1988 (GVBl. S. 9), v. 5. 7. 1988 (GVBl. S. 152), v. 20. 12. 1990 (GVBl. 1991 S. 4), v. 27. 12. 1994 (GVBl. S. 485), v. 19. 4. 1995 (GVBl. S. 125), v. 28. 6. 1995 (GVBl. S. 192) und v. 13. 12. 1996 (GVBl. 1997 S. 21). **Sachsen-Anhalt:** § 1 VO v. 1. 9. 1992 (GVBl. S. 664). **Thüringen:** VO v. 12. 8. 1993 (GVBl. S. 563), geänd. durch VO v. 1. 12. 1995 (GVBl. S. 404).

[2)] Die Neufassung des § 105 Abs. 4 tritt in den Ländern Baden-Württemberg, Bayern, Berlin, Bremen, Hamburg, Hessen, Niedersachsen, Nordrhein-Westfalen, Rheinland-Pfalz, Saarland und Schleswig-Holstein gem. Art. 22 Abs. 2 G v. 2. 9. 1994 (BGBl. I S. 2278) am 1. 1. 2000 in Kraft. In den übrigen Ländern tritt sie am 1. 1. 2005 in Kraft.

2. Strafrechtliche Vorschriften

§ 106[1] Unerlaubte Verwertung urheberrechtlich geschützter Werke. (1) Wer in anderen als den gesetzlich zugelassenen Fällen ohne Einwilligung des Berechtigten ein Werk oder eine Bearbeitung oder Umgestaltung eines Werkes vervielfältigt, verbreitet oder öffentlich wiedergibt, wird mit Freiheitsstrafe bis zu drei Jahren oder mit Geldstrafe bestraft.

(2) Der Versuch ist strafbar.

§ 107[2] Unzulässiges Anbringen der Urheberbezeichnung. (1) Wer

1. auf dem Original eines Werkes der bildenden Künste die Urheberbezeichnung (§ 10 Abs. 1) ohne Einwilligung des Urhebers anbringt oder ein derart bezeichnetes Original verbreitet,
2. auf einem Vervielfältigungsstück, einer Bearbeitung oder Umgestaltung eines Werkes der bildenden Künste die Urheberbezeichnung (§ 10 Abs. 1) auf eine Art anbringt, die dem Vervielfältigungsstück, der Bearbeitung oder Umgestaltung den Anschein eines Originals gibt, oder ein derart bezeichnetes Vervielfältigungsstück, eine solche Bearbeitung oder Umgestaltung verbreitet,

wird mit Freiheitsstrafe bis zu drei Jahren oder mit Geldstrafe bestraft, wenn die Tat nicht in anderen Vorschriften mit schwererer Strafe bedroht ist.

(2) Der Versuch ist strafbar.

§ 108[3] Unerlaubte Eingriffe in verwandte Schutzrechte. (1) Wer in anderen als den gesetzlich zugelassenen Fällen ohne Einwilligung des Berechtigten

1. eine wissenschaftliche Ausgabe (§ 70) oder eine Bearbeitung oder Umgestaltung einer solchen Ausgabe vervielfältigt, verbreitet oder öffentlich wiedergibt,
2. ein nachgelassenes Werk oder eine Bearbeitung oder Umgestaltung eines solchen Werkes entgegen § 71 verwertet,
3. ein Lichtbild (§ 72) oder eine Bearbeitung oder Umgestaltung eines Lichtbildes vervielfältigt, verbreitet oder öffentlich wiedergibt,
4. die Darbietung eines ausübenden Künstlers entgegen den §§ 74, 75 Abs. 1 oder 2 oder § 76 Abs. 1 verwertet,
5. einen Tonträger entgegen § 85 verwertet,
6. eine Funksendung entgegen § 87 verwertet,

---

[1] § 106 geänd. durch G v. 2. 3. 1974 (BGBl. I S. 469), Abs. 2 angef., bish. Textteil wird Abs. 1 und geänd. durch Art. 2 G v. 7. 3. 1990 (BGBl. I S. 422).

[2] § 107 geänd. durch G v. 2. 3. 1974 (BGBl. I S. 469), Abs. 2 angef., bish. Textteil wird Abs. 1 und geänd. durch Art. 2 G v. 7. 3. 1990 (BGBl. I S. 422).

[3] § 108 geänd. durch G v. 2. 3. 1974 (BGBl. I S. 469), Abs. 2 angef., bish. Textteil wird Abs. 1 und geänd. durch Art. 2 G v. 7. 3. 1990 (BGBl. I S. 422), Abs. 1 Nr. 4 geänd. durch G v. 23. 6. 1995 (BGBl. I S. 842), Abs. 1 Nr. 8 angef. durch Art. 7 InKDG v. 22. 7. 1997 (BGBl. I S. 1870).

7. einen Bildträger oder Bild- und Tonträger entgegen §§ 94 oder 95 in Verbindung mit § 94 verwertet,
8. eine Datenbank entgegen § 87 b Abs. 1 verwertet,

wird mit Freiheitsstrafe bis zu drei Jahren oder mit Geldstrafe bestraft.

(2) Der Versuch ist strafbar.

§ 108 a[1] Gewerbsmäßige unerlaubte Verwertung. (1) Handelt der Täter in den Fällen der §§ 106 bis 108 gewerbsmäßig, so ist die Strafe Freiheitsstrafe bis zu fünf Jahren oder Geldstrafe.

(2) Der Versuch ist strafbar.

§ 109[1] Strafantrag. In den Fällen der §§ 106 bis 108 wird die Tat nur auf Antrag verfolgt, es sei denn, daß die Strafverfolgungsbehörde wegen des besonderen öffentlichen Interesses an der Strafverfolgung ein Einschreiten von Amts wegen für geboten hält.

§ 110[2] Einziehung. Gegenstände, auf die sich eine Straftat nach den §§ 106, 107 Abs. 1 Nr. 2, §§ 108 und 108 a bezieht, können eingezogen werden. § 74 a des Strafgesetzbuches ist anzuwenden. Soweit den in den §§ 98 und 99 bezeichneten Ansprüchen im Verfahren nach den Vorschriften der Strafprozeßordnung über die Entschädigung des Verletzten (§§ 403 bis 406 c) stattgegeben wird, sind die Vorschriften über die Einziehung nicht anzuwenden.

§ 111[3] Bekanntgabe der Verurteilung. Wird in den Fällen der §§ 106 bis 108 a auf Strafe erkannt, so ist, wenn der Verletzte es beantragt und ein berechtigtes Interesse daran dartut, anzuordnen, daß die Verurteilung auf Verlangen öffentlich bekanntgemacht wird. Die Art der Bekanntmachung ist im Urteil zu bestimmen.

3.[4] Vorschriften über Maßnahmen der Zollbehörde

§ 111 a[4] [Beschlagnahme] (1) Verletzt die Herstellung oder Verbreitung von Vervielfältigungsstücken das Urheberrecht oder ein anderes nach diesem Gesetz geschütztes Recht, so unterliegen die Vervielfältigungsstücke, soweit nicht die Verordnung (EG) Nr. 3295/94 des Rates vom 22. Dezember 1994 über Maßnahmen zum Verbot der Überführung nachgeahmter Waren und unerlaubt hergestellter Vervielfältigungsstücke oder Nachbildungen in den zollrechtlich freien Verkehr oder in ein Nichterhebungsverfahren sowie zum Verbot ihrer Ausfuhr

---

[1] § 108 a eingef., § 109 neugef. durch G v. 24. 6. 1985 (BGBl. I S. 1137), § 108 a Abs. 1 neugef. durch Art. 2 G v. 7. 3. 1990 (BGBl. I S. 422).

[2] § 110 neugef. durch Art. 2 G v. 7. 3. 1990 (BGBl. I S. 422).

[3] § 111 neugef. durch G v. 24. 6. 1985 (BGBl. I S. 1137).

[4] Abschnittsüberschrift und § 111 a eingef. durch Art. 2 G v. 7. 3. 1990 (BGBl. I S. 422), Abs. 1 Satz 2 geänd. durch Art. 3 G v. 27. 9. 1993 (BGBl. I S. 1666), Abs. 1 Satz 1 geänd., Abs. 8 angef. durch Art. 5 G v. 19. 7. 1996 (BGBl. I S. 1014).

und Wiederausfuhr (ABl. EG Nr. L 341 S. 8) in ihrer jeweils geltenden Fassung anzuwenden ist, auf Antrag und gegen Sicherheitsleistung des Rechtsinhabers bei ihrer Einfuhr oder Ausfuhr der Beschlagnahme durch die Zollbehörde, sofern die Rechtsverletzung offensichtlich ist. Dies gilt für den Verkehr mit anderen Mitgliedstaaten der Europäischen Wirtschaftsgemeinschaft sowie mit den anderen Vertragsstaaten des Abkommens über den Europäischen Wirtschaftsraum nur, soweit Kontrollen durch die Zollbehörden stattfinden.

(2) Ordnet die Zollbehörde die Beschlagnahme an, so unterrichtet sie unverzüglich den Verfügungsberechtigten sowie den Antragsteller. Dem Antragsteller sind Herkunft, Menge und Lagerort der Vervielfältigungsstücke sowie Name und Anschrift des Verfügungsberechtigten mitzuteilen; das Brief- und Postgeheimnis (Artikel 10 des Grundgesetzes) wird insoweit eingeschränkt. Dem Antragsteller wird Gelegenheit gegeben, die Vervielfältigungsstücke zu besichtigen, soweit hierdurch nicht in Geschäfts- oder Betriebsgeheimnisse eingegriffen wird.

(3) Wird der Beschlagnahme nicht spätestens nach Ablauf von zwei Wochen nach Zustellung der Mitteilung nach Absatz 2 Satz 1 widersprochen, so ordnet die Zollbehörde die Einziehung der beschlagnahmten Vervielfältigungsstücke an.

(4) Widerspricht der Verfügungsberechtigte der Beschlagnahme, so unterrichtet die Zollbehörde hiervon unverzüglich den Antragsteller. Dieser hat gegenüber der Zollbehörde unverzüglich zu erklären, ob er den Antrag nach Absatz 1 in bezug auf die beschlagnahmten Vervielfältigungsstücke aufrechterhält.

1. Nimmt der Antragsteller den Antrag zurück, hebt die Zollbehörde die Beschlagnahme unverzüglich auf.
2. Hält der Antragsteller den Antrag aufrecht und legt er eine vollziehbare gerichtliche Entscheidung vor, die die Verwahrung der beschlagnahmten Vervielfältigungsstücke oder eine Verfügungsbeschränkung anordnet, trifft die Zollbehörde die erforderlichen Maßnahmen.

Liegen die Fälle der Nummern 1 oder 2 nicht vor, hebt die Zollbehörde die Beschlagnahme nach Ablauf von zwei Wochen nach Zustellung der Mitteilung an den Antragsteller nach Satz 1 auf; weist der Antragsteller nach, daß die gerichtliche Entscheidung nach Nummer 2 beantragt, ihm aber noch nicht zugegangen ist, wird die Beschlagnahme für längstens zwei weitere Wochen aufrechterhalten.

(5) Erweist sich die Beschlagnahme als von Anfang an ungerechtfertigt und hat der Antragsteller den Antrag nach Absatz 1 in bezug auf die beschlagnahmten Vervielfältigungsstücke aufrechterhalten oder sich nicht unverzüglich erklärt (Absatz 4 Satz 2), so ist er verpflichtet, den dem Verfügungsberechtigten durch die Beschlagnahme entstandenen Schaden zu ersetzen.

(6) Der Antrag nach Absatz 1 ist bei der Oberfinanzdirektion zu stellen und hat Wirkung für zwei Jahre, sofern keine kürzere Geltungsdauer beantragt wird; er kann wiederholt werden. Für die mit dem Antrag

verbundenen Amtshandlungen werden vom Antragsteller Kosten nach Maßgabe des § 178 der Abgabenordnung erhoben.

(7) Die Beschlagnahme und die Einziehung können mit den Rechtsmitteln angefochten werden, die im Bußgeldverfahren nach dem Gesetz über Ordnungswidrigkeiten gegen die Beschlagnahme und Einziehung zulässig sind. Im Rechtsmittelverfahren ist der Antragsteller zu hören. Gegen die Entscheidung des Amtsgerichts ist die sofortige Beschwerde zulässig; über sie entscheidet das Oberlandesgericht.

(8) In Verfahren nach der Verordnung (EG) Nr. 3295/94 sind die Absätze 1 bis 7 entsprechend anzuwenden, soweit in der Verordnung nichts anderes bestimmt ist.

Dritter Abschnitt. Zwangsvollstreckung

1. Allgemeines

§ 112 [Zulässigkeit] Die Zulässigkeit der Zwangsvollstreckung in ein nach diesem Gesetz geschütztes Recht richtet sich nach den allgemeinen Vorschriften, soweit sich aus den §§ 113 bis 119 nichts anderes ergibt.

2. Zwangsvollstreckung wegen Geldforderungen gegen den Urheber

§ 113 Urheberrecht. Gegen den Urheber ist die Zwangsvollstreckung wegen Geldforderungen in das Urheberrecht nur mit seiner Einwilligung und nur insoweit zulässig, als er Nutzungsrechte einräumen kann (§ 31). Die Einwilligung kann nicht durch den gesetzlichen Vertreter erteilt werden.

§ 114 Originale von Werken. (1) Gegen den Urheber ist die Zwangsvollstreckung wegen Geldforderungen in die ihm gehörenden Originale seiner Werke nur mit seiner Einwilligung zulässig. Die Einwilligung kann nicht durch den gesetzlichen Vertreter erteilt werden.

(2) Der Einwilligung bedarf es nicht,

1. soweit die Zwangsvollstreckung in das Original des Werkes zur Durchführung der Zwangsvollstreckung in ein Nutzungsrecht am Werk notwendig ist,
2. zur Zwangsvollstreckung in das Original eines Werkes der Baukunst,
3. zur Zwangsvollstreckung in das Original eines anderen Werkes der bildenden Künste, wenn das Werk veröffentlicht ist.

In den Fällen der Nummern 2 und 3 darf das Original des Werkes ohne Zustimmung des Urhebers verbreitet werden.

3. Zwangsvollstreckung wegen Geldforderungen gegen den Rechtsnachfolger des Urhebers

§ 115 Urheberrecht. Gegen den Rechtsnachfolger des Urhebers (§ 30) ist die Zwangsvollstreckung wegen Geldforderungen in das Urheberrecht nur mit seiner Einwilligung und nur insoweit zulässig, als er Nutzungsrechte einräumen kann (§ 31). Der Einwilligung bedarf es nicht, wenn das Werk erschienen ist.

§ 116 Originale von Werken. (1) Gegen den Rechtsnachfolger des Urhebers (§ 30) ist die Zwangsvollstreckung wegen Geldforderungen in die ihm gehörenden Originale von Werken des Urhebers nur mit seiner Einwilligung zulässig.

(2) Der Einwilligung bedarf es nicht

1. in den Fällen des § 114 Abs. 2 Satz 1,
2. zur Zwangsvollstreckung in das Original eines Werkes, wenn das Werk erschienen ist.

§ 114 Abs. 2 Satz 2 gilt entsprechend.

§ 117 Testamentsvollstrecker. Ist nach § 28 Abs. 2 angeordnet, daß das Urheberrecht durch einen Testamentsvollstrecker ausgeübt wird, so ist die nach den §§ 115 und 116 erforderliche Einwilligung durch den Testamentsvollstrecker zu erteilen.

4. Zwangsvollstreckung wegen Geldforderungen gegen den Verfasser wissenschaftlicher Ausgaben und gegen den Lichtbildner

§ 118 Die §§ 113 bis 117 sind sinngemäß anzuwenden

1. auf die Zwangsvollstreckung wegen Geldforderungen gegen den Verfasser wissenschaftlicher Ausgaben (§ 70) und seinen Rechtsnachfolger,
2. auf die Zwangsvollstreckung wegen Geldforderungen gegen den Lichtbildner (§ 72) und seinen Rechtsnachfolger.

5. Zwangsvollstreckung wegen Geldforderungen in bestimmte Vorrichtungen

§ 119[1] (1) Vorrichtungen, die ausschließlich zur Vervielfältigung oder Funksendung eines Werkes bestimmt sind, wie Formen, Platten, Steine, Druckstöcke, Matrizen und Negative, unterliegen der Zwangsvollstreckung wegen Geldforderungen nur, soweit der Gläubiger zur Nutzung des Werkes mittels dieser Vorrichtungen berechtigt ist.

(2) Das gleiche gilt für Vorrichtungen, die ausschließlich zur Vorführung eines Filmwerkes bestimmt sind, wie Filmstreifen und dergleichen.

(3) Die Absätze 1 und 2 sind auf die nach den §§ 70 und 71 geschützten Ausgaben, die nach § 72 geschützten Lichtbilder, die nach § 75 Abs. 2, §§ 85, 87, 94 und 95 geschützten Bild- und Tonträger und die nach § 87b Abs. 1 geschützten Datenbanken entsprechend anzuwenden.

[1] § 119 Abs. 3 geänd. durch G v. 23. 6. 1995 (BGBl. I S. 842) und geänd. durch Art. 7 InKDG v. 22. 7. 1997 (BGBl. I S. 1870).

Fünfter Teil. Anwendungsbereich. Übergangs- und Schlußbestimmungen

Erster Abschnitt. Anwendungsbereich des Gesetzes[1)]

1. Urheberrecht

§ 120[2)] Deutsche Staatsangehörige und Staatsangehörige anderer EU-Staaten und EWR-Staaten. (1) Deutsche Staatsangehörige genießen den urheberrechtlichen Schutz für alle ihre Werke, gleichviel, ob und wo die Werke erschienen sind. Ist ein Werk von Miturhebern (§ 8) geschaffen, so genügt es, wenn ein Miturheber deutscher Staatsangehöriger ist.

(2) Deutschen Staatsangehörigen stehen gleich:

1. Deutsche im Sinne des Artikels 116 Abs. 1 des Grundgesetzes, die nicht die deutsche Staatsangehörigkeit besitzen, und

---

[1)] Beachte auch **Berner Übereinkunft zum Schutz von Werken der Literatur und der Kunst** vom 9. 9. 1886, vervollständigt in Paris am 4. 5. 1896, revidiert in Berlin am 13. 11. 1908, vervollständigt in Bern am 20. 3. 1914, revidiert in Rom am 2. 6. 1928, revidiert in Brüssel am 26. 6. 1948, **revidiert in Stockholm am 14. 7. 1967** (BGBl. 1970 II S. 293, 348) **und revidiert in Paris am 24. 7. 1971** (BGBl. 1973 II S. 1071; 1985 II S. 81).

G über die in Brüssel am 26. Juni 1948 beschlossene Fassung der Berner Übereinkunft vom 9. September 1886 zum Schutz von Werken der Literatur und der Kunst v. 15. 9. 1965 (BGBl. II S. 1213) mit Bek. über das Inkrafttreten v. 1. 12. 1966 (BGBl. II S. 1565).

G über die am 14. Juli 1967 in Stockholm unterzeichneten Übereinkünfte auf dem Gebiet des geistigen Eigentums v. 5. 6. 1970 (BGBl. II S. 293, 348) mit Bek. über das Inkrafttreten der **Stockholmer Fassung der Berner Übereinkunft** v. 9. September 1886 zum Schutz von Werken der Literatur und Kunst v. 16. 11. 1970 (BGBl. II S. 1314).

G zu den am 24. Juli 1971 in Paris unterzeichneten Übereinkünften auf dem Gebiet des Urheberrechts v. 17. 8. 1973 (BGBl. II S. 1069) mit der **Pariser Fassung der Berner Übereinkunft** vom 9. September 1886 zum Schutz von Werken der Literatur und Kunst v. 24. 7. 1971 (BGBl. 1973 II S. 1071) sowie Bek. von Änderungen der Berner Übereinkunft v. 13. 12. 1984 (BGBl. 1985 II S. 81). Bek. über das Inkrafttreten v. 5. 2. 1974 (BGBl. II S. 165) und v. 15. 7. 1974 (BGBl. II S. 1079).

Welturheberrechtsabkommen v. 6. 9. 1952 (BGBl. 1955 II S. 102). G über das am 6. September 1952 unterzeichnete Welturheberrechtsabkommen v. 24. 2. 1955 (BGBl. II S. 101), geänd. durch § 140 UrhG v. 9. 9. 1965 (BGBl. I S. 1273). Bek. über das Inkrafttreten v. 26. 9. 1955 (BGBl. II S. 892).

G zu den am 24. Juli 1971 in Paris unterzeichneten Übereinkünften auf dem Gebiet des Urheberrechts v. 17. 8. 1973 (BGBl. II S. 1069) mit der **Pariser Fassung des Welturheberrechtsabkommens** v. 24. 7. 1971 (BGBl. 1973 II S. 1111). Bek. über das Inkrafttreten (10. 7. 1974) v. 3. 10. 1974 (BGBl. II S. 1309).

Übereinkommen zur Errichtung der Weltorganisation für geistiges Eigentum v. 14. 7. 1967 (BGBl. 1970 II S. 295), G zu dem Übereinkommen v. 5. 6. 1970 (BGBl. II S. 293), geänd. durch Art. 16 G v. 25. 10. 1994 (BGBl. I S. 3082). Bek. über das Inkrafttreten (19. 9. 1970) v. 12. 10. 1970 (BGBl. II S. 1070).

[2)] § 120 Überschrift und Abs. 2 neugef. durch G v. 23. 6. 1995 (BGBl. I S. 842).

2. Staatsangehörige eines anderen Mitgliedstaates der Europäischen Union oder eines anderen Vertragsstaates des Abkommens über den Europäischen Wirtschaftsraum.

§ 121 Ausländische Staatsangehörige. (1) Ausländische Staatsangehörige genießen den urheberrechtlichen Schutz für ihre im Geltungsbereich dieses Gesetzes erschienenen Werke, es sei denn, daß das Werk oder eine Übersetzung des Werkes früher als dreißig Tage vor dem Erscheinen im Geltungsbereich dieses Gesetzes außerhalb dieses Gebietes erschienen ist. Mit der gleichen Einschränkung genießen ausländische Staatsangehörige den Schutz auch für solche Werke, die im Geltungsbereich dieses Gesetzes nur in Übersetzung erschienen sind.

(2) Den im Geltungsbereich dieses Gesetzes erschienenen Werken im Sinne des Absatzes 1 werden die Werke der bildenden Künste gleichgestellt, die mit einem Grundstück im Geltungsbereich dieses Gesetzes fest verbunden sind.

(3) Der Schutz nach Absatz 1 kann durch Rechtsverordnung des Bundesministers der Justiz für ausländische Staatsangehörige beschränkt werden, die keinem Mitgliedstaat der Berner Übereinkunft zum Schutze von Werken der Literatur und der Kunst angehören und zur Zeit des Erscheinens des Werkes weder im Geltungsbereich dieses Gesetzes noch in einem anderen Mitgliedstaat ihren Wohnsitz haben, wenn der Staat, dem sie angehören, deutschen Staatsangehörigen für ihre Werke keinen genügenden Schutz gewährt.

(4) Im übrigen genießen ausländische Staatsangehörige den urheberrechtlichen Schutz nach Inhalt der Staatsverträge. Bestehen keine Staatsverträge, so besteht für solche Werke urheberrechtlicher Schutz, soweit in dem Staat, dem der Urheber angehört, nach einer Bekanntmachung des Bundesministers der Justiz im Bundesgesetzblatt deutsche Staatsangehörige für ihre Werke einen entsprechenden Schutz genießen.

(5) Das Folgerecht (§ 26) steht ausländischen Staatsangehörigen nur zu, wenn der Staat, dem sie angehören, nach einer Bekanntmachung des Bundesministers der Justiz im Bundesgesetzblatt deutschen Staatsangehörigen ein entsprechendes Recht gewährt.[1)]

(6) Den Schutz nach den §§ 12 bis 14 genießen ausländische Staatsangehörige für alle ihre Werke, auch wenn die Voraussetzungen der Absätze 1 bis 5 nicht vorliegen.

§ 122 Staatenlose. (1) Staatenlose mit gewöhnlichem Aufenthalt im Geltungsbereich dieses Gesetzes genießen für ihre Werke den gleichen urheberrechtlichen Schutz wie deutsche Staatsangehörige.

[1)] Bek. (Frankreich) v. 4. 11. 1975 (BGBl. I S. 2775). Bek. (Belgien) v. 21. 9. 1977 (BGBl. I S. 1871).

(2) Staatenlose ohne gewöhnlichen Aufenthalt im Geltungsbereich dieses Gesetzes genießen für ihre Werke den gleichen urheberrechtlichen Schutz wie die Angehörigen des ausländischen Staates, in dem sie ihren gewöhnlichen Aufenthalt haben.

§ 123 Ausländische Flüchtlinge. Für Ausländer, die Flüchtlinge im Sinne von Staatsverträgen oder anderen Rechtsvorschriften sind, gelten die Bestimmungen des § 122 entsprechend. Hierdurch wird ein Schutz nach § 121 nicht ausgeschlossen.

2. Verwandte Schutzrechte

§ 124 Wissenschaftliche Ausgaben und Lichtbilder. Für den Schutz wissenschaftlicher Ausgaben (§ 70) und den Schutz von Lichtbildern (§ 72) sind die §§ 120 bis 123 sinngemäß anzuwenden.

§ 125[1] Schutz des ausübenden Künstlers. (1) Den nach den §§ 73 bis 84 gewährten Schutz genießen deutsche Staatsangehörige für alle ihre Darbietungen, gleichviel, wo diese stattfinden. § 120 Abs. 2 ist anzuwenden.

(2) Ausländische Staatsangehörige genießen den Schutz für alle ihre Darbietungen, die im Geltungsbereich dieses Gesetzes stattfinden, soweit nicht in den Absätzen 3 und 4 etwas anderes bestimmt ist.

(3) Werden Darbietungen ausländischer Staatsangehöriger erlaubterweise auf Bild- oder Tonträger aufgenommen und sind diese erschienen, so genießen die ausländischen Staatsangehörigen hinsichtlich dieser Bild- oder Tonträger den Schutz nach § 75 Abs. 2, § 76 Abs. 2 und § 77, wenn die Bild- oder Tonträger im Geltungsbereich dieses Gesetzes erschienen sind, es sei denn, daß die Bild- oder Tonträger früher als dreißig Tage vor dem Erscheinen im Geltungsbereich dieses Gesetzes außerhalb dieses Gebietes erschienen sind.

(4) Werden Darbietungen ausländischer Staatsangehöriger erlaubterweise durch Funk gesendet, so genießen die ausländischen Staatsangehörigen den Schutz gegen Aufnahme der Funksendung auf Bild- oder Tonträger (§ 75 Abs. 1) und Weitersendung der Funksendung (§ 76 Abs. 1) sowie den Schutz nach § 77, wenn die Funksendung im Geltungsbereich dieses Gesetzes ausgestrahlt worden ist.

(5) Im übrigen genießen ausländische Staatsangehörige den Schutz nach Inhalt der Staatsverträge. § 121 Abs. 4 Satz 2 sowie die §§ 122 und 123 gelten entsprechend.

(6) Den Schutz nach den §§ 74, 75 Abs. 1 und § 83 genießen ausländische Staatsangehörige für alle ihre Darbietungen, auch wenn die Voraussetzungen der Absätze 2 bis 5 nicht vorliegen. Das gleiche gilt für

[1] § 125 Abs. 3, 4 und 6 geänd., Abs. 7 angef. durch G v. 23. 6. 1995 (BGBl. I S. 842).

den Schutz nach § 76 Abs. 1, soweit es sich um die unmittelbare Sendung der Darbietung handelt.

(7) Wird Schutz nach den Absätzen 2 bis 4 oder 6 gewährt, so erlischt er spätestens mit dem Ablauf der Schutzdauer in dem Staat, dessen Staatsangehöriger der ausübende Künstler ist, ohne die Schutzfrist nach § 82 zu überschreiten.

§ 126[1] Schutz des Herstellers von Tonträgern. (1) Den nach den §§ 85 und 86 gewährten Schutz genießen deutsche Staatsangehörige oder Unternehmen mit Sitz im Geltungsbereich dieses Gesetzes für alle ihre Tonträger, gleichviel, ob und wo diese erschienen sind. § 120 Abs. 2 ist anzuwenden. Unternehmen mit Sitz in einem anderen Mitgliedstaat der Europäischen Union oder in einem anderen Vertragsstaat des Abkommens über den Europäischen Wirtschaftsraum stehen Unternehmen mit Sitz im Geltungsbereich dieses Gesetzes gleich.

(2) Ausländische Staatsangehörige oder Unternehmen ohne Sitz im Geltungsbereich dieses Gesetzes genießen den Schutz für ihre im Geltungsbereich dieses Gesetzes erschienenen Tonträger, es sei denn, daß der Tonträger früher als dreißig Tage vor dem Erscheinen im Geltungsbereich dieses Gesetzes außerhalb dieses Gebietes erschienen ist. Der Schutz erlischt jedoch spätestens mit dem Ablauf der Schutzdauer in dem Staat, dessen Staatsangehörigkeit der Hersteller des Tonträgers besitzt oder in welchem das Unternehmen seinen Sitz hat, ohne die Schutzfrist nach § 85 Abs. 2 zu überschreiten.

(3) Im übrigen genießen ausländische Staatsangehörige oder Unternehmen ohne Sitz im Geltungsbereich dieses Gesetzes den Schutz nach Inhalt der Staatsverträge. § 121 Abs. 4 Satz 2 sowie die §§ 122 und 123 gelten entsprechend.

§ 127[2] Schutz des Sendeunternehmens. (1) Den nach § 87 gewährten Schutz genießen Sendeunternehmen mit Sitz im Geltungsbereich dieses Gesetzes für alle Funksendungen, gleichviel, wo sie diese ausstrahlen. § 126 Abs. 1 Satz 3 ist anzuwenden.

(2) Sendeunternehmen ohne Sitz im Geltungsbereich dieses Gesetzes genießen den Schutz für alle Funksendungen, die sie im Geltungsbereich dieses Gesetzes ausstrahlen. Der Schutz erlischt spätestens mit dem Ablauf der Schutzdauer in dem Staat, in dem das Sendeunternehmen seinen Sitz hat, ohne die Schutzfrist nach § 87 Abs. 2 zu überschreiten.

(3) Im übrigen genießen Sendeunternehmen ohne Sitz im Geltungsbereich dieses Gesetzes den Schutz nach Inhalt der Staatsverträge. § 121 Abs. 4 Satz 2 gilt entsprechend.

---

[1] § 126 Abs. 1 Satz 3, Abs. 2 Satz 2 eingef. durch G v. 23. 6. 1995 (BGBl. I S. 842).
[2] § 127 Abs. 1 Satz 2, Abs. 2 Satz 2 eingef. durch G v. 23. 6. 1995 (BGBl. I S. 842).

§ 127 a[1] Schutz des Datenbankherstellers. (1) Den nach § 87 b gewährten Schutz genießen deutsche Staatsangehörige sowie juristische Personen mit Sitz im Geltungsbereich dieses Gesetzes. § 120 Abs. 2 ist anzuwenden.

(2) Die nach deutschem Recht oder dem Recht eines der in § 120 Abs. 2 Nr. 2 bezeichneten Staaten gegründeten juristischen Personen ohne Sitz im Geltungsbereich dieses Gesetzes genießen den nach § 87 b gewährten Schutz, wenn

1. ihre Hauptverwaltung oder Hauptniederlassung sich im Gebiet eines der in § 120 Abs. 2 Nr. 2 bezeichneten Staaten befindet oder
2. ihr satzungsmäßiger Sitz sich im Gebiet eines dieser Staaten befindet und ihre Tätigkeit eine tatsächliche Verbindung zur deutschen Wirtschaft oder zur Wirtschaft eines dieser Staaten aufweist.

(3) Im übrigen genießen ausländische Staatsangehörige sowie juristische Personen den Schutz nach dem Inhalt von Staatsverträgen sowie von Vereinbarungen, die die Europäische Gemeinschaft mit dritten Staaten schließt; diese Vereinbarungen werden vom Bundesministerium der Justiz im Bundesgesetzblatt bekanntgemacht.

§ 128[2] Schutz des Filmherstellers. (1) Den nach den §§ 94 und 95 gewährten Schutz genießen deutsche Staatsangehörige oder Unternehmen mit Sitz im Geltungsbereich dieses Gesetzes für alle ihre Bildträger oder Bild- und Tonträger, gleichviel, ob und wo diese erschienen sind. § 120 Abs. 2 und § 126 Abs. 1 Satz 3 sind anzuwenden.

(2) Für ausländische Staatsangehörige oder Unternehmen ohne Sitz im Geltungsbereich dieses Gesetzes gelten die Bestimmungen in § 126 Abs. 2 und 3 entsprechend.

Zweiter Abschnitt. Übergangsbestimmungen

§ 129 Werke. (1) Die Vorschriften dieses Gesetzes sind auch auf die vor seinem Inkrafttreten geschaffenen Werke anzuwenden, es sei denn, daß sie zu diesem Zeitpunkt urheberrechtlich nicht geschützt sind oder daß in diesem Gesetz sonst etwas anderes bestimmt ist. Dies gilt für verwandte Schutzrechte entsprechend.

(2) Die Dauer des Urheberrechts an einem Werk, das nach Ablauf von fünfzig Jahren nach dem Tode des Urhebers, aber vor dem Inkrafttreten dieses Gesetzes veröffentlicht worden ist, richtet sich nach den bisherigen Vorschriften.

§ 130 Übersetzungen. Unberührt bleiben die Rechte des Urhebers einer Übersetzung, die vor dem 1. Januar 1902 erlaubterweise

[1] § 127 a eingef. durch G v. 22. 7. 1997 (BGBl. I S. 1870).
[2] § 128 Abs. 1 Satz 2 neugef. durch G v. 23. 6. 1995 (BGBl. I S. 842).

ohne Zustimmung des Urhebers des übersetzten Werkes erschienen ist.

§ 131 Vertonte Sprachwerke. Vertonte Sprachwerke, die nach § 20 des Gesetzes betreffend das Urheberrecht an Werken der Literatur und der Tonkunst vom 19. Juni 1901 (Reichsgesetzbl. S. 227) in der Fassung des Gesetzes zur Ausführung der revidierten Berner Übereinkunft zum Schutze von Werken der Literatur und Kunst vom 22. Mai 1910 (Reichsgesetzbl. S. 793) ohne Zustimmung ihres Urhebers vervielfältigt, verbreitet und öffentlich wiedergegeben werden durften, dürfen auch weiterhin in gleichem Umfang vervielfältigt, verbreitet und öffentlich wiedergegeben werden, wenn die Vertonung des Werkes vor dem Inkrafttreten dieses Gesetzes erschienen ist.

§ 132 Verträge. (1) Die Vorschriften dieses Gesetzes sind mit Ausnahme der §§ 42, 43 und 79 auf Verträge, die vor dem Inkrafttreten dieses Gesetzes abgeschlossen worden sind, nicht anzuwenden. Die §§ 40 und 41 gelten für solche Verträge mit der Maßgabe, daß die in § 40 Abs. 1 Satz 2 und § 41 Abs. 2 genannten Fristen frühestens mit dem Inkrafttreten dieses Gesetzes beginnen.

(2) Vor dem Inkrafttreten dieses Gesetzes getroffene Verfügungen bleiben wirksam.

§ 133.[1] *(aufgehoben)*

§ 134 Urheber. Wer zur Zeit des Inkrafttretens dieses Gesetzes nach den bisherigen Vorschriften, nicht aber nach diesem Gesetz als Urheber eines Werkes anzusehen ist, gilt, abgesehen von den Fällen des § 135, weiterhin als Urheber. Ist nach den bisherigen Vorschriften eine juristische Person als Urheber eines Werkes anzusehen, so sind für die Berechnung der Dauer des Urheberrechts die bisherigen Vorschriften anzuwenden.

§ 135[2] **Inhaber verwandter Schutzrechte.** Wer zur Zeit des Inkrafttretens dieses Gesetzes nach den bisherigen Vorschriften als Urheber eines Lichtbildes oder der Übertragung eines Werkes auf Vorrichtungen zur mechanischen Wiedergabe für das Gehör anzusehen ist, ist Inhaber der entsprechenden verwandten Schutzrechte, die dieses Gesetz ihm gewährt.

---

[1] § 133 aufgeh. durch Art. 3 G v. 17. 8. 1973 (BGBl. II S. 1069) in Verbindung mit Bek. v. 5. 2. 1974 (BGBl. II S. 165).

[2] § 135 ist mit Art. 14 Abs. 1 Satz 1 GG unvereinbar, soweit danach § 82 Satz 1 UrhG uneingeschränkt auf die „verwandten Schutzrechte" derjenigen Anwendung findet, die am 1. Januar 1966 „nach den bisherigen Vorschriften als Urheber . . . der Übertragung eines Werkes auf Vorrichtungen zur mechanischen Wiedergabe für das Gehör anzusehen" waren; vgl. Beschluß des Bundesverfassungsgerichts v. 8. 7. 1971 – 1 BvR 766/66 – (BGBl. I S. 1943).

§ 135a[1] Berechnung der Schutzfrist. Wird durch die Anwendung dieses Gesetzes auf ein vor seinem Inkrafttreten entstandenes Recht die Dauer des Schutzes verkürzt und liegt das für den Beginn der Schutzfrist nach diesem Gesetz maßgebende Ereignis vor dem Inkrafttreten dieses Gesetzes, so wird die Frist erst vom Inkrafttreten dieses Gesetzes an berechnet. Der Schutz erlischt jedoch spätestens mit Ablauf der Schutzdauer nach den bisherigen Vorschriften.

§ 136 Vervielfältigung und Verbreitung. (1) War eine Vervielfältigung, die nach diesem Gesetz unzulässig ist, bisher erlaubt, so darf die vor Inkrafttreten dieses Gesetzes begonnene Herstellung von Vervielfältigungsstücken vollendet werden.

(2) Die nach Absatz 1 oder bereits vor dem Inkrafttreten dieses Gesetzes hergestellten Vervielfältigungsstücke dürfen verbreitet werden.

(3) Ist für eine Vervielfältigung, die nach den bisherigen Vorschriften frei zulässig war, nach diesem Gesetz eine angemessene Vergütung an den Berechtigten zu zahlen, so dürfen die in Absatz 2 bezeichneten Vervielfältigungsstücke ohne Zahlung einer Vergütung verbreitet werden.

§ 137 Übertragung von Rechten. (1) Soweit das Urheberrecht vor Inkrafttreten dieses Gesetzes auf einen anderen übertragen worden ist, stehen dem Erwerber die entsprechenden Nutzungsrechte (§ 31) zu. Jedoch erstreckt sich die Übertragung im Zweifel nicht auf Befugnisse, die erst durch dieses Gesetz begründet werden.

(2) Ist vor dem Inkrafttreten dieses Gesetzes das Urheberrecht ganz oder teilweise einem anderen übertragen worden, so erstreckt sich die Übertragung im Zweifel auch auf den Zeitraum, um den die Dauer des Urheberrechts nach den §§ 64 bis 66 verlängert worden ist. Entsprechendes gilt, wenn vor dem Inkrafttreten dieses Gesetzes einem anderen die Ausübung einer dem Urheber vorbehaltenen Befugnis erlaubt worden ist.

(3) In den Fällen des Absatzes 2 hat der Erwerber oder Erlaubnisnehmer dem Veräußerer oder Erlaubnisgeber eine angemessene Vergütung zu zahlen, sofern anzunehmen ist, daß dieser für die Übertragung oder die Erlaubnis eine höhere Gegenleistung erzielt haben würde, wenn damals bereits die verlängerte Schutzdauer bestimmt gewesen wäre.

(4) Der Anspruch auf die Vergütung entfällt, wenn alsbald nach seiner Geltendmachung der Erwerber dem Veräußerer das Recht für die

---

[1] § 135a eingef. durch G v. 10. 11. 1972 (BGBl. I S. 2081). Beachte hierzu auch Art. 2 dieses Gesetzes:

„**Art. 2.** Ist in den Fällen des § 135a des Urheberrechtsgesetzes vor dem 15. November 1971 ein Recht verletzt worden, das auf Grund dieser Vorschrift im Zeitpunkt der Rechtsverletzung noch geschützt war, so ist § 101 des Urheberrechtsgesetzes anzuwenden mit der Maßgabe, daß der Verletzer zu einer Entschädigung des Verletzten in Geld nur dann nicht berechtigt ist, wenn eine Abfindung in Geld für den Verletzten unzumutbar ist."

Zeit nach Ablauf der bisher bestimmten Schutzdauer zur Verfügung stellt oder der Erlaubnisnehmer für diese Zeit auf die Erlaubnis verzichtet. Hat der Erwerber das Urheberrecht vor dem Inkrafttreten dieses Gesetzes weiterveräußert, so ist die Vergütung insoweit nicht zu zahlen, als sie den Erwerber mit Rücksicht auf die Umstände der Weiterveräußerung unbillig belasten würde.

(5) Absatz 1 gilt für verwandte Schutzrechte entsprechend.

§ 137a[1] Lichtbildwerke. (1) Die Vorschriften dieses Gesetzes über die Dauer des Urheberrechts sind auch auf Lichtbildwerke anzuwenden, deren Schutzfrist am 1. Juli 1985 nach dem bis dahin geltenden Recht noch nicht abgelaufen ist.

(2) Ist vorher einem anderen ein Nutzungsrecht an einem Lichtbildwerk eingeräumt oder übertragen worden, so erstreckt sich die Einräumung oder Übertragung im Zweifel nicht auf den Zeitraum, um den die Dauer des Urheberrechts an Lichtbildwerken verlängert worden ist.

§ 137b[2] Bestimmte Ausgaben. (1) Die Vorschriften dieses Gesetzes über die Dauer des Schutzes nach den §§ 70 und 71 sind auch auf wissenschaftliche Ausgaben und Ausgaben nachgelassener Werke anzuwenden, deren Schutzfrist am 1. Juli 1990 nach dem bis dahin geltenden Recht noch nicht abgelaufen ist.

(2) Ist vor dem 1. Juli 1990 einem anderen ein Nutzungsrecht an einer wissenschaftlichen Ausgabe oder einer Ausgabe nachgelassener Werke eingeräumt oder übertragen worden, so erstreckt sich die Einräumung oder Übertragung im Zweifel auch auf den Zeitraum, um den die Dauer des verwandten Schutzrechtes verlängert worden ist.

(3) Die Bestimmungen in § 137 Abs. 3 und 4 gelten entsprechend.

§ 137c[2] Ausübende Künstler. (1) Die Vorschriften dieses Gesetzes über die Dauer des Schutzes nach § 82 sind auch auf Darbietungen anzuwenden, die vor dem 1. Juli 1990 auf Bild- oder Tonträger aufgenommen worden sind, wenn am 1. Januar 1991 seit dem Erscheinen des Bild- oder Tonträgers 50 Jahre noch nicht abgelaufen sind. Ist der Bild- oder Tonträger innerhalb dieser Frist nicht erschienen, so ist die Frist von der Darbietung an zu berechnen. Der Schutz nach diesem Gesetz dauert in keinem Fall länger als 50 Jahre nach dem Erscheinen des Bild- oder Tonträgers oder, falls der Bild- oder Tonträger nicht erschienen ist, 50 Jahre nach der Darbietung.

(2) Ist vor dem 1. Juli 1990 einem anderen ein Nutzungsrecht an der Darbietung eingeräumt oder übertragen worden, so erstreckt sich die Einräumung oder Übertragung im Zweifel auch auf den Zeitraum, um den die Dauer des Schutzes verlängert worden ist.

(3) Die Bestimmungen in § 137 Abs. 3 und 4 gelten entsprechend.

---

[1] § 137a eingef. durch G v. 24. 6. 1985 (BGBl. I S. 1137).

[2] § 137b und § 137c eingef. durch Art. 2 G v. 7. 3. 1990 (BGBl. I S. 422).

§ 137d[1] **Computerprogramme.** (1) Die Vorschriften des Achten Abschnitts des Ersten Teils sind auch auf Computerprogramme anzuwenden, die vor dem 24. Juni 1993 geschaffen worden sind. Jedoch erstreckt sich das ausschließliche Vermietrecht (§ 69c Nr. 3) nicht auf Vervielfältigungsstücke eines Programms, die ein Dritter vor dem 1. Januar 1993 zum Zweck der Vermietung erworben hat.

(2) § 69g Abs. 2 ist auch auf Verträge anzuwenden, die vor dem 24. Juni 1993 abgeschlossen worden sind.

§ 137e[2] **Übergangsregelung bei Umsetzung der Richtlinie 92/100/EWG.** (1) Die am 30. Juni 1995 in Kraft tretenden Vorschriften dieses Gesetzes finden auch auf vorher geschaffene Werke, Darbietungen, Tonträger, Funksendungen und Filme Anwendung, es sei denn, daß diese zu diesem Zeitpunkt nicht mehr geschützt sind.

(2) Ist ein Original oder Vervielfältigungsstück eines Werkes oder ein Bild- oder Tonträger vor dem 30. Juni 1995 erworben oder zum Zweck der Vermietung einem Dritten überlassen worden, so gilt für die Vermietung nach diesem Zeitpunkt die Zustimmung der Inhaber des Vermietrechts (§§ 17, 75 Abs. 2, §§ 85 und 94) als erteilt. Diesen Rechtsinhabern hat der Vermieter jeweils eine angemessene Vergütung zu zahlen; § 27 Abs. 1 Satz 2 und 3 hinsichtlich der Ansprüche der Urheber und ausübenden Künstler und § 27 Abs. 3 finden entsprechende Anwendung. § 137d bleibt unberührt.

(3) Wurde ein Bild- oder Tonträger, der vor dem 30. Juni 1995 erworben oder zum Zweck der Vermietung einem Dritten überlassen worden ist, zwischen dem 1. Juli 1994 und dem 30. Juni 1995 vermietet, besteht für diese Vermietung ein Vergütungsanspruch in entsprechender Anwendung des Absatzes 2 Satz 2.

(4) Hat ein Urheber vor dem 30. Juni 1995 ein ausschließliches Verbreitungsrecht eingeräumt, so gilt die Einräumung auch für das Vermietrecht. Hat ein ausübender Künstler vor diesem Zeitpunkt bei der Herstellung eines Filmwerkes mitgewirkt oder in die Benutzung seiner Darbietung zur Herstellung eines Filmwerkes eingewilligt, so gelten seine ausschließlichen Rechte als auf den Filmhersteller übertragen. Hat er vor diesem Zeitpunkt in die Aufnahme seiner Darbietung auf Tonträger und in die Vervielfältigung eingewilligt, so gilt die Einwilligung auch als Übertragung des Verbreitungsrechts, einschließlich der Vermietung.

§ 137f[2] **Übergangsregelung bei Umsetzung der Richtlinie 93/98/EWG.** (1) Würde durch die Anwendung dieses Gesetzes in der ab dem 1. Juli 1995 geltenden Fassung die Dauer eines vorher entstandenen Rechts verkürzt, so erlischt der Schutz mit dem Ablauf der Schutzdauer nach den bis zum 30. Juni 1995 geltenden Vorschriften. Im übrigen sind die Vorschriften dieses Gesetzes über die Schutzdauer in der ab dem

[1] § 137d eingef. durch G v. 9. 6. 1993 (BGBl. I S. 910).

[2] §§ 137e und 137f eingef. durch G v. 23. 6. 1995 (BGBl. I S. 842).

1. Juli 1995 geltenden Fassung auch auf Werke und verwandte Schutzrechte anzuwenden, deren Schutz am 1. Juli 1995 noch nicht erloschen ist.

(2) Die Vorschriften dieses Gesetzes in der ab dem 1. Juli 1995 geltenden Fassung sind auch auf Werke anzuwenden, deren Schutz nach diesem Gesetz vor dem 1. Juli 1995 abgelaufen ist, nach dem Gesetz eines anderen Mitgliedstaates der Europäischen Union oder eines Vertragsstaates des Abkommens über den Europäischen Wirtschaftsraum zu diesem Zeitpunkt aber noch besteht. Satz 1 gilt entsprechend für die verwandten Schutzrechte des Herausgebers nachgelassener Werke (§ 71), der ausübenden Künstler (§ 73), der Hersteller von Tonträgern (§ 85), der Sendeunternehmen (§ 87) und der Filmhersteller (§§ 94 und 95).

(3) Lebt nach Absatz 2 der Schutz eines Werkes im Geltungsbereich dieses Gesetzes wieder auf, so stehen die wiederauflebenden Rechte dem Urheber zu. Eine vor dem 1. Juli 1995 begonnene Nutzungshandlung darf jedoch in dem vorgesehenen Rahmen fortgesetzt werden. Für die Nutzung ab dem 1. Juli 1995 ist eine angemessene Vergütung zu zahlen. Die Sätze 1 bis 3 gelten für verwandte Schutzrechte entsprechend.

(4) Ist vor dem 1. Juli 1995 einem anderen ein Nutzungsrecht an einer nach diesem Gesetz noch geschützten Leistung eingeräumt oder übertragen worden, so erstreckt sich die Einräumung oder Übertragung im Zweifel auch auf den Zeitraum, um den die Schutzdauer verlängert worden ist. Im Fall des Satzes 1 ist eine angemessene Vergütung zu zahlen.

§ 137 g[1] Übergangsregelung bei Umsetzung der Richtlinie 96/9/EG. (1) § 23 Satz 2, § 53 Abs. 5, die §§ 55 a und 63 Abs. 1 Satz 2 sind auch auf Datenbankwerke anzuwenden, die vor dem 1. Januar 1998 geschaffen wurden.

(2) Die Vorschriften des Sechsten Abschnitts des Zweiten Teils sind auch auf Datenbanken anzuwenden, die zwischen dem 1. Januar 1983 und dem 31. Dezember 1997 hergestellt worden sind. Die Schutzfrist beginnt in diesen Fällen am 1. Januar 1998.

(3) Die §§ 55 a und 87 e sind nicht auf Verträge anzuwenden, die vor dem 1. Januar 1998 abgeschlossen worden sind.

§ 137 h[2] Übergangsregelung bei Umsetzung der Richtlinie 93/83/EWG. (1) Die Vorschrift des § 20 a ist auf Verträge, die vor dem 1. Juni 1998 geschlossen worden sind, erst ab dem 1. Januar 2000 anzuwenden, sofern diese nach diesem Zeitpunkt ablaufen.

---

[1] § 137 g eingef. durch G v. 22. 7. 1997 (BGBl. I S. 1870).

[2] § 137 h eingef. durch das Vierte Gesetz zur Änderung des Urheberrechtsgesetzes v. 8. 5. 1998 (BGBl. I S. 902).

(2) Sieht ein Vertrag über die gemeinsame Herstellung eines Bild- oder Tonträgers, der vor dem 1. Juni 1998 zwischen mehreren Herstellern, von denen mindestens einer einem Mitgliedstaat der Europäischen Union oder Vertragsstaat des Europäischen Wirtschaftsraumes angehört, geschlossen worden ist, eine räumliche Aufteilung des Rechts der Sendung unter den Herstellern vor, ohne nach der Satellitensendung und anderen Arten der Sendung zu unterscheiden, und würde die Satellitensendung der gemeinsam hergestellten Produktion durch einen Hersteller die Auswertung der räumlich oder sprachlich beschränkten ausschließlichen Rechte eines anderen Herstellers beeinträchtigen, so ist die Satellitensendung nur zulässig, wenn ihr der Inhaber dieser ausschließlichen Rechte zugestimmt hat.

(3) Die Vorschrift des § 20b Abs. 2 ist nur anzuwenden, sofern der Vertrag über die Einräumung des Kabelweitersenderechts nach dem 1. Juni 1998 geschlossen wurde.

Dritter Abschnitt. Schlußbestimmungen

§ 138[1] Urheberrolle. (1) Die Urheberrolle für die in § 66 Abs. 2 Satz 2 vorgesehenen Eintragungen wird beim Patentamt geführt. Das Patentamt bewirkt die Eintragungen, ohne die Berechtigung des Antragstellers oder die Richtigkeit der zur Eintragung angemeldeten Tatsachen zu prüfen.

(2) Wird die Eintragung abgelehnt, so kann der Antragsteller gerichtliche Entscheidung beantragen. Über den Antrag entscheidet das für den Sitz des Patentamts zuständige Oberlandesgericht durch einen mit Gründen versehenen Beschluß. Der Antrag ist schriftlich bei dem Oberlandesgericht einzureichen. Die Entscheidung des Oberlandesgerichts ist endgültig. Im übrigen gelten für das gerichtliche Verfahren die Vorschriften des Gesetzes über die Angelegenheiten der freiwilligen Gerichtsbarkeit entsprechend. Für die Gerichtskosten gilt die Kostenordnung; die Gebühren richten sich nach § 131 der Kostenordnung.

(3) Die Eintragungen werden im Bundesanzeiger öffentlich bekanntgemacht. Die Kosten für die Bekanntmachung hat der Antragsteller im voraus zu entrichten.

(4) Die Einsicht in die Urheberrolle ist jedem gestattet. Auf Antrag werden Auszüge aus der Rolle erteilt; sie sind auf Verlangen zu beglaubigen.

(5) Der Bundesminister der Justiz wird ermächtigt, durch Rechtsverordnung[2]

---

[1] § 138 Abs. 1 Satz 1 geänd. durch G v. 23. 6. 1995 (BGBl. I S. 842), Abs. 5 neugef. durch G v. 23. 6. 1970 (BGBl. I S. 805).

[2] VO über die Urheberrolle v. 18. 12. 1965 (BGBl. I S. 2105), geänd. durch VO v. 26. 6. 1970 (BGBl. I S. 839) und v. 15. 10. 1991 (BGBl. I S. 2013).

1. Bestimmungen über die Form des Antrags und die Führung der Urheberrolle zu erlassen,
2. zur Deckung der Verwaltungskosten die Erhebung von Kosten (Gebühren und Auslagen) für die Eintragung, für die Ausfertigung eines Eintragungsscheins und für die Erteilung sonstiger Auszüge und deren Beglaubigung anzuordnen sowie Bestimmungen über den Kostenschuldner, die Fälligkeit von Kosten, die Kostenvorschußpflicht, Kostenbefreiungen, die Verjährung, das Kostenfestsetzungsverfahren und die Rechtsbehelfe gegen die Kostenfestsetzung zu treffen. Die Gebühr für die Eintragung darf 30 Deutsche Mark nicht übersteigen.

(6) Eintragungen, die nach § 56 des Gesetzes betreffend das Urheberrecht an Werken der Literatur und der Tonkunst vom 19. Juni 1901 beim Stadtrat in Leipzig vorgenommen worden sind, bleiben wirksam.

§§ 139, 140. *(Änderungsvorschriften; vom Abdruck wurde abgesehen)*

§ 141 Aufgehobene Vorschriften. Mit dem Inkrafttreten dieses Gesetzes werden aufgehoben:

1. die §§ 57 bis 60 des Gesetzes betreffend das Urheberrecht an Schriftwerken, Abbildungen, musikalischen Kompositionen und dramatischen Werken vom 11. Juni 1870 (Bundesgesetzblatt des Norddeutschen Bundes S. 339);
2. die §§ 17 bis 19 des Gesetzes betreffend das Urheberrecht an Werken der bildenden Künste vom 9. Januar 1876 (Reichsgesetzbl. S. 4);
3. das Gesetz betreffend das Urheberrecht an Werken der Literatur und der Tonkunst vom 19. Juni 1901 in der Fassung des Gesetzes zur Ausführung der revidierten Berner Übereinkunft zum Schutze von Werken der Literatur und Kunst vom 22. Mai 1910 und des Gesetzes zur Verlängerung der Schutzfristen im Urheberrecht vom 13. Dezember 1934 (Reichsgesetzbl. II S. 1395);
4. die §§ 3, 13 und 42 des Gesetzes über das Verlagsrecht vom 19. Juni 1901 (Reichsgesetzbl. S. 217) in der Fassung des Gesetzes zur Ausführung der revidierten Berner Übereinkunft zum Schutze von Werken der Literatur und Kunst vom 22. Mai 1910;
5. das Gesetz betreffend das Urheberrecht an Werken der bildenden Künste und der Photographie vom 9. Januar 1907 (Reichsgesetzbl. S. 7) in der Fassung des Gesetzes zur Ausführung der revidierten Berner Übereinkunft zum Schutze von Werken der Literatur und Kunst vom 22. Mai 1910, des Gesetzes zur Verlängerung der Schutzfristen im Urheberrecht vom 13. Dezember 1934 und des Gesetzes zur Verlängerung der Schutzfristen für das Urheberrecht an Lichtbildern vom 12. Mai 1940 (Reichsgesetzbl. I S. 758), soweit es nicht den Schutz von Bildnissen[1)] betrifft;

[1)] Die weiterhin gültigen Vorschriften über den Schutz von Bildnissen sind unter **Nr. 29** abgedruckt.

6. die Artikel I, III und IV des Gesetzes zur Ausführung der revidierten Berner Übereinkunft zum Schutze von Werken der Literatur und Kunst vom 22. Mai 1910;
7. das Gesetz zur Erleichterung der Filmberichterstattung vom 30. April 1936 (Reichsgesetzbl. I S. 404);
8. § 10 des Gesetzes über die Rechtsstellung heimatloser Ausländer im Bundesgebiet vom 25. April 1951 (Bundesgesetzbl. I S. 269).

§ 142 Geltung im Land Berlin. *(gegenstandslos)*

§ 143 Inkrafttreten. (1) Die §§ 64 bis 67, 69, 105 Abs. 1 bis 3 und § 138 Abs. 5 treten am Tage nach der Verkündung dieses Gesetzes in Kraft.

(2) Im übrigen tritt dieses Gesetz am 1. Januar 1966 in Kraft.

Anlage[1]
(zu § 54 d Abs. 1 des Urheberrechtsgesetzes)

Vergütungssätze

I. Vergütung nach § 54 Abs. 1:

Die Vergütung aller Berechtigten beträgt

1. für jedes Tonaufzeichnungsgerät	2,50 DM
2. für jedes Bildaufzeichnungsgerät mit oder ohne Tonteil	18,00 DM
3. bei Tonträgern für jede Stunde Spieldauer bei üblicher Nutzung	0,12 DM
4. bei Bildträgern für jede Stunde Spieldauer bei üblicher Nutzung	0,17 DM

5. für jedes Ton- und Bildaufzeichnungsgerät, für dessen Betrieb nach seiner Bauart gesonderte Träger (Nummern 3 und 4) nicht erforderlich sind, das Doppelte der Vergütungssätze nach den Nummern 1 und 2.

II. Vergütung nach § 54 a Abs. 1 und 2:

1. Die Vergütung aller Berechtigten nach § 54 a Abs. 1 beträgt für jedes Vervielfältigungsgerät mit einer Leistung

von 2 bis 12 Vervielfältigungen je Minute	75,— DM
von 13 bis 35 Vervielfältigungen je Minute	100,— DM
von 36 bis 70 Vervielfältigungen je Minute	150,— DM
über 70 Vervielfältigungen je Minute	600,— DM

[1] Anlage eingef. durch G v. 24. 6. 1985 (BGBl. I S. 1137) und geänd. durch Art. 2 G v. 25. 7. 1994 (BGBl. I S. 1739).

2. Die Vergütung aller Berechtigten nach § 54 a Abs. 2 beträgt für jede DIN-A4-Seite der Ablichtung
   a) bei Ablichtungen, die aus ausschließlich für den Schulgebrauch bestimmten, von einer Landesbehörde als Schulbuch zugelassenen Büchern hergestellt werden, 0,05 DM
   b) bei allen übrigen Ablichtungen 0,02 DM
3. Bei Vervielfältigungsgeräten, mit denen mehrfarbige Ablichtungen hergestellt werden können, und bei mehrfarbigen Ablichtungen ist der doppelte Vergütungssatz anzuwenden.
4. Bei Vervielfältigungsverfahren vergleichbarer Wirkung sind diese Vergütungssätze entsprechend anzuwenden.

29. Gesetz betreffend das Urheberrecht an Werken der bildenden Künste und der Photographie

Vom 9. Januar 1907 (RGBl. S. 7)

(BGBl. III/FNA 440-3)

Das Gesetz wurde durch § 141 Nr. 5 Urheberrechtsgesetz vom 9. 9. 1965 (BGBl. I S. 1273) – abgedruckt unter Nr. 28 – mit Wirkung vom 1. 1. 1966 **aufgehoben, soweit es nicht den Schutz von Bildnissen betrifft.** Nachstehend werden deshalb nur noch die Vorschriften zum Schutz von Bildnissen wiedergegeben, die durch Art. 145 Einführungsgesetz zum Strafgesetzbuch vom 2. 3. 1974 (BGBl. I S. 469) geändert worden sind.[1)]

§ 22 [Recht am eigenen Bilde]. Bildnisse dürfen nur mit Einwilligung des Abgebildeten verbreitet oder öffentlich zur Schau gestellt werden. Die Einwilligung gilt im Zweifel als erteilt, wenn der Abgebildete dafür, daß er sich abbilden ließ, eine Entlohnung erhielt. Nach dem Tode des Abgebildeten bedarf es bis zum Ablaufe von 10 Jahren der Einwilligung der Angehörigen des Abgebildeten. Angehörige im Sinne dieses Gesetzes sind der überlebende Ehegatte und die Kinder des Abgebildeten, und wenn weder ein Ehegatte noch Kinder vorhanden sind, die Eltern des Abgebildeten.

§ 23 [Ausnahmen zu § 22]. (1) Ohne die nach § 22 erforderliche Einwilligung dürfen verbreitet und zur Schau gestellt werden:

1. Bildnisse aus dem Bereiche der Zeitgeschichte;
2. Bilder, auf denen die Personen nur als Beiwerk neben einer Landschaft oder sonstigen Örtlichkeit erscheinen;
3. Bilder von Versammlungen, Aufzügen und ähnlichen Vorgängen, an denen die dargestellten Personen teilgenommen haben;
4. Bildnisse, die nicht auf Bestellung angefertigt sind, sofern die Verbreitung oder Schaustellung einem höheren Interesse der Kunst dient.

(2) Die Befugnis erstreckt sich jedoch nicht auf eine Verbreitung und Schaustellung, durch die ein berechtigtes Interesse des Abgebildeten oder, falls dieser verstorben ist, seiner Angehörigen verletzt wird.

§ 24 [Ausnahmen im öffentlichen Interesse]. Für Zwecke der Rechtspflege und der öffentlichen Sicherheit dürfen von den Behörden Bildnisse ohne Einwilligung des Berechtigten sowie des Abgebildeten oder seiner Angehörigen vervielfältigt, verbreitet und öffentlich zur Schau gestellt werden.

[1)] Kursiv gedruckte Textstellen sind aufgehoben.

§ 33[1] **[Strafvorschrift].** (1) Mit Freiheitsstrafe bis zu einem Jahr oder mit Geldstrafe wird bestraft, wer entgegen den §§ 22, 23 ein Bildnis verbreitet oder öffentlich zur Schau stellt.

(2) Die Tat wird nur auf Antrag verfolgt.

§ 37 [Vernichtung]. (1) *Die widerrechtlich hergestellten, verbreiteten oder vorgeführten Exemplare und die zur widerrechtlichen Vervielfältigung oder Vorführung ausschließlich bestimmten Vorrichtungen, wie Formen, Platten, Steine, unterliegen der Vernichtung.* Das gleiche gilt von den widerrechtlich verbreiteten oder öffentlich zur Schau gestellten Bildnissen und den zu deren Vervielfältigung ausschließlich bestimmten Vorrichtungen. Ist nur ein Teil des Werkes widerrechtlich hergestellt, verbreitet oder vorgeführt, so ist auf Vernichtung dieses Teiles und der entsprechenden Vorrichtungen zu erkennen.

(2) Gegenstand der Vernichtung sind alle Exemplare und Vorrichtungen, welche sich im Eigentume der an *der Herstellung,* der Verbreitung, *der Vorführung* oder der Schaustellung Beteiligten sowie der Erben dieser Personen befinden.

(3) Auf die Vernichtung ist auch dann zu erkennen, wenn *die Herstellung,* die Verbreitung, *die Vorführung* oder die Schaustellung weder vorsätzlich noch fahrlässig erfolgt. *Das gleiche gilt, wenn die Herstellung noch nicht vollendet ist.*

(4) Die Vernichtung hat zu erfolgen, nachdem dem Eigentümer gegenüber rechtskräftig darauf erkannt ist. Soweit die Exemplare oder die Vorrichtungen in anderer Weise als durch Vernichtung unschädlich gemacht werden können, hat dies zu geschehen, falls der Eigentümer die Kosten übernimmt.

§ 38 [Recht der Übernahme]. Der Verletzte kann statt der Vernichtung verlangen, daß ihm das Recht zuerkannt wird, die Exemplare und Vorrichtungen ganz oder teilweise gegen eine angemessene, höchstens dem Betrage der Herstellungskosten gleichkommende Vergütung zu übernehmen.

§ 42 [Zivil- oder Strafverfahren]. Die Vernichtung der Exemplare und der Vorrichtungen kann im Wege des bürgerlichen Rechtsstreits oder im Strafverfahren verfolgt werden.

§ 43 [Vernichtung nur auf Antrag]. (1) Auf die Vernichtung von Exemplaren oder Vorrichtungen kann auch im Strafverfahren nur auf besonderen Antrag des Verletzten erkannt werden. Die Zurücknahme des Antrags ist bis zur erfolgten Vernichtung zulässig.

(2) Der Verletzte kann die Vernichtung von Exemplaren oder Vorrichtungen selbständig verfolgen. In diesem Falle finden die *§§ 477 bis*

---

[1] § 33 neu gefaßt mit Wirkung vom 1. 1. 1975 durch Einführungsgesetz zum Strafgesetzbuch vom 2. 3. 1974 (BGBl. I S. 469).

479[1)] der Strafprozeßordnung mit der Maßgabe Anwendung, daß der Verletzte als Privatkläger auftreten kann.

§ 44 [Recht auf Übernahme]. Die §§ 42, 43 finden auf die Verfolgung des im § 38 bezeichneten Rechtes entsprechende Anwendung.

§ 48 [Verjährung]. (1) *Der Anspruch auf Schadensersatz und die Strafverfolgung wegen widerrechtlicher Verbreitung oder Vorführung eines Werkes sowie* die Strafverfolgung wegen widerrechtlicher Verbreitung oder Schaustellung eines Bildnisses verjähren in drei Jahren.

(2) Die Verjährung beginnt mit dem Tage, an welchem die widerrechtliche Handlung zuletzt stattgefunden hat.

§ 50 [Antrag auf Vernichtung]. Der Antrag auf Vernichtung der Exemplare und der Vorrichtungen ist so lange zulässig, als solche Exemplare oder Vorrichtungen vorhanden sind.

[1)] Jetzt „§§ 430 bis 432".

30. Richtlinie 96/9/EG des Europäischen Parlaments und des Rates über den rechtlichen Schutz von Datenbanken

Vom 11. März 1996 (ABl. EG Nr. L 77/20 v. 27. 3. 1996)

DAS EUROPÄISCHE PARLAMENT UND DER RAT DER EUROPÄISCHEN UNION –

gestützt auf den Vertrag zur Gründung der Europäischen Gemeinschaft, insbesondere auf Artikel 57 Absatz 2 und die Artikel 66 und 100a,
auf Vorschlag der Kommission[1],
nach Stellungnahme des Wirtschafts- und Sozialausschusses[2],
gemäß dem Verfahren des Artikels 189b des Vertrags[3],
in Erwägung nachstehender Gründe:

(1) Ein ausreichender rechtlicher Schutz von Datenbanken besteht zur Zeit nicht in allen Mitgliedstaaten. Wird ein solcher rechtlicher Schutz gewährt, so weist er unterschiedliche Merkmale auf.

(2) Ein derartiger unterschiedlicher rechtlicher Schutz durch die Rechtsvorschriften der Mitgliedstaaten wirkt sich unmittelbar nachteilig auf das Funktionieren des Binnenmarktes für Datenbanken aus, insbesondere auf die Freiheit von natürlichen und juristischen Personen, Online-Datenbankprodukte und -dienste überall in der Gemeinschaft auf einer innerhalb der gesamten Gemeinschaft harmonisierten Rechtsgrundlage zur Verfügung zu stellen. Mit der Einführung neuer Rechtsvorschriften der Mitgliedstaaten auf diesem Gebiet, das weltweit immer mehr Bedeutung erhält, könnten sich diese Unterschiede noch vergrößern.

(3) Bestehende Unterschiede, die sich verzerrend auf das Funktionieren des Binnenmarktes auswirken, müssen beseitigt, und die Entstehung neuer Unterschiede muß verhindert werden; Unterschiede, die das Funktionieren des Binnenmarktes oder die Entwicklung eines Informationsmarktes in der Gemeinschaft zur Zeit nicht beeinträchtigen, brauchen hingegen in dieser Richtlinie nicht berücksichtigt zu werden.

---

[1] **Amtl. Anm.:** ABl. Nr. C 156 vom 23. 6. 1992, S. 4, und ABl. Nr. C 308 vom 15. 11. 1993, S. 1.

[2] **Amtl. Anm.:** ABl. Nr. C 19 vom 25. 1. 1993, S. 3.

[3] **Amtl. Anm.:** Stellungnahme des Europäischen Parlaments vom 23. Juni 1993 (ABl. Nr. C 194 vom 19. 7. 1993, S. 144), gemeinsamer Standpunkt des Rates vom 10. Juli 1995 (ABl. Nr. C 288 vom 30. 10. 1995, S. 14) und Beschluß des Europäischen Parlaments vom 14. Dezember 1995 (ABl. Nr. C 17 vom 22. 1. 1996); Beschluß des Rates vom 26. Februar 1996.

(4) Datenbanken werden in den Mitgliedstaaten in unterschiedlicher Form durch Gesetzes- oder Richterrecht urheberrechtlich geschützt. Solange die Rechtsvorschriften der Mitgliedstaaten weiterhin Unterschiede hinsichtlich des Umfangs und der Bedingungen des Schutzes aufweisen, können solche nicht harmonisierten Rechte des geistigen Eigentums den freien Verkehr von Waren und Dienstleistungen innerhalb der Gemeinschaft behindern.

(5) Das Urheberrecht ist eine geeignete Form der ausschließlichen Rechte der Urheber von Datenbanken.

(6) Da es in den Mitgliedstaaten noch keine harmonisierte Regelung betreffend den unlauteren Wettbewerb bzw. noch keine Rechtsprechung auf diesem Gebiet gibt, sind jedoch weitere Maßnahmen erforderlich, um eine unerlaubte Entnahme und/oder Weiterverwendung des Inhalts einer Datenbank zu unterbinden.

(7) Der Aufbau von Datenbanken erfordert die Investition erheblicher menschlicher, technischer und finanzieller Mittel, während sie zu einem Bruchteil der zu ihrer unabhängigen Entwicklung erforderlichen Kosten kopiert oder abgefragt werden können.

(8) Die unerlaubte Entnahme und/oder Weiterverwendung des Inhalts einer Datenbank sind Handlungen, die schwerwiegende wirtschaftliche und technische Folgen haben können.

(9) Datenbanken sind für die Entwicklung des Informationsmarktes in der Gemeinschaft von großer Bedeutung und werden in vielen anderen Bereichen von Nutzen sein.

(10) Die exponentielle Zunahme der Daten, die in der Gemeinschaft und weltweit jedes Jahr in allen Bereichen des Handels und der Industrie erzeugt und verarbeitet werden, macht in allen Mitgliedstaaten Investitionen in fortgeschrittene Informationsmanagementsysteme erforderlich.

(11) Zur Zeit besteht ein großes Ungleichgewicht im Ausmaß der Investitionen zur Schaffung von Datenbanken sowohl unter den Mitgliedstaaten selbst als auch zwischen der Gemeinschaft und den in der Herstellung von Datenbanken führenden Drittstaaten.

(12) Investitionen in moderne Datenspeicher- und Datenverarbeitungs-Systeme werden in der Gemeinschaft nur dann in dem gebotenen Umfang stattfinden, wenn ein solides, einheitliches System zum Schutz der Rechte der Hersteller von Datenbanken geschaffen wird.

(13) Mit dieser Richtlinie werden Sammlungen – bisweilen auch Zusammenstellungen genannt – von Werken, Daten oder anderen Elementen geschützt, bei denen die Zusammenstellung, die Speicherung und der Zugang über elektronische, elektromagnetische, elektrooptische oder ähnliche Verfahren erfolgen.

(14) Der aufgrund dieser Richtlinie gewährte Schutz ist auf nichtelektronische Datenbanken auszuweiten.

(15) Die Kriterien, ob eine Datenbank für den urheberrechtlichen Schutz in Betracht kommt, sollten darauf beschrankt sein, daß der Urheber mit der Auswahl oder Anordnung des Inhalts der Datenbank eine eigene geistige Schöpfung vollbracht hat. Dieser Schutz bezieht sich auf die Struktur der Datenbank.

(16) Bei der Beurteilung, ob eine Datenbank für den urheberrechtlichen Schutz in Betracht kommt, sollten keine anderen Kriterien angewendet werden als die Originalität im Sinne einer geistigen Schöpfung; insbesondere sollte keine Beurteilung der Qualität oder des ästhetischen Wertes der Datenbank vorgenommen werden.

(17) Unter dem Begriff „Datenbank" sollten Sammlungen von literarischen, künstlerischen, musikalischen oder anderen Werken sowie von anderem Material wie Texten, Tönen, Bildern, Zahlen, Fakten und Daten verstanden werden. Es muß sich um Sammlungen von Werken, Daten oder anderen unabhängigen Elementen handeln, die systematisch oder methodisch angeordnet und einzeln zugänglich sind. Daraus ergibt sich, daß die Aufzeichnung eines audiovisuellen, kinematographischen, literarischen oder musikalischen Werkes als solche nicht in den Anwendungsbereich dieser Richtlinie fällt.

(18) Diese Richtlinie läßt die Freiheit der Urheber unberührt zu entscheiden, ob oder in welcher Form sie die Aufnahme ihrer Werke in eine Datenbank gestatten und insbesondere ob die Genehmigung ausschließlich ist oder nicht. Der Schutz von Datenbanken durch das Schutzrecht sui generis läßt die an ihrem Inhalt bestehenden Rechte unberührt; hat insbesondere ein Urheber oder Inhaber eines verwandten Schutzrechts in einem nichtausschließlichen Lizenzvertrag die Aufnahme einiger seiner Werke oder Leistungen in eine Datenbank gestattet, so kann ein Dritter diese Werke oder Leistungen im Rahmen der erforderlichen Genehmigung des Urhebers oder des Inhabers des verwandten Rechts nutzen, ohne daß ihm gegenüber das Schutzrecht sui generis des Herstellers der Datenbank geltend gemacht werden kann, sofern diese Werke oder Leistungen weder der Datenbank entnommen noch ausgehend von dieser Datenbank weiterverwendet werden.

(19) Normalerweise fallt die Zusammenstellung mehrerer Aufzeichnungen musikalischer Darbietungen auf einer CD nicht in den Anwendungsbereich dieser Richtlinie, da sie als Zusammenstellung weder die Voraussetzungen für einen urheberrechtlichen Schutz erfüllt, noch eine Investition im Sinne eines Schutzrechts sui generis darstellt, die ausreichend erheblich wäre, um in den Genuß eines Rechts sui generis zu kommen.

(20) Der in dieser Richtlinie vorgesehene Schutz kann sich auch auf Elemente erstrecken, die für den Betrieb oder die Abfrage bestimmter Datenbanken erforderlich sind, beispielsweise auf den Thesaurus oder die Indexierungssysteme.

(21) Der in dieser Richtlinie vorgesehene Schutz bezieht sich auf Datenbanken, in denen die Werke, Daten oder anderen Elemente systematisch oder methodisch angeordnet sind. Es ist nicht erforderlich, daß ihre physische Speicherung in geordneter Weise erfolgt.

(22) Elektronische Datenbanken im Sinne dieser Richtlinie können auch Vorrichtungen wie CD-ROM und CD-I umfassen.

(23) Der Begriff „Datenbank" ist nicht auf für die Herstellung oder den Betrieb einer Datenbank verwendete Computerprogramme anzuwenden; diese Computerprogramme sind durch die Richtlinie 91/250/EWG des Rates vom 14. Mai 1991 über den Rechtsschutz von Computerprogrammen[1] geschützt.

(24) Die Vermietung und der Verleih von Datenbanken werden hinsichtlich des Urheberrechts und verwandter Schutzrechte ausschließlich durch die Richtlinie 92/100/EWG des Rates vom 19. Dezember 1992 zum Vermietrecht und Verleihrecht sowie zu bestimmten dem Urheberrecht verwandten Schutzrechten im Bereich des geistigen Eigentums[2] geregelt.

(25) Die Schutzdauer des Urheberrechts ist bereits durch die Richtlinie 93/98/EWG des Rates vom 29. Oktober 1993 zur Harmonisierung der Schutzdauer des Urheberrechts und bestimmter verwandter Schutzrechte[3] geregelt.

(26) Für urheberrechtlich geschützte Werke und durch verwandte Schutzrechte geschützte Leistungen, die in eine Datenbank aufgenommen sind, gelten jedoch weiterhin die jeweiligen ausschließlichen Rechte; ohne Erlaubnis des Rechtsinhabers oder dessen Rechtsnachfolgers dürfen sie somit nicht in eine Datenbank aufgenommen oder aus dieser vervielfältigt werden.

(27) Das Urheberrecht an Werken bzw. die verwandten Schutzrechte an Leistungen, die auf diese Weise in Datenbanken aufgenommen sind, werden in keiner Weise durch die Existenz eines gesonderten Rechts an der Auswahl oder Anordnung dieser Werke und Leistungen in der Datenbank berührt.

(28) Für die Urheberpersönlichkeitsrechte der natürlichen Person, die die Datenbank geschaffen hat, und deren Ausübung haben die Rechtsvorschriften der Mitgliedstaaten im Einklang mit den Bestimmungen der Berner Übereinkunft zum Schutz von Werken der Literatur und der Kunst zu gelten; sie bleiben deshalb außerhalb des Anwendungsbereichs dieser Richtlinie.

(29) Es bleibt den Mitgliedstaaten überlassen, welche Regelung auf die Schöpfung von Datenbanken in unselbständiger Tätigkeit anzu-

---

[1] **Amtl. Anm.:** ABl. Nr. L 122 vom 17. 5. 1991, S. 42. Richtlinie zuletzt geändert durch die Richtlinie 93/98/EWG (ABl. Nr. L 290 vom 24. 11. 1993, S. 9).

[2] **Amtl. Anm.:** ABl. Nr. L 346 vom 27. 11. 1992, S. 61.

[3] **Amtl. Anm.:** ABl. Nr. L 290 vom 24. 11. 1993, S. 9.

wenden ist. Diese Richtlinie hindert die Mitgliedstaaten daher nicht daran, in ihren Rechtsvorschriften vorzusehen, daß im Fall einer Datenbank, die von einem Arbeitnehmer in Wahrnehmung seiner Aufgaben oder nach den Anweisungen seines Arbeitgebers geschaffen wird, ausschließlich der Arbeitgeber zur Ausübung aller vermögensrechtlichen Befugnisse an der so geschaffenen Datenbank berechtigt ist, sofern durch vertragliche Vereinbarung nichts anderes bestimmt wird.

(30) Die ausschließlichen Rechte des Urhebers sollten das Recht einschließen, zu bestimmen, in welcher Weise und durch wen das Werk genutzt wird, und insbesondere das Recht, die Verbreitung seines Werkes an unbefugte Personen zu kontrollieren.

(31) Der urheberrechtliche Schutz von Datenbanken schließt auch die Zuverfügungstellung von Datenbanken in einer anderen Weise als durch die Verbreitung von Vervielfältigungsstücken ein.

(32) Die Mitgliedstaaten sind gehalten, zumindest die materielle Gleichwertigkeit ihrer einzelstaatlichen Bestimmungen in bezug auf die in dieser Richtlinie vorgesehenen zustimmungsbedürftigen Handlungen sicherzustellen.

(33) Die Frage der Erschöpfung des Verbreitungsrechts stellt sich nicht im Fall von Online-Datenbanken, die in den Dienstleistungsbereich fallen. Dies gilt auch in bezug auf ein physisches Vervielfältigungsstück einer solchen Datenbank, das vom Nutzer der betreffenden Dienstleistung mit Zustimmung des Rechtsinhabers hergestellt wurde. Anders als im Fall der CD-ROM bzw. CD-I, bei denen das geistige Eigentum an ein physisches Trägermedium, d. h. an eine Ware gebunden ist, stellt jede Online-Leistung nämlich eine Handlung dar, die, sofern das Urheberrecht dies vorsieht, genehmigungspflichtig ist.

(34) Hat der Rechtsinhaber sich entschieden, einem Benutzer durch einen Online-Dienst oder durch andere Mittel der Verbreitung eine Kopie der Datenbank zur Verfügung zu stellen, so muß dieser rechtmäßige Benutzer Zugang zu der Datenbank haben und sie für die Zwecke und in der Art und Weise benutzen können, die in dem Lizenzvertrag mit dem Rechtsinhaber festgelegt sind, auch wenn für diesen Zugang und diese Benutzung Handlungen erforderlich sind, die ansonsten zustimmungsbedürftig sind.

(35) Für die zustimmungsbedürftigen Handlungen ist eine Liste von Ausnahmen festzulegen und dabei zu berücksichtigen, daß das Urheberrecht im Sinne dieser Richtlinie nur für die Auswahl und Anordnung des Inhalts einer Datenbank gilt. Den Mitgliedstaaten soll die Wahlmöglichkeit gegeben werden, diese Ausnahmen in bestimmten Fällen vorzusehen. Diese Wahlmöglichkeit muß jedoch im Einklang mit der Berner Übereinkunft ausgeübt werden und beschränkt sich auf Fälle, in denen sich die Ausnahmen auf die Struktur der Datenbank beziehen. Dabei ist zu unterscheiden zwi-

schen Ausnahmen für Fälle des privaten Gebrauchs und Ausnahmen für Fälle der Vervielfältigung zu privaten Zwecken, wobei letzterer Bereich die einzelstaatlichen Vorschriften bestimmter Mitgliedstaaten betreffend Abgaben auf unbeschriebene Datenträger und auf Aufzeichnungsgeräte berührt.

(36) Im Sinne dieser Richtlinie werden mit dem Ausdruck „wissenschaftliche Forschung" sowohl die Naturwissenschaften als auch die Geisteswissenschaften erfaßt.

(37) Artikel 10 Absatz 1 der Berner Übereinkunft wird durch diese Richtlinie nicht berührt.

(38) Der zunehmende Einsatz der Digitaltechnik setzt den Hersteller der Datenbank der Gefahr aus, daß die Inhalte seiner Datenbank kopiert und ohne seine Genehmigung zwecks Erstellung einer Datenbank identischen Inhalts, die aber keine Verletzung des Urheberrechts an der Anordnung des Inhalts seiner Datenbank darstellt, elektronisch neu zusammengestellt werden.

(39) Neben dem Urheberrecht an der Auswahl oder Anordnung des Inhalts einer Datenbank sollen mit dieser Richtlinie die Hersteller von Datenbanken in bezug auf die widerrechtliche Aneignung der Ergebnisse der finanziellen und beruflichen Investitionen, die für die Beschaffung und das Sammeln des Inhalts getätigt wurden, in der Weise geschützt werden, daß die Gesamtheit oder wesentliche Teile einer Datenbank gegen bestimmte Handlungen eines Benutzers oder eines Konkurrenten geschützt sind.

(40) Das Ziel dieses Schutzrechts sui generis besteht darin, den Schutz einer Investition in die Beschaffung, Überprüfung oder Darstellung des Inhalts einer Datenbank für die begrenzte Dauer des Schutzrechtes sicherzustellen. Diese Investition kann in der Bereitstellung von finanziellen Mitteln und/oder im Einsatz von Zeit, Arbeit und Energie bestehen.

(41) Das Schutzrecht sui generis soll dem Hersteller einer Datenbank die Möglichkeit geben, die unerlaubte Entnahme und/oder Weiterverwendung der Gesamtheit oder wesentlicher Teile des Inhalts dieser Datenbank zu unterbinden. Hersteller einer Datenbank ist die Person, die die Initiative ergreift und das Investitionsrisiko trägt. Insbesondere Auftragnehmer fallen daher nicht unter den Begriff des Herstellers.

(42) Das besondere Recht auf Untersagung der unerlaubten Entnahme und/oder Weiterverwendung stellt auf Handlungen des Benutzers ab, die über dessen begründete Rechte hinausgehen und somit der Investition schaden. Das Recht auf Verbot der Entnahme und/oder Weiterverwendung der Gesamtheit oder eines wesentlichen Teils des Inhalts bezieht sich nicht nur auf die Herstellung eines parasitären Konkurrenzprodukts, sondern auch auf einen Benutzer, der durch seine Handlungen einen qualitativ oder quantitativ erheblichen Schaden für die Investition verursacht.

(43) Im Fall einer Online-Übermittlung erschöpft sich das Recht, die Weiterverwendung zu untersagen, weder hinsichtlich der Datenbank noch hinsichtlich eines vom Empfänger der Übermittlung mit Zustimmung des Rechtsinhabers angefertigten physischen Vervielfältigungsstücks dieser Datenbank oder eines Teils davon.

(44) Ist für die Darstellung des Inhalts einer Datenbank auf dem Bildschirm die ständige oder vorübergehende Übertragung der Gesamtheit oder eines wesentlichen Teils dieses Inhalts auf einen anderen Datenträger erforderlich, so bedarf diese Handlung der Genehmigung durch den Rechtsinhaber.

(45) In dem Recht auf Untersagung der unerlaubten Entnahme und/oder Weiterverwendung ist in keinerlei Hinsicht eine Ausdehnung des urheberrechtlichen Schutzes auf reine Fakten oder Daten zu sehen.

(46) Die Existenz eines Rechts auf Untersagung der unerlaubten Entnahme und/oder Weiterverwendung der Gesamtheit oder eines wesentlichen Teils von Werken, Daten oder Elementen einer Datenbank führt nicht zur Entstehung eines neuen Rechts an diesen Werken, Daten oder Elementen selbst.

(47) Zur Förderung des Wettbewerbs zwischen Anbietern von Informationsprodukten und -diensten darf der Schutz durch das Schutzrecht sui generis nicht in einer Weise gewährt werden, durch die der Mißbrauch einer beherrschenden Stellung erleichtert würde, insbesondere in bezug auf die Schaffung und Verbreitung neuer Produkte und Dienste, die einen Mehrwert geistiger, dokumentarischer, technischer, wirtschaftlicher oder kommerzieller Art aufweisen. Die Anwendung der gemeinschaftlichen oder einzelstaatlichen Wettbewerbsvorschriften bleibt daher von den Bestimmungen dieser Richtlinie unberührt.

(48) Ziel dieser Richtlinie ist es, ein angemessenes und einheitliches Niveau im Schutz der Datenbanken sicherzustellen, damit der Hersteller der Datenbank die ihm zustehende Vergütung erhält; Ziel der Richtlinie 95/46/EG des Europäischen Parlaments und des Rates vom 24. Oktober 1995 zum Schutz natürlicher Personen bei der Verarbeitung personenbezogener Daten und zum freien Datenverkehr[1)] ist es hingegen, den freien Verkehr personenbezogener Daten auf der Grundlage harmonisierter Bestimmungen zu gewährleisten, mit denen die Grundrechte und insbesondere das in Artikel 8 der Europäischen Konvention zum Schutz der Menschenrechte und Grundfreiheiten anerkannte Recht auf Schutz der Privatsphäre geschützt werden sollen. Die Bestimmungen der vorliegenden Richtlinie berühren nicht die Rechtsvorschriften für den Datenschutz.

---

1) **Amtl. Anm.:** ABl. Nr. L 281 vom 23. 11. 1995, S. 31.

(49) Ungeachtet des Rechts, die Entnahme und/oder Weiterverwendung der Gesamtheit oder eines wesentlichen Teils einer Datenbank zu untersagen, ist vorzusehen, daß der Hersteller einer Datenbank oder der Rechtsinhaber dem rechtmäßigen Benutzer der Datenbank nicht untersagen kann, unwesentliche Teile der Datenbank zu entnehmen und weiterzuverwenden. Der Benutzer darf jedoch die berechtigten Interessen weder des Inhabers des Rechts sui generis noch des Inhabers eines Urheberrechts oder eines verwandten Schutzrechts an den in dieser Datenbank enthaltenen Werken oder Leistungen in unzumutbarer Weise beeinträchtigen.

(50) Es ist zweckmäßig, den Mitgliedstaaten die Wahlmöglichkeit einzuräumen, Ausnahmen von dem Recht vorzusehen, die unerlaubte Entnahme und/oder die Weiterverwendung eines wesentlichen Teils des Inhalts einer Datenbank zu untersagen, wenn es sich um eine Entnahme zu privaten Zwecken oder zur Veranschaulichung des Unterrichts oder zu Zwecken der wissenschaftlichen Forschung oder auch um eine Entnahme und/oder Weiterverwendung im Interesse der öffentlichen Sicherheit oder im Rahmen eines Verwaltungs- oder Gerichtsverfahrens handelt. Es ist wichtig, daß diese Maßnahmen die ausschließlichen Rechte des Herstellers zur Nutzung der Datenbank unberührt lassen und daß mit ihnen keinerlei kommerzielle Zwecke verfolgt werden.

(51) Wenn die Mitgliedstaaten von der Möglichkeit Gebrauch machen, dem rechtmäßigen Benutzer einer Datenbank die Entnahme eines wesentlichen Teils des Inhalts zur Veranschaulichung des Unterrichts oder zu Zwecken der wissenschaftlichen Forschung zu genehmigen, können sie diese Genehmigung auf bestimmte Gruppen von Lehranstalten oder wissenschaftlichen Forschungseinrichtungen beschränken.

(52) Die Mitgliedstaaten, die bereits eine spezifische Regelung haben, die dem in dieser Richtlinie vorgesehenen Schutzrecht sui generis gleicht, dürfen die nach diesen Rechtsvorschriften herkömmlicherweise gestatteten Ausnahmen in bezug auf das neue Recht beibehalten.

(53) Der Hersteller der Datenbank trägt die Beweislast für den Zeitpunkt der Fertigstellung einer Datenbank.

(54) Die Beweislast dafür, daß die Voraussetzungen vorliegen, die den Schluß zulassen, daß eine wesentliche Änderung des Inhalts einer Datenbank als eine wesentliche Neuinvestition zu betrachten ist, liegt bei dem Hersteller der aus dieser Neuinvestition hervorgegangenen Datenbank.

(55) Eine wesentliche Neuinvestition, die eine neue Schutzdauer nach sich zieht, kann in einer eingehenden Überprüfung des Inhalts der Datenbank bestehen.

(56) Das Recht auf Schutz vor unrechtmäßiger Entnahme und/oder Weiterverwendung gilt für Datenbanken, deren Hersteller Staats-

angehörige von Drittländern sind oder dort ihren gewöhnlichen Aufenthalt haben, und für Datenbanken, die von juristischen Personen erstellt wurden, die nicht im Sinne des Vertrags in einem Mitgliedstaat niedergelassen sind, nur dann, wenn diese Drittländer einen vergleichbaren Schutz für Datenbanken bieten, die von Staatsangehörigen der Mitgliedstaaten oder von Personen erstellt wurden, die ihren gewöhnlichen Aufenthalt im Gebiet der Gemeinschaft haben.

(57) Neben den Sanktionen, die im Recht der Mitgliedstaaten für Verletzungen des Urheberrechts oder anderer Rechte vorgesehen sind, haben die Mitgliedstaaten geeignete Sanktionen gegen die nicht genehmigte Entnahme und/oder Weiterverwendung des Inhalts von Datenbanken vorzusehen.

(58) Neben dem Schutz, der mit dieser Richtlinie der Struktur der Datenbank durch das Urheberrecht und deren Inhalt durch das Recht sui generis, die nicht genehmigte Entnahme und/oder Weiterverwendung zu untersagen, gewährt wird, bleiben andere Rechtsvorschriften der Mitgliedstaaten betreffend das Anbieten von Datenbankprodukten und -diensten weiter anwendbar.

(59) Diese Richtlinie berührt nicht die Anwendung der gegebenenfalls durch die Rechtsvorschriften eines Mitgliedstaats anerkannten Regeln über die Sendung audiovisueller Programme auf Datenbanken, die audiovisuelle Werke zum Inhalt haben.

(60) In einigen Mitgliedstaaten werden Datenbanken, die den Kriterien für den urheberrechtlichen Schutz gemäß dieser Richtlinie nicht genügen, gegenwärtig durch eine urheberrechtliche Regelung geschützt. Auch wenn die betreffenden Datenbanken für den Schutz durch das in dieser Richtlinie vorgesehene Recht, die unrechtmäßige Entnahme und/oder Weiterverwendung ihres Inhalts zu untersagen, in Frage kommen, liegt die Dauer des Schutzes durch das zuletztgenannte Recht weiter unter der Dauer des Schutzes durch die gegenwärtig geltenden einzelstaatlichen Regelungen. Eine Harmonisierung der Kriterien, die angewendet werden um festzustellen, ob eine Datenbank urheberrechtlich geschützt wird, darf nicht zu einer Verkürzung der Schutzdauer führen, die derzeit den Inhabern der betreffenden Rechte zusteht. Diesbezüglich ist eine Ausnahmeregelung vorzusehen. Die Auswirkungen dieser Ausnahmeregelung müssen auf das Hoheitsgebiet der betreffenden Mitgliedstaaten beschränkt werden –

HABEN FOLGENDE RICHTLINIE ERLASSEN:

Kapitel I. Geltungsbereich

Art. 1 Geltungsbereich. (1) Diese Richtlinie betrifft den Rechtsschutz von Datenbanken in jeglicher Form.

(2) Im Sinne dieser Richtlinie bezeichnet der Ausdruck „Datenbank" eine Sammlung von Werken, Daten oder anderen unabhängigen Elementen, die systematisch oder methodisch angeordnet und einzeln mit elektronischen Mitteln oder auf andere Weise zugänglich sind.

(3) Der durch diese Richtlinie gewährte Schutz erstreckt sich nicht auf für die Herstellung oder den Betrieb elektronisch zugänglicher Datenbanken verwendete Computerprogramme.

Art. 2 Beschränkungen des Geltungsbereichs. Diese Richtlinie gilt unbeschadet der gemeinschaftlichen Bestimmungen

a) über den Rechtsschutz von Computerprogrammen;

b) zum Vermietrecht und Verleihrecht sowie zu bestimmten dem Urheberrecht verwandten Schutzrechten im Bereich des geistigen Eigentums;

c) zur Schutzdauer des Urheberrechts und bestimmter verwandter Schutzrechte.

Kapitel II. Urheberrecht

Art. 3 Schutzgegenstand. (1) Gemäß dieser Richtlinie werden Datenbanken, die aufgrund der Auswahl oder Anordnung des Stoffes eine eigene geistige Schöpfung ihres Urhebers darstellen, als solche urheberrechtlich geschützt. Bei der Bestimmung, ob sie für diesen Schutz in Betracht kommen, sind keine anderen Kriterien anzuwenden.

(2) Der durch diese Richtlinie gewährte urheberrechtliche Schutz einer Datenbank erstreckt sich nicht auf deren Inhalt und läßt Rechte an diesem Inhalt unberührt.

Art. 4 Urheberschaft. (1) Der Urheber einer Datenbank ist die natürliche Person oder die Gruppe natürlicher Personen, die die Datenbank geschaffen hat, oder, soweit dies nach den Rechtsvorschriften der Mitgliedstaaten zulässig ist, die juristische Person, die nach diesen Rechtsvorschriften als Rechtsinhaber gilt.

(2) Soweit kollektive Werke durch die Rechtsvorschriften eines Mitgliedstaats anerkannt sind, stehen die vermögensrechtlichen Befugnisse der Person zu, die das Urheberrecht innehat.

(3) Ist eine Datenbank von einer Gruppe natürlicher Personen gemeinsam geschaffen worden, so stehen diesen die ausschließlichen Rechte daran gemeinsam zu.

Art. 5 Zustimmungsbedürftige Handlungen. Der Urheber einer Datenbank hat das ausschließliche Recht, folgende Handlungen in bezug auf die urheberrechtsfähige Ausdrucksform vorzunehmen oder zu erlauben:

a) die vorübergehende oder dauerhafte Vervielfältigung, ganz oder teilweise, mit jedem Mittel und in jeder Form;

b) die Übersetzung, die Bearbeitung, die Anordnung und jede andere Umgestaltung;

c) jede Form der öffentlichen Verbreitung der Datenbank oder eines ihrer Vervielfältigungsstücke. Mit dem Erstverkauf eines Vervielfältigungsstücks einer Datenbank in der Gemeinschaft durch den Rechtsinhaber oder mit seiner Zustimmung erschöpft sich in der Gemeinschaft das Recht, den Weiterverkauf dieses Vervielfältigungsstücks zu kontrollieren;

d) jede öffentliche Wiedergabe, Vorführung oder Aufführung;

e) jede Vervielfältigung sowie öffentliche Verbreitung, Wiedergabe, Vorführung oder Aufführung der Ergebnisse der unter Buchstabe b) genannten Handlungen.

Art. 6 Ausnahmen von den zustimmungsbedürftigen Handlungen.

(1) Der rechtmäßige Benutzer einer Datenbank oder ihrer Vervielfältigungsstücke bedarf für die in Artikel 5 aufgezählten Handlungen nicht der Zustimmung des Urhebers der Datenbank, wenn sie für den Zugang zum Inhalt der Datenbank und deren normale Benutzung durch den rechtmäßigen Benutzer erforderlich sind. Sofern der rechtmäßige Benutzer nur berechtigt ist, einen Teil der Datenbank zu nutzen, gilt diese Bestimmung nur für diesen Teil.

(2) Die Mitgliedstaaten können Beschränkungen der in Artikel 5 genannten Rechte in folgenden Fällen vorsehen:

a) für die Vervielfältigung einer nichtelektronischen Datenbank zu privaten Zwecken;

b) für die Benutzung ausschließlich zur Veranschaulichung des Unterrichts oder zu Zwecken der wissenschaftlichen Forschung – stets mit Quellenangabe –, sofern dies zur Verfolgung nichtkommerzieller Zwecke gerechtfertigt ist;

c) für die Verwendung zu Zwecken der öffentlichen Sicherheit oder eines Verwaltungs- oder Gerichtsverfahrens;

d) im Fall sonstiger Ausnahmen vom Urheberrecht, die traditionell von ihrem innerstaatlichen Recht geregelt werden, unbeschadet der Buchstaben a), b) und c).

(3) In Übereinstimmung mit der Berner Übereinkunft zum Schutz von Werken der Literatur und der Kunst können die Bestimmungen dieses Artikels nicht dahin gehend ausgelegt werden, daß dieser Artikel in einer Weise angewendet werden kann, die die rechtmäßigen Interessen des Rechtsinhabers unzumutbar verletzt oder die normale Nutzung der Datenbank beeinträchtigt.

Kapitel III. Schutzrecht sui generis

Art. 7 Gegenstand des Schutzes. (1) Die Mitgliedstaaten sehen für den Hersteller einer Datenbank, bei der für die Beschaffung, die Überprüfung oder die Darstellung ihres Inhalts eine in qualitativer oder quantitativer Hinsicht wesentliche Investition erforderlich ist, das Recht vor, die Entnahme und/oder die Weiterverwendung der Gesamtheit oder eines in qualitativer oder quantitativer Hinsicht wesentlichen Teils des Inhalts dieser Datenbank zu untersagen.

(2) Für die Zwecke dieses Kapitels gelten folgende Begriffsbestimmungen:

a) „Entnahme" bedeutet die ständige oder vorübergehende Übertragung der Gesamtheit oder eines wesentlichen Teils des Inhalts einer Datenbank auf einen anderen Datenträger, ungeachtet der dafür verwendeten Mittel und der Form der Entnahme;

b) „Weiterverwendung" bedeutet jede Form öffentlicher Verfügbarmachung der Gesamtheit oder eines wesentlichen Teils des Inhalts der Datenbank durch die Verbreitung von Vervielfältigungsstücken, durch Vermietung, durch Online-Übermittlung oder durch andere Formen der Übermittlung. Mit dem Erstverkauf eines Vervielfältigungsstücks einer Datenbank in der Gemeinschaft durch den Rechtsinhaber oder mit seiner Zustimmung erschöpft sich in der Gemeinschaft das Recht, den Weiterverkauf dieses Vervielfältigungsstücks zu kontrollieren.

Der öffentliche Verleih ist keine Entnahme oder Weiterverwendung.

(3) Das in Absatz 1 genannte Recht kann übertragen oder abgetreten werden oder Gegenstand vertraglicher Lizenzen sein.

(4) Das in Absatz 1 vorgesehene Recht gilt unabhängig davon, ob die Datenbank für einen Schutz durch das Urheberrecht oder durch andere Rechte in Betracht kommt. Es gilt ferner unabhängig davon, ob der Inhalt der Datenbank für einen Schutz durch das Urheberrecht oder durch andere Rechte in Betracht kommt. Der Schutz von Datenbanken durch das nach Absatz 1 gewährte Recht berührt nicht an ihrem Inhalt bestehende Rechte.

(5) Unzulässig ist die wiederholte und systematische Entnahme und/oder Weiterverwendung unwesentlicher Teile des Inhalts der Datenbank, wenn dies auf Handlungen hinausläuft, die einer normalen Nutzung der Datenbank entgegenstehen oder die berechtigten Interessen des Herstellers der Datenbank unzumutbar beeinträchtigen.

Art. 8 Rechte und Pflichten der rechtmäßigen Benutzer. (1) Der Hersteller einer der Öffentlichkeit – in welcher Weise auch immer – zur Verfügung gestellten Datenbank kann dem rechtmäßigen Benutzer dieser Datenbank nicht untersagen, in qualitativer und/oder quantitativer Hinsicht unwesentliche Teile des Inhalts der Datenbank zu beliebigen Zwecken zu entnehmen und/oder weiterzuverwenden. Sofern der rechtmäßige Benutzer nur berechtigt ist, einen Teil der Datenbank zu entnehmen und/oder weiterzuverwenden, gilt dieser Absatz nur für diesen Teil.

(2) Der rechtmäßige Benutzer einer der Öffentlichkeit – in welcher Weise auch immer – zur Verfügung gestellten Datenbank darf keine Handlungen vornehmen, die die normale Nutzung dieser Datenbank beeinträchtigen oder die berechtigten Interessen des Herstellers der Datenbank unzumutbar verletzen.

(3) Der rechtmäßige Benutzer einer der Öffentlichkeit – in welcher Weise auch immer – zur Verfügung gestellten Datenbank darf dem Inhaber eines Urheberrechts oder verwandten Schutzrechts an in dieser Datenbank enthaltenen Werken oder Leistungen keinen Schaden zufügen.

Art. 9 Ausnahmen vom Recht sui generis. Die Mitgliedstaaten können festlegen, daß der rechtmäßige Benutzer einer der Öffentlichkeit – in welcher Weise auch immer – zur Verfügung gestellten Datenbank ohne Genehmigung des Herstellers der Datenbank in folgenden Fällen einen wesentlichen Teil des Inhalts der Datenbank entnehmen und/oder weiterverwenden kann:

a) für eine Entnahme des Inhalts einer nichtelektronischen Datenbank zu privaten Zwecken;

b) für eine Entnahme zur Veranschaulichung des Unterrichts oder zu Zwecken der wissenschaftlichen Forschung, sofern er die Quelle angibt und soweit dies durch den nichtkommerziellen Zweck gerechtfertigt ist;

c) für eine Entnahme und/oder Weiterverwendung zu Zwecken der öffentlichen Sicherheit oder eines Verwaltungs- oder Gerichtsverfahrens.

Art. 10 Schutzdauer. (1) Das in Artikel 7 vorgesehene Recht entsteht mit dem Zeitpunkt des Abschlusses der Herstellung der Datenbank. Es erlischt 15 Jahre nach dem 1. Januar des auf den Tag des Abschlusses der Herstellung folgenden Jahres.

(2) Im Fall einer Datenbank, die vor Ablauf des in Absatz 1 genannten Zeitraums der Öffentlichkeit – in welcher Weise auch immer – zur Verfügung gestellt wurde, endet der durch dieses Recht gewährte Schutz 15 Jahre nach dem 1. Januar des Jahres, das auf den Zeitpunkt folgt, zu dem die Datenbank erstmals der Öffentlichkeit zur Verfügung gestellt wurde.

(3) Jede in qualitativer oder quantitativer Hinsicht wesentliche Änderung des Inhalts einer Datenbank einschließlich wesentlicher Änderungen infolge der Anhäufung von aufeinanderfolgenden Zusätzen, Löschungen oder Veränderungen, aufgrund deren angenommen werden kann, daß eine in qualitativer oder quantitativer Hinsicht wesentliche Neuinvestition erfolgt ist, begründet für die Datenbank, die das Ergebnis dieser Investition ist, eine eigene Schutzdauer.

Art. 11 Begünstigte im Rahmen des Schutzrechts sui generis. (1) Das in Artikel 7 vorgesehene Recht gilt für Datenbanken, sofern deren Hersteller oder Rechtsinhaber Staatsangehöriger eines Mitgliedstaats ist oder seinen gewöhnlichen Aufenthalt im Gebiet der Gemeinschaft hat.

(2) Absatz 1 gilt auch für Unternehmen und Gesellschaften, die entsprechend den Rechtsvorschriften eines Mitgliedstaats gegründet wurden und ihren satzungsmäßigen Sitz, ihre Hauptverwaltung oder ihre Hauptniederlassung in der Gemeinschaft haben; haben diese Unternehmen oder Gesellschaften jedoch lediglich ihren satzungsmäßigen Sitz im Gebiet der Gemeinschaft, so muß ihre Tätigkeit eine tatsächliche ständige Verbindung zu der Wirtschaft eines der Mitgliedstaaten aufweisen.

(3) Vereinbarungen über die Ausdehnung des in Artikel 7 vorgesehenen Rechts auf in Drittländern hergestellte Datenbanken, auf die die Bestimmungen der Absätze 1 und 2 keine Anwendung finden, werden vom Rat auf Vorschlag der Kommission geschlossen. Die Dauer des nach diesem Verfahren auf Datenbanken ausgedehnten Schutzes übersteigt nicht die Schutzdauer nach Artikel 10.

Kapitel IV. Gemeinsame Bestimmungen

Art. 12 Sanktionen. Die Mitgliedstaaten sehen geeignete Sanktionen für Verletzungen der in dieser Richtlinie vorgesehenen Rechte vor.

Art. 13 Weitere Anwendbarkeit anderer Rechtsvorschriften. Diese Richtlinie laßt die Rechtsvorschriften unberührt, die insbesondere folgendes betreffen: das Urheberrecht, verwandte Schutzrechte oder andere Rechte und Pflichten, die in bezug auf die in eine Datenbank aufgenommenen Daten, Werke oder anderen Elemente bestehen, Patentrechte, Warenzeichen, Geschmacksmuster, den Schutz von nationalem Kulturgut, das Kartellrecht und den unlauteren Wettbewerb, Geschäftsgeheimnisse, die Sicherheit, die Vertraulichkeit, den Schutz personenbezogener Daten und der Privatsphäre, den Zugang zu öffentlichen Dokumenten sowie das Vertragsrecht.

Art. 14 Anwendbarkeit in zeitlicher Hinsicht. (1) Der urheberrechtliche Schutz nach dieser Richtlinie gilt auch für Datenbanken, die vor dem in Artikel 16 Absatz 1 genannten Zeitpunkt hergestellt wurden, wenn sie zu diesem Zeitpunkt die Anforderungen, wie sie in dieser Richtlinie für den urheberrechtlichen Schutz von Datenbanken niedergelegt sind, erfüllen.

(2) Genügt eine Datenbank, die zum Zeitpunkt der Veröffentlichung dieser Richtlinie in einem Mitgliedstaat durch eine urheberrechtliche Regelung geschützt wird, nicht den Kriterien für den urheberrechtlichen Schutz gemäß Artikel 3 Absatz 1, so bewirkt diese Richtlinie in Abweichung von Absatz 1 in diesem Mitgliedstaat nicht die Verkürzung der verbleibenden Dauer des durch die obengenannte Regelung gewährten Schutzes.

(3) Der in dieser Richtlinie vorgesehene Schutz in bezug auf das in Artikel 7 vorgesehene Recht gilt auch für die Datenbanken, deren Herstellung während der letzten 15 Jahre vor dem in Artikel 16 Absatz 1 genannten Zeitpunkt abgeschlossen wurde und die zu diesem Zeitpunkt die in Artikel 7 vorgesehenen Anforderungen erfüllen.

(4) Der in den Absätzen 1 und 3 vorgesehene Schutz läßt die vor dem in diesen Absätzen genannten Zeitpunkt abgeschlossenen Handlungen und erworbenen Rechte unberührt.

(5) Im Fall einer Datenbank, deren Herstellung während der letzten 15 Jahre vor dem in Artikel 16 Absatz 1 genannten Zeitpunkt abgeschlossen wurde, beträgt die Schutzdauer des in Artikel 7 vorgesehenen Rechts 15 Jahre ab dem 1. Januar, der auf diesen Zeitpunkt folgt.

Art. 15 Verbindlichkeit bestimmter Vorschriften. Dem Artikel 6 Absatz 1 und dem Artikel 8 zuwiderlaufende vertragliche Bestimmungen sind nichtig.

Art. 16 Schlußbestimmungen. (1) Die Mitgliedstaaten erlassen die erforderlichen Rechts- und Verwaltungsvorschriften, um dieser Richtlinie vor dem 1. Januar 1998 nachzukommen.

Wenn die Mitgliedstaaten diese Vorschriften erlassen, nehmen sie in den Vorschriften selbst oder durch einen Hinweis bei der amtlichen Veröffentlichung auf diese Richtlinie Bezug. Die Mitgliedstaaten regeln die Einzelheiten der Bezugnahme.

(2) Die Mitgliedstaaten teilen der Kommission den Wortlaut der innerstaatlichen Rechtsvorschriften mit, die sie auf dem unter diese Richtlinie fallenden Gebiet erlassen.

(3) Spätestens am Ende des dritten Jahres nach dem in Absatz 1 genannten Zeitpunkt und danach alle drei Jahre übermittelt die Kommission dem Europäischen Parlament, dem Rat und dem Wirtschafts- und Sozialausschuß einen Bericht über die Anwendung dieser Richtlinie, in dem sie – vor allem anhand spezifischer Informationen der Mitgliedstaaten – insbesondere die Anwendung des Schutzrechts sui generis, einschließlich der Artikel 8 und 9, prüft und insbesondere untersucht, ob die Anwendung dieses Rechts zu Mißbräuchen einer beherrschenden Stellung oder anderen Beeinträchtigungen des freien Wettbewerbs geführt hat, die entsprechende Maßnahmen rechtfertigen würden, wie insbesondere die Einführung einer Zwangslizenzregelung. Sie macht gegebenenfalls Vorschläge für die Anpassung dieser Richtlinie an die Entwicklungen im Bereich der Datenbanken.

Art. 17. Diese Richtlinie ist an die Mitgliedstaaten gerichtet.

F. Namens- und Verbraucherschutzrecht

31. Bürgerliches Gesetzbuch

Vom 18. August 1896 (RGBl. S. 195)

zuletzt geänd. durch Art. 11 a Euro-Einführungsgesetz v. 9. 6. 1998 (BGBl. I S. 1242)

(BGBl. III/FNA 400-2)

(Auszug)

Erstes Buch. Allgemeiner Teil

Erster Abschnitt. Personen

Erster Titel. Natürliche Personen

§ 12 [Namensrecht]. Wird das Recht zum Gebrauch eines Namens dem Berechtigten von einem anderen bestritten oder wird das Interesse des Berechtigten dadurch verletzt, daß ein anderer unbefugt den gleichen Namen gebraucht, so kann der Berechtigte von dem anderen Beseitigung der Beeinträchtigung verlangen. Sind weitere Beeinträchtigungen zu besorgen, so kann er auf Unterlassung klagen.

Dritter Abschnitt. Rechtsgeschäfte

Zweiter Titel. Willenserklärung

§ 126[1] [Gesetzliche Schriftform]. (1) Ist durch Gesetz schriftliche Form vorgeschrieben, so muß die Urkunde von dem Aussteller eigenhändig durch Namensunterschrift oder mittels notariell beglaubigten Handzeichens unterzeichnet werden.

(2) Bei einem Vertrage muß die Unterzeichnung der Parteien auf derselben Urkunde erfolgen. Werden über den Vertrag mehrere gleichlautende Urkunden aufgenommen, so genügt es, wenn jede Partei die für die andere Partei bestimmte Urkunde unterzeichnet.

(3) Die schriftliche Form wird durch die notarielle Beurkundung ersetzt.

---

[1] § 126 Abs. 1 und 3 geänd. durch G v. 28. 8. 1969 (BGBl. I S. 1513).

§ 127 [Gewillkürte Schriftform]. Die Vorschriften des § 126 gelten im Zweifel auch für die durch Rechtsgeschäft bestimmte schriftliche Form. Zur Wahrung der Form genügt jedoch, soweit nicht ein anderer Wille anzunehmen ist, telegraphische Übermittlung und bei einem Vertrage Briefwechsel; wird eine solche Form gewählt, so kann nachträglich eine dem § 126 entsprechende Beurkundung verlangt werden.

§ 127a[1)] [Ersatz für notarielle Beurkundung]. Die notarielle Beurkundung wird bei einem gerichtlichen Vergleich durch die Aufnahme der Erklärungen in ein nach den Vorschriften der Zivilprozeßordnung errichtetes Protokoll ersetzt.

§ 128[1)] [Notarielle Beurkundung]. Ist durch Gesetz notarielle Beurkundung eines Vertrags vorgeschrieben, so genügt es, wenn zunächst der Antrag und sodann die Annahme des Antrags von einem Notar beurkundet wird.

§ 129[2)] [Öffentliche Beglaubigung]. (1) Ist durch Gesetz für eine Erklärung öffentliche Beglaubigung vorgeschrieben, so muß die Erklärung schriftlich abgefaßt und die Unterschrift des Erklärenden von einem Notar beglaubigt werden. Wird die Erklärung von dem Aussteller mittels Handzeichen unterzeichnet, so ist die im § 126 Abs. 1 vorgeschriebene Beglaubigung des Handzeichens erforderlich und genügend.

(2) Die öffentliche Beglaubigung wird durch die notarielle Beurkundung der Erklärung ersetzt.

Drittes Buch. Sachenrecht

Dritter Abschnitt. Eigentum

Vierter Titel. Ansprüche aus dem Eigentum

§ 1004 [Beseitigungs- und Unterlassungsanspruch]. (1) Wird das Eigentum in anderer Weise als durch Entziehung oder Vorenthaltung des Besitzes beeinträchtigt, so kann der Eigentümer von dem Störer die Beseitigung der Beeinträchtigung verlangen. Sind weitere Beeinträchtigungen zu besorgen, so kann der Eigentümer auf Unterlassung klagen.

(2) Der Anspruch ist ausgeschlossen, wenn der Eigentümer zur Duldung verpflichtet ist.

---

1) § 127a eingef., § 128 geänd. durch G v. 28. 8. 1969 (BGBl. I S. 1513).

2) § 129 Abs. 1 Satz 1 und Abs. 2 geänd. durch BeurkundungsG v. 28. 8. 1969 (BGBl. I S. 1513).

32. Handelsgesetzbuch

Vom 10. Mai 1897 (RGBl. S. 219)

zuletzt geänd. durch Art. 3 des G zur Neuregelung des Kaufmanns- und Firmenrechts und zur Änderung anderer handels- und gesellschaftsrechtlicher Vorschriften (Handelsrechtsreformgesetz – HRefG) v. 22. 6. 1998 (BGBl. I S. 1474)

(BGBl. III/FNA 4100-1)

(Auszug)

Erster Abschnitt. Kaufleute

§ 5[1] [Kaufmann kraft Eintragung]. Ist eine Firma im Handelsregister eingetragen, so kann gegenüber demjenigen, welcher sich auf die Eintragung beruft, nicht geltend gemacht werden, daß das unter der Firma betriebene Gewerbe kein Handelsgewerbe sei.

---

[1] § 5 geänd. durch Art. 3 Handelsrechtsreformgesetz – HRefG v. 22. 6. 1998 (BGBl. I S. 1474).

33. Gesetz über den Schutz von Marken und sonstigen Kennzeichen (Markengesetz – MarkenG)[1]

Vom 25. Oktober 1994 (BGBl. I S. 3082, ber. 1995 I S. 156)

zuletzt geänd. durch Art. 13 des G zur Neuregelung des Kaufmanns- und Firmenrechts und zur Änderung anderer handels- und gesellschaftsrechtlicher Vorschriften (Handelsrechtsreformgesetz – HRefG) v. 22. 6. 1998 (BGBl. I S. 1474)

(BGBl. III/ FNA 423-5-2)

(Auszug)

Teil 1. Anwendungsbereich

§ 1 Geschützte Marken und sonstige Kennzeichen. Nach diesem Gesetz werden geschützt:

1. Marken,
2. geschäftliche Bezeichnungen,
3. geographische Herkunftsangaben.

Teil 2. Voraussetzungen, Inhalt und Schranken des Schutzes von Marken und geschäftlichen Bezeichnungen; Übertragung und Lizenz

Abschnitt 1. Marken und geschäftliche Bezeichnungen; Vorrang und Zeitrang

§ 3 Als Marke schutzfähige Zeichen. (1) Als Marke können alle Zeichen, insbesondere Wörter einschließlich Personennamen, Abbildungen, Buchstaben, Zahlen, Hörzeichen, dreidimensionale Gestaltungen einschließlich der Form einer Ware oder ihrer Verpackung sowie sonstige Aufmachungen einschließlich Farben und Farbzusammenstellungen geschützt werden, die geeignet sind, Waren oder Dienstleistungen eines Unternehmens von denjenigen anderer Unternehmen zu unterscheiden.

---

[1] Verkündet als Art. 1 des Gesetzes zur Reform des Markenrechts und zur Umsetzung der Ersten Richtlinie 89/104/EWG des Rates vom 21. Dezember 1988 zur Angleichung der Rechtsvorschriften der Mitgliedstaaten über die Marken (Markenrechtsreformgesetz) v. 25. 10. 1994 (BGBl. I S. 3082). Die §§ 65, 130 bis 139, 140 Abs. 2, § 144 Abs. 6 und § 145 Abs. 2 und 3 sind am 1. 11. 1994, die §§ 119 bis 125 sind am 20. 3. 1996 (vgl. Bek. v. 24. 4. 1996, BGBl. I S. 628) in Kraft getreten. Im übrigen ist das Gesetz am 1. 1. 1995 in Kraft getreten; vgl. Art. 50 aaO.

(2) Dem Schutz als Marke nicht zugänglich sind Zeichen, die ausschließlich aus einer Form bestehen,
1. die durch die Art der Ware selbst bedingt ist,
2. die zur Erreichung einer technischen Wirkung erforderlich ist oder
3. die der Ware einen wesentlichen Wert verleiht.

§ 4 Entstehung des Markenschutzes. Der Markenschutz entsteht
1. durch die Eintragung eines Zeichens als Marke in das vom Patentamt geführte Register,
2. durch die Benutzung eines Zeichens im geschäftlichen Verkehr, soweit das Zeichen innerhalb beteiligter Verkehrskreise als Marke Verkehrsgeltung erworben hat, oder
3. durch die im Sinne des Artikels 6bis der Pariser Verbandsübereinkunft zum Schutz des gewerblichen Eigentums (Pariser Verbandsübereinkunft) notorische Bekanntheit einer Marke.

§ 5 Geschäftliche Bezeichnungen. (1) Als geschäftliche Bezeichnungen werden Unternehmenskennzeichen und Werktitel geschützt.

(2) Unternehmenskennzeichen sind Zeichen, die im geschäftlichen Verkehr als Name, als Firma oder als besondere Bezeichnung eines Geschäftsbetriebs oder eines Unternehmens benutzt werden. Der besonderen Bezeichnung eines Geschäftsbetriebs stehen solche Geschäftsabzeichen und sonstige zur Unterscheidung des Geschäftsbetriebs von anderen Geschäftsbetrieben bestimmte Zeichen gleich, die innerhalb beteiligter Verkehrskreise als Kennzeichen des Geschäftsbetriebs gelten.

(3) Werktitel sind die Namen oder besonderen Bezeichnungen von Druckschriften, Filmwerken, Tonwerken, Bühnenwerken oder sonstigen vergleichbaren Werken.

Abschnitt 3. Schutzinhalt; Rechtsverletzungen

§ 14 Ausschließliches Recht des Inhabers einer Marke; Unterlassungsanspruch; Schadensersatzanspruch. (1) Der Erwerb des Markenschutzes nach § 4 gewährt dem Inhaber der Marke ein ausschließliches Recht.

(2) Dritten ist es untersagt, ohne Zustimmung des Inhabers der Marke im geschäftlichen Verkehr
1. ein mit der Marke identisches Zeichen für Waren oder Dienstleistungen zu benutzen, die mit denjenigen identisch sind, für die sie Schutz genießt,
2. ein Zeichen zu benutzen, wenn wegen der Identität oder Ähnlichkeit des Zeichens mit der Marke und der Identität oder Ähnlichkeit der durch die Marke und das Zeichen erfaßten Waren oder Dienstleistungen für das Publikum die Gefahr von Verwechslungen besteht,

einschließlich der Gefahr, daß das Zeichen mit der Marke gedanklich in Verbindung gebracht wird, oder

3. ein mit der Marke identisches Zeichen oder ein ähnliches Zeichen für Waren oder Dienstleistungen zu benutzen, die nicht denen ähnlich sind, für die die Marke Schutz genießt, wenn es sich bei der Marke um eine im Inland bekannte Marke handelt und die Benutzung des Zeichens die Unterscheidungskraft oder die Wertschätzung der bekannten Marke ohne rechtfertigenden Grund in unlauterer Weise ausnutzt oder beeinträchtigt.

(3) Sind die Voraussetzungen des Absatzes 2 erfüllt, so ist es insbesondere untersagt,

1. das Zeichen auf Waren oder ihrer Aufmachung oder Verpackung anzubringen,
2. unter dem Zeichen Waren anzubieten, in den Verkehr zu bringen oder zu den genannten Zwecken zu besitzen,
3. unter dem Zeichen Dienstleistungen anzubieten oder zu erbringen,
4. unter dem Zeichen Waren einzuführen oder auszuführen,
5. das Zeichen in Geschäftspapieren oder in der Werbung zu benutzen.

(4) Dritten ist es ferner untersagt, ohne Zustimmung des Inhabers der Marke im geschäftlichen Verkehr

1. ein mit der Marke identisches Zeichen oder ein ähnliches Zeichen auf Aufmachungen oder Verpackungen oder auf Kennzeichnungsmitteln wie Etiketten, Anhängern, Aufnähern oder dergleichen anzubringen,
2. Aufmachungen, Verpackungen oder Kennzeichnungsmittel, die mit einem mit der Marke identischen Zeichen oder einem ähnlichen Zeichen versehen sind, anzubieten, in den Verkehr zu bringen oder zu den genannten Zwecken zu besitzen oder
3. Aufmachungen, Verpackungen oder Kennzeichnungsmittel, die mit einem mit der Marke identischen Zeichen oder einem ähnlichen Zeichen versehen sind, einzuführen oder auszuführen,

wenn die Gefahr besteht, daß die Aufmachungen oder Verpackungen zur Aufmachung oder Verpackung oder die Kennzeichnungsmittel zur Kennzeichnung von Waren oder Dienstleistungen benutzt werden, hinsichtlich deren Dritten die Benutzung des Zeichens nach den Absätzen 2 und 3 untersagt wäre.

(5) Wer ein Zeichen entgegen den Absätzen 2 bis 4 benutzt, kann von dem Inhaber der Marke auf Unterlassung in Anspruch genommen werden.

(6) Wer die Verletzungshandlung vorsätzlich oder fahrlässig begeht, ist dem Inhaber der Marke zum Ersatz des durch die Verletzungshandlung entstandenen Schadens verpflichtet.

(7) Wird die Verletzungshandlung in einem geschäftlichen Betrieb von einem Angestellten oder Beauftragten begangen, so kann der Un-

terlassungsanspruch und, soweit der Angestellte oder Beauftragte vorsätzlich oder fahrlässig gehandelt hat, der Schadensersatzanspruch auch gegen den Inhaber des Betriebs geltend gemacht werden.

§ 15 Ausschließliches Recht des Inhabers einer geschäftlichen Bezeichnung; Unterlassungsanspruch; Schadensersatzanspruch. (1) Der Erwerb des Schutzes einer geschäftlichen Bezeichnung gewährt ihrem Inhaber ein ausschließliches Recht.

(2) Dritten ist es untersagt, die geschäftliche Bezeichnung oder ein ähnliches Zeichen im geschäftlichen Verkehr unbefugt in einer Weise zu benutzen, die geeignet ist, Verwechslungen mit der geschützten Bezeichnung hervorzurufen.

(3) Handelt es sich bei der geschäftlichen Bezeichnung um eine im Inland bekannte geschäftliche Bezeichnung, so ist es Dritten ferner untersagt, die geschäftliche Bezeichnung oder ein ähnliches Zeichen im geschäftlichen Verkehr zu benutzen, wenn keine Gefahr von Verwechslungen im Sinne des Absatzes 2 besteht, soweit die Benutzung des Zeichens die Unterscheidungskraft oder die Wertschätzung der geschäftlichen Bezeichnung ohne rechtfertigenden Grund in unlauterer Weise ausnutzt oder beeinträchtigt.

(4) Wer eine geschäftliche Bezeichnung oder ein ähnliches Zeichen entgegen Absatz 2 oder 3 benutzt, kann von dem Inhaber der geschäftlichen Bezeichnung auf Unterlassung in Anspruch genommen werden.

(5) Wer die Verletzungshandlung vorsätzlich oder fahrlässig begeht, ist dem Inhaber der geschäftlichen Bezeichnung zum Ersatz des daraus entstandenen Schadens verpflichtet.

(6) § 14 Abs. 7 ist entsprechend anzuwenden.

§ 18 Vernichtungsanspruch. (1) Der Inhaber einer Marke oder einer geschäftlichen Bezeichnung kann in den Fällen der §§ 14, 15 und 17 verlangen, daß die im Besitz oder Eigentum des Verletzers befindlichen widerrechtlich gekennzeichneten Gegenstände vernichtet werden, es sei denn, daß der durch die Rechtsverletzung verursachte Zustand der Gegenstände auf andere Weise beseitigt werden kann und die Vernichtung für den Verletzer oder den Eigentümer im Einzelfall unverhältnismäßig ist.

(2) Absatz 1 ist entsprechend auf die im Eigentum des Verletzers stehenden, ausschließlich oder nahezu ausschließlich zur widerrechtlichen Kennzeichnung benutzten oder bestimmten Vorrichtungen anzuwenden.

(3) Weitergehende Ansprüche auf Beseitigung bleiben unberührt.

§ 19 Auskunftsanspruch. (1) Der Inhaber einer Marke oder einer geschäftlichen Bezeichnung kann den Verletzer in den Fällen der §§ 14, 15 und 17 auf unverzügliche Auskunft über die Herkunft und den Vertriebsweg von widerrechtlich gekennzeichneten Gegenständen in Anspruch nehmen, es sei denn, daß dies im Einzelfall unverhältnismäßig ist.

(2) Der nach Absatz 1 zur Auskunft Verpflichtete hat Angaben zu machen über Namen und Anschrift des Herstellers, des Lieferanten und anderer Vorbesitzer, des gewerblichen Abnehmers oder des Auftraggebers sowie über die Menge der hergestellten, ausgelieferten, erhaltenen oder bestellten Gegenstände.

(3) In Fällen offensichtlicher Rechtsverletzung kann die Verpflichtung zur Erteilung der Auskunft im Wege der einstweiligen Verfügung nach den Vorschriften der Zivilprozeßordnung angeordnet werden.

(4) Die Auskunft darf in einem Strafverfahren oder in einem Verfahren nach dem Gesetz über Ordnungswidrigkeiten wegen einer vor der Erteilung der Auskunft begangenen Tat gegen den zur Auskunft Verpflichteten oder gegen einen in § 52 Abs. 1 der Strafprozeßordnung bezeichneten Angehörigen nur mit Zustimmung des zur Auskunft Verpflichteten verwertet werden.

(5) Weitergehende Ansprüche auf Auskunft bleiben unberührt.

34. Gesetz gegen den unlauteren Wettbewerb

Vom 7. Juni 1909 (RGBl. S. 499)

zuletzt geänd. durch Art. 14 des G zur Neuregelung des Kaufmanns- und Firmenrechts und zur Änderung anderer handels- und gesellschaftsrechtlicher Vorschriften (Handelsrechtsreformgesetz-HRefG) v. 22. 6. 1998 (BGBl. I S. 1474)

(BGBl. III/FNA 43-1)

(Auszug)

§ 1 [Generalklausel] Wer im geschäftlichen Verkehre zu Zwecken des Wettbewerbes Handlungen vornimmt, die gegen die guten Sitten verstoßen, kann auf Unterlassung und Schadensersatz in Anspruch genommen werden.

§ 3[1)] [Irreführende Angaben] Wer im geschäftlichen Verkehr zu Zwecken des Wettbewerbs über geschäftliche Verhältnisse, insbesondere über die Beschaffenheit, den Ursprung, die Herstellungsart oder die Preisbemessung einzelner Waren oder gewerblicher Leistungen oder des gesamten Angebots, über Preislisten, über die Art des Bezugs oder die Bezugsquelle von Waren, über den Besitz von Auszeichnungen, über den Anlaß oder den Zweck des Verkaufs oder über die Menge der Vorräte irreführende Angaben macht, kann auf Unterlassung der Angaben in Anspruch genommen werden.

---

1) § 3 neugef. durch G v. 26. 6. 1969 (BGBl. I S. 633).

35. Zivilprozeßordnung

In der Fassung vom 12. September 1950 (BGBl. S. 533)[1)]

zuletzt geänd. durch Art. 2 G zur Änderung des G über die Zwangsvollstreckung und Zwangsverwaltung und anderer Gesetze v. 18. 2. 1998 (BGBl. I S. 866)

(BGBl. III/FNA 310-4)

(Auszug)

Zweites Buch. Verfahren im ersten Rechtszuge (§§ 253–510b)

Erster Abschnitt. Verfahren vor den Landgerichten

Erster Titel. Verfahren bis zum Urteil

§ 286 [Freie Beweiswürdigung]. (1) Das Gericht hat unter Berücksichtigung des gesamten Inhalts der Verhandlungen und des Ergebnisses einer etwaigen Beweisaufnahme nach freier Überzeugung zu entscheiden, ob eine tatsächliche Behauptung für wahr oder für nicht wahr zu erachten sei. In dem Urteil sind die Gründe anzugeben, die für die richterliche Überzeugung leitend gewesen sind.

(2) An gesetzliche Beweisregeln ist das Gericht nur in den durch dieses Gesetz bezeichneten Fällen gebunden.

Sechster Titel. Beweis durch Augenschein

§ 371 [Beweisantritt]. Der Beweis durch Augenschein wird durch die Bezeichnung des Gegenstandes des Augenscheins und durch die Angabe der zu beweisenden Tatsachen angetreten.

Siebenter Titel. Zeugenbeweis

§ 373 [Beweisantritt]. Der Zeugenbeweis wird durch die Benennung der Zeugen und die Bezeichnung der Tatsachen, über welche die Vernehmung der Zeugen stattfinden soll, angetreten.

Achter Titel. Beweis durch Sachverständige

§ 402 [Anwendbarkeit der Vorschriften für Zeugen]. Für den Beweis durch Sachverständige gelten die Vorschriften über den Beweis durch

---

[1)] Neubek. der ZPO v. 30. 1. 1877 (RGBl. S. 83) auf Grund des Art. 9 G zur Wiederherstellung der Rechtseinheit auf dem Gebiete der Gerichtsverfassung, der bürgerlichen Rechtspflege, des Strafverfahrens und des Kostenrechts v. 12. 9. 1950 (BGBl. S. 455).

Zeugen entsprechend, insoweit nicht in den nachfolgenden Paragraphen abweichende Vorschriften enthalten sind.

Neunter Titel. Beweis durch Urkunden

§ 415 [Beweiskraft öffentlicher Urkunden über Erklärungen]. (1) Urkunden, die von einer öffentlichen Behörde innerhalb der Grenzen ihrer Amtsbefugnisse oder von einer mit öffentlichem Glauben versehenen Person innerhalb des ihr zugewiesenen Geschäftskreises in der vorgeschriebenen Form aufgenommen sind (öffentliche Urkunden), begründen, wenn sie über eine vor der Behörde oder der Urkundsperson abgegebene Erklärung errichtet sind, vollen Beweis des durch die Behörde oder die Urkundsperson beurkundeten Vorganges.

(2) Der Beweis, daß der Vorgang unrichtig beurkundet sei, ist zulässig.

Zehnter Titel. Beweis durch Parteivernehmung

§ 445 [Antrag auf Vernehmung des Beweisgegners]. (1) Eine Partei, die den ihr obliegenden Beweis mit anderen Beweismitteln nicht vollständig geführt oder andere Beweismittel nicht vorgebracht hat, kann den Beweis dadurch antreten, daß sie beantragt, den Gegner über die zu beweisenden Tatsachen zu vernehmen.

(2) Der Antrag ist nicht zu berücksichtigen, wenn er Tatsachen betrifft, deren Gegenteil das Gericht für erwiesen erachtet.

36. Gesetz zur Regelung des Rechts der Allgemeinen Geschäftsbedingungen (AGB-Gesetz)

Vom 9. Dezember 1976 (BGBl. I S. 3317)

zuletzt geänd. durch Art. 2 des G zur Neuregelung des Kaufmanns- und Firmenrechts und zur Änderung anderer handels- und gesellschaftsrechtlicher Vorschriften (Handelsrechtsreformgesetz – HRefG) v. 22. 6. 1998 (BGBl. I S. 1474)

(BGBl. III/FNA 402-28)

Vorbemerkung

Die Änderung durch das Gesetz zur Neuordnung des Berufsrechts der Rechtsanwälte und der Patentanwälte vom 2. 9. 1994 (BGBl. I S. 2278) wurde in den Gesetzestext noch nicht eingearbeitet. Sie tritt erst am 1. 1. 2000 bzw. am 1. 1. 2005 in Kraft; vgl. Art. 22 dieses Gesetzes.

Inhaltsübersicht

Erster Abschnitt. Sachlich-rechtliche Vorschriften

1. Unterabschnitt. Allgemeine Vorschriften

§ 1 Begriffsbestimmung. (1) Allgemeine Geschäftsbedingungen sind alle für eine Vielzahl von Verträgen vorformulierten Vertragsbedingungen, die eine Vertragspartei (Verwender) der anderen Vertragspartei bei Abschluß eines Vertrages stellt. Gleichgültig ist, ob die Bestimmungen einen äußerlich gesonderten Bestandteil des Vertrages bilden oder in die Vertragsurkunde selbst aufgenommen werden, welchen Umfang sie haben, in welcher Schriftart sie verfaßt sind und welche Form der Vertrag hat.

(2) Allgemeine Geschäftsbedingungen liegen nicht vor, soweit die Vertragsbedingungen zwischen den Vertragsparteien im einzelnen ausgehandelt sind.

§ 2 Einbeziehung in den Vertrag. (1) Allgemeine Geschäftsbedingungen werden nur dann Bestandteil eines Vertrages, wenn der Verwender bei Vertragsabschluß

1. die andere Vertragspartei ausdrücklich oder, wenn ein ausdrücklicher Hinweis wegen der Art des Vertragsabschlusses nur unter unverhältnismäßigen Schwierigkeiten möglich ist, durch deutlich sichtbaren Aushang am Ort des Vertragsabschlusses auf sie hinweist und
2. der anderen Vertragspartei die Möglichkeit verschafft, in zumutbarer Weise von ihrem Inhalt Kenntnis zu nehmen,

und wenn die andere Vertragspartei mit ihrer Geltung einverstanden ist.

(2) Die Vertragsparteien können für eine bestimmte Art von Rechtsgeschäften die Geltung bestimmter Allgemeiner Geschäftsbedingungen unter Beachtung der in Absatz 1 bezeichneten Erfordernisse im voraus vereinbaren.

§ 3 Überraschende Klauseln. Bestimmungen in Allgemeinen Geschäftsbedingungen, die nach den Umständen, insbesondere nach dem äußeren Erscheinungsbild des Vertrags, so ungewöhnlich sind, daß der Vertragspartner des Verwenders mit ihnen nicht zu rechnen braucht, werden nicht Vertragsbestandteil.

§ 4 Vorrang der Individualabrede. Individuelle Vertragsabreden haben Vorrang vor Allgemeinen Geschäftsbedingungen.

§ 5 Unklarheitenregel. Zweifel bei der Auslegung Allgemeiner Geschäftsbedingungen gehen zu Lasten des Verwenders.

§ 6 Rechtsfolgen bei Nichteinbeziehung und Unwirksamkeit. (1) Sind Allgemeine Geschäftsbedingungen ganz oder teilweise nicht Vertragsbestandteil geworden oder unwirksam, so bleibt der Vertrag im übrigen wirksam.

(2) Soweit die Bestimmungen nicht Vertragsbestandteil geworden oder unwirksam sind, richtet sich der Inhalt des Vertrages nach den gesetzlichen Vorschriften.

(3) Der Vertrag ist unwirksam, wenn das Festhalten an ihm auch unter Berücksichtigung der nach Absatz 2 vorgesehenen Änderung eine unzumutbare Härte für eine Vertragspartei darstellen würde.

§ 7 Umgehungsverbot. Dieses Gesetz findet auch Anwendung, wenn seine Vorschriften durch anderweitige Gestaltungen umgangen werden.

2. Unterabschnitt. Unwirksame Klauseln

§ 8 Schranken der Inhaltskontrolle. Die §§ 9 bis 11 gelten nur für Bestimmungen in Allgemeinen Geschäftsbedingungen, durch die von

Rechtsvorschriften abweichende oder diese ergänzende Regelungen vereinbart werden.

§ 9 Generalklausel. (1) Bestimmungen in Allgemeinen Geschäftsbedingungen sind unwirksam, wenn sie den Vertragspartner des Verwenders entgegen den Geboten von Treu und Glauben unangemessen benachteiligen.

(2) Eine unangemessene Benachteiligung ist im Zweifel anzunehmen, wenn eine Bestimmung

1. mit wesentlichen Grundgedanken der gesetzlichen Regelung, von der abgewichen wird, nicht zu vereinbaren ist, oder
2. wesentliche Rechte oder Pflichten, die sich aus der Natur des Vertrages ergeben, so einschränkt, daß die Erreichung des Vertragszwecks gefährdet ist.

§ 10[1] Klauselverbote mit Wertungsmöglichkeit. In Allgemeinen Geschäftsbedingungen ist insbesondere unwirksam

1. (Annahme- und Leistungsfrist)
   eine Bestimmung, durch die sich der Verwender unangemessen lange oder nicht hinreichend bestimmte Fristen für die Annahme oder Ablehnung eines Angebots oder die Erbringung einer Leistung vorbehält;
2. (Nachfrist)
   eine Bestimmung, durch die sich der Verwender für die von ihm zu bewirkende Leistung entgegen § 326 Abs. 1 des Bürgerlichen Gesetzbuchs eine unangemessen lange oder nicht hinreichend bestimmte Nachfrist vorbehält;
3. (Rücktrittsvorbehalt)
   die Vereinbarung eines Rechts des Verwenders, sich ohne sachlich gerechtfertigten und im Vertrag angegebenen Grund von seiner Leistungspflicht zu lösen; dies gilt nicht für Dauerschuldverhältnisse;
4. (Änderungsvorbehalt)
   die Vereinbarung eines Rechts des Verwenders, die versprochene Leistung zu ändern oder von ihr abzuweichen, wenn nicht die Vereinbarung der Änderung oder Abweichung unter Berücksichtigung der Interessen des Verwenders für den anderen Vertragsteil zumutbar ist;
5. (Fingierte Erklärungen)
   eine Bestimmung, wonach eine Erklärung des Vertragspartners des Verwenders bei Vornahme oder Unterlassung einer bestimmten Handlung als von ihm abgegeben oder nicht abgegeben gilt, es sei denn, daß
   a) dem Vertragspartner eine angemessene Frist zur Abgabe einer ausdrücklichen Erklärung eingeräumt ist und

[1] § 10 Nr. 8 aufgeh. durch Art. 6 § 2 G v. 25. 7. 1986 (BGBl. I S. 1142).

b) der Verwender sich verpflichtet, den Vertragspartner bei Beginn der Frist auf die vorgesehene Bedeutung seines Verhaltens besonders hinzuweisen;

6. (Fiktion des Zugangs)
eine Bestimmung, die vorsieht, daß eine Erklärung des Verwenders von besonderer Bedeutung dem anderen Vertragsteil als zugegangen gilt;

7. (Abwicklung von Verträgen)
eine Bestimmung, nach der der Verwender für den Fall, daß eine Vertragspartei vom Vertrage zurücktritt oder den Vertrag kündigt,
a) eine unangemessen hohe Vergütung für die Nutzung oder den Gebrauch einer Sache oder eines Rechts oder für erbrachte Leistungen oder
b) einen unangemessen hohen Ersatz von Aufwendungen verlangen kann;

8. *(aufgehoben)*

§ 11[1] **Klauselverbote ohne Wertungsmöglichkeit.** In Allgemeinen Geschäftsbedingungen ist unwirksam

1. (Kurzfristige Preiserhöhungen)
eine Bestimmung, welche die Erhöhung des Entgelts für Waren oder Leistungen vorsieht, die innerhalb von vier Monaten nach Vertragsabschluß geliefert oder erbracht werden sollen; dies gilt nicht bei Waren oder Leistungen, die im Rahmen von Dauerschuldverhältnissen geliefert oder erbracht werden;

2. (Leistungsverweigerungsrechte)
eine Bestimmung, durch die
a) das Leistungsverweigerungsrecht, das dem Vertragspartner des Verwenders nach § 320 des Bürgerlichen Gesetzbuchs zusteht, ausgeschlossen oder eingeschränkt wird, oder
b) ein dem Vertragspartner des Verwenders zustehendes Zurückbehaltungsrecht, soweit es auf demselben Vertragsverhältnis beruht, ausgeschlossen oder eingeschränkt, insbesondere von der Anerkennung von Mängeln durch den Verwender abhängig gemacht wird;

3. (Aufrechnungsverbot)
eine Bestimmung, durch die dem Vertragspartner des Verwenders die Befugnis genommen wird, mit einer unbestrittenen oder rechtskräftig festgestellten Forderung aufzurechnen;

4. (Mahnung, Fristsetzung)
eine Bestimmung, durch die der Verwender von der gesetzlichen Obliegenheit freigestellt wird, den anderen Vertragsteil zu mahnen oder ihm eine Nachfrist zu setzen;

---

[1] § 11 Nr. 1 geänd. durch G v. 22. 12. 1989 (BGBl. I S. 2486).

5. (Pauschalierung von Schadensersatzansprüchen)
die Vereinbarung eines pauschalierten Anspruchs des Verwenders auf Schadensersatz oder Ersatz einer Wertminderung, wenn
   a) die Pauschale den in den geregelten Fällen nach dem gewöhnlichen Lauf der Dinge zu erwartenden Schaden oder die gewöhnlich eintretende Wertminderung übersteigt, oder
   b) dem anderen Vertragsteil der Nachweis abgeschnitten wird, ein Schaden oder eine Wertminderung sei überhaupt nicht entstanden oder wesentlich niedriger als die Pauschale;
6. (Vertragsstrafe)
eine Bestimmung, durch die dem Verwender für den Fall der Nichtabnahme oder verspäteten Abnahme der Leistung, des Zahlungsverzugs oder für den Fall, daß der andere Vertragsteil sich vom Vertrag löst, Zahlung einer Vertragsstrafe versprochen wird;
7. (Haftung bei grobem Verschulden)
ein Ausschluß oder eine Begrenzung der Haftung für einen Schaden, der auf einer grob fahrlässigen Vertragsverletzung des Verwenders oder auf einer vorsätzlichen oder grob fahrlässigen Vertragsverletzung eines gesetzlichen Vertreters oder Erfüllungsgehilfen des Verwenders beruht; dies gilt auch für Schäden aus der Verletzung von Pflichten bei den Vertragsverhandlungen;
8. (Verzug, Unmöglichkeit)
eine Bestimmung, durch die für den Fall des Leistungsverzugs des Verwenders oder der von ihm zu vertretenden Unmöglichkeit der Leistung
   a) das Recht des anderen Vertragsteils, sich vom Vertrag zu lösen, ausgeschlossen oder eingeschränkt oder
   b) das Recht des anderen Vertragsteils, Schadensersatz zu verlangen, ausgeschlossen oder entgegen Nummer 7 eingeschränkt wird;
9. (Teilverzug, Teilunmöglichkeit)
eine Bestimmung, die für den Fall des teilweisen Leistungsverzugs des Verwenders oder bei von ihm zu vertretender teilweiser Unmöglichkeit der Leistung das Recht der anderen Vertragspartei ausschließt, Schadensersatz wegen Nichterfüllung der ganzen Verbindlichkeit zu verlangen oder von dem ganzen Vertrag zurückzutreten, wenn die teilweise Erfüllung des Vertrages für ihn kein Interesse hat;
10. (Gewährleistung)
eine Bestimmung, durch die bei Verträgen über Lieferungen neu hergestellter Sachen und Leistungen
   a) (Ausschluß und Verweisung auf Dritte)
   die Gewährleistungsansprüche gegen den Verwender einschließlich etwaiger Nachbesserungs- und Ersatzlieferungsansprüche insgesamt oder bezüglich einzelner Teile ausgeschlossen, auf die Einräumung von Ansprüchen gegen Dritte beschränkt oder von

der vorherigen gerichtlichen Inanspruchnahme Dritter abhängig gemacht werden;

b) (Beschränkung auf Nachbesserung)
die Gewährleistungsansprüche gegen den Verwender insgesamt oder bezüglich einzelner Teile auf ein Recht auf Nachbesserung oder Ersatzlieferung beschränkt werden, sofern dem anderen Vertragsteil nicht ausdrücklich das Recht vorbehalten wird, bei Fehlschlagen der Nachbesserung oder Ersatzlieferung Herabsetzung der Vergütung oder, wenn nicht eine Bauleistung Gegenstand der Gewährleistung ist, nach seiner Wahl Rückgängigmachung des Vertrags zu verlangen;

c) (Aufwendungen bei Nachbesserung)
die Verpflichtung des gewährleistungspflichtigen Verwenders ausgeschlossen oder beschränkt wird, die Aufwendungen zu tragen, die zum Zweck der Nachbesserung erforderlich werden, insbesondere Transport-, Wege-, Arbeits- und Materialkosten;

d) (Vorenthalten der Mängelbeseitigung)
der Verwender die Beseitigung eines Mangels oder die Ersatzlieferung einer mangelfreien Sache von der vorherigen Zahlung des vollständigen Entgelts oder eines unter Berücksichtigung des Mangels unverhältnismäßig hohen Teils des Entgelts abhängig macht;

e) (Ausschlußfrist für Mängelanzeige)
der Verwender dem anderen Vertragsteil für die Anzeige nicht offensichtlicher Mängel eine Ausschlußfrist setzt, die kürzer ist als die Verjährungsfrist für den gesetzlichen Gewährleistungsanspruch;

f) (Verkürzung von Gewährleistungsfristen)
die gesetzlichen Gewährleistungsfristen verkürzt werden;

11. (Haftung für zugesicherte Eigenschaften)
eine Bestimmung, durch die bei einem Kauf-, Werk- oder Werklieferungsvertrag Schadensersatzansprüche gegen den Verwender nach den §§ 463, 480 Abs. 2, § 635 des Bürgerlichen Gesetzbuchs wegen Fehlens zugesicherter Eigenschaften ausgeschlossen oder eingeschränkt werden;

12. (Laufzeit bei Dauerschuldverhältnissen)
bei einem Vertragsverhältnis, das die regelmäßige Lieferung von Waren oder die regelmäßige Erbringung von Dienst- oder Werkleistungen durch den Verwender zum Gegenstand hat,

a) eine den anderen Vertragsteil länger als zwei Jahre bindende Laufzeit des Vertrags,

b) eine den anderen Vertragsteil bindende stillschweigende Verlängerung des Vertragsverhältnisses um jeweils mehr als ein Jahr oder

c) zu Lasten des anderen Vertragsteils eine längere Kündigungsfrist als drei Monate vor Ablauf der zunächst vorgesehenen oder stillschweigend verlängerten Vertragsdauer;

13. (Wechsel des Vertragspartners)
eine Bestimmung, wonach bei Kauf-, Dienst- oder Werkverträgen ein Dritter an Stelle des Verwenders in die sich aus dem Vertrag ergebenden Rechte und Pflichten eintritt oder eintreten kann, es sei denn, in der Bestimmung wird
   a) der Dritte namentlich bezeichnet, oder
   b) dem anderen Vertragsteil das Recht eingeräumt, sich vom Vertrag zu lösen;
14. (Haftung des Abschlußvertreters)
eine Bestimmung, durch die der Verwender einem Vertreter, der den Vertrag für den anderen Vertragsteil abschließt,
   a) ohne hierauf gerichtete ausdrückliche und gesonderte Erklärung eine eigene Haftung oder Einstandspflicht oder
   b) im Falle vollmachtsloser Vertretung eine über § 179 des Bürgerlichen Gesetzbuchs hinausgehende Haftung

   auferlegt;
15. (Beweislast)
eine Bestimmung, durch die der Verwender die Beweislast zum Nachteil des anderen Vertragsteils ändert, insbesondere indem er
   a) diesem die Beweislast für Umstände auferlegt, die im Verantwortungsbereich des Verwenders liegen;
   b) den anderen Vertragsteil bestimmte Tatsachen bestätigen läßt.

   Buchstabe b gilt nicht für gesondert unterschriebene Empfangsbekenntnisse;
16. (Form von Anzeigen und Erklärungen)
eine Bestimmung, durch die Anzeigen oder Erklärungen, die dem Verwender oder einem Dritten gegenüber abzugeben sind, an eine strengere Form als die Schriftform oder an besondere Zugangserfordernisse gebunden werden.

Zweiter Abschnitt. Kollisionsrecht

§ 12[1)] Internationaler Geltungsbereich. Unterliegt ein Vertrag ausländischem Recht, so sind die Vorschriften dieses Gesetzes gleichwohl anzuwenden, wenn der Vertrag einen engen Zusammenhang mit dem Gebiet der Bundesrepublik Deutschland aufweist. Ein enger Zusammenhang ist insbesondere anzunehmen, wenn

1. der Vertrag auf Grund eines öffentlichen Angebots, einer öffentlichen Werbung oder einer ähnlichen im Geltungsbereich dieses Gesetzes entfalteten geschäftlichen Tätigkeit des Verwenders zustandekommt und

---

[1)] § 12 neugef. durch G v. 19. 7. 1996 (BGBl. I S. 1013); er dient der Umsetzung der Richtlinie des Rates v. 5. 4. 1993 über mißbräuchliche Klauseln in Verbraucherverträgen.

2. der andere Vertragsteil bei Abgabe seiner auf den Vertragsschluß gerichteten Erklärung seinen Wohnsitz oder gewöhnlichen Aufenthalt im Geltungsbereich dieses Gesetzes hat und seine Willenserklärung im Geltungsbereich dieses Gesetzes abgibt.

Dritter Abschnitt. Verfahren

§ 13 Unterlassungs- und Widerrufsanspruch. (1) Wer in Allgemeinen Geschäftsbedingungen Bestimmungen, die nach §§ 9 bis 11 dieses Gesetzes unwirksam sind, verwendet oder für den rechtsgeschäftlichen Verkehr empfiehlt, kann auf Unterlassung und im Fall des Empfehlens auch auf Widerruf in Anspruch genommen werden.

(2) Die Ansprüche auf Unterlassung und auf Widerruf können nur geltend gemacht werden

1. von rechtsfähigen Verbänden, zu deren satzungsgemäßen Aufgaben es gehört, die Interessen der Verbraucher durch Aufklärung und Beratung wahrzunehmen, wenn sie in diesem Aufgabenbereich tätige Verbände oder mindestens fünfundsiebzig natürliche Personen als Mitglieder haben,
2. von rechtsfähigen Verbänden zur Förderung gewerblicher Interessen oder
3. von den Industrie- und Handelskammern oder den Handwerkskammern.

(3) Die in Absatz 2 Nr. 1 bezeichneten Verbände können Ansprüche auf Unterlassung und auf Widerruf nicht geltend machen, wenn Allgemeine Geschäftsbedingungen gegenüber einem Kaufmann verwendet werden und der Vertrag zum Betriebe seines Handelsgewerbes gehört oder wenn Allgemeine Geschäftsbedingungen zur ausschließlichen Verwendung zwischen Kaufleuten empfohlen werden.

(4) Die Ansprüche nach Absatz 1 verjähren in zwei Jahren von dem Zeitpunkt an, in welchem der Anspruchsberechtigte von der Verwendung oder Empfehlung der unwirksamen Allgemeinen Geschäftsbedingungen Kenntnis erlangt hat, ohne Rücksicht auf diese Kenntnis in vier Jahren von der jeweiligen Verwendung oder Empfehlung an.

§ 14 Zuständigkeit. (1) Für Klagen nach § 13 dieses Gesetzes ist das Landgericht ausschließlich zuständig, in dessen Bezirk der Beklagte seine gewerbliche Niederlassung oder in Ermangelung einer solchen seinen Wohnsitz hat. Hat der Beklagte im Inland weder eine gewerbliche Niederlassung noch einen Wohnsitz, so ist das Gericht des inländischen Aufenthaltsorts zuständig, in Ermangelung eines solchen das Gericht, in dessen Bezirk die nach §§ 9 bis 11 dieses Gesetzes unwirksamen Bestimmungen in Allgemeinen Geschäftsbedingungen verwendet wurden.

(2) Die Landesregierungen werden ermächtigt, zur sachdienlichen Förderung oder schnelleren Erledigung der Verfahren durch Rechtsverordnung einem Landgericht für die Bezirke mehrerer Landgerichte Rechtsstreitigkeiten nach diesem Gesetz zuzuweisen.[1] Die Landesregierungen können die Ermächtigung durch Rechtsverordnung auf die Landesjustizverwaltungen übertragen.

(3) Die Parteien können sich vor den nach Absatz 2 bestimmten Gerichten auch durch Rechtsanwälte vertreten lassen, die bei dem Gericht zugelassen sind, vor das der Rechtsstreit ohne die Regelung nach Absatz 2 gehören würde.

(4) Die Mehrkosten, die einer Partei dadurch erwachsen, daß sie sich nach Absatz 3 durch einen nicht beim Prozeßgericht zugelassenen Rechtsanwalt vertreten läßt, sind nicht zu erstatten.

§ 15 Verfahren. (1) Auf das Verfahren sind die Vorschriften der Zivilprozeßordnung anzuwenden, soweit sich aus diesem Gesetz nicht etwas anderes ergibt.

(2) Der Klageantrag muß auch enthalten:

1. den Wortlaut der beanstandeten Bestimmungen in Allgemeinen Geschäftsbedingungen;
2. die Bezeichnung der Art der Rechtsgeschäfte, für die die Bestimmungen beanstandet werden.

§ 16[2] Anhörung. Das Gericht hat vor der Entscheidung über eine Klage nach § 13 zu hören

1. die zuständige Aufsichtsbehörde für das Versicherungswesen, wenn Gegenstand der Klage Bestimmungen in Allgemeinen Versicherungsbedingungen sind, oder
2. das Bundesaufsichtsamt für das Kreditwesen, wenn Gegenstand der Klage Bestimmungen in Allgemeinen Geschäftsbedingungen sind, die das Bundesaufsichtsamt für das Kreditwesen nach Maßgabe des Gesetzes über Bausparkassen, des Gesetzes über Kapitalanlagegesellschaften, des Hypothekenbankgesetzes oder des Gesetzes über Schiffspfandbriefbanken zu genehmigen hat.

§ 17 Urteilsformel. Erachtet das Gericht die Klage für begründet, so enthält die Urteilsformel auch:

1. die beanstandeten Bestimmungen der Allgemeinen Geschäftsbedingungen im Wortlaut;

---

[1] **Bayern:** § 6 VO v. 2. 2. 1988 (GVBl. S. 6, ber. S. 97, BayRS 300-3-1-J). **Hessen:** VO v. 25. 2. 1977 (GVBl. I S. 122) und VO v. 17. 10. 1996 (GVBl. I S. 466), geänd. durch VO v. 17. 10. 1997 (GVBl. I S. 368). **Nordrhein-Westfalen:** VO v. 8. 3. 1977 (GV NW S. 100) und VO v. 18. 3. 1977 (GV NW S. 133).

[2] § 16 Nr. 1 neugef. durch Art. 10 G v. 21. 7. 1994 (BGBl. I S. 1630).

2. die Bezeichnung der Art der Rechtsgeschäfte, für die die den Unterlassungsanspruch begründenden Bestimmungen der Allgemeinen Geschäftsbedingungen nicht verwendet werden dürfen;
3. das Gebot, die Verwendung inhaltsgleicher Bestimmungen in Allgemeinen Geschäftsbedingungen zu unterlassen;
4. für den Fall der Verurteilung zum Widerruf das Gebot, das Urteil in gleicher Weise bekanntzugeben, wie die Empfehlung verbreitet wurde.

§ 18 Veröffentlichungsbefugnis. Wird der Klage stattgegeben, so kann dem Kläger auf Antrag die Befugnis zugesprochen werden, die Urteilsformel mit der Bezeichnung des verurteilten Verwenders oder Empfehlers auf Kosten des Beklagten im Bundesanzeiger, im übrigen auf eigene Kosten bekanntzumachen. Das Gericht kann die Befugnis zeitlich begrenzen.

§ 19 Einwendung bei abweichender Entscheidung. Der Verwender, dem die Verwendung einer Bestimmung untersagt worden ist, kann im Wege der Klage nach § 767 ZPO einwenden, daß nachträglich eine Entscheidung des Bundesgerichtshofs oder des Gemeinsamen Senats der Obersten Gerichtshöfe des Bundes ergangen ist, welche die Verwendung dieser Bestimmung für dieselbe Art von Rechtsgeschäften nicht untersagt, und daß die Zwangsvollstreckung aus dem Urteil gegen ihn in unzumutbarer Weise seinen Geschäftsbetrieb beeinträchtigen würde.

§ 20 Register. (1) Das Gericht teilt dem Bundeskartellamt von Amts wegen mit
1. Klagen, die nach § 13 oder nach § 19 anhängig werden,
2. Urteile, die im Verfahren nach § 13 oder nach § 19 ergehen, sobald sie rechtskräftig sind,
3. die sonstige Erledigung der Klage.

(2) Das Bundeskartellamt führt über die nach Absatz 1 eingehenden Mitteilungen ein Register.

(3) Die Eintragung ist nach zwanzig Jahren seit dem Schluß des Jahres zu löschen, in dem die Eintragung in das Register erfolgt ist. Die Löschung erfolgt durch Eintragung eines Löschungsvermerks; mit der Löschung der Eintragung einer Klage ist die Löschung der Eintragung ihrer sonstigen Erledigung (Absatz 1 Nr. 3) zu verbinden.

(4) Über eine bestehende Eintragung ist jedermann auf Antrag Auskunft zu erteilen. Die Auskunft enthält folgende Angaben:
1. für Klagen nach Absatz 1 Nr. 1
   a) die beklagte Partei,
   b) das angerufene Gericht samt Geschäftsnummer,
   c) den Klageantrag;

2. für Urteile nach Absatz 1 Nr. 2
   a) die verurteilte Partei,
   b) das entscheidende Gericht samt Geschäftsnummer,
   c) die Urteilsformel;
3. für die sonstige Erledigung nach Absatz 1 Nr. 3 die Art der Erledigung.

§ 21 Wirkungen des Urteils. Handelt der verurteilte Verwender dem Unterlassungsgebot zuwider, so ist die Bestimmung in den Allgemeinen Geschäftsbedingungen als unwirksam anzusehen, soweit sich der betroffene Vertragsteil auf die Wirkung des Unterlassungsurteils beruft. Er kann sich jedoch auf die Wirkung des Unterlassungsurteils nicht berufen, wenn der verurteilte Verwender gegen das Urteil die Klage nach § 19 erheben könnte.

§ 22[1] *(aufgehoben)*

Vierter Abschnitt. Anwendungsbereich

§ 23[2] **Sachlicher Anwendungsbereich.** (1) Dieses Gesetz findet keine Anwendung bei Verträgen auf dem Gebiet des Arbeits-, Erb-, Familien- und Gesellschaftsrechts.

(2) Keine Anwendung finden ferner

1. § 2 für die mit Genehmigung der zuständigen Verkehrsbehörde oder auf Grund von internationalen Übereinkommen erlassenen Tarife und Ausführungsbestimmungen der Eisenbahnen und die nach Maßgabe des Personenbeförderungsgesetzes genehmigten Beförderungsbedingungen der Straßenbahnen, Obusse und Kraftfahrzeuge im Linienverkehr;

1a. § 2 für die Allgemeinen Geschäftsbedingungen und Entgelte der Anbieter von Telekommunikationsdienstleistungen über das Angebot von Telekommunikationsdienstleistungen für die Öffentlichkeit nach dem Telekommunikationsgesetz, sofern sie in ihrem Wortlaut im Amtsblatt der Regulierungsbehörde veröffentlicht worden sind und bei den Geschäftsstellen der Anbieter zur Einsichtnahme bereitgehalten werden;

1b. § 2 für die Allgemeinen Geschäftsbedingungen der Deutschen Post AG für Leistungen im Rahmen des Beförderungsvorbehalts nach dem Postgesetz, sofern sie in ihrem Wortlaut im Amtsblatt der Regulie-

---

[1] § 22 aufgeh. durch Art. 9 Nr. 4 KostRÄndG 1994 v. 24. 6. 1994 (BGBl. I S. 1325).

[2] § 23 Abs. 2 Nr. 1a eingef. durch Art. 4 G v. 8. 6. 1989 (BGBl. I S. 1026), neugef. mWv 1. 1. 1995 durch Art. 12 Abs. 28 PTNeuOG v. 14. 9. 1994 (BGBl. I S. 2325) und G v. 17. 12. 1997 (BGBl. I S. 3108), Nr. 1b eingef. durch G v. 17. 12. 1997 (BGBl. I S. 3108).

rungsbehörde veröffentlicht worden sind und bei den Geschäftsstellen der Deutschen Post AG zur Einsichtnahme bereitgehalten werden;

2. die §§ 10 und 11 für Verträge der Elektrizitäts- und der Gasversorgungsunternehmen über die Versorgung von Sonderabnehmern mit elektrischer Energie und mit Gas aus dem Versorgungsnetz, soweit die Versorgungsbedingungen nicht zum Nachteil der Abnehmer von den auf Grund des § 7 des Energiewirtschaftsgesetzes erlassenen Allgemeinen Bedingungen für die Versorgung mit elektrischer Arbeit aus dem Niederspannungsnetz der Elektrizitätsversorgungsunternehmen und Allgemeinen Bedingungen für die Versorgung mit Gas aus dem Versorgungsnetz der Gasversorgungsunternehmen abweichen;
3. § 11 Nr. 7 und 8 für die nach Maßgabe des Personenbeförderungsgesetzes genehmigten Beförderungsbedingungen und Tarifvorschriften der Straßenbahnen, Obusse und Kraftfahrzeuge im Linienverkehr, soweit sie nicht zum Nachteil des Fahrgastes von der Verordnung über die Allgemeinen Beförderungsbedingungen für den Straßenbahn- und Obusverkehr sowie den Linienverkehr mit Kraftfahrzeugen vom 27. Februar 1970 abweichen;
4. § 11 Nr. 7 für staatlich genehmigte Lotterieverträge oder Ausspielverträge;
5. § 10 Nr. 5 und § 11 Nr. 10 Buchstabe f für Leistungen, für die die Verdingungsordnung für Bauleistungen (VOB) Vertragsgrundlage ist;
6. § 11 Nr. 12 für Verträge über die Lieferung als zusammengehörig verkaufter Sachen, für Versicherungsverträge sowie für Verträge zwischen den Inhabern urheberrechtlicher Rechte und Ansprüche und Verwertungsgesellschaften im Sinne des Gesetzes über die Wahrnehmung von Urheberrechten und verwandten Schutzrechten.

(3) Ein Bausparvertrag, ein Versicherungsvertrag sowie das Rechtsverhältnis zwischen einer Kapitalanlagegesellschaft und einem Anteilinhaber unterliegen den von der zuständigen Behörde genehmigten Allgemeinen Geschäftsbedingungen der Bausparkasse, des Versicherers sowie der Kapitalanlagegesellschaft auch dann, wenn die in § 2 Abs. 1 Nr. 1 und 2 bezeichneten Erfordernisse nicht eingehalten sind.

§ 24[1] Persönlicher Anwendungsbereich. Die Vorschriften der §§ 2, 10, 11 und 12 finden keine Anwendung auf Allgemeine Geschäftsbedingungen,

1. die gegenüber einer Person verwendet werden, die bei Abschluß des Vertrages in Ausübung ihrer gewerblichen oder selbständigen beruflichen Tätigkeit handelt (Unternehmer);
2. die gegenüber einer juristischen Person des öffentlichen Rechts oder einem öffentlich-rechtlichen Sondervermögen verwendet werden.

[1] § 24 Satz 1 Nr. 1 neugef. durch Art. 2 HRefG v. 22. 6. 1998 (BGBl. I S. 1474).

§ 9 ist in den Fällen des Satzes 1 auch insoweit anzuwenden, als dies zur Unwirksamkeit von in den §§ 10 und 11 genannten Vertragsbestimmungen führt; auf die im Handelsverkehr geltenden Gewohnheiten und Gebräuche ist angemessen Rücksicht zu nehmen.

§ 24 a[1] Verbraucherverträge. Bei Verträgen zwischen einem Unternehmer und einer natürlichen Person, die den Vertrag zu einem Zweck abschließt, der weder einer gewerblichen noch einer selbständigen beruflichen Tätigkeit zugerechnet werden kann (Verbraucher), sind die Vorschriften dieses Gesetzes mit folgenden Maßgaben anzuwenden:

1. Allgemeine Geschäftsbedingungen gelten als vom Unternehmer gestellt, es sei denn, daß sie durch den Verbraucher in den Vertrag eingeführt wurden;
2. die §§ 5, 6 und 8 bis 12 sind auf vorformulierte Vertragsbedingungen auch dann anzuwenden, wenn diese nur zur einmaligen Verwendung bestimmt sind und soweit der Verbraucher auf Grund der Vorformulierung auf ihren Inhalt keinen Einfluß nehmen konnte;
3. bei der Beurteilung der unangemessenen Benachteiligung nach § 9 sind auch die den Vertragsabschluß begleitenden Umstände zu berücksichtigen.

Fünfter Abschnitt. Schluß- und Übergangsvorschriften

§§ 25, 26[2] *(vom Abdruck wurde abgesehen)*

§ 27 Ermächtigung zum Erlaß von Rechtsverordnungen. Der Bundesminister für Wirtschaft kann durch Rechtsverordnung mit Zustimmung des Bundesrates die allgemeinen Bedingungen für die Versorgung mit Wasser und Fernwärme ausgewogen gestalten. Er kann dabei die Bestimmungen der Verträge einheitlich festsetzen und Regelungen über den Vertragsabschluß, den Gegenstand und die Beendigung der Verträge treffen sowie die Rechte und Pflichten der Vertragspartner festlegen; hierbei sind die beiderseitigen Interessen angemessen zu berücksichtigen. Die Sätze 1 und 2 gelten entsprechend für Bedingungen öffentlichrechtlich gestalteter Versorgungsverhältnisse mit Ausnahme der Regelung des Verwaltungsverfahrens.

§ 28 Übergangsvorschrift. (1) Dieses Gesetz gilt vorbehaltlich des Absatzes 2 nicht für Verträge, die vor seinem Inkrafttreten geschlossen worden sind.

---

[1] § 24 a eingef. durch G v. 19. 7. 1996 (BGBl. I S. 1013); er dient der Umsetzung der Richtlinie des Rates v. 5. 4. 1993 über mißbräuchliche Klauseln in Verbraucherverträgen; neugef. durch Art. 2 HRefG v. 22. 6. 1998 (BGBl. I S. 1474).

[2] §§ 25 und 26 enthalten Änderungen des Bürgerlichen Gesetzbuchs und des Energiewirtschaftsgesetzes; vom Abdruck wurde abgesehen.

(2) § 9 gilt auch für vor Inkrafttreten dieses Gesetzes abgeschlossene Verträge über die regelmäßige Lieferung von Waren, die regelmäßige Erbringung von Dienst- oder Werkleistungen sowie die Gebrauchsüberlassung von Sachen, soweit diese Verträge noch nicht abgewickelt sind.

(3) Auf Verträge über die Versorgung mit Wasser und Fernwärme sind die Vorschriften dieses Gesetzes erst drei Jahre nach seinem Inkrafttreten anzuwenden.

§ 29 Berlin-Klausel *(gegenstandslos)*

§ 30[1] Inkrafttreten. Dieses Gesetz tritt vorbehaltlich des Satzes 2 am 1. April 1977 in Kraft. § 14 Abs. 2, §§ 26 und 27 treten am Tage nach der Verkündung[2] in Kraft. § 23 Abs. 2 Nr. 1a und 1b tritt mit Ablauf des 31. Dezember 2002 außer Kraft.

---

[1] § 30 Satz 3 angef. durch G v. 17. 12. 1997 (BGBl. I S. 3108).
[2] Verkündet am 15. 12. 1976.

37. Gesetz gegen Wettbewerbsbeschränkungen

In der Fassung der Bekanntmachung vom 20. Februar 1990 (BGBl. I S. 235)[1]

zuletzt geänd. durch Art. 2 G zur Neuregelung des Energiewirtschaftsrechts v. 24. 4. 1998 (BGBl. I S. 730)

(BGBl. III/FNA 703-1)

(Auszug)

Erster Teil. Wettbewerbsbeschränkungen

Erster Abschnitt. Kartellverträge und Kartellbeschlüsse

§ 1[2] [Unwirksamkeit wettbewerbsbeschränkender Vereinbarungen]
(1) Verträge, die Unternehmen oder Vereinigungen von Unternehmen zu einem gemeinsamen Zweck schließen, und Beschlüsse von Vereinigungen von Unternehmen sind unwirksam, soweit sie geeignet sind, die Erzeugung oder die Marktverhältnisse für den Verkehr mit Waren oder gewerblichen Leistungen durch Beschränkung des Wettbewerbs zu beeinflussen. Dies gilt nicht, soweit in diesem Gesetz etwas anderes bestimmt ist.

(2) Als Beschluß einer Vereinigung von Unternehmen gilt auch der Beschluß der Mitgliederversammlung einer juristischen Person, soweit ihre Mitglieder Unternehmen sind.

Dritter Abschnitt. Marktbeherrschende Unternehmen

§ 22 [Marktbeherrschendes Unternehmen; Befugnisse der Kartellbehörde] (1) Ein Unternehmen ist marktbeherrschend im Sinne dieses Gesetzes, soweit es als Anbieter oder Nachfrager einer bestimmten Art von Waren oder gewerblichen Leistungen

1. ohne Wettbewerber ist oder keinem wesentlichen Wettbewerb ausgesetzt ist oder
2. eine im Verhältnis zu seinen Wettbewerbern überragende Marktstellung hat; hierbei sind insbesondere sein Marktanteil, seine Finanzkraft, sein Zugang zu den Beschaffungs- oder Absatzmärkten, Ver-

---

[1] Neubekanntmachung des GWB v. 27. 7. 1957 (BGBl. I S. 1081) in der ab 1. 1. 1990 geltenden Fassung.

[2] Beachte hierzu auch Art. 85 und 86 Vertrag zur Gründung der Europäischen Wirtschaftsgemeinschaft v. 25. 3. 1957 (BGBl. II S. 753).

flechtungen mit anderen Unternehmen, rechtliche oder tatsächliche Schranken für den Marktzutritt anderer Unternehmen, die Fähigkeit, sein Angebot oder seine Nachfrage auf andere Waren oder gewerbliche Leistungen umzustellen, sowie die Möglichkeit der Marktgegenseite, auf andere Unternehmen auszuweichen, zu berücksichtigen.

(2) Als marktbeherrschend gelten auch zwei oder mehr Unternehmen, soweit zwischen ihnen für eine bestimmte Art von Waren oder gewerblichen Leistungen allgemein oder auf bestimmten Märkten aus tatsächlichen Gründen ein wesentlicher Wettbewerb nicht besteht und soweit sie in ihrer Gesamtheit die Voraussetzungen des Absatzes 1 erfüllen.

(3) Es wird vermutet, daß

1. ein Unternehmen marktbeherrschend im Sinne des Absatzes 1 ist, wenn es für eine bestimmte Art von Waren oder gewerblichen Leistungen einen Marktanteil von mindestens einem Drittel hat; die Vermutung gilt nicht, wenn das Unternehmen im letzten abgeschlossenen Geschäftsjahr Umsatzerlöse von weniger als 250 Millionen Deutscher Mark hatte;
2. die Voraussetzungen des Absatzes 2 vorliegen, wenn für eine bestimmte Art von Waren oder gewerblichen Leistungen
   a) drei oder weniger Unternehmen zusammen einen Marktanteil von 50 vom Hundert oder mehr haben oder
   b) fünf oder weniger Unternehmen zusammen einen Marktanteil von zwei Dritteln oder mehr haben;

   die Vermutung gilt nicht, soweit es sich um Unternehmen handelt, die im letzten abgeschlossenen Geschäftsjahr Umsatzerlöse von weniger als 100 Millionen Deutscher Mark hatten.

Für die Berechnung der Marktanteile und der Umsatzerlöse gilt § 23 Abs. 1 Satz 2 bis 10 entsprechend.

(4) Die Kartellbehörde hat gegenüber marktbeherrschenden Unternehmen die in Absatz 5 genannten Befugnisse, soweit diese Unternehmen ihre marktbeherrschende Stellung auf dem Markt für diese oder andere Waren oder gewerbliche Leistungen mißbräuchlich ausnutzen. Ein Mißbrauch im Sinne des Satzes 1 liegt ins besondere vor, wenn ein marktbeherrschendes Unternehmen als Anbieter oder Nachfrager einer bestimmten Art von Waren oder gewerblichen Leistungen

1. die Wettbewerbsmöglichkeiten anderer Unternehmen in einer für den Wettbewerb auf dem Markt erheblichen Weise ohne sachlich gerechtfertigten Grund beeinträchtigt;
2. Entgelte oder sonstige Geschäftsbedingungen fordert, die von denjenigen abweichen, die sich bei wirksamem Wettbewerb mit hoher Wahrscheinlichkeit ergeben würden; hierbei sind insbesondere die Verhaltensweisen von Unternehmen auf vergleichbaren Märkten mit wirksamem Wettbewerb zu berücksichtigen;

3. ungünstigere Entgelte oder sonstige Geschäftsbedingungen fordert, als sie das marktbeherrschende Unternehmen selbst auf vergleichbaren Märkten von gleichartigen Abnehmern fordert, es sei denn, daß der Unterschied sachlich gerechtfertigt ist.

(5) Die Kartellbehörde kann unter den Voraussetzungen des Absatzes 4 marktbeherrschenden Unternehmen ein mißbräuchliches Verhalten untersagen und Verträge für unwirksam erklären; § 19 gilt entsprechend. Zuvor soll die Kartellbehörde die Beteiligten auffordern, den beanstandeten Mißbrauch abzustellen.

(6) Soweit die Voraussetzungen des Absatzes 1 bei einem Konzernunternehmen im Sinne des § 18 des Aktiengesetzes[1] vorliegen, stehen der Kartellbehörde die Befugnisse nach Absatz 5 gegenüber jedem Konzernunternehmen zu.

§ 23[2] [Anzeigepflicht beim Zusammenschluß von Unternehmen]

(1) Der Zusammenschluß von Unternehmen ist dem Bundeskartellamt unverzüglich anzuzeigen, wenn die beteiligten Unternehmen insgesamt im letzten vor dem Zusammenschluß endenden Geschäftsjahr Umsatzerlöse von mindestens 500 Millionen Deutscher Mark hatten. Ist ein beteiligtes Unternehmen ein abhängiges oder herrschendes Unternehmen im Sinne des § 17 des Aktiengesetzes[1] oder ein Konzernunternehmen im Sinne des § 18 des Aktiengesetzes, so sind für die Berechnung der Umsatzerlöse sowie von Marktanteilen die so verbundenen Unternehmen als einheitliches Unternehmen anzusehen; wirken mehrere Unternehmen aufgrund einer Vereinbarung oder in sonstiger Weise derart zusammen, daß sie gemeinsam einen beherrschenden Einfluß auf ein beteiligtes Unternehmen ausüben können, so gilt jedes von ihnen als herrschendes Unternehmen. Für die Ermittlung der Umsatzerlöse gilt § 277 Abs. 1 des Handelsgesetzbuchs; Umsatzerlöse aus Lieferungen und Leistungen zwischen Unternehmen, die im Sinne des Satzes 2 verbunden sind (Innenumsatzerlöse) sowie Verbrauchsteuern bleiben außer Betracht; Umsatzerlöse in fremder Währung sind nach dem amtlichen Kurs in Deutsche Mark umzurechnen. An die Stelle der Umsatzerlöse treten bei Kreditinstituten und Bausparkassen ein Zehntel der Bilanzsumme, bei Versicherungsunternehmen die Prämieneinnahmen des letzten abgeschlossenen Geschäftsjahres. Die Bilanzsumme ist um diejenigen Ansätze zu vermindern, die für Beteiligungen an im Sinne des Satzes 2 verbundenen Unternehmen ausgewiesen sind; Prämieneinnahmen sind die Einnahmen aus dem Erst- und Rückversicherungsgeschäft einschließlich der in Rückdeckung gegebenen Anteile. Bei Unternehmen, deren Geschäftsbetrieb ganz oder teilweise im Vertrieb von Waren besteht, sind insoweit nur drei Viertel der Umsatzerlöse in Ansatz zu bringen. Bei Unternehmen, deren Geschäftsbetrieb ganz oder teilweise im Verlag, in der Herstellung oder im Vertrieb von Zei-

[1] **Schönfelder Nr. 51.**

[2] § 23 Abs. 2 Satz 1 Nr. 1, Abs. 4 Nr. 1 geänd. durch Art. 11 UmwBerG v. 28. 10. 1994 (BGBl. I S. 3210).

tungen oder Zeitschriften oder deren Bestandteilen besteht, ist insoweit das Zwanzigfache der Umsatzerlöse in Ansatz zu bringen; Satz 6 bleibt unberührt. Beim Erwerb des Vermögens eines anderen Unternehmens ganz oder zu einem wesentlichen Teil ist für die Berechnung der Marktanteile und der Umsatzerlöse des Veräußerers nur auf den veräußerten Vermögensteil abzustellen. Satz 8 gilt entsprechend für den Erwerb von Anteilen, soweit dabei weniger als 25 vom Hundert der Anteile beim Veräußerer verbleiben und der Zusammenschluß nicht die Voraussetzungen des Absatzes 2 Nr. 2 Satz 3, Nr. 5 oder Nr. 6 erfüllt. Steht einer Person oder Personenvereinigung, die nicht Unternehmen ist, die Mehrheitsbeteiligung an einem Unternehmen zu, so gilt sie für die Zwecke dieses Gesetzes als Unternehmen.

(2) Als Zusammenschluß im Sinne dieses Gesetzes gelten folgende Tatbestände:

1. Erwerb des Vermögens eines anderen Unternehmens ganz oder zu einem wesentlichen Teil durch Umwandlung oder in sonstiger Weise.
2. Erwerb von Anteilen an einem anderen Unternehmen, wenn die Anteile allein oder zusammen mit sonstigen, dem Unternehmen bereits gehörenden Anteilen
   a) 25 vom Hundert des Kapitals oder der Stimmrechte des anderen Unternehmens erreichen oder
   b) 50 vom Hundert des Kapitals oder der Stimmrechte des anderen Unternehmens erreichen oder
   c) dem Unternehmen eine Mehrheitsbeteiligung im Sinne des § 16 Abs. 1 des Aktiengesetzes gewähren.

   Zu den Anteilen, die dem Unternehmen gehören, rechnen auch die Anteile, die einem im Sinne des Absatzes 1 Satz 2 verbundenen Unternehmen oder einem anderen für Rechnung eines dieser Unternehmen gehören und, wenn der Inhaber des Unternehmens ein Einzelkaufmann ist, auch die Anteile, die sonstiges Vermögen des Inhabers sind. Erwerben mehrere Unternehmen gleichzeitig oder nacheinander im vorbezeichneten Umfang Anteile an einem anderen Unternehmen, so gilt dies hinsichtlich der Märkte, auf denen das andere Unternehmen tätig ist, auch als Zusammenschluß der sich beteiligenden Unternehmen untereinander (Gemeinschaftsunternehmen). Als Zusammenschluß gilt auch der Erwerb von Anteilen, soweit dem Erwerber durch Vertrag, Satzung, Gesellschaftsvertrag oder Beschluß eine Rechtsstellung verschafft ist, die bei der Aktiengesellschaft ein Aktionär mit mehr als 25 vom Hundert des stimmberechtigten Kapitals innehat.
3. Verträge mit einem anderen Unternehmen, durch die
   a) ein Konzern im Sinne des § 18 des Aktiengesetzes gebildet oder der Kreis der Konzernunternehmen erweitert wird oder
   b) sich das andere Unternehmen verpflichtet, sein Unternehmen für Rechnung des Unternehmens zu führen oder seinen Gewinn ganz oder zum Teil an das Unternehmen abzuführen oder

c) dem Unternehmen der Betrieb des anderen Unternehmens ganz oder zu einem wesentlichen Teil verpachtet oder sonst überlassen wird.

4. Herbeiführung der Personengleichheit von mindestens der Hälfte der Mitglieder des Aufsichtsrats, des Vorstands oder eines sonstigen zur Geschäftsführung berufenen Organs von Unternehmen.

5. Jede sonstige Verbindung von Unternehmen, auf Grund deren ein oder mehrere Unternehmen unmittelbar oder mittelbar einen beherrschenden Einfluß auf ein anderes Unternehmen ausüben können.

6. Jede Verbindung von Unternehmen der in Nummer 2, 4 oder 5 genannten Art, bei der ein geringerer als der in Nummer 2 Satz 1 Buchstabe a genannte Anteil erworben, eine Rechtsstellung nach Nummer 2 Satz 4 nicht verschafft, der Umfang der Personengleichheit nach Nummer 4 nicht erreicht und ein beherrschender Einfluß im Sinne der Nummer 5 nicht ermöglicht wird, sofern durch die Verbindung ein oder mehrere Unternehmen unmittelbar oder mittelbar einen wettbewerblich erheblichen Einfluß auf ein anderes Unternehmen ausüben können.

(3) Ein Zusammenschluß ist auch dann anzunehmen, wenn die beteiligten Unternehmen bereits vorher im Sinne des Absatzes 2 zusammengeschlossen waren, es sei denn, daß der Zusammenschluß nicht zu einer wesentlichen Verstärkung der bereits bestehenden Unternehmensverbindung führt. Ein Zusammenschluß liegt nicht vor, wenn ein Kreditinstitut bei der Gründung oder Kapitalerhöhung eines Unternehmens oder sonst im Rahmen seines Geschäftsbetriebes Anteile an einem anderen Unternehmen zum Zweck der Veräußerung auf dem Markt erwirbt, solange es das Stimmrecht aus diesen Anteilen nicht ausübt und sofern die Veräußerung innerhalb eines Jahres erfolgt; bei der Gründung eines Unternehmens führt die Ausübung des Stimmrechts in der ersten Hauptversammlung nach der Gründung nicht zu einem Zusammenschluß. Ist ein an einem Zusammenschluß beteiligtes Unternehmen ein im Sinne des Absatzes 1 Satz 2 verbundenes Unternehmen, so gelten auch das herrschende Unternehmen sowie diejenigen Unternehmen, von denen das herrschende Unternehmen abhängig ist, als am Zusammenschluß beteiligt. Schließen sich zwei oder mehr Unternehmen zusammen, so gilt dies auch als Zusammenschluß der von ihnen abhängigen Unternehmen.

(4) Zur Anzeige sind verpflichtet:

1. in den Fällen der Umwandlung die Inhaber des aufnehmenden oder des neugegründeten Unternehmens oder deren Vertreter, bei juristischen Personen und Gesellschaften die nach Gesetz oder Satzung zur Vertretung berufenen Personen;

2. im übrigen

   a) die Inhaber der am Zusammenschluß beteiligten Unternehmen und

   b) in den Fällen des Absatzes 2 Nr. 1 und 2 auch der Veräußerer oder deren Vertreter, bei juristischen Personen und Gesellschaften die nach Gesetz oder Satzung zur Vertretung berufenen Personen; in den Fällen des Buchstabens b gilt Absatz 3 Satz 3 entsprechend.

(5) In der Anzeige ist die Form des Zusammenschlusses anzugeben. Die Anzeige muß ferner über jedes beteiligte Unternehmen folgende Angaben enthalten:

1. die Firma oder sonstige Bezeichnung und den Ort der Niederlassung oder den Sitz;
2. die Art des Geschäftsbetriebes;
3. die Marktanteile einschließlich der Grundlagen für ihre Berechnung oder Schätzung, wenn diese im Geltungsbereich dieses Gesetzes oder in einem wesentlichen Teil desselben für die beteiligten Unternehmen zusammen mindestens 20 vom Hundert erreichen, und die Umsatzerlöse; an Stelle der Umsatzerlöse sind bei Kreditinstituten und Bausparkassen die Bilanzsumme, bei Versicherungsunternehmen die Prämieneinnahmen anzugeben;
4. beim Erwerb von Anteilen an einem anderen Unternehmen die Höhe der erworbenen und der insgesamt gehaltenen Beteiligung.

Ist ein beteiligtes Unternehmen ein im Sinne des Absatzes 1 Satz 2 verbundenes Unternehmen, so sind die in Satz 2 Nr. 1 und 2 geforderten Angaben auch über die so verbundenen Unternehmen und die in Satz 2 Nr. 3 geforderten Angaben über jedes am Zusammenschluß beteiligte Unternehmen und die mit ihm so verbundenen Unternehmen insgesamt zu machen sowie die Konzernbeziehungen, Abhängigkeits- und Beteiligungsverhältnisse zwischen den verbundenen Unternehmen mitzuteilen.

(6) Das Bundeskartellamt kann von jedem beteiligten Unternehmen Auskunft über Marktanteile einschließlich der Grundlagen für die Berechnung oder Schätzung sowie über den Umsatzerlös bei einer bestimmten Art von Waren oder gewerblichen Leistungen verlangen, den das Unternehmen im letzten vor dem Zusammenschluß endenden Geschäftsjahr erzielt hat. Ist ein beteiligtes Unternehmen ein im Sinne des Absatzes 1 Satz 2 verbundenes Unternehmen, so kann das Bundeskartellamt die Auskunft auch über die so verbundenen Unternehmen verlangen; es kann die Auskunft auch von den verbundenen Unternehmen verlangen. § 46 Abs. 2, 5 und 9 gilt entsprechend. Zur Erteilung der Auskunft hat das Bundeskartellamt eine angemessene Frist zu bestimmen. Die Befugnisse des Bundeskartellamtes nach § 46 bleiben unberührt.

Vierter Abschnitt. Wettbewerbsbeschränkendes und diskriminierendes Verhalten

§ 25 [Verbot eines aufeinander abgestimmten Verhaltens und wettbewerbsbeschränkender Maßnahmen] (1) Ein aufeinander abgestimmtes Verhalten von Unternehmen oder Vereinigungen von Unternehmen, das nach diesem Gesetz nicht zum Gegenstand einer vertraglichen Bindung gemacht werden darf, ist verboten.

(2) Unternehmen und Vereinigungen von Unternehmen dürfen anderen Unternehmen keine Nachteile androhen oder zufügen und keine Vorteile versprechen oder gewähren, um sie zu einem Verhalten zu veranlassen, das nach diesem Gesetz oder nach einer auf Grund dieses Gesetzes ergangenen Verfügung der Kartellbehörde nicht zum Gegenstand einer vertraglichen Bindung gemacht werden darf.

(3) Unternehmen und Vereinigungen von Unternehmen dürfen andere Unternehmen nicht zwingen,

1. einem Vertrag oder Beschluß im Sinne der §§ 2 bis 8, 29, 99 Abs. 1, § 100 Abs. 1 und 7, §§ 102 und 103 beizutreten oder
2. sich mit anderen Unternehmen im Sinne des § 23 zusammenzuschließen oder
3. in der Absicht, den Wettbewerb zu beschränken, sich im Markt gleichförmig zu verhalten.

§ 26 [Verbot von Liefer- oder Bezugssperren; Diskriminierungsverbot] (1) Unternehmen und Vereinigungen von Unternehmen dürfen nicht ein anderes Unternehmen oder Vereinigungen von Unternehmen in der Absicht, bestimmte Unternehmen unbillig zu beeinträchtigen, zu Liefersperren oder Bezugssperren auffordern.

(2) Marktbeherrschende Unternehmen, Vereinigungen von Unternehmen im Sinne der §§ 2 bis 8, 99 Abs. 1 Nr. 1 und 2 sowie Abs. 2, § 100 Abs. 1 und 7, §§ 102 bis 103 und Unternehmen, die Preise nach den §§ 16, 100 Abs. 3 oder § 103 Abs. 1 Nr. 3 binden, dürfen ein anderes Unternehmen in einem Geschäftsverkehr, der gleichartigen Unternehmen üblicherweise zugänglich ist, weder unmittelbar noch mittelbar unbillig behindern oder gegenüber gleichartigen Unternehmen ohne sachlich gerechtfertigten Grund unmittelbar oder mittelbar unterschiedlich behandeln. Satz 1 gilt auch für Unternehmen und Vereinigungen von Unternehmen, soweit von ihnen kleine oder mittlere Unternehmen als Anbieter oder Nachfrager einer bestimmten Art von Waren oder gewerblichen Leistungen in der Weise abhängig sind, daß ausreichende und zumutbare Möglichkeiten, auf andere Unternehmen auszuweichen, nicht bestehen. Es wird vermutet, daß ein Anbieter einer bestimmten Art von Waren oder gewerblichen Leistungen von einem Nachfrager abhängig im Sinne des Satzes 2 ist, wenn dieser Nachfrager bei ihm zusätzlich zu den verkehrsüblichen Preisnachlässen oder sonstigen Leistungsentgelten regelmäßig besondere Vergünstigungen erlangt, die gleichartigen Nachfragern nicht gewährt werden.

(3) Marktbeherrschende Unternehmen und Vereinigungen von Unternehmen im Sinne des Absatzes 2 Satz 1 dürfen ihre Marktstellung nicht dazu ausnutzen, andere Unternehmen im Geschäftsverkehr zu veranlassen, ihnen ohne sachlich gerechtfertigten Grund Vorzugsbedingungen zu gewähren. Satz 1 gilt auch für Unternehmen und Vereini-

gungen von Unternehmen im Sinne des Absatzes 2 Satz 2 im Verhältnis zu den von ihnen abhängigen Unternehmen.

(4) Unternehmen mit gegenüber kleinen und mittleren Wettbewerbern überlegener Marktmacht dürfen ihre Marktmacht nicht dazu ausnutzen, solche Wettbewerber unmittelbar oder mittelbar unbillig zu behindern.

(5) Ergibt sich auf Grund bestimmter Tatsachen nach allgemeiner Erfahrung der Anschein, daß ein Unternehmen seine Marktmacht im Sinne des Absatzes 4 ausgenutzt hat, so obliegt es diesem Unternehmen, den Anschein zu widerlegen und solche anspruchsbegründenden Umstände aus seinem Geschäftsbereich aufzuklären, deren Aufklärung dem betroffenen Wettbewerber oder einem Verband nach § 35 Abs. 3 nicht möglich, dem in Anspruch genommenen Unternehmen aber leicht möglich und zumutbar ist.

38. Gesetz zum Schutz der Teilnehmer am Fernunterricht (Fernunterrichtsschutzgesetz – FernUSG)

Vom 24. August 1976 (BGBl. I S. 2525)

zuletzt geänd. durch Art. 24 Sechste ZuständigkeitsanpassungsVO v. 21. 9. 1997 (BGBl. I S. 2390)

(BGBl. III/FNA 2211-4)

§ 1 Anwendungsbereich. (1) Fernunterricht im Sinne dieses Gesetzes ist die auf vertraglicher Grundlage erfolgende, entgeltliche Vermittlung von Kenntnissen und Fähigkeiten, bei der

1. der Lehrende und der Lernende ausschließlich oder überwiegend räumlich getrennt sind und
2. der Lehrende oder sein Beauftragter den Lernerfolg überwachen.

(2) Dieses Gesetz findet auch auf unentgeltlichen Fernunterricht Anwendung, soweit dies ausdrücklich vorgesehen ist.

1. Abschnitt. Fernunterrichtsvertrag

§ 2 Rechte und Pflichten der Vertragschließenden. (1) Durch den Fernunterrichtsvertrag verpflichtet sich der Veranstalter von Fernunterricht (Veranstalter), das Fernlehrmaterial einschließlich der vorgesehenen Arbeitsmittel in den vereinbarten Zeitabständen zu liefern, den Lernerfolg zu überwachen, insbesondere die eingesandten Arbeiten innerhalb angemessener Zeit sorgfältig zu korrigieren, und dem Teilnehmer am Fernunterricht (Teilnehmer) diejenigen Anleitungen zu geben, die er erkennbar benötigt.

(2) Der Teilnehmer ist verpflichtet, die vereinbarte Vergütung zu leisten. Die Vergütung ist in Teilleistungen jeweils für einen Zeitabschnitt von höchstens drei Monaten zu entrichten. Die einzelnen Teilleistungen dürfen den Teil der Vergütung nicht übersteigen, der im Verhältnis zur voraussichtlichen Dauer des Fernlehrgangs (§ 3 Abs. 2 Nr. 2) auf den Zeitabschnitt entfällt, für den die Teilleistung zu entrichten ist. Höhere Teilleistungen sowie Vorauszahlungen dürfen weder vereinbart noch gefordert oder angenommen werden.

(3) Von den Vorschriften des Absatzes 2 Satz 2 bis 4 kann abgewichen werden, soweit die Vergütung auf die Lieferung einer beweglichen Sache entfällt, die nicht Teil des schriftlichen oder audiovisuellen Fernlehrmaterials ist. Von den Vorschriften des Absatzes 2 Satz 3 kann abgewichen werden, soweit die Vertragsparteien vereinbart haben, daß auf Verlangen des Teilnehmers das Fernlehrmaterial in kürzeren oder län-

geren als den vereinbarten Zeitabständen (§ 3 Abs. 3 Nr. 1) zu liefern ist, der Teilnehmer die Lieferung in anderen als den vereinbarten Zeitabständen verlangt und die Änderung der Teilleistungen wegen der Änderung der Zeitabstände angemessen ist.

(4) Außer der vereinbarten Vergütung darf für Tätigkeiten, die mit dem Abschluß des Fernunterrichtsvertrags zusammenhängen, sowie für etwaige Nebenleistungen eine Vergütung irgendwelcher Art weder vereinbart noch gefordert oder angenommen werden. Dies gilt auch für Einschreibegebühren, Provisionen und Auslagenerstattungen.

(5) Unwirksam sind Vereinbarungen zu Lasten des Teilnehmers über

1. Vertragsstrafen,
2. die Festsetzung der Höhe eines Schadensersatzes in Pauschbeträgen,
3. den Ausschluß oder die Beschränkung von Schadensersatzansprüchen,
4. den Verzicht des Teilnehmers auf das Recht, im Falle der Abtretung der Ansprüche des Veranstalters an einen Dritten Einwendungen, die zur Zeit der Abtretung der Forderung gegen den Veranstalter begründet waren, dem neuen Gläubiger entgegenzusetzen.

Ebenfalls unwirksam ist eine Vereinbarung, durch die sich der Teilnehmer im Zusammenhang mit dem Abschluß des Fernunterrichtsvertrags verpflichtet, Waren zu erwerben oder den Gebrauch von Sachen oder Dienst- oder Werkleistungen in Anspruch zu nehmen, deren Erwerb oder deren Inanspruchnahme nicht den Zielen des Fernunterrichtsvertrags dient.

§ 3 Form und Inhalt des Fernunterrichtsvertrags. (1) Die auf den Vertragsschluß gerichtete Willenserklärung des Teilnehmers bedarf der schriftlichen Form.

(2) Die Urkunde muß enthalten

1. Name und Anschrift des Veranstalters und des Teilnehmers,
2. die Angabe von Gegenstand, Ziel, Beginn und voraussichtlicher Dauer des Fernlehrgangs sowie von Art und Geltung des Lehrgangsabschlusses; dabei muß erkennbar sein, ob es sich um einen Abschluß des Veranstalters handelt oder ob und inwieweit der Fernlehrgang dazu vorgesehen ist, auf eine öffentlich-rechtliche oder eine sonstige bestimmte Prüfung vorzubereiten,
3. die Angabe des Gesamtbetrags der vom Teilnehmer zu entrichtenden Vergütung; hat der Fernunterrichtsvertrag die Lieferung einer beweglichen Sache zum Gegenstand, die nicht Teil des schriftlichen oder audiovisuellen Fernlehrmaterials ist, so muß erkennbar sein, welcher Teil der Vergütung auf die Lieferung dieser Sache entfällt,
4. die Angabe von Betrag, Zahl und Fälligkeit der auf die Vergütung zu entrichtenden Teilzahlungen und sonstigen Pflichten des Teilnehmers,

5. eine drucktechnisch deutlich gestaltete Belehrung über das Recht des Teilnehmers zum Widerruf (§ 4) sowie Name und Anschrift des Widerrufsempfängers,
6. die Kündigungsbedingungen.

(3) Die Urkunde soll enthalten

1. eine Gliederung des Fernlehrgangs sowie Angaben über die vereinbarten Zeitabstände für die Lieferung des Fernlehrmaterials und über Ort und Häufigkeit des begleitenden Unterrichts,
2. Angaben über die zusätzlich erforderlichen und nicht nur geringwertigen Arbeitsmittel, die nicht vom Veranstalter geliefert werden,
3. die Angabe der Vorbildungsvoraussetzungen für die Teilnahme am Fernlehrgang sowie der Zulassungsvoraussetzungen für eine öffentlich-rechtliche oder sonstige Prüfung, wenn der Fernlehrgang zur Vorbereitung auf eine solche Prüfung vorgesehen ist,
4. eine Darstellung der gesetzlichen Gerichtsstandsregelung,
5. im Falle zulassungspflichtiger Fernlehrgänge nachprüfbare Hinweise auf die erteilte Zulassung; ist der Fernlehrgang nur vorläufig zugelassen, so ist darauf besonders hinzuweisen.

(4) Dem Teilnehmer ist eine deutlich lesbare Abschrift der Urkunde auszuhändigen. Die Belehrung über das Widerrufsrecht ist vom Teilnehmer gesondert zu unterschreiben.

§ 4 Widerrufsrecht des Teilnehmers. (1) Der Teilnehmer ist an die auf den Vertragsschluß gerichtete Willenserklärung nicht gebunden, wenn er sie dem Veranstalter gegenüber innerhalb von zwei Wochen nach Eingang der ersten Lieferung des schriftlichen oder audiovisuellen Fernlehrmaterials schriftlich widerruft. Zur Wahrung der Frist genügt die rechtzeitige Absendung des Widerrufs. Ist streitig, ob oder zu welchem Zeitpunkt die erste Lieferung bei dem Teilnehmer eingegangen ist, so trifft die Beweislast den Veranstalter.

(2) Der Lauf der Frist beginnt erst, wenn der Veranstalter dem Teilnehmer die in § 3 Abs. 4 Satz 1 genannte Abschrift ausgehändigt hat und die Urkunde neben den Angaben nach § 3 Abs. 2 auch die in § 3 Abs. 3 genannten Angaben enthält. Ist streitig, ob oder zu welchem Zeitpunkt die Abschrift dem Teilnehmer ausgehändigt worden ist, so trifft die Beweislast den Veranstalter.

(3) Das Widerrufsrecht erlischt in dem Zeitpunkt, in dem beide Vertragsparteien den Fernunterrichtsvertrag vollständig erfüllt haben, spätestens jedoch mit Ablauf des ersten Halbjahres nach Eingang der ersten Lieferung.

(4) Im Falle des Widerrufs hat der Veranstalter das empfangene Entgelt, der Teilnehmer empfangene Sachen zurückzugewähren. Der Widerruf wird durch den Untergang oder eine Verschlechterung oder eine anderweitige Unmöglichkeit der Rückgewähr der Sachen nicht ausgeschlossen. Hat der Teilnehmer den Untergang, die Verschlechterung

oder die anderweitige Unmöglichkeit der Rückgewähr der Sachen zu vertreten, so hat er dem Veranstalter den Wert oder die Wertminderung zu ersetzen. Ist der Teilnehmer nicht nach § 3 Abs. 2 Nr. 5 belehrt worden und hat er auch nicht anderweitig Kenntnis von seinem Recht zum Widerruf erlangt, so hat er den Untergang, die Verschlechterung oder die anderweitige Unmöglichkeit der Rückgewähr der Sachen nur dann zu vertreten, wenn er diejenige Sorgfalt nicht beachtet hat, die er in eigenen Angelegenheiten anzuwenden pflegt.

(5) Der Wert der Überlassung des Gebrauchs oder der Benutzung der Sachen oder der Erteilung des Unterrichts bis zum Zeitpunkt der Ausübung des Widerrufs ist nicht zu vergüten.

§ 5 Kündigung. (1) Der Teilnehmer kann den Fernunterrichtsvertrag ohne Angabe von Gründen erstmals zum Ablauf des ersten Halbjahres nach Vertragsschluß mit einer Frist von sechs Wochen, nach Ablauf des ersten Halbjahres jederzeit mit einer Frist von drei Monaten kündigen. Das Recht des Veranstalters und des Teilnehmers, den Vertrag aus wichtigem Grund zu kündigen, bleibt unberührt.

(2) Die Kündigung bedarf der schriftlichen Form.

(3) Im Falle der Kündigung hat der Teilnehmer nur den Anteil der Vergütung zu entrichten, der dem Wert der Leistungen des Veranstalters während der Laufzeit des Vertrags entspricht.

§ 6 Rechtsfolgen der Kündigung bei gemischten Verträgen. (1) Hat der Fernunterrichtsvertrag die Lieferung einer beweglichen Sache zum Gegenstand, die nicht Teil des schriftlichen oder audiovisuellen Fernlehrmaterials ist, so wird dieser Teil des Vertrags durch die Kündigung des Fernunterrichtsvertrags nicht berührt. Hat der Teilnehmer die Kündigung des Vertrags erklärt, so kann er jedoch innerhalb von zwei Wochen, nachdem die Kündigung wirksam geworden ist, durch schriftliche Erklärung gegenüber dem Veranstalter von diesem Teil des Vertrags zurücktreten, sofern die Lieferung der Sache infolge der Kündigung des Fernunterrichtsvertrags für ihn kein Interesse mehr hat. Zur Wahrung der Frist genügt die rechtzeitige Absendung der Rücktrittserklärung.

(2) Der Lauf der Frist beginnt erst, wenn der Veranstalter nach Zugang der Kündigungserklärung den Teilnehmer schriftlich auf das Rücktrittsrecht nach Absatz 1 hingewiesen hat. Ist streitig, ob oder zu welchem Zeitpunkt der Teilnehmer auf das Rücktrittsrecht hingewiesen worden ist, so trifft die Beweislast den Veranstalter. Unterbleibt der Hinweis, so erlischt das Rücktrittsrecht zu dem Zeitpunkt, zu dem der Veranstalter die Sache geliefert und der Teilnehmer den auf die Lieferung der Sache entfallenden Teil der Vergütung (§ 3 Abs. 2 Nr. 3 zweiter Halbsatz) vollständig entrichtet hat.

(3) Auf das Rücktrittsrecht finden die §§ 346 bis 348, 350 bis 354 und 356 des Bürgerlichen Gesetzbuchs entsprechende Anwendung.

(4) Das Recht einer Vertragspartei, von dem Teil des Vertrags, der die Lieferung der Sache zum Gegenstand hat, wegen Nichterfüllung der der anderen Vertragspartei obliegenden Verpflichtungen zurückzutreten oder die Rückgängigmachung des Vertrags zu verlangen, bleibt unberührt. Für den Rücktritt des Veranstalters gelten die §§ 1, 2, 3, 4 Abs. 2 und § 5 des Gesetzes betreffend die Abzahlungsgeschäfte vom 16. Mai 1894 (Reichsgesetzbl. S. 450), zuletzt geändert durch das Zweite Gesetz zur Änderung des Abzahlungsgesetzes vom 15. Mai 1974 (Bundesgesetzbl. I S. 1169), entsprechend.

§ 7 Nichtigkeit; Recht zur fristlosen Kündigung. (1) Ein Fernunterrichtsvertrag, der von einem Veranstalter ohne die nach § 12 Abs. 1 erforderliche Zulassung des Fernlehrgangs geschlossen wird, ist nichtig.

(2) Ist nach Vertragsschluß die Zulassung erloschen, widerrufen oder zurückgenommen worden, so kann der Teilnehmer den Fernunterrichtsvertrag ohne Einhaltung einer Kündigungsfrist kündigen. Die Kündigung muß innerhalb von zwei Wochen erfolgen. Der Lauf der Frist beginnt erst, wenn der Veranstalter dem Teilnehmer eine schriftliche Belehrung über das Recht des Teilnehmers zur fristlosen Kündigung des Vertrags und über das Erlöschen, den Widerruf oder die Rücknahme der Zulassung ausgehändigt hat. Zur Wahrung der Frist genügt die rechtzeitige Absendung der Kündigungserklärung. Ist streitig, ob oder zu welchem Zeitpunkt die Belehrung dem Teilnehmer ausgehändigt worden ist, so trifft die Beweislast den Veranstalter. Der Veranstalter hat die Belehrung nach dem Erlöschen, dem Widerruf oder der Rücknahme der Zulassung unverzüglich dem Teilnehmer auszuhändigen.

(3) Im Falle der Kündigung nach Absatz 2 finden § 5 Abs. 2 und 3 und § 6 entsprechende Anwendung.

§ 8 Umgehungsverbot. Die §§ 2 bis 7 finden auf Verträge, die darauf abzielen, die Zwecke eines Fernunterrichtsvertrags (§ 2) in einer anderen Rechtsform zu erreichen, entsprechende Anwendung.

§ 9 Anwendung des Verbraucherkreditgesetzes. § 7 des Verbraucherkreditgesetzes findet auf das Rechtsverhältnis zwischen dem Veranstalter und dem Teilnehmer keine Anwendung. Ist das Rechtsverhältnis zwischen dem Veranstalter und dem Teilnehmer ein Kreditvertrag, so beginnt der Lauf der Frist nach § 4 Abs. 2 dieses Gesetzes erst, wenn dem Teilnehmer eine Abschrift ausgehändigt ist, die auch die in § 4 Abs. 1 Satz 4 Nr. 2 des Verbraucherkreditgesetzes genannten Angaben enthält.

§ 10 Ausschluß abweichender Vereinbarungen. Von den §§ 2 bis 9 kann nicht zum Nachteil des Teilnehmers abgewichen werden.

§ 11 Zwischenstaatlicher Geltungsbereich. Unterliegt ein Fernunterrichtsvertrag ausländischem Recht oder dem Recht der Deutschen Demokratischen Republik, so sind die §§ 2 bis 10 gleichwohl zu berücksichtigen, wenn

1. der Vertrag auf Grund eines öffentlichen Angebots, einer öffentlichen Werbung oder einer ähnlichen im Geltungsbereich dieses Gesetzes entfalteten Tätigkeit des Veranstalters zustande kommt und
2. der Teilnehmer bei Abgabe seiner auf den Vertragsschluß gerichteten Erklärung seinen Wohnsitz oder gewöhnlichen Aufenthalt im Geltungsbereich dieses Gesetzes hat und seine Willenserklärung im Geltungsbereich dieses Gesetzes abgibt.

2. Abschnitt. Veranstaltung von Fernunterricht

§ 12 Zulassung von Fernlehrgängen. (1) Fernlehrgänge bedürfen der Zulassung. Das gleiche gilt für wesentliche Änderungen zugelassener Fernlehrgänge. Keiner Zulassung bedürfen Fernlehrgänge, die nach Inhalt und Ziel ausschließlich der Freizeitgestaltung oder der Unterhaltung dienen. Der Vertrieb von Fernlehrgängen nach Satz 3 ist der zuständigen Behörde anzuzeigen.

(2) Die Zulassung eines Fernlehrgangs ist außer in den in § 13 Abs. 1 genannten Fällen insbesondere zu versagen, wenn

1. der Fernlehrgang nicht zur Erreichung des vom Veranstalter angegebenen Lehrgangsziels geeignet ist oder
2. Inhalt oder Zielsetzung des Fernlehrgangs gegen die öffentliche Sicherheit oder Ordnung verstoßen oder
3. der Veranstalter nicht den Nachweis erbringt, daß eine vollständige, zutreffende und den gesetzlichen Bestimmungen entsprechende Unterrichtung des Teilnehmers (§ 16) rechtzeitig vor Abgabe des Vertragsangebots vorgesehen ist, oder
4. die Ausgestaltung der vom Veranstalter vorgesehenen Vertragsbedingungen den gesetzlichen Anforderungen nicht entspricht.

Das Landesrecht kann weitere Versagungsgründe vorsehen und die näheren Einzelheiten über Inhalt und Umfang der Versagungsgründe nach Satz 1 bestimmen.

(3) Ein Fernlehrgang, dessen Lehrmaterial noch nicht vollständig vorliegt, kann vorläufig zugelassen werden, wenn

1. eine auf das Lehrgangsziel hinführende Lehrgangsplanung abgeschlossen ist,
2. die fertiggestellten Teile des Fernlehrgangs die Annahme rechtfertigen, daß nach Fertigstellung des Fernlehrgangs keine Versagungsgründe nach Absatz 2 Satz 1 Nr. 1 und 2, nach Landesrecht (Absatz 2 Satz 2) und nach § 13 Abs. 1 vorliegen werden,
3. der Veranstalter auf Grund seiner bisherigen Tätigkeit als Veranstalter oder auf Grund einer anderen Tätigkeit Gewähr dafür bietet, daß

das Fernlehrmaterial den gesetzlichen Anforderungen entsprechend innerhalb angemessener Zeit fertiggestellt sein wird, und

4. keine Versagungsgründe nach Absatz 2 Satz 1 Nr. 3 und 4 vorliegen.

Die vorläufige Zulassung wird unter der Bedingung erteilt, daß das restliche Fernlehrmaterial innerhalb zu bestimmender Fristen vorgelegt wird; die Fristen sind so zu bestimmen, daß eine ordnungsgemäße Durchführung des Fernlehrgangs gewährleistet ist.

(4) Die Zulassung kann befristet, unter Bedingungen erteilt und mit Auflagen verbunden werden, die dem Schutz des Teilnehmers und der ordnungsgemäßen Durchführung dieses Gesetzes durch die zuständige Behörde dienen. Nachträgliche Auflagen sind zulässig. Änderungen der tatsächlichen Umstände, die für die Zulassung maßgebend sind, hat der Veranstalter unverzüglich mitzuteilen.

§ 13 Zulassung berufsbildender Fernlehrgänge. (1) Bei berufsbildenden Fernlehrgängen ist außer in den in § 12 Abs. 2 Satz 1 genannten Fällen die Zulassung nur zu versagen, wenn der Fernlehrgang nach Inhalt, Dauer oder Ziel und nach der Art seiner Durchführung mit den Zielen der beruflichen Bildung nach dem Berufsbildungsgesetz vom 14. August 1969 (Bundesgesetzbl. I S. 1112), zuletzt geändert durch das Jugendarbeitsschutzgesetz vom 12. April 1976 (Bundesgesetzbl. I S. 965), oder nach anderen Rechtsvorschriften der beruflichen Bildung nicht übereinstimmt oder diesen Vorschriften nicht entspricht, soweit sie eine entsprechende Anwendung auf den Fernunterricht zulassen.

(2) Das Bundesministerium für Bildung, Wissenschaft, Forschung und Technologie kann durch Rechtsverordnung, die der Zustimmung des Bundesrates bedarf, den näheren Inhalt und Umfang der Versagungsgründe nach Absatz 1 bestimmen, soweit die Fernlehrgänge berufliche Bildung vermitteln, die Gegenstand bundesrechtlicher Regelungen, insbesondere des Berufsbildungsgesetzes, ist. Im übrigen bestimmt das Landesrecht Inhalt und Umfang der Versagungsgründe nach Absatz 1.

§ 14 Rücknahme und Widerruf. (1) Die Zulassung eines Fernlehrgangs ist zurückzunehmen, wenn bei der Erteilung einer der in § 12 Abs. 2 und § 13 Abs. 1 genannten Versagungsgründe vorgelegen hat oder die Voraussetzungen des § 12 Abs. 3 Satz 1 nicht gegeben waren.

(2) Die Zulassung ist zu widerrufen, wenn einer der in § 12 Abs. 2 und § 13 Abs. 1 genannten Versagungsgründe nachträglich eingetreten ist oder die Voraussetzungen des § 12 Abs. 3 Satz 1 nachträglich weggefallen sind. Sie kann widerrufen werden, wenn der Veranstalter einer ihm auferlegten Pflicht nicht nachkommt. Vor dem Widerruf ist dem Veranstalter Gelegenheit zu geben, Abhilfe zu schaffen.

(3) Ist nach Abschluß des Fernunterrichtsvertrags die Zulassung erloschen, widerrufen oder zurückgenommen worden und hat der Teilneh-

mer den Fernunterrichtsvertrag nicht gekündigt (§ 7 Abs. 2), so bedarf der Veranstalter für die Erfüllung des Vertrags keiner Zulassung.

§ 15 Unentgeltliche berufsbildende Fernlehrgänge. (1) Fernlehrgänge, die auf vertraglicher Grundlage unentgeltlich durchgeführt werden und berufliche Bildung vermitteln, die Gegenstand bundesrechtlicher Regelungen, insbesondere des Berufsbildungsgesetzes, ist, können vom Bundesinstitut für Berufsbildung auf Antrag als geeignet anerkannt werden.

(2) Ein Fernlehrgang nach Absatz 1 ist anzuerkennen, wenn die in § 12 Abs. 2 Satz 1 Nr. 1 und 2 und § 13 Abs. 1 genannten Versagungsgründe nicht vorliegen. Ein Fernlehrgang nach Absatz 1 gilt als anerkannt, wenn er nach § 12 Abs. 1 zugelassen worden ist.

(3) § 12 Abs. 1 Satz 2 und Abs. 4 und § 14 Abs. 1 und 2 gelten entsprechend. Das Erlöschen, die Rücknahme und der Widerruf einer Anerkennung sind bekanntzumachen.

(4) Ist ein Fernlehrgang nach Absatz 1 als geeignet anerkannt worden, so ist die Zulassung dieses Fernlehrgangs nach § 12 Abs. 1 nur zu versagen, wenn einer der in § 12 Abs. 2 Satz 1 Nr. 3 und 4 genannten Versagungsgründe vorliegt.

§ 16 Werbung mit Informationsmaterial. (1) Der Veranstalter hat bei geschäftlicher Werbung für Fernlehrgänge durch Übermittlung von Informationsmaterial einen vollständigen Überblick über die Vertragsbedingungen und die Anforderungen an den Teilnehmer zu geben. Das Informationsmaterial muß insbesondere einen vollständigen Überblick über die in § 3 Abs. 2 Nr. 2 bis 4 und 6 und Abs. 3 Nr. 1 bis 3 und 5 genannten Angaben und über das Widerrufsrecht des Teilnehmers (§ 4) enthalten.

(2) Ist ein Fernlehrgang nur vorläufig zugelassen, so muß dies in dem Informationsmaterial deutlich gekennzeichnet sein.

(3) Die Anerkennung eines unentgeltlichen berufsbildenden Fernlehrgangs nach § 15 Abs. 1 darf nicht zur geschäftlichen Werbung für Fernlehrgänge verwendet werden.

§ 17 Vertreter, Berater. (1) Der Veranstalter oder seine Beauftragten dürfen zum Zweck der Werbung oder der Beratung über Fernlehrgänge des Veranstalters Personen nur dann aufsuchen, wenn diese

1. vorher Informationsmaterial, das den Anforderungen des § 16 entspricht, erhalten und
2. nach Erhalt des Informationsmaterials schriftlich um eine Beratung gebeten haben.

Für eine Beratung nach Satz 1 sollen der Veranstalter oder seine Beauftragten die erforderliche Eignung besitzen.

(2) Der Veranstalter oder seine Beauftragten dürfen weder bei der Abgabe der auf den Vertragsschluß gerichteten Willenserklärung des

Teilnehmers noch außerhalb der Geschäftsräume bei der Übermittlung der Willenserklärung mitwirken.

§ 18 Ergänzende Fernlehrgänge. Auf Fernlehrgänge, deren Lehrgangsziel ausschließlich in der unselbständigen Ergänzung anderer, in sich abgeschlossener selbständiger Bildungsangebote besteht und die sich nur zu einer Nutzung in Verbindung mit anderen Bildungsangeboten eignen, finden die §§ 12 bis 14, 16 und 17 keine Anwendung. Der Vertrieb dieser Fernlehrgänge ist der zuständigen Behörde anzuzeigen.

3. Abschnitt. Organisation; Auskunftspflicht; Ordnungswidrigkeiten

§ 19 Zentralstelle; Zulassungsentscheidung. (1) Soweit die Länder die Zulassung von Fernlehrgängen einer Zentralstelle übertragen, kann dieser nach Landesrecht die Aufgabe übertragen werden, ein jährlich zu veröffentlichendes Verzeichnis der zugelassenen Fernlehrgänge zu führen.

(2) Bei berufsbildenden Fernlehrgängen (§ 13 Abs. 1) trifft die zuständige Behörde die Entscheidung darüber, ob Versagungsgründe nach § 12 Abs. 2 Satz 1 Nr. 1 bis 3 und § 13 Abs. 1 vorliegen und ob die Zulassungsvoraussetzung nach § 12 Abs. 3 Satz 1 Nr. 1 und 2 erfüllt ist, unter Berücksichtigung der Ergebnisse der Forschung und Planung auf dem Gebiet der beruflichen Bildung. Das Landesrecht kann vorsehen, daß die zuständige Behörde die Entscheidung nach Satz 1 im Benehmen mit dem Bundesinstitut für Berufsbildung zu treffen hat. Das Landesrecht kann in diesem Falle bestimmen, daß die zuständige Behörde vor der Entscheidung nach Satz 1 eine schriftliche Stellungnahme des Bundesinstituts für Berufsbildung einzuholen und, falls sie beabsichtigt, von der Stellungnahme abzuweichen, dem Bundesinstitut für Berufsbildung unter Angabe der Gründe für die beabsichtigte Entscheidung erneut Gelegenheit zu einer Stellungnahme zu geben hat.

§ 20 Auskunftspflicht. (1) Der Veranstalter ist verpflichtet, der zuständigen Behörde und, sofern das Landesrecht nach § 19 Abs. 2 eine Entscheidung im Benehmen mit dem Bundesinstitut für Berufsbildung vorsieht, in den in dieser Vorschrift genannten Fällen auch dem Bundesinstitut für Berufsbildungsforschung auf Verlangen die zur Durchführung der Aufgaben dieser Behörden erforderlichen Auskünfte zu erteilen, die dafür notwendigen Unterlagen vollständig und fristgemäß vorzulegen und zum Zweck der Überprüfung der Einhaltung von Pflichten des Veranstalters nach § 2 Abs. 1 innerhalb der Geschäftszeit Besichtigungen der Betriebsgrundstücke und Geschäftsräume zu dulden, die der Veranstaltung von Fernunterricht einschließlich begleitendem Unterricht dienen. Die Auskunftspflicht erstreckt sich auch auf bereits zugelassene Fernlehrgänge. Die Auskünfte sind wahrheitsgemäß, vollständig, fristgemäß und, soweit nichts anderes bestimmt ist, unentgeltlich zu geben.

(2) Der Auskunftspflichtige kann die Auskunft auf solche Fragen verweigern, deren Beantwortung ihm selbst oder einem seiner in § 383 Abs. 1 Nr. 1 bis 3 der Zivilprozeßordnung bezeichneten Angehörigen die Gefahr zuziehen würde, wegen einer Straftat oder einer Ordnungswidrigkeit verfolgt zu werden.

(3) Einzelangaben über persönliche oder sachliche Verhältnisse, die für Erhebungen und Untersuchungen der Behörden nach Absatz 1 Satz 1 gemacht werden, sind, soweit durch Rechtsvorschrift nichts anderes bestimmt ist, von diesen Behörden geheimzuhalten. Die §§ 93, 97, 105 Abs. 1, § 111 Abs. 5 in Verbindung mit § 105 Abs. 1 sowie § 116 Abs. 1 der Abgabenordnung vom 16. März 1976 (Bundesgesetzbl. I S. 613) gelten insoweit nicht. Veröffentlichungen dieser Behörden dürfen keine Einzelangaben über Veranstalter enthalten. Eine Zusammenfassung von Angaben mehrerer Auskunftspflichtiger ist keine Einzelangabe im Sinne dieses Absatzes.

§ 21 Ordnungswidrigkeiten. (1) Ordnungswidrig handelt, wer vorsätzlich oder fahrlässig

1. als Veranstalter einen Fernlehrgang, der nicht nach § 12 Abs. 1 Satz 1 oder dessen wesentliche Änderung nicht nach § 12 Abs. 1 Satz 2 zugelassen ist, vertreibt oder vertreiben läßt,
2. entgegen § 12 Abs. 1 Satz 4 den Vertrieb eines Fernlehrgangs, der nach Inhalt und Ziel ausschließlich der Freizeitgestaltung oder der Unterhaltung dient, oder entgegen § 18 Satz 2 den Vertrieb eines ergänzenden Fernlehrgangs nach § 18 Satz 1 nicht anzeigt,
3. a) entgegen § 16 Abs. 1 als Veranstalter Informationsmaterial übermittelt, das keinen vollständigen Überblick über die Vertragsbedingungen und die Anforderungen an den Teilnehmer gibt,
   b) entgegen § 16 Abs. 2 als Veranstalter in dem Informationsmaterial nicht deutlich kennzeichnet, daß der Fernlehrgang nur vorläufig zugelassen ist,
   c) entgegen § 16 Abs. 3 als Veranstalter die Anerkennung eines unentgeltlichen berufsbildenden Fernlehrgangs nach § 15 Abs. 1 zur geschäftlichen Werbung für Fernlehrgänge verwendet,
4. entgegen § 17 Abs. 1 Satz 1 zum Zweck der Werbung oder Beratung Personen aufsucht oder entgegen § 17 Abs. 2 bei der Abgabe oder Übermittlung der Willenserklärung mitwirkt,
5. entgegen § 20 Abs. 1 eine Auskunft nicht, nicht rechtzeitig, nicht richtig oder nicht vollständig erteilt, Unterlagen nicht, nicht rechtzeitig oder nicht vollständig vorlegt oder eine Besichtigung nicht duldet.

(2) Die Ordnungswidrigkeit kann in den Fällen des Absatzes 1 Nr. 1, 3 und 4 mit einer Geldbuße bis zu zwanzigtausend Deutsche Mark, in den Fällen des Absatzes 1 Nr. 2 und 5 mit einer Geldbuße bis zu zweitausend Deutsche Mark geahndet werden.

§§ 22–25 *(vom Abdruck wurde abgesehen)*

§ 26 Gerichtsstand. (1) Für Streitigkeiten aus einem Fernunterrichtsvertrag oder über das Bestehen eines solchen Vertrags ist das Gericht ausschließlich zuständig, in dessen Bezirk der Teilnehmer seinen allgemeinen Gerichtsstand hat.

(2) Eine abweichende Vereinbarung ist nur zulässig, wenn sie ausdrücklich und schriftlich

1. nach dem Entstehen der Streitigkeit oder
2. für den Fall geschlossen wird, daß der Teilnehmer nach Vertragsschluß seinen Wohnsitz oder seinen gewöhnlichen Aufenthaltsort aus dem Geltungsbereich dieses Gesetzes verlegt oder sein Wohnsitz oder gewöhnlicher Aufenthaltsort im Zeitpunkt der Klageerhebung nicht bekannt ist.

39. Preisangaben- und Preisklauselgesetz[1)]

Vom 3. Dezember 1984 (BGBl. I S. 1429)

zuletzt geänd. durch Art. 9 § 4 Euro-EinführungsG v. 9. 4. 1998 (BGBl. I S. 1242)

(BGBl. III/FNA 720-17)

§ 1[2)] [Ermächtigung]. Zum Zwecke der Unterrichtung und des Schutzes der Verbraucher und zur Förderung des Wettbewerbs sowie zur Durchführung von diesen Zwecken dienenden Rechtsakten der Organe der Europäischen Gemeinschaften wird der Bundesminister für Wirtschaft ermächtigt, durch Rechtsverordnung[3)] mit Zustimmung des Bundesrates zu bestimmen, daß und auf welche Art und Weise beim Anbieten von Waren oder Leistungen gegenüber Letztverbrauchern oder bei der Werbung für Waren oder Leistungen gegenüber Letztverbrauchern Preise und die Verkaufs- oder Leistungseinheiten sowie Gütebezeichnungen, auf die sich die Preise beziehen, anzugeben sind. Bei Leistungen der elektronischen Informations- und Kommunikationsdienste können auch Bestimmungen über die Angabe des Preisstandes fortlaufender Leistungen getroffen werden.

§ 2[4)] [Preisklauseln]. (1) Der Betrag von Geldschulden darf nicht unmittelbar und selbsttätig durch den Preis oder Wert von anderen Gütern oder Leistungen bestimmt werden, die mit den vereinbarten Gütern oder Leistungen nicht vergleichbar sind. Das Bundesministerium für Wirtschaft kann auf Antrag Ausnahmen genehmigen, wenn Zahlungen langfristig zu erbringen sind oder besondere Gründe des Wettbewerbs eine Wertsicherung rechtfertigen und die Preisklausel nicht eine der Vertragsparteien unangemessen benachteiligt. Der Geld- und Kapitalverkehr, einschließlich der Finanzinstrumente im Sinne des § 1 Abs. 11 des Kreditwesengesetzes sowie die hierauf bezogenen Pensions- und Darlehensgeschäfte, bleibt vom Indexierungsverbot ausgenommen. Desgleichen bleiben Verträge von gebietsansässigen Kaufleuten mit Gebietsfremden vom Indexierungsverbot ausgenommen.

(2) Die Bundesregierung wird ermächtigt, durch Rechtsverordnung ohne Zustimmung des Bundesrates

1. die Voraussetzungen näher zu bestimmen, unter denen Ausnahmen vom Preisklauselverbot nach Absatz 1 Satz 2 einzeln oder allgemein genehmigt werden können, oder solche Ausnahmen festzulegen,

---

[1)] Überschrift geänd. durch Art. 9 § 4 EuroEG v. 9. 6. 1998 (BGBl. I S. 1242).

[2)] § 1 Satz 2 angef. durch G v. 22. 7. 1997 (BGBl. I S. 1870).

[3)] Nr. **40.**

[4)] § 2 eingef. durch Art. 9 § 4 EuroEG v. 9. 6. 1998 (BGBl. I S. 1242).

2. die Ausnahmen nach Absatz 1 Satz 3 und 4 für bestimmte Arten von Rechtsgeschäften aus Gründen des Verbraucherschutzes zu begrenzen und
3. statt des Bundesministeriums für Wirtschaft eine andere Bundesbehörde zu bestimmen, die für die Erteilung dieser Genehmigungen zuständig ist.

§ 3[1] [Befugnisse]. (1) Soweit es erforderlich ist, um die Einhaltung einer auf Grund dieses Gesetzes erlassenen Rechtsverordnung zu überwachen, können die hierfür zuständigen Behörden von dem zur Preisangabe Verpflichteten Auskünfte verlangen. Sie können zu diesem Zweck auch seine Grundstücke, Geschäftsräume und Betriebsanlagen während der Geschäfts- und Betriebszeiten betreten und dort Besichtigungen und Prüfungen vornehmen sowie Einblick in geschäftliche Unterlagen verlangen.

(2) Der Auskunftspflichtige kann die Auskunft auf solche Fragen verweigern, deren Beantwortung ihn selbst oder einen der in § 383 Abs. 1 bis 3 der Zivilprozeßordnung bezeichneten Angehörigen der Gefahr strafgerichtlicher Verfolgung oder eines Verfahrens nach dem Gesetz über Ordnungswidrigkeiten aussetzen würde.

[1] Bish. § 2 umben. in § 3 durch Art. 9 § 4 EuroEG v. 9. 6. 1998 (BGBl. I S. 1242).

40. Preisangabenverordnung (PAngV)

Vom 14. März 1985[1] (BGBl. I S. 580)

zuletzt geänd. durch VO v. 22. 7. 1997 (BGBl. I S. 1910)

(BGBl. III/FNA 720-17-1)

§ 1[2] Grundvorschriften. (1) Wer Letztverbrauchern gewerbs- oder geschäftsmäßig oder regelmäßig in sonstiger Weise Waren oder Leistungen anbietet oder als Anbieter von Waren oder Leistungen gegenüber Letztverbrauchern unter Angabe von Preisen wirbt, hat die Preise anzugeben, die einschließlich der Umsatzsteuer und sonstiger Preisbestandteile unabhängig von einer Rabattgewährung zu zahlen sind (Endpreise). Soweit es der allgemeinen Verkehrsauffassung entspricht, sind auch die Verkaufs- oder Leistungseinheit und die Gütebezeichnung anzugeben, auf die sich die Preise beziehen. Auf die Bereitschaft, über den angegebenen Preis zu verhandeln, kann hingewiesen werden, soweit es der allgemeinen Verkehrsauffassung entspricht und Rechtsvorschriften nicht entgegenstehen.

(2) Bei Leistungen können, soweit es üblich ist, abweichend von Absatz 1 Satz 1 Stundensätze, Kilometersätze und andere Verrechnungssätze angegeben werden, die alle Leistungselemente einschließlich der anteiligen Umsatzsteuer enthalten. Die Materialkosten können in die Verrechnungssätze einbezogen werden.

(3) Wird außer dem Entgelt für eine Ware oder Leistung eine rückerstattbare Sicherheit gefordert, so ist deren Höhe neben dem Preis für die Ware oder Leistung anzugeben und kein Gesamtbetrag zu bilden.

(4) Bestehen für Waren oder Leistungen Liefer- oder Leistungsfristen von mehr als vier Monaten, so können abweichend von Absatz 1 Satz 1 für diese Fälle Preise mit einem Änderungsvorbehalt angegeben werden; dabei sind auch die voraussichtlichen Liefer- und Leistungsfristen anzugeben. Die Angabe von Preisen mit einem Änderungsvorbehalt ist auch zulässig bei Waren oder Leistungen, die im Rahmen von Dauerschuldverhältnissen erbracht werden, sowie bei Leistungen, deren Preise auf Verträgen, Beschlüssen oder Empfehlungen im Sinne des § 99 Abs. 1 Nr. 1 des Gesetzes gegen Wettbewerbsbeschränkungen[3] beruhen.

(5) Bei Waren, die nicht in Fertigpackungen, in offenen Packungen oder in durch Rechtsvorschrift festgelegten Mengen vermarktet werden

---

[1] Gleichzeitig mit dem Inkrafttreten dieser VO tritt die VO über Preisangaben v. 10. 5. 1973 (BGBl. I S. 461) außer Kraft.

[2] § 1 Abs. 1 Satz 1, Abs. 3 neugef., Abs. 4 Satz 2 geänd. durch VO v. 22. 7. 1997 (BGBl. I S. 1910).

[3] Nr. **37.**

(lose Waren), ist der Preis bei nach Gewicht vermarkteter Ware entsprechend der allgemeinen Verkehrsauffassung auf 1 Kilogramm oder 100 Gramm und bei nach Volumen vermarkteter Ware entsprechend der allgemeinen Verkehrsauffassung auf 1 Liter oder 100 Milliliter zu beziehen. Wird lose Ware üblicherweise in Mengen von 100 Liter und mehr oder 50 Kilogramm und mehr abgegeben, so ist der Preis auf die Verkaufseinheit zu beziehen, die der allgemeinen Verkehrsauffassung entspricht.

(6) Die Angaben nach dieser Verordnung müssen der allgemeinen Verkehrsauffassung und den Grundsätzen von Preisklarheit und Preiswahrheit entsprechen. Sie müssen dem Angebot oder der Werbung eindeutig zugeordnet, leicht erkennbar und deutlich lesbar oder sonst gut wahrnehmbar sein. Bei der Aufgliederung von Preisen sind die Endpreise hervorzuheben.

§ 2[1] Handel. (1) Waren, die in Schaufenstern, Schaukästen, innerhalb oder außerhalb des Verkaufsraumes auf Verkaufsständen oder in sonstiger Weise sichtbar ausgestellt werden, und Waren, die vom Verbraucher unmittelbar entnommen werden können, sind durch Preisschilder oder Beschriftung der Ware auszuzeichnen.

(2) Waren, die nicht unter den Voraussetzungen des Absatzes 1 im Verkaufsraum zum Verkauf bereitgehalten werden, sind entweder nach Absatz 1 auszuzeichnen oder dadurch, daß die Behältnisse oder Regale, in denen sich die Waren befinden, beschriftet werden oder daß Preisverzeichnisse angebracht oder zur Einsichtnahme aufgelegt werden.

(3) Waren, die nach Musterbüchern angeboten werden, sind dadurch auszuzeichnen, daß die Preise für die Verkaufseinheit auf den Mustern oder damit verbundenen Preisschildern oder Preisverzeichnissen angegeben werden.

(4) Waren, die nach Katalogen oder Warenlisten oder auf Bildschirmen angeboten werden, sind dadurch auszuzeichnen, daß die Preise unmittelbar bei den Abbildungen oder Beschreibungen der Waren oder in mit den Katalogen oder Warenlisten im Zusammenhang stehenden Preisverzeichnissen angegeben werden.

(5) Auf Angebote von Waren, deren Preise üblicherweise auf Grund von Tarifen oder Gebührenregelungen bemessen werden, ist § 3 Abs. 1 und 2 entsprechend anzuwenden.

§ 3[2] Leistungen. (1) Wer Leistungen anbietet, hat ein Preisverzeichnis mit den Preisen für seine wesentlichen Leistungen oder in den Fällen des § 1 Abs. 2 mit seinen Verrechnungssätzen aufzustellen. Dieses ist im Geschäftslokal oder am sonstigen Ort des Leistungsangebots und, sofern vorhanden, zusätzlich im Schaufenster oder Schaukasten anzubringen. Ort des Leistungsangebots ist auch die Bildschirmanzeige.

[1] § 2 Abs. 4 neugef. durch VO v. 22. 7. 1997 (BGBl. I S. 1910).
[2] § 3 Sätze 3 und 4 angef. durch G v. 22. 7. 1997 (BGBl. I S. 1870).

Wird eine Leistung über Bildschirmanzeige erbracht und nach Einheiten berechnet, ist eine gesonderte Anzeige über den Preis der fortlaufenden Nutzung unentgeltlich anzubieten.

(2) Werden entsprechend der allgemeinen Verkehrsauffassung die Preise und Verrechnungssätze für sämtliche angebotenen Leistungen in Preisverzeichnisse aufgenommen, so sind diese zur Einsichtnahme am Ort des Leistungsangebots bereitzuhalten, wenn das Anbringen der Preisverzeichnisse wegen ihres Umfangs nicht zumutbar ist.

(3) Werden die Leistungen in Fachabteilungen von Handelsbetrieben angeboten, so genügt das Anbringen der Preisverzeichnisse in den Fachabteilungen.

§ 4[1)] Kredite. (1) Bei Krediten sind als Preis die Gesamtkosten als jährlicher Vomhundertsatz des Kredits anzugeben und als „effektiver Jahreszins" oder, wenn eine Änderung des Zinssatzes oder anderer preisbestimmender Faktoren vorbehalten ist (§ 1 Abs. 4), als „anfänglicher effektiver Jahreszins" zu bezeichnen. Zusammen mit dem anfänglichen effektiven Jahreszins ist anzugeben, wann preisbestimmende Faktoren geändert werden können und auf welchen Zeitraum Belastungen, die sich aus einer nicht vollständigen Auszahlung des Kreditbetrages oder aus einem Zuschlag zum Kreditbetrag ergeben, zum Zwecke der Preisangabe verrechnet worden sind.

(2) Der anzugebende Vomhundertsatz gemäß Absatz 1 beziffert den Zinssatz, mit dem sich der Kredit bei regelmäßigem Kreditverlauf, ausgehend von den tatsächlichen Zahlungen des Kreditgebers und des Kreditnehmers, auf der Grundlage taggenauer Verrechnung aller Leistungen und nachschüssiger Zinsbelastung gemäß § 608 BGB staffelmäßig abrechnen läßt. Bei der Berechnung des anfänglichen effektiven Jahreszinses sind die zum Zeitpunkt des Angebots oder der Werbung geltenden preisbestimmenden Faktoren zugrunde zu legen. Der anzugebende Vomhundertsatz ist mit der im Kreditgewerbe üblichen Genauigkeit zu berechnen.

(3) In die Berechnung des anzugebenden Vomhundertsatzes sind die Gesamtkosten des Kredits für den Kreditnehmer einschließlich etwaiger Vermittlungskosten mit Ausnahme folgender Kosten einzubeziehen:

1. Kosten, die vom Kreditnehmer bei Nichterfüllung seiner Verpflichtungen aus dem Kreditvertrag zu tragen sind;
2. Kosten mit Ausnahme des Kaufpreises, die vom Kreditnehmer beim Erwerb von Waren oder Dienstleistungen unabhängig davon zu tragen sind, ob es sich um ein Bar- oder Kreditgeschäft handelt;
3. Überweisungskosten sowie die Kosten für die Führung eines Kontos, das für die Tilgungszahlung im Rahmen der Rückzahlung des Kredits sowie für die Zahlung von Zinsen und sonstigen Kosten dienen soll,

[1)] § 4 tritt gemäß Art. 4 Abs. 2 der VO zur Regelung der Preisangaben v. 14. 3. 1985 (BGBl. I S. 580) am 1. 9. 1985 in Kraft, neugef. durch VO v. 3. 4. 1992 (BGBl. I S. 846) und VO v. 14. 10. 1992 (BGBl. I S. 1765).

es sei denn, der Kreditnehmer hat hierbei keine angemessene Wahlfreiheit und diese Kosten sind ungewöhnlich hoch; diese Bestimmung gilt jedoch nicht für die Inkassokosten dieser Rückzahlungen oder Zahlungen, unabhängig davon, ob sie in bar oder auf eine andere Weise erhoben werden;

4. Mitgliedsbeiträge für Vereine oder Gruppen, die sich aus anderen Vereinbarungen aus dem Kreditvertrag ergeben, obwohl sie sich auf die Kreditbedingungen auswirken;
5. Kosten für Versicherungen oder Sicherheiten; es werden jedoch die Kosten einer Versicherung einbezogen, die die Rückzahlung an den Darlehensgeber bei Tod, Invalidität, Krankheit oder Arbeitslosigkeit des Kreditnehmers zum Ziel haben, über einen Betrag, der höchstens dem Gesamtbetrag des Kredits, einschließlich Zinsen und sonstigen Kosten, entspricht, und die der Darlehensgeber zwingend als Bedingung für die Gewährung des Kredits vorschreibt.

(4) Ist eine Änderung des Zinssatzes oder sonstiger in die Berechnung des anzugebenden Vomhundertsatzes einzubeziehender Kosten vorbehalten und ist ihre zahlenmäßige Bestimmung im Zeitpunkt der Berechnung des anzugebenden Vomhundertsatzes nicht möglich, so wird bei der Berechnung von der Annahme ausgegangen, daß der Zinssatz und die sonstigen Kosten gemessen an der ursprünglichen Höhe fest bleiben und bis zum Ende des Kreditvertrages gelten.

(5) Erforderlichenfalls ist bei der Berechnung des anzugebenden Vomhundertsatzes von folgenden Annahmen auszugehen:

1. Ist keine Darlehensobergrenze vorgesehen, entspricht der Betrag des gewährten Kredits 4000 Deutsche Mark;
2. ist kein Zeitplan für die Tilgung festgelegt worden und ergibt sich ein solcher nicht aus den Vertragsbestimmungen oder aus den Zahlungsmodalitäten, so beträgt die Kreditlaufzeit ein Jahr;
3. vorbehaltlich einer gegenteiligen Bestimmung gilt, wenn mehrere Termine für die Aus- oder Rückzahlung vorgesehen sind, sowohl die Auszahlung als auch die Rückzahlung des Darlehens als zu dem Zeitpunkt erfolgt, der als frühestmöglicher Zeitpunkt vorgesehen ist.

(6) Bei einer vertraglich möglichen Neufestsetzung der Konditionen eines Kredits ist der effektive oder anfängliche effektive Jahreszins anzugeben.

(7) Wird die Gewährung eines Kredits allgemein von einer Mitgliedschaft oder vom Abschluß einer Versicherung abhängig gemacht, so ist dies anzugeben.

(8) Bei Bauspardarlehen ist bei der Berechnung des anzugebenden Vomhundertsatzes davon auszugehen, daß im Zeitpunkt der Kreditauszahlung das vertragliche Mindestsparguthaben angespart ist. Von der Abschlußgebühr ist im Zweifel lediglich der Teil zu berücksichtigen, der auf den Darlehensanteil der Bausparsumme entfällt. Bei Krediten, die der Vor- oder Zwischenfinanzierung von Leistungen einer Bausparkasse aus Bausparverträgen dienen und deren preisbestimmende Faktoren

bis zur Zuteilung unveränderbar sind, ist als Laufzeit von den Zuteilungsfristen auszugehen, die sich aus der Zielbewertungszahl für Bausparverträge gleicher Art ergeben.

(9) Bei Krediten, die auf einem laufenden Konto zur Verfügung gestellt werden, sind abweichend von Absatz 1 der Zinssatz pro Jahr und die Zinsbelastungsperiode anzugeben, wenn diese nicht kürzer als drei Monate ist und keine weiteren Kreditkosten anfallen.

§ 5[1)] Gaststätten, Beherbergungsbetriebe. (1) In Gaststätten und ähnlichen Betrieben, in denen Speisen oder Getränke angeboten werden, sind die Preise in Preisverzeichnissen anzugeben. Die Preisverzeichnisse sind entweder auf Tischen aufzulegen oder jedem Gast vor Entgegennahme von Bestellungen und auf Verlangen bei Abrechnung vorzulegen oder gut lesbar anzubringen. Werden Speisen und Getränke gemäß § 2 Abs. 1 angeboten, so muß die Preisangabe dieser Vorschrift entsprechen.

(2) Neben dem Eingang der Gaststätte ist ein Preisverzeichnis anzubringen, aus dem die Preise für die wesentlichen angebotenen Speisen und Getränke ersichtlich sind. Ist der Gaststättenbetrieb Teil eines Handelsbetriebs, so genügt das Anbringen des Preisverzeichnisses am Eingang des Gaststättenteils.

(3) In Beherbergungsbetrieben ist

1. in jedem Zimmer ein Preisverzeichnis anzubringen, aus dem der Zimmerpreis und gegebenenfalls der Frühstückspreis ersichtlich sind, und
2. beim Eingang oder bei der Anmeldestelle des Betriebes an gut sichtbarer Stelle ein Verzeichnis anzubringen oder auszulegen, aus dem die Preise der im wesentlichen angebotenen Zimmer und gegebenenfalls der Frühstückspreis ersichtlich sind.

(4) Kann in Gaststättenbetrieben eine Fernsprechanlage benutzt werden, so ist der bei Benutzung geforderte Preis für eine Gebühreneinheit in der Nähe des Fernsprechers, bei der Vermietung von Zimmern auch im Zimmerpreisverzeichnis anzugeben.

(5) Die in den Preisverzeichnissen aufgeführten Preise müssen das Bedienungsgeld und sonstige Zuschläge einschließen.

§ 6[2)] Tankstellen, Parkplätze. (1) An Tankstellen sind die Kraftstoffpreise so auszuzeichnen, daß sie

1. für den auf der Straße heranfahrenden Kraftfahrer,
2. auf Bundesautobahnen für den in den Tankstellenbereich einfahrenden Kraftfahrer

---

[1)] § 5 Überschrift, Abs. 1, Abs. 2 Satz 1, Abs. 3 neugef., Abs. 4 aufgeh., bish. Abs. 5 und 6 werden Abs. 4 und 5 durch VO v. 22. 7. 1997 (BGBl. I S. 1910).

[2)] § 6 Abs. 1 Satz 1 neugef. durch VO v. 22. 7. 1997 (BGBl. I S. 1910).

deutlich lesbar sind. Dies gilt nicht für Kraftstoffmischungen, die erst in der Tankstelle hergestellt werden.

(2) Wer für weniger als einen Monat Garagen, Einstellplätze oder Parkplätze vermietet oder bewacht oder Kraftfahrzeuge verwahrt, hat am Anfang der Zufahrt ein Preisverzeichnis anzubringen, aus dem die von ihm geforderten Preise ersichtlich sind.

§ 7[1] Ausnahmen. (1) Die Vorschriften dieser Verordnung sind nicht anzuwenden

1. auf Angebote oder Werbung gegenüber Letztverbrauchern, die die Ware oder Leistung in ihrer selbständigen beruflichen oder gewerblichen oder in ihrer behördlichen oder dienstlichen Tätigkeit verwenden; für Handelsbetriebe gilt dies nur, wenn sie sicherstellen, daß als Letztverbraucher ausschließlich die in Halbsatz 1 genannten Personen Zutritt haben, und wenn sie durch geeignete Maßnahmen dafür Sorge tragen, daß diese Personen nur die in ihrer jeweiligen Tätigkeit verwendbaren Waren kaufen;[2]
2. auf Leistungen von Gebietskörperschaften des öffentlichen Rechts, soweit es sich nicht um Leistungen handelt, für die Benutzungsgebühren oder privatrechtliche Entgelte zu entrichten sind;
3. auf Waren und Leistungen, soweit für sie auf Grund von Rechtsvorschriften eine Werbung untersagt ist;
4. auf mündliche Angebote, die ohne Angabe von Preisen abgegeben werden;
5. auf Warenangebote bei Versteigerungen.

(2) § 2 ist nicht anzuwenden

1. auf Kunstgegenstände, Sammlungsstücke und Antiquitäten im Sinne des Kapitels 97 des gemeinsamen Zolltarifs;
2. auf Waren, die in Werbevorführungen angeboten werden, sofern der Preis der jeweiligen Ware bei deren Vorführung und unmittelbar vor Abschluß des Kaufvertrags genannt wird;
3. auf Blumen und Pflanzen, die unmittelbar vom Freiland, Treibbeet oder Treibhaus verkauft werden.

(3) § 3 ist nicht anzuwenden

1. auf Leistungen, die üblicherweise auf Grund von schriftlichen Angeboten oder schriftlichen Voranschlägen erbracht werden, die auf den Einzelfall abgestellt sind;
2. auf künstlerische, wissenschaftliche und pädagogische Leistungen; dies gilt nicht, wenn die Leistungen in Konzertsälen, Theatern, Filmtheatern, Schulen, Instituten oder dergleichen erbracht werden;

---

[1] § 7 Abs. 2 geänd. durch VO v. 22. 7. 1997 (BGBl. I S. 1910).

[2] § 7 Abs. 1 Nr. 1 zweiter Halbsatz tritt gemäß Art. 4 Abs. 2 der VO zur Regelung der Preisangaben v. 14. 3. 1985 (BGBl. I S. 580) am 1. 7. 1985 in Kraft.

3. auf Leistungen, bei denen in Gesetzen oder Rechtsverordnungen die Angabe von Preisen besonders geregelt ist.

§ 8[1] Ordnungswidrigkeiten. (1) Ordnungswidrig im Sinne des § 3 Abs. 1 Nr. 2 des Wirtschaftsstrafgesetzes 1954 handelt, wer vorsätzlich oder fahrlässig

1. entgegen § 1 Abs. 1 Satz 1 Preise nicht, nicht richtig oder nicht vollständig angibt,
2. entgegen § 1 Abs. 1 Satz 2 die Verkaufs- oder Leistungseinheit oder Gütebezeichnung nicht oder nicht richtig angibt, auf die sich die Preise beziehen,
3. entgegen § 1 Abs. 2 Satz 1 Stundensätze, Kilometersätze oder andere Verrechnungssätze nicht richtig angibt,
4. entgegen § 1 Abs. 5 die Preise für lose Ware nicht auf die dort genannten Einheiten bezieht,
5. entgegen § 1 Abs. 3 oder Abs. 6 Satz 2 Angaben nicht in der dort vorgeschriebenen Form macht oder
6. entgegen § 1 Abs. 6 Satz 3 den Endpreis nicht hervorhebt.

(2) Ordnungswidrig im Sinne des § 3 Abs. 1 Nr. 2 des Wirtschaftsstrafgesetzes 1954 handelt auch, wer vorsätzlich oder fahrlässig einer Vorschrift

1. des § 2 Abs. 1 bis 4 über das Auszeichnen von Waren,
2. des § 3 Abs. 1 Satz 1, 2 oder 4 oder Abs. 2, jeweils auch in Verbindung mit § 2 Abs. 5, über das Aufstellen, das Anbringen oder das Bereithalten von Preisverzeichnissen oder über das Anbieten einer Anzeige des Preises,
3. des § 4 Abs. 1 Satz 1 über die Angabe oder die Bezeichnung des Preises bei Krediten,
4. des § 4 Abs. 1 Satz 2 über die Angabe des Zeitpunktes, von dem an preisbestimmende Faktoren geändert werden können, oder des Verrechnungszeitraums,
5. des § 4 Abs. 2 bis 5 oder 8 über die Berechnung des Vomhundertsatzes,
6. des § 4 Abs. 6 über die Angabe des effektiven oder anfänglichen effektiven Jahreszinses,
7. des § 4 Abs. 7 oder 9 über die Angabe von Voraussetzungen für die Kreditgewährung oder des Zinssatzes oder der Zinsbelastungsperiode,
8. des § 5 über das Aufstellen, das Vorlegen oder das Anbringen von Preisverzeichnissen oder des § 5 Abs. 1 Satz 3 und Abs. 4 über das Angeben von Preisen,

---

[1] § 8 Abs. 1 Nr. 4 geänd., Nrn. 6 und 7 neugef. durch VO v. 14. 10. 1992 (BGBl. I S. 1765), Abs. 2 Nr. 2 neugef. durch G v. 22. 7. 1997 (BGBl. I S. 1870), Abs. 1 Nr. 5 geänd., Abs. 2 Nr. 8 neugef. durch VO v. 22. 7. 1997 (BGBl. I S. 1910).

9. des § 6 Abs. 1 Satz 1 über das Auszeichnen von Kraftstoffpreisen oder
10. des § 6 Abs. 2 über das Anbringen eines Preisverzeichnisses

zuwiderhandelt.

§ 9[1] Übergangsregelungen. (1) Abweichend von § 6 Abs. 1 Satz 1 Nr. 2 sind an Tankstellen auf Bundesautobahnen bis zum letzten Tag des auf die Verkündung folgenden sechsten Kalendermonats die Kraftstoffpreise mindestens so auszuzeichnen, daß sie für den in den Tankstellenbereich eingefahrenen Kraftfahrer deutlich lesbar sind.

(2) Bei Waren und Leistungen, deren Preise auf Grund von Tarifen oder Gebührenregelungen bemessen werden, die durch Gesetz oder auf Grund eines Gesetzes festgesetzt oder behördlich genehmigt sind, können bis zum letzten Tag des auf die Verkündung folgenden sechsten Kalendermonats die Preise in der festgesetzten oder genehmigten Form angegeben werden.

---

[1] § 9 neugef., § 10 gestr. durch VO v. 22. 7. 1997 (BGBl. I S. 1910).

41. Richtlinie 97/7/EG des Europäischen Parlaments und des Rates über den Verbraucherschutz bei Vertragsabschlüssen im Fernabsatz

Vom 20. Mai 1997 (ABl. EG Nr. L 144/19 vom 4. Juni 1997)

DAS EUROPÄISCHE PARLAMENT UND DER RAT DER EUROPÄISCHEN UNION –

gestützt auf den Vertrag zur Gründung der Europäischen Gemeinschaft, insbesondere auf Artikel 100 a,
auf Vorschlag der Kommission[1)],
nach Stellungnahme des Wirtschafts- und Sozialausschusses[2)],
gemäß dem Verfahren des Artikels 189 b des Vertrags[3)], aufgrund des am 27. November 1996 vom Vermittlungsausschuß gebilligten gemeinsamen Entwurfs,
in Erwägung nachstehender Gründe:

(1) Im Rahmen der Verwirklichung der Ziele des Binnenmarkts sind geeignete Maßnahmen zu dessen schrittweiser Festigung zu ergreifen.

(2) Der freie Verkehr von Waren und Dienstleistungen betrifft nicht nur den gewerblichen Handel, sondern auch Privatpersonen. Er bedeutet für den Verbraucher, daß dieser zu den Gütern und Dienstleistungen eines anderen Mitgliedstaats zu den gleichen Bedingungen Zugang hat wie die Bevölkerung dieses Staates.

(3) Die Vollendung des Binnenmarkts kann für den Verbraucher besonders im grenzüberschreitenden Fernabsatz sichtbar zum Ausdruck kommen, wie dies unter anderem in der Mitteilung der Kommission an den Rat „Auf dem Weg zu einem Binnenmarkt für den Handel" festgestellt wurde. Es ist für das reibungslose Funktionieren des Binnenmarkts unabdingbar, daß der Verbraucher sich an ein Unternehmen außerhalb seines Landes wenden kann, auch wenn dieses Unternehmen über eine Filiale in dem Land verfügt, in dem der Verbraucher lebt.

[1)] **Amtl. Anm.:** ABl. Nr. C 156 vom 23. 6. 1992, S. 14 und ABl. Nr. C 308 vom 15. 11. 1993, S. 18.

[2)] **Amtl. Anm.:** ABl. Nr. C 19 vom 25. 1. 1993, S. 111.

[3)] **Amtl. Anm.:** Stellungnahme des Europäischen Parlaments vom 26. Mai 1993 (ABl. Nr. C 176 vom 28. 6. 1993, S. 95), gemeinsamer Standpunkt des Rates vom 29. Juni 1995 (ABl. Nr. C 288 vom 30. 10. 1995, S. 1) und Beschluß des Europäischen Parlaments vom 13. Dezember 1995 (ABl. Nr. C 17 vom 22. 1. 1996, S. 51). Entscheidung des Europäischen Parlaments vom 16. Januar 1997 und Entscheidung des Rates vom 20. Januar 1997.

(4) Mit der Einführung neuer Technologien erhalten die Verbraucher einen immer besseren Überblick über das Angebot in der ganzen Gemeinschaft und zahlreiche neue Möglichkeiten, Bestellungen zu tätigen. Einige Mitgliedstaaten haben bereits unterschiedliche oder abweichende Verbraucherschutzbestimmungen für den Fernabsatz erlassen, was negative Auswirkungen auf den Wettbewerb zwischen den Unternehmen im Binnenmarkt zur Folge hat. Es ist daher geboten, auf Gemeinschaftsebene eine Mindestzahl gemeinsamer Regeln in diesem Bereich einzuführen.

(5) Unter den Nummern 18 und 19 des Anhangs zur Entschließung des Rates vom 14. April 1975 über das erste Programm der Europäischen Wirtschaftsgemeinschaft für eine Politik zum Schutz und zur Information der Verbraucher[1)] wird von der Notwendigkeit gesprochen, die Käufer von Gütern oder Dienstleistungen vor der Forderung nach Zahlung nicht bestellter Waren und vor aggressiven Verkaufsmethoden zu schützen.

(6) In der Mitteilung der Kommission an den Rat mit dem Titel „Neuer Impuls für die Verbraucherschutzpolitik", die durch die Entschließung des Rates vom 23. Juni 1986[2)] gebilligt wurde, wird unter Nummer 33 erklärt, daß die Kommission Vorschläge zur Verwendung neuer Informationstechnologien unterbreiten wird, die es den Verbrauchern ermöglichen, Bestellungen an einen Lieferer von zu Hause aus zu tätigen.

(7) In der Entschließung des Rates vom 9. November 1989 über künftige Prioritäten bei der Neubelebung der Verbraucherschutzpolitik[3)] wird die Kommission aufgefordert, ihre Bemühungen vor allem auf die im Anhang der Entschließung angegebenen Bereiche zu konzentrieren. In diesem Anhang werden die neuen Technologien, die den Fernabsatz ermöglichen, erwähnt. Die Kommission ist dieser Entschließung durch die Annahme eines „Dreijahresplans für die Verbraucherpolitik in der EWG (1990–1992)" nachgekommen; dieser Plan sieht die Verabschiedung einer diesbezüglichen Richtlinie vor.

(8) Die Frage, welche Sprachen bei Vertragsabschlüssen im Fernabsatz zu verwenden sind, fällt in die Zuständigkeit der Mitgliedstaaten.

(9) Der Abschluß von Verträgen im Fernabsatz ist durch die Verwendung einer oder mehrerer Fernkommunikationstechniken gekennzeichnet. Diese verschiedenen Techniken werden im Rahmen eines für den Fernabsatz organisierten Vertriebs- bzw. Dienstleistungssystems ohne gleichzeitige Anwesenheit des Lieferers oder Dienstleistungserbringers und des Verbrauchers eingesetzt. Aufgrund ihrer ständigen Weiterentwicklung können diese Techniken nicht in einer erschöpfenden Liste erfaßt werden; es ist daher notwendig,

---

[1)] **Amtl. Anm.:** ABl. Nr. C 92 vom 25. 4. 1975, S. 1.
[2)] **Amtl. Anm.:** ABl. Nr. C 167 vom 5. 7. 1986, S. 1.
[3)] **Amtl. Anm.:** ABl. Nr. C 294 vom 22. 11. 1989, S. 1.

brauchbare Prinzipien auch für die wenig verwendeten unter ihnen festzulegen.

(10) Dieselbe Transaktion, die sukzessive Vorgänge oder eine Reihe von getrennten Vorgängen, die sich über einen bestimmten Zeitraum erstrecken, umfaßt, kann je nach Gesetzeslage in den Mitgliedstaaten in rechtlicher Hinsicht unterschiedlich ausgestaltet sein. Die Bestimmungen dieser Richtlinie können – vorbehaltlich der Inanspruchnahme von Artikel 14 – nicht unterschiedlich je nach den Rechtsvorschriften der Mitgliedstaaten angewandt werden. Es erscheint deshalb angebracht, daß den Bestimmungen der Richtlinie zumindest zu dem Zeitpunkt nachgekommen werden muß, zu dem der erste einer Reihe von sukzessiven Vorgängen oder der erste einer Reihe von getrennten Vorgängen erfolgt, die sich über einen bestimmten Zeitraum erstrecken und als ein Gesamtvorgang gelten können, und zwar ungeachtet, ob dieser Vorgang oder diese Reihe von Vorgängen Gegenstand eines einzigen Vertrags oder aufeinanderfolgender getrennter Verträge ist.

(11) Die Verwendung dieser Techniken darf nicht zu einer Verringerung der dem Verbraucher vermittelten Informationen führen. Es sind daher die Informationen festzulegen, die dem Verbraucher unabhängig von der verwendeten Kommunikationstechnik zwingend übermittelt werden müssen. Außerdem muß die Übermittlung dieser Informationen entsprechend den sonstigen einschlägigen Gemeinschaftsvorschriften erfolgen, und zwar insbesondere gemäß der Richtlinie 84/450/EWG des Rates vom 10. September 1984 über die Angleichung der Rechts- und Verwaltungsvorschriften der Mitgliedstaaten auf dem Gebiet der irreführenden Werbung[1]. Falls Ausnahmen von der Verpflichtung zur Übermittlung von Informationen gemacht werden, obliegt es dem Verbraucher, nach seiner Wahl bestimmte grundlegende Angaben wie Identität des Lieferers, wesentliche Eigenschaften und Preis der Waren oder Dienstleistungen zu verlangen.

(12) Bei Benutzung des Telefons sollte der Verbraucher zu Beginn des Gesprächs genügend Informationen erhalten, um zu entscheiden, ob er das Gespräch fortsetzen will oder nicht.

(13) Die mit Hilfe bestimmter elektronischer Technologien verbreitete Information ist häufig nicht beständig, soweit sie nicht auf einem dauerhaften Datenträger empfangen wird. Infolgedessen ist es notwendig, daß der Verbraucher rechtzeitig schriftlich Informationen erhält, die zur korrekten Ausführung des Vertrags erforderlich sind.

(14) Der Verbraucher hat in der Praxis keine Möglichkeit, vor Abschluß des Vertrags das Erzeugnis zu sehen oder die Eigenschaften der Dienstleistung im einzelnen zur Kenntnis zu nehmen. Daher sollte ein Widerrufsrecht bestehen, sofern in dieser Richtlinie nicht etwas anderes bestimmt ist. Damit es sich um mehr als ein bloß formales

---

[1] **Amtl. Anm.:** ABl. Nr. L 250 vom 19. 9. 1984, S. 17.

Recht handelt, müssen die Kosten, die, wenn überhaupt, vom Verbraucher im Fall der Ausübung des Widerrufsrechts getragen werden, auf die unmittelbaren Kosten der Rücksendung der Waren begrenzt werden. Das Widerrufsrecht berührt nicht die im einzelstaatlichen Recht vorgesehenen Rechte des Verbrauchers, insbesondere bei Erhalt von beschädigten Erzeugnissen oder unzulänglichen Dienstleistungen oder Erzeugnissen und Dienstleistungen, die mit der entsprechenden Beschreibung in der Aufforderung nicht übereinstimmen. Es ist Sache der Mitgliedstaaten, weitere Bedingungen und Einzelheiten für den Fall der Ausübung des Widerrufsrechts festzulegen.

(15) Ebenso ist eine Frist für die Erfüllung des Vertrags vorzusehen, wenn sie nicht bei der Bestellung festgelegt worden ist.

(16) Die Absatztechnik, die darin besteht, dem Verbraucher ohne vorherige Bestellung oder ohne ausdrückliches Einverständnis gegen Entgelt Waren zu liefern oder Dienstleistungen zu erbringen, ist als nicht zulässig anzusehen, es sei denn, es handele sich um eine Ersatzlieferung.

(17) Die in den Artikeln 8 und 10 der Europäischen Konvention zum Schutz der Menschenrechte und Grundfreiheiten vom 4. November 1950 festgelegten Prinzipien sind zu berücksichtigen. Es ist daher angezeigt, dem Verbraucher ein Recht auf den Schutz des Privatlebens, insbesondere vor Belästigungen durch gewisse besonders aufdringliche Kommunikationstechniken, zuzuerkennen und mithin die spezifischen Grenzen der Nutzung solcher Techniken genau zu bestimmen. Die Mitgliedstaaten sollten die geeigneten Maßnahmen ergreifen, um die Verbraucher, die keine Kontaktaufnahme durch bestimmte Kommunikationsmittel wünschen, auf wirksame Weise vor derartigen Kontakten zu schützen, und zwar ohne Beeinträchtigung der zusätzlichen Garantien, die dem Verbraucher aufgrund gemeinschaftlicher Regelungen über den Schutz personenbezogener Daten und der Privatsphäre zustehen.

(18) Es ist wichtig, daß die verbindlichen Grundregeln dieser Richtlinie im Einklang mit der Empfehlung 92/295/EWG der Kommission vom 7. April 1992 über Verhaltenskodizes zum Verbraucherschutz bei Vertragsabschlüssen im Fernabsatz[1)] gegebenenfalls durch freiwillige Bestimmungen der betreffenden Berufszweige ergänzt werden.

(19) Im Hinblick auf einen optimalen Verbraucherschutz ist es wichtig, daß der Verbraucher in ausreichendem Umfang über die Bestimmungen dieser Richtlinie und etwaige Verhaltenskodizes auf diesem Gebiet unterrichtet wird.

(20) Die Nichteinhaltung der Bestimmungen dieser Richtlinie kann den Verbrauchern, aber auch Mitbewerbern, schaden. Es können daher

[1)] **Amtl. Anm.:** ABl. Nr. L 156 vom 10. 6. 1992, S. 21.

Bestimmungen vorgesehen werden, die es öffentlichen Einrichtungen oder deren Vertretern oder Verbraucherverbänden, die nach dem innerstaatlichen Recht ein berechtigtes Interesse am Schutz der Verbraucher haben, oder Berufsverbänden mit berechtigtem Interesse erlauben, auf Anwendung dieser Richtlinie zu dringen.

(21) Im Hinblick auf den Verbraucherschutz ist es wichtig, die Frage grenzüberschreitender Beschwerden so bald wie möglich zu behandeln. Die Kommission hat am 14. Februar 1996 einen Aktionsplan für den Zugang der Verbraucher zum Recht und die Beilegung von Rechtsstreitigkeiten der Verbraucher im Binnenmarkt veröffentlicht. Dieser Aktionsplan umfaßt spezifische Initiativen zur Förderung außergerichtlicher Verfahren. Es werden objektive Kriterien (Anhang II) vorgeschlagen, um die Verläßlichkeit jener Verfahren sicherzustellen, und es wird die Verwendung von genormten Formblättern (Anhang III) vorgesehen.

(22) Bei den neuen Technologien entzieht sich die technische Seite dem Einfluß des Verbrauchers. Es ist daher vorzusehen, daß die Beweislast dem Lieferer auferlegt werden kann.

(23) In bestimmten Fällen besteht die Gefahr, daß dem Verbraucher der in dieser Richtlinie aufgestellte Schutz entzogen wird, indem das Recht eines Drittlands zum auf den Vertrag anwendbaren Recht erklärt wird. Diese Richtlinie sollte deshalb Bestimmungen enthalten, die dies ausschließen.

(24) Ein Mitgliedstaat kann im Interesse der Allgemeinheit in seinem Hoheitsgebiet die Vermarktung bestimmter Erzeugnisse und Dienstleistungen im Rahmen von Vertragsabschlüssen im Fernabsatz untersagen. Dieses Verbot muß unter Einhaltung der Rechtsvorschriften der Gemeinschaft gehandhabt werden. Entsprechende Verbote sind insbesondere im Hinblick auf Arzneimittel im Rahmen der Richtlinie 89/552/EWG des Rates vom 3. Oktober 1989 zur Koordinierung bestimmter Rechts und Verwaltungsvorschriften der Mitgliedstaaten über die Ausübung der Fernsehtätigkeit[1] und der Richtlinie 92/28/EWG des Rates vom 31. März 1992 über die Werbung für Humanarzneimittel[2] bereits vorgesehen –

HABEN FOLGENDE RICHTLINIE ERLASSEN:

Art. 1 Gegenstand. Gegenstand dieser Richtlinie ist die Angleichung der Rechts- und Verwaltungsvorschriften der Mitgliedstaaten über Vertragsabschlüsse im Fernabsatz zwischen Verbrauchern und Lieferern.

Art. 2 Definitionen. Im Sinne dieser Richtlinie bezeichnet der Ausdruck

---

[1] **Amtl. Anm.:** ABl. Nr. L 298 vom 17. 10. 1989, S. 23.
[2] **Amtl. Anm.:** ABl. Nr. L 113 vom 30. 4. 1992, S. 13.

1. "Vertragsabschluß im Fernabsatz" jeden zwischen einem Lieferer und einem Verbraucher geschlossenen, eine Ware oder eine Dienstleistung betreffenden Vertrag, der im Rahmen eines für den Fernabsatz organisierten Vertriebs- bzw. Dienstleistungssystems des Lieferers geschlossen wird, wobei dieser für den Vertrag bis zu dessen Abschluß einschließlich des Vertragsabschlusses selbst ausschließlich eine oder mehrere Fernkommunikationstechniken verwendet;
2. „Verbraucher" jede natürliche Person, die beim Abschluß von Verträgen im Sinne dieser Richtlinie zu Zwecken handelt, die nicht ihrer gewerblichen oder beruflichen Tätigkeit zugerechnet werden können;
3. „Lieferer" jede natürliche oder juristische Person, die beim Abschluß von Verträgen im Sinne dieser Richtlinie im Rahmen ihrer gewerblichen oder beruflichen Tätigkeit handelt;
4. „Fernkommunikationstechnik" jedes Kommunikationsmittel, das zum Abschluß eines Vertrags zwischen einem Verbraucher und einem Lieferer ohne gleichzeitige körperliche Anwesenheit der Vertragsparteien eingesetzt werden kann. Eine beispielhafte Liste der Techniken im Sinne dieser Richtlinie ist in Anhang I enthalten;
5. „Betreiber einer Kommunikationstechnik" jede natürliche oder juristische Person des öffentlichen oder privaten Rechts, deren gewerbliche oder berufliche Tätigkeit darin besteht, den Lieferern eine oder mehrere Fernkommunikationstechniken zur Verfügung zu stellen.

Art. 3 Ausnahmen. (1) Diese Richtlinie gilt nicht für Verträge, die

- in einer nicht erschöpfenden Liste in Anhang II angeführte Finanzdienstleistungen betreffen;
- unter Verwendung von Warenautomaten oder automatisierten Geschäftsräumen geschlossen werden;
- mit Betreibern von Telekommunikationsmitteln aufgrund der Benutzung von öffentlichen Fernsprechern geschlossen werden;
- für den Bau und den Verkauf von Immobilien geschlossen werden oder die sonstige Rechte an Immobilien mit Ausnahme der Vermietung betreffen;
- bei einer Versteigerung geschlossen werden.

(2) Die Artikel 4, 5 und 6 sowie Artikel 7 Absatz 1 gelten nicht für

- Verträge über die Lieferung von Lebensmitteln, Getränken oder sonstigen Haushaltsgegenständen des täglichen Bedarfs, die am Wohnsitz, am Aufenthaltsort oder am Arbeitsplatz eines Verbrauchers von Händlern im Rahmen häufiger und regelmäßiger Fahrten geliefert werden;
- Verträge über die Erbringung von Dienstleistungen in den Bereichen Unterbringung, Beförderung, Lieferung von Speisen und Getränken sowie Freizeitgestaltung, wenn sich der Lieferer bei Vertragsabschluß verpflichtet, die Dienstleistungen zu einem bestimmten Zeitpunkt oder innerhalb eines genau angegebenen Zeitraums zu erbringen; ausnahmsweise kann der Lieferer sich bei Freizeitveranstaltungen

unter freiem Himmel das Recht vorbehalten, Artikel 7 Absatz 2 unter besonderen Umständen nicht anzuwenden.

Art. 4 Vorherige Unterrichtung. (1) Der Verbraucher muß rechtzeitig vor Abschluß eines Vertrags im Fernabsatz über folgende Informationen verfügen:

a) Identität des Lieferers und im Fall von Verträgen, bei denen eine Vorauszahlung erforderlich ist, seine Anschrift;
b) wesentliche Eigenschaften der Ware oder Dienstleistung;
c) Preis der Ware oder Dienstleistung einschließlich aller Steuern;
d) gegebenenfalls Lieferkosten;
e) Einzelheiten hinsichtlich der Zahlung und der Lieferung oder Erfüllung;
f) Bestehen eines Widerrufrechts, außer in den in Artikel 6 Absatz 3 genannten Fällen;
g) Kosten für den Einsatz der Fernkommunikationstechnik, sofern nicht nach dem Grundtarif berechnet;
h) Gültigkeitsdauer des Angebots oder des Preises;
i) gegebenenfalls Mindestlaufzeit des Vertrags über die Lieferung von Waren oder Erbringung von Dienstleistungen, wenn dieser eine dauernde oder regelmäßig wiederkehrende Leistung zum Inhalt hat.

(2) Die Informationen nach Absatz 1, deren kommerzieller Zweck unzweideutig erkennbar sein muß, müssen klar und verständlich auf jedwede der verwendeten Fernkommunikationstechnik angepaßte Weise erteilt werden; dabei sind insbesondere die Grundsätze der Lauterkeit bei Handelsgeschäften sowie des Schutzes solcher Personen, die nach den Gesetzen der einzelnen Mitgliedstaaten nicht geschäftsfähig sind (wie zum Beispiel Minderjährige), zu beachten.

(3) Bei Telefongesprächen mit Verbrauchern ist darüber hinaus zu Beginn des Gesprächs die Identität des Lieferers und der kommerzielle Zweck des Gesprächs ausdrücklich offenzulegen.

Art. 5 Schriftliche Bestätigung der Informationen. (1) Der Verbraucher muß eine Bestätigung der Informationen gemäß Artikel 4 Absatz 1 Buchstaben a) bis f) rechtzeitig während der Erfüllung des Vertrags, bei nicht zur Lieferung an Dritte bestimmten Waren spätestens zum Zeitpunkt der Lieferung, schriftlich oder auf einem anderen für ihn verfügbaren dauerhaften Datenträger erhalten, soweit ihm diese Informationen nicht bereits vor Vertragsabschluß schriftlich oder auf einem anderen für ihn verfügbaren dauerhaften Datenträger erteilt wurden.
Auf jeden Fall ist folgendes zu übermitteln:

- schriftliche Informationen über die Bedingungen und Einzelheiten der Ausübung des Widerrufsrechts im Sinne des Artikels 6, einschließlich der in Artikel 6 Absatz 3 erster Gedankenstrich genannten Fälle;

- die geographische Anschrift der Niederlassung des Lieferers, bei der der Verbraucher seine Beanstandungen vorbringen kann;
- Informationen über Kundendienst und geltende Garantiebedingungen;
- die Kündigungsbedingungen bei unbestimmter Vertragsdauer bzw. einer mehr als einjährigen Vertragsdauer.

(2) Absatz 1 ist nicht anwendbar auf Dienstleistungen, die unmittelbar durch Einsatz einer Fernkommunikationstechnik erbracht werden, sofern diese Leistungen in einem Mal erfolgen und über den Betreiber der Kommunikationstechnik abgerechnet werden. Allerdings muß der Verbraucher in jedem Fall die Möglichkeit haben, die geographische Anschrift der Niederlassung des Lieferers zu erfahren, bei der er seine Beanstandungen vorbringen kann

Art. 6 Widerrufsrecht. (1) Der Verbraucher kann jeden Vertragsabschluß im Fernabsatz innerhalb einer Frist von mindestens sieben Werktagen ohne Angabe von Gründen und ohne Strafzahlung widerrufen. Die einzigen Kosten, die dem Verbraucher infolge der Ausübung seines Widerrufsrechts auferlegt werden können, sind die unmittelbaren Kosten der Rücksendung der Waren.
Die Frist für die Wahrnehmung dieses Rechts beginnt
- bei Waren mit dem Tag ihres Eingangs beim Verbraucher, wenn die Verpflichtungen im Sinne des Artikels 5 erfüllt sind;
- bei Dienstleistungen mit dem Tag des Vertragsabschlusses oder dem Tag, an dem die Verpflichtungen im Sinne des Artikels 5 erfüllt sind, wenn dies nach Vertragsabschluß der Fall ist, sofern damit nicht die nachstehend genannte Dreimonatsfrist überschritten wird.

Falls der Lieferer die Bedingungen im Sinne des Artikels 5 nicht erfüllt hat, beträgt die Frist drei Monate. Diese Frist beginnt
- bei Waren mit dem Tag ihres Eingangs beim Verbraucher;
- bei Dienstleistungen mit dem Tag des Vertragsabschlusses.

Werden innerhalb dieser Dreimonatsfrist die Informationen gemäß Artikel 5 übermittelt, so beginnt die Frist von sieben Werktagen gemäß Unterabsatz 1 mit diesem Zeitpunkt.

(2) Übt der Verbraucher das Recht auf Widerruf gemäß diesem Artikel aus, so hat der Lieferer die vom Verbraucher geleisteten Zahlungen kostenlos zu erstatten. Die einzigen Kosten, die dem Verbraucher infolge der Ausübung seines Widerrufsrechts auferlegt werden können, sind die unmittelbaren Kosten der Rücksendung der Waren. Die Erstattung hat so bald wie möglich in jedem Fall jedoch binnen 30 Tagen zu erfolgen.

(3) Sofern die Parteien nichts anderes vereinbart haben, kann der Verbraucher das in Absatz 1 vorgesehene Widerrufsrecht nicht ausüben bei
- Verträgen zur Erbringung von Dienstleistungen, deren Ausführung mit Zustimmung des Verbrauchers vor Ende der Frist von sieben Werktagen gemäß Absatz 1 begonnen hat;

- Verträgen zur Lieferung von Waren oder Erbringung von Dienstleistungen, deren Preis von der Entwicklung der Sätze auf den Finanzmärkten, auf die der Lieferer keinen Einfluß hat, abhängt;
- Verträgen zur Lieferung von Waren, die nach Kundenspezifikation angefertigt werden oder eindeutig auf die persönlichen Bedürfnisse zugeschnitten sind oder die aufgrund ihrer Beschaffenheit nicht für eine Rücksendung geeignet sind oder schnell verderben können oder deren Verfallsdatum überschritten wurde;
- Verträgen zur Lieferung von Audio- oder Videoaufzeichnungen oder Software, die vom Verbraucher entsiegelt worden sind;
- Verträgen zur Lieferung von Zeitungen, Zeitschriften und Illustrierten;
- Verträgen zur Erbringung von Wett- und Lotterie-Dienstleistungen.

(4) Die Mitgliedstaaten sehen in ihren Rechtsvorschriften folgendes vor:

- Wenn der Preis einer Ware oder einer Dienstleistung vollständig oder zum Teil durch einen vom Lieferer gewährten Kredit finanziert wird, oder
- wenn dieser Preis vollständig oder zum Teil durch einen Kredit finanziert wird, der dem Verbraucher von einem Dritten aufgrund einer Vereinbarung zwischen dem Dritten und dem Lieferer gewährt wird,

wird der Kreditvertrag entschädigungsfrei aufgelöst, falls der Verbraucher von seinem Widerrufsrecht gemäß Absatz 1 Gebrauch macht.

Die Mitgliedstaaten legen die Einzelheiten der Auflösung des Kreditvertrags fest.

Art. 7 Erfüllung des Vertrags. (1) Sofern die Parteien nichts anderes vereinbart haben, hat der Lieferer die Bestellung spätestens 30 Tage nach dem Tag auszuführen, der auf den Tag, an dem der Verbraucher dem Lieferer seine Bestellung übermittelt hat, folgt.

(2) Wird ein Vertrag vom Lieferer nicht erfüllt, weil die bestellte Ware oder Dienstleistung nicht verfügbar ist, so ist der Verbraucher davon zu unterrichten, und er muß die Möglichkeit haben, sich geleistete Zahlungen möglichst bald, in jedem Fall jedoch binnen 30 Tagen, erstatten zu lassen.

(3) Die Mitgliedstaaten können indessen vorsehen, daß der Lieferer dem Verbraucher eine qualitätsmäßig und preislich gleichwertige Ware liefern oder eine qualitätsmäßig und preislich gleichwertige Dienstleistung erbringen kann, wenn diese Möglichkeit vor Vertragsabschluß oder in dem Vertrag vorgesehen wurde. Der Verbraucher ist von dieser Möglichkeit in klarer und verständlicher Form zu unterrichten. Die Kosten der Rücksendung infolge der Ausübung des Widerrufsrechts gehen in diesem Fall zu Lasten des Lieferers; der Verbraucher ist davon zu unterrichten. In diesem Fall handelt es sich bei der Lieferung einer Ware oder der Erbringung einer Dienstleistung nicht um eine unbestellte Ware oder Dienstleistung im Sinne des Artikels 9.

Art. 8 Zahlung mittels Karte. Die Mitgliedstaaten tragen dafür Sorge, daß geeignete Vorkehrungen bestehen, damit

- der Verbraucher im Fall einer betrügerischen Verwendung seiner Zahlungskarte im Rahmen eines unter diese Richtlinie fallenden Vertragsabschlusses im Fernabsatz die Stornierung einer Zahlung verlangen kann;
- dem Verbraucher im Fall einer solchen betrügerischen Verwendung die Zahlungen gutgeschrieben oder erstattet werden.

Art. 9 Unbestellte Waren oder Dienstleistungen. Die Mitgliedstaaten treffen die erforderlichen Maßnahmen, um

- zu untersagen, daß einem Verbraucher ohne vorherige Bestellung Waren geliefert oder Dienstleistungen erbracht werden, wenn mit der Warenlieferung oder Dienstleistungserbringung eine Zahlungsaufforderung verbunden ist;
- den Verbraucher von jedweder Gegenleistung für den Fall zu befreien, daß unbestellte Waren geliefert oder unbestellte Dienstleistungen erbracht wurden, wobei das Ausbleiben einer Reaktion nicht als Zustimmung gilt.

Art. 10 Beschränkungen in der Verwendung bestimmter Fernkommunikationstechniken. (1) Die Verwendung folgender Techniken durch den Lieferer bedarf der vorherigen Zustimmung des Verbrauchers:

- Kommunikation mit Automaten als Gesprächspartner (Voice-Mail-System);
- Fernkopie (Telefax).

(2) Die Mitgliedstaaten tragen dafür Sorge, daß Fernkommunikationstechniken, die eine individuelle Kommunikation erlauben, mit Ausnahme der in Absatz 1 genannten Techniken, nur dann verwendet werden dürfen, wenn der Verbraucher ihre Verwendung nicht offenkundig abgelehnt hat.

Art. 11 Rechtsbehelfe bei Gericht oder Verwaltungsbehörden. (1) Die Mitgliedstaaten sorgen im Interesse der Verbraucher für geeignete und wirksame Mittel, die die Einhaltung der Bestimmungen dieser Richtlinie gewährleisten.

(2) Die in Absatz 1 genannten Mittel schließen Rechtsvorschriften ein, wonach eine oder mehrere der folgenden, im innerstaatlichen Recht festzulegenden Einrichtungen im Einklang mit den innerstaatlichen Rechtsvorschriften die Gerichte oder die zuständigen Verwaltungsbehörden anrufen können, um die Anwendung der innerstaatlichen Vorschriften zur Umsetzung dieser Richtlinie zu erreichen:

a) öffentliche Einrichtungen oder ihre Vertreter;
b) Verbraucherverbände, die ein berechtigtes Interesse am Schutz der Verbraucher haben;
c) Berufsverbände mit berechtigtem Interesse.

(3)a) Die Mitgliedstaaten können bestimmen, daß der Nachweis, daß eine vorherige Unterrichtung stattfand, eine schriftliche Bestätigung erfolgte oder die Fristen eingehalten wurden und die Zustimmung des Verbrauchers erteilt wurde, dem Lieferer obliegen kann.

b) Die Mitgliedstaaten treffen die erforderlichen Maßnahmen, um sicherzustellen, daß die Lieferer und die Betreiber von Kommunikationstechniken, sofern sie hierzu in der Lage sind, Praktiken unterlassen, die nicht mit den gemäß dieser Richtlinie erlassenen Bestimmungen im Einklang stehen.

(4) Die Mitgliedstaaten können zusätzlich zu den Mitteln, die sie zur Gewährleistung der Einhaltung der Bestimmungen dieser Richtlinie vorsehen müssen, eine freiwillige Kontrolle der Einhaltung der Bestimmungen dieser Richtlinie durch unabhängige Einrichtungen sowie die Inanspruchnahme solcher Einrichtungen zwecks Streitschlichtung vorsehen.

Art. 12 Unabdingbarkeit. (1) Der Verbraucher kann auf die Rechte, die ihm aufgrund der Umsetzung dieser Richtlinie in innerstaatliches Recht zustehen, nicht verzichten.

(2) Die Mitgliedstaaten ergreifen die erforderlichen Maßnahmen, damit der Verbraucher den durch diese Richtlinie gewährten Schutz nicht verliert, wenn das Recht eines Drittlands als das auf den Vertrag anzuwendende Recht gewählt wurde und der Vertrag einen engen Zusammenhang mit dem Gebiet eines oder mehrerer Mitgliedstaaten aufweist.

Art. 13 Gemeinschaftsbestimmung. (1) Die Bestimmungen dieser Richtlinie gelten, soweit es im Rahmen von Rechtsvorschriften der Gemeinschaft keine besonderen Bestimmungen gibt, die bestimmte Vertragstypen im Fernabsatz umfassend regeln.

(2) Enthalten spezifische Rechtsvorschriften der Gemeinschaft Bestimmungen, die nur gewisse Aspekte der Lieferung von Waren oder der Erbringung von Dienstleistungen regeln, dann sind diese Bestimmungen – und nicht die Bestimmungen der vorliegenden Richtlinie für diese bestimmten Aspekte der Verträge im Fernabsatz anzuwenden.

Art. 14 Mindestklauseln. Die Mitgliedstaaten können in dem unter diese Richtlinie fallenden Bereich mit dem EG-Vertrag in Einklang stehende strengere Bestimmungen erlassen oder aufrechterhalten, um ein höheres Schutzniveau für die Verbraucher sicherzustellen. Durch solche Bestimmungen können sie im Interesse der Allgemeinheit den Vertrieb im Fernabsatz für bestimmte Waren und Dienstleistungen, insbesondere Arzneimittel, in ihrem Hoheitsgebiet unter Beachtung des EG-Vertrags verbieten.

Art. 15 Durchführung. (1) Die Mitgliedstaaten setzen die erforderlichen Rechts- und Verwaltungsvorschriften in Kraft, um dieser Richtlinie spätestens drei Jahre nach ihrem Inkrafttreten nachzukommen. Sie setzen die Kommission unverzüglich davon in Kenntnis.

(2) Wenn die Mitgliedstaaten Vorschriften nach Absatz 1 erlassen, nehmen sie in den Vorschriften selbst oder durch einen Hinweis bei der amtlichen Veröffentlichung auf diese Richtlinie Bezug. Die Mitgliedstaaten regeln die Einzelheiten der Bezugnahme.

(3) Die Mitgliedstaaten teilen der Kommission die innerstaatlichen Rechtsvorschriften mit, die sie auf dem durch diese Richtlinie geregelten Gebiet erlassen.

(4) Spätestens vier Jahre nach Inkrafttreten dieser Richtlinie legt die Kommission dem Europäischen Parlament und dem Rat einen Bericht über die Anwendung dieser Richtlinie, gegebenenfalls verbunden mit einem Änderungsvorschlag, vor.

Art. 16 Unterrichtung der Verbraucher. Die Mitgliedstaaten sehen angemessene Maßnahmen zur Unterrichtung der Verbraucher über das zur Umsetzung dieser Richtlinie erlassene innerstaatliche Recht vor und fordern, falls angebracht, Berufsorganisationen auf, die Verbraucher über ihre Verhaltenskodizes zu unterrichten.

Art. 17 Beschwerdesysteme. Die Kommission untersucht, ob wirksame Verfahren zur Behandlung von Verbraucherbeschwerden, die den Fernabsatz betreffen, geschaffen werden können. Binnen zwei Jahren nach Inkrafttreten dieser Richtlinie legt die Kommission dem Europäischen Parlament und dem Rat einen Bericht über die Untersuchungsergebnisse gegebenenfalls zusammen mit Vorschlägen vor.

Art. 18. Diese Richtlinie tritt am Tag ihrer Veröffentlichung im Amtsblatt der Europäischen Gemeinschaften in Kraft.

Art. 19. Diese Richtlinie ist an die Mitgliedstaaten gerichtet.

G. Straf-, Ordnungswidrigkeiten- und Strafprozeßrecht

42. Strafgesetzbuch (StGB)

In der Fassung der Bekanntmachung vom 10. März 1987
(BGBl. I S. 945, ber. S. 1160)

zuletzt geänd. durch Art. 4 G über die Berufe des Psychologischen Psychotherapeuten und des Kinder- und Jugendlichenpsychotherapeuten, zur Änderung des Fünften Buches Sozialgesetzbuch und anderer Gesetze v. 16. 6. 1998 (BGBl. I S. 1311)

(BGBl. III/FNA 450-2)

(Auszug)

Allgemeiner Teil

Erster Abschnitt

Zweiter Titel. Sprachgebrauch

§ 11[1)] Personen- und Sachbegriffe. (1) Im Sinne dieses Gesetzes ist

1. Angehöriger:
   wer zu den folgenden Personen gehört:
   a) Verwandte und Verschwägerte gerader Linie, der Ehegatte, der Verlobte, Geschwister, Ehegatten der Geschwister, Geschwister der Ehegatten, und zwar auch dann, wenn die Ehe, welche die Beziehung begründet hat, nicht mehr besteht oder wenn die Verwandtschaft oder Schwägerschaft erloschen ist,
   b) Pflegeeltern und Pflegekinder;
2. Amtsträger:
   wer nach deutschem Recht
   a) Beamter oder Richter ist,
   b) in einem sonstigen öffentlich-rechtlichen Amtsverhältnis steht oder
   c) sonst dazu bestellt ist, bei einer Behörde oder bei einer sonstigen Stelle oder in deren Auftrag Aufgaben der öffentlichen Verwaltung unbeschadet der zur Aufgabenerfüllung gewählten Organisationsform wahrzunehmen;

[1)] § 11 Abs. 1 Nr. 2 Buchst. c geänd. durch G v. 13. 8. 1997 (BGBl. I S. 2038), Abs. 1 Nr. 1 Buchst. a geänd. durch G v. 16. 12. 1997 (BGBl. I S. 2942), Abs. 3 neugef. durch Art. 4 IuKDG v. 22. 7. 1997 (BGBl. I S. 1870).

3. Richter:
wer nach deutschem Recht Berufsrichter oder ehrenamtlicher Richter ist;
4. für den öffentlichen Dienst besonders Verpflichteter:
wer, ohne Amtsträger zu sein,
   a) bei einer Behörde oder bei einer sonstigen Stelle, die Aufgaben der öffentlichen Verwaltung wahrnimmt, oder
   b) bei einem Verband oder sonstigen Zusammenschluß, Betrieb oder Unternehmen, die für eine Behörde oder für eine sonstige Stelle Aufgaben der öffentlichen Verwaltung ausführen,

   beschäftigt oder für sie tätig und auf die gewissenhafte Erfüllung seiner Obliegenheiten auf Grund eines Gesetzes förmlich verpflichtet ist;
5. rechtswidrige Tat:
nur eine solche, die den Tatbestand eines Strafgesetzes verwirklicht;
6. Unternehmen einer Tat:
deren Versuch und deren Vollendung;
7. Behörde:
auch ein Gericht;
8. Maßnahmen:
jede Maßregel der Besserung und Sicherung, der Verfall, die Einziehung und die Unbrauchbarmachung;
9. Entgelt:
jede in einem Vermögensvorteil bestehende Gegenleistung.

(2) Vorsätzlich im Sinne dieses Gesetzes ist eine Tat auch dann, wenn sie einen gesetzlichen Tatbestand verwirklicht, der hinsichtlich der Handlung Vorsatz voraussetzt, hinsichtlich einer dadurch verursachten besonderen Folge jedoch Fahrlässigkeit ausreichen läßt.

(3) Den Schriften stehen Ton- und Bildträger, Datenspeicher, Abbildungen und andere Darstellungen in denjenigen Vorschriften gleich, die auf diesen Absatz verweisen.

Siebenter Titel. Verfall und Einziehung

§ 74 d[1] Einziehung von Schriften und Unbrauchbarmachung.
(1) Schriften (§ 11 Abs. 3), die einen solchen Inhalt haben, daß jede vorsätzliche Verbreitung in Kenntnis ihres Inhalts den Tatbestand eines Strafgesetzes verwirklichen würde, werden eingezogen, wenn mindestens ein Stück durch eine rechtswidrige Tat verbreitet oder zur Verbreitung bestimmt worden ist. Zugleich wird angeordnet, daß die zur Herstellung der Schriften gebrauchten oder bestimmten Vorrichtungen, wie Platten, Formen, Drucksätze, Druckstöcke, Negative oder Matrizen, unbrauchbar gemacht werden.

---

[1] § 74 d Abs. 3 Satz 1 und Abs. 4 geänd. durch Art. 4 IuKDG v. 22. 7. 1997 (BGBl. I S. 1870).

(2) Die Einziehung erstreckt sich nur auf die Stücke, die sich im Besitz der bei ihrer Verbreitung oder deren Vorbereitung mitwirkenden Personen befinden oder öffentlich ausgelegt oder beim Verbreiten durch Versenden noch nicht dem Empfänger ausgehändigt worden sind.

(3) Absatz 1 gilt entsprechend bei Schriften (§ 11 Abs. 3), die einen solchen Inhalt haben, daß die vorsätzliche Verbreitung in Kenntnis ihres Inhalts nur bei Hinzutreten weiterer Tatumstände den Tatbestand eines Strafgesetzes verwirklichen würde. Die Einziehung und Unbrauchbarmachung werden jedoch nur angeordnet, soweit

1. die Stücke und die in Absatz 1 Satz 2 bezeichneten Gegenstände sich im Besitz des Täters, Teilnehmers oder eines anderen befinden, für den der Täter oder Teilnehmer gehandelt hat, oder von diesen Personen zur Verbreitung bestimmt sind und
2. die Maßnahmen erforderlich sind, um ein gesetzwidriges Verbreiten durch diese Personen zu verhindern.

(4) Dem Verbreiten im Sinne der Absätze 1 bis 3 steht es gleich, wenn eine Schrift (§ 11 Abs. 3) oder mindestens ein Stück der Schrift durch Ausstellen, Anschlagen, Vorführen oder in anderer Weise öffentlich zugänglich gemacht wird.

(5) § 74b Abs. 2 und 3 gilt entsprechend.

Besonderer Teil

Erster Abschnitt. Friedensverrat, Hochverrat und Gefährdung des demokratischen Rechtsstaates

Dritter Titel. Gefährdung des demokratischen Rechtsstaates

§ 86[1)] Verbreiten von Propagandamitteln verfassungswidriger Organisationen. (1) Wer Propagandamittel

1. einer vom Bundesverfassungsgericht für verfassungswidrig erklärten Partei oder einer Partei oder Vereinigung, von der unanfechtbar festgestellt ist daß sie Ersatzorganisation einer solchen Partei ist,
2. einer Vereinigung, die unanfechtbar verboten ist, weil sie sich gegen die verfassungsmäßige Ordnung oder gegen den Gedanken der Völkerverständigung richtet, oder von der unanfechtbar festgestellt ist, daß sie Ersatzorganisation einer solchen verbotenen Vereinigung ist,
3. einer Regierung, Vereinigung oder Einrichtung außerhalb des räumlichen Geltungsbereichs dieses Gesetzes, die für die Zwecke einer der in den Nummern 1 und 2 bezeichneten Parteien oder Vereinigungen tätig ist, oder

[1)] § 86 Abs. 1 geänd. durch G v. 28. 10. 1994 (BGBl. I S. 3186) und geänd. durch Art. 4 IuKDG v. 22. 7. 1997 (BGBl. I S. 1870).

4. Propagandamittel, die nach ihrem Inhalt dazu bestimmt sind, Bestrebungen einer ehemaligen nationalsozialistischen Organisation fortzusetzen,

im Inland verbreitet oder zur Verbreitung im Inland oder Ausland herstellt, vorrätig hält, einführt oder ausführt oder in Datenspeichern öffentlich zugänglich macht,[1] wird mit Freiheitsstrafe bis zu drei Jahren oder mit Geldstrafe bestraft.

(2) Propagandamittel im Sinne des Absatzes 1 sind nur solche Schriften (§ 11 Abs. 3), deren Inhalt gegen die freiheitliche demokratische Grundordnung oder den Gedanken der Völkerverständigung gerichtet ist.

(3) Absatz 1 gilt nicht, wenn das Propagandamittel oder die Handlung der staatsbürgerlichen Aufklärung, der Abwehr verfassungswidriger Bestrebungen, der Kunst oder der Wissenschaft, der Forschung oder der Lehre, der Berichterstattung über Vorgänge des Zeitgeschehens oder der Geschichte oder ähnlichen Zwecken dient.

(4) Ist die Schuld gering, so kann das Gericht von einer Bestrafung nach dieser Vorschrift absehen.

Dreizehnter Abschnitt. Straftaten gegen die sexuelle Selbstbestimmung

§ 184[2] Verbreitung pornographischer Schriften. (1) Wer pornographische Schriften (§ 11 Abs. 3)

1. einer Person unter achtzehn Jahren anbietet, überläßt oder zugänglich macht,
2. an einem Ort, der Personen unter achtzehn Jahren zugänglich ist oder von ihnen eingesehen werden kann, ausstellt, anschlägt, vorführt oder sonst zugänglich macht,
3. im Einzelhandel außerhalb von Geschäftsräumen, in Kiosken oder anderen Verkaufsstellen, die der Kunde nicht zu betreten pflegt, im Versandhandel oder in gewerblichen Leihbüchereien oder Lesezirkeln einem anderen anbietet oder überläßt,

3a. im Wege gewerblicher Vermietung oder vergleichbarer gewerblicher Gewährung des Gebrauchs, ausgenommen in Ladengeschäften, die Personen unter achtzehn Jahren nicht zugänglich sind und von ihnen

[1] § 86 Abs. 1 ist nach Art. 296 EGStGB v. 2. 3. 1974 (BGBl. I S. 469) (**Nr. 43**) nicht anzuwenden auf Zeitungen und Zeitschriften, die außerhalb des räumlichen Geltungsbereichs dieses Gesetzes in ständiger, regelmäßiger Folge erscheinen und dort allgemein und öffentlich vertrieben werden.

[2] § 184 Abs. 3 geänd., Abs. 4 und 5 eingef., bish. Abs. 4 wird Abs. 6 und Satz 3 angef. sowie Abs. 7 angef. durch 27. StrÄndG v. 23. 7. 1993 (BGBl. I S. 1346), Abs. 1 Nrn. 4 und 8, Abs. 3 Nr. 3 geänd. durch G v. 28. 10. 1994 (BGBl. I S. 3186), Abs. 4 und Abs. 5 Satz 1 geänd. durch Art. 4 IuKDG v. 22. 7. 1997 (BGBl. I S. 1870), Abs. 3 und Abs. 4 geänd. durch 6. StrRG v. 26. 1. 1998 (BGBl. I S. 164).

nicht eingesehen werden können, einem anderen anbietet oder überläßt,

4. im Wege des Versandhandels einzuführen unternimmt,
5. öffentlich an einem Ort, der Personen unter achtzehn Jahren zugänglich ist oder von ihnen eingesehen werden kann, oder durch Verbreiten von Schriften außerhalb des Geschäftsverkehrs mit dem einschlägigen Handel anbietet, ankündigt oder anpreist,
6. an einen anderen gelangen läßt, ohne von diesem hierzu aufgefordert zu sein,
7. in einer öffentlichen Filmvorführung gegen ein Entgelt zeigt, das ganz oder überwiegend für diese Vorführung verlangt wird,
8. herstellt, bezieht, liefert, vorrätig hält oder einzuführen unternimmt, um sie oder aus ihnen gewonnene Stücke im Sinne der Nummern 1 bis 7 zu verwenden oder einem anderen eine solche Verwendung zu ermöglichen, oder
9. auszuführen unternimmt, um sie oder aus ihnen gewonnene Stücke im Ausland unter Verstoß gegen die dort geltenden Strafvorschriften zu verbreiten oder öffentlich zugänglich zu machen oder eine solche Verwendung zu ermöglichen,

wird mit Freiheitsstrafe bis zu einem Jahr oder mit Geldstrafe bestraft.[1)]

(2) Ebenso wird bestraft, wer eine pornographische Darbietung durch Rundfunk verbreitet.

(3) Wer pornographische Schriften (§ 11 Abs. 3), die Gewalttätigkeiten, den sexuellen Mißbrauch von Kindern oder sexuelle Handlungen von Menschen mit Tieren zum Gegenstand haben,

1. verbreitet,
2. öffentlich ausstellt, anschlägt, vorführt oder sonst zugänglich macht oder
3. herstellt, bezieht, liefert, vorrätig hält, anbietet, ankündigt, anpreist, einzuführen oder auszuführen unternimmt, um sie oder aus ihnen gewonnene Stücke im Sinne der Nummern 1 oder 2 zu verwenden oder einem anderen eine solche Verwendung zu ermöglichen,

wird, wenn die pornographischen Schriften den sexuellen Mißbrauch von Kindern zum Gegenstand haben, mit Freiheitsstrafe von drei Monaten bis zu fünf Jahren, sonst mit Freiheitsstrafe bis zu drei Jahren oder mit Geldstrafe bestraft.

(4) Haben die pornographischen Schriften (§ 11 Abs. 3) in den Fällen des Absatzes 3 den sexuellen Mißbrauch von Kindern zum Gegenstand und geben sie ein tatsächliches oder wirklichkeitsnahes Geschehen wieder, so ist die Strafe Freiheitsstrafe von sechs Monaten bis zu zehn Jahren, wenn der Täter gewerbsmäßig oder als Mitglied einer Bande handelt, die sich zur fortgesetzten Begehung solcher Taten verbunden hat.

[1)] Vgl. auch §§ 3 bis 6 und 21 G über die Verbreitung jugendgefährdender Schriften und Medieninhalte idF der Bek. v. 12. 7. 1985 (BGBl. I S. 1502) (**Nr. 48**).

(5) Wer es unternimmt, sich oder einem Dritter den Besitz von pornographischen Schriften (§ 11 Abs. 3) zu verschaffen, die den sexuellen Mißbrauch von Kindern zum Gegenstand haben, wird, wenn die Schriften ein tatsächliches oder wirklichkeitsnahes Geschehen wiedergeben, mit Freiheitsstrafe bis zu einem Jahr oder mit Geldstrafe bestraft. Ebenso wird bestraft, wer die in Satz 1 bezeichneten Schriften besitzt.

(6) Absatz 1 Nr. 1 ist nicht anzuwenden, wenn der zur Sorge für die Person Berechtigte handelt. Absatz 1 Nr. 3a gilt nicht, wenn die Handlung im Geschäftsverkehr mit gewerblichen Entleihern erfolgt. Absatz 5 gilt nicht für Handlungen, die ausschließlich der Erfüllung rechtmäßiger dienstlicher oder beruflicher Pflichten dienen.

(7) In den Fällen des Absatzes 4 ist § 75d anzuwenden. Gegenstände, auf die sich eine Straftat nach Absatz 5 bezieht, werden eingezogen. § 74a ist anzuwenden.

Fünfzehnter Abschnitt. Verletzung des persönlichen Lebens- und Geheimbereichs

§ 202a Ausspähen von Daten. (1) Wer unbefugt Daten, die nicht für ihn bestimmt und die gegen unberechtigten Zugang besonders gesichert sind, sich oder einem anderen verschafft, wird mit Freiheitsstrafe bis zu drei Jahren oder mit Geldstrafe bestraft.

(2) Daten im Sinne des Absatzes 1 sind nur solche, die elektronisch, magnetisch oder sonst nicht unmittelbar wahrnehmbar gespeichert sind oder übermittelt werden.

Zweiundzwanzigster Abschnitt. Betrug und Untreue

§ 263a[1] Computerbetrug. Wer in der Absicht, sich oder einem Dritten einen rechtswidrigen Vermögensvorteil zu verschaffen, das Vermögen eines anderen dadurch beschädigt, daß er das Ergebnis eines Datenverarbeitungsvorgangs durch unrichtige Gestaltung des Programms, durch Verwendung unrichtiger oder unvollständiger Daten, durch unbefugte Verwendung von Daten oder sonst durch unbefugte Einwirkung auf den Ablauf beeinflußt, wird mit Freiheitsstrafe bis zu fünf Jahren oder mit Geldstrafe bestraft.

(2) § 263 Abs. 2 bis 7 gilt entsprechend.

Dreiundzwanzigster Abschnitt. Urkundenfälschung

§ 268[2] Fälschung technischer Aufzeichnungen. (1) Wer zur Täuschung im Rechtsverkehr

[1] § 263a Abs. 2 geänd. durch 6. StrRG v. 26. 1. 1998 (BGBl. I S. 164).
[2] § 268 Abs. 5 geänd. durch 6. StrRG v. 26. 1. 1998 (BGBl. I S. 164).

1. eine unechte technische Aufzeichnung herstellt oder eine technische Aufzeichnung verfälscht oder
2. eine unechte oder verfälschte technische Aufzeichnung gebraucht,

wird mit Freiheitsstrafe bis zu fünf Jahren oder mit Geldstrafe bestraft.

(2) Technische Aufzeichnung ist eine Darstellung von Daten, Meß- oder Rechenwerten, Zuständen oder Geschehensabläufen, die durch ein technisches Gerät ganz oder zum Teil selbsttätig bewirkt wird, den Gegenstand der Aufzeichnung allgemein oder für Eingeweihte erkennen läßt und zum Beweis einer rechtlich erheblichen Tatsache bestimmt ist, gleichviel ob ihr die Bestimmung schon bei der Herstellung oder erst später gegeben wird.

(3) Der Herstellung einer unechten technischen Aufzeichnung steht es gleich, wenn der Täter durch störende Einwirkung auf den Aufzeichnungsvorgang das Ergebnis der Aufzeichnung beeinflußt.

(4) Der Versuch ist strafbar.

(5) § 267 Abs. 3 und 4 gilt entsprechend.

§ 269[1] Fälschung beweiserheblicher Daten. (1) Wer zur Täuschung im Rechtsverkehr beweiserhebliche Daten so speichert oder verändert, daß bei ihrer Wahrnehmung eine unechte oder verfälschte Urkunde vorliegen würde, oder derart gespeicherte oder veränderte Daten gebraucht, wird mit Freiheitsstrafe bis zu fünf Jahren oder mit Geldstrafe bestraft.

(2) Der Versuch ist strafbar.

(3) § 267 Abs. 3 und 4 gilt entsprechend.

§ 270 Täuschung im Rechtsverkehr bei Datenverarbeitung. Der Täuschung im Rechtsverkehr steht die fälschliche Beeinflussung einer Datenverarbeitung im Rechtsverkehr gleich.

Siebenundzwanzigster Abschnitt[2]. Sachbeschädigung

§ 303 a Datenveränderung. (1) Wer rechtswidrig Daten (§ 202 a Abs. 2) löscht, unterdrückt, unbrauchbar macht oder verändert, wird mit Freiheitsstrafe bis zu zwei Jahren oder mit Geldstrafe bestraft.

(2) Der Versuch ist strafbar.

§ 303 b Computersabotage. (1) Wer eine Datenverarbeitung, die für einen fremden Betrieb, ein fremdes Unternehmen oder eine Behörde von wesentlicher Bedeutung ist, dadurch stört, daß er

1. eine Tat nach § 303 a Abs. 1 begeht oder

---

[1] § 269 Abs. 3 geänd. durch 6. StrRG v. 26. 1. 1998 (BGBl. I S. 164).

[2] Bish. Sechsundzwanzigster Abschn. wird Siebenundzwanzigster Abschn. durch G v. 13. 8. 1997 (BGBl. I S. 2038).

2. eine Datenverarbeitungsanlage oder einen Datenträger zerstört, beschädigt, unbrauchbar macht, beseitigt oder verändert,

wird mit Freiheitsstrafe bis zu fünf Jahren oder mit Geldstrafe bestraft.

(2) Der Versuch ist strafbar.

§ 303c Strafantrag. In den Fällen der §§ 303 bis 303b wird die Tat nur auf Antrag verfolgt, es sei denn, daß die Strafverfolgungsbehörde wegen des besonderen öffentlichen Interesses an der Strafverfolgung ein Einschreiten von Amts wegen für geboten hält.

43. Einführungsgesetz zum Strafgesetzbuch (EGStGB)

Vom 2. März 1974 (BGBl. I S. 469)

zuletzt geänd. durch G zur Bekämpfung von Sexualdelikten u. anderen gefährlichen Straftaten v. 26. 1. 1998 (BGBl. I S. 160)

(BGBl. III/FNA 450-1)

(Auszug)

Siebenter Abschnitt. Ergänzende strafrechtliche Regelungen

Art. 296 Einfuhr von Zeitungen und Zeitschriften. § 86 Abs. 1 des Strafgesetzbuches ist nicht anzuwenden auf Zeitungen und Zeitschriften die außerhalb des räumlichen Geltungsbereiches dieses Gesetzes in ständiger, regelmäßiger Folge erscheinen und dort allgemein und öffentlich vertrieben werden.

44. Gesetz über Ordnungswidrigkeiten (OWiG)

In der Fassung der Bekanntmachung vom 19. Februar 1987 (BGBl. I S. 602)

zuletzt geänd. durch Sechstes G zur Reform des Strafrechts (6. StrRG) v. 26. 1. 1998 (BGBl. I S. 164)

(BGBl. III/FNA 454-1)

(Auszug)

Erster Teil.[1] Allgemeine Vorschriften

Erster Abschnitt. Geltungsbereich

§ 1 Begriffsbestimmung. (1) Eine Ordnungswidrigkeit ist eine rechtswidrige und vorwerfbare Handlung, die den Tatbestand eines Gesetzes verwirklicht, das die Ahndung mit einer Geldbuße zuläßt.

(2) Eine mit Geldbuße bedrohte Handlung ist eine rechtswidrige Handlung, die den Tatbestand eines Gesetzes im Sinne des Absatzes 1 verwirklicht, auch wenn sie nicht vorwerfbar begangen ist.

§ 3 Keine Ahndung ohne Gesetz. Eine Handlung kann als Ordnungswidrigkeit nur geahndet werden, wenn die Möglichkeit der Ahndung gesetzlich bestimmt war, bevor die Handlung begangen wurde.

Dritter Abschnitt. Geldbuße

§ 17[2] Höhe der Geldbuße. (1) Die Geldbuße beträgt mindestens zehn Deutsche Mark und, wenn das Gesetz nichts anderes bestimmt, höchstens zweitausend Deutsche Mark.

(2) Droht das Gesetz für vorsätzliches und fahrlässiges Handeln Geldbuße an, ohne im Höchstmaß zu unterscheiden, so kann fahrlässiges Handeln im Höchstmaß nur mit der Hälfte des angedrohten Höchstbetrages der Geldbuße geahndet werden.

(3) Grundlage für die Zumessung der Geldbuße sind die Bedeutung der Ordnungswidrigkeit und der Vorwurf, der den Täter trifft. Auch die wirtschaftlichen Verhältnisse des Täters kommen in Betracht; bei geringfügigen Ordnungswidrigkeiten bleiben sie jedoch in der Regel unberücksichtigt.

---

[1] Für das Gebiet der ehem. DDR sind die Vorschriften des Ersten Teils des OWiG nach EVertr. v. 31. 8. 1990 (BGBl. II S. 889, 958) auch dann anzuwenden, wenn eine Handlung vor dem Wirksamwerden des Beitritts begangen worden ist und mit Ordnungsstrafe bedroht war.

[2] § 17 Abs. 1 geänd. durch G v. 26. 1. 1998 (BGBl. I S. 156).

(4) Die Geldbuße soll den wirtschaftlichen Vorteil, den der Täter aus der Ordnungswidrigkeit gezogen hat, übersteigen. Reicht das gesetzliche Höchstmaß hierzu nicht aus, so kann es überschritten werden.

Siebenter Abschnitt. Verjährung

§ 31[1] Verfolgungsverjährung. (1) Durch die Verjährung werden die Verfolgung von Ordnungswidrigkeiten und die Anordnung von Nebenfolgen ausgeschlossen. § 27 Abs. 2 Satz 1 Nr. 1 bleibt unberührt.

(2) Die Verfolgung von Ordnungswidrigkeiten verjährt, wenn das Gesetz nichts anderes bestimmt,

1. in drei Jahren bei Ordnungswidrigkeiten, die mit Geldbuße im Höchstmaß von mehr als dreißigtausend Deutsche Mark bedroht sind,
2. in zwei Jahren bei Ordnungswidrigkeiten, die mit Geldbuße im Höchstmaß von mehr als fünftausend bis zu dreißigtausend Deutsche Mark bedroht sind,
3. in einem Jahr bei Ordnungswidrigkeiten, die mit Geldbuße im Höchstmaß von mehr als zweitausend bis zu fünftausend Deutsche Mark bedroht sind,
4. in sechs Monaten bei den übrigen Ordnungswidrigkeiten.

(3) Die Verjährung beginnt, sobald die Handlung beendet ist. Tritt ein zum Tatbestand gehörender Erfolg erst später ein, so beginnt die Verjährung mit diesem Zeitpunkt.

Zweiter Teil. Bußgeldverfahren

Erster Abschnitt. Zuständigkeit zur Verfolgung und Ahndung von Ordnungswidrigkeiten

§ 35 Verfolgung und Ahndung durch die Verwaltungsbehörde. (1) Für die Verfolgung von Ordnungswidrigkeiten ist die Verwaltungsbehörde zuständig, soweit nicht hierzu nach diesem Gesetz die Staatsanwaltschaft oder an ihrer Stelle für einzelne Verfolgungshandlungen der Richter berufen ist.

(2) Die Verwaltungsbehörde ist auch für die Ahndung von Ordnungswidrigkeiten zuständig, soweit nicht hierzu nach diesem Gesetz das Gericht berufen ist.

§ 36[2] Sachliche Zuständigkeit der Verwaltungsbehörde. (1) Sachlich zuständig ist

[1] § 31 Abs. 2 Nr. 2 u. Nr. 3 geänd. durch G v. 26. 1. 1998 (BGBl. I S. 156).
[2] § 36 Abs. 1 Nr. 2 Buchst. b u. Abs. 3 geänd. durch G v. 26. 1. 1998 (BGBl. I S. 156).

1. die Verwaltungsbehörde, die durch Gesetz bestimmt wird,
2. mangels einer solchen Bestimmung
   a) die fachlich zuständige oberste Landesbehörde oder
   b) das fachlich zuständige Bundesministerium, soweit das Gesetz von Bundesbehörden ausgeführt wird.

(2) Die Landesregierung kann die Zuständigkeit nach Absatz 1 Nr. 2 Buchstabe a durch Rechtsverordnung auf eine andere Behörde oder sonstige Stelle übertragen. Die Landesregierung kann die Ermächtigung auf die oberste Landesbehörde übertragen.

(3) Das nach Absatz 1 Nr. 2 Buchstabe b zuständige Bundesministerium kann seine Zuständigkeit durch Rechtsverordnung, die nicht der Zustimmung des Bundesrates bedarf, auf eine andere Behörde oder sonstige Stelle übertragen.

Zweiter Abschnitt. Allgemeine Verfahrensvorschriften

§ 47 Verfolgung von Ordnungswidrigkeiten. (1) Die Verfolgung von Ordnungswidrigkeiten liegt im pflichtgemäßen Ermessen der Verfolgungsbehörde. Solange das Verfahren bei ihr anhängig ist, kann sie es einstellen.

(2)[1)] Ist das Verfahren bei Gericht anhängig und hält dieses eine Ahndung nicht für geboten, so kann es das Verfahren mit Zustimmung der Staatsanwaltschaft in jeder Lage einstellen. Die Zustimmung ist nicht erforderlich, wenn durch den Bußgeldbescheid eine Geldbuße bis zu zweihundert Deutsche Mark verhängt worden ist und die Staatsanwaltschaft erklärt hat, sie nehme an der Hauptverhandlung nicht teil. Der Beschluß ist nicht anfechtbar.

(3) Die Einstellung des Verfahrens darf nicht von der Zahlung eines Geldbetrages an eine gemeinnützige Einrichtung oder sonstige Stelle abhängig gemacht oder damit in Zusammenhang gebracht werden.

Vierter Abschnitt. Bußgeldbescheid

§ 65 Allgemeines. Die Ordnungswidrigkeit wird, soweit dieses Gesetz nichts anderes bestimmt, durch Bußgeldbescheid geahndet.

§ 66 Inhalt des Bußgeldbescheides. (1) Der Bußgeldbescheid enthält
1. die Angaben zur Person des Betroffenen und etwaiger Nebenbeteiligter,
2. den Namen und die Anschrift des Verteidigers,
3. die Bezeichnung der Tat, die dem Betroffenen zur Last gelegt wird, Zeit und Ort ihrer Begehung, die gesetzlichen Merkmale der Ordnungswidrigkeit und die angewendeten Bußgeldvorschriften,

1) § 47 Abs. 2 Satz 2 eingef., bish. Satz 2 wird Satz 3 durch G v. 26. 1. 1998 (BGBl. I S. 156).

4. die Beweismittel,
5. die Geldbuße und die Nebenfolgen.

(2) Der Bußgeldbescheid enthält ferner

1. den Hinweis, daß
   a) der Bußgeldbescheid rechtskräftig und vollstreckbar wird, wenn kein Einspruch nach § 67 eingelegt wird,
   b) bei einem Einspruch auch eine für den Betroffenen nachteiligere Entscheidung getroffen werden kann,
2. die Aufforderung an den Betroffenen, spätestens zwei Wochen nach Rechtskraft oder einer etwa bestimmten späteren Fälligkeit (§ 18)
   a) die Geldbuße oder die bestimmten Teilbeträge an die zuständige Kasse zu zahlen oder
   b) im Falle der Zahlungsunfähigkeit der Vollstreckungsbehörde (§ 92) schriftlich oder zur Niederschrift darzutun, warum ihm die fristgemäße Zahlung nach seinen wirtschaftlichen Verhältnissen nicht zuzumuten ist, und
3. die Belehrung, daß Erzwingungshaft (§ 96) angeordnet werden kann, wenn der Betroffene seiner Pflicht nach Nummer 2 nicht genügt.

(3) Über die Angaben nach Absatz 1 Nr. 3 und 4 hinaus braucht der Bußgeldbescheid nicht begründet zu werden.

Fünfter Abschnitt. Einspruch und gerichtliches Verfahren

I. Einspruch

§ 67 Form und Frist. (1) Der Betroffene kann gegen den Bußgeldbescheid innerhalb von zwei Wochen nach Zustellung schriftlich oder zur Niederschrift bei der Verwaltungsbehörde, die den Bußgeldbescheid erlassen hat, Einspruch einlegen. Die §§ 297 bis 300 und 302 der Strafprozeßordnung über Rechtsmittel gelten entsprechend.

(2)[1] Der Einspruch kann auf bestimmte Beschwerdepunkte beschränkt werden.

§ 68 Zuständiges Gericht. (1) Bei einem Einspruch gegen den Bußgeldbescheid entscheidet das Amtsgericht, in dessen Bezirk die Verwaltungsbehörde ihren Sitz hat. Der Richter beim Amtsgericht entscheidet allein.

(2) Im Verfahren gegen Jugendliche und Heranwachsende ist der Jugendrichter zuständig.

(3) Sind in dem Bezirk der Verwaltungsbehörde eines Landes mehrere Amtsgerichtsbezirke oder mehrere Teile solcher Bezirke vorhanden, so kann die Landesregierung durch Rechtsverordnung die Zuständigkeit des Amtsgerichts abweichend von Absatz 1 danach bestimmen, in welchem Bezirk

[1] § 67 Abs. 2 neugef. durch G v. 26. 1. 1998 (BGBl. I S. 156).

1. die Ordnungswidrigkeit oder eine der Ordnungswidrigkeiten begangen worden ist (Begehungsort) oder
2. der Betroffene seinen Wohnsitz hat (Wohnort),

soweit es mit Rücksicht auf die große Zahl von Verfahren oder die weite Entfernung zwischen Begehungs- oder Wohnort und dem Sitz des nach Absatz 1 zuständigen Amtsgerichts sachdienlich erscheint, die Verfahren auf mehrere Amtsgerichte aufzuteilen; § 37 Abs. 3 gilt entsprechend. Der Bezirk, von dem die Zuständigkeit des Amtsgerichts nach Satz 1 abhängt, kann die Bezirke mehrerer Amtsgerichte umfassen. Die Landesregierung kann die Ermächtigung auf die Landesjustizverwaltung übertragen.

Dritter Teil. Einzelne Ordnungswidrigkeiten

Zweiter Abschnitt. Verstöße gegen die öffentliche Ordnung

§ 116[1] **Öffentliche Aufforderung zu Ordnungswidrigkeiten.** (1) Ordnungswidrig handelt, wer öffentlich, in einer Versammlung oder durch Verbreiten von Schriften, Ton- oder Bildträgern, Datenspeichern, Abbildungen oder Darstellungen zu einer mit Geldbuße bedrohten Handlung auffordert.

(2) Die Ordnungswidrigkeit kann mit einer Geldbuße geahndet werden. Das Höchstmaß der Geldbuße bestimmt sich nach dem Höchstmaß der Geldbuße für die Handlung, zu der aufgefordert wird.

§ 119[2] **Grob anstößige und belästigende Handlungen.** (1) Ordnungswidrig handelt, wer

1. öffentlich in einer Weise, die geeignet ist, andere zu belästigen, oder
2. in grob anstößiger Weise durch Verbreiten von Schriften, Ton- oder Bildträgern, Abbildungen oder Darstellungen oder durch das öffentliche Zugänglichmachen von Datenspeichern

Gelegenheit zu sexuellen Handlungen anbietet, ankündigt, anpreist oder Erklärungen solchen Inhalts bekanntgibt.

(2) Ordnungswidrig handelt auch, wer auf die in Absatz 1 bezeichnete Weise Mittel oder Gegenstände, die dem sexuellen Gebrauch dienen, anbietet, ankündigt, anpreist oder Erklärungen solchen Inhalts bekanntgibt.

(3) Ordnungswidrig handelt ferner, wer öffentlich Schriften, Ton- oder Bildträger, Datenspeicher, Abbildungen oder Darstellungen sexuellen Inhalts an Orten ausstellt, anschlägt, vorführt oder sonst zugänglich macht, an denen dies grob anstößig wirkt.

---

[1] § 116 Abs. 1 geänd. durch Art. 5 IuKDG v. 22. 7. 1997 (BGBl. I S. 1870).

[2] § 119 Abs. 1 Nr. 2, Abs. 3 geänd. durch Art. 5 IuKDG v. 22. 7. 1997 (BGBl. I S. 1870) und Abs. 4 geänd. durch G v. 26. 1. 1998 (BGBl. I S. 156).

(4) Die Ordnungswidrigkeit kann in den Fällen des Absatzes 1 Nr. 1 mit einer Geldbuße bis zu zweitausend Deutsche Mark, in den übrigen Fällen mit einer Geldbuße bis zu zwanzigtausend Deutsche Mark geahndet werden.

§ 120[1)] Verbotene Ausübung der Prostitution; Werbung für Prostitution. (1) Ordnungswidrig handelt, wer

1. einem durch Rechtsverordnung erlassenen Verbot, der Prostitution an bestimmten Orten überhaupt oder zu bestimmten Tageszeiten nachzugehen, zuwiderhandelt oder
2. durch Verbreiten von Schriften, Ton- oder Bildträgern, Datenspeichern, Abbildungen oder Darstellungen Gelegenheit zu entgeltlichen sexuellen Handlungen anbietet, ankündigt, anpreist oder Erklärungen solchen Inhalts bekanntgibt; dem Verbreiten steht das öffentliche Ausstellen, Anschlagen, Vorführen oder das sonstige öffentliche Zugänglichmachen gleich.

(2) Die Ordnungswidrigkeit kann mit einer Geldbuße geahndet werden.

§ 123[1)] Einziehung; Unbrauchbarmachung. (1) Gegenstände, auf die sich eine Ordnungswidrigkeit nach § 119 oder § 120 Abs. 1 Nr. 2 bezieht, können eingezogen werden.

(2) Bei der Einziehung von Schriften, Ton- oder Bildträgern, Datenspeichern, Abbildungen und Darstellungen kann in den Fällen des § 119 Abs. 1 und 2 und des § 120 Abs. 1 Nr. 2 angeordnet werden, daß

1. sich die Einziehung auf alle Stücke erstreckt und
2. die zur Herstellung gebrauchten oder bestimmten Vorrichtungen, wie Platten, Formen, Drucksätze, Druckstöcke, Negative oder Matrizen, unbrauchbar gemacht werden,

soweit die Stücke und die in Nummer 2 bezeichneten Gegenstände sich im Besitz des Täters oder eines anderen befinden, für den der Täter gehandelt hat, oder von diesen Personen zur Verbreitung bestimmt sind. Eine solche Anordnung wird jedoch nur getroffen, soweit sie erforderlich ist, um Handlungen, die nach § 119 Abs. 1 oder 2 oder § 120 Abs. 1 Nr. 2 mit Geldbuße bedroht sind, zu verhindern. Für die Einziehung gilt § 27 Abs. 2, für die Unbrauchbarmachung gelten die §§ 27 und 28 entsprechend.

(3) In den Fällen des § 119 Abs. 2 gelten die Absätze 1 und 2 nur für das Werbematerial und die zu seiner Herstellung gebrauchten oder bestimmten Vorrichtungen.

---

1) § 120 Abs. 1 Nr. 2, § 123 Abs. 2 Satz 1 geänd. durch Art. 5 IuKDG v. 22. 7. 1997 (BGBl. I S. 1870).

45. Gesetz zur Beschränkung des Brief-, Post- und Fernmeldegeheimnisses (Gesetz zu Artikel 10 Grundgesetz) (G 10)

Vom 13. August 1968 (BGBl. I S. 949)

zuletzt geänd. durch G v. 17. 12. 1997 (BGBl. I S. 3108)

(BGBl. III/FNA 190-2)

Der Bundestag hat das folgende Gesetz beschlossen:

Artikel 1

§ 1[1] [Zweck der Überwachung und Zuständigkeit] (1) Es sind

1. die Verfassungsschutzbehörden des Bundes und der Länder, das Amt für den Militärischen Abschirmdienst und der Bundesnachrichtendienst zur Abwehr von drohenden Gefahren für die freiheitliche demokratische Grundordnung oder den Bestand oder die Sicherheit des Bundes oder eines Landes einschließlich der Sicherheit der in der Bundesrepublik Deutschland stationierten Truppen der nichtdeutschen Vertragsstaaten des Nordatlantik-Vertrages,
2. der Bundesnachrichtendienst im Rahmen seiner Aufgaben nach § 1 Abs. 2 des BND-Gesetzes auch zu den in § 3 Abs. 1 Satz 2 Nr. 2 bis 6 bestimmten Zwecken

berechtigt, die Telekommunikation zu überwachen und aufzuzeichnen, in den Fällen der Nummer 1 auch die dem Brief- oder Postgeheimnis unterliegenden Sendungen zu öffnen und einzusehen.

(2) Wer geschäftsmäßig Postdienste erbringt oder an der Erbringung solcher Dienste mitwirkt, hat der berechtigten Stelle auf Anordnung Auskunft über die näheren Umstände des Postverkehrs zu erteilen und Sendungen, die ihm zum Einsammeln, Weiterleiten oder Ausliefern anvertraut sind, auszuhändigen. Der nach Satz 1 Verpflichtete hat der berechtigten Stelle auf Verlangen die zur Vorbereitung einer Anordnung erforderlichen Auskünfte zu Postfächern zu erteilen, ohne daß es hierzu einer gesonderten Anordnung bedarf. Wer geschäftsmäßig Telekommunikationsdienste erbringt oder an der Erbringung solcher Dienste mitwirkt, hat der berechtigten Stelle auf Anordnung Auskunft über die näheren Umstände der nach Wirksamwerden der Anordnung durchgeführten Telekommunikation zu erteilen, Sendungen, die ihm zur Über-

[1] § 1 neugef. durch G v. 8. 6. 1989 (BGBl. I S. 1026), Abs. 1 neugef. durch G v. 28. 10. 1994 (BGBl. I S. 3186), Abs. 2 neugef. u. Abs. 3 u. 4 angef. durch G v. 28. 4. 1997 (BGBl. I S. 966), Abs. 1 geänd. und Abs. 2 neugef. durch G v. 17. 12. 1997 (BGBl. I S. 3108).

mittlung auf dem Telekommunikationsweg anvertraut sind, auszuhändigen und die Überwachung und Aufzeichnung der Telekommunikation zu ermöglichen. Ob und in welchem Umfang der nach Satz 3 Verpflichtete Vorkehrungen für die technische und organisatorische Umsetzung von Überwachungsmaßnahmen zu treffen hat, bestimmt sich nach § 88 des Telekommunikationsgesetzes und der dazu erlassenen Rechtsverordnung.

(3) Der nach Absatz 2 Satz 1 oder Satz 3 Verpflichtete hat vor Durchführung einer beabsichtigten Beschränkungsmaßnahme die Personen, die mit der Durchführung der Maßnahme betraut werden sollen,

1. einer einfachen Sicherheitsüberprüfung unterziehen zu lassen und
2. über die Pflicht zur Geheimhaltung nach Artikel 3 § 10 sowie die Strafbarkeit eines Verstoßes nach Artikel 3 § 10a zu belehren; die Belehrung ist aktenkundig zu machen.

Mit der Durchführung einer Beschränkungsmaßnahme dürfen nur Personen betraut werden, die nach Maßgabe des Satzes 1 überprüft und belehrt worden sind. Der nach Absatz 2 Satz 1 oder Satz 3 Verpflichtete hat sicherzustellen, daß die Geheimschutzmaßnahmen nach den Abschnitten 1.1 bis 1.4, 1.6, 2.1 und 2.3 bis 2.5 der Anlage 7 zur Allgemeinen Verwaltungsvorschrift zum materiellen und organisatorischen Schutz von Verschlußsachen vom 29. April 1994 (GMBl. S. 674) getroffen werden.

(4) Die Sicherheitsüberprüfung nach § 1 Abs. 3 Satz 1 Nr. 1 ist entsprechend dem Sicherheitsüberprüfungsgesetz durchzuführen. Für Beschränkungsmaßnahmen einer Landesbehörde gilt dies nur, soweit nicht Rechtsvorschriften des Landes vergleichbare Bestimmungen enthalten; in diesem Fall sind die Rechtsvorschriften des Landes entsprechend anzuwenden. Zuständig ist bei Beschränkungsmaßnahmen von Bundesbehörden das Bundesministerium des Innern; im übrigen sind die nach Landesrecht bestimmten Behörden zuständig. Soll mit der Durchführung einer Beschränkungsmaßnahme eine Person betraut werden, für die innerhalb der letzten fünf Jahre bereits eine gleich- oder höherwertige Sicherheitsüberprüfung nach Bundes- oder Landesrecht durchgeführt worden ist, soll von einer erneuten Sicherheitsüberprüfung abgesehen werden.

§ 2[1] [Voraussetzungen der Überwachung] (1) Beschränkungen nach § 1 Abs. 1 Nr. 1 dürfen unter den dort bezeichneten Voraussetzungen angeordnet werden, wenn tatsächliche Anhaltspunkte für den Verdacht bestehen, daß jemand

[1] § 2 Abs. 1 neugef. durch G v. 13. 9. 1978 (BGBl. I S. 1546), Abs. 1 Nr. 7 Verweisung geänd. durch G v. 9. 7. 1990 (BGBl. I S. 1354), Abs. 2 Sätze 3 bis 5 angef. durch G v. 27. 5. 1992 (BGBl. I S. 997), Abs. 1 Verweisung, Abs. 1 Nrn. 5 u. 7 geänd. u. Satz 2 angef. durch G v. 28. 10. 1994 (BGBl. I S. 3186).

1. Straftaten des Friedensverrats oder des Hochverrats (§§ 80, 80a, 81, 82 und 83 des Strafgesetzbuches[1]),
2. Straftaten der Gefährdung des demokratischen Rechtsstaates (§§ 84, 85, 86, 87, 88, 89 des Strafgesetzbuches, § 20 Abs. 1 Nr. 1, 2, 3 und 4 des Vereinsgesetzes[2]),
3. Straftaten des Landesverrats und der Gefährdung der äußeren Sicherheit (§§ 94, 95, 96, 97a, 97b, 98, 99, 100, 100a des Strafgesetzbuches[3]),
4. Straftaten gegen die Landesverteidigung (§§ 109e, 109f, 109g des Strafgesetzbuches),
5. Straftaten gegen die Sicherheit der in der Bundesrepublik Deutschland stationierten Truppen der nichtdeutschen Vertragsstaaten des Nordatlantik-Vertrages[4] (§§ 87, 89, 94, 95, 96, 98, 99, 100, 109e, 109f, 109g des Strafgesetzbuches in Verbindung mit Artikel 7 des Vierten Strafrechtsänderungsgesetzes vom 11. Juni 1957 in der Fassung des Achten Strafrechtsänderungsgesetzes),
6. Straftaten nach § 129a des Strafgesetzbuches oder
7. Straftaten nach § 92 Abs. 1 Nr. 7 des Ausländergesetzes[5]

plant, begeht oder begangen hat. Gleiches gilt, wenn tatsächliche Anhaltspunkte für den Verdacht bestehen, daß jemand Mitglied einer Vereinigung ist, deren Zwecke oder deren Tätigkeit darauf gerichtet sind, Straftaten zu begehen, die gegen die freiheitliche demokratische Grundordnung, den Bestand oder die Sicherheit des Bundes oder eines Landes gerichtet sind.

(2) Eine Anordnung nach Absatz 1 ist nur zulässig, wenn die Erforschung des Sachverhalts auf andere Weise aussichtslos oder wesentlich erschwert wäre. Sie darf sich nur gegen den Verdächtigen oder gegen Personen richten, von denen auf Grund bestimmter Tatsachen anzunehmen ist, daß sie für den Verdächtigen bestimmte oder von ihm herrührende Mitteilungen entgegennehmen oder weitergeben oder daß der Verdächtige ihren Anschluß benutzt. Abgeordnetenpost von Mitgliedern des Deutschen Bundestages und der Parlamente der Länder darf nicht in eine Maßnahme einbezogen werden, die sich gegen einen Dritten richtet. Das gilt nicht, wenn und soweit die Kommission festgestellt hat, daß konkrete Umstände die Annahme rechtfertigen, daß die Post nicht von dem Abgeordneten stammt. § 9 Abs. 2 Satz 2 gilt entsprechend.

§ 3[6] [Weitere Überwachungsfälle] (1) Außer in den Fällen des § 2 dürfen auf Antrag des Bundesnachrichtendienstes Beschränkungen

[1] **Schönfelder Nr. 85.**
[2] **Sartorius I Nr. 425.**
[3] **Schönfelder Nr. 85.**
[4] **Sartorius II Nr. 65.**
[5] **Sartorius I Nr. 565.**
[6] § 3 neugef. durch G v. 28. 10. 1994 (BGBl. I S. 3186), Abs. 1 Sätze 1 u. 3, Abs. 2 Sätze 2 u. 3 geänd. durch G v. 17. 12. 1997 (BGBl. I S. 3108).

nach § 1 für internationale nicht leitungsgebundene Telekommunikationsbeziehungen angeordnet werden, die der nach § 5 zuständige Bundesminister mit Zustimmung des Abgeordnetengremiums gemäß § 9 bestimmt. Sie sind nur zulässig zur Sammlung von Nachrichten über Sachverhalte, deren Kenntnis notwendig ist, um die Gefahr

1. eines bewaffneten Angriffs auf die Bundesrepublik Deutschland,
2. der Begehung internationaler terroristischer Anschlage in der Bundesrepublik Deutschland,
3. der internationalen Verbreitung von Kriegswaffen im Sinne des Gesetzes über die Kontrolle von Kriegswaffen sowie des unerlaubten Außenwirtschaftsverkehrs mit Waren, Datenverarbeitungsprogrammen und Technologien im Sinne des Teils I der Ausfuhrliste (Anlage AL zur Außenwirtschaftsverordnung) in Fällen von erheblicher Bedeutung,
4. der unbefugten Verbringung von Betäubungsmitteln in nicht geringer Menge aus dem Ausland in das Gebiet der Bundesrepublik Deutschland,
5. im Ausland begangener Geldfälschungen sowie
6. der Geldwäsche im Zusammenhang mit den in den Nummern 3 bis 5 genannten Handlungen

rechtzeitig zu erkennen und einer solchen Gefahr zu begegnen. In den Fällen der Nummer 1 dürfen Beschränkungen nach Satz 1 auch für leitungsgebundene Telekommunikationsbeziehungen und für Postverkehrsbeziehungen angeordnet werden.

(2) Für Beschränkungen im Sinne des Absatzes 1 darf der Bundesnachrichtendienst nur Suchbegriffe verwenden, die zur Aufklärung von Sachverhalten über den in der Anordnung bezeichneten Gefahrenbereich bestimmt und geeignet sind. Die Suchbegriffe dürfen keine Identifizierungsmerkmale enthalten, die zu einer gezielten Erfassung bestimmter Telekommunikationsanschlüsse führen. Satz 2 gilt nicht für Telekommunikationsanschlüsse im Ausland, sofern ausgeschlossen werden kann, daß Anschlüsse

1. deutscher Staatsangehöriger oder
2. von Gesellschaften mit dem Sitz im Ausland, wenn der überwiegende Teil ihres Vermögens oder ihres Kapitals sowie die tatsächliche Kontrolle über die Gesellschaft deutschen natürlichen oder juristischen Personen zusteht und die Mehrheit der Vertretungsberechtigten deutsche Staatsangehörige sind,

gezielt erfaßt werden. Die Suchbegriffe sind in der Anordnung zu benennen. Die Durchführung ist mit technischen Mitteln zu protokollieren; sie unterliegt der Kontrolle gemäß § 9 Abs. 2. Die Protokolldaten dürfen ausschließlich zu Zwecken der Datenschutzkontrolle verwendet werden. Sie sind am Ende des Kalenderjahres, das dem Jahr der Protokollierung folgt, zu löschen.

(3)[1] Bei der Durchführung von Maßnahmen nach Absatz 1 erlangte personenbezogene Daten dürfen nur zur Verhinderung, Aufklärung oder Verfolgung von Straftaten verwendet werden, die in § 2 dieses Gesetzes und in § 138 des Strafgesetzbuches[2] bezeichnet sind, sowie von Straftaten nach den §§ 261 und 264 des Strafgesetzbuches, § 92a des Ausländergesetzes,[3] § 34 Abs. 1 bis 6 und 8 und § 35 des Außenwirtschaftsgesetzes, §§ 19 bis 21 und 22a Abs. 1 Nr. 4, 5 und 7 des Gesetzes über die Kontrolle von Kriegswaffen[4] oder § 29a Abs. 1 Nr. 2, § 30 Abs. 1 Nr. 1, 4 oder § 30a des Betäubungsmittelgesetzes,[5] soweit gegen die Person eine Beschränkung nach § 2 angeordnet ist oder wenn tatsächliche Anhaltspunkte für den Verdacht bestehen, daß jemand eine der vorgenannten Straftaten plant, begeht oder begangen hat. § 12 des BND-Gesetzes bleibt unberührt.

(4) Der Bundesnachrichtendienst prüft, ob durch Maßnahmen nach Absatz 1 erlangte personenbezogene Daten für die dort genannten Zwecke erforderlich sind.

(5)[1] Die nach Absatz 1 erlangten Daten sind vollständig zu den in Absatz 3 bezeichneten Zwecken den Verfassungsschutzbehörden des Bundes und der Länder, dem Amt für den Militärischen Abschirmdienst, dem Zollkriminalamt, dem Bundesausfuhramt, den Staatsanwaltschaften und, vorbehaltlich der staatsanwaltschaftlichen Sachleitungsbefugnis, den Polizeien zu übermitteln, soweit dies zur Erfüllung der Aufgaben des Empfängers erforderlich ist. Die Entscheidung erfolgt durch einen Bediensteten, der die Befähigung zum Richteramt hat.

(6) Sind nach Absatz 1 erlangte Daten für die dort genannten Zwecke nicht oder nicht mehr erforderlich und sind die Daten nicht nach Absatz 5 anderen Behörden zu übermitteln, sind die auf diese Daten bezogenen Unterlagen unverzüglich unter Aufsicht eines Bediensteten, der die Befähigung zum Richteramt hat, zu vernichten und, soweit die Daten in Dateien gespeichert sind, zu löschen. Die Vernichtung und die Löschung sind zu protokollieren. In Abständen von jeweils sechs Monaten ist zu prüfen, ob die Voraussetzungen für eine Vernichtung oder Löschung vorliegen.

---

[1] Beachte dazu den Beschluß des BVerfG v. 11. 1. 1995, 21. 12. 1995 (BGBl. 1996 I S. 320) u. 19. 6. 1996 (BGBl. I S. 1173) – 1 BvR 2226/94 –, wonach **§ 3 Abs. 3 Satz 1** einstweilen mit der Maßgabe anzuwenden ist, daß bei der Durchführung von Maßnahmen nach Absatz 1 erlangte personenbezogene Daten nur dann verwendet werden dürfen, wenn bestimmte Tatsachen den Verdacht begründen, daß jemand eine der in der Vorschrift genannten Straftaten plant, begeht oder begangen hat; und **§ 3 Abs. 5 Satz 1** einstweilen mit der Maßgabe anzuwenden ist, daß die nach Absatz 1 erlangten Daten den in der Vorschrift genannten Behörden nur dann zu übermitteln sind, wenn bestimmte Tatsachen den Verdacht begründen, daß jemand eine der in § 3 Absatz 3 G 10 genannten Straftaten plant, begeht oder begangen hat.

[2] **Schönfelder Nr. 85.**

[3] **Sartorius I Nr. 565.**

[4] **Sartorius I Nr. 823.**

[5] **Sartorius I Nr. 275.**

(7) Der Empfänger prüft, ob er die nach Absatz 5 übermittelten Daten für die in Absatz 3 bezeichneten Zwecke benötigt. Benötigt er die Daten nicht, hat er die Unterlagen unverzüglich zu vernichten. Die Vernichtung kann unterbleiben, wenn die Trennung von anderen Informationen, die zur Erfüllung der Aufgaben erforderlich sind, nicht oder nur mit unvertretbarem Aufwand möglich ist; eine Verwendung dieser Daten ist unzulässig.

(8) Betroffenen, deren Daten durch eine Maßnahme nach Absatz 1 erlangt worden sind, ist die Beschränkung des Fernmeldegeheimnisses mitzuteilen, sobald eine Gefährdung des Zwecks der Beschränkung und der Verwendung ausgeschlossen werden kann. Eine Mitteilung unterbleibt, wenn die Daten

1. vom Bundesnachrichtendienst innerhalb von drei Monaten nach Erlangung oder
2. von der Behörde, der sie nach Absatz 5 übermittelt worden sind, innerhalb von drei Monaten nach Empfang

vernichtet worden sind. Die Mitteilung obliegt dem Bundesnachrichtendienst, im Falle der Übermittlung nach Absatz 5 der Empfängerbehörde.

(9) Die Kommission kann dem Bundesbeauftragten für den Datenschutz vor ihrer Entscheidung über die Zulässigkeit und Notwendigkeit einer Maßnahme nach § 9 Abs. 2 Gelegenheit zur Stellungnahme in Fragen des Datenschutzes geben. Die Stellungnahme erfolgt ausschließlich gegenüber der Kommission.

(10) Das Gremium nach § 9 Abs. 1 erstattet dem Bundestag jährlich einen Bericht über die Durchführung der Maßnahmen nach den Absätzen 1 bis 9.

§ 4[1)] [Antragserfordernis und Antragsberechtigte] (1) Beschränkungen nach § 1 dürfen nur auf Antrag angeordnet werden.

(2) Antragsberechtigt sind im Rahmen ihres Geschäftsbereichs

1. in den Fällen des § 2
   a) das Bundesamt für Verfassungsschutz durch seinen Präsidenten oder dessen Stellvertreter,
   b) die Verfassungsschutzbehörden der Länder durch ihre Leiter oder deren Stellvertreter,
   c) bei Handlungen gegen die Bundeswehr das Amt für den militärischen Abschirmdienst durch seinen Leiter oder dessen Stellvertreter,
   d) bei Handlungen gegen den Bundesnachrichtendienst dieser durch seinen Präsidenten oder dessen Stellvertreter,
2. in den Fällen des § 3 der Bundesnachrichtendienst durch seinen Präsidenten oder dessen Stellvertreter.

---

1) § 4 Abs. 2 Nr. 1 Buchst. c neugef. durch G v. 8. 9. 1989 (BGBl. I S. 1026).

(3) Der Antrag ist unter Angabe von Art, Umfang und Dauer der beantragten Beschränkungsmaßnahme schriftlich zu stellen und zu begründen. Der Antragsteller hat darin darzulegen, daß die Erforschung des Sachverhalts auf andere Weise aussichtslos oder wesentlich erschwert wäre.

§ 5[1)] [Zuständigkeit für Anordnungen nach § 1; Inhalt einer Anordnung; Mitteilungspflicht der Beschränkungsanordnungen] (1) Zuständig für die Anordnung nach § 1 ist bei Anträgen der Verfassungsschutzbehörden der Länder die zuständige oberste Landesbehörde, im übrigen ein vom Bundeskanzler beauftragter Bundesminister.

(2) Die Anordnung ergeht schriftlich; in ihr sind Art, Umfang und Dauer der Maßnahme zu bestimmen und die zur Überwachung berechtigte Stelle anzugeben. Sie ist dem Antragsteller vollständig und dem nach § 1 Abs. 2 Satz 1 oder 3 Verpflichteten insoweit mitzuteilen, als dies erforderlich ist, um ihm die Erfüllung seiner Verpflichtungen zu ermöglichen. Die Mitteilung an den nach § 1 Abs. 2 Satz 1 oder Satz 3 Verpflichteten entfällt, wenn die Anordnung ohne dessen Mitwirkung ausgeführt werden kann.

(3) Die Anordnung ist auf höchstens drei Monate zu befristen. Verlängerungen um jeweils nicht mehr als drei weitere Monate sind auf Antrag zulässig, soweit die Voraussetzungen der Anordnung fortbestehen.

(4) Das Bundesamt für Verfassungsschutz unterrichtet das jeweilige Landesamt für Verfassungsschutz über die in dessen Bereich getroffenen Beschränkungsanordnungen. Die Landesämter für Verfassungsschutz teilen dem Bundesamt für Verfasssungsschutz die ihnen übertragenen Beschränkungsmaßnahmen mit.

(5) Beschränkungsmaßnahmen sind den Betroffenen nach ihrer Einstellung mitzuteilen, wenn eine Gefährdung des Zwecks der Beschränkung ausgeschlossen werden kann. Läßt sich in diesem Zeitpunkt noch nicht abschließend beurteilen, ob diese Voraussetzung vorliegt, ist die Mitteilung vorzunehmen, sobald eine Gefährdung des Zweckes der Beschränkung ausgeschlossen werden kann. Nach der Mitteilung steht den Betroffenen der Rechtsweg offen; § 9 Abs. 6 findet keine Anwendung.

§ 6[2)] [Form der Anordnung] (1) In den Fällen des § 2 muß die Anordnung denjenigen bezeichnen, gegen den sich die Beschränkungsmaßnahme richtet, bei einer Überwachung der Telekommunikation auch die Rufnummer oder eine andere Kennung seines Telekommunikationsanschlusses.

[1)] § 5 Abs. 5 neugef. durch G v. 13. 9. 1978 (BGBl. I S. 1546), Abs. 2 Satz 1 neugef. durch G v. 8. 6. 1989 (BGBl. I S. 1026), Abs. 2 Satz 3 angef. u. Abs. 5 Sätze 1 u. 3 aufgeh. durch G v. 28. 10. 1994 (BGBl. I S. 3186), Abs. 2 Sätze 1 u. 3 geänd. durch G v. 28. 4. 1997 (BGBl. I S. 966), Abs. 2 neugef. durch G v. 17. 12. 1997 (BGBl. I S. 3108).

[2)] § 6 Abs. 1 erg. durch G v. 17. 12. 1997 (BGBl. I S. 3108).

(2) Soweit sich in diesen Fällen Maßnahmen nach § 1 auf Sendungen beziehen, sind sie nur hinsichtlich solcher Sendungen zulässig, bei denen Tatsachen vorliegen, aus welchen zu schließen ist, daß sie von dem, gegen den sich die Anordnung richtet, herrühren oder für ihn bestimmt sind.

§ 7[1)] [Verfahren bei Vornahme der Überwachungsmaßnahmen; Datenschutz] (1) Die aus der Anordnung sich ergebenden Maßnahmen nach § 1 Abs. 1 sind unter Verantwortung der antragsberechtigten Stelle und unter Aufsicht eines Bediensteten vorzunehmen, der die Befähigung zum Richteramt hat.

(2) Liegen die Voraussetzungen der Anordnung nicht mehr vor oder sind die sich aus der Anordnung ergebenden Maßnahmen nicht mehr erforderlich, so sind sie unverzüglich zu beenden. Die Beendigung ist der Stelle, die die Anordnung getroffen hat, und dem nach § 1 Abs. 2 Satz 1 oder Satz 3 Verpflichteten, dem gegenüber die Anordnung erfolgt ist, mitzuteilen. Die Mitteilung an den nach § 1 Abs. 2 Satz 1 oder Satz 3 Verpflichteten entfällt, wenn die Anordnung ohne dessen Mitwirkung ausgeführt wurde.

(3) Die durch Maßnahmen nach § 2 erlangten Kenntnisse und Unterlagen dürfen nicht zur Erforschung und Verfolgung anderer als der in § 2 oder § 3 Abs. 3 genannten Straftaten benutzt werden.

(4) Sind die durch Maßnahmen nach den §§ 2 und 3 erlangten personenbezogenen Daten über einen an dem überwachten Verkehr Beteiligten zu den in Absatz 3 genannten Zwecken nicht mehr erforderlich und können sie im Rahmen einer gerichtlichen Nachprüfung der Rechtmäßigkeit der Beschränkungsmaßnahme nicht mehr von Bedeutung sein, so sind die auf diese Daten bezogenen Unterlagen unter Aufsicht eines der in Absatz 1 genannten Bediensteten zu vernichten. Über die Vernichtung ist eine Niederschrift anzufertigen. Ob die Voraussetzungen für eine Vernichtung vorliegen, ist nach jeweils sechs Monaten zu prüfen. Daten, die nur zum Zwecke der gerichtlichen Nachprüfung der Beschränkungsmaßnahme gespeichert werden, sind zu sperren. Sie dürfen nur für diesen Zweck verwendet werden.

§ 8 [Eingriffe in den Postverkehr] (1) Sendungen des Postverkehrs, die zur Öffnung und Einsichtnahme der berechtigten Stelle ausgehändigt worden sind, sind unverzüglich dem Postverkehr wieder zuzuführen. Telegramme dürfen dem Postverkehr nicht entzogen werden. Der zur Einsichtnahme berechtigten Stelle ist eine Abschrift des Telegramms zu übergeben.

---

1) § 7 Abs. 2 Satz 2 neugef. durch G v. 8. 6. 1989 (BGBl. I S. 1026), Abs. 2 Satz 3 angef. u. Abs. 3 u. 4 neugef. durch G v. 28. 10. 1994 (BGBl. I S. 3186), Abs. 2 Sätze 2 u. 3 geänd. durch G v. 28. 4. 1997 (BGBl. I S. 966).

(2) Die Vorschriften der Strafprozeßordnung[1] über die Beschlagnahme von Sendungen des Postverkehrs bleiben unberührt.

§ 9[2] [Kontrolle der Überwachungsmaßnahme; Ausschluß des Rechtsweges] (1) Der nach § 5 Abs. 1 für die Anordnung von Beschränkungsmaßnahmen zuständige Bundesminister unterrichtet in Abständen von höchstens sechs Monaten ein Gremium, das aus neun vom Bundestag bestimmten Abgeordneten besteht, über die Durchführung dieses Gesetzes.

(2) Der zuständige Bundesminister unterrichtet monatlich eine Kommission über die von ihm angeordneten Beschränkungsmaßnahmen vor deren Vollzug. Bei Gefahr im Verzuge kann er den Vollzug der Beschränkungsmaßnahmen auch bereits vor der Unterrichtung der Kommission anordnen. Die Kommission entscheidet von Amts wegen oder auf Grund von Beschwerden über die Zulässigkeit und Notwendigkeit von Beschränkungsmaßnahmen. Anordnungen, die die Kommission für unzulässig oder nicht notwendig erklärt, hat der zuständige Bundesminister unverzüglich aufzuheben.

(3) Der zuständige Bundesminister unterrichtet monatlich die Kommission über von ihm vorgenommene Mitteilungen an Betroffene (§ 5 Abs. 5) oder über die Gründe, die einer Mitteilung entgegenstehen. Hält die Kommission eine Mitteilung für geboten, hat der zuständige Bundesminister diese unverzüglich zu veranlassen.

(4) Die Kommission besteht aus dem Vorsitzenden, der die Befähigung zum Richteramt besitzen muß, und drei Beisitzern. Die Mitglieder der Kommission sind in ihrer Amtsführung unabhängig und Weisungen nicht unterworfen. Sie nehmen ein öffentliches Ehrenamt wahr und werden von dem in Absatz 1 genannten Gremium nach Anhörung der Bundesregierung für die Dauer einer Wahlperiode des Bundestages mit der Maßgabe bestellt, daß ihre Amtszeit erst mit der Neubestimmung der Mitglieder der Kommission, spätestens jedoch drei Monate nach Ablauf der Wahlperiode endet. Die Stimme des Vorsitzenden entscheidet bei Stimmengleichheit. Die Kommission gibt sich eine Geschäftsordnung, die der Zustimmung des in Absatz 1 genannten Gremiums bedarf. Vor der Zustimmung ist die Bundesregierung zu hören.

(5) Durch den Landesgesetzgeber wird die parlamentarische Kontrolle der nach § 5 Abs. 1 für die Anordnung von Beschränkungsmaßnahmen zuständigen obersten Landesbehörden und die Überprüfung der von ihnen angeordneten Beschränkungsmaßnahmen geregelt.

(6) Im übrigen ist gegen die Anordnung von Beschränkungsmaßnahmen nach §§ 2 und 3 Abs. 1 Satz 2 Nr. 1 und ihren Vollzug der Rechtsweg nicht zulässig.

---

[1] **Schönfelder Nr. 90.**

[2] § 9 Abs. 2 neugef., Abs. 3 eingef., bish. Abs. 3 wird Abs. 4 u. neugef., bish. Abs. 4 u. 5 werden Abs. 5 u. 6 durch G v. 13. 9. 1978 (BGBl. I S. 1546), Abs. 3 Satz 2 aufgeh., Abs. 4 Satz 3 geänd. u. Abs. 6 neugef. durch G v. 28. 10. 1994 (BGBl. I S. 3186), Abs. 1 u. Abs. 4 Satz 1 geänd., Satz 4 eingef. durch G v. 28. 4. 1995 (BGBl. I S. 582).

Artikel 2. Änderung der Strafprozeßordnung

(vom Abdruck wurde abgesehen)

Artikel 3

§ 10[1] **[Strafbestimmungen]** (1) Wird die Telekommunikation nach Artikel 1 dieses Gesetzes oder nach den §§ 100a, 100b der Strafprozeßordnung überwacht, so darf diese Tatsache von Personen, die geschäftsmäßig Telekommunikationsdienste erbringen oder an der Erbringung solcher Dienste mitwirken, anderen nicht mitgeteilt werden.

(2) Wird die Aushändigung von Sendungen nach Artikel 1 § 1 Abs. 2 Satz 1 oder Satz 3 angeordnet, so darf diese Tatsache von Personen, die zur Aushändigung verpflichtet oder mit der Sendungsübermittlung betraut sind oder hieran mitwirken, anderen nicht mitgeteilt werden.

(3) Erfolgt ein Auskunftsersuchen oder eine Auskunftserteilung nach Artikel 1 § 1 Abs. 2, so darf diese Tatsache oder der Inhalt des Ersuchens oder der erteilten Auskunft von Personen, die zur Beantwortung verpflichtet oder mit der Beantwortung betraut sind oder hieran mitwirken, anderen nicht mitgeteilt werden.

§ 10a[2] Mit Freiheitsstrafe bis zu zwei Jahren oder mit Geldstrafe wird bestraft, wer entgegen § 10 eine Mitteilung macht.

§ 11[3] **[Ordnungswidrigkeiten]** (1) Ordnungswidrig handelt, wer

1. einer vollziehbaren Anordnung nach Artikel 1 § 1 Abs. 2 Satz 1 oder Satz 3 zuwiderhandelt,
2. entgegen Artikel 1 § 1 Abs. 3 Satz 2 eine Person betraut oder
3. entgegen Artikel 1 § 1 Abs. 3 Satz 3 nicht sicherstellt, daß eine Geheimschutzmaßnahme getroffen wird.

(2) Die Ordnungswidrigkeit kann mit einer Geldbuße bis zu dreißigtausend Deutsche Mark geahndet werden.

§ 12[4] **[Bezugnahme auf Art. 10 GG]** (1) Das Grundrecht des Brief-, Post- und Fernmeldegeheimnisses (Artikel 10 des Grundgesetzes) wird durch dieses Gesetz eingeschränkt.

---

[1] § 10 eingef. durch G v. 8. 6. 1989 (BGBl. I S. 1026), Abs. 1 geänd. durch G v. 14. 9. 1994 (BGBl. I S. 2325, ber. durch BGBl. 1996 I S. 103), Abs. 2 neugef. u. Abs. 3 angef. durch G v. 28. 4. 1997 (BGBl. I S. 966), Abs. 1 neugef. durch G v. 17. 12. 1997 (BGBl. I S. 3108).

[2] § 10a eingef. durch G v. 28. 4. 1997 (BGBl. I S. 966).

[3] § 11 eingef. durch G v. 8. 6. 1989 (BGBl. I S. 1026), Abs. 1 neugef. durch G v. 28. 4. 1997 (BGBl. I S. 966).

[4] Bish. §§ 10 bis 13 werden §§ 12 bis 15 durch G v. 8. 6. 1989 (BGBl. I S. 1026), § 14 aufgeh., bish. § 15 wird § 14 durch G v. 28. 4. 1997 (BGBl. I S. 966).

(2) Die auf Grund anderer Gesetze zulässigen Beschränkungen dieses Grundrechts bleiben unberührt.

§ 13[1), 2)] [Entschädigungszahlungen] Die nach Artikel 1 § 1 Abs. 1 berechtigten Stellen haben für die Leistungen nach Artikel 1 § 1 Abs. 2 eine Entschädigung zu gewähren, deren Umfang sich nach § 17a des Gesetzes über die Entschädigung von Zeugen und Sachverständigen bemißt.

§ 14[3)] [Inkrafttreten] Dieses Gesetz tritt mit Ausnahme des § 9 Abs. 4, der am Tage nach der Verkündung in Kraft tritt, am ersten Tag des auf die Verkündung folgenden dritten Kalendermonats in Kraft.[3)]

[1)] Bish. §§ 10 bis 13 werden §§ 12 bis 15 durch G v. 8. 6. 1989 (BGBl. I S. 1026), § 14 aufgeh., bish. § 15 wird § 14 durch G v. 28. 4. 1997 (BGBl. I S. 966).

[2)] § 13 neugef. durch G v. 28. 4. 1997 (BGBl. I S. 966).

[3)] Das Gesetz wurde am 15. 8. 1968 verkündet.

46. Strafprozeßordnung (StPO)

In der Fassung der Bekanntmachung vom 7. April 1987
(BGBl. I S. 1074, ber. S. 1319)[1),2)]

zuletzt geänd. durch Art. 5 G über die Berufe des Psychologischen Psychotherapeuten und des Kinder- und Jugendlichenpsychotherapeuten, zur Änderung des Fünften Buches Sozialgesetzbuch und anderer Gesetze v. 16. 6. 1998 (BGBl. I S. 1311)

(BGBl. III/FNA 312-2)

(Auszug)

Erstes Buch. Allgemeine Vorschriften (§§ 1–149)

Achter Abschnitt.[3)] Beschlagnahme, Überwachung des Fernmeldeverkehrs, Rasterfahndung, Einsatz technischer Mittel, Einsatz Verdeckter Ermittler und Durchsuchung

§ 94 [Gegenstand der Beschlagnahme] (1) Gegenstände, die als Beweismittel für die Untersuchung von Bedeutung sein können, sind in Verwahrung zu nehmen oder in anderer Weise sicherzustellen.

(2) Befinden sich die Gegenstände in dem Gewahrsam einer Person und werden sie nicht freiwillig herausgegeben, so bedarf es der Beschlagnahme.

(3) Die Absätze 1 und 2 gelten auch für Führerscheine, die der Einziehung unterliegen.

§ 95 [Herausgabepflicht] (1) Wer einen Gegenstand der vorbezeichneten Art in seinem Gewahrsam hat, ist verpflichtet, ihn auf Erfordern vorzulegen und auszuliefern.

(2) Im Falle der Weigerung können gegen ihn die in § 70 bestimmten Ordnungs- und Zwangsmittel festgesetzt werden. Das gilt nicht bei Personen, die zur Verweigerung des Zeugnisses berechtigt sind.

§ 96[4)] [Amtliche Schriftstücke] Die Vorlegung oder Auslieferung von Akten oder anderen in amtlicher Verwahrung befindlichen Schriftstük-

---

1) Neubekanntmachung der StPO v. 1. 2. 1877 (RGBl. S. 253) auf Grund des Art. 13 Strafverfahrensänderungsgesetz 1987 v. 27. 1. 1987 (BGBl. I S. 475) in der ab 1. 4. 1987 geltenden Fassung.

2) Für das Gebiet der ehem. DDR beachte zur StPO aufgrund EVertr. v. 31. 8. 1990 (BGBl. II S. 889, 933) geltende Maßgaben; **Schönfelder II Nr. 290.**

3) Überschrift des Achten Abschnitts geänd. durch Art. 3 G v. 15. 7. 1992 (BGBl. I S. 1302).

4) § 96 Satz 2 angef. durch Art. 4 G v. 4. 11. 1994 (BGBl. I S. 3346).

ken durch Behörden und öffentliche Beamte darf nicht gefordert werden, wenn deren oberste Dienstbehörde erklärt, daß das Bekanntwerden des Inhalts dieser Akten oder Schriftstücke dem Wohl des Bundes oder eines deutschen Landes Nachteile bereiten würde. Satz 1 gilt entsprechend für Akten und sonstige Schriftstücke, die sich im Gewahrsam eines Mitglieds des Bundestages oder eines Landtages beziehungsweise eines Angestellten einer Fraktion des Bundestages oder eines Landtages befinden, wenn die für die Erteilung einer Aussagegenehmigung zuständige Stelle eine solche Erklärung abgegeben hat.

§ 97[1)] [Der Beschlagnahme nicht unterliegende Gegenstände]

(1) Der Beschlagnahme unterliegen nicht

1. schriftliche Mitteilungen zwischen dem Beschuldigten und den Personen, die nach § 52 oder § 53 Abs. 1 Nr. 1 bis 3b das Zeugnis verweigern dürfen;
2. Aufzeichnungen, welche die in § 53 Abs. 1 Nr. 1 bis 3b Genannten über die ihnen vom Beschuldigten anvertrauten Mitteilungen oder über andere Umstände gemacht haben, auf die sich das Zeugnisverweigerungsrecht erstreckt;
3. andere Gegenstände einschließlich der ärztlichen Untersuchungsbefunde, auf die sich das Zeugnisverweigerungsrecht der in § 53 Abs. 1 Nr. 1 bis 3b Genannten erstreckt.

(2) Diese Beschränkungen gelten nur, wenn die Gegenstände im Gewahrsam der zur Verweigerung des Zeugnisses Berechtigten sind. Der Beschlagnahme unterliegen auch nicht Gegenstände, auf die sich das Zeugnisverweigerungsrecht der Ärzte, Zahnärzte, Psychologische Psychotherapeuten, Kinder- und Jugendlichenpsychotherapeuten, Apotheker und Hebammen erstreckt, wenn sie im Gewahrsam einer Krankenanstalt sind, sowie Gegenstände, auf die sich das Zeugnisverweigerungsrecht der in § 53 Abs. 1 Nr. 3a und 3b genannten Personen erstreckt, wenn sie im Gewahrsam der in dieser Vorschrift bezeichneten Beratungsstelle sind. Die Beschränkungen der Beschlagnahme gelten nicht, wenn die zur Verweigerung des Zeugnisses Berechtigten einer Teilnahme oder einer Begünstigung, Strafvereitelung oder Hehlerei verdächtig sind oder wenn es sich um Gegenstände handelt, die durch eine Straftat hervorgebracht oder zur Begehung einer Straftat gebraucht oder bestimmt sind oder die aus einer Straftat herrühren.

(3) Soweit das Zeugnisverweigerungsrecht der Mitglieder des Bundestages, eines Landtages oder einer zweiten Kammer reicht (§ 53 Abs. 1 Nr. 4), ist die Beschlagnahme von Schriftstücken unzulässig.

(4) Die Absätze 1 bis 3 sind entsprechend anzuwenden, soweit die in § 53a Genannten das Zeugnis verweigern dürfen.

[1)] § 97 Abs. 1 Nrn. 1 bis 3 geänd., Abs. 2 Satz 2 neugef. durch G v. 23. 7. 1992 (BGBl. I S. 1366) und Abs. 2 Satz 2 geänd. durch Art. 5 G v. 16. 6. 1998 (BGBl. I S. 1311).

(5) Soweit das Zeugnisverweigerungsrecht der in § 53 Abs. 1 Nr. 5 genannten Personen reicht, ist die Beschlagnahme von Schriftstücken, Ton-, Bild- und Datenträgern, Abbildungen und anderen Darstellungen, die sich im Gewahrsam dieser Personen oder der Redaktion, des Verlages, der Druckerei oder der Rundfunkanstalt befinden, unzulässig. Absatz 2 Satz 3 gilt entsprechend.

§ 98 [Anordnung der Beschlagnahme] (1) Beschlagnahmen dürfen nur durch den Richter, bei Gefahr im Verzug auch durch die Staatsanwaltschaft und ihre Hilfsbeamten (§ 152 des Gerichtsverfassungsgesetzes) angeordnet werden. Die Beschlagnahme nach § 97 Abs. 5 Satz 2 in den Räumen einer Redaktion, eines Verlages, einer Druckerei oder einer Rundfunkanstalt darf nur durch den Richter angeordnet werden.

(2) Der Beamte, der einen Gegenstand ohne richterliche Anordnung beschlagnahmt hat, soll binnen drei Tagen die richterliche Bestätigung beantragen, wenn bei der Beschlagnahme weder der davon Betroffene noch ein erwachsener Angehöriger anwesend war oder wenn der Betroffene und im Falle seiner Abwesenheit ein erwachsener Angehöriger des Betroffenen gegen die Beschlagnahme ausdrücklichen Widerspruch erhoben hat. Der Betroffene kann jederzeit die richterliche Entscheidung beantragen. Solange die öffentliche Klage noch nicht erhoben ist, entscheidet das Amtsgericht, in dessen Bezirk die Beschlagnahme stattgefunden hat. Hat bereits eine Beschlagnahme, Postbeschlagnahme oder Durchsuchung in einem anderen Bezirk stattgefunden, so entscheidet das Amtsgericht, in dessen Bezirk die Staatsanwaltschaft ihren Sitz hat, die das Ermittlungsverfahren führt. Der Betroffene kann den Antrag auch in diesem Fall bei dem Amtsgericht einreichen, in dessen Bezirk die Beschlagnahme stattgefunden hat. Ist dieses Amtsgericht nach Satz 4 unzuständig, so leitet der Richter den Antrag dem zuständigen Amtsgericht zu. Der Betroffene ist über seine Rechte zu belehren.

(3) Ist nach erhobener öffentlicher Klage die Beschlagnahme durch die Staatsanwaltschaft oder einen ihrer Hilfsbeamten erfolgt, so ist binnen drei Tagen dem Richter von der Beschlagnahme Anzeige zu machen; die beschlagnahmten Gegenstände sind ihm zur Verfügung zu stellen.

(4) Wird eine Beschlagnahme in einem Dienstgebäude oder einer nicht allgemein zugänglichen Einrichtung oder Anlage der Bundeswehr erforderlich, so wird die vorgesetzte Dienststelle der Bundeswehr um ihre Durchführung ersucht. Die ersuchende Stelle ist zur Mitwirkung berechtigt. Des Ersuchens bedarf es nicht, wenn die Beschlagnahme in Räumen vorzunehmen ist, die ausschließlich von anderen Personen als Soldaten bewohnt werden.

§ 98 a[1] [Maschineller Abgleich und Übermittlung personenbezogener Daten] (1) Liegen zureichende tatsächliche Anhaltspunkte dafür vor, daß eine Straftat von erheblicher Bedeutung

---

[1] § 98 a eingef. durch Art. 3 G v. 15. 7. 1992 (BGBl. I S. 1302).

1. auf dem Gebiet des unerlaubten Betäubungsmittel- oder Waffenverkehrs, der Geld- oder Wertzeichenfälschung,
2. auf dem Gebiet des Staatsschutzes (§§ 74a, 120 des Gerichtsverfassungsgesetzes),
3. auf dem Gebiet der gemeingefährlichen Straftaten,
4. gegen Leib oder Leben, die sexuelle Selbstbestimmung oder die persönliche Freiheit,
5. gewerbs- oder gewohnheitsmäßig oder
6. von einem Bandenmitglied oder in anderer Weise organisiert

begangen worden ist, so dürfen, unbeschadet §§ 94, 110, 161, personenbezogene Daten von Personen, die bestimmte, auf den Täter vermutlich zutreffende Prüfungsmerkmale erfüllen, mit anderen Daten maschinell abgeglichen werden, um Nichtverdächtige auszuschließen oder Personen festzustellen, die weitere für die Ermittlungen bedeutsame Prüfungsmerkmale erfüllen. Die Maßnahme darf nur angeordnet werden, wenn die Erforschung des Sachverhalts oder die Ermittlung des Aufenthaltsortes des Täters auf andere Weise erheblich weniger erfolgversprechend oder wesentlich erschwert wäre.

(2) Zu dem in Absatz 1 bezeichneten Zweck hat die speichernde Stelle die für den Abgleich erforderlichen Daten aus den Datenbeständen auszusondern und den Strafverfolgungsbehörden zu übermitteln.

(3) Soweit die zu übermittelnden Daten von anderen Daten nur mit unverhältnismäßigem Aufwand getrennt werden können, sind auf Anordnung auch die anderen Daten zu übermitteln. Ihre Nutzung ist nicht zulässig.

(4) Auf Anforderung der Staatsanwaltschaft hat die speichernde Stelle die Stelle, die den Abgleich durchführt, zu unterstützen.

(5) § 95 Abs. 2 gilt entsprechend.

§ 98b[1)] [Zuständigkeit; Rückgabe und Löschung der Daten] (1) Der Abgleich und die Übermittlung der Daten dürfen nur durch den Richter, bei Gefahr im Verzug auch durch die Staatsanwaltschaft angeordnet werden. Hat die Staatsanwaltschaft die Anordnung getroffen, so beantragt sie unverzüglich die richterliche Bestätigung. Die Anordnung tritt außer Kraft, wenn sie nicht binnen drei Tagen von dem Richter bestätigt wird. Die Anordnung ergeht schriftlich. Sie muß den zur Übermittlung Verpflichteten bezeichnen und ist auf die Daten und Prüfungsmerkmale zu beschränken, die für den Einzelfall benötigt werden. Die Übermittlung von Daten, deren Verwendung besondere bundesgesetzliche oder entsprechende landesgesetzliche Verwendungsregelungen entgegenstehen, darf nicht angeordnet werden. Die §§ 96, 97, 98 Abs. 1 Satz 2 gelten entsprechend.

[1)] § 98b eingef. durch Art. 3 G v. 15. 7. 1992 (BGBl. I S. 1302).

(2) Ordnungs- und Zwangsmittel (§ 95 Abs. 2) dürfen nur durch den Richter, bei Gefahr im Verzug auch durch die Staatsanwaltschaft angeordnet werden; die Festsetzung von Haft bleibt dem Richter vorbehalten.

(3) Sind die Daten auf Datenträgern übermittelt worden, so sind diese nach Beendigung des Abgleichs unverzüglich zurückzugeben. Personenbezogene Daten, die auf andere Datenträger übertragen wurden, sind unverzüglich zu löschen, sobald sie für das Strafverfahren nicht mehr benötigt werden. Die durch den Abgleich erlangten personenbezogenen Daten dürfen in anderen Strafverfahren zu Beweiszwecken nur verwendet werden, soweit sich bei Gelegenheit der Auswertung Erkenntnisse ergeben, die zur Aufklärung einer in § 98a Abs. 1 bezeichneten Straftat benötigt werden.

(4) § 163d Abs. 5 gilt entsprechend. Nach Beendigung einer Maßnahme gemäß § 98a ist die Stelle zu unterrichten, die für die Kontrolle der Einhaltung der Vorschriften über den Datenschutz bei öffentlichen Stellen zuständig ist.

§ 98c[1] [Datenabgleich zur Aufklärung einer Straftat] Zur Aufklärung einer Straftat oder zur Ermittlung des Aufenthaltsortes einer Person, nach der für Zwecke eines Strafverfahrens gefahndet wird, dürfen personenbezogene Daten aus einem Strafverfahren mit anderen zur Strafverfolgung oder Strafvollstreckung oder zur Gefahrenabwehr gespeicherten Daten maschinell abgeglichen werden. Entgegenstehende besondere bundesgesetzliche oder entsprechende landesgesetzliche Verwendungsregelungen bleiben unberührt.

§ 99[2),3)] [Postbeschlagnahme] Zulässig ist die Beschlagnahme der an den Beschuldigten gerichteten Postsendungen und Telegramme, die sich im Gewahrsam von Personen oder Unternehmen befinden, die geschäftsmäßig Post- oder Telekommunikationsdienste erbringen oder daran mitwirken. Ebenso ist eine Beschlagnahme von Postsendungen und Telegrammen zulässig, bei denen aus vorliegenden Tatsachen zu schließen ist, daß sie von dem Beschuldigten herrühren oder für ihn bestimmt sind und daß ihr Inhalt für die Untersuchung Bedeutung hat.

---

1) § 98c eingef. durch Art. 3 G v. 15. 7. 1992 (BGBl. I S. 1302).

2) § 99 neugef. durch G v. 17. 12. 1997 (BGBl. I S. 3108).

3) Vgl. ferner § 12 G über Fernmeldeanlagen idF der Bek. v. 3. 7. 1989 (BGBl. I S. 1455) und neugef. durch § 99 Abs. 1 Nr. 2 TKG v. 25. 7. 1996 (BGBl. I S. 1120):

„**§ 12.** In strafgerichtlichen Untersuchungen kann der Richter und bei Gefahr im Verzug auch die Staatsanwaltschaft Auskunft über die Telekommunikation verlangen, wenn die Mitteilungen an den Beschuldigten gerichtet waren oder wenn Tatsachen vorliegen, aus denen zu schließen ist, daß die Mitteilungen von dem Beschuldigten herrührten oder für ihn bestimmt waren und daß die Auskunft für die Untersuchung Bedeutung hat. Das Grundrecht des Artikels 10 des Grundgesetzes wird insoweit eingeschränkt."

§ 100 [Zuständigkeit] (1) Zu der Beschlagnahme (§ 99) ist nur der Richter, bei Gefahr im Verzug auch die Staatsanwaltschaft befugt.

(2) Die von der Staatsanwaltschaft verfügte Beschlagnahme tritt, auch wenn sie eine Auslieferung noch nicht zur Folge gehabt hat, außer Kraft, wenn sie nicht binnen drei Tagen von dem Richter bestätigt wird.

(3) Die Öffnung der ausgelieferten Gegenstände steht dem Richter zu. Er kann diese Befugnis der Staatsanwaltschaft übertragen, soweit dies erforderlich ist, um den Untersuchungserfolg nicht durch Verzögerung zu gefährden. Die Übertragung ist nicht anfechtbar; sie kann jederzeit widerrufen werden. Solange eine Anordnung nach Satz 2 nicht ergangen ist, legt die Staatsanwaltschaft die ihr ausgelieferten Gegenstände sofort, und zwar verschlossene Postsendungen ungeöffnet, dem Richter vor.

(4) Über eine von der Staatsanwaltschaft verfügte Beschlagnahme entscheidet der nach § 98 zuständige Richter. Über die Öffnung eines ausgelieferten Gegenstandes entscheidet der Richter, der die Beschlagnahme angeordnet oder bestätigt hat.

§ 100 a[1)] [Überwachung des Fernmeldeverkehrs] Die Überwachung und Aufzeichnung der Telekommunikation darf angeordnet werden, wenn bestimmte Tatsachen den Verdacht begründen, daß jemand als Täter oder Teilnehmer

1. a) Straftaten des Friedensverrats, des Hochverrats und der Gefährdung des demokratischen Rechtsstaates oder des Landesverrats und der Gefährdung der äußeren Sicherheit (§§ 80 bis 82, 84 bis 86, 87 bis 89, 94 bis 100 a des Strafgesetzbuches, § 20 Abs. 1 Nr. 1 bis 4 des Vereinsgesetzes),
   b) Straftaten gegen die Landesverteidigung (§§ 109 d bis 109 h des Strafgesetzbuches),
   c) Straftaten gegen die öffentliche Ordnung (§§ 129 bis 130 des Strafgesetzbuches, § 92 Abs. 1 Nr. 7 des Ausländergesetzes),
   d) ohne Soldat zu sein, Anstiftung oder Beihilfe zur Fahnenflucht oder Anstiftung zum Ungehorsam (§§ 16, 19 in Verbindung mit § 1 Abs. 3 des Wehrstrafgesetzes),[2)]

[1)] § 100 a Satz 1 geänd. durch Art. 4 G v. 8. 6. 1989 (BGBl. I S. 1026), Satz 1 Nr. 1 Buchst. c geänd. durch Art. 12 G v. 9. 7. 1990 (BGBl. I S. 1354), Satz 1 Nr. 2 geänd. durch Art. 2 26. StrÄndG v. 14. 7. 1992 (BGBl. I S. 1255), Satz 1 Nr. 2 geänd., Nr. 4 neugef. durch Art. 3 G v. 15. 7. 1992 (BGBl. I S. 1302), Satz 1 Nr. 3 geänd. durch Art. 5 G v. 5. 11. 1990 (BGBl. I S. 2428) und Art. 4 G v. 28. 2. 1992 (BGBl. I S. 372), Satz 1 Nr. 1 Buchst. c, Nrn. 3 und 4 geänd., Nr. 5 angef. durch Art. 4 G v. 28. 10. 1994 (BGBl. I S. 3186), Satz 1 geänd. durch G v. 17. 12. 1997 (BGBl. I S. 3108), Satz 1 Nr. 2 geänd. durch Art. 3 des 6. G zur Reform des Strafrechts (6. StrRG) v. 26. 1. 1998 (BGBl. I S. 164) und durch Art. 2 des G zur Verbesserung der Bekämpfung der organisierten Kriminalität v. 4. 5. 1998 (BGBl. I S. 845).

[2)] WehrstrafG (WStG) idF der Bek. v. 24. 5. 1974 (BGBl. I S. 1213), geänd. durch G v. 21. 12. 1979 (BGBl. I S. 2326).

e) Straftaten gegen die Sicherheit der in der Bundesrepublik Deutschland stationierten Truppen der nichtdeutschen Vertragsstaaten des Nordatlantikvertrages oder der im Land Berlin anwesenden Truppen einer der Drei Mächte (§§ 89, 94 bis 97, 98 bis 100, 109d bis 109g des Strafgesetzbuches, §§ 16, 19 des Wehrstrafgesetzes in Verbindung mit Artikel 7 des Vierten Strafrechtsänderungsgesetzes),[1]

2. eine Geld- oder Wertpapierfälschung (§§ 146, 151, 152 des Strafgesetzbuches),

einen schweren Menschenhandel nach § 181 Abs. 1 Nr. 2, 3 des Strafgesetzbuches,

einen Mord, einen Totschlag oder einen Völkermord (§§ 211, 212, 220a des Strafgesetzbuches),

eine Straftat gegen die persönliche Freiheit (§§ 234, 234a, 239a, 239b des Strafgesetzbuches),

einen Bandendiebstahl (§ 244 Abs. 1 Nr. 3 des Strafgesetzbuches) oder einen schweren Bandendiebstahl (§ 244a des Strafgesetzbuches),

einen Raub oder eine räuberische Erpressung (§§ 249 bis 251, 255 des Strafgesetzbuches),

eine Erpressung (§ 253 des Strafgesetzbuches),

eine gewerbsmäßige Hehlerei, eine Bandenhehlerei (§ 260 des Strafgesetzbuches) oder eine gewerbsmäßige Bandenhehlerei (§ 260 a des Strafgesetzbuches),

eine Geldwäsche, eine Verschleierung unrechtmäßig erlangter Vermögenswerte nach § 261 Abs. 1, 2 oder 4 des Strafgesetzbuches,

eine gemeingefährliche Straftat in den Fällen der §§ 306 bis 306c oder 307 Abs. 1 bis 3, des § 308 Abs. 1 bis 3, des § 309 Abs. 1 bis 4, des § 310 Abs. 1, der §§ 313, 314 oder 315 Abs. 3, des § 315b Abs. 3 oder der §§ 316a oder 316c des Strafgesetzbuches,

3. eine Straftat nach § 52a Abs. 1 bis 3, § 53 Abs. 1 Satz 1 Nr. 1, 2, Satz 2 des Waffengesetzes, § 34 Abs. 1 bis 6 des Außenwirtschaftsgesetzes oder nach § 19 Abs. 1 bis 3, § 20 Abs. 1 oder 2, jeweils auch in Verbindung mit § 21, oder § 22a Abs. 1 bis 3 des Gesetzes über die Kontrolle von Kriegswaffen,

4. eine Straftat nach einer in § 29 Abs. 3 Satz 2 Nr. 1 des Betäubungsmittelgesetzes in Bezug genommenen Vorschrift unter den dort genannten Voraussetzungen oder eine Straftat nach §§ 29a, 30 Abs. 1 Nr. 1, 2, 4, § 30a oder § 30b des Betäubungsmittelgesetzes oder

5. eine Straftat nach § 92a Abs. 2 oder § 92b des Ausländergesetzes oder nach § 84 Abs. 3 oder § 84a des Asylverfahrensgesetzes,

---

[1] Viertes StrafrechtsänderungsG v. 11. 6. 1957 (BGBl. I S. 597) mit späteren Änderungen.

begangen oder in Fällen, in denen der Versuch strafbar ist, zu begehen versucht oder durch eine Straftat vorbereitet hat, und wenn die Erforschung des Sachverhalts oder die Ermittlung des Aufenthaltsortes des Beschuldigten auf andere Weise aussichtslos oder wesentlich erschwert wäre. Die Anordnung darf sich nur gegen den Beschuldigten oder gegen Personen richten, von denen auf Grund bestimmter Tatsachen anzunehmen ist, daß sie für den Beschuldigten bestimmte oder von ihm herrührende Mitteilungen entgegennehmen oder weitergeben oder daß der Beschuldigte ihren Anschluß benutzt.

§ 100 b[1)] [Zuständigkeit für Anordnung der Überwachung des Fernmeldeverkehrs] (1) Die Überwachung und Aufzeichnung der Telekommunikation (§ 100 a) darf nur durch den Richter angeordnet werden. Bei Gefahr im Verzug kann die Anordnung auch von der Staatsanwaltschaft getroffen werden. Die Anordnung der Staatsanwaltschaft tritt außer Kraft, wenn sie nicht binnen drei Tagen von dem Richter bestätigt wird.

(2) Die Anordnung ergeht schriftlich. Sie muß Namen und Anschrift des Betroffenen, gegen den sie sich richtet, und die Rufnummer oder eine andere Kennung seines Telekommunikationsanschlusses enthalten. In ihr sind Art, Umfang und Dauer der Maßnahmen zu bestimmen. Die Anordnung ist auf höchstens drei Monate zu befristen. Eine Verlängerung um jeweils nicht mehr als drei weitere Monate ist zulässig, soweit die in § 100 a bezeichneten Voraussetzungen fortbestehen.

(3) Auf Grund der Anordnung hat jeder, der geschäftsmäßig Telekommunikationsdienste erbringt oder daran mitwirkt, dem Richter, der Staatsanwaltschaft und ihren im Polizeidienst tätigen Hilfsbeamten (§ 152 des Gerichtsverfassungsgesetzes) die Überwachung und Aufzeichnung der Telekommunikation zu ermöglichen. Ob und in welchem Umfang hierfür Vorkehrungen zu treffen sind, ergibt sich aus § 88 des Telekommunikationsgesetzes und der auf seiner Grundlage erlassenen Rechtsverordnung zur technischen und organisatorischen Umsetzung von Überwachungsmaßnahmen. § 95 Abs. 2 gilt entsprechend.

(4) Liegen die Voraussetzungen des § 100 a nicht mehr vor, so sind die sich aus der Anordnung ergebenden Maßnahmen unverzüglich zu beenden. Die Beendigung ist dem Richter und dem nach Absatz 3 Verpflichteten mitzuteilen.

(5) Die durch die Maßnahmen erlangten personenbezogenen Informationen dürfen in anderen Strafverfahren zu Beweiszwecken nur verwendet werden, soweit sich bei Gelegenheit der Auswertung Erkenntnisse ergeben, die zur Aufklärung einer der in § 100 a bezeichneten Straftaten benötigt werden.

[1)] § 100 b Abs. 1 Satz 1 geänd., Abs. 3, Abs. 4 Satz 2 neugef. durch Art. 4 G v. 8. 6. 1989 (BGBl. I S. 1026), Abs. 5 eingef., bish. Abs. 5 wird Abs. 6, Satz 1 geänd. durch Art. 3 G v. 15. 7. 1992 (BGBl. I S. 1302), Abs. 3 Satz 1, Abs. 4 Satz 2 neugef. durch Art. 12 Abs. 24 PTNeuOG v. 14. 9. 1994 (BGBl. I S. 2325), Abs. 1 Satz 1 geänd., Abs. 2 Satz 2, Abs. 3 und Abs. 4 Satz 2 neugef. durch G v. 17. 12. 1997 (BGBl. I S. 3108).

(6) Sind die durch die Maßnahmen erlangten Unterlagen zur Strafverfolgung nicht mehr erforderlich, so sind sie unverzüglich unter Aufsicht der Staatsanwaltschaft zu vernichten. Über die Vernichtung ist eine Niederschrift anzufertigen.

§ 100c[1)] [Maßnahmen ohne Wissen des Betroffenen] (1) Ohne Wissen des Betroffenen

1. dürfen
   a) Lichtbilder und Bildaufzeichnungen hergestellt werden,
   b) sonstige besondere für Observationszwecke bestimmte technische Mittel zur Erforschung des Sachverhalts oder zur Ermittlung des Aufenthaltsortes des Täters verwendet werden, wenn Gegenstand der Untersuchung eine Straftat von erheblicher Bedeutung ist, und

   wenn die Erforschung des Sachverhalts oder die Ermittlung des Aufenthaltsortes des Täters auf andere Weise weniger erfolgversprechend oder erschwert wäre,
2. darf das nichtöffentlich gesprochene Wort mit technischen Mitteln abgehört und aufgezeichnet werden, wenn bestimmte Tatsachen den Verdacht begründen, daß jemand eine in § 100a bezeichnete Straftat begangen hat, und die Erforschung des Sachverhalts oder die Ermittlung des Aufenthaltsortes des Täters auf andere Weise aussichtslos oder wesentlich erschwert wäre.
3. darf das in einer Wohnung nichtöffentlich gesprochene Wort des Beschuldigten mit technischen Mitteln abgehört und aufgezeichnet werden, wenn bestimmte Tatsachen den Verdacht begründen, daß jemand
   a)[2)] eine Geldfälschung, eine Wertpapierfälschung (§§ 146, 151, 152 des Strafgesetzbuches) oder eine Fälschung von Zahlungskarten und Vordrucken für Euroschecks (§ 152a des Strafgesetzbuches),

   einen schweren Menschenhandel nach § 181 Abs. 1 Nr. 2, 3 des Strafgesetzbuches,

---

1) § 100c eingef. durch Art. 3 G v. 15. 7. 1992 (BGBl. I S. 1302) und Abs. 1 Nr. 3 eingef., Abs. 2 Sätze 4 und 5 angef. durch Art. 2 G v. 4. 5. 1998 (BGBl. I S. 845).

2) Übergangsvorschrift in Art. 5 G v. 4. 5. 1998 (BGBl. I S. 845) zu Art. 2 G v. 4. 5. 1998 (BGBl. I S. 845):

Bis zum Inkrafttreten des Sechsten Gesetzes zur Reform des Strafrechts am 1. April 1998 ist § 100c Abs. 1 Nr. 3 Buchstabe a der Strafprozeßordnung mit folgenden Maßgaben anzuwenden:

1. Der erste Satzteil nach Buchstabe a lautet:
   „eine Geld- oder Wertpapierfälschung (§§ 146, 151, 152 des Strafgesetzbuches),“.
2. Der fünfte Satzteil lautet:
   „einen Bandendiebstahl (§ 244 Abs. 1 Nr. 3 des Strafgesetzbuches) oder einen schweren Bandendiebstahl (§ 244a des Strafgesetzbuches),“.
3. Der sechste Satzteil lautet:
   „einen schweren Raub (§ 250 Abs. 1 des Strafgesetzbuches), einen Raub mit Todesfolge (§ 251 des Strafgesetzbuches) oder eine räuberische Erpressung (§ 255 des Strafgesetzbuches),“.

einen Mord, einen Totschlag oder einen Völkermord (§§ 211, 212, 220a des Strafgesetzbuches),

eine Straftat gegen die persönliche Freiheit (§§ 234, 234a, 239a, 239b des Strafgesetzbuches),

einen Bandendiebstahl (§ 244 Abs. 1 Nr. 2 des Strafgesetzbuches) oder einen schweren Bandendiebstahl (§ 244a des Strafgesetzbuches),

einen schweren Raub (§ 250 Abs. 1 oder Abs. 2 des Strafgesetzbuches), einen Raub mit Todesfolge (§ 251 des Strafgesetzbuches) oder eine räuberische Erpressung (§ 255 des Strafgesetzbuches),

eine Erpressung (§ 253 des Strafgesetzbuches) unter den in § 253 Abs. 4 Satz 2 des Strafgesetzbuches genannten Voraussetzungen,

eine gewerbsmäßige Hehlerei, eine Bandenhehlerei (§ 260 des Strafgesetzbuches) oder eine gewerbsmäßige Bandenhehlerei (§ 260a des Strafgesetzbuches),

eine Geldwäsche, eine Verschleierung unrechtmäßig erlangter Vermögenswerte nach § 261 Abs. 1 bis 4 des Strafgesetzbuches,

eine Bestechlichkeit (§ 332 des Strafgesetzbuches) oder eine Bestechung (§ 334 des Strafgesetzbuches),

b) eine Straftat nach § 52a Abs. 1 bis 3, § 53 Abs. 1 Satz 1 Nr. 1, 2, Satz 2 des Waffengesetzes, § 34 Abs. 1 bis 6 des Außenwirtschaftsgesetzes oder nach § 19 Abs. 1 bis 3, § 20 Abs. 1 oder 2, jeweils auch in Verbindung mit § 21, oder § 22a Abs. 1 bis 3 des Gesetzes über die Kontrolle von Kriegswaffen,

c) eine Straftat nach einer in § 29 Abs. 3 Satz 2 Nr. 1 des Betäubungsmittelgesetzes in Bezug genommenen Vorschrift unter den dort genannten Voraussetzungen oder eine Straftat nach §§ 29a, 30 Abs. 1 Nr. 1, 2, 4, § 30a oder § 30b des Betäubungsmittelgesetzes,

d) Straftaten des Friedensverrats, des Hochverrats und der Gefährdung des demokratischen Rechtsstaates oder des Landesverrats und der Gefährdung der äußeren Sicherheit (§§ 80 bis 82, 85, 87, 88, 94 bis 96, auch in Verbindung mit § 97b, §§ 97a, 98 bis 100a des Strafgesetzbuches),

e) eine Straftat nach § 129 Abs. 4 in Verbindung mit Abs. 1, § 129a des Strafgesetzbuches oder

f) eine Straftat nach § 92a Abs. 2 oder § 92b des Ausländergesetzes oder nach § 84 Abs. 3 oder § 84a des Asylverfahrensgesetzes

begangen hat und die Erforschung des Sachverhalts oder die Ermittlung des Aufenthaltsortes des Täters auf andere Weise unverhältnismäßig erschwert oder aussichtslos wäre.

(2) Maßnahmen nach Absatz 1 dürfen sich nur gegen den Beschuldigten richten. Gegen andere Personen sind Maßnahmen nach Absatz 1 Nr. 1 Buchstabe a zulässig, wenn die Erforschung des Sachverhalts oder

die Ermittlung des Aufenthaltsortes des Täters auf andere Weise erheblich weniger erfolgversprechend oder wesentlich erschwert wäre. Maßnahmen nach Absatz 1 Nr. 1 Buchstabe b, Nr. 2 dürfen gegen andere Personen nur angeordnet werden, wenn auf Grund bestimmter Tatsachen anzunehmen ist, daß sie mit dem Täter in Verbindung stehen oder eine solche Verbindung hergestellt wird, daß die Maßnahme zur Erforschung des Sachverhalts oder zur Ermittlung des Aufenthaltsortes des Täters führen wird und dies auf andere Weise aussichtslos oder wesentlich erschwert wäre. Maßnahmen nach Absatz 1 Nr. 3 dürfen nur in Wohnungen des Beschuldigten durchgeführt werden. In Wohnungen anderer Personen sind Maßnahmen nach Absatz 1 Nr. 3 nur zulässig, wenn auf Grund bestimmter Tatsachen anzunehmen ist, daß der Beschuldigte sich in diesen aufhält, die Maßnahme in Wohnungen des Beschuldigten allein nicht zur Erforschung des Sachverhalts oder zur Ermittlung des Aufenthalsortes des Täters führen wird und dies auf andere Weise unverhältnismäßig erschwert oder aussichtslos wäre.

(3) Die Maßnahmen dürfen auch durchgeführt werden, wenn Dritte unvermeidbar betroffen werden.

§ 100 d[1] [Zuständigkeit] (1) Maßnahmen nach § 100c Abs. 1 Nr. 2 dürfen nur durch den Richter, bei Gefahr im Verzug auch durch die Staatsanwaltschaft und ihre Hilfsbeamten (§ 152 des Gerichtsverfassungsgesetzes) angeordnet werden. § 98b Abs. 1 Satz 2, § 100b Abs. 1 Satz 3, Abs. 2, 4 und 6 gelten sinngemäß.

(2) Maßnahmen nach § 100c Abs. 1 Nr. 3 dürfen nur durch die in § 74a des Gerichtsverfassungsgesetzes genannte Strafkammer des Landgerichts angeordnet werden, in dessen Bezirk die Staatsanwaltschaft ihren Sitz hat. Bei Gefahr im Verzug kann die Anordnung auch durch den Vorsitzenden getroffen werden. Dessen Anordnung tritt außer Kraft, wenn sie nicht binnen drei Tagen von der Strafkammer bestätigt wird. § 100b Abs. 2 Satz 1 bis 3 gilt sinngemäß.

(3) In den Fällen des § 53 Abs. 1 ist eine Maßnahme nach § 100c Abs. 1 Nr. 3 unzulässig. Dies gilt auch, wenn zu erwarten ist, daß sämtliche aus der Maßnahme zu gewinnenden Erkenntnisse einem Verwertungsverbot unterliegen. In den Fällen der §§ 52 und 53a dürfen aus einer Maßnahme nach § 100c Abs. 1 Nr. 3 gewonnene Erkenntnisse nur verwertet werden, wenn dies unter Berücksichtigung der Bedeutung des zugrundeliegenden Vertrauensverhältnisses nicht außer Verhältnis zum Interesse an der Erforschung des Sachverhaltes oder der Ermittlung des Aufenthaltsortes des Täters steht. Sind die zur Verweigerung des Zeugnisses Berechtigten einer Teilnahme oder einer Begünstigung, Strafvereitelung oder Hehlerei verdächtig, so ist Satz 1 unanwendbar; außerdem muß dieser Umstand bei der Prüfung der Ver-

[1] § 100d eingef. durch Art. 3 G v. 15. 7. 1992 (BGBl. I S. 1302), Abs. 2 bis 4 eingef., bish. Abs. 2 wird Abs. 5, Abs. 5 Satz 2 angef. und Abs. 6 angef. durch Art. 2 G v. 4. 5. 1998 (BGBl. I S. 845).

hältnismäßigkeit berücksichtigt werden. Über die Verwertbarkeit entscheidet im vorbereitenden Verfahren das in Absatz 2 Satz 1 bezeichnete Gericht.

(4) Eine Anordnung nach § 100c Abs. 1 Nr. 3 ist auf höchstens vier Wochen zu befristen. Eine Verlängerung um jeweils nicht mehr als vier Wochen ist zulässig, solange die Voraussetzungen für die Maßnahme fortbestehen. § 100b Abs. 4 und 6 gilt sinngemäß.

(5) Personenbezogene Informationen, die durch die Verwendung technischer Mittel nach § 100c Abs. 1 Nr. 2 erlangt worden sind, dürfen in anderen Strafverfahren zu Beweiszwecken nur verwendet werden, soweit sich bei Gelegenheit der Auswertung Erkenntnisse ergeben, die zur Aufklärung einer in § 100a bezeichneten Straftat benötigt werden. Personenbezogene Informationen, die durch eine Maßnahme nach § 100c Abs. 1 Nr. 3 erlangt worden sind, dürfen in anderen Strafverfahren zu Beweiszwecken nur verwendet werden, soweit sich bei Gelegenheit der Auswertung Erkenntnisse ergeben, die zur Aufklärung einer in § 100c Abs. 1 Nr. 3 bezeichneten Straftat benötigt werden.

(6) Auch nach Erledigung einer Maßnahme nach § 100c Abs. 1 Nr. 3 kann der Beschuldigte, in den Fällen des § 100c Abs. 2 Satz 5 auch der Inhaber dieser Wohnung, die Überprüfung der Rechtmäßigkeit der Anordnung sowie der Art und Weise des Vollzugs beantragen. Vor Erhebung der öffentlichen Klage entscheidet das in Absatz 2 Satz 1 genannte, danach das mit der Sache befaßte Gericht. Dieses kann über die Rechtmäßigkeit in der Entscheidung befinden, die das Verfahren abschließt.

§ 100e[1] [Berichtspflicht] (1) Die Staatsanwaltschaft berichtet der jeweils zuständigen obersten Justizbehörde spätestens drei Monate nach Beendigung einer Maßnahme nach § 100c Abs. 1 Nr. 3 über Anlaß, Umfang, Dauer, Ergebnis und Kosten der Maßnahme sowie über die erfolgte Benachrichtigung der Beteiligten oder die Gründe, aus denen die Benachrichtigung bislang unterblieben ist und den Zeitpunkt, in dem die Benachrichtigung voraussichtlich erfolgen kann. Nach Abschluß des Verfahrens wird der Bericht entsprechend ergänzt. Ist die Benachrichtigung nicht innerhalb von vier Jahren nach Beendigung der Maßnahme erfolgt, ist die Staatsanwaltschaft jährlich zur erneuten Vorlage eines entsprechenden Berichtes verpflicht.

(2) Die Bundesregierung unterrichtet den Bundestag auf der Grundlage von Ländermitteilungen jährlich über die durchgeführten Maßnahmen nach § 100c Abs. 1 Nr. 3.

§ 100f[1] [Verwendung personenbezogener Informationen] (1) Personenbezogene Informationen, die durch eine Maßnahme nach § 100c Abs. 1 Nr. 3 ermittelt worden sind, dürfen nur für Zwecke eines Straf-

[1] §§ 100e und 100f eingef. durch Art. 2 G v. 4. 5. 1998 (BGBl. I S. 845).

verfahrens (§ 100d Abs. 5 Satz 2) und zur Abwehr einer im Einzelfall bestehenden Gefahr für Leben, Leib oder Freiheit einer Person oder erheblichen Sach- oder Vermögenswerte verwendet werden.

(2) Sind personenbezogene Informationen durch eine polizeirechtliche Maßnahme erlangt worden, die der Maßnahme nach § 100c Abs. 1 Nr. 3 entspricht, dürfen sie zu Beweiszwecken nur verwendet werden, soweit sich bei Gelegenheit der Auswertung Erkenntnisse ergeben, die zur Aufklärung einer in § 100c Abs. 1 Nr. 3 bezeichneten Straftat benötigt werden.

§ 101[1)] **[Benachrichtigung]** (1) Von den getroffenen Maßnahmen (§§ 81e, 99, 100a, 100b, 100c Abs. 1 Nr. 1 Buchstabe b, Nr. 2 und 3, § 100d) sind die Beteiligten zu benachrichtigen, sobald dies ohne Gefährdung des Untersuchungszwecks, der öffentlichen Sicherheit, von Leib oder Leben einer Person sowie der Möglichkeit der weiteren Verwendung eines eingesetzten nicht offen ermittelnden Beamten geschehen kann. Erfolgt in den Fällen des § 100c Abs. 1 Nr. 3 die Benachrichtigung nicht binnen sechs Monaten nach Beendigung der Maßnahme, bedarf die weitere Zurückstellung der Benachrichtigung der richterlichen Zustimmung. Vor Erhebung der öffentlichen Klage entscheidet das in § 100d Abs. 2 Satz 1 genannte, danach das mit der Sache befaßte Gericht.

(2) Sendungen, deren Öffnung nicht angeordnet worden ist, sind dem Beteiligten sofort auszuhändigen. Dasselbe gilt, soweit nach der Öffnung die Zurückbehaltung nicht erforderlich ist.

(3) Der Teil eines zurückbehaltenen Briefes, dessen Vorenthaltung nicht durch die Rücksicht auf die Untersuchung geboten erscheint, ist dem Empfangsberechtigten abschriftlich mitzuteilen.

(4) Entscheidungen und sonstige Unterlagen über Maßnahmen nach § 100c Abs. 1 Nr. 1 Buchstabe b, Nr. 2 und 3 werden bei der Staatsanwaltschaft verwahrt. Zu den Akten sind sie erst zu nehmen, wenn die Voraussetzungen des Absatzes 1 erfüllt sind.

§ 102[2)] **[Durchsuchung beim Verdächtigen]** Bei dem, welcher als Täter oder Teilnehmer einer Straftat oder der Begünstigung, Strafvereitelung oder Hehlerei verdächtig ist, kann eine Durchsuchung der Wohnung und anderer Räume sowie seiner Person und der ihm gehörenden Sachen sowohl zum Zweck seiner Ergreifung als auch dann vorgenommen werden, wenn zu vermuten ist, daß die Durchsuchung zur Auffindung von Beweismitteln führen werde.

[1)] § 101 Abs. 1 neugef., Abs. 4 angef. durch Art. 3 G v. 15. 7. 1992 (BGBl. I S. 1302), Abs. 1 geänd. durch StVÄG v. 17. 3. 1997 (BGBl. I S. 534), Abs. 1 neugef., Abs. 4 geänd. durch Art. 2 G v. 4. 5. 1998 (BGBl. I S. 845).

[2)] Vgl. auch § 46 Abs. 4 G gegen Wettbewerbsbeschränkungen idF der Bek. v. 20. 2. 1990 (BGBl. I S. 235); Nr. **74**.

§ 103 [Durchsuchung bei anderen Personen] (1) Bei anderen Personen sind Durchsuchungen nur zur Ergreifung des Beschuldigten oder zur Verfolgung von Spuren einer Straftat oder zur Beschlagnahme bestimmter Gegenstände und nur dann zulässig, wenn Tatsachen vorliegen, aus denen zu schließen ist, daß die gesuchte Person, Spur oder Sache sich in den zu durchsuchenden Räumen befindet. Zum Zwecke der Ergreifung eines Beschuldigten, der dringend verdächtig ist, eine Straftat nach § 129a des Strafgesetzbuches oder eine der in dieser Vorschrift bezeichneten Straftaten begangen zu haben, ist eine Durchsuchung von Wohnungen und anderen Räumen auch zulässig, wenn diese sich in einem Gebäude befinden, von dem auf Grund von Tatsachen anzunehmen ist, daß sich der Beschuldigte in ihm aufhält.

(2) Die Beschränkungen des Absatzes 1 Satz 1 gelten nicht für Räume, in denen der Beschuldigte ergriffen worden ist oder die er während der Verfolgung betreten hat.

47. Verordnung über die technische Umsetzung von Überwachungsmaßnahmen des Fernmeldeverkehrs in Fernmeldeanlagen, die für den öffentlichen Verkehr bestimmt sind (Fernmeldeverkehr-Überwachungs-Verordnung – FÜV)

Vom 18. Mai 1995 (BGBl. I S. 722)

(BGBl. III/FNA 9020-1-5)

Auf Grund des § 10b Satz 2 des Gesetzes über Fernmeldeanlagen in der Fassung der Bekanntmachung vom 3. Juli 1989 (BGBl. I S. 1455), der durch Artikel 5 Nr. 11 des Gesetzes zur Neuordnung des Postwesens und der Telekommunikation vom 14. September 1994 (BGBl. I S. 2325) eingefügt worden ist, verordnet die Bundesregierung:

Abschnitt 1. Allgemeine Vorschriften

§ 1 Zweck. Diese Verordnung regelt die Anforderungen und das Verfahren zur technischen Umsetzung von Überwachungsmaßnahmen nach dem Gesetz zu Artikel 10 Grundgesetz, § 100a der Strafprozeßordnung und § 39 des Außenwirtschaftsgesetzes in Fernmeldeanlagen, die für den öffentlichen Verkehr bestimmt sind.

§ 2 Begriffsbestimmungen. Im Sinne dieser Verordnung ist

1. Betreiber:
   jeder, der eine Fernmeldeanlage, die für den öffentlichen Verkehr bestimmt ist, betreibt;
2. Überwachungsmaßnahme:
   die technische Maßnahme zur Überwachung des Fernmeldeverkehrs nach dem Gesetz zu Artikel 10 Grundgesetz, § 100 a der Strafprozeßordnung oder § 39 des Außenwirtschaftsgesetzes;
3. Bedarfsträger:
   die berechtigten Stellen nach Artikel 1 § 1 Abs. 1 des Gesetzes zu Artikel 10 Grundgesetz, § 100 b Abs. 3 der Strafprozeßordnung oder § 39 Abs. 1 des Außenwirtschaftsgesetzes;
4. Anschluß:
   diejenige technische Einrichtung, die Ursprung oder Ziel des Fernmeldeverkehrs ist und in der Regel durch eine Rufnummer eindeutig gekennzeichnet wird (physikalischer Anschluß), oder die Rufnummer, die der Teilnehmer einem physikalischen Anschluß fallweise zuordnen kann;

5. Funkzelle:
der kleinste durch seine geographische Lage bestimmbare funktechnische Versorgungsbereich in einem Mobilfunknetz;
6. Kunde:
eine Person, die mit dem Betreiber Vertragsbeziehungen über die Bereitstellung und Nutzung der Fernmeldeanlage für eigene Telekommunikationszwecke unterhält;
7. Anordnung:
die Anordnung zur Beschränkung des Fernmeldegeheimnisses nach dem Gesetz zu Artikel 10 Grundgesetz, den §§ 100a und 100b der Strafprozeßordnung oder den §§ 39 und 40 des Außenwirtschaftsgesetzes.

Abschnitt 2. Anforderungen an die Umsetzung von Überwachungsmaßnahmen

§ 3 Bereitzustellende Informationen. (1) Der Betreiber hat im Rahmen der räumlichen Abgrenzung nach § 5 Abs. 1 zu gewährleisten, daß innerhalb des durch die Anordnung bestimmten Zeitraums die Überwachung und Aufzeichnung des gesamten Fernmeldeverkehrs ermöglicht wird, der von dem zu überwachenden Anschluß ausgeht oder für diesen bestimmt ist oder der statt dessen zu technischen Speichereinrichtungen geleitet wird oder der aus solchen Speichereinrichtungen abgerufen wird.

(2) Neben den Nachrichten hat der Betreiber dem Bedarfsträger Informationen über die mit dem Fernmeldevorgang zusammenhängenden näheren Umstände bereitzustellen, und zwar:

1. die vom überwachten Anschluß gewählten Rufnummern und Zusatzdienste, auch wenn keine Verbindung zustande kommt,
2. die Rufnummern der Anschlüsse, die den überwachten Anschluß angewählt haben, auch wenn keine Verbindung zustande kommt,
3. bei Leistungsmerkmalen, welche den Fernmeldeverkehr um- oder weiterleiten (Rufumleitung oder Rufweiterschaltung), das Umlenkziel, bei virtuellen Anschlüssen die jeweils zugeordneten physikalischen Anschlüsse,
4. bei überwachten Mobilanschlüssen die Funkzellen, über die die Verbindung abgewickelt wird,
5. Informationen zu dem jeweils in Anspruch genommenen Telekommunikationsdienst und
6. mindestens zwei der folgenden drei Angaben: Beginn und Ende der Verbindung oder des Verbindungsversuchs (jeweils mit Datum und Uhrzeit), Dauer der Verbindung.

(3) Jeder an der Schnittstelle bereitgestellte Fernmeldeverkehr ist durch ein eindeutiges Merkmal der jeweiligen Überwachungsmaßnah-

me zu kennzeichnen; das Merkmal darf nicht identisch sein mit Daten zum überwachten Anschluß.

(4) Die in den Absätzen 1 bis 3 genannten Bedingungen gelten entsprechend auch für Konferenzgespräche, soweit und solange der überwachte Anschluß an einem solchen Gespräch teilnimmt.

§ 4 Zeitliche Umsetzung. (1) Der Betreiber muß die notwendigen Vorkehrungen treffen, um seine Verpflichtung, die Überwachung und Aufzeichnung des Fernmeldeverkehrs zu ermöglichen, ab dem Zeitpunkt, zu dem die Fernmeldeanlage den Kundenbetrieb aufnimmt, entsprechend den Vorschriften der §§ 3 bis 14 erfüllen zu können. Dies gilt entsprechend für die Einführung von Änderungen der Fernmeldeanlage oder für neue Betriebsmöglichkeiten bestehender Telekommunikationsdienste, soweit diese Einfluß auf bestehende Überwachungsmöglichkeiten haben.

(2) Die in einer Fernmeldeanlage zur Umsetzung von Überwachungsmaßnahmen erforderlichen Vorkehrungen sind so zu gestalten, daß der Betreiber eine im Einzelfall angeordnete Überwachung sofort nach Vorlage der Anordnung ermöglichen kann.

(3) Die Überwachung des Fernmeldeverkehrs eines Anschlusses erfolgt nach der ergangenen Anordnung zeitgleich mit diesem Verkehr.

(4) Dem Bedarfsträger ist auf Antrag ein Anschluß zu den üblichen Geschäftsbedingungen des jeweiligen Betreibers zu dem Zweck zu überlassen, die technische Umsetzung der Überwachungsmaßnahmen unter sämtlichen Betriebsbedingungen zu erproben. Die Erprobung umfaßt die Bereitstellung des von diesem Anschluß herrührenden oder für ihn bestimmten Fernmeldeverkehrs gemäß den §§ 3, 8 und 9, die Übertragung zum Bedarfsträger sowie die ordnungsgemäße Funktion der Aufzeichnungseinrichtungen des Bedarfsträgers. Der Bedarfsträger hat sicherzustellen, daß über diesen Anschluß ausschließlich der von ihm selbst zu Probezwecken erzeugte Fernmeldeverkehr ohne Beteiligung Dritter abgewickelt wird.

§ 5 Örtliche Umsetzung. (1) Die Verpflichtung des Betreibers besteht für solchen Fernmeldeverkehr, der mittels des überwachten Anschlusses über Fernmeldeanlagen im Geltungsbereich des Gesetzes zu Artikel 10 Grundgesetz, der Strafprozeßordnung und des Außenwirtschaftsgesetzes abgewickelt wird.

(2) Zum Zwecke einer eindeutigen Abgrenzung der Zuständigkeiten und Verantwortlichkeiten und der Gewährleistung des Fernmeldegeheimnisses unbeteiligter Dritter sind die Überwachung und Aufzeichnung des Fernmeldeverkehrs nicht in den Betriebsräumen des Betreibers durchzuführen. Die Bedarfsträger haben hierfür eigene Überwachungsstellen einzurichten. In Ausnahmefällen kann die Nutzung sonstiger Räume des Betreibers für diesen Zweck erfolgen, wenn diese Räume ausschließlich vom Bedarfsträger genutzt werden und dem Bedarfsträger ein Zugang zu den Betriebsräumen nicht möglich ist.

§ 6 Häufung von Überwachungsmaßnahmen. (1) Der Betreiber muß sicherstellen, daß gleichzeitig mehr als eine Überwachungsmaßnahme in bezug auf ein und denselben Anschluß durchgeführt werden kann.

(2) Die in einer Fernmeldeanlage zu treffenden Vorkehrungen zur technischen Umsetzung von Überwachungsmaßnahmen sind anforderungsgerecht auszubauen und so zu gestalten, daß Engpässe, die in einem regional oder funktional begrenzten Teil einer Fernmeldeanlage bei gleichzeitiger Durchführung mehrerer Überwachungsmaßnahmen auftreten können, unverzüglich beseitigt werden können.

(3) Das Bundesministerium für Post und Telekommunikation kann in Technischen Richtlinien nach § 13 Richtwerte und Mindestwerte für die Anzahl der in einer Fernmeldeanlage oder Teilen einer Fernmeldeanlage gleichzeitig umsetzbaren Überwachungsmaßnahmen festlegen.

§ 7 Benennung des zu überwachenden Anschlusses. (1) Der Betreiber hat eine Überwachungsmaßnahme gegen eine Person, die sein Kunde ist, aufgrund der in der Anordnung enthaltenen Angaben zu Name und Anschrift des Kunden umzusetzen.

(2) Richtet sich eine angeordnete Überwachungsmaßnahme gegen eine Person, die nicht Kunde des Betreibers ist, muß der Betreiber die Überwachung auf der Grundlage eines ihm gleichzeitig mit der Anordnung zu benennenden eindeutigen technischen Kennzeichnungsmerkmals des zu überwachenden Anschlusses, insbesondere der Rufnummer, ermöglichen.

(3) Soweit die besonderen Eigenschaften einer bestimmten Fernmeldeanlage und die berechtigten Anforderungen der Bedarfsträger es erfordern, in einer Fernmeldeanlage verschiedenartige Kennzeichnungsmerkmale für die Bestimmung des zu überwachenden Fernmeldeverkehrs anzuwenden, hat der Betreiber sicherzustellen, daß der Fernmeldeverkehr aufgrund dieser Kennzeichnungsmerkmale überwacht werden kann. Die Kennzeichnungsmerkmale müssen im Einzelfall mit vertretbarem Aufwand zu ermitteln und geeignet sein, den zu überwachenden Fernmeldeverkehr eindeutig zu bestimmen.

§ 8 Technische Schnittstellen. (1) Der Betreiber hat den zu überwachenden Fernmeldeverkehr für die gesamte Dauer der Überwachungsmaßnahme an einer festgelegten technischen Schnittstelle bereitzustellen. Die Schnittstelle muß technisch so gestaltet sein, daß insbesondere

1. an ihr ausschließlich Fernmeldeverkehr bereitgestellt wird, der von dem überwachten Anschluß herrührt oder für diesen bestimmt ist,
2. die Qualität des an ihr bereitgestellten Fernmeldeverkehrs nicht schlechter ist als die, die dem überwachten Teilnehmer bei der jeweiligen Verbindung geboten wird,
3. die Übertragung des an ihr bereitgestellten Fernmeldeverkehrs zum Bedarfsträger mittels genormter, allgemein verfügbarer Übertragungswege und -protokolle erfolgen kann und

4. der im Rahmen einer Überwachungsmaßnahme anfallende Fernmeldeverkehr im Falle der Übertragung über Festverbindungen über einen einzigen Übertragungsweg zum Bedarfsträger oder im Falle der Übertragung über Wählverbindungen zu einem einzigen Anschluß beim Bedarfsträger übermittelt werden kann.

Die Schnittstelle kann mit dem Ziel der Vereinheitlichung in Technischen Richtlinien nach § 13 festgelegt werden.

(2) Für die Übertragung des an der Schnittstelle bereitgestellten zu überwachenden Fernmeldeverkehrs zum Bedarfsträger sind grundsätzlich Festverbindungen oder ISDN-Wählverbindungen oder ähnlich schnell aufbaubare Wählverbindungen zu nutzen. Soll die Übertragung zum Bedarfsträger mittels Wählverbindungen erfolgen, muß die Schnittstelle auch die Fähigkeit zum automatischen Verbindungsaufbau zu dem vom Bedarfsträger zu benennenden Anschluß beinhalten, an den die Aufzeichnungseinrichtung angeschlossen ist. Wählverbindungen zum Bedarfsträger sind zu Beginn eines jeden für den überwachten Anschluß bestimmten oder von diesem herrührenden Fernmeldeverkehrs aufzubauen und nach dessen Ende wieder auszulösen. Die erforderlichen Zugänge zum Wählnetz sind Bestandteil der Schnittstelle.

(3) Der Betreiber hat unter Berücksichtigung der praxisorientierten Erfordernisse, insbesondere der Anforderungen nach § 4 Abs. 2 und 3, festzulegen, von welcher der in Absatz 2 Satz 1 genannten Möglichkeiten er in einer bestimmten Fernmeldeanlage Gebrauch macht. Für den Fall, daß der zu überwachende Fernmeldeverkehr nicht an einer einzelnen Schnittstelle bereitgestellt werden kann, müssen die Schnittstellen so gestaltet sein, daß Wählverbindungen zum Bedarfsträger realisiert werden können.

(4) Wenn der Betreiber die ihm zur Übermittlung anvertrauten Nachrichten durch technische Maßnahmen gegen die unbefugte Kenntnisnahme durch Dritte schützt, hat er an der Schnittstelle nach den Absätzen 1 bis 3 die ungeschützten Nachrichten bereitzustellen. Falls der Betreiber dem Teilnehmer Verschlüsselungsmöglichkeiten für die Nachrichten bereitstellt, hat er an der Schnittstelle nach den Absätzen 1 bis 3 die entschlüsselten Nachrichten bereitzustellen oder dem Bedarfsträger die für eine Entschlüsselung erforderlichen Informationen zeitgerecht zur Verfügung zu stellen.

§ 9 Zeitweilige Übermittlungshindernisse. Falls in Ausnahmefällen die Übermittlung eines zu überwachenden Fernmeldeverkehrs an den Bedarfsträger nicht möglich ist, müssen ihm die Informationen über die näheren Umstände des Fernmeldeverkehrs in dem Umfang, in dem sie der Betreiber gemäß den geltenden Datenschutzbestimmungen speichert, unverzüglich nachträglich übermittelt werden. Eine Verhinderung des zu überwachenden Fernmeldeverkehrs ist nicht zulässig. Zu einer Aufzeichnung oder zeitweisen Speicherung des zu überwachenden Fernmeldeverkehrs oder von Teilen desselben über den nach den

Datenschutzbestimmungen zulässigen Umfang hinaus, insbesondere der Nachrichten, ist der Betreiber nicht befugt.

§ 10 Selbständigkeit des Betreibers. Der Betreiber hat seine Fernmeldeanlage technisch so zu gestalten, daß er eine angeordnete Überwachungsmaßnahme ohne Mitwirkung anderer umsetzen kann.

§ 11 Unverändertheit des überwachten Anschlusses. Die Umsetzung einer Überwachungsmaßnahme muß so erfolgen, daß die Überwachung von den am Fernmeldeverkehr Beteiligten nicht feststellbar ist. Insbesondere dürfen die Betriebsmöglichkeiten des überwachten Anschlusses durch die Überwachungsmaßnahme nicht verändert werden.

§ 12 Schutzanforderungen. (1) Die Umsetzung der innerhalb der Fernmeldeanlage erforderlichen technischen Vorkehrungen, auf deren Grundlage die Durchführung von Überwachungsmaßnahmen ermöglicht wird, erfolgt unter Beachtung der beim Betreiben von Fernmeldeanlagen üblichen Sorgfalt, insbesondere hinsichtlich

1. der Schutzbedürftigkeit der Informationen, welche und wieviele Rufnummern einer Überwachung unterliegen oder unterlegen haben und in welchen Zeiträumen Überwachungsmaßnahmen durchgeführt wurden, und
2. der Einbeziehung von möglichst wenig Personal für die Umsetzung von Überwachungsmaßnahmen.

(2) Ein Zugriff auf die Schnittstelle nach § 8 darf nur den dazu berechtigten Personen ermöglicht werden. Die Schnittstelle ist aus diesem Grund durch physikalische und organisatorische Maßnahmen vor Mißbrauch zu schützen.

(3) Der Fernmeldeverkehr darf an die Aufzeichnungseinrichtung des Bedarfsträgers nur übermittelt werden, nachdem die Empfangsberechtigung der Aufzeichnungseinrichtung und die Sendeberechtigung der Schnittstelle nach § 8 nachgewiesen ist. Im Falle der Nutzung von Wählverbindungen zum Bedarfsträger ist dieser Nachweis bei jedem Verbindungsaufbau zu erbringen.

(4) Informationen über die Art und Weise, wie Überwachungsmaßnahmen in einer bestimmten Fernmeldeanlage durchgeführt werden, dürfen Unbefugten nicht zugänglich gemacht werden. Der Betreiber hat auch mit den Herstellern seiner technischen Einrichtungen zur Umsetzung von Überwachungsmaßnahmen entsprechende Vertraulichkeit zu vereinbaren.

(5) Zur Verhinderung oder Verfolgung eines Mißbrauchs der in den Fernmeldeanlagen enthaltenen Funktionen, mit denen die Überwachung technisch ermöglicht wird, ist der Einsatz dieser Funktionen in bezug auf einen konkreten Anschluß lückenlos zu protokollieren. Darunter fallen auch solche Einsätze, die durch fehlerhafte oder mißbräuchliche Bedienung verursacht wurden. Es sind zu protokollieren:

1. die Rufnummer beziehungsweise das entsprechende Kennzeichnungsmerkmal des betroffenen Anschlusses,
2. Beginn und Ende des Einsatzes,
3. das Ziel, an das der zu überwachende Fernmeldeverkehr geleitet wird, und
4. ein Merkmal, welches zur Erkennung des Bedienungspersonals geeignet ist (einschließlich Datum und Uhrzeit der Eingabe).

(6) Der Betreiber hat sicherzustellen, daß die Protokolle nur seinem mit der organisatorischen Durchführung der Überwachungsmaßnahme betrauten Personal oder bei VS-Angelegenheiten nur dem Personal zugänglich gemacht werden, das die Voraussetzungen nach dem Sicherheitsüberprüfungsgesetz erfüllt. Diese Personen prüfen die Protokolle regelmäßig, spätestens alle drei Monate. Das Ergebnis der Prüfung ist schriftlich festzuhalten. Wenn die Protokolle nicht beanstandet werden, sind die Daten unverzüglich durch den vorher genannten Personenkreis zu löschen. Andernfalls sind nur die nicht beanstandeten Datensätze zu löschen, die beanstandeten Datensätze hingegen erst unverzüglich nach Abschluß der zur Klärung der Beanstandung einzuleitenden Maßnahmen. Von Beanstandungen, insbesondere von fehlerhaften oder unzulässigen Eingaben, ist unverzüglich das Bundesamt für Post und Telekommunikation zu unterrichten. In Fällen, in denen es zu Beanstandungen im Rahmen einer angeordneten Überwachungsmaßnahme kommt, ist außerdem unverzüglich der betroffene Bedarfsträger zu informieren.

(7) Das Bundesamt für Post und Telekommunikation ist befugt, Einsicht in die Protokolle und die zugehörigen Unterlagen durch Bedienstete zu verlangen, die die Voraussetzungen nach dem Sicherheitsüberprüfungsgesetz erfüllen.

§ 13 Technische Richtlinien. Die nähere technische Ausgestaltung der Anforderungen nach den §§ 3 bis 12 kann in Technischen Richtlinien festgelegt werden. Diese sind vom Bundesministerium für Post und Telekommunikation zu erlassen. Ihre Herausgabe ist im Amtsblatt des Bundesministeriums für Post und Telekommunikation bekanntzumachen.

§ 14 Geheimschutz. Der Betreiber hat die in seiner Fernmeldeanlage zu treffenden technischen Vorkehrungen so zu gestalten, daß er auch die Überwachung aufgrund einer Anordnung ermöglichen kann, die Verschlußsache im Sinne des § 1 Abs. 2 Nr. 1 des Sicherheitsüberprüfungsgesetzes ist. Der Betreiber ist verpflichtet, mit der zuständigen amtlichen Stelle Vereinbarungen über den Schutz amtlich geheim zu haltender Verschlußsachen (§ 4 Sicherheitsüberprüfungsgesetz) zu treffen.

Abschnitt 3. Zuständigkeiten und Verfahren

§ 15 Zuständige Behörde. Das Bundesamt für Post und Telekommunikation wird mit den Arbeiten zur Vorbereitung der Entscheidung über die Erteilung des Einvernehmens des Bundesministeriums für Post und Telekommunikation nach § 10b Satz 1 des Gesetzes über Fernmeldeanlagen beauftragt. Diese Beauftragung schließt eine Wahrnehmung der Aufgaben nach Satz 1 durch das Bundesministerium für Post und Telekommunikation im Einzelfall nicht aus.

§ 16 Verfahren zur Erzielung des Einvernehmens. (1) Jeder Betreiber hat vor der erstmaligen Inbetriebnahme von Fernmeldeanlagen und vor der Durchführung von Änderungen, die Einfluß auf die Ausführung von Überwachungsmaßnahmen haben können, dem Bundesamt für Post und Telekommunikation ein schriftliches Konzept zur Gestaltung der technischen Einrichtungen zur Umsetzung von Überwachungsmaßnahmen des Fernmeldeverkehrs vorzulegen.

(2) Aus dem Konzept muß hervorgehen

1. die technische Beschreibung der Fernmeldeanlage,
2. die über diese Fernmeldeanlage angebotenen Telekommunikationsdienstleistungen,
3. die in bezug auf diese Fernmeldeanlage nach § 3 bereitzustellenden Informationen,
4. die Beschreibung der technischen Einrichtungen, die der Bereitstellung des zu überwachenden Fernmeldeverkehrs nach § 3 dienen,
5. die Beschreibung der technischen Schnittstelle nach § 8 und
6. die Beschreibung der Vorkehrungen zur technischen Umsetzung der Anforderungen nach den §§ 4 bis 13.

(3) Entspricht das vorgelegte Konzept den Anforderungen der §§ 3 bis 13 und 17, teilt das Bundesministerium für Post und Telekommunikation dem Betreiber schriftlich mit, daß für den Fall der tatsächlichen Umsetzung des Konzeptes und des Vorliegens der Voraussetzungen nach den Absätzen 4 und 5 das Einvernehmen im Sinne des § 10b Satz 1 des Gesetzes über Fernmeldeanlagen erteilt wird. Anderenfalls fordert das Bundesamt für Post und Telekommunikation den Betreiber unter Angabe der festgestellten Mängel zur Vorlage eines verbesserten Konzeptes auf.

(4) Der Betreiber hat die tatsächliche Umsetzung des Konzeptes dem Bundesamt für Post und Telekommunikation durch schriftliche Erklärung anzuzeigen. Etwaige Abweichungen von dem vorgelegten Konzept müssen den geltenden Rechtsvorschriften, insbesondere den Anforderungen der §§ 3 bis 14 und 17, entsprechen. Solche Abweichungen sind in der Erklärung darzulegen und zu begründen.

(5) Auf Ersuchen des Bundesamtes für Post und Telekommunikation hat der Betreiber ihm die Umsetzung des Konzeptes in geeigneter Form nachzuweisen. Dieser Nachweis kann insbesondere dadurch geführt werden, daß der Betreiber den Bediensteten des Bundesamtes für Post und Telekommunikation die Besichtigung sowie die Durchführung von Messungen und Prüfungen einschließlich des hierfür erforderlichen

Betretens der Geschäfts- oder Betriebsräume gestattet oder die ordnungsgemäße Betriebsbereitschaft vorführt.

Abschnitt 4. Übergangs- und Schlußvorschriften

§ 17 Übergangs- und Ausnahmeregelungen. (1) Vorbehaltlich anderweitiger Regelungen sind die technischen Vorkehrungen für Überwachungsmaßnahmen in Fernmeldeanlagen, die sich zum Zeitpunkt des Inkrafttretens dieser Verordnung bereits im Kundenbetrieb befinden oder die bis zum 29. Februar 1996 den Kundenbetrieb aufnehmen, abweichend von § 4 Abs. 1 Satz 1 bis zum 31. Mai 1996 entsprechend den Vorschriften der §§ 3 bis 14 zu treffen.

(2) Bei den technischen Vorkehrungen für Überwachungsmaßnahmen im bestehenden Funktelefonnetz C sind Abweichungen von den Vorschriften des § 3 Abs. 2 Nr. 2, 3 und 5, des § 3 Abs. 3, des § 4 Abs. 3, des § 5 Abs. 2, des § 7 Abs. 3, des § 9 und des § 12 Abs. 2, 3 und 5 im Rahmen des am 1. Januar 1995 verfügbaren technischen Verfahrens zulässig.

(3) Für einen Anschluß, der über eine herkömmliche, mit analoger Übertragungstechnik betriebene Anschlußleitung an die Vermittlungsstelle geschaltet ist, kann die Bereitstellung der Überwachungsmöglichkeit noch so lange nach dem am 1. Januar 1995 bestehenden, ausschließlich auf die Anschlußleitung bezogenen technischen Verfahren erfolgen, wie aufgrund der Leistungsmerkmale, die mit dieser Vermittlungsstelle angeboten werden, oder aufgrund der von dem Netzbetreiber auf der Anschlußleitung eingesetzten Übertragungstechnik eine vollständige und zeitgerechte Überwachung mit den bei den Bedarfsträgern vorhandenen überwachungstechnischen Einrichtungen gewährleistet ist.

(4) Die Bereitstellung der Daten gemäß § 3 Abs. 2 Nr. 2 kann unterbleiben, wenn der überwachte Anschluß

a) von einem analogen Anschluß angewählt wird oder

b) aus der Fernmeldeanlage eines anderen Betreibers angewählt wird und die Rufnummer nicht an die Fernmeldeanlage übergeben wird, in der die Überwachungsmaßnahme durchgeführt wird.

(5) Im Rahmen des Einvernehmens nach § 10b Satz 1 des Gesetzes über Fernmeldeanlagen kann das Bundesministerium für Post und Telekommunikation mit Zustimmung der zuständigen Bundesministerien zulassen, daß in Fällen objektiver Unmöglichkeit von der Erfüllung einzelner Bestimmungen des § 3 Abs. 2 abgesehen werden kann. Die Gründe für die objektive Unmöglichkeit sind von dem Betreiber in den Unterlagen nach § 16 darzulegen.

§ 18 Inkrafttreten. Diese Verordnung tritt am Tage nach der Verkündung in Kraft.

H. Jugendschutzrecht

48. Gesetz über die Verbreitung jugendgefährdender Schriften und Medieninhalte[1), 2)]

In der Fassung der Bekanntmachung vom 12. Juli 1985
(BGBl. I S. 1502)

zuletzt geänd. durch Art. 15 Sechste Zuständigkeitsanpassungs-Verordnung
v. 21. 9. 1997 (BGBl. I S. 2390)

(BGBl. III/FNA 2161-1)

Inhaltsübersicht

Zum Schutz der heranwachsenden Jugend werden die im Grundgesetz Artikel 5 Abs. 1 genannten Grundrechte folgenden Beschränkungen unterworfen:

Erster Abschnitt. Jugendgefährdende Schriften

§ 1[2)] [Aufnahme gefährdender Schriften in eine Liste, Gleichstellung von Schriften mit anderen Medieninhalten] (1) Schriften, die geeignet sind, Kinder oder Jugendliche sittlich zu gefährden, sind in eine Liste aufzunehmen. Dazu zählen vor allem unsittliche, verrohend wirkende, zu Gewalttätigkeit, Verbrechen oder Rassenhaß anreizende sowie den Krieg verherrlichende Schriften. Die Aufnahme ist bekanntzumachen.

(2) Eine Schrift darf nicht in die Liste aufgenommen werden

1. allein wegen ihres politischen, sozialen, religiösen oder weltanschaulichen Inhalts;

[1)] Neubekanntmachung des G über die Verbreitung jugendgefährdender Schriften v. 29. 4. 1961 (BGBl. I S. 497) in der seit 1. 4. 1985 geltenden Fassung.

[2)] Gesetzestitel u. § 1 Abs. 3 neugef. durch G v. 22. 7. 1997 (BGBl. I S. 1870).

2. wenn sie der Kunst oder der Wissenschaft, der Forschung oder der Lehre dient;
3. wenn sie im öffentlichen Interesse liegt, es sei denn, daß die Art der Darstellung zu beanstanden ist.

(3) Den Schriften stehen Ton- und Bildträger, Datenspeicher, Abbildungen und andere Darstellungen gleich. Schriften im Sinne dieses Gesetzes sind nicht Rundfunksendungen nach § 2 des Rundfunkstaatsvertrages sowie inhaltliche Angebote bei Verteildiensten und Abrufdiensten, soweit die redaktionelle Gestaltung zur Meinungsbildung für die Allgemeinheit im Vordergrund steht, nach § 2 des Mediendienste-Staatsvertrages in der Fassung vom 20. Januar bis 7. Februar 1997.

(4) Kind im Sinne des Gesetzes ist, wer noch nicht vierzehn, Jugendlicher, wer vierzehn, aber noch nicht achtzehn Jahre alt ist.

§ 2[1)] [Bagatellfälle] (1) In Fällen von geringer Bedeutung kann davon abgesehen werden, die Schrift in die Liste aufzunehmen.

(2) Kommt eine Listenaufnahme offensichtlich nicht in Betracht, so kann der Vorsitzende das Verfahren einstellen.

§ 3[1)] [Verbreitungsverbot an Kinder und Jugendliche] (1) Eine Schrift, deren Aufnahme in die Liste bekanntgemacht ist, darf nicht

1. einem Kind oder Jugendlichen angeboten, überlassen oder zugänglich gemacht werden,
2. an einem Ort, der Kindern oder Jugendlichen zugänglich ist oder von ihnen eingesehen werden kann, ausgestellt, angeschlagen, vorgeführt oder sonst zugänglich gemacht werden,
3. im Wege gewerblicher Vermietung oder vergleichbarer gewerblicher Gewährung des Gebrauchs, ausgenommen in Ladengeschäften, die Kindern und Jugendlichen nicht zugänglich sind und von ihnen nicht eingesehen werden können, einem anderen angeboten oder überlassen werden,
4. durch elektronische Informations- und Kommunikationsdienste verbreitet, bereitgehalten oder sonst zugänglich gemacht werden.

(2) Absatz 1 Nr. 3 gilt nicht, wenn die Handlung im Geschäftsverkehr mit gewerblichen Entleihern erfolgt. Absatz 1 Nr. 4 gilt nicht, wenn durch technische Vorkehrungen Vorsorge getroffen ist, daß das Angebot oder die Verbreitung im Inland auf volljährige Nutzer beschränkt werden kann.

§ 4 [Verbreitungsverbot außerhalb von Geschäftsräumen] (1) Eine Schrift, deren Aufnahme in die Liste bekanntgemacht ist, darf nicht

1. im Einzelhandel außerhalb von Geschäftsräumen,
2. in Kiosken oder anderen Verkaufsstellen, die der Kunde nicht zu betreten pflegt,

---

[1)] § 2 bish. Text wird Abs. 1 u. Abs. 2 angef., § 3 Abs. 1 Nr. 3 geänd., Nr. 4 u. Abs. 2 Satz 2 angef. durch G v. 22. 7. 1997 (BGBl. I S. 1870).

3. im Versandhandel oder
4. in gewerblichen Leihbüchereien oder Lesezirkeln

vertrieben, verbreitet oder verliehen oder zu diesen Zwecken vorrätig gehalten werden.

(2) Verleger und Zwischenhändler dürfen eine solche Schrift nicht an Personen liefern, soweit diese einen Handel nach Absatz 1 Nr. 1 betreiben oder Inhaber von Betrieben der in Absatz 1 Nr. 2 bis 4 bezeichneten Art sind. Soweit die Lieferung erfolgen darf, haben Verleger, Zwischenhändler und Personen, die Schriften in den räumlichen Geltungsbereich dieses Gesetzes einführen, ihre Abnehmer auf die Vertriebsbeschränkungen hinzuweisen.

(3) Eine Schrift, deren Aufnahme in die Liste bekanntgemacht ist, darf nicht im Wege des Versandhandels in den räumlichen Geltungsbereich dieses Gesetzes eingeführt werden.

§ 5[1)] [Beschränkung der Werbung] (1) Bei geschäftlicher Werbung darf nicht darauf hingewiesen werden, daß ein Verfahren zur Aufnahme einer Schrift in die Liste anhängig ist oder gewesen ist.

(2) Eine Schrift, deren Aufnahme in die Liste bekanntgemacht ist, darf nicht öffentlich oder durch Verbreiten von Schriften angeboten, angekündigt oder angepriesen werden.

(3) Absatz 2 gilt nicht,

1. wenn die Handlung im Geschäftsverkehr mit dem einschlägigen Handel erfolgt oder
2. wenn durch technische Vorkehrungen oder in sonstiger Weise eine Übermittlung an oder Kenntnisnahme durch Kinder oder Jugendliche ausgeschlossen ist.

§ 6[2)] [Schwergefährdende Schriften] Den Beschränkungen der §§ 3 bis 5 unterliegen, ohne daß es einer Aufnahme in die Liste und einer Bekanntmachung bedarf,

1. Schriften, die den in § 130 Abs. 2 oder § 131 des Strafgesetzbuches[3)] bezeichneten Inhalt haben,
2. pornographische Schriften (§ 184 des Strafgesetzbuches),
3. sonstige Schriften, die offensichtlich geeignet sind, Kinder oder Jugendliche sittlich schwer zu gefährden.

§ 7 [Aufnahme periodischer Schriften] Eine periodische Druckschrift kann auf die Dauer von drei bis zwölf Monaten in die Liste aufgenommen werden, wenn innerhalb von zwölf Monaten mehr als zwei ihrer Nummern in die Liste aufgenommen worden sind. Dies gilt nicht für Tageszeitungen und politische Zeitschriften.

---

1) § 5 Abs. 3 neugef. durch G v. 22. 7. 1997 (BGBl. I S. 1870).
2) § 6 Nr. 1 neugef. durch G v. 28. 10. 1994 (BGBl. I S. 3186).
3) **Schönfelder Nr. 85.**

§ 7 a[1)] Jugendschutzbeauftragte. Wer gewerbsmäßig elektronische Informations- und Kommunikationsdienste, denen eine Übermittlung mittels Telekommunikation zugrunde liegt, zur Nutzung bereithält, hat einen Jugendschutzbeauftragten zu bestellen, wenn diese allgemein angeboten werden und jugendgefährdende Inhalte enthalten können. Er ist Ansprechpartner für Nutzer und berät den Diensteanbieter in Fragen des Jugendschutzes. Er ist von dem Diensteanbieter an der Angebotsplanung und der Gestaltung der Allgemeinen Nutzungsbedingungen zu beteiligen. Er kann dem Diensteanbieter eine Beschränkung von Angeboten vorschlagen. Die Verpflichtung des Diensteanbieters nach Satz 1 kann auch dadurch erfüllt werden, daß er eine Organisation der freiwilligen Selbstkontrolle zur Wahrnehmung der Aufgaben nach den Sätzen 2 bis 4 verpflichtet.

Zweiter Abschnitt. Bundesprüfstelle

§ 8 [Errichtung einer Bundesprüfstelle] (1) Zur Durchführung der Aufgaben dieses Gesetzes wird eine Bundesprüfstelle errichtet.

(2) Die Bundesregierung bestimmt den Sitz der Bundesprüfstelle durch Rechtsverordnung[2)] mit Zustimmung des Bundesrates.

(3) Die Kosten der Errichtung und der Verfahren der Bundesprüfstelle fallen dem Bund zu.

§ 9[3)] [Personelle Besetzung der Bundesprüfstelle] (1) Die Bundesprüfstelle besteht aus einem vom Bundesministerium für Familie, Senioren, Frauen und Jugend ernannten Vorsitzenden, je einem von jeder Landesregierung zu ernennenden Beisitzer und weiteren vom Bundesministerium für Familie, Senioren, Frauen und Jugend zu ernennenden Beisitzern. Für den Vorsitzenden und die Beisitzer ist mindestens je ein Stellvertreter zu ernennen.

(2) Die vom Bundesministerium für Familie, Senioren, Frauen und Jugend zu ernennenden Beisitzer sind den Kreisen

1. der Kunst,
2. der Literatur,
3. des Buchhandels,
4. der Verlegerschaft,
5. der Träger der freien Jugendhilfe,
6. der Träger der öffentlichen Jugendhilfe,
7. der Lehrerschaft und
8. der Kirchen, der jüdischen Kultusgemeinden und anderer Religionsgemeinschaften, die Körperschaften des öffentlichen Rechts sind,

---

[1)] § 7 a eingef. durch G v. 22. 7. 1997 (BGBl. I S. 1870).

[2)] Siehe hierzu die DVO z. GjS **(Sartorius I Nr. 407)**.

[3)] § 9 Abs. 1 u. 2 Behördenbez. geänd., Abs. 1 Satz 2 angef., Abs. 2 Satz 1 Nr. 5 u. 6 neugef. u. Satz 2 angef. durch G v. 29. 10. 1993 (BGBl. I S. 1817), Abs. 1 u. 2 Behördenbez. geänd. durch VO v. 21. 9. 1997 (BGBl. I S. 2390).

auf Vorschlag der genannten Gruppen zu entnehmen. Dem Buchhandel und der Verlegerschaft stehen diejenigen Kreise gleich, die eine vergleichbare Tätigkeit bei der Auswertung und beim Vertrieb von Bildträgern unabhängig von der Art der Aufzeichnung und der Wiedergabe ausüben.

(3) Die Bundesprüfstelle entscheidet in der Besetzung von zwölf Mitgliedern, die aus dem Vorsitzenden, drei Beisitzern der Länder und je einem Beisitzer aus den in Absatz 2 genannten Gruppen bestehen. Erscheinen zur Sitzung einberufene Beisitzer oder ihre Stellvertreter nicht, so ist die Bundesprüfstelle auch in einer Besetzung von mindestens neun Mitgliedern beschlußfähig, von denen mindestens zwei den in Absatz 2 Nr. 1 bis 4 genannten Gruppen angehören müssen.

(4) Der Vorsitzende und die Beisitzer werden auf die Dauer von drei Jahren bestimmt. Sie können von der Stelle, die sie bestimmt hat, vorzeitig abberufen werden, wenn sie der Verpflichtung zur Mitarbeit in der Bundesprüfstelle nicht nachkommen.

§ 9 a[1)] [Vorschlagsrecht bestimmter und namentlich nicht bestimmter Organisationen] (1) Das Vorschlagsrecht nach § 9 Abs. 2 wird innerhalb der nachfolgenden Kreise durch folgende Organisationen für je einen Beisitzer und Stellvertreter ausgeübt:

1. für die Kreise der Kunst durch
   Deutscher Kulturrat,
   Bund Deutscher Kunsterzieher e. V.,
   Künstlergilde e. V.,
   Bund Deutscher Grafik-Designer,
2. für die Kreise der Literatur durch
   Verband Deutscher Schriftsteller,
   Freier Deutscher Autorenverband,
   Deutscher Autorenverband e. V.,
   PEN-Zentrum,
3. für die Kreise des Buchhandels durch
   Börsenverein des Deutschen Buchhandels e. V.,
   Verband Deutscher Bahnhofsbuchhändler,
   Bundesverband Deutscher Buch-, Zeitungs- und Zeitschriftengrossisten e. V.,
   IVD Interessengemeinschaft der Videothekare Deutschlands e. V.,
4. für die Kreise der Verlegerschaft durch
   Bundesverband Deutscher Zeitungsverleger e. V.,
   Verband Deutscher Zeitschriftenverleger e. V.,
   Börsenverein des Deutschen Buchhandels e. V.,
   Verlegerausschuß,
   Arbeitsgemeinschaft der Zeitschriftenverlage (AGVZ)

[1)] § 9 a eingef. durch G v. 29. 10. 1993 (BGBl. I S. 1817), Abs. 1 Satz 3 u. Abs. 2 Satz 2 Behördenbez. geänd. durch VO v. 21. 9. 1997 (BGBl. I S. 2390).

im Börsenverein des Deutschen Buchhandels,
Bundesverband Video,

5. für die Kreise der Träger der freien Jugendhilfe durch

   Bundesarbeitsgemeinschaft der Freien Wohlfahrtspflege,
   Deutscher Bundesjugendring,
   Deutsche Sportjugend,
   Bundesarbeitsgemeinschaft Aktion Jugendschutz,

6. für die Kreise der Träger der öffentlichen Jugendhilfe durch

   Deutscher Landkreistag,
   Deutscher Städtetag,
   Deutscher Städte- und Gemeindebund,

7. für die Kreise der Lehrerschaft durch

   Gewerkschaft Erziehung und Wissenschaft im Deutschen Gewerkschaftsbund,
   Deutscher Lehrerverband,
   Verband Bildung und Erziehung,
   Verein Katholischer deutscher Lehrerinnen und

8. für die Kreise der in § 9 Abs. 2 Nr. 8 genannten Körperschaften des öffentlichen Rechts durch

   Bevollmächtigter des Rates der EKD am Sitz der Bundesrepublik Deutschland,
   Kommissariat der deutschen Bischöfe – Katholisches Büro Bonn,
   Zentralrat der Juden in Deutschland.

Für jede Organisation, die ihr Vorschlagsrecht ausübt, ist ein Beisitzer und ein stellvertretender Beisitzer zu ernennen. Reicht eine der in Satz 1 genannten Organisationen mehrere Vorschläge ein, wählt das Bundesministerium für Familie, Senioren, Frauen und Jugend einen Beisitzer aus.

(2) Für die in § 9 Abs. 2 genannten Gruppen können Beisitzer und stellvertretende Beisitzer auch durch namentlich nicht bestimmte Organisationen vorgeschlagen werden. Das Bundesministerium für Familie, Senioren, Frauen und Jugend fordert im Januar jedes Jahres im Bundesanzeiger dazu auf, innerhalb von sechs Wochen derartige Vorschläge einzureichen. Aus den fristgerecht eingegangenen Vorschlägen hat er je Gruppe je einen zusätzlichen Beisitzer und stellvertretenden Beisitzer zu ernennen. Vorschläge von Organisationen, die kein eigenes verbandliches Gewicht besitzen oder eine dauerhafte Tätigkeit nicht erwarten lassen, sind nicht zu berücksichtigen. Zwischen den Vorschlägen mehrerer Interessenten entscheidet das Los, sofern diese sich nicht auf einen Vorschlag einigen; Absatz 1 Satz 3 gilt entsprechend. Sofern es unter Berücksichtigung der Geschäftsbelastung der Bundesprüfstelle erforderlich erscheint oder sofern die Vorschläge der innerhalb einer Gruppe namentlich bestimmten Organisationen zahlenmäßig nicht ausreichen, kann der Bundesminister für Frauen und Jugend auch mehrere Beisitzer und stellvertretende Beisitzer ernennen; Satz 5 gilt entsprechend.

§ 10 [Weisungsfreiheit der Mitglieder] Die Mitglieder der Bundesprüfstelle sind nicht an Weisungen gebunden.

Dritter Abschnitt. Zuständigkeit

§ 11[1] (1) Die Bundesprüfstelle entscheidet über die Aufnahme in die Liste.

(2) Die Bundesprüfstelle wird nur auf Antrag tätig. Das Bundesministerium für Familie, Senioren, Frauen und Jugend wird ermächtigt, durch Rechtsverordnung[2] mit Zustimmung des Bundesrates zu bestimmen, wer antragsberechtigt ist.

Vierter Abschnitt. Verfahren

1. Allgemeine Verfahrensvorschriften

§ 12 [Anhörung des Verlegers und Verfassers] Dem Verleger und dem Verfasser der Schrift ist, soweit möglich, in dem Verfahren vor der Bundesprüfstelle Gelegenheit zur Äußerung zu geben.

§ 13 [Anordnung der Aufnahme in die Liste bei qualifizierter Mehrheit] In den Fällen des § 9 Abs. 3 bedarf es zur Anordnung der Aufnahme in die Liste einer Mehrheit von zwei Dritteln, mindestens aber von sieben der an der Entscheidung mitwirkenden Mitglieder der Bundesprüfstelle.

§ 14[3] **[Zustellung und Begründung der Entscheidung]** (1) Die Entscheidungen der Bundesprüfstelle sind

1. dem Bundesministerium für Familie, Senioren, Frauen und Jugend,
2. jedem Land,
3. soweit möglich, dem Verleger und Verfasser der Schrift und
4. anderen am Verfahren beteiligten Behörden, Verbänden und Personen

zuzustellen.

(2) Die Begründung ist beizufügen oder innerhalb einer Woche durch Zustellung nachzureichen.

§ 15 [Vorläufige Anordnung zur Aufnahme in die Liste] (1) Die Bundesprüfstelle kann die Aufnahme einer Schrift in die Liste vorläufig anordnen, wenn die endgültige Anordnung der Aufnahme der Schrift in die Listen offenbar zu erwarten ist und die Gefahr besteht, daß die Schrift kurzfristig in großem Umfange vertrieben wird.

---

[1] § 11 Abs. 2 Satz 2 geänd. durch G v. 29. 10. 1993 (BGBl. I S. 1817), Behördenbez. geänd. durch VO v. 21. 9. 1997 (BGBl. I S. 2390).

[2] Siehe die DVO z. GjS (**Sartorius I Nr. 407**).

[3] § 14 Abs. 1 Nr. 1 Behördenbez. geänd. durch VO v. 21. 9. 1997 (BGBl. I S. 2390).

(2) Die vorläufige Anordnung wird von dem Vorsitzenden und zwei weiteren Mitgliedern einstimmig erlassen. Ein Mitglied muß einer der in § 9 Abs. 2 Nr. 1 bis 4 genannten Gruppen angehören.

(3) Die vorläufige Anordnung tritt außer Kraft

1. nach Ablauf eines Monats seit ihrer Bekanntmachung oder
2. mit der Bekanntmachung der abschließenden Entscheidung der Bundesprüfstelle über die Schrift.

Die Frist der Nummer 1 kann vor ihrem Ablauf um höchstens einen Monat verlängert werden. Absatz 2 gilt entsprechend. Die Verlängerung ist bekanntzumachen.

§ 15a [Aufnahme in die Liste im vereinfachten Verfahren] (1) Die Bundesprüfstelle kann die Aufnahme einer Schrift in die Liste im vereinfachten Verfahren anordnen, wenn die Voraussetzungen des § 1 offenbar gegeben sind.

(2) Die Entscheidung wird von dem Vorsitzenden und zwei weiteren Mitgliedern, von denen eines den in § 9 Abs. 2 Nr. 1 bis 4 genannten Gruppen angehören muß, einstimmig erlassen. Kommt eine Einigung, die Schrift in die Liste aufzunehmen, nicht zustande, so entscheidet die Bundesprüfstelle in der Besetzung nach § 9 Abs. 3.

(3) Eine Anordnung nach § 7 ist im vereinfachten Verfahren nicht zulässig.

(4) Gegen die Entscheidung im vereinfachten Verfahren können die Betroffenen (§ 12) innerhalb eines Monats nach Zustellung bei der Bundesprüfstelle Antrag auf Entscheidung in der Besetzung nach § 9 Abs. 3 stellen.

2. Führung der Liste

§ 16 [Führung der Liste] Die Liste wird von dem Vorsitzenden der Bundesprüfstelle geführt.

§ 17 [Aufnahme und Streichung] Eine Schrift, deren Aufnahme in die Liste angeordnet ist, ist unverzüglich in die Liste aufzunehmen. Sie ist unverzüglich von der Liste zu streichen, wenn die Anordnung aufgehoben wird oder nach § 15 Abs. 3 Nr. 1 außer Kraft tritt.

§ 18[1)] [Analoge Behandlung von inhaltsgleichen oder pornographischen Schriften] (1) Eine Schrift unterliegt den Beschränkungen der §§ 3 bis 5, ohne daß es einer Aufnahme in die Liste und einer Bekanntmachung bedarf, wenn sie ganz oder im wesentlichen inhaltsgleich mit einer in die Liste aufgenommenen Schrift ist. Das gleiche gilt, wenn ein Gericht in einer rechtskräftigen Entscheidung festgestellt hat,

---

[1)] § 18 neugef. durch G v. 22. 7. 1997 (BGBl. I S. 1870).

daß eine Schrift pornographisch ist oder den in § 130 Abs. 2 oder § 131 des Strafgesetzbuches[1] bezeichneten Inhalt hat.

(2) Ist es zweifelhaft, ob die Voraussetzungen des Absatzes 1 erfüllt sind, so führt der Vorsitzende eine Entscheidung der Bundesprüfstelle herbei. Eines Antrages (§ 11 Abs. 2 Satz 1) bedarf es nicht. § 12 gilt entsprechend.

(3) Wird die Schrift in die Liste aufgenommen, so gilt § 19 entsprechend.

§ 18 a.[2] *(gestrichen)*

3. Bekanntmachungen

§ 19 [Bekanntmachung im Bundesanzeiger] (1) Wird eine Schrift in die Liste aufgenommen oder von ihr gestrichen, so ist dies unter Hinweis auf die zugrundeliegende Entscheidung für das Bundesgebiet bekanntzumachen.

(2) Die Bekanntmachungen für das Bundesgebiet erfolgen im Bundesanzeiger.

Fünfter Abschnitt. Rechtsweg

§ 20[3] **[Klage]** Vor Erhebung einer Klage im Verwaltungsrechtsweg bedarf es keiner Nachprüfung in einem Vorverfahren oder in einem Verfahren nach § 15a Abs. 4. Die Klage hat keine aufschiebende Wirkung. Sie ist gegen den Bund, vertreten durch die Bundesprüfstelle, zu richten.

Sechster Abschnitt. Strafvorschriften

§ 21.[4] (1) Wer eine Schrift, deren Aufnahme in die Liste bekanntgemacht ist, oder eine der in § 6 bezeichneten Schriften

1. entgegen § 3 Abs. 1 Nr. 1 einem Kind oder Jugendlichen anbietet, überläßt oder zugänglich macht,
2. entgegen § 3 Abs. 1 Nr. 2 an den dort bezeichneten Orten ausstellt, anschlägt, vorführt oder sonst zugänglich macht,
3. entgegen § 3 Abs. 1 Nr. 3 im Wege gewerblicher Vermietung oder vergleichbarer gewerblicher Gewährung des Gebrauchs einem anderen anbietet oder überläßt,

3a. entgegen § 3 Abs. 1 Nr. 4 verbreitet, bereithält oder sonst zugänglich macht,

4. entgegen § 4 Abs. 1 in den dort bezeichneten Fällen verbreitet, verleiht oder vorrätig hält,
5. entgegen § 4 Abs. 2 Satz 1 an die dort bezeichneten Personen liefert,

---

[1] **Schönfelder Nr. 85.**
[2] § 18a aufgeh. durch G v. 22. 7. 1997 (BGBl. I S. 1870).
[3] § 20 Satz 1 geänd. durch G v. 29. 10. 1993 (BGBl. I S. 1817).
[4] § 21 Abs. 1 Nr. 3a eingef. durch G v. 22. 7. 1997 (BGBl. I S. 1870).

6. entgegen § 4 Abs. 3 einzuführen unternimmt oder
7. entgegen § 5 Abs. 2 anbietet, ankündigt oder anpreist,

wird mit Freiheitsstrafe bis zu einem Jahr oder mit Geldstrafe bestraft.

(2) Ebenso wird bestraft, wer

1. entgegen § 5 Abs. 1 geschäftlich wirbt oder
2. die Liste zum Zwecke der geschäftlichen Werbung abdruckt oder veröffentlicht.

(3) Handelt der Täter fahrlässig, so ist die Strafe Freiheitsstrafe bis zu sechs Monaten oder Geldstrafe bis zu einhundertachtzig Tagessätzen.

(4) Die Absätze 1 bis 3 sind nicht anzuwenden, wenn der zur Sorge für die Person Berechtigte die Schrift einem Kind oder Jugendlichen anbietet, überläßt oder zugänglich macht.

(5) Das Gericht kann von einer Bestrafung nach den Absätzen 1 bis 3 absehen, wenn der Täter, der die Schrift einem Kind oder Jugendlichen angeboten, überlassen oder zugänglich gemacht hat, ein Jugendlicher oder ein Angehöriger im Sinne des § 11 Abs. 1 Nr. 1 des Strafgesetzbuches ist.

(6) Hat ein Kind oder Jugendlicher die Schrift einem anderen Kind oder Jugendlichen angeboten, überlassen oder zugänglich gemacht, so leitet das Jugendamt die auf Grund bestehender Vorschriften zulässigen Maßnahmen ein. Der Vormundschaftsrichter kann auf Antrag des Jugendamtes oder von Amts wegen Weisungen erteilen.

§ 21 a[1] **[Ordnungswidrigkeiten]** (1) Ordnungswidrig handelt, wer

1. entgegen § 4 Abs. 2 Satz 2 einen Abnehmer nicht auf die Vertriebsbeschränkungen hinweist oder
2. entgegen § 7a Abs. 1 Satz 1 einen Jugendschutzbeauftragten nicht bestellt oder eine Organisation der freiwilligen Selbstkontrolle zur Wahrnehmung dieser Aufgaben nicht verpflichtet.

(2) Die Ordnungswidrigkeit kann mit einer Geldbuße bis zu dreißigtausend Deutsche Mark geahndet werden.

Siebenter Abschnitt. Schlußvorschriften

§ 22 (Außerkrafttreten von Rechtsvorschriften)

§ 23 [Ermächtigung] Die Bundesregierung wird ermächtigt, durch Rechtsverordnung mit Zustimmung des Bundesrates das Verfahren der Bundesprüfstelle näher zu regeln.

§ 24. *(gegenstandslos)*

§ 25[2] **(Inkrafttreten)**

[1] § 21 a Abs. 1 neugef. durch G v. 22. 7. 1997 (BGBl. I S. 1870).

[2] Das Gesetz in seiner ursprünglichen Fassung ist am 14. 7. 1953 in Kraft getreten.

49. Gesetz zum Schutze der Jugend in der Öffentlichkeit (Jugendschutzgesetz – JÖSchG)[1]

Vom 25. Februar 1985 (BGBl. I S. 425)

zuletzt geänd. durch Art. 16 Abs. 2 VerbrechensbekämpfungsG v. 28. 10. 1994 (BGBl. I S. 3186)

(BGBl. III/FNA 2161-5)

§ 1 [Aufenthalt an jugendgefährdenden Orten] Halten sich Kinder oder Jugendliche an Orten auf, an denen ihnen eine unmittelbare Gefahr für ihr körperliches, geistiges oder seelisches Wohl droht, so haben die zuständigen Behörden oder Stellen die zur Abwendung der Gefahr erforderlichen Maßnahmen zu treffen. Wenn nötig, haben sie die Kinder oder Jugendlichen

1. zum Verlassen des Ortes anzuhalten,
2. einem Erziehungsberechtigten zuzuführen oder, wenn kein Erziehungsberechtigter erreichbar ist, in die Obhut des Jugendamtes zu bringen.

In schwierigen Fällen haben die zuständigen Behörden oder Stellen das Jugendamt über den jugendgefährdenden Ort zu unterrichten.

§ 2 [Begriffsbestimmungen; Nachweis] (1) Kind im Sinne dieses Gesetzes ist, wer noch nicht vierzehn, Jugendlicher, wer vierzehn, aber noch nicht achtzehn Jahre alt ist.

(2) Erziehungsberechtigter im Sinne dieses Gesetzes ist

1. jede Person, der allein oder gemeinsam mit einer anderen Person nach den Vorschriften des Bürgerlichen Gesetzbuches die Personensorge zusteht,
2. jede sonstige Person über achtzehn Jahre, soweit sie auf Grund einer Vereinbarung mit dem Personensorgeberechtigten Aufgaben der Personensorge wahrnimmt oder soweit sie das Kind oder den Jugendlichen im Rahmen der Ausbildung oder mit Zustimmung des Personensorgeberechtigten im Rahmen der Jugendhilfe betreut.

(3) Soweit es nach diesem Gesetz auf die Begleitung durch einen Erziehungsberechtigten ankommt, haben die in Absatz 2 Nr. 2 genannten Personen ihre Berechtigung auf Verlangen darzulegen. Veranstalter und Gewerbetreibende haben in Zweifelsfällen die Berechtigung zu überprüfen.

---

[1] Verkündet als Art. 1 d. G zur Neuregelung des Jugendschutzes in der Öffentlichkeit v. 25. 2. 1985 (BGBl. I S. 425). Inkrafttreten: 1. 4. 1985.

(4) Soweit nach diesem Gesetz Altersgrenzen zu beachten sind, haben Kinder und Jugendliche ihr Lebensalter auf Verlangen in geeigneter Weise nachzuweisen. Veranstalter und Gewerbetreibende haben in Zweifelsfällen das Lebensalter zu überprüfen.

(5) Dieses Gesetz gilt nicht für verheiratete Jugendliche.

§ 3 [Aufenthalt in Gaststätten] (1) Der Aufenthalt in Gaststätten darf Kindern und Jugendlichen unter sechzehn Jahren nur gestattet werden, wenn ein Erziehungsberechtigter sie begleitet. Dies gilt nicht, wenn Kinder oder Jugendliche

1. an einer Veranstaltung eines anerkannten Trägers der Jugendhilfe teilnehmen,
2. sich auf Reisen befinden oder
3. eine Mahlzeit oder ein Getränk einnehmen.

(2) Jugendlichen ab sechzehn Jahren ist der Aufenthalt in Gaststätten ohne Begleitung eines Erziehungsberechtigten bis 24 Uhr gestattet.

(3) Der Aufenthalt in Gaststätten, die als Nachtbar oder Nachtclub geführt werden, und in vergleichbaren Vergnügungsbetrieben darf Kindern und Jugendlichen nicht gestattet werden.

§ 4 [Alkoholische Getränke] (1) In Gaststätten, Verkaufsstellen oder sonst in der Öffentlichkeit dürfen

1. Branntwein, branntweinhaltige Getränke oder Lebensmittel, die Branntwein in nicht nur geringfügiger Menge enthalten, an Kinder und Jugendliche,
2. andere alkoholische Getränke an Kinder und Jugendliche unter sechzehn Jahren

weder abgegeben noch darf ihnen der Verzehr gestattet werden.

(2) Absatz 1 Nr. 2 gilt nicht, wenn Jugendliche von einem Personensorgeberechtigten (§ 2 Abs. 2 Nr. 1) begleitet werden.

(3) In der Öffentlichkeit dürfen alkoholische Getränke nicht in Automaten angeboten werden. Dies gilt nicht, wenn ein Automat in einem gewerblich genutzten Raum aufgestellt und durch Vorrichtungen oder durch ständige Aufsicht sichergestellt ist, daß Kinder und Jugendliche unter sechzehn Jahren alkoholische Getränke nicht aus dem Automaten entnehmen können. § 20 Nr. 1 des Gaststättengesetzes[1] bleibt unberührt.

§ 5 [Öffentliche Tanzveranstaltungen] (1) Die Anwesenheit bei öffentlichen Tanzveranstaltungen ohne Begleitung eines Erziehungsberechtigten darf Kindern und Jugendlichen unter sechzehn Jahren nicht und Jugendlichen ab sechzehn Jahren längstens bis 24 Uhr gestattet werden.

---

[1] **Sartorius I Nr. 810.**

(2) Abweichend von Absatz 1 darf die Anwesenheit Kindern bis 22 Uhr und Jugendlichen unter sechzehn Jahren bis 24 Uhr gestattet werden, wenn die Tanzveranstaltung von einem anerkannten Träger der Jugendhilfe durchgeführt wird oder der künstlerischen Betätigung oder der Brauchtumspflege dient.

(3) Ausnahmen von Absatz 1 können auf Vorschlag des Jugendamtes zugelassen werden.

§ 6[1)] [Öffentliche Filmveranstaltungen] (1) Die Anwesenheit bei öffentlichen Filmveranstaltungen darf Kindern und Jugendlichen nur gestattet werden, wenn die Filme von der obersten Landesbehörde zur Vorführung vor ihnen freigegeben worden sind. Kindern unter sechs Jahren darf die Anwesenheit nur gestattet werden, wenn sie von einem Erziehungsberechtigten begleitet sind.

(2) Filme, die geeignet sind, das körperliche, geistige oder seelische Wohl von Kindern und Jugendlichen zu beeinträchtigen, dürfen nicht zur Vorführung vor ihnen freigegeben werden.

(3) Die oberste Landesbehörde kennzeichnet die Filme mit

1. „Freigegeben ohne Altersbeschränkung",
2. „Freigegeben ab sechs Jahren",
3. „Freigegeben ab zwölf Jahren",
4. „Freigegeben ab sechzehn Jahren",
5. „Nicht freigegeben unter achtzehn Jahren".

Kommt in Betracht, daß ein nach Satz 1 Nr. 5 gekennzeichneter Film den Tatbestand des § 130 Abs. 2, des § 131 oder des § 184 des Strafgesetzbuches erfüllt, ist dies der zuständigen Strafverfolgungsbehörde mitzuteilen.

(4) Im Rahmen der Absätze 1 und 3 Satz 1 darf die Anwesenheit bei öffentlichen Filmveranstaltungen ohne Begleitung eines Erziehungsberechtigten nur gestattet werden

1. Kindern, wenn die Vorführung bis 20 Uhr,
2. Jugendlichen unter sechzehn Jahren, wenn die Vorführung bis 22 Uhr,
3. Jugendlichen über sechzehn Jahren, wenn die Vorführung bis 24 Uhr

beendet ist.

(5) Die Absätze 1 bis 4 gelten für die öffentliche Vorführung von Filmen unabhängig von der Art der Aufzeichnung und Wiedergabe. Sie gelten auch für Werbevorspanne und Beiprogramme.

(6) Die Absätze 1 bis 5 gelten nicht für Filme, die zu nichtgewerblichen Zwecken hergestellt werden, solange die Filme nicht gewerblich genutzt werden.

---

1) § 6 Abs. 3 Satz 2 geänd. durch G v. 28. 10. 1994 (BGBl. I S. 3186).

(7) Auf Filme, die von der obersten Landesbehörde nach Absatz 3 Satz 1 gekennzeichnet worden sind, finden die §§ 1 und 11 des Gesetzes über die Verbreitung jugendgefährdender Schriften[1] keine Anwendung.

§ 7 [Öffentlich zugängliche bespielte Bildträger] (1) Bespielte Videokassetten, Bildplatten und vergleichbare Bildträger dürfen Kindern und Jugendlichen in der Öffentlichkeit nur zugänglich gemacht werden, wenn die Programme von der obersten Landesbehörde für ihre Altersstufe freigegeben und gekennzeichnet worden sind.

(2) Für die Freigabe und Kennzeichnung findet § 6 Abs. 2 und 3 Satz 1 und Abs. 6 entsprechende Anwendung. Auf die Alterseinstufung ist mit einem fälschungssicheren Zeichen hinzuweisen. Das Zeichen ist vom Inhaber der Nutzungsrechte auf dem Bildträger und auf der Hülle in einer deutlich sichtbaren Form anzubringen, bevor der Bildträger an den Handel geliefert oder in sonstiger Weise gewerblich verwertet wird.

(3) Bildträger, die von der obersten Landesbehörde nicht oder mit „Nicht freigegeben unter achtzehn Jahren" gekennzeichnet worden sind, dürfen

1. einem Kind oder Jugendlichen nicht angeboten, überlassen oder sonst zugänglich gemacht werden,
2. nicht im Einzelhandel außerhalb von Geschäftsräumen, in Kiosken oder anderen Verkaufsstellen, die der Kunde nicht zu betreten pflegt oder im Versandhandel angeboten oder überlassen werden.

(4) In der Öffentlichkeit dürfen bespielte Bildträger nicht in Automaten angeboten werden.

(5) Auf Bildträger, die von der obersten Landesbehörde nach Absatz 2 in Verbindung mit § 6 Abs. 3 Satz 1 Nr. 1 bis 4 gekennzeichnet worden sind, finden die §§ 1 und 11 des Gesetzes über die Verbreitung jugendgefährdender Schriften[1] keine Anwendung.

(6) § 6 Abs. 3 Satz 2 findet entsprechende Anwendung.

§ 8 [Spielhallen, Glücksspiele, Unterhaltungsspielgeräte] (1) Die Anwesenheit in öffentlichen Spielhallen oder ähnlichen vorwiegend dem Spielbetrieb dienenden Räumen darf Kindern und Jugendlichen nicht gestattet werden.

(2) Die Teilnahme an Spielen mit Gewinnmöglichkeit in der Öffentlichkeit darf Kindern und Jugendlichen nur auf Volksfesten, Schützenfesten, Jahrmärkten, Spezialmärkten oder ähnlichen Veranstaltungen gestattet werden, wenn der Gewinn in Waren von geringem Wert besteht.

(3) Elektronische Bildschirm-Unterhaltungsspielgeräte ohne Gewinnmöglichkeit dürfen zur entgeltlichen Benutzung

1. auf Kindern und Jugendlichen zugänglichen öffentlichen Verkehrsflächen,

[1] Nr. **48.**

2. außerhalb von gewerblich oder in sonstiger Weise beruflich oder geschäftsmäßig genutzten Räumen oder
3. in deren unbeaufsichtigten Zugängen, Vorräumen oder Fluren

nicht aufgestellt werden.

(4) Das Spielen an elektronischen Bildschirm-Unterhaltungsspielgeräten ohne Gewinnmöglichkeit, die zur entgeltlichen Benutzung öffentlich aufgestellt sind, darf Kindern und Jugendlichen unter sechzehn Jahren ohne Begleitung eines Erziehungsberechtigten nicht gestattet werden.

(5) Unterhaltungsspielgeräte, mit denen sexuelle Handlungen oder Gewalttätigkeiten gegen Menschen oder Tiere dargestellt werden oder die eine Verherrlichung oder Verharmlosung des Krieges zum Gegenstand haben, dürfen in der Öffentlichkeit an Kindern und Jugendlichen zugänglichen Orten nicht aufgestellt werden.

§ 9 [Rauchen in der Öffentlichkeit] Das Rauchen in der Öffentlichkeit darf Kindern und Jugendlichen unter sechzehn Jahren nicht gestattet werden.

§ 10 [Ausschluß bei jugendgefährdenden Veranstaltungen] Geht von einer öffentlichen Veranstaltung oder einem Gewerbebetrieb eine Gefährdung im Sinne des § 1 Satz 1 aus, die durch Anwendung der §§ 3 bis 8 nicht ausgeschlossen oder wesentlich gemindert werden kann, so kann die zuständige Behörde anordnen, daß der Veranstalter oder Gewerbetreibende Kindern und Jugendlichen die Anwesenheit nicht gestatten darf. Die Anordnung kann Alters- oder Zeitbegrenzungen enthalten, wenn dadurch die Gefährdung ausgeschlossen oder wesentlich gemindert wird.

§ 11[1] [Bekanntmachung der Beschränkungen; jugendgefährdende Ankündigungen] Veranstalter und Gewerbetreibende haben die nach den §§ 3 bis 10 für ihre Betriebseinrichtungen und Veranstaltungen geltenden Vorschriften sowie die Alterseinstufung von Filmen durch deutlich sichtbaren und gut lesbaren Aushang bekanntzumachen. Zur Bekanntmachung der Alterseinstufung von Filmen und Bildträgern dürfen sie nur die Kennzeichnungen des § 6 Abs. 3 Satz 1 verwenden. Wer einen Film für öffentliche Filmveranstaltungen weitergibt, ist verpflichtet, den Veranstalter auf die Alterseinstufung hinzuweisen. Für Filme und Bildträger, die von der obersten Landesbehörde nach § 6 Abs. 3 Satz 1 gekennzeichnet worden sind, darf bei der Ankündigung und bei der Werbung weder auf jugendgefährdende Inhalte hingewiesen werden noch darf die Ankündigung oder die Werbung in jugendgefährdender Weise erfolgen.

[1] § 11 Satz 3 eingef. durch G v. 28. 6. 1990 (BGBl. I S. 1221).

§ 12[1)] [Ordnungswidrigkeiten] (1) Ordnungswidrig handelt, wer als Veranstalter oder Gewerbetreibender vorsätzlich oder fahrlässig

1. entgegen § 3 einem Kind oder einem Jugendlichen den Aufenthalt in einer Gaststätte gestattet,
2. entgegen § 4 Abs. 1 ein alkoholisches Getränk oder Lebensmittel an ein Kind oder einen Jugendlichen abgibt oder ihm den Verzehr gestattet,
3. entgegen § 4 Abs. 3 Satz 1 ein alkoholisches Getränk in einem Automaten anbietet,
4. entgegen § 5 Abs. 1 einem Kind oder einem Jugendlichen die Anwesenheit bei einer öffentlichen Tanzveranstaltung gestattet,
5. entgegen § 6 Abs. 1 oder 4 einem Kind oder einem Jugendlichen die Anwesenheit bei einer öffentlichen Filmveranstaltung gestattet,
6. entgegen § 7 Abs. 1 einem Kind oder einem Jugendlichen einen bespielten Bildträger, der nicht für seine Altersstufe freigegeben ist, zugänglich macht,
7. entgegen § 7 Abs. 2 Satz 2 und 3 ein Zeichen nicht, nicht in der dort bezeichneten Form oder in einer der Alterseinstufung durch die oberste Landesbehörde nicht entsprechenden Weise anbringt,
8. entgegen § 7 Abs. 3 Nr. 2 einen nicht freigegebenen Bildträger anbietet oder überläßt,
9. entgegen § 7 Abs. 4 einen bespielten Bildträger in einem Automaten anbietet,
10. entgegen § 8 Abs. 1 einem Kind oder einem Jugendlichen die Anwesenheit in einer öffentlichen Spielhalle oder einem dort bezeichneten Raum gestattet,
11. entgegen § 8 Abs. 2 einem Kind oder einem Jugendlichen die Teilnahme an einem Spiel mit Gewinnmöglichkeit gestattet,
12. entgegen § 8 Abs. 3 oder 5 ein Unterhaltungsspielgerät aufstellt,
13. entgegen § 8 Abs. 4 einem Kind oder einem Jugendlichen unter sechzehn Jahren die Benutzung eines Unterhaltungsspielgeräts gestattet,
14. entgegen § 9 einem Kind oder einem Jugendlichen unter sechzehn Jahren das Rauchen in der Öffentlichkeit gestattet oder
15. einer vollziehbaren Anordnung nach § 10 zuwiderhandelt,
16. entgegen § 11 Satz 1 die für seine Betriebseinrichtung oder Veranstaltung geltenden Vorschriften nicht durch den dort bezeichneten Aushang bekanntmacht,
17. entgegen § 11 Satz 2 nicht die Kennzeichnung des § 6 Abs. 3 Satz 1 verwendet,

---

[1)] § 12 Abs. 1 Nr. 4 und Abs. 4 Nr. 2 geänd., Abs. 1 Nr. 17 a eingef., Nr. 18 Verweisung geänd. durch G v. 28. 6. 1990 (BGBl. I S. 1221).

17a. entgegen § 11 Satz 3 einen Film für eine öffentliche Filmveranstaltung weitergibt, ohne den Veranstalter auf die Alterseinstufung hinzuweisen,

18. entgegen § 11 Satz 4 bei der Ankündigung oder bei der Werbung auf jugendgefährdende Inhalte hinweist oder in jugendgefährdender Weise ankündigt oder wirbt.

(2) Ordnungswidrig handelt auch, wer als Person über achtzehn Jahre ein Verhalten eines Kindes oder eines Jugendlichen herbeiführt oder fördert, das durch ein in Absatz 1 Nr. 1 bis 14 bezeichnetes oder in § 7 Abs. 3 Nr. 1 enthaltenes Verbot oder durch eine vollziehbare Anordnung nach § 10 verhindert werden soll. Hinsichtlich des Verbots in § 7 Abs. 3 Nr. 1 gilt dies nicht für den Personensorgeberechtigten.

(3) Die Ordnungswidrigkeit kann mit einer Geldbuße bis zu dreißigtausend Deutsche Mark geahndet werden.

(4) Mit Freiheitsstrafe bis zu einem Jahr oder mit Geldstrafe wird bestraft, wer als Veranstalter oder Gewerbetreibender

1. eine in Absatz 1 bezeichnete vorsätzliche Zuwiderhandlung begeht und dadurch wenigstens leichtfertig ein Kind oder einen Jugendlichen in seiner körperlichen, geistigen oder sittlichen Entwicklung schwer gefährdet oder
2. eine in Absatz 1 bezeichnete vorsätzliche Zuwiderhandlung aus Gewinnsucht begeht oder beharrlich wiederholt.

50. Freiwillige Selbstkontrolle Multimedia Diensteanbieter e. V.

Satzung

Vom 9. Juli 1997

§ 1 Name und Sitz. (1) Der Verein führt den Namen „Freiwillige Selbstkontrolle Multimedia-Diensteanbieter" (FSM) und ist in das Vereinsregister Bonn eingetragen.

(2) Der Verein hat seinen Sitz in Bonn.

(3) Das Geschäftsjahr ist das Kalenderjahr.

§ 2 Vereinszweck und Aufgaben. (1) Der Zweck des Vereins besteht in der Organisation der Freiwilligen Selbstkontrolle der Diensteanbieter mit dem Ziel, die in dem als Anlage dieser Satzung beigefügten Verhaltenskodex „Freiwillige Selbstkontrolle Multimedia-Diensteanbieter" niedergelegten Grundsätze umzusetzen und die Beachtung seiner Regelungen zu fördern. Zur Wahrnehmung dieser Aufgabe bildet der Verein eine unabhängige Beschwerdestelle gemäß § 7 dieser Satzung.

(2) Der Verein hat sich weiter die Aufgabe gesetzt, dem Nutzer der Dienste durch das Angebot von Informationen über die eigene Arbeit, die Anwendung technischer Schutzmechanismen und die Einrichtung einer Informations- und Anlaufstelle einen verantwortungsbewußten Umgang mit diesen Diensten unter Einschluß der aus dem Internet abrufbaren Dienste zu vermitteln.

(3) Der Verein verfolgt das Ziel einer Zusammenarbeit mit anderen Selbstkontrolleinrichtungen auf nationaler, europäischer und internationaler Ebene.

(4) Der Verein vertritt die Interessen seiner Mitglieder in nationalen, europäischen und internationalen Gremien zur Förderung der Freiwilligen Selbstkontrolle im Geiste des Verhaltenskodex.

(5) Der Verein ist selbstlos tätig und verfolgt ausschließlich und unmittelbar gemeinnützige Zwecke im Sinne des Abschnitts „Steuerbegünstigte Zwecke" der Abgabenordnung.

§ 3 Mitgliedschaft. (1) Ordentliches Mitglied im Verein kann jeder gewerbsmäßige Anbieter eines elektronischen Informations- und Kommunikationsdienstes sowie jeder mit eigener Rechtspersönlichkeit ausgestattete Zusammenschluß mehrerer solcher Anbieter werden. Über das schriftlich einzureichende Beitrittsgesuch entscheidet der Vorstand.

(2) Dem Verein können Unternehmen oder Verbände aus der Kommunikations- und Medienindustrie, auch wenn sie nicht den Anforderungen des Abs. 1 entsprechen, als fördernde Mitglieder beitreten. Fördernde Mitglieder haben kein Stimmrecht.

(3) Die Mitgliedschaft endet durch Austritt, Ausschluß, Löschung der Firma im Handelsregister oder sonstige Löschung oder Auflösung eines Mitglieds.

(4) Der Austritt aus dem Verein erfolgt durch schriftliche Erklärung gegenüber dem Vorstand. Er kann nur zum Ende eines Geschäftsjahres erklärt werden, wobei eine Kündigungsfrist von zwei Monaten einzuhalten ist.

(5) Ein Mitglied kann aus dem Verein ausgeschlossen werden, wenn es vorsätzlich oder grob fahrlässig den Interessen des Vereins zuwider handelt. Den Interessen des Vereins zuwider handelt in der Regel ein Mitglied, das trotz wiederholter Aufforderung einem durch den Beschwerdeausschuß festgestellten Verstoß gegen den Verhaltenskodex nicht abhilft, obwohl dies tatsächlich möglich und zumutbar ist, oder wiederholt Sanktionen nicht befolgt. Der Antrag auf Ausschluß ist dem Mitglied spätestens drei Wochen vor Entscheidung schriftlich zu übersenden. Ein Ausschluß ist nur durch Beschluß der Mitgliederversammlung mit Dreiviertelmehrheit möglich.

§ 4 Organe und Gremien des Vereins. Organe des Vereins sind der Vorstand und die Mitgliederversammlung; Gremium ist die gem. § 7 gebildete Beschwerdestelle.

§ 5 Vorstand. (1) Der Vorstand besteht aus dem Vorsitzenden und fünf Stellvertretern. Der Vorstand und sein Vorsitzender werden von der Mitgliederversammlung für die Dauer von zwei Jahren gewählt; er bleibt jedoch auch nach Ablauf seiner Amtszeit bis zur Neuwahl im Amt.

(2) Der Verein wird gerichtlich und außergerichtlich durch zwei Mitglieder des Vorstands gemeinsam vertreten. Lediglich im Innenverhältnis gilt für die Vertretung folgendes:

Der Verein wird gerichtlich und außergerichtlich durch den Vorsitzenden und einen Stellvertretenden Vorsitzenden bei Verhinderung des Vorsitzenden durch zwei Stellvertreter gemeinsam vertreten.

(3) Der Vorstand führt die Geschäfte des Vereins ehrenamtlich.

§ 6 Mitgliederversammlungen. (1) Die ordentliche Mitgliederversammlung findet einmal jährlich statt. Außerordentliche Mitgliederversammlungen finden statt, wenn dies im Interesse des Vereins erforderlich ist. Eine außerordentliche Mitgliederversammlung muß einberufen werden, wenn ein Viertel der Mitglieder schriftlich vom Vorstand die Einberufung einer derartigen Versammlung unter Angabe von Zweck und Grund der Einberufung verlangt.

(2) Mitgliederversammlungen werden durch den Vorsitzenden, bei dessen Verhinderung durch zwei Stellvertretende Vorsitzende schriftlich unter Angabe der vom Vorstand festgelegten Tagesordnung einberufen. Die Einberufungsfrist beträgt drei Wochen.

(3) Die Mitgliederversammlung wird vom Vorsitzenden, bei dessen Verhinderung durch einen der Stellvertretenden Vorsitzenden geleitet;

sind auch diese verhindert, wählt die Mitgliederversammlung aus ihrer Mitte einen Versammlungsleiter. Die Mitgliederversammlung kann eine Änderung oder Ergänzung der vom Vorstand festgelegten Tagesordnung beschließen. Die Mitgliederversammlung ist beschlußfähig, wenn mehr als die Hälfte der stimmberechtigten Mitglieder anwesend oder schriftlich vertreten ist. Ist die Beschlußfähigkeit nicht gegeben, so ist die nächste Mitgliederversammlung in jedem Fall beschlußfähig. Darauf ist in der Einladung hinzuweisen.

Jedes Mitglied kann seine Stimme schriftlich auf ein anderes Mitglied übertragen. Diese Stimmübertragungserklärung ist in der Mitgliederversammlung vorzulegen. Kein Mitglied kann incl. der eigenen Stimme mehr als drei Stimmen auf sich vereinigen.

Soweit in dieser Satzung nichts anderes bestimmt ist, entscheidet bei der Beschlußfassung der Mitgliederversammlung die einfache Mehrheit der abgegebenen gültigen Stimmen; Stimmenthaltungen gelten als ungültige Stimmen. Soweit in der Satzung von einer ¾-Mehrheit die Rede ist, ist eine 3/4-Mehrheit der abgegebenen gültigen Stimmen notwendig.

Beschlüsse sind unter Angabe des Ortes und der Zeit der Versammlung sowie des Abstimmungsergebnisses in einer Niederschrift festzuhalten; die Niederschrift ist vom Protokollführer zu unterschreiben.

§ 7 Beschwerdestelle. (1) Die Aufgabe der Beschwerdestelle ergibt sich aus der von der Mitgliederversammlung mit 3/4-Mehrheit verabschiedeten Beschwerdeordnung.

(2) Die Beschwerdestelle hat mindestens drei ordentliche sowie drei stellvertretende Mitglieder. Die Mitglieder der Beschwerdestelle müssen nicht ihrerseits Mitglieder des Vereins bzw. Mitarbeiter von Mitgliedern des Vereins sein. Die Mitglieder der Beschwerdestelle werden durch die Mitgliederversammlung bestimmt.

Die Mitglieder der Beschwerdestelle sind unabhängig und an Weisungen nicht gebunden, in ihrer Arbeit der Vereinssatzung, dem von der Mitgliederversammlung mit 3/4-Mehrheit verabschiedeten Verhaltenskodex und der Beschwerdeordnung verpflichtet. Sie sind zu finanziellen Beiträgen und Zuschüssen nicht verpflichtet. Ihre Tätigkeit ist ehrenamtlich.

§ 8 Finanzierung des Vereins. Die Kosten des Vereins werden durch Mitgliedsbeiträge gedeckt, die von der Mitgliederversammlung jährlich durch Beschluß festgesetzt werden. Das Nähere regelt die von der Mitgliederversammlung mit 3/4-Mehrheit zu verabschiedende Beitragsordnung.

§ 9 Satzungsänderung, Auflösung des Vereins. (1) Über eine Satzungsänderung entscheidet die Mitgliederversammlung mit einer Mehrheit von drei Viertel der abgegebenen gültigen Stimmen.

(2) Über die Auflösung des Vereins entscheidet die Mitgliederversammlung mit einer Mehrheit von vier Fünftel der abgegebenen gültigen Stimmen.

51. Freiwillige Selbstkontrolle Multimedia Diensteanbieter e. V.

Beschwerdeordnung des Vereins

Vom 9. Juli 1997

Erster Abschnitt. Allgemeine Vorschriften

§ 1 Beschwerdeberechtigung. (1) Jedermann ist berechtigt, sich bei der Beschwerdestelle des Vereins „Freiwillige Selbstkontrolle Multimedia-Diensteanbieter" über im Internet oder in sonstigen Netzen oder über Online-Dienste zugängliche Inhalte zu beschweren. Beschwerden, die bei einem Mitglied eingehen, können an den Verein weitergeleitet werden.

(2) Die Beschwerdestelle kann von sich aus gegen ein Mitglied tätig werden.

§ 2 Zuständigkeit für die Behandlung von Beschwerden. Zuständig für die Vorprüfung (§ 4) eingehender Beschwerden ist der Beauftragte der Beschwerdestelle (Beauftragter). Im übrigen werden Beschwerden von der Beschwerdestelle und ihrem Vorsitzenden gemäß §§ 5 ff. und auf der Grundlage des von dem Verein verabschiedeten Verhaltenskodex behandelt.

§ 3 Entgegennahme und Inhalt von Beschwerden. (1) Die Beschwerdestelle nimmt Beschwerden nicht als Empfangsbotin oder Vertreterin der Vereinsmitglieder, sondern ausschließlich als unabhängiges Selbstkontrollorgan des Vereins „Freiwillige Selbstkontrolle Multimedia-Diensteanbieter" entgegen.

(2) Beschwerden können an den Verein auf elektronischem Weg durch Ausfüllen eines elektronischen Beschwerdeformulars auf der Web-Site des Vereins gerichtet werden. Die Beschwerde muß einen Hinweis auf einen bestimmten Inhalt sowie darauf enthalten, auf welche Weise der Inhalt, der Gegenstand der Beschwerde ist, im Internet oder über einen Online-Dienst zugänglich ist bzw. gewesen ist. Der Beschwerdeführer hat seine E-Mail-Adresse anzugeben. In der Beschwerde soll der Beschwerdegrund angegeben werden.

(3) Anonyme Beschwerden werden nicht bearbeitet. Der Verein kann den Beschwerdeführer auffordern, seine Beschwerde nochmals zu bestätigen. Kommt der Beschwerdeführer der Aufforderung nicht nach, so wird seine Beschwerde nicht bearbeitet.

Zweiter Abschnitt. Verfahren gegen Inhalteanbieter

§ 4 Vorprüfung. (1) Richtet sich eine Beschwerde ersichtlich gegen einen ausländischen Inhalteanbieter und ist in dem Staat, in dem der Anbieter seinen Sitz hat, ein freiwilliges Selbstkontrollorgan für Multimedia-Inhalte vorhanden, so leitet der Beauftragte die Beschwerde an dieses Selbstverwaltungsgremium weiter. Anderenfalls ist die Beschwerde an den Beschwerdeführer über seine E-Mail-Adresse zurückzugeben.

(2) Beschwerden gegen einen inländischen Inhalteanbieter, deren Behandlung offensichtlich in die Zuständigkeit eines anderen deutschen Selbstkontrollgremiums fällt, leitet der Beauftragte an das jeweilige Gremium weiter. Der Beschwerdeführer ist über seine E-Mail-Adresse entsprechend zu unterrichten.

(3) Unschlüssigen oder offensichtlich unbegründeten Beschwerden geht der Beauftragte nicht nach. Der Beschwerdeführer wird darüber über seine E-Mail-Adresse unterrichtet und erforderlichenfalls aufgefordert, seine Beschwerde zu substantiieren.

(4) Eine Beschwerde soll in der Regel nicht behandelt werden, wenn bzw. soweit ihre Entscheidung den Ausgang eines anhängigen Ermittlungs- oder Gerichtsverfahrens beeinflussen könnte. Der Beschwerdeführer ist über seine E-Mail-Adresse entsprechend zu unterrichten.

(5) Schlüssige und nicht offensichtlich unbegründete Beschwerden leitet der Beauftragte an den Inhalteanbieter weiter mit der Aufforderung, innerhalb einer angemessenen Frist zu der Beschwerde Stellung zu nehmen.

§ 5 Entscheidungsverfahren. (1) Nach der Vorprüfung leitet der Beauftragte die Beschwerde und alle vorliegenden Stellungnahmen mit einer Zusammenfassung des ermittelten Sachverhalts an den Vorsitzenden der Beschwerdestelle weiter.

(2) Zur Vorbereitung der Entscheidung bei einer Beschwerde trifft der Vorsitzende der Beschwerdestelle alle erforderlichen Maßnahmen; insbesondere können Auskünfte eingeholt, Zeugen und Sachverständige befragt werden.

(3) Soweit es sich um Beschwerden handelt, die Fallgestaltungen betreffen, die von der Beschwerdestelle bereits entschieden wurden bzw. in tatsächlicher und rechtlicher Weise eindeutig gelagerte Fälle beinhalten, entscheidet der Vorsitzende der Beschwerdestelle alleine.

(4) In allen anderen Fällen entscheidet die Beschwerdestelle mit der Mehrheit der abgegebenen Stimmen ihrer ordentlichen bzw. nachgerückten Mitglieder; bei Stimmengleichheit entscheidet die Stimme des Vorsitzenden.

(5) Beschlüsse der Beschwerdestelle können auch im Umlaufverfahren gefaßt werden.

§ 6 Inhalt und Bekanntgabe der Entscheidung. (1) Ist die Beschwerde unbegründet, wird sie zurückgewiesen.

(2) Hat der Beschwerdegegner den beanstandeten Inhalt von sich aus in einer Weise geändert, der die Beschwerde inhaltlich gegenstandslos werden läßt, endet das Verfahren.

(3) Aufgrund einer begründeten Beschwerde können – je nach Schwere des Verstoßes – ausgesprochen werden:

a) ein Hinweis mit Abhilfeaufforderung oder

b) eine Mißbilligung oder

c) eine Rüge.

An Nichtmitglieder können nur Hinweise ergehen.

(4) Die Entscheidungen nach Abs. 3 enthalten die Aufforderung an das Mitglied, durch geeignete Maßnahmen dem festgestellten Verstoß abzuhelfen und Wiederholungen zu vermeiden. Die geforderten Maßnahmen müssen tatsächlich und rechtlich möglich und zumutbar sein.

(5) Gegen ein Mitglied ausgesprochene Rügen sind in ihrem Tenor von dem Mitglied in seinem Diensteangebot einen Monat lang, beginnend mit der Bekanntgabe der Rüge, zu veröffentlichen.

(6) Der Beschwerdeführer ist über Entscheidungen nach Abs. 1–3 über seine E-Mail-Adresse zu unterrichten.

Dritter Abschnitt. Verfahren gegen den Inhaltevermittler

§ 7 Anzuwendende Vorschriften. (1) Wird die Entscheidung nach § 6 von dem Inhalteanbieter nicht befolgt, so werden die Beschwerde und ihre Bewertung dem Diensteanbieter i. S. d. § 5 Abs. 2 TDG und § 5 Abs. 2 MdStV bekanntgegeben. § 4 Abs. 1 gilt entsprechend.

(2) Zugleich ist dem Diensteanbieter Gelegenheit zu geben, gegenüber dem Vorsitzenden der Beschwerdestelle Einwände vorzutragen, die der Befolgung der Entscheidung durch den Diensteanbieter entgegenstehen.

(3) Die Einwände des Diensteanbieters i. S. d. § 5 Abs. 2 TDG und § 5 Abs. 2 MdStV werden von der Beschwerdestelle bzw. ihrem Vorsitzenden bewertet. Sodann wird eine Entscheidung nach § 5 und § 6 getroffen.

(4) Bzgl. eines Verfahrens gegen einen Diensteanbieter gem. § 5 Abs. 3 TDG und § 5 Abs. 3 MdStV gelten die vorstehenden Absätze entsprechend.

Vierter Abschnitt. Schlußvorschriften

§ 8 Empfehlungen zur gütlichen Einigung. In jedem Stadium des Verfahrens können Empfehlungen, die zu einer gütlichen Einigung des

Beschwerdeführers mit dem Inhalteanbieter bzw. Inhaltevermittler führen können, erteilt werden.

§ 9 Befangenheit. (1) Mitglieder der Beschwerdestelle sind befangen, von der Mitwirkung an der Entscheidung ausgeschlossen und durch ein anderes stellvertretendes Mitglied zu ersetzen, wenn ein Grund vorliegt, der geeignet ist, Mißtrauen gegen ihre Unparteilichkeit zu rechtfertigen.

(2) Über Ablehnungsanträge entscheidet die Beschwerdestelle im Einvernehmen mit dem Vorstand des Vereins „Freiwillige Selbstkontrolle Multimedia“. Das von dem Ablehnungsantrag betroffene Mitglied ist von der Entscheidung ausgeschlossen. Der Beschluß ist dem Beschwerdeführer über seine E-Mail-Adresse mitzuteilen.

§ 10 Verhalten der Mitglieder der Beschwerdestelle und des Beauftragten im Beschwerdeverfahren. Die Mitglieder der Beschwerdestelle und der Beauftragte und seine Mitarbeiter bewahren über den Inhalt von Beschwerden, deren Behandlung und den Entscheidungsprozeß Vertraulichkeit, soweit nicht eine Veröffentlichung nach den Bestimmungen des Verhaltenscodex vorgesehen ist.

§ 11 Wiederaufnahme des Verfahrens. Die Wiederaufnahme des abgeschlossenen Beschwerdeverfahrens ist nur zulässig, wenn

a) der Beschwerdeführer oder der Beschwerdegegner dies beantragt und

b) neue Tatsachen nachgewiesen werden, die alleine oder in Verbindung mit den früheren Entscheidungsgrundlagen eine wesentlich andere Entscheidung zu begründen geeignet sind.

52. Netiquette Guidelines

Status of This Memo

This memo provides information for the Internet community. This memo does not specify an Internet standard of any kind. Distribution of this memo is unlimited.

Abstract

This document provides a minimum set of guidelines for Network Etiquette (Netiquette) which organizations may take and adapt for their own use. As such, it is deliberately written in a bulleted format to make adaptation easier and to make any particular item easy (or easier) to find. It also functions as a minimum set of guidelines for individuals, both users and administrators. This memo is the product of the Responsible Use of the Network (RUN) Working Group of the IETF.

Table of Contents

1.0 Introduction

In the past, the population of people using the Internet had "grown up" with the Internet, were technically minded, and understood the nature of the transport and the protocols. Today, the community of Internet users includes people who are new to the environment. These "Newbies" are unfamiliar with the culture and don't need to know about transport and protocols. In order to bring these new users into the Internet culture quickly, this Guide offers a minimum set of behaviors which organizations and individuals may take and adapt for their own use. Individuals should be aware that no matter who supplies their Internet access, be it an Internet Service Provider through a private account, or a student account at a University, or an account th rough a corporation, that those organizations have regulations about ownership of mail and files, about what is proper to post or send, and how to present yourself. Be sure to check with the local authority for specific guidelines.

We've organized this material into three sections: One-to-one communication, which includes mail and talk; One-to-many communications, which includes mailing lists and NetNews; and Information Services, which includes ftp, WWW, Wais, Gopher, MUDs and MOOs. Finally, we have a Selected Bibliography, which may be used for reference.

2.0 One-to-One Communication (electronic mail, talk)

We define one-to-one communications as those in which a person is communicating with another person as if face-to-face: a dialog. In general, rules of common courtesy for interaction with people should be in force for any situation and on the Internet it's doubly important where, for example, body language and tone of voice must be inferred. For more information on Netiquette for communicating via electronic mail and talk, check references [1, 23, 25, 27] in the Selected Bibliography.

2.1 User Guidelines

2.1.1 For mail:

- Unless you have your own Internet access through an Internet provider, be sure to check with your employer about ownership of electronic mail. Laws about the ownership of electronic mail vary from place to place.
- Unless you are using an encryption device (hardware or software), you should assume that mail on the Internet is not secure. Never put in a mail message anything you would not put on a postcard.
- Respect the copyright on material that you reproduce. Almost every country has copyright laws.
- If you are forwarding or re-posting a message you've received, do not change the wording. If the message was a personal message to you and you are re-posting to a group, you should ask permission first. You may shorten the message and quote only relevant parts, but be sure you give proper attribution.
- Never send chain letters via electronic mail. Chain letters are forbidden on the Internet. Your network privileges will be revoked. Notify your local system administrator if you ever receive one.
- A good rule of thumb: Be conservative in what you send and liberal in what you receive. You should not send heated messages (we call these "flames") even if you are provoked. On the other hand, you shouldn't be surprised if you get flamed and it's prudent not to respond to flames.
- In general, it's a good idea to at least check all your mail subjects before responding to a message. Sometimes a person who asks you for help (or clarification) will send another message which effectively says "Never Mind". Also make sure that any message you respond to was directed to you. You might be cc:ed rather than the primary recipient.
- Make things easy for the recipient. Many mailers strip header information which includes your return address. In order to ensure that people know who you are, be sure to include a line or two at the end

of your message with contact information. You can create this file ahead of time and add it to the end of your messages. (Some mailers do this automatically.) In Internet parlance, this is known as a ".sig" or "signature" file. Your .sig file takes the place of your business card. (And you can have more than one to apply in different circumstances.)

- Be careful when addressing mail. There are addresses which may go to a group but the address looks like it is just one person. Know to whom you are sending.
- Watch cc's when replying. Don't continue to include people if the messages have become a 2-way conversation.
- Remember that people with whom you communicate are located across the globe. If you send a message to which you want an immediate response, the person receiving it might be at home asleep when it arrives. Give them a chance to wake up, come to work, and login before assuming the mail didn't arrive or that they don't care.
- Verify all addresses before initiating long or personal discourse. It's also a good practice to include the word "Long" in the subject header so the recipient knows the message will take time to read and respond to. Over 100 lines is considered "long".
- Know whom to contact for help. Usually you will have resources close at hand. Check locally for people who can help you with software and system problems. Also, know whom to go to if you receive anything questionable or illegal. Most sites also have "Postmaster" aliased to a knowledgeable user, so you can send mall to this address to get help with mail.
- Remember that the recipient is a human being whose culture, language, and humor have different points of reference from your own. Remember that date formats, measurements, and idioms may not travel well. Be especially careful with sarcasm.
- Use mixed case. UPPER CASE LOOKS AS IF YOU'RE SHOUTING.
- Use symbols for emphasis. That *is* what I meant. Use underscores for underlining. _War and Peace_ is my favorite book.
- Use smileys to indicate tone of voice, but use them sparingly. :–) is an example of a smiley (Look sideways). Don't assume that the inclusion of a smiley will make the recipient happy with what you say or wipe out an otherwise insulting comment.
- Wait overnight to send emotional responses to messages. If you have really strong feelings about a subject, indicate it via FLAME ON/OFF enclosures. For example:
  FLAME ON: This type of argument is not worth the bandwidth it takes to send it. It's illogical and poorly reasoned. The rest of the world agrees with me.
  FLAMF OFF
- Do not include control characters or non-ASCII attachments in messages unless they are MIME attachments or unless your mailer encodes these. If you send encoded messages make sure the recipient can decode them.

- Be brief without being overly terse. When replying to a message, include enough original material to be understood but no more. It is extremely bad form to simply reply to a message by including all the previous message: edit out all the irrelevant material.
- Limit line length to fewer than 65 characters and end a line with a carriage return.
- Mail should have a subject heading which reflects the content of the message.
- If you include a signature keep it short. Rule of thumb is no longer than 4 lines. Remember that many people pay for connectivity by the minute, and the longer your message is, the more they pay.
- Just as mail (today) may not be private, mail (and news) are (today) subject to forgery and spoofing of various degrees of detectability. Apply common sense "reality checks" before assuming a message is valid.
- If you think the importance of a message justifies it, immediately reply briefly to an e-mail message to let the sender know you got it, even if you will send a longer reply later.
- "Reasonable" expectations for conduct via e-mail depend on your relationship to a person and the context of the communication. Norms learned in a particular e-mail environment may not apply in general to your e-mail communication with people across the Internet. Be careful with slang or local acronyms.
- The cost of delivering an e-mail message is, on the average, paid about equally by the sender and the recipient (or their organizations). This is unlike other media such as physical mail, telephone, TV, or radio. Sending someone mail may also cost them in other specific ways like network bandwidth, disk space or CPU usage. This is a fundamental economic reason why unsolicited e-mail advertising is unwelcome (and is forbidden in many contexts).
- Know how large a message you are sending. Including large files such as Postscript files or programs may make your message so large that it cannot be delivered or at least consumes excessive resources. A good rule of thumb would be not to send a file larger than 50 Kilobytes. Consider file transfer as an alternative, or cutting the file into smaller chunks and sending each as a separate message.
- Don't send large amounts of unsolicited information to people.
- If your mail system allows you to forward mail, beware the dreaded forwarding loop. Be sure you haven't set up forwarding on several hosts so that a message sent to you gets into an endless loop from one computer to the next to the next.

3.0 One-to-Many Communication (Mailing Lists, NetNews)

Any time you engage in One-to-Many communications, all the rules for mail should also apply. After all, communicating with many people via one mail message or post is quite analogous to communicating with one person with the exception of possibly offending a great many more people than in one-to-one communication. Therefore, it's quite important to know as much as you can about the audience of your message.

3.1 User Guidelines

3.1.1 General Guidelines for mailing lists and NetNews

- Read both mailing lists and newsgroups for one to two months before you post anything. This helps you to get an understanding of the culture of the group.
- Do not blame the system administrator for the behavior of the system users.
- Consider that a large audience will see your posts. That may include your present or your next boss. Take care in what you write. Remember too, that mailing lists and Newsgroups are frequently archived, and that your words may be stored for a very long time in a place to which many people have access.
- Assume that individuals speak for themselves, and what they say does not represent their organization (unless stated explicitly).
- Remember that both mail and news take system resources. Pay attention to any specific rules covering their uses your organization may have.
- Messages and articles should be brief and to the paint. Don't wander off-topic, don't ramble and don't send mail or post messages solely to point out other people's errors in typing or spelling. These, more than any other behavior, mark you as an immature beginner.
- Subject lines should follow the conventions of the group.
- Forgeries and spoofing are not approved behavior.
- Advertising is welcomed on some lists and Newsgroups, and abhorred on others! This is another example of knowing your audience before you post. Unsolicited advertising which is completely off-topic will most certainly guarantee that you get a lot of hate mail.
- If you are sending a reply to a message or a posting be sure you summarize the original at the top of the message, or include just enough text of the original to give a context. This will make sure readers understand when they start to read your response. Since NetNews, especially, is proliferated by distributing the postings from one host to another, it is possible to see a response to a message before seeing the original. Giving context helps everyone. But do not include the entire original!
- Again, be sure to have a signature which you attach to your message. This will guarantee that any peculiarities of mailers or newsreaders which strip header information will not delete the only reference in the message of how people may reach you.
- Be careful when you reply to messages or postings. Frequently replies are sent back to the address which originated the post – which in many cases is the address of a list or group! You may accidentally send a personal response to a great many people, embarrassing all involved. It's best to type in the address instead of relying on "reply".

- Delivery receipts, non-delivery notices, and vacation programs are neither totally standardized nor totally reliable across the range of systems connected to Internet mail. They are invasive when sent to mailing lists, and some people consider delivery receipts an invasion of privacy. In short, do not use them.
- If you find a personal message has gone to a list or group, send an apology to the person and to the group.
- If you should find yourself in a disagreement with one person, make your responses to each other via mail rather than continue to send messages to the list or the group. If you are debating a point on which the group might have some interest, you may summarize for them later.
- Don't get involved in flame wars. Neither post nor respond to incendiary material.
- Avoid sending messages or posting articles which are no more than gratuitous replies to replies.
- Be careful with monospacing fonts and diagrams. These will display differently on different systems, and with different mailers on the same system.
- There are Newsgroups and Mailing Lists which discuss topics of wide varieties of interests. These represent a diversity of lifestyles, religions, and cultures. Posting articles or sending messages to a group whose point of view is offensive to you simply to tell them they are offensive is not acceptable. Sexually and racially harassing messages may also have legal implications. There is software available to filter items you might find objectionable.

3.1.2 Mailing List Guidelines

There are several ways to find information about what mailing lists exist on the Internet and how to join them. Make sure you understand your organization's policy about joining these lists and posting to them. In general it is always better to check local resources first before trying to find information via the Internet. Nevertheless, there are a set of files posted periodically to news.answers which list the Internet mailing lists and how to subscribe to them. This is an invaluable resource for finding lists on any topic. See also references [9, 13, 15] in the Selected Bibliography.

- Send subscribe and unsubscribe messages to the appropriate address. Although some mailing list software is smart enough to catch these, not all can ferret these out. It is your responsibility to learn how the lists work, and to send the correct mail to the correct place. Although many many mailing lists adhere to the convention of having a "-request" alias for sending subscribe and unsubscribe messages, not all do. Be sure you know the conventions used by the lists to which you subscribe.
- Save the subscription messages for any lists you join. These usually tell you how to unsubscribe as well.

- In general, it's not possible to retrieve messages once you have sent them. Even your system administrator will not be able to get a message back once you have sent it. This means you must make sure you really want the message to go as you have written it.
- The auto-reply feature of many mailers is useful for in-house communication, but quite annoying when sent to entire mailing lists. Examine "Reply-To" addresses when replying to messages from lists. Most auto-replys will go to all members of the list.
- Don't send large files to mailing lists when Uniform Resource Locators (URLs) or pointers to ftp-able versions will do. If you want to send it as multiple files, be sure to follow the culture of the group. If you don't know what that is, ask.
- Consider unsubscribing or setting a "nomail" option (when it's available) when you cannot check your mail for an extended period.
- When sending a message to more than one mailing list, especially if the lists are closely related, apologize for cross-posting.
- If you ask a question, be sure to post a summary. When doing so, truly summarize rather than send a cumulation of the messages you receive.
- Some mailing lists are private. Do not send mail to these lists uninvited. Do not report mail from these lists to a wider audience.
- If you are caught in an argument, keep the discussion focused on issues rather than the personalities involved.

3.1.3 NetNews Guidelines

NetNews is a globally distributed system which allows people to communicate on topics of specific interest. It is divided into hierarchies, with the major divisions being: sci – science related discussions; comp – computer related discussions; news – for discussions which center around NetNews itself; rec – recreational activities; soc – social issues; talk – long-winded never-ending discussions; biz – business related postings; and alt – the alternate hierarchy. Alt is so named because creating an alt group does not go through the same process as creating a group in the other parts of the hierarchy. There are also regional hierarchies, hierarchies which are widely distributed such as Bionet, and your place of business may have its own groups as well. Recently, a "humanities" hierarchy was added, and as time goes on its likely more will be added. For longer discussions on News see references [2, 8, 22, 23] in the Selected Bibliography.

- [details on NetNews Guidelines have been edited out of this version]

4.0 Information Services (Gopher, Wais, WWW, ftp, telnet)

In recent Internet history, the 'Net has exploded with new and varied Information services. Gopher, Wais, World Wide Web (WWW), Multi-User Dimensions (MUDs), Multi-User Dimensions which are Object Oriented (MOOs) are a few of these new areas. Although the ability to find information is exploding, "Caveat Emptor" remains constant. For more information on these services, check references [14, 28] in the Selected Bibliography.

4.1 User Guidelines

4.1.1. General guidelines

- Remember that all these services belong to someone else. The people who pay the bills get to make the rules governing usage. Information may be free – or it may not be! Be sure you check.
- If you have problems with any form of information service, start problem solving by checking locally: Check file configurations, software setup, network connections, etc. Do this before assuming the problem is at the provider's end and/or is the provider's fault.
- Although there are naming conventions for file-types used, don't depend on these file naming conventions to be enforced. For example, a ".doc" file is not always a Word file.
- Information services also use conventions, such as www.xyz.com. While it is useful to know these conventions, again, don't necessarily rely on them.
- Know how file names work on your own system.
- Be aware of conventions used for providing information during sessions. FTP sites usually have files named README in a top level directory which have information about the files available. But, don't assume that these files are necessarily up-to-date and/or accurate.
- Do NOT assume that ANY information you find is up-to-date and/or accurate. Remember that new technologies allow just about anyone to be a publisher, but not all people have discovered the responsibilities which accompany publishing.
- Remember that unless you are sure that security and authentication technology is in use, that any information you submit to a system is being transmitted over the Internet "in the clear", with no protection from "sniffers" or forgers.
- Since the Internet spans the globe, remember that Information Services might reflect culture and life-style markedly different from your own community. Materials you find offensive may originate in a geography which finds them acceptable. Keep an open mind.
- When wanting information from a popular server, be sure to use a mirror server that's close if a list is provided.
- Do not use someone else's FTP site to deposit materials you wish other people to pick up. This is called "dumping" and is not generally acceptable behavior.
- When you have trouble with a site and ask for help, be sure to provide as much information as possible in order to help debug the problem.
- When bringing up your own information service, such as a homepage, be sure to check with your local system administrator to find what the local guidelines are in affect.
- Consider spreading out the system load on popular sites by avoiding "rush hour" and logging in during off-peak times.

5.0 Selected Bibliography

This bibliography was used to gather most of the information in the sections above as well as for general reference. Items not specifically found in these works were gathered from the IETF-RUN Working Group's experience.

[1] Angell, D., and B. Heslop, "The Elements of E-mail Style", New York: Addison-Wesley, 1994.
[2] "Answers to Frequently Asked Questions about Usenet" Original author: jerry@eagle.UUCP (Jerry Schwarz)
Maintained by: netannounce@deshaw.com (Mark Moraes) Archive-name: usenet-faq/part1
[3] Cerf, V., "Guidelines for Conduct on and Use of Internet", at: <URL://http://www.isoc.org/proceedings/conduct/cerf-Aug-draft.html>
[4] Dern, D., "The Internet Guide for New Users", New York: McGraw-Hill, 1994.
[5] "Emily Postnews Answers Your Questions on Netiquette" Original author: brad@looking.on.ca (Brad Templeton) Maintained by: netannounce@deshaw.com (Mark Moraes) Archive-name: emily-postnews/part1
[6] Gaffin, A., "Everybody's Guide to the Internet", Cambridge, Mass., MIT Press, 1994.
[7] "Guidelines for Responsible Use of the Internet" from the US house of Representatives gopher, at: <URL:gopher://gopher.house.gov: 70/OF-1%3a208%3aInternet%20Etiquette>
[8] How to find the right place to post (FAQ) by buglady@bronze.lcs.mit.edu (Aliza R. Panitz) Archive-name: finding-groups/general
[9] Hambridge, S., and J. Sedayao, "Horses and Barn Doors: Evolution of Corporate Guidelines for Internet Usage", LISA VII, Usenix, November 1–5, 1993, pp. 9–16. <URL: ftp://ftp.intel.com/pub/papers/horses.ps or horses.ascii>
[10] Heslop, B., and D. Angell, "The Instant Internet guide : Hands-on Global Networking", Reading, Mass., Addison-Wesley, 1994.
[11] Horwitz, S., "Internet Etiquette Tips", <ftp://ftp.temple.edu/pub/info/help-net/netiquette.infohn>
[12] Internet Activities Board, "Ethics and the Internet", RFC 1087, IAB, January 1989. <URL: ftp://ds.internic.net/rfc/rfc1087.txt>
[13] Kehoe, B., "Zen and the Art of the Internet: A Beginner's Guide", Netiquette information is spread through the chapters of this work. 3rd ed. Englewood Cliffs, NJ., Prentice-Hall, 1994.
[14] Kochmer, J., "Internet Passport: NorthWestNet's Guide to our World Online", 4th ed. Bellevue, Wash., NorthWestNet, Northwest Academic Computing Consortium, 1993.
[15] Krol, Ed, "The Whole Internet: User's Guide and Catalog", Sebastopol, CA, O'Reilly & Associates, 1992.
[16] Lane, E. and C. Summerhill, "Internet Primer for Information Professionals: a basic guide to Internet networking technology", Westport, CT, Meckler, 1993.
[17] LaQuey, T., and J. Ryer, "The Internet Companion", Chapter 3 "Communicating with People", pp. 41–74. Reading, MA, Addison-Wesley, 1993.

[18] Mandel, T., "Surfing the Wild Internet", SRI International Business Intelligence Program, Scan No. 2109. March, 1993. <URL: gopher://gopher.well.sf.ca.us:70/00/Communications/surf-wild>

[19] Martin, J., "There's Gold in them thar Networks! or Searching for Treasure in all the Wrong Places", FYI 10, RFC 1402, January 1993. <URL: ftp://ds.internic.net/rfc/rfc1402.txt>

[20] Pioch, N., "A Short IRC Primer", Text conversion by Owe Rasmussen. Edition 1.1b, February 28, 1993. <URL: http://www.kei.com/irc/IRCprimer1.1.txt>

[21] Polly, J., "Surfing the Internet: an Introduction", Version 2.0.3. Revised May 15, 1993. <URL: gopher://nysernet.org:70/00/ftp%20archives/pub/resources/guides/surfing.2.0.3.txt> <URL: ftp://ftp.nysernet.org/pub/resources/guides/surfing.2.0.3.txt>

[22] "A Primer on How to Work With the Usenet Community" Original author: chuq@apple.com (Chuq Von Rospach) Maintained by: netannounce@deshaw.com (Mark Moraes) Archive-name: usenet-primer/part1

[23] Rinaldi, A., "The Net: User Guidelines and Netiquette", September 3, 1992.
<URL: http://www.fau.edu/rinaldi/net/index.htm>

[24] "Rules for posting to Usenet" Original author: spaf@cs.purdue.edu (Gene Spafford) Maintained by: netannounce@deshaw.com (Mark Moraes) Archive-name: posting-rules/part1

[25] Shea, V., "Netiquette", San Francisco: Albion Books, 1994?.

[26] Strangelove, M., with A. Bosley, "How to Advertise on the Internet", ISSN 1201-0758.

[27] Tenant, R., "Internet Basics", ERIC Clearinghouse of Information Resources, EDO-IR-92-7. September, 1992. <URL: gopher://nic.merit.edu:7043/00/introducing.the.internet/internet.basics.eric-digest> <URL: gopher://vega.lib.ncsu.edu:70/00/library/reference/guides/tennet>

7.0 Author's Address

Sally Hambridge
Intel Corporation
2880 Northwestern Parkway
SC3-15
Santa Clara, CA 95052

Phone: 408-765-2931
Fax: 408-765-3679
EMail: sallyh@ludwig.sc.intel.com

I. Verfassungsrechtliche und europarechtliche Grundlagen

53. Grundgesetz

Vom 23. Mai 1949 (BGBl. I S. 1)

(BGBl. III 100-1)

zuletzt geänd. durch Gesetz zur Änderung des Grundgesetzes (Art. 13) v. 26. 3. 1998 (BGBl. I S. 610)

(Auszug)

I. Die Grundrechte

Art. 1[1] [Schutz der Menschenwürde] (1) Die Würde des Menschen ist unantastbar. Sie zu achten und zu schützen ist Verpflichtung aller staatlichen Gewalt.

(2) Das Deutsche Volk bekennt sich darum zu unverletzlichen und unveräußerlichen Menschenrechten als Grundlage jeder menschlichen Gemeinschaft, des Friedens und der Gerechtigkeit in der Welt.

(3) Die nachfolgenden Grundrechte binden Gesetzgebung, vollziehende Gewalt und Rechtsprechung als unmittelbar geltendes Recht.

Art. 2 [Freie Entfaltung der Persönlichkeit, Recht auf Leben, körperliche Unversehrtheit, Freiheit der Person] (1) Jeder hat das Recht auf die freie Entfaltung seiner Persönlichkeit, soweit er nicht die Rechte anderer verletzt und nicht gegen die verfassungsmäßige Ordnung oder das Sittengesetz verstößt.

(2) Jeder hat das Recht auf Leben und körperliche Unversehrtheit. Die Freiheit der Person ist unverletzlich. In diese Rechte darf nur auf Grund eines Gesetzes eingegriffen werden.

Art. 5 [Recht der freien Meinungsäußerung] (1) Jeder hat das Recht, seine Meinung in Wort, Schrift und Bild frei zu äußern und zu verbreiten und sich aus allgemein zugänglichen Quellen ungehindert zu unterrichten. Die Pressefreiheit und die Freiheit der Berichterstattung durch Rundfunk und Film werden gewährleistet. Eine Zensur findet nicht statt.

(2) Diese Rechte finden ihre Schranken in den Vorschriften der allgemeinen Gesetze, den gesetzlichen Bestimmungen zum Schutze der Jugend und in dem Recht der persönlichen Ehre.

---

[1] Art. 1 Abs. 3 geänd. durch G v. 19. 3. 1956 (BGBl. I S. 111).

(3) Kunst und Wissenschaft, Forschung und Lehre sind frei. Die Freiheit der Lehre entbindet nicht von der Treue zur Verfassung.

Art. 10[1)] **[Brief-, Post- und Fernmeldegeheimnis]** (1) Das Briefgeheimnis sowie das Post- und Fernmeldegeheimnis sind unverletzlich.

(2) Beschränkungen dürfen nur auf Grund eines Gesetzes[2)] angeordnet werden. Dient die Beschränkung dem Schutze der freiheitlichen demokratischen Grundordnung oder des Bestandes oder der Sicherung des Bundes oder eines Landes, so kann das Gesetz bestimmen, daß sie dem Betroffenen nicht mitgeteilt wird und daß an die Stelle des Rechtsweges die Nachprüfung durch von der Volksvertretung bestellte Organe und Hilfsorgane tritt.

II. Der Bund und die Länder

Art. 30 [Funktionen der Länder] Die Ausübung der staatlichen Befugnisse und die Erfüllung der staatlichen Aufgaben ist Sache der Länder, soweit dieses Grundgesetz keine andere Regelung trifft oder zuläßt.

Art. 31 [Vorrang des Bundesrechts] Bundesrecht bricht Landesrecht.

VII. Die Gesetzgebung des Bundes

Art. 70 [Gesetzgebung des Bundes und der Länder] (1) Die Länder haben das Recht der Gesetzgebung, soweit dieses Grundgesetz nicht dem Bunde Gesetzgebungsbefugnisse verleiht.

(2) Die Abgrenzung der Zuständigkeit zwischen Bund und Ländern bemißt sich nach den Vorschriften dieses Grundgesetzes über die ausschließliche und die konkurrierende Gesetzgebung.

Art. 71 [Ausschließliche Gesetzgebung] Im Bereiche der ausschließlichen Gesetzgebung des Bundes haben die Länder die Befugnis zur Gesetzgebung nur, wenn und soweit sie hierzu in einem Bundesgesetze ausdrücklich ermächtigt werden.

Art. 72[3)] **[Konkurrierende Gesetzgebung]** (1) Im Bereich der konkurrierenden Gesetzgebung haben die Länder die Befugnis zur Gesetzgebung, solange und soweit der Bund von seiner Gesetzgebungszuständigkeit nicht durch Gesetz Gebrauch gemacht hat.

---

1) Art. 10 neugef. durch G v. 24. 6. 1968 (BGBl. I S. 709).

2) Siehe hierzu das G zur Überwachung strafrechtlicher und anderer Verbringungsverbote v. 24. 5. 1961 (BGBl. I S. 607, zuletzt geänd. durch Art. 12 G v. 14. 9. 1994, BGBl. I S. 2325), sowie das G zur Beschränkung des Brief-, Post- und Fernmeldegeheimnisses (Nr. 45).

3) Art. 72 neugef. durch G v. 27. 10. 1994 (BGBl. I S. 3146).

(2) Der Bund hat in diesem Bereich das Gesetzgebungsrecht, wenn und soweit die Herstellung gleichwertiger Lebensverhältnisse im Bundesgebiet oder die Wahrung der Rechts- oder Wirtschaftseinheit im gesamtstaatlichen Interesse eine bundesgesetzliche Regelung erforderlich macht.

(3) Durch Bundesgesetz kann bestimmt werden, daß eine bundesgesetzliche Regelung, für die eine Erforderlichkeit im Sinne des Absatzes 2 nicht mehr besteht, durch Landesrecht ersetzt werden kann.

Art. 73[1)] **[Gegenstände der ausschließenden Gesetzgebung]** Der Bund hat die ausschließliche Gesetzgebung über:

1. die auswärtigen Angelegenheiten sowie die Verteidigung einschließlich des Schutzes der Zivilbevölkerung;
2. die Staatsangehörigkeit im Bunde;
3. die Freizügigkeit, das Paßwesen, die Ein- und Auswanderung und die Auslieferung;
4. das Währungs-, Geld- und Münzwesen, Maße und Gewichte sowie die Zeitbestimmung;
5. die Einheit des Zoll- und Handelsgebietes, die Handels- und Schiffahrtsverträge, die Freizügigkeit des Warenverkehrs und den Waren- und Zahlungsverkehr mit dem Auslande einschließlich des Zoll- und Grenzschutzes;
6. den Luftverkehr;

6a. den Verkehr von Eisenbahnen, die ganz oder mehrheitlich im Eigentum des Bundes stehen (Eisenbahnen des Bundes), den Bau, die Unterhaltung und das Betreiben von Schienenwegen der Eisenbahnen des Bundes sowie die Erhebung von Entgelten für die Benutzung dieser Schienenwege;

7. das Postwesen und die Telekommunikation;
8. die Rechtsverhältnisse der im Dienste des Bundes und der bundesunmittelbaren Körperschaften des öffentlichen Rechtes stehenden Personen;
9. den gewerblichen Rechtsschutz, das Urheberrecht und das Verlagsrecht;
10. die Zusammenarbeit des Bundes und der Länder
    a) in der Kriminalpolizei,
    b) zum Schutze der freiheitlichen demokratischen Grundordnung, des Bestandes und der Sicherheit des Bundes oder eines Landes (Verfassungsschutz) und

1) Art. 73 Nr. 1 geänd. durch G v. 26. 3. 1954 (BGBl. I S. 45) u. durch G v. 24. 6. 1968 (BGBl. I S. 709), Nr. 10 neugef. durch G v. 28. 7. 1972 (BGBl. I S. 1305), Nr. 6 geänd. u. Nr. 6a eingef. durch G v. 20. 12. 1993 (BGBl. I S. 2089), Nr. 7 neugef. durch G v. 30. 8. 1994 (BGBl. I S. 2245).

c) zum Schutze gegen Bestrebungen im Bundesgebiet, die durch Anwendung von Gewalt oder darauf gerichtete Vorbereitungshandlungen auswärtige Belange der Bundesrepublik Deutschland gefährden,

sowie die Einrichtung eines Bundeskriminalpolizeiamtes und die internationale Verbrechensbekämpfung;

11. die Statistik für Bundeszwecke.

Art. 74[1] **[Gegenstände der konkurrierenden Gesetzgebung]** (1) Die konkurrierende Gesetzgebung erstreckt sich auf folgende Gebiete:

1. das bürgerliche Recht, das Strafrecht und den Strafvollzug, die Gerichtsverfassung, das gerichtliche Verfahren, die Rechtsanwaltschaft, das Notariat und die Rechtsberatung;
2. das Personenstandswesen;
3. das Vereins- und Versammlungsrecht;
4. das Aufenthalts- und Niederlassungsrecht der Ausländer;

4a. das Waffen- und das Sprengstoffrecht;

5. *(aufgehoben)*
6. die Angelegenheiten der Flüchtlinge und Vertriebenen;
7. die öffentliche Fürsorge;
8. *(aufgehoben)*
9. die Kriegsschäden und die Wiedergutmachung;
10. die Versorgung der Kriegsbeschädigten und Kriegshinterbliebenen und die Fürsorge für die ehemaligen Kriegsgefangenen;

10a. die Kriegsgräber und Gräber anderer Opfer des Krieges und Opfer von Gewaltherrschaft;

11. das Recht der Wirtschaft (Bergbau, Industrie, Energiewirtschaft, Handwerk, Gewerbe, Handel, Bank- und Börsenwesen, privatrechtliches Versicherungswesen);

11a. die Erzeugung und Nutzung der Kernenergie zu friedlichen Zwecken, die Errichtung und den Betrieb von Anlagen, die diesen Zwecken dienen, den Schutz gegen Gefahren, die bei Freiwerden von Kernenergie oder durch ionisierende Strahlen entstehen, und die Beseitigung radioaktiver Stoffe;

---

[1] Art.74 Nr. 11a eingef. durch G v. 23. 12. 1959 (BGBl. I S. 813), Nr. 10 geänd. u. Nr. 10a eingef. durch G v. 16. 6. 1965 (BGBl. I S. 513), Nr. 13 geänd., Nr. 19a eingef. u. Nr. 22 neugef. durch G v. 12. 5. 1969 (BGBl. I S. 363), Nr. 20 neugef. durch G v. 18. 3. 1971 (BGBl. I S. 207), Nr. 24 angef. durch G v. 12. 4. 1972 (BGBl. I S. 593), Nr. 4a eingef. durch G v. 28. 7. 1972 (BGBl. I S. 1305) u. neugef. durch G v. 23. 8. 1976 (BGBl. I S. 2383), Nr. 23 neugef. durch G v. 20. 12. 1993 (BGBl. I S. 2089), bish. Text wird Abs. 1, Abs. 1 Nrn. 5 u. 8 aufgeh., Nrn. 18 u. 24 geänd., Nrn. 25, 26 u. Abs. 2 angef. durch G v. 27. 10. 1994 (BGBl. I S. 3146).

12. das Arbeitsrecht einschließlich der Betriebsverfassung, des Arbeitsschutzes und der Arbeitsvermittlung sowie die Sozialversicherung einschließlich der Arbeitslosenversicherung;
13. die Regelung der Ausbildungsbeihilfen und die Förderung der wissenschaftlichen Forschung;
14. das Recht der Enteignung, soweit sie auf den Sachgebieten der Artikel 73 und 74 in Betracht kommt;
15. die Überführung von Grund und Boden, von Naturschätzen und Produktionsmitteln in Gemeineigentum oder in andere Formen der Gemeinwirtschaft;
16. die Verhütung des Mißbrauchs wirtschaftlicher Machtstellung;
17. die Förderung der land- und forstwirtschaftlichen Erzeugung, die Sicherung der Ernährung, die Ein- und Ausfuhr land- und forstwirtschaftlicher Erzeugnisse, die Hochsee- und Küstenfischerei und den Küstenschutz;
18. den Grundstücksverkehr, das Bodenrecht (ohne das Recht der Erschließungsbeiträge) und das landwirtschaftliche Pachtwesen, das Wohnungswesen, das Siedlungs- und Heimstättenwesen;
19. die Maßnahmen gegen gemeingefährliche und übertragbare Krankheiten bei Menschen und Tieren, die Zulassung zu ärztlichen und anderen Heilberufen und zum Heilgewerbe, den Verkehr mit Arzneien, Heil- und Betäubungsmitteln und Giften;

19a. die wirtschaftliche Sicherung der Krankenhäuser und die Regelung der Krankenhauspflegesätze;

20. den Schutz beim Verkehr mit Lebens- und Genußmitteln, Bedarfsgegenständen, Futtermitteln und land- und forstwirtschaftlichem Saat- und Pflanzgut, den Schutz der Pflanzen gegen Krankheiten und Schädlinge sowie den Tierschutz;
21. die Hochsee- und Küstenschiffahrt sowie die Seezeichen, die Binnenschiffahrt, den Wetterdienst, die Seewasserstraßen und die dem allgemeinen Verkehr dienenden Binnenwasserstraßen;
22. den Straßenverkehr, das Kraftfahrwesen, den Bau und die Unterhaltung von Landstraßen für den Fernverkehr sowie die Erhebung und Verteilung von Gebühren für die Benutzung öffentlicher Straßen mit Fahrzeugen;
23. die Schienenbahnen, die nicht Eisenbahnen des Bundes sind, mit Ausnahme der Bergbahnen;
24. die Abfallbeseitigung, die Luftreinhaltung und die Lärmbekämpfung;
25. die Staatshaftung;
26. die künstliche Befruchtung beim Menschen, die Untersuchung und die künstliche Veränderung von Erbinformationen sowie Regelungen zur Transplantation von Organen und Geweben.

(2) Gesetze nach Absatz 1 Nr. 25 bedürfen der Zustimmung des Bundesrates.

Art. 74 a[1] [Konkurrierende Gesetzgebung für Besoldung und Versorgung im öffentlichen Dienst] (1) Die konkurrierende Gesetzgebung erstreckt sich ferner auf die Besoldung und Versorgung der Angehörigen des öffentlichen Dienstes, die in einem öffentlich-rechtlichen Dienst- und Treueverhältnis stehen, soweit dem Bund nicht nach Artikel 73 Nr. 8 die ausschließliche Gesetzgebung zusteht.

(2) Bundesgesetze nach Absatz 1 bedürfen der Zustimmung des Bundesrates.

(3) Der Zustimmung des Bundesrates bedürfen auch Bundesgesetze nach Artikel 73 Nr. 8, soweit sie andere Maßstäbe für den Aufbau oder die Bemessung der Besoldung und Versorgung einschließlich der Bewertung der Ämter oder andere Mindest- oder Höchstbeträge vorsehen als Bundesgesetze nach Absatz 1.

(4) Die Absätze 1 und 2 gelten entsprechend für die Besoldung und Versorgung der Landesrichter. Für Gesetze nach Artikel 98 Abs. 1 gilt Absatz 3 entsprechend.

Art. 75[2] [Rahmenvorschriften] (1) Der Bund hat das Recht, unter den Voraussetzungen des Artikels 72 Rahmenvorschriften für die Gesetzgebung der Länder zu erlassen über:

1. die Rechtsverhältnisse der im öffentlichen Dienste der Länder, Gemeinden und anderen Körperschaften des öffentlichen Rechtes stehenden Personen, soweit Artikel 74 a nichts anderes bestimmt;

1 a. die allgemeinen Grundsätze des Hochschulwesens;

2. die allgemeinen Rechtsverhältnisse der Presse;
3. das Jagdwesen, den Naturschutz und die Landschaftspflege;
4. die Bodenverteilung, die Raumordnung und den Wasserhaushalt;
5. das Melde- und Ausweiswesen;
6. den Schutz deutschen Kulturgutes gegen Abwanderung ins Ausland.

Artikel 72 Abs. 3 gilt entsprechend.

(2) Rahmenvorschriften dürfen nur in Ausnahmefällen in Einzelheiten gehende oder unmittelbar geltende Regelungen enthalten.

(3) Erläßt der Bund Rahmenvorschriften, so sind die Länder verpflichtet, innerhalb einer durch das Gesetz bestimmten angemessenen Frist die erforderlichen Landesgesetze zu erlassen.

---

[1] Art. 74 a eingef. durch G v. 18. 3. 1971 (BGBl. I S. 206).

[2] Art. 75 neugef. durch G v. 18. 3. 1971 (BGBl. I S. 206), bish. Text wird Abs. 1, Abs. 1 Satz 1 u. Nrn. 2 u. 5 geänd., Nr. 6 u. Satz 2 sowie Abs. 2 u. 3 angef. durch G v. 27. 10. 1994 (BGBl. I S. 3146).

VIII. Die Ausführung der Bundesgesetze und die Bundesverwaltung

Art. 87 f[1),2)] **[Post und Telekommunikation]** (1) Nach Maßgabe eines Bundesgesetzes, das der Zustimmung des Bundesrates bedarf, gewährleistet der Bund im Bereich des Postwesens und der Telekommunikation flächendeckend angemessene und ausreichende Dienstleistungen.

(2) Dienstleistungen im Sinne des Absatzes 1 werden als privatwirtschaftliche Tätigkeiten durch die aus dem Sondervermögen Deutsche Bundespost hervorgegangenen Unternehmen und durch andere private Anbieter erbracht. Hoheitsaufgaben im Bereich des Postwesens und der Telekommunikation werden in bundeseigener Verwaltung ausgeführt.

(3) Unbeschadet des Absatzes 2 Satz 2 führt der Bund in der Rechtsform einer bundesunmittelbaren Anstalt des öffentlichen Rechts einzelne Aufgaben in bezug auf die aus dem Sondervermögen Deutsche Bundespost hervorgegangenen Unternehmen nach Maßgabe eines Bundesgesetzes aus.

---

1) Art. 87 f eingef. durch G v. 30. 8. 1994 (BGBl. I S. 2245).

2) Siehe das G zur Neuordnung des Postwesens und der Telekommunikation (Postneuordnungsgesetz – PTNeuOG) v. 14. 9. 1994 (BGBl. I S. 2325).

54. Vertrag zur Gründung der Europäischen Gemeinschaft[1) 2) 3) 4) 5)]

Vom 25. März 1957 (BGBl. II S. 766)

In der Fassung des Vertrags über die Europäische Union v. 7. 2. 1992 (BGBl. II S. 1253/1256), geänd. durch Beitrittsvertrag v. 24. 6. 1994 (BGBl. II S. 2022), idF des Beschlusses v. 1. 1. 1995 (BGBl. 1996 II S. 1487)

(Auszug)

Dritter Teil. Die Politiken der Gemeinschaft

Titel I. Der freie Warenverkehr

Kapitel 2. Beseitigung der mengenmäßigen Beschränkungen zwischen den Mitgliedstaaten

Art. 30 [Verbot mengenmäßiger Einfuhrbeschränkungen] Mengenmäßige Einfuhrbeschränkungen sowie alle Maßnahmen gleicher Wirkung sind unbeschadet der nachstehenden Bestimmungen zwischen den Mitgliedstaaten verboten.

Art. 36 [Ausnahmen] Die Bestimmungen der Artikel 30 bis 34 stehen Einfuhr-, Ausfuhr- und Durchfuhrverboten oder -beschränkungen nicht entgegen, die aus Gründen der öffentlichen Sittlichkeit, Ordnung und Sicherheit, zum Schutz der Gesundheit und des Lebens von Menschen, Tieren oder Pflanzen, des nationalen Kulturguts von künstlerischem,

---

1) Am 2. Oktober 1997 wurde der Amsterdamer Vertrag (ABl. EG Nr. C 340, S. 1) unterzeichnet, der auch den Vertrag zur Gründung der Europäischen Gemeinschaft erheblich modifiziert, der erst aber noch von allen Mitgliedstaaten ratifiziert werden muß. Dies wird voraussichtlich nicht vor dem 1. Januar 1999 der Fall sein, so daß die Auszüge aus dem Vertrag dessen Stand im Zeitpunkt des Redaktionsschlusses wiedergeben.

2) Siehe hierzu das G. v. 27. 7. 1957 (BGBl. II S. 753), geänd. durch § 88 ZollG v. 14. 6. 1961 (BGBl. II S. 737). Der Vertrag ist in seiner ursprünglichen Fassung am 1. 1. 1958 in Kraft getreten gemäß Bek. v. 27. 12. 1957 (BGBl. 1958 II S. 1). Die Neufassung trat am 1. 11. 1993 in Kraft (Bek. v. 19. 10. 1993, BGBl. II S. 1947).

3) Internationale Quelle: UNTS Bd. 298 S. 11.

4) Vertragsparteien: Belgien, die Bundesrepublik, Dänemark, Finnland, Frankreich, Griechenland, Irland, Italien, Luxemburg, die Niederlande, Österreich, Portugal, Schweden, Spanien, das Vereinigte Königreich.

5) Für Assoziationsregelungen und sonstige Vereinbarungen und Vorschriften, die sich auf den EG-Vertrag beziehen, s. unter dem Datum des 25. 3. 1957 im BGBl. Fundstellennachweis B, abgeschlossen am 31. Dezember jedes Jahres.

geschichtlichem oder archäologischem Wert oder des gewerblichen und kommerziellen Eigentums gerechtfertigt sind. Diese Verbote oder Beschränkungen dürfen jedoch weder ein Mittel zur willkürlichen Diskriminierung noch eine verschleierte Beschränkung des Handels zwischen den Mitgliedstaaten darstellen.

Titel III. Die Freizügigkeit, der freie Dienstleistungs- und Kapitalverkehr

Kapitel 3. Dienstleistungen

Art. 59 [Freier Dienstleistungsverkehr] Die Beschränkungen des freien Dienstleistungsverkehrs innerhalb der Gemeinschaft für Angehörige der Mitgliedstaaten, die in einem anderen Staat der Gemeinschaft als demjenigen des Leistungsempfängers ansässig sind, werden während der Übergangszeit nach Maßgabe der folgenden Bestimmungen schrittweise aufgehoben.

Der Rat kann mit qualifizierter Mehrheit auf Vorschlag der Kommission beschließen, daß dieses Kapitel auch auf Erbringer von Dienstleistungen Anwendung findet, welche die Staatsangehörigkeit eines dritten Landes besitzen und innerhalb der Gemeinschaft ansässig sind.

Art. 60 [Dienstleistungen] Dienstleistungen im Sinne dieses Vertrags sind Leistungen, die in der Regel gegen Entgelt erbracht werden, soweit sie nicht den Vorschriften über den freien Waren- und Kapitalverkehr und über die Freizügigkeit der Personen unterliegen.

Als Dienstleistungen gelten insbesondere:

a) gewerbliche Tätigkeiten,

b) kaufmännische Tätigkeiten,

c) handwerkliche Tätigkeiten,

d) freiberufliche Tätigkeiten.

Unbeschadet des Kapitels über die Niederlassungsfreiheit kann der Leistende zwecks Erbringung seiner Leistungen seine Tätigkeit vorübergehend in dem Staat ausüben, in dem die Leistung erbracht wird, und zwar unter den Voraussetzungen, welche dieser Staat für seine eigenen Angehörigen vorschreibt.

Art. 61 [Dienstleistungen im Verkehr und Kapitalverkehr] (1) Für den freien Dienstleistungsverkehr auf dem Gebiet des Verkehrs gelten die Bestimmungen des Titels über den Verkehr.

(2) Die Liberalisierung der mit dem Kapitalverkehr verbundenen Dienstleistungen der Banken und Versicherungen wird im Einklang mit der schrittweisen Liberalisierung des Kapitalverkehrs durchgeführt.

Art. 62 [Keine neuen Beschränkungen] Soweit in diesem Vertrag nicht etwas anderes bestimmt ist, unterwerfen die Mitgliedstaaten die bei seinem Inkrafttreten tatsächlich erreichte Freiheit des Dienstleistungsverkehrs keinen neuen Beschränkungen.

Art. 63 [Aufhebung der Beschränkungen und Liberalisierung]

(1) Vor dem Ende der ersten Stufe stellt der Rat einstimmig auf Vorschlag der Kommission und nach Anhörung des Wirtschafts- und Sozialausschusses und des Europäischen Parlaments ein allgemeines Programm zur Aufhebung der Beschränkungen des freien Dienstleistungsverkehrs innerhalb der Gemeinschaft auf. Die Kommission unterbreitet ihren Vorschlag dem Rat während der beiden ersten Jahre der ersten Stufe.

Das Programm legt die allgemeinen Voraussetzungen und die Stufen der Liberalisierung für jede Art von Dienstleistungen fest.

(2) Der Rat erläßt bis zum Ende der ersten Stufe einstimmig und danach mit qualifizierter Mehrheit auf Vorschlag der Kommission und nach Anhörung des Wirtschafts- und Sozialausschusses und des Europäischen Parlaments Richtlinien zur Verwirklichung des allgemeinen Programms oder – falls ein solches nicht besteht – zur Durchführung einer Liberalisierungsstufe für eine bestimmte Dienstleistung.

(3) Bei den in den Absätzen 1 und 2 genannten Vorschlägen und Entscheidungen sind im allgemeinen mit Vorrang diejenigen Dienstleistungen zu berücksichtigen, welche die Produktionskosten unmittelbar beeinflussen oder deren Liberalisierung zur Förderung des Warenverkehrs beiträgt.

Art. 64 [Weitergehende Liberalisierung] Die Mitgliedstaaten sind bereit, über das Ausmaß der Liberalisierung der Dienstleistungen, zu dem sie auf Grund der Richtlinien gemäß Artikel 63 Absatz 2 verpflichtet sind, hinauszugehen, falls ihre wirtschaftliche Gesamtlage und die Lage des betreffenden Wirtschaftszweiges dies zulassen.

Die Kommission richtet entsprechende Empfehlungen an die betreffenden Staaten.

Art. 65 [Übergangsregelung] Solange die Beschränkungen des freien Dienstleistungsverkehrs nicht aufgehoben sind, wendet sie jeder Mitgliedstaat ohne Unterscheidung nach Staatsangehörigkeit oder Aufenthaltsort auf alle in Artikel 59 Absatz 1 bezeichneten Erbringer von Dienstleistungen an.

Art. 66 [Entsprechende Anwendung von Vorschriften des Niederlassungsrechts] Die Bestimmungen der Artikel 55 bis 58 finden auf das in diesem Kapitel geregelte Sachgebiet Anwendung.

Titel V. Gemeinsame Regeln betreffend Wettbewerb, Steuerfragen und Angleichung der Rechtsvorschriften

Kapitel 1. Wettbewerbsregeln

Abschnitt 1. Vorschriften für Unternehmen

Art. 85[1] **[Verbot wettbewerbshindernder Vereinbarungen oder Beschlüsse]** (1) Mit dem Gemeinsamen Markt unvereinbar und verboten sind alle Vereinbarungen zwischen Unternehmen, Beschlüsse von Unternehmensvereinigungen und aufeinander abgestimmte Verhaltensweisen, welche den Handel zwischen Mitgliedstaaten zu beeinträchtigen geeignet sind und eine Verhinderung, Einschränkung oder Verfälschung des Wettbewerbs innerhalb des Gemeinsamen Marktes bezwekken oder bewirken, insbesondere

a) die unmittelbare oder mittelbare Festsetzung der An- oder Verkaufspreise oder sonstiger Geschäftsbedingungen;
b) die Einschränkung oder Kontrolle der Erzeugung, des Absatzes der technischen Entwicklung oder der Investitionen;
c) die Aufteilung der Märkte oder Versorgungsquellen;
d) die Anwendung unterschiedlicher Bedingungen bei gleichwertigen Leistungen gegenüber Handelspartnern, wodurch diese im Wettbewerb benachteiligt werden;
e) die an den Abschluß von Verträgen geknüpfte Bedingung, daß die Vertragspartner zusätzliche Leistungen annehmen, die weder sachlich noch nach Handelsbrauch in Beziehung zum Vertragsgegenstand stehen.

(2) Die nach diesem Artikel verbotenen Vereinbarungen oder Beschlüsse sind nichtig.

(3) Die Bestimmungen des Absatzes 1 können für nicht anwendbar erklärt werden auf

- Vereinbarungen oder Gruppen von Vereinbarungen zwischen Unternehmen,
- Beschlüsse oder Gruppen von Beschlüssen von Unternehmensvereinigungen,
- aufeinander abgestimmte Verhaltensweisen oder Gruppen von solchen,

die unter angemessener Beteiligung der Verbraucher an dem entstehenden Gewinn zur Verbesserung der Warenerzeugung oder -verteilung oder zur Förderung des technischen oder wirtschaftlichen Fortschritts beitragen, ohne daß den beteiligten Unternehmen

a) Beschränkungen auferlegt werden, die für die Verwirklichung dieser Ziele nicht unerläßlich sind, oder

[1] Siehe hierzu die VO (EWG) Nr. 17 v. 6. 2. 1962 **(Sartorius II Nr. 165).**

b) Möglichkeiten eröffnet werden, für einen wesentlichen Teil der betreffenden Waren den Wettbewerb auszuschalten.

Art. 86[1] **[Mißbrauch einer den Markt beherrschenden Stellung]** Mit dem Gemeinsamen Markt unvereinbar und verboten ist die mißbräuchliche Ausnutzung einer beherrschenden Stellung auf dem Gemeinsamen Markt oder auf einem wesentlichen Teil desselben durch ein oder mehrere Unternehmen, soweit dies dazu führen kann, den Handel zwischen Mitgliedstaaten zu beeinträchtigen.

Dieser Mißbrauch kann insbesondere in folgendem bestehen:

a) der unmittelbaren oder mittelbaren Erzwingung von unangemessenen Einkaufs- oder Verkaufspreisen oder sonstigen Geschäftsbedingungen;
b) der Einschränkung der Erzeugung, des Absatzes oder der technischen Entwicklung zum Schaden der Verbraucher;
c) der Anwendung unterschiedlicher Bedingungen bei gleichwertigen Leistungen gegenüber Handelspartnern, wodurch diese im Wettbewerb benachteiligt werden;
d) der an den Abschluß von Verträgen geknüpften Bedingung, daß die Vertragspartner zusätzliche Leistungen annehmen, die weder sachlich noch nach Handelsbrauch in Beziehung zum Vertragsgegenstand stehen.

Art. 87 [Erlaß von Verordnungen und Richtlinien] (1) Binnen drei Jahren nach Inkrafttreten dieses Vertrags erläßt der Rat einstimmig auf Vorschlag der Kommission und nach Anhörung des Europäischen Parlaments alle zweckdienlichen Verordnungen oder Richtlinien zur Verwirklichung der in den Artikeln 85 und 86 niedergelegten Grundsätze.[1]

Sind innerhalb der genannten Frist diese Vorschriften nicht erlassen worden, so werden sie vom Rat mit qualifizierter Mehrheit auf Vorschlag der Kommission und nach Anhörung des Europäischen Parlaments beschlossen.

(2) Die in Absatz 1 vorgesehenen Vorschriften bezwecken insbesondere:

a) die Beachtung der in Artikel 85 Absatz 1 und Artikel 86 genannten Verbote durch die Einführung von Geldbußen und Zwangsgeldern zu gewährleisten;
b) die Einzelheiten der Anwendung des Artikels 85 Absatz 3 festzulegen; dabei ist dem Erfordernis einer wirksamen Überwachung bei möglichst einfacher Verwaltungskontrolle Rechnung zu tragen;
c) gegebenenfalls den Anwendungsbereich der Artikel 85 und 86 für die einzelnen Wirtschaftszweige näher zu bestimmen;

---

[1] Siehe hierzu die VO (EWG) Nr. 17 v. 6. 2. 1962 **(Sartorius II Nr. 165)** mit AusführungsVO v. 3. 5. 1962 **(Sartorius II Nr. 165 a)** und VO (EWG) Nr. 99/63 v. 25. 7. 1963 (ABl. Nr. P 127/2268) (EWiR Nr. 401).

d) die Aufgaben der Kommission und des Gerichtshofs bei der Anwendung der in diesem Absatz vorgesehenen Vorschriften gegeneinander abzugrenzen;

e) das Verhältnis zwischen den innerstaatlichen Rechtsvorschriften einerseits und den in diesem Abschnitt enthaltenen oder auf Grund dieses Artikels getroffenen Bestimmungen andererseits festzulegen.

Art. 88 [Entscheidung über Zulässigkeit wettbewerbsrechtlicher Vereinbarungen] Bis zum Inkrafttreten der gemäß Artikel 87 erlassenen Vorschriften entscheiden die Behörden der Mitgliedstaaten im Einklang mit ihren eigenen Rechtsvorschriften und den Bestimmungen der Artikel 85, insbesondere Absatz 3, und 86 über die Zulässigkeit von Vereinbarungen, Beschlüssen und aufeinander abgestimmten Verhaltensweisen sowie über die mißbräuchliche Ausnutzung einer beherrschenden Stellung auf dem Gemeinsamen Markt.

Art. 89 [Verfahren bei Zuwiderhandlungen] (1) Unbeschadet des Artikels 88 achtet die Kommission, sobald sie ihre Tätigkeit aufgenommen hat, auf die Verwirklichung der in den Artikeln 85 und 86 niedergelegten Grundsätze. Sie untersucht auf Antrag eines Mitgliedstaates oder von Amts wegen in Verbindung mit den zuständigen Behörden der Mitgliedstaaten, die ihr Amtshilfe zu leisten haben, die Fälle, in denen Zuwiderhandlungen gegen diese Grundsätze vermutet werden. Stellt sie eine Zuwiderhandlung fest, so schlägt sie geeignete Mittel vor, um diese abzustellen.

(2) Wird die Zuwiderhandlung nicht abgestellt, so trifft die Kommission in einer mit Gründen versehenen Entscheidung die Feststellung, daß eine derartige Zuwiderhandlung vorliegt. Sie kann die Entscheidung veröffentlichen und die Mitgliedstaaten ermächtigen, die erforderlichen Abhilfemaßnahmen zu treffen, deren Bedingungen und Einzelheiten sie festlegt.

Art. 90 [Öffentliche und monopolartige Unternehmen] (1) Die Mitgliedstaaten werden in bezug auf öffentliche Unternehmen und auf Unternehmen, denen sie besondere oder ausschließliche Rechte gewähren, keine diesem Vertrag und insbesondere dessen Artikeln 7 und 85 bis 94 widersprechende Maßnahmen treffen oder beibehalten.

(2) Für Unternehmen, die mit Dienstleistungen von allgemeinem wirtschaftlichen Interesse betraut sind oder den Charakter eines Finanzmonopols haben, gelten die Vorschriften dieses Vertrags, insbesondere die Wettbewerbsregeln, soweit die Anwendung dieser Vorschriften nicht die Erfüllung der ihnen übertragenen besonderen Aufgabe rechtlich oder tatsächlich verhindert. Die Entwicklung des Handelsverkehrs darf nicht in einem Ausmaß beeinträchtigt werden, das dem Interesse der Gemeinschaft zuwiderläuft.

(3) Die Kommission achtet auf die Anwendung dieses Artikels und richtet erforderlichenfalls geeignete Richtlinien oder Entscheidungen an die Mitgliedstaaten.

Kapitel 3. Angleichung der Rechtsvorschriften

Art. 100 [Richtlinien zur Angleichung gewisser Rechtsvorschriften] Der Rat erläßt einstimmig auf Vorschlag der Kommission und nach Anhörung des Europäischen Parlaments und des Wirtschafts- und Sozialausschusses Richtlinien für die Angleichung derjenigen Rechts- und Verwaltungsvorschriften der Mitgliedstaaten, die sich unmittelbar auf die Errichtung oder das Funktionieren des Gemeinsamen Marktes auswirken.

Art. 100a [Beschlußverfahren; einzelstaatliche Bestimmungen; Schutzklausel] (1) Soweit in diesem Vertrag nichts anderes bestimmt ist, gilt abweichend von Artikel 100 für die Verwirklichung der Ziele des Artikels 7a die nachstehende Regelung. Der Rat erläßt gemäß dem Verfahren des Artikels 189b und nach Anhörung des Wirtschafts- und Sozialausschusses die Maßnahmen zur Angleichung der Rechts- und Verwaltungsvorschriften der Mitgliedstaaten, welche die Errichtung und das Funktionieren des Binnenmarktes zum Gegenstand haben.

(2) Absatz 1 gilt nicht für die Bestimmungen über die Steuern, die Bestimmungen über die Freizügigkeit und die Bestimmungen über die Rechte und Interessen der Arbeitnehmer.

(3) Die Kommission geht in ihren Vorschlägen nach Absatz 1 in den Bereichen Gesundheit, Sicherheit, Umweltschutz und Verbraucherschutz von einem hohen Schutzniveau aus.

(4) Hält es ein Mitgliedstaat, wenn der Rat mit qualifizierter Mehrheit eine Harmonisierungsmaßnahme erlassen hat, für erforderlich, einzelstaatliche Bestimmungen anzuwenden, die durch wichtige Erfordernisse im Sinne des Artikels 36 oder in bezug auf den Schutz der Arbeitsumwelt oder den Umweltschutz gerechtfertigt sind, so teilt er diese Bestimmungen der Kommission mit.

Die Kommission bestätigt die betreffenden Bestimmungen, nachdem sie sich vergewissert hat, daß sie kein Mittel zur willkürlichen Diskriminierung und keine verschleierte Beschränkung des Handels zwischen den Mitgliedstaaten darstellen.

In Abweichung von dem Verfahren der Artikel 169 und 170 kann die Kommission oder ein Mitgliedstaat den Gerichtshof unmittelbar anrufen, wenn die Kommission oder der Staat der Auffassung ist, daß ein anderer Mitgliedstaat die in diesem Artikel vorgesehenen Befugnisse mißbraucht.

(5) Die vorgenannten Harmonisierungsmaßnahmen sind in geeigneten Fällen mit einer Schutzklausel verbunden, die die Mitgliedstaaten ermächtigt, aus einem oder mehreren der in Artikel 36 genannten

nichtwirtschaftlichen Gründen vorläufige Maßnahmen zu treffen, die einem gemeinschaftlichen Kontrollverfahren unterliegen.

Art. 100b [Gleichwertigkeit einzelstaatlicher Vorschriften] (1) Die Kommission erfaßt im Laufe des Jahres 1992 gemeinsam mit jedem Mitgliedstaat dessen unter Artikel 100a fallende Rechts- und Verwaltungsvorschriften, für die keine Angleichung gemäß diesem Artikel erfolgt ist.

Der Rat kann gemäß Artikel 100a beschließen, daß die in einem Mitgliedstaat geltenden Vorschriften als den Vorschriften eines anderen Mitgliedstaats gleichwertig anerkannt werden müssen.

(2) Artikel 100a Absatz 4 findet entsprechende Anwendung.

(3) Die Kommission führt die Erfassung nach Absatz 1 Unterabsatz 1 so rechtzeitig durch und legt die entsprechenden Vorschläge so rechtzeitig vor, daß der Rat vor Ende 1992 beschließen kann.

Fünfter Teil. Die Organe der Gemeinschaft

Kapitel 2. Gemeinsame Vorschriften für mehrere Organe

Art. 189 [Verordnung, Richtlinie, Entscheidung, Empfehlung und Stellungnahme] Zur Erfüllung ihrer Aufgaben und nach Maßgabe dieses Vertrags erlassen das Europäische Parlament und der Rat gemeinsam, der Rat und die Kommission Verordnungen, Richtlinien und Entscheidungen, sprechen Empfehlungen aus oder geben Stellungnahmen ab.

Die Verordnung hat allgemeine Geltung. Sie ist in allen ihren Teilen verbindlich und gilt unmittelbar in jedem Mitgliedstaat.

Die Richtlinie ist für jeden Mitgliedstaat, an den sie gerichtet wird, hinsichtlich des zu erreichenden Zieles verbindlich, überläßt jedoch den innerstaatlichen Stellen die Wahl der Form und der Mittel.

Die Entscheidung ist in allen ihren Teilen für diejenigen verbindlich, die sie bezeichnet.

Die Empfehlungen und Stellungnahmen sind nicht verbindlich.

55. Konvention zum Schutze der Menschenrechte und Grundfreiheiten

Vom 4. November 1950 (BGBl. 1952 II S. 685, 953)

zuletzt geänd. durch Prot. Nr. 9 v. 6. 11. 1990 (BGBl. 1994 II S. 491), in Kraft seit 1. 11. 1994 (BGBl. 1994 II S. 3624)

(Auszug)

Art. 10 [Recht der freien Meinungsäußerung]. (1) Jeder hat Anspruch auf freie Meinungsäußerung. Dieses Recht schließt die Freiheit der Meinung und die Freiheit zum Empfang und zur Mitteilung von Nachrichten oder Ideen ohne Eingriffe öffentlicher Behörden und ohne Rücksicht auf Landesgrenzen ein. Dieser Artikel schließt nicht aus, daß die Staaten Rundfunk-, Lichtspiel- oder Fernsehunternehmen einem Genehmigungsverfahren unterwerfen.

(2) Da die Ausübung dieser Freiheiten Pflichten und Verantwortung mit sich bringt, kann sie bestimmten, vom Gesetz vorgesehenen Formvorschriften, Bedingungen, Einschränkungen oder Strafdrohungen unterworfen werden, wie sie vom Gesetz vorgeschrieben und in einer demokratischen Gesellschaft im Interesse der nationalen Sicherheit, der territorialen Unversehrtheit oder der öffentlichen Sicherheit, der Aufrechterhaltung der Ordnung und der Verbrechensverhütung, des Schutzes der Gesundheit und der Moral, des Schutzes des guten Rufes oder der Rechte anderer, um die Verbreitung von vertraulichen Nachrichten zu verhindern oder das Ansehen und die Unparteilichkeit der Rechtsprechung zu gewährleisten, unentbehrlich sind.

Glossar – Technik und Recht im Netz

zusammengestellt von Regierungsdirektor Stefan Engel-Flechsig
unter Mitarbeit von Oberregierungsrat Frithjof A. Maennel und
Oberregierungsrat Dr. Alexander Tettenborn

A

Abrechnungsdaten
Personenbezogene Daten, die zur Abrechnung über die Inanspruchnahme von → elektronischen Informations- und Kommunikationsdiensten dienen (vgl. § 6 Abs. 1 Nr. 2 TDDSG).

Abrufdienst
Es gibt zwei Kommunikationskanäle mit idR unterschiedlichen Übertragungsmöglichkeiten – es besteht die Möglichkeit einer interaktiven, d.h. selbstbestimmten Nutzung der Information und Kommunikation – ein breitbandiger Kanal transportiert idR Multimedia-Informationen zum Nutzer, während der Nutzer via – idR – schmalbandigem Kanal Steuerinformationen überträgt.

Access-Server
Dedizierter Rechner, der über integrierte analoge oder digitale Schnittstellen den Zugang vom Telefon zu einem Netzwerk vermittelt.

Account
Nutzungsberechtigung für einen Rechner oder für einzelne Dienste auf einem Rechner.

Accounting
Zuordnung von DV-Leistungen (etwa von CPU-Zeit bei Rechnern oder übertragenem Datenvolumen bei Netzen) zu den Verursachern, z.B. zu Abrechnungszwecken.

Adresse
Siehe: → IP-Adresse.

Airtime
Auch: Gesprächszeit, Sprechzeit. Nutzungsdauer bei der mobilen Funktelefonie, während der ein Funkkanal belegt wird und Nutzungsentgelt (Airtime charges) aufkommt.

Alphanumerisch
Sämtliche Zeichen, die entweder Buchstabe, Zahl oder Satzzeichen sind. Bei → numerischen Eingabefeldern sind dagegen nur Ziffern, Vorzeichen, Dezimalkomma und Exponentialzeichen erlaubt.

American National Standards Institute
→ ANSI.

Glossar

American Standard Code for Information Interchange
→ ASCII.

Amtsleitung
Auch: Amt. Leitung des (öffentlichen) Telefonnetzes, meldet sich durch den Wählton.

Analog
Eine Größe, die innerhalb eines Wertebereichs unendlich viele Zwischenwerte annehmen kann; Gegenteil: → Digital.

Analoges Telefon-Netz
Bezeichnung für das herkömmliche Telefonnetz, zur Abgrenzung vom digitalen → ISDN. Auch wenn die → Vermittlungsstelle bereits digitalisiert ist, spricht man vom analogen Netz.

Anbietertransparenz
Diensteanbieter sind für ihre geschäftsmäßigen Angebote verpflichtet, Namen und Anschrift sowie bei Personenvereinigungen und -gruppen auch Namen und Anschrift des Vertretungsberechtigten anzugeben.

Anonymität
Im Datenschutzrecht bedeutet Anonymität, daß Einzelangaben über persönliche oder sachliche Verhältnisse einer bestimmten oder bestimmbaren Person nicht mehr oder nur mit einem unverhältnismäßig großen Aufwand an Zeit, Kosten und Arbeitskraft zugeordnet werden können.

anonymus FTP (aFTP)
Spezielle Form des → FTP-Dienstes, der einem Benutzer ohne eigenen Account „anonymen" Zugang zu entsprechenden FTP-Servern gewährt.

Anruf
Senden von Wähl- und/oder Rufzeichen zur Herstellung einer Datenverbindung. Die Prozedur kann manuell durch Drücken der Tasten auf einem Telefon oder automatisch erfolgen, z. B. über das → Modem eines PC.

ANSI
Abk. für: American National Standards Institute. Unabhängige und nichtkommerzielle US-Organisation, die Standards zur Kompatibilität von Produkten auf dem Gebiet der Programmiersprachen, der Datenverarbeitung sowie der Telekommunikation entwickelt. Vergleichbar ist ANSI mit dem deutschen DIN. ANSI ist keine staatliche Institution, daher sind ihre Standards nur Vorschläge.

ANSI-Code
Der ANSI-Zeichensatz ist eine Weiterentwicklung des → ASCII-Zeichensatzes, über beide hinaus geht der Unicode.

Applet
„Progrämmchen"; in der Internet-Programmiersprache → Java geschriebenes Programm.

Applikation
Anwendung, Anwendungsprogramm.

Archie
Internet-Dienst, mit dem in Datenbanken nach Inhaltsverzeichnissen von anonymous-FTP-Servern recherchiert werden kann.

Archiv-Server
Dedizierter Rechner, der – in der Regel in Verbindung mit einem Robotersystem für Magnetbandkassetten-Daten langfristig archiviert.

Arpanet
Urform des → Internet.

ASCII
Abk. für: American Standard Code for Information Interchange; sprich: aeski (eingedeutscht aski); standardisierter 7-Bit-Zeichensatz, mit dem insgesamt 128 Zeichen definiert werden: die Buchstaben a–z sowohl in Groß- als auch in Kleinschreibung, die Ziffern 0–9 sowie Interpunktions- und Sonderzeichen. Jedes dieser Zeichen verfügt über eine eindeutige Kennung durch die Zuweisung einer Nummer zwischen 0 und 127. Da moderne Computer über einen 8-Bit-Zeichensatz verfügen, hat sich inzwischen ein erweiterter A.-Zeichensatz durchgesetzt, mit dem 256 Zeichen dargestellt werden. Die ersten 128 Zeichen basieren auf dem ursprünglichen 7-Bit-Zeichensatz, während die Zeichen Nr. 128 bis 255 nicht normiert sind.

Asymmetrische Verschlüsselung
Kryptographisches Verfahren: Jeder Benutzer hat zur Verschlüsselung der an ihn gerichteten Nachrichten einen öffentlichen Schlüssel (→ public key), der allen Kommunikationspartnern bekannt sein muß, und zur Entschlüsselung der Nachrichten einen geheimen Schlüssel (→ private key), der nur ihm selbst bekannt sein darf. Beispiel: → PGP.

ATM
Asynchronous Transfer Mode. Verfahren zur Datenübertragung, das insbesondere auch Sprach- und Bewegtbildübermittlung mit hoher Übertragungsgeschwindigkeit unterstützt.

Attachment
Anhängsel; Möglichkeit, Dateien als Anhang mit einer → E-Mail zu verbinden und mitzuversenden.

Attributzertifikat
Eine gesonderte digitale Bescheinigung, die unter eindeutiger Bezugnahme auf ein → Signaturschlüsselzertifikat weitere Angaben (z. B. Angaben zur Vertretungsmacht oder zu einer berufsrechtlichen Zulassung) macht; vgl. hierzu auch § 2 Signaturgesetz.

Auditing
Registrierung der Identität einer Nutzers und der von ihm verbrauchten Ressourcen.

Ausländische Zertifikate
Zertifikate zu → digitalen Signaturen aus einem anderen europäischen Mitgliedsstaat oder aus anderen Staaten.

Authentifikation
Verfahren zur Sicherstellung der Authentizität einer Nachricht oder eines Kommunikationspartners.

Authentifizierung
auch: Authentisierung, Authentifikation. Mechanismus, mit dem die Identität eines Dienstenutzers bzw. eines Absenders von Daten überprüft wird, im einfachsten Fall anhand von Benutzerkennung und Paßwort. Siehe auch Kryptographische Verfahren.

Authentizität
Zugehörigkeit eines bestimmten digitalen Dokuments zu einer Person; bei → digitalen Signaturen wird die Prüfung der Authentizität über einen mit einem → Zertifikat versehenen öffentlichen Schlüssel geprüft, der nur dieser Person zugeordnet ist.

Automatisiertes Abrufverfahren
→ cookies.

Avatar
Elektronisch-graphischer Doppelgänger einer Person, elektronisches Alter Ego.

B

Backbone; B-Netz
Engl. Rückgrat; überregionale Hauptleitungsstränge hoher Kapazität (→ Datenübertragungsraten von mindestens 2 Mbit/s, USA-B, z. Zt. 34 Mbit/s, meist in FDDI- oder ATM-Technologie), zur Verbindung eigenständiger Teilnetze. Als B. bezeichnet man auch eine Verbindung lokaler Netze (→ LAN).

Baudrate
Gibt an, wievielmal pro Sekunde in einer Verbindung ein Signalwechsel erfolgt.

Bandbreite
Differenz zwischen der oberen und unteren Grenze einer elektrischen Frequenz oder optischen Wellenlängen: Die B. wird in → Hertz gemessen und bezeichnet die Übertragungskapazität eines Mediums.

1. Spektrum eines elektrischen oder optischen Signals, in dem Signalleitung auftritt.
2. Nutzbares Übertragungsspektrum elektrischer oder optischer Leiter.

BAPT
Abk. für: Bundesamt für Post- und Telekommunikation. In Mainz ansässige Bundesober- und Ausführungsbehörde des → Bundesministers für Post- und Telekommunikation (BMPT) für den hoheitlichen Bereich. Aufgabenschwerpunkte:
- Überwachung, Verwaltung und Koordinierung von Funkfrequenzen,
- Technische Vorschriften und Standards,
- Marktbeobachtung,

- Akkreditierung von Prüflabors,
- Erteilung/Überwachung von Genehmigungen und Lizenzen.

Seit dem 1. 1. 1998 mit Teilen des → BMPT Teil der → Regulierungsbehörde nach § 66 TKG.
Adresse: **http://www.regtp.de**

BBS
Abk. für Bulletin Board System (Mailbox): Computer, auf dem ein Kommunikationsprogramm arbeitet, das beispielsweise schwarze Bretter für Nachrichten anbietet.

Bestandsdaten
Personenbezogene Daten eines Nutzers von elektronischen Informations- und Kommunikationsdiensten, die zur Begründung, inhaltlichen Ausgestaltung oder Änderung eines Vertragsverhältnisses über die Nutzung von → IuK-Diensten erhoben werden können.

Betreiber
Siehe → Systembetreiber.

Bildschirmtext
Siehe → BTX.

Bildschirmtext-Staatsvertrag
Siehe → BTX.

Billing
Zuordnen der Kosten von DV-Leistungen zum Konto des Verursachers.

Binär
Zweiwertig, eine binäre Zahl kann einen von zwei möglichen Zuständen annehmen, entweder ein/aus, ja/nein, wahr/unwahr, 1/0; vgl. → Bit.

Binärsignal
Digitalsignal, dessen Signalparameter über den Wertevorrat 2 (Binärzustände 0 und 1) verfügt. Signalelemente → binärer (zweiwertiger) Signale nennt man Bit.

Bit
Zusammengesetzt aus Binary und Digit; Binärzeichen, kleinste Informationseinheit in der → EDV beim → binären Zahlensystem. Ein Bit kennt lediglich 2 Werte: 0 (aus, nein, unwahr) oder 1 (ein, ja, wahr). Jeweils 8 Bit werden zu einem → Byte zusammengefaßt.

BitMap
Grafikformat einfacher Windowsanwendungen.

Bit/s
Bit pro Sekunde; Maßeinheit für die Übertragungsgeschwindigkeit einer digitalen Übertragung.
Abgeleitete Einheiten:

1 kbit/s	= 1 Kilobit pro Sekunde	= 1.024 bit/s
1 Mbit/s	= 1 Megabit pro Sekunde	= 1.024 kbit/s

Glossar

Blue Ribbon
„Blaues Band“; Symbol für die Geltung der Meinungs- und Redefreiheit und Zeichen der Solidarität gegen Zensurversuche, ausgelöst durch den US-amerikanischen → Communication decency act.

BMBF
Bundesministerium für Bildung, Wissenschaft, Forschung und Technologie; federführend verantwortlich für das → IuKDG; http://www.bmbf.de

BMP
Abk. für → BitMap.

BMPT
Bundesministerium für Post und Telekommunikation; ab dem 1. 1. 1998 im Zuge der Liberalisierung der Telekommunikation aufgelöst.

BPS
Abk. für: bit per second; → Datenübertragungsrate, übertragene Bits pro Sekunde → Bitrate.

Breitband-WiN (B-WiN)
Deutschlandweites Hochgeschwindigkeitsnetz für die Wissenschaft, das auf ATM-Übermittlungstechnik basiert und Anschlußraten für Einzel- und Gemeinschaftsanschlüsse von derzeit 34 Mbit/s und 155 Mbit/s bietet. → Wissenschaftsnetz.

Breitbandkabel
Kabel mit hoher → Bandbreite (z. B. Koaxialkabel), z. B. für Kabelfernsehen.

Breitbandnetz
1. Netzwerk, das mehrere Übertragungskanäle gleichzeitig zur Verfügung stellt.
2. Netze, die mit einer hohen → Datenübertragungsrate arbeiten und daher z. B. für Videokonferenzen oder als → Backbone geeignet sind.

Browser
Engl. browse: blättern, stöbern; Anzeigeprogramm zum Durchstöbern des World Wide Web (→ WWW) im → Internet. Der Vorteil des World Wide Web liegt darin, benutzerfreundlich in einem Meer von Informationen von einem Computer zum anderen zu wandern. Ein B. stellt die WWW-Informationen anschaulich graphisch dar und ermöglicht das Anwählen der verschiedenen Dienste (→ HTTP, FTP, Gopher, Newsgroups). Die bekanntesten Browser sind Mosaic, Netscape Navigator und Microsoft Internet Explorer.

BSI
Abk. für Bundesamt für Sicherheit in der Informationstechnik; Aufgabe, vor allem zur Förderung der Sicherheit in der Informationstechnik beizutragen; und zwar insbesondere durch: Untersuchung von Sicherheitsrisiken und Entwicklung von Geräten, Kriterienentwicklung/Werkzeuge, Prüfung und Bewertung/Zertifizierung, Zulassung (Verschlußsachen), Unterstützung des Bundesbeauftragten für den Datenschutz, Unterstützung (Polizeien), Beratung der Hersteller, Vertreiber und Anwender in Fragen der Sicherheit in

der Informationstechnik; Rechtsgrundlage: BSI-Errichtungsgesetz vom 17. 12. 1990 (BGBl. I S. 2834ff.); http://www.bsi.de

BSI-CERT
Das Computer Emergency Response Team im → Bundesamt für Sicherheit in der Informationstechnik (BSI); Aufgaben des BSI-Cert sind - vor allem im Behördenbereich - Unterstützung bei Fragen im Bereich Computer-Viren oder der Internet-Sicherheit, Untersuchung von Angriffen oder Angriffsversuchen durch → Hacker, Computer-Viren o.ä.; Adresse: http://bsi.de/bsi-cert; vgl. auch: → DFN-Cert.

BTX
Abk. für: Bildschirmtext; seit 1980 eingeführter Informations- und Kommunikationsdienst der Deutschen Telekom AG. Rechtsgrundlage für den Betrieb des Btx war ein Staatsvertrag der Bundesländer, in dem u.a. geregelt war, daß jeder als Benutzer oder Anbieter Teilnehmer am Btx werden kann. BTX wurde zunächst durch *den sog. Datex-J-Dienste* und mittlerweile durch T-Online abgelöst bzw. ist in den neuen Diensten aufgegangen.

Bulletin Board
Internet-Dienst, der mehrere Diskussionsgruppen zur Verfügung stellt.

Bundeszentrale für Jugendgefährdende Schriften
Bundesoberbehörde, die zur Durchführung des Jugendmedienschutzes durch das „Gesetz über die Verbreitung jugendgefährdender Schriften" (GjS) vorgesehen ist; die BPjS untersteht der Dienstaufsicht des Bundesministeriums für Familien, Senioren, Frauen und Jugend (BMFSFJ); sie wird auf Antrag der Obersten Jugendbehörden der Länder, der Landesjugendämter und des BMFSFJ tätig; sie entscheidet insbesondere über die Indizierung von jugendgefährdenden Schriften; indiziert werden können auch elektronische → Informations- und Kommunikationsdienste, soweit nicht durch technische Vorkehrungen Vorsorge getroffen ist, daß das Angebot oder die Verbreitung im Inland auf volljährige Nutzer beschränkt werden kann.

Business-TV
Verbreitung von Fernsehen innerhalb von Firmen bzw. geschlossenen Nutzergruppen unter Nutzung digitaler, verschlüsselter Übertragungstechnik; Zweck: interne Kommunikation, Fortbildung der Mitarbeiter, Kundeninformation.

Byte
Informationseinheit, bestehend aus 8 Bit. Maßeinheit für die Speicherkapazität oder das Volumen eines Datenstromes. 8 zusammengefaßte → Bit, die als Einheit bearbeitet werden. Ein Byte kann 256 verschiedene Werte ($2^8 = 256$) kodieren.
Abgeleitete Einheiten:

1 kB	= 1 Kilobyte	= 1.024 Byte
1 MB	= 1 Megabyte	= 1.024 Kilobyte
1 GB	= 1 Gigabyte	= 1.024 Megabyte
1 TB	= 1 Terabyte	= 1.024 Gigabyte

BZT
Bundesamt für Zulassungen in der Telekommunikation.

C

Cache-Server
Dedizierter Rechner zum Zwischenspeichern von Daten (z. B. im WWW).

Caching
Schnelles Zwischenspeichern von Daten.

Carrier
1. Leitungsseitiges Trägersignal bei der Modem- und/oder Breitbandübertragung
2. Netzbetreiber, der → Telekommunikationsdienstleistungen Dritter gegen Entgelt zur Verfügung stellt.

CC
Abk. für: → Common Criteria.

CERN
Abk. für Centre Européen de Recherches Nucléaires; Mitarbeiter dieses Kernforschungszentrums – u. a. Tim Berners-Lee – haben 1992 das → WWW erfunden.

CERT
Computer Emergency Response Team; Weltweit verteilte Gruppen, die bei Sicherheitsproblemen Hilfe leisten; in Deutschland z. B. → BSI-CERT; → DFN-CERT.

Chat
Direkte Unterhaltung zwischen zwei oder mehreren Nutzern eines → Online-Dienstes. Jeder Teilnehmer verfolgt die Eingaben der anderen Teilnehmer an seinem Bildschirm und kann sich selbst mit eigenen Beiträgen beteiligen.

Chat-Dienst
→ IRC.

Chipkarten
Chipkarten können im DV-Bereich für mehrere Funktionen eingesetzt werden, z. B. Erhöhung der IT-Sicherheit, Einzug von Gebühren, Betriebsdatenerfassung, Zutrittskontrolle, Sicherung des Zugangs zu oder von externen Partnern.

Class A, B, C
Siehe IP-Adresse.

Client
Siehe Client-Server-Modell.

Client-Server-Modell
Modell einer Arbeitsteilung zwischen Rechnern, bei welcher bestimmte Rechner (Server) Dienstleistungen, wie beispielsweise Rechenleistung oder Netzdienste, für andere Rechner oder Prozesse (Clients) bereitstellen. Voraussetzung für die Realisierung des Client-Server-Modells ist ein leistungsfähiges Kommunikationsnetz.

Clipper Chip
In den USA entwickeltes System zur → Key-escrow-Verschlüsselung von Telefongesprächen.

Common Criteria
Internationaler Abstimmungskatalog zur Beurteilung der Sicherheit von Informationstechnik; → ITSEC; mit den Common Criteria (CC) liegt neben den ITSEC eine weiteres internationales Kriterienwerk für die Sicherheitsbewertung von Produkten und Systemen der Informationstechnik vor; die CC beschreiben detailliert die Prüfvorgänge; damit besteht die Möglichkeit, ein IT-Sicherheitszertifikat von einer nationalen Behörde (in Deutschland: BSI) zu erhalten und damit am internationalen Wettbewerb teilnehmen zu können; CC-version 1.0 und 2.0 erhältlich bei: http://www.bsi.de oder bei: http://csrc.nist.gov/nistpubs/cc/

Community
Engl.: Gemeinschaft, übertragen: Gemeinde der Internet-Nutzer.

Compute-Server
Dedizierter Rechner für rechenintensive Anwendungen.

Communication Decency Act
Die Verbreitung von unanständigem Material wurde unter Strafe gestellt, der USA Supreme Court hat diese Regelung wegen Verstoßes gegen die Meinungs- und Pressefreiheit als verfassungswidrig aufgehoben.

Computerviren
Programme, die ohne Wissen des Benutzers (z.B. beim Kopieren von Daten) DV-Systeme „infizieren" und dort Daten zerstören können.

Content
Engl.: Inhalt, Gehalt. Information, Inhalt, die/der über Datennetze zur Verfügung gestellt wird. Dualistische Betrachtung des Internet, die die technische Seite der Übertragung von den über die Datennetze übertragenen Inhalten trennt.

Cookie
Aus dem Engl.: Plätzchen, Keks; es handelt sich um bei der Nutzung eines → Servers auf der Festplatte des Nutzers angelegte Textdateien, die den Zugriff auf den Server dokumentieren und im Falle eines weiteren Besuchs des Servers aktiviert werden können; auf diese Weise können dem → Nutzerprofil entsprechende Dienste angeboten werden.

Corporate Network (CN)
Telekommunikationsnetz für eine begrenzte Nutzeranzahl, das Kommunikationsleistungen erbringt, die an die Bedürfnisse von Unternehmen oder Unternehmensgruppen maßgeschneidert angepaßt sind, und mehrere Filialen eines Unternehmens verknüpft oder Unternehmen, die durch gesellschaftsrechtliche oder auf Dauer angelegte schuldrechtliche Verträge miteinander verbunden sind, z.B. für Sprach- und Datenübertragung. → Geschlossene Benutzergruppe. Da die Einrichtung von C. in Deutschland bereits vor dem Fall des Sprachtelefondienst-Monopols erlaubt war, konnten viele Unternehmen ihre Kommunikation von Konkurrenten der Telekom AG abwickeln lassen.

CPU
Central Processing Unit. Zentraleinheit eines Rechners.

Crack-Programme
Programme, die bspw. durch das automatisierte „Ausprobieren" von Wörtern aus elektronischen Wörterbüchern oder aus dem Umfeld eines Benutzers versuchen, das Paßwort dieses Benutzers zu ermitteln.

Cracken
„Knacken" (Ausspähen) von Paßwörtern.

Cyberlaw
Umschreibung des → Multimedia-Rechts; dieses betrifft als Querschnittsbereich fast alle Rechtsgebiete; es umfaßt im Kern insbesondere das Recht der → Telekommunikation und der → Informations- und Kommunikationsdienste.

Cybermoney
Umschreibung für Währungen und Zahlungsmittel im → Internet.

Cyberpunk
Online-Freak. Virtuelle Realität. Verständnis der gesamten Online-Welt, insbesondere des Internet als virtuelle Welt. Vergleiche → cyberspace.

Cyberspace
Elektronische Online-Welt. Vergleiche → Virtuelle Realität. Der Begriff ist bekannt geworden durch den Roman „Neuromancer" von William Gibson. Letztlich das Konzept eines Informationsuniversums, das aus einer Vielzahl von informationsverarbeitenden Systemen, Interfaces und den jeweiligen Verbindungen besteht.

D

DAB
Abk. für Digital Audio Broadcasting, soll künftig UKW ersetzen; Vorteile gegenüber terrestrischer Radioübertragung: bessere Empfangsqualität im mobilen Einsatz (Tunnels), CD-nahe Klangqualität und Möglichkeit mittels DAB programmbegleitende (Program Associated Data, PAD) und programmunabhängige Zusatzdienste (Non Program Associated Data, NPAD) auf Display zu übertragen.

Data Encryption Standard
DES; → symmetrisches Verschlüsselungsverfahren. Siehe auch → Kryptographische Verfahren.

Data Mining
Aus dem Engl.; Technik der Verdichtung personenbezogener Daten zur Ermittlung bisher unbekannter Zusammenhänge; das Internet erleichtert data mining durch die grenzenlose Verknüpfung bestehender Rechner; sämtliche verfügbare Computer werden so zum → data warehouse.

Dataprogramm (datagram)
Datenpaket, das verbindungslos, d.h. ohne fest geschaltete logische Kommunikationsverbindung, zwischen Sender und Empfänger im Netz übermittelt wird.

Data warehouse
Aus dem Engl.; mit dem Internet können beliebig viele verfügbare Computer mit personenbezogenen Datensammlungen verknüpft werden, in dem für alle Problemstellungen relevante Informationen abgefragt werden können.

Datenaustausch
Wechselseitiges Übertragen von Daten, z.B. zwischen zwei PC oder PC und Datennetz-Servern.

Datenbank
Systematische Sammlung und Verwaltung von Daten/Informationen; als elektronische Datenbank programmgesteuert.

Datenbank-Server
Dedizierter Rechner für Datenbanksysteme.

Datenintegrität
Allgemeine Bezeichnung für die Unversehrtheit von Daten, d.h. keine Datenverfälschung, kein Datenverlust, keine Dateneinfügung oder unerwünschte Datenwiederholung usw.

Datenkompression
Verfahren zur Verbesserung der Leistungsfähigkeit einer Übertragung, bei dem die Übertragung nichtinformationsrelevanter Datenkomponenten mehr oder weniger unterbunden wird. Dadurch sind kürzere Übertragungszeiten, der Einsatz langsamerer Übertragungskanäle oder -leitungen, weniger Speichermedien und niedrigere Übertragungskosten (Gebühren) möglich.

Datenminimierung
Gesetzlicher Grundsatz des → Datenschutzes bei → IuK-Diensten; er verpflichtet den → Diensteanbieter dazu, keine oder nur so wenig → personenbezogene Daten wie möglich zu erheben.

Datenquelle
Ursprungsort von Daten; beispielsweise in einem Netz derjenige Teil einer Endeinrichtung, der Daten liefert.

Datenreduktion
Im Gegensatz zur → Datenkompression gehen bei der Datenreduktion Information verloren, auf die ohne großen Schaden verzichtet werden kann, z.B. bestimmte Frequenzen bei Audio- oder Detailinformationen bei Video-Daten. Dadurch kann der ursprüngliche Datenstrom gegenüber alleinigen Datenkompressionsalgorithmen noch weiter zusammengefaßt werden.

Datenschutz
Grundsätze und Bestimmungen, die unberechtigtes Erheben, Speichern, Übermitteln oder Nutzen personenbezogener Daten verhindern sollen. Rechtliche Grundlage für den Datenschutz bei neuen Diensten bilden das am 1. 1. 1978 in Kraft getretene Bundesdatenschutzgesetz, das Landesdaten-

schutzgesetz des jeweiligen Bundeslandes, die §§ 95 ff TKG und die Telekommunikationsdienstunternehmen-Datenschutzverordnung (→ TDSV) sowie das → Teledienstedatenschutzgesetz vom 22. 7. 1997 (→ TDDSG) und der → MDStV vom 1. 8. 1997.

Datenschutz-Audit
Mit dem Datenschutz-Audit soll die Selbstverantwortung des Diensteanbieters bei der Verarbeitung personenbezogener Daten im Bereich der neuen Informations- und Kommunikationsdienste gestärkt werden; es soll eine Antwort auf das gestiegene Datenschutzbewußtsein der Diensteanbieter sein und die Akzeptanz der Verarbeitung der Daten beim Nutzer erhöhen. Erstmals war das Datenschutz-Audit im Referentenentwurf der Bundesregierung zum → TDDSG vom 28. 6. 1996 zu finden; vgl. jetzt § 17 des → MDStV.

Datensenke
Bestimmungsort von übertragenen Daten. Beispielsweise in einem Netz derjenige Teil einer Endeinrichtung, der Daten aufnimmt.

Datensicherung
Im allgemeinen alle Maßnahmen, die dem Schutz vor Beschädigung, Verfälschungen und Verlust von Daten und Datenträgern dienen. Bei der Datenübertragung im besonderen sind das alle Kommunikationsfunktionen zur Erzeugung fehlertoleranter Verbindungen.

Datensparsamkeit
→ Datenminimierung.

Datenübertragung
Früher: Datenfernübertragung (DFÜ). Bezeichnung für den technischen, leitungsgebundenen oder drahtlosen Datentransport zwischen räumlich getrennten Datenstationen über Datenverbindungen. Im engeren Sinne die Verbindung zwischen zwei Rechnern mittels eines → Modems und eines Terminalprogramms.

Datenübertragungsrate
Maßeinheit für die → Übertragungsgeschwindigkeit einer → Datenübertragung, sie wird üblicherweise in → Bit pro Sekunde (Bit/s), → Byte/s, kbit/s, Mbit/s oder Gbit/s gemessen.
Die D. gibt die Anzahl der → Bits an, die innerhalb einer bestimmten Zeiteinheit (in der Regel: 1 Sekunde) übertragen werden.

Datenvermeidung
→ Datenminimierung.

DE-NIC
Deutsches Network Information Center; zur Zeit im Rechenzentrum der Universität Karlsruhe angesiedelt. Das DE-NIC betreibt den „Primary Nameserver“ für die deutsche Internet-Domain „de“ und vergibt Unterdomains zu „de“ sowie IP-Adressen. http://www.denic.de

Dediziert
Eigens für eine bestimmte Aufgabe abgestellt. Nicht für andere Funktionen zu verwenden.

DES
→ Data Encryption Standard.

Deutsches Forschungsnetz e. V.
Der Verein zur Förderung eines Deutschen Forschungsnetzes e. V. (DFN-Verein) wurde 1984 als gemeinnützige Selbsthilfeeinrichtung für die deutsche Wissenschaft gemeinsam von Hochschulen, außeruniversitären Forschungseinrichtungen und gewerblichen Wirtschaftsunternehmen gegründet. Die Aufgabe des Vereins besteht in der Errichtung, dem Betrieb und der Nutzung eines rechnergestützten Informations- und Kommunikationssystems für die öffentlich geförderte und die gemeinnützige Forschung in Deutschland; im Rahmen dieser Zweckbestimmung betreibt der DFN-Verein das „Deutsche Forschungsgesetz“: Adresse: http://www.dfn.de

DFN
Abk. für: Deutsches Forschungsnetz; ein rechnergestütztes Informations- und Kommunikationssystem, das auf dem „Wissenschaftsnetz“ (WiN) als physikalischer Leitungsstruktur basiert und verschiedene Dienste der elektronischen Datenkommunikation umfaßt; Betreiber des DFN ist der → DFN-Verein.

DFN-CERT
Das Computer Emergency Response Team für das → Deutsche Forschungsnetz (DFN). DFN-Cert ist die Anlaufstelle für die Mitglieder des → DFN-Vereins für Rechner- und Netzwerksicherheit. Adresse: http://www.cert.dfn.de; vgl. auch: → BSI-Cert.

DFN-Verein
Abk. für: → Deutsches Forschungsnetz e. V.

DFÜ
Abk. für: Datenfernübertragung; → Datenübertragung.

Diensteanbieter
Bei der → Telekommunikation eine Organisation oder Gesellschaft, die einen bestimmten Dienst zur Benutzung anbietet. Bei IuK-Diensten natürliche oder juristische Personen oder Personenvereinigungen, die → Informations- und Kommunikationsdienste zur Nutzung bereithalten oder den Zugang zur Nutzung vermitteln; siehe auch: → Service Provider.

Digitale Signatur
Ein mit einem privaten → Signaturschlüssel erzeugtes Siegel zu digitalen Daten, das mit Hilfe eines zugehörigen öffentlichen Schlüssels den Inhaber des Signaturschlüssels (Authentizität) und die Unverfälschtheit der Daten (Integrität) erkennen läßt; digitale Signaturen bauen auf → asymmetrischen → kryptographischen Verfahren auf; → Signaturgesetz.

Digitale Unterschrift
→ Digitale Signatur.

Digitalisieren
Umwandeln von analogen Informationen (z. B. Spannungen, Töne, Grafiken) in digitale Daten.

Directory-Dienste
Adreßverzeichnisse von Netznutzern (E-Mail-Adressen) analog zu den Telefonbüchern (z. B. X.500, Whois, AM-BIX-D des DFN-Vereins).

Directory-Server
Dedizierter Rechner für Directory-Dienste.

Disclaimer
Engl.: Haftungsausschluß, Schutzerklärung, auch Dementi.

DNS
→ Domain Name Service.

Domain (Domäne)
Logischer Netzwerkbereich (z. B. ein Hochschulnetz innerhalb des Wissenschaftsnetzes). Teilbereiche davon können ihrerseits Domains bilden (Subdomains), so daß sich ein hierarchischer Aufbau (bis herab zum einzelnen Host) ergibt. Die „Toplevel-Domain" für alle deutschen Subdomains des Internet trägt den Namen „de" und wird vom → DE-NIC verwaltet.

Domains werden durch Angabe der zugehörigen → IP-Adressen oder einen einprägsamen Domain-Namen charakterisiert. Domain-Namen haben folgende Struktur:

[hostname.[subdomain.[subdomain. [...]]]]domain.topleveldomain
Beispiel: rzux07.rz.uni-wuerzburg.de

Domain Name Service (DNS)
Internet-Dienst, der dem Domain-Namen eines Rechners seine → IP-Adresse zuordnet.

DOS
→ MS-DOS.

Downlink
Wörtlich: Abwärtsverbindung. Umgekehrter Weg → Uplink.
1. Mobilfunk: Ausstrahlung von der Basisstation zum Mobiltelefon
2. Satellitentechnik: Ausstrahlung vom Satelliten zur Empfangsstation auf der Erde.

Download
Übertragung von Daten eines fremden Rechners auf das eigene System. Umgekehrter Weg → Upload.

DV
Datenverarbeitung.

E

E-Mail
Abk. für Electronic Mail, Elektronische Post. Kommunikationstechnischer Mehrwertdienst für den individuellen Mitteilungsaustausch mit Computern, angefangen vom einfachen ASCII-Text bis hin zu multimedialen Dokumenten. E-Mail-Systeme unterstützen den Austausch von Nachrichten über Da-

tennetze. Im Internet wird dafür das Protokoll SMTP verwendet. Daneben gibt es X.400-Mail-Systeme.

Echtzeit
Echtzeit ist gegeben, wenn die Kommunikation zwischen Menschen mittels Sprache von diesen noch als direkt und unmittelbar empfunden werden kann; ein Kriterium für die Zuordnung von Kommunikation zum Sprachtelefondienst und damit für die Lizenzpflicht nach § 6 TKG.

EDI
Abk. für: Electronic Data Interchange; Standard (ISO 9735) für den Austausch von strukturierten Geschäftsdaten. So können mit EDI z. B. Rechnungen, Bestellungen oder Lieferscheine elektronisch übermittelt und beim Empfänger direkt weiterverarbeitet werden; EDI liegt die Idee von der durchgängig beleglosen Kommunikation zwischen Handelspartnern ohne jeglichen Medienbruch zugrunde.

EDIFACT
Abk. für: Electronic Data Interchange for Administration, Commerce and Transport; uneinheitliche → EDI-Lösungen wurden Mitte der achtziger Jahre von der Wirtschaftskommission der Vereinten Nationen zum Anlaß genommen, diese Verfahren zu vereinfachen, zu vereinheitlichen und zu standardisieren; alle wesentlichen EDIFACT-Nachrichtentypen sind fertiggestellt (z. B. ODETTE für die Automobilindustrie, SEDAS für den Handel).

EDV
Elektronische Datenverarbeitung.

EFF
Electronic Frontier Foundation: Vereinigung, die sich mit politischen, juristischen und sozialen Aspekten des Computereinsatzes und der elektronischen Datenkommunikation beschäftigt. http://www.eff.org

Einbuchen
Auch: Registrierung. Bei der mobilen Funkkombination der administrative Vorgang, bei dem sich eine Mobilstation bei der Funkvermittlung oder vergleichbarer Instanz anmeldet. Danach ist die Station aktiviert (betriebsbereit) und kann Nachrichten empfangen und senden.

Einloggen
Vorgang zur Aufnahme der Betriebsbereitschaft (Erreichbarkeit) einer Endeinrichtung in einem Mobilfunksystem → Einbuchen.

Einmal-Paßwort
Paßwort, das nur einmal verwendet werden kann, so daß das Abhören durch Dritte keinen Mißbrauch ermöglicht.

Einwählknoten
Wähleingänge zum Netz eines → Online-Dienstes oder → Internet-Providers.

Einwilligung
Willensbetätigung einer natürlichen Person in die Erhebung, Verarbeitung und Nutzung ihrer personenbezogenen Daten. Voraussetzungen für ihre

Wirksamkeit sind im allgemeinen Datenschutzrecht sowie im bereichsspezifischen Datenschutzrecht für → IuK-Dienste geregelt; Form: schriftliche oder → elektronische Einwilligung.

Electronic Commerce
Elektronischer Geschäftsverkehr; jede Art geschäftlicher Transaktion, bei der die Beteiligten auf elektronischem Wege Geschäfte anbahnen, abwickeln oder elektronischen Handel mit Gütern und Dienstleistungen betreiben.

Electronic Shopping
Auch: → Tele-Shopping, → Home-Shopping; wörtl.: elektronisches Einkaufen; Online-Versandhandel, in → Online-Diensten wie z.B. → Btx oder → Internet zu finden. Das Angebot des Händlers läßt sich am Bildschirm abrufen und auf elektronischem Weg bestellen, bezahlt wird meist mit Kreditkarte.

Elektronische Einwilligung
Die elektronische Einwilligung ermöglicht die Abgabe einer wirksamen Einwilligungserklärung bei der Online-Nutzung von → IuK-Diensten.

Elektronische Post
→ E-Mail.

Entschließung
Bei der Verabschiedung des → IuKDG hat der Deutsche Bundestag in seiner Sitzung am 13. 7. 1997 eine Entschließung verabschiedet, die die Bundesregierung zur Evaluierung der Umsetzung des IuKDG mit dem Ziel eines Berichtes bis spätestens vor Ablauf von zwei Jahren auffordert; Informationen: http://www.inkdg.de

End to End
Direkte Kommunikationsverbindung zwischen zwei Endgeräten im Netz.

EPIC
Electronic Privacy Information Center; US-amerikanische Vereinigung zum Schutz der Rechte der Nutzer; http://www.epic.com

Evaluierung
Siehe: → Entschließung.

Experimentierklausel
Gesetzliche Vorschrift, mit der ein Gesetz oder eine bestimmte gesetzliche Vorschrift erprobt werden soll.

F

FAG
Abk. für: → Fernmeldeanlagengesetz.

FAQ
Engl.: Frequently Asked Question; häufig gestellte Frage, insbesondere bei Internet-Diensten hilfreiche Auflistung von Fragen und Antworten.

FAT
Engl.: File Allocation Table; eine Art Inhaltsverzeichnis im Dateisystem von DOS und Windows.

Fernmeldeanlagengesetz
In Deutschland bis zum 1. 8. 1996 die wesentliche Rechtsnorm zum Betrieb von Fernmeldeanlagen; durch das → TKG weitestgehend abgelöst.

Fernmeldegeheimnis
Dem Fernmeldegeheimnis unterliegen der Inhalt der → Telekommunikation und ihre näheren Umstände, insbesondere die Tatsache, ob jemand an einem Telekommunikationsvorgang beteiligt ist oder war. Das Fernmeldegeheimnis erstreckt sich auch auf die näheren Umstände erfolgloser Verbindungsversuche. Das Fernmeldegeheimnis ist geregelt in § 89 → TKG.

Fernseheinkauf
→ Teleshopping.

File
Engl.: Datei.

File Transfer Protocol (FTP)
Protokoll zur Übertragung von Dateien zwischen Hosts im Internet.

File-Server
Dedizierter Rechner, der Dateien für andere Rechner verwaltet, siehe auch NFS, AFS, DFS.

File-Transfer
→ File Transfer Protocol.

Filterregeln
Regeln, die festlegen, welche Datenpakete von einer aktiven Netzkomponente weitergegeben bzw. ausgesondert werden.

Firewall
System zur gegenseitigen Abschottung von Netzen unterschiedlichen Sicherheitsbedarfs. Mit Hilfe einer „Software-Brandschutzmauer" werden dabei die Netze über Filterfunktionen mit einem Zugriffsschutz versehen

Flaming
Verbaler Angriff von anderen Nutzern durch Nutzung von Internet-Diensten, von englisch: flame.

Flat rate
Einheitsgebühr, unabhängig von der in Anspruch genommenen Dauer einer Telekommunikationsdienstleistung.

Formerfordernis
→ Schriftformerfordernis.

Freeware
Software, die kostenlos genutzt werden darf. → Public-domain-Software; → Shareware.

Freiwillige Selbstkontrolle Multimedia
Von Unternehmen und Verbänden selbst organisierte Einrichtung zur Erfüllung von Jugendschutzaufgaben im Bereich der elektronischen Informations- und Kommunikationsdienste; http://www.fsm.de

FSM
Abk. von: → Freiwillige Selbstkontrolle Multimedia.

FTP
→ File Transfer Protocol.

FTP-Server
Dedizierter Rechner, der frei verfügbare Software zur Übertragung bereithält, → anonymous FTP.

G

Gast-Benutzerkennungen
Anonym zu nutzende Benutzerkennungen, die nur für einige Grunddienste, wie Recherchen in Bibliothekskatalogen, gültig sind und nicht beantragt werden müssen.

Gateway
Netzkomponente (Kommunikationsrechner) zur Verbindung verschiedenartiger Rechnernetze.

Gebühren
Entgelt für die Nutzung von IuK-Diensten oder für die Inanspruchnahme von Telekommunikationsdiensten; vgl. auch → Flat rate.

Geschäftsmäßig
Für das geschäftsmäßige Erbringen von Telekommunikationsdiensten (§ 3 Nr. 5 TKG) kommt es nicht auf die Gewerblichkeit und die damit verbundene Gewinnerzielungsabsicht an; es genügt ein auf Dauer angelegtes Angebot von Telekommunikationsdiensten, mit der Folge, daß auch → Intranets, Nebenstellenanlagen in Betrieben, Behörden, Hotels oder Krankenhäusern geschäftsmäßig betrieben werden und diese dem → Fernmeldegeheimnis unterliegen (§ 85 TKG).

Geschäftsprozeß
Sammelbegriff für die Abwicklung und Organisation von Geschäften in Wirtschaft und Verwaltung.

Geschlossene Benutzergruppe
Engl.: → Closed User Group (CUG).

1. Gruppe festgelegter Benutzer eines Datennetzes oder Mehrwertdienstes mit eingeschränkten Kommunikationsmöglichkeiten, meist auf die Kommunikation innerhalb der Gruppe.
2. Voraussetzung zum Betrieb eines → Corporate Networks.

Gewerblich
Nach gewerbe- und steuerrechtlichen Vorschriften ist das jede auf Dauer angelegte, mit Gewinnerzielungsabsicht erbrachte Dienstleistung. Gem. § 3

Nr. 18 TKG ist die Telekommunikationsdienstleistung das gewerbliche Angebot von → Telekommunikation.

GIF
Engl.: Graphics Interlaced Format; ein typisches WWW-Format für Standbilder; siehe: → JPEG.

GII
Engl.: Global Information Infrastructure; gemeinsame Strategie der G-7-Industriestaaten zur Erschließung der Nutzungsmöglichkeiten der Informationstechnologie.

GIS
Global Information Society.

Gopher
Weltweit vernetztes Informationssystem im Internet, das auch über WWW zugänglich ist.

GSM
Engl.: Global System for Mobile Communication. Internationaler Standard für digitale Funknetze.

Gültigkeitsdauer
Bestandteil von → Zertifikaten bei → digitalen Signaturen nach dem → Signaturgesetz; bezeichnet Beginn und Ende der Gültigkeit eines → Zertifikates.

H

Hacker
In der ursprünglichen Bedeutung Bezeichnung für jemand, der sich unerlaubt Zugang zu fremden Rechnern über ein → Netzwerk verschafft. Inzwischen wurde der Begriff auch ausgeweitet auf Computerexperten und außergewöhnlich gute Programmierer.

Hacking
Unbefugtes Eindringen in ein Computersystem über dessen Verbindung zu einem Datennetz.

Handybanking
Erledigen von Bankgeschäften unterschiedlichster Art mittels Mobilfunkgeräten.

Hashen
Engl.: Komprimieren von Daten.

Hash-Komprimat
Eine Art „Quersumme" über eine Datei, an der Veränderungen der Daten zu erkennen sind.

Header
Vorspann eines → Datagramms, der – je nach Protokoll – über mehrere Bytes hinweg wichtige Informationen zum Datagramm enthält; dient der Adressierung von → Paketen in einem → Paketnetz.

Hertz
Einheit der Frequenz; 1 Hertz (Abk. Hz) entspricht einer Schwingung pro Sekunde.

Hit
Maßzahl für die Häufigkeit der Abfrage eines Internet-Angebotes.

Homebanking
Sammelbezeichnung für idR PC-gestützte elektronische Bankdienstleistungen im Rahmen des Electronic Banking, vorzugsweise für private Kunden der Banken.

Homepage
Hauptseite oder Leitseite innerhalb des → World Wide Web (WWW), mit der sich Organisationen, Unternehmen oder Privatpersonen im → Internet darstellen.

Homeshopping
Oberbegriff für den Einkauf von zu Hause aus, Begriff wird zunehmend für den interaktiven und unmittelbaren → Online-Einkauf mittels → Abrufdiensten benutzt, ohne → Medienbruch.

Hop
Bezeichnung für die Zahl der Zwischenschritte einer Nachricht auf dem Transportweg vom Absender zum Empfänger.

Host
Englische Bezeichnung für einen an ein Netzwerk angeschlossenen Rechner zur Ausführung von Anwendungsprogrammen, der seine Dienste auch externen Rechnern und Terminals bereitstellt.

Hotspot
Graphisch definierter Bereich in einem Bild, der einen → Hyperlink enthält. Der Nutzer kann einen Hotspot auf der Oberfläche des → Browsers nur durch eine veränderte Mausanzeige erkennen.

HTML
Engl.: Hyper-Text Markup Language, betriebssystemunabhängige Sprache zur Darstellung von → World Wide Web-Dokumenten.

HTTP
Abk. für: Hyper Text Transport Protocol; Protokoll, das den Transport von Hypertextseiten im → World Wide Web festlegt und nach dem Client/Server-Prinzip arbeitet: Anfragen von H.-Clients werden von H.-Servern bedient. Bei HTTP werden keine ständigen Verbindungen verwendet, sondern für jede Anfrage (vom Client) wird eine Verbindung eröffnet, auf die Antwort (vom Server) gewartet, und die Verbindung dann wieder abgebrochen (dadurch werden die → Ports der HTTP-Server nicht belegt).

HyperLink
Verweis im → WWW auf andere Dokumente und Daten; kodiert in → URLs; durch Anklicken wird das Verweisdokument direkt abgerufen.

Hypertext
Text, der → Hyperlinks enthält.

I

IAP
Engl.: Internet Acces Provider.

IDEA
Abk. für einen „International Data Encryption Algorithm“, symmetrischen Algorithmus, entwickelt von Prof. Jim Masey und Xuejia Lai von der ETH Zürich.

IDENTD
Identification Daemon. Dient bei „anonymen“ Diensten der Rückverfolgung von Verbindungen zur Identifikation des Nutzers.

IID
Abk. für: → Initiative Informationsgesellschaft Deutschland.

Indizierung
Im Jugendschutzrecht die Aufnahme einer Schrift (→ Schriftenbegriff) in einer bei der → Bundesprüfstelle für jugendgefährdende Schriften geführte Liste. Folge der Indizierung ist, daß die indizierte Schrift nur noch an Erwachsene, nicht mehr aber an Kinder und Jugendliche abgegeben werden darf.

Initiative Informationsgesellschaft Deutschland
Initiative der Bundesregierung zur Verbesserung der Nutzung der modernen Informationstechnologie; http://www.iid.de; geht auf den → Technologierat 1995 zurück.

Information Highway
„Daten(auto)bahn“, Hochgeschwindigkeitsdatennetz für Multimedia-Anwendungen.

Informations- und Kommunikationsdienst
Oberbegriff für alle elektronischen Informations- und Kommunikationsdienste, sowohl → Teledienste als auch → Mediendienste.

Informations- und Kommunikationsdienste-Gesetz
Gesetz zur Regelung der Rahmenbedingungen für Informations- und Kommunikationsdienste vom 22. 7. 1997, BGBl. I, S. 1870 ff.

Informationsdienste
Netzdienste, die dem Benutzer die Informationssuche erleichtern. Beispiele im Internet: → Gopher, → World Wide Web.

Integrität
Unversehrtheit der Daten bei Übermittlung; bei → digitalen Signaturen erfolgt die Prüfung der Integrität der übermittelten Daten durch Prüfung des dem → Zertifikat zugeordneten öffentlichen Schlüssels.

Interface
→ Schnittstelle.

Internet
Weltumspannendes Computernetz, das Universitäten, kommerzielle Unternehmen, staatliche und militärische Einrichtungen mit über z. Zt. etwa

45 000 Unternetzen und vielen Mio. Anwendern verbindet. Alle Unternetze verwenden das Kommunikationsprotokoll → TCP/IP und ein einheitliches Adressierungsschema, in dem jeder angeschlossene Rechner eine → IP-Adresse erhält. Internet besteht – im Gegensatz zu kommerziellen → Online-Diensten – ohne ein ausgeprägtes Netzwerkmanagement und ohne Betreibergesellschaft, die das Netz betreut und als zentrale Anlaufstelle dient. Anwendungsschwerpunkte des Internet liegen beim → E-Mail, beim Kopieren von (Programm-)Dateien mittels → FTP (File Transfer Protocol), beim Austausch von Nachrichten in Diskussionsgruppen (Foren), bei der Datenbankrecherche sowie mehr und mehr bei → WWW-Diensten. Seit einiger Zeit benutzen verschiedene Unternehmen das Internet auch als Plattform für Werbung und Kommunikation mit Geschäftspartnern und Kunden.

Internet-Adresse
Siehe → IP-Adresse.

Internet-Banking
Anwendungen der Nutzungsmöglichkeiten des Internet im Bankverkehr.

Internet-Dienst
Netzdienst auf Grundlage der → TCP/IP-Protokollfamilie, z. B. E-Mail nach SMTP, News, WWW.

Internet-(Service-)Provider
Anbieter von → Internet-Diensten.

Internet-Telephonie
Sprachübermittlung über das → Internet; nach derzeitigem Stand der Technik ist bei der Internet-Telephonie noch keine Sprachübermittlung in Echtzeit, d. h. ohne spürbare Zeitverzögerung, möglich, daher (noch) keine Lizenzpflicht nach § 6 TKG. Es ist ein → Teledienst nach dem → TDG.

Internet-Rundfunk
Verbreitung von Rundfunk mittels Internet-Technologie, zur Zeit noch rundfunkgebührenfrei.

InterNIC
Oberste Instanz zur Vergabe von Internet-Adressen, zur Zeit betrieben von der Firma Network Solution, Inc. Nationale toplevel domains (z. B. de) werden an regionale Unterorganisationen delegiert, z. B. in Deutschland das → DE-NIC.

Intranet
Informationsnetz für geschlossene Nutzergruppen; basiert auf Internet-Technologie und offenen Standards.

IP
Engl.: Internet Protocol; siehe: → TCP-IP.

IP-Adresse
Zahlenkombination, die einen Rechner im → Internet weltweit eindeutig bezeichnet. IP-Adressen haben folgende Struktur: a.b.c.d (a, b, c, d sind natürliche Zahlen zwischen 0 und 255.), z. B. 129.187.14.52. Daneben gibt es

noch die Möglichkeit, dieser Zahl eine Buchstabenkombination zuzuordnen; diese Schreibweise bezeichnet man als FQDN, fully qualified domain name. Die Wertigkeit nimmt in dieser Schreibweise von links nach rechts zu, d.h. die Top-Level-Domain (meistens Länderbezeichnungen) befindet sich am Ende des FQDN. Die aus zwei Buchstaben bestehenden Ländercodes wurden von DIN 3166 bzw. ISO 3166-1981 übernommen. Vor dem Ländernamen steht die domain (z.B. Organisation). Ganz am Anfang steht der Name des Rechners (host). Durch beide Schreibweisen wird jeder Rechner innerhalb des Internet eindeutig definiert. Beispiele für Top-Level-Domains:
- cl: Chile
- com: Firma (commercial)
- de: Deutschland
- edu: America education
- fi: Finnland
- org: Organisation
- uk: Großbritannien
- se: Schweden.

In Deutschland werden IP-Adreßbereiche vom → DE-NIC vergeben.

IPng
Internet Protocol next generation. Weiterentwicklung des Internet-Protokolls IP, die neben der Unterstützung von Multimedia-Kommunikation u.a. den verfügbaren Adreßraum im Internet vergrößern und gewisse Accounting-Funktionalitäten bereitstellen soll.

IRC
Engl.: Internet Relay Chat. Internet-Dienst, der den Benutzern ermöglicht, per Tastatureingaben in Echtzeit miteinander zu kommunizieren (to chat = plaudern).

ISDN
Abk. für: Integrated Services Digital Network; wörtl.: diensteintegrierendes Digitalnetz. Genormtes, öffentliches, digitales Wählnetz der Deutschen Telekom AG, das über einen einzigen Anschluß verschiedene Dienste der Sprach- und Datenkommunikation anbietet.

ISO
International Standard Organisation.

ISO/OSI-Modell
→ OSI-Schichtenmodell.

ISP
Engl.: → Internet Service Provider.

IT
Informationstechnik.

ITSEC
Engl.: Information Technology Security Evaluation Criteria; europäische Richtlinien zur Beurteilung der Sicherheit von Informationstechnik, → common criteria.

ITU
Engl.: International Telecommunications Union; Einrichtung der Vereinten Nationen, die sich mit Fragen der Telekommunikation befaßt.

IuKDG
Abk. für Gesetz zur Regelung der Rahmenbedingungen für → Informations- und Kommunikationsdienste; http://www.iukdg.de

J

Java
Programmiersprache, die unabhängig vom jeweiligen Betriebssystem auf allen Computern laufen kann; entwickelt von der Fa. Sun Microsystems.

Java Applet
Kurzes → Java Programm, das an eine → Web-Seite angehängt und von dem → Browser ausgeführt wird.

Java Script
Von der Plattform unabhängige → Scriptsprache für das → WWW.

Joint Editing
Mit einem Joint Editing Tool (einem sog. „Whiteboard") können Teilnehmer einer Multimedia-Konferenz gemeinsam an einem Grafik- oder Textdokument arbeiten.

JPEG
Engl.: Joint Photograph Experts Group (jpg); Verfahren für die Standbildkomprimierung; eines der im → WWW üblichen Grafikformate neben → GIF (gif).

Jugendschutzbeauftragter
Wird erstmals durch das → IuKDG in das → Jugendschutzrecht bei → IuK-Diensten eingeführt; danach ist, wer → gewerbsmäßig → elektronische Informations- und Kommunikationsdienste, denen eine Übermittlung mittels → Telekommunikation zugrunde liegt, zur Nutzung bereithält, verpflichtet, einen Jugendschutzbeauftragten zu bestellen, wenn diese allgemein angeboten werden und jugendgefährdende Inhalte enthalten können. Er ist Ansprechpartner für Nutzer und berät den → Diensteanbieter in Fragen des Jugendschutzes. Er ist von dem Diensteanbieter bei der Angebotsplanung und der Gestaltung der Allgemeinen Nutzungsbedingungen zu beteiligen. Er kann gegenüber dem Diensteanbieter eine Beschränkung von Angeboten vorschlagen. Die Verpflichtung des Diensteanbieters kann auch dadurch erfüllt werden, daß er eine Organisation der freiwilligen Selbstkontrolle zur Wahrnehmung der Aufgaben verpflichtet; zum Beispiel die → FSM.

K

Kanal
Allgemeine Bezeichnung für einen gerichteten Übertragungspfad für Nachrichtensignale und/oder Nachrichten. Differenzierung nach:
– Verwendung: Telefonkabel, Datenkanal usw.

- Übertragungsmedium: Funkkanal, optischer Kanal usw.
- Funktionsprinzip: Zeitkanal, logischer Kanal.

Key Management
Verwaltung kryptographischer Schlüssel.

Key-escrow-Verschlüsselung
Kryptographische Verfahren, bei denen die privaten Schlüssel bei einer staatlichen Stelle hinterlegt werden, um ggf. die Überwachung des Datenverkehrs zu ermöglichen.

Key recovery
Engl.: Hinterlegung geheimer/privater Verschlüsselungsschlüssel bei einer vertrauenswürdigen Instanz (→ trusted third party).

Knoten
Verzweigungspunkt in einem Kommunikationsnetz, meist mit Funktionen zur Unterstützung von Benutzeranschlüssen (Anschlußknoten) und zur Bereitstellung gewählter Verbindungen (Vermittlungsknoten).

Komponenten
→ Technische Komponenten.

Kontinententheorie
Grundlegender theoretischer Ansatz für die Erfassung der Wesensmerkmale der → IuK-Dienste und der Bestimmung der Regelungsnotwendigkeiten; dabei werden die Erscheinungsformen der neuen → Informations- und Kommunikationsdienste als eigenständiges, nicht ohne weiteres mit den Bereichen → Telekommunikation oder → Rundfunk zu vergleichendes Rechtsgebiet definiert.

Konvergenz
Beschreibung des technischen Zusammenwachsens von z.B. PC und Rundfunktechnik.

Kryptographie
Wissenschaft vom Verschlüsseln und Entschlüsseln von Zeichen; siehe auch: → Kryptologie; im Zeitalter der Online-Kommunikation entscheidend zur Gewährleistung von → Vertraulichkeit → Authentizität und → Integrität von Daten.

Kryptographische Verfahren
Verschlüsselungsverfahren, die es ermöglichen, Daten abhörsicher an einen Empfänger zu versenden oder mit einer digitalen Signatur die Unversehrtheit einer Nachricht beim Transport über das Netz zu gewährleisten und den Absender sicher zu → authentifizieren.

Kryptologie
Wissenschaft vom Verschlüsseln und Entschlüsseln von Informationen. → Kryptologische Verfahren spielen eine zunehmende Rolle bei der Datenübertragung, um → Vertraulichkeit, → Authentizität und → Integrität von Daten sicherzustellen. Zahlungssysteme in internationalen → Netzwerken wie → Internet wären ohne sichere kryptologische Verfahren nicht möglich; vgl. → digitale Signatur.

L

LAN
Siehe: → Local Area Network.

Lichtwellenleiter (LWL)
Glasfaserkabel (fiber optic cable).

Link
Engl.: Verbindung zwischen Rechnern oder zwischen Seiten im WWW.

Listserv
Listenserverprogramm auf einem als Listserver eingerichteten Computer, das automatisch eingehende → E-Mails an alle auf einer Verteilerliste stehenden Benutzer versendet.

Local Area Network (LAN)
Nahverkehrsnetz.

Login
Anmeldung (mit Benutzerkennung und → Paßwort) eines berechtigten Nutzers bei einem Rechner zu Beginn einer Arbeitssitzung.

Logout
Abmeldung eines Nutzers bei einem Rechner am Ende einer Arbeitssitzung.

M

Mail-Server
Dedizierter Rechner für das Speichern und Verarbeiten von E-Mails.

Mailbox
DV-System bzw. Dateiverzeichnis für Empfang, Speicherung, Abruf und Versand elektronischer Post.

Mainframe
Universalrechner mit proprietärem Betriebssystem.

MAN
Abk. für: Metropolitan Area Network; Daten- und Kommunikationsnetz für Ballungsräume.

Maßnahmenkatalog
Siehe: → technische Komponenten; → digitale Signaturen.

MDStV
Abk. für: → Mediendienste-Staatsvertrag.

Medienbruch
Fehlende Möglichkeit, mittels eines Mediums (z.B. TV), alle Vorgänge und Anwendungen unmittelbar abwickeln zu können – es bedarf eines weiteren Kommunikationsmittels (z.B. Telefon), um einen Vorgang (z.B. eine Bestellung) abschließen zu können; Beispiel → Teleshopping.

Mediendienst
Elektronischer Informations- und Kommunikationsdienst i. S. v. → Mediendienste-Staatsvertrag.

Mediendienste-Staatsvertrag
Regelwerk der Bundesländer zur Regelung der Mediendienste; Inkrafttreten: 1. 8. 1997; gemeinsam mit dem IuKDG (Art. 1 und Art. 2) bestimmt der MDStV (Abk.) die Regeln für die wirtschaftliche Entwicklung der elektronischen Informations- und Kommunikationsdienste in Deutschland; er enthält wort- oder doch inhaltsgleiche Regeln wie das IuKDG zur Verantwortlichkeit, zur Zugangsfreiheit und zum Datenschutz; er bestimmt jedoch darüber hinaus für Mediendienste eine eigene Ermächtigungsgrundlage für das Verbot von Inhalten in Mediendiensten und enthält eine Reihe von Ordnungswidrigkeitstatbeständen und Bußgeldbestimmungen für Mediendienste; mit Inkrafttreten des MDStV ist der → BTX-Staatsvertrag außer Kraft getreten.

Mehrwertdienst
Spezielle → Telekommunikationsdienste, deren Leistungen im technischen Sinn über einen Basisdienst (z. B. Sprachtelefondienst), d. h. die bloße Bereitstellung einer Kommmunikationsverbindung, hinausgehen.

MIME
Engl.: Multipurpose Internet Mail Extension; Verfahren erlaubt die Versendung von Bildern, Videos etc. mit → E-Mail.

Mirror site
Spiegelort, ein Rechner, der eine Originaldatei an einem neuen Ort bereithält. Die Einrichtung einer mirror site bietet sich bei starker Belastung des Originalrechners an, wird aber auch benutzt, um eventuelle Sperrungen des Originalservers zu umgehen.

MJPEG
Anwendung von → JPEG auf Bildfolgen.

Modem
Verknüpfung der Wörter Modulator und Demodulator. Gerät zwischen Computer und Telefonleitung, um mit anderen Computern Daten auszutauschen. Digitale Signale eines Computers lassen sich nicht direkt über die Telefonleitung übertragen. Deshalb werden die digitalen Daten mit dem Modulator in Töne umgewandelt, über die Telefonleitung übertragen, und die empfangenen Töne durch den Demodulator wieder in digitale Daten zurückverwandelt.

M. sind erforderlich für → DFÜ und die Teilnahme an → Online-Diensten und → Internet über das Telefonnetz.

Modulator
Siehe: → Modem.

Monitoring
Aufzeichnung von Verkehrsdaten in Netzen zur Betriebsüberwachung.

MPEG
Engl.: Motion Picture Experts Group. Mit MPEG-Verfahren lassen sich Bewegtbilddaten komprimieren; siehe auch: → JPEG, → GIF, → MJPEG.

MS Windows
Familie von PC-Betriebssystemen der Fa. Microsoft (z.B. Windows 3.1x, Windows 95, Windows NT).

MS-DOS
Disk Operating System. PC-Betriebssystem der Fa. Microsoft.

Multi User Dungeon (MUD)
Art von Echtzeit-Computerspielen im Internet.

Multi User Host
Zentraler Rechner mit Mehrbenutzersystem.

Multicast-Verfahren
„Einer-an-Viele"-Verfahren. Damit kann eine ganze Gruppe von Rechnern adressiert werden.

Multimedia
Integration von Informationen aus verschiedenen Medien, z.B. Standbild, bewegtes Bild, Text, Grafik, Ton usw. Grundlage hierfür ist die → Digitalisierung, die ein Zusammenführen der verschiedenen Daten in einem Computer ermöglicht.

Multimedia-Gesetz
Kurzform für: → Informations- und Kommunikationsdienste-Gesetz.

Multiplexing
Zusammenlegen unterschiedlicher Signale auf eine Leitung.

Multitasking
Betriebssystem, das als ein quasi gleichzeitiges Ablaufen von Programmen auf einem Computer erlaubt.

N

Name-Server
Dedizierter Rechner für den → Domain Name Service (DNS).

Navigatoren
Angebote zum Navigieren im Internet, in anderen Netzen oder im digitalen Fernsehen.

Netiquette
→ Netiquette-Guidelines.

Netiquette Guidelines
Ratschläge zur verantwortungsvollen Nutzung des → Internet (RFC 1855).

NetNews
Internet-Dienst. Diskussionsforum in Form eines „elektronischen schwarzen Bretts", bei dem auf speziellen News-Servern den Benutzern Artikel zu bestimmten Themengebieten, sogenannten News-Gruppen, zur Verfügung gestellt werden. Der Benutzer kann auch selbst Information einspeisen („posten") und Diskussionspartner sein.

Network News
Siehe → NetNews.

Network News Transport Protocol (NNTP)
Die NetNews-Daten werden mit Hilfe von NNTP im Internet übertragen.

Netzdienst
Über ein Daten-/Sprachnetz verfügbarer Kommunikationsdienst.

Netzdurchsatz
Übertragene Datenmenge pro Zeiteinheit (in bit/s).

Netzsegment
Physische Untereinheit eines Netzes.

Netzwerk
System aus mehreren miteinander verbundenen Computern und anderen Geräten, z. B. Druckern. Die vernetzten Computer (Stationen) können untereinander kommunizieren (→ E-Mail) und Dateien übertragen. Man unterscheidet Client/Server- und Peer-to-Peer-N., bei letzteren gibt es keine eigens für das Netzwerk abgestellte Station (→ Server), die Netzwerkdaten zentral speichert und verwaltet.

Üblicherweise werden N. in lokale N. (→ LAN), N. mittlerer Reichweite (→ MAN) und Weitverkehrsnetze (→ WAN) eingeteilt. Typologisiert man Netzwerke nicht räumlich, sondern anhand ihrer Organisation bzw. ihrem Zweck, kann man folgende Arten unterscheiden:
- Unternehmensnetzwerke: firmeneigene N.
- Kommerzielle N.: Dienstleistungsanbieter z. B. von → Datenbanken oder → E-Mail für Privatkunden.
- Forschungsnetzwerke: wissenschaftliche N., z. B. Deutsches Forschungsnetz (DFN), EARN (European Acedemic Research Network) oder Bitnet (Because It's Time Network).
- Militärische N.: z. B. Milnet, DDN (Defense Data Network).
- Kooperative N.: diese können keiner eigenen Betreiber- bzw. Nutzergruppe zugeordnet werden; sie werden selbst aus einer Schnittmenge bestehender N. gebildet, z. B. usenet.
- Hobby-N. auf → Mailbox-Basis (Mailboxnetzwerke).
- Politische N.: → Mailboxnetzwerke mit ausdrücklichem politischen Inhalt der Diskussion, z. B. ComLink in Deutschland und Europa.

Netzzugang
Die physische und logische Verbindung von Endeinrichtungen oder sonstigen Einrichtungen mit einem → Telekommunikationsnetz oder Teilen desselben sowie die physische und logische Verbindung eines Telekommunikationsnetzes mit einem anderen Telekommunikationsnetz oder Teilen desselben zum Zweck des Zugriffs auf Funktionen dieses Telekommunikationsnetzes oder auf die darüber erbrachten → Telekommunikationsdienstleistungen.

News
Siehe NetNews.

Newsgroup
Öffentliche Diskussionsforen im Internet.

News-Server
Dedizierter Rechner für die Speicherung und Verteilung von News-Artikeln.

NII
Engl.: National Information Infrastructure. US-amerikanisches Projekt, das eine flächendeckende moderne Informations- und Kommunikationsinfrastruktur zum Ziel hat. → GIIS.

Nutzer
Nachfrager nach → Telekommunikationsdienstleistungen oder nach → Informations- und Kommunikationsdiensten.

Nutzerprofil
Sammlung personenbezogener Daten über einen bestimmten Nutzer, mit dem die Inanspruchnahme und die Nutzung bestimmter einzelner Dienstleistungen erfolgen kann.

O

Offene Systeme
Kommunikationssysteme, die eine einfache Verknüpfung von Rechnern über Betriebssystem- und Herstellergrenzen hinweg ermöglichen sollen (open systems).

Offline
Methode der Datenverarbeitung. Es besteht keine Datenverbindung der Datenverarbeitungsanlage mit einer Gegenstelle; Gegenteil: → Online.

Online publishing
Veröffentlichung von Informationsinhalten nicht über das Medium Papier, sondern über → Informations- und Kommunikationsdienste.

Online
Methode der Datenverarbeitung. Es besteht eine Datenverbindung über → Modem zwischen der Datenverarbeitungsanlage und der Gegenstelle; Gegenteil: → Offline.

Online-Dienst (-Anbieter)
Leistungen, die über das Telefonnetz abgerufen werden, z.B. mittels PC. Ermöglicht Kontakte mit verschiedenen Datennetzen zur Information und zum Datenaustausch (→ Internet). Kommerzielle Anbieter proprietärer Netzdienste und meist auch von Internet-Diensten über Einwählknoten. Beispiele: AOL, CompuServe, MSN, T-Online.

Online-Wartung
Fernwartung von DV-Systemen über das Datennetz.

OPS
Engl.: Open profiling System.

OSI-Schichtenmodell
Open System Interconnection-Modell. Universelles, hierarchisches 7-Schichten-Modell der Datenkommunikation. 1984 für den Aufbau von → Netz-

werken entwickelt, ausgehend von der physikalischen (Medium) Ebene bis zum Anwendungsprogramm. Das OSI-Schichtenmodell der → ISO (International Standards Organisation), auch OSI-Referenzmodell oder OSI-Standardmodell, beschreibt die Kommunikation offener Systeme. Dabei werden sieben für eine Kommunikation notwendigen Prozesse definiert. Jede Schicht baut auf den Diensten der darunterliegenden Schicht auf und bietet ihrerseits der darüberliegenden Schicht ihre Dienste an.

- 1: Physical Link Layer
  Bitübertragungsschicht; Medium, Modulationsverfahren, Übertragungsart.
- 2: Data Link Layer
  Datensicherungsschicht; → Fehlerkorrektur: stellt die Verbindungen zwischen den Teilnehmern her, organisiert die Datenpakete und stellt deren fehlerfreie Übertragung sicher.
- 3: Network Layer
  Vermittlungsschicht; Auf- und Abbau von Netzverbindungen, → Routing: Steuert den Datenaustausch zwischen nicht direkt miteinander verbundenen Stationen über Aufbau und Beendigung von logischen Verbindungen.
- 4: Transport Layer
  Transportschicht; übernimmt die Befehle der übergeordneten Schichten und stellt eine fehlerfreie Übertragung über die unteren Schichten sicher.
- 5: Session Layer
  Kommunikationsschicht; Adressierung und Sicherung der Daten, Wiederaufbau einer Verbindung nach einem Abbruch.
- 6: Presentation Layer
  Darstellungsschicht; vermittelt den Datenaustausch zwischen zwei Stationen: Konvertierung von Übertragungscodes, Anpassung von Bildschirm- und Druckerformaten.
- 7: Application Layer
  Anwendungsschicht; Kommunikationsschnittstelle für die Anwenderprogramme.

P

Paketnetz
In einem paketvermittelnden Netz werden die Daten in Blöcke (Pakete) eingeteilt, die unabhängig voneinander über das Netz geschickt werden. Jeder Block besteht aus einem Kopfteil (header), der insbesondere die Adreßinformation enthält, und einem Datenteil.

Paketvermittlung
Engl.: Packet Switching. Variante der Nachrichtenvermittlung, bei der die zu übertragende Nachricht in einzelne Nachrichtensegmente zerlegt und unter jeweiliger Zwischenspeicherung (Store and Forward) von Teilstrecke zu Teilstrecke bis hin zur Zielstation durchgereicht wird; im Gegensatz zur Sendungsvermittlung, bei der Nachrichten ungeteilt transportiert werden. Dienstarten der Paketvermittlung sind der Datagrammdienst (Connectionless-Mode) und die Virtuelle Verbindung (Connection oriented Mode). Genormt in ITU-T X.25.

Parallelrechner
Hochleistungsrechner mit vielen Prozessoreinheiten.

Paßwort
Individuell gewählte, geheimzuhaltende Zeichenkette (Kennwort) für die Authentifizierung eines Nutzers gegenüber einem Rechner, Zugangscode. Hardware, Programme, Dateien und Kommunikationsdienste können so vor unerlaubtem Zugriff oder unerlaubter Inanspruchnahme geschützt werden. Der Zugriff auf die geschützten Daten gelingt nur, wenn sich der Benutzer oder die Anwendung zuvor mit dem Paßwort identifiziert hat.

P3
→ PPP, → Platform for Privacy Preferences.

Paßwortdatei
Geschützte Datei auf einem Rechner, welche die Paßwörter der Benutzer in verschlüsselter Form enthält.

PEM
Abk. für: Privacy Enhancement for Internet Electronic Mail; Internet Standard.

Personenbezogene Daten
Einzelangaben über persönliche oder sachliche Verhältnisse einer bestimmten oder bestimmbaren natürlichen Person. Beim Umgang mit personenbezogenen Daten sind die → Datenschutzgesetze zu beachten.

PGP (pretty good privacy)
Ein im Internet frei verfügbares Programm, das mittels kryptographischer Verfahren das Verschlüsseln und elektronische Signieren von Daten ermöglicht.

PIN
Engl.: Personal Identification Number.

PICS
Abk. für: „Platform for Internet Content Selection“, Programm/Plattform zur Auswahl von Internet-Angeboten.

Plug-In
Ergänzungsprogramm für einen → Browser, das diesem zusätzliche Eigenschaften verleiht, z. B. das Verstehen von Grafikformaten, Audio- oder Video-Sequenzen.

POP
Engl.: Point of Presence, Anwesenheit. Einwahlknoten, der die Einwahl ins Internet ermöglicht.

Port
Die Kommunikation zwischen Rechnern erfolgt auf der Transportschicht im → ISO/OSI-Modell über sogenannte Portnummern. Für einige Standarddienste werden von der IANA (Internet Assigned Numbers Authority) sogenannte Well-Known-Portnummern vergeben. Beispiel: Port 21 gilt für FTP-Server.

PPP
Engl.: Platform for Privacy Preferences; ein Verfahren des → W3C zur Einstellung individueller Datenschutzpraktiken durch den Nutzer; http://www.w3c.org/P3

Private key
Siehe: → Asymmetrische Verschlüsselung.

Produkt
Kommerziell erhältliche Hardware und/oder Software.

Proprietäres Betriebssystem
Herstellerspezifisches Betriebssystem wie MVS (der Fa. IBM) oder VMS (der Fa. DEC).

Protokoll
Satz von Vorschriften und Regeln für bestimmte Form des Informationsaustausches über ein Datennetz auf gleicher Schicht im ISO/OSI-Modell. Siehe auch: → SPX/IPX, TCP/IP, X.25.

Protokollanalysator
Gerät, das passiv an ein Datennetz angeschlossen wird, um den Netzverkehr zu beobachten und zu analysieren.

Provider
→ Service-Provider; → Diensteanbieter; → Internet-Access-Provider.

Proxy
Siehe: → Proxy-Server.

Proxy-Server (Proxy)
Dedizierter Rechner, der z. B. alle WWW-Zugriffe aus einem Bereich „abfängt" und ggf. an die Zieladresse weiterreicht; wird meist gleichzeitig als Cache-Server betrieben.

Private key
→ Asymmetrische Verschlüsselung.

Pseudonym
Buchstaben- oder Zahlenkombination, die die Identität eines Nutzers von Dienstleistungen z. B. im Internet nicht ohne weiteres preisgibt.

Public key
→ Asymmetrische Verschlüsselung.

Public-domain-Software
Software, bei welcher der Autor auf seine Urheberrechte (ggf. mit Einschränkungen) verzichtet hat. Siehe auch → Freeware und → Shareware.

Punkt-zu-Mehrpunkt
→ Punkt-zu-Multipunkt-Verbindung.

Punkt-zu-Multipunkt-Verbindung
Eine direkte Verbindung zwischen einer zentralen Sende- und Empfangsstation und jeweils einer von mehreren Sende- und Empfangsstationen; z. B.

bei Satellitenkommunikation, bei zellularen Mobilfunknetzen, neuerdings auch bei Richtfunksystemen.

Punkt-zu-Punkt-Verbindung
1. Eine direkte Verbindung zwischen zwei Teilnehmern innerhalb eines Funknetzes, z. B. beim klassischen Richtfunk.
2. Verbindung zwischen zwei Datenstationen. „Einer-an-Einen"-Verfahren. Es wird nur ein Rechner adressiert. Dabei kann es sich um festgeschaltete und vermittelte Verbindungen handeln.
   Vgl. → Punkt-zu-Multipunkt-Verbindung.

Push-and-pull
Beschreibung für verschiedene Angebotsformen im → Internet:
1. Pull-Technologie: Der Nutzer zieht sich Informationen aus dem Netz mittels eines → Abrufdienstes; klassische Internet-Nutzung.
2. Push-Technologie: Der Nutzer wird direkt mit Informationen aus dem Netz bedient, ohne Abruf, idR durch Agenten, die ein → Nutzerprofil erstellen und individuell zusammengestellte Informationen übermitteln.

R

RAM-Disk
Im Arbeitsspeicher (Random Access Memory RAM) nachgebildetes Rechner-Laufwerk mit schnellem Zugriff.

Raubkopien
Unrechtmäßig erstellte Software-Kopien.

Rechtsverordnung
→ Signaturgesetz.

Regulierungsbehörde
Ab dem 1. 1. 1998 zuständige Behörde nach dem → Telekommunikationsgesetz; dem BMin. für Wirtschaft nachgeordnete Bundesoberbehörde; sachlich für die Durchführung des → TKG verantwortlich; auch für Umsetzung des → Signaturgesetzes: http://www.regtp.de

Requests for Comments (RFCs)
Durch fortlaufende Nummern gekennzeichnete Dokumente des IAB (Internet Architecture Board) mit technischen Mitteilungen, Standards und Nutzerinformationen zum Internet. Die RFCs sind im Netz z.B. unter ftp://nis.nsf.net/documents/rfc/ frei verfügbar.

Revisionssicherheit
Fähigkeit, Aktivitäten im Netz und auf den Rechnersystemen nachträglich nachvollziehen zu können (z. B. durch Aufzeichnung von Verbindungsdaten).

Router
Aktive Netzkomponente, die als Schnittstelle zwischen Netzen gleicher Transportschicht (ISO/OSI-Schicht 4), aber möglicherweise verschiedenartiger Netzwerkschicht (Schicht 3, z. B. X.25 und Ethernet) arbeitet. Router

werden auch zur „Wegfindung" (Verkehrslenkung) für Datenpakete und zur Aufteilung von lokalen Netzen benutzt.

Routing
Engl.: Wegefindung, Wahl des Übertragungsweges für ein Datenpaket. In paketorientierten Kommunikationssystemen die Entscheidung von Vermittlungsknoten oder dedizierten → Routern, welchen Weg eine Datei oder ein Datenfragment nehmen soll, um zum Empfänger zu gelangen. Verbreitete Verfahren sind das statische Routing, das Default Routing und das dynamische Routing.

RSA
Aus den Anfangsbuchstaben der Erfinder - Rivest, Shamir, Adleman - zusammengesetzte Bezeichnung für ein Verschlüsselungsprogramm mit asymmetrischen Verfahren; Verfahren beruht auf der Zerlegung hoher Primzahlen.

RTF
Engl.: Rich Text Format; Dateiformat für Textdateien.

Rundfunk
Rundfunk ist nach der Definition des → Rundfunkstaatsvertrages die für die Allgemeinheit bestimmte Veranstaltung und Verbreitung von Darbietungen aller Art in Wort, in Ton und in Bild unter Benutzung elektrischer Schwingungen ohne Verbindungsleitung oder längs oder mittels eines Leiters.

Rundfunkgebühren
Rundfunkteilnehmer, die ein Rundfunkempfangsgerät bereithalten, müssen eine Rundfunkgebühr entrichten; diese besteht aus einer Grundgebühr und einer Fernsehgebühr.

Rundfunkstaatsvertrag
Staatsvertrag aller Bundesländer über grundlegende Regelungen für den öffentlich-rechtlichen und privaten Rundfunk in einem dualen Rundfunksystem der Länder; Staatsvertrag vom 31. August 1991 i.d.F. des Dritten Rundfunkänderungsstaatsvertrages vom 26. August bis 11. September 1996.

S

Schlüssel
→ Verschlüsselung.

Schlüsseltechnologie
→ Digitale Signaturen.

Schnittstelle
Verbindungsstelle zwischen zwei miteinander in Beziehung stehenden Systemen.

Schriftformerfordernis
Soweit durch Gesetz oder eine andere Vorschrift die Schriftform vorgeschrieben ist, gilt § 126 BGB; danach muß die Urkunde von dem Aussteller eigenhändig durch Namensunterschrift oder mittels notariell beglaubigten

Handzeichens unterzeichnet sein; soweit nicht durch Gesetz vorgesehen, können Vertragspartner Form frei bestimmen.

Selbstdatenschutz
Technische und organisatorische Verfahren und Maßnahmen, die den Nutzer eines elektronischen → Informations- und Kommunikationsdienstes in die Lage versetzen, eine individuelle Entscheidung über die Weitergabe seiner personenbezogenen Daten zu entscheiden, z. B. durch Verwendung eines → Pseudonyms, oder personenbezogene Daten gegen Einsichtnahme Dritter zu schützen, z. B. durch → kryptographische Verfahren.

Server
Einrichtung im → Netzwerk, die für mehrere verteilte Benutzer zentralisierte Dienste bereitstellt. Dabei kann es sich um grundlegende Datei-, Kommunikations- und Druckdienste bis hin zur Unterstützung vielschichtiger, verteilter Anwendungen handeln. So kann ein verteiltes Datenbankverwaltungssystem beispielsweise über mehrere Server hinweg eine logische Datenbank aufbauen. → Client-Server-Modell.

Service Provider
Anbieter von Netzdiensten, Beispiele: Mobilfunk-(Service-)Provider, Online-Dienste, Internet-Provider. Anbieter die vom Netzbetreiber ermächtigt sind, Dienste oder veredelte Dienste (→ Mehrwertdienste) seines Netzes zu vertreiben und abzurechnen. In Deutschland vermarkten die Service Provider in erster Linie die Dienste der → GSM-Funktelefonnetze sowie die bekannten → Online-Dienste (→ Internet, T-Online). Im Bereich des Sprachtelefondienstes nur von untergeordneter Rolle (z. B. in Hotels) obwohl schon unter dem → FAG seit der Diensteliberalisierung zulässig.

Shareware
Software, die kostenlos erprobt werden kann; bei dauerhafter Benutzung ist ein Unkostenbeitrag an den Autor zu entrichten. Siehe auch → Public-domain-Software und → Freeware.

Sicherheitsstufe
Nach den → ITSEC unterscheidet man sechs Sicherheitsstufen von DV-Systemen (E1 bis E6).

Sicherheitszertifikat
Bestätigung einer bestimmten → Sicherheitsstufe einer technischen Komponente.

Signatur
Siehe: → digitale Signatur.

Signaturschlüssel
Kryptographischer Schlüssel für → digitale Signaturen, i. d. R. sind private und öffentliche Schlüssel zu unterscheiden; siehe auch: → asymmetrische Verschlüsselung.

Signaturschlüsselzertifikat
Eine digitale Bestätigung einer Zertifizierungsinstanz, daß ein bestimmter öffentlicher Signatur-Prüfschlüssel zu einer bestimmten Person oder Instanz gehört.

Simple Mail Transfer Protocol
SMTP; Protokoll für E-Mail im Internet.

SMTP
Engl.: Simple Mail Transfer Protocol; Bezeichnung für ein Software Programm zum Austausch von → E-Mail zwischen Mail-Servern.

Smiley
Gesichter aus Textzeichen; z. B. „:-))", „i-)"

SNMP
Engl.: Simple Network Management Protocol.

Speicher
Aufbewahrungseinheit für Informationseinheiten, Funktionseinheit eines Rechensystems, die Daten aufnimmt, aufbewahrt und abgibt (DIN 44.300). Dabei ist zu unterscheiden zwischen flüchtigen Speichern (z. B. Arbeitsspeicher, Rang), die die Informationseinheiten nur bei aktiver Stromzufuhr, also während des Betriebs, halten können; und nicht flüchtige/permanent Speicher, die nicht auf aktive Stromzufuhr angewiesen sind (z. B. Diskette, Festplatte, CD-Rom). Die Speicherung erfolgt magnetisch, optisch, magnet-optisch über einen chip.

Spoofing
Eine Identität vortäuschen, sich als jemand anderes ausgeben. Beim IP-Spoofing konfiguriert ein Teilnehmer des Internets seinen Rechner so, daß dieser die IP-Adresse eines anderen Rechners verwendet.

Stand-alone-System
Rechner ohne Netzanschluß.

Standleitung
Fest geschaltete Leitungsverbindung.

Steganographie
Lehre von den Geheimschriften (bspw. dem unauffälligen „Verstecken" von Informationen in einem Bild).

Store and Forward
Daten werden von Vermittlungsstellen gespeichert und, falls möglich, an die nächste Stelle auf dem Weg zum Kommunikationspartner weitervermittelt. Dieses Prinzip wird z. B. bei → SMTP verwendet.

Subnetz
Teilnetz eines Kommunikationsnetzes.

Suchmaschine
Suchhilfen, meist für Angebote im Internet, die Internet-Seiten im → WWW oder → USENET nach vorher eingegebenen Stichworten durchsuchen.

Surfer
Bezeichnung für den Nutzer von Informationen und Dienstleistungen im Internet.

Symmetrische Verschlüsselung
Kryptographisches Verfahren, bei der derselbe geheime Schlüssel (private key) für das Ver- und Entschlüsseln verwendet wird. Beispiel: → DES; → IDEA.

Sysop
Engl.: System Operator; siehe: → Systemadministrator.

System
Kombination verschiedener Produkte in einer anwendungsspezifischen, realen Einsatzumgebung.

Systemadministratoren
Betreuer der dezentralen Informationsverarbeitungssysteme innerhalb eines Systems.

Systembetreiber
Betreiber von Informationsverarbeitungssystemen, wie z.B. das Hochschulrechenzentrum.

Systemdatenschutz
Schutz personenbezogener Daten durch Verwendung von technischen Verfahren oder organisatorischen Maßnahmen. Ergänzt wird der Systemdatenschutz bei elektronischen → Informations- und Kommunikationsdiensten durch die Grundsätze des → Selbstdatenschutzes und des → Datenschutz-Audits.

T

Talk
Internet-Dienst, der analog zu → IRC funktioniert, wobei hier allerdings nur zwei Partner miteinander kommunizieren.

TCP-Wrapper
Server-Programm, das die Namen und die → IP-Adressen der anfragenden Rechner protokolliert und überprüft, ob diese berechtigt sind, den gewünschten Dienst in Anspruch zu nehmen; synonym: TCP-Daemon (TCPD).

TCP/IP
Transmission Control Protocol/Internet Protocol. Übertragungsprotokolle auf Schicht 4/3 des → ISO/OSI-Modells, auf denen die → Internet-Dienste basieren.

TCPD
Siehe: TCP-Wrapper.

TDDSG
Abk. für: → Teledienstedatenschutzgesetz, Art. 2 des → IuKDG.

TDG
Abk. für: → Teledienstegesetz.

TDSV
Abk. für: → Telekommunikationsdiensteunternehmen-Datenschutzverordnung.

T-Online
Online-Dienst der DEUTSCHEN TELEKOM AG; früher → BtX oder → Datex-J.

Technische Komponente
Einzelne Komponenten wie Bildschirm, Chipkartenlesegerät o.ä., die im Rahmen z.B. der Erzeugung und Prüfung digitaler Signaturen verwendet werden; das Signaturgesetz bestimmt für sichere digitale Signaturen bestimmte Sicherheitsfunktionen der einzelnen technischen Komponenten.

Technologierat
Expertengremium aus Vertretern von Wirtschaft, Wissenschaft und Verwaltung beim Bundeskanzler mit dem Auftrag der Politikberatung in zentralen Themen der Zukunft; Geschäftsführung beim → BMBF; erstes Thema: → Informationsgesellschaft, 1995; http://www.iid.de

Tele-
Präfix für Netzanwendungen wie Telearbeit (Teleworking), Telebanking, Telefax, Telefonie, Telekonferenz, Telekooperation, Telelearning bzw. -teaching, Telemedizin, Teleshopping.

Telearbeit
Die von einem Unternehmensstandort unabhängige Form der Arbeit, bei der die → Telekommunikation als Transportmedium der Arbeit im Vordergrund steht. In den bisher realisierten Anwendungen verlagert die Teleheimarbeit vorzugsweise interaktive PC-Arbeitsplätze aus dem Büro in die Wohnung des Beschäftigten.

Telebanking
Homebanking; alle Formen der Erledigung von Bankgeschäften mittels Telekommunikation.

Teledienst
Elektronischer Informations- und Kommunikationsdienst i.S.d. → Teledienstegesetzes.

Teledienstegesetz
Art. 1 des → IuKDG, regelt die wesentlichen Fragen bei der Nutzung von Telediensten; insbesondere die Abgrenzung zu → Mediendiensten, die → Verantwortlichkeit, die → Zugangsfreiheit sowie die → Anbietertransparenz.

Telekommunikation
Der technische Vorgang des Aussendens, Übermittelns und Empfangens von Nachrichten jeglicher Art in der Form von Zeichen, Sprache, Bildern oder Tönen mittels Telekommunikationsanlagen.

Telekommunikationsdiensteunternehmen-Datenschutzverordnung
vom 12. Juli 1996; regelt den Schutz personenbezogener Daten der am Fernmeldeverkehr Beteiligten.

Telekommunikationsdienstleistungen
Das gewerbliche Angebot von → Telekommunikation einschließlich des Angebots von → Übertragungswegen für Dritte.

Telekommunikationsdienstleistungen für die Öffentlichkeit
Das gewerbliche Angebot von → Telekommunikation einschließlich des Angebots von → Übertragungswegen für beliebige natürliche oder juristische Personen und nicht lediglich für die Teilnehmer → geschlossener Benutzergruppen.

Telekommunikationsgesetz
vom 25. Juli 1996; reguliert den Wettbewerb im liberalisierten Telekommunikationsmarkt in Deutschland.

Telekommunikationslinien
Unter- oder oberirdisch geführte Telekommunikationskabelanlagen einschließlich ihrer zugehörigen Schalt- und Verzweigungseinrichtungen, Masten und Unterstützungen, Kabelschächte und Kabelkanalrohre.

Telekommunikationsnetz
Die Gesamtheit der technischen Einrichtungen (→ Übertragungswege, Vermittlungseinrichtungen und sonstige Einrichtungen, die zur Gewährleistung eines ordnungsgemäßen Betriebs des Telekommunikationsnetzes unerläßlich sind), die zur Erbringung von → Telekommunikationsdienstleistungen oder zu nichtgewerblichen Telekommunikationszwecken dient.

Telematik
Kunstwort aus → Telekommunikation und Informatik; T. ist die Vernetzung unterschiedlicher Kommunikationsmedien oder Personen zu einem interaktiven System mittels der neuesten Computertechnologien. Diese Vernetzung wird oft als Analogie zum Gehirn beschrieben (Global Brain).

Telemedizin
Umschreibung für alle Anwendungen der Informations- und Kommunikationstechnologie in der Medizin.

Teleshopping
„Fernseheinkauf", d. h. Angebote von Waren oder Dienstleistungen o. a. gewerbliche Angebote in speziellen Fernsehsendern (Teleshopping-Kanäle) oder im Rahmen von sog. Werbefenstern innerhalb von Fernseh-Programmen, die mittels → Medienbruchs, d. h. unter Zuhilfenahme eines weiteren Kommunikationsmittels (z. B. Telefon) bestellt werden können.

Telnet
Internet-Dienst, der es ermöglicht, auf anderen Rechnern im Netz so zu arbeiten, als ob man direkt als Terminal angeschlossen wäre (Remote Login).

Terminal-Adapter
Umsetzeinrichtung zwischen Telefon- und Hochschulnetz.

Text Conferencing
Siehe → IRC, → Talk.

Timeout
Zeitspanne, nach der z.B. Versuche zur Verbindungsaufnahme im Netz oder inaktive Verbindungen automatisch abgebrochen werden.

TKG
Abk. für: → Telekommunikationsgesetz.

Tool
Software-Werkzeug.

Trap and trace
Aufspüren und Einfangen.

Trustcenter
Vertrauenswürdige dritte Stelle; bietet Dienstleistungen im Bereich der sicheren Verschlüsselung, insbesondere bei digitalen Signaturen; vgl. auch → TTP; → Zertifizierungsstelle im → Signaturgesetz.

Trusted Third Party
Engl.: vertrauenswürdige dritte Stelle; z.B. zur Generierung, Aufbewahrung und Überwachung von → Schlüsseln; eine Instanz, der hinsichtlich ihrer sicherheitsrelevanten Tätigkeit bedingungslos vertraut wird; vgl. auch → Trustcenter.

TTP
Abk. für: → Trusted Third Party.

Tunnelling
Daten, die nach einem bestimmten → Netzwerk-Protokoll zwischen zwei Rechnern ausgetauscht werden sollen, werden auf einem Teil des Verbindungswegs für die Übertragung in → Pakete eines anderen Protokolls eingepackt.

U

Übermittlung
Vermittlung und Übertragung von Inhalten, die durch Telekommunikation transportiert werden.

Übertragungsrate
Übertragene Datenmenge pro Zeiteinheit in bit/s oder dezimalen Vielfachen davon.

Übertragungswege
Telekommunikationsanlagen in Form von Kabel- oder Funkverbindungen mit ihren übertragungstechnischen Einrichtungen als → Punkt-zu-Punkt oder → Punkt-zu-Mehrpunkt-Verbindungen mit einem bestimmten Informationsdurchsatzvermögen (→ Bandbreite oder → Bitrate) einschließlich ihrer Abschlußeinrichtungen.

Unautorisierter Zugang
Zugang zu einem Rechner oder Netz ohne Benutzungsberechtigung.

Universaldienstleistungen
Ein Mindestangebot an → Telekommunikationsdienstleistungen für die Öffentlichkeit, für die eine bestimmte Qualität festgelegt ist und zu denen alle Nutzer unabhängig von ihrem Wohn- oder Geschäftsort zu einem erschwinglichen Preis Zugang haben müssen. Telekommunikationsdienstleistungen aus den Bereichen des → Sprachtelefondienstes und des → Betreibens von Übertragungswegen, deren Erbringung für die Öffentlichkeit als Grundversorgung unabdingbar geworden ist. (Vgl. §§ 17–22 TKG und Universaldienstordnung).

Universalrechner
Rechner, der im Gegensatz zu einem Server nicht spezialisiert ist und vielfältige Aufgaben bearbeiten kann. Siehe auch Mainframe.

UNSM
United Nations Standard Messages; weltweite Norm zur Vereinheitlichung von Geschäftsnachrichten. Zuständig in Europa ist der EDIFACT-Rat (EDIFACT-Board); → EDIFACT.

Uplink
Engl.: Aufwärtsverbindung. Bei der → Satellitenkommunikation der → Übertragungsweg von der Bodenstation zum Satelliten im Gegensatz zum entgegengerichteten → Downlink.

Upload
Betriebszustand bei der → Datenübertragung, währenddessen die betroffene Datenstation mittels eines Kommunikationsprogramms Dateien sendet.

URL
Uniform Ressource Locator. Einheitliche und eindeutige Bezeichnung von Dateien im → WWW.

Usenet
Users Network; loser Verbund von Rechnern, die untereinander Artikel aus newsgroups austauschen und veröffentlichen.

V

Verantwortlichkeit
Geregelt in § 5 Teledienstegesetz; betrifft die straf- und zivilrechtliche Verantwortlichkeit von content-, service- und access-providern.

Verbindungsdaten
Personenbezogene Daten, die bei einer Telekommunikationsverbindung anfallen; siehe auch: → TDSV.

Verbindungsnetz
Ein → Telekommunikationsnetz, das keine Teilnehmeranschlüsse aufweist und → Teilnehmernetze miteinander verbindet.

Verbindungsnetzbetreiber
Netzbetreiber, der Verbindungen zwischen → Teilnehmernetzen bereitstellt.

Vermittlungsrechner
Siehe: → Router.

Verschlüsselung
Siehe: → Kryptographie.

Verteildienst
Klassische Form der Verbreitung von → Massenkommunikation (Rundfunk), die dadurch gekennzeichnet ist, daß der Zeitpunkt der Ausstrahlung einseitig vom Anbieter (Sender) festgelegt wird - im Gegensatz zu → Abrufdiensten fehlt das Element der selbstbestimmten Nutzung (Interaktivität).

Vertraulichkeit
Eine wesentliche Funktion → kryptographischer Verfahren; sie gewährleistet die Unlesbarkeit von verschlüsselten Daten durch nichtberechtigte Dritte.

Video on Demand
Engl.: Video auf Anforderung. Technik, bei der das Fernsehprogramm vom Kunden selbst gestaltet werden kann. Aus einer Datenbank werden digitalisierte Filme vom Kunden abgerufen und zu seinem Empfangsgerät übertragen.

Virtuelle Realität
Siehe: → Cyberspace.

Virtuelles LAN
Ein virtuelles LAN entsteht durch Definition logischer Netzwerkbereiche auf einer physischen → LAN-Struktur. Der physische Standort eines Rechners ist in einem virtuellen → LAN unerheblich.

W

Wähleingänge
Zugangsleitungen von einem öffentlichen Netz z. B. in ein Hochschulnetz für die Nutzung von DV-Ressourcen vom häuslichen Arbeitsplatzrechner aus (digitaler Zugang über das → ISDN-Netz oder analoger Zugang mittels Modem über das Telefonnetz).

WAIS
Wide Area Information Service. Mit dem Dienst WAIS kann im Internet in verschiedenen Datenbanken nach bestimmten Stichwörtern gesucht werden.

WAN
Siehe: Wide Area Network.

W3C
WWW → Consortium.

Webcasting
Kunstwort aus Web und Broadcasting.

Whois
Internet-Dienst, der die Recherche nach Benutzer- und Rechnernamen ermöglicht, wobei pro Recherche nur innerhalb einer → Domain gesucht werden kann, da ein Whois-Server nur eine Domain verwaltet.

Wide Area Network (WAN)
Weitverkehrsnetz.

WiN
Siehe: → Wissenschaftsnetz.

WiN-Shuttle
Vom → DFN-Verein betriebene Wähleingänge ins WiN bspw. für den Zugang von Schulen.

Windows
Siehe: MS Windows.

Wired
Engl.: Verdrahtet, (per Draht oder Kabel) angeschlossen; auch Name eines amerikanischen Cyberspace-Magazins.

Wissenschaftsnetz (WiN)
Datennetz für die Wissenschafts- und Bildungseinrichtungen in Deutschland; wird vom → DFN-Verein organisiert. Das konventionelle („Schmalband-") WiN basiert auf X.25, das neue → Breitband-WiN auf ATM.

Wissensgesellschaft
Bezeichnung der Gesellschaft im Zeitalter der Informations- und Kommunikationstechnologie.

World Wide Web (WWW)
Verteilter, elektronischer Informationsdienst und Navigationshelfer im Internet unter Verwendung von → HyperLinks, beruhend auf der Technologie des → Hypertext, der jedem Teilnehmer für das Auffinden von Text-, Audio- und Video-Dokumenten im Internet zur Verfügung steht. Die Dokumente sind auf einzelnen → Internet-Rechnern abgespeichert, die auch als WWW- → Server bezeichnet werden. Grundlage des WWW ist die Sprache HTML (Hypertext Markup Language), die eine strikte Trennung zwischen Inhalt (→ Content) und dessen formatierter Darstellung vorsieht. Die WWW-Seiten sind im Internet gezielt über → URL aufzufinden. Das verwendete Protokoll wird hierbei als → HTTP (Hypertext Transport Protocol) bezeichnet.

Wurzelinstanz
Bezeichnung für die Instanz oder Stelle, die die → Zertifikate ausstellt, die zum Signieren von Zertifikaten eingesetzt werden; im Signaturgesetz ist dies die → Regulierungsbehörde nach § 66 TKG.

WWW-Client
Programm („→ Browser"), mit dem Dokumente im WWW gesichtet werden können, z. B. Mosaic, Netscape.

WWW-Server
Dedizierter Rechner für → WWW.

WYSIWYG
Engl.: What you see is what you get; Bearbeitungsoberfläche, in der eine erstellte Datei so dargestellt wird, wie sie dem Endbenutzer angezeigt bzw. ausgedruckt wird.

X

X.25
Protokoll zur paketvermittelnden Datenübertragung, der in Deutschland bei Datex-P und im (konventionellen) Wissenschaftsnetz verwendet wird.

X.400
Neben SMTP weiterer Standard für den Austausch von E-Mail-Nachrichten (Message Handling System).

X.500
Standard für einen verteilten Verzeichnis-Dienst in Netzwerken (X.500-Directory-Service oder X.500-DS). Beispiel: AMBIX-D.

X.509
Internet-Standard.

Z

Zeitstempel
Eine mit einer → digitalen Signatur versehene digitale Bescheinigung einer → Zertifizierungsstelle, daß ihr bestimmte digitale Daten zu einem bestimmten Zeitpunkt vorgelegen haben.

Zertifikat
Eine mit einer → digitalen Signatur versehene digitale Bescheinigung über die Zuordnung eines öffentlichen Signaturschlüssels zu einer natürlichen Person (→ Signaturschlüssel-Zertifikat) oder eine gesonderte digitale Bescheinigung, die unter eindeutiger Bezugnahme auf ein → Signaturschlüssel-Zertifikat weitere Angaben enthält (→ Attribut-Zertifikat).

Zertifizierung
Technische Prüfung und Abnahme von technischen Einrichtungen und deren Anwendungen nach bestimmten Kriterien im Hinblick auf das Sicherheitsniveau, z. B. Zertifizierung eines Firewall-Systems. Man unterscheidet Produkt- und System-Zertifizierung.

Zertifizierungsstelle
Natürliche oder juristische Personen, die die Zuordnung von öffentlichen → Signaturschlüsseln zu natürlichen Personen bescheinigen: auch → Trustcenter oder → Trusted Third Parties.

Zugangscode
→ Paßwort.

Zugangsfreiheit
Zulassungs- und Anmeldefreiheit von Informations- und Kommunikationsdiensten.

Sachverzeichnis

Fette Zahlen bezeichnen die **Gesetze**, magere Zahlen deren Paragraphen bzw. Artikel. Die **Einführung** wird mit **Einf** und der entsprechenden Seitenzahl angegeben. Der Abschnitt **Fragen und Antworten** wird mit **FuA** und der entsprechenden Seitenzahl bezeichnet.

Sachverzeichnis

Sachverzeichnis

Sachverzeichnis

Sachverzeichnis

Sachverzeichnis

Sachverzeichnis

Sachverzeichnis